中国历史
地理纲要
（上）

史念海 著

ZHONGGUO LISHI
DILI GANGYAO

陕西师范大学出版总社

图书代号　SK24N0102

图书在版编目（CIP）数据

中国历史地理纲要：上、下/史念海著. —西安：陕西师范
大学出版总社有限公司，2024.2
ISBN 978-7-5695-3487-0

Ⅰ.①中…　Ⅱ.①史…　Ⅲ.①历史地理－研究－中国
Ⅳ.①K928.6

中国国家版本馆CIP数据核字（2023）第006063号

中国历史地理纲要（上、下）
ZHONGGUO LISHI DILI GANGYAO

史念海　著

出 版 人	刘东风
选题策划	胡杨文化　何崇吉
责任编辑	焦　凌
责任校对	高　歌
装帧设计	张潇伊
出版发行	陕西师范大学出版总社
	（西安市长安南路199号　邮编710062）
网　　址	http://www.snupg.com
印　　刷	中煤地西安地图制印有限公司
开　　本	720 mm×1020 mm　1/16
印　　张	50.75
插　　页	4
字　　数	754千
版　　次	2024年2月第1版
印　　次	2024年2月第1次印刷
书　　号	ISBN 978-7-5695-3487-0
审 图 号	GS（2023）4165号
定　　价	158.00元（上、下）

读者购书、书店添货或发现印装质量问题，请与本公司营销部联系、调换。
电话：（029）85307864　85303629 传真：（029）85303879

序

这本《中国历史地理纲要》终于最后初步定稿，上距肇始着笔的时候已经三十多年了。其间也有些曲折过程，应该在这里略作说明。

屈指计算，最初着手撰写这本书是在 1953 年，是为我所任职的大学的历史系讲授课程而写作的。这门中国历史地理课并不是当时历史系必修的课程，因而也不是每年都必须讲授的。写成了初稿，打印出来，分发给听课的同学，也分别寄给师友和同行的先生们，希望他们能够多提出些意见，以便逐步修改。由于不是每年都必须开设的课程，只是在再一次讲授之前，作些必要的整理，并没有多费工夫。当时每讲授一次，即打印一次，现在手边还留下一些打印的本子，不同的纸张和格式，显示出是好几次打印过的，很有些文句和段落，前后不相一致，但并没有把某些章节从头到尾都重新改写过。

一直到1964年，我的喉部出了毛病，说话竟然没有声音，就像哑人一样，用手势表示一些意见，只好遵医休养，不能从事教学了。经过一年半时间的治疗，才恢复了常态。接着就遇到"文化大革命"，不仅不能从事教学工作，原来打印出来的教材也都成了毒害青年学生的罪证，过后就捆置屋角，不复闻问了。

1972 年，陕西省军区借调我撰写《陕西军事历史地理》，虽重理旧业，却与教学无关，接着受中国科学院地理研究所的委托，从事黄河流域侵蚀和堆积的研究，距离实际的教学工作更远。这两项工作都需要从事野外的实地考察，到处奔波，不是攀登高山，就是涉跋河水，不要说给青年学生教授课程，就是系务行政也是请人处理。因为一年到头，很少有时间居处校内。

1983 年秋冬之际，教育部在我所工作的学校里召开全国高等学校重点教材编写会议。会议决定并指派我编写《中国历史地理》。当时已久疏此道，曾经婉言辞谢，但是这是国家的命令，又辞谢不得，只好领命。由于会议没有限定写成日期，我又没有再度开设这门课程，而一些社会活动又紧紧相连，竟至无时着笔，一再拖延下去。前几年，中央广播电视大学约我讲授这门课程，并要求撰写一本教材，推辞不得，也就答应了。当然也有这样一些心情：全国高等学校重点教材会议指派的工作，一直没有作出，总是一笔欠账，不能老不偿还。就在我起草这篇序文的中间，全国教委还通过学校催问这本书撰写的情况，说是如果尚未写成，着即尽速定稿。全国教委的重视，使我感到应该早日竣工，不容再缓。

中央广播电视大学的课程当然和一般大学不尽相同，广播录音更是要限定字数，增加和减少都不可能。另外还要编写《学习指导》。这样就给我一些斟酌的余地，设法两全。我不妨重新修改和增补我所撰写的《中国历史地理纲要》，按原来教育部所希望的要求撰写。中央广播电视大学不需要讲授的部分，由于字数有一定的限制，就可以不必多事讲授，《学习指导》中也可以明白指出，哪些部分可以不必学习。当然，如果愿意多学一点，也并不是不可以的。

虽然作了这样的考虑，也难得有很充分的时间从事撰写，到了不能再拖的时候，只好匆忙赶写。如前所计算，从开始撰写这本书的时候起，到现在已经三十多年了，可是到头来，还是一本"急就章"，未能从容考虑，慎重着笔，其中错误之处自是难免的。这就只好以后稍假时日，再作努力了。

从开始撰写这本书时起，就遇到一些颇费斟酌的问题。这里有必要再略事回顾，说明其间的究竟。

历史地理之学在我国是有悠久的渊源的，它可以上溯到将近两千年前班固所撰写的《汉书·地理志》。这篇书中叙述了其前代地理的沿革，它以《禹贡》为夏制，《周礼》为周制，而殷因于夏制无所改革。它由夏、商、周叙起，历述了春秋列国，以及战国称雄诸侯的国土，兼及嬴秦，还补论了新莽。《地理志》虽说是《汉书》中的一篇，所记载的却并非只限于汉代的地理，实际上乃是当时的《疆域沿革史》。后来沿革地理学就成了这门学科的名称。距今五十年前，禹贡学会才正式使用中国历史地理这个名称，但内容并未能有所变动，仍然和沿革地理学一样，是作为历史学的辅助学科而存在的。如果这样因循下去，名实便难于相符。

我清楚记得，抗战初期，我在北碚时曾和顾颉刚先生谈到这个问题。颉刚先生也颇为不满这门学科继续限于沿革地理这样的范畴。如何改变，颉刚先生首先提到要用地理的变化说明问题。当时包括禹贡学会绝大部分的会员在内都是从事历史学的研究的，如何去运用地理学的理论从事论证？颉刚先生当时肯定地说，应该尽量努力学习地理学。这对我来说，确是一个难题。但我认为颉刚先生这样的指示是完全正确的，应该努力补充有关地理学的知识，并进而更加熟练。由于力不从心，直到现在我还难于达到颉刚先生的期望。

新中国成立初期，各门课程都有所调整，中国历史地理这门课程仍然需要开设。如何开设？颇费斟酌。虽然我对于地理学仍在补习之中，但我感到不应摒弃自然地理的变化于中国历史地理之外，而中国历史地理也不应再以沿革地理来充数。自然地理的变化不仅不应摒而不论，而且还应先把这样的问题讲清楚，因为人的利用自然和改造自然，就是在自然地理的不断变化中进行的，如果不了解自然的面目，利用和改造就都无从谈起。

这个问题在现在说来，已经早都不成问题了。但在新中国成立初期，却还是不容易得到解决的问题。中国历史地理应该是属于地理学的范畴，但也可以作为历史学的辅助学科。这样的结论是经过中国历史地理的研究者较长时期的论证才得出来的。这样的结论得来是不易的。好像现在还有些人不同意这样的论证，重复在这里回顾这样的论证，看来还是有必要的。

确定了历史自然地理是中国历史地理的必不可少的部分是必要的，历史自然地理应该包括的部分也是比较明确的，诸如地形、水文、海岸、土壤、沙漠、气候、植被等方面的变化，都是应该讲求的。这是地理学中早已确定过的。中国历史地理学既是属于地理学的范畴，那就应该和地理学一样，用不着再作多余的讨论。和历史自然地理居于同等地位的，那是历史人文地理，历史人文地理应该包括哪些部分，还有待于继续斟酌。1953年，我开始撰写这本《中国历史地理纲要》时，只讲了三个部分，就是历史人口地理、历史经济地理和历史政治地理。这只能说是当时的理解。如前所说，我撰写了这本《中国历史地理纲要》初稿之后，曾经打印了一些油印本，一来发给受业的青年，再则分送给有关师友和同行们，希望得到更多的意见。据了解，在相当长的时期中，一些讲授这门课程的同行，也都在历史人文地理方面只讲这三个部分。可见都有相似的理解。

经过较长时期的探索，也由于有关同行的深入研究，逐渐感到历史人文地理方面只讲这三个部分是不足以说明所有的问题的。我在行将出版的拙著《中国历史人口地理和历史经济地理》一书的序文中曾经作了阐述，这里不妨再略事提及。我国是一个多民族的国家，这在远古以来就是如此。正是有这样众多的民族，才形成这样伟大的国家。每个民族不论其大小，都有其活动的地区和范围。随着时代的发展，它们活动的地区和范围难免有所变迁，古今不尽相同。因此，要讲历史人文地理，就应先讲历史民族地理。人是能够利用自然和改造自然的。正是先民能够利用自然和改造自然，才能使祖国版图更加瑰丽，江山益为多娇。这样说来，历史人口地理也是具有重要地位的，明了了各民族活动的地区和范围，接着就应该讲历史人口地理。由此顺序而下，就是历史政治地理、历史经济地理、历史聚落和城市地理、历史军事地理、历史文化地理。有的同志说，讲历史人文地理，应该先讲历史政治地理，古今地理区划变化很多，地名亦因时而异，先讲历史政治地理，明了各时期的政治地理的区划和有关的地名，再讲历史人文地理的其他部分似乎比较方便些。这应该是一个技术性问题，移前摆后都是未尝不可的。

是不是这七个部分就可完全包罗历史人文地理的全部？随着这门学科的深入研究，也许还会有更多的增益。就以当前的趋势来说，可能也难免有些异议。当前《国家大地图集》的《历史地图集》正在编制过程中。这部《历史地图集》之中分列许多不同的图幅。不同类图幅的内容都可深入研究和探索。不过目前看来，其中还难免有某些局限。我在这个工作中，担任农牧业地图的撰绘。是否可以由此形成历史农业地理？这完全是有可能的，甚而也是就可实现的。可是历史农业地理究竟还是历史经济地理的组成部分，在讲历史经济地理时就不必同时再另讲历史农业地理了。就是历史交通地理也是一样的。历史经济地理和历史军事地理都会讲到交通道路，因而就没有必要再另外列出历史交通地理。也还可能有类似的情形，这里就不必一一作出说明了。

前面说过，这本书是按照原教育部的希望和要求撰写的，但具体说来，在当前却是首先要在中央广播电视大学讲授。中央广播电视大学总的教学时数有所限制，而撰写的时间又来得仓促，因而在这本书中不能不有所删节。这是说，在这本书中没有写历史聚落和城市地理、文化地理。这显然是一宗很大的不足之处，只好以后另行设法补充。补充的办法不外两种：一是待再版时增加进去。如果有所困难，我当另外撰写一本《历史聚落和城市地理》，就如我已经写成并在印刷中的《中国历史人口地理和历史经济地理》那样。

讲中国历史地理，不可避免地会涉及许多地名，诸如山川、湖泊、沼泽、原隰、丘陵、洲渚、岛屿、堤堰、闸坝、沙漠、戈壁以及聚落、城市、街道、县邑、州郡、道路、府厅、军监、卫所、堡寨、关隘等，极为繁多。我国历史悠久，不仅名称有所改变，就是所在位置，亦往往今古不同。前代学人对此多所考核，也难于尽归一致。去岁在沪上与谭季龙先生谈及此事，季龙先生一再期望均能依据其所主编的《中国历史地图集》立论。季龙先生雅意自当遵循。故这本书中于此率不再注出处。不过其中也难免有违异的地方，这就未能都是一律了。

目　录

第一章　绪论

一、中国历史地理学的定义

中国历史地理学是探索中国历史时期各种地理现象的演变及其和人们的生产劳动、社会活动的相互影响，并进而探索这样的演变和影响的规律，使其有利于人们的利用自然和改造自然的科学。

事物是经常在演变中，地理现象也并非永恒不变的。各种地理现象的演变是能够影响到人们的生产劳动和社会活动的。人们在生产劳动和社会活动的过程中，能够利用自然和改造自然，首先是利用自然，接着就是进一步改造自然。因为能够利用自然和改造自然，因而也就能够促成有关的地理现象的演变。这样的相互影响，不断演变，往复循环，逐渐深入高起，将永无已时。这样的影响和演变，是有一定的规律的，而且也是可以探索发现的。人们能够掌握这样一些规律，就可以更好地认识自然，了解自然，也就更容易利用自然，改造自然。自有历史以来，我国的先民正是这样认识自然，了解自然，并进而利用自然，改造自然。过去是如此，将来也一定是如此。研究中国历史地理学，就是要明了各个时期祖国的面貌和先民的成就，再继续向前发展。研究历史时期的地理，探索其间有关的各项演变规律，正是为了当前和今后的更好地利用自然和改造自然。这样说来，这一学科对于祖国当前的建设事业是能够有所裨益，起到一定的作用的。

二、中国历史地理学的断限

中国历史地理学是研究历史时期的地理的。这里所说的历史时期的断限，是上起新石器时期，而下至新中国成立的初期。

祖国土地上始有人类生存之时，早在旧石器时期。从那时肇始，北起黑水白山之间，南迄南海之滨，而东至台湾岛上，无不有其足迹。为数虽非甚多，然考古发掘，正在不断进行，新的发现仍会时有所闻的。旧石器时期的人们虽散居各地，殆皆以采集为生涯。这只是受自然的赐予，说不上对自然的利用和改造。受自然的赐予就要受到自然的影响。翻过来说，却不能对自然有任何影响。中国历史地理学既是探索人与地的关系及其相互的影响，则其上限就不应从旧石器时期开始。到了新石器时期，已发现的遗址相当繁多，遍布祖国各处。这时不仅有了生产工具，并且还能种植一些农作物，就是居住的地点也有一定的选择。这就充分说明了当时的人们在自然影响下，不仅能够利用自然，而且还可以改造自然。既然能够改造自然，也就是能够运用其影响，引起自然的变迁。正是这样的缘故，中国历史地理学的上限，就可确定在新石器时期。

作为历史时期，既有肇始之时，也应有讫止的阶段。这门学科的讫止阶段，大致可以定到新中国成立的初期，新中国成立迄今已经几十年了。几十年前的往事应该列入历史时期。此后就是现代的地理学的研究范围了。

三、中国历史地理学的渊源和发展

中国历史地理学是一门既古老而又年轻的科学。说它古老是因为它有悠久的历史渊源，可以上溯到两千年的前后。说它年轻是因为在新中国成立以后，在旧有的基础上增加了新的内容，不仅确定了新的名称，而且有了新的因素。有了新的因素，才使它以崭新的姿态成为现代的科学。

说到历史的渊源，这门学科的肇始可以上溯到将近两千年前的班固。班固为有名的史家，其所撰的《汉书》中，特别列有一篇《地理志》。这篇志书虽是叙述汉代的州郡，却追述了汉代以前的地理。它不仅对于《尚书·禹贡》和《周礼·职方》所载的地理作了解释，而且对于古代诸侯都邑的所在地皆有相当的记载，在志文的后序中，还对战国诸侯封国的疆土也都有详瞻的叙述。揆诸班固的意旨，是以《禹贡》作为夏制，《职方》作为周制，"殷因于夏"，就不再作说明，其后春秋、战国以及嬴秦、新莽的地理，都有所论列。就班固所处的时代来说，这篇《地理志》应该说是一部历史地理的著作，因而以班固为这门学科的创始人可以说是无可非议。

关于地理著作，在班固以前本来是早已有之。《尚书·禹贡》和《周礼·职方》就是最为著名的两种，其他还可以再举出一些。《禹贡》的内容极为丰富，举凡疆域轮廓、政治区划、山脉河流、土壤、田地、物产、道路以及各地的部落，无不兼收并蓄、详加论列。《职方》于疆域轮廓、政治区划、山脉、河流之外，还记载泽薮浸陂、男女比例、家畜、谷类以及其他物产，内容也是相当丰富的。《禹贡》为托名大禹的著述，因而就被列入《尚书》之中，其实乃是出于战国时期人士之手，所记载的实际是战国时期的地理，其中还杂有撰述者有关经邦治理的地理思想。《职方》既列在《周礼》之中，然两周时期皆未实行过九州的制度。这也应是撰述者的想象，和《禹贡》相仿佛。

其所载的山川、泽薮、男女、物产等亦只是周代的具体情况。也和《禹贡》一样都是不记前代。因而只能是地理名著，不能够就以之作为历史地理的载籍。

自从班固首创这样兼载前代地理的体例，影响颇为深久，历代史家多奉之为圭臬，尤其是纪传体的史籍，殆莫不以《地理志》为不可或缺的卷帙。虽篇目间有不同，或称《郡国志》，或作《州郡志》，亦有名为《地形志》的，究其内容，实并无若何出入。诸史中偶有佚缺者，后世学人亦皆一一为之补撰，俾成完帙。至于触类旁通，则涉的就更为广泛，举凡州郡、城池、山川、异物、风俗、道路、域外四裔，皆能有其著述。其间名家辈出，撰著宏富，先后辉映，诚为盛事。到了清代，从事这方面研究的学人在前贤的基础上更为普遍地辛勤考据、校雠，使以前的记载和论述大都获得了广泛的整理。这样论述古代地理被称为沿革地理学。

这门学科能够有这样悠久的渊源，应该说是古老的。由于最近几十年来的发展，它又有了新的内容，因而可以说它既是一门古老的学科，却又是一门年轻的学科。本书开篇所提出的定义，就已说明了它的新的内容的所在。内容既有了改变和发展，名称当然不能再沿用旧规，因而就改为历史地理学。

为什么能有这样的发展？沿革地理学固然记载前代的地理，但它也有一定的局限性，使它不易进而阐明人与地的关系。改弦更张，已经到了不能再事迟延的地步。当然国家建设的需要应该是一个重要的原因。举凡城市的修建，海港的疏浚，河道的整理，沙漠的遏制，皆需要得到往昔的素材，作为论证的依据。前人的成就应该得到吸取和采纳，前人的失误亦应引为前车之鉴，亟宜避免，不使重蹈覆辙。还应该指出，马克思主义的熏陶也是促使这门学科得以发展的一个重要环节。应用马克思主义的有关原理原则，更容易说明人地关系的演变。这是以前难以取得的。如果忽视了这一方面的因素，是不易取得应该得到的效果的。

正是国家有这样的需要，社会有这样的影响，有关学人有这样的希求，才使沿革地理学得以继续向前作更为纵深的发展，不仅充实其内容，而且改变其面貌。当前的发展仍在继续前进之中，这就需要从事这门学科的研究者不懈地努力，取得更多更大的成就。就是这样，它已和新中国成立以前历史悠久的旧模式迥然不同，呈现一种新的面貌，成为一门崭新的学科。

四、中国历史地理学和沿革地理学

中国历史地理学的肇始，如前所说，可以上溯到班固所撰述的《汉书·地理志》。班固当时只是以《地理志》作为《汉书》的一篇，别无其他专门的名称。其后有关的撰述不断增多，史家著录就皆以之归入地理类中。《三辅黄图》始用"沿革"二字，后来才有沿革地理学的名称。

沿革地理学乃是具体叙述一代的疆域区划以及地理的建置，自前代以来的因袭和改革，从而探索其间演变的过程。甚至一个地名的开始使用和改易，都在探索之列，在所不遗。由我国历史发展情况来看，沿革地理学受到注意是可以理解的。我国历史的悠久，地理变革的频繁，如果不加以整理，必然会增加人们对于历史事件的发生和发展理解的困难。正是这样一些原因，它引得许多学人从事钻研和探索，从而也获得丰硕的成果。

中国历史地理学是在沿革地理学的基础上发展起来的，两者之间却有明显的差别。中国历史地理学也是要讲地理沿革的，主要是在历史政治地理部分中讲的。所以沿革地理学只是中国历史地理学的组成部分，不能代替中国历史地理学。沿革地理学正如它的名称所显示的，主要是探索有关地理设置的沿袭和改革。这样的设置固然会受到一定的地理现象的影响，但是它的沿袭和改革的过程却不易影响一定的地理现象的演变。这也可以说沿革地理学的探索不涉及人与地的相互影响的关系。

中国历史地理学和沿革地理学最大差别处就是要注重人与地的相互影响

的关系。沿革地理学作为中国历史地理学的一个组成部分，特别是历史政治地理的组成部分，探索其间的沿革也是不可少的。但是历史政治地理却不是只讲地理设置的沿革，而不再探索有关的人与地的关系。中国历史地理学固然应该注重人与地的关系，探索其间相互影响的演变过程，可是还不应该忽略探索地理现象的演变过程，不同的地理现象就应有不同的人与地的关系。以古代的地理现象说明后世的人与地的关系，那是不合理的；同样以现在的地理现象说明古代的人与地的关系，那不仅是不合理的，而且是近于荒唐了。正是需要探索人与地的关系，就要进而探索其间各种演变的规律，因为掌握了这样一些规律，才能够更好地利用自然和改造自然。这是一个重要而不可或缺的环节。这一点是以前的沿革地理学所没有做到的，也是不可能做到的。

五、中国历史地理学研究的范围和主要的任务

就地理现象来说，它是不断在演变着的。人们常以沧海桑田来表示世事的变迁。实际上海洋和陆地正是有若干变迁的，陆地可以向海洋中伸延，海洋也可侵蚀陆地，因而有了海岸的伸缩和曲折。以前的湖泊现在干涸了，旧日的河流现在改道了，就是山崩地陷也不是完全没有的事。过去的高原由于水土的流失，变成了坡地，又由坡地变成沟壑。地形既已变化，土壤也就难得和以前一样。甚至在悠长的岁月中，人们也许会感到气候也不尽相同了。这些变迁说起来都是自然方面的现象，但是社会不会完全远离这些自然的现象，也就是说不会丝毫不受到它的影响。

这些情形还可说是自然的演变，如果再加上人为的作用，情形也许就愈复杂起来。从远古时起，人们就不断克服自然环境的困难。人们是会选择他们的居住地方的。有的住在山地，有的居在水滨，有的地方居住的人多，有

的地方居住的人少，这当然都是有一定的道理的。人们有时候会离开他们的故土，当然离开的原因各有不同，或者由于当地生活条件难以满足，或者由于外力的逼迫。但如何选择新居，如何使新居更适应自己的生活，都是迁徙的人们所关心的问题。说不定由于他们的迁徙，会影响到另外一些人的生活。

人们长久在一个地方居住下去以后，必然会设法利用自然，更好地安置他们自己的生活。哪一块地方应该牧畜？哪一块地方能够耕种？哪一块地方适宜开矿？哪一块地方适宜发展工业？什么地方可以建立乡村？什么地方可以兴筑城市？他们是会根据自己的需要加以安排的。也许因为这一地区和那一地区的情况不同，实际上的安排也就有了差异。而许多地区之间的配合以及生产技术和生产关系的协调等问题更是要费一番周折的。

从整个国家来看，更可看出一些地理现象的演变。国家是有它自己的领土的。自古以来国家的土地并不是一成不变的。国力的强弱和国与国之间的关系都会使领土发生变迁。怎么样变迁？什么地方发生变迁？都是当时和后世的人们所应注意的事情。如果就国家内部来说，问题也还不少。当时的都会在什么地方？全国都划了些什么区划？当然这些问题对于有关的人们不能说是毫无影响的。

这里所说的只是一些具体事例。这些事例可能和当时的社会以至于国家都有关系。在这些具体事例之外，还可以作更为广泛的涉及。举凡民族、人口、经济、军事、文化等方面的事物皆与当时的地理现象有关，因而都应该成为中国历史地理学研究的对象和探索的范围，也可以说就是在这样的范围之中探索其间的地理现象的演变和人与地的相互影响。

中国历史地理学诚然是研究中国历史时期的地理的学科，但是研究历史时期的地理只是探索其间的演化过程，并由此获得其间演变的规律。以这样一些规律为绳墨，进而更好地利用自然和改造自然，为当前和今后的国家建设事业作出应有的贡献。这也就是说，中国历史地理学是一门可以有用于世的学科，应该通过深入的研究，使它发挥出应有的作用。

六、中国历史地理学为地理学的组成部分

如前所说，中国历史地理学的肇始可以远溯到班固所撰的《汉书·地理志》。班固是有名的史学家，《地理志》又为《汉书》的一篇。此后的撰述者虽代有名家，率多远绍班氏旧规，殆莫能超出史学范围之外，其所撰述也为著录者列于史部之中。这对于沿革地理学来说，是名实相符的。其实那时所有的地理著述都罗列在史部的地理类中，固不仅沿革地理为然也。因为在那时地理学尚未成为学科，所以只能作为历史学的附庸。中国历史地理学虽是由沿革地理学发展形成的，具体的内容彼此却不相同。如前所说，这是研究历史时期的自然演变及人与地关系的学科。既是研究历史时期地理的学科，当然不能自摒于地理学之外。作为地理学的组成部分，运用现代地理学的理论和方法，有关的问题就更容易得到解释和说明。这在这门学科中是一个很大的转折点。近数十年来经过往复的论证，学者间的意见逐渐取得一致，所得的结论是中国历史地理学应是属于地理学范畴的学科。

中国历史地理学作为地理学范畴的学科，是因为它的研究目的和方法都是相近似的，甚至还可以说是近乎一致的。但两者之间还是有区别的。中国历史地理学是研究历史时期的地理的，而地理学一般说来乃是研究现代地理的，其间的区别是很显然的。中国历史地理学如果不从事历史时期地理现象的演变及其和人们的各种活动的相互影响的探讨，那就必然失去了历史地理学的意义了。

中国历史地理学诚然是要研究历史时期地理现象的演变及其和人们的各种活动的相互影响的过程和经历，更重要的则是探索其间有关的规律。正是由于能够掌握这样有关的规律，才能够更好地利用自然和改造自然。这样的规律不是短促时期所可形成的。譬如河流中遭遇洪水的时期和洪水的流量，

就因时而有所不同。有连年遭受的洪水和流量，也有几年一遇的洪水和流量，为了更好地预防，更需要知道十年、百年或更多的年代的洪水和流量。这样的规律是可以探索到的。但这应是中国历史地理学的任务，现代地理学就难于为力了。在这一方面，中国历史地理学是可以补充现代地理学的不足的。

七、中国历史地理学为历史学的辅助学科

作为现代年轻的科学来说，中国历史地理学是属于地理学范畴的学科，但往前追溯，却并不都是这样。中国历史地理学是在沿革地理学的基础上发展起来的，其肇始远在班固撰著《汉书·地理志》的时候。从那时起，这门学科就是属于历史学范畴的学科，并非属于地理学范畴的学科。因为自那时以后，所有的有关地理学的著作都是属于历史学的范畴，沿革地理学也就未能单独成为例外了。

由沿革地理学发展到中国历史地理学，也就是由历史学的范畴转变到属于地理学的范畴，这当然是很大的转变。经过这样的转变，中国历史地理学是不是就和历史学没有什么关系？实际上并非如此。中国历史地理学既是研究历史时期的地理，就不能截然和历史学无关，尤其是历史时期的文献记载更是不能须臾稍稍离开的。中国历史地理学固然不能离开历史学，就是历史学也是不应离开中国历史地理学的。事物是在经常演变着，地理现象也在经常演变之中，古往今来的历史事件是时时有所演变，与地理现象有关的历史事件尤其是如此。在如恒河沙数的历史事件中，战争是不少见的。一部《左传》曾经被称为相斫书，就是明显的例证。如何评论具体的战争，自是历史学家难于避免的问题。评论战争首先应该了解战地。然山川改易，地形变迁，往往难得实指。东汉末年，曹操和袁绍战于官渡，曹军获胜，进而统一了黄河流域。这是一次关键性的大战，在争战之间，曹军劫焚袁军粮运于乌巢，

遂取得全胜。官渡，水名，在今河南省中牟县东北，为鸿沟系统中渠水的一段。乌巢，泽名，在今河南省封丘县西北，当时曹军正是利用这条渠水设防。现在渠水和水泽都已湮失，其名称也都不复多为人所称道。若不考核当时的地理，就不易对这次战争作出充分的评论。就是当时战地的名称尚或沿用，其间讹误亦在所难免，不加考核，就会以讹传讹。北宋时，宋人与西夏永乐城之战，宋人一败涂地，伤亡殆尽，也是少见的一次大战。今当地犹有永乐村，遂为评论这次战争者多所征引。其实这个永乐村与永乐城并非一地，只以名称相仿佛，史家不察，竟致谬误。评论战争不能离开地理，其他与地理有关的亦莫不皆然。可见历史学也是离不开中国历史地理学的。正是由于这样的关系，中国历史地理学虽已属于地理学的范畴，但作为历史学的辅助学科，还是有一定的道理的。

八、中国历史地理学并非边缘科学

这些年来有这样的说法：中国历史地理学为历史学和地理学之间的边缘学科。作为边缘学科应是具有有关的两门学科的相应部分。中国历史地理学只是研究历史时期的地理现象及其有关的问题，而不是研究历史演变的问题，因之，它是属于地理学的范畴，而不属于历史学的范畴，不应以它的名称是历史地理，就以为属于历史学的边缘，同时也属于地理学的边缘。甚至还有人说：中国历史地理学就是中国的历史和地理，那就离题更远了。

中国历史地理学由于是研究历史时期的地理现象及其有关的问题，必然要应用这一时期的文献记载和有关的史料，当然还要应用历史学的考核史料的方法，从事整理工作。但这不能作为中国历史地理学乃是历史学和地理学的边缘学科的理由。中国历史地理学不仅应用历史时期的文献记载和有关的史料，还要应用考古学发掘的成果，如果因此而说到边缘学科，那就不仅是历史学和地理学的边缘学科，而是还应该加上考古学甚至还有其他学科的边缘学科。这样广泛的说法是不符合边缘学科的意义的。

九、文献记载与实地考察

中国历史地理学作为地理学的组成部分，它的研究对象和研究方法当然都应该和现代地理学相同，这是用不着多作说明的。但是历史时期的地理学和现代地理学究竟还有若干不尽相同处。现代地理学所研究的对象都应是现代正在存在着的。由于地理现象是时时在演变之中，因而现在的地理现象就不一定是历史时期的地理现象。要了解历史时期的地理现象就必须借助于文献记载。旧日有句成语，说是"中流砥柱"，用以称道能担当重任，支撑危局的人。因为砥柱山在三门峡的黄河中流，黄河奔流至此，惊涛骇浪，势欲冲掉一切，砥柱屹立中流，岿然不动。可是自三门峡水库修成后，昔日的惊涛骇浪化成万顷碧波，砥柱虽仍露出水面，但已经毫无屹立中流的气象。欲知旧日规模，舍文献记载是不可能得到的。中国历史地理学不仅研究地理现象，更重要是要进而研究地理现象的演变及其和人们的活动的互相影响，这就更离不开文献记载。所以文献记载是研究中国历史地理学的重要依据而不能稍稍离开的。

依靠文献记载并不等于说，从事中国历史地理学的研究就不需要实地考察了。地理现象固然是在时时演变着，但各种演变不是都能齐一的。有的地方固然大异于往昔，有的地方还可依稀稍觇旧迹，有的地方实际上也许没有很大的改变。没有改变和改变不多的地方，当然应该从事实地考察，就是改变很多或迥然不同的地方，也可就之推寻演变的痕迹。就是地面上已经杳无所睹，还可借助于地下。考古发掘就是从事地下探索的。

文献记载和实地考察并不是对立的，而是可以相互补充的。由文献记载当可了解更多的当时具体情况，而实地考察也可纠正文献记载的讹误，这一点应是更为重要的。由于文献记载并非都是第一手的史料，也并非都是得之目验的结果，因而就不能说毫无讹误之处。通过实地考察，这些讹误就可以得到纠正，这应该是相得益彰的。当然，实地考察并非仅仅是为了纠正文献记载的讹误方去从事进行的。实地考察是为了更容易看到地理现象的实际情况，有助于了解其间演变的过程，更有助于探索这样一些演变的规律。

应该说，实地考察和文献记载相互结合，相互补充，两者并行运用，应该是研究中国历史地理学的较为有效的步骤。

第二章　历史自然地理

第一节　水文的变迁

一、古代中原地区的湖泊

地理环境的变迁虽没有社会的发展来得迅速，但在悠久的岁月中变迁的痕迹一样可以显示出来。远古的时候不必说起，就以春秋战国时期来说，离开现在只有两千多年的光景，当时的自然地理情况和现在就很不相同。如果用当时的材料画一张地图，和现在就有很多的出入。很明显的情况是当时的黄河流域及其附近的地方湖泊的众多。那种星罗棋布的样子远非现在中原地方孤零零几条河流所可比拟。

这样的湖泊在古代的记载里一般是称为泽薮的。泽是众流所归的大湖泊，薮是卑垫的地方。薮虽和泽不同，但在每年水长的时候，也盛满了水，和泽没有分别。其实这样的说法到了具体的名称，却也有变通的地方。现在的鄱阳湖和太湖是全国有数的大湖泊了。可是在古代的记载中竟有把它们算作薮的。①而一些比较小的湖泊却也有被称为泽的。如在现在的河南中牟县附近，以前就曾有过一个萑苻之泽②，现在河南商丘县附近，古代也曾经有过一个逢泽③，远比不上现在的洞庭湖和太湖，却都以泽来称呼了。

黄河中下游及其附近的湖泊是很多的。较小的不必说起，但就大的来说，已经是可观的了。在现在山东省境内，古代就有貕养、大野、雷夏、菏泽等四个。貕养泽在东部，其余三个偏在西南部。在现在河南省境内，古代也有荥泽、圃田、孟诸等三个，大致是在荥阳和商丘之间。太行山东河北南部，古代还有一个大陆泽。另外在今山西中部，古代有一个昭余祁薮。今陕西中部又有弦蒲、阳纡、焦获等泽薮。④

这些泽薮所在地各不相同，也就难得一致。貕养泽据说在今山东省莱阳县东⑤，这里是一个丘陵地区。弦蒲薮据说在今陕西省陇县汧水源头。⑥阳纡所在地说法不一，所谓在今陕西，乃是说在秦岭山上。山地容易崩裂滑坡，水道受阻，就可能潴为泽薮。昭余祁在汾水流域，焦获在泾水下游，皆已在在山外平处。焦获为沮洳地⑦，昭余祁是否如此，尚难具知。其余的几个大致说起来，乃是在泰山以西，嵩山、太行以东，这里现在是广漠无垠的平原，远古之时，这里的地势相当卑下⑧，有些地区容易潴水为泽，那时这里不仅有这么大的几个湖泊，还有若干小的湖泊。这些小的湖泊至迟到春秋战国时期有好些依然存在。如果能够知道这些小的湖泊的大小面积，用现在绘图法绘制出来，这个地区的情况很可能和现在湖北省中部相仿佛。

---

① 《尚书·禹贡》称今鄱阳湖为彭蠡泽，今太湖为震泽。

② 《左传》哀公十四年。

③ 《左传》昭公二十年。

④ 这些湖泊名称参见《尚书·禹贡》《周礼·职方》和《尔雅·释地》。

⑤ 《汉书》卷二八上《地理志上》。

⑥ 《汉书》卷二八上《地理志上》。

⑦ 此为辛树帜先生之说，见所著《禹贡新解》。

⑧ 拙著《历史时期黄河流域的侵蚀与堆积》。

根据流传到现在的记载，可以知道古代中原的湖泊有的是相当巨大的。大野泽就是其中的一个。大野泽的名字人们或者还感到生疏，如果说成梁山泊，人们也许会更熟悉一些。梁山泊是《水浒传》中主要的地方。这个名字当然是后来才有的。直到唐朝，它的湖面南北还有 300 里，东西也有百余里。[①]古人以大野和洞庭并称，不是没有原因的。就以圃田泽来说，也是不小的。据说在北魏的时候，南北还有 200 多里，东西短一点，也有 40 里。[②]至于太行山东的大陆泽，应该也是不小的。秦汉时期在这里附近设了一个巨鹿郡。巨鹿应该就是大陆了。秦汉时期设郡很多，有的郡因山为名，有的因水为名，因湖泊为名的却只有这一个巨鹿郡。现在中原别的湖泊都湮塞了，只有大陆泽依稀犹存，这样说来，大陆泽可能比大野泽还要大了。

这里所说的只是中原区域的情形，古代其他地区也还是有湖泊的。长江流域几个大的湖泊，如洞庭、鄱阳和太湖，也是很早就见于古代的记载。洞庭湖在古代是和湖北省中部的湖泊合起来称为云梦的[③]，鄱阳湖的本名应该是彭蠡。太湖有的称为震泽，有的却称为具区。[④]就是远在现在甘肃西北的白亭海，在古代的记载里也没有把它漏下，古代的猪野泽据说就是现在的白亭海。[⑤]

古代湖泊虽然很多，变化却也不小。就以上面所举的来说，云梦、彭蠡、具区和猪野的名字虽然改易，原来的湖泊还是存在的。前面三个是在长江流域，长江流域应该有和黄河流域不同的地方。猪野泽虽然远在今甘肃省的西北，但由祁连山上流下来许多雪水，就成为这个湖泊不竭的泉源。至于黄河中下游及其附近的湖泊都一律干枯了。

为什么这些湖泊都相继干涸了？应该和黄河有关系。黄河里面夹杂着大

---

① 《元和郡县图志》卷一〇《郓州》。

② 《水经·渠注》。

③ 历来解释云梦的人很多，胡渭曾汇列诸说于所著《禹贡锥指》卷七"云土梦作义"条下。

④ 《尚书·禹贡》。

⑤ 《尚书·禹贡》。

量的泥沙，又经常决口和改道。每次决口和改道，它所夹杂的泥沙自必随泛滥的洪水漫流各地。中原各地主要的湖泊，如前所说，是群集在泰山以西和嵩山、太行以东的地区，而这个地区正是黄河容易决口和改道的地区。泛滥的洪水夹杂着泥沙冲入湖泊之中，自然会使湖泊逐渐湮塞。由这些湖泊湮塞的过程，可以知道这些变迁还是相当快的。春秋战国时期好一些小的湖泊，秦汉时期就不再看到，想来是已经湮塞了。再以几个大的湖泊来看，更是显然。圃田泽在北魏时还是相当广大，以后就不大听说。大野泽在小说中还被写成险要之区，到元朝末年已经成为陆地了。主要的湖泊都湮塞了，那些不在黄水泛滥地区的湖泊，没有足够的水流来源，由于蒸发的关系，在悠久的年代中也干涸下去。猪野泽的存在正好说明这方面的问题。（附图一《春秋战国时期主要湖泊图》）

二、黄河下游的改道

黄河是我国仅次于长江的大川。这条河流所以称为黄河，是水中夹杂了相当多的泥沙，水色发黄的缘故。所含的泥沙既多，流至下游平原地区，水流趋缓，水中泥沙随处逐渐淤积，增加河床的高度，就容易溃决，泛滥成灾，不仅使湖泊淤塞，也使洪水所至的地方，地面堆积高起，泰山和嵩山、太行之间的大小湖泊逐渐消失，就是这样的缘故。

其实，黄河中夹杂的大量泥沙也是逐渐演变形成的，据文字记载，并非自来就是如此。春秋时人说到河水，只是说它不清[①]，战国时人说河水，只是称它为浊河[②]。这个浊河的名称，还是和济水相比较才得到的。可见那些

---

① 《左传》襄公八年："周诗有之曰：'俟河之清，人寿几何？'"
② 《战国策·燕策》苏代说燕王，"齐有清济、浊河，可以为固"。

图一 春秋战国时期主要湖泊图

① 雀府泽
② 原圃泽（圃田）
③ 消渊
④ 濑泽
⑤ 梁圃
⑥ 空泽

春秋战国时期主要湖泊图

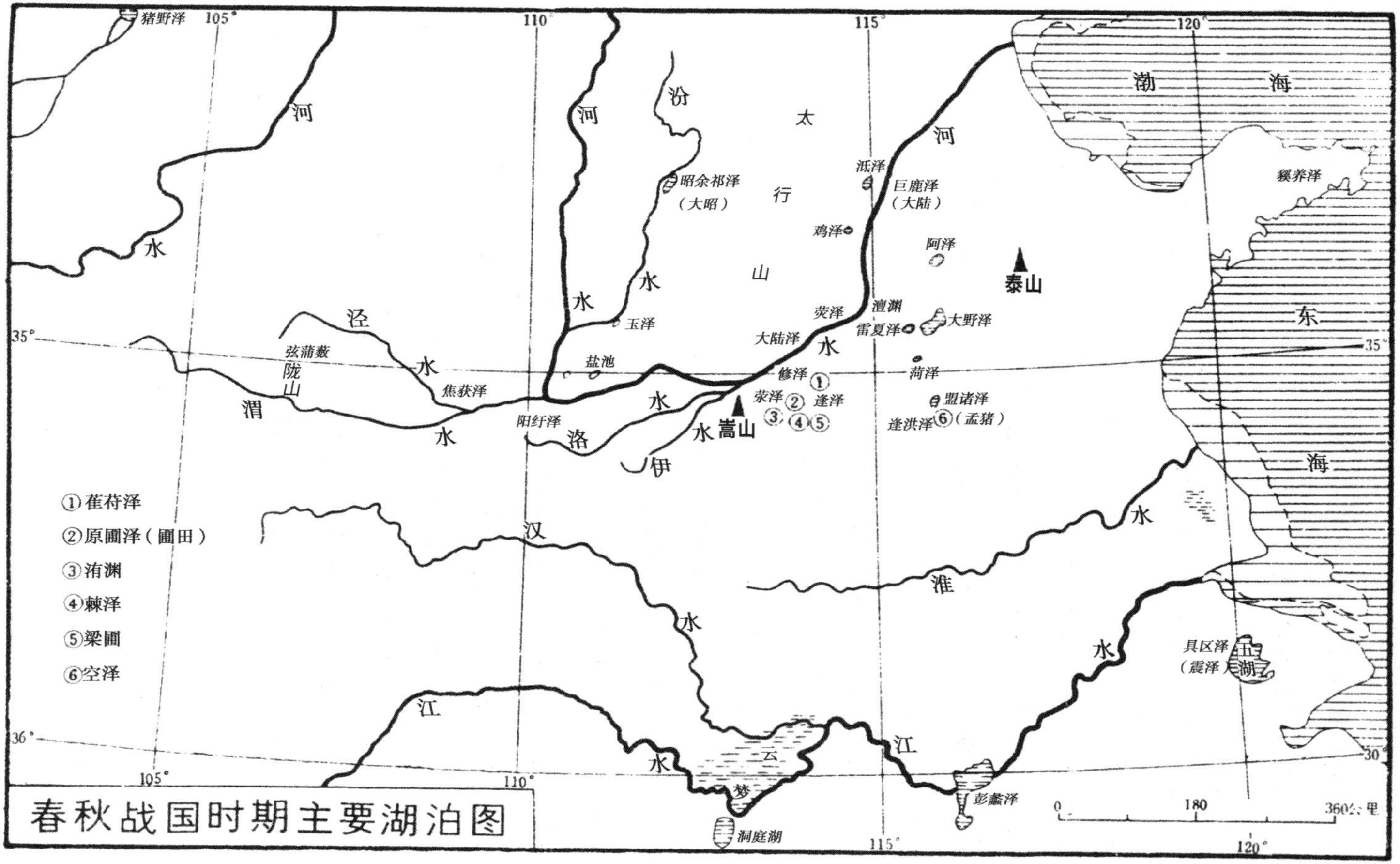

时期河水中所夹杂的泥沙还不是很多的。西汉初年，开始有人提到黄河的字样[1]，虽然可以说是具有一定的偶然性，但至西汉末年，已经有了"河水重浊，号为一石水而六斗泥"[2]的记载。到了唐代，这黄河的名称才一直普遍沿用起来。[3]

黄河流经黄土高原。黄土疏松，不耐侵蚀，被侵蚀的黄土，辗转流入黄河。黄土高原近沙漠，故黄土中多含沙粒，亦因侵蚀随水流下，增加了黄河水中的含泥沙量。远古之时，黄河中上游植被丰富，遏制侵蚀，泥沙不多，是以河水显得不甚清澈，最多也只是浑浊。后来植被受到破坏，甚至诸山皆童，山下树木亦颇稀疏缺少，形成严重侵蚀，黄河中夹杂泥沙愈多，下游泛滥溃决就更为频繁。

黄河的河道，上中游行于高原峡谷中，古今没有很大变迁。孟津以下，流入平原地区，就容易溃决改道。关于黄河河道最早的完整记载。始见于《尚书·禹贡》篇。《禹贡》篇记这一段河道说："东过洛汭，至于大伾，北过降水，至于大陆，又北播为九河，同为逆河入海。"对于这段记载的解释，自来有不同的意见。较为确切的说法是：河水汇合洛水东流，流过在今河南浚县的大伾山，再北流汇合当时称为降水的漳水。汇合的地方大致是在今河北曲周县。再北流经过今巨鹿附近的大陆泽，又由今深县之南流向东北，经今沧州入于渤海。后来黄河移徙，漳水还曾继续由这里流过。在《禹贡》篇外，《山海经·山经》也有不少地方提到河水。《山经》所说的河水，在今深县以上略与《禹贡》篇所记载的河道相同。其下则流经今高阳、安新、霸县等处，至天津入海。[4]《禹贡》篇撰著于战国时期。其时梁惠王霸业正盛，故有人托名大禹撰著此书，作为大一统后施政方针。[5]《山海经》撰著时期，

---

[1] 《史记》卷一六《高惠高后文功臣表》："使黄河如带。"

[2] 《汉书》卷二九《沟洫志》。

[3] 张含英《黄河释名》，载《禹贡半月刊》第6卷第11期；郑鹤声《黄河释名》，载《禹贡半月刊》第7卷第1、2、3合期。

[4] 谭其骧《〈山经〉河水下游及其支流考》，载《中华文史论丛》第七辑。

[5] 拙著《〈禹贡〉著作年代考》。

尚无成说。它和《禹贡》篇孰先孰后，不易得出定论。既然是两条歧道，当有改易事情。

自有文献记载以来，黄河决口泛滥，相当频繁，其中改道亦有多次。据最近有关方面统计，决口泛滥约有一千五百余次，较大的改道为二十六次。[①]其所涉及的地区有今河南、河北、山东、安徽、江苏等省。今河南省黄河以北和河北省最西的黄河故道，为《禹贡》和《山经》所记载的河道，其故道所经约为今河南省汲县、濮阳和河北省的曲周、巨鹿、新河、深县、高阳诸县。今河南省黄河以南及安徽省最西的黄河故道，为元至明初所行的黄河。黄河故道在今山东省西北部，由东阿县至济南市一段，未南越过今黄河河道，济南市以东，流经今博兴县的为北宋后期的京东故道。在今山东省西南部，则历次改道皆未东越过现在流经这里的运河。在今江苏省淮水以北，历次改道也未越过现在流经这里的运河。只是泛滥所及，淮水以南也难于完全不受影响。（附图二《历史时期黄河下游主要泛道流经示意图》）

这二十六次较大的改道中，大徙改道就有六次。如前所述，《尚书·禹贡》篇和《山经》所记载的黄河河道，彼此不完全相同，这就显示出其时黄河曾经改过道。这两部记载的不同处，只是在现在深县以下一段。就是说那时曾经改过道，也算不上最大的移徙。《汉书·地理志》记载了当时的黄河。它所记载的自濮阳以下和《禹贡》《山经》都不相同。这是由濮阳东北流，经今馆陶、平原诸县，至今天津市南部入海。这条黄河虽始见于《汉书·地理志》的记载，应该说在战国时期就已经有了。当时齐赵两国以河为界[②]，而平原成为津渡[③]，就是指这条黄河而言。是什么时候改道的，似尚不易确定。以前有人说，乃是在周定王五年亦即公元前602年。[④]周定王五年河徙之说固曾见于《汉书·沟洫志》的记载，那是难于实指的。后来到王莽

---

① 这是1959年黄河水利委员会编的《人民黄河》一书中所确定的数字。

② 《史记》卷四三《赵世家》。

③ 《史记》卷六《秦始皇帝本纪》。

④ 《禹贡锥指》卷一三下《附论历代徙流》。

图二 历史时期黄河下游主要泛道流经示意图

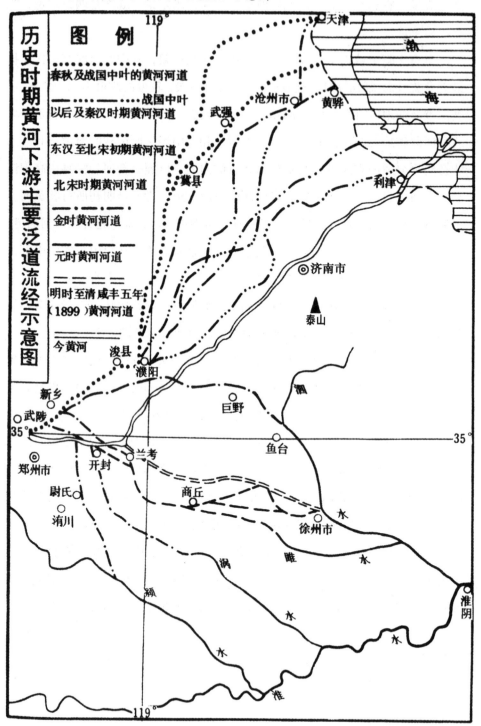

图例

历史时期黄河下游主要泛道流经示意图

········· 春秋及战国中叶的黄河河道

—····· 战国中叶以后及秦汉时期黄河河道

—— 东汉至北宋初期黄河河道

—— 北宋时期黄河河道

—·— 金时黄河河道

—··— 元时黄河河道

==== 明时至清咸丰五年（1899）黄河河道

—— 今黄河

天津

渤海

沧州市　黄骅

武强

冀县

利津

浚县

濮阳

济南市

泰山

新乡

武陟

巨野

泗

郑州市

开封　兰考

鱼台

尉氏

洧川

商丘

徐州市

泗水

睢

涡

颍

淮阴

淮

新朝始建国三年（公元11年），黄河又在魏郡（治所在今河北临漳县西南）决口，泛滥清河（治所在今河北清河县东南）。中间经过六十多年，才形成一条新河道。这条河道于濮阳由西汉旧河道分出，经今山东聊城、禹城等县，在利津县附近入海。这条河道通行了几百年，至宋仁宗庆历八年（公元1048年），又有一次大徙改道。这一次改道是由澶州商胡（澶州治所在今河南濮阳县，商胡在其东北）决口，河水泛滥后分为两派，一派北流合永济渠至今天津市附近入海，另一派东流在今山东省无棣县入海，就是北流一派也不止一次另辟新道。直至宋哲宗元符二年（公元1099年），东流断绝，全河才都向北派流去，形成了又一条新的河道。下至宋高宗建炎二年（公元1128年），宋人为了阻止金兵南下，在李固渡（今河南滑县西南）以西决河，新道东流经李固渡，又经滑县南和濮阳、东明两县之间，再经山东鄄城、巨野、嘉祥、金乡诸县汇入泗水，由泗入淮，夺淮入海。这是有史以来黄河南流夺淮入海之始。黄河再一次改道是在元代初期。这次改道历年既久，分支也多。还在金国行将灭亡时，蒙古军攻归德（府治在今河南商丘县），在凤池口（今商丘县西北）决河，河水夺濉水入泗。稍后蒙古军又在汴城（今河南开封市）北决河，河水夺涡水入淮。再后至元世祖至元二十三年（公元1286年），黄河在原武、阳武（二县今合为原阳县）、中牟、延津、开封、祥符（今开封市）、杞县、睢州（今睢县）、陈留（今省入开封县）、通许、太康、尉氏、洧川、鄢陵、扶沟等县十五处决口。据推测当时黄河在原武或阳武境内分成三股：一股经陈留、杞县、睢县等县循金末大河，由徐州入泗；一股在中牟境内折西南流，经尉氏、洧川、扶沟、鄢陵等县，由颍水入淮；一股在开封境内折而南流，经通许、太康等县，由涡入淮。这应是黄河的第五次大徙改道。①还有一次是在清文宗咸丰五年（公元1855年）。这一年黄河在兰阳县（今河南兰考县）铜瓦厢决口，冲成一条新河道。这就是

---

① 关于金元两代黄河改道的问题，是从《中国自然地理·历史自然地理》的说法，这和胡渭《禹贡锥指》论历代黄河改道的说法不同。

现在所行的新河道。

当然这里所说的只是六次重大的迁徙和改道。至于那些小一点的改道还是不少的。譬如唐昭宗景福二年（公元 893 年）黄河入海处就由今山东省无棣县移至利津县[①]；明太祖洪武二十四年（公元 1391 年），黄河在原武（今河南原阳县）决口，大溜经开封东南行，直至安徽省寿县入淮[②]。这一些决口和改道或者是小规模的改道，或者历时未久，决口已经合龙。虽然如此，对于地形的影响依然是不小的。

由上面所说的黄河改道看来，宋代以后的变化最为频繁，大致不到四五百年就已经有改道的事情发生。这自然是河身的流沙过多，河水容纳不下的缘故，但统治阶级未能尽力治理应该是一个主要原因。黄河历次的改道，它的入海地方最北是在现在的天津市附近，最南是和淮水一同入海。如果以现在河南的孟津县和现在的天津市以及淮水入海的地方为三顶点，作一三角形，这个三角形内绝大部分的土地都是在黄河改道或者泛滥区域之内，甚而还有若干地区还不是这个三角形所能包括得到的。

黄河的泛滥显而易见的结果，乃是黄水中所挟的泥沙逐渐沉积到所泛滥的地区。平原地方经过这样的泛滥对于地形似乎尚无若何改变，如果就其沉积的泥沙来研究，则其间实有剧烈的变化。公元 1919 年，河北巨鹿曾发现宋代古城，古城的遗址竟在今城下二丈多的地方。[③] 显然是经过黄水泛滥所淹没的。平地尚如此，过去的湖泊凡是在泛滥区中的也必然同受淤塞。由梁山泊的情形看来，当更为明显。黄河在金时的改道，河水流入梁山泊，水去之后，梁山泊淤为平地。梁山泊为黄河流域的巨泽，尚且如此，其他较小的湖泊自然早就难以存在了。

---

① 《太平寰宇记》卷六四《棣州》。

② 《明史》卷八三《河渠志》。

③ 梁启超《中国历史研究法》。

三、济水的阻塞

黄河的泛滥和改道不仅促使它的附近的湖泊淤塞，而且也影响到有关的河流。黄河向北流，则由太行山和它以北的各山流下的河道都会受到影响，尤其是漳水和卫水经常会和黄河纠缠在一起。黄河向南流，或者直接入淮，或者夺泗入淮，即泗水以西、汝水以北的河流也因着泛滥地区的大小受到了波及。如果由荥阳向东流，则漯水和济水更是必然受到侵吞。其中尤其是济水更引人注意。春秋战国秦汉时，江、淮、河、济为全国四大川，可知济水的重要性。可是这样重要的水流却因黄河泛滥和改道的关系，不仅断流，而且河道也被黄河夺去。现在济水是没有了，仅仅留下和它有关的一些地名，如河南的济源县，山东的济南市、济宁市、济阳县都还显示出一点济水的踪迹。

济水这条水道在名称上可说是一条奇怪的水道。济水发源于今河南济源县，本来是称为沇水的。[1]所以称为济水的缘故，是它流入黄河以后，又从黄河里面分出，在黄河以南向东流去。[2]古代的一些地理学家对这样的解释说得十分离奇，甚而说济水是清的，河水是浑的，济水由黄水中越过，清者还是清的，浑者依然是浑的，不相混杂。这种出乎自然情形的说明，当然是不尽情理的。[3]黄河在古代是有一些支津的，前面所说的漯水正是其中的一条支津。济水的情形也许和漯水相仿佛，是由黄河中分流出来的。济水分河之处的黄河北岸有一条水流流入，所以古人就把它说成济水的水源。如果说济水乃是由黄河中分流出来的，水源并非在黄河以北，黄河是浑浊的，怎么济水却是清澈的？事实上济水里引用的黄河水是不很多的，沿流还容纳了一些其他的河流，更重

---

① 《汉书》卷二八上《地理志上》，《水经·济水注》。

② 《水经·济水注》。

③ 《禹贡锥指》卷一五。

要的是沿流还经过一些湖泊，这就使原来浑浊的水经过澄清而成清流。战国时人称济水为清济，称黄河为浊河，不是没有道理的。有些人所说的济水本来由黄河中越过，还能保持它的清澈，这样不尽情理的说法是难得令人相信的。

济水的河道，据《水经·济水注》所载，自荥泽（在今河南荥阳县）以东，分为南济和北济两派：北济从现今河南封丘县和山东菏泽县以北，流入大野泽中；南济从封丘县和菏泽县以南流去，在现在山东定陶县附近，古代有一个菏泽，南济就流入菏泽，又由菏泽流出，也归到大野泽中。又由大野泽中向东北流去，绕现在济南之北，再东北入于海。现在山东东平以东的黄河，就是古代济水的故道。也有人说，现在济南以东一段的黄河是古代漯水的故道，济水的故道却是现在的小清河。①

济水是怎样被阻塞的？自然还是和黄河脱离不开关系的，最严重的一次是西汉末年的河决。这次河决影响了济水，也影响到汴渠。②汴渠为当时东西各地主要的运道。是由黄河里分出，最初一段就是利用济水的水道。这次河决之后又接着王莽时的河徙，到东汉初年才修理汴渠，巩固河道。③经过这次变化，荥泽就被湮为平地④，在济水中所流的实际已经不是黄河的水流。直到唐天宝以后，汴渠才无有所受。菏泽以西竟没有水流。不过在东平以下还可以畅通，这里的水当然不是黄河的水流，而是汶水和大野泽水的合流。当时称这以下的济水为清河，正指出不是来自黄河的水流。⑤后来汶水改流，清河的上源也就难有指望了。⑥好在清河左近还有若干泉水，使济水的下游不致干涸。到清咸丰时黄河改道，这一点遗迹也难以存在了。（附图三《济水图》）

---

① 《禹贡锥指》卷一五。

② 汴渠就是汳水，汴汳同音，故汳水后来就称汴渠。汳水见《水经·汳水注》。

③ 《后汉书》卷二《明帝纪》，又卷七六《循吏·王景传》。

④ 《尚书正义》引郑玄说。

⑤ 《通典》卷一七二《州郡二》："今东平、济南、淄川、北海界中有水流入于海，谓之清河，实菏泽、汶水合流，亦曰济河。盖因旧名，非本济水也。"这里所谓菏泽，应为大野泽。菏泽在大野泽之西，其水南流入泗，即所谓菏水。菏水不能东北与汶水合流。

⑥ 《明史》卷八五《河渠志》。

图三 济水图

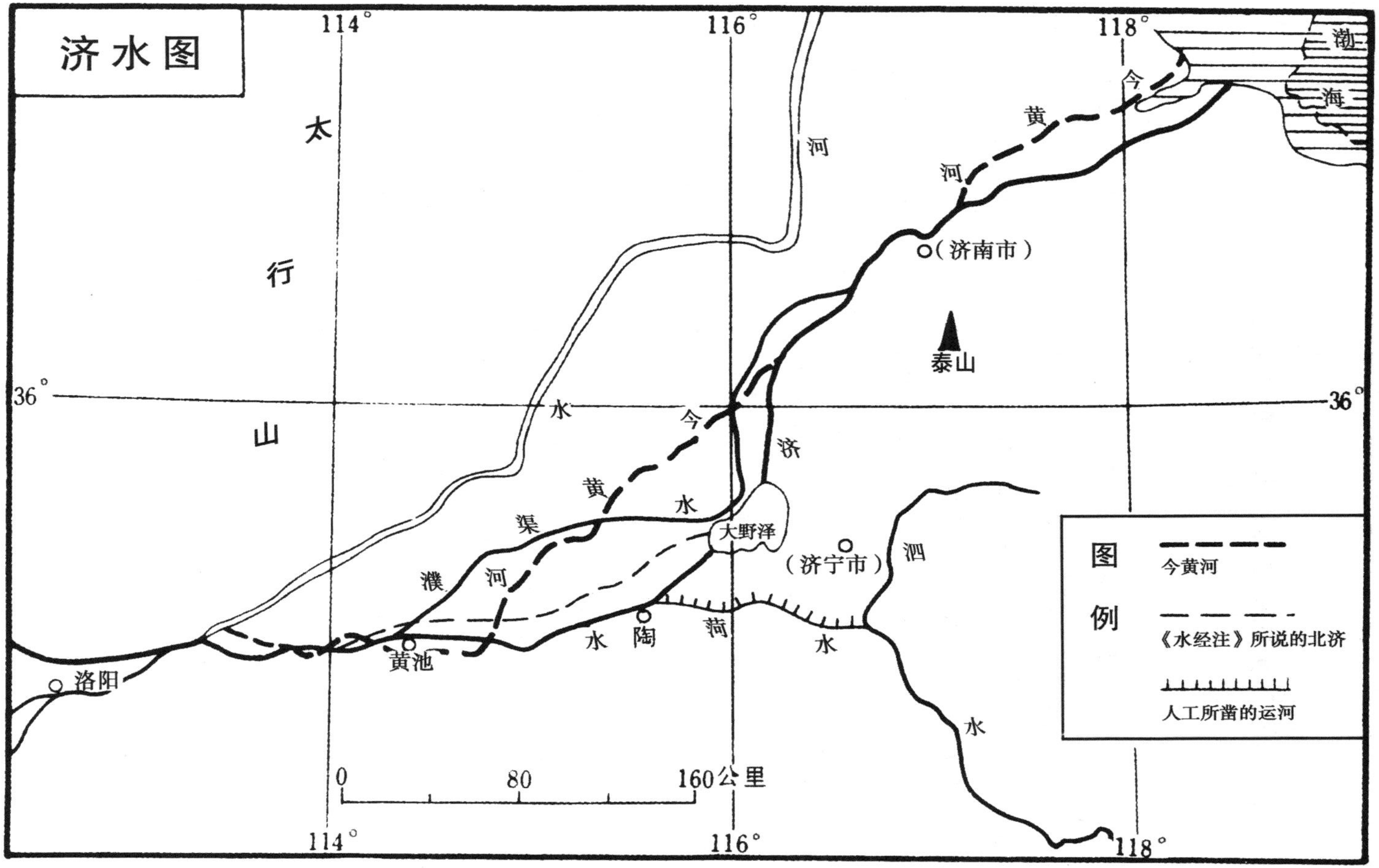

济水图

今黄河
《水经注》所说的北济
人工所凿的运河

四、淮水下游的湖泊和淮水下游的变迁

就是在南边的淮水也是受过黄河的干扰的。好在淮水到现在依然畅流，不似济水的完全阻塞。河水对于淮水的干扰应该是很久以来的事情了。远在汉武帝时，黄河在瓠子（今河南濮阳县）决口，就东南流注于大野泽，又由大野泽溢出，流到泗水和淮水里面。[1]不过最严重的影响还是黄河的改道。黄河南流由淮水河道入海，淮水河道骤然增加这样的大水必然发生变化。淮水流域洪泽湖的扩大就是这样变化的结果。洪泽湖本来是一个普通的水塘，以前还曾利用它来灌田，洪泽湖的得名是在隋炀帝的时候，因为炀帝过此，适逢久旱遇雨，遂改称洪泽。[2]北宋神宗以前曾经一再在这里修理运道，可见当时的湖水还不是十分广大。[3]黄河南徙后这里的低凹地方自然就积起水来，按说现在江苏高邮、宝庆一带地势更为低下，淮水为什么不流积在那里？这是由于高家堰起了堵塞的作用。高家堰据说是东汉末年陈登所筑的[4]，是在洪泽湖东，高邮、宝庆两县以西。当时的目的仅是防御洪水。明清时候为了利用淮水冲刷黄河里的淤沙，更增筑高家堰，也就是更使洪泽湖扩大起来。[5]洪泽湖不断扩大的结果，使湖滨的泗州也受到淹没的惨祸。[6]

可是淮水流域有些湖泊反来却湮塞不存了。在现在河南汝南、正阳两县以东本来有一个鸿郤陂，在现在安徽寿县以南也有一个芍陂。鸿郤陂旁的塘

---

① 《汉书》卷二九《沟洫志》。

② 《读史方舆纪要》卷二一《泗州》。

③ 拙著《中国的运河》。

④ 《读史方舆纪要》卷二二《淮安府》："高家堰在府西南四十里，汉陈登筑堰防淮，此其故址也。明永乐初，陈瑄始为筑治。……堤长六十里。"

⑤ 《禹贡锥指》卷一五。

⑥ 嘉庆重修《大清一统志》卷一三四《泗州》。

堤长 400 余里[①]，芍陂周 200 余里[②]，面积都不算小。鸿郤陂于汉以后即已不存在，芍陂直到元时还被利用灌田，后来也就逐渐缩小。[③] 为什么会缩小消失？这却不是由于黄河水的干扰，而是农田的侵占和流沙的淤积、大量排水的结果。淮水下游还有一个射阳湖，在现在江苏省盐城、阜城、宝应诸县之间。春秋末年，吴王夫差所开凿的邗沟就曾通过射阳湖[④]，这自然不是一个小湖泊了。据说它湮塞是海潮冲沙所淤积的缘故。当时这里的海岸距射阳湖不远，海潮冲沙淤积是有可能的。（附图四《淮水图》）

五、云梦泽、彭蠡泽和三江、九江

　　淮水以南的长江当然是受不到黄河的干扰了。不过这不能说江水（即今长江）就没有变迁。明代末叶以前的人说江水，都说是发源于岷江。这是那时人的地理知识所限，与江水的变迁无关。江水水道的变迁最显著的河段是在三峡以下，今湖南、湖北两省之间和安徽、江西两省之间。从现在的地图上看来，在湖北省中部和湖南省北部是一个湖泊区域。先秦时，今湖北省中部的湖泊区域应该比现在更为广大，可能是连在一起的。那时称为云梦泽。后来逐渐缩小，到宋时，大面积的湖泊水体已为星罗棋布的小湖泊所代替。[⑤] 先秦两汉时，洞庭湖尚相当窄小，也与沅、资、湘、澧四水都无关

---

① 《后汉书》卷一五《邓晨传》。

② 《元和郡县图志》卷二四《淮南道》。按《元和郡县图志》现存本缺淮南道寿州，此从《读史方舆纪要》卷二一《寿州》转引。

③ 《读史方舆纪要》卷二一《寿州》。

④ 《水经·淮水注》。

⑤ 《中国自然地理·历史自然地理·长江》。

图四 淮水图

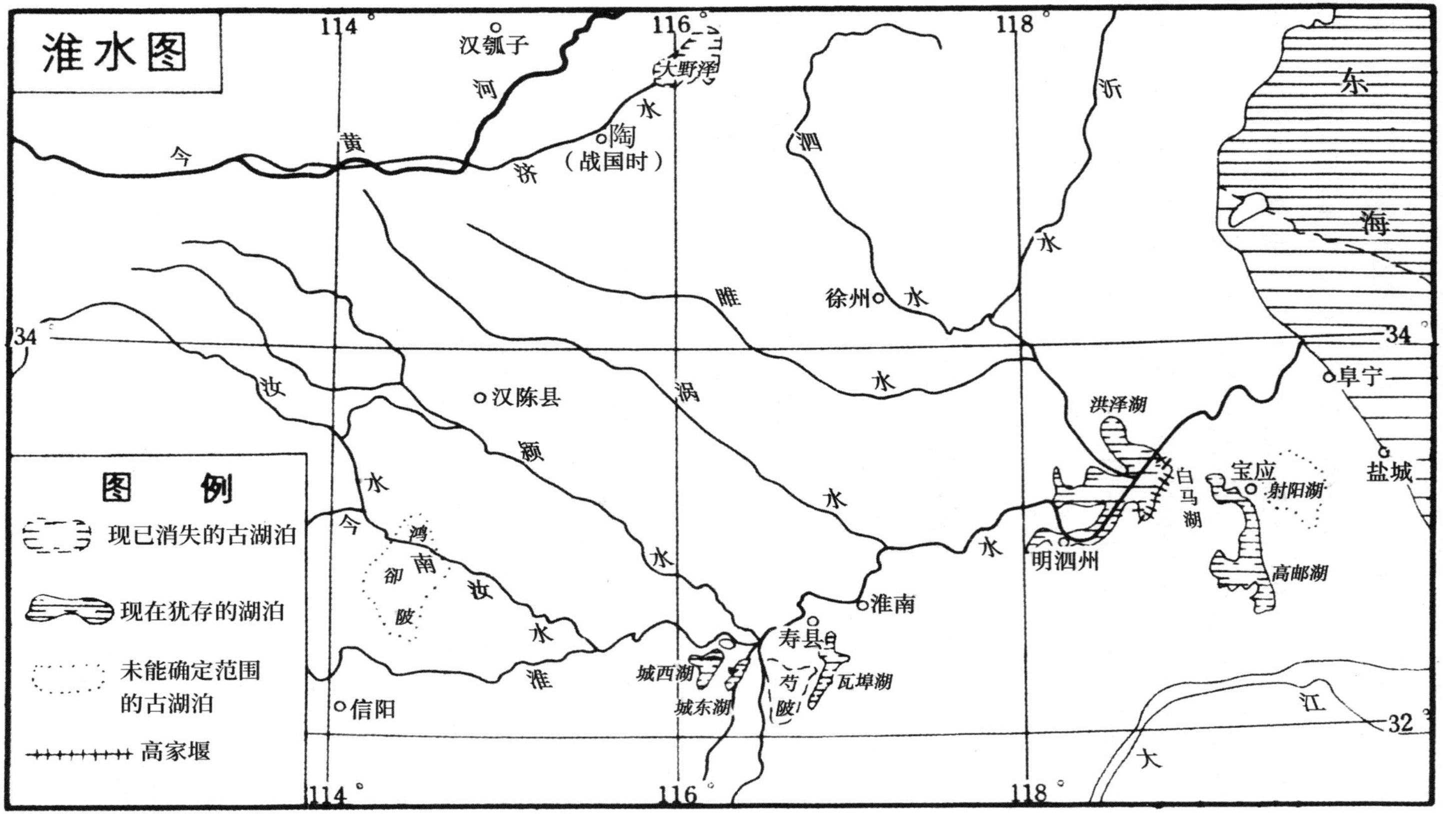

淮水图

图 例

现已消失的古湖泊

现在犹存的湖泊

未能确定范围
的古湖泊

高家堰

东 海

阜宁

盐城

宝应

射阳湖

高邮湖

白马湖

洪泽湖

明泗州

淮南

瓦埠湖

寿县

峒

城东湖

城西湖

汉陈县

颍

汝

淮

信阳

南
阳
陂

今

黄

汉瓠子
河

济

陶

巨野泽
（战国时）

沂

水

泗

水

睢

涡

水

徐州

水

水

水

水

水

汝

水

水

大
江

114° 116° 118°

34

32

系。[①]当时湘水和沅水皆各自入江，资、澧两水皆入于沅水，洞庭湖夹处于湘、沅两水之间，是不可能很大的。后来到南朝时，湖面不断扩大，到清代中叶偏后一些年代，湖面汪洋浩渺，竟至八九百里。可是再往后来，湖面又逐渐缩小，迄至现在仅岳阳县附近和湘阴、沅江诸县附近的湖面尚相当广阔，分别称为东洞庭湖和南洞庭湖，至于西洞庭湖则已分成若干小湖，和清代中叶以前的情况迥异了。[②]（附图五《云梦泽及洞庭湖变迁图》）

为什么云梦泽和洞庭湖有这样巨大的变迁？原因不一。既有自然的因素，也有人为的因素。这里能够形成这样的湖泊，地质方面自与新构造运动有关。地形拗陷，积水因而成湖。江水挟有泥沙，容易促使湖底淤积增高，沿江植被破坏，江水挟带的泥沙愈多，淤积愈甚，湖水因之浅涸，甚至成为陆地。

这两大湖泊湖面的盈缩，也影响到流经这里江水河道的变迁。江水流过三峡，始得平地，水中所挟带的泥沙容易淤积成为洲渚，堵塞河道，使之有所改移。当云梦泽还是相当盛大时，江水就曾经穿过云梦泽，形成于近漫流的河道。后来云梦泽逐渐淤塞，洞庭湖不断扩展时，江水又曾分道南入湖中。当时这样的分流并不等于改道，不过湖水入江，顶托江水，而江水里淤积的泥沙会影响江水的畅流。这一段江水多弯曲，而弯曲处不时还有所改变，就是这样的缘故。

由云梦泽再往东，江水就流到九江地区。关于九江的说法很多，所指的也并不限一个地区。两汉时期都有九江郡，郡治乃在现在的安徽寿县，所辖的县邑也都是在淮水以南，和长江没有什么关系。汉朝的九江郡实际是沿袭

---

① 《汉书》卷二八《地理志》："群柯郡故且兰，沅水东南至益阳入江"，"武陵郡充县，历山，澧水所出，东至下雋入沅"，"零陵郡都梁，路山，资水所出，东北至益阳入沅。零陵郡零陵，阳海山，湘水所出，北至酃入江"。这几处皆未涉及洞庭湖，可知洞庭湖当时尚甚窄小，与这几条河流皆无关系。

② 《中国自然地理·历史自然地理·长江》。

图五 云梦泽及洞庭湖变迁图

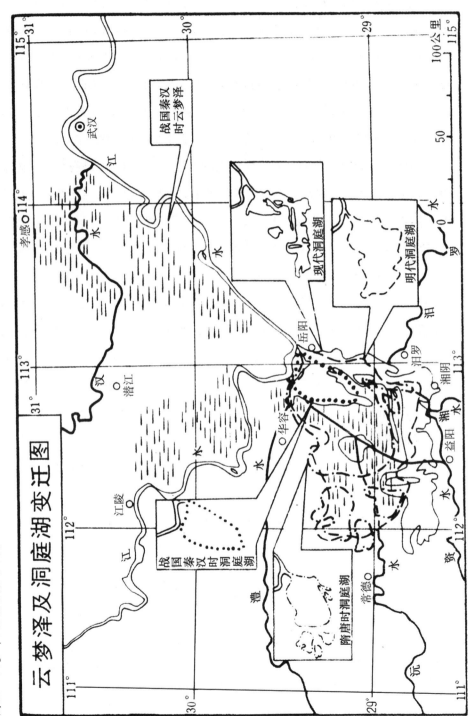

云梦泽及洞庭湖变迁图

秦时的旧名称①，秦时的九江郡，北边到淮水，南边到现在的江西省②。汉时九江郡缩小，因为原来郡治在淮水沿岸，所以那里就保持九江郡的名称。推本溯源还是和长江有关系的。现在江西九江的名称说来很晚，是隋时的事情。③名称虽晚，却正是古代九江区域的附近。古人使用"三""九"等字本来含有多的意义在内，不一定就是九条江水。但是九江名称的使用，正是说明江水流到这里，分支很多，江水显出吞吐壮盛，浩无津涯的形势。如果以春秋时期来说，这九江区域正在吴楚两国之间。用现在地理来说，应该是江西和安徽两省之间的一段。春秋时期吴楚两国，一个在江水中游，一个在下游，两国来往，按照情理来说，应该尽量利用江水的交通。其实当时情形并非如此。吴楚两国经常进行战争，而战争的地区却都是淮水流域，即令战争深入，而行军的道路也还是假道于淮水的。为什么如此？正是九江地区江水浩渺，当时的交通技术和工具尚难以加以利用的缘故。现在江水在湖北、江西两省之间和江西、安徽两省之间，两岸湖泊分布很多，显示出是古代江流浩渺的遗迹。以这一点来推测，现在的江水也许不如古代广大了。现在这个地区的湖泊以鄱阳湖为最大。远在古代却应该说是彭蠡泽。彭蠡泽始见于《尚书·禹贡》篇。鄱阳湖是由彭蠡泽演变形成的。以现在的鄱阳湖为古代的彭蠡泽是可以的，核实而论，却还稍有差别。古代的彭蠡泽也和云梦泽相仿佛，是在江水之北，江水也是穿彭蠡泽而过。其后彭蠡泽渐次南移，秦汉时期已经移到江南。隋唐时期又南移至今都昌县南。唐末五代又向南扩展，和现在的鄱阳湖相仿佛，甚至还要稍大一些。扩大的湖面已在鄱阳县西，因而就有了鄱阳湖这个名称，而且取代了彭蠡泽的旧号了。④（附图六《由彭蠡泽至鄱阳湖的变迁图》）

① 《汉书》卷二八上《地理志上》。

② 《水经·淮水注》："（淮水）东北流迳寿春县故城西。……秦始皇立九江郡治此，兼得庐江、豫章之地，故以九名郡。"

③ 《元和郡县图志》卷二八《江州》。

④ 《中国自然地理·历史自然地理·长江》。

图六 由彭蠡泽至鄱阳湖的变迁图

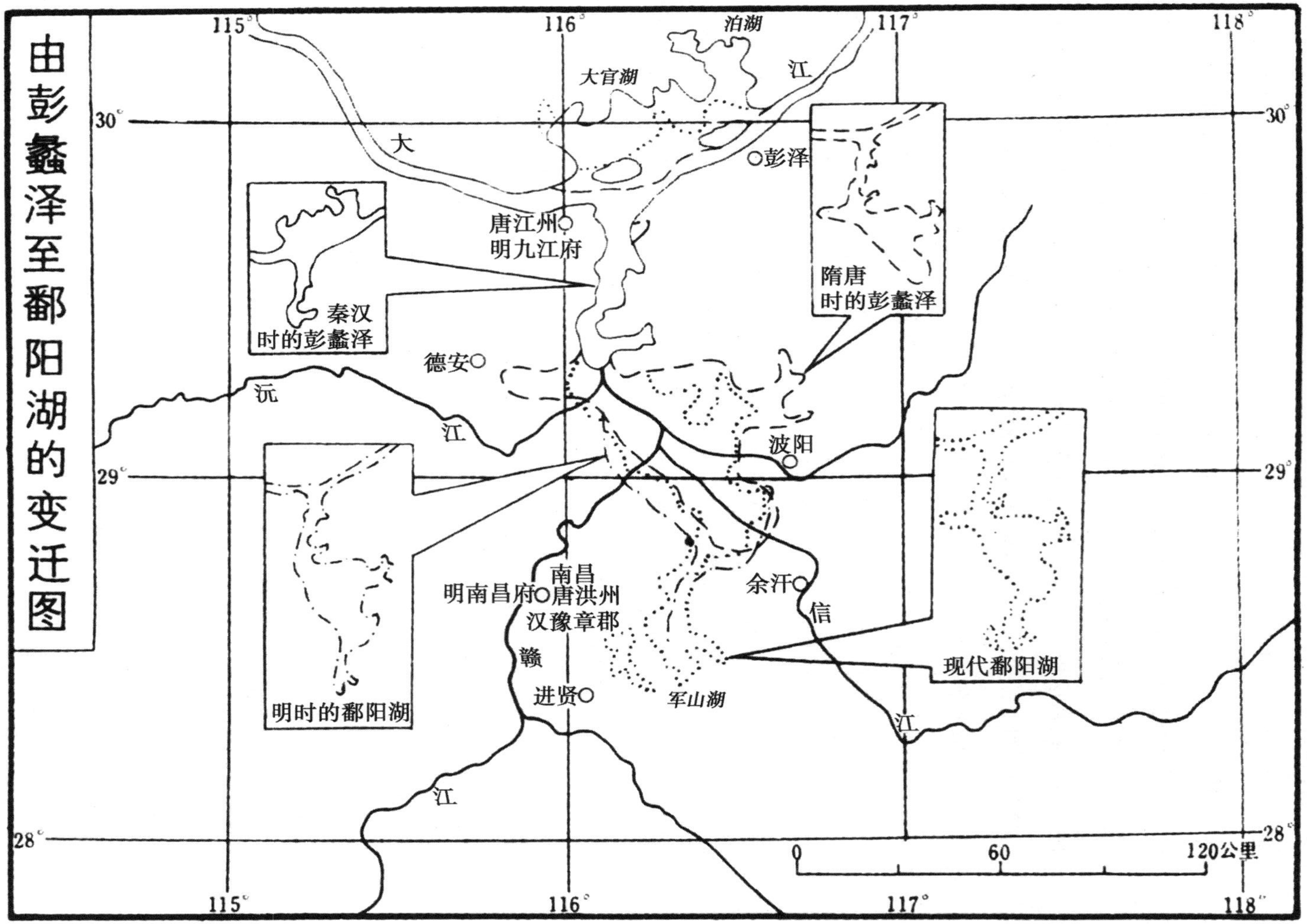

　　和九江名称相似，还有一个三江。三江指的是什么？自来说法也有许多不同。有的人从长江方面来解释，有的人从太湖方面来解释。太湖是长江下游一个大的湖泊，它汇纳了一些小的水流，当然要有入海的道路。太湖距海本来不远，又都是平原地带，湖海之间渠道交错，以这些小水来解释三江，也是有道理的。[①] 从长江下游的水道来解释三江，不是不可以的，不过一定要确定三的数字，未免胶柱鼓瑟了。有的人说江水流经现在安徽省芜湖市，分出一条水来，通过江苏省高淳县的东坝，流入太湖，再流入海，就是三江中的中江。[②] 其实东坝乃是人工开凿的。传说吴子胥为吴伐楚在此穿渠运粮，所以至今这里还称为胥江。[③] 有人说，江水在现在安徽贵池也分出一派水流，向东流到太湖，再南流入浙江。[④] 如果用现在地形图来看，这种说法自然不攻自破，因为皖南各地山岭重叠，从山间流下的河水都是向北流入长江的，而长江中的水流怎么还能分出来再驾山越岭，横过其他河流而向东流去？这样说来，所谓由长江分流出来的南江、中江都是不可能存在的，剩下的只有北江，北江就是现在的长江下游。这里的江水是没有很大的变迁的。（附图七《长江下游图》）

---

① 历来说三江的人很多，《禹贡锥指》卷六"三江既入，震泽底定"之下曾备引诸说，以作说明。

② 《汉书》卷二八上《地理志上》："丹阳郡芜湖，中江出西南，东至阳羡入海，扬州川。"阳羡在今江苏省宜兴县。阳羡之东为太湖，即所谓震泽，并非大海。

③ 韩邦宪《广通坝考》，见《禹贡锥指》卷六引。

④ 《汉书》卷二八上《地理志上》："丹阳郡石城，分江水首受江，东至余姚入海。"嘉庆《大清一统志》卷一一八《池州府》："石城故城在贵池县西。"或谓石城故城在今安徽省马鞍山市东南。若然，则石城当与芜湖相毗连。依《汉书》卷二八《地理志》所载，则芜湖为中江由江分出处，石城又为南江水由江分出处，短促数十里间，乃有两水由江分出，这就应为一时少有的奇迹，何止仅为少数学人所称道？按：《三国志》卷五五《吴书·程普传》："后从丹阳都尉，居石城。复讨宣城、泾、安吴、陵阳、春谷诸贼，皆破之。"吴时，丹阳郡治所移至今江苏南京市，南京距马鞍山更近，都尉驻治与郡守治所相距如此邻近，两汉三国似为少见。《程普传》所说诸地，宣城在今宣城县西，泾仍为泾县，安吴在今泾县西南，陵阳在今青阳县南，春谷在今繁昌县西北。其中宣城和春谷两县，皆约当今马鞍山市和贵池县之间。而泾、安吴、陵阳更近于今贵池县。程普为丹阳都尉时的石城，似应在今贵池县。《元和郡县图志》卷二八《池州》："秋浦县，隋开皇十九年，于石城故城置。"又说："至德县，本汉石城。"秋浦今为贵池县，至德今仍为至德县。可见汉时石城当在今贵池县，与今马鞍山市无涉。

图七 长江下游图

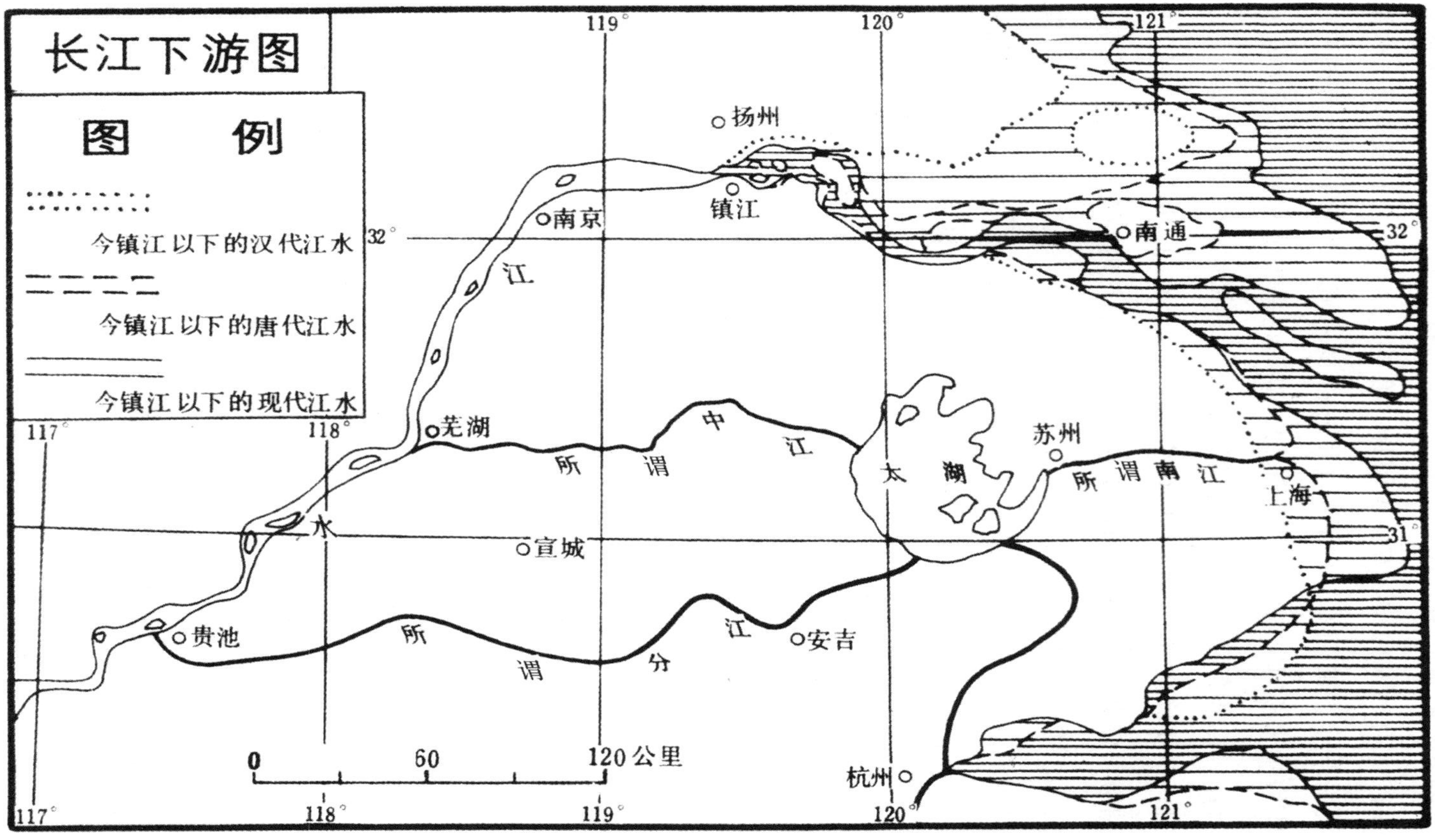

长江下游图

图 例

.... 今镇江以下的汉代江水

‒‒‒‒ 今镇江以下的唐代江水

——— 今镇江以下的现代江水

六、海河水系和珠江、辽河

　　江、淮、河、济四水古代称为四渎。所谓四渎是指独流入海的大水。独流入海的大水当然不止这四条。只是因为这四条河流或者流经中原，或者距中原不远，所以就为古代人们所重视而以渎相称。如果按照现在的情况来说，海河和珠江、辽河都应该算得独流入海的大水。海河为由天津市流入渤海的河流，主流并非很长，水系却分布很广。它汇合由太行山或其西流来各条河流和由燕山山脉西部的南北流来各条河流才形成这条海河水道。可以说南起发源于河南辉县的清水，北至发源于河北沽源县的白河，其间的水道都包括在内。较大的河流为淇水（今山东临清县以下为南运河）、漳水、滹沱河、桑乾河（下游为永定河）和白河（今北京通县以下为北运河）。远在《尚书·禹贡》篇和《山海经·北山经》所记载的黄河北行入渤海时，由清水至于滹沱河及其间大小河流皆汇于黄河，滹沱河以北各水多分流入海。自隋炀帝修永济渠后，自清水至桑乾河之间诸水又皆汇入永济渠。这时桑乾河已与沽水（今白河）合流入海。可以说这时海河的干流已经形成。及北运河修成后，海河水系就东以南北两运河为限了。海河水系流经太行山东河北平原，平原广漠，水流无阻，由太行山西流下的河流，往往挟带泥沙，泥沙堆积，而又流经平原，故一些河流就易于改道。其中漳水和滹沱河的改道最为频繁。当《尚书·禹贡》篇所记载的黄河流行时，漳水大致于邺（今河北临漳县西南）东北入于黄河。后来黄河改道他去，漳水仍流于黄河故道，也就是说那时的黄河故道就成了漳水的正流。[①]下至曹操开凿白沟时，曾引用了漳水[②]，是为漳水南流之始。漳水改道是相当频繁的。《汉书·地理志》所

[①]《汉书》卷二八下《地理志下》："信都国信都县：故章河、故滹池皆在北、东入海。"汉信都县今为河北省冀县。所说的"故章河"即流经黄河故道的漳水。

[②]《三国志》卷一《魏书·武帝纪》："建安十八年，凿渠引漳水入白沟以通河。"

记载就和《水经注》很不相同。①其后改道更为频繁，大体是"北不过滏，南不过卫"。滏水下游在今河北冀县之北的一段所行的就是《禹贡》篇所记载的黄河故道，也就是见于记载最早的漳水北行的河道，卫河就是淇水。南运河就是循着卫河下游修浚的。滹沱河也和漳水一样，在黄河北流时曾经作过黄河的支流。由于流经平原地区，泛滥改道都是经常发生的。不过所行经的流路，向南不至于越过宁晋泊，而北则曾与潴龙河、唐河下游相合，这是向北改道的极限，改道频繁，殆未能越过这条极限。②（附图八《海河水系变迁图》）

珠江为岭南大川，由西江、东江、北江汇合而成，南入于海。三江所流经多为丘陵山地，故鲜有改道泛滥。迨至广州附近，平原稍为广阔，也难免发生泛滥，甚至改道。不过这里已近海滨，就是改道，所行也非很远。倒是广州市区的江面数千年来却显得趋于狭窄。近年发现的秦汉时期的船台，距现在江岸已有1200米。船台原址当在江边，如果当时江岸与现在相同，这就难于作出解释了，就是秦汉以后一些遗址遗迹也都可以证明。这样的变迁人为作用居多，然西江的主流南出磨刀门入海，使流经广州城下的流量有所减弱，也未必不是其中的一个因素。③南海之滨的珠江有过这样的变迁，流入辽东湾的辽河也有相应的改道。辽河两源，东西辽河于辽宁康平县汇合后南流。自《汉书·地理志》始载辽河原委以来，辽河下游自新民县以下大致是沿今烂蒲河、纳浑河往南，直趋海城西境入海。明初始向西摆动，形成现在辽河下游的河道，这样的改道为时并非很早，应与辽河上游植被大量破坏，随水流下的泥沙日益繁多有关。④（附图九《辽河下游河道变迁图》）

---

① 《汉书》卷二八下《地理志下》于赵国邯郸县、广平国列人县、信都国蓚县，皆有关于漳水的记载。邯郸县今为河北邯郸市。列人县在今河北肥乡县北。蓚县在今河北景县南。邯郸、列人的漳水应为汉时的新迹。《水经·浊漳水注》记载漳水所行的县主要为邺、列人、堂阳、信都、阜城、东平舒。在堂阳还分出一条南支，下游仍与北支相合。堂阳在今河北新河县北。阜城在今河北阜城县东北。东平舒为今河北大城县。

② 《中国自然地理·历史自然地理·海河》。

③ 《中国自然地理·历史自然地理·珠江》。

④ 《中国自然地理·历史自然地理·辽河》。

图八 海河水系变迁图

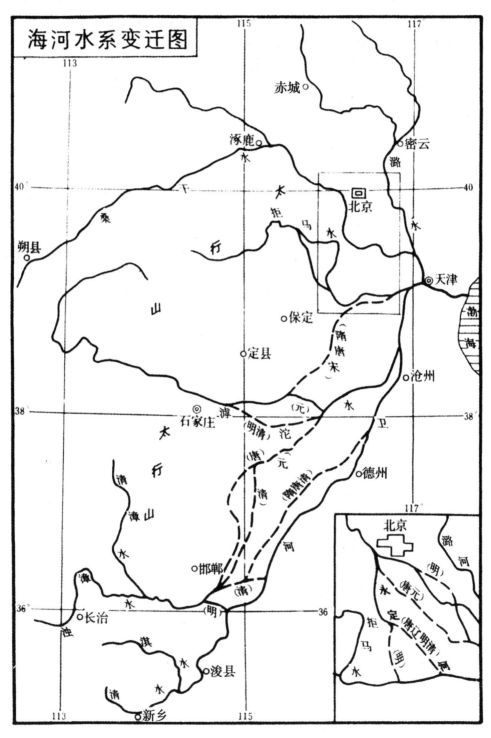

图九　辽河下游河道变迁图

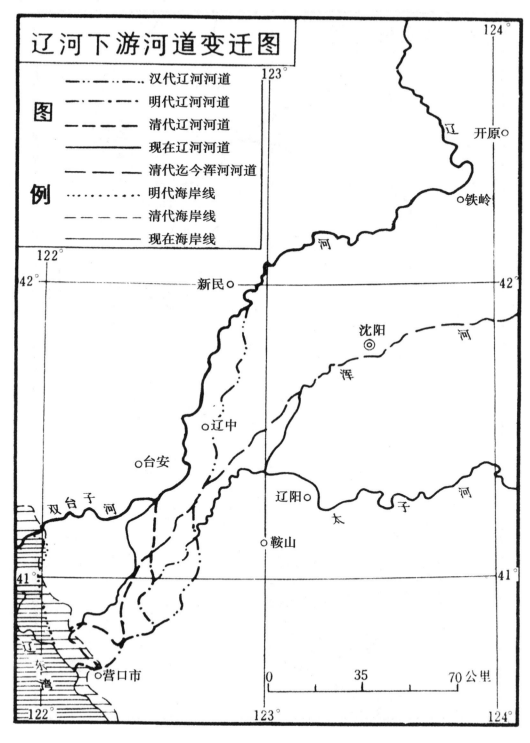

辽河下游河道变迁图

图例

—··—··—··—　汉代辽河河道
—·—·—·—　明代辽河河道
— — — — —　清代辽河河道
————————　现在辽河河道
— —　— —　—　清代迄今浑河河道
·················　明代海岸线
— — — — —　清代海岸线
————————　现在海岸线

七、重要运河的开凿

　　江、淮、河、济四条大川构成了不同的水系。其中黄河和济水应该合为一个,因为济水是由黄河里面分出来的水流。如果由嵩山和泰山之南各取一点,作一直线,则这条线之北乃是河济的流域,其南应为淮水流域,再南自为长江流域。水道是与交通有关的,古代的人们曾经为了沟通这几个不同的流域,费了很多心思和努力。春秋末年吴王夫差时吴国的人民在这方面开始有了建树。他们首先沟通了江淮两个流域,接着又沟通了济水和淮水。淮水和济水之间有了交通道路,也就是说这条道路由济水伸延到河水。这一下江淮河济都能够联络起来。对于前者,他们开凿了邗沟,用现在地理来说,邗沟南起江苏省扬州市,北至淮阴市。对于后者,他们曾经凿沟于商鲁之间,这个沟就是所谓菏水,它连接了泗水和济水。泗水下游入淮水,济水上游承黄河,所以黄河和淮水也就沟通起来。再后到了战国时期,人们在这方面更是注意,有名的鸿沟的开凿使河、济、淮、泗更密切地连系在一起。鸿沟是一些水道的总名。这当中包括着汳水、狼汤渠、睢水、鲁沟水、涡水几条水道,汳水在下游又改称获水。这几条水道的上源和济水一块由黄河里分出,逐渐分流,就成为几个不同的水道。鸿沟固然是这些水道的总名,如果具体地说来,应该指狼汤渠而言。狼汤渠一直向南在今河南省淮阳县南流入颍水。汳水是在现在河南省开封市北分狼汤渠东流,中间改称获水后,在现在江苏省徐州市北流入泗水。睢水由狼汤渠分出的地方是现在河南省旧陈留县西北,向东南流到今江苏省宿迁县,也入于泗水。鲁沟水是在今旧陈留县南由狼汤渠中分出,流到现在河南省太康县入于涡水。至于涡水由狼汤渠分出的地方就在太康县的西面。它向东南流到今安徽省怀远县入于淮水。[①]

---

① 关于这几条运河的开凿,请参阅拙著《中国的运河》,下面一直到灵渠和元代的运河大都同此。

（附图十《春秋战国时期江淮河济之间运河图》）

在鸿沟系统中的水道，后来陆续湮塞。其中汳水及其下游改名的获水最受人们的注意，这段水道在东汉时后被称为汴渠。汴渠也是一再淤塞，因为人们的重视，所以也一再修理，最后到南北朝时代，汴渠终于废弃了。

唐宋时期连接黄河和淮水的还有一条汴河。汴河的名称当然就是由汴渠来的。但是唐宋的汴河却和东汉以后的汴渠不同。论起汴河也是由黄河分出来的水流，它分黄河之处也就在汴渠源头的附近。不过下游却大有区别。汴河并非在徐州附近入泗，而是在现在安徽泗县入淮。唐宋时期的汴河实际就是隋炀帝时候所开凿的通济渠。隋炀帝时候所开凿的运河一共有四条。通济渠而外还有邗沟、江南运河和永济渠。邗沟就是春秋末年吴王夫差时所开凿的河道。到隋时重新开凿，起讫的地方大致相同。可是流经的地方有了很多的改动。江南运河由现在江苏省镇江市通到杭州市，使长江和浙江两个流域连接起来。隋时的永济渠是由现在河南省修武、武陟两县附近导沁水南入黄河，北由淇水以通入涿郡，隋涿郡治于现在的北京市。这条水道就是现在的卫河及卫河下游改名的南运河。这条永济渠的凿成使太行山东诸水都和黄河有了联系。（附图十一《隋唐运河图》）

但是永济渠并不是最早在太行山东连系各河流的运河。远在东汉末年，曹操执政的时期，就曾经在太行山东开凿了四条运河，就是白沟、利漕渠、平虏渠和泉州渠。当时的黄河流经现在河南省浚县和濮阳。这里的淇水本来在今浚县西转向北方流去。在这以前，流经这里的黄河，向北倒岸，使淇水南流入河。曹操为了利用淇水，就用巨木堵水致使北循故道。堵水的地方到现在还称为枋城。这时所谓白沟就是指淇水故道而言。白沟北行，在现在河南省内黄附近和洹水合流。利漕渠沟通洹水和漳水。它在现在河北省丘县和洹水相连，在河北省曲周县和漳水相连。平虏渠是在今河北省静海县境（此处山西人民社版本为饶阳县，现据《史念海全集》改。——编注），它的主要作用是连接滹沱河和泒水。泉州渠是由沟河口通到潞水。所以称为泉州渠，是因为这条渠道的附近，当时有一个泉州县。这四条渠道就使太行山东各河流

图十　春秋战国时期江淮河济之间运河图

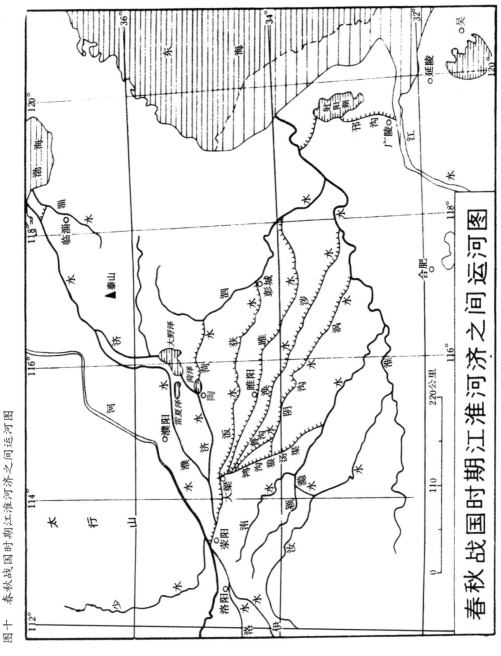

春秋战国时期江淮河济之间运河图

图十一　隋唐运河图

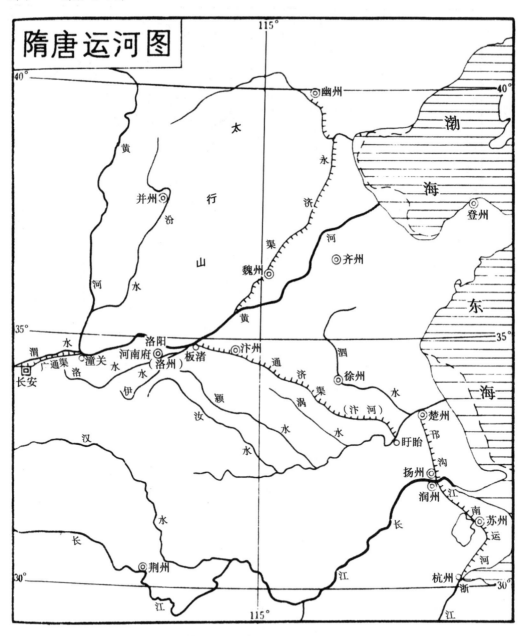

和黄河连成一气。（附图十二《汉魏之际太行山东运河图》）

应该指出，古代的人们对于长江流域和珠江流域的沟通也曾经作过努力，而且获得了显著的成就。长江支流的湘水和珠江上游西江支流的漓水本是同由广西兴安县海阳山发源，这里是两大流域水流最近的地方。远在秦始皇时人们已在湘漓二水的源头开凿了一条灵渠，使湘漓二水能够连接起来，并且使它在交通上发挥了作用。灵渠虽然很短，它的意义却很重大。长江和珠江两大流域就是凭借这条短促的水道沟通起来。从那时起一直到现在，人们不断地修浚，使它畅流无阻。实际上已经和一条自然水道差不多了。（附图十三《灵渠图》）

尤其值得称道的地方，乃是在灵渠开凿的时候已经开始采取闸河置斗门的办法。这种办法使两条地形高低不同的水流互相沟通有了可能，不过这种办法在以后很长久的时期没有被广泛地采用，这是由于其他运河的开凿都是在平原地带，没有运用这种闸河办法的必要。后来一直到了元代，为了开凿由现在北京到杭州的运河，才重新采用这种行之有效的技术。因为由北京通到杭州的运河是由北到南，这是和自然水流的方向不合的，而且所开凿的运河要通过山东省西部较高的地区，如果不采取闸河的办法，则运河的兴修将是不可能的事情。这条运河是修成了，若干自然水道却受到影响而改变了原来的情况。最显著的乃是山东的汶水。汶水发源于莱芜县。本来西流到现在东平县西南入于济水，因为古代的济水是由这里流过的。后来济水湮没，黄河从这里经过，汶水也就流入黄河。黄河改道，汶水就合大清河一同入海。在兴修这条运河的时候是曾经利用过这条汶水的，但是却没有完全改变汶水下游的方向。到了明朝初年，为了使运河发生更大的效力，就在宁阳县东北汶水的水道中建立一座堽城坝，使汶水折向西南流，流到汶上县的南旺。这里的地势最高，汶水就在这里南北分流，解决了运河中缺水的困难。这些事情虽然都是由于人为的关系，但同样使水文发生很大的变化。这条运河自元代凿成，历明清两代继续维修，虽中间河道有所改易，南北交通实所凭借。清末和民国年间，运河由山东临清县至江苏淮安县间的河道多已湮塞不通。新中国成立以后，不断疏浚，全线畅通在望。这就是现在的京杭大运河。（附图十四《京杭大运河图》）

图十二　汉魏之际太行山东运河图

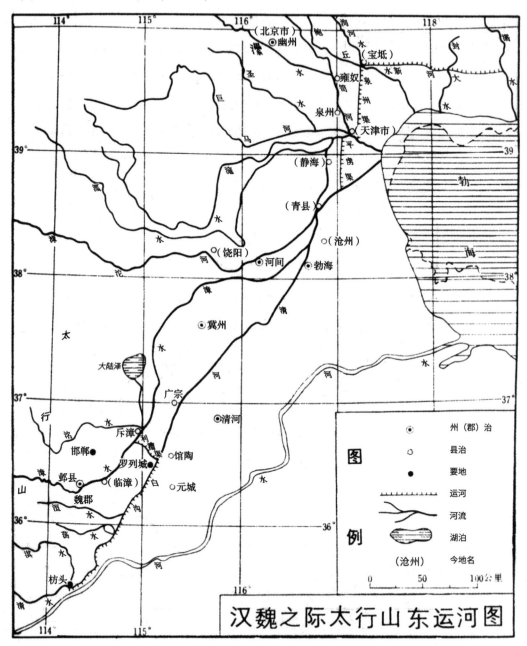

汉魏之际太行山东运河图

图十三　灵渠图

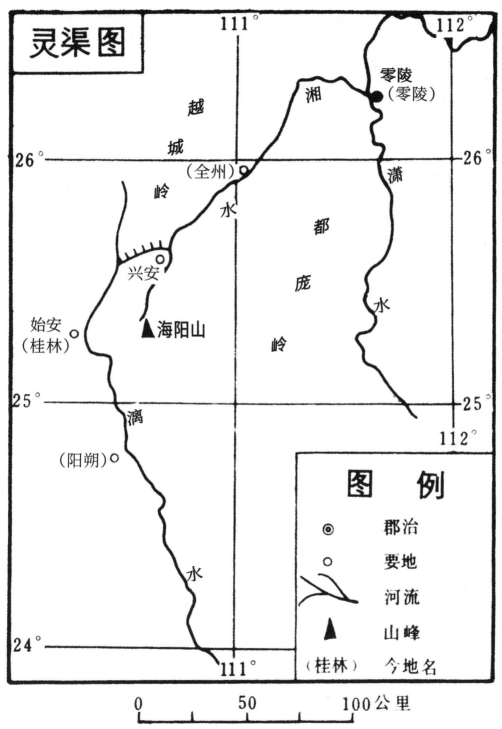

灵渠图

越城岭

湘水

零陵
（零陵）

潇

（全州）

都庞岭

水

兴安

▲海阳山

始安
（桂林）

漓

（阳朔）

水

0　　　50　　　100公里

图十四　京杭大运河图

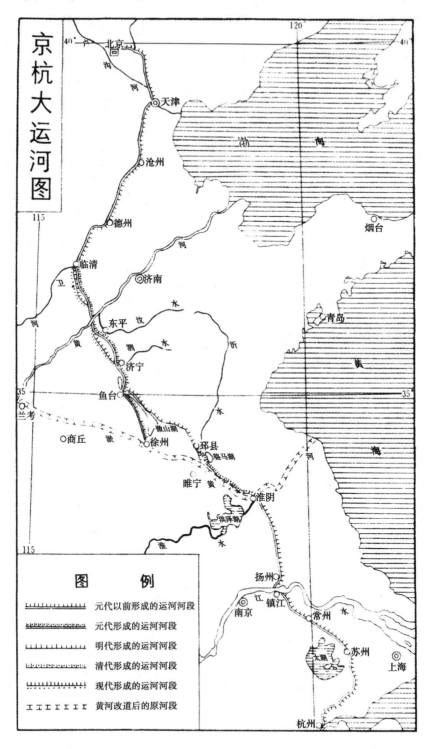

京杭大运河图

图　例

元代以前形成的运河河段
元代形成的运河河段
明代形成的运河河段
清代形成的运河河段
现代形成的运河河段
黄河改道后的原河段

八、内陆水文的变迁

至于内陆的河流也是有一定的变迁的。最显明的例子要算甘肃西部的疏勒河和党河以及新疆塔里木河的下游了。根据古代文献的记载，疏勒河本来称为籍端水，党河称为氐置水。据说籍端水向西流入一个湖泊里面，氐置水却是向东流入另一个湖泊之中。[①]如果以现在的地图看来，就是哈拉湖了。可是现在的党河乃是向北流入哈拉湖中，不是向东北流的。有的人用后代的情况指出以前的文献是错误的。不过这个地方和别的地方不同。这个地方是古代中外交通的孔道，来往的人们很多，在许多人关注之下，记载错误的可能是不会很大的。经过现代的考察和研究，古代的记载是正确的。所以和现在的情况有了不同，乃是后世水文变化的结果。现在的哈拉湖在甘肃省敦煌县北部偏西，古代的哈拉湖如果以现在的敦煌位置来看，应该在东北方面。古代的哈拉湖在现在的东方，按经度来说，其间相差在1度以上。[②]为什么能有这样的差别？可能是由于风沙推移的关系，使河道有了改变。（附图十五《党河及疏勒河变迁图》）

在新疆的塔里木河的下游也有这样情况发现。塔里木河的下游本来汇入罗布泊。塔里木河是以黄河的上游始见于记载的。[③]《水经注》承其说，以之载入《河水注》中。塔里木河的名称始见于清代的文献。[④]罗布泊见于古代记载，《山海经·西次二经》所称的泑泽，说者以为即今罗布泊。[⑤]其后

---

① 《汉书》卷二八下《地理志下》。《志》文作南籍端水。南字误衍，这里就直称为籍端水。

② 向达译《斯坦因西域考古记》。

③ 《史记》卷一二三《大宛传》。

④ 《乾隆内府舆图》。

⑤ 《水经·河水注》："泑泽水积鄯善之东北，龙城之西南。"

图十五 党河及疏勒河变迁图

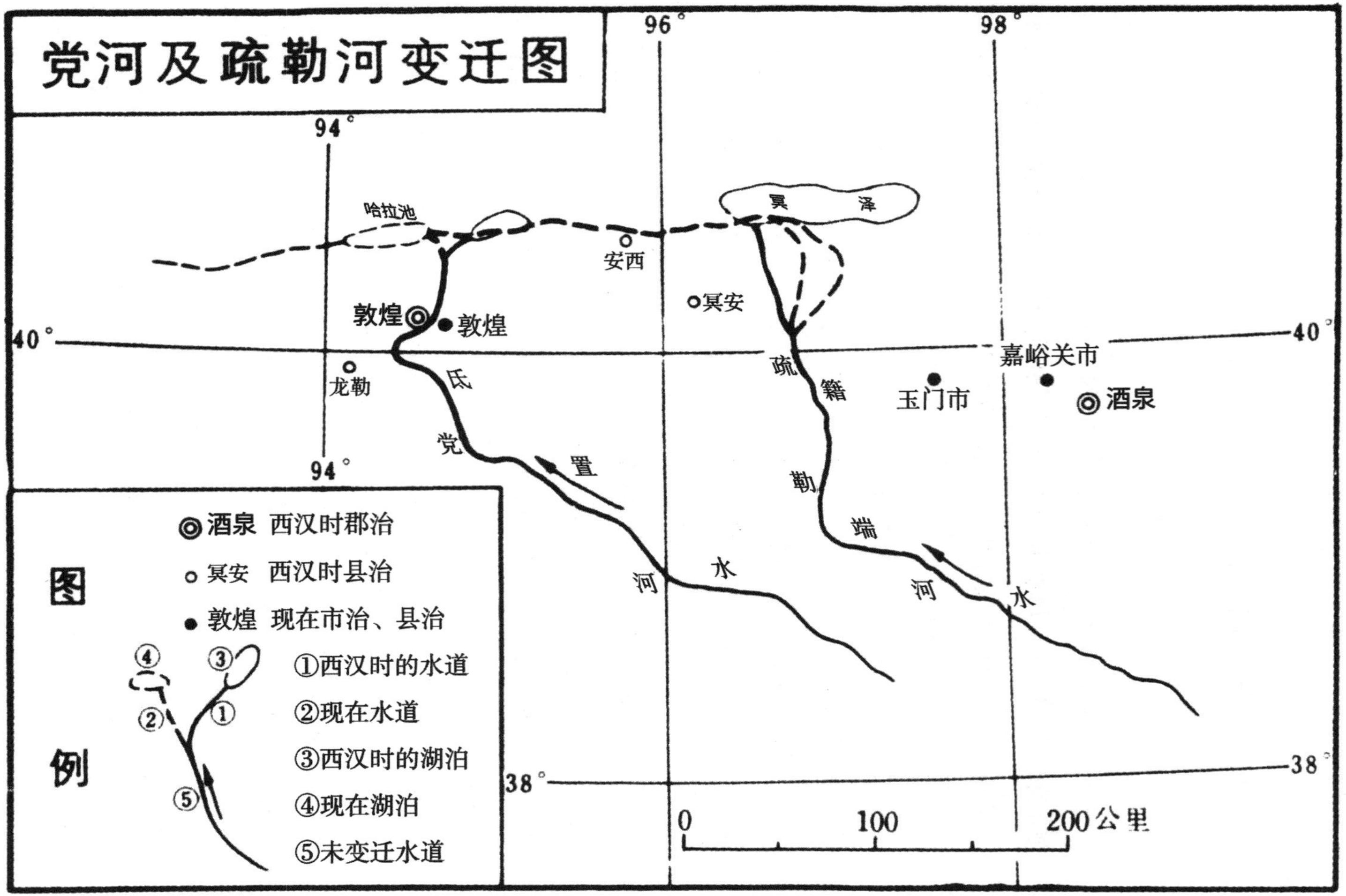

党河及疏勒河变迁图

◎酒泉

嘉峪关市 ●

玉门市 ●

泽

冥

疏勒

端

○冥安

河

疏

安西 ○

哈拉池

水

○安西

氐

党

龙勒 ○

敦煌 ◎

●敦煌

置

河

水

200公里

0   100   200

图

◎酒泉　西汉时郡治

○冥安　西汉时县治

●敦煌　现在市治、县治

例

① 西汉时的水道

② 现在水道

③ 西汉时的湖泊

④ 现在湖泊

⑤ 未变迁水道

④

③

②

①

⑤

40°

38°

38°

40°

94°   96°   98°

94°

更有盐泽[①]、蒲昌海[②]、牢兰海[③]、辅日海、临海[④]诸名称。塔里木河汇集和田河、叶尔羌河、喀什噶尔河和阿克苏河，流经塔克拉玛干大沙漠之北，河道就容易有所变迁，《水经注》所记已有南河、北河的名称，可知不只有变迁，且复有分汊。迄今当地犹时有古河道的发现，足见变迁还是相当频繁的。罗布泊的方位在古代楼兰国的东北，楼兰即后来改称的鄯善。罗布泊是汇聚塔里木河的水泊，塔里木河河道有了变迁，罗布泊就会失去水源，这在前代并非了无记载的。到了清代后期，原来的罗布泊又复干涸，塔里木河下游另在若羌之北汇成湖泊。所以当时就有人说，过去的舆图是错误的，而且还是相当大的错误。实际上却不是如此。罗布泊的方位在历史上曾经有过不同的记载，但这只是水流改变的结果，并非文献记载的错误。新中国成立之前，塔里木河曾与孔雀河汇合，入库鲁克河，流入罗布泊。但在新中国成立以后，塔里木河重入台特马湖，原来的罗布泊也就又复干涸了。罗布泊的变迁是由于塔里木河下游的改道。塔里木河下游的改道，固然是由于地方比较平坦，流沙推移拥淤，但也有一定的人为的作用。[⑤]（附图十六《罗布泊及塔里木河变迁图》）

第二节　地形的侵蚀和沿海陆地的成长

一、河流对地表的侵蚀

水文的变化必然促进地形的改易。河水的泛滥改道，湖泊的湮塞淤积，

---

① 《史记》卷一二三《大宛传》。

② 《汉书》卷九六《西域传》。

③ 《水经·河水注》引《释氏西域记》。

④ 《史记》卷一二三《大宛列传·正义》引《括地志》。

⑤ 《中国自然地理·历史自然地理·塔里木河》。

図十六 罗布泊及塔里木河变迁图

罗布泊及塔里木河变迁图

白龙堆

蒲昌海（罗布泊）

楼兰

鄯善（若羌）

车师前国（吐鲁番）
车师都尉

焉耆（焉耆）
（博斯腾湖）

（开都河）

（孔雀河）

臣（车尔臣河）

且末（且末）

北

南

山

山

天

龟兹（库车）

姑墨（阿克苏）

（塔里木河）

于阗河

和田河（和田河）

于阗（于田）

葱岭

莎车（莎车）

疏勒（喀什市）

阗池（伊塞克湖）

蒲

昆

仑

山

葱

岭

叶尔羌河

图例：
○ 汉时西域国家
○ 汉时地名、今地名
（ ） 今河名
汉时河流、湖泊

0   70   140公里

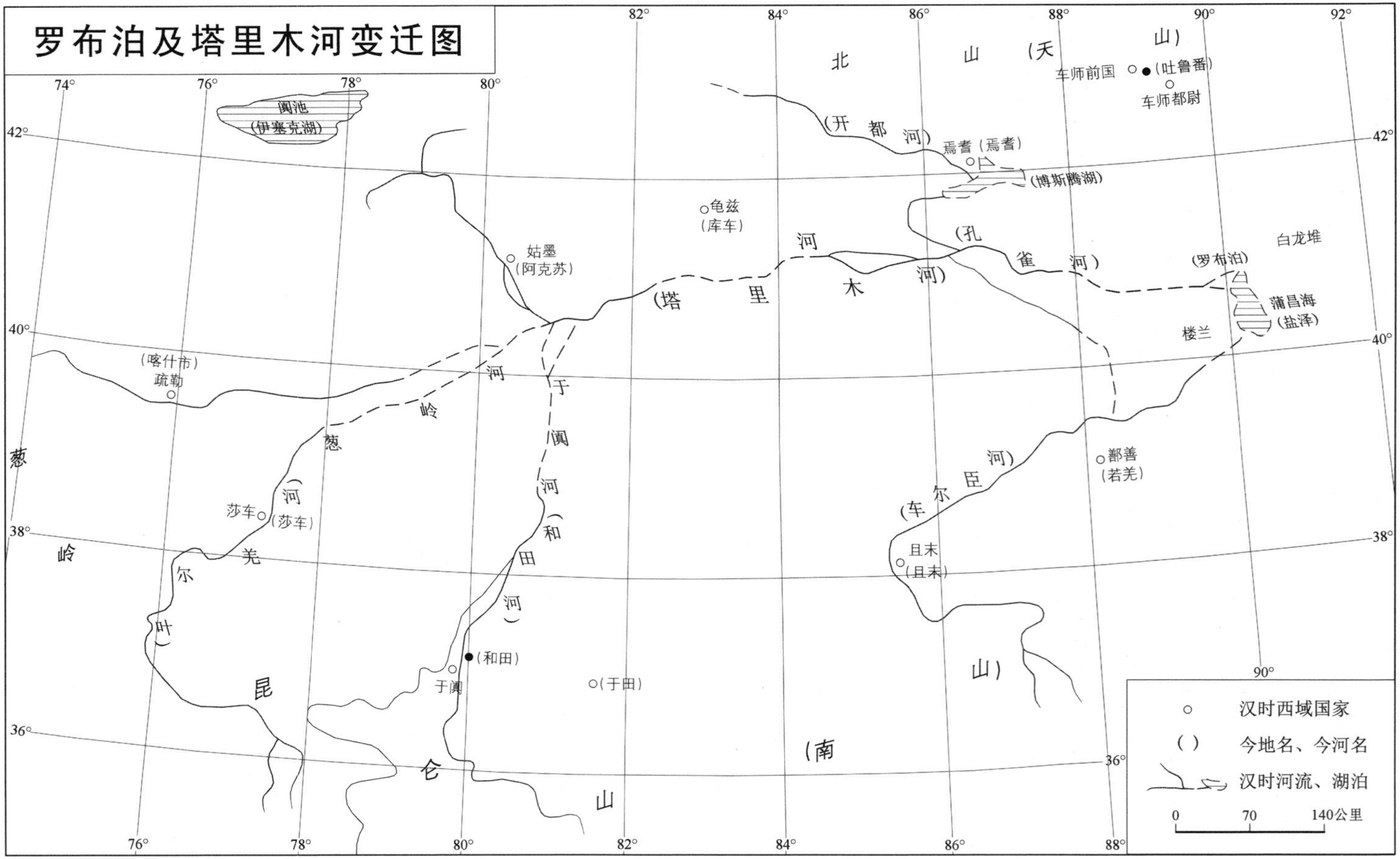

正是地形改易的原因。不过这些情形通常习见于平原地区。至于较高的地区，也有地形改易的情形。改易的原因当然和平原地区有所不同。其中主要的一点则是由于河流的冲刷形成了侵蚀作用。

河流所经行的地方，上游率高于下游，这是自然的形势。源远流长的河流，上游和下游之间地势的差异，自然更大。水流由高处流往低处，随着地势高低的差异，流速也就有了不同。水流湍急的地方对于河床及两岸的冲刷力也就强大起来。这种情形就黄河上游看来更是明显。以现在河床来说，黄河发源处的高度暂且不论，就以沿河的城市来说，青海省贵德县高出于海面尚达2400米，皋兰仍有1500米，银川已渐降低，可是还高出海面1115米，至于潼关则低到358米。黄河在这样的情况下，高低的差异自然也是很大，所造成的侵蚀情况实为不可避免的事情。古代记载简略，当然不能如现在的具体。以今例古，古代的差异应该也是不小的。

黄河和其他河流不同的地方乃是河水中所含的泥沙量过大。据近年统计，每年平均经过陕州随黄河输送到下游去的土壤是 16 亿吨。数目之大，实堪惊人。古代黄河的含泥沙量当不至如现在这样多，不过也应该有相当数量。最早谈到这一点的为战国时期的人们，当时黄河已有浊河之称[1]，正以河水夹杂泥沙，水色显得黄浊的缘故。西汉时人又进一步指出一石黄河水中要有六斗的泥[2]，这就更显得水色的浑浊了，和浊河相对的为清济，显然是济水含泥沙量很少。另外还有一条清水，也是发源于太行山东。[3]太行山东平原广漠，水流冲刷力量不大。而黄河中的泥沙也显然是由上游各地挟带下来的。

黄河上游所流经的区域为著名的黄土地区。就是各支流所流经的地区也是一样的。黄土组织疏松，黏性不强，容易为水所冲失。不要说到黄河本流，各支流也都挟带着相当数量的黄土。其中泾水尤为著名，远在西汉时

---

① 《战国策·燕策一》。

② 《汉书》卷二九《沟洫志》。

③ 《水经·清水注》。

期，就有泾水一石，其泥数斗的说法。[①]过去一般人们常引用泾渭分明的话来形容清浊的不同。这句话的起因是泾水本来是清的，而渭水是浊的。[②]西汉时却变浊了。泾水浊了，就显得渭水是清的。其实这也不过是比较的说法，渭水也一样是浑浊的。清代中叶，就有"渭一石淬斗许"的说法。[③]其浑浊的程度即此也可见到一斑。

由于黄土疏松，容易为水冲失。而这种冲失的情形，斜坡地方远较平坦地区为严重。在黄土地带中有许多地方形成许多沟壑，下游通于附近的河道。这种沟壑的形成，就是降水冲失土壤的结果。所以河流的冲刷不仅限于它的河床及两岸，而是普遍涉及它的各支流，以及支流有关的各个沟壑，沟壑两旁的坡地平地。换句话说，黄河流域上游各处都是水力冲刷所及的地方。

这种水力冲刷的进度在古代的文献中很难有确切的记载。但冲刷的严重性却是很显然的。以黄河支流无定河流域的绥德县来说，就可见到一斑。绥德县的地形在古代是怎样？现在已很难说。现在的绥德县却是千沟万壑，纵横排列。不只无平地，却也无山梁，只是若干沟与沟间的丘陵。当地农民说：三年或五年就把一犁土冲去了。这自然是经验之谈。由此看来，冲刷的过程已经相当久了。泾水支流蒲河与马连河之间的董志原的情况比绥德地区稍好，但也不能不认为严重了。董志原的东西已经冲刷成很多大沟，分别通于马连河和蒲河。整个董志原的形状，已经像蚕食余的桑叶，只有中间叶脉还联系着。据唐代的记载，董志原南北长80里，东西宽60里。[④]折合今制，分别为42.5公里和将近32公里，现在南北长度大致如旧，东西最宽处仅18公里，最窄处才有0.5公里，其间相差是很大的。

现在绥德县位于无定河的下游，循无定河而上，就是汉时上郡治所的肤

---

① 《汉书》卷二九《沟洫志》。

② 泾渭清浊之说，始见于《诗经·邶风·谷风》。这篇诗中曾经说过："泾以渭浊，湜湜其沚。"后来泾渭清浊时有变迁。见拙著《论泾渭清浊的变迁》。

③ 《东华录》乾隆五十一年正月辛亥陕西巡抚秦承恩的报告。

④ 《元和郡县图志》卷三《宁州》。董志原在当时是称为彭原的。

施县（今陕西榆林县南），相距很近，彼此情况应当仿佛。董志原于汉时属北地郡。东汉时虞诩曾经说过："北地上郡山川险隘，沃野千里。"[①]像现在绥德县和董志原这样的情况，和汉时相比，怎能够说它是沃野千里？

黄河中游有许多"原"。这里所说的董志原就是其中的一个。"原"是黄河中游主要的地形。一般是地势较为高昂而上面较为平坦的地方。黄河中游有些"原"是在很早以前就已经有了，周人兴起地的周原，由来就已很久。[②]西安南边的少陵原在汉时就已称为鸿固原。[③]渭水中下游两侧的原，其名称见于记载的就更为繁多。[④]其他各处当也如此，由于多未见于文献记载，故往往不为世人所知。这些原和原旁的沟壑正是地形被侵蚀的结果。地形侵蚀的情形在上古时期固然已经有了，但是愈往后来就愈为严重。黄土高原上的沟有绵延很长的大沟，也有相当短促的小沟。大沟形成的时期较久，可能上古时期已经有了，也许还要再上溯到史前时期，一般短促的小沟，大致不出近五六百年间。[⑤]就是黄河的泛滥和改道也可作为证明。黄河泛滥和改道远古时期可能就已经有过。就是文献的记载，也可上溯到周代。[⑥]可是愈到后来就愈为频繁，这是在前面已经说过了的。黄河的泛滥和改道固然是因为是人谋之不臧，而河水中的所挟带的泥沙量逐渐增多，淤塞沉积使水流不畅却仍然是一个重要原因。如果中游侵蚀作用不十分剧烈，怎能显出这种情况？

河流对于地形的侵蚀就黄河中游看来自然是一个最典型的区域了。发源于太行山西的漳水、滹沱河和桑乾河（永定河的上游），虽然现在已经不在黄河流域以内，它们的侵蚀作用也是很剧烈的。太行山西也属于黄土地区，它的情形也和黄河中游相仿佛。漳水有两个上源，出于今山西省长子县的一

①《后汉书》卷八七《西羌传》。

②《诗经·大雅·绵》："周原膴膴"。

③《太平寰宇记》卷二五《雍州》。

④《禹贡锥指》卷二五至三七。

⑤拙著《历史时期黄土高原沟壑的演变》，见《中国历史地理论丛》1987年第二辑。

⑥《汉书》卷二九《沟洫志》。

源，就是称为浊漳水的。这和黄河称为浊河应该是具有相同的意义。滹沱河的水力本是可以胜舟楫的，东汉初年还曾利用它来转运山东的粮食，至汾水上游的羊肠仓。由于水流湍急，后来还是用驴辇转运。[1]桑乾河下游称为永定河，这是清康熙时所改的新名，这一段以前称为浑河，或者干脆称为小黄河。[2]这样的称呼就是它流浊易淤的缘故。太行山东各河的水灾就文献的记载来看，仅次于黄河的下游，当然是和这种情形分不开的。太行山东水灾的频繁正说明太行山西地形侵蚀的剧烈。

其他的河流对于地形的侵蚀也都有一定的作用，不过不如黄河中游的显著。就以长江来说，也是含有泥沙的，比起黄河来自然是十分稀少。由于有关长江输沙量的记载殊不多见，因而难得具体的比较，这里只就1934—1936年及1951—1964年共十六年水文实测资料所统计的由藕池、松滋、太平、调弦四口输入洞庭湖的泥沙略作说明，在这十六年中由这四口输入洞庭湖的泥沙1.394亿立方米。[3]由这四口流入洞庭湖的水流只是长江总流量中的一小部分，四口流水的输泥沙量尚如此之多，长江所挟带的泥沙量应该是很不少的。长江所挟带的泥沙当然是来自它的主流，它的支流也应该有相当的数量。上面所征引水文实测资料，推计了流入洞庭湖的水流所含的泥沙量，除藕池等四口之外，还有湘、资、沅、澧四水。四水输入洞庭湖的泥沙为0.219亿立方米。唐人柳宗元以《渔翁》为题，描写湘水的清澈，曾经指出：渔翁"晓汲清湘燃楚竹"，还说到"欸乃一声山水绿"[4]，这样的清澈是可以见底的。现在湘水也还是相当清澈的。就是这样清澈的水流并非了无泥沙。正是由于长江和它的支流都挟带有相当多的泥沙，才促成云梦泽的消失和洞庭湖的缩小。上面所征引的泥沙数字，是出自近年的水文实测资料。

---

① 《后汉书》卷一六《邓禹传附子邓训传》。

② 《读史方舆纪要》卷一〇《直隶一》。

③ 由《中国自然地理·历史自然地理·长江》节转引。

④ 《全唐诗》卷三五三《渔翁》："渔翁夜傍西岩宿，晓汲清湘燃楚竹。烟销日出不见人，欸乃一声山水绿。回看天际下中流，岩上无心云相逐。"

但以之说明古代的现象，还应是有力的旁证。洞庭湖的显著缩小，为时虽非过早，云梦泽的消失却不是近代才有的现象。如果说那时长江中并未挟带过泥沙，则对于云梦泽的消失就不能得出确切的解释。就是古彭蠡泽的移徙和缩小以至于江北部分的消失，也是同样的道理。

当然河流沿岸的崩塌也应该算作一种侵蚀。这种情形在长江下游是相当明显的。长江下游北岸的海门县始置于五代后周时。[①] 因江水冲击的缘故，由元迄明，连续崩塌，到清初只好废县。但由于长江主流南徙，在旧县附近又因堆积作用，沿岸逐渐展宽。乾隆时才又恢复海门县（当时称为海门厅）[②]，不过又发现了崩塌，这种情形同样也发生在浦口车站附近，好在防治得宜，才不至于有很大的变化。

这种沿岸的崩塌其实就是河流的侧蚀。河流经过河谷都可能发生侧蚀，因而这是一种普遍现象。虽说是普遍现象，所发生的影响只是所能涉及的河段，是有一定的限度的。它只能增加河谷的宽度，改变河谷附近的地形。这是点或线的改变，和上面所说的一般侵蚀还是不尽相同的。上面所说的侵蚀当然也是由点或线开始，但所涉及的较广，对于地形的改变不仅是点或线，而是面了。这样的改变上面只说到黄河和长江两大流域，其实也是所有的流域都不能或免的。虽说都有侵蚀的现象，对于地形的改变却难得都是一致的。各地的地形都不尽相同，所受侵蚀的强弱程度也就未能一律。长江流域还比黄河为广大，可是长江所挟带的泥沙就没有黄河的繁多，显示出它所受到的侵蚀不如黄河的严重。形成这样差异的原因应该是复杂的。有自然的原因，也有人为的原因，就黄河来说，黄土高原由于土质疏松，最易受到侵蚀，所以地形的变迁也最为显著。其他各处就不是这样的。不过不能因此就说地形不会有所改变，只是不十分显著而已。

---

① 《宋史》卷八八《地理志》。
② 嘉庆重修《大清一统志》卷一〇七《海门厅》。

二、植被的破坏与侵蚀的加速

如何来防止地形的侵蚀，保持土壤不致流失？就现代科学研究来说已经有了有效的方法。目前西北各处正在进行这一工作，而且已经获得显著的成就。其中主要的是在保原、固沟、护坡、防沙的要求下，以拦泥蓄水、改善耕作制度的方法，逐步开展农、林、牧、水相结合的综合性的水土保持工作。说起农、林、牧、水相结合的工作，尤其是牧、林两项更是当前的急务。其实这种工作正是弥补以前人们的破坏。①河流能够侵蚀，土壤不断流失，原因自然不一，而植被的滥被破坏实为其中的一端。现代学者根据自然情况推测，西北以前曾经是草原及森林草原地。这样的推测是正确的，现在有些地区曾经发现古时的土壤的残余，并且证明是草原的残余土质。甚至有些地区还曾发现黑色的埋藏土，这是经过草的生长而改良过的土壤。②如果就文献的记载来看，这种推测也是不错的。古代传流下来的《山海经》内记载了许多山，有些山经过以前的学者考证是在现在的西北。据《山海经》的记载这些山上是有树木的。甚至山阳是些什么树木，山阴是些什么树木，也都记载下来。就以汉时的情形来说，当时关中被称为陆海，为九州的膏腴地方。除过农业和水利之外，鄠杜的竹林和南山的檀柘同是陆海中的产物。③甚至天水陇西的林木也受到人们的称道，当地的居民通常就是利用木板作房屋的。④以前人们对于栽植树林也相当注意。远在河套东北的榆林塞就是以

① 拙著《黄土高原森林与草原的变迁》。
② 张含英《对于西北水土保持工作的认识》，载《科学通报》1953年9月号。
③ 《汉书》卷六五《东方朔传》。鄠今为陕西户县（现为西安市鄠邑区。——编注）。杜在今陕西长安县东北。南山指秦岭而言。
④ 《汉书》卷二八下《地理志下》。汉天水郡治所在今甘肃通渭县西北。陇西郡治所在今甘肃陇西县东南。

榆柳众多而得名。[①]至于草地在古代的西北原是不稀罕的地区。汉时凉州之畜为天下饶，当然牧草是很丰富的。[②]隋唐时国家养马的地区由陇上延伸到陕北，对于牧草也给予相当的重视。[③]

这种森林和草地所构成的植物被覆地区对于防止地形侵蚀保持水土具有很大的作用。森林的落叶和地上的腐草，可以涵蓄降水，保持相当的水分，阻挡淤泥的流失，并且还可以增加土壤的肥力，增加土壤里的有机质，促成土壤的团粒结构。这种团粒结构能增加土壤的涵蓄水分能力，减低地面的蒸发量。古代的情形已无由具体明了。由现在情形看来，植物被覆对于防止侵蚀确能起着相当作用。现在延安劳山有森林的地方，虽在50度的山坡上，也显然可以看到没有很大的侵蚀情况。甘肃太白镇附近有梢林的地方不仅坡地不能受到侵蚀，由梢林中流下的水流也使附近的土壤成为肥沃的稻田。反过来再看一看西峰镇附近的南小河沟，那里由于没有植物被覆的保护，竟成了万壑林立的状况。[④]据说如果要填平这个沟，就需要10亿立方公尺的土！[⑤]由近代情况推溯古代，由于植被没有很大破坏，地形固然少受侵蚀，连黄河也不至于有很多的泛滥。

但是后来的情况就不同了，现在陕北榆林县的名称起于明代，和汉朝的榆林塞并不在一个地方。[⑥]明时人虽沿用了汉时的榆林旧名，但却没有在这里大量种植榆柳。如果循实求名，明朝以后的人们应该有点赧然。秦岭山中的檀柘固然曾经被人称道过，但现在秦岭中的林木却少得可怜。为什么这样少？秦岭山下的人们以木材作燃料应该是一个重要的原因。秦岭山中伐木烧炭在以前相当长久时期中，成为山中人民的一项职业，而且所烧的炭为长安

---

① 《水经·河水注》。

② 《史记》卷一二九《货殖列传》。《汉书》卷二八下《地理志》。汉时凉州有今甘肃省绝大部分（除东南徽县、武都等县）及宁夏回族自治区南部、内蒙古自治区西部、青海省湟水流域。

③ 《新唐书》卷五〇《兵志》，《唐会要》卷七二《马》。

④ 陈昌笃《黄土高原上的绿洲》，载《旅行家》1955年第1期。

⑤ 张含英《对于西北水土保持的认识》。

⑥ 《明史》卷四二《地理志》："榆林卫，成化六年三月以榆林川置。其城，正统二年所筑也。"

城中不可缺少的日用品。唐时诗人白居易的《卖炭翁》诗可以说明这种情况。[①]
以木材代炭还犹可说，若干没有林木的地区或者林木已被滥伐罄尽的地区，
则用草作燃料。有些地方的人民甚至挖取草皮烧灰作肥料。草皮挖去之后，
若要恢复据说至少要用十年的时间。[②] 各地滥伐树木、滥垦荒地的结果使植
物被覆尽行破坏。这样破坏的进程在现在已难知究竟，但金元以后黄河的泛
滥和改道频繁的情况正是这种进程的具体记载。

现在这一区域天然被覆几乎已完全绝迹。仅有若干少数较高的山岭如黄
陵、黄龙山、子午岭和平凉附近的崆峒山、兰州附近的兴隆山，以及上面说
的延安附近的劳山，还有残余的森林或梢林存在。但是继续培植并不是不可
能的。因为这里有优良的树种和草种，而且也有培养森林和牧草的自然条件。
就历史上看来，这种可能性是很大的。据说在清穆宗同治五年（公元1866年）
以前，子午岭、黄龙山、劳山等处也和现在陕北陇东其他地区一样。后来由
于人民迁徙，垦地弃置，梢林草地就都发展起来。[③] 这还是自然的发展，如
果得到人为的努力当能很快获得成就。这样不仅可以改变这一地区的面貌，
也可帮助祛除黄河的水患。

三、河流下游及其附近地区泥沙的堆积

河流上游被侵蚀后，泥沙必然随水冲下。如前所说，这些河流中以黄河
流域侵蚀最为严重。前面已经指出：西汉时人说黄河，谓"河水重浊，号为

---

① 《全唐诗》卷四二七。黄河中游的薪炭不仅供本地烧用，往往还须兼顾外地，《宋史》卷一七五
《食货志》所载即是一例。《食货志》说："治平二年，由京西、陕西、河东运薪炭至京师。薪
以斤计，计一千七百一十三万；炭以秤计，一百万。"这里所说的"炭"，自是指木炭而言，并
非石炭。
② 黄秉维《陕甘黄土区域土壤侵蚀的因素和方式》，载《科学通报》1953年9月号。
③ 陈昌笃《黄土高原上的绿洲》，载《旅行家》1955年第1期。

一石而泥六斗"。到宋时，还是"河流浑浊，泥沙相半"①，后来到明时，河水所挟带的泥沙更多，平时犹"沙居其六"，伏汛时"则水居其二"②。就是到现在，平均每年经过陕州随黄河输送到下游去的土壤竟近有16亿吨。其他河流虽没有黄河这样浑浊，却也并非就是了无泥沙的。河流挟带这样的泥沙，到了下游，一部分就在河道里堆积，使河床不断抬高，黄河在郑州以下就已逐渐有这样的趋势，开封附近的黄河高出地面约10米，下游各处皆在10米上下，因而成为有名的悬河。河床既高出地面，就容易溃决泛滥。泥沙随水溢流，洪水过后，泥沙势必到处堆积。显而易见的结果，乃是所涉及的湖泊不免淤塞，缩小，甚而至于消失。黄河下游最大的湖泊如大陆泽和巨野泽，就都是这样消失的，其他较小的泽数就更不必说起。长江所挟带的泥沙远较黄河为稀少，云梦泽和洞庭湖也都先后消失或缩小了。湖泊的缩小消失只是一部分的影响，那些没有湖泊的地方，随水流来的泥沙，水涸之后，泥沙就留在当地，因而使地面也显得隆起。春秋战国时期，黄河下游多丘陵，人们为了防备水患，多居丘上，待水消之后，始降丘宅土。③丘上高亢，有的人就干脆住在丘上。春秋时诸侯会盟就往往在一些丘上举行。齐桓公称霸的葵丘之会④，就是一例。到现在黄河下游残留的丘已经寥寥可数，没有几个了。其中少数被人为破坏，大部分都因附近泥沙堆积过高，显不出丘的形状了。⑤

　　丘陵尚且如此，平地就更无论了。河流所挟带的泥沙在平地的堆积，城池所在地的高低的变化就是目所能睹的标准。黄河下游这样的城池很多，不遑一一列举。这里只举河北巨鹿县和河南开封市作为说明。巨鹿是一个古县，战国秦汉时期就已有名当世。宋徽宗大观二年（公元1108年），因为黄河决口，为所淹没⑥，距今七十年前，始因掘井，才发现旧城遗址，然已在

---

① 《宋史》卷九三《河渠志三·黄河下》。
② 《河防一览》卷二《河议辨惑》。
③ 《尚书·禹贡》。
④ 《左传》僖公九年。
⑤ 拙著《历史时期黄河流域的侵蚀与堆积（下篇）·黄河下游的堆积》。
⑥ 《宋史》卷九三《河渠三·黄河下》。

地面下6米深处[①]。开封也是一座古城，曾经数经河水淹没，开封城内铁塔和相国寺最为胜迹，塔基和寺址本皆位于高处，今铁塔之门已降至与地面相平，而相国寺的大殿石阶之高亦仅不足一尺。卑陋若此，当非当年旧规。大致说来，太行山东迄于泰山之西，凡经黄河泛滥淹没之地，地面皆有所抬高，高达10余米的并非奇闻。这样深厚的堆积实为他处所少见，若说有关的地形了无所改变，是不可能的。[②]

四、沿海陆地的成长和海岸的变迁

河流所挟带的泥沙，除过堆积在河床和洪水泛滥所及的地区外，其余的部分就一直被挟带到海口。年复一年，由于河水冲刷，海潮起伏，这些泥沙就在河流入海处附近沉积下去，并逐渐淤高，变成新的陆地，海岸也因之向前伸长。其中尤以黄河入海处最为显著。黄河多泥沙，这是在前面已经提到过的。黄河里这样多的泥沙当然不是都被挟带到海里去，可是根据1949年以后五年的统计，黄河河口每年向海里推进2.5公里。[③] 黄河在古代所挟带的泥沙量小于现代，也不能说对于海口没有影响。在黄河以外流入渤海的还有其他河流，所含的泥沙虽然多寡不同，但如永定河、滹沱河和漳水等的含泥沙量也不在少数。它们所挟带的泥沙也自必堆积在入海的地方。因而协同黄河都起了促进海岸向外推进的作用。黄河在历史上还曾经南夺淮泗，东入黄海，因之它不仅在渤海沿岸发生过影响，这种影响同样也见于淮水入海处的附近。至于长江所含的泥沙量比起黄河来自然是很少了，但它的入海处附近也不是完全没有淤积的现象，就是珠江和辽河等也都未能免此。

---

① 梁启超《中国历史研究法》第四章。
② 拙著《历史时期黄河流域的侵蚀与堆积（下篇）·黄河下游的堆积》。
③ 张含英《对于西北水土保持工作的认识》。

　　河流入海处海岸的变迁是和河流所挟带入海的泥沙淤积有关，但这只是其中的一个因素。海水的激荡和上升也有相当的力量。河流所挟带入海的泥沙诚然能推进海岸向前伸展，可是河流改道另在他处入海，则原来伸展出去的海岸势必又因海水的冲激而向后退缩。因此在河流入海处附近的海岸就因时而有变迁，未可一概而论。

　　现在河北、山东两省和天津市濒于渤海的县市，由山海关起至潍水入海处，依次是秦皇岛、昌黎、乐亭、宁河、天津、静海、青县、黄骅、盐山、庆云、无棣、沾化、垦利、广饶、寿光、昌邑等。但远在汉时却不是这样情况，当然县名是有了改易，主要还是建置地方有了变迁。在现在河北省和天津市内渤海沿岸西汉时有絫县、海阳、昌城、雍奴、泉州、章武、高成等九个县。絫县在今昌黎县南，海阳在今滦县西南，昌城在今丰润县西北，雍奴在今宝坻县西南，泉州在今武清县西南，章武在今黄骅县北，高成在今盐山县东南。在现在山东省内潍水以西渤海沿岸，西汉时有阳信、蓼城、琅槐、平望、都昌、平度六个县。阳信在今无棣县北，蓼城在今利津县西南，平望在今寿光县东北，都昌在今昌邑县西，平度在今平度县西北。这十五个县都濒于渤海。当然这不等于说这十五个县城都在海边，但就是不在海边，相距也不会很远。因为一般说来每个县境皆不外百里上下，就是距海较远，也是不会超过百里的。这样说来，西汉时渤海湾头的海岸，远在现在海岸以内。当时的海岸线后来向外伸延，黄河是脱不了关系的。其实流入渤海湾头的河流并非只是一条黄河，当时还有滹池河（今滹沱河）、滱水（今唐河）、涞水（今拒马河）、治水（今永定河）、沽水（今白河）、濡水（今滦河）、潍水（今潍河）、胶水（今胶莱河）等。论所挟带入海的泥沙，黄河还应是最多的。

　　这里所说的滹池河、滱水、涞水、治水和沽水在西汉时都是独流入海的[①]，不像现在总汇为海河才入于海。这说明当时这里的渤海的岸边更为深

入。现在天津市已发现两道贝壳堤。[①] 贝壳成堤，当是海岸曾经所止之处。其一堤近现在的海岸，另一堤则较为深入。深入一堤的北段发现有战国时期的遗址，则其形成之时当在战国时期以前。海岸如此深入，可知后来所形成的海河水系，在当时是不能不分别入海的。现在以天津市在汉时尚未设县，盖有由也。东汉末年，曹操当政时所凿的泉州渠，由沟河口以通潞水，其故处就在天津以东，曹操凿渠时上距西汉末年约有二百年的光景。其时近现在海岸的贝壳堤当已形成，故曹操得以在这里凿渠通漕。

渤海沿岸变迁较大的阶段应该是金元以后的事情。即以天津市附近来说，唐末始于今沧县东北 80 里处设置乾符县。[②] 北宋又于今青县设置乾宁军。[③] 这些县、军的设置显示出这些地方离海日远，人口渐多。金时又于今静海县置靖海县。[④] 元于今天津市地方置海津镇，明人在这里设卫，清人在这里设州置府。[⑤] 自此以后，天津日渐重要，和北宋以前一片荒凉的景况迥异。天津的发展自有它的客观原因和本身的地理条件。不过宋元前后的差别似与海岸向外推进不无关系。

在现在山东省的东北濒海一带，宋时始于今沾化县置招安县[⑥]，至金时又设利津县[⑦]，招安、利津两县的设置显示出这一带海岸已向外伸出。至于利津以东垦利县的设置则是近代的事情。而现在黄河入海之处显然作扇形凸入海中。

天津附近和山东北部海岸的向外伸出，如前所说，可能有各种不同因素，不过黄河及永定、滹沱、漳水等河流挟带泥沙的堆积应该是其间重要的原因。两汉以前的情况已经不能详知，由两汉至唐宋这一带的海岸变迁尚不甚显著。

---

① 李世瑜《古代渤海湾西部海岸遗迹及地下文物的初步研究》，载《考古》1962年第12期；侯仁之《历史时期渤海湾西部海岸线的变迁》，载《地理学资料》1953年第1期。

② 《新唐书》卷三九《地理志三》。

③ 《宋史》卷八六《地理志二》。

④ 《金史》卷二五《地理志中》。

⑤ 嘉庆重修《大清一统志》卷二四《天津府》。

⑥ 《宋史》卷八六《地理志二》。

⑦ 《金史》卷二五《地理志中》。

如果由黄河上游的情形看来，似可以得到解释。因为这一时期黄河上游的地形侵蚀还不过于严重。金元以后海岸向外伸出成为显而易见的事实，也更说明了黄河上游侵蚀作用的加速。据清初的记载，利津县至海，相距 30 里。[①]现在利津县以东新设的垦利县离海岸大约将近 100 公里。可见泥沙的堆积愈至晚近愈为严重。由这一点看来，黄河的治理实为刻不容缓的事情。

应该指出，天津市以东的海岸也有向外伸长的现象。据清初的记载，乐亭南边离海只有 45 里，西南较远也只有 55 里。[②]以现在舆图看来，恐已不至这样的距离。有人说这是海岸上升的结果。这里本是滦河的入海处。滦河流经平地松林的南部，清初的围场即设于滦河与西喇木伦河之间，植被茂盛，滦河所挟带的泥沙尚不甚多。清末围场大遭破坏，侵蚀日甚，泥沙自多随水流下。[③]当地海岸的迅速向外伸展，也不是没有道理的。（附图一《渤海湾海岸线变迁图》）

在淮水入海处的附近，以前陆续增设的县邑不多，不能像渤海沿岸那样看得清楚。但这里的海岸向外伸展却也是事实，这里涟水县在南朝萧齐时就已经有县治设施，当时称为涟口县，隋时又改称涟水县。[④]据北宋时的记载，由涟水县东北至海岸还有 140 里。[⑤]现在的海岸显然比较更远。清时在涟水县东盐城县界增设了一个阜宁县，近来又在阜宁县的东北增设了一个滨海县。这里所说的盐城县，原是汉朝的盐渎县。就县名来看分明是一个晒盐的地方，直到北宋时这里还有九所盐场，分布在海边。[⑥]因为盐场在海边就不能不设法防止海潮的冲刷。远在唐代中叶，李承为淮南节度判官，就在这里修筑常

---

① 《读史方舆纪要》卷三一《滨州》。

② 《读史方舆纪要》卷一七《滦州》："乐亭县，海（在）县南三十里。"嘉庆重修《大清统一志》卷一八《永平府》："乐亭县，南至海四十五里，东南至海，接昌黎县界四十五里。西南至海，接滦州界五十五里。"

③ 景爱《平地松林的变迁与西拉木伦河上游的沙漠化》，见《中国历史地理论丛》1988年第四辑。

④ 《读史方舆纪要》卷二二《淮安府》。

⑤ 《太平寰宇记》卷一七《涟水军》。

⑥ 《太平寰宇记》卷一二四《盐城监》。

图一　渤海湾海岸线变迁图

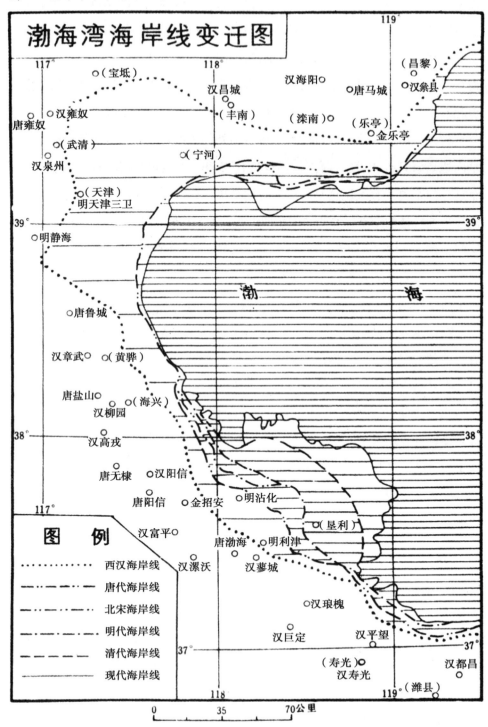

图一　渤海湾海岸线变迁图

丰堰（捍海上堰的一段。——编注）。[1]北起现在的淮阴，南达南通泰县。到宋时范仲淹又加修葺，也称范公堤。[2]这道堤防在盐城县东门外2里[3]，在涟水县东15里。现在看来离海已相当辽远。由于离海辽远，所以近年来在盐城东北新设了一个射阳县，在盐城东南又设了一个大丰县。当然这些变化和黄河南流不是没有关系的。（附图二《淮水入海处南北海岸线变迁图》）

　　长江中的泥沙虽然远较黄河为少，但长江入海之处却也有相当的变迁。今江苏省常熟太仓两县及上海市嘉定、奉贤、金山三县，有几条沙堤，当为江水和海水冲击所形成的。其中在上海马桥附近竹岗沙堤发现青莲岗时期石器遗址，足证明其时这条沙堤业已形成。下迄公元1—3世纪，海岸仍在岗身附近。[4]秦汉以后，这里不断有县治建置，亦可略见一斑。汉时在这里已设有曲阿、毗陵、无锡和娄县。[5]曲阿为今江苏丹阳县，毗陵为今常州市，娄县在今昆山县，无锡就是现在无锡市。现在上海市的松江县以前称为华亭县。华亭这个县名在三国吴时就已经有了。[6]晋时又在江苏长熟县设海虞县，在今江阴县设暨阳县。[7]上海置县虽迟到元时，然在晋时，虞潭、袁山松已先后在今上海市附近筑沪渎垒了。[8]

　　就长江下游北岸来说，汉时仅于现在泰县设一海陵县。[9]东晋时始设如皋县于今如皋县，设临江县于今靖江县。[10]南通和海门两县都是到五代后周时才设立的，南通县在当时是称为静海县的。[11]南通设县虽迟至五代之时，

---

①《新唐书》卷一四三《李承传》。

②《宋史》卷九七《河渠志七》。

③ 嘉庆重修《大清一统志》卷九四《淮安府》。

④《中国自然地理·历史自然地理·历史时期的海岸变迁》。

⑤《汉书》卷二八上《地理志上》。

⑥《三国志》卷五八《吴书·陆逊传》，《晋书》卷五四《陆机传》。

⑦《晋书》卷一五《地理志下》。

⑧《晋书》卷七六《虞潭传》，又卷八三《袁山松传》。

⑨《汉书》卷二八上《地理志上》。

⑩《晋书》卷一五《地理志下》。

⑪《宋史》卷八八《地理志四》。

图二　淮水入海处南北海岸线变迁图

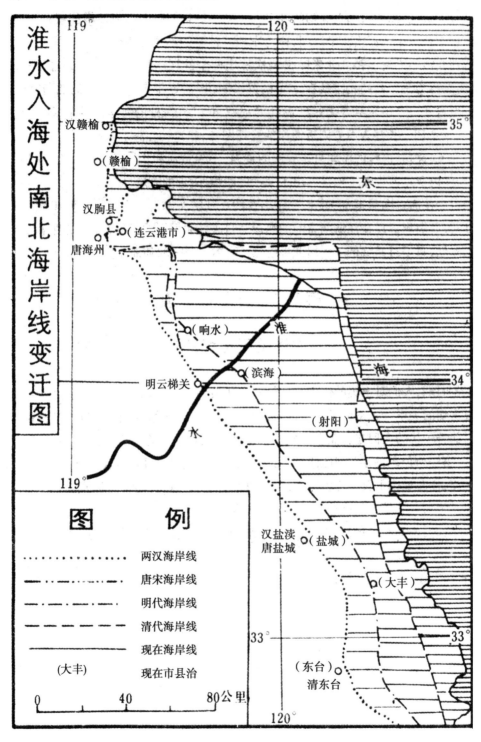

淮水入海处南北海岸线变迁图

119°

120°

35°

汉赣榆

（赣榆）

东

汉朐县

（连云港市）

唐海州

（响水）

淮

海

明云梯关

（滨海）

34°

（射阳）

水

119°

图　例

- ‥‥‥‥　两汉海岸线
- ─·─·─　唐宋海岸线
- ─ ─·─ ─　明代海岸线
- ─ ─ ─ ─　清代海岸线
- ─────　现在海岸线
- （大丰）　现在市县治

汉盐渎
唐盐城　（盐城）

（大丰）

33°

0　　　40　　　80公里

（东台）
清东台

120°

33°

然其东北的如东县，在唐时早已称为掘港，而为由海上登陆的港口。[①] 至于长江口崇明岛，淤沙堆积就更为显然。唐初这一带江中才涌出两个沙洲，称为东西二沙。当然面积不会很大。到五代吴时，杨溥在西沙始设崇明镇。北宋时又两次涨出两个沙洲。和以前合计，共总是三次涨出，所以称为三沙。到元时就在这里设置崇明州。[②] 近年来更在崇明岛北，长江北岸海角设置了一个启东县。由这些设县的记载，长江入海处的海岸向外伸长是很显然的。（附图三《长江入海处附近海岸线变迁图（一）》、图四《长江入海处附近海岸线变迁图（二）》）

河流入海处泥沙的淤积自是一般的现象，不仅黄河和长江入海处有之，就是钱塘江、珠江以及辽河也莫不如是。由于泥沙的淤积，附近的海岸自会向外伸展，但海潮的冲积也会使海岸向后退却，并非一成不变的。其实海岸不仅由于泥沙淤积而有所变迁，还会有坍塌。现在江浙两省间的海岸。自来就有坍塌的现象。唐宋以来在这里修筑了海塘，只不过是减低了坍塌的进度，并不能根绝坍塌，使海岸固定下来。[③]

第三节　土壤与沙漠

一、古代关于土壤的记载

古时候，人们对土壤的优劣和气候的变化最为关心，因为这些对于农作

---

① 圆仁《入唐求法巡礼行记》卷一。

② 《读史方舆纪要》卷二《太仓州》。

③ 《读史方舆纪要》卷二四《松江府》华亭县、娄县，卷九〇《杭州府》海宁县，又卷九一《嘉兴府》海盐县，皆有有关海塘的记载。华亭县及娄县今为松江县和昆山县。

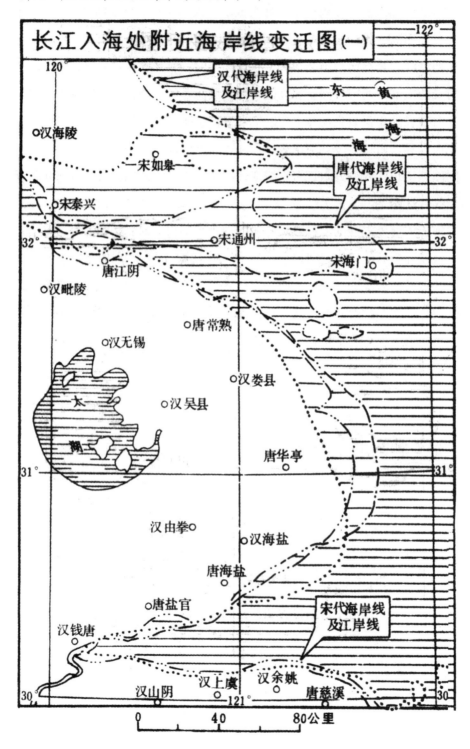

长江入海处附近海岸线变迁图(一)

图四　长江入海处附近海岸线变迁图（二）

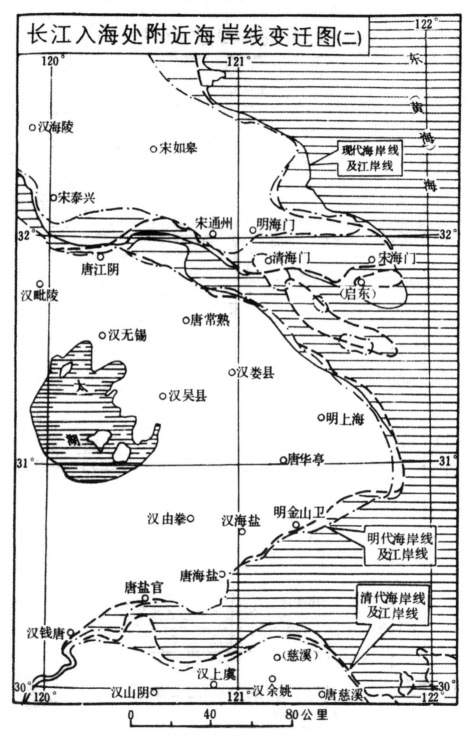

长江入海处附近海岸线变迁图(二)

物的生长有很密切的关系。先秦诸子书中曾经记载有许多关于土壤的论述。这些记载可以说是以前若干代的人们在农业方面经验的汇集。比较详细的要算《管子》一书了。《管子》一书中所记载的事物相当复杂，其中农业方面还占有相当篇幅。他说人君有五务，这五务都是关于农工的事情。其中一种就是要桑麻植于野，五谷宜其地。这也就是说要辨别土性是农业技术上一个重要问题。[①]

《管子》对于土壤的种类曾经有过详细的分别，而且有许多复杂的名称。[②]它认为土壤有渎田、赤垆、黄唐、斥埴、黑埴等种。渎田是经过灌溉的土地。赤垆是坚疏适合的土地。渎田和赤垆的土地是两种最好的土地，种植五谷都是适宜的。黄唐土地比较虚脆，不能够胜任版筑，其中可能含有砂质，这种土地只能种植黍秋。斥埴是一种有碱质的黏土，可以种豆和麦。黑埴也是黏土，适于种植稻麦。

《管子》书中对于分别土质是很注意的，在这五种土壤以外，还有一套不同的类别，这种分类是把土壤分成上中下三级，每级之中又详细分为三十种。有所谓五粟、五沃、五位、五蘟、五壤、五浮、五怸、五纑、五壏、五剽、五沙、五塥、五犹、五壮、五殖、五觳、五凫、五桀等名目。由这些名称看来，分明是受了五行学说的很大影响。因为都要分为五种，所以不免有牵强附会难以解释之处。但它对于土壤重视和研究的精神是可以理解的。在这些土壤之中，当然是五粟和五沃的土质算最好了。这是适合于各种农作物的土壤。所谓五粟之土乃是不坚硬、不脆薄、不粘车轮、不污手足的土壤，所谓五沃之土乃是坚柔细密、经常湿润的土壤，至于碱质过重，含有砂砾只能算是瘠薄的土壤了。

---

① 《管子·立政篇》。按：《管子》之书非管仲之书，学者间殆已成定论。朱长春《管子序》谓"其书有春秋之文，有战国之文，有秦先周末之文，其体立辨"。罗根泽《管子探源叙目》亦说：此书"各家学说保存最多，诠发甚精，诚战国秦汉学术之宝藏也"（《古史辨》第四册）。《管子》论土壤，多概括言之，不分地域，故这里就先为提出。

② 《管子·地员篇》。

　　《吕氏春秋》也有关于土壤的记载。对于土地的利用，它特别提出要注意丘陵、阪险、原隰的地方，斟酌土壤的情况，再决定种植五谷的种类。① 《吕氏春秋》所举出的土壤的名称，不似《管子》那样地烦琐，它仅仅举出厚土、薄土、垆土和埴土等名目。在它的作者的眼光中，厚土和薄土都有不到的地方。只有垆土最好。因为垆土不至过于潮湿，而且在通常的情况下也不至于过于干燥。② 《吕氏春秋》的作者不仅举出土壤的名目，而且更进一步想法利用土壤和改良土壤。黏土在土壤中是比较坚实的，当时称这种坚实的土壤为刚土。对于刚土必须细耕，使它不至于有块粒。后来到西汉时，氾胜之更发展成"强土弱之"和"弱土强之"两条利用土壤的原则。对于坚实的黏土是采用细耕的办法，至于对那些松散的土壤则用牛羊踏践，使它坚实起来。③

　　对于土地的利用在古代是相当普遍地受到注意。《周礼》草人的职掌就是偏重在这方面。对于不同的土壤就施以不同的肥料。因之它列出了九种不同的土壤，具体的名称是骍刚、赤缇、坟壤、渴泽、咸潟、勃壤、埴垆、强㯹、轻㯱。骍刚是一种红黄色的硬土。赤缇是一种淡红色的土壤。坟壤是一泡就散开的土壤。渴泽是干涸的沼泽土。咸潟是含盐的土壤。勃壤是干时像粉末一样散开的土壤。埴垆自然是黏土了。强㯹是坚硬的土壤。轻㯱则为轻松的土壤。像这样的记载还是不少，甚至在纬书《孝经援神契》中也记载着：黄白的土壤宜于种禾，黑坟土壤宜于种黍麦，赤色土壤宜于种豆，污泉的地方宜于种稻④。这许多记载显示出一个道理：古代的人们对土壤是如何地注意，在这些记载里对于土壤的名称是各有不同的说法，显示出其间的参差。这是不足为奇的。因为那时期的人们对于土壤是相当地重视，但各家只记各家的经验，自然难得一致。可惜先秦农家的著作都已佚失，不然，当会有更丰富的经验流传下来。

---

① 《吕氏春秋·孟春纪》。

② 《吕氏春秋·土容论·辨土》。

③ 贾思勰《齐民要术·耕田》引。

④ 《齐民要术·种谷、黍、穄、水稻、大豆》等篇引。

这些记载都没有具体指出某一个地区的土壤情形。《管子》里面曾经说过，九州的土壤有九十种，每个州中各种土壤都有一些。[①]《管子》对于土壤的分别是分为上中下三类，每类之中又分为三十种。这里所说的九十种，自然是无所不包了。其实这还是一种笼统的说法，算不得具体。出于战国时人士之手的《禹贡》也着重叙述了土壤，它的叙述方法却和上面几家不同。它并不是一般的记载，而是按照不同的地区记载出不同的土壤。《禹贡》所载的土壤具体的名称是白壤、黑坟、白坟、斥卤、赤埴坟、涂泥、垆、青黎、黄壤。如果除去了土壤的颜色，也只有壤、坟、斥卤、埴、涂泥、垆和黎几种。《禹贡》在以前是被列在《尚书》之中，而《尚书》一直被视为儒家的经典，所以过去的学者对它的内容曾作过很多的解释，壤是一种无块的柔土，坟是膏肥的土，斥卤是土内含有盐质，埴是黏土，涂泥是湿润的土，垆是黑土，黎是疏土。

《禹贡》里面是把当时分为九个州。这九个州是冀、兖、青、徐、扬、荆、豫、梁、雍。按照现在地理来解释，冀州相当于北京、天津两市，山西省和河北省中部、西南部。兖州相当于河北省东南部和山东省西北部。青州为山东泰山以东一直到海边。徐州为山东、江苏两省间地，北至于泰山，南至于淮水。扬州为淮水以南，兼及浙江、江西两省。荆州为湖南和湖北。豫为河南。梁为陕南和四川。雍则为陕西中部、北部和甘肃。《禹贡》把所记载的九种土壤分列于九州，显示出九州的土壤各有它的特点。根据《禹贡》的排列，冀州是白壤，兖州是黑坟，青州是白坟，沿海之地还有点斥卤，徐州是赤埴坟，扬、荆两州都是涂泥，梁州是青黎，雍州是黄壤，豫州是壤下土坟垆。就豫州来说，一州之中含有不同的土壤。豫州西接雍州，东邻徐州。雍州是黄壤，而徐州兼含埴坟。可能是豫州西部接近雍州的地方还是壤土，东部接近徐州的地方乃是坟土，两省之间或者就是垆土了。

《禹贡》的说法和《管子》有根本区别的地方。《管子》书中认为九州中每州的土壤应该是多样的，《禹贡》认为每州只有一种或几种土壤。在上

---

① 《管子·地员篇》。

古不会有详尽的调查，当然用现在的眼光看来不一定完全都是正确的。不过两者都有相当的意义。《禹贡》所列的自然是举其特点。这种说法原和一般的泛论是不同的。

《禹贡》更进一步列出各州土壤生产能力的等第。根据《禹贡》作者的意思，雍州的黄壤应该列为上上等，徐州的赤埴坟差一点可以列为上中，青州的土壤又差一点，就列为上下。其他各州按着次序，应该是豫州、冀州、兖州、梁州。扬、荆两州虽然都是涂泥，但荆州要比扬州好一点。

如果和现在比较起来，《禹贡》的记载有的地方还是有正确性的。雍州指的是陕西和甘肃，这里到现在主要还是黄土地区。山东沿海一带是含有盐卤的土地。长江中下游现在还是遍地水田，《禹贡》涂泥的说法不是没有来历的。《禹贡》作者把涂泥的土壤认为是最下的土壤，也是有原因的，这是当时耕作技术还不能使它发挥出作用的缘故。至于四川的土壤显然和《禹贡》所记载的不尽相同。因为现在四川的土壤多为红色页岩腐蚀而成，所以呈现红色，和《禹贡》所说的青黎迥异。这种差异倒不是《禹贡》作者记载的错误，而是土壤变迁的结果。梁州土壤在古代呈现青色是有它的原因的。在古代这里的冲积土层可能浅露地面，当地又多树木，腐殖质增加，会使土壤发青。由于河流的侵蚀，青黎土流失，遂改变了土壤的面貌。[①]

二、古今土壤的变化

古今土壤的变化不仅梁州一处。现在陕西秦岭以北及甘肃虽然仍然是黄土地区，古今也有差异。《禹贡》列雍州的黄壤为上上等，可是现在陕甘两

---

① 王光玮《〈禹贡〉土壤的探讨》，载《禹贡半月刊》1934年第2卷第5期；施雅风《中国古代的土壤地理》，载《东方杂志》1945年第41卷第9号。

省的黄土已经不如从前。黄土本身有它的优良条件，可是也有它的缺点。黄土土质疏松，容易耕种，且毛细管普遍存在，容易吸收水分，经过灌溉，就会成为沃土。黄土里面虽缺乏氮和有效磷，但其他可溶性的矿物质还是不少的。古代黄河上游各处的草原和森林使黄土更能够发挥它的作用，也可以借之增加土壤的肥力，增加土壤里的有机质。这不仅可促成土壤的团粒结构，增加土壤的涵水能力，而且有机质还能增加养分。由于菌类的繁殖，更能使矿质变为酸类，易为植物所吸收。后来森林和草地滥被破坏，水利又不讲求，黄土不能发挥它的优点，逐渐不如以前，这种情形并不是不可挽回的。只要讲求水利，恢复森林和草地，依然可以使黄土发挥它的作用。至于说黄土里面缺少氮肥，那是经过种植豆科植物就可以弥补的。

黄土这样的变化，只是由于人为的原因，而使其效力有所减低，其本质似未有所改易。可是出自西晋潘岳之手的《关中记》却说："长安地皆黑壤，城今赤如火，坚如石。"[1] 这里只说长安城，未涉及长安城所在的关中，所谓黑壤当只限于长安城。西晋上距西汉长安作为都城时已有两百多年，其规模应较西汉建都时为狭小，潘岳所见可能是废墟中所显现的。如果确是如此，这只是人为作用的结果，应与自然变化少有关系，如果在西汉时已有变化，则其时所修筑的长安城当成黑色，不应转作赤色。

古代的黄土并不是完全限于雍州。冀州是白壤，和黄壤不同。这可能是寒武纪石灰岩经过风化流露在地表面的缘故。至于豫州的土壤，《禹贡》并没有明确指出是白壤，抑是黄壤。当然冀、豫两州皆和雍州毗连，也应有相当规模的黄土的。如果按照现在的情形说来，黄土的面积显然是扩大了。现在太行山西汾水流域和黄河中游伊洛附近都有黄土堆积，就是太行山东，东部长城内外，以及黄河下游也都有黄土的踪迹，这种扩大自是长期变化的结果。

---

[1] 《太平御览》卷三七《地部二》引。《关中记》，《旧唐书》卷四六《经籍志》，《新唐书》卷五八《艺文志》皆有著录，为潘岳撰。

　　土壤变化最显著的地方，是黄河下游的地方。《禹贡》兖州的土壤是黑坟。既然呈现黑色，其中必然含有很多的腐殖质。论起来这还应该是一种肥沃的土地。可是《禹贡》把它排在第六等，也就是说除过长江流域以外，兖州的土壤算是最不好的了。河济之间本是殷人兴起的地区。殷人兴起的原因不一，至少和这里的富庶有关。这样说来兖州的土壤应该是不错的了。然而《禹贡》的作者竟认为它是九等中的中下级，和殷商的情况不同。其实这也并非没有道理的。《禹贡》著作的时期不能早在战国以前，战国以前已经有河患，黄河泛滥是会对洪水所及地区的土壤有所影响的。《禹贡》兖州中下级的土壤可能是与黄河泛滥有关。

　　如果以徐州的情形来比较，上面所说的原因是有可能的。《禹贡》记载的徐州土壤是赤埴坟，列为上中级，仅次于雍州的黄壤。然而现在徐州的土壤却与此不同。现在徐州的土壤，表面呈黑色或棕色。有些地区还有许多的黄沙。就以现在说来也不能算作好的土壤。据说现在徐州表土之下的心土还是红色的。这种情形应该和《禹贡》所记载的相符合了。[①] 如果现在的红色心土就是古代的赤埴坟，那么上面这层表土是从什么地方来的？不用说也是黄河的决口和泛滥的洪水在那里作怪的。[②]

　　现在黄河下游附近的土壤分明是和以前不同了。黄河一再地决口和泛滥也不可能使它保持原状。不过就历史演变的过程来看，这种变化还是渐进的。兖、徐两州的情形仍然可以作为证明。《禹贡》兖州南界济水，汉朝的济阴郡就在济水中游的两岸。汉朝初年济阴郡属于梁国，而梁国的土地据说是天下的膏腴地。[③] 可见当时黄河的冲刷还不是十分普遍和严重的。到宋时，情

---

① 王光玮《〈禹贡〉土壤的探讨》，载《禹贡半月刊》1934年第2卷第5期。

② 黄河泛滥溃决，其所挟带的泥沙自然会对洪水所及的地区的土壤有所影响。不佞前在安徽宿州市考察时所得印象可以对此略作说明。宿州市为唐宋汴河经过的地方，其遗迹犹在，高出地面约5米。故道南北土壤迥然不同，故道之北为砂壤土，故道之南为红色壤土。红色壤土还仿佛《禹贡》所说的赤埴坟，砂壤土与河南省东部所见者相同，当为黄河所挟带的泥沙的堆积。当然这里面杂有由雍州侵蚀的黄土。这样的泥沙遂使徐州的赤埴坟改变了本来的面目。

③ 《史记》卷五八《梁孝王世家》。

形已经很不相同。用现在地理来说，河北大名、永年县和河南汲县、濮阳县之间的土壤在宋时已经含有卤质，算不得好地了。^①徐州在汉时已经一再为黄水所冲淹，所以就被称为地瘠民贫的地区。^②

《禹贡》所说的雍州土壤是黄壤。上面已经指出：这黄壤就是现在所说的黄土。雍州所在地就在黄土高原上。但雍州并未能据有整个黄土高原。黄土高原还应有冀州和豫州的各一部分，这也是在上面已经提到过的。黄土疏松，受到侵蚀，可以随水流下。黄河流经雍、冀、豫各州，这就使这几州的黄土随黄河输送到下游，加上黄河的不时泛滥扩大了黄土的覆盖地区。当然扩大的黄土覆盖地区不能和上古时期的雍州黄壤媲美，都列入上上等，不过也可以用人为的作用提高它的肥力。如果能够如此，就会有助于农作物的生长和繁殖，甚至可以超过当时的相同地区。

《禹贡》的分地区论述土壤，堪称绝唱，至少在现代土壤学兴起以前，是应该这样说的，《禹贡》的作者也可以当之而无愧色。《禹贡》之后也不是没人道及土壤，但是，不仅没有《禹贡》这样地全面，而且也未能举出像《禹贡》这样评价土壤的标准。后来的说者率多从土壤的肥瘠立论。西汉时，东方朔论关中的土壤，就曾说过："汧陇以东，商雒以西，厥壤肥饶。"^③班固也曾说过：这里"沃野千里"，为"九州膏腴"。班固还曾经说过：巴蜀广汉，"土地肥美"^④。西晋时左思也说过：吴都的四野，

---

① 《宋史》卷八六《地理志》："大名、澶渊、安阳、临洺、汲郡之地，颇杂斥卤，宜于畜牧。"大名府治所在今河北省大名县。澶渊郡治所在今河南省濮阳县。安阳，今河南省安阳市。临洺，今河北省永年县。汲郡治所在今河南省汲县。按：《汉书》卷二九《沟洫志》，史起治邺，使终古斥卤之田生稻粱，是邺也曾有盐碱地。邺在今河北省临漳县西南。汉广平国有斥漳县，在今河北省曲周县东南。魏郡有斥丘县，在今河北省魏县西北。县以斥为名，显示当地盐碱严重。邺县、斥丘、斥漳三县皆近宋大名府及安阳、临洺。宋时这几处的盐碱地与战国秦汉时期的潟卤有关，然这三县的故地距宋时澶渊、汲郡较远。宋时这几郡的盐碱地当为后来新形成的。

② 《汉书》卷二八《地理志》。

③ 《汉书》卷六五《东方朔传》。

④ 《汉书》卷二八下《地理志下》。

"畎畷无数，膏腴兼倍"①。《隋书》的作者还说过："宣城、毗陵、吴郡、会稽、余杭、东阳数郡，川泽沃衍。"②班固更指出："赵中山地薄人众。"③《隋书》作者也指出："河东、绛郡、文城、临汾、龙泉、西河，土地沃少瘠多。"④《宋史》的作者又指出："洛邑为天地之中，……土地褊薄，迫于营养。"⑤还有人指出：南宋时的江州，"土瘠民贫"⑥。土瘠诚然不好，如果杂有盐碱，更难有很好的收成，因而也就有人对此多所注意。现在河北省临漳县于战国时为邺县，邺县就是有终古的潟卤地⑦。潟卤地就是盐碱地。这里的潟卤地并不以邺为限。据说，直到宋时，大名、澶渊、安阳、临洺、汲郡之地还是颇杂斥卤，不利于农耕，只益于畜牧。这是在前面已经叙述过的。齐地负海，当然更多潟卤地。⑧此外还有以当时的地价作为区分的标准的。现在浙江绍兴市于刘宋时为会稽郡的治所。当时的会稽带海傍湖，良田有数十万顷。这都是膏腴上地，当时的地价，是一亩地值一金。这样的地价就是西汉时关中的鄠杜两县的土地亦难与之比拟。⑨鄠为今陕西户县，杜在今陕西长安县，当时是全国最好的土地。按照刘宋时人的说法，会稽郡的地价超过了鄠杜两县，其他地区自然就更是望尘莫及了。

这样论述土地的事例还可以举出更多，不过皆不与《禹贡》的标准相同，而且大都只论述一个地区，最多也只是少数的地区，这样就只能各见一斑。

---

① 《文选》卷五，左太冲《吴都赋》。

② 《隋书》卷三一《地理志下》。宣城郡治所在今安徽省宣城县。毗陵郡治所在今江苏省常州市。吴郡治所在今江苏省苏州市。会稽郡治所在今浙江省绍兴市。余杭郡治所在今浙江省杭州市。东阳郡治所在今浙江省金华市。

③ 《汉书》卷二八下《地理志下》。赵国都邯郸，今河北省邯郸市。中山曾都于顾，在今河北省定县。

④ 《隋书》卷三〇《地理志下》。河东郡治所在今山西省永济县。绛郡治所在今山西省新绛县。文城郡治所在今山西省吉县。临汾郡治所在今山西省临汾市。龙泉郡治所在今山西省隰县。西河郡治所在今山西省离石县。

⑤ 《宋史》卷八五《地理志一》。

⑥ 《方舆胜览》。江州治所在今江西省九江市。

⑦ 《汉书》卷二九《沟洫志》。

⑧ 《汉书》卷二八《地理志下》。

⑨ 《宋书》卷五四《孔季恭等传·赞》。

至于细觇全豹，那是现代地理学的任务了。现代的地理学，尤其是土壤学，对于土壤的研究，已经更向高深发展，其所用的土壤名称，与古代完全不同，这是现代学术的成就，这里就不必多作论述了。

三、沙漠的扩展

《禹贡》记载了当时所谓九州的土壤，在论述导水时却还露出了流沙的信息。《禹贡》说："导弱水至于合黎，余波入于流沙。"桑钦解释弱水，说是由删丹县西流，至酒泉合黎。[①] 删丹即今甘肃山丹县，则弱水应是现在流经张掖县的黑河。汉时无合黎县。郑玄以为是山名，孔颖达还以为是水名。因为流经合黎山，故以山名为水名。合黎山在今张掖县西北，正是弱水流经之地。不论其为山名水名，都不应是这条弱水最后归宿的所在。所以《禹贡》说："余波入于流沙。"《汉书·地理志》张掖郡居延下注："居延泽在东北，古人以为流沙。"这就是说所谓流沙就是居延泽。居延泽在今内蒙古自治区额济纳旗北，现在分为两部分，在东者称为苏古诺尔，在西者称为嘎顺诺尔。合黎山西就是沙漠，其北沙漠更多。其面积最为广大的称为巴丹吉林沙漠。所谓流沙当指此而言。居延泽虽早见于汉代，当是后来所起的新名。这是说当地的沙漠是早已存在的，且为内地所熟知，故《禹贡》的作者就以之见于记载。

沙并非只见于弱水所流经的地区，黄河中下游的一些沙地远在上古时期就已见于记载。现在河北平乡县东北就曾有被称为沙丘的地方。[②] 现在河北大名县城东也曾有称为沙鹿的地方。[③] 现在陕西大荔县南的沙苑，至迟在南

---

① 《汉书》卷二八下《地理志下》。
② 《史记》卷三《殷本纪》，卷六《秦始皇本纪》，又卷四三《赵世家》。
③ 《春秋》僖公十四年，又定公七年。

北朝也已见于记载。^①这些沙地都不十分广大。沙丘、沙鹿已经难知究竟。沙苑据唐宋人的说法，是东西 80 里，南北 30 里。^②长江流域同样有沙地。长江流经今湖北枝江县。枝江县江中多有洲渚，刘宋时这里的洲渚竟多达一百。洲渚的形成未必都由沙碛淤积，但由沙碛形成确是有的。^③

《禹贡》所说的流沙，还应不是最大的沙地。最大的沙漠当数今新疆维吾尔自治区的塔克拉玛干沙漠。这个沙漠远在雍州之外，故《禹贡》未能载及。班固撰《汉书·西域传》，亦未多加称道。然自玉门阳关出西域有南道和北道，就是因为中间有沙漠阻遏。两道分歧从鄯善开始，而分别达到莎车和疏勒。鄯善本名楼兰，其故址在今罗布泊遗迹西北。莎车今仍名莎车。疏勒即今喀什市。这是这里的沙漠见于记载之始。记载虽始见于此时，其形成之时当更为古老。据《汉书》的记载，其分布的地区就已和现在相仿佛，当然也显示出若干的变迁，特别是在它的南部，更为明显。古楼兰的湮没就是受了流沙的影响。^④唐初，玄奘由印度归来，犹得经过瞿萨旦那东的尼壤。瞿萨旦那为于阗国，在今和田县。尼壤则在今民丰县北，今已沦于沙漠。尼壤之东，据玄奘所记，就已入于大流沙，"沙则流漫，聚散随风，人行无迹，遂多迷路"。故睹货逻故国、折摩驮那故国和纳缚波故国皆已无有人迹。^⑤睹货逻故国在今新疆安得悦^⑥，折摩驮那故国为今且末，纳缚波故国就是楼兰。可知在玄奘东归以前，沙漠逐渐有南移情形。

秦汉时期，曾长期和匈奴发生过争执。匈奴强盛时，就在漠南设置王庭，其后王庭移于漠北。汉军亦数度绝漠远征。这是指当地的大漠而言，大漠或

---

① 南北朝末叶，宇文泰和高欢曾大战于沙苑，见《周书》卷二《文帝纪下》。

② 《元和郡县图志》卷二《同州》，《太平寰宇记》卷二八《同州》。

③ 《水经·江水注》："江水又东，迳上明城北。……江沱枝分，东入大江，县治州上，故以枝江为称。……县左右有数十洲，盘布江中，其百里洲最为大也。……自县西至上明，东至江津，其中有九十九洲。……今上在西，忽有一洲自生，沙流回薄，成不淹时。"

④ 楼兰遗址本已为流沙淹没，现在流沙为风吹散，遗址乃得重现，见向达译《斯坦因西域考古记》。

⑤ 玄奘、辩机《大唐西域记》。

⑥ 季羡林《大唐西域记校注》。

称大幕，当在今蒙古人民共和国（现蒙古国。——编注）南部。大漠之南，甚至在阴山山脉之南，当时似尚未见到沙迹，或虽有沙迹，由于范围不大，而未为人所注意。秦始皇帝战胜匈奴后，曾在阴山山脉之南设置了四十四个县。[①] 这些县的名称和所在地目前都难以知道。西汉时也在这里设置了许多县，其中大部分皆能确定所在地，而有些县城的遗址到现在都已成为沙地。朔方郡的临戎县在现在内蒙古自治区磴口县之北，窳浑县在磴口县西北，三封县也在磴口县西北，只是在临戎县之西，窳浑县的西南。可是现在这里都已为乌兰布和沙漠所覆盖。[②] 上郡的高望县为北部都尉治所，其地当在今内蒙古自治区乌审旗西北。今乌审旗西北呼和陶勒盖发现汉代城池遗迹，可能就是汉代高望县的旧地。可是现在也为毛乌素沙漠所覆盖。如果这些地方当时都已经为沙漠所覆盖，怎么还能设置这些县城？不过应该指出，现在的鄂尔多斯高原上在那时并不是就没有沙漠的。那时云中郡有一个沙南县，其遗址当在今准格尔旗东北黄河侧畔。为什么称为沙南县？现在可以得到解释。因为达拉特旗之东，有一沙漠向东直至十二连城之南，正在沙南县之北，则沙南县的得名是和这一沙漠有关的。显然可见，达拉特旗和十二连城之间的沙漠早在秦汉以前就已经有了。这条沙漠之外，其他地方的沙漠是从什么时期起开始堆积的，这就难得一概而论。乌兰布和沙漠所覆盖临戎、窳浑、三封三县的时候，至早应在东汉以后。东汉时，临戎和三封继续存在，而且临戎县还成为朔方郡的治所。窳浑县虽然省去了，由于三封县没有废去，可知窳浑县的废省，并不是当地为沙漠覆盖的缘故。现在毛乌素沙漠所覆盖范围确是相当广大了，不仅鄂托克旗和乌审旗许多地方都有了沙漠，沙漠还越过明长城波及陕西榆林、神木诸县，这样的发展应是逐渐形成的。现在靖边县北白城子周围一片黄沙，不着边际。白城子为一千五百年前十六国时期赫连勃勃所建立的夏国都城统万城的遗址。在赫连勃勃建立统万城时，当地还有

---

① 《史记》卷一一〇《匈奴传》。卷六《秦始皇帝本纪》作三十四县。
② 侯仁之《历史地理学的理论与实践·乌兰布和沙漠的考古发现和地理环境的变迁》。

广大的湖泊和清澈的河流。正是这些湖泊和河流受到赫连勃勃的称赞才兴起建立城池的大工。[①] 可见统万城初建之时，这里还没有沙漠。夏国灭亡后，统万城改为夏州，直到北宋初年，才被隳废。[②] 唐代后期，这里才有有关沙漠的记载，那时去夏州的人已经见到沙漠[③]，而且说这个州乃在碛中[④]，甚至那时还有一次大风，堆沙高及城堞[⑤]。这和初建城时已经迥然不同了。唐代以后，毛乌素沙漠继续扩展。陕西北部的榆林县城，明时已感到沙漠的威胁。当时是镇城四望黄沙，不产五谷。修筑城北的瞭望墩台时，竟还需要排除工地的黄沙。[⑥] 其严重的程度，可见一斑。

　　前面曾经提到《禹贡》所记载的弱水和流沙。弱水所入的流沙就是后来的居延泽。到了汉代，居延泽为边防要地，曾设置居延县，且以之作为都尉治所。[⑦]迄至唐时，犹曾为安北都护府的治所。后来到了元代，在这里还设了亦集乃路。既是边防重地，且设置了重要官府，可知在这相当悠久的时期中，这里的流沙并没有显著的发展。可是现在这里的巴丹吉林沙漠已使这里除仅有的额济纳旗外，竟难再有若何设置。巴丹吉林沙漠之东为腾格里沙漠。《禹贡》所提到猪野泽，就在今甘肃省民勤县东北。明代的长城也还经过民勤县北。可是现在的腾格里沙漠已越过长城，扩展到民勤县了。这里还应提到甘肃省西北敦煌县的玉门和阳关，这是西汉以后相当长久时期通往西域必经的关隘，可是现在也已为黄沙所堵塞，成为历史见证的遗迹。

　　就是东北各处的沙漠也不容忽视。散布于西拉木伦河、西辽河平原的科尔沁沙地就是最大的一处。西拉木伦河本为契丹族所建的辽国的发祥地。辽

---

① 《元和郡县图志》卷四《夏州》。
② 《续资治通鉴长编》卷三五，淳化五年四月。
③ 许棠《夏州道中》："茫茫沙漠广，渐远赫连城。"（中华书局本《全唐诗》卷六〇三）
④ 马戴《旅次夏州》："繁霜边上宿，鬓改碛中日。"（中华书局本《全唐诗》卷五五五）
⑤ 《新唐书》卷三五《五行志》。这次大风起于唐穆宗长庆二年。长庆二年为公元822年。
⑥ 《读史方舆纪要》卷六一《榆林镇》。
⑦ 《汉书》卷二八下《地理志下》。

国的上京临潢府就在今巴林左旗。在辽时这里"地沃宜耕植，水草便畜牧"[1]。其附近多头下军州，为契丹诸王、外戚、大臣及诸部以从征俘掠的人户建置的。[2] 不论其人户为农为牧，皆足以证明所居之地确实相当肥沃且富有水草，可是现在多成为沙地，与前不同。

沙地的形成和扩展有自然的因素，也有人为的因素，难得一概而论。这里应该着重指出一些人为的因素，有的地区土壤是杂有若干沙质的。由于植被良好，风力水力的侵蚀受到阻遏，不易起到显著的作用，地表内所含的沙粒也就未能都露出来。由于过分开垦种植和滥事破坏植被，表层土壤被风力水力侵蚀，沙粒自然外露，表层土壤罄尽，也就成了沙地。秦汉时期曾经在河南地广设县治大量迁徙人户，当时固然取得若干效益，也促使当地表层土壤受到侵蚀，因而难免沙化，科尔沁沙漠的形成，也与此相仿佛，唯时期较晚。清代后期大量放垦，又复破坏当地森林，当地沙漠的扩展，不能与此无关。

当前治沙工作受到各方的重视。这是相当艰巨的工作，自难计以时日。不过首先应该注意，乃是不要使已有的沙漠再行扩展，至少，助长沙漠扩展的人为因素，更是不宜稍有忽视的。

第四节　古今气候的同异

自然现象中，气候和人的关系最为密切，寒燠燥湿是每个人随时随地都可以感受得到的。这在远古时期就是如此。殷墟发掘出来的甲骨文应是我国最早的文字记载，其中就有很多有关求雨求雪的刻辞。后来到《礼记·月令》，记载就更为周到。孟春之月，记载着东风解冻，蛰虫始振。其后每个月的记

---

[1]《辽史》卷三七《地理志下》。
[2]《辽史》卷三七《地理志下》。

载都相当具体。而各史的《五行志》中就愈加详细。根据这样的记载，前人亦多所究心，北宋的沈括就是其中的一位，其遗说具见于所著的《梦溪笔谈》之中。近数十年来，学者间的研究络绎不绝，立论虽不尽相同，但对于解释有关问题，都费了很多心机。

一、进入历史时期的温暖气候

论古今气候的异同，可以追溯至更为渺茫的远古。但从事历史地理学的研究，其上限也应是由人类最初从事生产劳动的时期开始，这时已进入新石器时期。一般都以半坡文化遗址所显示的情况作为准则。半坡文化遗址经碳-14年代测定为距今五千六百年至六千零八十年。由于具体遗存物的发现和测定，不尽都能一致，在年代上有所伸缩也是可以理解的。气候温暖时期和寒冷时期变迁的显现，并非短时之内所可觇见，因而有关的年代就难得若何具体，当然也不能过分悬殊。

从进入历史时期，气候就显得较现在为温暖。由东北部直到长江以南都是如此，就是内蒙古和青藏高原也都不例外。据估计，东北黑龙江和吉林等处，当时年平均气温比现在高3℃以上，冬季最冷月平均气温比现在高6℃以上。辽宁南部平均气温比现在高3℃左右。黄河下游和长江下游各地年平均气温比现在高2—3℃，正月的平均气温比现在高3—5℃。长江中游年平均气温也比现在高2℃左右，天山北麓年平均气温比现在高1℃左右。西藏自治区希夏邦马峰西北佩估错湖旁阶地的当时年平均气温比现在高3℃左右。珠穆朗玛峰北坡河曲谷地里亚村的当时年平均气温比现在高3℃。正因为这样，当时的亚热带北界就由现在的淮水流域北移，现在的京津地区在那时已经接近亚热带的北缘。[①]当时不仅气候温暖，而且显得湿润，应是温湿的亚热带气候[②]，和现在很不相同。

确定当时的气候较现在为温暖湿润，是由遗存到现在的动物骨骸和植物孢粉的检定得出的结果，其中有的还可由文字记载来证明。就以半坡文化遗址来说，其中就发现过獐、貉和鹿等类动物的遗骸。[③]鹿为产于北方的兽类，在半坡出现，实不足为奇。獐到现在只有生存于长江流域的沼泽地区。貉也是喜栖于河湖滨畔。这些喜温暖潮湿的动物能在半坡生存，证明当时的气候和现在很不相同。在安阳殷墟的遗物中，有象、貘、獐、犀牛、鲸的骨骸，经古生物学家的研究，它们出土于安阳，是有外来的可能性。[④]不过其中的象是曾经生长于黄河流域的。卜辞记载殷代田猎有获象的语句，既为猎获的兽类，当不是由外方来的。卜辞"为"字从手牵象。可见象也是经常服御的动物。殷人是曾经服过象的。象的出没存在，说明当时殷墟的气候温暖，适于象的生存。以殷王的威力是可以获得远方送来作为进贡的动物。可是半坡遗址的原来居人是不会有这样威力的，为什么这样一些动物也曾经在半坡发现过，看来半坡遗址和殷墟的气候是相仿佛的。两者的年代相距较远，这只能说其间的气候没有很大的变化。

这一时期的温暖气候，有关各地所发现的孢粉就是具体的例证。黑龙江省呼玛县的桤树和其他落叶阔叶树的孢粉[⑤]，内蒙古自治区察哈尔右翼中旗大义发泉村细石器文化层不仅中期花粉含量多于晚期，且有喜湿乔木栎树和草本十字花科的花粉[⑥]，可见这些北部地区的温度和湿度都高于现在。就是

---

① 龚高法等《历史时期我国气候带的变迁及生物分布界限的推移》。

② 《中国自然地理·历史自然地理·历史时期的气候变迁》。

③ 中国科学院考古研究所、陕西省半坡博物馆《西安半坡》。

④ 陈梦家《殷墟卜辞综述·田猎与渔》。

⑤ 华北地质研究所《黑龙江省呼玛县兴隆第四纪晚期孢粉组合及其含义》。

⑥ 周昆叔等《察右中旗大义发泉村细石器文化遗址花粉分析》，载《考古》1975年第1期。

西北地区天山北麓，当时云杉生长线也比现在为高①，而西藏自治区希夏邦马峰下和珠穆朗玛峰北的孢粉和植物化石以及中石器时期的遗存，都可以作为证明②。

二、周初的寒冷气候与其后又复转为温暖时期

这样的温暖时期，历史相当悠久。前面说到殷人的获象乃是武丁时事。武丁为王已在商代后期。直到周初，还是相当温暖，竺可桢以《诗经·国风·召南·摽有梅》所咏的"摽有梅，顷筐塈之"为证。召为周畿内采邑，所谓召南之地，亦只在岐山之阳。③《召南》虽有《江有汜》篇，然《摽有梅》似难说到与江有关的地方。岐山之阳也就是今陕西省岐山、眉县等处。竺可桢于此还征引了《诗经·国风·豳风·七月》为证。两篇诗据说都作于西周时，但所显示的气候却很不相同。能有梅树，可见当地气候仍相当温暖。可是《七月》诗中所说的季节，却较《召南》为迟。豳与召相距很近，如何能有两种不同的气候？这似乎不能以豳地海拔高的缘故来解释。《诗序》对这篇诗的写作年代的说法实嫌笼统，似不易就此得出肯定的结论。

虽然如此，西周时期的气候确实是曾经由温暖转向寒冷。因为《今本竹书纪年》记载，周孝王七年，江汉俱冻。④而且只有这么一条，此事未见于《古

---

① 周昆叔等《天山乌鲁木齐河源冰川和第四纪沉淀物的孢粉学初步研究》，载《冰川冻土》1981年第3号。

② 郭旭东《珠穆朗玛峰地区第四纪间冰期和古气候》，徐仁、孔昭宸等《珠穆朗玛峰地区第四纪古植物学研究》，见《珠穆朗玛峰地区科学考察报告（1966—1968）·第四纪地质》，1977年。

③ 《史记》卷三四《燕召公世家·索隐》。

④ 按：王国维《今本竹书纪年疏证》："（孝王）七年，冬，大雨雹，江汉水。（原注：牛马死，是年，厉王生。《御览》八十四引《史记》：'周孝武七年，厉王生，冬，大雨雹，牛马死，江、汉俱冻。'）"

本竹书纪年》。《今本竹书纪年》的记载虽多不可尽信，然江汉冻结乃自然现象，与人事无关，可能并非有意作伪。

就是江汉确有冻结，寒冷时期也不会过长。竺可桢于此征引了《诗经·卫风·淇奥》所咏的"瞻彼淇奥，绿竹猗猗"作为证明。《淇奥》一篇，据说是美武公之德，当作于卫武公之时。卫武公元年为周宣王十六年①，是年上距周孝王七年为八十九年。淇水之旁的绿竹猗猗，应该不是从这一年起才开始有的。《淇奥》这篇诗的撰写时间虽显得略早，然以竹证寒温的变化终究感到勉强，不如征引《秦风·终南》一篇为合适。这篇诗说："终南何有？有条有梅。"这里明确提出梅树，梅树对于气候变化的感受较为灵敏，能够说明问题。《诗序》以为《终南》这篇诗，是为了告诫襄公而撰写的。秦襄公元年为周幽王五年。②这一年较卫武公元年迟三十五年。卫武公在位时久，共五十五年。卫武公四十七年，秦襄公即已逝世。因此不能就说《淇奥》一篇的撰述就早于《终南》。周孝王江汉冻结之前，是什么时候由温暖转为寒冷的？这也无所征实，最早似不能超过周昭王时。周昭王南征不返，卒于江上。③若其时气候已经转寒，江汉可能冻结，昭王是不会轻易南征的。昭王在位年数说者间有不同，大约以十九年为是。④由周昭王十九年至周幽王五年，亦将及两个世纪。

西周和春秋时期，梅在黄河流域多所种植，这在《诗经》里曾经有过多次的描述，足以证明当时的气候是相当温暖的。但梅在黄河流域并不是直到西周和春秋时期才开始繁殖的，根据《尚书》的记载，在商代即已用梅作调

---

① 《史记》卷一四《十二诸侯年表》。
② 《史记》卷一四《十二诸侯年表》。
③ 《左传》僖公四年，《史记》卷四《周本纪》。
④ 《太平御览》卷八四引《帝王世纪》："昭王在位五十一年。"《外纪》同，又引皇甫谧曰："在位二年。"《今本竹书纪年》：昭王十九年，王陟。按：《古本竹书纪年》于昭王十九年后即再未有记事，则昭王在位当以十九年为是。

和饮食的调料①，可见它在黄河流域的种植是很早的。当然也可作为商代气候温暖的证明。

证明这一时期气候的温暖，除梅而外，还可举出一些例证，檀、棕、楠、杉、豫章等树在那时都是黄河流域不难见到的树木。檀见于关中和中条山上；棕见于秦岭和崤山、熊耳山，最北且达到白于山和六盘山；楠见于秦岭和崤山；杉见于终南山；豫章则见于关中。② 这些树木大致在唐代以后就很少再见于有关黄河流域的记载。这正有助于说明前后不同时期气候温暖的差异。这里所说的秦岭、终南、中条、崤山和熊耳诸山，东西相望仿佛成为一线。白于山和六盘山却远在今陕西北部和宁夏南部，相差很远。可见气候的变化不仅限于秦岭和淮水的南北。近人论及黄河中游的森林，以现在陕北和宁夏的干旱，否认历史时期这些地区曾经有过森林，而不悟气温湿度前后的变化。以现在的自然条件如何能够论证千百年前的情况？

三、气候的变化与竹的产地

这里当一论述竹与气候的变化有无关系。近人论气候皆以竹在黄河流域的生长作证明。如论半坡遗址当时气候的温暖，就以竹鼠为证。竹鼠以竹为食料，可见当时半坡多竹，竹鼠赖以生存。后来半坡附近竹林稀少，甚至无存，竹鼠也就消失了。竹也见于山东省历城县龙山文化遗址和河南省淅川县下王岗遗址。这两处遗址中分别有炭化竹节③和竹炭灰④的发现，因而就以此

---

① 《尚书·说命下》："若作酒醴，尔唯曲蘖；若作和羹，尔唯盐梅。"《说命》为殷高宗时所作，可见其时梅的栽培已相当普遍。
② 有关这些树木在当时繁殖的文献记载，已征引在《植被的分布地区及其变迁》中，这里不再赘述。
③ 竺可桢《中国近五千年来气候变迁的初步研究》，载《考古学报》1972年第1期。
④ 贾兰坡、张振标《河南淅川县下王岗遗址中的动物群》。

证明当时这里的气候也相当温暖，与半坡遗址相仿佛。说到西周春秋时期的温暖，论者皆举《诗经·卫风·淇奥》所歌咏的"瞻彼淇奥，绿竹猗猗"作证明。其实由西周春秋以迄战国时期，黄河流域竹的种植是相当普遍的。当时人们日用器皿许多都是以竹制成的。食器有簠、簋、笾、簜，乐器有笙、竽、箫、管，盛物有筐、筥、篚、筐，寝具有簟、箐、簟、簾。记事用简，信约用符，射用箭，食用箸。如果黄河流域不产竹，以竹制作的器具当不至于这样地众多。黄河流域产竹著名的地区当推淇水流域，这是周代卫国的地方。《诗经》中对于卫国的竹林是一再讽咏不止的。上面所举的《淇奥》就是其中的一篇，还可再举出另一篇，《卫风·竹竿》也曾歌过："籊籊竹竿，以钓于淇。"这足见当时人们的重视。齐国也产竹，临淄（今山东淄博市旧临淄县）城西的申池就是一个产竹的地区。[①]汶水流域产竹更是有名。乐毅报燕惠王书中就曾提到汶上的篁。[②]

到了秦汉时期，气候有了变化。可是还有人认为是相当温暖的，同样也征引有关竹的文献作证明。这时的竹本来是相当繁多的。司马迁在《史记·货殖列传》中就曾经特别称道"渭川千亩竹"。这是说，在渭川这个地区，普通人家如果能栽种千亩竹林，他的收入就可以和千户侯相仿佛。而鄠（今陕西户县）、杜（今陕西长安县）竹林还可和南山上的檀柘媲美。[③]淇水流域产竹，直到汉代，一直都是有名的。当时黄河在瓠子（今河南濮阳县）决口，汉武帝亲临堵塞，堵口的材料就是用的淇园之竹。[④]东汉初年，寇恂为河内太守，也曾伐淇园之竹，制成百余万支箭，抵制自南而来的攻击。[⑤]光武帝能够在

① 《左传》文公十八年，襄公十八年。
② 《史记》卷八〇《乐毅传》。
③ 《汉书》卷二八《地理志》。
④ 《史记》卷二九《河渠书》。
⑤ 《后汉书》卷一六《寇恂传》。

河北立住脚，和这宗事情很有关系。[1]

　　经过魏晋南北朝，下至隋唐时期，气候又转为温暖。唐代关中亦多竹[2]，竹林蔓延，西逾陇山，直到秦州（今甘肃天水市）。杜甫《秦州杂诗》中曾经三次提到竹树，当非偶然。[3]就是太行山东淇水流域的竹林，也仍然受到称道。[4]隋唐以后，经过宋代一段寒冷时期，至于元代，再度转暖。竹还是用来作为温暖气候的证明。根据《元史》的记载，元初曾于腹里的河南、怀、孟（今河南沁阳县和孟县）和陕西的京兆、凤翔（今陕西西安市和凤翔县）置司竹监。稍后，又于卫州设置管理竹园的官吏，举凡辉、怀、嵩、洛（今河南辉县、沁阳县、嵩县、洛阳市）和益都（今山东益都县）等处的竹园都受到管辖。[5]可见当时黄河流域产竹的地区还是不少的。

---

① 《后汉书》卷三一《郭伋传》：“伋为并州牧，……始至行郡，到西河美稷，有儿童数百，各骑竹马，道次迎拜。”美稷县在今内蒙古自治区准格尔旗，儿童数百皆有竹马可骑，可能当地就有竹林。不过有谓其时竹马已经成为定称，不一定都是取用竹竿。唐时日僧圆仁《入唐求法巡礼行记》卷三，记他从五台山起程赴长安时说：“为往长安，排比行李。……斋后便发，取竹林路，从竹林寺前向西南。”寻此文意，五台山下当有竹林，不然竹林路和竹林寺就无所取义。又考段成式《酉阳杂俎·续集》卷一〇《支植》：“卫公（李德裕）言：北都惟童子寺有竹一窠，才长数尺，相传其寺纲维，每日报竹平安。”唐北都为今山西省太原市。太原种竹如此艰辛，五台山如何能有竹林，美稷县如何能有制作竹马的竹？书此志疑。

② 《元和郡县图志》卷二《京兆下》：“司竹园，在（鄠）县东十五里。园周回百里，置监丞掌之，以供国用。义宁元年，义师起，高祖第三女平阳公主举兵于司竹园。”

③ 《全唐诗》卷二二五，杜甫《秦州杂诗二十首》之九：“今日明人眼，临池好驿亭。丛篁低地碧，高柳半天青。”又之十三：“传道东柯谷，深藏数十家。对门藤盖瓦，映竹水穿沙。”又之十六：“东柯好崖谷，不与众峰同。……野人矜绝险，水竹会平分。”

④ 《全唐诗》卷二一二，高适《自淇涉黄河途中作十三首》之四：“南登滑台上，却望河淇间。竹树夹流水，孤城对远山。”

⑤ 《元史》卷九四《食货志》。按：《食货志》说：“腹里之河南、怀、孟。”中华书局本《元史》对于这句有校语说：“按本书卷五八《地理志》，中书省统山东西、河北之地，谓之腹里。河南府不属腹里。此‘河南’或系‘河间’之误。”按：《宋史》卷一八六《食货志下八》：“元丰元年，滨、棣、沧州竹木、鱼果、炭泊税不及百钱蠲之。”沧州治所在今河北沧州市，滨州和棣州治分别在今山东省滨县和惠民县。竹木之税他州俱无，仅这三州有之，当系其地产竹。元时并沧州于河间府，是河间府亦产竹。校语改腹里河南为河间，应该说是有道理的。不过元时河南省亦有竹课。《元史·食货志》：“竹木课：腹里，竹二锭四十两，额外竹一千一百锭二两二钱。河南省，竹二十六万九千六百九十五竿，额外竹木一千七百四十八锭三十两一钱。”又“竹笋课：奉元路三千七百四十六锭二十七两九钱”。河南省的课税虽没有奉元路那么多，却远超于腹里怀、孟等州。元河间路治河间县，今河北省河间县。奉元路治长安县，今陕西省西安市。

作为气候温暖时期论证的依据，这些文献记载或多或少都曾经被征引过。翻过来说，气候转为寒冷时期，应该是原来产竹的地区就不可能再有竹的生长了。这不是产竹地区的多少或大小的问题，而是有无的问题了。前些年间，还有人断言说，竹不过秦岭。这显然是说，秦岭以北气候寒冷是不适于竹的生长繁殖的。可是实际情况却并非这样。

魏晋南北朝是气候寒冷的时期。在此以前，可能在西汉时气候就已经逐渐转寒。可是班固撰《西都赋》，还说长安附近，"竹林果园，芳草甘木，郊野之富，号为近蜀"[①]。张衡撰《西都赋》，也说长安附近，"筱簜敷衍，编町成篁"[②]。班固和张衡之时，长安已废不为都，但以东汉时人侈述西京旧制，也许还有若干夸张。曹魏时刘桢撰《鲁都赋》，则在易代之际，应该不会再有过誉之辞，却也说到曲阜的"竹则填彼山陂，根弥阪域"[③]。西晋左思撰《魏都赋》，也说邺城"南瞻淇奥，则绿竹纯茂"；说到物产，还特别提到"淇洹之笋"[④]。邺城如此，洛阳附近同样是"竹木蓊蔼"[⑤]。晋武帝后宫争宠，宫人多以竹叶插户，以引帝所乘的羊车。[⑥] 就是长安城外，也还是"林茂有鄠之竹"[⑦]。当时有一派所谓名士，放浪于形骸之外，以相标榜。竹林七贤即其著者。据说他们的游踪就在现在河南省辉县[⑧]，因为所谓竹林，就在当地。十六国时期，苻坚曾在阿房宫种植桐与竹数十万株，以待凤凰。淝水战前，长安上林竹死，说者谓苻坚败亡之兆。[⑨] 现在河南辉县滨于清水。清水下游正与淇水相合，相距并非很远。清水源头亦有竹林，据北魏时郦道

---

① 《文选》卷一。

② 《文选》卷二。

③ 《初学记》卷二八《竹部》引。

④ 《文选》卷六。邺在今河北省临漳县西南。洹水流经今河南省安阳市，东入白沟。白沟即曹操引淇水所修凿的人工水道。

⑤ 《文选》卷一六，潘安仁《闲居赋》。

⑥ 《晋书》卷三一《胡贵嫔传》。

⑦ 《文选》卷一〇，潘安仁《西征赋》。

⑧ 《水经·清水注》。

⑨ 《晋书》卷一一四《苻坚载记》。

元所见，当地竹与刹灵，更为胜处。①两汉时，为了管理竹园，曾经设置过司竹长丞。魏晋河内淇园也各置司守之官。②可知左思《魏都赋》中所说的并非虚夸。可是到北魏时，郦道元亲至淇水侧畔，竟未见到竹③，这应是人为的砍伐所致，与气候无关。因北魏依汉魏旧规，仍设有司竹都尉。④北魏疆土仅有黄河流域，而清水源头的竹林仍与柏树相辉映，就是长安附近，也还是一样有竹圃的。⑤据说司竹监到北齐、北周时未曾再置，隋唐时期才又得到恢复。⑥北齐、北周历年短暂，设官不周也是有的。不能因为这两个政权未曾派专人管理竹园，就认为当时黄河流域已经无竹。如果齐、周之时黄河流域已无竹林，则隋和唐初长安附近能有偌大的司竹园，就显得突然了。

历隋唐而至宋代。宋代也是一个寒冷的时期。宋代虽是寒冷时期，产竹之地仍然不少。关中渭水流域的竹林颇受称道。这一带的竹林，周围逶迤约百余里，西起眉县，东到鄠杜，北至武功都有竹树，甚至凤翔、天水也都有竹的生长。⑦宋朝南徙，女真入主中原。金时规定，司竹监每年采竹五十万竿为防河工程的材料。⑧前面曾经说过，元代曾在京兆、凤翔以及怀、孟等州设置官吏，管理竹园，还规定所产之竹可以发卖，当时给引竟至一万道之

---

① 《水经·清水注》。按：《水经·沁水注》："上涧水导源西北辅山，……历析城山北。……《禹贡》所谓砥柱，析城，至于王屋也。……下有二泉，……数十步外多细竹。其水自山阴东入濩泽水。濩泽水，又东南注于沁水。……沁水又南五十余里，沿流上下，步径才通，小竹细筍，被于山渚，蒙茏茂密，奇为翳荟也。"这样的小竹细筍应为竹的一类。因为是小细筍，所以另著于此。析城山在今山西阳城县西南。

② 《大唐六典》卷一九《司竹监》。

③ 《水经·淇水注》。

④ 《魏书》卷一一三《官氏志》。

⑤ 《水经·渭水注》："芒水出南山芒谷，北流，……迳盩厔县之竹圃中。"又说："渭水迳（槐里）县之故城南，又东与芒水枝流合，水受芒水于竹圃，东北流又屈西北入于渭。"

⑥ 《大唐六典》卷一九《司竹监》。

⑦ 《苏轼诗集》卷三至卷五，编有苏轼为凤翔府节度判官时所作的诗多篇，其中往往提到凤翔府所属各处的竹林。并在一首诗下自注说："盩厔县有官竹园，十数里不绝。"这里录在凤翔县的两首：一、《李氏园》（自注"李茂贞园也，今为王氏所有"）："朝游北城东，回首见修竹。"二、《大老寺竹间阁子》："残花带叶暗，新筍出林香。但见竹叶绿，不知汧水黄。"

⑧ 《金史》卷四九《食货志》。

多。[1]元人这样设置措施，应该是根据宋金以来的旧规。如果没有这样的基础，元人初到中原，是不会大举兴工，而且立见这样的成效的。

元亡之后，明初仍于陕西鄠县设司竹局，以征收课税。这时竹园规模虽已狭小，然直至明代后期，竹林却仍相当繁茂。[2]迄至清初，犹未稍减。[3]就是到新中国成立之初，西安城中作竹器的手工业仍然聚集在一条街道。这条街道就称为竹笆市。竹器的材料乃是产自周至、户县和华阴、华县。[4]此外河南省产竹的地方，仍然是辉县[5]和沁阳、济源等县[6]，而山西平陆县的竹林，也有名于一方。

这些竹林也有毁废之时。淇园之竹自来都是有名当世的，可是到郦道元撰《水经注》的时候，竟然是"今通望淇川，无复此物"[7]，元时怀、孟两州的竹课是当时重要的税收，竟然也因"频年砍伐已损，课无所出"[8]。而鄠县的竹园，至明中叶时，也因产竹逐耗，不能不募民种植。[9]就是山西平陆县的竹园，也因三门峡水库的兴修，而完全淹没。这些变化显而易见是

---

① 《元史》卷九四《食货志》。

② 雍正《陕西通志》卷七三《古迹》引《马志》："斑竹园在鄠县东二十里，周数顷余，隶秦府。内植斑竹，其大如椽，其密如簀。"按《马志》纂于明世宗嘉靖二十一年。

③ 雍正《陕西通志》卷四四《物产》引《鄠县志》："植竹，竹皆成斑，其大如椽，其密如簀。"所引的《鄠县志》，当为康熙时所修，其文虽引自马理所修的《陕西通志》，亦可证明其时这片竹林仍然存在，并未残毁。

④ 现在西安城是明初在唐末韩建缩小的长安城的基础上改建的。现在一些街道的名称可能上溯到明初建城之时，如竹笆市、木头市、骡马市、五味什字等都是。这些街道长期保持着和它的名称有关的店铺设置。竹笆市更是特别明显。这样的街道如果不是明初旧有的，也是多历年所，有其渊源可寻的，新中国成立前后，竹笆市还有不少的制作和出卖竹器的店铺。由竹笆市的名称，就可证明关中一直是产竹的地区，并非是由明代后期秦藩斑竹园的废去而了无踪迹的。

⑤ 嘉庆重修《清一统志》卷二〇一《卫辉府》："竹，旧出淇县。《明一统志》，辉县出。"

⑥ 嘉庆重修《清一统志》卷二〇四《怀庆府》："竹，河内出。《府志》，国初贡竹，康熙年间裁免。"直至清朝末年怀庆府的竹林还是到处丛生，与其他灌木和柏林相交错，风景优美，为过往者所称道。产竹既多，竹器的制造自然也发达起来。近来（20世纪50年代。——编注）报载，政府对于这一区域人民制作竹器的副业曾经加以提倡。

⑦ 《水经·淇水注》。

⑧ 《元史》卷九四《食货志》。

⑨ 乾隆《鄠县志·古迹》。

人为的，而非自然的。郦道元所见到淇川无竹，而未指出无竹的原因。淇川和清水源头相距邻迩，若淇川无竹是由于气候的变化，奈何清水源头竟未受到影响。可见这并不是出于自然的因素。正是由于自然环境没有什么改变，在原来的人为原因消失之后，经过从新培植，就能恢复旧日的规模。也有的因为经济利益不大，就任其废弃下去。这样不再作为经济林木而加以培植，就更说不上从它的存废有无来探寻当时气候变化的过程了。

由此可见，历史时期黄河流域竹的生长除了一些人为的作用外，一直没有间断。温暖时期如此，寒冷时期也是如此。既然温暖时期和寒冷时期都是一样的。再以它来作为例证说明不同时期气候的变化，那就没有什么意义了，甚而竟是徒劳的。

四、两汉以迄南北朝时期的气候转寒

由上面的论述，可知自西周后期气候转暖之后，历时还是相当长久的。这样的温暖时期一直延伸到战国末年。孟子[①]和荀子[②]所著的书中都曾提到黄河下游，今山东、河北等处，一岁再热。而《吕氏春秋》所说的菖始生之时，较现在为早。[③]这都是竺可桢所曾经引用和论证过的。可见战国末叶，气候还是相当温暖的。

可是到了汉代，气候又有了变化，由温暖转向寒冷。这由当时种麦时节可以得到证明。麦是主要农作物之一，所以种麦时节很受注意。《礼记》里面有一篇《月令》，是专记节气的篇章。这篇书是从《吕氏春秋·十二纪》

---

① 《孟子·告子上》："今夫麰麦……至于日至之时皆熟矣。虽有不同，则地有肥硗，雨露之养，人事之不齐也。"
② 《荀子·富国篇》："今斯土之生五谷也，人善治之，则亩数盆，一岁再获之。"
③ 《吕氏春秋·任地篇》。

中抄出来编成的，应该看成《吕氏春秋》旧有的作品。根据《吕氏春秋》的记载，仲秋之月，就劝人种麦，不要失时，如果失时，就是有罪了。出于西汉人士之手的《尚书大传》也说，秋昏虚星中可以种麦。① 这是一句比较令人费解的话，虚是二十八宿中的一宿，是属于北方玄武之宿的一宿。这一宿在 8 月里黄昏时在天正中。也就是说种麦应该在 8 月。古代历法的推算有时候会发生差错，在农家看来，说月份不如说二十四节气来得准确。西汉末年氾胜之曾经说过，夏至后七十日可种宿麦。并且说，种得早了，就容易生虫，种得迟了，不仅穗子小而且颗粒少。② 这是说夏至后七十日种麦算是最合适了。夏至后七十日，已近于白露。东汉时，崔寔作《四民月令》，他把麦田分成薄田、中田和美田三种，白露节种薄田，秋分种中田，再后十天种美田。③ 贾思勰又把种麦的时间分成上时、中时和下时。他说 8 月上戊社前为上时，中戊前为中时，下戊前为下时。④ 这种说法和氾胜之、崔寔差不多。《氾胜之书》撰于长安。崔寔为涿郡安平人（安平今仍为河北安平县），曾做过五原太守（五原郡治在今内蒙古自治区包头市西）。贾思勰为齐郡益都人（益都在今山东益都县东北），曾为高阳郡太守（高阳郡治在今山东淄博市临淄西北）。他们的书中所说的当然都是黄河流域的情形。现在山西省西南部和陕西省西安市的种麦季节主要在白露和秋分之间。俗谚说：白露种高山，秋分种平川。这和《四民月令》所说的差相仿佛。如果和《氾胜之书》相比照，西汉时种麦还要早些。《氾胜之书》明确指出，种得早了，容易生虫。可是它所定的种麦日期还在白露之前，可见当时气候已经转寒。

近人论西汉气候，认为尚属于温暖时期，就以《史记·货殖列传》所说"蜀汉江陵千树橘；……陈夏千亩漆；齐鲁千亩桑麻；渭川千亩竹"为证，

---

① 《齐民要术》卷二《大小麦》引。
② 《齐民要术》卷二《大小麦》引。
③ 石声汉《四民月令校注》。
④ 《齐民要术》卷二《大小麦》。

并指出橘、漆、竹皆为副热带植物，汉时既能在陈、夏、渭川栽种[1]，这些地区的气候当然是温暖了。（按：黄河流域在所谓温暖时期和寒冷时期都有竹的种植，前文已有论述，可见竹是不能作为黄河流域气候变化的证据的。）不仅竹是这样的，橘和漆也是一样的。这里先来说橘。西汉时，司马相如在《上林赋》中，曾经说过："卢橘夏熟，黄柑橙楱。"[2] 这是司马相如对于长安城外上林苑中景物的描述。后来到唐时，李德裕撰《瑞橘赋》也曾说过："魏武植朱橘于铜雀，华实莫就。"[3] 铜雀台在邺，邺为今河北省临漳县。这两条不同的事例，就被用作西汉和曹魏气候不同的证据。可是也还有和《上林赋》所说的相反的记载。《三辅黄图》说："扶荔宫在上林苑中。汉武帝元鼎六年，破南越，起扶荔宫（本注：宫以荔枝得名），以植所得奇林异木：菖蒲百本；山姜十本；甘蕉十二本；留求十本；桂百本；蜜香、指甲花百本；龙眼、荔枝、槟榔、橄榄、千岁子、甘橘皆百余本。上木，南北异宜，岁时多枯瘁。"两者所记，殊不相同。移植异木，自是一时盛事。所植在上林苑中，司马相如作赋，也必然会据以描述。后来没有成活，就和司马相如无关。充其量也只是和后来的邺宫一样，似难说曹操时就较汉武帝时为寒冷。固然，在司马相如之后，东汉张衡撰《南都赋》时也曾说过："穰橙邓橘。"[4] 东汉南都在今河南省南阳市，穰县在河南邓县，而邓县在今湖北省襄樊市。这几处地方都在江陵之北，可以作为橘树北移的途径。但南都、穰、邓毕竟距江陵较近，似不能以之证明长安和邺城的气候。唐代段成式在《酉阳杂俎》[5] 和宋代乐史在《杨太真外传》[6] 都曾经指出：唐玄宗天宝年间

---

[1] 《史记》卷一二九《货殖列传》："颍川、南阳，夏人之居也。"汉时颍川郡治阳翟县，南阳郡治宛县，分别为今河南省禹县和南阳市。《货殖列传》又说："陈在楚夏之交。"其地在今河南省淮阳县。

[2] 《文选》卷八。

[3] 《李文饶文集》卷二〇。

[4] 《文选》卷四。

[5] 《酉阳杂俎》卷一八《木篇》。

[6] 《说郛》卷三八，乐史《杨太真外传》。

蓬莱宫殿前栽种柑橘，并结得果实事。李德裕《瑞橘赋》也说过：唐武宗时，宫中还栽种橘树，并结得果实。李德裕为武宗首辅，段成式亦唐代人，乐史较后，生于宋初。目睹耳闻，皆当有据，非同虚妄。然这些只能证明唐时气候的温暖，不应以之上论西汉时的变化。至于漆树，司马迁之后，崔寔亦曾道及。《四民月令》说："正月，自朔暨晦，可移诸树：竹、漆、桐、梓、松、柏、杂木。"所说种漆之地还应在陈、夏之北。可是曹魏时何晏撰《九州论》，却明白指出："共汲好漆。"[1] 共，今为河南省辉县，汲，今为河南省卫辉市，皆在陈、夏之北。曹魏为寒冷时期，黄河以北的共、汲就有漆树，因而就不应再以"陈夏千亩漆"来证明汉时的气候尚在温暖时期。

曹操在邺城铜雀台所种的朱橘未有华实，自是汉魏之际气候寒冷的证据。接着广陵故城之下的一段邗沟水道结冰，也确是前所未有的大事。这宗事发生在魏文帝黄初六年（公元225年）。这一年10月，魏文帝为了征讨吴国，行幸广陵故城，临江观兵。戎卒十余万，旌旗数百里。可是就在这一年，天气大寒，水道结冰，船只不得入江，因而退兵引还。[2] 近人引用这条记载，多有误释处，难免与事实不符。不妨在这里略作说明。这里所说的广陵故城，相当于今江苏省扬州市。曹魏虽移广陵郡于今江苏清江市。然既明言故城，就不是位于今清江市的广陵城。这一次行军是以舟师自谯（今安徽亳县）循涡水入淮，从陆道到徐县（今江苏泗洪县），然后舟至广陵故城。为什么改行陆道？是因为淮水以南广陵郡城和广陵故城之间有一段水道不通，几千只战船皆停滞不得行。由于蒋济的努力疏浚，才得继续前进，一直进到精湖以南。后来退军回来，由于精湖以北水浅，蒋济再设法疏浚，才

---

① 《太平御览》卷七六六《杂物部》引。
② 《三国志》卷二《魏书·文帝纪》。

得全军归来。①精湖在今江苏宝应县南，今犹称为津湖，盖音近易讹。精湖以南，距江已不很远。这一段水道当是邗沟的踪迹。所谓水道结冰，当指这一段水道而言。这段水道不如淮水的深广，可能是容易结冰的。由于这段水道结冰，魏国的舟师才不得入江。论者引用这条史料，却认为结冰的水道竟是淮水。如果是淮水水道结冰，何须蒋济疏浚淮南水道？舟师又何能进到精湖以南？如果是淮水冰冻，当然也可以说是一次气候的变化，但与精湖以南至于江边的水道结冰相比，其意义就显得有所差距，甚至不必作为重要的事例，特别提起。

　　这次在广陵故城附近的水道结冰，虽是曹魏开国未久的事故，可以和后来南朝在建康覆舟山下建立冰房事相联系，可知这一时期寒冷季节的悠长。建康就是现在的南京。南京结冰是少见的。南朝为了藏冰而特建了冰房，也是以前少有的。竺可桢举出这宗事情来说明当时气候的特点，饶有意义。

　　南北朝时气候寒冷的事例，还可举出北魏贾思勰在所著的《齐民要术》对于当时果木树的记载。据贾思勰的记载，当时黄河流域杏花在 3 月始盛开，而枣树生叶和桑花凋谢在 4 月初旬。当时的 3 月约当现在阳历 4 月中旬，其 4 月初旬应为现在 5 月上旬。显然可见，当时这些果木树的出叶和花开花谢还较现在为迟。尤其值得注意的乃是冬季对于石榴树的保护。当时石榴树越冬，须用蒲藁裹而缠之，不然就要冻死。这在现在黄河下游也是未曾有过的现象。这宗事例和南朝在建康建立冰房事分别见于黄河下游和长江下游，虽说都属于孤证，却是应予重视的。

---

① 《三国志》卷一四《蒋济传》："车驾幸广陵，济表水道难通，又上《三州论》以讽帝，帝不从。于是战船数千皆滞不得行。……车驾即发。还到精湖，水稍尽，尽留船付济。船本历适数百里中，济更凿地，作四五道，蹴船令聚，豫作土豚，遏断湖水，皆引后船，一时开遍入淮中。"
《水经·淮水注》引《三州论》说："淮湖纤远，水陆异路，山阳不通，陈敏穿沟，更凿马濑，百里渡湖。"

五、隋唐两代气候转暖时期

  气候再次转为温暖，是在隋唐时期。但早在南北朝后期已有相当的征象。远在殷商时期，黄河流域曾经有过关于象的记载。下迄秦汉之时，这种记载竟至厥如。这里面的原因还需要从长研究，可能也与气候变化有关。秦汉时期人口增多，土地利用日广，象也许多藏于森林之中。由于气候的转寒，象也就逐渐向南迁徙，故黄河流域就不复再见象的踪迹。可是到了东魏孝静帝天平四年（公元537年），南兖砀郡（今安徽砀山县）却发现了巨象。[①]这样的巨象显然并非当地土产，因而当地人引为奇事，捕获后送于邺城。砀郡位于淮北，距淮水并非甚远。这只象恐也不是淮水流域所产。如果是淮水流域的象，则北来到了砀郡，当不至于认为奇事。象的北来正可说明淮北气候已渐转暖，故自然流窜至此。

  隋唐时期气候转暖，当时关中梅花盛开，移种的橘树还能结出果实，都是具体的例证。唐代长安宫中种植橘树，这是在前面已经提到过的。唐代诗人对于关中的梅花多有题咏[②]，当非杜撰之辞。这样的事例是近人论证隋唐时期气候时皆有所征引的。不过这里还有些问题需要澄清。近人论西周春秋时期的气候，皆以其时黄河流域能有梅树作为温暖的证明。而论证隋唐时期气候的又复温暖，其例证还是梅树。这两个温暖时期之间，还夹有一个相当长久的寒冷时期。在这样寒冷的时期，黄河流域当然没有梅树了，既然黄河流域没有梅树，隋唐时期又怎么繁盛起来？东汉时，张衡在所撰的《南都赋》

---

①《魏书》卷一一二《灵征志》。

②《全唐诗》卷四〇一，元稹《和乐天秋题曲江》："长安最多处，多是曲江池。梅杏春尚小，芰荷秋已衰。"《全唐诗》卷五三九，李商隐亦有以《十一月中旬至扶风界见梅花》为题的诗篇。这皆可以证明长安以至关中各处，当时都是有梅树的。

里曾说过："樱梅山柿。"这是说当时南都有过梅树。所谓南都，乃指宛城而言，也就是现在河南省南阳市，南阳市不属于黄河流域，却近于黄河流域，在黄河流域气候转暖的时候，梅花就由附近地区繁植移种过来。

隋唐时期的温暖气候，直到宋初，尚无很大差异。据《宋史》记载，太祖建隆三年（公元962年），黄陂有象自南来食稼；乾德二年（公元964年），有象入南阳，虞人杀之。[①] 黄陂县今仍为湖北省黄陂县。南阳即今河南省南阳市。前面说过，南北朝末年，砀郡曾经发现过象。砀郡治所在今安徽砀山县。南阳、黄陂两县皆在砀山县之南。距黄河流域更非附近，亦可显示当时仍然相当温暖。当时如果气候已经转寒，象是不会远至这些地方的。

六、隋唐以后各时期气候寒温的变化

宋代的气候还是转向寒冷的。黄河流域再度不栽种梅树就是明显而重要的证据。苏轼咏杏花诗所说的："关中幸无梅，赖汝充鼎和。"王安石咏红梅诗所说的："北人初不识，浑作杏花看。"苏轼这首诗作于宋仁宗嘉祐六年（公元1061年）。[②] 上距黄陂见象正为百年。苏轼为蜀人，其初至东京开封为仁宗嘉祐二年（公元1057年）。[③] 王安石北来，略早于苏轼，其间相差也不过几年。[④] 在这前后百年上下，北人竟已不认识梅花，可知其间变化还是相当巨大的。这里还可再举郭璞和邢昺的《尔雅》注疏为证。《尔雅·释木》曾举出梅树。郭

---

① 《宋史》卷一《太祖纪》。

② 《苏轼诗集》卷三《次韵子由岐下诗》共二十一首，《杏花诗》即在其中。按：这组诗的引文说："予既至岐下逾月，于其廨宇之北隙地为亭，亭前为横池，……池边有桃、李、杏、梨、樱桃、石榴、樗、槐、松、桧、柳三十余株。"苏轼为凤翔府节度判官为宋仁宗嘉祐六年十一月事，这组诗应作于这一年。

③ 《宋史》卷三三八《苏轼传》："嘉祐二年，试礼部。"

④ 《宋史》卷三二七《王安石传》。

璞注："似杏实酢。"邢昺无疏。郭璞为晋时河东闻喜人，邢昺为宋时曹州济阴人。闻喜，今仍为山西闻喜县。济阴，今为山东菏泽县。盖均为北人，宜其难得说得具体。由郭璞作注，更可以知道晋时北方已无梅树。宋时不仅黄河流域无梅树，就是东南沿海的荔枝树，也曾不止一次被冻死。[1]长江下游的太湖，湖面广阔，为东南大泽，也曾经全部冰封，洞庭山上的柑橘树同样被冻死。[2]就是江南的运河，也不止一次结冰[3]，这都应是前所未有的气候变化。

到了元代初年，论者根据邱处机所作的《春游》诗，指出气候又趋于暖和，这首诗中有句说："清明时节杏花开，万户千门日往来。"[4]现在杏花也在清明时节开放，可知当时的气候和现在相仿佛，已较为转暖。邱处机这首诗撰写于公元1224年，这一年是成吉思汗十九年，宋宁宗嘉定十七年。证明元代气候转暖的文献，目前所可知者仅这一点。虽属孤证，然以得之于目睹亲见，当非虚妄。自然景象，也不是偶然作为，因而是可以征信的。近人论元代气候的温暖，皆以当时黄河流域竹林为证。竹的有无不足以证明气候的变化，已见前文，这里就不再赘述了。

不过这样的温暖时期并未继续很久。就在元武宗至大二年（公元1309年），已经有了江南运河结冰的记载[5]，接着太湖又连续封冻，橘柑树也被冻死[6]。温暖时期就这样再度转入寒冷期。这样寒冷的气候一直持续到明清两代。据竺可桢所征引、明清两代最有说服力的证据，当数到明代袁小修所写的日记和谈迁所撰的《北游录》。《袁小修日记》曾记录明万历三十六年至四十七年（公元1608—1619年）湖北沙市附近的气候。据所记录，则当时沙市春初的物候较现在武汉市物候约迟七天到三十天。《北游录》则记载谈迁于清顺治十年至十二年（公元1653—1655年）往来于杭州及北京间的

---

[1] 李来荣《关于荔枝龙眼的研究》，科学出版社1956年版。
[2] 陆友仁《研北杂志》卷上，《宝颜堂秘笈》普集。
[3] 蔡珪《撞冰行》，见元好问《中州集》卷一。
[4] 李志常《长春真人西游记》卷一。
[5] 据竺可桢的征引，此事见元《郭天锡日记》。
[6] 陆友仁《研北杂志》卷上。

经历。据其所记，则当时北京的物候也较现在约迟一两星期。袁谈两家撰述的时候，前后相差五十年上下，华中和华北两地区的气候大致互相仿佛，皆较迟于现在，这当非偶然的现象。谈迁由杭州赴北京，乃是乘舟前往，在经过天津至北京一段路程时，运河冰冻，不能不改乘车辆。按照所记的日程推算，运河封冻期间竟多达一百零七天。这段运河迄至现在，冬季也是会封冻的。不过据 1930 年至 1949 年的记录，平均封冻日期只有五十六天，其间相差是悬殊的。就是春季开河的日期，清代初年也要较现在迟十二天。根据这样的记载，应该说：明清两代的气候是转为寒冷时期的。

由上面的论述可以看到，从人类最初能从事生产活动时起，一直到现在的几千年间，气候时有变化。远古的温暖时期较为长久，秦汉以后，变化就较为频繁。愈到后来，寒冷时期就显得较长。这样温暖和寒冷时期的变化，只是从若干年月和具体事例显现出来的。应该说，气候的变化不仅在较长的时期有所显现，就是短暂的年月中也不是不可能体验出来的。历代史籍中的五行志就曾记载着酷寒、燠暑、早霜、严冰，这样的事例甚至是频繁有过的。但这只是一时的现象，难得作为一个时期显著变化的根据。

七、气候干湿的变化

历史时期不仅气温的寒暖有所变化，就是干湿同样也是会显出变化的。近年来不断发现古代遗留下来的孢粉。根据这样的孢粉，不仅可以测定原来植物存在的年代，还可以测定当时湿润状况。根据学者的探索和研究，距今五六千年前，与温暖的气候同时，为一相当湿润的气候。[1] 其后由湿润的气

---

① 谭其骧等《中国自然地理·历史自然地理·历史时期气候的变迁》。下文论述湿润气候的变迁，所引证的材料亦见此文。

候转变为干旱气候。但到了距今二千五百年前，气候又稍显得湿润，这不仅由孢粉的测定得到证明，也是和文献记载相符合的。

前面说过，古代黄河流域是曾经有过许多湖泊的。这些星罗棋布的湖泊应该会对气候起着调节的作用。古代黄河流域正因为这些湖泊，所以显得相当湿润，至少没有现在这样干燥。因为湿润的关系，所以一直到春秋时期，黄河流域，尤其是黄河下游的人们还是喜欢住在丘陵的地方。据说齐景公尊重晏婴，打算替他另起一座新的住宅，说是旧宅湫隘，新宅爽垲。① 在现在说起来，山东地方正是爽垲的地方，如果古代和现在一样，那么，晏婴的住宅就不必劳齐景公替他另行建筑了。再以现在山西西南部来说，这是春秋时期晋国的土地。论起地势来，应该比山东还要高亢。春秋时期晋国曾经打算迁都，有人主张迁到郇瑕氏的地方，这里有盐池的利益，应该是不错的。可是另外一位大臣韩献子却提出异议，说是郇瑕氏地方土薄水浅，住得久了，人们是会容易生灾生病的。晋国的臣子们考虑的结果，认为韩献子说得不错，所以就没有向这里迁徙。② 由其他记载看来，韩献子的话却不是正确的。因为《诗经》中《魏风》里面就已经提到汾水附近有沮洳的地方。③ 既然是沮洳地就很难得高亢爽垲了。

这样湿润状况由当时森林的分布，也可以得到证明。应该说，湿润的气候促进了森林的生长发育，而茂密的森林也显示出气候的湿润程度。二千五百年前，黄河流域森林相当繁多，分布的地区也相当广大。这就不免引起一些人的奇怪，因为有些树种现在已不再见于黄河流域，有些森林分布地区已经没有什么树木，因而认为是令人难以置信的。当时的气候既温暖又湿润，为什么不能生长那么多的树木和森林，而所生长的地区又复那么广大？如果以现在的情况忖度以前，怎么不会有这样的疑问。这样湿润的气候后来又再次变干。据说这个变干的界线出现在距今七百年。这已经是元代初

① 《左传》昭公三年。
② 《左传》成公六年。
③ 《诗经·魏风·汾沮洳》。

年了。这是据古莲子经过碳 -14 年代测定所得的结论。这样的结论在文献记载中同样可以得到验证，因为黄河流域的森林繁盛茂密的程度，并未有过多降低。当然，人为的摧残是不应该计算在内的。

湿润和干旱的变化虽时有显现，但持续时期的长短，却也不尽相同。研究证明，如果以公元 1000 年作为界线，把前后分成两段，则在这一年以前，干旱时期持续时间短，湿润时期持续时间长。这一年以后，湿润时期短，干旱时期长。近四百年中，黄河流域旱灾的发生比较频繁，就是证明。如前所说，黄河流域的森林在距今七百年前还是相当繁盛茂密，近四五百年，森林地区有显著的缩小，这固然是由于人为作用的破坏，但干旱时期持续较长，也不能说就无影响。

由此可见，历史时期气候是有过变化的，而且相当频繁，并非短暂稀少。论述气候的有关影响，是应该以当时的气候作为依据的。以今论古或以古论今，都是不恰当的。

第五节　植被的分布地区及其变迁

我国的植被，特别是森林，在远古时期就是相当茂密的。传说在尧之时，草木畅茂，禽兽繁殖，因此影响到农业的发展。[①] 传说尧的居地是在现在山西省西南部汾、浍、涑、河诸水流域之间。[②] 至少在这一带是有很多的森林的。汾、浍、涑、河之间，这是包括黄河在内，还有它的几条支流的地区。这应是黄河中游部分。由这里一直向南，气候就更为温暖，降水量也更多，也就

---

① 《孟子·滕文公上》。
② 《左传》襄公二十九年：吴公子札观乐，为之歌唐，曰：思深哉！其有陶唐氏之遗民乎？《续汉书·郡国志》：河东郡平阳，尧都此。浍水为汾水支流，在今山西省翼城、绛县、曲沃、侯马、新绛诸县市。涑水为黄河支流，在今山西省绛县、闻喜、夏县、运城、临猗、永济诸县市。

更适宜森林及一般植被的生长和繁殖，应该较汾、浍、涑、河诸流域更为茂密。黄河流域以北，有些自然条件虽不如南方的优越，但是植被还是可以称道的。当前考古工作成绩卓著，在许多新石器时期的文化遗址中，都发现了木头、木炭等遗存，足为当时植被的佐证，亦可以填补文献记载的不足，即可以作为论述的依据。

一、黄河下游及其附近地区的植被

黄河下游及其附近地区在远古之时，森林就相当茂密，植被完好。在许多新石器时期文化遗址中就有经碳 –14 测定年代的木炭、木头等遗存。这些遗址在今北京市的有延庆等五市县[①]，在今河北省的有武安等六县[②]，在今河南省的有陕县等十八市县[③]，在今山东省的有兖州等十市县[④]。这里不仅有木炭、木头，也还有孢粉分析证明原来的树种，甚至还有当时的实物。北京西

① 在今北京的遗址为北京市内北京饭店工地、北郊沙河西，昌平县龙山鹿场，延庆县小营、康庄、五里营、廊房高里掌，房山县改庄，丰台老庄户。另有丰台大葆台遗址，年代在公元前40年，北京市区紫竹院和房山县北金两遗址，年代皆在公元后。见中国社会科学院考古研究所《中国考古学中碳十四年代数据集1965—1981》。下同。

② 在今河北省的遗址有武安县磁山，南宫县，藁城县台西，正定县兴隆寺，蔚县三关、庄窠，阳原县丁家堡。另有张家口市、滦平县二道沟门、平山县西库、满城诸遗址，其年代皆在公元前1000年以后。

③ 在今河南省的遗址为陕县庙底沟，洛阳市锉李、王湾、白营、含嘉仓，偃师县二里头，临汝县煤山、巩县铁生沟、黄冶，登封县双庙沟、告成、告西，荥阳县张楼、点军台，密县莪沟、新砦、马良沟，郑州市市区、大河村、洛达庙、阎庄，新郑县裴李岗，辉县固围村，长葛县石固，淇县花富，汤阴县白营，鄢陵丛故城，安阳市后岗、小屯、武官村、侯家庄、殷墟、八里庄、小南海，柘城县孟庄，永城县墨埚堆、王油枋。

④ 在今山东省的遗址为兖州县王因、泰安县大汶口、邹县野店、滕县北辛、潍县鲁家口、诸城县呈子、日照县东海峪、福山县邱家庄、烟台市白石村、牟平县照格庄。另有旧临淄县桓公台和河崖头两处遗址，其年代皆在公元前1000年以后。

郊和三河县皆有阔叶树种，虽未得具体树名，但阔叶树应是无疑的。[①] 而山东历城县的龙山遗址中也有炭化竹节的发现。[②]

　　至于有关的文献记载就更为详备。《尚书·禹贡》就曾经指出：济水和黄河之间的兖州，"草繇木条"，在海和泰山之间的徐州，"草木渐包"，还特别提到青州境内泰山上的松树。《周礼·职方》中，更提到太行山东的冀州的松树和柏树，还提到黄河以南的豫州的林木。这些地方大都在黄河的下游，徐州稍南一些，已达到泰山之南和淮水的下游。其实在《尚书·禹贡》和《周礼·职方》以前，有关这一地区森林的文献记载已经不少。《诗经·卫风·竹竿》说："淇水悠悠，桧楫松舟。"《邶风》和《鄘风》都有专以柏舟为题的诗篇。《邶风·柏舟》说："泛彼柏舟，亦泛其流。"《鄘风·柏舟》也说："泛彼柏舟，在彼中河。"这是说卫国的森林多松桧和柏。卫国更多桑，桑树成林；故《鄘风·桑中》说："期我乎桑中。"卫国还多竹，故《卫风·淇奥》说："瞻彼淇奥，绿竹猗猗。"《竹竿》也说："籊籊竹竿，以钓于淇。"卫国原封于河北殷人故都，与邶、鄘并列，所以这些森林都是在当时黄河之北。卫国后为狄人所迫，东徙渡河，河南亦多森林，故《卫风·定之方中》说："树之榛栗，椅桐梓漆。"卫国东徙，与曹国为邻。曹国亦多桑林。故《诗经·曹风·鸤鸠》说："鸤鸠在桑，其子在榛。"不仅卫曹两国，其南的陈国也是如此。《诗经·陈风》就有以东门之枌和东门之杨命题的诗篇。《东门之枌》说："东门之枌，宛丘之栩。"《东门之杨》说："东门之杨，其叶牂牂。"卫国于《禹贡》和《职方》九州中，乃在冀州之域。其后东徙，与曹国皆在兖州，而陈国则在豫州。三国森林足可证明《禹贡》和《职方》所说的并非虚妄。卫、曹、陈三国皆在黄河下游及其以南的平原之中。周王朝颇重视交通道路的修整，平原道路更为重视。当时规定，道路两

① 周昆叔等《对北京市附近两个埋藏泥炭沼的调查及其孢粉分析》，载《中国第四纪研究》1965年第1期。

② 竺可桢《中国近五千年来气候变迁的初步研究》，载《考古学报》1972年第1期。

旁都要栽种树木，诸侯封国更必须遵照执行。^①可见平原之地，除天然森林外，人为的栽培种植也是不少的。

黄河下游平原之地，多湖泊泽薮。其中最为巨大的当推在今河北省南部的大陆泽和在今山东省西南部的大野泽。大陆泽亦称巨鹿泽。大野泽也称巨野泽。这两个泽薮早已埋塞，成为平地。现在河北省犹有巨鹿县，山东省亦有巨野县，稍可显示它们遗迹的所在。巨鹿泽的附近地区也称为大鹿之野。传说，尧将禅舜，纳之大鹿。^②可见这个名称的来源是很早的。为什么称巨鹿称大鹿？因为林之大者称为鹿。^③大鹿就是巨大的森林。舜在这个森林中遇到烈风雷雨还不至于迷惘，而受到尧的赏识，可见这里的森林是相当巨大的。按照一般常理来说，湖泊附近多潮湿，宜于森林的生长和繁殖。大陆泽周围能有巨大的森林是不足为奇的。大陆泽如此，其他湖泊如巨野泽等也难于例外。

湖泊附近富于森林，当然更能有利于一般植被的繁殖。以前人们重视森林，对于一般植被也能适当地注意。这在文献记载中是不乏先例的。春秋时人说："山林之木，衡鹿守之，泽之萑蒲，舟鲛守之，薮之薪蒸，虞侯守之。"^④衡鹿、舟鲛、虞侯是三种不同的官吏名称。山林之木是指森林而言，这是用不着解释的。萑蒲亦即萑苻^⑤，也就是葭苇，多生于水边泽畔。郑国有一个萑苻之泽^⑥，大概就是因为泽畔多生萑苻而得名的。所谓薪蒸，是指的柴木，薪为粗木，蒸为柴草。这是说薮中多灌木杂草。这里以山上森林与泽薮崖岸的萑苻、薪蒸并举，可知乃是一般的现象，并非某些湖泊的特征。黄河下游及其附近地区在上古时期泽薮是相当多的，可知当时的森林和一般植被也是很不少的。

萑苻只是葭苇，葭苇遇潮湿之地都可繁殖，圃田泽畔的麻黄，却较为特

---

① 《国语·周语中》。

② 《尚书·舜典》。

③ 《汉书》卷二八上《地理志上》引应劭说。

④ 《左传》昭公二十年。

⑤ 《左传》昭公二十年注。

⑥ 《左传》昭公二十年。

殊。圃田泽的旧址在现在河南省中牟县。《水经·渠注》："泽多麻黄草。故《述征记》曰：'践县境便睹斯卉，穷则知逾界。'今虽不能然，谅亦非谬。《诗经》所谓'东有圃草'也。""东有圃草"为《诗经·小雅·车攻》篇中句。这篇诗说，周宣王出猎，东至于圃草。可见圃草广大，竟可招引宣王东行千里，到当地田猎。

黄河下游森林的普遍和繁多，不仅见于文献的记载，且为诗人所歌诵。或以为文人学士的诗篇，意之所至，即信笔书写，难得征实。其实耳闻目睹，以之成篇，何能尽属虚枉。东汉末年王粲所作的《从军诗》即歌颂其途中的见闻，应该是一篇实录。《从军诗》共五首，其中就有过具体的描述。[1] 第五首是写由邺城行军到谯郡的途中所见。当时的邺城在今河北省临漳县，谯郡治所在今安徽亳县。这条道路经过的地方绝大部分都是东汉末年频繁争战的区域，是残破不堪的。王粲这首诗说："悠悠涉荒路，靡靡我心愁。四望无烟火，但见林与丘。城郭生荆棘，蹊径无所由。"战争毁灭城郭和乡村，森林和丘就显得很突出了。丘是古代黄河下游的一种地形，是高于平地的丘陵。这在当时黄河下游是相当多的，也是随处可见的。[2] 丘在战争中是摧毁不了的，在战时也是无暇予以破坏的，故王粲得以见到。王粲这样写实的诗句，当时森林的实况宛如就在目前。

黄河下游及其附近的山地更是多有森林的。《诗经·鲁颂·閟宫》说："徂来之松，新甫之柏。"徂来、新甫都是鲁国附近的山名。这些山上的松柏正好作为鲁国营建宫室的材木。《诗经·商颂·殷武》："陟彼景山，松柏丸丸。"《殷武》为祀商高宗的诗篇。其时商已都于洹水之南，就是现在河南安阳市。景山当在安阳附近，故殷人得取其山的松柏，构筑寝殿。《诗经·郑风·山有扶苏》说"山有扶苏"，又说"山有乔松"。扶苏为小木，松则为乔木。《閟宫》所说的徂来、新甫近于泰山。《殷武》所说的景山近于太行山。

---

① 《文选》卷二七。
② 拙著《历史时期黄河流域的侵蚀与堆积》。

《山有扶苏》所说的山没有确切的名称，然郑国实近于嵩山，这篇诗中所说的山未必就是嵩山，但至少也如徂来之近于泰山和景山近于太行山一样，是近于嵩山的。徂来、新甫和景山等山的森林所以见于记载，只是它们为较小的山而近于都城，森林便于采伐的缘故。这样说来，泰山、太行山以至于嵩山不能说因未见于记载，而谓其上就没有森林。其实像泰山森林也并不是没有见于记载的。《论衡·遭虎篇》说："孔子行鲁林中。"《定贤篇》说："鲁林中哭妇。"王充记此事当本于《礼记·檀弓》而更为详备。《檀弓》说："孔子过泰山侧，有妇人哭于墓者而哀。"这是说泰山有森林。若无孔子路过所见，则泰山中有森林，恐难得为世人所知。

山地而有森林，一般说来，若非有其他特殊原因，也是正常的现象，习焉不察，故往往不易见于记载。世人书写文字，在以前多用松墨。由于制墨用松，故山上松树多被采伐。北宋沈括曾感慨说过："今齐鲁间松林尽矣，渐至太行、京西、江南，松山大半皆童矣。"[①]可知在宋时，齐、鲁、太行、京西、江南诸山皆有森林，有的且以松树为主。其实有森林的而见于记载的也不仅这些山，江南的黄山、晋北的五台山，都可以在这里稍一道及。明末徐霞客曾称道黄山的"枫松相间，五色纷披"[②]，也曾称道五台山的"山树与石竞丽错绮"[③]。盖游览胜地，易为人所欣赏。这些山上的林木并非到明时才始有，就如五台山的森林，至迟在唐时就详细见于记载。[④]甚至像汝水

① 《梦溪笔谈》卷二四《杂志》。
② 《徐霞客游记·游黄山日记》。
③ 《徐霞客游记·游五台山日记》。
④ 日僧圆仁《入唐求法巡礼行记》卷二："窬大复岭，岭东溪水向东流，岭西溪水向西流。过岭渐下，或向西行，或向南行。谷里树木，直而且长，竹林麻园，不足为喻。山岩崎峻，欲接天汉。松翠与碧天相映。……望见中台，……树木异花不同别处。……此清凉山，……岭上谷里树木端长，无一曲戾之木。"这里所说的大复岭，未知具体所在。岭东西溪水流向不同，则当是太行山上的山岭。如果确是这样，这段太行山也是有很茂密的森林的。

源头所出的鲁阳县（今河南鲁山县）大孟山①，谷水所出渑池县（今河南渑池县）谷阳谷②，汶水所出的莱芜县（今山东莱芜县）原山③，这样一些山谷，其中的森林都曾受人称道过。

前面说过蜀汉江陵的千树橘。这是说普通人家善经营的，就可能种植千株橘树。当然这样的人家不止一家一户。与此相仿的是"燕秦千树栗，淮北常山以南，河济之间千树荻，陈夏千亩漆，齐鲁千亩桑麻"④。燕在今北京市和河北省中部，常山就是现在山西省东北部的恒山。由淮水之北一直到恒山，中间就包括着河济在内，范围是相当广大的。陈在今河南淮阳县，夏在今河南禹州市，实际包括今河南的中部和南部。齐鲁分有今山东省地。这可以说，太行山和嵩山以东，到处都有好多人家，广种这样一些树木，想见整个黄河下游及其附近地区，郁郁葱葱，一派森林茂盛景象。

二、黄河中上游的植被

就是在黄河中上游，可以称道的森林地区亦复不少。和黄河下游各处一样，这些森林地区亦可以由经过碳-14测定的远古文化遗址中的木炭木头以

---

① 《文选》卷二九，张景阳《杂诗十首》之六："朝登鲁阳关，狭路峭且深。流涧万余丈，圈木数千寻。咆虎响穷山，鸣鹤聒空林。"《水经·汝水注》："汝水西出鲁阳县之大孟山蒙柏谷，……左右岫壑争深，山阜竞高，夹水层松茂柏，倾山荫渚，故世人以名也。"

② 《水经》："谷水出弘农渑池县南墦冢林谷阳谷。"注："《山海经》曰：'傅山之西，有林焉，曰墦冢，谷水出焉。'"

③ 《水经》："汶水出泰山莱芜县原山。"注："《从征记》曰：'汶水出县西南流。'又言：'自入莱芜谷，夹路连山百数里，水隍多行石涧中，出药草，饶松柏，林藿绵濛，崖壁相望，或倾岑阻径，或廻岩绝谷，清风鸣条，山崿俱响。……有别谷在孤山。谷有清泉。……谷中林木致密，行人鲜能至矣。'"

④ 《史记》卷一二九《货殖列传》。

及其他木材得到年代证明。这样的遗址在今陕西有千阳等十四市县①，在今山西省的有夏县等五市县②，在今甘肃省的有甘谷等十一市县③，在今宁夏回族自治区的仅有同心县卡池盖古一处，其年代已在公元后。

参证文献记载，亦复如是。在文献记载中可以看到：远在上古之时，这里就有范围相当广大的森林地区。其一是渭水中游以上各地，并远及洮河中游和祖厉河的上游。这里森林繁多，当地居人皆以木板筑屋，称为板屋，且历年久远而尚未有改变。其二是渭水中下游之间两侧的原隰。其三是黄河以东的汾涑流域和沁水流域。其四是今山、陕两省北部的黄河两侧，约当现在晋西北和陕西东北隅以及内蒙古自治区伊克昭盟的中部和东北部。战国时的林胡就以居住在这里的森林中而得名。下迄唐宋时期，封建王朝伐取材木之地的岚（治所在今山西岚县）、胜（治所在今内蒙古自治区准格尔旗）、石（治所在今山西离石县）、汾（治所在今汾阳县）诸州就在这个地区。其五是六盘山的东西。迄至现在这里还不时发现由地下掘出的当年倒下的原木。黄河中上游的山上也多森林，南起秦岭和中条山，中间的子午岭、黄龙山、吕梁山、霍太山以及更东的太行山，更北还有恒山和阴山，都以多森林而著名当世。这些山下的平川，森林也是一样繁多的。④ 前人重视森林，就是一般植被也是在所不遗。《诗经·小雅·南山有台》就歌咏过："南山有台，北山

---

① 在今陕西省的遗址为千阳县邓家原，宝鸡市北首岭，岐山县凤雏，扶风县北吕，武功县浒西庄，长武县碾子坡，旬邑县木咀，咸阳市秦都，西安市半坡、南殿，临潼县姜寨，华县梓里，华阴县西关堡，大荔县甜水沟，渭南育水路排水沟。另有凤翔县南指挥和河北里两处遗址，其年代皆在公元前1000年以后。

② 在今山西省的遗址为夏县东下冯，襄汾县陶寺、丁村，沁水县舜王坪、富裕河、下川，太谷县小白，娄烦县小城崞。另有侯马市乔村，翼城县天马，长子县牛坡，长治市，浑源县毕村，天镇冯天诸遗址，其年代皆在公元前1000年以后。至于沁水县山迪岩、应县的遗址，其年代更在公元后。

③ 在今甘肃省的遗址为甘谷县灰地儿，秦安县大地湾，庆阳县九站，镇原县常山，灵台县西屯桥，永靖县大何庄、马家湾，东乡族自治县林家，广河县齐家坪，兰州市青岗岔、曹家咀，永登县蒋家坪，玉门市火烧沟。另有永昌县双湾遗址，其年代在公元前1000年以后。至于嘉峪关双蒲、长城墩燧，敦煌县莫高窟等遗址的年代皆在公元后。

④ 拙著《历史时期黄河中游的森林》，以下说黄河中游的森林，皆据这篇论文。

有莱。"台为莎草，莱就是一般的草类。①山上草多，灌木也不少②，山下更是到处都是。山下有陂有隰。陂是原旁的坡地，隰是坡下的湿地，不论是陂是隰，植被都是相当普遍的。③至于平川的农田侧畔，植被尤为习见，战国时，商鞅治理秦国，对于辟草莱就特为重视，《商君书》还为此列了专篇。

这一地区的森林地区既如此广大，树种当然也不会很少，见于文献记载的更是不胜枚举。这里无暇一一数起，最为普遍的应推松柏两种，从秦岭崤山一直到北边的阴山，可以说没有一个森林地区没有松柏的。其次当数到桑树和榆树。桑叶可以养蚕，渭水中游以东，汾水下游以南，几乎是无地不种植桑树。最北还达到秀延河上，今陕西青涧县犹多桑树。榆树亦是森林中常见的树种。今内蒙古自治区伊克昭盟、陕西北部，以及宁夏回族自治区、甘肃中部在那时尤多种植，榆中和榆溪塞的得名因为榆树普遍生长的缘故。竹林也相当众多，终南山下，渭水两侧以及太行山南的河内都以竹林众多而为人所称道。秦汉时期，渭川千亩竹是和巴蜀江陵千树橘、陈夏千亩漆一样为当时人家致富捷径。这里还应该提到安邑千树枣。安邑在今山西西南部夏县。安邑的枣树后来不太为人所道及。渭川竹林的税收直到宋元时期仍是封建王朝一项重大收入。这里还应该提到梅、杉、檀、棕、柟、豫章等树种。梅树在古代为渭水下游及汾涑之间习见的树木，也是《诗经》里经常提到的树木，下及唐代，关中犹有种植。④杉产于终南山上，唐代还见于记载。⑤檀则见于

① 按：这篇诗的毛传说："台，夫须也。莱，草也。"孔颖达《正义》引陆机疏说："旧说夫须莎草也，可为蓑笠。"
② 《南山有台》这首诗，下面几章都说到山上的树木，如说："南山有桑，北山有杨"；"南山有杞，北山有李"；"南山有栲，北山有杻"；"南山有枸，北山有楰"。《诗经·小雅·北山》："陟彼北山，言采其杞。"山之足下为麓，《诗经·大雅·旱麓》："瞻彼旱麓，榛楛济济。"
③ 《诗经·邶风·简兮》："山有榛，隰有苓。"又《唐风·山有枢》："山有枢，隰有榆；山有栲，隰有杻；山有漆，隰有栗。"又《郑风·山有扶苏》："山有扶苏，隰有荷华；山有乔松，隰有游龙。"又《秦风·车邻》："阪有漆，隰有栗；阪有桑，隰有杨。"又《秦风·晨风》："山有苞棣，隰有树檖。"又《小雅·四月》："山有蕨薇，隰有杞桋。"
④ 《全唐诗》卷四〇一，元稹《和乐天秋题曲江》："长安最多处，多是曲江池。梅杏春尚小，芰荷秋已衰。"《全唐诗》卷五三九，李商隐亦有以《十一月中旬至扶风界见梅花》为题的诗篇。
⑤ 《全唐诗》卷三三六，韩愈《南山诗》："杉篁咤蒲苏。"

关中^①和中条山南^②，最北达到今陕西北部白于山^③，棕见于秦岭^④和崤山^⑤、熊耳山^⑥，最北达到今宁夏回族自治区六盘山下^⑦，楠见于秦岭^⑧和崤山^⑨、豫章见于关中^⑩。唐代以后，黄河中下游气候变冷，这些树木就都难以生长，而归于消失。

三、长江和珠江流域的植被

我国古代文化以中原最为发达，故古史记载林木亦多着重于中原，长江流域就显得稀少，至于珠江流域就更是阙如了。近年考古学大有发展，地下发掘时有所闻，远在新石器时期也可略知一斑。一些文化遗址中曾发现过木头、木炭、竹炭、乌木、木樗，经碳 -14 测定，知其为新石器时期的遗物。长江流域及其以南地区的文化遗址，在今云南省的为剑川等四县^⑪，在今四川省的为巴塘等四县^⑫，在今贵州省的为赫章县^⑬，在今陕西省南部汉水流域

---

① 《汉书》卷六五《东方朔传》。
② 《诗经·魏风·伐檀》。
③ 《山海经·西次四经》："白于之山，上多柏，下多栎檀，洛水出其阳，而东流注于渭。"白于之山在今陕西省北部，仍因旧称。
④ 《山海经·西次一经》："石脆之山，其木多棕、楠。"石脆之山在今陕西华县，为秦岭支峰。
⑤ 《山海经·中次六经》："夸父之山，其木多棕、楠。"夸父之山在今河南灵宝县，为崤山的支峰。
⑥ 《山海经·中次四经》："熊耳之山，其上多漆，其下多棕。"熊耳山在今河南崤山之南。
⑦ 《山海经·西次二经》："高山，其上多棕，其草多竹，泾水出焉。"高山今为六盘山。
⑧ 《山海经·西次一经》："石脆之山，其木多棕、楠。"石脆之山在今陕西华县，为秦岭支峰。
⑨ 《山海经·中次六经》："夸父之山，其木多棕、楠。"夸父之山在今河南灵宝县，为崤山的支峰。
⑩ 《汉书》卷六五《东方朔传》。
⑪ 在今云南省的文化遗址为剑川县海门口、宾川县白羊村、祥云县大波那、元谋县大墩子。另有楚雄县万家坝，江川县李家山、宋澃，曲靖县苓家村，大理县洱海等遗址。其年代皆在公元前1000年以后。
⑫ 在今四川省的文化遗址是巴塘县扎金顶、资阳县黄鳝溪、铜梁县西廓水库、江津县德感坝。另有西昌县大坟堆遗址，其年代在公元前1000年以后。
⑬ 这是赫章县的祖家老包。

的为西乡等三县^①，在今河南省西南部淅水流域的为淅川县^②，在湖北省的为郧县等八县^③，在湖南省的为安乡等二县^④，在江西省的为修水等二县^⑤，在安徽省的为潜山等二市县^⑥，在江苏省的为邳县等七市县^⑦，在上海市的为青浦等二县^⑧，在浙江省的为吴兴等四市县^⑨，在福建省的为崇安等二县^⑩，在广东省的为高要等三市县^⑪，在广西壮族自治区的为隆安等三市县^⑫。如果说得具体些，还可以略事明了当时各地区的不同树种。这些树种是经过孢粉分析证明确实曾经存在过的。如四川省资阳县有胡桃、栎、油杉、栗、枫、杨、棕榈等树，湖南湘阴、湘乡和汉寿等县有松、栎^⑬，河南淅川县有竹^⑭，上海附近则主要生长着以青岗栎、栲树为主的常绿阔叶树和阔叶落叶混交林，杂

---

① 在今陕西省南部的文化遗址为西乡县李家村、安康县柏木岭、商县紫荆。

② 就是淅川县的黄楝树村和下王岗。

③ 在今湖北省的遗址为郧县青龙泉、房县七里河、宜都县红花套、枝江县关庙山、京山县屈家岭、大冶县铜绿山、当阳县金家山、鄂城县凡口镇。另有江陵县纪南城、天星观，随县擂鼓墩三处遗址，其年代皆在公元前1000年以后。当阳县玉泉寺遗址则在公元后。

④ 这是安乡县度家岗和岳阳县孔桥孙。另有长沙市马王堆和五里牌两处遗址，其年代皆在公元前1000年以后。

⑤ 在今江西省的遗址为修水县跑马岭，清江县吴城和筑卫城。另有新淦县界埠和贵溪县鱼塘两处遗址，其年代皆在公元前1000年以后。

⑥ 这是潜山县薛家岗和安庆市怀宁官州。

⑦ 在今江苏省的遗址为邳县大墩子，南京市北阴阳营，溧水县神仙洞，武进县淹城，常州市圩墩，海安县青墩和西场，吴县草鞋山和张陵山。其金坛县鳖堆的年代则在公元前1000年以后，苏州市区齐门更在公元后。

⑧ 在今上海市的遗址为青浦县崧泽和凤溪，金山县查山和亭林。

⑨ 在今浙江省的遗址是吴兴县邱城和钱山漾，余杭县安溪，嘉兴县崔幕桥，余姚县河姆渡。另有金华县天宁寺遗址，其年代在公元后。

⑩ 在今福建的遗址是崇安县武夷山，闽侯县鸿尾。

⑪ 在今广东的遗址是高要县茅岗、佛山市澜河石岩、曲江县马坝石硖。另有广州市古代造船遗址和肇庆市区遗址，其年代在公元前1000年以后。广州市南海神庙古码头遗址和东莞县虎门海滩、化州县石宁诸遗址，其年代皆在公元后。

⑫ 在今广西壮族自治区的遗址为隆安县大龙潭、钦州县独料、桂林市甑皮岩。

⑬ 龚高法等《历史时期我国气候带的变迁及生物分布界限的推移》，载《历史地理》1987年第5辑。

⑭ 贾兰坡、张振标《河南淅川县下王岗遗址中的动物群》，载《文物》1977年第6期。

有桑、榆、漆等树种①。浙江余姚县河姆渡更有樟、榕以及松、铁杉等。②这些不同种类的树种，都可以证明长江流域及其以南的珠江流域，不仅有森林，而且森林还是相当普遍的。

这里还可以顺便论述到台湾。台湾的气候和其他自然条件较之长江流域当更适于森林的成长发育。台湾古史渺茫，难得有若何文献记载，可是考古工作的成就正可以填补这样的不足。据发掘报告，台湾省台中等四个市县的文化遗址内就有木炭等类遗存。③稍后的记载，还说到台湾的多竹。④

稍稍往后，南方森林就逐渐见于记载。《尚书·禹贡》说扬州，已经指出当地的"草夭木乔"。这是说当地草木都相当茂盛和高大。《禹贡》说荆州，又指出当地有杶、幹、栝、柏四种重要树木。⑤再后到了汉代，《史记·货殖列传》说："江南多竹木。"还特别提到位于今安徽中部的合肥，说它受"南北潮，皮革、鲍木输会也"。由于水上交通的发达，合肥竟成为一方的材木集散地，可知当地森林的繁多。就是江汉川泽，也有山林之饶，而江南各地，居民更以伐山取竹木为谋生之道。⑥这样的说法是相当可信的。因为长江中游和汉水流域，远当楚人最初在这里立国的时候，还是遍地林木，难以立足。后来楚人自诩其先人的功绩，说是"筚路蓝缕，以启山林"，就是指此而言。⑦就是稍后一些时候，汉水下游的随阳右壤，依然是"山林溪谷不食之地"⑧；汉水中游的一些山上，"秀林茂木"⑨。而

① 王开发等《根据孢粉分析推断上海地区近六千年以来的气候变迁》，载《大气科学》1978年第2卷第2期。

② 《河姆渡遗址第一期发掘工程纪要》。

③ 在今台湾省的遗址为台中市营浦、南投县、台东县长族、台北市大室坑。另有高雄市风鼻头遗址，其年代在公元前1000年以后。

④ 《太平御览》卷七八○《四夷部》引《临海水土志》。当时称今台湾省为"夷洲"。

⑤ 颜师古解释说："杶木似樗而实。幹，柘也。栝木柏叶而松身。"见《汉书》卷二八上《地理志上·注》。

⑥ 《汉书》卷二八下《地理志下》。

⑦ 《左传》宣公十二年。

⑧ 《战国策·秦策四》。

⑨ 《水经·沔水注》。

江水所经的三峡之中，"林木高茂"，亦见誉于人口。[①] 特别是汉水上游两侧的巴山和秦岭，其中的老林迄至清代还见于记载。[②] 其实江汉川泽山林之饶，正是楚地的特色。[③] 不仅楚地如此，就是巴蜀也都是如此。巴蜀有江水沃野，山林竹木蔬食果实之饶[④]，而江南也多竹木[⑤]。蜀汉江陵以至于云梦江浦橘树成林，尤受人称道。普通人家如果栽种千株橘树，其收入就能和当时千户侯的租赋相等。[⑥] 到了唐代，巴蜀森林仍受人称道，尤其是蓬（治所在今四川仪陇县南）、渠（治所在今渠县）、果（治所在今南充市）、合（治所在今合川县）、遂（治所在今遂宁县）等州的森林，由于覆盖范围广大，森林之中竟能容纳逃户 3 万余人。[⑦] 就是到了明代，川西黎州（治所在今四川汉源县北）还是"山林参天"。[⑧] 不仅巴蜀，就是湖湘也多大木，直至明代还为帝王宫廷采伐材木的重地。[⑨]

　　江南多竹木的记载，后来到汉武帝时更得到证实。显然可见，当地的森林确实茂密，越往南去，就越是这样。汉武帝时曾经用兵征讨闽越。闽越就是现在福建地方，原不算很远。当时已经感到困难。淮南王刘安因此还向武帝上书谏净，说是闽越的道路十分难走，不要提山高水急，难以行船，就是沿途森林的阻碍，也是难以克服的。他指出要去闽越，必须经过数百千里的森林，林中既多蝮蛇猛兽，夏天更容易得呕吐霍乱的病症。在

---

① 《水经·江水注》于记述巫峡时说："绝巘多生怪柏，悬泉瀑布，飞漱其间，清荣峻茂，良多趣味。"于记述西陵峡时说："林木高茂"，又说："林木萧森，离离蔚蔚，乃在霞气之表。"

② 严如煜《三省边防要览》。

③ 《汉书》卷二八《地理志》。

④ 《汉书》卷二八《地理志》。

⑤ 《史记》卷一二九《货殖列传》。

⑥ 《吕氏春秋·本味篇》："江浦之橘，云梦之柚。"《史记》卷一二九《货殖列传》："蜀汉江陵千树橘，……此其人皆与千户侯等。"《水经·江水注》："夷道县……北有湖里渊。渊上橘柚蔽野，桑麻翳日。"

⑦ 《全唐文》卷二一一，陈子昂《上蜀川安危事》。

⑧ 曹学佺《蜀中名胜记》卷一五。

⑨ 《明史》卷一五〇《师逵传》："永乐四年，建北京宫殿，分遣大臣出采木。逵往湖湘，以十万众入山，辟道路，召商贾，军役得贸易，事以办。"

这样情况中行军简直是难以想象的事情。[①] 汉武帝并没有接受他的劝告，仍然出兵。在出兵路程中可能也遇到一些困难，像刘安所说的一样，好在用兵的目的已经达到了。汉朝取得闽越地后，就把它划到会稽郡的区划中。汉时会稽郡面积相当广大，包括现在江苏省南部镇江以东，还有浙江和福建两省。这个郡共辖二十六个县。其中在今福建省的仅有一个县，就是现在福州的冶县。[②] 为什么现在偌大一个省在当时只设了一个县？可能就是这里山岭重叠，森林密布，交通不便，难以控制的缘故。冶县设在闽江口岸，它和内地的交通，显然不是借着夹道森林的陆路，而是依靠着海路的。这样情况直到北宋时犹未有所改变。北宋时，闽越之间，山林险阻，动辄连亘数千里[③]，和淮南王刘安所说的竟相仿佛。这应不是闽越一地情况，长江以南各地大致都是相同的。

五岭以南的自然条件更适宜于森林的形成和发育。直至宋时，当地犹是"山林翳密，多瘴毒"，因而凡命官吏，就须优其秩俸。[④] 远在宋代以前，唐代曾经到过岭南的诗人就他们旅途中所见，对当地森林都有所称道。漓水流域的茂树[⑤]，浈阳峡中的重林[⑥]，始兴溪旁的绿筱，始兴

---

① 《汉书》卷六四上《严助传》。

② 《汉书》卷二八《地理志》。

③ 《宋史》卷一八二《食货志》所载宋神宗熙宁年间事。

④ 《宋史》卷九〇《地理志》。

⑤ 《全唐诗》卷四七，张九龄《巡按自漓水南行》："奇峰岌前转，茂树隈中积。"漓水为西江支流。

⑥ 《全唐诗》卷四八，张九龄《浈阳峡》："重林间五色，对壁耸千寻。"浈阳峡在今广东省英德县南。

岭上的深林①，大庾岭旁的林昏②，梧州的青林③，端州的树影④，阳山的松桂⑤，柳州的岭树⑥，新兴的梅松⑦，都能显示出一些地方森林的轮廓。宋代有关的记载亦殊不少，如循州的山林⑧，英德的越林⑨，新州的香木⑩，南恩州的杉枫水竹和环山绕林⑪，都可为所谓五岭以南"山林翳密"之说作例证。

这里所说的多是森林，而少及树种。所可知者仅是荆州的柚、榦、栝、柏和江南的竹木，现在的四川省在那时也多竹木。当然，森林中的树种不会

① 《全唐诗》卷四九，张九龄《自始兴溪夜上赴岭》："日落青岩际，溪行绿筱边。去舟乘月后，归鸟息人前。数曲迷幽嶂，连坼触暗泉。深林风绪结，遥夜客情悬。"《水经·溱水注》："东溪水出始兴东，江州南康县界石闰山。……东溪亦名东江，又曰始兴水。……又西注于北江，谓之东江口。"始兴，唐时置郡，治所在今广东省韶关市。

② 《全唐诗》卷五二，宋之问《题大庾岭北驿》："江静潮初落，林昏瘴不开。"

③ 《全唐诗》卷五二，宋之问《经梧州》："青林暗换叶，红蕊续开花。"梧州，今广西壮族自治区梧州市。

④ 《全唐诗》卷五三，宋之问《发端州初入西江》："树影梢云密，藤阴覆水低。"端州，今广东省肇庆市。

⑤ 《全唐诗》，韩愈《县斋读书》（自注"在阳山作"）："出宰山水县，读书松桂林。"阳山，今仍为广东省阳山县。

⑥ 《全唐诗》卷三五一，柳宗元《登柳州城楼因寄漳、汀、封、连四州》："岭树重遮千里目，江流曲似九回肠。"柳州，今广西壮族自治区柳州市。

⑦ 《全唐诗》卷五三七，许浑《岁暮自广江至新兴往复中题峡山寺四首》。其一首说："未腊梅先实，经冬草自薰。树随山崦合，泉到石棱分。"其二首说："水曲岩千迭，云重树百层。"其三首说："松盖环清韵，榕根架绿阴。"其四首说："古木高生槲，阴池满种松。"本注："木槲花生于他树槎桥。池沼多松，谓之水松。"由许浑这一首可知当地林木品种的繁多。唐新州亦称新兴郡，今为广东新兴县。

⑧ 王象之《舆地纪胜》卷九一《循州》引庆历中林谞《大厅记》："循之山林，梗柟杞梓罔不毕具。"循州，今广东龙川县。

⑨ 《舆地纪胜》卷九五《英德府》引梅尧臣（作英州别驾唐介）诗："越林多蔽天，黄甘杂丹橘。"英德府即英州，今广东英德县。

⑩ 《太平寰宇记》卷一六三《新州》："山多木香，谓之蜜香。"《舆地纪胜》卷九七《新州》引此文作香木。新州，今为广东新兴县。

⑪ 《舆地纪胜》卷九八《南恩州》引胡铨《铁坑山诗》："县古杉枫老，人居水竹间。"又引《春州记》（本注："春州既为阳春县，附庸于恩平，故附见焉。"）："东南水凑，大海才百余里，环山绕林，襟岩带洞。"南恩州即恩州，以其时河北贝州改为恩州，故这里的恩州加一"南"字，以相区别。春州本为唐所置，宋初废省，以其地隶恩州，后复置，寻又废为阳春县，隶南恩州，故本注云然。今为广东阳江县。

只有这样稀少的几种，据说两广和滇南就多榕、桄榔、槟榔、椰子、荔枝、龙眼等①，广州附近又有格木、樟（香樟）、蕈（阿丁枫）及杉等巨大乔木所构成的森林②，而今浙江省在那时更有豫章、棕榈、檀、木厌、柘以及松、栝、桧等许多树种③。还应该提到的是杭州④、江西⑤和湖北⑥的梅树。这里所举的自然不是当时森林树种的全貌，不过也可以略见一斑。

四、东北地区的植被

东北黑水白山之间的森林，不如中原各处多见于文献记载。不过也并非了无涉及。其旧地相当于现在黑龙江省东南部的挹娄，各部大人就皆居于山林之间⑦，显示其地的森林不仅繁多，而且还受到重视。居于长白山下的高句丽，当地土人于身故之后，习俗多在其葬处种植松柏。⑧这虽是其后人孝

---

① 徐衷《南方草木状》，唐刘恂《岭表录异》中，《御览》卷九七一《吴录》，《水经·叶榆水注·温水注》，《岭外代答》卷八，等等。

② 广州农林学院林学系木材学小组《广州秦汉造船工场遗址的木材鉴定》，载《考古》1977年第4期。

③ 汉袁康《越绝书》卷八；鲁迅《会稽郡故书杂集》，南北朝宋时孔令符《会稽记》；《全宋文》卷三〇，南北朝宋时谢灵运《山居赋》；《说郭》卷七〇，唐李德裕《平泉草木记》。以上这三条注文都是借用陈桥驿《历史时期的植被变迁》中的例证，这是《中国自然地理·历史自然地理》中的一章。谨志谢忱。

④ 北宋时，林逋以咏梅诗为世所称道。其名句如"疏影横斜水清浅，暗香浮动月黄昏"。林逋隐居西湖之孤山，当是因杭州多梅树而发于歌咏的。

⑤ 江西省大庾县南有梅岭，因岭上多梅而得名。白居易曾经说过：大庾多梅，南枝既落，北枝始开。梅岭即大庾岭。《王荆文公诗》卷四〇《红梅》："北人初不识，浑作杏花看。"王安石，抚州临川人。临川今仍为江西省临川县。

⑥ 《苏轼诗集》卷二〇《梅花二首》："半随飞雪度关山。"王文诰注："关山，所往黄州之路。"冯应榴注："《一统志》：麻城县有虎头、黄土、木陵、白沙、大城五关，当即先生所谓关山也。"宋代及以后的诗人往往咏梅，殆皆为南方所种植的，因此，说南方梅树，正不必以杭州、江西、湖北诸省市为限。

⑦ 《后汉书》卷九五《挹娄传》。

⑧ 《后汉书》卷九五《高句丽传》。

思的表现，也显示出当地多松柏。后来到了契丹时，其都城临潢府就有松山和平地松林。[①] 临潢府在今内蒙古自治区东部巴林左旗，为西辽河上游西拉木伦河流域。这里的平地松林并非到辽国时才有的。契丹族的历史可以上溯至北魏之时。当时的契丹是与库莫奚俱窜于松漠之间[②]，地以松漠为名，当与松山及平地松林有关。经探索，平地松林的范围，大体上是西以大兴安岭为限，东抵老哈河，南起围场县、喀喇沁旗、宁城县，北达巴林左旗、巴林右旗的北部，方圆在千里以上[③]，确实是相当巨大的森林地区。

这里不妨再以考古发掘的成果作证明。经碳–14测定，新石器时期及其稍后时期曾经发现过木炭木头而有年代数据的文化遗址，在今辽宁省的有旅大等六市县[④]，在今吉林省的有延吉二市县[⑤]，在今黑龙江省为宁安一处[⑥]，在今内蒙古自治区东部的有赤峰等三市县（旗）[⑦]。经孢粉分析证明，远古时期，今辽宁省南部地区有栎、桤和松等树种[⑧]，吉林省东北部亦有栎、榆

[①] 《辽史》卷三七《地理志一》。

[②] 《魏书》卷一〇〇《库莫奚传》《契丹传》。

[③] 景爱《平地松林的变迁与西拉木伦河上游的沙漠化》，见《中国历史地理论丛》1988年第四辑。

[④] 在今辽宁省的遗址为旅大市于家村、郭家村、村后、后牧城驿、双砣子、土珠山、上马石、高丽城山、王屯南窑、吴屯，沈阳市北陵、志虎冲、苏家屯、高台山、和平区、沙河子，建平县水泉，朝阳县六家子，北票县丰下，康平县顺山屯。另有朝阳县魏营子遗址，其年代在公元前1000年以后，沈阳市清水台和新坪子两遗址，其年代皆在公元后。

[⑤] 在今吉林省的遗址为延吉县柳庭湖、金谷，吉林市猴石山。另有珲春县大六道沟，延吉县明东大苏，桦甸县东山，永吉县杨屯南，吉林市长蛇山，大安县汉书等遗址，其年代皆在公元前1000年以后。至于集安县长川、永吉县大海猛两遗址，其年代又皆在公元纪元后。

[⑥] 在今黑龙江省的遗址为宁安县莺歌岭。另有东宁县团结，牡丹江市糖葫芦沟，肇源县白金宝，哈尔滨市黄山，绥滨县军民农场、蜿蜒河等遗址，其年代皆在公元前1000年以后。至于东宁县大城子、绥滨县同仁两处，牡丹江市龙山三处遗址，其年代又皆在公元纪元后。

[⑦] 在今内蒙古自治区东部的遗址为敖汉旗大甸子、赤峰县蜘蛛山、巴林左旗富河沟门。另有林西县大井遗址，其年代在公元前1000年以后。

[⑧] 贵阳地球化学研究所第四纪孢粉组和碳–14组《辽宁省南部一万年来自然环境的演变》，载《中国科学》1977年第6期。

等树种①，黑龙江省北部又有桤树的树种②。这些木炭木头和树种可与文献记载相验证，并互相补充，以见当地森林的盛况。

现在可知的内蒙古自治区东部据碳–14测定年代的新石器时期的文化遗址，仅止于林西县和巴林左旗，其北尚无所发现。不过呼伦贝尔草原汉代鲜卑人墓葬的发掘，当可补苴其间的不足。这些墓葬分布在海拉尔河下游南岸陈巴尔虎旗完工，札赉诺尔附近木图那雅河台地，新巴尔虎旗克鲁伦河畔克尔伦牧场和伊敏河东岸的孟根楚鲁等地。在这些墓葬中的棺木都是用桦树材木制作的，同时还发现有许多用桦木或桦树皮制作的器皿。这证明当地的桦树林是相当众多和广大的。③这样的森林直到辽时，还是相当茂盛的，当时称为稠林，在战争中曾经作为伏兵的场所。④呼伦贝尔草原之东就是大兴安岭，其南距前面所说的平地松林亦非过远。可知远古之时，东北的森林并非以大兴安岭为限。大兴安岭及其以东各地，森林地区固然广大，大兴安岭之西，森林地区也是可以称道的。

东北森林直到清代尚极繁多。清代东北各地称森林繁多处为窝集。窝集也可写作乌稽。清初东北流人曾对宁古塔（今黑龙江宁安县）的乌稽有所描述。据说："大乌稽，古名黑松林，树木参天，……车马从林中过，且六十里，……皆大树数抱，环列两旁，洞洞然不见天日。"⑤《大清一统志》也有过说明。据说："窝集东至海边，接近乌喇黑龙江一带，西至俄罗斯，或宽或窄，丛林密树，鳞次栉比，阳景罕曜，如松柏及各种大树，皆以类相从，不杂他

---

① 段万倜等《我国第四纪气候变迁的初步研究》，见《全国气候变化学术讨论会文集》，科学出版社，1978年。

② 华北地质研究所《黑龙江省呼玛兴隆第四纪晚期孢粉组合及其含义》，载《华北地质科技情报》1974年第4期。

③ 潘行荣《内蒙古陈巴尔虎旗完工索木发现古墓葬》，载《考古》1962年11期；内蒙古自治区文物工作队《内蒙古陈巴尔虎旗完工古墓清理简报》，载《考古》1965年第6期；内蒙古文物工作队《内蒙古札赉诺尔古墓群发掘简报》，载《考古》1967年第12期。

④ 《辽史》卷一五《圣宗纪》。有关呼伦贝尔草原的资料，统见景爱《呼伦贝尔草原的地理变迁》，载《历史地理》1986年第4辑。

⑤ 吴振臣《宁古塔纪略》。

木。"^① 其间可以举出窝集的名称的不下五十处。大者如吉林城南 730 里处长白山北的纳秦窝集，"崇冈叠障，茂树深林百余里"；吉林城西南 549 里长岭子之南的纳鲁窝集，由长白山直至兴京（今辽宁省新宾县），"茂树深林，幕天翳日"；宁古塔西北 200 里的海兰窝集，"西接毕尔罕窝集，东接玛展窝集，绵亘数百里"^②。而大凌河流域直至其南的海滨、松山、万松山、松岭，迤逦相望。^③ 山以松为名，当是松树成林，因得佳名。近百年来，东北各处的森林，历经日、俄帝国主义的掠夺采伐，迄今内蒙古自治区及黑龙江省所余犹复不少，可知当年的盛况。

五、草原地区和荒漠地区

这里还应该提到内蒙古自治区的中部和西部。前面曾经说过林胡族人的居地。这一族人的居地涉及现在的伊克昭盟。林胡族人的遗迹已不可复见，后来的匈奴人却留下不可否认的证明。杭锦旗桃红巴拉匈奴墓中的原木做成的椁盖，就足以显示当年的情景。伊克昭盟其他匈奴墓中也有类似的文物。^④ 据汉代记载，阴山在西千余里，草木茂盛，匈奴恃之制作弓矢^⑤，在张掖郡北，匈奴还有一块地方也生长奇材木箭竿^⑥。经考古发掘，除桃红巴拉外，呼和浩特市的大窑村也有类似的遗址，其中的木炭经碳 –14 测定，约当

---

① 嘉庆重修《大清一统志》卷六七《吉林》。
② 嘉庆重修《大清一统志》卷六七《吉林》。
③ 嘉庆重修《大清一统志》卷六四《锦州府》。
④ 田广金《桃红巴拉的匈奴墓》，载《考古学报》1976年第1期；拙著《两千三百年来鄂尔多斯高
　　原和河套平原农林牧地区的分布及其变迁》。
⑤《汉书》卷九四《匈奴传》。
⑥《汉书》卷九四《匈奴传》。

西周时期，也是相当早的。[①]

这里还应略一涉及新疆维吾尔自治区、西藏自治区和青海省。征诸文献记载，这几个省区的森林是相当稀少的。班固撰《汉书·西域传》，于鄯善国记载当地多葭苇柽柳胡桐白草。且末以西仅说土地草木略与汉同，而未再有详记。其实且末以西并非都是如此。玄奘撰《大唐西域记》，曾提到乌铩国（在今莎车县，或说在今英吉沙县和莎车、叶尔羌之间），说是当时"林树郁茂，花果具繁"。其西南的揭盘陀国（今塔什库尔干县）则是"林树稀，花果少"。至于其他一些地方，只是多植果树。[②]稍后于玄奘的岑参，曾往来西陲各地，亦只是说到轮台的千家白榆。[③]西藏自治区在唐代，逻娑川（今拉萨）南百里的闷怛卢川，在藏河（今雅鲁藏布江）侧畔，夹河多种柽柳，河西南山上多柏。[④]至于青海省，黄河源头山皆草石，至积石方林木畅茂。[⑤]东汉时，与西羌相争战，曾在大小榆谷（今青海省贵德县境）做大船，造河桥。[⑥]这样的造作自需要相当的材木，可见当地也是有森林的。虽然有这些记载，总起来说还不是很多的。

这几个省区近年也都先后发现过若干文化遗址，同发现的还有木炭木头等遗存。经碳-14测定，有的年代亦相当悠久，更多的却都在公元纪元以后各世纪。时期虽较迟，亦可略见一斑。新疆维吾尔自治区的遗址有吐鲁番等

---

① 另有凉城县毛庆沟遗址，其年代在公元前1000年以后。

② 《大唐西域记》记阿耆尼国（今焉耆县），有香枣、葡萄、梨、柰诸果；屈支国（今库车县），出葡萄、石榴，多梨、柰、桃、杏；佉沙国（今疏勒县），花果繁茂；斫句迦国（今叶城县），葡萄、梨、柰，其果实繁；瞿萨旦那国（今于阗县），多众果。

③ 《全唐诗》卷二〇〇岑参《轮台即事》。

④ 《新唐书》卷二一六下《吐蕃传下》。

⑤ 《元史》卷六三《地理志·河源附录》。

⑥ 《后汉书》卷八七《西羌传》。

五市县和地方①，青海省有都兰等四县②，西藏自治区有昌都等二县③，这样的遗址数目似非很少，可是这几个省区都相当广大，相形比较，还是显得为数寥寥。就是与文献记载相糅合，也难以证明这几个省区都有相当广大的森林地区。况且这些省区大部都属于高寒地区或干旱地区，也难得和其他省区相对比。不过这里也还应该指出，西藏自治区的东南部，雅鲁藏布江的下游及其以东的横断山脉南部各处，由于受其南热带气候的影响，比较温暖湿润，森林显得较多，这样的自然条件当非短时期偶然形成的。一些文献记载虽没有道及，当地也没有发现过古代若何遗址，却不能说自古以来就没有森林。

六、森林地区和草原地区的分界及其变迁

上面的论述主要说明一个事实，就是我国从远古时期起除西北一隅外，由南到北，都曾经有过森林的分布。这里所说的远古时期是上溯到新石器时期的人能从事生产活动的时期。再往上溯，就不是本文论述的范围。森林分布的地区由于自然原因和人为作用因时而有变迁，并非永恒不易的。原来森林茂密的地区到现在已经成了草原，甚至竟沦为沙漠。如果不稍追究其间演变的踪迹，就很难理解古今的差异。如上所说，我国森林地区以南方长江流域和珠江流域最为广大繁多，北方就难得一概而论。北方有草原和荒漠地区。

---

① 在今新疆维吾尔自治区的遗址有吐鲁番哈拉和卓、孔雀河下游北岸、塔什库尔干、哈密五堡、木垒四道沟。此外伊犁夏塔，昭苏县夏台、波马，伊勒克铜矿洞穴，乌鲁木齐市阿拉沟古墓、鱼儿沟，巴里坤县奎苏，罗布泊等处遗址，其年代皆在公元前1000年以后，至于疏附县乌帕拉提古城，和田县夏言塔格古城、安克西格古城、策勒丹丹头、玛力克阿瓦提城，托克逊鱼儿沟，吉木萨尔县北庭回鹘寺院，库车县东苏巴什、西苏巴什、森木赛姆石窟，焉耆县锡克沁古寺，新和县托哈拉，奇台县石城子、唐朝城，拜城县克孜尔千佛洞等处遗址，其年代又皆在公元后。

② 在今青海省的遗址有都兰县诺木洪哈里它里哈，乐都县柳湾，贵南县高梁顶、加土乎，大通县孙家寨。

③ 在今西藏自治区的遗址有昌都县卡若、林芝县砖瓦厂。另有拉萨大昭寺遗址，其年代在公元后。

草原地区和荒漠地区的差别是明显的，而草原地区和森林地区的差别就没有那么清楚。森林地区中可以夹杂若干草原，而草原地区往往也还有森林的成长。不过就主要的地区来说，其间也不是就没有差别的。既然有差别，这两个不同地区之间就不能没有一条界线。由于森林地区在北方间有演变，所以这样的界线就因时而有移动，不能成为永恒的界线，以为从古到今只有一条，没有什么变迁，那是与实际情况完全不能相符合的说法。从远古时期说，这样的界线应由内蒙古自治区东北部黑龙江上游呼伦池西畔肇始，由这里南下，循大兴安岭西侧，过西拉木伦河的上游，西南行，过鄂尔多斯高原中部，再由六盘山北趋向西南，而至于西藏自治区东部。为什么形成这种画线？道理是很明显的。现在呼伦贝尔固然是一片草原，但上溯距今一千年前后，这片大兴安岭南端、西拉木伦河上游的平地松林，使这条界线只可在此以西，不能向东曲折。现在鄂尔多斯高原一望无垠，牧地沙漠交互掩映，但远古之时这条森林地区和草原地区的界线至少应穿过鄂尔多斯高原中部，然后再趋向西南。如果不是这样，则战国时期的林胡势必无处藏身，而唐宋王朝也难于在这里伐木取材。这条界线之所以要越过六盘山北麓，是因为迄至现在，这里还不时由地下发掘出来几千年前的原木，这样多的物证是轻易不能否认的。而渭水上游各处的森林，也是早已见于文献记载的。这条界线向西南直达西藏的东部，那里的森林到现在还见誉于人口。远古之时当也如此。这条界线之南，可能还杂有若干的草原，有的地区成为森林草原区，黄土高原更是如此。这是不足为奇的，因为在这广大地区中并不能完全排除某些较为特殊的情形。

这样的界线可能受到非议。因为在这条界线之南有些地区现在已经没有什么森林，最显著的是现在的呼伦贝尔草原西拉木伦河流域、鄂尔多斯高原以及陕北和陇东。因而就会有人说，现在了无森林的地区怎会在远古时期有那么广大的林区？现在这些地方属于半干旱地区，半干旱地区是不会有森林的。以这样的说法来解释现在这些地区没有森林，大致是不错的。可是上论远古就未必如此。因为距今五千年前，我国北方的气候相当温暖。其后虽有所降低，但为时不过一两世纪，春秋时期又复趋于温暖，直至公元前 1 世纪还是如此。与温暖气候同时，为一相当湿润的气候。其后虽间有干旱时期，但持续时期较短，而湿润时期较长，至少在公元 1000 年时还是如此。[①] 这样温暖而又湿润的气候，是有助于森林的生长发育的。中间虽然有过气温降低、显得干旱的时期，但在气温又复上升和又复湿润时，森林仍可再度茂盛和增长。古今气候如此不同，以现代气候所能达到的温度和湿度，上论古代森林，那是难于想象的。如果以此来推论，就会得出古代这些地区也一定不会有森林的论断。这显然是不符合实际情况的，也是不符合事物演变的规律的。就是舍开古今气候的差异不论，也不应对于已经发现的古代文化遗址中的木头、木炭以及树木等遗存和有关的文献记载等熟视无睹。若不能根本否定这些古代文化遗存和文献记载，就应该适当加以论证，承认这些地区在古代曾经有过森林。

森林地区和草原地区的分界线，如前所说，是有过变迁的，而且愈到后来，变迁的幅度也愈为明显和巨大，因而就不能只是一次的变迁。这除过气候的原因外，人为的破坏实为促成变迁的重要因素。变迁最大的应是黄河中游的部分。东北地区也是有变迁的，西拉木伦河流域就最为显著。以前的平地松林早已消失，当地沙化现象更是日趋严重。这应是契丹人衰亡以后发生的，具体说来，主要是清代后期消失的。清代后期东北地区森林不断受到破坏，尤其日、俄帝国主义的破坏更为严重。因之这里草原范围的扩大，就不仅是原来的平地松林所在的地区了。

至于黄河中游的森林地区和草原地区的界线则是大幅度向南移动。最为显著的是鄂尔多斯高原。这里现在已成为草原，其中还有若干荒漠。不仅林胡的旧地不可复睹，就是唐代所借以砍伐树木的胜州，也难有很多的树木。胜州治所在今准格尔旗东北十二连城，库布齐沙漠已经伸至十二连城的西南。唐代的夏州较之胜州更为重要，唐代后期，城外已多积沙。[②] 夏州治所在今

---

① 《中国自然地理·历史自然地理·历史时期的气候变迁》。
② 拙著《两千三百年来鄂尔多斯高原和河套平原农林牧地区的分布及其变迁》。

陕西靖边县北白城子。于今一片黄沙，难得边际，既鲜人民，更说不上森林。鄂尔多斯高原森林的消失，可能是唐代后期已肇其端倪。至于甘肃东北部马连河流域的森林，可能在西汉中叶即已消失殆尽。马连河为泾水的主要支流。泾水于西周时始见于记载。当时的泾水是相当清澈的。可是西汉中叶以后，泾水就十分浑浊，一石水中竟有数斗泥。[①] 这样的变迁是很剧烈的。马连河在当时称为泥水。泥水的得名显然是含泥沙量过多的缘故。这条河水以泥水为名，为时显非过早，应是西汉时事。如果早有泥水之名，则泾水就不能以清澈见称。这样的变迁应与当地森林由茂密转向消失有关。原来森林茂密，侵蚀不盛，所以泾水显得清澈。森林消失之后，侵蚀日甚，泥沙随水流下，泾水就日趋浑浊。这样的变化是由于人为的促成。秦及汉初，曾向这里大量迁徙人口，大肆开垦，森林自然受到破坏。这是必然的道理。秦汉时期，今马连河属北地郡。当时向边地迁徙人口，并非只限于北地一郡。可是北地郡有其特殊处，汉时北地郡所属十九县，绝大部分是分布在泥水两侧。[②] 所以当时人口显得稠密。人口稠密，农田开垦亦多，故对于森林的破坏也应特为严重。

这样的分界线在渭水中上游一段也有移动情形，唯时期较晚。北宋时在渭水流域采伐材木，最远只到洛门。[③] 洛门在今甘肃武山县东，可知再往西去，森林大体完整。到了明清之际，原来茂密的森林，已经残余无几，散布于渭源、陇西诸县境内[④]，星星点点，不堪道及。

这样的分界线虽可以具体勾画出来，但只能说是主要的标帜。在这条分界线的西部或北部并不是就没有森林，内蒙古自治区的阴山和甘肃榆中县的兴隆山的森林就不时受人称道。在这条分界线的东部和南部也不是就没有草

---

① 拙著《论泾渭清浊的变迁》。

② 谭其骧《中国历史地图集》第二册。

③ 《宋史》卷二六六《温仲舒传》：仲舒"知秦州。先是俗杂羌戎，有两马家、朵藏、枭波等部。唐末以来，居于渭河之南，大洛、小洛门砦多产良木，为其所据。岁调卒采伐，给京师，必资假道于羌户。然不免攘夺，甚至杀掠，为平民患。仲舒至，部兵历按诸砦，……二砦后为内地，岁获巨木之利"。洛门在今武山县东。

④ 拙著《历史时期黄河中游的森林》。

原，有的草原范围还相当广大。有的本来就是草原，只是间杂在森林地区之中，因而并列在一起，有的则由于森林受到严重破坏，实际已成为草原。山西吕梁山和芦芽山都是有名的林区，就是这两座山与其西的黄河之间，同样也是受人称道的林区。现在森林多已破坏，也就成了草原。话虽如此，不过经过人为的经营，原来已经成为草原的地方，同样可以显出郁郁葱葱的景象。唐代后期，单于城旁多莳柳树，不几年间，都已成林。[①] 唐单于城在今内蒙古自治区呼和浩特市和林格尔县。现在说来，应属于草原地区。草原地区柳树成林，这自然是人为的作用，也是在一定的自然条件下所起的作用。单于城植柳成林事，当然不是唯一的例证。现在三北防护林的将近栽培完成，就更足以说明问题。

现在贺兰山西属于荒漠地区。由此往西，甘肃省河西走廊及其以西各地都应该包括在内。这里也可以勾画出一条草原地区和荒漠地区间的界线。这条界线的两侧，草原和荒漠也都不是了无互相参差的。就是说，荒漠地区也有森林草原，草原地区中也有荒漠，不过都不占主要地位。鄂尔多斯高原上毛乌素沙漠和库布齐沙漠都有相当广阔的范围，这当然是荒漠地区了。这里的荒漠地区，远在古代并非如此。至少那时的沙漠不会有现在这么广大。不必说到更远的林胡人，就是在秦汉时期，这里也以成为新秦中的所在而著名于世。新秦中的富庶竟然能和渭水下游的关中相媲美。这里还是榆溪塞经过的地方。顾名思义，榆溪塞当以榆林广大繁多而得名。实际上也正是这样。[②]

事物经常在变化之中，所有的自然因素也都不能例外。如果以现在的自然因素衡量数千百年的往事及其后来历经的演变，那将是难于符合实际情况的。如果还其本来面目，推寻各有关时期的自然因素，重视古代文物遗存和有关的文献记载，循其演变的踪迹，还是有规律可寻的。（附图一《植被分布地区变迁图》）

---

① 《旧唐书》卷一五一《范希朝传》，《新唐书》卷一七〇《范希朝传》。
② 拙著《新秦中考》。

图一 植被分布地区变迁图

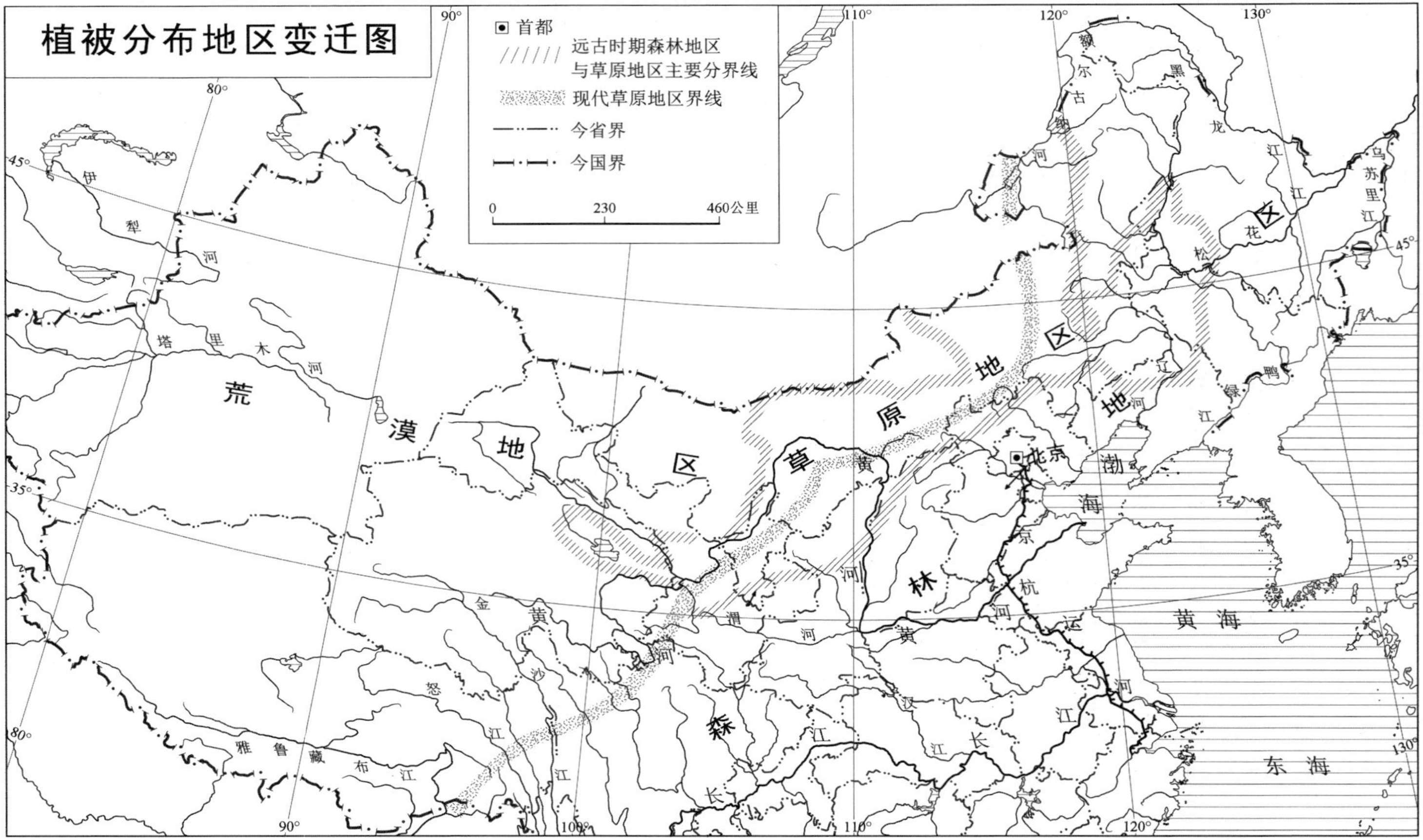

植被分布地区变迁图

图例

■ 首都
/////// 远古时期森林地区
 与草原地区主要分界线
░░░░░ 现代草原地区界线
———— 今省界
—·—·— 今国界

0   230   460公里

第三章　历史民族地理

在祖国的土地上几十万年以前的旧石器时期就已经有人生存居住。

直到最近六七十年，才陆续发现一些旧石器时期人的骨骼化石和文化遗存。经过考古学家的鉴定，在周口店发现的，就被称为中国猿人北京种，就是通常所称的北京猿人。在内蒙古鄂尔多斯南缘无定河上源红柳河（也就是所谓沙拉乌苏河）旁发现的，就被称为河套人。在北京周口店北京猿人所住的山顶的洞穴中，也曾有所发现，而被称为山顶洞人。除过人的骨骼化石外，一些地方还发现那时人所使用的石器，如陕西榆林和吴堡县，内蒙古准格尔旗，山西河曲、保德，甘肃庆阳、环县，宁夏中卫、灵武等县。

旧石器时期人的骨骼化石和文化遗存近年还不断发现，四川简阳县发现了所谓简阳人，山西襄汾县丁村也发现了所谓丁村人。更有湖北的长阳人、云南的元谋人、广东的马坝人，都络绎不绝，先后出土。据说还发现了所谓榆树人。[①]

当然这种发现还没有止境。就这些化石和文化遗存可以知道：几十万年

---

① 载1956年11月《人民日报》。

以前，在祖国的版图上不仅已有人的活动，而且分布的范围是相当广远的。

中石器时期的文化遗址直至目前发现的还不算很多，已经知道的有内蒙古的札赉诺尔、哈尔滨附近的顾乡屯，还有广西的武鸣。发现的地区虽然说不上很多，但是它们却分布在祖国的北边和南边，使人想象到在这些地区的中间可能还有很多的遗址将被发现。

按照目前已知道的情况来说，新石器时期文化遗址的发现在数量上远远超过旧石器时期的遗址。全国每个省也都有发现，只是或多或少有所差别而已。其中以黄河流域最为繁多，近海地区亦殊不少。考古学家因其有各种差异的显示，而赋予不同的称谓。因之有仰韶、龙山、磁山、裴李岗、马家窑、青莲岗、齐家、大溪、屈家岭、河姆渡、马家浜、良渚、印纹陶以及其他尚待确定名称的文化。祖国幅员广大，文化遗址又这样繁多，文化彼此不尽相同，也应该是理所当然的现象。

我国本是一个统一的多民族的国家。现在就有五十多个民族。这五十多个民族各有自己发展的历史。如果追溯渊源，还不仅就是这五十几个民族。新石器时期不同的文化当然不能就以之作为不同民族的根据，但幅员广大的土地上有这么繁多的居民点，就不能说都属于一个族类。不过要追溯各个民族的渊源却是不能到这样远古的时期，祖国的历史上民族虽然繁多，由于历经沧桑，有的已经消失，不再见于记载，有的居住地区也有变迁，前后不尽相同。考核其间演变的历程，对于了解当前各族分布的情况，也就不是没有裨益的。

第一节　先秦时期华族和非华族的杂居

一、华族和华夏

在祖国的版图上，从远古的时期起就居住着许多不同的部落。它们的名称有的已难稽考。古代的传说和记载中曾经有过许多帝王的名号。这些帝王可能是一些比较大的部落的酋长。他们活动的区域也有些不同的传说，大都渺茫难稽，不易确定实际的所在。所以可肯定的一点，是其可能都在黄河流域及其附近的地区。

　　在这许多不同的部落中，华族实占有主要的地位。华族名称起源很早，至迟在春秋时期已是黄河流域文化较高的一些诸侯封国的通名。当时人说："裔不谋夏，夷不乱华"①，"获戎失华，无乃不可乎？"②都不是仅指某一封国诸侯来说的。虽说如此，有时也就称为诸华。《左传》襄公四年，魏绛谏晋悼公时就说过："诸华必叛。"昭公三十年，楚国的子西称道吴国，说它"而今始大，比于诸华"。"华"字的解释及其使用为族名的缘故，历来说者不尽相同。而使用于周人统治的时期似无若乎异议。华族亦可称为华夏。《左传》襄公二十六年："楚失华夏，则析公之为也。"即其明证。在此之前，未以华相称之时，就多以夏相称。夏本来是王朝的名称。夏朝的旧地，周初尚加以称道，当时曾封唐叔于夏墟，并启以夏政。③这所谓夏墟应是指夏人故都的所在。但如《尚书·康诰》所说的"用肇造我区夏"，《尚书·君奭》所说的"惟文王尚克修和我有夏"，《诗经·周颂·时迈》所说的"我求懿德，肆于时夏"，这样的"区夏""有夏""时夏"，则都是涉及周人境内，和夏墟不同。不过由此也可看到它和夏人的关系。周人虽起于渭水流域，和夏是两个不同的王朝，周人和夏人却有相当的关系。这些记载和称道都可以显示出来。周人曾经为商人所统治，最后推翻商人所建立的王朝。周人的记载有许多地方涉及商人，很少有丑诋之辞。直到春秋时期，商人后裔所建立的宋国似不曾为当时人们排斥于华族之外。如果这种推测不错，则华族最初的含义，似应包括夏、商、周三个王朝及其部落在内。当时人称诸侯封国时也有以"诸夏"相称的。《论语·八佾》记孔子的话说："夷狄之有君，不如

---

① 《左传》定公十年。
② 《左传》襄公四年。
③ 《左传》定公四年。

诸夏之亡也。"《左传》闵公元年，管仲对齐侯说："诸夏亲昵，不可弃也。"这里所说的"诸夏"和"诸华"应该是有相同的意义。夏、商、周三个王朝最初的活动区域，在学者们中间还有歧异的说法。通常都认为夏人起于河汾之间，商人起于河济之间及其附近的地方，周人则由泾渭两水流域向东发展。虽说如此，却还有以这三个王朝出于三个不同族类的说法。如何分别族类？当时似无明确成规，也未见到若何突出的区别。

二、华族的居住地区及其扩大

华族之外当然是非华族了。当时的华族经常轻蔑非华族，并加以含有侮蔑意义的名称。所谓蛮、夷、戎、狄及其他近似的称呼就是这样来的。

迟至春秋时期，华族和非华族之间的分别是比较严格的。各族之间饮食衣服不尽相同，言语亦有不达之处。[①]礼仪更迥然各异。一些戎人被发左衽。周平王东迁之后，辛有适伊川，见被发而祭于野的，就感慨地说："不及百年此其戎乎，其礼先亡矣。"[②]孔子盛称管仲佐齐桓公攘夷的功绩，曾经说过："微管仲，吾其被发左衽矣。"[③]由于本为晋人，仕于戎王，因为能够说晋语，就出使到秦国[④]，这是说秦晋两国语言相同，和戎人就不一样。直到战国时，孟子还讥讽楚国是南蛮䴔舌之人[⑤]，可知积习还是相当深刻的。可是华戎之间互通婚姻却是常事。晋文公未得国时，曾纳廧咎如的季隗，并使赵衰纳其姊妹叔隗。[⑥]晋献公亦曾娶戎人的二女，还因伐骊戎而娶

---

① 《左传》襄公十四年。
② 《左传》僖公二十二年。
③ 《论语·宪问》。
④ 《史记》卷五《秦本纪》。
⑤ 《孟子·滕文公上》。
⑥ 《左传》僖公二十三年。

骊姬。[1]而晋景公之姊且嫁为潞子婴儿的夫人。[2]齐桓公三夫人，其中有徐嬴者为徐国之女，徐国固所谓东夷。[3]就是周王室亦与非华族通婚，周襄王的狄后即见于记载。[4]既然可以互通婚姻，所谓族类的畛域就并非绝对的。由于当时最重礼仪，如果华族而用夷礼，就不免被视作夷狄。杞国本为华族，其地近于东夷，风俗杂坏，言语衣服有时而夷，拜会鲁君，也就还用夷礼，《春秋》记载此事，就贬杞伯一级，称之为"子"[5]。楚王曾不自讳言为蛮夷[6]，可是诸侯会盟，和诸夏一样都照常参加，并未因是蛮夷而被见外。根据这样习俗和规矩，大致可以勾画出华族居住的地区和华族与非华族地区的界线。

前面说过，华族应该包括夏、商、周三个王朝的人民及其后裔，则华族居住的地区应该说就是在这三个王朝统治区域之内，也就是说在黄河中游和中下游之间。泾、渭、伊、洛等黄河支流和黄河有关的济水流域也同样是华族活动的地区。当然还可以说得更具体一些，就是西不踰陇坻，陇坻以西，迄至春秋之时，犹为诸戎所盘据[7]，其东也未尽至海隅，海隅各处本为所谓东夷的居地。下至春秋初年，尚未有所改观。就是在这陇坻和海隅之间，也并非就完全没有非华族。唐叔封于夏墟时，周王教其"疆以戎索"[8]。夏墟而有许多戎人，可能是夏亡以后，戎人才渗入的。夏墟尚且如此，其他各地就更难得一律了。

由于有这样的局限，周初封国也就难免受到影响。当时汾水流域的诸侯，

---

① 《左传》庄公二十八年。

② 《左传》宣公十五年。

③ 《左传》昭公元年："周有徐奄。"杜注：徐即淮夷。

④ 《左传》僖公二十四年。

⑤ 《左传》僖公二十七年。

⑥ 《史记》卷四〇《楚世家》。

⑦ 《史记》卷一一〇《匈奴传》。

⑧ 《左传》定公四年。

如霍、贾、郇、耿等国的封地，就皆在它的下游，未能北越霍太山。[1] 太行山东，殷纣之时，离宫别馆虽已远及邯郸、沙丘。[2] 周初封国仍仅以邢为最北。邢为今河北省邯郸市，沙丘在今平乡县东北，相距实相邻迩。至于燕国则是稍后才辗转北徙的。[3] 周初还未能远至现在的北京市。商时曾对南方的荆楚，大肆奋伐[4]，然周初封国仍仅限于汉阳诸"姬"，似未涉汉水而南也。当然三代的封疆都未能完全一样，但华族的居地仍可略见规模。

三、非华族分布的地区

至于那些非华族一般是居住在华族的周围，不过也有和华族杂居的。夏人的最初的活动地区是汾水涑水流域，也就是在今山西省西南部。而商人的都城有相当长久的时间是设在离太行山东麓不远的地方。汾涑以东、太行山西的山岳地区有一些部落是曾经和商人为敌的。其中比较重要的方国则有方方、邛方、鬼方等。[5] 商人对这些方国一再地用兵，并没有彻底解决这方面的边患。鬼方的部落是相当强大的。它的分布地区也不仅限于太行山西麓这块地方。[6] 分布既广，部落的名称也随之而异。夏后相曾和畎夷发生过纠纷。[7] 这个畎夷大致就是后来的犬戎，也就是逼死周幽王于骊山之下的那个部落。犬戎的活动区域是在泾渭以北。犬戎据说就是鬼方的部落。西周建国以前，

① 霍国在今山西省霍县；贾国在今襄汾县西南；郇国在今临猗县西南，后迁于今新绛县西；耿国在今河津县南。
② 《史记》卷三《殷本纪·正义》引《纪年》。
③ 钱穆《国史大纲》："燕字本作郾，今河南有郾（城）县，与召陵密迩，当是召公初封之地。"顾颉刚先生《浪口村随笔·燕国曾迁汾水流域考》（稿本），专论北迁以前的燕国事。
④ 《诗经·商颂·殷武》。
⑤ 陈梦家《殷虚卜辞综述·方国地理》。
⑥ 王国维《观堂集林》卷一二《鬼方昆夷严允考》。
⑦ 《路史·夏后纪》引《竹书纪年》。

曾先后受熏鬻和混夷所压迫。熏鬻和混夷也是在泾渭以北。据近人研究认为熏鬻和混夷是一个部落的异名，并说也是鬼方的部落。不过也有人提出异议，说是熏鬻和混夷不同，混夷诚然是鬼方的部落，熏鬻还应该如古书的记载认为它是匈奴族的古名。

鬼方的名称在以后不大听说了。在太行山西依然有若干非华族的部落。其中属于赤狄的部落就有东山皋落氏、廧咎如、潞氏、留吁、铎辰等。据说赤狄为隗姓。隗姓分明就是鬼方的部落。[①] 东山皋落氏在现在山西省垣曲县西北[②]，潞氏在现在山西省潞城县，廧咎如大概就在潞氏的附近[③]，留吁在现在山西省屯留县南，铎辰也当在山西省长治市附近。由这些部落的分布可以看到原来鬼方的规模。赤狄的隗姓也有作怀姓的。周初分封诸侯的时候，曾经分封唐叔于夏墟，并分给他以怀姓九宗。[④] 唐叔就是晋国的始封者，其封地就在汾浍二水之间。这样说来，他的封国不仅东部有许多赤狄部落，而且在他的国内也还是有许多狄人的。

春秋时期的晋国除过其南部以外，大体是在狄人的包围之中。春秋初期，狄人还经常在渭水附近游猎。[⑤] 而晋国的边城也仅达到今山西省的吉县和隰县。[⑥] 甚至霍山以北，还都是狄人的土地。[⑦] 春秋时期狄人是相当强大的，他们曾经成为中原诸侯"攘夷"的对象。以前的鬼方还未曾越过太行山，向东发展。这时候，赤狄的一部称为甲氏的就已经居住到今河北省鸡泽县。有人说，留吁、铎辰也是在太行山东，可能是后来发展的。

太行山东的狄人还是有相当数目的。有一种称为白狄的狄人，就分布在

---

① 王国维《观堂集林》卷一二《鬼方昆夷玁狁考》。

② 东山皋落氏故地有两处：一在今山西昔阳县，一在今山西垣曲县。今皆有皋落镇。在今昔阳者可能是原居地，在今垣曲者当为后来所迁徙的。《左传》闵公二年，晋国所伐，当系后者。

③ 廧咎如故地旧说在今山西太原附近，与其他部落相距过远，疑非是。

④ 《左传》定公四年。

⑤ 《左传》僖公二十四年。

⑥ 《左传》庄公二十八年："蒲与二屈，君之疆也，不可以无主。"又僖公五年："晋侯使士𫇭为二公子筑蒲与屈。"蒲在今山西隰县，屈在今山西吉县，皆为晋的边地。

⑦ 顾炎武《日知录》卷三一《唐》。

今河北的中部唐河、滹沱河的左近。它们部落的名称是鲜虞和肥、鼓。鲜虞在今正定县，肥在今藁城，鼓在今晋县。其中鲜虞最为强大，战国时期有名于国际间的中山国，就是鲜虞的改称。白狄最初是在今陕西省北部，太行山东的部落当是由西方迁徙而来的。[①] 还有另外一个狄人部落，称为鄋瞒，也就是所谓长狄的。这个部落曾经和齐、鲁、宋、卫诸国都发生兵争。[②] 它的来往飘忽无常，充分显示出游牧部落的习性，可能是利用骑兵作战，与其他一些狄人喜用步兵作战的习俗有所不同。它的活动区域可能就在今山东西部。有人说它的居地在太行山上，和潞氏、铎辰等相距并非过远。山区族类如此飘忽，却是少见的。狄人后来还曾经迁徙到现在山东省的东北。战国末年，田单攻狄，三月都没有攻下 [③]，可知它还有相当力量。秦汉时期有一个称为"狄"的县治 [④]，设在现在山东省高青县境，也许这个县的得名就是狄人在这里住过的缘故。

狄自然是北方的大部落，但并非唯一的族类。就以太行山西来说，商时在这里的方国就不是少数。其中有一个黎方，其故地在现在山西省长治市境。这个黎国据说在夏后启时就已经有了。商周之际，黎方的地方相当重要。纣曾蒐于其地 [⑤]，"西伯戡黎"，也是指的这个部落。黎当时也称耆，周文王曾经征伐过耆，耆距殷不远，引起商人的恐惧，因作了这篇《西伯戡黎》以相警惕。黎后来为赤狄潞氏所夺，潞氏灭，黎才得复国 [⑥]，迁到今山西省黎城县境 [⑦]。

---

① 《史记》卷一一〇《匈奴传》，蒙文通《赤狄白狄东侵考》（载《禹贡半月刊》第7卷第1、2、3期）。

② 《左传》文公十一年。

③ 《战国策·齐策六》。

④ 《史记》卷九四《田儋传》，《汉书》卷二八《地理志》。

⑤ 《左传》昭公四年。

⑥ 《左传》宣公十五年。

⑦ 《续汉书·郡国志》刘昭注引《上党记》，谓黎城在潞县东北。汉潞县在今山西黎城县西南。《史记》卷四《周本纪·正义》引《括地志》，谓在黎城县东北18里，《元和郡县图志》同。唐黎城县今仍为黎城县。

在王屋山上还有所谓草中之戎和丽土之戎。春秋时，晋文公向河内发展，曾贿赂过这两个部落，取得通过这里的方便。^① 在晋国的北边还有一个无终部落，和晋国通过往来，也曾和晋国有过战争。^② 这个部落后来居住在今河北省的蓟县，这里在汉时是称为无终县的。至于和齐国发生争执的山戎、北戎^③，既是越燕国而来的，当然是在燕国之北了。

西方的泾渭流域本是周室肇兴的地方，可是这里也有非华族的踪迹。周人曾经受到熏鬻、混夷和犬戎的压迫，这些是住在泾渭以北的部落。和周人比较有关系的是羌人。羌人的历史也是相当悠久。远在商代他们就已经露了头角。羌人为姜姓的部落，和周王室有过婚姻的关系。他们居住的区域应当离周室肇兴的地方不远，可能就是在泾渭之间。^④ 当时还有一些以姜氏为名的部落，当是他们的支派。周宣王曾和姜氏之戎战于千亩。^⑤ 千亩在现今山西省介休县。如果这个说法不错，则汾水流域在古代也有羌人的踪迹。古代的记载中，羌人与氐人并称。^⑥ 它们所居的地方可能不至于距离过远。渭水流域和汾水流域相似，同样有若干非华族的部落。现在的陕西大荔县，在春秋时期就是大荔之戎的居地。^⑦ 临潼县骊山之下也曾经住过骊戎。^⑧ 在渭水上游更是非华族的居住区域，也是住有许多戎人的。^⑨

---

① 《国语·晋语》。

② 《左传》襄公四年："无终子嘉父使孟乐如晋，因魏庄子纳虎豹之皮以请和诸戎。"杜注：无终，山戎国名，而未指其确地。魏绛因此劝晋侯和戎，并谓"戎狄荐居，贵货易土，土可贾焉"。若无终距晋过远，即令晋侯和戎，亦无由贾土，可知其地即在晋北。

③ 《管子·大匡·小匡·霸形》诸篇。

④ 《水经·渭水注》："岐水又东迳姜氏城南。"郦注于此引《帝王世纪》，以证姜氏城与神农有关。然姜氏出自羌人，颇疑此城本为羌人的居地。

⑤ 《国语·周语上》。

⑥ 《诗·商颂·殷武》。

⑦ 《史记》卷一一〇《匈奴传》，《汉书》卷二八《地理志》。

⑧ 《左传》庄公二十八年。顾颉刚先生《史林杂识初编·骊戎不在骊山》谓骊山无戎人，此骊戎当即丽土之戎，乃在王屋山上。

⑨ 《史记》卷一一〇《匈奴传》。当时陇山以西非华族部落相当繁多，其在渭水上游居住的则有獂狋之戎。汉陇西郡有狄道，天水郡有獂道，当系獂狋之戎的居地。狄道在今甘肃省临洮县。獂道在今甘肃省陇西县东南。

在古代部落间的斗争中，舜、禹和三苗的斗争相当激烈，这一次斗争还可上溯到黄帝和蚩尤的斗争。关于三苗的问题，以前学者曾有不同的解释。有些记载提到三苗的居地，说是在洞庭和彭蠡之间。[①]这样说来，三苗活动的区域应该在长江中下游之间。也还有些记载，说它在江淮之间[②]，论起方位来是相仿佛的。三苗虽活动于江淮之间，却不断向北发展。舜、禹和三苗斗争的过程已难于详知，不过传说舜、禹皆起于今山西省西南部，则三苗向北发展当已达到他们活动的地区的附近，因而引起剧烈的斗争。三苗后来被逐到三危。[③]三危据说是在今甘肃省敦煌。[④]这个说法是不大可靠的。因为那里在当时还不可能为中原人士所知悉。三危所在虽不能确定，以后中原人士却不再提到三苗了。

三苗被逐以后，楚人在南边兴起来。楚人自称为蛮夷[⑤]，当然是一个非华族的部落。他们也有悠久的历史。据说夏末的昆吾国和商朝的彭祖氏，都是他们的同族。[⑥]昆吾旧地在今河南省濮阳县，彭祖氏在今徐州市。可见他们发展地区的广阔了。商朝一再和楚人发生兵争[⑦]，当时的楚人已经居于商人的南边，可能就是河南省的中部。河南省的西南有一条丹水，也是楚人发展的地区，后来到西周初年，周人就承认楚人的势力，以丹水之阳为楚人的封国。[⑧]至于楚人在今湖北省的居地，那是后来又再迁徙的。

楚国南迁之后，在它新居的附近也还有许多非华族的部落。沿江而下，有所谓群舒。[⑨]溯汉水而上，又有所谓百濮。群舒分布于巢湖的附近。他们

---

① 《战国策》卷二二《魏策一》。彭蠡即今鄱阳湖。
② 《史记》卷一《五帝本纪》："三苗在江淮荆州。"
③ 《史记》卷一《五帝本纪》。
④ 《史记·五帝本纪·正义》引《括地志》。
⑤ 《史记》卷四〇《楚世家》。
⑥ 《史记》卷四〇《楚世家》。
⑦ 《诗经·商颂·殷武》。
⑧ 宋翔凤《过庭录》卷九《楚鬻熊居丹阳武王徙郢考》。
⑨ 《左传》文公十二年："群舒叛楚。"杜注："群舒，偃姓，舒庸、舒鸠之属，今庐江南有舒城，舒城西南有龙舒。"

的部落曾经为华族以之与楚国并称为荆舒①，当然也是有相当规模的。至于百濮，所分布的地区可能较为广泛，汉水中游应是其中重要的所在。②汉水中游的群山中另有麇人③和庸人，而庸人又是群蛮之长④。长江上游的蜀国和巴山中的巴国⑤，则一直各自成为一个局面，长江下游的吴越，文身断发⑥，也和中原的华族不同。

说到东方各地，情形也不简单。夏桀末年曾经会盟于有仍。这次会盟引起了一些部落的叛离，促使夏桀早日灭亡。⑦有仍有的书上写作"有戎"，可见当时会盟是一种对外的关系。有仍的故地在今山东省济宁县。这里是古代的任国。任国其实就是有仍国⑧，和它附近的宿、须句、颛臾等国直到春秋时期还被当作东夷之国。宿在今东平县东，须句在今东平县，颛臾在今费县西北，皆在今山东省西南。其实把有仍写作有戎也是有道理的。因为春秋时期鲁国西部还有戎人，他们在这里居住的历史是相当长久的。⑨

夏桀在东方引起了一些问题，后来到商朝末年依然有问题发生。商末帝乙曾亲自用兵于淮水流域的人方。⑩这种军事冲突一直到纣时还是继续发生。纣不仅对于人方用兵，就是对于一般东夷也是不友好的。东夷乘着他有事于太行山西的黎国时，就起来反抗。这种事情同样促使商朝的灭亡。⑪

东方的部落在西周初年和周人也是不合作的。这说明了它们在这里是有相当的势力的。就以鲁国来说，鲁国为周室同姓的诸侯，算是东方文化发达

①《诗经·鲁颂·閟宫》，《孟子·滕文公》。

②《左传》文公十六年："庸人率群蛮以叛楚，庸人率百濮聚于选，将伐楚，于是申息之北门不启。"是濮人居地当在汉水中游南阳附近。

③《左传》文公十一年。

④《左传》文公十六年。

⑤童书业《中国古代地理考证论文集·古巴国辨》。

⑥《史记》卷三一《吴太伯世家》。

⑦《左传》昭公四年。

⑧顾颉刚先生《有仍国考》，载《禹贡半月刊》第5卷第10期。

⑨《左传》隐公二年。

⑩《左传》昭公十一年。

⑪《左传》昭公四年。

的国家。可是当鲁国未受封之前，这里原是奄人的居地。[①] 周人以奄与徐戎淮夷并列[②]，当然也是非华族的部落了。今江苏省武进县东南有淹城，当是奄人南迁后的新居。[③] 徐戎故地在今山东省滕县南，后来也向南迁徙。汉朝临淮郡所治的徐县，就是因徐人所居而得名的。[④] 汉徐县在现在安徽省泗县东南，已在淮水沿岸了。至于淮夷也是居于淮水附近的部落，直到春秋时期它们依然存在。

就以鲁国附近来说，非华族的部落也还是不少的。鲁国附近有邾国，后来改称邹县。[⑤] 邹与鲁同为礼教之邦。孟子就是邹人。孟子曾经骂楚国的许行，说他是南蛮鴃舌之人。[⑥] 其实邾国在春秋时也是被称为夷的。许行当时如果反唇相讥，孟子恐怕难于解嘲了。鲁邾以东，春秋时还有若干小国，如在今胶县东南的介国，沂水县南的根牟，郯城县南的郯国，莒县的莒国，都是被当作非华族的部落的。山东半岛上还有一个莱夷部落，既以夷相称，自然也是非华族了，当吕望初封于齐时，莱夷就曾和他争国。[⑦] 到汉朝依然因袭莱人的名称在山东半岛上设了一个东莱郡[⑧]，直到清朝末年，掖县附近还称为莱州府，可知它的影响的久远了。

由此可见，华族和非华族居住的区域是显然有分别的。非华族部落众多，他们有的居于山岳地带，有的居于平原旷野。由历史的发展看来，有的部落

---

① 《左传》定公四年："因商、奄之民，命以伯禽，而封以少皞之虚。"杜注：商、奄，国名。按：当时除纣之商外，无再以商为国名的。伯禽受封时，曾得到殷民六族，并要求他们："帅其宗氏，辑其分族，将其类丑，以法则周公，用即命于周。"所说的商当指这些族而言。奄，《说文》作郁，并云在鲁。

② 《书序》："成王东伐淮夷，遂践奄。"《书·费誓》："鲁侯伯禽宅曲阜，徐戎并兴，东郊不开。"又说："徂兹淮夷，徐戎并兴。"

③ 《越绝书·越绝外传记吴地传第三》。

④ 《史记》卷三三《鲁周公世家·正义》引徐广说，谓徐州在鲁东。当为徐戎旧土，徐南迁见《汉书·地理志》。

⑤ 《汉书》卷二八《地理志》。

⑥ 《孟子·滕文公上》。

⑦ 《史记》卷三二《齐太公世家》。

⑧ 《汉书》卷二八《地理志》。

在原来的地区居住的年代相当久远，部落的名称虽有所改易，但还有线索可寻，知道他们前后本为一体。有的部落虽有迁徙的情形，可是辗转往来，仍不改他们的本来称号。他们的迁徙一般是由于互相侵夺或其他外力的压迫，当然也有由于保持游牧的生活习惯上往来迁徙的。北方部落的迁徙应该有这么一个原因存在。

四、非华族与华族的杂居

非华族居住的地区诚然是围绕在华族的周围，但和华族杂居的情况也并不是没有的。鲁国西面的戎人正是这样。① 他们不仅居于鲁国的西部，而且还在鲁国与周王室交通大道的附近，他们甚至邀击周王室派往鲁国的使臣。② 如前所说，这支戎人部落是有悠久的来历的，远在夏商之间，他们就已在这里活动了。

其实在内地和华族杂居的，倒也不仅是鲁西戎人这一个部落。在西周末年，幽王曾经在太室附近举行过会盟，结果引起戎狄的叛变。③ 太室就是嵩山，在今河南省中部，离周东都雒邑不远。周幽王在这里会盟，当然是因为这里有戎狄居住。这里的戎狄是哪些部落，已经难于备知。到春秋时期，雒邑附近仍有扬拒泉皋伊洛之戎。④ 按他们居地来说，就是太室山下的戎狄了。其中洛泉等部落，乃是隗姓，属于赤狄的一种，和潞氏相同。⑤ 周襄王曾以

① 《春秋》隐公二年。杜注："陈留济阳东南有戎城。"晋济阳县在今河南兰考县东北。
② 《春秋》隐公七年："天王使凡伯来聘。戎伐凡伯于楚丘。"杜注："楚丘在济阴城武县西南。"晋城武县在今山东城武县。
③ 《左传》昭公四年。
④ 《左传》僖公十一年。
⑤ 《国语·郑语》。

狄师伐郑，并立狄女隗氏为后。① 则狄人固已逾太行山，渡河而南了。

在雒邑附近，还有所谓陆浑之戎、茅戎、蛮氏等部落。这些部落和狄人一样也是由别的地方迁来的。陆浑之戎在雒邑旁的居地是在熊耳、外方两山之间。现在河南省的嵩县由汉到唐一直是称为陆浑县的，当然是陆浑之戎在这里住过的缘故了。② 陆浑之戎据说是由瓜州迁来的。③ 有人解释瓜州在现在甘肃省敦煌县④，这是不大近情理的。大致说来它的原居地可能是在秦国的陇山以东秦岭的附近。⑤ 茅戎故地在今山西省平陆县东。现在那里还有称为茅津的地方。⑥ 茅戎后来向南迁徙，居住在现在河南省临汝县，迁到新居后它们就被改称为蛮氏了。

就地理方面说，雒邑虽在洛水流域的河谷中，可是附近山岭重叠。嵩山和熊耳、外方东西屏列，而东周国力又极为衰弱，所以非华族容易在这里立足。这些非华族的原来居地也是在山岳地带，迁到新地后也不至于使他们的生活习惯有很大的改变。不过东周的雒邑却不免受的威胁。（附图一《春秋时期华族与非华族居地分布图》）

五、华族和非华族的争执

这些不同部落共处，当然是免不了争执的，远在舜、禹之时，和三苗的斗争就曾经历时长久。商人建都于太行山东，对于太行山西的落后部落是时时要提高警惕的。商朝和这些部落之间还曾经多次发生过战争。古代的统治

---

① 《左传》僖公二十四年。

② 《左传》僖公二十二年。

③ 《左传》昭公九年。

④ 《汉书》卷二八《地理志》："敦煌，杜林以为古瓜州，地生美瓜。"

⑤ 顾颉刚先生《史林杂识初编·瓜州》。

⑥ 茅津之名始见于《左传》文公三年。

春秋时期华族与非华族居地分布图

图　例

回　周王朝郛城
□　诸侯封国
○　非华族居地
●　要地

0　　120　　240公里

者把祭与戎看作国家的大事①，是有相当的道理的。这里所说的戎是指兵事而言。防御非华族的攻击，也应是其中的主要部分。就是到周时还是如此。周时的非华族和商代可能有所不同，但其间的争执并没有缓和下去。周宣王称为周室中兴之君，就是他在和徐戎、淮夷以及蛮荆、严允等部落进行兵争时取得胜利的缘故。可是到了幽王时却完全失败。幽王自己不仅被犬戎所杀，周王室也难于在镐立足，不得不迁徙到雒邑去。

华族和非华族之间的争执到春秋时期愈益显著。诸夏之国曾经处于劣势的地位。北方的狄人向南发展，不仅灭掉在太行山东的邢国（今河北邢台市）②和卫国（当时在今河南淇县）③，而且还灭掉太行山南的温国（今河南温县）④。就是说已经达到黄河岸边。不仅如此，又进而和齐、鲁、晋、郑诸国发生争执。甚至周王室也感到不安。这也就是说，两方的争执已经不以黄河为限，河南许多地方都受到了波及。用现在的地理来说，郑州和洛阳两市都感到威胁。北方的狄人是这样的情况，南方的楚人不甘示弱，也向北发展。它吞并了汉水流域若干诸侯封国。还在西周初年时，为了经营南方，曾经在汉水近旁分封了不少的姬姓诸侯。就是所谓汉阳诸姬。到了这一时期，竟然到了"汉阳诸姬，楚实尽之"的地步。⑤不仅这样，楚人还越大别、桐柏诸山而伸张它的势力于今河南省境内。它不仅县申（今河南南阳市北）、息（今河南息县），朝陈（今河南淮阳县）、蔡（今河南上蔡县），而且封畛于汝（指汝水的上中游）⑥，所以当时的人就说："南夷与北狄交侵，中国不绝如线。"⑦

---

① 《左传》成公十三年。

② 《左传》僖公元年。

③ 《左传》闵公二年。

④ 《左传》僖公十一年。

⑤ 《左传》僖公二十八年。

⑥ 《左传》哀公十七年。

⑦ 《春秋公羊传》僖公四年。

六、华族和邻近的非华族的融合

这种华族与非华族斗争的局面，促成华族国家的团结。春秋时期齐晋两国能够在国际间占有相当的地位，就是因为他们能够领导华族的诸侯向非华族进行斗争。在斗争的过程中，由于华族的团结，若干非华族的部落逐渐被消灭。其中晋国先后灭掉太行山东西的赤狄部落[①]，白狄的肥[②] 与鼓也为晋国所灭[③]。晋国甚至越过黄河，取得了陆浑之戎的土地。[④] 不仅如此，晋国还向汾水上游扩土，迫使那里若干部落向北迁徙。东方一些非华族的国家也先后为齐、鲁所并吞，而以齐国所灭掉的为多。齐国的土地因此达到了东海之滨。在泾渭流域的非华族部落，自周室东迁后，就和秦国发生了斗争。秦国不仅消灭了泾渭下游的若干部落，并且还向西发展，使它的土地达到了渭水的上游。

至于南方的楚国，在这方面也没有放松。楚国的发展主要是北方，它在春秋时期消灭了许多华族的诸侯国家，使它的国境越过了现在河南省的淮阳、杞县和临汝诸县，几乎迫近黄河的附近。它也向长江上下游发展。群舒和百濮大部分就是被它消灭了。

在长期斗争的过程中，显而易见的一宗事情，乃是由于文化的传播和沟通，华族和非华族进一步互相融合起来。过远的时期不必说起，就以春秋时期来说，华族和非华族之间有若干显著不同的地方。若干非华族的语言和华

---

① 《左传》闵公二年："晋侯使太子申生伐东山皋落氏。"杜注："赤狄别种。"《春秋》宣公十五年："晋师灭赤狄潞氏。"又十六年："晋人灭赤狄甲氏及留吁。"《左传》宣公十六年于甲氏留吁之后，兼有铎辰。杜注："铎辰不书，留吁之属。"《春秋》成公三年："晋郤克、孙良夫伐廧咎如。"

② 《左传》昭公十二年："晋荀吴灭肥，以肥子绵皋归。"

③ 《左传》昭公十五年："荀吴略东阳，遂袭鼓，灭之。"

④ 《左传》昭公十七年。

族不同，甚至需要舌人来翻译，衣服差异也是其中的一点。由于华族的文化高，若干非华族逐渐接受了高的文化。在华族的人们看来，只要能接受华族文化，就不再把他们视作非华族，大家成为一体了。若干非华族的统治者虽然被华族的统治者消灭了，但人民却进一步混合起来。就以楚国来说，前面说过，他们在春秋初年还以蛮夷自居，经过长时期文化的沟通，楚人再不以蛮夷自居，华族的诸侯也没有人再称楚国为蛮夷了。

春秋时论华戎的区别，多着于礼仪、言语、衣服以及生活起居，而未涉及生产方式。华夏诸国皆在黄河流域及其附近地区，这是宜于农业的地区。自夏商至于周代，类皆致力于农耕。这是治史皆所习知，用不着多事说明的。至于非华族由于种类繁杂，就难得一概而论。太行山东西的戎人，殆与华族相同，亦从事于农耕生涯。当时诸夏封国皆以兵车为战具。而曾侵扰郑国的北戎却是使用步兵。步兵轻捷，能突击兵车，以图取胜。这就使郑国感到威胁，因而就有人说："彼徒我车，惧其侵轶我也。"[1]侵扰郑国的北戎当来自太行山上。太行山上为群狄聚居之地，当时戎狄可以互称。所谓北戎当是居于太行山的狄族。山地起伏不平，故戎人用步兵而不用兵车。可是也未见有用骑兵处，可能就是不从事游牧生涯，缺少马匹的缘故。后来晋国败无终及群狄于太原，也由于考虑到彼徒我车，改变了战术，也使用步兵，因而取得了胜利。[2]无终居处只知距太原不远，未知确地。其与晋国交往，以虎豹之皮作为礼物[3]，知其本非以游牧为生的族类。太原之西即吕梁山。吕梁山东西本为白狄旧壤，所谓群狄当指这些部落而言。山地亦用步兵，是也和太行山上狄人相仿佛，同样以农耕为生涯。至于鲜虞、肥、鼓，皆有城郭都邑[4]，也非游牧族类所常见，知其亦受农耕的习染。伊洛流域诸戎皆近于雒邑，所受的习染当更为明显。晋吴两国向之会时，范宣子亲自数说戎子驹支，曾说

---

① 《左传》隐公九年。

② 《左传》昭公元年。

③ 《左传》襄公四年。

④ 《左传》昭公十五年、二十二年。

到驹支的祖父为秦人所迫，东向迁徙，晋惠公赐他不腆之田。提到这事，驹支也说："惠公赐我南鄙之田，狐狸所居，豺狼所嗥。我诸戎除剪其荆棘，驱其狐狸豺狼，以为先君不侵不叛之臣。"①这样的土地当非草原，而是瘠薄的可耕之地。地虽瘠薄却是经营农业的场所。太行山东的郦瞒，曾经飘忽无常，自是游牧族类，唯几曾何时，已销声匿迹，无闻于世。所可以特为指出的，则是东海之滨，尚有相当可供畜牧的草原。撰成于战国时的《尚书·禹贡篇》曾经说过："莱夷作牧。"莱夷自是非华族，莱夷既然作牧，尚未因齐、鲁的熏陶，而改牧为农。

因此可见，当时华族居住的地区都是适宜于从事农耕的地区，杂居于华族之间的非华族，也因受华族的熏陶而习于农耕，就是邻近于华族之非华族，也因受华族的影响而逐渐熟稔农耕。这些非华族因之就和华族相互融合，而扩大了他们的居住地区。

第二节　华族居住地区的扩展及其间杂居的族类

一、华族居住地区的继续扩展

由春秋到战国，和华族杂居的以及居住于华族附近的非华族逐渐融合。南方的吴并于越，越又并于楚，而楚又跻于诸夏之列，殆已少有人以蛮夷视之。太行山东的群狄早已不复受人称道。班固于汉时论述其地风俗，仅说到"太原、上党多晋公族子孙，以诈力相倾，务矜夸功名"②，而不及其他，

---

① 《左传》襄公十四年。
② 《汉书》卷二八《地理志》。

群狄的旧习已泯然无余。战国时所余者只有原来和肥、鼓并立的鲜虞，这时已改称中山。中山稍稍强盛，竟与燕、赵并称王号。齐虽耻与中山侔名，竟亦无可奈何。①至于伊洛流域的诸戎，东海之西的东夷，也皆与其附近两周和齐、鲁的黎民混为一气，沆瀣不分。在这样的情况下，华族或华夏的名称就很少再为人所引用，就是有所涉及，其间种族的意义已显得淡薄，不过像春秋时人们所说的"中国"一样，只是地理的概念而已。②

二、战国秦汉时期的农牧分界线及其有关族类的居地

经过融合演变，所谓华族的主要居住地区已较前有所扩展，特别是南北两方。南方扩展到长江以南，近于五岭。北方则扩展到当时农牧分界线的附近。这条农牧分界线是西汉时司马迁根据历史的发展规划的。东北起自碣石，斜越太行山，西南至于龙门。碣石龙门之北多马、牛、羊、旃裘、筋角③，这分明是宜于畜牧的地区，因而就成为若干非华族活动的区域。在这里居住的许多非华族的部落④，陇山之西有绵诸、昆戎和翟獂之戎。绵诸戎在今甘肃省天水市东⑤，昆戎在今宁夏回族自治区固原地区⑥。翟獂之戎

---

① 《战国策》卷三三《中山策》。
② 前者如《左传》昭公九年："王使詹桓伯辞于晋曰：'允姓之奸，居于瓜州。伯父惠公归自秦而诱以来，使逼我诸姬，入我郊甸，则戎焉取之。戎有中国，谁之咎也。'"又如《左传》成公七年："中国不振旅，蛮夷入侵而莫之或恤。"后者如《文选》卷五八蔡邕《郭有道碑文》："周流华夏，随集帝学。"又如《后汉书》卷六七《刘祐传》，延笃遗刘祐书："延陵高揖，华夏仰风。"
③ 《史记》卷一二九《货殖列传》。
④ 《史记》卷一一〇《匈奴传》。
⑤ 《汉书》卷二八《地理志》，天水郡属县有绵诸道，在今甘肃省天水市东。
⑥ 《汉书》卷六六《杨敞传附杨恽传》："安定山谷间，昆戎旧壤。"汉安定郡在今宁夏回族自治区南部。

在今甘肃省临洮、陇西等县。①岐梁山泾漆之北有义渠、大荔、乌氏、朐衍之戎。义渠在今甘肃省庆阳地区和宁夏回族自治区固原地区②，大荔在今陕西省大荔县③，乌氏在今甘肃省平凉县西北，朐衍在今宁夏回族自治区盐池县。这些戎人在当时说来都处于秦国的西北。在晋国以北的则有林胡和楼烦之戎。楼烦之戎在今山西省西北部，更北及于内蒙古自治区的一部分。西汉雁门郡犹有楼烦县，其设置当与楼烦之戎的故地有关。但楼烦之戎的故地当不仅汉时的一个县。林胡在楼烦之西，约当今内蒙古自治区伊克昭盟东部，更东及于今山西省的西北部。在燕国之北的还有东胡和山戎，这就是后来的乌丸或鲜卑。④（附图二《碣石龙门一线西北的族类分布图》）

这些相当复杂的戎人，大致就是后来的匈奴、西羌和乌桓、鲜卑。在岐梁山、泾、漆以北的义渠、大荔、乌氏、朐衍之戎和晋北的林胡、楼烦之戎，还有陇山以西的昆戎，都应是后来的匈奴人，其西诸戎当为羌族，而其东则为乌桓、鲜卑。楼烦到秦汉之际还见于记载。秦汉之际还有所谓白羊、河南王，也应是匈奴人的部落。既以河南相称，当在今内蒙古自治区伊克昭盟，更南及于陕西省北部。此外还应该加上讫西汉之时始为中原人士所知的大月氏和乌孙。这些久居于祁连山下的族类，较之上面所说的一些戎人更为遥远。

三、农业族类和游牧族类的分界线的推移

这些戎人的居地相当分散，却都在碣石龙门一线及其更向西南引伸之

---

① 翟豲之戎居地已见前文。

② 《史记》卷五《秦本纪·正义》引《括地志》："宁、原、庆三州，秦北地郡，战国及春秋时为义渠戎国之地。"唐宁州治所在今甘肃省宁县。原州治所在今宁夏回族自治区固原县。庆州治所在今甘肃省庆阳县。

③ 《汉书》卷二八《地理志》："临晋，故大荔。"临晋今为大荔县。

④ 《汉书》卷九四《匈奴传·注》引服虔说。

图二 碣石龙门一线西北的族类分布图

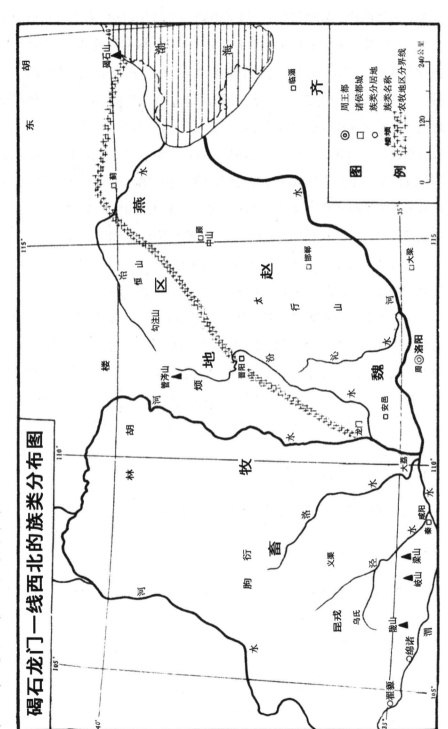

碣石龙门一线西北的族类分布图

线的北方和西北方。在当时说来，是在司马迁所说的畜牧地区，和其南的农耕地区有所不同。再加上其他的若干因素，各地区之内和各地区之间所居住的族类，就不免因时因地而有所转移。而这一时期转移最为显著的有两个阶段：其一在秦始皇统一六国之后，其二在汉武帝在位之时。秦始皇统一六国之前，这样的转移就已经不断在进行着，秦国的建置陇西郡、北地郡和上郡就是在这个地区西部的具体显现。①陇西郡本为羌人的居地②，北地郡则是取之于义渠之戎③。至于上郡，自春秋以来，主要是白狄的居地。赵国亦置九原④、云中、雁门、代郡⑤。九原、云中、雁门三郡当为林胡、楼烦的居地，代郡则置于代国的土地。至于这个地区的东北部，燕国也置有上谷、渔阳、右北平、辽西、辽东郡。⑥这里本来是东胡的居地。秦、赵、燕三国不仅各自建置了新郡，而且还相继修筑了长城。长城的修筑显示出从事农耕的族类和从事游牧的族类新的分界线。两者之间的分界线，在以前也是有的，不过都不像长城这样明显清晰。

秦始皇统一六国之后，这条分界线有了新的突破，向北做了推移，这就是蒙恬的北逐匈奴，取得了河南地，秦王朝的北界一直达到阴山。蒙恬还重新修筑了长城，长城就修筑在阴山上。⑦阴山横峙，南北自然条件迥然各异。阴山之南虽是适宜于游牧地区，却也适宜于农耕，阴山之北只可以从事游牧生涯。秦始皇修筑长城于阴山之上，又迁徙了习于农耕之民来到河南地，使原来只宜于游牧的地区转而宜于农耕。因而阴山不仅成了游牧地区和农耕地区的分界线，也成了以游牧为生涯的族类和以农耕为生涯的族类的分界线。

这样近于自然的分界线由于人为的原因往往有所变动。秦始皇崩后，国

---

① 《史记》卷一一〇《匈奴传》。
② 《后汉书》卷八七《西羌传》。
③ 《史记》卷一一〇《匈奴传》。
④ 《史记》卷四三《赵世家》。
⑤ 《史记》卷一一〇《匈奴传》。
⑥ 《史记》卷一一〇《匈奴传》。
⑦ 《史记》卷八八《蒙恬传》。

内纷乱，匈奴人乘势南下，这条分界线也就离开阴山而向南转移，回到战国时所修筑的那一条长城的分界线上。直到汉武帝时，才重新把这样的分界线推到阴山之上。汉武帝不仅利用了阴山的自然形势，而且还利用了祁连山和合黎山的自然形势，同样使之作为农业族类和游牧族类的分界线。这样说来，自然形势在一定的具体情形下，可以做族类居住地区的分界线，使其两侧族类的活动受到相应的制约。

由于秦汉两代的经营，以汉族为主体的从事农耕的民族的主要活动区域，初步有了定型，而这个从事农耕的民族也有了汉族的定称，以后各王朝的统治时期有时也有若干的变迁，但变迁的范围和规模都不是很大的。

四、骆越、东越和山越

秦汉王朝在南方也在探索这样的分界线。但所得到的可以说只是作为王朝版图的疆界线，很难使有关族类活动受到若何的制约。因为这些地方都是农耕区域，族类虽有不同，却都是从事农耕生产活动的，这就难得像北方那样有一条比较明确的分界线。还在战国末叶，楚国的疆域已经南及五岭，甚至某些地方还越过了五岭。[①]秦始皇和汉武帝皆曾为经营岭南而大动干戈，使当时疆域达到南海。南海当然可以说是自然的界线，但当地的骆越却包括在这条自然界线之内。骆越和汉族都是以农耕为生，五岭南北都是适于经营农耕的地区，彼此活动也都难得受到若何的制约。这里的越族后来有的和汉族融合在一起，有的却仍保持旧俗，直至相当长久的时期。

---

① 《汉书》卷二八《地理志》："楚地，今之南郡、江夏、零陵、桂阳……"零陵、桂阳两郡最居南部。零陵郡治所在今广西壮族自治区兴安县北，所属的洮阳、始安两县也在广西壮族自治区境内。桂阳郡治所在今湖南省郴州市，所属的曲江、阳山、桂阳、含洭、浈阳五县亦皆在广东省境内。这些县都在南岭之南，也就是说，零陵、桂阳两郡的南界皆已伸至岭南。

　　《史记》和《汉书》皆曾为南越立传，所谓南越指的就是骆越。其居住地区以现在地理来说，应包括广东、海南两省和广西壮族自治区。现在的壮族以至于瑶、黎等族，在那时都可能就是骆越了。越人于南越之外，还有东越或闽越。他们源远流长，上溯可至越王勾践。支派繁衍，有"百越"之称。所谓东越自是其居于东海之滨的缘故。汉初分其国为二：一为闽越，都于东冶（今福建福州市）；一为东海，都东瓯（今浙江温州市）。西汉中叶，先后徙其人于江淮间，据说东越之地遂空。[①]其实这只能说当地没有强有力的统治者，并不是没有任何越人的孑遗了。

　　汉魏之际，东南一些地方又有了山越。所谓山越就是居住在山里的越人。这时期由于社会未能安定，越人就由山里出来，向山外发展。孙吴时，山越所据，亘会稽（治所在今浙江绍兴市）、吴郡（治所在今江苏苏州市）、丹阳（治所在今江苏南京市）、豫章（治所在今江西南昌市）、庐陵（治所在今江西吉安市南）、新都（治所在今浙江淳安县西北）、鄱阳（治所在今江西波阳县）诸郡，可以说长江下游以南各地，都有了山越的踪迹了。[②]自汉魏之际，历两晋南朝，迄未大定，甚至隋唐时期尚见载记[③]，可知其繁衍的众多了。（附图三《汉魏之际山越分布图》）

---

① 《史记》卷五四《东越列传》。

② 三国时，山越几遍于东南各郡，孙吴诸将无不尝有事于山越。这里姑举一些史事作为说明。《三国志》卷四七《吴书·孙权传》："（孙）策薨，以事授权。是时惟有会稽、吴郡、丹阳、豫章、庐陵，然深险之地犹未尽从。权乃分部诸将，镇抚山越，讨不从命。"又卷六四《吴书·诸葛恪传》："恪以丹阳山险，民多果劲，……屡自求乞为官出之。……众议咸以丹阳地势险阻，与吴郡、会稽、新都、鄱阳四郡邻接，周旋数千里，山谷万重。……恪盛陈其必捷，权拜恪抚越将军，领丹阳太宁。……于是山民饥穷，渐出降首。"这里所说的抚越将军，自是招抚山越，则所说的山民就是山越了。

③ 《旧唐书》卷一六四《王播传》："（王）龟，咸通十四年，转越州刺史、浙东团练观察使。属徐泗之乱，江淮盗起。山越乱，攻郡，为贼所害。"《新唐书》卷一八二《裴休传》："父肃，贞元时为浙东观察使，剧贼栗湟，诱山越为乱，陷州县，肃引州兵破禽之。"

图三 汉魏之际山越分布图

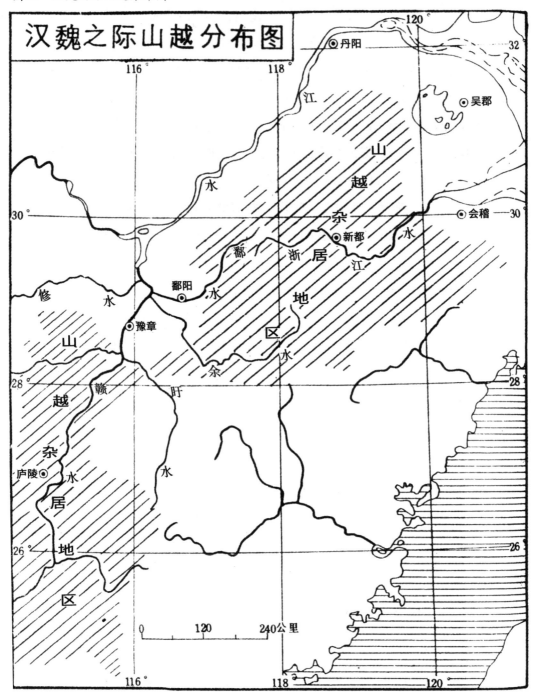

五、巴蜀两族的居住地区

巴蜀两族皆有悠久的历史。《华阳国志》溯其渊源，谓肇始人皇之世，显系渺茫的说法。然蜀侯蚕丛，及其后继的杜宇、开明，传说已久，未可皆以为诬妄。战国时始多蜀国的记载。其后遂为秦所灭，并以其地建为郡县。巴在蜀东，秦灭蜀时，亦一并灭巴。巴蜀两郡先后就都建置起来。

巴族所建立的巴国，旧说在现在四川省重庆市（1997年设为直辖市。——编注）。然《左传》所记载的巴国却与汉水中游有关。汉水中游流经大巴山之北，巴山当因巴族而得名。则巴国当在巴山汉水之间，后来才向南发展的。[1] 巴族最初固然肇兴于巴山汉水间，说者因此或谓巴蜀连言，则蜀人亦当起于汉水流域。蜀人诚曾据有汉水上游，然其取得南郑则已在入战国时期以后 [2]，稍后，蜀人为秦人所逐，南郑复入于秦 [3]。史籍历历可考，不得谓蜀人本在汉水上游，其后为秦人所逐，始向南徙。现在考古发掘，在广汉获得古文化遗址，出土文物足证文化已经相当发达，蜀人能够取得成就，应非偶然。

秦既取得巴蜀，因设巴郡和蜀郡。这巴蜀两郡当因巴蜀两国旧规设立。由巴蜀两郡的界线，当可推知巴蜀两族原来活动的地区。秦时旧县已多不可考，不易探索秦郡界线，汉承秦制，规模大致仍在。汉初于蜀郡之东增设广

---

[1] 童书业《中国古代地理考证论文集·古巴国辨》。

[2] 《史记》卷一五《六国表》："秦厉共公元年，左庶长城南郑。"是南郑本为秦国的疆土。《表》又说："秦躁公二年，南郑反。"又卷五《秦本纪》："惠公十三年，伐蜀，取南郑。"则南郑之反应和蜀人北上扩土有关。不然何来惠公伐蜀取南郑之事？检《六国表》，"惠公十三年，蜀取我南郑"。如《本纪》所说，南郑已于躁公二年不为秦所有，蜀人何能由秦国取去南郑？《六国表》这条记载显然是错误的。应从《本纪》为是。

[3] 《史记》卷五《秦本纪》。

汉郡（治所在今四川梓潼县）。①广汉郡所属的新都县，今仍为新都县。这个县就在成都县东北，两相毗邻，近在咫尺之间，则广汉郡当系由蜀郡析置的。这样说来，汉时广汉郡和巴郡之间的界线可能就是当年巴蜀两族居住地区的界线。这条界线大致就在今四川省梓潼、遂宁和阆中、南充诸县市之间。②

从汉时起，就已有了叟人的名称。益州郡（治所在今云南晋宁县东）有叟夷③，越巂郡（治所在今四川西昌市）亦有叟夷④，甚至交州（蜀汉交州，治所在今贵州毕节县附近）亦有叟人⑤。汉世谓蜀为叟⑥，则叟夷即蜀族。准此而言，则蜀族当不限于蜀郡和广汉郡内，就是越巂、益州、牂柯诸郡亦莫不有之。南北朝时，蜀人有北迁者，远至河东⑦、关中⑧诸处亦多有其踪迹。（附图四《叟人的分布及其迁徙图》）

① 《汉书》卷二八《地理志》："广汉郡，高帝置。"《华阳国志》卷一《巴郡》："天下既定，高帝乃分巴置广汉郡。"又说："孝武帝又两割置犍为郡，故世曰：'分巴割蜀，以成犍为也。'"常璩盖据当时的传说作此记载。观其卷三《蜀志》所说"高祖六年，始分置广汉郡"，可知前说并非妥善。

② 《中国历史地图集》第二册《西汉益州刺史部北部图》。

③ 《华阳国志》卷四《南中志》："汉武帝元封元年，叟反，遣将军郭昌讨平之，因开为郡，治滇池上，号曰益州。"

④ 《后汉书》卷八六《西南夷传》："（越巂）太守巴郡张翕，政化清平，得夷人和。在郡十七年卒，夷人爱慕如丧父母。苏祈叟二百余人，赍牛羊送丧至翕本县安汉，起坟祭祀。"苏祈，《汉书》卷二八《地理志》作苏示，在今四川省西昌市北。

⑤ 《三国志》卷四三《蜀书·李恢传》："恢为庲降都督，使持节领交州刺史，住平夷属县。……赋叟、濮耕牛战马金银犀革，充继军资，于时费用不乏。"平夷县当时为牂柯郡属县，今在贵州省毕节县境。

⑥ 《后汉书》卷七五《刘焉传》："马腾与（焉子）范谋诛李傕，焉遣叟兵五千助之。"章怀注："汉世谓蜀为叟。孔安国注《尚书》云：蜀，叟也。"又卷七二《董卓传》："吕布军有叟兵内反。"注："叟兵即蜀兵也。汉代谓蜀为叟。"

⑦ 《魏书》卷二《太祖纪》："天兴元年，河东蜀薛榆率其种内附。二年，蜀帅韩蒈内附。"卷三《太宗纪》："永兴三年，河东蜀民黄思、郭综等率营部七百余家内属。""泰常三年，河东胡、蜀五千余家相率内属。""八年，河东蜀薛定、薛辅率五千余家内属。"卷四《世祖纪》："太平真君六年，河东蜀薛永宗聚党，西通盖吴。"

⑧ 《魏书》卷七五《尔朱天光传》："时东雍赤水蜀贼断路。"赤水，今仍为镇，属陕西省华县。

图四　叟人的分布及其迁徙图

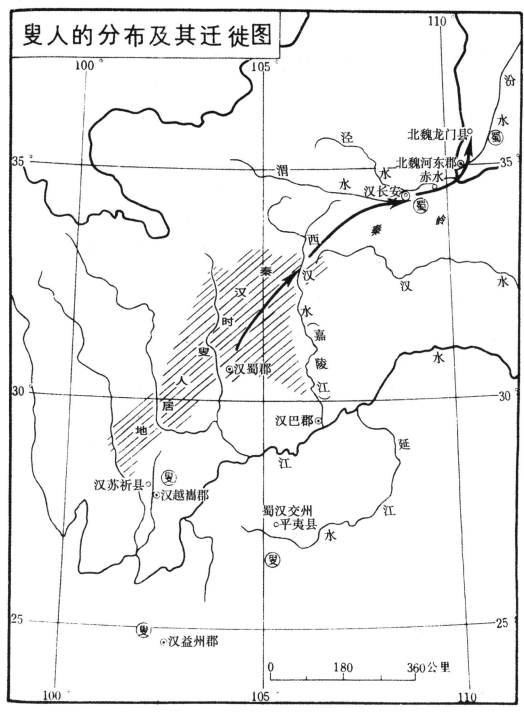

六、巴郡南郡蛮及其他诸蛮的居住地区

远在上古之时，不少的族类都是被称为蛮的，而南方各族之称为蛮的更为普遍。就连立国于云梦泽畔的楚王也不自讳，公然说："我蛮夷也。"①后来时势发展，中原诸侯封国不再以此见外楚国，可是楚国近旁及其以南的族类却还免不了这样的称呼。族类不同，流派不少，统称之为南蛮。

这些族类自有其居住的地区，总起来说，所涉及的范围是相当广泛的。西汉时，地方区划有和县同级的道，所以称为道者，是当地居住着所谓蛮夷的缘故。当时的荆州所属的一些郡中，就有这样称为道的县。南郡（治所在今湖北江陵县）有夷道（今湖北宜昌县），零陵郡（治所在今广西壮族自治区兴安县北）有泠道和营道（今湖南宁远县东和东南），长沙国（治所在今湖南长沙市）有连道（在今湖南涟源县东）。虽仅四个道，却涉及了现在的两个省。

西汉时，这四个道的族类还没有具体的称谓，到了东汉就称之为南郡蛮、零陵蛮和长沙蛮。这分明是以所在的郡国命名的，显然不是各族自己的名称。在以前这里还居住过三苗②，不过到了两汉，这里就很少说到三苗了。

东汉时，这里的蛮族除南郡蛮、零陵蛮、长沙蛮外，还有巴郡蛮。巴郡蛮之先出自武落钟离山，其后乘船自夷水至盐阳。③武落钟离山与盐阳皆无所考，夷水则为今湖北省的清水，于当时属于南郡。居于南郡之地，而称为巴郡蛮，足证其与巴族有关。巴郡又有板楯蛮，他们曾骚扰到三蜀、汉中④，可

---

① 《史记》卷四〇《楚世家》。
② 《战国策》卷二二《魏策一》："昔者三苗之居，左彭蠡之波，右洞庭之水，文山在其南，而衡山在其北。"
③ 《后汉书》卷八六《南蛮传》。
④ 《华阳国志》卷一《巴志》。

知其居地仍当以巴郡为多。

南北朝时，有所谓荆雍州蛮者，其实就是巴郡南郡蛮，还有武陵蛮及其向东迁徙的部落。"所在多深险，居武陵者有雄溪、构溪、辰溪、酉溪、舞溪，谓之五溪蛮。而宜都、天门、巴东、建平、江北诸郡蛮，所居皆深山重阻，人迹罕至"的地方。[①] 自东晋以来，南朝各代皆于襄阳（今湖北襄樊市）置雍州，而荆州依旧治于江陵（今湖北江陵县）。这里的蛮本来是居住于今四川、湖北两省间的长江两侧和湖北省的西南部、湖南省的西北部。这些地方在当时都是隶属于荆州的，所以总称为荆州蛮。雍州在荆州之北，是蛮族已由荆州扩散到了雍州，甚至还居住到豫州，称为豫州蛮。[②] 东汉初年曾迁徙南郡蛮于江夏郡（治所在今湖北新洲县），沿汉水居住，称为沔中蛮。[③] 处于江淮之间的这些蛮族，大都依托险阻，蔓延所及，达到几州的地方。东至于寿春（今安徽寿县），西至于上洛（今陕西商县），而北且及于汝水和颍水。并且逐渐向北发展，迁徙到陆浑（今河南嵩县）。[④] 而江汉以北，庐江（治所在今安徽舒城县）以南的豫州蛮，更为繁多。[⑤] 这些蛮族因为夹处在南北朝之间，无论南方或北方的政权，都为之颇费心机。刘宋和北魏时，巴东、建平等郡蛮"屯据三峡，断遏水路，荆蜀行人至有假道者"[⑥]。（附图五《南北朝时期长江中下游及其附近的各族分布图》）

当时尚有一种僚族，为南蛮的别种，自汉中达于邛（今四川西昌市）、

---

① 《宋书》卷九七《夷蛮传》。武陵郡治所在今湖南省常德市。宜都郡治所在今湖北省宜都县。天门郡治所在今湖南省石门县。巴东郡治所在今四川省奉节县。建中郡治所在今四川省巫山县。

② 《宋书》卷九七《夷蛮传》："豫州蛮，廪君后也。……西阳有巴水、蕲水、希水、赤亭水、西归水，谓之五水蛮，所在并深岨，种落炽盛。……北接淮汝，南极江汉，地方数千里。"按：《宋书》卷三六《州郡志》："豫州刺史，永初《郡国》、徐、何寄治睢阳，而郡县在淮西。"豫州蛮所居地既已南极江汉，是超出豫州辖境了。西阳郡治所在今湖北省黄冈县，所说的五水皆在西阳郡境，则豫州蛮当系由江夏蛮析出东徙的，因在豫州境内，故别称豫州蛮。

③ 《后汉书》卷八六《南蛮传》。

④ 《魏书》卷一○一《蛮传》。

⑤ 《宋书》卷九七《夷蛮传》。

⑥ 《魏书》卷一○一《蛮传》。

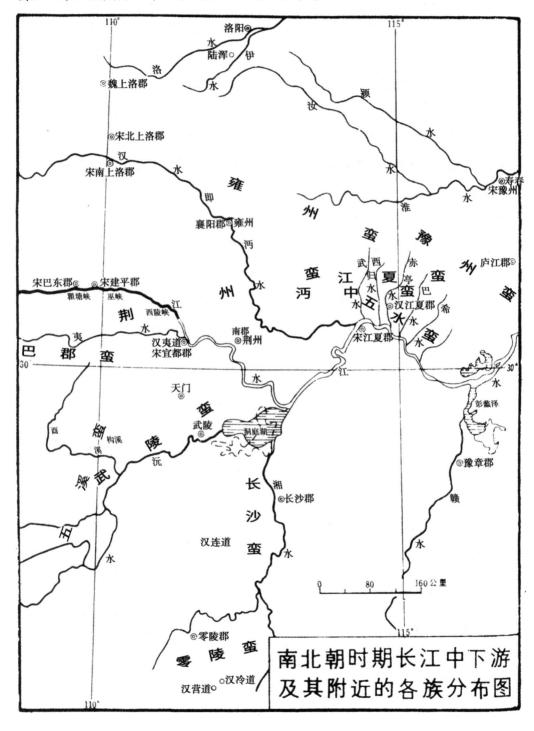

南北朝时期长江中下游
及其附近的各族分布图

莋（今四川汉源县），川洞之间，所在多有。北魏为之设置巴州（今四川巴中县），以相治理。[①] 这一族人为了邀求福利，多有卖其昆季，以供祭祀，甚至有自卖的，因而一些人家中多有僚口。[②]

七、两汉的道和唐时的羁縻州

秦始皇统一六国之后，在全国范围内普遍实行郡县制度，县就成为治理地方的基层建置。汉时另设有道。道和县是同级的建置，是设在其他族类居住的地方。[③]西汉时全国共设有三十二道。[④]以现在地理来说，这三十二道涉及陕西、宁夏、甘肃、四川、湖北、湖南六省和自治区。应该说，这是两汉时期在版图之内汉族以外其他族类分布的所在。在今陕西、宁夏、甘肃三省之内的道，分别居住着匈奴族、羌族和氐族。湖南、湖北两省的道，乃是所谓蛮族的居住所在。现在的四川省如前所说，为巴蜀两族最初活动的处所。两汉时这两族仍多居住于这些地方，而板楯蛮的力量犹相当强大，可是这些设在今四川省内的道却不是为巴蜀两族设置的。在这些道中居住的族类当时别称为西南夷，都非巴、蜀的同族。西南夷在当时主要分布在今云南、贵州

---

① 《魏书》卷一〇一《僚传》。

② 《通典》卷一八七《边防三》。

③ 《汉书》卷一九《百官公卿表》。

④ 《汉书》卷二八《地理志》。按《志》文所载，左冯翊一道：翟道；南郡一道：夷道；零陵郡二道：营道、泠道；广汉郡三道：甸氐道、刚氐道、阴平道；蜀郡二道：严道、湔氐道；犍为郡一道：僰道；越嶲郡一道：零关道；武都郡四道：平乐道、嘉陵道、循成道、下辨道；陇西郡四道：狄道、氐道、羌道、予道；天水郡四道：戎邑道、绵诸道、略阳道、豲道；安定郡一道：月氏道；北地郡三道：除道、略畔道、义渠道；上郡一道：雕阴道；长沙国一道：连道。共二十九道。王先谦《汉书补注》说："尚缺其三。以《续志》证之，则蜀郡汶江道、绵虒道、武都道。与三十二之数合。本《志》于汶江、绵虒、武都三县不言道，殆阙文。"按：王先谦所数诸道中，武都郡有故道。故道之名因陈仓道而起，非其他族类所居地，王氏之说误。按：陇西郡的予道，北地郡除道，故地皆无可考。

两省，居住在今四川省的只是其中的一部分，可是今云南和贵州两省，在当时却没有道的设置。汉代开西南夷，设置郡县在武帝时。可能道的制度和具体设置在汉初已经定局，只是武帝时未能踵行，显得前后有所差异。（附图六《西汉时置于各族居住地的道的分布图》）

西汉时还有一种特殊情况，不容不略一提及。现在浙江的上源处[①]和洛河、马连河的上源处[②]，当时都居住过所谓蛮夷。江南本越族旧居之地。前面曾经说过，汉魏之际山越颇盛，大为孙吴之患。所谓山越乃系居住于深山之中的越族。今浙江上源处于汉时为丹阳郡辖境，其地山峦重叠，当亦为山越的居地。[③]只以交通阻塞，鞭长莫及，当时尚无山越之名，故泛以蛮夷相称。至于洛河和马连河上源的"蛮夷中"，当是当时一种所谓"葆塞蛮夷"的居地。从西汉初年起，就有这样的"葆塞蛮夷"[④]，这是一种本来属汉而居于边塞自相保守的人[⑤]，可能来自不同的族类，不易一一分别，故如此总称。应该指出，浙江水上源的蛮夷中，是包括在汉族居住地区之内的。洛河和马连河上源的蛮夷中，同样也是包括汉族居住地区之内，并非如一些人所说的，不隶于汉朝的版图。[⑥]

唐代的羁縻州设置的意义略同于汉代的道。乃是就内附各族的部落设立的州县。[⑦]当时沿边各处都有设置。由于设置相当繁多，就未必都能一律。有的

---

① 《汉书》卷二八《地理志》："丹阳郡黟县，浙江水出蛮夷中。"黟县即今安徽省黟县，浙江水今为浙江。

② 《汉书》卷二八《地理志》："北地郡归德，洛水出北蛮夷中。郁郅，泥水出北蛮夷中。"归德故址无考，当在今陕西省吴旗县境内。洛水即洛河。郁郅县在今甘肃省庆阳县，泥水今为马连河。

③ 前文于论山越时，曾征引《三国志》卷六四《吴书·诸葛恪传》，谓丹阳郡与吴郡、会稽、新都、鄱阳四郡邻接，周旋数千里，山谷万重，而恪以抚越将军丹阳太守，治理其地。按《三国志》卷五五《周泰传》："（孙）策讨六县贼，（孙）权住宣城……而山贼数千人卒至。"宣城在今安徽省宣城县，正在浙江水上游之北。故"山贼"得以卒至，使孙权受困。所谓"山贼"，实际就是山越。准此而言，则所谓"蛮夷中"，当指山越的居地而言。

④ 《汉书》卷九四上《匈奴传上》。

⑤ 《汉书》卷九四上《匈奴传上》颜注。

⑥ 拙著《新秦中考》。

⑦ 《新唐书》卷四三《地理志》。

图六　西汉时置于各族居住地的道的分布图

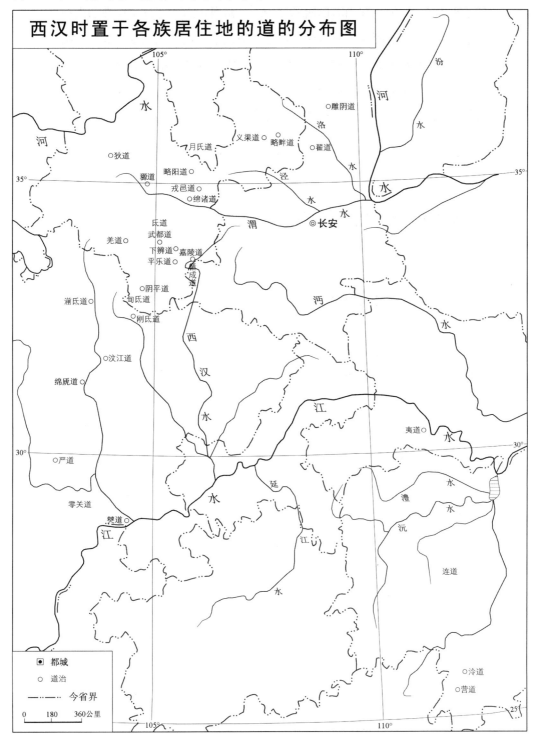

西汉时置于各族居住地的道的分布图

就设在边地，甚至不在当时的版图之内。[1] 相当多的一部分是设在西南地区，也就是秦汉时所谓西南夷所居地。在这个地区里，羁縻州制度实为后来明清两代的土司制度开先河。至如散布于夏、灵、庆、延各州的羁縻州，则是迁徙一些族类到这几州中，为之特别设立的。夏州在今陕西省靖边县北。灵州在今宁夏回族自治区灵武县。庆州在今甘肃省庆阳县。延州在今陕西省延安市。迁到这里的有突厥、回纥、党项、吐谷浑各族[2]，其中有些就较长时期居住下去。

第三节　瀚海南北的游牧族类

一、瀚海及游牧族类居住活动的地区

瀚海横亘北陲，草原围绕，广漠无垠[3]，最适宜于以游牧为生的族类繁

---

① 唐代安东、安西、安北、安南、单于、北庭六都护府皆设有羁縻州。一般是设在边陲附近，设在域外的亦殊不少。隶属于安西都护府的西域各府，就是一例。《地理志》说："龙朔元年，以陇州南由令王名远为吐火罗道置州县使，自于阗以西，波斯以东，凡十六国，以其王都为都督府，以其部属为州县。凡州八十八，县百一十，军、府百二十六。"

② 《新唐书》卷四三下《地理志》，羁縻州的设置，突厥州十九、府五，隶夏州都督府暨单于、安北二都护府。回纥州十八、府九，隶灵州、夏州两都督府及安北都护府。党项州五十一、府十五，隶灵州、庆州两都督府。吐谷浑州二，隶夏州和延州两都督府。单于和安北两都护府皆设于北陲边地，所辖府州，即设于各部落原来的居住地区，故这里不再计入。

③ 这里所说的瀚海乃指横亘于北陲的戈壁沙漠而言。前人称瀚海，其含义往往不尽相同。《史记》卷一一一《卫将军骠骑传》载霍去病北征匈奴，获胜归来。武帝称其"约轻骑，绝大漠"，又称道说："封狼居胥山，禅于姑衍，登临瀚海。"所谓绝大漠，就是越过戈壁沙漠。这里以大漠和瀚海并列，显然是以瀚海在大漠以北。霍去病在封狼居胥山和禅于姑衍之后，还要登临瀚海。这是说，瀚海不仅不是戈壁沙漠，还应是一座大山。《汉书》卷五五《卫青霍去病传·注》引如淳说："瀚海，北海也。"北海如何登临？其说未为近是。《史记·卫将军骠骑传·集解》引张晏说："登边山以望海也。"官本《汉书》校语齐召南说："按翰海《北史》作瀚海，即大漠之别名。沙碛四际无涯，故谓之海。张晏、如淳直以大海、北海解之，非也。本文明云'出代、右北平二千余里'，则其地正在大漠，安能及绝远之北海哉？且塞外遇大泽大湖，通称为海，苏武牧羊北海上，窦宪追至私渠北鞮海，皆巨泽大湖，如后世称阔滦海之类，非大海也。"齐说固然。然如何解释绝大漠之大漠？大漠与瀚海并举，如何以大漠当瀚海？不论其为海为山，皆与戈壁沙漠不同。自汉以后，复多歧义，后文当随时见注。

衍和奔驰。在这里生息的游牧族类都有一个共同的特点，就是皆能驰骋马上。瀚海周围的原野广漠无垠，是难以局限他们的马蹄的。不过这广漠的原野也不是没有尽头的。北海浩渺广阔，北海东西如萨扬岭这样的高山巨岭，起伏不一。瀚海之东的大兴安岭及其以南的平地松林 [①]，都可以成为限制游牧骑士的险阻。至于瀚海之西的准噶尔盆地和伊犁河谷，固可以作为东西往来通行的大道，然阿尔泰山却也使之受到一定困难。突厥分裂后，就是以阿尔泰山区别其东西两部的。阿尔泰山在当时乃是称为金山的。就是向南方的发展，最后也不能不受抑制于约略相似的局限。这里不仅有阴山山脉，而且还有一些王朝所修筑的逶迤不绝的长城。这些天然的险阻和人为的设施，使瀚海周围各族向更远地区的扩展遇到相应的阻力。当然这样一些局限并非是绝对的，蒙古族在成吉思汗及其子孙时，就远远超过了这些局限。

　　游牧于瀚海南北的族类，见于史籍最早的当推匈奴，其次则为鲜卑、柔然、高车、突厥、薛延陀、回纥、阻卜、蒙古等。前后递嬗，较为频繁。这些族类据有北陲时，都能称雄于一时。族类前后虽有不同，其威力所及，却是略相仿佛的。

二、匈奴的强盛及其土宇的扩展

　　匈奴的先世，渊源甚早，可以上溯殷商时的鬼方，商周之际的混夷和熏鬻以及西周时严允。就是春秋时的狄人，也不是就和后来的匈奴没有关系的。至于汉时，匈奴更雄据瀚海南北，为北陲最为强大的国家。

　　汉初，冒顿为匈奴可汗，曾破灭东胡，击走月氏，南并楼烦、白羊王，

---

① 平地松林多见于辽金时的记载。这样深厚的森林绝非短促时期内所可形成，其肇始应是相当久远的。《魏书》卷一〇〇《库莫奚传·契丹传》，就曾提到"松漠之间"。

与汉关故河南塞，至朝那、肤施。因而东接秽、貉、朝鲜，西接月氏、氐、羌。又北服浑庾、屈射、丁灵、鬲昆、薪犁之国。其后又定楼兰、乌孙及其旁二十六国。所谓"诸引弓之民并为一家"①。这样广漠的土宇，所从事游牧的并非匈奴一族，不过据后来的情势观察，瀚海南北虽有不同的族类，但在某一强大族类统治之下，其余较小的部落，就皆以具有统治力的族类的名称相称呼。在匈奴统治之下，瀚海南北当然就都成了匈奴族了。

匈奴北服的五国②，所可考知者仅一丁零。苏武牧羊北海上，丁零盗其牛羊。③北海今为贝加尔湖。则匈奴的北界当抵于贝加尔湖上，与丁零为邻。匈奴所灭的东胡，就是后来的乌桓。乌桓为匈奴所灭，余类保乌桓山，因以为号。④乌桓山据说在阿噜科尔沁西北。⑤阿噜科尔沁今图作阿鲁科尔沁，为内蒙古自治区的蒙旗名称，位于乌力古木仁河之东。其西北就是大兴安岭山脉。乌桓山当在乌桓的东北。因既为匈奴所破，势须远遁以避其锋。这样乌桓山就不可能是大兴安岭山脉。而大兴安岭山脉就可能是匈奴和东胡的分界线。可是匈奴的势力并非到此为止，因为其东邻乃是秽、貉、朝鲜。其时秽、貉当在今松花江上游⑥，而朝鲜则在今鸭绿江以南。

匈奴西向扩展，矛头所指就是月氏和乌孙。月氏与乌孙本居敦煌间⑦，当匈奴尚未来到这里以前，乌孙为月氏所逼，已经迁到更远的西方⑧。匈奴向这里发展，月氏也难得安居，因而大部西迁。其残留者别称小月氏，就依附于匈奴。⑨月氏之南为祁连山，山南就是羌人的居地，其东更有氐人。所谓匈奴西接月氏氐羌，就指此而言。

---

① 《史记》卷一一〇《匈奴传》。
② 《汉书》卷九四《匈奴传》，浑庾作浑窳，鬲昆作隔昆，薪犁作新犁。颜师古注：五小国也。
③ 《汉书》卷五四《苏建传附苏武传》。
④ 《后汉书》卷九〇《乌桓传》。
⑤ 张穆《蒙古游牧记》卷三《阿噜科尔沁》："旗西北百四十里有乌辽山，即乌丸山。"
⑥ 《三国志》卷三〇《乌丸鲜卑东夷传》。
⑦ 《汉书》卷九六《西域传》。
⑧ 《汉书》卷六一《匈奴传》。
⑨ 《史记》卷一二三《大宛传》。

乌孙和月氏辗转西迁。乌孙后来就以赤谷城为都。[①]赤谷城在今伊塞克湖东南。故乌孙兼有今伊犁河流域。《汉书·西域传》亦谓乌孙东与匈奴接，是匈奴西疆已达到今伊犁河的上游附近。至于所说的楼兰及其旁的二十六国，楼兰在西域的最东部，其二十六国因未载具体国名，难得实指，也许泛指西域诸国而言。匈奴与西汉共争西域，多历年所，匈奴并未长期取得优势，当然就难说匈奴的土宇已经达到楼兰及其以西的诸国。

至于匈奴的南界，秦汉以前就曾经有过变迁。冒顿为可汗时，又有一次变迁。冒顿时，匈奴南并楼烦、白羊王，与汉关故河南塞，至朝那、肤施。所谓河南塞，指的是战国后期，秦昭襄王修筑的长城。这条长城由今甘肃岷县修起，经过朝那（今宁夏回族自治区固原县东南）、肤施（今陕西榆林县南），而至于今内蒙古自治区准格尔旗东北十二连城。[②]因为所经过的地区在黄河之南，就称为河南塞。秦始皇统一六国之后，北向扩展土宇，秦界就北至阴山，在阴山之上另外修筑新的长城，并联系和调整了战国时燕赵两国的北长城，成了秦与匈奴的新的疆界。秦末乱离，楼烦、白羊王占据了河南地，冒顿击灭楼烦、白羊王，因而就与汉关故河南塞，至朝那、肤施。后来到汉武帝时，再次取得阴山，于是匈奴的南界又复回到阴山以北。汉武帝还曾取得祁连山和合黎山之间的河西地，和西域相往来，后来就称为河西走廊。由于汉武帝的经营，汉与匈奴的疆界大致定型，长期没有什么较大的变迁。

秦汉之际，匈奴单于之庭直代、云中。汉代郡治所在今河北省蔚县东北。云中郡治所在今内蒙古自治区托克托县东北。当时虽知单于之庭南与代和云中相直，确地并无所指。所可知者，当时单于之庭乃在大漠之南，其后霍去病北征，封狼居胥山，禅姑衍，临瀚海，声威远震，于是远遁，聚于漠北。自是之后，漠南无王庭。当然，这并不是说，漠南就再无匈奴，因为汉的边

① 《汉书》卷九六《西域传》。
② 拙著《黄河中游战国及秦时诸长城遗迹的探索》。

塞仍留旧处，没有向北移徙。

东汉初年，匈奴内讧，分为南北。南匈奴人居塞内，北匈奴仍控制瀚海的南北。虽能控制瀚海南北，国力已经削弱，大不如往昔。和帝永元元年、二年（公元 89、90 年），窦宪、邓鸿相继北征，北匈奴单于逃亡不知所在。[①]匈奴控制瀚海南北的历史就此告一段落。[②]（附图一《匈奴图》）

三、鲜卑与瀚海地区

匈奴败亡之后，继起者为鲜卑。北匈奴单于逃亡，不知所在，瀚海南北，顿成空虚之所，鲜卑因之向西转徙，据其故地。匈奴余种留者尚有十余万落，皆自号鲜卑。[③]鲜卑由此强盛，控制了瀚海南北。鲜卑本为东胡的别支，因居鲜卑山，故以鲜卑为号。鲜卑山为现在大兴安岭。大兴安岭绵亘于今内蒙古自治区东北部，南及于辽宁省的西北。鲜卑习俗以季春之月大会于饶乐水上。饶乐水今为西拉木伦河，是所谓鲜卑山当在今大兴安岭较南处。虽确实所在尚待具体推敲[④]，但可以看到其活动地区也是相当广大的。

由于为乌桓所阻隔，西汉时鲜卑未能和其南的汉族相交往。东汉初年鲜卑虽也尚随北匈奴寇边，但东汉为了要削弱北匈奴，对鲜卑给予很多的扶持，鲜卑逐渐强大起来，为后来取代北匈奴创造了条件。

东汉末年，鲜卑大人立庭于弹汗山歠仇水上，立庭的地方去高柳县 300

---

① 《后汉书》卷八九《南匈奴传》。章炳麟《太炎文录初编别录》卷二《匈奴始迁欧洲考》谓北匈奴为窦宪所逐灭，"一出乌孙，一趣大秦，趣大秦者，所谓匈牙利矣"。

② 匈奴灭亡后，其余部留在瀚海周围的，率皆成为鲜卑人，然亦不乏孑遗。《魏书》卷一〇三《匈奴宇文莫槐传》："宇文莫槐出于辽东塞外，其先南单于远属也。世为东部大人，其语与鲜卑颇异。"

③ 《后汉书》卷九〇《鲜卑传》。

④ 嘉庆重修《大清一统志》卷五三七《科尔沁》："鲜卑山在科尔沁右翼西三十里，土人呼蒙格。"

图一 匈奴图

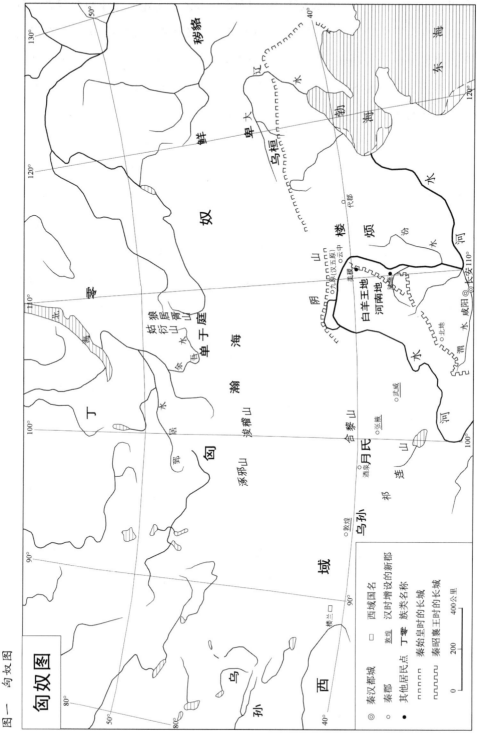

匈奴图

图例

◎ 秦汉都城　　　□ 西域国名
○ 秦郡　　　　　○ 敦煌　汉时增设的新郡
● 其他居民点　　丁零　族类名称
ппп 秦始皇时的长城
ппп 秦昭襄王时的长城

比例尺
0　　200　　400公里

余里。[1]高柳县今为山西省阳高县。以里数计之，其地当在今河北省尚义县之南。自西汉中叶卫青、霍去病相继北伐后，漠南就再无匈奴王庭。东汉初年，南匈奴单于入居西河美稷（今内蒙古自治区准格尔旗西北）。美稷乃汉朝的疆土，并非瀚海以南的牧地。鲜卑大人所立之庭不仅在瀚海之南，而且近在汉朝的塞下，这是和匈奴统治时期大异其趣的。

由于鲜卑据有匈奴的故地，所以土宇也相当广大。据说："南抄缘边，北拒丁零，东却夫余，西击乌孙，尽据匈奴故地，东西万四千余里，南北七千余里，网罗山川水泽盐池。"[2]所说的里数，不与现在的度量衡制相同，而且草原上计里，恐也不易准确，因之难得以为根据。这样广阔的土地曾经分为三部，从右北平以东至辽东，接夫余濊貊为东部，从右北平以西至上谷为中部，从上谷以西至敦煌、乌孙为西部。[3]东汉右北平郡治土垠县，为今河北省丰润县；辽东郡如西汉之旧，治襄平县，为今辽宁省辽阳市；上谷郡治沮阳，在今河北省怀来县东南；敦煌县仍治敦煌县，在今甘肃省敦煌县西。夫余，《后汉书》无传。《三国志》谓其本属玄菟，汉末，更属辽东[4]，玄菟郡在辽东郡北而稍偏于东。鲜卑东接夫余，当指夫余的西界。以辽东郡所说的襄平县为准，其北正是大辽水由北南流处。高山大川易为两国或两族的疆界。鲜卑和夫余当以这段大辽水为界。大辽水上源可以上溯至饶乐水。饶乐水为鲜卑于季春之月大会之所，这当然不能作为两国或两族的疆界。饶乐水今为西拉木伦。则鲜卑的东界至少应在西拉木伦河与东辽河相汇合之处，而至于大辽水上。鲜卑东部除接夫余外，尚与濊貊接。《三国志》说："（夫余）印文言：'濊王之印'，国有故城名濊城，盖本濊貊之地。"[5]这里虽提出濊貊，其实还只是一个夫余。因濊貊已南徙到高句丽之南了。据《后汉书》的记载：

---

① 《后汉书》卷九〇《鲜卑传》。
② 《后汉书》卷九〇《鲜卑传》。
③ 《后汉书》卷九〇《鲜卑传》。
④ 《三国志》卷三〇《乌九鲜卑东夷传》。
⑤ 《三国志》卷三〇《乌九鲜卑东夷传》。

"（东汉末年，鲜卑）种众日多，田畜射猎不足给食。檀石槐乃自徇行，见乌侯秦水广从数百里，水停不流，其中有鱼，不能得之。闻倭人善网捕，于是东击倭人国，得千余家，徙置乌侯秦水上，令捕鱼以助粮食。"[①] 乌侯秦水今为老哈河，流经内蒙古昭乌达盟南部。鲜卑东界既达到大辽水，则乌侯秦水当为其内地的河流。

匈奴盛时，西抵乌孙。鲜卑亦西与乌孙相接。然鲜卑西部除西邻乌孙外，还南直敦煌，与匈奴少有不同。要明了其间的究竟，就必须先说明在这里的北匈奴残部的情况。自东汉时窦宪北征，大破北匈奴后，漠北荒乱，似已了无所主。其实，在其西疆，有呼衍王者，还支撑了若干时日。呼衍王还曾断续侵扰车师后部，进攻伊吾屯城，且与汉军角逐于蒲类海上，引起东汉王朝的不安。[②] 车师后部在今新疆维吾尔自治区奇台县西，伊吾屯城在今新疆哈密市西，蒲类海即今巴里坤湖，在今新疆巴里坤县西。则当时北匈奴残部在今奇台、巴里坤诸县之北，或其稍西之处。这里本是北匈奴的故地，故其残部犹能出没于其间。后来在柔然时，这部匈奴余种尚能与柔然争衡，然卒为柔然破之于颎根河上（今鄂尔浑河）才被消灭。[③] 东汉时，这些匈奴残部既能出没于车师后国和伊吾屯城之北，这些地方都位于敦煌的西北，故鲜卑的一部分西界亦当在敦煌的西北。北匈奴的残部虽仍能威胁西域，攻占一些地方，却未能奄有匈奴原来在这一隅所有的土地，这就使鲜卑与乌孙能够相接，而未被切断。

至于鲜卑之北的丁零，则自匈奴时已居于北海上，以后尚未见南迁，自当仍在故处。这样说来，鲜卑的疆土大致是和匈奴相仿佛的。（附图二《鲜卑图》）。

① 《后汉书》卷九〇《鲜卑传》。
② 《后汉书》卷八八《西域传》。
③ 《魏书》卷一〇三《蠕蠕传》。

图二 鲜卑图

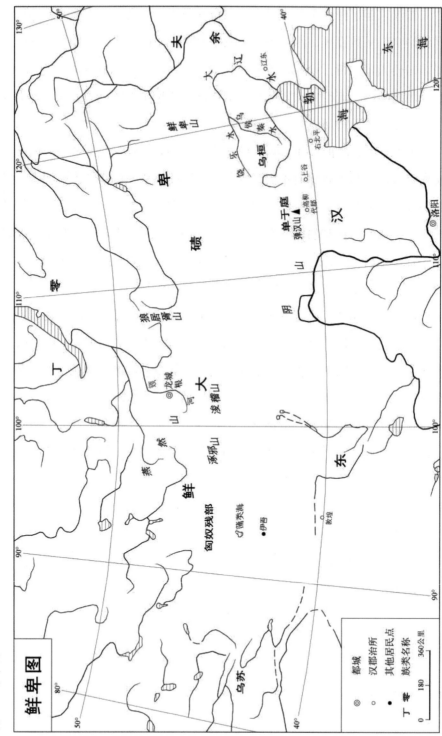

鲜卑图

丁零

乌孙

匈奴残部

鲜卑

燕然山

涿邪山

大漠

狼居胥山

碛

大溪稽山

龙城

颓河

鲜卑山

鲜卑

夫余

大江

乌侯秦水

饶乐水

辽东

勃海

东海

弹汗山

单于庭

高柳
宁城
上谷
右北平

阴山

汉

洛阳

敦煌

伊吾
蒲类海

◎ 都城
○ 汉郡治所
• 其他居民点
丁零 族类名称

0 180 360公里

四、柔然和高车

　　继鲜卑而起，据有瀚海周围的是柔然。《魏书》为柔然立传，却称之为蠕蠕。《蠕蠕传》说："世祖以其无知，状类于虫，故改其号为蠕蠕。"这显然是对柔然的侮辱，是不可为训的。[1] 至于柔然的来历，《蠕蠕传》说是东胡之苗裔，这也是不尽然的。这时鲜卑已久居于瀚海南北，据《魏书》所载，柔然的祖上曾为拓跋氏的奴隶。奴隶而有人为之溯其来历，显然是不可靠的。如果确为东胡的苗裔，则和鲜卑同族，拓跋焘（即北魏世祖）何得妄加侮辱而称之为蠕蠕？

　　柔然之初，亦尝冬则渡漠南，夏则还居漠北，从其和北魏的冲突看来，似其着重的多在漠南。至社仑可汗时，乃北渡弱洛水，似其国力已转而趋向漠北。弱洛水今为土拉河，固在大漠之北。社仑此时，占据了高车族的牧地，又在颎根河击败其西北的匈奴余种，国势大振。据说："其西则焉耆之地，东则朝鲜之地，北则渡沙漠，穷瀚海，南则临大碛。其常所会庭则敦煌、张掖之北。"[2] 这样的规模远较匈奴、鲜卑为广大。也许是过于夸大，所言并非都是实录。当鲜卑族南迁之时，固然空出瀚海南北之地，就是瀚海之东，契丹和奚族也继鲜卑之后，填补到弱洛水（今西拉木伦河）流域。[3]

<hr/>

[1] 南朝诸史籍如《宋书》《南齐书》《梁书》皆称芮芮，当是由蠕蠕转讹的。

[2] 《魏书》卷一〇三《蠕蠕传》。

[3] 《魏书》卷一〇〇《库莫奚传》："库莫奚国之先，东部宇文之别种也。初为慕容元真所破，遗落者窜松漠之间。……登国三年，太祖亲自出讨，至弱洛水南，大破之。"《魏书》卷一〇三《蠕蠕传》："社仑远遁漠北，……北徙弱洛水。"两篇传中皆有弱洛水，实际上并非一地。库莫奚既窜于松漠之间，则所谓弱洛水当距松漠之间不远，与漠北的弱洛水不同。与库莫奚同时的契丹亦窜于松漠之间，见《魏书》卷一〇〇《契丹传》。这里所说的松漠之间，乃在今西拉木伦河上游。则库莫奚破之处的弱洛水当即现在的西拉木伦河。按：《后汉书》卷九〇《鲜卑传》："季春月大会于饶乐水上。"李贤注："水在今营州北。"唐营州治所在今辽宁省朝阳市。饶乐水亦即今西拉木伦河。则与库莫奚有关的弱洛水当即饶乐水。与漠北的弱洛水不同。

其东才是高句丽，也就是所谓朝鲜之地。情势如此，柔然如何能东接朝鲜之地？焉耆于两汉之时本为西域大国。北魏兴起之后即灭其国，而以其地与内地诸镇并列。[1]《蠕蠕传》仍以之作为一国，且以之为柔然邻国，盖以北魏灭焉耆在北魏太武帝拓跋焘时，而社仑早在北魏道武帝拓跋珪时，已称雄于漠北。就是后来到北魏献文帝拓跋弘时，柔然还曾进攻过于阗。[2]这固然可以显示出柔然的声势，却并不是实际的控制和占领，因而就难以说柔然的版图已经达到了这些地区。

柔然之地，北渡沙漠，穷瀚海，既然渡过沙漠，则所谓瀚海当然就不是戈壁了。其具体所在，尚待探索。前论匈奴疆域时，谓其北接丁零。北魏时，丁零也强盛起来，当时称为高车，只是其强盛时较迟于柔然。[3]丁零本居于今贝加尔湖上。则柔然所谓穷瀚海，当指今贝加尔湖而言。不过这只能说其国力达到今贝加尔湖，并非是囊括了整个今贝加尔湖。

至于所谓南临大碛，似说柔然仅在漠北，与漠南无涉。这样的说法也与当时情势未尽符合。《蠕蠕传》叙其早期经历，谓其"冬则徙居漠南，夏则远居漠北"。可见并非就以大漠为限。后来社仑北徙弱洛水，这只是建牙之地有所移徙[4]，当非因此而遂弃漠南。北魏为了防御柔然，于北陲建立沃野、怀朔、武川、抚冥、柔玄、怀荒六镇。六镇皆在阴山之南，这说明阴山之北仍当为柔然游牧之地，并非北魏所能据有。（附图三《柔然图》）

---

[1]《北史》卷九七《西域传》。

[2]《北史》卷九七《西域传》。

[3] 高车，《魏书》有传。北魏时，高车曾与柔然争雄。其主要活动区域在大漠之北。太武帝曾徙其降者数十万落于漠南，乘高车，逐水草，畜牧蕃息；数年之后，渐知粒食。后至文成帝时，又复散归漠北。

[4] 关于柔然建牙的所在，拙著《中国古都概论》曾有论及，兹转录如下："北魏道武帝时，其可汗社仑北徙弱洛水，始立军法。《魏书》卷一〇三《蠕蠕传》称'其常会庭，则敦煌张掖之北'。北魏敦煌镇城故城在今甘肃省敦煌县西。张掖郡治所在今甘肃省张掖县西北。弱洛水今为土拉河，位于张掖东北，似非其常会处也。北魏太武帝神䴥二年（公元429年），魏军北伐至于栗水，柔然可汗大檀闻之震怖，将其族党，焚烧庐舍，绝迹西走。是役太武帝亲自督军，缘栗水西行，过汉将窦宪故垒，次于兔圆水。太平真君四年（公元443年），魏军再出，追击柔然可汗吴提于颇根河。颇根河位于栗水和兔圆水之北，也是位于张掖郡治所之北，当是柔然可汗庭所在之地。栗水今为翁金河，兔圆水今为推河，颇根河今为鄂尔浑河。

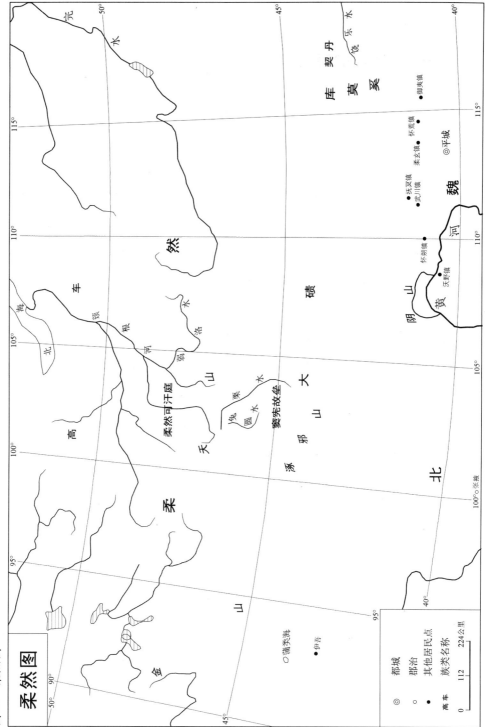

柔然图

完水

北海

高车

金山

柔然

颓根河

弱水

洛水

天山

兔圆水

柔然可汗庭

窦宪故垒

邪山

大山

磧

阴山

黄河

魏

◎平城

御夷镇

怀荒镇

柔玄镇

抚冥镇

武川镇

怀朔镇

沃野镇

库莫奚

契丹

乐水

饶乐水

涿邪山

蒲类海

◎伊吾

张掖◎

北

◎ 都城
○ 郡治
● 其他居民点
● 族类名称
高车

0　112　224公里

40°　45°　50°

90°　95°　100°　105°　110°　115°

五、突厥的兴起和分裂

柔然之后，代之而起的为突厥。突厥的始居地自来有不同的说法。有的说它是匈奴的别种，后来居于高昌之北。高昌在今新疆维吾尔自治区吐鲁番东南。有的说它出于索国，乃在匈奴之北。[①] 有的却说它是平凉杂胡，当沮渠蒙逊灭后，徙于金山之阳。[②] 金山一般都是指阿尔泰山而言。如果按照突厥发展过程来探索，起于匈奴之北的说法似较为合理。它也曾徙居于高昌之北，至于平凉杂胡的说法就难得有若何确据。

突厥控制瀚海南北后，建牙于都斤山。[③] 当其击灭柔然之后，更西破挹怛，东走契丹，北方诸部落皆俯首听命，而南与中夏相抗衡。[④] 挹怛立国在葱岭西，其国都在乌浒水南200余里。[⑤] 乌浒水今为阿姆河，则挹怛国当在今阿富汗北境。在突厥之东的契丹，这时期方依托纥臣水而居。[⑥] 托纥臣水今为老哈河，在内蒙古自治区东部。突厥虽派遣官吏统治契丹[⑦]，然其主要的活动区域仍当在托纥臣水之西。

突厥后来分为东西。《隋书》谓西突厥"东拒都斤，西越金山，龟兹、铁勒、伊吾及西域诸胡悉附之"[⑧]。《新唐书》谓其"与东突厥分乌孙故

[①] 《周书》卷五〇《异域·突厥传》。

[②] 《隋书》卷八四《突厥传》。

[③] 《隋书》卷八四《突厥传》。都斤山即乌德鞬山，亦即今杭爱山。其东端直抵嗢昆水畔。嗢昆水即今鄂尔浑河。其建牙之地当在今哈尔和林西北。唐初，颉利可汗曾徙牙直五原之北，其后当复归于都斤山。传世的《毗伽可汗碑》及《阙特勒碑》皆发现于其地，可证也。

[④] 《隋书》卷八四《突厥传》。

[⑤] 《隋书》卷八三《西域传》。

[⑥] 《隋书》卷八三《西域传》。

[⑦] 《隋书》卷八四《契丹传》。

[⑧] 《隋书》卷八四《西突厥传》。

地有之，东即突厥，西雷翥海，南疏勒，北瀚海"①。这里所说的瀚海，未知其确地所在。雷翥海今为咸海。则其地当包括今新疆维吾尔自治区大部和中亚细亚各处。至于东西突厥的分界，《隋书》虽谓其"东拒都斤，西越金山"，其后至射匮可汗时，"始开土宇，东至金山"②，是东西突厥当以金山为界。金山即今阿尔泰山，在今新疆维吾尔自治区的东北部。唐时，北庭与安西皆为陇右重镇。北庭本为庭州，贞观十四年（公元640年）平高昌，以西突厥贺鲁部落置。③北庭在今新疆维吾尔自治区吉木萨尔县北。在此以前，西突厥尚能控制伊吾（今新疆维吾尔自治区哈密市），则其土宇当东及于蒲类海。蒲类海今为巴里坤湖。东西突厥的分界处当在巴里坤湖之东。而东突厥的疆土亦和匈奴、鲜卑、柔然等族类相仿佛。（附图四《突厥图》）

六、回纥（回鹘）及其后世的迁徙

突厥之后，继起者为回纥。回纥即匈奴时的丁零④，元魏时的高车。高车或曰敕勒，讹为铁勒。部属众多，皆散处碛北，回纥就是其中的一部。唐中叶后，改称回鹘。就是说其人捷鸷像鹘一样。⑤

唐初，铁勒诸部中以薛延陀最为强大，会突厥颉利可汗灭亡，因奄有

① 《新唐书》卷二一五《突厥传》。
② 《旧唐书》卷一九四《突厥传》。
③ 《新唐书》卷四〇《地理志》。
④ 《旧唐书》卷一九五《回纥传》。《传》说回纥是匈奴之后。丁零与匈奴并立，不得为匈奴之后。
⑤ 《新唐书》卷二一七《回鹘传》。

图 四 突厥图

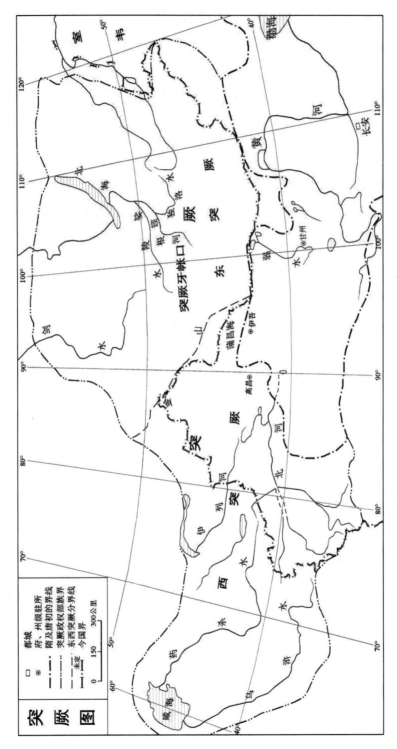

图四 突厥图

漠北之地，为时未久，即为唐所夷灭。[①]薛延陀灭后，回纥继起，席卷薛延陀故地，还曾南跨贺兰山，使其边境抵达黄河岸旁，稍后突厥复强，北取铁勒故地，回纥亦颇受压抑。及突厥势衰，乃南居突厥故地，徙牙于乌德鞬山和嗢昆河之间。其所统土域，东极室韦，西至金山，南控大漠，尽得古匈奴地[②]，和薛延陀、东突厥旧疆略相仿佛。这是活动于瀚海周围强大族类发展的必然规律。因为瀚海周围平原广漠，利于戎马的奔驰，而又四无阻隔，不易防守，强梁者就可充分发挥优越的军力，逐一征服其他部落，控制周围各地。匈奴、突厥等族的兴起都是如此，回纥也未能例外。

唐代后期，回纥为黠戛斯所破，部众离散。有的南向降唐，有的东入室韦，有的投吐蕃，有的至碛西，有的居于甘州（治所在今甘肃张掖县）。东入室韦的一部复为黠戛斯收到瀚海之北。[③]其在甘州和碛西者因地区不同各有其称谓。在甘州者称为甘州回鹘，在沙州（治所在今甘肃敦煌县）者称为沙州回鹘[④]，在碛西者称为西州回鹘，或称西州龟兹、龟兹回鹘[⑤]。西州回鹘分布较广，伊州（治所在今新疆维吾尔自治区哈密市）、高昌（今新疆维吾尔自治区吐鲁番东南）、龟兹（今新疆维吾尔自治区库车县）莫不有其踪迹。又有黄头回纥，则在青唐的西北[⑥]，而青唐则在今青海省西宁市[⑦]。别有黑汗王，也是回鹘的一部分，于阗、疏勒及其以西各处皆为其活动的地区。回鹘分支虽多，到现在却都是维吾尔族。（附图五《回鹘及其后世迁徙图》）

---

① 《新唐书》卷二一七《回鹘传》："（贞观初，薛延陀可汗夷男）树牙郁督军山，直京师西北六千里，东靺鞨，西叶护突厥，南沙碛，北俱伦水，地大众附，於是回纥等诸部莫不伏属。……颉利可汗之灭，塞隧空荒，夷男率其部稍东，保都尉犍山独逻水之阴，远京师才三千里而赢，东室韦，西金山，南突厥，北瀚海，盖古匈奴地也。"

② 《新唐书》卷二一七《回鹘传》。

③ 《旧唐书》卷一九五《回纥传》，《新唐书》卷二一七下《回鹘传下》。

④ 《宋史》卷四九〇《回鹘传》。

⑤ 《宋史》卷四九〇《高昌传》《龟兹传》。

⑥ 《宋史》卷四九〇《于阗传》。

⑦ 《宋史》卷四九二《吐蕃传》。

图五 回鹘及其后世迁徙图

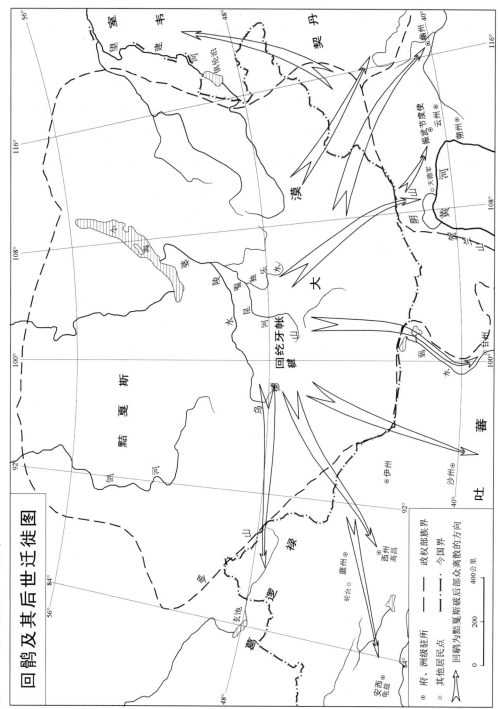

回鹘及其后世迁徙图

七、版图扩展及瀚海南北的契丹

唐代末年，回鹘内部多事，部众分散。其时，契丹已日渐强盛，开拓疆土，东西有地千里。[①]回鹘故地当已尽为契丹所据有。契丹上京道西北置有边防城，共有静、镇、维、防、招等五州和河董、静边、皮被河、塔懒主等四城。镇州本古可敦城，河董城本回鹘可敦城，语讹为河董城。[②]可敦为古代游牧族类称其可汗之妻的尊号，鲜卑、突厥、回鹘皆有这样的习俗。镇州在土拉河西，距突厥、回鹘可汗庭并非很远。镇州的可敦城仅以古相称，尚难辨其为突厥可敦，抑为回鹘可敦。河董城则明说其为回鹘可敦城。《辽史》于皮被河城，更具体说："皮被河出回纥北，东南经羽厥，入胪朐河，沿河董城北，东流合沱瀝河，入于海。"[③]这里明说皮被河发源于回纥北部。胪朐河今为克鲁伦河，已远在回纥建牙地之东，而河董城更在胪朐河的下游，是其地乃在回纥故地的东部。契丹之时，当如突厥、回纥各族先例，一朝强大，即囊括瀚海南北。契丹的上京道当西抵金山，回纥故地尽入于其版图之中。

契丹虽据有回纥故地，其国力实偏重于东部，尤其是与宋朝构兵，不忘向南发展。回纥故地虽尽纳于上京道中，契丹人并非大量前往移居。契丹有属国军，是由其属国中征集来的。契丹有属国五十九，其中突厥、阻卜、乌古、黠戛斯、敌烈、粘八葛、梅里急、耶睹刮诸国皆散布于瀚海周围[④]，而萌古亦与契丹通往来[⑤]，萌古就是后来的蒙古。这里散布的属国虽多，阻卜

---

① 《辽史》卷三七《地理志》。
② 《辽史》卷三七《地理志》。
③ 《辽史》卷三六《兵卫志》。
④ 《观堂集林》卷一五《萌古考》。
⑤ 《观堂集林》卷一四《鞑靼考》。

实最为强大，其所据地相当广远，也是契丹西北的劲敌。阻卜，唐宋时已见记载，称为鞑靼，后来在金时称为阻鞯，蒙古之初为塔塔儿，其时在漠南的汪古部，号为白达达者，亦其遗种。[①]阻卜既为契丹西北劲敌，常与契丹构兵，可由其兵争的地方略征其踪迹的所在。阻卜与契丹构兵，镇州实为重要地区。阻卜甚至以兵围过镇州。镇州及其附近防、维二州的建置，就都是为了经营阻卜。当时还特设置西北路检讨司，也是为了对付阻卜。这都说明当时阻卜主要的根据地是在漠北。然漠南亦有阻卜。夏国西界曾受过塔坦人的侵掠。辽国行将灭亡时，耶律大石也曾得到白达达和阻卜的帮助。此塔坦和白达达也都是阻卜的同族，这说明就在漠南也有阻卜[②]，可知当时阻卜的分布是相当广远的。（附图六《辽时瀚海周围图》）

八、蒙古的来历和发展

后来到了金时，蒙古已超出阻卜之上，雄据于大漠南北。蒙古于契丹时作萌古，然其肇始实在唐时。唐时室韦诸部有蒙瓦，蒙瓦或作蒙兀，在望建河（或作室建河）之南，河出俱伦泊。俱伦泊今为呼伦泊，望建河今为额尔古纳河。蒙瓦或蒙兀实即后来的蒙古。[③]蒙古由此肇始，后与契丹通往来，至金时，遂得控制瀚海周围，其后就灭金，灭宋，建立了亘古未有的大帝国。因之蒙古族的足迹就不以瀚海周围为限，而扩展到更远的各处。不要说其所建的横亘欧亚的帝国，就是作为国内的王朝，其土宇的广大，也不稍逊于前代。元朝灭亡后，蒙古族各部却以鞑靼、瓦剌的称号，分居于其原来所

---

① 《观堂集林》卷一四《鞑靼考》。
② 《观堂集林》卷一四《鞑靼考》。
③ 《观堂集林》卷一五《萌古考》。

图六 辽时瀚海周围图

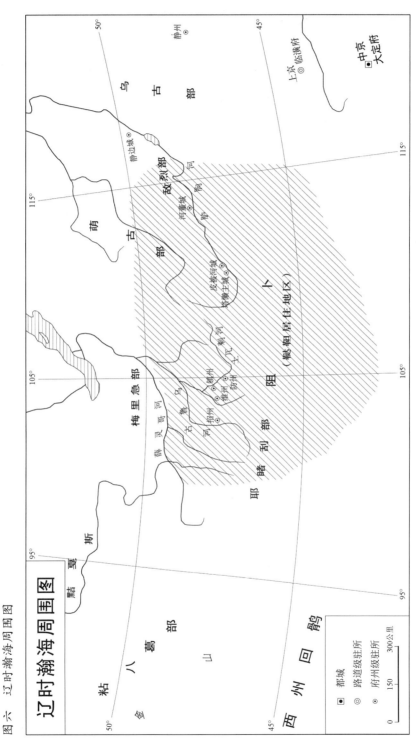

辽时瀚海周围图

居的地区。明代中叶，鞑靼一部入居于河套，其别部更西居青海。[①]迄今不仅瀚海周围仍为蒙古族的居地，就是南至河套，西至河西、新疆、青海，蒙古族牧民也都相当众多。内蒙古自治区之东的辽宁、吉林、黑龙江三省由于位于瀚海之东，相距亦非甚远，同样有许多蒙古族牧民，因蒙古族而设立的自治县，也相应在这些省的有关地区建立起来。

第四节　陇山以西青藏高原和天山南北的族类

陇山以西青藏高原和天山南北在地理上是两处很不相同的地区，由于俱在我国的西部，这里就合并论述。

一、羌族分布的地区

这两个地区的族类见于史籍最早的当推氐、羌两族。羌族亦与匈奴相仿佛。匈奴虽曾称雄于瀚海南北，然在其早期，实不以瀚海南北为限，远在周初，戎马奔驰，固已南及于泾洛流域。就在战国，秦国之北尚有义渠、朐衍之戎，赵国之北亦有楼烦和林胡，这些都应是匈奴的支派。早期羌族，其居地多与氐族相接连，故古史言及羌族，往往与氐族并举。《诗经·商颂·殷武》就曾经说过："自彼氐羌，莫敢不来享，莫敢不来王。"殷商时，氐、羌两族居地何在？已不易稽考。早周之时，羌族实在渭水中下游与周人杂处。姬、姜两氏世相联姻，周人建立社稷，姜氏颇有辅佐之功。经近人考证，姜氏实出于羌

---

① 《明史》卷三二七《鞑靼传》。

族，足证其支派绵延之多且广。下迄战国，陇山以西，羌族繁衍尤盛。所谓绵诸、翟獂之戎[1]，都应是羌人的支派。就是到了汉代，这里的羌族还是很多的。汉时定制，凡有族类杂居的县邑，即改称为道，这是在前面已经论述过的。当时陇山以西诸郡置道最多，各道中的族类亦未尽一致。北地郡的义渠道（今甘肃庆阳县）和安定郡的月氏道（今宁夏回族自治区固原县）分别是以匈奴族和月氏族设立的，而氐道（今甘肃甘谷县西南）和羌道（今甘肃舟曲县），顾名思义，自然是以氐族和羌族设立的，至于武都郡的武都道（《地理志》作武都县，《郡国志》作武都道，今甘肃成县西）、平乐道（今成县西南）、嘉陵道（今甘肃徽县东南）、循成道（今成县东南）、下辨道（今成县西北），陇西郡的狄道（今甘肃临洮县）、予道（今地待考），天水郡的戎邑道（今甘肃清水县北）、绵诸道（今天甘肃天水县）、略阳道（今甘肃张家川回族自治县）、獂道（今甘肃武山县），北地郡的略畔道（今甘肃合水县），大都是以羌族设置的，其中可能有部分氐族。东汉时曾与羌族长期争战，当时倡乱的羌族就有一部分是东羌，也就是居于陇山以西的羌族。这是区别于居于湟中的羌族的称呼。

湟中在湟水流域。湟水在今青海省东部，为黄河支流。湟中为羌族的主要活动地区。其活动地区并不以此为限，出自战国人士之手的《尚书·禹贡篇》，说居于雍州的族类，就特别提道："织皮昆仑、析支、渠叟，西戎即叙。"这是当时所谓西戎的三国。昆仑当即在黄河的源头，应为今巴颜喀拉山。析支则在今青海省果洛州甘德、玛沁及甘肃省玛曲县境内。渠叟则在今青海海南恰卜恰西南和河卡西北。[2] 具体说来，就是黄河上游各处。

《后汉书·西羌传》曾经勾画出羌族居地的轮廓："河关之西，滨于赐支，至于河首，绵地千里，南接蜀汉徼外蛮夷，西北鄯善、车师诸国。"

---

[1] 《水经·渭水注》："岐水历周原下，……水北即岐山矣。……岐水又东迳姜氏城南为姜水。"郦道元于此接叙炎帝神农氏长于姜水事。炎帝之说，殊难稽考。然早周之时，姜氏与姬氏并立，这个姜氏城应为其时姜氏所立。姜氏出于羌族，则这个姜氏城就可以说是羌族的居地。

[2] 李文实《〈禹贡〉织皮昆仑析支渠搜及三危地理考实》，见《中国历史地理论丛》1988年第一辑。

河关，汉时县，其故地当在今青海同仁县境。赐支，据《后汉书》自己的解释，就是《禹贡》所说的析支。赐支在河关西，还未到黄河源头，是通过赐支才到河首的。所谓"南接蜀汉徼外蛮夷"，难得具体。核实而论，羌地当不仅限于黄河上游，乃是越过巴颜喀拉山，而及于金沙江的上游。就是今川青两省交界两侧，更多有其种人。①而今青海省东部以及甘肃省南部，四川省西北部，迄南北朝时，党项、宕昌、邓至诸羌犹居于其地。党项在西，其地西不过青海，东至岷县。②宕昌在党项东南，今甘肃省犹有宕昌县，当是用其旧名作为新县的名称。③邓至又在宕昌之南，而南至于岷山。④

---

① 顾颉刚先生《史林杂识初编》有专论《白兰》一文。其初引《北史》卷九六《白兰传》说："白兰，羌之别种也。其地东北接吐谷浑，西北利模徒，南界郁鄂。"又引同书《附国传》："附国者，蜀郡西北二千余里，即汉之西南夷也。有嘉良夷……土裕与附国同。……嘉良有水阔六七十丈，附国有水阔百余丈，并南境，用皮为舟而济。附国，……西有女国；其东北连山绵亘数千里，接于党项，往往有羌；大小左封、昔卫、葛延、白狗、向人、望族、林台、春桑、利豆、迷桑、婢药、大硖、白兰、北（叱）利模徒、郁鄂、当迷、渠步、桑悟、千碉，并在深山穷谷，无大君长，其风俗略同于党项。"引此两段史文后并说："此文凡见羌国二十，俱在附国之东北。附国所在，观'嘉良有水阔六七十丈，附国有水阔百余丈，并南流'之语，知二水必是流经四川、云南境横断山脉之大水。附国既去蜀郡西北二千余里，又知二水必为雅砻江与金沙江，皆江水之上源，由此可以推定，附国应在邛徕山之西，宁静山之东，巴颜喀拉山之南。附国所在既定，则叱利模徒与郁鄂均在其东北，必为今青川交界的俄洛或玉树等地。据此，知白兰疆域在今青海、四川间，距甘肃西南部亦不远。"

② 《北史》卷九六《党项传》："东接临洮、西平，西拒叶护，南北数千里。"《隋书》卷八三《党项传》同。临洮郡所在今甘肃省岷县。西平郡治所在今青海省西宁市。按：叶护为突厥贵族官名。西突厥可汗亦往往因为称号。如统叶护、肆叶护等。然西突厥与党项之间尚隔有吐谷浑，似未能对党项有何威胁。吐谷浑疆域东越青海，则党项土地不能越此而西。

③ 《北史》卷九六《宕昌传》："其地自仇池以西，东西千里，廧水以南，南北八百里。"仇池在今甘肃省成县西。廧水，旧本《周书》卷四九《异域传》作带水，《通典》卷一九〇《边防》作席水，标点本《周书》据《通典》改作席水。并说：《魏书》卷一〇六下《地形志下》秦州天水郡上邽县下云："有席水。"《水经注》卷一七，渭水流经上邽县东，有籍水入渭。当即此水。别有曾席水入籍水，乃是小水，不会在《地形志》特别注出。如所解释，则宕昌之地北不能近于渭水，而东也不得到现在的成县。《周书》卷四九《异域传》："保定四年，（宕昌首）弥定寇洮州，……高祖怒，诏大将军田弘讨灭之，以其地为宕州。"洮州治所在今甘肃临潭县，宕州治所在今甘肃舟曲县，则宕昌之地西亦不能至于今临潭县。

④ 《北史》卷九六《邓至传》："其地自亭街以东，平武以西，汶岭以北，宕昌以南。"亭街，待考。平武今仍为四川平武县。汶岭当即岷山，在今四川省松潘县北。《旧唐书》卷一九八《党项羌传》："自周氏灭宕昌、邓至之后，党项遂强。"

汉时，西域诸国中有婼羌、西夜、蒲犁、无雷。西夜、蒲犁、无雷诸国在今新疆维吾尔自治区莎车、叶城两县之南。婼羌，按其方位应在今婼羌县南，然其种人实散布于南山之下，自东徂西，固往往有之。[①]婼羌的国名就已显示出它和羌族的关系。蒲犁、无雷皆与西夜子合同族，西夜和当地胡人不同，本是氐羌行国。[②]《后汉书》所说的羌族西北和鄯善、车师相邻，大体是不错的。羌族的居地不仅在东方越出了青藏高原，在西北也达到天山之南。《禹贡篇》所说的昆仑、析支、渠叟三国，就都包括在这个范围之内。

羌族这样的居地，自两汉至于魏晋，大致没有显著的变化。如果说有的话，只是散处陇西各处的羌人没有以前那么多了。西晋末年，永嘉乱离后，鲜卑族慕容氏的吐谷浑率部西迁，至于西海附近，其后发展成为西陲较为强盛的族类。

前文论吐谷浑的西迁，曾引《魏书·吐谷浑传》。《传》中说：吐谷浑"南界昂城、龙涸，从洮水西极白兰"。昂城在今四川省阿坝藏族自治州，龙涸在今四川省松潘县，是其所据地主要在黄河上游，西海东西。这里本是羌族的主要活动区域。吐谷浑西迁，白兰、宕昌、邓至诸羌当不至受到若何压力，至于党项的居地就可能招致一些影响。（附图一《羌族分布图》）

二、氐族分布的地区

氐族与羌族大致同时见于文献记载。《诗经·商颂·殷武》所说的"昔有成汤，自彼氐羌，莫敢不来享，莫敢不来王"，就是确证。氐羌皆西方的部落，居地应该是相近的。前面曾提到西汉时所设的道，其中设于今甘肃省

---

① 《汉书》卷九六《西域传》："婼羌国，西与且末接。"其叙且末，固东与婼羌接。然其西的戎卢、于阗皆南接婼羌，而渠勒且西与婼羌接，是婼羌实散布南山下各处，也是游牧习俗的具体表现。

② 《汉书》卷九六《西域传》。

图一　羌族分布图

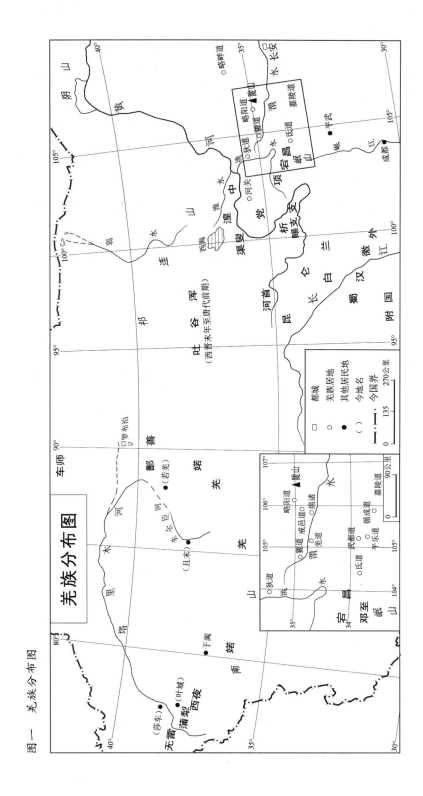

甘谷西南的氐道。自是以氐族设置的，其他武都道、平乐道、嘉陵道、循成道、下辨道、狄道、予道、戎邑道、绵诸道、略阳道、獂道等虽是以羌族为主设置的，但当地也是少不了氐族的。其中武都、平乐、嘉陵、循成、下辨五道，皆隶属于武都郡，而武都郡就是因白马氐设置的。[①]这五道中除武都道外，其他四道的故地皆在现在甘肃省成县，可知现在成县在当时实为氐族居住的中心地区。魏晋南北朝时，仇池杨氏曾雄据一方（仇池在今甘肃成县西），其后建立政权，虽未为史家列于十六国之中，相传也有数世，南北诸史皆为之立传。[②]

司马迁撰《史记·西南夷传》，特别指出："自冉駹以东北，君长以什数，白马最大，皆氐类也。"冉駹居地在今四川省松潘县，由今松潘县往东北，经过甘肃省文县、武都县就到了成县。汉时武都郡治所就在今成县之西。汉时于今四川省松潘县北设湔氐道，于今平武县设刚氐道，附近又有甸氐道。[③]既以氐名道，自是氐族所居地。今甘肃省文县，其时亦设有阴平道。阴平道虽未有氐名，其实也应是氐族的居地。杨氏虽起家于仇池，其后曾长期以武兴（今陕西略阳县）为都，故《梁书》为之立传即称为武兴国。《梁书》谓"其国东连秦岭，西接宕昌"，《周书》谓氐族"自汧、渭抵于巴、蜀，种类实繁"，盖纪实也。

仇池而外，略阳（汉时略阳道在今甘肃张家川回族自治县）亦氐族居住的中心。西晋永嘉乱后，诸胡中建立政权的氐族就多出略阳。前秦苻坚为略阳临渭氐人（其时略阳已设为郡，治所即在临渭。临渭在今甘肃清水县西南）。后凉吕婆楼，亦略阳氐人。前蜀李特，本巴西宕渠（今四川渠县）宾人，迁于略阳，称为巴氐。是略阳道本因有氐族而设置的。（附图二《氐族分布图》）

---

① 《汉书》卷二八下《地理志下·注》引应劭曰："故白马氐羌。"按白马为氐族，非羌族，应氏说误。

② 《宋书》卷九八《氐胡传》，《南齐书》卷五九《河南氐羌传》，《梁书》卷五四《武兴国传》，《魏书》卷一〇一《氐杨难当传》，《周书》卷四九《氐传》。

③ 《汉书》卷二八上《地理志上》。

图二 氐族分布图

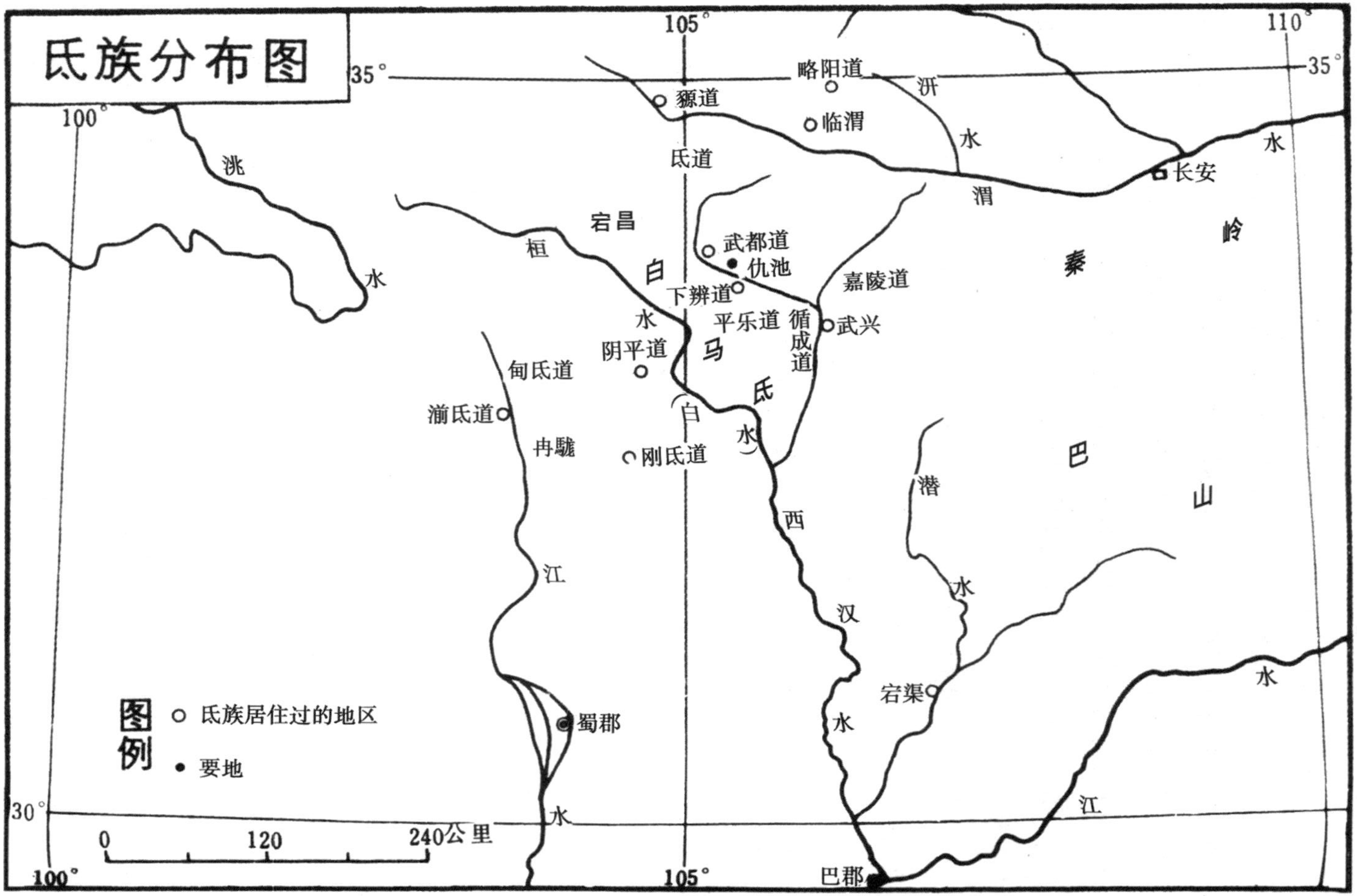

氐族分布图

35°　　　　　　　　　　　　　　110°　　35°

洮　水

沔　水

渭　水　　　　　　　　　　　　　秦　岭

长安 ⊙

略阳道
○临渭

嘉陵道
○武兴

桓　水

西汉　水　　　　　　　巴　山

○濮道　　武都道　　循成道
　　　　○　　仇池　　○

宕昌　　白　水　　平乐道　○
　　　　　下辨道　○　氐马
白　水　　阴平道　○
　　　　　　　（白水）刚氐道 ○

潜　水

○谷集

冉駹

匐氐道 ○

江

渝水

蜀郡 ⊙

巴郡 ●

100°

30°
100°　　　　　　105°

图
例

○ 氐族居住过的地区
● 要地

0　　　120　　　240公里

三、藏族的兴起及其活动的地区

青藏高原更为巨大的变迁，则是吐蕃的兴起。吐蕃之先，历来有不同的说法。《新唐书·吐蕃传》谓其本西羌属。《旧唐书·吐蕃传》则谓本西羌之地，其种落莫知所出。《旧唐书》的说法似较慎审，然其下文接着又说："或云南凉秃发利鹿孤之后也。"盖亦猜度之辞，似难取信。现在说来，吐蕃自然是藏族了。

吐蕃初起即已强盛擅兵，与唐时有兵争。高宗季年，吐蕃"并西洱河诸蛮，尽臣羊同党项诸羌，其地东与松、茂、巂接，南极婆罗门，西取四镇，北抵突厥，幅员万余里，汉魏诸戎所无也"[1]。西洱河即今洱海，在今云南省西部，羊同在今西藏西北。松州治所在今四川省松潘县。茂州治所在今四川省茂汶羌族自治县。巂州治所在今四川省西昌市。婆罗门谓天竺诸国。天竺诸国中，北天竺北距雪山。[2]雪山即今喜马拉雅山，应是吐蕃的南界。四镇就是焉耆、龟兹、疏勒、于阗，皆在今新疆维吾尔自治区。这是说，吐蕃此时不仅尽有羌族所居地，更东与松、茂、巂诸州接，已近于剑南的成都。其西则几有今新疆维吾尔自治区的绝大部分，在周边各族中确是以前所未有的大国。

由于当时唐朝也是盛世，疆场虽一时稍显失利，未久即可挽回。四镇的失而复得，就是明显的验证。但吐谷浑的故地，还有吐谷浑所未能据有的羌族的故地，却终未能够恢复。这时的羌族亦如瀚海周围各族一样，

---

[1] 《新唐书》卷二一六《吐蕃传》。按："其地东与松、茂、巂接。"《旧唐书》卷一九六《吐蕃传》作"东与凉、松、茂、巂等州相接"。吐蕃此时已逐吐谷浑而有其地，遂北至祁连山，与凉州为邻。《旧唐书》增言凉州，是也。

[2] 《新唐书》卷二二一《西域·天竺国传》。

在本族的统治者彻底失败之后，都被新的统治者所收纳，成为新来的族类的组成部分。像羌族这样的大族，以后就很少见于历史的记载。现在各少数民族都设置了不少的自治州县，羌族却仅有一个四川省茂汶羌族自治县。

唐代中叶的安史之乱，使吐蕃有了更多的扩张的机会。安史之乱起后，唐的西陲边兵，陆续东下勤王，吐蕃因得乘机侵占陇西许多州县。德宗建中四年（公元 783 年）唐蕃清水会盟，划定了两国新的疆界。用现在的地理来说，这条新界是由贺兰山南行，经六盘山下，再经今甘肃省清水、成县，斜向西南，到大渡河旁。[①] 六十多年后，由于吐蕃的内讧，唐人遂得收复旧土，取消了这条界线。[②] 在这期间，吐蕃固然统治了相当广大的农耕地区，却并未能改变从事农耕的当地居人，因而也未能改他们的族籍，就像瀚海周围那样的旧族归附新种。[③] 当然吐蕃也因此在这些地方杂居[④]，然其根本所在，除其原来的本土外，就只有原来的白兰、吐谷浑等地了。

后来到了明代，蒙古族乘间向青藏高原迁徙[⑤]，分别居于海西、海南、海北和黄南等地。就其所居的地区来说，在今青海省境内，是不如吐蕃后裔藏族的广大。现在藏族的居地，除西藏自治区和青海省大部分外，甘肃、四川、云南等省亦莫不有他们的踪迹。大体还仿佛唐代初年吐蕃分布的情况，而略有出入。（附图三《吐蕃族居地变迁图》）

---

① 《旧唐书》卷一九六《吐蕃传》。

② 《旧唐书》卷一八《宣宗纪》。

③ 《旧五代史》卷一三八《外国传》："安禄山之乱，……吐蕃乘虚取河西、陇右，华人百万皆陷于吐蕃。开成时，朝廷尝遣使至西域，见甘、凉、瓜、沙等州城邑如故，陷吐蕃之人见唐使者旌节，夹道迎呼涕泣曰：'皇帝犹念陷蕃生灵否？'其人皆天宝中陷吐蕃者子孙，其言语小讹，而衣服未改。"

④ 《新唐书》卷二一六《吐蕃传》："浑末，亦曰嗢末，吐蕃奴部也。……居甘、肃、瓜、沙、河、渭、岷、廓、叠、宕间。"

⑤ 《明史》卷三二七《鞑靼传》；魏源《圣武记》卷三《国朝绥服蒙古记》，又《雍正两征厄鲁特记》。

图三 吐蕃族居地变迁图

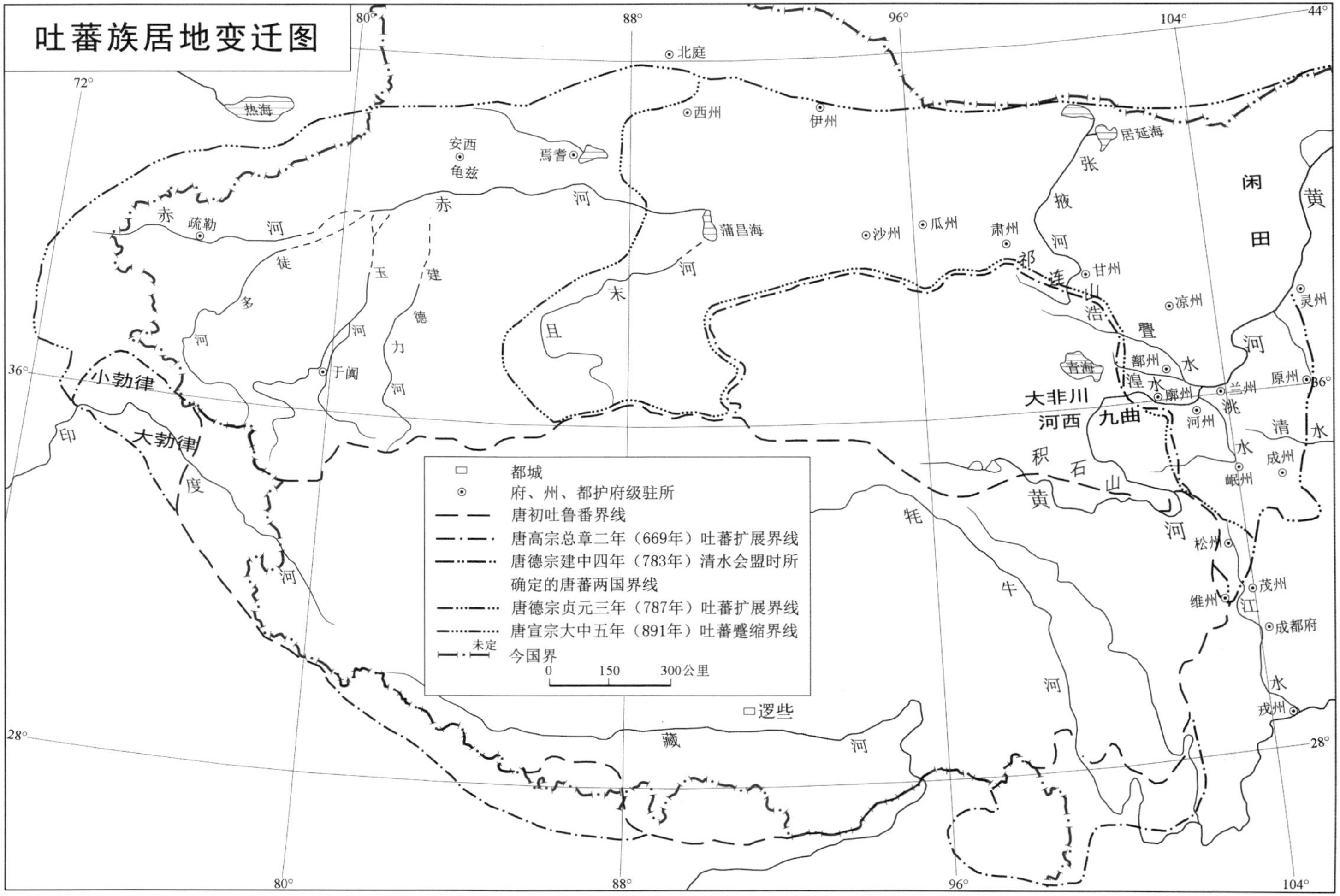

吐蕃族居地变迁图

四、自两汉迄于唐初居住天山南北的各族

　　论述青藏高原既竟，就接着论述天山南北。天山南北与青藏高原不同。天山南北两方亦颇有区别。天山之北，草原广漠，宜于游牧，亦便于戎马奔驰。天山之南，沙漠横亘，沙漠周围，间系绿洲，农牧兼宜，彼此往往相隔，各自独成局面。因而在这里活动的族类就较为众多，不似瀚海周围和青藏高原那样单纯。天山南北又当东西交通孔道，有利于一些族类的迁徙，这就使得其间的变迁趋于频繁。

　　天山南北之为中土所知，始于张骞的凿空。其时西域各处，小国林立，族类亦间有不同。前面曾经说过，近南山处的婼羌、西夜、蒲犁、无雷等国皆为羌族所建立。这里近于青藏高原，羌族由青藏高原向西北移徙，至于西域南山之下，应是正常的发展。

　　西夜、蒲犁的西北，疏勒、捐毒、休循诸国却是居住着塞种。[①] 疏勒今为喀什市，捐毒在其西的葱岭下，西上葱岭，则是休循国。塞种本居于今伊犁河流域及其西南伊塞克湖旁。这里就是后来的乌孙。由于原居祁连山下的大月氏为匈奴所破，余众向西迁徙，迁徙到塞王原来的居地，塞王被迫南迁。后来乌孙赶走了大月氏，在塞王的故地立国。塞王南迁，越过悬度，迁于罽宾。罽宾在今克什米尔。疏勒、捐毒、休循三国的塞种，就是塞王南迁后的孑遗。乌孙本是塞王的故土，所以乌孙也还有相当多的塞种。

　　乌孙原来也是居于祁连山下，受月氏压迫而离去。其后辗转居于塞王的故地。据说乌孙于西域诸族中形貌最为特殊。唐时有一种青眼、赤须，状类

猕猴的胡人，就是乌孙的后裔。[①]可见它和塞种并不相同。乌孙不与塞种相同，亦与大月氏有异。乌孙国中有塞种，也有大月氏种，区别分明，不相混淆。大月氏西迁后，其留在祁连山的别称小月氏。月氏与羌族原来隔着祁连山。留下的小月氏为数当非甚多，虽保南山羌，却没有和羌族相混，至少其形貌是有差别的。

汉时西域诸国皆设官置吏，名目繁多。其中也有显得特殊的：龟兹（今新疆维吾尔自治区库车县）、疏勒、车师后王国（今新疆维吾尔自治区奇台县西）皆有击胡侯，龟兹又别有郤胡都尉、郤胡君，焉耆（今新疆维吾尔自治区焉耆回族自治县）自有击胡左右君、击胡都尉，鄯善（今新疆维吾尔自治区若羌县）有郤胡侯。这些国中特别设置击胡、郤胡的官吏，显示其与胡是有区别的。西夜、依耐为氏羌行国，当然不属于胡族范围。疏勒为塞种建国，其国既设击胡侯，则这胡族也不应指为塞种。《汉书·西域传》于所载诸国多不记其族类，然自中土人士视之，绝大部分都可冠以胡号。[②]不过自当地人看来，却还有所区别。前面曾经举出，鄯善国的官吏亦有郤胡侯的名号，是鄯善不自认为胡族。可是《说文解字》邑部就明确说："鄯善，西胡国也。"前面也曾指出：龟兹国设有击胡侯、郤胡都尉、郤胡君，至少在龟兹看来，自己非胡族。龟兹王娶乌孙公主女，自言得尚汉外孙，殊为荣幸，更欣赏汉家衣服制度，治宫室，作徼道周卫，出入传呼，撞钟鼓，如汉家仪，遂为外国胡人所讥笑，并说："驴非驴，马非马，若龟兹王，所谓骡也。"可能是西域诸国自中土视之，都是胡族，在它们自己中间却还是有区别的。（附图四《西汉时西域诸族分布图》）

玄奘于《大唐西域记》中记有睹货逻国故地。其地"东扼葱岭，西接波剌斯"。其书又在尼壤城以东，记有睹货逻故国，并说："国久空旷，城皆荒芜。"睹货逻故国以东就是且末国。则睹货逻故国当在今民丰、且末两县

---

① 《汉书》卷九六《西域传·注》。
② 《观堂集林》卷一三《西胡考》。

图四 西汉时西域诸族分布图

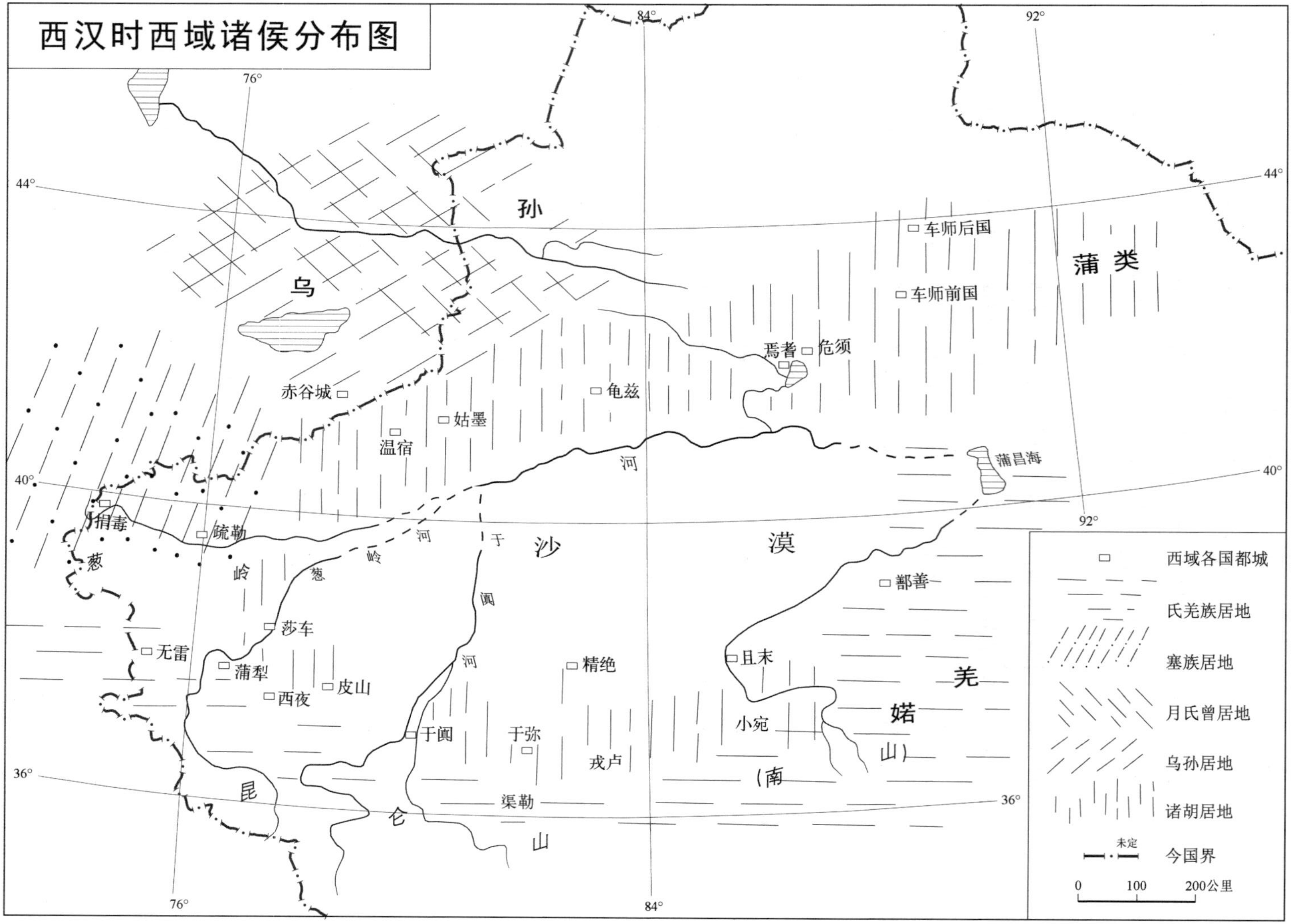

西汉时西域诸侯分布图

图例：
西域各国都城
氐羌族居地
塞族居地
月氏曾居地
乌孙居地
诸胡居地
今国界
未定

0 100 200公里

蒲类

车师后国
车师前国

蒲昌海

危须
焉耆

鄯善

羌

婼

(山)

漠

日末

小宛 (南)

龟兹

河

精绝

戎卢

于弥

沙

干

阗

河

姑墨

于阗
渠勒

山

仑

温宿

岭

乌

赤谷城

莎车
皮山

西夜

孙

疏勒

蒲犁

无雷

昆

岭

桃槐

葱

捐毒

间。据王国维的考证，睹货逻与于阗（今新疆维吾尔自治区和田县）同族，皆出于大夏。大夏即大月氏西迁最后定居的地方，其族亦是自东土西迁的。[①]则于阗的胡族应与龟兹、焉耆不尽相同。《北史·西域于阗传》说："自高昌以西，诸国人等深目高鼻，唯此一国貌不甚胡，颇类华夏。"这段记载，不仅指出于阗的特异之处，也说明诸国称胡的原因。《北史》所说，自以南北朝时期为主，然自两汉以后尚未见到有关族类大举迁入西域，尽易诸国上下人等的记载，则《北史》所言亦可上尽汉代。北朝时的高昌国就是汉时戊己校尉的治所（今新疆维吾尔自治区吐鲁番县东南），于西域各国中最为东部。可以说，自戊己校尉治所以西，都是深目高鼻的胡人，只不过其种姓有所不同而已。

西域诸国中也不是没有变化的。据《北史》所载，焉耆国之王姓龙，名鸠尸卑那，即前凉张轨所讨的龙熙之胤。龙熙之前究为谁何，史难具知。《北史》又载，龟兹国其王姓白，即后凉吕光所立白震之后，是白震之前，其王另为他姓。唐时，于阗国姓，实为尉迟。[②]然《后汉书·西域传》所载于阗国王姓名，与此却仿佛风牛马之不相及也。不过这都是其国政权有否改易的琐事，与其族类易移并无若何关系。其较为明显的则是高昌国。高昌国本汉时车师前王国的故地，其都城即戊己校尉的治所。自西晋时于其地置高昌郡起，前凉、后凉、北凉皆置有太守，与内地相仿佛。这就使当地有所变化。据说其国有八城，皆有华人。[③]这是在此以前西域各国少有的现象。自后阚伯周、张孟明、马儒、麴嘉相继为王。虽阚伯周的王命出自柔然，其人皆来自中土。当麴嘉为王时，原来车师前部的胡人皆为高车徙于焉耆。前部胡人他徙之后，当地仍用胡语。虽用胡语，其情况自与以前已有所不同。

到了隋时，也在天山以南设置郡县。当时所设置的为鄯善郡和且末

---

①《观堂集林》卷一三《西胡考下》。
②《观堂集林》卷一三《西胡考下》。
③《通典》卷一七四《州郡四》。

郡。^①鄯善郡治所在今婼羌县。且末郡治所在今且末县。鄯善郡之东就是敦煌郡。唐时也设置了伊州（治所在今新疆维吾尔自治区哈密市）、西州（治所在今新疆维吾尔自治区吐鲁番县）和庭州（治所在今新疆维吾尔自治区吉木萨尔县北）。更设置北庭（置于庭州）、安西（初置于西州，后徙治龟兹，今库车县）两都护府。^②虽然设置了这些州县，居于当地的族类还是有所变动的。

五、突厥族的西迁及其居地

突厥于南北朝后期逐渐强大，至于隋时，始分为东西两部。东突厥被阻遏于金山以东。西突厥建牙于三弥山，其地就在龟兹之北^③，仍在今新疆维吾尔自治区境内。当时的龟兹、于阗、疏勒、朱俱波、葱岭五国皆为所役属。^④除伊、西二州及楼兰、且末外，葱岭以东，殆无不在统辖范围内。伊、西二州为唐所设置，至于楼兰、且末，仅有城廓，人烟断绝^⑤，突厥也不会据为己有的。

西突厥后因内讧衰弱，唐特为之设兴昔亡和继往绝两可汗，犹未能稍事挽回。其种人在葱岭以西者，为葛逻禄徙于碎叶川，葱岭以东者附于回鹘，居于焉耆城，余部二十万，保于金娑岭。^⑥其地今为吐鲁番县北博格达山。

西突厥别部有沙陀者，居金娑山之阳，蒲类之东。其地有大碛，名沙陀，

---

① 《隋书》卷二九《地理志》。

② 《新唐书》卷四〇《地理志》。

③ 《旧唐书》卷一九四下《突厥传下》。《传》中又说：统叶护可汗时，又移庭于石国北千泉。

④ 《新唐书》卷二一五《突厥传》："（西突厥可汗）乙毗射匮遣使贡方物，且请昏。（太宗）帝令割龟兹、于阗、疏勒、朱俱波、葱岭五国为聘礼。"朱俱波今为叶城县。葱岭，《大唐西域记》作波谜罗，《新唐书》作播密川，皆指今帕米尔而言，未以之作为国名。

⑤ 《大唐西域记》卷一二《大流沙以东行程》。

⑥ 《新唐书》卷二一五《突厥传》。《元和郡县图志》卷四〇《西州》："西州北自金娑岭至北庭都护府五百里。"金婆岭当为金娑岭误文。金娑岭当即金莎岭。金莎岭在西州之北，即今博格达山。

故这一部落就称为沙陀突厥。[①]金娑山就是上面所说的金娑岭。蒲类海今为巴里坤湖。则沙陀突厥的居地当在今哈密市的东北。沙陀后曾附于吐蕃，为吐蕃徙于甘州。再后不甘于吐蕃的压迫，辗转内迁，至于勾注山北[②]，逐渐强大，五代时的后唐、后晋及后汉皆是沙陀所建立的政权。（附图五《突厥分裂后的西域图》）

六、回纥（回鹘）在天山南北的定居

东西突厥的对立，东突厥支撑的局面较西突厥为长久。东突厥灭亡后，回纥继起于瀚海周围。回纥初强时，西、伊两州及北庭方为唐的西北重镇，回纥的向西发展亦仅至于金山，故能相安无事。回纥改称回鹘后，方期如鹘的展翅冲飞，却逐渐趋于萎靡，其后迫于黠戛斯的压力，远离瀚海，分趋各方，至于天山南北的亦不在少数。其时吐蕃还据有天山以南各地，并且兼有北庭。唐末回鹘攻破吐蕃，遂得袭取北庭，兼取西州和轮台等城。[③]西州在今吐鲁番，轮台则在今轮台县，已在天山之南。回鹘在天山南北的居地，当不仅这几处。这在前文已有叙述，这里就不再赘及。《宋史·外国传》中为回鹘立传，又为高昌立传。《高昌传》谓其地"颇有回鹘，故亦谓之回鹘"，并两记西州回鹘可汗进贡事。高昌本西州故地，其可汗以西州相称，自有一定渊源。《回鹘传》中既追溯其居甘、沙、西州事，复记龟兹可汗事，还说其国东至黄河，西至雪山。这里所说的黄河，应不是贺兰山的黄河，而是指入于罗布泊的塔里木河，西域各处称雪山者约有数处。这里所说的雪山当指今阿富汗境内兴都库什山而言。《洛阳伽蓝记》及《大唐西域记》皆称此山为大雪山。

---

① 《新唐书》卷二一八《沙陀传》。

② 《新唐书》卷二一八《沙陀传》。

③ 《新唐书》卷二一七下《回鹘传下》。

图五 突厥分裂后的西域图

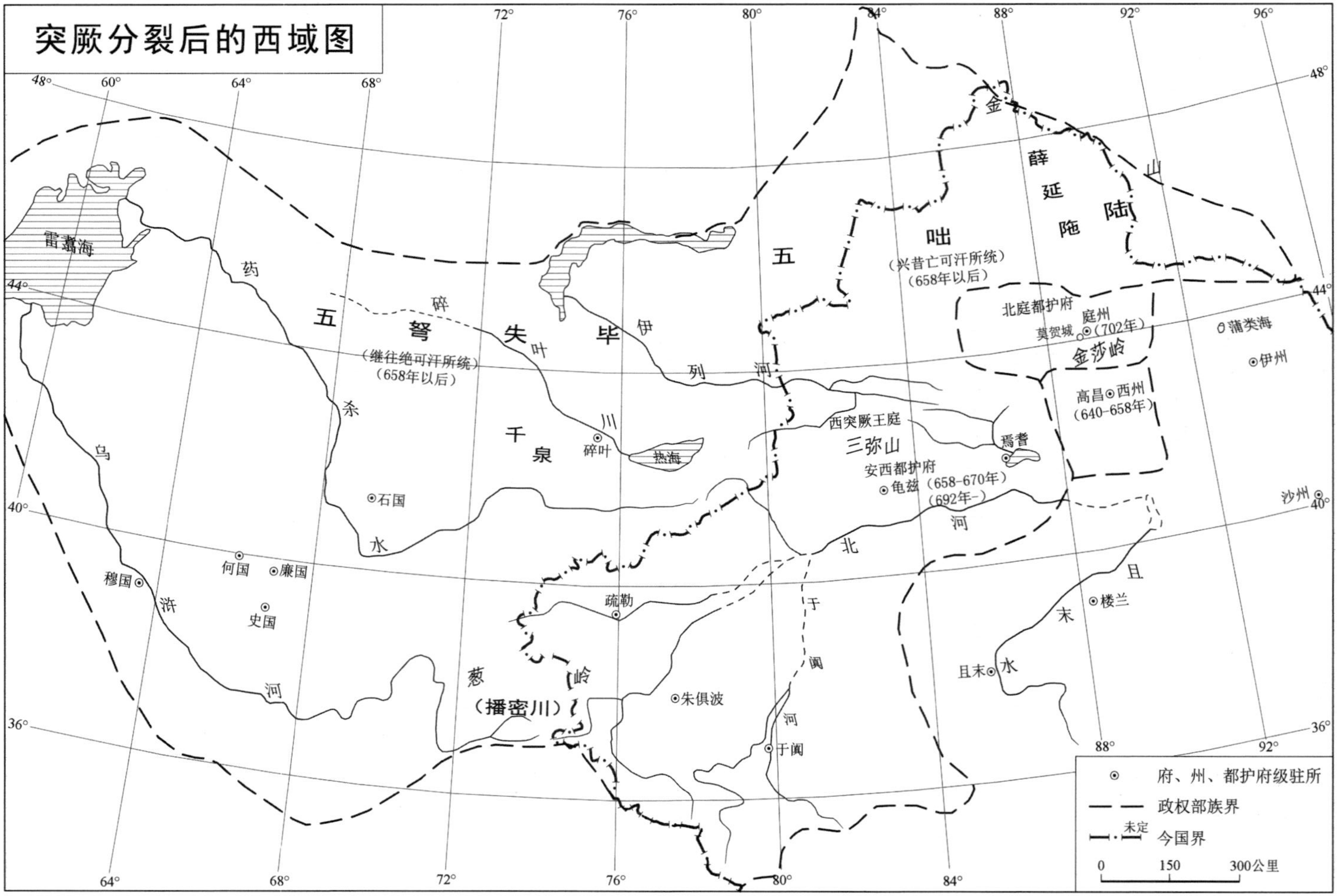

突厥分裂后的西域图

回鹘族远至兴都库什山下，盖已远在葱岭之西了。而回鹘就是现在的维吾尔族，其活动的地区今已建置为新疆维吾尔自治区。（附图六《天山南北回鹘居地图》）

七、蒙古族在天山南北的活动地区

继维吾尔族之后，迁至天山南北者为蒙古族。前面已经说过，自成吉思汗崛起，建立亘古未有的帝国，其疆土远出于葱岭之外，察合台汗国的牙庭就设于伊犁河上的阿里麻里（今新疆维吾尔自治区霍城县东）。察合台汗国幅员广大，察合台汗似不多兼管庶事，故元初曾遣诸王镇守阿里麻里。[①] 明时又有别失八里国，元时既以诸王镇守，其设牙之所亦称别失八里，在今吉木萨尔县北，即唐时北庭都护府所在地。其国南接于阗，北连瓦剌，西抵撒马儿罕，东抵火州，或曰焉耆，或曰龟兹，故《明史》称其为"西域大国"。其后西徙亦力把里，即今伊犁，其国名亦改称亦力把里。亦力把里土域虽相当广大，似皆因当地旧族而统治之。其国东抵火州，则土鲁番当在其统辖之中。然当时吐鲁番和火州皆为回鹘所居地，蒙古族似未超过回鹘。

亦力把里于明初即按时进贡，其后进贡渐稀，《明史》亦不载其国究竟。明清之际，厄鲁特日渐强大，吞噬西北各处。厄鲁特本为蒙古的一部。其时厄鲁特有四卫拉部。卫拉就是瓦剌，只是音转书写不同。这四部是绰罗斯、土尔伯特、土尔扈特、和硕特。绰罗斯牧地在伊犁，土尔伯特在额尔齐斯，土尔扈特在雅尔，即塔尔巴哈台，和硕特在乌鲁木齐。明末，和硕特固始汗袭据青海，又以兵入藏，灭藏巴汗，而有喀木之地。清初，绰罗斯噶尔丹自立为准噶尔汗，兼有四卫拉特地，与清为敌，终为清所平灭。[②] 其后准噶尔

---

① 《元史》卷六三《地理志·西北地附录》："阿里麻里。诸王海都行营于阿力麻里等处，盖其分地也。至元五年，海都叛……上以皇子北平王统诸军于阿力麻里以镇之。"
② 魏源《圣武记》卷三《康熙亲征准噶尔记》。

图六 天山南北回鹘居地图

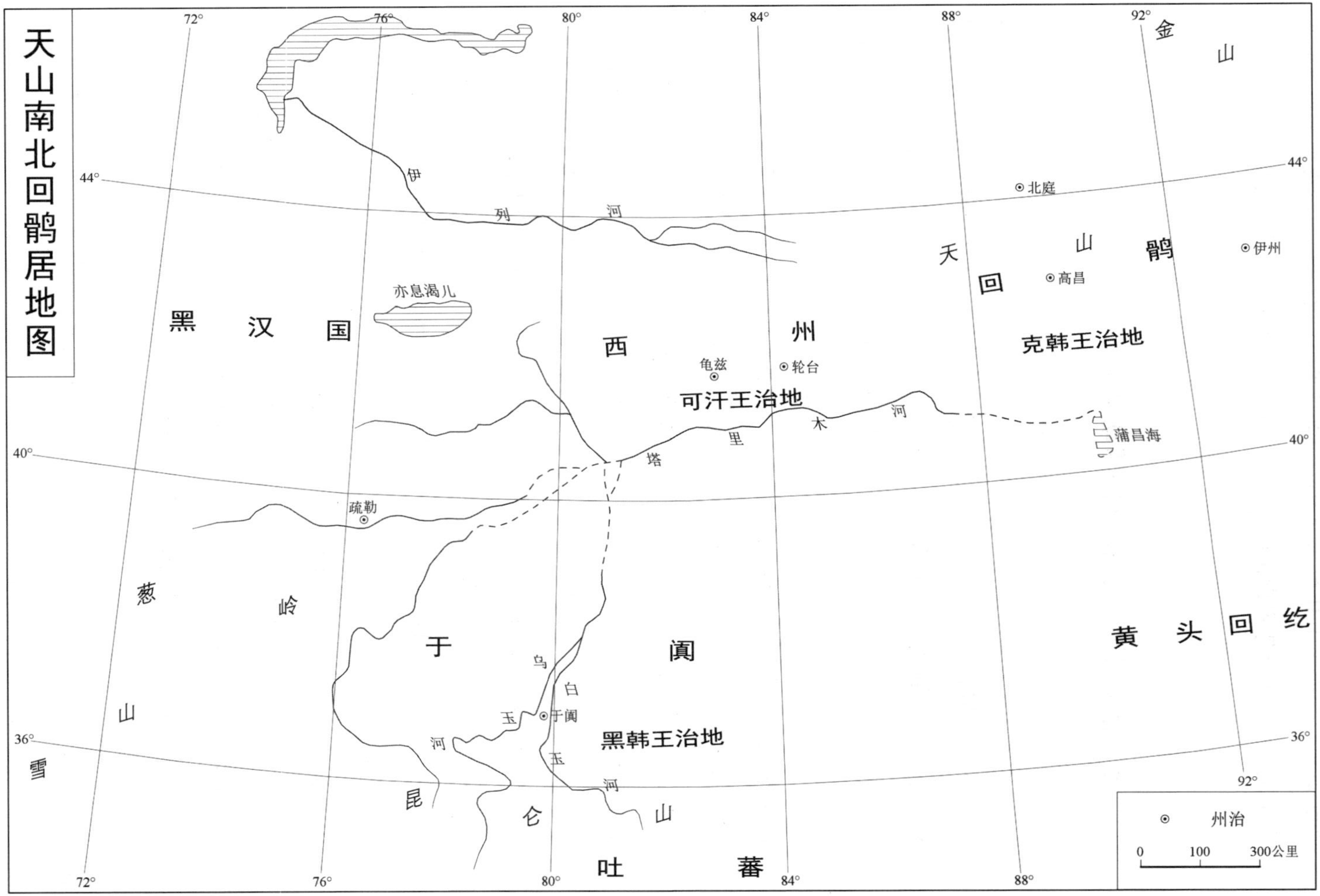

天山南北回鹘居地图

金 山

金 山

天 回 山 鹘 山

克韩王治地

⊙伊州

⊙北庭

⊙高昌

蒲昌海

丝 回 头 黄

西 州

⊙轮台

龟兹⊙

可汗王治地

塔 里 木 河

河

阗 于

黑韩王治地

⊙于阗

乌 玉 白 玉 河

仑 昆 山

吐 蕃

汉 国 黑

列 河

伊 河

亦息渴儿

⊙疏勒

岭

于 阗

葱 山

雪

一再叛乱，乾隆时始再定其地。在平定乱事过程中，部分蒙古陆续外徙，有迁于热河的①，有迁于阿拉善的②，也有迁于额济纳的③。其中部分土尔扈特部与和硕特部则徙于喀喇沙尔城北珠勒都斯。④喀喇沙尔今为焉耆县，已在天山之南，于是天山之南也有了蒙古的居地。（附图七《厄鲁特游牧地区图》）

天山南北的族类是相当多的。至于近世，维吾尔族和蒙古族皆其著者，故为之论述，其他各族类就不必在此一一提及。

第五节　居住于东北的族类

东北地区黑水白山之间，自来也居住着若干族类。这些族类虽然也间有移动迁徙，不过都还不至于像瀚海南北的族类的倏忽往来，起伏不常的模样。

一、肃慎、濊貊的居住地区及其迁徙

最早见于史册记载的东北族类，当推肃慎。据说周武王既伐东夷，肃慎来贺。⑤肃慎在什么地方？史无明文。后来到春秋时期，周景王夸耀他的先王功绩，曾说过："肃慎、燕、亳，吾北土也。"周景王说这句话时，还提到"姑

① 《圣武记》卷四《乾隆荡平准噶部记》。张穆《蒙古游牧记》卷一三《额鲁特蒙古乌兰固木杜尔伯特部赛音济雅哈图盟游牧地》："杜尔伯特（降）……定牧札克拜达里克。"札克拜达里克在推河畔。推河在今蒙古国哈尔和林西南。哈尔和林就是成吉思汗所都的和林。
② 《蒙古游牧记》卷一一《阿拉善额鲁特蒙古游牧所在》。
③ 《蒙古游牧记》卷一六《额济纳旧土尔扈特游牧所在》。
④ 《蒙古游牧记》卷一四《珠勒都斯旧土尔扈特蒙古乌讷恩素珠克图盟南路游牧所在》及《珠勒都斯中路和硕特蒙古巴启色特启勒图盟游牧所在》。
⑤ 《尚书·序》。

图七　厄鲁特游牧地区图

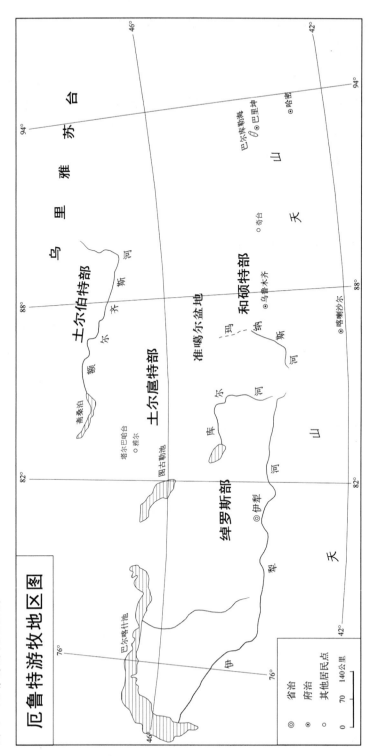

厄鲁特游牧地区图

土尔伯特部

土尔扈特部

和硕特部

绰罗斯部

准噶尔盆地

额尔齐斯河

斋桑泊

塔尔巴哈台
○雅尔

图古勒池

库尔河

玛纳斯河

乌里雅苏台

天　山

乌鲁木齐

奇台

喀喇沙尔

天　山

伊犁河

◎伊犁

巴尔喀什池

巴尔库勒海　θ ◎巴里坤

○哈密

省治
府治
其他居民点

0　70　140公里

蒲、商、奄，吾东土也。巴、濮、楚、邓，吾南土也"[1]。东土诸国和南土诸国，各自相距皆不甚远。则肃慎也当近于燕国。确地何在，未有所指，孔子解释也只是说"远矣"[2]。既然周王以之与燕、亳并提，可能距燕国不会很远。有人说是在玄菟北3000里。[3]玄菟，汉时所置郡，郡治在今辽宁省新宾县西，则肃慎当在今黑龙江和吉林两省。这是以汉时的情况来解释，与西周春秋时期不同，因为和燕国离得太远了。玄菟北的肃慎居地，可能是后来迁徙去的。[4]

说肃慎迁徙，诚然是推测之词。不过在春秋战国时期，由内地向东北迁徙的族类，还是有的。濊貊就是明显的例证。貊也有写作貉的。它的原来居地相当广泛。春秋时人说貊，是和淮夷南蛮并提的[5]，可能是和淮夷、南蛮相距都不太远。战国时人说貊，却在燕国和赵国之北。[6]一直到西汉初年，燕国附近还有貊人。[7]可是到汉武帝时，所建置的玄菟、乐浪、沧海诸郡，其中就有了貊人。[8]其时司马迁撰《史记·货殖列传》，也只说：燕"东绾濊貊、朝鲜、真番之利"，以后就不见有人提到燕、赵两国北部的貊人，大概都已迁走了。

春秋战国时人说貊，常和濊并举。濊貊连称几乎成了惯例[9]，也大概是濊貊相居既近，而又是同时向东北方面迁徙的。玄菟、乐浪、沧海诸郡中，不仅有貊人，并且还有濊人。[10]濊、貊和朝鲜族是这三郡中主要的居人。貊人去后，大致没有什么遗留，濊人却还有遗迹可寻。现在河北省黄骅县，汉时为章武县。这个章武县本来称为濊县，附近还有一条濊水。[11]为什么称为

---

① 《左传》昭公九年。

② 《国语·鲁语下》。

③ 《左传》昭公九年，杜注。

④ 《诗经·鲁颂·閟宫》。

⑤ 吕思勉《燕石札记·朝鲜东徙之迹条》。

⑥ 《史记》卷三四《燕召公世家》，又卷四三《赵世家》。

⑦ 《汉书》卷一《高帝纪》。

⑧ 《汉书》卷二四《食货志》，又卷二八《地理志》。

⑨ 《管子·小匡篇》。

⑩ 《汉书》卷二四《食货志》，又卷二八《地理志》。

⑪ 《水经·浊漳水注》。

濊貊、濊水？这分明是濊人曾经居住过的。

至迟到战国后期，有了显著变化。燕国的秦开曾袭破东胡，使东胡退却千有余里。东胡退走后，燕国在新辟的土地里，建置了上谷、渔阳、右北平、辽西、辽东五郡①，这五郡后来为秦汉两代所沿袭。秦时上谷郡治所在今河北省怀来县东南。渔阳郡治所在今河北省密云县西南。右北平郡治所在今河北省蓟县。辽西郡治所在今辽宁省义县西。辽东郡治所在今辽宁省辽阳市。这五郡既是东胡退走后才建立的，可见这本是东胡的故地。东胡是居住于燕国北部诸族类的总称，就是后来的乌丸、鲜卑。②在燕国之北当时还有山戎。③山戎据说就是无终子国。④汉时右北平郡有无终县，今为河北省蓟县，当系其故地。春秋时这里还有孤竹和濊貊。⑤濊貊一部分亦曾在燕国之北，这是前面已经说过的。孤竹在今河北省迁安县⑥，当时是属于辽西郡的。可能山戎、孤竹、濊貊都不如东胡的强大，所以秦开拓土，主要提到东胡。不过东胡去后，燕国设立新郡，山戎等不易在故地立足，难免要向东迁徙。后来山戎、孤竹都不再为人所道及，濊貊则东徙到今辽宁省东部和朝鲜等处。燕国开拓土宇后，为了防御东胡复至，还修筑一条北长城，由造阳至于襄平⑦，造阳在今河北省独石口附近，襄平则在今辽宁市。这条长城绕行于上谷、渔阳、右北平、辽西、辽东五郡之北。今河北省围场县和内蒙古自治区赤峰市等处犹断续有它的遗迹。⑧后来秦汉两代也都继续在这里有所兴修，虽未必都遵循燕国旧规，相去却并非很远。这些人为的设施，对于这里一些族类的居地在一定时期都起到相当的限制作用。

---

① 《史记》卷一一〇《匈奴传》。

② 《汉书》卷九四《匈奴传·注》引服虔说。

③ 《史记》卷一一〇《匈奴传》。

④ 《左传》襄公四年和昭公元年，杜注。

⑤ 《管子·大匡篇·又小匡篇》。

⑥ 《汉书》卷二八《地理志》："辽西郡，令支，有孤竹城。"

⑦ 《史记》卷一一〇《匈奴传》。

⑧ 郑绍宗《河北省战国、秦、汉时期古长城和城障遗址》，布尼阿林《河北省围场燕秦长城调查报告》，项春松《昭乌达盟燕秦长城遗址调查报告》，皆见《中国长城遗迹调查报告集》，1981年。

二、乌桓和鲜卑

西汉初年，匈奴强盛，东胡为所袭破，势力顿行衰弱，而汉亦东破濊貊朝鲜，这就使东胡未敢多所举动。其后乌桓也曾乘间犯塞，受到汉军的征讨。[①]终西汉一代，在这方面还不至于发生若何事故。班固撰《汉书》大概就是这样的缘故，而未多所记载。直到东汉时，这里的族类才更多为内地所熟知。

乌桓，也有写作乌丸的，它的得名是早先居住在乌桓山的缘故。乌桓山据说在今内蒙古自治区阿鲁科尔旗之北。这个旗在西拉木伦河之北，距大兴安岭不远。乌桓山可能就是大兴安岭的一个支峰。西拉木伦河之南的赤峰市和敖汉旗等处，就是燕秦长城经过地方。战国时，东胡为秦所破，退却千有余里，由乌桓山所在地算起，乌桓的南境当时距燕国都城并非很远。汉武帝时，霍去病击破匈奴左地，又徙乌桓于上谷、渔阳、右北平、辽西、辽东五郡塞外，为汉侦察匈奴动静。[②]乌桓本去汉塞不远，何劳霍去病的迁徙。其实这时所徙的地方，只是匈奴的左地所涉及的地方，主要是上谷、渔阳两郡的塞外。殆不涉及右北平、辽西、辽东三郡。因为这三郡鄙在东北，是无由在那里侦察匈奴的动静的。应当指出，东汉边塞仍因西汉之旧，殆未见有大规模的改动。东汉末年，赵苞为辽西太守，迎其母妻到官，当经过柳城时，正值鲜卑入塞寇钞，其母妻遂为鲜卑所获。[③]东汉时辽西郡治所在今辽宁省义县西。柳城在今辽宁省朝阳市南。这就是说，赵苞的母妻本是循大凌河谷的道路前往辽西的。汉魏之际，这条道路多所毁坏，不易通行[④]，但不能

---

① 《史记》卷一一〇《匈奴传》。

② 《后汉书》卷九〇《乌桓传》。

③ 《后汉书》卷八一《独行·赵苞传》。

④ 《三国志》卷一一《魏书·田畴传》："旧北平郡治在平刚，道出卢龙，达于柳城。自建武以来，陷坏断绝，垂二百载，而尚有微径可从。"

因此而谓这条道路所经过的地方，就已经不是东汉的版图了。近人绘制东汉地图，以柳城之西皆视为化外，甚至今河北省的承德市和辽宁省的建平县，也都不在东汉版图之内，那就和当时情况不相符合。正因为原来的边塞仍然存在，并且还能起到一定的作用，当时乌桓虽曾南迁，只是居住到近塞的地方，并未因塞内人烟稀少，就入塞居住。不过究竟因为边郡人烟稀少，乌桓诸部渐次内迁，布于缘边诸郡。东汉末年，居于上谷郡的众五千余落，辽西郡的众九千余落，辽东郡的众千余落，右北平郡的八百余落。其后曹操破其王蹋顿于柳城，余种遂悉徙居于塞内。（附图一《乌桓图》）

和乌桓并称的为鲜卑。鲜卑的得名与乌桓相仿佛，也是因为原来居于鲜卑山。鲜卑山在今内蒙古自治区科尔沁中旗之西，当亦为大兴安岭的支岭，或者就是大兴安岭，论方位当在乌桓山之北。故乌桓在南，而鲜卑偏北。鲜卑虽在乌桓之北，然以季春之月会于饶乐水上。[1] 饶乐水今为西拉木伦河。乌桓山亦在今西拉木伦河之北，则鲜卑不仅在乌桓之北，亦必在它的东面。正因为这样，也就时时往来塞下，和汉魏王朝有所交往。匈奴已残破，鲜卑继其后控制瀚海南、北，而留在故地的仍非少数。这些留在故地的鲜卑就是所谓的辽西鲜卑和辽东鲜卑。他们也继乌桓之后，逐渐渗入塞内。徙居到塞内的乌桓，多隶于军籍，而辽西、辽东、右北平三郡乌桓，竟被誉为"天下名骑"。[2] 就是迁居于塞内的鲜卑，也以其习俗犷野，和乌桓一样，受募参与征战。东汉末年，称雄于幽州的公孙瓒，就曾见败于有乌桓和鲜卑军力

---

[1] 鲜卑的原居地或谓在今俄罗斯西伯利亚伊尔库次克北，通古斯卡河南。若此说果确，则鲜卑人如何能够于季春之月会于饶乐水之上？且今伊尔库次克之南，较大河流亦殊不少，何以又必会于饶乐水上？

[2] 《三国志》卷三〇《乌丸鲜卑东夷传》：蹋顿灭后，"其余遗迸皆降，及幽州、并州、（阎）柔所统乌丸万余落，悉徙其族居中国，帅从其侯王大人种众与征伐。由是三郡乌桓遂为天下名骑"。三郡乌桓，裴松之无注。按裴氏注文，曾引用《英雄记》，记袁绍遣使即拜乌桓三王为单于事。乌桓三王为辽国属国率众王颂下、乌桓辽西率众王蹋顿、右北平众王汗卢。所谓三郡乌桓当指此三郡而言。《乌丸传》，袁绍所封三王为辽西蹋顿，辽东属国乌丸大人苏仆延，曾自称峭王，右北平乌丸大人乌延，曾称汗鲁王。《后汉书·乌桓传》作辽东苏仆延，不作辽东属国苏仆延。

图一 乌桓图

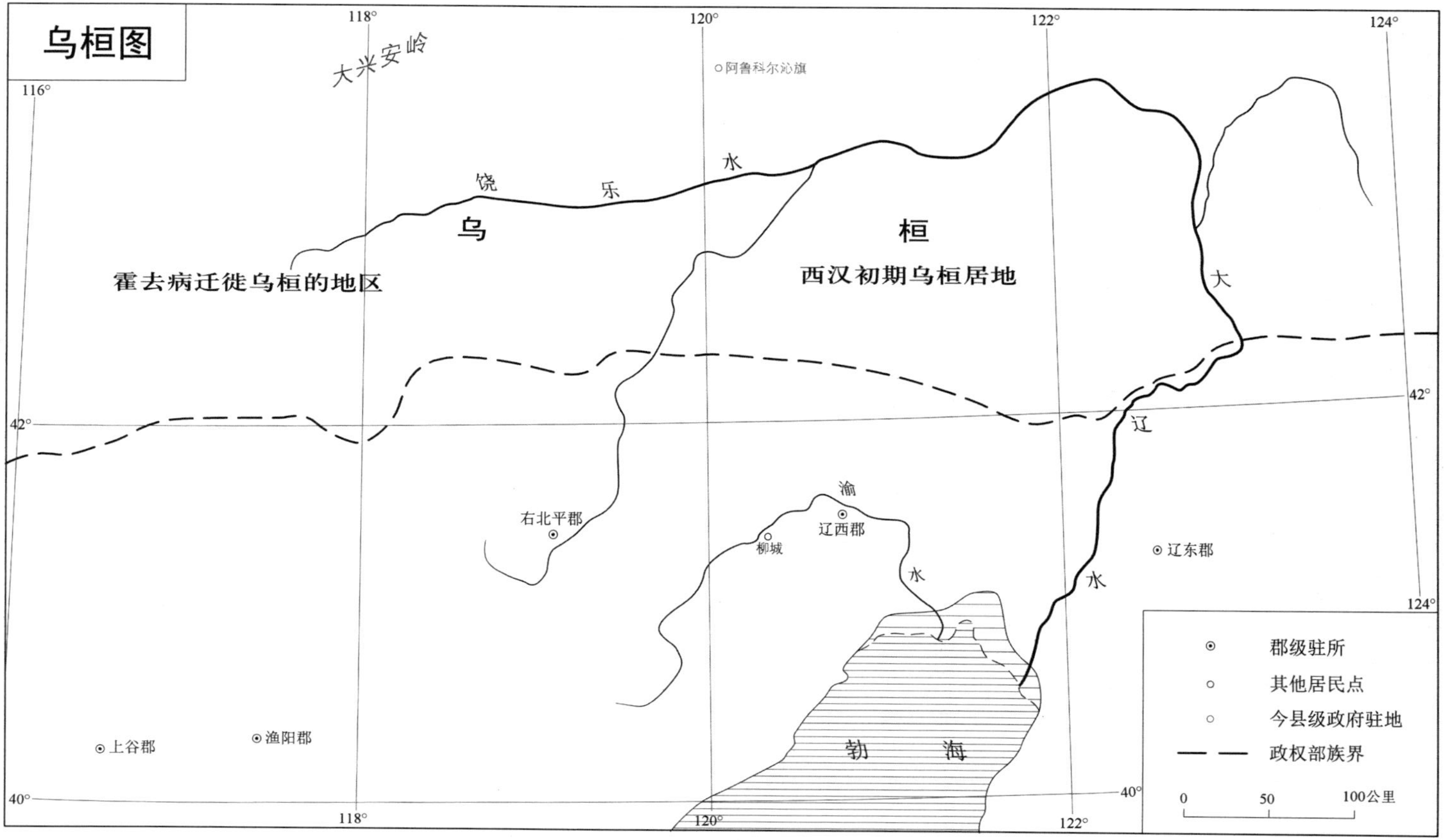

乌桓图

图中文字：

西汉初期乌桓居地

霍去病迁徙乌桓的地区

大米安岭

乌饶乐水

大辽水

渝水

柳城

勃海

○阿鲁科尔沁旗

◎辽东郡

◎辽西郡

◎右北平郡

◎渔阳郡

◎上谷郡

图例：
◎ 郡级驻所
○ 其他居民点
⊙ 今县级政府驻地
--- 政权部族界

0 50 100公里

116° 118° 120° 122° 124°
40° 42°

的袁绍。[1]西晋时，王浚讨成都王颖，所统率的士卒竟有胡汉两万人，这所谓胡，同样是包括乌桓和鲜卑。[2]而后来建立燕国的慕容氏，就是居于辽西的鲜卑。燕国前后数起数落，辗转于太行山东暨青齐各地。就是这一支鲜卑人，在北魏之前已散布于黄河下游。

三、速末水（松花江）畔的夫余

鲜卑之东为夫余。《后汉书·东夷传》说：夫余本濊地。然其王的印文却是"濊王之印"。[3]夫余之南的高句丽，据说是出自夫余[4]，虽言语少有差异，其他风俗皆和夫余相同[5]。高句丽南接朝鲜濊貊[6]，可是当高句丽强大时，曾经服属过沃沮濊貊。他们称所属的濊人为东濊[7]，可知高句丽本来也应是濊人。高句丽国中还有一种称为小水貊的人[8]，王莽时，高句丽还被称为貊人[9]，这当不是泛泛丑诋之词。

夫余之国，在汉玄菟郡北千里，南与高句丽，东与挹娄，西与鲜卑接，北有弱水，地方2000里。[10]这样的记载只能说是粗具轮廓。好在北边的弱水还较为具体。弱水据说就是现在黑龙江。则玄菟郡北和现在黑龙江之间，

---

① 《后汉书》卷六三《公孙瓒传》，《三国志》卷八《魏书·公孙瓒传》。
② 《晋书》卷三九《王沉传附王浚传》："（浚）自领幽州，大营器械，召务勿尘，率胡晋合二万人，进军讨颖。……鲜卑大略妇女，……浚命敢有挟藏者斩，于是沈易水者八千人。……浚还蓟，声实益盛。东海王越将迎大驾，浚遣祁弘率串乌丸突骑为先驱。"
③ 《三国志》卷三〇《魏书·东夷传》。
④ 《魏书》卷一〇〇《高句丽传》。
⑤ 《三国志》卷三〇《魏书·东夷传》。
⑥ 《后汉书》卷八五《东夷传》。
⑦ 《三国志》卷三〇《魏书·东夷传》。
⑧ 《三国志》卷三〇《魏书·东夷传》。
⑨ 《三国志》卷三〇《魏书·东夷传》。
⑩ 《后汉书》卷八五《东夷传》。

就是现在黑龙江和吉林两省了。夫余后为勿吉所灭。[1]勿吉为两汉时的挹娄国。挹娄国本在夫余国之东。可是南北朝时，勿吉国的大水竟是速末水。而速末水就是现在的松花江。当时由勿吉国去到北魏的路程，是乘船溯难河西上，至太沵河，沉船于水，南出陆行，渡洛孤水，从契丹西界达和龙。[2]难河今为嫩江。今嫩江下游入松花江。嫩江为南北流向的河流，自不能溯河西上。这是说当时的难河应该包括今嫩江所入的松花江以下的河段。太沵河今为洮儿河。由松花江上溯入洮儿河，为水行的正道。洛孤水今为西拉木伦河，由洮儿河至西拉木伦河的中间必然是要走一段陆路，故须沉船改道。速末河、难河、太沵河本来都应该是夫余的河流，夫余灭亡后，就成了勿吉的水道。不过由此可以看出，原来的夫余国的西界当达到太沵河中游，后来勿吉的西界也就是沿袭夫余国的旧规的。夫余南接高句丽。高句丽故地西汉时已建置为玄菟郡。玄菟郡即以高句丽县为治所。高句丽县在今辽宁省新宾县西，东汉时玄菟郡治所移至今辽宁省沈阳市东。原来的高句丽县仍为高句丽人所据有。夫余的南界当不能越过这个高句丽县城的旧地。北魏时，勿吉国南有徒太山。徒太山今为长白山。徒太山正当夫余国之南，非勿吉国原来所当有。然徒太山却在高句丽城的东南，夫余国也难据有其地，当为勿吉国灭夫余之后向南的扩展。至于夫余和其东的挹娄的分界似当在今黑龙江省牡丹江的两侧。挹娄国的土地有两个特异之处，一为地多山险，又一为山林较多。[3]这和夫余很不相同。因为夫余在相邻诸国中较为平坦。如前所云，夫余国最大的河流为速末水，速末水就是现在的松花江。松辽平原迄今犹为东北地区最为平坦的处所。挹娄既多山险，它的国土就不能远至速末水畔。现在牡丹江西侧为张广才岭，东侧为老爷岭。这样的崇山峻岭也不是夫余的景象。这两者之间的界线若不是在今张广才岭，就可能是在老爷岭。

---

① 《魏书》卷一〇〇《高句丽传》。
② 《魏书》卷一〇〇《勿吉传》。
③ 《后汉书》卷八五《东夷传》。

四、大海之滨的挹娄

挹娄据说就是远古时的肃慎。汉魏时期，它的土宇是在夫余东北千余里，东滨大海，南与北沃沮接，不知其北之所极。[①] 到晋时，有关的记载较为明确：它是在不咸山北，去夫余可六十日行。东滨大海，西接寇漫汗国，北极弱水，其土界广袤数千里，居深山穷谷，其路险阻，车马不通。[②] 不咸山当为今长白山。长白山西端，当时似仍为高句丽所据有，属于挹娄的殆仅长白山的东部，即今图们江以北的一段。弱水今为黑龙江。这是在前面已经说过了的。不过应该指出，这里所说的弱水当是黑龙江的下游一段以至于入海之处。因为夫余之北同样也达到弱水。挹娄的北界不应远在夫余之北。上面所举出的晋时的挹娄土宇，说是西接寇漫汗国。这时挹娄尚未改称勿吉，也未并灭夫余，则此寇漫汗国当在夫余之北。《晋书》虽未为寇漫汗国立传，却还提到一笔。据说，“裨离国在肃慎西北，马行可二百日。……养云国去裨离，马行又五十日。寇漫汗国去养云国又百日”[③]。算计起来，寇漫汗国距离挹娄有马行三百五十日的路程。挹娄国和夫余国间的距离共有行六十日的道路。寇漫汗国距离挹娄国几乎更需马行三百多天。这个寇漫汗国可能在外兴安岭侧畔，甚至还要在它的西北。《晋书》在这里提到的，计有裨离等十国。并说它们的风俗土壤所未详。至于具体的族类，那就更难说了。

①《后汉书》卷五八《东夷传》，《三国志》卷三〇《魏书·东夷传》。
②《晋书》卷九七《肃慎氏传》。
③《晋书》卷九七《东夷传》。

五、靺鞨诸部的居地

　　勿吉于隋唐时期称为靺鞨。靺鞨诸部中以粟末等七部为最著。粟末部居最南，直到太白山，太白山就是徒太山。这个部以粟末相称，应与粟末水有关。粟末水北注它漏河。粟末水应即速末水，它漏河应即太沴河。粟末部之北为伯咄部，伯咄部东北为安车骨部。伯咄部之东为拂涅部。拂涅部之东为号室部。安车骨部西北为黑水部。而粟末部东南为白山部。[①]诸部合起来的土宇，东濒于海，西属突厥，南高丽而北室韦。[②]靺鞨诸部中，粟末部为最南。粟末水和它漏河皆在其部中。这和南北朝期间勿吉盛时相同。勿吉循这两条河流经过契丹和北魏相往来。隋唐时期这条道路还应没有什么改变，可是契丹曾为突厥所控制，所以说靺鞨西界至于突厥。至于北边和室韦相邻处，可以由望建河的流经地得到说明。望建河为室韦部中的大川，就是现在的黑龙江。望建河下游和那河、忽汗河相合。[③]那河为今嫩江及其下游所汇流的松花江。忽汗河为今牡丹江。望建河和那河、忽汗河合流处今古相同，应在今黑龙江省同江县。相合处以上为室韦诸部的居地，其下游则流贯黑水靺鞨南北两部之间，大致和勿吉之时相仿佛。两《唐书·室韦传》中皆说到室韦东至黑水靺鞨，核诸实际，《室韦传》所说似较合理。（附图二《靺鞨诸部图》）

---

① 《隋书》卷八一《黑水靺鞨传》。《新唐书》卷二一九《黑水靺鞨传》，伯咄部作汩咄部，安车骨部作安居骨部。而汩咄部又在粟末部的东北，且无号室部。

② 《旧唐书》卷一九九《靺鞨传》，《新唐书》卷二一九《黑水靺鞨传》。

③ 《旧唐书》卷一九九《室韦传》，《新唐书》卷二一九《室韦传》。

图二 靺鞨诸部图

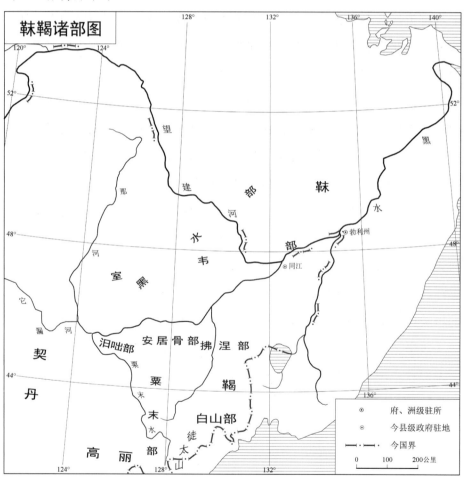

六、渤海国和它的五京

　　靺鞨诸部中以粟末部和黑水部最为强大。粟末部于唐初曾助高句丽与唐为敌。高句丽破灭，率众保挹娄之东牟山。[①] 东牟山在今吉林省敦化县南。粟末部据此，自称震国。唐朝以其酋大祚荣为渤海郡王，并以所统为忽汗州，加授忽汗州都督。自是始去靺鞨号，专称渤海。[②] 唐时渤海为海东盛国。其国南比新罗，以泥河为境，东穷海，而西契丹。[③] 泥河今为朝鲜龙兴江。不仅在长白山之南，更在今鸭绿江之南，远较勿吉时为悬远。这里未举出渤海的北界。其北仍为靺鞨诸部地，似不必细溯当时的界线。渤海既为海东盛国，遂仿唐制，设五京、十二府、六十二州。[④] 最西为扶余府，治所在今吉林省四平市。四平市近东西辽河汇合处。西辽河上源为西拉木伦河，正是契丹的居地。其最北为怀远府，治所在今黑龙江省同江县。同江县为黑龙江和松花江汇合处，再下就是黑水靺鞨的居地。渤海五京为上京龙泉府，今为黑龙江省宁安县东京城；中京显德府，在今吉林省敦化县南敖东城；东京龙原府，在今吉林省珲春县西；西京鸭渌府，在今辽宁省临江县西；南京南海府，在今朝鲜国咸兴。五京中，上京为肃慎故地，东京为濊貊故地，南京为沃沮故地，西京为高句丽故地。至于中京就是大祚荣最初所据有的挹娄故地东牟山。

　　渤海五京的分布，显示出渤海自勿吉以来土宇扩展的情况。其中西京鸭绿府本为高句丽的故地，府治所在西距位于现在吉林省集安县的高句丽故都国内城已非很远。可知渤海国的南疆大部分本为高句丽的旧土，这情形略和

---

① 《新唐书》卷二一九《渤海传》。《旧唐书》卷一九九《渤海传》则作"桂娄之故地"。

② 《新唐书》卷二一九《渤海传》。

③ 《新唐书》卷二一九《渤海传》。

④ 《新唐书》卷二一九《渤海传》。

其西疆本为夫余的旧土差相仿佛。夫余的土宇前已论及，而论夫余土宇时也曾略事涉及高句丽，这里就再续作论述。（附图三《渤海五京图》）

七、高句丽的变迁

远在战国后期，燕国驱逐东胡后，始筑长城，自造阳至于襄平。襄平为今辽宁省辽阳市。长城的修筑自是为了防御东胡，故其东仅至于襄平。襄平以南为了经略真番、朝鲜，也还修筑了障塞。汉时就因之而修复了辽东故塞，直至浿水。[①]浿水为今朝鲜清川江。这条辽东故塞大概是起自今辽宁省铁岭市，东南行，过抚顺市和本溪县东，再过宽甸县西，而至于朝鲜博川。[②]这条故塞应视为高句丽的西界。汉武帝时始以高句丽地置玄菟郡。[③]这条故塞就成为辽东、玄菟两郡间的界线。东汉时，分辽东郡东北部属玄菟郡，实际上玄菟郡大为缩小，退居到这条故塞以西。[④]也就是说玄菟郡又成为高句丽的居地。高句丽的都城曾数次迁徙，其初居于纥升骨城[⑤]，在今辽宁省桓仁县东北；再迁于国内城[⑥]，在今吉林省集安县；又迁于丸都城[⑦]，

---

① 《史记》卷一一五《朝鲜传》："自始全燕时，尝略属真番、朝鲜，为置吏筑障塞。秦灭燕，属辽东外徼。汉兴，为其远难守，复修辽东故塞，至浿水为界。"《汉书》卷九三《邓通传·注》："徼犹塞也。东北谓之塞，西南谓之徼。塞者以障塞为名。徼者取徼遮之义。"辽东郡在东北，如师古所说，本不当有徼，而竟以徼外相称，则这里的徼的意义应与塞相通。当是由于这里设有障塞。也是这样的缘故，所以汉时所修复的就称为辽东故塞。《朝鲜传》又说："秦故空地上下障。"可见秦时是在这里修筑过障塞的。

② 《中国历史地图集》第二册《秦山东北部诸郡图》。

③ 《汉书》卷二八《地理志》："玄菟郡，武帝元封四年开。"注引应劭说："故真番、朝鲜胡国。"

④ 《续汉书·郡国志》。

⑤ 《魏书》卷一〇〇《高句丽传》。

⑥ 《三国史记》卷一三。

⑦ 《三国史记》卷一三。

图三　渤海五京图

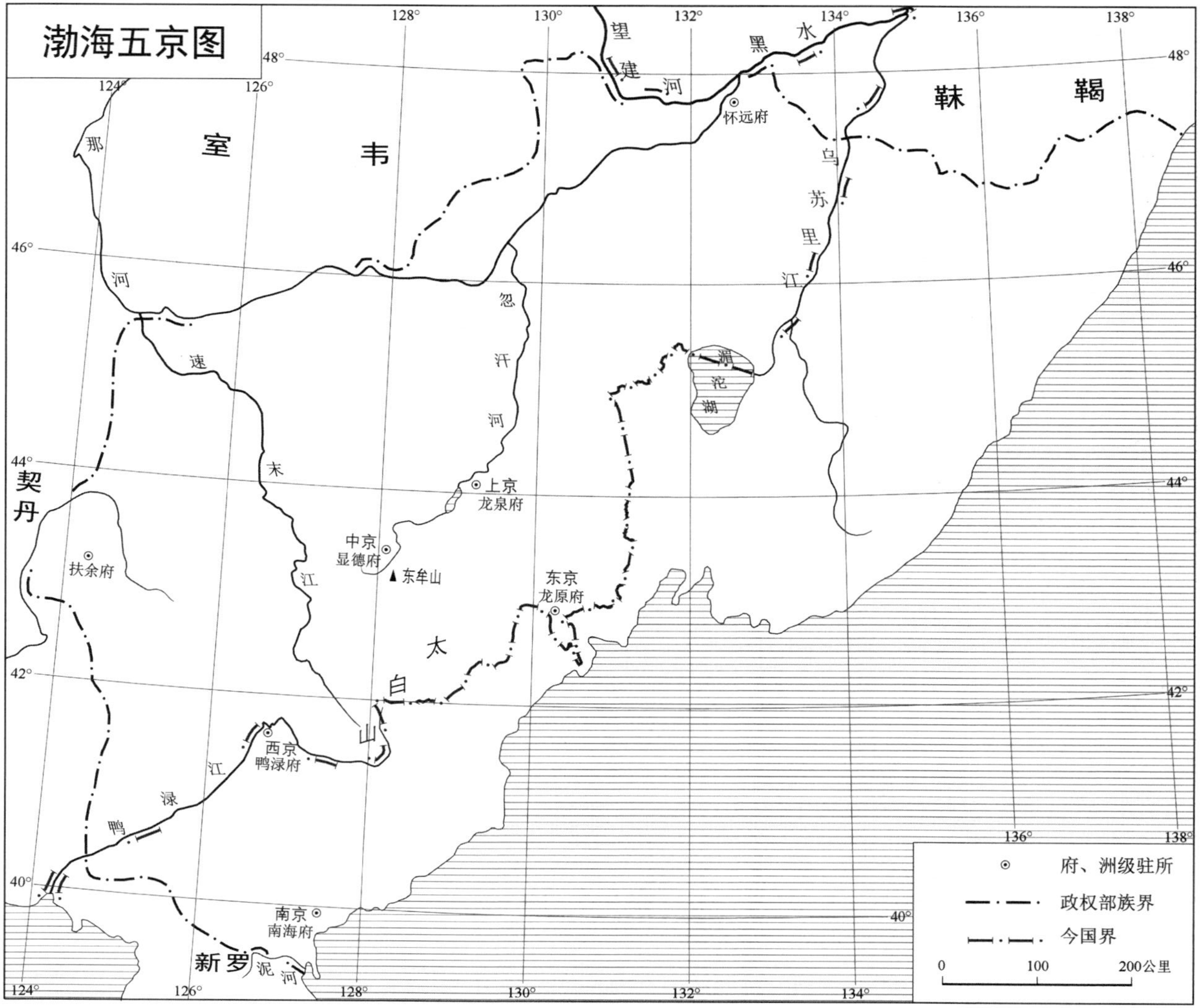

渤海五京图

图例：
⊙ 府、洲级驻所
—·—·— 政权部族界
—··—··— 今国界

0　100　200公里

在今集安县西。这几次迁都皆在汉时。后来到南北朝时，又迁都于平壤[1]，就是现在朝鲜的平壤。由于中原乱离，高句丽就乘机拓土，到了辽水。隋炀帝初次东征，仅攻拔辽水西的武厉逻（在今辽宁沈阳市西北）置辽东郡及通定镇而还[2]，故两《唐书》记载它的疆域，皆说："西北渡辽水至于营州。"[3]营州治所在今辽宁省朝阳市西，所辖县邑亦仅东至辽水。唐初破高句丽，曾于平壤城设立安东都护府，并徙其民3万于江淮、山南。[4]安东都护府曾屡迁徙，其初迁于辽东城（在今辽宁辽阳市），再迁于新城（在今辽宁抚顺市北）。高句丽旧户多留在安东旧城，其后更分投于突厥和靺鞨。

八、室韦和蒙兀

东北诸部最北者当数到室韦。室韦亦作失韦，始见于《魏书》和《北史》。辽时仍有室韦部，以室韦户置。[5]《魏书》记前往室韦的道路，是路出和龙，经契丹国，至啜水，越犊了山，过屈利水和刃水，《魏书》还说："其国有大水从北来。"[6]今按啜水为哈拉哈河，屈利水为雅鲁河，刃水为阿伦河，雅鲁河和阿伦河皆为嫩江支流。犊了山为大兴安岭中的一段。这些山水现在都在黑龙江省境内。根据这些山水和道路推求，室韦当在今嫩江流域。《魏书》已经指明：其国有大水从北来，这就只有嫩江可以当之了。

由这条道路达到的地方显然是室韦主要部落，而且是和北魏有所交往的部落。室韦各部落为数不少，总的活动地区相应广大，不是某一主要部落所能概

---

① 《魏书》卷一〇〇《高句丽传》。
② 《隋书》卷八一《高丽传》。
③ 《旧唐书》卷一九九《高丽传》，《新唐书》卷二二〇《高丽传》。
④ 《新唐书》卷二二〇《高丽传》。
⑤ 《辽史》卷三三《营卫志》。
⑥ 《魏书》卷一〇〇《失韦传》。

括得了的。两《唐书·室韦传》皆谓室韦在猥越河北，东至黑水靺鞨，西至突厥，南接契丹，北至于海。猥越河今为洮儿河北源尔果河。这条河在内蒙古自治区科尔沁右翼前旗，在乌兰浩特市西北与洮儿河南源相汇合。由这里往北和东北行，都应该是室韦的活动地区。室韦南接契丹，这是用不着再作说明的。因为由中原前往室韦的路程就是由契丹经过的。室韦诸部有乌素固部，在俱伦泊之南。俱伦泊今为呼伦湖，在满洲里市之南。这应该是室韦诸部中最西的一部，在隋唐时是西邻突厥的，突厥灭亡后，就和回纥相邻了。室韦之东为黑水靺鞨。黑水靺鞨最北达到黑龙江和松花江合流后的一河段的南北，这也就是说，黑龙江之东还是属于室韦的。室韦最北的一部为大室韦部。大室韦部傍望建河而居，且分散到其北的大山之北。望建河今为黑龙江。其北的大山，当然是外兴安岭了。所谓室韦北至于海的说法，可能就是因此而起的。外兴安岭再北就是北冰洋了。

　　室韦的部落中有蒙兀部，就是后来的蒙古。蒙兀部或作蒙瓦部，所居地在大室韦部之东，望建河之南。[1] 大室韦部所傍的望建河，当为大兴安岭北端以上的河段。室韦诸部中别有岭西部。[2] 室韦境内诸山，在望建河以南的，应以大兴安岭最为高大。这个岭西部自当在大兴安岭之西。岭西部直北为讷比支部，也当在大兴安岭北部，大兴安岭北端以东的望建河，犹为东西流的河段，蒙兀部既在望建河南，就应在这个地区。

九、北魏至隋唐时的奚和契丹

　　由中原前往室韦途中所经过的契丹，以及与契丹相近的奚，也是在北魏

---

[1] 《旧唐书》卷一九九《室韦传》："（望建）河源出突厥东北界俱伦泊，屈曲东流，经西室韦界，又东经大室韦界，又东经蒙兀室韦北，落俎室韦之南。"《新唐书》卷二一九《室韦传》："（室韦）北有大山，山外曰大室韦，濒于室（望）建河。河出俱伦。迤而东，河南有蒙瓦部，其北落坦部。"

[2] 两《唐书·室韦传》。

时始见于记载的。按《魏书》所记，库莫奚（奚的本称）之先，东部宇文的别种，契丹谓库莫奚为异种同类。[1] 而东部宇文氏又为出于匈奴族的部落。[2]《旧唐书》也说："契丹，居潢水之南，黄龙之北，鲜卑之故地。"又说："奚国，盖匈奴之别种也，所居亦鲜卑故地。"[3] 可是《新唐书》却说："契丹，本东胡种，其先为匈奴所破，保鲜卑山。"又说："奚亦东胡种，为匈奴所破，保乌丸山。"[4] 其说不同如此，两相衡量，似以《新唐书》所说为长。

契丹与奚皆曾于东晋初年为鲜卑慕容氏所攻击，俱奔于松漠之间。[5] 所谓松漠之间当在今大兴安岭南端及西拉木伦河上游各处，两族俱奔于相同的地区，正可说明其间的关系。《新唐书》说奚的土地："东北接契丹，西突厥，南白狼河，北霫。"又说："其国西抵大洛泊，距回纥牙三千里，多依土护真水。"还说："盛夏必徙保冷陉山，山直妫州西北。"[6] 白狼河今为大凌河，在辽宁省西南。大洛泊为达来诺尔，在内蒙自治区克什克腾旗之西。土护真水今为老哈河。老哈河为西拉木伦河支流，流经内蒙古自治区宁城、赤峰诸县市。冷陉山虽未知其确地，然在妫州西北，就可略定它的方位。妫州治所在今河北省怀来县东南，则冷陉山亦当在其西北的内蒙古自治区。这些山水湖泊的所在大致已可说明奚人活动的地区。唐朝于奚地设立饶乐都督府。饶乐本为水名，即今西拉木伦河，这个都督府当系因水命名。这是说奚人活动的地区不以土护真水为限，而是北向达到饶乐水了。

奚人北邻的霫国，据说是居于潢水之北的匈奴别种。霫国，《旧唐书》

---

① 《魏书》卷一〇〇《库莫奚传·契丹传》。按：《新唐书》卷二一九《奚传》："奚，元魏时自号为库真奚，……至隋始去'库真'，但曰奚。"又按：《周书》及《通典》诸书皆作库莫奚，与《魏书》同。仅《新唐书》作库真奚。

② 《魏书》卷一〇三《匈奴宇文莫槐传》："宇文莫槐出于辽东塞外。其先南匈奴远属也。世为东部大人，其语言与鲜卑颇异。"

③ 《旧唐书》卷一九九《契丹传·奚传》。

④ 《新唐书》卷二一九《契丹传·奚传》。

⑤ 《魏书》卷一〇〇《库莫奚传·契丹传》。

⑥ 《新唐书》卷二一九《奚传》。

有传，说它南至契丹[1]，并非和奚人相邻。像这样的小部落，有关的记载不多，大可置之不论，妄事推测，只能使它更为迷离。

至于契丹，《新唐书》说它的四邻为："东距高丽，西奚，南营州，北靺鞨、室韦。"[2]核实来说，也是这样。这在前面曾略事述及。两《唐书》都说它在潢水之南。潢水今为西拉木伦河。这可能只是说契丹大酋的居地，并非它的土宇就限于潢水之南的一隅之地。两《唐书》还说：它"与奚不平，每斗不利，辄循保鲜卑山"[3]。鲜卑山就在潢水之北，而不在其南。前面也曾说过：室韦居地在猥越河之北，而室韦和契丹却是邻国。如契丹仅限于潢水之南，这就很难说得通了。唐代曾于契丹居住地区设松漠都督府。松漠都督府所在地在现在何处，还有待于详细论证。但后来耶律阿保机所建立的上京临潢府就位于今内蒙古自治区巴林左旗，也不是在潢水之南。

契丹在耶律阿保机时最为强大，它灭掉了渤海国，使它的土地东越辽水，更东至于东海之滨，又得到后晋石敬瑭所割的燕云十六州，建立了契丹的政权，也就是后来的辽。契丹人的活动区域从此不再限于潢水附近。契丹于潢水流域建立上京道。上京道兼辖瀚海南北的广大地区。又于辽水之东建立东京道。东京道治辽阳府（今辽宁辽阳市），除统治渤海国的故地之外，兼辖室韦和靺鞨各部，还有原来居住在当地的濊貊各部。

十、女真的崛起和满族最初的活动地区

契丹虽灭掉渤海，然其后亦为金国所灭。金国为女真族所建立的政权，而女真族之先实为靺鞨，属黑水靺鞨部。据《金史》所记，女真之初亦迁徙

① 《旧唐书》卷一九九《霫传》。
② 《新唐书》卷二一九《契丹传》。
③ 《旧唐书》卷一九九《契丹传》，《新唐书》卷二一九《契丹传》。

不常，始居于仆干水之涯，后居于海固水，而后定居于按出虎水之侧。按出虎水今为阿什河，正为松花江支流。金国上都会宁府即在阿什河之旁，今黑龙江省阿城县乃其遗址的所在。仆干水和海固水未知确地，然与按出虎水同在完颜部中，而完颜部就在今哈尔滨的周围，这几条河水相距当非过远。金国强大之后，不仅占有整个东北地区，而且灭掉辽国，侵夺宋朝北部土地，其南疆一直达到淮水和秦岭。

不过女真和契丹还是有所不同的。契丹统治时期，它的上京道就辖有瀚海南北各地。当时阻卜等部经常和契丹争战，契丹却没有被迫退出。女真改辽的上京道为临潢府路。临潢府路的治所和上京道相同，仍在今巴林左旗。可是临潢府路所辖的地区，仅在瀚海以东，瀚海南北已为新崛起的蒙古族所据有。女真为了防御蒙古的进逼，只能在临潢府路和西京路的西北边境，修筑若干界壕。[①] 界壕的作用和长城相仿佛，也是一种防御的措施。

由于金国灭辽侵宋，扩大了版图，女真人多随之南迁，与汉族杂居于黄河流域及其以南各处。金国为元朝灭亡后，其南迁的种人殆未能归其本土，仅原来未离其故居的人依然居于东北地区。后来他们这一族人又建立清朝。由清朝先世活动的地区看来，女真族在那时居住的地区还是相当地广大。明初，女真族大别为三种，即建州女真、海西女真和野人女真。建州女真为清朝王室的先世，居于牡丹江流入松花江之处。海西女真居于松花江大转折之处，野人女真则在建州女真的东北。建州和海西女真，后来受到野人女真的压迫，相率辗转向南迁徙。海西女真居于开原、铁岭等地附近，建州女真则经牡丹江的上游迁居于浑河上游苏子河南岸的黑图阿拉，后来清朝称这里为兴京，也就是现在辽宁省的新宾县。海西女真于明末称为扈伦部，别有东海部和长白山部。长白山部散处于长白山附近，东海部即以前的野人女真，称为东海部者当为他们的居地濒于日本海。这些地区已较金国初起时偏于南方

---

① 《观堂集林》卷一五《金界壕考》，贾洲杰《金代的长城》、庞志国《金东北路临潢路吉林省段界壕边堡调查》（这两篇文章皆收在《中国长城遗迹调查报告集》），刘建华《河北省金代长城》（载《北方文物》1990年第4期），罗哲文《长城》一书中亦略事涉及。

了。清朝虽以女真族建国，可是建国之后，却改称女真为满洲，现在一般就称之为满族。

现在东北还有些人数不多、居地不广的族类，如达斡尔、鄂温克、鄂伦春、朝鲜等，就不再多作论述了。

第六节　西南地区族类的分布及其发展

我国西南地区居住着许多不同的族类。在悠久的时期里，它们活动的地区就已经列入有关的王朝版图之中，成为当时的地方行政区划，这是和其他地区的族类不尽相同的地方。虽说列入当时的地方行政区划，各族仍各有居地，间有变迁，却仍不相混淆，因而也应该略为论述。

一、秦汉时期所谓的"西南夷"

《史记》和《汉书》《后汉书》皆列有《西南夷传》。用现在的地理来说，所谓"西南夷"指的是居于四川省西部和云南、贵州两省各族类，还涉及甘肃省的东南部。《史记·西南夷传》说："西南夷君长以什数，夜郎最大；其西靡莫之属以什数，滇最大；自滇以北君长以什数，邛都最大；此皆魋结，耕田，有邑聚。其外西自同师以东，北至叶榆，名为嶲、昆明，皆编发，随畜迁徙，毋常处，毋君长，地方可数千里。自嶲以东北，君长以什数，徙、筰都最大；自筰以东北，君长以什数，冉駹最大，其俗或土著，或移徙，在蜀之西。自冉駹以东北，君长以什数，白马最大，皆氐类也。"《汉书·西南夷传》即用《史记》原文，可见当时没有什么变化。《后汉书·西南夷》

所述大致同于《史记》和《汉书》，夜郎、滇等皆专篇论述，而未详载僰、昆明，却多了一个"哀牢夷"。这是于东汉初年内附的族类，故前史不曾载及。

夜郎东接交趾，西有滇国，而北有邛都国。[①] 为"西南夷"的大国。其地后来入汉为牂柯郡。牂柯郡有今贵州省中部和西部，其南疆且伸入今云南省东南部，故得与交趾郡相接。当时始置牂柯郡的为汉使者唐蒙。唐蒙并于夜郎旁诸小邑置犍为郡。[②] 犍为郡治僰道。僰道今为四川省宜宾市。犍为辖地亦有江水以北，而所谓夜郎旁诸小邑当在江水以南各地。滇在夜郎之西，其地有滇池，滇当在滇池的周围。同师以东，北至叶榆为僰、昆明。同师未考，叶榆今为洱海，在云南省的西部，僰、昆明当在洱海附近。东汉时内属的"哀牢夷"，在博南山和兰仓水的西南。博南山在今云南省永平县西南澜沧江畔。今澜沧江就是汉时的兰仓水。东汉于哀牢地置永昌郡，郡治就在今保山县东北。

邛都在滇北。汉于邛都置越嶲郡。越嶲郡治所就在邛都县，也就是现在的四川省西昌市。再北为徙、莋都。汉时越嶲郡有徙县（今四川天全县）和莋秦（今四川冕宁县西南）、定莋（今四川盐源县）三县，当系其故地。又北为冉駹。其地曾设置汶山郡。[③] 汶山郡后改为蜀郡北部都尉[④]，就在现在四川省茂汶羌族自治县。至于白马之地，汉时设置武都郡[⑤]，郡治就在今甘肃省成县西北。

"西南夷"虽有许多族类，总起来却只有两种不同的生产方式。其中有的是能耕田，有邑聚，有的是随畜迁徙，无常处。前者是土著，后者是移徙。也就是说，前者习于农耕，后者则以游牧为生。这样的歧异当然也是受自然条件的影响。西南地区多山，有些山相当高亢，尤其是川滇两省的西部，多有在海拔 3000 米以上者。山间也有相当广袤的平原。山多的地方，平原也

---

① 《后汉书》卷八六《西南夷传》。

② 《汉书》卷九五《西南夷传》。

③ 《汉书》卷九五《西南夷传》。

④ 《后汉书》卷八六《西南夷传》。

⑤ 《汉书》卷九五《西南夷传》。

就显得相当狭窄。山地与平原自然条件不尽相同，当地族类的生产方式也就因之而异。当时的夜郎、靡莫、滇、邛都乃在滇池和孙水（今安宁河）及其以东各地，也就是说在西南地区的东部，这里的山地较低，平原较广，适于农业的经营，所以这些族类就都能耕田，有邑聚。同师未知确地，叶榆则在今洱海。由此斜向东北，也就是循安宁河和成都平原之西而至于白龙江上，近平原的为土著，较远的则为游牧，也由于是山地的游牧，虽随畜迁徙，都与北方瀚海周围不同，不能远离开它们的本土。（附图一《秦汉时期"西南夷"分布图》）

二、东爨和西爨

南北朝时期有所谓两爨蛮，也就是东爨和西爨。爨为南中大姓。诸葛亮南征时，大姓中就有爨姓一支，而建宁（郡治在今云南曲靖县）爨习就官至镇军。[1] 西爨谓其祖上为安邑（今山西运城市）人[2]，殆属附会之辞。实则东爨为"乌蛮"，西爨为"白蛮"，本为不同的族类。"白蛮"就是现代的白族，而"乌蛮"就是现代的彝族。[3] 若追溯往昔，则"乌蛮"应系叟人的后裔[4]，也有人说西爨"白蛮"也是经济文化较高的叟人[5]。按说所谓"乌蛮"和"白蛮"只是普通名词，而非族别的名称。[6] 洱海附近的爨人，也称"白蛮"，和原为西爨的"白蛮"是不相同的。

西爨既自称其祖上为中原人，又谓其七世祖曾为晋南宁太守，因中国乱

---

① 《华阳国志》卷四《南中志》。

② 《新唐书》卷二二二下《两爨蛮传》。

③ 尤中《唐宋时期的白蛮（白族）》，载《思想战线》1982年第3期。

④ 李绍明等《关于东爨乌蛮诸部的族源问题》，载《思想战线》1979年第4期。

⑤ 林超民《爨人的族属问题》，载《思想战线》1982年第5期。

⑥ 方国瑜《关于"乌蛮""白蛮"解释》，见《云南白族起源和形成论文集》。

图一 秦汉时期"西南夷"分布图

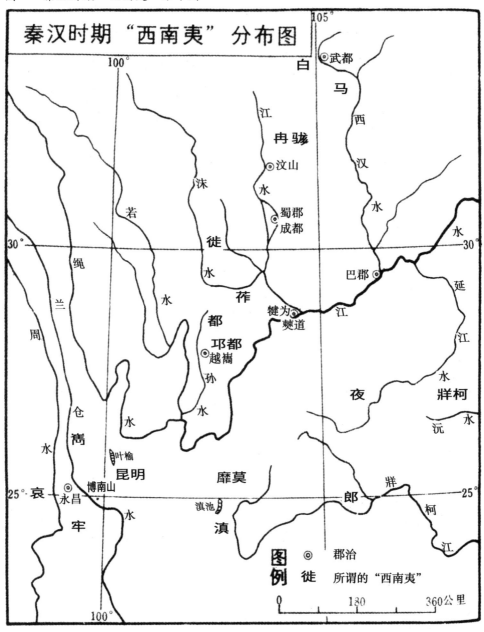

秦汉时期"西南夷"分布图

遂王南中。① 按：晋时只有宁州，无所谓南宁郡，宁州设刺史，不当再设太守。然《爨龙颜碑》则谓"祖为晋宁、建宁二郡太守，宁州刺史。考为晋宁、建宁二郡太守，八郡监军"②。当是其时王朝因其势力所及而授予的称号。晋宁（治所在今云南晋宁县）、建宁（治所在今云南曲靖县）二郡皆隶于宁州（治所在今晋宁县）。所谓南中八郡，当指兴古（治所在今云南砚山县）、朱提（治所在今云南昭通县）、牂柯（治所在今贵州贵定县北）、越巂（治所在今四川西昌市）、云南（治所在今云南祥云县）、永昌（治所在今云南保山县）及晋宁、建宁诸郡而言。根据碑文的记载，则爨氏势力包括当时整个南中各地，用现在的地理来说，则不仅奄有云南省，且波及贵州省的绝大部分和四川省西南部。这只能说是他们的势力所及，并不是两爨族类就已经分布到这样广大的地区。

根据唐代的记载，在唐玄宗天宝年间，西爨"白蛮"的居住区域，"东北自曲靖州，西南至宣城，邑落相望，牛马被野。在石城、昆川、曲轭、晋宁、喻献、安宁至龙和城"③。唐时曲州治所在今云南省昭通县，靖州治所在今云南省大关县。或以今云南省曲靖县当之。今曲靖县于唐时为南宁州治所，不宜移曲靖二州于其地。宣城所在无考。石城在今云南省曲靖县。昆川今为昆明市。曲轭在今云南省嵩明县南。晋宁在今云南省晋宁县东。喻献在今云南省澄江县。安宁今仍为云南省安宁县。龙和城在今云南省禄丰县。这条界线是相当明确的，是由今云南省大关县向南，经昭通、曲靖、嵩明诸县市而至于滇池的东南。而东爨"乌蛮"在曲靖州、弥鹿川、升麻川，南至步头。④ 这里也说到曲靖州，和西爨"白蛮"相混淆。有的记载就没有提到这个曲靖州⑤，作为界线来说，还可由曲靖二州数起。弥鹿川在今云南省泸西

---

① 《新唐书》卷二二二下《两爨蛮传》。

② 转引自方国瑜《滇史论丛》第一辑《滇东地区爨氏始末》。

③ 樊绰《蛮书》卷四《名类》。

④ 樊绰《蛮书》卷四《名类》。

⑤ 《新唐书》卷二二二下《两爨蛮传》。

县。升麻川在今云南省寻甸县。步头在今云南省元江县。① 可以说，"乌蛮"所居地应自曲靖二州以东，经今泸西县至于元江县。不过这里还稍有一点问题。升麻川所在的今寻甸县偏在西方。上面所说的西爨"白蛮"的居地，是由今曲靖县斜向西南，经今嵩明县而至于今晋宁县。升麻川如今在寻甸县，就会在西爨"白蛮"所辖地之内，至少是介乎东西两爨之间。一个可能的解释，是西爨"白蛮"的居地，不一定就是由石城直指曲轭，若是略向西弯曲，绕过升麻川也不是不可能的。因为自来两个不同地区的界线并非都一定是笔直的。

这里所说的东西两爨之间的一些地方，只能说是它们居地之间的界线，其所居地还应是相当广大的。隋初曾于其地置恭、协、昆三州。② 恭州在今云南省彝良县，协州在今云南省昭通县，昆州在今云南省昆明市。这三州还未远离上面所说这条界线。稍后史万岁南征，就自蜻蛉川，经弄栋，次小勃弄、大勃弄，而至于南中。③ 蜻蛉川在今云南省大姚县，弄栋在今云南省姚安县，大小勃弄则在今云南省下关市附近，皆已在洱海之旁。可知西爨的居地已远至洱海，不以滇池周围为限。

及南诏强盛，阁罗凤徙西爨"白蛮"20余万户于永昌城（今云南保山县）。南诏立国于洱海之滨，西爨"白蛮"居地涉及洱海，当然会受到排挤。可是阁罗凤这次迁徙西爨"白蛮"却是由昆川附近开始的。据说经过这次迁徙之后，自曲靖州、石城、升麻川、昆川南至龙和以东，荡然兵荒。④ 可知这次迁徙的规模相当广大，而且是用兵力迁徙的。这次迁徙未涉及东爨"乌蛮"，由于西爨"白蛮"的迁徙，东爨"乌蛮"却得以乘间西移，居于西爨"白蛮"

① 《元史》卷六一《地理志》："临安路，建水州在本路之南，近接交趾，为云南极边。治故建水城，唐元和间蒙氏所筑，古称步头。"《中国历史地图集》第五册《剑南道南部图》，则置于云南省个旧市西南红河畔，不过也还可以说是在今建水县南。方国瑜则以为步头确地应在今云南省元江县，见所著《滇史论丛·步头之方位》。

② 《新唐书》卷二二二下《两爨蛮传》。

③ 《隋书》卷五三《史万岁传》。

④ 樊绰《蛮书》卷四《名类》。

的故地。①

　　"乌蛮"有七个部落："一曰阿芋路，居曲州、靖州故地；二曰阿猛；三曰夔山；四曰'暴蛮'；五曰'卢鹿蛮'，二部落分保竹子岭；六曰磨弥敛；七曰勿邓。"②曲州和靖州分别在今云南省昭通县和大关县，这是在前边已经论述过的。阿猛即乌蒙，元时曾置乌蒙路，其治所就在昭通县。夔山部可能在蒙夔山，这座山也在昭通县境。"暴蛮"和"卢鹿蛮"所在的竹子岭，位于今云南省会泽县和贵州省威宁县之间，这里正是乌蒙山地。而磨弥敛当在今云南省曲靖县境。③

　　东爨"乌蛮"的勿邓部，地方千里，主要是居于邛部、台登之间。④邛部在今四川省越西县，台登在今四川省喜德县。勿邓部里主要是"乌蛮"，但也有少数"白蛮"。勿邓部还隶属一些小部落，皆散处黎（治所在今四川汉源县）、嶲（治所在今四川西昌市）、戎（治所在今四川宜宾市）三州之鄙。勿邓之南还有两林和丰琶部，大致是在今四川省喜德县和昭觉县之间。

　　根据这样的论述，可以说，东西两爨亦即"乌蛮""白蛮"，两蛮的居地都是相当广大的。西爨"白蛮"由曲靖两州至晋宁一线以西，其初散布到洱海附近，后为南诏所迁徙，更西居住到永昌城。东爨"乌蛮"本来居于曲靖两州至步头以东，主要是今云南省的东部，更东至云贵两省之间，还散布到今四川省大渡河之南。及西爨"白蛮"为南诏迁徙之后，更向西扩展，居住到西爨"白蛮"的故地，也就是说到了今云南省的中部了。（附图二《东爨"乌蛮"和西爨"白蛮"分布图》）

---

① 《新唐书》卷二二二下《两爨蛮传》。《两蛮传》称东爨西徙后与峰州为邻。峰州属安南都护府，其治所在今河内西北。

② 《新唐书》卷二二二下《两爨蛮传》。

③ 樊绰《蛮书》卷一《云南界内途程》，向达《蛮书校注》；李绍明等《关于东爨乌蛮诸部的族源问题》，载《思想战线》1979年第4期。

④ 《新唐书》卷二二二下《两爨蛮传》。

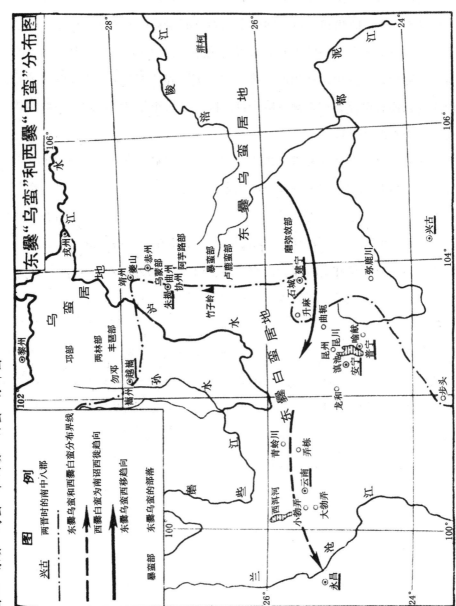

图二 东爨"乌蛮"和西爨"白蛮"分布图

三、南诏、大理的"乌蛮"和"白蛮"

南诏于唐代中叶始建国。其初本有六诏，即蒙嶲、越析、浪穹、遝睒、施浪和蒙舍。六诏中蒙舍最为强大，统一诸诏。蒙舍于六诏中居于最南，故称南诏。南诏王唐末为其贵族郑买嗣所灭，国名亦改为大长和。五代时又先后改为大天兴和大义宁，后又改为大理。直至南宋理宗宝祐元年（公元1253年，蒙古宪宗三年），始为蒙古所灭。

《新唐书·南诏传》说："南诏本哀牢夷后，乌蛮别种也。"樊绰《蛮书·六诏第三》则直言："六诏并'乌蛮'。""乌蛮"在当时只是普通的称谓，因而六诏的"乌蛮"和东爨的"乌蛮"不一定就是同一族类。《新唐书》所说的"本'哀牢夷'后"就足以做证。因"哀牢夷"和东爨"乌蛮"相距甚远。"哀牢夷"在东汉时已见于记载，那时候还没有东爨这样的名称。

南诏的版图相当广大，它本居于永昌、姚州（治所在今云南姚安县）之间，铁桥（今云南丽江纳西族自治县西北塔城关）之南。东距爨，东南属交趾，西摩伽陀（今印度），西北与吐蕃接，南女王（今泰国），西南骠（今缅甸），北抵益州，东北际黔、巫。[①]

在这样广大的疆土里，除六诏本为"乌蛮"外，还杂居着许多族类，大要可分为"乌蛮"和"白蛮"两大部分。这些"乌蛮"和"白蛮"有异于东爨"乌蛮"和西爨"白蛮"，其中还有些分支。"乌蛮"有"独锦蛮""长裈蛮""施蛮""顺蛮""麽蛮""磨些蛮""丰巴蛮"。"独锦蛮"居于秦藏川（今云南安宁县西北）。"长裈蛮"居于剑川（今云南剑川县）。

---

① 《新唐书》卷二二二上《南诏传》。

"施蛮"和"顺蛮"居于铁桥西北。[①]"麼蛮"和"磨些蛮"亦居于铁桥等处。[②]"丰巴蛮"则是居今四川省喜德县和昭觉县之间，这是在前面已经论述过的。[③]"白蛮"有"弄栋蛮""青蛉蛮"。"弄栋蛮"居于弄栋县（今云南姚安县），"青蛉蛮"居于青蛉县（今云南大姚县）。当时还有"粟粟两姓蛮""雷蛮""梦蛮"，居住在茫部台登城（今四川喜德县西），据说这些都是"乌蛮""白蛮"种族。[④]台登城距巂州（治所在今四川西昌市）不远，那里是"乌蛮"的居地，也可能杂有一些"白蛮"，所以"粟粟两姓蛮"等部有的是"乌蛮"，有的就是"白蛮"。也还有一种裳人，乃系流落在南诏的汉人，也是居住在铁桥之北。[⑤]在这些"乌蛮"和"白蛮"之外，还应该提到东爨"乌蛮"和西爨"白蛮"。因为南诏的国土大致包括了东爨"乌蛮"和西爨"白蛮"的居地，而西爨"白蛮"且曾被南诏大量徙置于永昌，可见它们都以"乌蛮"或"白蛮"为名，实际上并不是完全相同的。

南诏国土里除过这些"乌蛮"和"白蛮"之外，还有一些其他族类。南诏都城羊苴咩（今云南下关市）濒于洱海。洱海于当时称为西洱河。当地有称为"河蛮"的族类，"河蛮"本称西洱河人，当与"乌蛮"和"白蛮"有别。距羊苴咩更远的地区，族类亦更复杂。在澜沧江西的就有"望苴蛮"，

---

① 樊绰《蛮书》卷四《名类》："'施蛮'，铁桥西北大施赕、小施赕，剑寻赕皆其所居之地。"又说："'顺蛮'，……初与'施蛮'部落参居剑、共诸川，……（后）迁居铁桥已上，其地名剑羌，在剑寻赕西北四百里。""施蛮"所居的剑寻赕，《新唐书》卷二二二上《南诏传》作敛寻赕。"顺蛮"所迁的剑寻赕，《南诏传》作剑赕。

② 樊绰《蛮书》卷四《名类》："'磨蛮'，铁桥上下及大婆、小婆、三探览、昆池等川，皆其居地。"又说："'磨些蛮'在施蛮外。"向达《蛮书校注》，大婆、小婆、三探览皆今丽江地。昆池，今四川盐源县。《新唐书》卷二二二上《南诏传》则作"磨蛮""些蛮"。

③ 樊绰《蛮书》卷四《名类》："'丰巴蛮'，本出巂州百姓，两林南二百里而居焉。"《新唐书》卷二二二下《两爨蛮传》，丰巴曾羁属于吐蕃，未隶南诏。

④ 樊绰《蛮书》卷四《名类》。

⑤ 樊绰《蛮书》卷四《名类》。《新唐书》卷二二二上《南诏传》："'汉裳蛮'，本汉人部种，在铁桥。惟朝霞缠头，余尚同汉服。"

再西有"寻传蛮"。"寻传蛮"所居地在今云南省云龙、腾冲诸县间。[①]而"裸形蛮"更在寻传城西 300 里，则当在今缅甸境内。南诏南部又有所谓"茫蛮"，"茫蛮"本开南（今云南景东县东南）杂种。永昌之南有茫天连、茫吐薅、大睒、茫昌、茫鲆、茫施，大抵皆其种类。[②]又有"赕子蛮"，开南、银生（今云南景东县）、永昌、寻传诸地皆有其踪迹。而黑齿、金齿等部落的居地则已由今云南省南部伸入今老挝和泰国境内。

在南诏统治之下，这些族类大多被迫迁徙过。东爨"乌蛮"和西爨"白蛮"的迁徙，这是在前面已经论述过的。"长裈蛮"本居于剑川。南诏既破剑浪，遂迁其部落与施、顺诸"蛮"并居。而施、顺两"蛮"亦一再迁徙，散隶于东北诸川。本来居于弄栋的"弄栋蛮"，亦为南诏迁于永昌。就是原来和蒙舍诏并立的蒙嶲、越析、浪穹、邆赕、施浪等五诏，为蒙舍所并吞后，其人民亦多被迁徙。浪穹诏和邆赕诏皆被徙于永昌，施浪诏则走依吐蕃，所未被迁徙者仅蒙嶲一诏。就是居住于洱海旁边的河蛮，几经迁徙，最后迁于云南东北的拓东（南诏拓东节度辖地有今云南省的东部和贵州省的西部，治所在今云南昆明市）。（附图三《南诏境内各族分布图》）

四、罗甸国、罗施鬼国和有关的族类

蜀汉时始有罗甸国。据说，诸葛亮南征时，有济火者从征有功，封为罗

[①] 向达《蛮书校注》卷四《名类》："云南地志认蛾昌为即古代之寻传，住于云龙、腾冲一带。英国戴维斯著《云南》论云南各民族，谓蛾昌或阿昌住于北纬24°30′、东经97°55′地带。即蛮允、瑞丽地方，正当大盈江与龙川江之间。其说与云南地志相去不甚远。伯希和在其《交广印度两道考》第十三章中又谓'寻传蛮'在伊洛瓦底江上游。凡此皆位置寻传于今滇西也。唯本书卷二记东泸水，谓诺矣江自蕃中流出至寻传部落与磨些江合云云，是又以寻传在金沙江上游也。"

[②] 樊绰《蛮书》卷四《名类》、《新唐书》卷二二二上《南诏传》作关南种。按：当时有开南城，作关南非是。

图三 南诏境内各族分布图

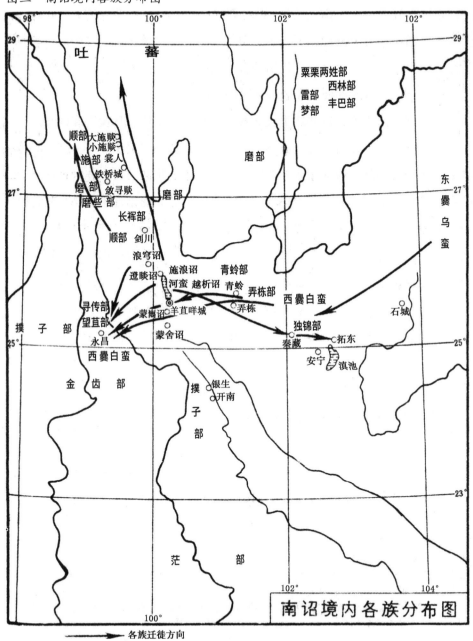

南诏境内各族分布图

→ 各族迁徙方向

甸国王。其地于明时为贵州承宣布政使司贵阳府及贵州宣慰司。^①明贵阳府辖有水西，其宣慰安邦彦于明末曾自称罗甸王。^②相传安邦彦为济火之后。虽罗甸国断续不常，论其影响却是相当长远的。

《明史》叙贵州土司说："贵州，古罗施鬼国。汉西南夷牂柯、武陵诸傍郡地。元置八番顺元诸军民宣慰使司以羁縻之。"^③明代的贵阳府及贵州宣慰司大致是承八番顺元宣慰使司设立的，只是其间略有差异处。元时这个宣慰使司西至今贵州省六盘水市，而东至今贵州省麻江和三都两县，北至今贵州省息烽县，而南至罗甸县之南。明时则东仅至于今贵州省开阳县，而南尚不至于今罗甸县。这里所说的罗施鬼国当即是所说的罗甸国。

所谓鬼国的称谓是来自西南各族类的习俗。《新唐书》记两爨蛮事，就曾说过："夷人尚鬼，谓主祭者为鬼主。"并记有两爨大鬼主崇道，丰琶部落大鬼主骠旁，而其时剑南西川节度使韦皋且曾命苴骠离为勿邓大鬼主。^④就是唐德宗也曾封东蛮鬼主骠旁、苴梦冲、苴乌星等为和义、顺政等郡王^⑤，可见当时鬼主的称谓是相当广泛的。这里所说的东蛮乃是指勿邓、丰琶、两林诸部而言，都是"乌蛮"的部落。这几部落前面曾经说过，是居于今四川省西南部西昌市附近以及接近于汉源县和宜宾市等处，距今贵州省境内尚远。

唐代后期，"牂柯蛮"的鬼主内属，曾封其别部帅为罗殿王。^⑥罗殿王当即罗甸王。唐初曾以"牂柯蛮"地为牂州，并以其别部"充州蛮"地为充州。^⑦可以说，这时以"牂柯蛮"所封的罗殿王，其所辖地当不出牂州和充州。牂州治所在今贵州省瓮安县东北，充州在牂州东北，其治所无考，其辖境大

---

① 《明史》卷三一六《贵州土司传》。

② 《明史》卷二四九《李枟传》。

③ 《明史》卷三一六《贵州土司传》。

④ 《新唐书》卷二二二下《两爨蛮传》。

⑤ 《册府元龟》卷九六五《外臣部》。

⑥ 《新唐书》卷二二二下《两爨蛮传》。

⑦ 《新唐书》卷二一二下《两爨蛮传》。

致是在今贵州省镇远、石阡、江口诸县间，也就是说在元代的八番顺元宣慰使司之东。

后唐明宗时，昆明大鬼主罗殿王，普露静王九部落，各差使随牂柯、清州八郡刺史宋朝化等来朝。[①] 牂柯当即上文所说的牂州。清州在今贵州省平坝县东。昆明，《新唐书·南蛮传》曾有记载：谓距牂柯县 900 里。《南蛮传》还有这样的记载，高宗"咸亨三年，昆明十四姓率户二万内附，析其地为殷州、总州、敦州，以安辑之。殷州居戎州西北，总州居西南，敦州居南，远不过五百余里，近三百里"。接着就说："昆明东九百里，即牂柯国也。"就是这样的距离，还曾数次出兵，侵扰牂柯国。当是已经向东南迁徙，故得就近用兵。昆明曾侵占牂柯的土地，后又上表归还。可知他们的向东南迁徙，并未迁到牂柯国。他们既未迁到牂柯国，还曾派遣使臣随牂柯、清州刺史入朝，又可知他们所迁徙的地方距离牂柯、清州皆不甚远。今贵州省安顺市于明清之际为普定卫军民指挥使司，据说其地于唐时为罗甸蛮地。[②] 其地在清州西南，相距并非很远，当为昆明蛮向南迁徙的地方，因为与清州近在邻迹，故其罗殿王得差遣使臣随清州刺史入朝。

唐时牂柯本是有罗殿王的。这时仅有刺史入朝，未再提及罗殿王。后来到宋初，牂柯诸州仅有酋长赵文桥，而这位赵文桥且受命于南宁州的夷王，入朝进贡。[③] 可能是到了宋初，牂柯的罗殿王已不复存在。这时南宁州的夷王并未以罗殿王相称，可能是因为其附近"昆明蛮"正称为罗殿王，他就不再用相同的称号。南宁州在今贵州省惠水县，西北距今安顺市关岭县等处并非很远。

《新唐书·南蛮传》记今贵州省诸族类有牂柯、东谢、南谢、西赵等。唐于东谢设应州，治所在今三都县东；于南谢设庄州，治所在今惠水县北；于西赵设明州，治所在今望谟县附近。这几处皆在今贵阳市南方及东南方。而于牂柯所设的牂州，亦在今贵阳市的东方。皆与元代八番顺元宣慰使司、

---

① 《旧五代史》卷三八《唐书·明宗纪》。
② 《读史方舆纪要》卷一二三《普定卫军民指挥使司》。
③ 《宋史》卷四九六《西南诸夷传》。

明代贵州宣慰司相距甚远。则于今贵阳市及西北称罗甸王的，皆与牂柯、东谢、南谢、西赵诸族无关。

今贵阳市北的遵义市于唐时为播州。播州于唐末为杨保所据有，其子孙世有其地，迄于明代才被夷灭。杨氏与其西的闽蛮累次发生兵争，相互对峙。闽播世代以乐闽水为疆界。乐闽水在今遵义市西40里。[①]这个闽据说就是当年为诸葛亮所封为罗甸王的济火以及其后十八世的居地，在今云南省东川市。[②]三十年为一世，则十八世亦当至于唐代。若闽果在今东川市，似应在西爨白蛮居住地区之内。西爨曾为南诏所迁徙，可是却迁于更西的永昌城，而非向东迁徙。济火的族类不可具知，其后于明代据有水西的安氏即被疑为"乌蛮"之后。[③]这样的怀疑也并非没有道理的。唐时东爨"乌蛮"居于乌蒙山东及竹子岭的东西，已近于今黔滇之际，由这里更向东发展，也不是没有可能的。上面说到这一族类曾与播州累次发生争战，已可见其向东发展的趋势。播州杨氏本是出于泸州（治所在今四川泸州市）而迁徙到东南的。[④]两者并非同一族类，其渊源亦殊不同，故其间争夺亦相当频繁。

顾祖禹《读史方舆纪要》谓济火所居乃在普里，即明时的普定卫[⑤]，亦即现在贵州省安顺市。此地在水西南，未知这一族类何以由此向北迁徙。顾氏于普定卫条下又说："唐为'罗甸蛮'地，后为'罗鬼'。"[⑥]这里诚为"罗甸蛮"地。这里的罗甸似应为"昆明蛮"的向东南徙者，和水西的罗甸没有很多关系。这是在前面已经说过的。

按以上的论述，可知西南的一些族类，由于习俗尚鬼，因而许多部落的酋长都以鬼主相称。因而罗甸王统治的区域也就可以称为鬼国。这里前后或同时称罗甸王不一，都是各有居地，不相混一的。（附图四《罗甸国图》）

---

① 谭其骧《长水集·播州杨保考》，1987年。

② 王燕玉《辨罗甸国与罗施鬼国》，载《贵州社会科学》1989年第1期。

③ 谭其骧《长水集·播州杨保考》。

④ 谭其骧《长水集·播州杨保考》。

⑤ 《读史方舆纪要》卷一二三《水西宣慰司》。

⑥ 《读史方舆纪要》卷一二三《普定卫军民指挥使司》。

图四 罗甸国图

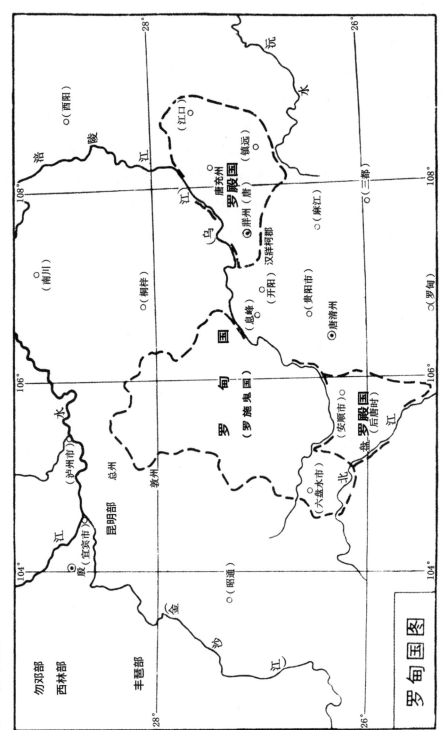

罗甸国图

第四章　历史人口地理

第一节　上古人口的地理分布

一、新石器时期文化遗址分布的疏密与其时人口的推测

远在一百多万年之前，在祖国的土地上早已有了人类的生存活动。那时正是旧石器时期。旧石器时期的人类骨骼化石，近几十年来陆续有所发现，分布地区之广几已遍于全国，然论其确数究非很多，下迄新石器时期，文化遗址的分布就更为广泛，为数也很为繁多。虽新的文化遗址仍时有出土，就目前已取得的成就，已可略事推知当时人口的梗概。

就已知的新石器时期文化遗址而论，其分布是很不平均的。黄河流域远较其他各地为稠密。而河流湖泊近水的地方，文化遗址也较为繁多。这显示出当时的人们对于自然条件的利用，还只在初步的阶段，难免还是要受到许多的制约。黄河流域的土壤肥沃而较为疏松，有利于原始的生产工具的使用。

河流湖泊以及其他近水的地方，对于尚未发明掘井技术的人们来说，取水就较为方便，有利于居住地址的选择。目前已知的新石器时期的文化遗址虽尚非当时的全貌，但人口疏密地区的差异，还是可以看得出来的。

由现在已发掘的文化遗址规模来观察，其中有些在当时居住的人口可能是不会很少的。就以仰韶村的遗址来说，南北约长960米，东西宽480米。[①]山西省夏县西阴村的遗址，南北约长800米，东西宽560米。[②]山东省章丘县龙山镇的遗址，南北约长500米，东西宽300米。[③]河南省浚县大赉店的遗址，南北长400米，东西宽300米。[④]山东日照县两城镇的遗址，约90万平方米[⑤]，陕西临潼县姜寨的遗址，约5.5万平方米，山东潍坊市姚官庄的遗址，约10万平方米，甘肃武威皇娘娘台的遗址，约12万平方米，山西襄汾县陶寺的遗址，约300万平方米[⑥]。一般说来，这几个遗址并不比当地现在的村落小。更值得指出的是这些遗址之中，文化层的堆积都是相当深厚，正说明当时的人们在他们的村落中居住的时间相当长久，当然就是在相同的范围中，房屋的多少和面积的大小，古今都未能相同，因而人口的多寡就难得作具体的比较，不过大致可以推测出，当时的人口在具体的村落中，可能不是太少的。

就是由范围较为狭小的地区中的文化遗址分布也可略觇其中的音讯。陕西省西安市的浐、灞两河沿岸的遗址连绵不绝，仰韶文化遗址共二十九处，龙山文化遗址共十四处。其中有几段是现在相连的村落中都有遗址的发现。[⑦]陕西省户县的沣河两岸的文化遗址也有十九处，同样是相当密集的。[⑧]河南

---

① 安特生《中国远古之文化》（袁复礼译）。

② 李济《西阴村史前的遗存》。

③ 《梁思永考古论文集·龙山文化——中国文明的史前时期之一》。

④ 尹达《中国新石器时代·中国新石器时代的发展程序》。

⑤ 刘敦原《日照两城镇龙山文化遗址调查报告》，载《考古学报》1958年第1期。

⑥ 中国社会科学院考古研究所《新中国的考古发现和研究》第二章《新石器时代》，1984年。

⑦ 张彦煌《浐灞两河沿岸的古文化遗址》，载《考古》1961年第11期。

⑧ 中国科学院考古研究所沣西发掘队《陕西长安户县调查与试掘报告》，载《考古》1962年第6期。

省舞阳县境内一个纵横 15 里的地区就发现了七处新石器时期的文化遗址。[①]河南省安阳市洹河流域，在安阳城附近 15 里的一个地段内就发现了十九处新石器时期的文化遗址。[②]长江以南，这样的情形也不少见。浙江省良渚新石器时期文化遗址就是如此，那里的遗址东起良渚镇，西至黄泥墈，纵横绵延达 6 公里以上。[③]江西省清江县内赣江两岸的 40 里的平原边缘上就发现了四十一处新石器时期文化遗址。[④]这样的分布是相当稠密的，其中有的彼此相距尚不足 1 里。现在西安市周围的村落已是相当稠密的，有许多村落间的距离在 1 里上下。这就是说，当时某些地区的村落分布是和现在相仿佛的。当时村落中的人口数目不可具知，仅就村落这样的分布来推测，当时人口的数目也是应该不少的。

这里所列举的一些事例，只是相当突出的现象。就现在已发现的文化遗址来说，这并不是普遍的情况。现在固然有文化遗址繁多的地区，有些地区却还是相当稀少的，甚至还没有什么发现。不能说还没有发现文化遗址的地方，当时就根本没有人迹。把这些情况都计算在内，可以得出这样的结论：新石器时期固然曾经有过人口较为稠密的地区，但一般说来，人口不能说是很多的。

二、殷周之际见于文献记载的人口

这样论述新石器时期的人口，只能说是推测性的，充其量只能稍稍看

---

① 周声远《河南舞阳县陆续发现新石器时代遗址》，载《文物参考资料》1955 年第 11 期。

② 梁思永《龙山文化——中国文明的史前时期之一》，载《考古学报》1954 年第 7 期。

③ 《良渚长坟遗址清理工作概况》，载《文物参考资料》1956 年第 3 期。（未核到出处，疑误。另见杨法宝主编《良渚文化简志》第 41 页，转引《浙江新石器时代文物目录》内容。——编注）

④ 饶惠元《江西精江县的古遗址古墓葬》，载《文物参考资料》1955 年第 6 期。

出当时各地区之间已有疏密差别的情况。这当然是由于不可能有文献记载，因而也不可能从事对证考核。现在所可知的最早而有关的文献记载之一，是《周书·世俘解》。这篇书中说："武王遂征四方，凡憝国九十有九国。馘历亿有十万七千七百七十有九，俘人三亿万有二百三十。凡服国六百五十有二。""馘历"二字不得其解。至于"馘"，则是割掉左边耳朵的意思。《诗经·大雅·皇矣》："攸馘安安。"郑玄的解释："馘，获也。不服者，杀而献其左耳曰馘。"这也就是说，一共杀死了100107779人。与俘获之数共计，实为400118009人。武王所憝国服国共751。国数是很多的，国名不可具知，总远不如现在版图的广大。在这样不算广大的土地里，仅是杀死和被俘者就有4亿多，再加各国的生者和武王本国的人，那就不仅是4亿了。生死合计应该超过了10亿。这分明是荒诞的记载，是难以取信于人的。

据说周武王伐纣时，率领了戎车300乘，虎贲3000人，甲士4.5万人。① 一乘的兵力，后出的《司马法》有两种解释：一为革车1乘，士10人，徒20人②；一为长毂1乘，甲士3人，步兵72人③。如前一说法，则1乘兵力为30人。后一说法，1乘兵力就要75人。按这两种算法，武王出兵数，若非5.7万人，就应为7.25万人。按后来的规定，"凡起徒役，毋过家一人"④。如按每家以5口计算，则周的出兵之家，约计最多有人口36万有奇。当时诸侯兵会同武王伐纣的也有车4000乘。⑤按最多的数字计算，则诸侯的出兵之家，约计有人口150万。纣闻周及诸侯之师来伐，亦发兵70万人相拒战。⑥如按照《周礼》所说的每家只出兵1人的意思来推算，则殷人的出兵之家，约有人

① 《史记》卷四《周本纪》。按：《孟子·尽心》："武王之伐殷也，革车三百两，虎贲三千人。"以戎车为革车，则应按《司马法》所说的士、徒30人计算。

② 《周礼·小司徒》郑玄注引。

③ 《诗经·小雅·信南山·疏》引服虔《左传注》。

④ 《周礼·小司徒》。

⑤ 《史记》卷四《周本纪》。

⑥ 《史记》卷四《周本纪》。

口350万。三方合计，约共536万人。约当后来西汉盛时人口的十分之一。[①]

不过这样说法也容易引起怀疑。所谓纣所发兵 70 万，可能是后来的人根据《司马法》推算出来的，《司马法》所说每乘最多的兵力是 72 人。纣为天子，应有万乘的兵力，根据《司马法》的计算，应为 72 万人。举其总数，就会说成 70 万人。不然，怎能有这样的巧合。近人又说，谓纣的 70 万兵力，是集合奴隶组成的，如这样的说法果确，就不能用《周礼》所说的每家只出兵 1 人的成规来计算。还应该指出：不论如何计算，或者用什么话来解释，当时的人口不能是很多的。因为就在周人灭纣之时，草莽之中到处都有野兽出没。周人还曾经致力于驱逐中原各处的虎豹犀象的工作。[②] 到处野兽横行，就不是人口众多的景象。

三、《帝王世纪》所记载的人口

后来到西晋时，皇甫谧撰《帝王世纪》，却提出了一些具体的人口数字。据他所说，夏禹平水土后，有民口 13553923 人。周成王时，有民口 13714923 人。这是周极盛之时，较夏禹时多 161000 人。再至东周庄王时，5000 里内非天王九傀之御，自世子公侯以下，至于庶民，共有人口 11847000 人。[③] 夏禹固然可以平水土，如何能知其民口数目达到这样细致的程度，不能不令人置疑。虽然他还不至于像《世俘解》那样夸大，可是同样都是靠不住的。

---

① 《汉书》卷二八《地理志》，记汉平帝元始二年的户口数说："民户千二百二十三万三千六十二，口五千九百五十九万四千九百七十八。"

② 《孟子·滕文公下》。

③ 《续汉书·郡国志·注》引。此说至唐初犹为《晋书》卷一四《地理志·序》所引用。

四、春秋时期人口的增长

春秋时期，文献记载渐多，可以据以为说。根据《周礼》所定的兵制，1.25万人为一军。周王六军，大国三军，次国二军，小国一军。[①] 以晋国来说，鲁僖公二十七年（公元前633年），始作三军。[②] 鲁成公三年（公元前588年），晋又作六军。[③] 据杜预的解释，作三军是因为晋献公时才有二军，这次要居大国的份位，作六军是僭王也。杜预这样解释，自是据当时王朝制度立论的。因为周王只有六军，晋国怎能也建立起六军？如果按照晋国国力的陆续扩张，这样的增加军力，也是水涨船高的趋势。晋国于周室，也是属于公侯之列的封国，为什么不早作三军，实是受国力的限制。晋献公时，灭国最多[④]，土地大有扩展，就由一军改为二军。晋文公在这样的基础上，又改为三军。晋国霸业不断发展，土宇时有开拓，人口也必然随着增添，因而是有能力扩充军力的。

春秋初期，城濮之战时，晋国兵车只有700乘，杜预解释为5.25万人。[⑤] 这是晋作三军的第二年。按三军的兵力还达不到这样的数目。鞍之战时，晋车800乘，杜预解释为6万人。[⑥] 这更超过了三军兵力的实际数目。鞍之战在晋作六军的前一年，所以它作六军，是有其实力所在的。后来到平丘之会

---

① 《周礼·夏官·序官》。
② 《左传》僖公二十七年。
③ 《左传》成公三年。
④ 《左传》襄公二十九年："叔侯曰：'虞、虢、焦、滑、霍、扬、韩、魏，皆姬姓也，晋是以大。若非侵小，将何所取？武献以下，兼国多矣。'"
⑤ 《左传》僖公二十八年。
⑥ 《左传》成公二年。

时，晋出甲车 4000 乘，杜预解释为 30 万人。[①] 当时晋国叔向在会上宣称："寡君有甲车四千乘在，虽以无道行之，必可畏也。"看来这 4000 乘兵力在当时诸侯封国中是最为强大的了。《左传》在这一年还记载着："鲜虞闻晋师之悉起也，而不警也，且不修备，晋荀吴自著雍以上军侵鲜虞，大获而归。"晋国侵鲜虞之师，就是平丘之会的兵力的一部分。可见晋国当时虽有留守之师，也不会是很多的。有人说，当时晋国的兵力可能有 5000 乘，大概不至于太有差错的。在这以前，楚国蒍启疆已经对楚王说过："（晋国）十家九县，长毂九百，其余四十县遗守四千。"[②] 这是说一县可出兵车 100 乘。晋国当时的县不仅四十。这里说四十县自然是举其成数。四十县当然能够出兵车 4000 乘。加上十家的九县，其兵车就近于 5000 乘。按照杜预的算法，晋国这时的兵力可能有 37.5 万人。按每户出役 1 人，而 1 户按 5 人计算，晋国当时的人口可能不会少于 187.5 万人。

春秋时期，诸侯封国都有一定的兵力，也大致规定了所有的兵车的数目。如果是这样的算法，不至于过分差错。当时人口的大致数目还是可以推寻的。因此可以说，这一时期的人口是不会过于稀少的。

不过也不能说没有例外，还在西周之时，楚国始封于荆山附近，当时人口稀少，颇费经营。直到春秋之时，楚人还一再以此为言。有一次，令尹子革就说过："昔我先王熊绎，辟在荆山，筚路蓝缕，以处草莽，跋涉山林，以事天子。"[③] 如果说荆山僻在南服，有这样的现象是不足为奇的。可是当时中原之地，也未必都是人口很多的。西周时，郑国封地本在现在陕西省华县。西周末年，郑国感到周室将乱，难以存身，因而寄帑与贿与虢、郐两国。[④] 两国皆在今河南省，虢在荥阳县东北，郐在密县东北。幽王破灭，郑国遂东迁至虢、郐之间。春秋时，郑国子产说过："昔我先君桓

---

① 《左传》昭公十三年。

② 《左传》昭公五年。

③ 《左传》昭公十二年。

④ 《国语·郑语》。

公与商人皆出自有周，庸次比耦，以艾杀此地，斩之蓬蒿藜藋，而共处之。"[①]当时荒凉的程度，殆与荆山之下相仿佛。春秋初年，卫国和鲁国都是周室懿亲的大国，先是封于牧野附近商人的故土，还附有殷民七族。[②]可是后来为狄人所侵犯，卫国的遗民仅有男女730人。赖宋、齐两国的帮助，迁到黄河以南，还替添上共、滕两地之民，合起来共有5000人。[③]原来卫国有多少人口，不可具知。这时只有5000人，却还是一个重要封国。现在陕西省韩城县，为春秋时梁国的故土。据说梁伯好土功，扩大他的城池，却没有许多人居住，后来就为秦国所攻破。[④]就在春秋时期，宋、郑两国都是中原的大国，可是在两国之间却有一块隙地，两国都不去管辖，迄于春秋后期，人口逐渐增多，才引起争端。[⑤]远在夏商之时，国君曾经频繁迁徙过都城。都城需要迁徙，自各有其原因，但人口不多，空地不少，却是促成都城频繁迁徙的一个重要前提。到了春秋时期，一些诸侯封国，如晋[⑥]、秦[⑦]、蔡[⑧]、许[⑨]等国的都城都曾经有过迁徙，尤其是许国，就迁过六次之多。这至少可以说明，新都所在的人口是不会很多的。

① 《左传》昭公十六年。
② 《左传》定公四年。
③ 《左传》闵公二年。
④ 《左传》僖公十九年。
⑤ 《左传》哀公十二年："宋郑之间，有隙地焉。曰：弥作、顷丘、玉畅、嵒戈、锡。子产与宋人为成，曰，勿有是。及宋平元之族，自萧奔郑，郑人为之城嵒戈、锡。九月，宋向巢伐郑，取锡。杀元公之孙，遂围嵒。十二月，郑罕达救嵒。丙申，围宋师。"又十三年："春，宋向魋救其师，……魋也逃归。遂取宋师于嵒，……以六邑为虚。"
⑥ 晋国初都于曲沃，鲁成公六年（公元前585年），迁于新田。曲沃在今山西省翼城县，新田在今山西省侯马市。
⑦ 秦国本来国于西垂。一迁于平阳，今陕西省眉县东北；再迁于雍，今陕西省凤翔县南。
⑧ 蔡国始封于上蔡，今河南省上蔡县；迁于新蔡，今河南省新蔡县；三迁于州来，即下蔡，今安徽省凤台县。
⑨ 许国初封于许，今河南省许昌市东；迁于叶，今河南省叶县；再迁于夷，即城父，今安徽省亳县南；由夷复返于叶，五迁于析，即白羽，今河南省西峡县；六迁于容城，今河南省鲁山县东南。

五、由城池的兴建推测人口的增多

岁月递增，人口还是不断繁衍增加的。春秋初年，诸侯封国建筑城池是有一定的规格的，而且数目也是有限的。据说都城的城墙不得超过百雉。一雉长3丈，高1丈。这是方圆5里的城池，也是侯伯之国的城池。超过这样的规格，就是"国之害也"。当时还规定"大都不过叁国之一"，就是只能有国都三分之一那样的大小。以下是中都只能有国都的五分之一，小都也只能有国都的九分之一。[①]晋国的都城在绛（今山西翼城县），晋献公为他的太子申生另外建立一个曲沃城，他的臣下士𫇴就说：太子不能继承侯位了，因为给他分建都城，已经到了极点，怎么还能再做诸侯。[②]可见建立城池是不容易的。因为人口也不多，没有建立城池的必要。可是到了春秋后期，城池建立就不断增多，许多诸侯封国都建立了新的城池。鲁国是一个弱国，可是也修筑了二十四个城。其中修理旧城仅一处，余下的都是新筑。鲁国如此，其他诸侯封国的情况是可以想见的。

六、列国之间荒地弃地的消失

由于人口不断有所增加，诸侯封国之间就显得距离缩短，容易发生事故。还在春秋前期时，人口尚非甚多，诸侯封国的边境，往往很少有人居

---

① 《左传》隐公元年。
② 《左传》闵公元年。

住，甚至成为无人地区。为了方便使人来往，必须在近边的道路上植树，以作为识途的标志，还得派遣人员在边境上张望，等候使人的光临。陈国没有办到这些事项，很受到周王使者单襄公的批评。单襄公因此还断定：陈侯将会遇到很大倒霉的事情，甚至会亡国。[①] 陈国的都城就在现在淮阳县。在当时还算是中原之地，在中原地区还有这样荒凉的所在，能不令人惊奇！

到了春秋后期，就已显出不同。前面曾经提到宋郑之间的隙地，后来郑国在这块隙地兴建了城池，引起宋郑两国间的争执，结果是两国都不再据有这块地方。这只能说这是暂时解决矛盾的办法。这块隙地不会就此空虚下去。在宋郑两国为了这块隙地发生争执之前，齐国曾经兴兵攻伐晋国的夷仪（在今山东聊城县西南），在冠氏（今河北馆陶县）为晋国打败，损失了兵车500乘。这中间还赖卫国的帮助，不至招受更大的损失。齐国为答谢卫国，以襦、媚、杏三邑为谢仪。[②] 三邑之地仅知其在济水西，而未得悉其具体所在，当是近于卫国的边邑，故齐国能以之割让于卫国。齐国在送给卫国的书信上明确写出这些地方共有五百个社。每社以二十五家计算，总共有一万二千五百家。[③] 可见边鄙小邑人口已经不是很少了。

也就在春秋末年，吴楚两国的边境，有两个人家争着采桑，引起争执，吴国因此发兵夺取楚国的居巢（当在今安徽合肥市北）和钟离（今安徽凤阳县）。[④] 边境小民争桑，引起两国的冲突，也是以前所少有的。

这样说来，春秋时期人口是时有增长，总的说来，还是相当稀疏，过分稠密地区并非多见的。

---

① 《国语·周语中》。
② 《左传》定公九年。
③ 《左传》哀公十五年。
④ 《史记》卷三一《吴太伯世家》。

七、由战国时期都会的繁荣看到人口的增多

到了战国时期，就有了显著差别。不过这些现象都可能发生在中期，或者更后一些。战国七雄中，魏国最处于中原。苏秦说魏王，曾经指出：魏国地方千里，地方虽小，到处都是庐田庑舍，甚至都没有很多的牧牛放马的地方。当地人口之众，车马之多，白天黑夜都没有间歇的时候，真是仿佛三军人马，正在开拔行进。①很显然这是一个人口稠密的地区。苏秦说魏王的时候，鸿沟已经开凿成功，鸿沟经过的地区比较富庶，人口众多乃是必然的现象。和魏国相仿佛的应该数到齐国。孟子说齐宣王，也称道齐国之内，鸡鸣狗吠相闻，而达于四境。②齐国土地也相当富庶，所以人口也很繁多。齐国人多，它的国都临淄（今山东淄博市临淄城）更是特甚。据苏秦所说，临淄城中7万户。下户3男子，三七二十一万，不待发于远县，就是临淄城中，就可以征集到21万军队。因为人多，所以"临淄之途，车毂击，人肩摩，连衽成帷，举袂成幕，挥汗成雨"③。苏秦是策士，所言不免有过分夸张处。但他所说的临淄城中的户数，应该不至于过分悬殊。因为他是对着齐王说话。齐王于国都的情况不能说毫无所知，就听着苏秦的信口开河。苏秦曾经遍历七国的都城，他对其他的都城没有什么称道，可知所说临淄城中的情况，并不一定都是虚语。

临淄城中人口的众多，固然是由于它是齐国的都城，也是因为它是一个

---

① 《战国策》卷二二《魏策一·苏秦为赵合从说魏王章》。

② 《孟子·公孙丑上》。

③ 《战国策》卷八《齐策一·苏秦为赵合从说齐宣王章》。

经济都会。① 战国时期经济发达，形成了众多的经济都会。据西汉时司马迁的记载，除临淄外，尚有陶（今山东定陶县）、邯郸（今河北邯郸市）、燕（今北京市）、洛阳（今河南洛阳市）等十数处。其中陶为"天下之中"，乃是最繁荣的经济都会，惜无具体的人口数字，不易作出说明。其他经济都会也都是一样的。只有洛阳由于曾经作过秦相吕不韦的食邑，是有户数可考的。吕不韦为秦相，食河南洛阳10万户。② 10万户不是一个小数目，还多于临淄3万户。不过这里的10万户并非都住在洛阳城中，还难以和临淄作具体的比较。应该指出，这里所说的经济都会，相当多的一部分乃是当时诸侯封国的都城，都城是有一定的规模的。其他至少都应是在县的基础上发展起来的。按稍后秦朝的制度，县设令长，万户以上为令，减万户为长。③ 秦朝的制度当是沿袭战国时期秦国的旧规。战国时期万户的县已经并非少见。还在战国初年，赵、魏两国曾经各自割送知伯一个万家之邑。知过谏知伯，亦请封赵国的谋臣段规和魏国的谋臣赵葭各万家之县一处。④ 当时的经济都会都应该是在县的基础上形成的，可以说当时经济都会的人口都应该超过万家。

不仅经济都会人口众多，一些具有一定条件的地方，也会有相当多的人口。宜阳就是其中的一处。宜阳在今河南省宜阳西，位于由洛阳至关中的大道上，具有军事形势。在当时，宜阳是一个大县，论实际，是和郡一样的。⑤ 当时郡治所在的地方能有多少人口，未见明文记载，难得具体。因为宜阳是韩国西部的重镇，单是驻军就有10万人。⑥ 可见宜阳这个地方，不

① 当时楚国都城郢，也是一个经济都会，因而也是相当繁荣的。其繁荣的程度和临淄相仿佛。《北堂书钞》卷一二九《衣冠部》和《太平御览》卷七七六引桓谭《新论》说："楚之郢都，车毂击，民肩摩，市路相排突，号为朝衣鲜而暮衣弊。"可是未见有关当地人口的记载，这里就略而不论了。
② 《史记》卷八五《吕不韦传》。
③ 《汉书》卷一九《百官公卿表》。
④ 《战国策》卷一八《赵策一·知伯帅韩赵魏而伐范中行氏章》。
⑤ 《战国策》卷四《秦策二·秦武王谓甘茂曰章》。
⑥ 《战国策》卷一《东周策·秦攻宜阳章》。

能和一般大县相提并论，它的人口当然不仅万户了。这里还应该提到齐国的薛。薛在今山东微山县东北，当时为孟尝君的封邑，当地人口曾经达到 6 万家^①。固然孟尝君喜欢招致食客，但这 6 万家的人口，不应都是孟尝君的食客。

应该说，这里所提到的只不过是几个典型的事例，实际上人口众多的城池还是不少的。当时赵国的赵奢曾经说过：在以前，"城虽大，无过三百丈者，人虽众，无过三千家者"。可是到了当时，"千丈之城，万家之邑相望也"^②。城邑之间相互距离是这样的邻近，肯定人口是相当多的。赵奢所说的"以前"，指的是春秋时期。可见到了战国时期，人口情况就和春秋时期很不相同了。

八、战国时期称雄诸国的兵力与人口

战国时期，顾名思义，是一个战争频繁发生的时期。为准备和应付战争，各国都豢养着相当数目的兵力。由这样的兵力可以略事推知各国人口概况。战国时期多游说的策士，他们在游说各国的诸侯时往往会提及有关的军事力量。据苏秦所说：秦国有"战车万乘，奋击百万"^③，齐国"带甲数十万"^④，楚国"带甲百万，车千乘，骑万匹"^⑤，赵国"带甲数十万，车千乘，骑万匹"^⑥，魏国"武力二十余万，苍头二千万，奋击二十万，厮徒十万，

---

① 《史记》卷七五《孟尝君传》。

② 《战国策》卷二〇《赵策三·赵惠文王三十年章》。

③ 《战国策》卷三《秦策一·苏秦始以连横说秦惠王章》。

④ 《战国策》卷八《齐策一·苏秦为赵合从说齐宣王章》。

⑤ 《战国策》卷一四《楚策一·苏秦为赵合从说楚威王章》。

⑥ 《战国策》卷一九《赵策二·苏秦从燕至赵章》。

车六百乘，骑五千匹"①，韩国"带甲数十万"②，燕国"带甲数十万，车七百乘，骑六千匹"③。而张仪所说：秦国"名师数百万"④，"虎贲之士百余万，车千乘，骑万匹"⑤，又说："秦带甲百余万，车千乘，骑万匹，虎挚之士，跿跔科头，贯颐奋戟者，至不可胜计也。"⑥至于魏国，则是"卒不过三十万人，而卒戍四方，守亭障者参列，粟粮漕庾不下十万"⑦。韩国之卒更是"悉之不过三十万，而厮徒负养在其中矣，为除守缴亭障塞，见卒不过二十万而已矣"⑧，说到赵国，那就更差了："秦赵战于河漳之上，再战而再胜秦，战于番吾之下，再战而再胜秦，四战之后，赵亡卒数十万，邯郸仅存，虽有胜秦之名，而国破矣。"⑨范雎也说过：秦国有"战车千乘，奋击百万"⑩。蔡泽更说过："楚地持戟百万。"⑪这些策士的言谈虽不免有所夸张，但对各国兵力多寡的衡量却也有一定的分寸。如苏秦所说的带甲数十万，大抵就是一般的恭维之辞。至于所说的秦、楚两国的兵力都超过百万，这就不一定是泛指了，因为这两国的兵力都是较为强大的。这不仅苏秦这样说，范雎和蔡泽所说的也相仿佛。苏秦对于魏国的兵力，说得相当仔细，可能近于实际。张仪说魏、说韩，都以声势凌人的气概，企图威胁两国，使之屈服，但也不能不承认魏、韩各有30万的兵力。

如果说得更为具体些，则秦国王翦的平荆地和赵国赵括的败于长平两事，可以为证。秦国伐楚，欲使王翦为将，计议出兵之数，王翦认为非60万

① 《战国策》卷二二《魏策一·苏秦为赵合从说魏王章》。
② 《战国策》卷二六《韩策一·苏秦为楚合从说韩王章》。
③ 《战国策》卷二九《燕策一·苏秦将为从北说燕文侯章》。
④ 《战国策》卷三《秦策一·张仪说秦王章》。
⑤ 《战国策》卷一四《楚策一·张仪为秦破从连横说楚王章》。
⑥ 《战国策》卷二六《韩策一·张仪为秦连横说韩王章》。
⑦ 《战国策》卷二二《魏策一·张仪为秦连横说魏王章》。
⑧ 《战国策》卷二六《韩策一·张仪为秦连横说韩王章》。
⑨ 《战国策》卷八《齐策一·张仪为秦连横说齐王章》。
⑩ 《战国策》卷五《秦策三·范雎至秦章》。
⑪ 《战国策》卷五《秦策三·蔡泽见逐于赵章》。

人不可。秦王答应了王翦。这是"空秦国甲士"的一次出兵，王翦为了避免秦王对他不放心，在出征前后，一再请求良田美宅，以此韬晦。[①]可见当时秦国实有兵力至少为60万人。长平之战时，赵括所持的兵力为40余万。争战结果，赵国败北，这40余万的兵众全部为秦将白起所坑杀。[②]这是当时震动各国的大事。就是秦国也不讳言。[③]燕国与赵国为邻，燕王为了确定事实真象，派人持金为赵王祝寿。使者回来说："赵民，其壮者皆死于长平，其孤未壮，可伐也。"[④]这显示长平所被坑杀的40万众，也就是赵国当时的大部兵力，如果按照《周礼》所说的"凡起徒役，毋过家一人"来计算，则秦、赵两国的人口至少分别在300万和200万以上。

这里还应提到燕国的兵力。前引苏秦说燕的话，燕国有"带甲数十万，车七百乘，骑六千匹"。所谓数十万，其实只是泛泛之辞，难得实指。可是燕国在长平之战后，乘赵国的危困，竟能起兵60万攻赵，而且是分兵两路，以40万攻鄗，以20万攻代。它并非像秦国王翦攻荆地那样地空全国甲士。

---

① 《史记》卷七三《王翦传》。

② 《史记》卷四三《赵世家》。近人有对长平之战活埋赵卒40万之事表示怀疑，并谓这个数字是不可信的。然语多推猜，恐难取信于人。此事《史记》凡三见；一见于《赵世家》，再见于《白起传》，又见于《廉颇传》。《战国策》亦见于《蔡泽见逐于赵章》。史公所书虽格于体例未备举出史事出处，然当据秦赵两国的记载，不应以仅见于蔡泽所说的为孤证。《战国策·燕策三·燕王喜使栗腹章》："燕王喜使栗腹以百金为赵孝成王寿，酒三日，反报曰：'赵民其壮者，皆死于长平，其孤未壮，可伐也。'……（王）遽起六十万以攻赵，令栗腹以四十万攻鄗，使庆秦以二十万攻代。赵使廉颇以八万遇栗腹于鄗，使乐乘以五万遇庆秦于代，燕人大败。"此事为持疑义者所引用，并诧异地说："如果长平之战赵卒真是被活埋了40万，已占全国丁壮的十分之七八，那么，在十二年的时间内，赵国怎么还能神奇般地再起强兵以抗强敌呢？！"其实这中间的道理，《燕策三·燕王喜使栗腹章》中，乐间已经有过非常明白的说明。乐间说："赵四达之国也，其民皆习于兵。不可与战。"实际上，赵国用于长平之战的兵力并非尽发国内的丁壮。《周礼》所说的"凡起徒役，毋过家一人"，虽非各国共同遵守的定制，也不能尽数为兵，因为还有其他劳役需要人力的。怎么能说，赵卒被活埋了40万，就已占全国的丁壮十分之七八？其实，赵国在长平之战后国力的表现，战胜燕国并不一定值得诧异。就在长平之战的当年，秦国乘战胜的余威，围困邯郸。赵国守城，直至次年，平原君请来楚国的救兵，魏公子无忌也引兵来救，邯郸之围始告解除。如果说赵国的丁壮尽被活埋，邯郸怎么还能困守一年？

③ 《战国策》卷五《秦策三·蔡泽见逐于赵章》。

④ 《战国策》卷三一《燕策三·燕王喜使栗腹章》。

可见论豢养军队的数目，燕国还要胜过秦国一筹的。按每户出役 1 人算计，则燕国至少也应有户 60 万。再按每户 5 人计，则燕国至少也应有 300 万人。

其他各国由于尚未见到像王翦伐荆和赵括败于长平以及燕国乘赵国的危困起兵侵赵这样具体而又较为翔实的事例，一时不易核算。不过由秦、赵和燕三国的情况，也可略知其中的梗概，大体说来，战国时期的人口较之春秋时期是大有增加的，不过具体增加的数字则未便悬拟。[1]

九、战国时期的人口稠密地区和稀疏地区

人口分布有疏有密，因而所居的地方也有宽有狭。前面曾引用苏秦所说的话，以显示魏国的黄河以南的土地上，由于人口稠密，房屋修盖较多，竟使牧牛放马的地方受到影响。也还曾引用孟子所说的话，显示出齐国的人口也是相当稠密的，因为当地相邻的村落，可以相互听见鸡鸣犬吠的声音，由内地可以达到边境。据说和秦国相毗邻的三晋土地也有这样的情况。《商君书》中的《徕民篇》就曾经指出："秦之所与邻者三晋也，所欲用兵者韩、魏也。彼土狭而民众，其宅参居并处，其寡萌贾息，下无田宅，……此其土之不足以生其民也。"这里首先提到三晋。三晋当然是包括韩、魏和赵国。赵国的土地和秦国毗连的约当现在山西省的西北部。这个地区到现在，人口都不是很稠密的，在战国时期也没有稠密因素。《徕民篇》所以提到赵国这个地区，可能是当地的人口比较秦国一些地方还要多些。韩国的土地本

---

[1] 杨宽《战国史》第三章中说："（战国时期），由于封建统治阶级剥削榨取的严重，人口虽有增加，还是增得有限的。当时中原地区七国的总人口大约不过二千万左右。"这下面有段注文说："《续汉书·郡国志》刘昭注引《帝王世纪》：'然考苏（秦）、张（仪）之说，计秦及山东六国，戎率尚存五百余万，推民口数，当尚千余万'。这个估计太低。"但杨氏亦未说出"大约不过二千万左右"的史事根据。

来是虢、郐两国的地方，郑国初迁来时，还是"斩之蓬蒿藜藋"，才能获得安居，这是在前面已经提到过的。虢、郐故地，右侧是洛水，左边是济水，溱水和洧水流贯其中，济水早已绝流，洛水和溱洧两水还仍然畅通。这是现在河南省西部地区，不包括洛阳附近周人的疆土在内，这个地区直到汉代还是"土狭而险，山居谷汲"①。战国时期，人口如何能够早已稠密？《徕民篇》特别提到它，可能也和赵国西部土地一样，那里的人口比较秦国还要多些。如《徕民篇》所说的，可以称为人口较为稠密的地区，当数到魏国，具体说来就是魏国的河东。河东之西就是秦国的土地。故商鞅云然。河东为魏国旧都所在，人口增减素来受到重视。《孟子》曾记载有梁惠王所说的一段话，就可显示此中的信息。梁惠王说："寡人之于国也，尽心焉耳矣。河内凶，则移其民于河东，移其粟于河内。河东凶亦然。察邻国之政，无如寡人之用心者，邻国之民不加少，寡人之民不加多，何也？"②这段话不仅显示出河东，也应该加上河内，人口是相当稠密的，而且还可见到当时诸侯封国对于人口的争夺。

如商鞅在《徕民篇》中所说的："今秦，地方千里者五，而国土不能处二，田数不满百万；其薮泽、溪谷、名山、大川之材物、货宝，又不尽为用，此人不称土也。"至少在商鞅之时，秦国的人口不能说是稠密的，所以商鞅要设法引诱三晋之人来到秦地从事耕作。这样人口稀少的地区应该还有楚国。班固曾经指出："楚有江汉川泽山林之饶。江南地广，或火耕水耨。"③这地广之说，当时北方各国很少看到能有这样的说法的。

还应该提到，在这个争战频仍的时期，诸侯封国都在争夺土地。北边秦、赵、燕三国在这方面都有相当的成就。秦国为此设立了陇西（治所在今甘肃临洮县）和北地（治所在今甘肃庆阳县附近）两郡，赵国设立了云中（治所在今内蒙古自治区托克托县）、雁门（治所在今山西左云县西）、

---

① 《汉书》卷二八《地理志》。

② 《孟子·梁惠王上》。

③ 《汉书》卷二八《地理志》。

代郡（治所在今河北蔚县）三郡。燕国也设立了上谷（治所在今河北怀来县）、渔阳（治所在今北京市密云县）、右北平（治所在今河北蓟县）、辽西（治所在今辽宁义县）、辽东（治所在今辽宁辽阳市）五郡。[①]这些新郡本是匈奴族或其他从事游牧的族类的故土。游牧族类，特别是匈奴族，失去了土地，也就相率退走，留下的空地需要由内地迁徙人口前去填补。当时虽有人口迁去，为数究非很多，因而一直都是属于人口稀疏的地区，是不能和内地相提并论的。

由遥远的远古时期起，直到春秋战国时期，各地人口都在不断增加。只以史有阙文，难于具体稽考。不过人口的地区分布一直都是不平衡的。这样的现象，到了战国更为明显。中原是人口稠密的地区，其他各处就都较为稀疏了。

第二节　中原人口稠密的地区和南方人口的增长

一、封建王朝有关人口的记载

现在能够看到最早的当时政府所汇集的人口数字，为西汉平帝元始二年（公元2年）的记录。班固撰《汉书·地理志》，于各郡国条内分别列出，并于《后序》之中，举其总数。按其所举，全国共有12233062户，59594978口。这不仅显示出全国和各郡国的人口，甚至个别的县的人口也有了记载。自班固首创这样的体例，其后封建王朝所修的纪传体史籍皆遵循成规，只有少数没有《地理志》的，还有待于搜罗补苴。

---

① 《史记》卷一一〇《匈奴传》。

　　自来封建王朝对于人口的记载，都有官吏职掌。《周礼》的乡士、遂士和县士都各掌其民数。① 因为人口是口赋和兵丁的来源，所以都受到重视，具体的数目也都登记在一定的册籍里面，班固及其以后的史家就是根据这样的册籍来论述的。其实这样的数字不能说就是确实的。因为人口有税，还要服兵役，而且还有其他杂役，许多人为了逃避纳税和服役，往往不登记户口。这在历代是相当普遍的情况，不少的王朝经常以各地人户的多寡作为审核地方官吏政绩的依据。就在唐代盛世开元年间，还曾经大规模搜括各地的逃户。盛世尚且如此，其他可知矣。

　　虽说这样的人口数目不尽确实，但各地互相比较，还应该说是有一定的比例的。封建王朝既以人口为征收口赋和兵丁的来源，则各地所受的压榨大概都是相仿佛的，因而各地都有逃户的现象。这是说，不登记户口应该是历来全国普遍的情形。作为全国总的户口来说，这可能是不确实的，但各地人口的疏密分布，还是可以看出来的。

　　如前所说，现在所知的汉代人口数字为平帝元始二年的记载。这时上距汉代的开国已经二百零七年。就在这二百零七年之间，全国的人口也不是就没有变迁的。何况秦汉之间兵戈扰攘，也会促使人口有所变迁。秦以前是战国时期。战国虽说是一个动荡时期，频繁发生战争，人口死伤动辄盈城盈野，不过总的趋势，人口还是不断有所增加。秦统一六国迄于二世的灭亡，前后只有十五年。在这短暂时期里，人口不断增加的趋势，依然继续显示出来。现在河北省完县是当时的曲逆县。这个县僻处北陲，不当南北大道，算不上一个要地，可是也有3万多户的人家。②

　　当然人口的数目并不是一直增加下去，因为不断的战争是会使人民受到更多的灾难的。战国时期的战争已经相当频繁，秦末的战争就更为残酷。娄

———————

① 《周礼·秋官》："乡士掌国中，各掌其乡之民数。遂士掌四郊，各掌其遂之民数。县士掌野，各掌其县之民数。"

② 《史记》卷五六《陈丞相世家》。

敬所说的"天下之民，肝脑涂地，父子暴骨中野，不可胜数"[1]，应是如实的写照。上面所说的拥有 3 万多户人口的曲逆县，经过多次战争仅剩下了 5 千多户[2]。按说曲逆还不算主要战争区域，人口的减少已经如此地严重，其他地方恐怕就更不如曲逆了。人口这样的大量减少，就迫使西汉王朝不能不减轻赋税徭役，与民休息。

经过汉初几十年间的休养生息，人口增加又成了必然的趋势。前面说过，临淄在战国时就有户 7 万，到汉武帝时，已经增加到 10 万户。[3]不过临淄城在秦末汉初时确实有多少人口已难知道，所以不能指出它的增加速率。汉时山阳郡（治所在今山东巨野县南）在现在山东省的西南部，汉宣帝时有户 9.3 万，有口 50 多万。[4]经过五十多年的光景，到汉平帝时，户增加到 17.28 万，口增加到 80.12 万[5]，将近 1 倍了。

二、中原和南方各地人口疏密的差别

平帝元始二年全国共有的 12233062 户和 59594978 口的分布地区，是相当不均衡的。首先是南北的差别就相当明显。西汉一代全国行政区域的划分是一个司隶校尉部和十三个州刺史部。在黄河流域及其相近地区的为司隶校尉部和豫、兖、青、徐、幽、冀、并、凉等八州和朔方刺史部。在长江流域及其以南地区的为荆、扬、益三州和交趾刺史部。这两组地区分别在北方和南方。南北两方比较，北方的人口数目显然是比较南方为多。北方各地的户

---

① 《史记》卷九九《刘敬传》。
② 《史记》卷五六《陈丞相世家》。
③ 《史记》卷六〇《三王世家》。
④ 《汉书》卷七六《张敞传》。
⑤ 《汉书》卷二八《地理志》。

数共有 9663413，而南方各地才有 2569649。南方约当北方的四分之一。北
方各地的口数共有 46870563，而南方各地才有 12724415。南北的比例也只
是一比四的样子。不过应该指出这些数目和实际情况有不符合的情况。西汉
的地方行政区划，是采取州郡的制度，具体的划分和自然地理情况并不完全
相同。西汉的徐州，北起现在山东省即墨县和曲阜县以北，而南至于长江下
游的北岸，是兼有南和北的地区，不过大部分还是在淮水以北，所以就计算
在北方地区的数内。当时的荆州，南起现在广东省的北部，北至于河南省西
部汝水的上源，虽然是伸入北方的地区，因为它主要是在南方，所以都归入
南方地区的数目。这样南北相抵消的数目大约相当。

三、边陲各郡人口的稀少

如果仅就北方地区来说，各地人口的数也极不一致。河西祁连山下，汉
朝在那里设置了武威（治所在今甘肃武威县）、张掖（治所在今甘肃张掖县）、
酒泉（治所在今甘肃酒泉县）、敦煌（治所在今甘肃敦煌县）四个郡。四郡
之中，张掖人口算是最多了，还不到 2.5 万户，9 万口的人家。当时在阴山
山脉之南，也设置了五原（治所在今内蒙古自治区包头市西）、朔方（治所
在内蒙古自治区乌拉特旗东南黄河南岸）、云中（治所在今内蒙古自治区托
克托县东北）、定襄（治所在今内蒙古自治区和林格尔县北）、雁门（治所
在今山西右玉县南）五个郡。这五个郡较河西四郡稍好一些，但九原、朔方、
云中、定襄的户数也只是略略超过 3 万。论口数只有五原郡达到 23 万有
余，其他三郡都还难以相比。就中最多的一郡为雁门郡，有户 73138，有口
293454，也只能说是较近于内地的一般郡国。边地人口不多，不是由汉时才
开始的。在秦时已经由内地向边地徙民，直到汉时这种徙民的事情更是习见
不鲜。虽然如此，边郡人口仍是难和内地相当。现在山西省西北部直到河套

南部为汉西河郡地，陕西省北部为汉上郡地，两郡虽非汉时的极边，却也是属于徙民区域。西河郡有 136390 户，698836 口；上郡有 103683 户，606658 口。和内地有些郡国比较起来，人口还是显得稍多。不过应该指出，户口的疏密是与幅员的广狭成比例的。如果忽略了地区的大小，就难得确实情况。依当时的疆域区划求它的确实面积实为不易的事情。汉西河郡有县三十六，上郡有县二十三，论起来不能算是小郡了，它和内地大郡相比，人口依然不是稠密的。

四、人口稠密的地区

西汉时人口比较稠密的地区是泾渭两水和汾水的下游，是黄河的下游和济水的两岸，是太行山东和相当于今山东半岛各处。现在河南省的中部和东南部即汝、颍两水流域，河南省西南部白河、湍河流域，以及淮水的中游也都是人口比较稠密的地区。应该指出，颍水上游于汉时为颍川郡（治所在今河南禹县）、济水中游、大野泽西南的地方于汉时为济阴郡（治所在今山东定陶县），这两郡实为当时人口最稠密的地区。如果以人口数目来说，在汝水下游的汝南郡（治所在今河南汝南县东北）当时有 461587 户，2596148 口，在汉朝诸郡中算是人口最多的一郡了。汝南郡辖有三十七个县，论面积是要比颍川郡为大，因为颍川郡只有二十个县，却有 432491 户，2210973 口。两者相较，应该推颍川人口密度为最大了。在现在安徽省北部的沛郡（治所在今安徽濉溪县西北），虽然有 409079 户，2030480 口，却也有三十七个县，当然更不能和颍川郡相比了。济阴郡有 290025 户，1386278 口。论数目不能和颍川郡相比，就是其他一些郡国也有比它多的，但济阴郡的幅员是比较狭小的，它只辖九个县，实际人口密度还是最大的。

人口的稠密和地方的富庶是有关系的。济阴郡当济、菏两水汇合处，郡治所在的定陶为全国有名的经济都会，人口的稠密是可以理解的。颍水上游的颍川郡论起土地来不算是最肥沃的，但颍川郡的颍水却是东南各郡和洛阳及其以西地区交通的要道，人口也是会稠密起来的。西汉时各大都会的人口数目保存下来的很少。颍川郡的二十个县中，却有两个城市可查。其中之一为阳翟，另一为鄢陵。阳翟为今河南省禹县，有 41650 户，109000 口。鄢陵为今河南省鄢陵县，有 49101 户，261418 口。两县户数相合，比当时国都长安还要多些，因长安城郊只有 80800 户。所应该注意的，阳翟有户 4 万余，而人口只有 109000，平均每户只有两个多人。如果不是误记，也许是这个商业城市，从事行商的人居多数了。[①]

泾渭下游的关中，秦汉时都是畿辅的地方，也是人口比较稠密的地区。这里是秦时的内史所辖的地区。汉时分设为京兆尹、左冯翊和右扶风，合称为三辅。京兆尹十二县，有户 195702，有口 682468。左冯翊二十四县，有户 235101，有口 917822。右扶风二十一县，有户 216377，有口 836070。论户口数目不如汝南郡的众多，由于县数少辖地不广，人口稠密程度大致还不至差得过多。

关中人口的稠密和它的自然环境有关，人为的作用也占有较大的成分。秦统一以后，为了强干弱枝，曾不断由全国迁徙人口来充实关中的地区。不过关中却不是人口最多的地区，它不仅不能和颍川、济阴等郡相比较，并且较颍川、济阴两郡之间的陈留郡（治所在今河南开封市东南）还要差一点。当然这种差异的原因很多，至少说明关中富庶的条件已经不如东方了。

黄河下游济水两岸也是一个人口稠密的地区。汉时这个地区除济阴郡之外，还设置陈留、东郡（治所在今河南濮阳县南）、山阳、东平（治所在今山东东平县东）、济南（治所在今山东章丘县西）、齐郡（治所在今山东淄博市东临淄城）等六个郡国。陈留郡十七县，有户296284，有

---

① 顾颉刚先生《浪口村随笔》（油印本）。

口1509057。东郡二十二县，有户401297，有口16590280。山阳郡二十三县，有户172847，有口801288。东平国七县，有户131753，有口607976。济南郡十四县，有户140761，有口642884。齐郡十二县，有户154826，有口554444。这个地区在夏商周三代就以富庶闻名[1]，战国时期又是魏国的东部和齐国的西部，同样以富庶见称。而最负盛名，被称为"天下之中"的陶（汉时称为定陶县）就在这个地区的济阴郡之中。定陶既为有名的经济都会，它的周围各郡又皆是富庶的地区，而且平原广阔，交通便利，人口稠密也是理所当然的。

太行山东各处，情况并非都是一样的。东部近海，盐碱地区较广，人口自然不会很多。太行山下虽不如魏齐之间的富庶，然战国时的赵国和中山都能在此立国，人口能够稠密是有一定的基础。这个地区可以称道的郡国，有魏郡（治所在今河北临漳县西南）、清河（治所在今河北清河县东）诸郡和赵国（治所在今河北邯郸市）、中山国（治所在今河北定县）。魏郡十八县，有户212849，有口909655。清河郡十四县，有户201774，有口875422。赵国四县，有户84202，有口349952。中山国十四县，有户160873，有口668080。这里还应该提到太行山东南的河内郡（治所在今河南武陟县西南）和与河内郡隔河相望的河南郡（治所在今河南洛阳市东）。河内郡十八县，有户241246，有口1067097。河南郡二十二县，有户276444，有口1740279。

现在山东半岛，汉时设有东莱郡（治所在今山东莱州市）和胶东国（治所在今山东平度县东南），也有琅邪郡一部分土地。战国时期，这里是齐国的东境。而琅邪郡治所琅邪县（今山东胶南县南），且曾作过越王勾践的都城[2]，秦始皇也曾到过当地，并盛加称道，为之特别停留了三个月[3]，论人口也应该都是相当多的。可是汉代东莱郡十七县，有户103292，有口502693。

---

① 拙著《由地理的因素试探远古时期黄河流域文化最为发达的原因》。
② 《汉书》卷二八《地理志》。
③ 《史记》卷六《秦始皇帝本纪》。

胶东国八县，有户72002，有口323331。琅邪郡五十一县，有户228960，有口1079100。这三个郡的共同特点，是每县的户数平均计算都不足1万。按汉代的规定，每县户数在万户以上的设令，不足万户的设长，这就是说这三个郡国所属的县都是不足万户的小县。实际上当然不是如此。就以琅邪郡来说，它的辖地相当广大，可是相当多的部分却在沂蒙山区，山区的人口自然不会多的，各县平均计算，就会使沿海的琅邪等县为之减色。这和济水侧畔的泰山郡（治所在今山东泰安县东）、太行山东的常山郡（治所在今河北元氏县西北）相仿佛。济水流域和太行山东虽都是富庶地区，泰山郡所属的二十四县，绝大部分都在山区，常山郡所属的十八县，同样也多在山区，因而每县平均的户数，也都在万户以下。可是现在还可以考见的，不论是琅邪郡，还是泰山郡和常山郡中的一些县，直到东汉时还照旧设令[①]，这正可说明这样的情况。

至于汝、颖流域和淮水中游人口稠密的郡国，前面已经提到了汝南、颖川和沛郡等三郡，还应该再添上淮阳国（治所在今河南淮阳县）。淮阳国九县，有户135544，有口981423。如果按所属的县各自平均计算，淮阳国也是难于和颖川郡相当的，但都超过了汝南郡和沛郡。如前所说，颖川郡的阳翟和鄢陵两个县，都有相当多的人口记载。其所以如此，是由于颖川郡为东南各处和洛阳交通大路所经过的地方。淮阳国也和颖川郡相仿佛。淮阳国的治所为陈县，也就是现在河南省淮阳县。这是鸿沟主流狼汤渠经过的地方，这样的交通枢纽所在地，当然会使它的人口有所增多。这几个郡国既在汝颖流域和淮水中游，是易于兴修水利的地方。鸿沟的开凿既便利了交通，又可用之于灌溉。[②]当地复多湖陂，也使农业的发展，有了可资利用的条件，便于水利工程的兴修。汝南郡的鸿郤陂就是一个具体的例证。鸿郤陂是一个周

---

① 钱大昭《后汉郡国令长考》，丁锡田《后汉郡国令长补考》，见《二十五史补编》。
② 《史记》卷二九《河渠书》。

围有 400 余里的大陂 ①，可灌农田数千顷 ②，汝南郡得以富饶。平原旷野，农业能够充分发展，人口是会有所增加的。

五、南方人口的增长

南方的长江流域，具体的数字已经充分表明，它是不能和北方的黄河流域相比拟的，不过这不是说南方各处的人口都是稀疏的。岷江沿岸的蜀郡和江水支流白、湍诸水所流经的南阳郡就都是人口比较稠密的地区。南阳郡（治所在今河南南阳市）三十六县，有户 359116，有口 1942051。如果每个县皆以万户计算，所差的不足 1000 户。这样也就可以算是稠密了。南阳的湍河、白河流域也是适于发展农业灌溉的地区，召信臣在这里创建的水利设施，常为当地人所追念 ③，东汉时杜诗继之，续有修复，人称为"前有召父，后有杜母" ④。农业既能得到发展，当然就能像汝南郡那样，人口也会有所增加。

在岷江流域的蜀郡（治所在今四川成都市），所属十五县，有户 268279，有口 1245929，也是一个人口比较稠密的地区。蜀郡人口稠密的程度当然不能和颍川、济阴相比拟，不过比较关中的畿辅在数目方面还要多些，这自然和蜀郡幅员较大有关，实际比较起来可能是相差不少。即令如此，也值得人注意。因为像蜀郡这样的情况，为长江流域其他各地所未有。当然岷江流域的富庶远在秦未统一全国时已经有名于世，它的人口众多和这种富庶情况是分不开的。

不过这里还可以提到广汉（治所在今四川广汉县）、巴郡（治所在今重

---

① 《汉书》卷八四《翟方进传》。
② 《后汉书》卷一九《邓晨传》。
③ 《汉书》卷八九《循吏·召信臣传》。
④ 《元和郡县图志》卷二一《邓州》。

庆市）以及九江（治所在今安徽寿县）、庐江（治所在今安徽庐江县西南）四郡。广汉郡十三县，有户 167499，有口 662249。巴郡十一县，有户 158643，有口 708148。九江郡十五县，有户 150052，有口 780525。庐江郡十二县，有户 124383，有口 457333。大体说来，这几个郡每县平均都超过 1 万户。至于其余各郡皆未能达到这样的数目。

广汉郡位于蜀郡的东北，它的辖区也涉及成都平原，因而它的自然条件就和蜀郡相仿佛。巴郡每县平均人口虽然也有万户，实际上却不能和广汉郡相比拟，当然更远不及蜀郡了。巴郡所辖的县数并非很多，所据有的地区却相当广阔。它北起巴山，而南及于长江以南，东起巫山，西部达到现在的阆中、南充、合江一线。这样广阔的地区远远超过了蜀郡和广汉两郡的总和，而人口又还没有其中一郡的众多，因此算不得人口稠密的地区。

九江和庐江两郡皆在江淮之间，用现在的地理来说，位于安徽省的中部。九江郡偏于东北，庐江郡则在九江郡的西南。论自然条件，九江郡较为优越，芍陂就在这个郡中。远在春秋时期，芍陂农田水利就已有名于世，这时当然仍继续沿用。[1] 而合肥（今安徽合肥市）又是江淮间南北大路经过的地方。[2] 庐江郡比之九江郡显然是稍逊一等。[3] 不过庐江郡直至东汉初年才知道牛耕[4]，可见它的发展相当迟缓。这自然对于人口的增加有所影响。九江、庐江两郡尚且如此，其他各郡国所差更多。就如豫章郡（治所在今江西南昌市），相当于现在的江西一省，当时却只有十八县，有户 67462，有口 351965。平均每县才有户 3748，有口 19554 人。再如会稽郡（治所在今江苏苏州市），这是兼有太湖周围和今浙江、福建两省的一个大郡，现在福建一省当时仅设

---

[1]《太平寰宇记》卷一二九《寿州》。

[2]《史记》卷一二九《货殖列传》。

[3]《后汉书》卷七六《循吏·王景传》："迁庐江太守，……郡界有楚相孙叔敖所起芍陂稻田。景乃驱率吏民，修起芜废，教用犁耕。由是垦辟倍多，境内丰给。"按：西汉时，庐江郡北尚有六安国，故庐江郡距芍陂尚远。东汉光武帝建武十年，省六安国，此县属庐江，王景始得以庐江太守，修治芍陂。

[4]《后汉书》卷七六《循吏·王景传》。

置一个冶县，当地人口的稀疏也就可以了然了。长江流域尚且如此，长江流域以南更是不如长江的附近了。

六、人口疏密地区的变迁

南方人口既然这样稀少，北方人口却不大听说有向南方迁徙的事情，甚至有些人把向南迁徙视为畏途。秦始皇经营南越，曾经由中原迁徙了一批人到那里去，当时就被认为是一宗暴政。为什么如此？就当时北方情形说，人口并没有达到饱和程度，还不到非迁徙不可的地步。而且北方社会初定，没有非迁徙不可的原因。就南方情形说，自然环境也还没有使人向往的条件。长江中下游的土壤，很早就已被人认为是下下等的涂泥土壤，是不大适于农业经营的土壤。[1] 而当时那一带居人的火耕水耨粗放经营方法，也还不可能发挥土壤的力量。[2] 直至秦汉时期，人们对于那一带的看法，还没有完全转变过来。就以江淮之间来说，当时人们认为那里生活条件比较容易，不至于会把人冻死饿死，却也难于使人发家致富。[3] 当时人们还认为南方过于潮湿，不适于北方人们的习惯。他们认为这种潮湿地方长住下去，可能使人们的寿命缩短。今安徽中部江淮之间，汉初称为淮南国，为高帝儿子刘长的封国。刘长死后，汉朝把它的国土分成三国，分封给他的三个儿子。其中刘勃被封为衡山王。吴楚七国之乱，衡山王未曾参与，汉朝就对他特加慰劳，说是南方卑湿，把他迁徙到北方去。这在当时实为特殊的待遇了。[4] 可是衡山国的本土还在长江以北，不能说是太南的。现在湖南湘水下游，在汉朝为长沙国

---

① 《尚书·禹贡篇》。
② 《史记》卷一二九《货殖列传》。
③ 《史记》卷一二九《货殖列传》。
④ 《史记》卷一一八《淮南·衡山王传》。

（治所在今湖南长沙市）。景帝时刘发始被封到那里。这宗事情使这位长沙王大为不满。后来有一次诸王朝会京师，在景帝面前歌舞，他只举起手来，略事周转，大家都笑他笨拙，他却说国小难以伸手出来。[①]他的一个后人刘仁，被封在今湖南省南部宁远县，称为舂陵侯。元帝时，刘仁上书说，舂陵地势下湿，山林毒气，难以居住，请求减邑内徙。[②]这些事例都出于统治阶级，不能以通常的情况来看。不过总还可以作为北方的人们对于南方的一种看法。

这种自然情况并不能够阻止人们克服困难的勇气，加之黄河流域常有战争发生，也促使北方的人们向南方迁徙。到东汉中叶后，已经可以看出其间的变化。东汉顺帝永和五年（公元140年），全国共有9698630户，49150220口。[③]比起公元2年来，已经减少了2534432户，10444798口。也就是说减少了五分之一。但并不能说全国的人口都在减少，如果还根据前面对于西汉南北人口的算法，就可知道这时期南北两方人口的增减的情况并不是完全一致。西汉时北方各地的户数9663413，到东汉时才有5120149，两相比较，分明是减少了。西汉时北方各地的口数是46870563，到东汉时才有28927451，也一样是减少了。西汉时南方各地的户数仅有2569649，东汉时却成为4216516，西汉时南方各地的口数仅有12724415，东汉时却成了18960926。不仅增加，而且增加很多。这样的数字显示出一个道理，西汉时期北方人们认为南方的气候不适于居住，到这时这种看法已经变了。这不是自然的变化，而是人们更会利用自然，克服自然了。

东汉时北方各郡国人口大都有所减少。最为显著的是沿边和近边各郡。[④]位于今青海省东部和甘肃省之间的金城郡（治所在今甘肃兰州市西

---

① 《史记》卷五九《五宗世家》。

② 《后汉书》卷一四《宗室四王传·成阳恭王祉传》。

③ 《续汉书·郡国志》。

④ 《续汉书·郡国志》刘昭注引应劭《汉官仪》："世祖中兴，海内人民可得而数，才十二三。边郡萧条，雁有孑遗，障塞破坏，亭队绝灭。建武二十一年，始遣中郎将马援，谒者，分筑烽候堡壁，稍兴立县邑十余万户。或空置太守令长，招还人民。上笑曰：'今边无人，而设长史治之。难如春秋素王矣。'"

北），十个县才有户3858，有口18947。位于今宁夏回族自治区和甘肃省东北部的北地郡（治所在今甘肃庆阳县西北），六个县才有户3122，有口18637。位于今内蒙古自治区南部和山西省西北部的定襄郡，五个县才有户3153，有口13571。一郡之中，人口都不到2万。位于阴山山脉以南的朔方郡，人口更少，六个县只有户1987，有口7843，一个县只有1000多人，大概是少到极点了。就是只有2万多人的边郡和近边的郡也非少数。现在甘肃省最西北部为汉时敦煌郡。这个郡六县，有户748，有口29170。由敦煌郡往东，相距不远的为张掖郡。这个郡八县，有户6552，有口26040。今甘肃省黄河以南的陇西郡（治所在今甘肃临洮县），十一个县，有户5628，有口29637。今宁夏回族自治区和甘肃省之间的安定郡（治所在今宁夏固原县），八个县有户6094，有口29060。今陕西省北部的上郡（治所在今陕西榆林县南），十个县，有户5169，有口28599。今内蒙古自治区河套东部的五原郡，十个县，有户4667，有口22957。五原郡之东为云中郡，十一个县，有户5351，有口26430。这里所说的乃是永和五年的数字。永和五年以后，还在继续减少，本来边郡和近边各郡，特别西北方面的边郡就不如内地的富庶，由于近边就不免和有关各族发生争战，当地人口难得安居乐业。远从西汉时起，就限制边民内迁，东汉时这条禁令执行还相当綦严[1]，但也阻遏不住人口减少的趋势。东汉末年，曹操柄政，就并省定襄、五原、朔方郡，郡置一县，领其民，合以为新兴郡。[2]就是这个新兴郡，人口还是稀疏的，难于和内地诸郡相比拟。

不仅边郡和近边各郡如此，内地各郡也并非少见。长安本为西汉的都城，京兆尹、左冯翊、右扶风也为畿辅之地。两汉之际多所残破，东汉废不为都，

---

① 《后汉书》卷六五《张奂传》。

② 《三国志》卷一《魏书·武帝纪》。《太平寰宇记》卷四三《忻州》："忻州即汉太原郡之阳曲县也。……后汉末于今州地置新兴郡。按《十三州志》云：'汉末大乱，匈奴侵边，自定襄以西，尽云中、雁门之间遂空。建安中，曹操集荒郡之户以为县。聚之九原界，以立新兴郡。领九原等县，属并州。'即此。"

三辅人口也随之大为减少。东汉京兆尹十县，有户53299，有口285574。左冯翊十三县，有户37090，有口145195。右扶风十五县，有户17352，有口93091。和西汉比较，京兆尹的户数几乎减了四分之三，口数的减少超过了三分之二。左冯翊户数减少超过了六分之五，口数几乎减少七分之六。右扶风户数减少了十分之九，口数减少了九分之八。这里的道理倒很简单。王莽末年，三辅大乱，人口本来就已经减少，接着都城东迁，关中农田水利失修，人口更难恢复。

就是西汉时人口较多的济阴、颍川、陈留、东郡、河内等郡也都有所减少。东汉济阴郡十一县，有户133715，有口657554。颍川郡十七县，有户263440，有口1436513。陈留郡十七县，有户177529，有口869433。东郡十五县，有户136088，有口603393。河内郡十八县，有户159770，有口801558。两汉相较，济阴郡户数和口数都减少了二分之一强。颍川郡户数减少了十分之三强，口数减少了四分之一强，陈留郡户数减少了十分之三强，口数也减少将近一半。东郡户数减少超过一半，口数减少将近一半。河内郡户数减少了十分之三强，口数减少也超过四分之一。论起这样的减少，大都属于当时的一般情况，其中济阴郡的减少还稍多一些。就两汉济阴郡所有户口数来说，东汉都不及西汉的繁多。这里还应该提到，西汉时济阴郡只辖九县，东汉时却辖有十一县，以县数平均，户口数应该还有更多的减少。这就不能说只是当时一般的减少了。济阴郡最初人口的繁多自然是和作为"天下之中"的陶的繁荣有关，而陶的繁荣是和菏水的畅通有关。汉武帝时，由于黄河泛滥，菏水受到阻塞。菏水阻塞，陶（当时称为定陶县）因之也随着萧条。这样的萧条并未因西汉的灭亡而稍告终止，甚至还要加剧，当地人口就难免有较多的减少。

不过不能说当时的黄河流域及其以北的地区就没有增加户口的郡国。这自然是有的，不过并非很多。可以提到的仅有梁国（治所在今河南商丘县）和北海郡（治所在今山东昌乐县西）。西汉时，梁国八县，有户38709，有口106752。北海郡二十六县，有户127000，有口593159。东汉时，梁国九县，有户83300，有口431283。北海郡十八县，有户158641，有口853604。前后相较，梁国所增，户数为1.5倍，口数为3倍。北海郡所增，户口数均为0.5倍。梁国所在地，本来就是富庶的地区。东汉时，增添了一个县。一个县最多时也不会有那么多的户口，这只能说，梁国地区较前更为富庶了。北海郡的情况也相仿佛。论属县，西汉有二十六县，东汉才有十八县。西汉时的二十六县，其中就有十七个县是侯国。这些侯国多半是在乡亭基础上授封的，总起来人口当然不会很多。东汉时，省去了这样一些侯国，却并来了原来的淄川（治所即在今山东昌乐县西）、高密（治所在今山东高密县西）、胶东三个王国，户口数目当然也就随着增加。北海郡本是齐国富庶的地区，也许东汉时当地也更显得富庶。

南方各地的人口一般说起来，都比以前有了增加。西汉时，南方人口最多的郡为南阳郡。南阳郡所增加的就很不少。西汉时，南阳郡三十六县，有户359316，有口1942051。东汉时，属县增添了一个，成为三十七县。有户528551，有口2439618，增加了将及二分之一的户数和将及三分之一的口数。虽然不算是很多，但和北方诸郡同比较起来，也应该算是不少的。东汉时南阳为帝乡，是和西汉时有所不同的。

南阳郡人口虽有增加，但所增加的倍数在南方似乎还是数不上的。南方人口较多的郡，如在今湖南和广西两省区之间湘漓二水上源的零陵郡（治所在今湖南零陵县），在今江西省的豫章郡（治所在今江西南昌市），在湖南省湘水中下游的长沙郡（治所在今湖南长沙市），在今湖南省东南和粤北的桂阳郡（治所在今湖南郴州市），在今两广之间的苍梧郡（治所在今广西壮族自治区梧州市），在今广东省的南海郡（治所在今广东广州市），在今云南省中部的益州郡（治所在今云南晋宁县东），云南省西部的永昌郡（治所在保山县东北），以及四川省西南毗邻云南省的越巂郡（治所在今四川西昌市）所增加的尤多。零陵郡在西汉元始二年时仅有户21092，有口139378。到东汉永和五年时有户212284，有口1001578。户增加了9倍，口增加了7倍。豫章郡在元始二年时有户67462，有口

351965。至永和五年时有户 406496，有口 1668906。户增加了 5 倍，口增加了 4 倍。其他长沙郡户增 5 倍，口增 4 倍。桂阳郡户增 4 倍，口增 2 倍。苍梧郡户增 4 倍，口增 2 倍。南海郡户增 3 倍，口增 1 倍。益州和永昌两郡合计，户增 2 倍，口增 1 倍。越嶲郡户增 1 倍，口增 0.5 倍。在南方各地人口普遍增加的情形中，这几郡显然有突出的增加不是没有原因的。现在的广州市西汉时为番禺县，乃南海郡的郡治。由于对外贸易关系，南海已成为当时沿海有数的商埠，人口的增加自为意中的事情。长沙、桂阳、零陵、苍梧以及豫章，皆在内地通往南海道路的近旁，人口自然也是会增加的。尤其是零陵郡，这是湘漓两水南北分流的地方，也是灵渠的所在，为长江、珠江两大流域沟通的处所，所以在这一百多年中间，人口显出突飞猛进的发展。

就当时西南地区而论，以成都为中心的蜀郡，人口一贯是比较稠密的。西汉时，蜀郡十五县，有户 268279，有口 1245929。按县平均，无论户数口数，都较南方人口数目最多的南阳郡为稠密。东汉时，蜀郡十一县，有户 300452，有口 1350476。户增加了六分之一，口只增加了十分之一。这和南阳郡相仿佛，都可以算是不寻常的。虽然它比起南阳郡来还少一个帝乡的条件，但它和西南通往域外大道有关，是它的优越所在。蜀郡西南的越嶲郡、益州郡以及东汉时新置的永昌郡的人口也都有突出增加，其间的道理和长沙、零陵等郡应该是相仿佛的。当时由南海郡泛舟固可远达于印度洋上，然由印度洋东来，除过沿马来半岛西南海岸转折北上，也可由伊洛瓦底江上溯。和汉朝有往来的夫甘都卢国，据说就是现在缅甸的蒲甘古城。其遗址就在伊洛瓦底江的左岸[1]。再往东北就到了现在云南省的保山县，汉时的永昌郡治就在今保山县附近。永昌多异物，在当时已引起一般人的注意[2]，由成都至永昌，应由越嶲的灵关道越孙水经益州郡的西北而后到达[3]。灵关道在今四川省西

---

① 费琅《昆仑及南海古代航行考》（冯家钧译）。

② 《三国志》卷三〇《乌丸鲜卑东夷传》。

③ 《三国志》卷四三《张嶷传》，并见拙著《秦汉时期国内之交通路线》。

昌县境，孙水也就是安宁河。这样说来，越嶲、益州、永昌三郡人口的增多，也是必然的事情。

总起来说，东汉时期，北方的人口一般都有所减少，个别显得增加，那只是极为个别的事例。南方与北方不同，南方一般都有所增加，有些郡中增加得很多，甚至超过西汉时的几倍。这除过一般的人为原因外，可能也由南方的自然条件诸如气候变化等方面逐渐为北方的人们所习惯而不断向南方迁徙的缘故，虽然这样的迁徙，论规模都还不是很大。

在人口数目增减不断变化之中，人口稠密的地区也是有所变化的。东汉时，关中的三辅旧地人口大量减少，已经不能再和东方各郡国相提并论。东方各地的人口是要算稠密了。这个稠密地区是西起伊洛两水的下游，东向直到渤海湾头。汝颍二水流域，泗水的上游，以及漳水的中下游都是包括在内的。这一点大致说来还是和西汉相仿佛的。东汉中叶，位于今河南西南部和湖北之间的南阳郡，人口数目算是最多了。汝水流域的汝南郡和颍水上游的颍川郡也不少。作为当时都城所在地的河南郡，人口也不少。河南尹二十一县，有户 208486，有口 1010827。这些地区固然算是人口稠密的地区，但是这几个郡辖地却相当广大，平均起来是有一定限度的。现在河北省清河县往南毗邻山东省境，东汉时为清河国（治所在今山东临清县东北），现在山东省济宁市附近当时为任城国（治所在今济宁市东南）。清河国七县，有户 123964，有口 760418。任城国三县，有户 36442，有口 194156。这两国人口都不算少，如果按县平均起来，要比汝南、颍川两郡还要稠密些。这是可以理解的，因为除了农业之外，这里离丝的纺织业地区不远。

七、三国鼎立时各国的人口

汉祚不祀后，三国继起。自东汉末年至于三国告终，干戈扰攘，少有宁岁，人民涂炭，各地人口也就大量锐减。前面所引的为东汉顺帝永和年间的户口数。现在可知的东汉最后一次户口的统计数字，为质帝本初元年（公元146年）的9348227户，47566772口。[①]这一年上距永和五年为六年，户和口的数目都有减少，相差还不是很多。三国时期行将结束时，魏国灭蜀，得户28万，男女口94万，带甲将士10.2万，吏4万人。[②]这一年为魏元帝曹奂的景元四年（公元263年）。据说这一年魏蜀两国通计户943423，口5372881。除平蜀所得，当时魏唯有户663423，口4432881。晋武帝太康元年（公元280年）平吴，收其图籍，户53万，吏3.2万，兵23万，男女口230万，后宫5000人。这一年全国编户2459804，口16163863。[③]这个数字和东汉永和五年比较起来，户减少了四分之三，口也减少了三分之二。

这里所说三国各自的人口数字，并非出自同一时期的记载。魏蜀两国为魏景元四年，吴国则是晋太康元年，其间相差十八年。这就难得平衡。虽未能绝对平衡，也可略见眉目。吴蜀两国的户数之和为81万，口数之和为324万。[④]如果以这两个数字和魏景元四年的魏国户口相比较，则户数多146578，口数多1192881。魏景元四年魏灭蜀前，魏国所据有的土地实兼有蜀的益州一部分和吴的荆扬两州一部分。因此这样相比所得的差别，实不应看作当时南方和北方的差别。

唐人撰修《晋书·地理志》，于各州之下仅注户数，而不载口数。据其所记载，晋太康元年，北方十二州司、兖、豫、冀、幽、平、并、雍、凉、秦、青、徐共有户1424617，南方七州梁、益、宁、荆、扬、交、广共有户

---

① 《续汉书·郡国志》刘昭注引应劭《汉官仪》。
② 《三国志》卷三三《蜀书·后主禅传》。
③ 《通典》卷七《食货上·历代户口盛衰》。
④ 据《通典》所载，魏平蜀后，得口94万，带甲将士10.2万，吏4万。通计口537.2881万。除平蜀所得，魏氏唯有口443.2881万。由通计的口数中减去魏氏所有，恰得口94万。可知所谓带甲将士和吏的人数不计在当时口数之中。

1045688。①南北相较，仍旧是北方人户较多于南方。

就南北两方来说，各州人户多寡相差亦颇悬殊。北方各州以司州户数最多，为475700。司州所属诸郡，都城洛阳所在的河南郡的人户居全国之冠，有114400。位于太行山东南、沁水下游的河内郡，亦有5.2万户，为黄河流域所少有。而位于汾水流域的平阳郡（治所在今山西临汾市西南）、涑水流域的河东郡（治所在今夏县西北），以及在今山东省西北部接连河北省的阳平郡（治所在今河北大名县东），户数皆在4万以上。次于司州的户数为冀州，共有316000户。冀州中户数最多的为赵国和渤海郡（治所在今河北南皮县）。赵国在太行山下，渤海郡在渤海之滨。前者有户4.2万，后者有户4万。诸州户数超过10万的还有豫州，然所属诸郡的户数皆无能超过2万的。至如谯郡（治所在今安徽亳县）共辖七县，才有1000户。而西汉都城所在的京兆郡，户数竟有了4万。京兆郡的人口虽有所增多，它所隶属的雍州，户数却在10万以下。南方的荆、扬、益三州，户数都显得较多。荆州有户357548，扬州有户311400，益州有户149300。而荆州的南郡、扬州的丹阳郡、益州的蜀郡，皆能有5万户，或者还要稍稍多一些。蜀郡在两汉时人口都显得稠密，这时仍能保持优势。南郡（治所在今湖北江陵县）和丹阳（治所在今江苏南京市）两郡也都能追赶上来。丹阳郡较多于南郡，这当与吴国曾于其地建立都城有关。

总的说来，西晋承汉末三国之后，全国人口是普遍减少了，可是北方多于南方的格局却基本上没有改变。格局虽没有改变，然人口分布的疏密却时时在变化，原来稠密的地区有的已不复为人所齿及。原来稀疏的地区这时渐露头角，侧身于稠密地区之中。长江中下游的南郡和丹阳两郡就是具体的事例。

---

① 《通典》卷七《食货七·历代户口盛衰·本注》：（景元四年至太康元年），"凡一十八年，户增九十八万六千三百八十一，口增八百四十九万九千九百八十二，则当三国鼎峙之时，天下通计户百四十七万三千四百三十三，口七百六十七万二千八百八十一，以奉三主，斯亦勤矣"。所言与《晋书·地理志》小有歧义。然亦无由得觇三方户口全貌。

第三节　人口的迁徙

一、自远古至于春秋时期的迁都和迁国

人口的地区分布是会因时而有变化的。变化的原因和方式不尽相同，迁徙应是其中最为主要的一种。

人口的迁徙自古已然。古史简略，往往难悉究竟。然聚族远徙，有些还是历历可征。夏商诸代皆曾频繁改易过它们的都城。都城改易正说明主要族类的迁徙。因为改易都城时，原来居住在都城的族类殆皆随同前往，无所遗漏或豁免。《尚书·盘庚》三篇的叙述可见一斑。及武王灭纣，微子受封于宋，其余相当多的部分遗黎为周人徙之于洛邑。[①] 而鲁国亦得殷民六族。[②] 就在周代，这样迁徙仍时时见于简编。杞国始封地在汉时的雍丘（今河南杞县），先春秋时已徙于鲁东北。[③] 燕国始封当在今河南省郾城县，亦于先春秋时辗转北徙[④]，至于今北京市。杞燕迁徙，史有阙文，已不易悉其端倪。入春秋后，迁国之事仍屡见不鲜。然外因实多于内因。郑国始封在今陕西省华县[⑤]，西周末年，丰镐沦丧，乃东迁于虢郐之间[⑥]。许国所封，本在今河南许昌市。许国曾频繁迁徙，然其三迁于夷（今安徽亳县南）[⑦]，五迁于白羽（在今河

---

① 《尚书·召诰》，《汉书》卷二八《地理志》。
② 《左传》定公四年。
③ 《汉书》卷二八《地理志》。
④ 顾颉刚先生《浪口村随笔·燕国曾迁汾水流域考》。
⑤ 《史记》卷四二《郑世家》。
⑥ 《国语·郑语》。
⑦ 《左传》昭公九年。

南省西峡县）^①，实出于楚国的安排。当时居于华族周围或与华族杂居的非华族亦曾陆续迁徙。戎子驹支由瓜州迁到东周王畿的附近^②，而茅戎则由大河之北迁到伊洛流域^③，前者系由晋国所迁徙，后者殆为他们自己乘机的发展。这里所举的只不过是其中较为彰明显著的事例，其他就不遑枚举了。

二、秦汉时期的人口迁徙及其有关的策略

到了秦汉统一王朝的肇建，版图有了较大的开拓，人口迁徙也就时有所闻了。秦汉王朝的人口迁徙，有两个主要策略：一是强干弱枝，另一则是实边。秦始皇初并天下，就徙各地豪杰和富有的人家于都城咸阳，这一下就徙了 12 万户。^④ 这样大规模的徙民是以前所未有的。接着又南征北伐。南取陆梁地^⑤为桂林、象郡、南海，迁徙有罪的人 50 万，南戍五岭，和越民杂处^⑥。又北伐匈奴，悉收河南地，筑四十四县，并迁徙有罪的人到那里去居住^⑦，这是最初的迁徙，究竟迁徙了多少家未见记载。过了两年，又迁徙了 3 万家。^⑧秦社倾覆时，赵佗据有岭南，当时迁戍的人大概就在当地居住下去。迁到阴山之下和河南地之人，由于匈奴再度南向牧马，大致都又返回内地了。

这两宗策略到汉时继续运用，其中强本弱末的策略就倡之于娄敬。娄敬认为秦亡之时，诸侯能够兴起，因为他们的贵族并未完全被摧毁。就像齐国

① 《左传》昭公十八年。
② 《左传》襄公十一年。
③ 《左传》成公元年。
④ 《史记》卷六《秦始皇帝本纪》。
⑤ 《史记》卷六《秦始皇帝本纪·正义》："岭南之人多处山陆，其性强梁，故曰陆梁。"
⑥ 《史记》卷六《秦始皇帝本纪》，又《资治通鉴》卷七《秦纪二》。
⑦ 《史记》卷一一〇《匈奴传》。这里所说四十四县，《史记·秦始皇帝本纪》作三十四县。
⑧ 《史记》卷六《秦始皇帝本纪》。

的田家和楚国的昭、屈、景诸家，都曾发挥过一定的作用。他们的力量在楚汉战争中都不至于受到任何损失，各处还有当地的豪杰之士，这样一些地方势力是不能轻易忽视的。当时汉朝已确定建都于关中。关中虽为秦的故都，在战乱中人口大量地减少，显得非常空虚。况且匈奴又复南下，距长安最近的路程只有 700 里，轻骑一日一夜就可达到长安城下。这就不能不考虑到如何防御的问题。因此，娄敬就建议迁徙旧日齐国的田家，楚国的昭、屈、景诸家和赵、韩、魏几国王室的后人以及豪杰名家到关中来，这样既可以防备匈奴，万一关东有事，也可以率领这样一些人东去征讨。这样的建议得到汉高帝的采纳，一次就迁徙了 10 余万口。[①] 这样的强本弱末的策略此后仍继续使用，而徙人口于诸帝陵寝，遂成为两汉一代的故事。[②]

　　汉朝疆土的开拓，以西北各处最为广大。新开拓的疆土殆皆取之于匈奴。匈奴为习于游牧的族类，为汉军所战败，辄举族远徙，所遗留者仅茫茫的草原。汉既得新地，就不能不为之迁徙人口。这不仅汉时如此，就是秦时以及战国燕赵诸国固莫不皆然。汉武帝时再度收复河南地，始置朔方、五原两郡，当年就徙朔方 10 万口。[③] 后来还有一次大规模的迁徙，迁徙的人数多达 72.5 万口。[④] 至于迁徙的地方，有关的记载不尽相同。《汉书·武帝纪》说是徙于陇西、北地、西河、上郡、会稽五个郡。《汉书·食货志》说是"充朔方以南新秦中"。《汉书·匈奴传》则说："浑邪王杀休屠王，并将其众降汉，凡四万余人，号十万。于是汉已得浑邪王，则陇西、北地、河西益少胡寇。

① 《史记》卷九九《刘敬传》。按：《汉书》卷四三《娄敬传·注》："师古曰：今高陵、栎阳诸田，华阴、好畤诸景，及三辅诸屈、诸怀尚多，皆此时所徙。"
② 《汉书》卷六四《主父偃传》："偃说上曰：'茂陵初立，天下豪杰兼并之家，乱众民，皆可徙茂陵，内实京师，外销奸猾，此所谓不诛而害除。'上又从之。"按：《汉书》卷六《武帝纪》"元朔二年，徙郡国豪杰及訾三百万以上于茂陵"，即因主父偃的奏请而迁徙的。《武帝纪》又记载："太始元年，徙郡国吏民豪杰于茂陵。"卷七《昭帝纪》："始元三年，募民徙云陵。"卷八《宣帝纪》也说："本始元年，春正月，募郡国吏民訾百万以上徙平陵。"又说："元康元年，徙丞相、将军、列侯、吏二千石、訾百万者至杜陵。"
③ 《汉书》卷六《武帝纪》。
④ 《汉书》卷六《武帝纪》。

徙关东贫民处所夺匈奴河南新秦中以实之。"在这些不同的记载里，所涉及的郡大部分都在西北，独会稽位于东南，相距实远。这次迁徙固然是解救关东贫民的困境，实际上却是巩固西北的边防，这事与会稽无涉。《武帝纪》所说的会稽郡当系误文。这里所说的西北各郡，其中陇西、北地、西河、上郡，皆系旧郡。人口虽皆不多，但较之朔方、五原两处新郡，还应该是有一定的基础的。况且自朔方、五原两郡建立之后，往朔方徙民只有一次，五原未见记载，可能尚无较大规模的移徙。这次徙民殆未必尽舍新郡而充实旧郡。匈奴浑邪王和休屠王原来皆游牧于河西各处。浑邪王降汉后，分徙其人于黄河之南[①]，是河西已无若何人口。因而这次徙人，当如《匈奴传》所言，乃是包括河西在内[②]。在此以后，由于武威、酒泉两郡地增设了张掖、敦煌两郡，就再次徙民到这些地方去。[③] 这几次迁徙人口都是由内地迁往边地，也是由狭乡徙到宽乡。可是在稍后的时候，由于武都氐人反，就分徙其中一部分到酒泉郡[④]，这样的迁徙和前几次就不很相同。其实当时边地人口所属的族类是相当复杂的。一般称为葆塞蛮夷。这些人如何居住边塞近旁，已难具知。不过有两个县值得在这里提出：一是上郡的龟兹县，在现在陕西省榆林县北；一是张掖郡的骊靬县，在现在甘肃省永昌县附近。汉县命名，一般都是有所取义的。这两县的得名显然是当地有龟兹国人和骊靬国人。龟兹国在今新疆维吾尔自治区库车县。骊靬更远在龟兹之西，当在今地中海畔，西及于意大

---

① 《资治通鉴》卷一九《汉纪一一》。

② 《汉书》卷六《武帝纪》："元狩二年，秋，匈奴昆邪王杀休屠王，并将其众合四万余人来降，置五属国以处之，以其地为武威、酒泉郡。"可是《汉书》卷二八《地理志》却说："武威郡，故匈奴休屠王地，武帝太初四年开。酒泉郡，武帝太初元年开。"两者不同。近年学者间有主张从《地理志》之说的。太初四年在元狩二年后二十年。若两郡皆置于太初年间，则浑邪王归汉后，他的人口又皆徙之于黄河以南，河西之地岂不毫无所有，形同异地，这是不可想象的。

③ 《汉书》卷六《武帝纪》。这是元鼎六年事。《汉书》卷二八《地理志》谓张掖郡置于武帝太初元年，敦煌郡置于武帝后元年，皆在元鼎六年之后。元鼎六年既已迁徙人口于其地，何能尚无郡县的设置？《地理志》所载未为得体。这和武威、酒泉两郡的记载相仿佛，皆与实际情况不相符合。

④ 《汉书》卷六《武帝纪》。

利国①，这两国的人口是怎样迁徙来的，那就不可得而知了。

三、东汉魏晋时期人口的稀少和周边诸族的内徙

到了东汉，人口的迁徙就和西汉不尽相同。东汉都于洛阳，而洛阳就在关东。东汉一代似未运用过强本弱末的策略。东汉对于边圉的宁谧亦素所关心，未敢轻易忽略，但大举为实边而迁徙人口却是未之多见。不仅未大举迁徙人口于边郡，就是内地人在边郡的，也为当地人所仆役，不得与齐民相等。②就在东汉初年，承连岁争战之后，"边陲萧条，靡有孑遗，障塞破坏，亭队绝灭"，显得人口非常稀少。当时曾经派遣专人分筑烽候堡壁，兴立郡县，或空置太守令长，以期招还人民。首先是光武帝对此就不感到若何兴趣。他曾经说过："今边无人而设长吏治之，难如春秋素王矣。"③不仅这样，他还更进一步，迁徙雁门、代郡、上谷吏人6万口，安置到常山关和居庸关以东。④居庸关今仍为居庸关，在今北京市西北。今北京市当时为广阳郡蓟县，为幽州刺史治所。刺史治所是不能说成边郡的。常山关在今河北省唐县西北。今唐县当时也称唐县，为中山国属县。中山国隶属于冀州。冀州的郡县都不能说是边地。这次迁徙雁门、代郡、上谷三郡吏民是匈奴侵扰河东州郡的缘故。这次三郡内迁之后，并未再度遣返。可是匈奴南部却因之转居塞内⑤，使边郡受到威胁。

---

① 《汉书》卷九六《西域传》："乌弋山离国，西与犁靬条支接。"师古注说："犁读与骊同。"《后汉书》卷八八《西域传》："大秦国一名犁鞬，以在海西，亦云海西国。"按：犁鞬当即犁靬，亦即骊靬。大秦即罗马帝国。罗马帝国立国于今意大利国，其东疆达到地中海之东。

② 《续汉书·郡国志》。

③ 《续汉书·郡国志》。

④ 《后汉书》卷一《光武帝纪》，又卷一八《吴汉传》。

⑤ 《后汉书》卷八九《南匈奴传》。

　　东汉未能多向边地迁徙人口，但不能不防止边地人口向内地迁徙。远在西汉时就曾经颁布过禁令，禁止边地人口潜返内地。这条禁令到东汉时仍然在执行着，似乎相当严格。但边地人口的大量减少，却也是事实。这由《续汉书·郡国志》所载的顺帝永和五年各郡国人口数字可以略见一斑。五原郡十县，有户4667，有口22957，平均每县467户，2296人。朔方郡六县，有户1987，有口7843，平均每县331户，1307口。敦煌郡六县，有户748，有口29170，平均每县才有125户，4862口。这在全国说来都是最低的。西汉边郡人口已经很少，东汉就更少了。

　　这里所说的东汉时边地人口的稀少，只是当时政府户口册籍上的稀少，实际上边地的人口并不是就减少到这样的地步。填补这样的空白就是周边各从事游牧的族类的大量内徙。本来沿边各郡早就有从事游牧族类的杂居，到这一时期，迁徙到塞内的游牧族类就陆续相继，前后不绝。他们迁徙的原因各有不同。有的是强力迁入的，有的是逐渐渗入的，有的是得到当时统治者的许可，甚至一些统治者还强制他们向内地迁徙。西汉中叶后，匈奴内部分裂，呼韩邪单于就请求迁居于汉光禄塞下。[1]东汉更听许南匈奴单于入居西河美稷。[2]光禄塞还在阴山之下，美稷位于今内蒙古自治区准格尔旗西北，已在河套之内。南匈奴单于既居于美稷，其侯王也相随内徙，分布到沿边八郡。[3]曹操更以之分为五部，因而散布到并州各处。[4]当时凉州境内羌族和汉人杂居，也是相同的情况。从东汉时起，政府更是主动迁徙若干近于边境的族类居于内地。因而他们就一再迁徙羌人居于渭水的上游，具体说来就是当

---

① 《汉书》卷九六《匈奴传》。光禄塞在今内蒙古自治区包头市西北。

② 《后汉书》卷一《光武帝纪》，又卷八九《南匈奴传》。

③ 《后汉书》卷八九《南匈奴传》。这八郡为北地（治所在今宁夏回族自治区吴忠县西南）、朔方（治所在今内蒙古自治区磴口县北）、五原（治所在今内蒙古自治区包头市西）、云中（治所在今内蒙古自治区托克托县北）、定襄（治所在今山西左云县西）、雁门（治所在今山西代县西北）、代郡（治所在今山西阳高县），当然还有南单于所居的西河郡（治所在今山西离石县）。

④ 《晋书》卷五六《江统传》。这五部所居之地为太原郡故兹氏县（今山西高平县）、祁县（今山西祁县）、蒲子县（今山西隰县）、新兴县（今山西忻县）和大陵县（今山西文水县东北）。

时的天水（治所在今甘肃甘谷县）、陇西（治所在今甘肃临洮县）、扶风（治所在今陕西兴平县）三郡。[①] 渭水上游还犹可说，更东还迁到冯翊（治所在今陕西大荔县）和河东（治所在今山西夏县西北）。[②] 当时所谓三辅，是包括京兆尹、左冯翊和右扶风三部分。左冯翊和右扶风在东汉初年即已都有了迁徙来的羌族，所剩下的只有京兆尹一隅，也就是西汉时都城的所在地。可是东汉中叶，这一隅之地也迁徙来相当多的羌族。[③] 东汉王朝这样的措施是认为迁徙这些本来从事于游牧的族类于内地，当更容易加以统治。到三国时期，魏国还是执行这样的策略。魏武帝就曾徙武都（治所在今甘肃成县西）氐族于秦川。[④] 其后更徙凉州休屠居于安定（治所在今宁夏回族自治区固原县）。[⑤] 至于乌桓的内徙以及鲜卑族入居于并州，都是这种策略推行的结果。[⑥] 甚至辽东塞外的高句丽，也被迁徙到河南郡的荥阳县（今河南荥阳县东北）。[⑦] 就在西晋初年，这样的情形还在继续下去。匈奴由塞外迁徙来的更多，分别居住在河南故宜阳城下和雍州。[⑧] 晋时雍州在华山、陇山之间，实为今陕西省的关中部分。宜阳城当在洛水下游，今河南省宜阳县西。晋时宜阳仍为县治，隶属弘农郡[⑨]，不当说是故城。弘农郡有杂胡，当系这时迁徙来的。（附图一《东汉魏晋时期周边诸族内徙图》）

---

① 《后汉书》卷八七《西羌传》。

② 《晋书》卷五六《江统传》。

③ 《后汉书》卷八七《西羌传》。

④ 《晋书》卷五六《江统传》。

⑤ 《三国志》卷二六《魏书·郭淮传》。

⑥ 《后汉书》卷九〇《乌桓鲜卑传》。

⑦ 《晋书》卷五六《江统传》。

⑧ 《晋书》卷九七《匈奴传》。

⑨ 《晋书》卷一四《地理志》。

图一 东汉魏晋时期周边诸族内徙图

东汉魏晋时期周边诸族内徙图

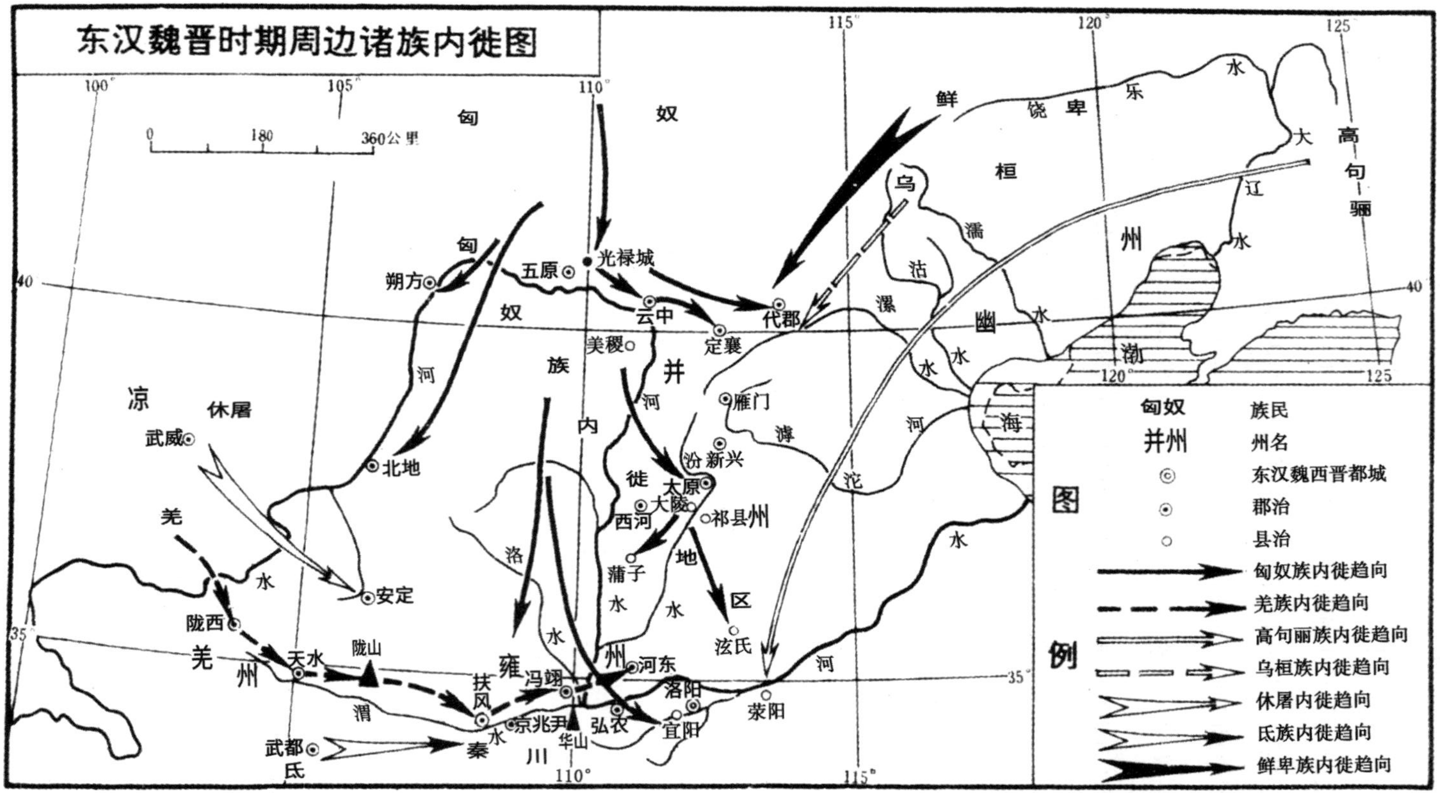

四、郭钦、江统遣送迁至内地诸族各返故地的建议

迁徙到内地这些游牧族类大致有多少人口，这不容易说得清楚。前面说过，曹操秉政时，曾分内徙的匈奴为五部，分居故泫氏县、祁县、蒲子县、新兴县和大陵县。据说居于故泫氏县的有万余落，居于祁县的有 6000 余落，居于蒲子县的有 3000 余落，居于新兴县的有 4000 余落，居于大陵县的有 6000 余落。[①] 西晋时迁徙到故宜阳县的有 2 万余落。迁徙到雍州等处的，其中两批共有 4.08 万人，另有一批凡 10 万余口。同是匈奴族，分支也不尽相同，据说共有十九种。[②] 氐羌两族迁于关中的也非少数。据说当时"关中之人百余万口，率其多少，'戎狄'居半"[③]。就是迁徙到荥阳的高句丽，"始徙之时，户落百数，子孙孳息，今以千计"[④]。这样众多的迁徙人口，与晋人杂居，无怪要引起当世若干顾虑。

就在西晋初年，郭钦和江统都提出遣送这些迁徙来的游牧族类各回故地的建议。郭钦主张"出北地（治所在今陕西耀县）、西河（治所在今山西离石县）、安定（治所在今甘肃镇原县东南），复上郡（西晋时已无上郡，东汉时上郡治所在陕西榆林县南），实冯翊"。他还主张"渐徙平阳（治所在今山西临汾市西南）、弘农（治所在今河南灵宝县东北）、京兆、上党（治所在今山西潞城县东北）杂胡"[⑤]。江统提出迁徙并州之胡和荥阳高句丽的主张，对于关中的氐羌两族更为关心。因主张"徙冯翊、北地、新平（治所

---

① 《晋书》卷九七《匈奴传》。
② 《晋书》卷九七《匈奴传》。
③ 《晋书》卷五六《江统传》。
④ 《晋书》卷五六《江统传》。
⑤ 《晋书》卷九七《匈奴传》。

在今陕西彬县）、安定界内诸羌，着先零、罕开、析支之地；徙扶风（治所在今陕西眉县）、始平（治所在今陕西兴平县）、京兆之氐，出还陇右，着阴平（治所在今甘肃文县）、武都之地"①。以现在的地理来说，匈奴族的居地主要是在山西省的中部和东南部，一直分布到汾水下游的临汾市和太行山西的高平县。就是现在的河北省的西北部和陕西省的北部，以及甘肃省的东北部和河西都有他们的踪迹。至于羌族和氐族，则陕西、甘肃两省的渭水上游以及关中等处实为他们主要的居住地区。这些建议都未能得到重视和实行。

郭钦和江统都没有提到鲜卑和羯族。这里不妨略为论述。远在汉朝，鲜卑已逐渐向南迁徙。其时就有辽西鲜卑、辽东鲜卑、代郡鲜卑等名称。② 这是指居住于这几郡塞下的鲜卑而言。③ 其实当时入居于塞内的亦殊不少，与当地齐民并处。由汉末至于魏晋，称兵北土者，习常招募鲜卑人为兵，往往多至数万④，可知并非寻常。这和南匈奴的移居西河、朔方等郡略相仿佛，不过南匈奴的内移，是得到东汉王朝的允许，几乎是倾国的移徙，鲜卑的入居塞内，只是逐渐地渗入，不为守土之臣所注意而已。当时内徙的鲜卑族分布于现在河北和山西两省的北部，更有远至甘肃省中部和青海省的。建立燕

① 《晋书》卷五六《江统传》。

② 《后汉书》卷九〇《乌桓鲜卑传》。

③ 汉时边隆并非都以塞为界，塞外还有广大的土地，故这几郡的鲜卑得以居于塞下，且乘机入塞骚扰。《后汉书》卷九〇《鲜卑传》："鲜卑入马城塞杀长吏。"注："马城，县名，属代郡。"其地在今河北省怀安县。马城县在当时并非极边之地，马城县北还有且如县，其地在今内蒙古自治区兴和县北，与马城县同濒于延水。《水经·㶟水注》："于延水出塞外柔玄镇西长川城南小山。……东南流迳且如县故城南。应劭曰：'当城西北四十里有且如城，故县也。'《地理志》曰：'中部都尉治。'于延水出县北塞外。……又东南迳马城县故城北。"于延水今为东洋河。东汉省并且如县，却并未削减版图。这说明当时北隆各地并不一定以边塞为限。所谓辽东、辽西、代郡的鲜卑正是居于塞下，因能乘当地郡县官吏不备，穿塞烧门，为边郡忧患。

④ 《三国志》卷八《公孙瓒传》："（刘）虞从事渔阳鲜于辅……等率州兵欲报瓒，以燕国阎柔素有恩信，共推柔为乌丸司马。柔招诱乌丸鲜卑得胡汉数万人，与瓒所置渔阳太守战于潞北，大破之。"《晋书》卷三九《王沈传附王浚传》："浚自领幽州，大营器械，召务勿尘，率胡晋合二万人，进军讨（成都王）颖，……乘胜遂克邺城，士众暴掠，死者甚多，鲜卑大掠妇女。浚命敢有挟藏者斩，于是沉易水者八千人。"

国的慕容氏当系出辽西鲜卑，而迁至今青海省的，后来就建为土谷浑国[1]，至于建立后魏的拓跋氏一支鲜卑，则是由瀚海东侧南迁的[2]。

羯族就是十六国时期建立后赵的石勒所出的族类。史书谓石勒之先为匈奴别部羌渠之胄。羌渠为入塞的匈奴十九种之一，也受单于的统领。[3] 既为匈奴的一种，当是与匈奴其他种先后迁徙到内地的。由于羯人高鼻深目多须，和匈奴不同，后人认为《魏书》有者舌国，《隋书》有石国，都于柘折城，即今天的塔什干。石勒的祖先可能就是石国人，移居到中原来的。[4] 如果石勒为石国人，他一个家族远道东来，也并非不可能的。就像西汉时龟兹国人那样，有一部分远道东来，西汉为之设县居住，同样也是可能的。可是冉闵后来诛诸胡羯，竟多至 20 余万[5]，这不是一个小的数目。可见羯人并未就被杀绝。当时慕容儁就曾迁徙鲜卑胡羯 3000 余户于蓟（今北京市）。[6] 后来苻坚灭慕容暐，还曾徙关东豪杰及诸杂夷 10 万户于关中。[7] 此事引起了苻融的疑虑，一再道及。就在肥水之战之前，还曾说过："鲜卑羌羯，布诸畿甸"，"鲜卑羌羯，攒聚如林"。[8] 既以羯人与鲜卑羌胡并提，可知并非少数。这些羯人之中可能有其他诸胡混称的，但羯人仍当居有最多的数目。这样众多的羯人是如何迁徙到黄河流域，又是因为什么这样大批东徙的，似还有待于继续探索。

由周边地区迁徙来的这许多的族类，自然和当地人口杂居。可是封建王朝却一直没有适当的民族政策，一切都是听从自然的发展。汉族既未能使大

---

[1] 《晋书》卷九七《吐谷浑传》。

[2] 拓跋氏承袭旧说，谓其国内有大鲜卑山，然其居地则在幽都之北，广漠之野，当在今大兴安岭西的草原，故其南迁，当由瀚海的东侧。其初迁于定襄之盛乐，在今内蒙古自治区和林格尔县西北，正远在瀚海的南方。

[3] 《晋书》卷九七《匈奴传》。

[4] 谭其骧《长水集·羯考》。

[5] 《晋书》卷一〇七《冉闵载记》。

[6] 《晋书》卷一一〇《慕容儁载记》。

[7] 《晋书》卷一一三《苻坚载记》。

[8] 《晋书》卷一一三《苻坚载记》。

家融洽无间，统治阶级的剥削压迫又反来造成许多裂痕。西晋末叶，永嘉年间（公元307—312年），各族人民乘着晋朝政府腐朽的机会，起来反抗，各族的酋长为了巩固自己的权力，又互相混战起来，使黄河流域陷入了极端不安的境地。

五、汉魏之际社会不安和战争骚扰与人口的迁徙

永嘉乱离促成了黄河流域人口的大量向南迁徙。这是历史上一宗重要的变化。其实黄河流域人口的向南迁徙，在此以前并非绝无仅有，这里不妨略作回顾。远在西汉之时，黄河流域的人对于长江流域的自然条件诸如气候等方面还有感到不适之处。随着岁月的推移，人们既要利用自然，同时也就要克服自然，原来的不适之处是会逐渐转为能够适应的。东汉末年，统治阶级的混战，黄河流域受到相当严重的破坏，邑里丘墟，人民荡析，向来人口最多的地区，差不多都发生逃亡现象。比较说来，江东、巴蜀以及辽东各地兵争较少，遂多为流人所归。尤其是避乱到江东、巴蜀者更多。大概是三辅、南阳各地的人民多迁入巴蜀①，徐州一带的人民则多迁到江东②。这里所说的还是人民自由的迁徙，当时的统治者更大批的强迫迁徙。孙策破庐江太守刘勋于皖城。尽夺袁术的百工及鼓吹部曲三万人，皆徙到吴地。③孙权又攻庐江太守李术于皖城，复徙其部曲三万家。④在蜀汉一方面也积极迁徙人口。诸葛亮初出祁山，就拔在现在甘肃天水西南的西县人民千余家于汉中。⑤后

---

① 《三国志》卷三一《蜀书·二牧传·注》。
② 《三国志》卷五二《吴书·张昭传》，又卷五三《吴书·张纮传》。
③ 《三国志》卷四六《吴书·孙策传》。
④ 《三国志》卷四七《吴书·孙权传·注》。
⑤ 《三国志》卷三五《蜀书·诸葛亮传》，又卷四四《姜维传》。

来姜维又徙武都氐和凉州胡于蜀郡，并且还从洮河流域迁徙了许多人民。[①]因为当时人民既纳口赋，又服兵役，有了人口则财政和军力俱可得到若干程度的解决，所以各国皆设法招徕人民，甚至以武力抢夺人民。

就以吴、蜀两国政府来说，比较重要的人物多为由北方迁来的。在吴国这种迁来的人物几占半数，在蜀汉几乎达到了三分之二。[②]这些统治阶级人物自表面看来，关系似不甚大。其实当时人口的迁徙常是成群同行。同行人中或者是宗族、亲党，或者是地主阶级的部曲，前行者已得一相当安逸的住所，后边就络绎相随。如邴原避难于辽东，一年之中往归者数百家[③]，田畴避难于现在河北遵化境内的徐无山中，数年之间，竟聚集到五千余家[④]。这种情形在蜀汉、吴国政府比较重要的人物中也可以看出来。麋竺的家本在东海，原有僮客万人，他追随刘备，曾以奴客二千人佐备军。[⑤]鲁肃由淮南入吴，将轻侠少年数百人同行。[⑥]吕范也是率领了私客百人依附孙策。[⑦]这虽然是几条例证，可以看到当时南方人口的增长是有各种不同的方式的。

六、西晋末年永嘉乱离和中原人口的南渡

西晋末年的永嘉乱离，较之汉魏之际豪强混斗对社会的破坏是要严重得多了。这时的乱离主要在黄河流域及其以北的地区。秦岭和淮水以南虽也受到波及，但还不至于那么频繁。更南的长江流域由于距离黄河流域稍远，就

---

① 《三国志》卷四四《蜀书·姜维传》。

② 拙著《论诸葛亮的攻守策略》。

③ 《三国志》卷一一《魏书·邴原传》。

④ 《三国志》卷一一《魏书·田畴传》。

⑤ 《三国志》卷三八《蜀书·麋竺传》。

⑥ 《三国志》卷五四《吴书·鲁肃传》。

⑦ 《三国志》卷五六《吴书·吕范传》。

显得平静安谧。乱离地区的人口为了避难，就纷纷向南迁徙。当时北方的司、冀、雍、凉、并、兖、豫、幽、平诸州皆有遗民南渡[①]这是说，远至现在甘肃省河西各处和辽宁的辽河两岸，都有向南方迁徙的人口。就在乱离的初期，南迁人口之多，竟已占到北方原来人口的十分之六七。[②] 这就不能不是有史以来巨大的变化。

永嘉以后，乱离并未止息，连续蔓延，前后共有一百三十六年[③]，在这悠长的时期里，北方人口的向南迁徙，陆续出现几个高潮。大体说来，约有四次。永嘉乱离初起时，洛京倾覆，长安继陷，中原人口就已大量向南迁徙。这是第一次。成帝初年，苏峻、祖约为乱于江淮之间，引起北方霸主的南侵，淮南之民率多南渡，于是形成人口再次向南迁徙的高潮。康穆两帝之后，"胡亡氐乱"，关、陇、秦、雍人口趋向汉沔和梁、益两州。这是第三次。东晋末年，刘裕北伐，虽得收复部分疆土，及至宋时，北魏拓土淮南，而氐人又数相攻击，人口又复向南迁徙。这是第四次。此后南北情势有所变化，北方得到较长时期的稳定，人口南迁的局势因而也有所改易。[④]

人口向南迁徙，因所在地区各异而显得有所差别。大要言之，黄河流域下游的流人，多趋向江淮之间和长江下游。黄河流域上游的流人则多趋向秦岭巴山之南或南出汉沔。在这东西两部分中，也各有些较小的区分。在东部地区中，迁徙到现在江苏省的长江南北的人口，主要是来自山东省及江苏省的北部，也还有来自河北省及安徽省的北部的。迁徙到现在安徽省及河南省淮水以南、湖北东部和江西北部的人口，主要是来自河南省和安徽省的北部，也还有来自河北省和江苏省的北部的。迁徙到现在山东省黄河以南的人口，主要是来自河北省和山东省的黄河以北。在西部地区中，迁徙到现在湖北省长江流域上游和湖南省北部的人口，主要是来自山西省，也还有来自河南省

---

① 《宋书》卷三五《州郡志》。
② 《晋书》卷六五《王导传》。
③ 《晋书·载记序》。
④ 谭其骧《长水集·晋永嘉丧乱后之民族迁徙》。

的。迁徙到现在四川省及陕西汉中的人口，主要是来自甘肃省和陕西省的北部，也还有来自四川省的北部的。迁徙到现在河南和湖北两省的汉水流域的人口，主要是来自陕西省和河南省的西北部。[①]（附图二《永嘉后民族迁徙示意图》）

七、十六国霸主的迁徙人口

南迁的人口得到江左王朝的安置。留在北方的人口，由于十六国霸主的先后起伏，也在辗转流徙，难得有较为长久的安定生涯。在战乱时期，拥有人口不仅可以取得赋税，而且可以征收兵丁。十六国的霸主无不掠夺人口，以图壮大他们的势力。他们所掠夺的人口率皆集中于其都城所在地或其所统治地的重要区域。十六国霸主既起伏不常，时相更代，而又皆以掠夺人口为要务，故人口的被迫迁徙就极为频繁。

由于十六国霸主都在掠夺人口，彼此之间，实互为伯仲，无间彼此。这里姑略举数例，以作说明。建立后赵的羯族石勒及其继承者石虎，先后掠夺人口，无远弗届。所掠夺得来的人口相当多的部分都是集中其都城襄国（今河北邢台市）及其附近太行山东各处。其后冉闵大杀羯胡时，青、雍、幽、荆州徙户及诸氐羌胡蛮数百万各还本土，以至道路交错，互相杀掠，诸夏纷乱，无复农者。[②] 前秦于十六国中最为大国，曾经统一黄河流域。当其初强时，与前燕东西对立，不相上下，后来灭掉前燕，鲜卑族当然受其摆布，迁到关中的就多至4万[③]，实际上也并非仅有这些人口，因为后来前秦瓦解时，

---

① 谭其骧《长水集·晋永嘉丧乱后之民族迁徙》。
② 《晋书》卷一〇七《冉闵载记》。
③ 《晋书》卷一一一《慕容㒜载记》。

图二　永嘉后民族迁徙示意图

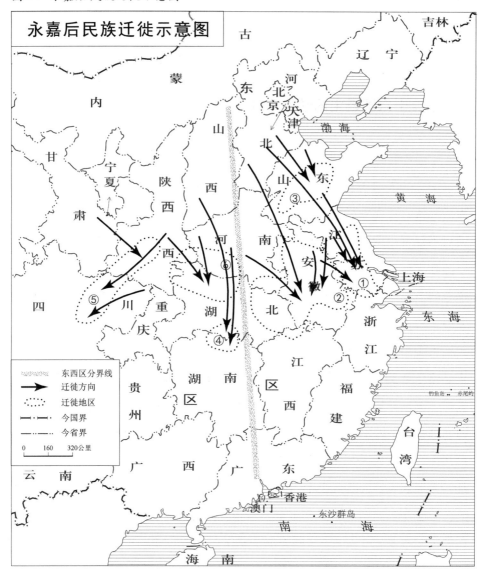

慕容永去长安而东，犹率去鲜卑族40万口 ①。

陇西鲜卑族所建立的西秦，崎岖于河湟之间，兼有黄河以南一隅之地，前后不过二十余年，其迁徙人口竟达二十余次，几乎无岁不在迁徙。每次迁徙的率皆在数千户或数万人。② 西秦的都城亦一再变动，计有勇士城（今甘肃榆中县北）、度坚山（今甘肃靖远县西）、苑川（今甘肃榆中县北）、金城（今甘肃兰州市）、乐都（今青海乐都县）、谭郊（今甘肃临夏县西北）、枹罕（今甘肃临夏县东北）等数处，每次迁都，都城的人口当然也得随着移徙。

十六国中西凉居于最西北处，也是一个蕞尔小国，就是这样的小国，竟然也有前秦由江汉和中州徙来的人口。③ 西凉也乘间招徕人口。西凉的都城本在敦煌（今甘肃敦煌县西），这些迁徙来的人口当然也聚集到敦煌。后来西凉迁都到酒泉（今甘肃酒泉县），这些人口也随着迁徙到酒泉。当时为了安置这些人口，甚至还分置了会稽、广夏、武威、武兴、张掖几个郡 ④，可知其数目不会是很少的。

十六国时期的一百多年的离乱中，人口的迁徙，如上所说，是相当频繁的。在这样的频繁迁徙过程中，每次被迁徙的人口数目难得都是一样，有的固然相当众多，稀少的也并非就完全没有。如果作为个别的事例来说，本来用不着在这里逐一涉及。因为在其他时期，个别迁徙人口的现象也是寻常都可遇到的。十六国时期人口的迁徙自有其特殊的情形，未可一概而论。正是由于这样频繁的迁徙，往往促使一些地区甚至一些城市的面貌有了显著的变化。而这样变化的历程又往往相当短促，为时非久，就又成了另外新的局面。平城的变化就可作为例证。平城见于历史的记载并且为后世所道及的，实始于西汉初年，汉与匈奴间的兵争，此后就只是一个普通

---

① 《资治通鉴》卷一〇六《晋纪二八》。
② 《晋书》卷一二五《乞伏乾归传》《乞伏炽磐传》。
③ 《晋书》卷八七《凉武昭王传》。
④ 《晋书》卷八七《凉武昭王传》。

的县邑，不复引人注意。魏晋之际就是这样县邑的地位也未保持得住。拓跋魏最初迁都于此时其也难得有城市的规模。在迁都以前，北魏就已经开始向这里迁徙人口，建都以后，又陆续地迁徙，平城人口之多遂为当时黄河流域其他城市所难以比拟。这种情况一直延续了将近百年的光景[①]，其间少有变化。另一个例证还可以举出统万城。统万城在今陕西靖边县北，当地人称之为白城子。这座城始建于赫连勃勃，作为夏国的都城。赫连勃勃是在草原之上建城的。建城之时，这里难得有什么居人，正是由于赫连勃勃的大量迁徙人口，统万城才巍然成为一方的都会。就是它的附近地区也有了显著的改观。夏国历年短促，统万城作为都城，前后只有十年。[②]夏国灭亡后，北魏于其地设置夏州，自北魏迄于北宋，夏州才被隳毁，其规模当然不能和统万城作为都城时相提并论了。其他的霸主也都同样的迁徙人口，其所迁徙的地区，也大都是集中于他们的都城及其附近的地区，这些都城大体都有相类似的变化，而变化的幅度大致是在平城和统万城之间。有些都城是在不同的霸主统治之下继续发挥出一定的作用的，但其中的人口却是再经迁徙聚集，而后始得和前一时期相仿佛，或者有所超过和不如。当刘曜的前赵破灭时，长安的人口就有相当多的数目被迁徙到后赵都城襄国去。后赵后来迁都于邺。邺和襄国相距本不甚远，虽是短途迁都，人口也还是要随着迁徙。但成为问题的却是在石季龙之后，羯族政权行将覆灭时，原来被迁徙来的数百万人口纷纷各还本土。长安人口经过石赵的迁徙，到前秦再以长安为都时，仍须由各处迁徙人口。同样的情形，当邺成为前燕的都城时，这座城池又复成为迁徙人口的集中处所。

[①] 北魏自道武帝天兴元年（公元398年）迁都平城，至孝文帝太和十九年（公元495年）迁都洛阳，其间共有九十八年。

[②] 《魏书》卷九五《铁弗刘虎传》。

八、唐代周边族类的内徙及安史之乱时人口的南迁

有唐一代也和其他王朝一样，人口的迁徙是时有所闻的。域外各族内迁的就不在少数。还在贞观年间，由于内地安定，"中国人自塞外来归及突厥前后内附，开四夷为州县者，男女一百二十余万口"[①]。所谓"开四夷为州县者"，是就地设州县，而户部因之计算户口，不能就认为是迁徙。这是贞观三年（公元629年）的记载，其时突厥犹未破灭，所谓前后内附，还只是其中的一部分。

颉利可汗破灭时，其部下或走投薛延陀，或入西域，其来降者尚10余万人；就是以后还有降者，先后处于北陲及灵（治所在今宁夏回族自治区灵武县）、夏（治所在今陕西靖边县北）两州间。当时还曾为这些降人设置了六胡州。六胡州稍后改为宥州。宥州几经迁徙，最后设在夏州长泽县。[②]

后来平定高丽，内迁的人口至少也有六七十万口[③]，随后由百济迁来者为数亦非甚少[④]。这些由高丽迁来的人口，除散在内地外，就"量配于江淮

[①]《旧唐书》卷二《太宗纪上》。按：卷三《太宗纪下》："贞观五年，以金帛购中国人因隋乱没突厥者男女八万人。"

[②]《旧唐书》卷一九四上《突厥传上》：为了安置突厥降人，"于朔方之地，自幽州至灵州置顺、祐、化、长四州都督府以统之"。《新唐书》卷三七《地理志》："调露元年，于灵、夏南境以降突厥置鲁州、丽州、含州、塞州、依州、契州，以唐人为刺史，谓之六胡州。……（开元）十年，平康待宾，迁其人于河南及江淮。……（开元）二十六年，还所迁胡户置宥州及延恩等县。"

[③]《旧唐书》卷五《高宗纪》：总章二年，"移高丽户二万八千二百"。如每户以5口计算，则已有14万余口。《资治通鉴》卷二○一《唐纪一七》作38200户。《旧唐书》卷一九九《东夷传·高丽》：唐克安市后，"傉萨以下酋长三千五百人，授以戎秩，迁之内地"。其原属高丽的盖、辽、岩三州7万人亦内迁。

[④]《资治通鉴》卷二○二《唐纪一八》："仪凤元年，徙熊津都督府于建安故城，其百济户口先徙于徐、兖等州者皆置于建安。"

以南及山南、并、凉以西诸州空闲处安置"[①]。而百济户则是先徙于徐、兖，后乃徙于建安。建安在今辽宁省营口市南。大致说来，凡是迁到内地的，都不使之聚居在一起，因而也难得起到若何的作用。

唐代像这样迁徙邻近各族的人口还是不少的。如迁吐谷浑[②]及党项[③]于灵、夏诸州，迁奚族于幽州[④]，迁沙陀于盐州（治所在今宁夏盐池县）[⑤]等，所迁徙的人口都不甚繁多，就难得一一论述了。

唐代人口分布的最大变化是在中叶天宝末年。安史之乱骤起，黄河流域绝大部分就都沦为战场。这时仿佛汉魏之际和永嘉乱离之时，由于中原各处兵荒马乱，当地人士就纷纷向南迁徙。这时南迁的路线，也和以前一样，不外三途。其中相当多的一部分，乃是渡淮而南，趋向于江东太湖周围，甚至到更南的各州。亦有由中原直接向南，而至于江、湘各处，或越终南，循栈道，而至于巴蜀。

安史之乱倏然发作，黄河下游各处即罹兵燹，故南迁的人口大都就近渡淮。今传世的《安禄山事迹》就曾记载着："衣冠士庶多避地于江淮间。"[⑥]当时的李华也说过："今贤士君子多在江淮之间。"[⑦]稍后的韩愈更说过："中国新去乱，仕多避处江淮间。"[⑧]然江淮之间仍近于中原，远不如江东的安谧，故渡江者更多。[⑨]而苏州尤为避难之人聚集的所在。据说这里侨寓的"中原衣冠"，就占了当地户口的三分之一。[⑩]江东户口有元和年间（公元806—820年）的载籍可供考核。元和年间苏州有户100808。[⑪]三分之一

① 《旧唐书》卷五《高宗纪》。

② 《旧唐书》卷一九八《吐谷浑传》。

③ 《旧唐书》卷一九八《党项羌传》。

④ 《旧唐书》卷一九九下《奚传》。

⑤ 《新唐书》卷二一八《沙陀传》。

⑥ 唐姚汝能《安禄山事迹》卷下。

⑦ 《全唐文》卷三一五，李华《送张十五往吴中序》。

⑧ 《韩昌黎集》卷二四《考功员外卢公墓铭》。

⑨ 《旧唐书》卷一四八《权德舆传》："两京蹂于胡骑，士君子多以家渡江东。"《新唐书》卷一九四《卓行·权皋传》略同。

⑩ 《全唐文》卷五一九，梁肃《吴县会厅壁记》。

⑪ 《元和郡县图志》卷二五《苏州》。

就应有 3300 户。如每户以 5 口计，可能有 16 万多口。苏州如此，其附近各州大致也差相仿佛。[①] 他们不仅以三江五湖为家，而且"登会稽者如鳞介之集渊薮"[②]，应该说是很多的了。

次于江东的应该数到荆襄诸州了。唐代中叶以后于荆州置荆南节度使。在这里置节度使的缘由，据说是"中原多故，襄邓百姓，两京衣冠，尽投江湘，故荆南井邑，十倍其初"[③]，因而就设置了这样重要的官职。荆州之东的鄂州（治所在今湖北武汉市）不当南行的大道，也因侨寓的人多，而户口倍增。[④] 就是洞庭湖畔的澧州（治所在今湖南澧县东南）同样因侨寓人多而户口倍增。[⑤] 至于剑南的成都平原和巴蜀各地，也因中原乱离而人口有所增加。潼关为安史乱军攻破后，唐玄宗就仓皇逃避，奔向蜀郡。其后乱离日甚，襁负随来也就络绎不绝。虽未能和江东、荆南相比拟，却也有相当众多的数目。

唐代中叶以后，黄河流域的乱离时有所闻，人口迁徙仍不断见于记载，其规模范围似都未能超过安史之乱这一时期。正是由于这一时期黄河流域人口大量的向南迁徙，无论在经济文化各方面都有显著的影响，因而也就不能不引起治史论世者的注意。

九、两宋之际女真人侵扰时人口的南迁

继唐代中叶安史之乱以后，中原人口再次大规模向南迁徙，是在两宋之际。这是女真人的侵扰所引起的。自北宋末年靖康破灭至南宋隆兴和议告成，

---

① 江东的苏、润、常诸州的人士多有自中原迁来侨寓的，拙著《两〈唐书〉列传人物本贯的地理分布》中曾有论述。
② 《全唐文》卷七八三，穆员《鲍方碑》。
③ 《李白集校注》卷二六《武昌宰韩君去思碑》。
④ 《李白集校注》卷二六《武昌宰韩君去思碑》。
⑤ 《旧唐书》卷一一五《崔瓘传》。

前后延续竟长达三十余年之久，其间以建炎年间（公元 1127—1130 年）至绍兴初年以及金海陵王南侵期间最为高潮。当时南迁人口的众多，远超于安史之乱，直可上侔于永嘉乱离以后的状况。

当北宋初破，徽钦二帝被掳之时，都城居人无间贵贱，皆纷纷南奔，人数之多，竟达巨万，甚至"衣冠奔踣于道者相继"[①]。南迁的人口率多趋向江东。这固然是由于汴河尚未绝流，道路不至于骤告阻塞，也是由于宋高宗已重新组成政府，为人心之所系。宋高宗当时为金人所追迫，辗转流离，难得定处。其后以杭州为都，粗告安定，因而更为南迁人口所趋向。杭州频临太湖。太湖本是富庶地区，这时又在辇毂之下，所以就成为南迁人口的聚集之所。杭州隔钱塘江就是浙东，浙东富庶不减浙西。当杭州尚未定都之前，越州（即后来的绍兴府，治所在今浙江绍兴市）实曾为高宗驻跸的所在，故南迁的人口亦多蹴居其地。当时有人就说："四方之民云集二浙，百倍常时。"[②] 也有人说，"平江、常、润、湖、杭、明、越，号为士大夫渊薮，天下贤俊多避地于此"[③]，却也都是实际情况。

当时南迁的人口还多有至荆襄和巴蜀的，荆襄之北正当中原，距开封和洛阳皆非甚远。当地人口不能迁往江东的，就多就近趋向荆襄。[④] 至于西北各处的南迁人口，则多奔至巴蜀，其时吴玠、吴璘方先后扼守和尚原和仙人关，巴蜀更较为安谧，是以南迁至其地的人口也显得繁多。当然其间也有由今安徽省渡淮而南，辗转迁至今江西省的，似不如上述各处为甚。

这几条南迁的道路和唐代中叶安史之乱时南迁人口的道路是大致相仿佛的，就是与西晋末年永嘉乱离之后南迁人口的道路也差不多。这当然和当时的交通道路有关。这几个时期乱离的起因虽各不相同，所波及的地区却大致相似。只是安禄山的兵力仅至于长安附近，并未再继续向西骚扰。由于他是

---

① 《宋史》卷四五三《赵俊传》。

② 李心传《建炎以来系年要录》卷一五八，绍兴十八年十月，莫澮所言。

③ 李心传《建炎以来系年要录》卷二〇，建炎三年二月庚午，郑毅所言。

④ 《三朝北盟会编》中帙卷三九："士民携老扶幼，适汝、颍、襄、邓避难者莫知其数。"

经过潼关向西进攻的，因而当时由关中南迁的人口就只能迁到荆襄和巴蜀，而不会由中原趋向江东。

安史之乱始终未越过秦岭和淮水。永嘉乱离之后一直到南北朝时，中原的扰攘和北朝对南方的用兵，虽越过秦岭淮水一线，在长江的中下游最多只是达到江边，亦未能渡江而南。所以南迁的人口大都是过江即止，不至于远至更南的州郡。过远处也不再闻有侨州郡县的设置。唐时虽无侨州郡县的设置，南迁的人口亦少闻曾远至岭峤之下暨南海之滨。[1] 到了南宋，不仅太湖、鄱阳湖、洞庭湖周围都有了南迁的人口，就是远至现在的福建和两广诸省也不乏他们的踪迹。南宋宁宗庆元四年（公元 1198 年）邵武军（治所在今福建邵武县）的户数达到 142100，较元丰三年（公元 1080 年）增加了 54200 户，其中不少是靖康之乱时迁入的。[2] 而当时广南西路的郁林州（治所在今广西壮族自治区玉林市）[3] 和容州（治所在今容县）[4]，也都有来自北方的迁徙者。翻越岭峤的大路，或由郴州，或由大庾（今江西大余县），皆可会于韶州（今广东韶关市）而至于广州，再至于广南东路各处。亦可经由桂州（今广西壮族自治区桂林市）至广南西路各处。而郴州一途实为当时通行大道。广南西路既已有许多南迁的人口，则广南东路就不能独为阙如。

这样众多的南迁人口，是会对当地的经济、文化各方面起到相当显著的作用和影响的。（附图三《南宋初年人口南迁图》）

---

[1] 《新唐书》卷一八一《刘瞻传》："其先出彭城，后徙桂阳。"彭城，今为江苏省徐州市。桂阳，郡名，即郴州，今为湖南省郴州市，位于五岭北麓。然史未详著其迁徙年代，不悉其与安史之乱有关否。

[2] 张家驹《两宋经济重心的南移》，张书作邵武县。核实应为邵武军。一县之中不应有这么多的户数。

[3] 蔡絛《铁围山丛谈》卷六："吾以靖康丙午岁迁博白……十年之后，北方流寓者日益众多。"博白当时为郁林州属县，今为广西博白县。

[4] 王象之《舆地纪胜》卷一〇四《容州》："容介桂、广之间，渡江以来，避地留家者众。"按：这两条文献记载，张家驹书曾先征引过。

图三 南宋初年人口南迁图

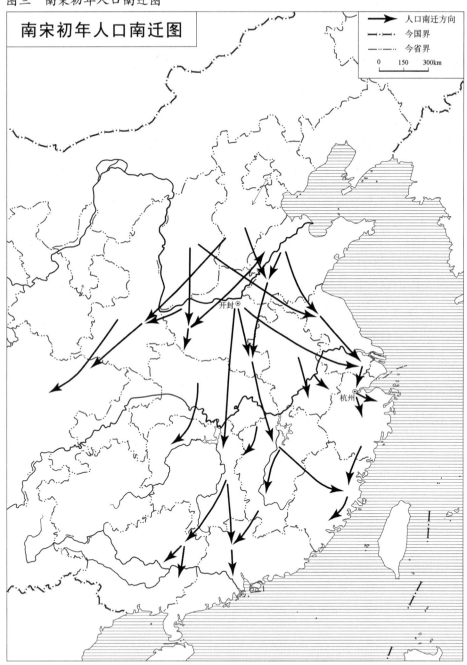

南宋初年人口南迁图

人口南迁方向
今国界
今省界

0   150   300km

第四节　人口重心区域的变迁

一、从上古至于秦汉魏晋时期的人口重心区域

　　人口分布的疏密，与自然和地理环境有密切的关系，但人为作用也对其有重要的影响。人对于居住地点的选择自来都是十分注意的。远在上古始有定居生涯之时，即已肇其端倪。自后日积月累，也就弥加重视。不论是地理环境，还是人为作用，也都因时而有变迁，居住地区就难得永远固定下去，这就使各个地区人口的分布不能都保持一定的密度而无所改变。

　　从上古时起，人口的重心区域乃是在黄河中游及其附近地区。那时尚无确实的人口记载，不过由三代都邑的分布可以约略觇见其中的线索。三代都邑多有迁徙，却都未能远离黄河中游及其附近地区。都城并不一定就是当时人口最为密集的所在。但在人为作用的影响下，都城至少应是人口较为稠密的地方。这个地区乃是西起陇山之东，而东至于泰山之下，北抵霍山，而南越嵩山。下至西周之时，似仍未能有过多的超越。西周时曾大封诸侯。当时的封土固然不以这样的地区为限，然其绝大部分却都是在这个地区之内。这些封国除过占有一定的土地外，还应统治相当数量的人口，其中绝大部分都是殷商的遗黎。卫国、鲁国和晋国的始封就是明确的例证，卫国所得的是殷民六族，鲁国是殷民七族，而唐叔所分则是怀姓九宗。[①]其他封国大小不同，也必然是各有所得。虽然有这样一些封国，对于殷商的旧土只是点的占领，还说不到全面的控制。仅是这样繁多的点，显然

────────────

① 《左传》定公四年。

就和这个地区之外的其他地方不尽相同。当然这并不是说，这个地区之中所有各处的人口都是繁多的。还有些地方一直是荒芜的，甚至是少有人烟的。虢郑之间的蓬蒿藜藿，宋郑之间的弃地，都可以作为例证。这是在前面已经提到过的。东周的雒邑乃是王都所在，雒邑周围自然是畿辅之地，可是还陆续有相当数量戎人从他处迁来，足证伊洛两水侧旁的山地，人烟还是相当稀少的。但不应因此就说，这个地区在当时并非人口的重心所在，因为其他地区较之这里还是相差很远。

经过战国时期的长期战乱和秦王朝的短暂统一，历年悠久的西汉统一帝国终于建成，于是有了全国各地的具体人口记载。这样的记载具见于班固所撰的《汉书·地理志》中。其后一些史书也仿照踵行，略加推算当可得到各地的平均户口，就能相互作出比较。西汉时，各郡国中平均每县人口在5万以上的如下[①]：

1. 济阴郡 154031 人　　　　2. 颍川郡 130319 人

3. 淮阳国 109047 人　　　　4. 鲁国 101230 人

5. 陈留郡 88767 人　　　　　6. 赵国 87488 人

7. 东平国 86854 人　　　　　8. 蜀郡 83062 人

9. 河南郡 79104 人　　　　　10. 甾川国 75677 人

11. 东郡 75410 人　　　　　　12. 交趾郡 74624 人

13. 玄菟郡 73948 人　　　　　14. 楚国 71115 人

15. 汝南郡 70166 人　　　　　16. 巴郡 64377 人

17. 清河郡 62530 人　　　　　18. 河内郡 59283 人

19. 京兆尹 56872 人　　　　　20. 沛郡 54878 人

21. 南阳郡 53946 人　　　　　22. 九江郡 52035 人

[①] 这是据《汉书》卷二八《地理志》各郡国所属县数除其人口数的商数。

23. 成阳国 51446 人　　　24. 魏郡 50536 人 [①]

这二十四郡国中，在今河北省南部的为赵国、魏郡和清河，在今河南省黄河两侧的为河南、河内、陈留和东郡，在今山东省西部的为济阴和东平，都属于黄河中下游的地区。其南的颍川、汝南、淮阳、沛郡、楚国和鲁国，虽已南入淮水流域。还应该说是近于黄河中下游。这样的地区，西不逾殽函，东至于泰山，较之春秋战国之时，西方已稍有收缩。至于南北却都有所扩大，因为清河郡已在由霍太山向东引伸线之北，而颍川、汝南等郡，又在嵩山之南。在这个地区之中，其他郡国的人口是显得少些，但相差并不悬殊，可以作为当时人口重心地区之所在。在这个地区以外的一些郡国，如上文所提到的，人口也有相当多的，但邻近的郡国都难得相互比拟，因而就不免显得孤单，不易形成较大的地区。（附图一《西汉元始时人口分布图》）

到了东汉，经过新莽时期的混乱，各国人口都大量地减少 [②]，迄至顺帝永和五年（公元 140 年），犹难尽复旧观。西汉平帝元始二年（公元 2 年），全国共有 12233062 户，59594978 口 [③]，永和五年，全国才有 9698630 户，49150220 口 [④]。户数虽有超过，而口数相差尚多。这时每县平均 5 万口以上的郡国，有如下表 [⑤]：

1. 永昌郡 237168 人　　　2. 陈国 171952 人

3. 渤海郡 138313 人　　　4. 蜀郡 122771 人

---

① 这里所涉及的各郡国的治所今地：济阴郡在今山东定陶县，颍川郡在今河南禹县，淮阳国在今河南淮阳县，鲁国在今山东曲阜县，陈留郡在今河南开封市东南，赵国在今河北邯郸市，东平国在今山东东平县，蜀郡在今四川成都市，河南郡在今河南洛阳市，淄川国在今山东寿光县西南，东郡在今河南濮阳县，交趾郡在今越南河内，玄菟郡在今辽宁新宾县，楚国在今江苏徐州市，汝南郡在今河南汝南县东北，巴郡在今重庆市，清河郡在今河北清河县东北，河内郡在今河南武陟县西南，京兆尹在今陕西西安市西北，沛郡在今安徽濉溪县西北，南阳郡在今河南南阳市，九江郡在今安徽寿县，成阳国在今山东莒县，魏郡在今河北临漳县西南。

② 《续汉书·郡国志》刘昭注引应劭《汉官仪》："世祖中兴。海内人民可得而数，才十二三，边陲萧条，靡有孑遗，邮塞破坏，亭队绝灭。"

③ 《汉书》卷二八《地理志》。

④ 《续汉书·郡国志》。

⑤ 这里据《续汉书·郡国志》各郡国所属县数除其人口数的商数。

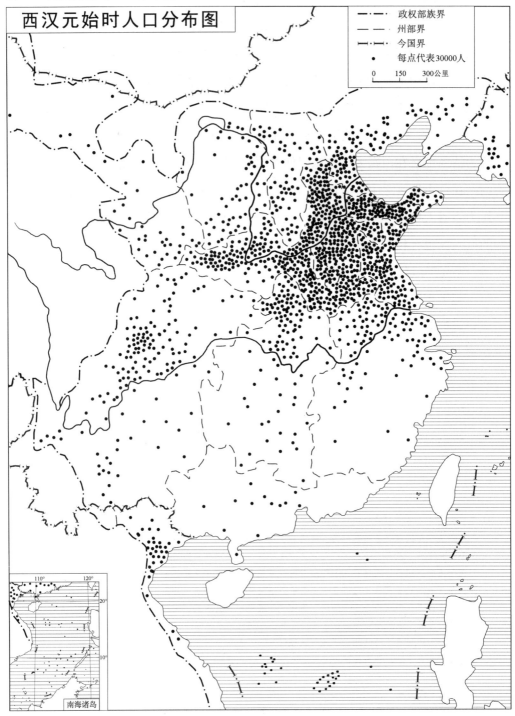

西汉元始时人口分布图

5. 平原郡 111406 人　　　　6. 清河郡 109917 人

7. 涿郡 90536 人　　　　　　8. 颖川郡 84501 人

9. 齐国 81961 人　　　　　　10. 长沙郡 81490 人

11. 豫章郡 49472 人　　　　　12. 巴郡 77575 人

13. 零陵郡 77044 人　　　　　14. 鲁国 68598 人

15. 南阳郡 65936 人　　　　　16. 任城国 64719 人

17. 东平国 64039 人　　　　　18. 彭城国 61628 人

19. 山阳国 60609 人　　　　　20. 济阴郡 59778 人

21. 河间国 57674 人　　　　　22. 汝南郡 56778 人

23. 广阳郡 56120 人　　　　　24. 东海郡 54340 人

25. 吴郡 53906 人　　　　　　26. 陈留郡 51143 人

27. 中山国 50630 人　　　　　28. 安平国 50393 人 [①]

东汉这些郡国和西汉显然不同的是，南方一些地方的人口较前为稠密。最显著的是永昌郡。永昌虽是边郡，以接近域外，多异物，故人口最多，其他零陵、长沙、豫章、吴郡皆在长江以南，自两汉之际，中原人口不断南迁，故较前有所增多，可与黄河流域一些人口较多的郡县相媲美。就黄河中下游来说，各郡国人口数字的升降，也未能都是一律。有些是显著减少了，有些反来还在增多。黄河以南的山阳、任城两郡国，黄河以北的平原、渤海、中山、河间、安平、涿郡、广阳皆在增多之列。而减少的则是河南、河内、赵国、东郡和魏国。可以说，这一时期人口重心地区所在地基本上还和西汉相仿佛，只是西侧继续有所收缩，而东北则向北大为扩展。扩展到了广阳、涿郡等处。也可以说，经过两汉之际的乱离，黄河下游的富庶并未过多减少，而人为的

---

① 这里涉及各郡国的治所今地：永昌郡在今云南保山县东北，陈国即两汉的淮阳国，渤海郡在今河北南皮县北，平原郡在今山东平原县南，涿郡在今河北涿县，齐国在今山东淄博市临淄城，长沙郡在今湖南长沙市，豫章郡在今江西南昌市，零陵郡在今湖南零陵县，任城国在今山东济宁市东南，彭城国即西汉的楚国，山阳国在今山东巨野县南，河间国在今河北献县东南，广阳郡在今北京市，东海郡在今山东郯城县，吴郡在今江苏苏州市，中山国在今河北定县，安平国在今河北冀县。其他各郡国已见前述，不再赘及。

力量，还使之能有更多恢复。（附图二《东汉永和时人口分布图》）。

《三国志》无《地理志》，据《晋书·地理志》所载，当时各郡国所属的县，平均户数在 4000 户以上的，有如下表[①]：

1. 越巂郡 10680 户　　　　　2. 河南郡 9533 户

3. 蜀郡 8333 户　　　　　　4. 阳平郡 7286 户

5. 巨鹿郡 7000 户　　　　　6. 乐陵国 6600 户

7. 汲郡 6167 户　　　　　　8. 新都国 6125 户

9. 河内郡 5778 户　　　　　10. 上洛郡 5667 户

11. 濮阳国 5250 户　　　　　12. 魏郡 5088 户

13. 永昌郡 4750 户　　　　　14. 河东郡 4722 户

15. 丹阳郡 4682 户　　　　　16. 河间国 4500 户

17. 京兆郡 4444 户　　　　　18. 荥阳郡 4250 户

19. 渤海郡 4000 户　　　　　20. 中山国 4000 户[②]

西晋承东汉季年和三国鼎立，战乱频仍之后，人口锐减。晋武帝太康元年（公元 280 年）平吴时，大凡户 2459840，口 16163863。[③] 和东汉永和五年时相较，相差甚多。而黄河中下游以南各郡国，所谓中原之地，所减者尤多。这就使两汉以来部分的人口重心区域所在地失去其存在的意义。值得注意的乃是太行山东平原一些郡国的户数所减少并不很多。在当时的情况下，这一地区还可以说是人口重心的所在。不过较之东汉时已经缩小了许多，甚至难于相互比拟。较前更有所不同的是黄河中游及其附近地区的个别郡国人口也显得较其邻近的郡国为多，河南、上洛、河东、京兆诸郡就是如此。

---

① 《晋书·地理志》不载各郡国的人口数字，这里就用户数计算，求出其每县平均数。

② 这里所涉及的各郡国治所的今地：越巂郡在今四川西昌市，阳平郡在今河北大名县东北，巨鹿郡在今河北平乡县西南，乐陵国在今山东惠民县东北，汲郡在今河南汲县，新都国在今四川广汉县，上洛郡在今陕西商县，濮阳国即两汉东郡，河东郡在今山西夏县西北，丹阳郡在今江苏南京市，京兆郡即西汉京兆尹，荥阳郡在今河南荥阳县东北。至于河南、蜀郡、河内、魏郡、永昌、河间、渤海、中山诸郡国的治所，皆同于两汉，就不再一一注明。

③ 据《晋书》卷一四、一五《地理志》所记载的各有关州郡的户数计算所得的数字。

图二 东汉永和时人口分布图

东汉永和时人口分布图

南海诸岛

图例

· 每点代表15000人
—·— 政权部族界
— — 州部界
—··— 今国界
▨ 无数字区域

0 200 400公里

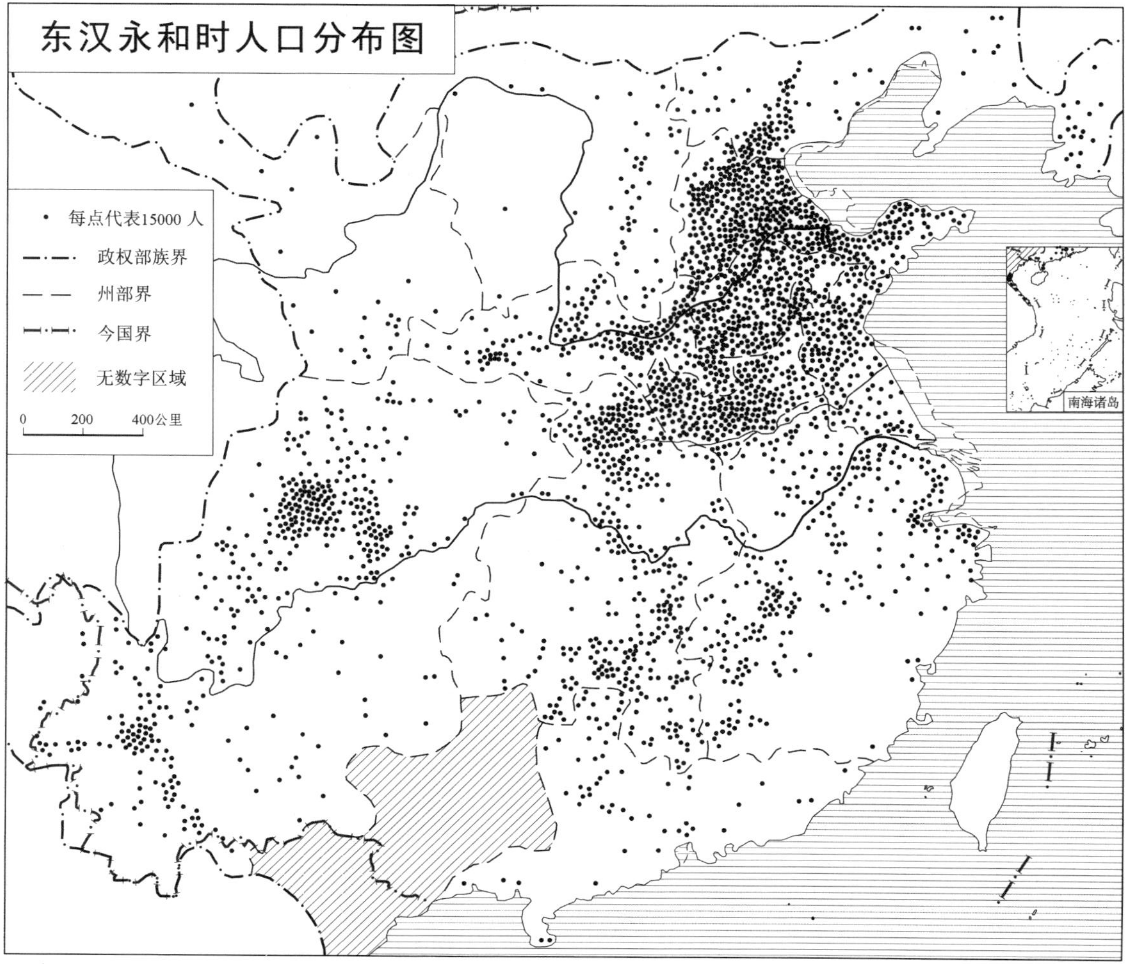

应该指出，这几个郡的户数皆较东汉时为少。这一点和太行山东各郡国相仿佛，但所涉及的地区却远不如太行山东的广大。

至于长江流域及其以南的地区，东汉时人口显得有所增加，后历经三国鼎立，人口也一例减少。就是蜀吴都城所在地的蜀郡和丹阳两郡也未能幸免。越巂和永昌两郡，于西晋时虽仍超冠于其他郡国之前，若与东汉时相较，也是相差甚多的。

还应该指出，就在西晋初年，黄河流域及其附近地区共有户1412939，长江流域及其以南地区共有户1081188。[①]南北相较，南方还是弱于北方。（附图三《西晋太康时人户分布图》）

二、永嘉丧乱与十六国霸主的起伏对于人口重心的影响

永嘉丧乱与十六国霸主的起伏，使所涉及的地区人口的分布随时都有不同的变迁，相应地影响到人口重心地区的稳定。

永嘉丧乱初起之时，中原遗黎即相率南迁，东晋、南朝为此设置了若干侨州郡县。《宋书·州郡志》兼载实土与侨置，亦可觇见一代典制。这篇记载以宋孝武帝大明八年（公元464年）为准，上距永嘉之乱已有一百五十余年。其所记载的人口数字，较之西晋太康年间，似尚不至悬殊过甚。这时人口以丹阳和会稽（治所在今浙江绍兴市）两郡为最多，其次则为吴郡（治所在今江苏苏州市）和吴兴（治所在今浙江湖州市）。丹阳所属八县，有户41010，平均每县为5126户。会稽所属十县，有户52228，平均每县为5223户。吴郡所属十二县，有户50488，平均每县为4207户。吴兴所属十县，有户49609，平均每县为4960户。这时的丹阳、会稽、吴兴三郡的每县平均户

---

① 据《晋书》卷一四、一五《地理志》所记载的各有关州郡的户数计算所得的数字。

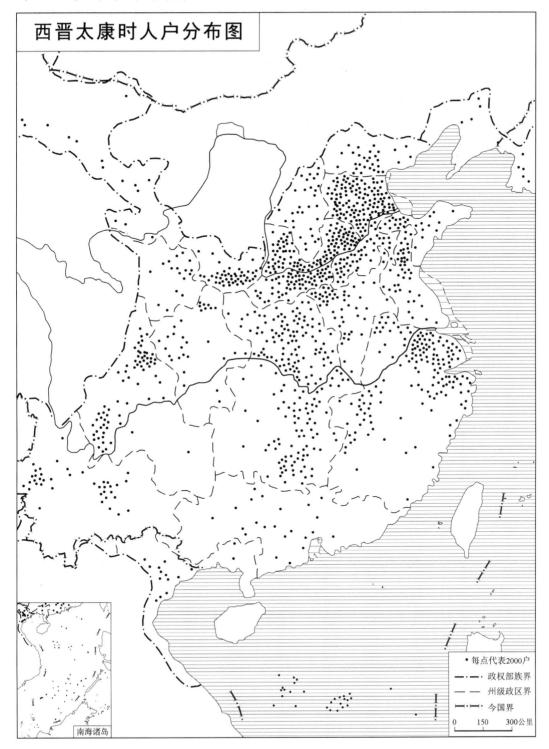

西晋太康时人户分布图

南海诸岛

• 每点代表2000户
政权部族界
州级政区界
今国界

0　　150　　300公里

数，仅各自稍多于西晋时的丹阳郡，吴郡还稍差一点。如前面所说的序列，西晋丹阳郡于当时全国的人户居第十五位，应该还不是人口最稠密的地区。这时丹阳等四郡皆在太湖周围，其所辖地并非尽有太湖周围各处，因此尚不能以此而谓太湖周围就可以算是当时的人口重心地区。

在十六国霸主统治的地区，由于战乱频仍，人口经常在不时迁徙之中，以前人口重心所在的地区受到严重的摧损，名实都难相符。十六国霸主各自所迁徙的人口都是相当众多的，所迁徙的地方固然以各自都城为主，都城附近的地区也往往得到实惠。石勒以襄国为都，所迁徙的人口自应聚集到襄国。可是苻洪所部氐人却居于枋头，姚弋仲所部羌人，也居于清河。枋头今属河南省淇县，清河今属山东省临清县，虽皆在襄国周围，相距并非很近。当然在枋头和襄国之间，以及清河和襄国之间，可能还有其他流人被迁徙去居住的地区。如果确实是这样，则以襄国为中心也可形成一个新的人口重心所在的区域。石勒如此，其他霸主所统治的地区也何尝不是这样。只是每个霸主所建立的政权，历时都相当短促，未久即告覆灭。就是在其统治期间，人口的居住就已经难于稳定，一旦覆灭，原来所迁徙来的人口，不是自行散去，就是为新的霸主所迁走。冉闵大诛羯胡时，原来被迁徙居于襄国及其附近的数百万人口都纷纷各返本土，就是具体的例证。至于被以武力胁持再度迁徙的事，为数就更为繁多。这在前文已有论述，无须在这里重作赘陈。在这样情况之下，如何还能再有什么人口重心所在的区域。

时过境迁，社会逐渐安定，作为人口重心所在的区域还是会逐渐重复形成的。因为社会虽然紊乱，地理环境却不至于因之而有很大的变迁。这时的人为作用，充其量也只是使所在的地理环境难以发挥其应有的效能。只要社会粗告安定，这样的效能还是可以逐渐发挥出来的。人本来是会利用自然并进而改造自然的，既然少有或没有更多的人为作用的阻挠，还是会选择有优越的地理环境的所在地，从事利用和改造，这样是会形成新的人口重心所在的地区的。

北魏建都平城，逐渐统一了黄河流域及其附近的地区，这是人口分布新局面的开始。北魏以平城为都时，也和十六国霸主一样，频繁地向平城迁徙人口。后来迁都洛阳，平城人口也随着向洛阳迁徙，就是鲜卑族人也不例外。其他的迁徙也并不是就已经完全没有了，不过较之十六国时期确是很不相同的。只是这一时期各地人口的具体数字，直到东魏孝静帝武定年间（公元 543—550 年）才有记载，已晚于刘宋孝武帝大明八年八十余年了。

《魏书》作于东西魏分裂之后，故《地形志》所记详于东魏，崤函以西则称为"沦陷诸州"，偶有户口记载，略见斑点，难得全豹。《地形志·序》论北魏一代户口的增损时说："（孝明帝）正光（公元520—525年）已前，时惟全盛，户口之数，比夫晋之太康，倍而已矣。孝昌之际（公元525—528年），乱离尤甚。恒代而北，尽为丘墟，崤潼已西，烟火断绝，齐方全赵，死如乱麻，于是生民耗减，且将大半。"这样说来，就是西魏各郡户口得见记载，恐也难得都是稠密的。

据《魏书·地形志》所载，武定八年，各郡中每县平均 3 万人以上的，有下列各郡：

1. 上党郡 80895 人　　　　2. 巨鹿郡 43413 人

3. 河间郡 37142 人　　　　4. 中山郡 36463 人

5. 常山郡 35517 人　　　　6. 颍川郡 35303 人

7. 渤海郡 35121 人　　　　8. 博陵郡 33751 人

9. 魏郡 33694 人　　　　　10. 章武郡 32574 人

11. 阳翟郡 31935 人　　　　12. 清河郡 30918 人

13. 北广平郡 30383 人 [①]

这十三个郡绝大部分都在太行山东，仅上党郡在太行山西，阳翟、颍川两郡在黄河以南。太行山东诸郡，南起魏郡，北至河间、常山、章武，应是这一时期人口重心的所在。魏晋以后，中原扰攘，人口顿形减少，阳翟、颍

---

① 这个表中的各郡治所今地：上党郡在今山西长治市北，巨鹿郡在今河北晋县西，河间郡在今河北河间县，中山郡在今河北定县，常山郡在今河北正定县南，颍川郡在今河南长葛县东，渤海郡在今河北南皮县，博陵郡在今河北安平县，魏郡在今河南临漳县西南，章武郡在今河北大城县，阳翟郡在今河南禹县，清河郡在今山东临清县东，北广平郡在今河北南和县。

川两郡还能保持相当稠密的人口，这是相当难得的，不过距太行山东诸郡稍远，是不易列入这时人口重心地区之中的。

这一时期，江淮以南尚无人口统计数字，未能相互比较。还在南北朝初期，刘宋时曾经有过人口记录，其时为孝武帝大明八年（公元 464 年）。大明八年下距武定八年为八十四年。虽为时稍远，亦可略事参照。据《宋书·州郡志》所载，各郡中每县平均在 3 万人以上的实仅会稽（治所在今浙江绍兴市）、吴郡（治所在今江苏苏州市）和吴兴（治所在今浙江湖州市）三郡。吴郡、吴兴两郡濒临太湖，会稽亦在钱塘江东，当时人口都是相当稠密的，但仅有这三郡，恐还是不能和黄河下游相比拟的。

根据上面的论述，可以说经过十六国和南北朝初期的社会乱离和不安，人口累经迁徙，其分布地区的格局也相应显得紊乱。至于南北朝后期，始得初告安谧，人口重心所在的区域也能因之再度显现。这样的变迁显然是由于人为作用所引起的，并不是地理环境的失常。正是由于地理环境仍和以前一样，等到人为作用的阻挠消失后，其依然能够恢复以前的旧观。

三、隋代黄河流域附近地区和长江流域及其以南地区人口多寡的比例

前面论述到两汉时期的人口，曾就黄河流域附近地区和长江流域及其以南地区人口多寡作过比较，其后乱离，南北分裂，户口数字又复难得详备，无由续作论述。南北统一之后，隋氏历年虽甚短促，《隋书·地理志》具在，南北比例就可从事探求。

《隋书·地理志》依据《禹贡》九州区划记载隋时郡县。这虽不是隋时制度，但九州的划分，大致以秦岭淮水为南北两方的疆界。秦岭淮水以北，于《禹贡》为雍、豫、兖、冀、青、徐六州，正是黄河流域及其附近的地区，

而梁、荆、扬三州，则是长江流域及其以南的地区。据《隋书·地理志》所记载的户数计算①，黄河流域及其附近地区的六州共有 6934768 户，而长江流域及其以南地区的三州仅有 2135346 户，其间差别仍显然可见，构成三与一的比例。

如果再就当时各郡的人户分布作推敲，其间情况大体也还仿佛。隋时各郡每县平均户数在 13000 户以上的计有下列二十三郡：

1. 恒山郡 22196 户　　　　2. 清河郡 21896 户

3. 河东郡 15708 户　　　　4. 济阴郡 15661 户

5. 齐郡 15232 户　　　　　6. 武阳郡 15217 户

7. 襄国郡 15125 户　　　　8. 平原郡 15091 户

9. 武安郡 14824 户　　　　10. 北海郡 14785 户

11. 荥阳郡 14633 户　　　　12. 东平郡 14348 户

13. 信都郡 14056 户　　　　14. 京兆郡 14023 户

15. 颍川郡 13974 户　　　　16. 汲郡 13966 户

17. 汝南郡 13890 户　　　　18. 东郡 13545 户

19. 赵郡 13469 户　　　　　20. 河间郡 13376 户

21. 河内郡 13361 户　　　　22. 襄城郡 13240 户

23. 汝阴郡 13185 户②

自两汉之际起，黄河流域的人口就有向南移徙的现象。汉魏之间以及永嘉乱离之后迄于南北朝，黄河流域的人口曾经有过较为繁多的迁徙，这都

---

① 《隋书》卷二九、三〇、三一《地理志》不载各郡口数。

② 这里所涉及的各郡的治所今地：恒山郡在今河北正定县，清河郡在今河北清河县，河东郡在今山西永济县西南，济阴郡在今山东定陶县，齐郡在今山东济南市，武阳郡在今河北大名县东北，襄国郡在今河北邢台市，平原郡在今山东陵县，武安郡在今河北永年县东南，北海郡在今山东益都县，荥阳郡在今河南郑州市，东平郡在今山东郓城县，信都郡在今河北冀县，京兆郡在今陕西西安市，颍川郡在今河南许昌市，汲郡在今河南淇县，汝南郡在今河南汝南县，东郡在今河南滑县东，赵郡在今河北赵县，河间郡在今河北河间县，河内郡在今河南沁阳县，襄城郡在今河南临汝县，汝阴郡在今安徽阜阳市。

是在前面已经论述过的。可以看到，虽然有过这样的迁徙，但对于黄河流域及其附近地区和长江流域及其以南地区两方面人口的比例，并没有显著的变动。就在隋时，人户最多和较多的郡还是多在黄河流域及其附近的地区。具体说来，以太行山东为最多。南起汲郡和武阳，北至恒山和河间、襄国。其次就是黄河以南，濒河的荥阳、东郡、东平、齐郡几郡，隔着黄河和汲郡、武阳、清河、平原几郡相邻，显示黄河下游的南北是相仿佛的。黄河以南最远的是汝南和汝阴两郡，已经是在淮水的岸旁。其北就是襄城、颍川和荥阳。这二十三个郡中最西的为京兆，最东的为北海。这也就是说，这一地区作为这一时期的人口重心所在地，其西越过了崤函山地，其东乃在泰山之东，其南其北也都分别超出了由嵩山和霍山分别向东西的引伸线。这个地区基本上是在黄河中下游的南北，和以前各时期大致还相仿佛，而周围却都超过了以前的地区。还可以说，这样人口重心所在地区，经过了十六国和南北朝时期的乱离和不安，还大致和以前相仿佛，虽然也有若干变迁，所有变迁却都不是十分巨大的。（附图四《隋大业时人户分布图》）

四、唐代天宝季年南北人口的趋于平衡

唐代人口的分布已经显示出和以前各代有所不同，尤其是玄宗天宝元年（公元742年）就相当明显。这时上距唐初建国才百余年，下距安史之乱尚有十余载。其差异处是南北的人口已经趋于平衡。天宝元年的户口两《唐书·地理志》皆有记载。唐初分天下为关内、河南、河东、河北、山南、陇右、淮南、江南、剑南、岭南十道。这十道大体是按照主要山川形势划分的。秦岭淮水以北为关内、河南、河东、河北、陇右五道。其余五道皆在秦岭淮水之南。其后又因十道分山南、江南为东西道，增置黔中道及京畿、都畿，共为十五道。这是在南北诸道中自行析置，总的形势并没有改变。

图四　隋大业时人户分布图

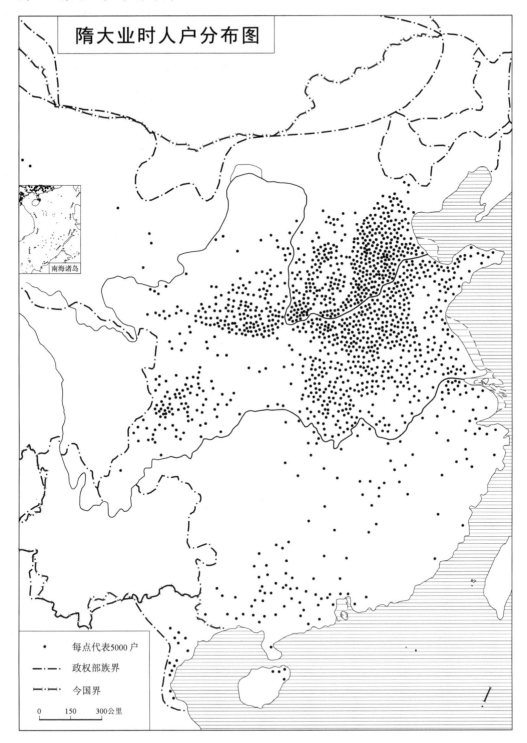

隋大业时人户分布图

每点代表5000户
政权部族界
今国界

0　　150　　300公里

南海诸岛

据唐史所载，天宝元年全国各道共有户 8973634，有口 50975543。秦岭淮水以北诸道有户 4922183，有口 30424011。秦岭淮水以南诸道有户 4051451，有口 20551532。[①] 南北相较，大致略相仿佛，秦岭淮水以北诸道仍稍稍显得超过。若就当时各道中每平方公里平均人口数观察，秦岭淮水以北诸道中的人口密度也显得较高。都畿道每平方公里平均有 58.7 人，其次为河北道，有 56.76 人，京畿道 46.41 人，河南道 38.2 人，河东道 23.21 人，皆在 20 人以上。南方诸道在 20 人以上的仅有江南东道和淮南道。江南东道为 31.44 人，淮南道为 20.31 人。[②]

这样还可再以天宝元年各州郡的每县平均人口数作比较。秦岭淮水以北每县平均在 6 万人以上的州郡有如下表（天宝时已改州为郡，这里依旧用州名，以便能与以后一些王朝作比较）：

1. 瀛州 132634 人　　　2. 曹州 119475 人

3. 沧州 117958 人　　　4. 洺州 113880 人

5. 德州 109976 人　　　6. 贝州 104345 人

7. 相州 98366 人　　　8. 京兆府 98009 人

9. 亳州 96446 人　　　10. 汴州 96251 人

11. 冀州 92280 人　　　12. 宋州 89704 人

13. 濮州 80130 人　　　14. 魏州 79277 人

15. 绛州 73904 人　　　16. 徐州 68382 人

17. 博州 68042 人　　　18. 陈州 67081 人

19. 汾州 64046 人　　　20. 怀州 63625 人

---

① 两《唐书·地理志》于各州之下，皆记所领户口数。《新唐书·地理志》明确指出为天宝元年的户口数，《旧唐书·地理志》仅说是天宝领户口数。虽所记数目稍有出入，皆应据天宝元年的版籍。这里据《新唐书·地理志》所记载的数目计算。

② 梁方仲《中国历代户口、田地、田赋统计》中的《唐代各道人口密度表》。

21. 齐州 60995 人　　　22. 滑州 60387 人 [①]

这一时期南方各地平均每县超过 6 万人的州郡也有十余处，列表如下：

1. 润州 165677 人　　　2. 常州 138135 人

3. 宣州 110623 人　　　4. 衢州 110102 人

5. 婺州 101022 人　　　6. 台州 97803 人

7. 蜀州 97674 人　　　8. 湖州 95540 人

9. 成都府 92820 人　　　10. 苏州 90379 人

11. 彭州 89347 人　　　12. 越州 75656 人

13. 吉州 75446 人　　　14. 杭州 73245 人

15. 扬州 66837 人　　　16. 楚州 65155 人

17. 睦州 63761 人　　　18. 汉州 61641 人

19. 饶州 61088 人 [②]

上面这两个表显示出：秦岭淮水以北一些州郡的人口仍是比较稠密的。其中一大部分的州郡远在唐代以前就是人口稠密的地区，到了唐代仍然继续保持旧有的规模。应该指出：像这样的州郡还是集中在黄河下游的南北各地。这也就是说，直到唐代中叶，人口重心的所在并没有改变，只是有关的一些州郡间或小有出入。在此以外，还有一些州郡的人口密度也显得是比较高的。如都城所在的京兆府，以及汾水流域的绛州和汾州就是明显的

---

① 本表所列的府州治所今地：瀛州在今河北河间县，曹州在今山东定陶县，沧州在今河北沧州市，洺州在今河北永年县东南，德州在今山东陵县，贝州在今河北清河县，相州在今河南安阳市，京兆府在今陕西西安市，亳州在今安徽亳县，汴州在今河南开封市，冀州在今河北冀县，宋州在今河南商丘县，濮州在今山东鄄城县北，魏州在今河北大名县东北，绛州在今山西新绛县，徐州在今江苏徐州市，博州在今山东聊城县东北，陈州在今河南淮阳县，汾州在今山西汾阳县，怀州在今河南沁阳县，齐州在今山东济南市，滑州在今河南滑县东。

② 本表所列的府州治所今地：润州在今江苏镇江市，常州在今江苏常州市，宣州在今安徽宣州市，衢州在今浙江衢州市，婺州在今浙江金华市，台州在今浙江临海市，蜀州在今四川崇庆县，湖州在今浙江湖州市，成都府在今四川成都市，苏州在今江苏苏州市，彭州在今四川彭县，越州在今浙江绍兴市，吉州在今江西吉安市，杭州在今浙江杭州市，扬州在今江苏扬州市，楚州在今江苏淮安县，睦州在今浙江建德县东，汉州在今四川广汉县，饶州在今江西波阳县。

例证。但是较之黄河下游以南各处还是稍差一点。同时也显示出另外的人口重心的所在地已经在逐渐形成，而且大致具备了相当的规模，这就是长江下游三角洲太湖流域及其附近的地区。润、常、苏、湖、扬、杭诸州皆在太湖的周围。这是一个相当广大的地区，可以形成人口重心的所在地，而且还伸延到钱塘江东南的越、明、婺、衢、台诸州，只是总的范围还没有黄河下游及其南北各地的广大，而且这一时期人口虽已增多，但还比不上黄河下游及其南北各地，因而尚未能取而代之，成为人口重心的所在。还应该指出，成都平原的岷江流域，人口稠密地区的范围也在逐渐扩大之中，但还难以和长江下游太湖流域相提并论。（附图五《唐天宝时人口分布图》）

五、唐代中叶以后至于北宋季年人口重心的转移

天宝季年南北人口虽趋于平衡，但平衡并未就此稳定下来。这是由于长江流域及其以南的一些地区的自然条件的利用和改造，逐渐显得深化，从而引得更多的人口向南迁徙，而黄河流域及其附近的地区，由于人为的不臧，仍难免发生动乱，也促使当地的人口向南迁徙。人口不断迁徙，平衡就难于稳定。北宋初期全国人户的统计，显示长江流域及其以南地区已经超过了黄河流域及其附近地区。据撰述于北宋初期的《太平寰宇记》所载：河南、关西、河东、河北、陇右五道共有 2553689 户，剑南、江南、山南、淮南、岭南五道共有 3610751 户。[1] 这样的数字就和唐代天

---

[1] 根据《太平寰宇记》各道所属府州的主客户数，计算出这两个总户数。

图五　唐天宝时人口分布图

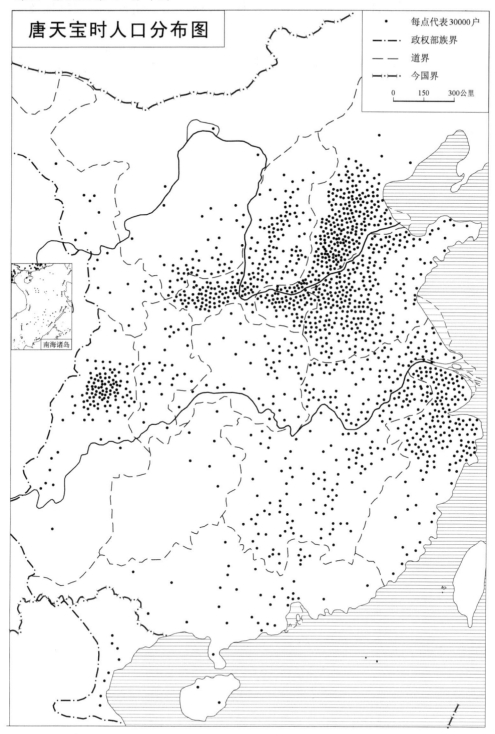

唐天宝时人口分布图

- ·　每点代表30000户
- —·—　政权部族界
- ——　道界
- —··—　今国界

0　　150　　300公里

南海诸岛

宝元年很不相同，长江流域及其附近地区显然已经超过了黄河流域及其附近各地了。北宋一代虽不断发生边衅，国内大致还是承平盛世，但这种发展的趋势并未因之而稍有中止，迄于北宋末年，其间的差别就更为显著。

《宋史·地理志》亦记载有宋一代的户口，而以徽宗崇宁元年（公元1102 年）为准。据其所记，各路所属府州的人口平均每县在 6 万口以上的，秦岭淮水以南地区共有二十六处，列表如下：

1. 汉州 131813 人   2. 吉州 119657 人

3. 宝庆府 109080 人   4. 建昌军 92518 人

5. 怀安军 87493 人   6. 永州 81107 人

7. 袁州 81088 人   8. 潭州 80237 人

9. 宁国府 78458 人   10. 濠州 76729 人

11. 抚州 74730 人   12. 平江府 74719 人

13. 台州 70391 人   14. 赣州 70213 人

15. 安庆府 68373 人   16. 崇庆府 68263 人

17. 瑞州 68188 人   18. 临江军 67552 人

19. 隆兴府 66556 人   20. 泉州府 66000 人

21. 成都府 65548 人   22. 建宁府 64714 人

23. 常州 61727 人   24. 衡州 61651 人

25. 寿春府　61595 人　　　　　26. 湖州　60283 人 ① ②

平均每县有 6 万人口的府州，这时在秦岭淮水以北地区的并不很多，仅有如下的八处：

1. 保州 23024 人　　　　　　2. 德顺军 146241 人

3. 太原府 124177 人　　　　　4. 鄜州 92415 人

5. 淮阳军 77065 人　　　　　6. 东平府 66017 人

7. 耀州 62423 人　　　　　　8. 密州 65468 人 ③

　　北宋时期的人口分布和以前各时期有了较大的差异。如前所述，唐代中叶秦岭淮水南北的人口已渐趋于平衡，而北方还略占优势。到了北宋，南方

---

① 本表所列各府州治所的今地：汉、吉、台、常、湖五州及成都府皆承唐旧；宁国府为唐宣州，平江府为唐苏州，已见前文。宝庆府在今湖南邵阳市，建昌军在今江西南城县，怀安军在今四川金堂县南，永州在今湖南零陵县，袁州在今江西宜春市，潭州在今湖南长沙市，宁国府在今安徽宣州市，濠州在今安徽凤阳县东北，抚州在今江西临川市，赣州在今江西赣州市，安庆府在今安徽安庆市，瑞州在今江西高安县，临江军在今江西清江县西南，隆兴府在今江西南昌市，泉州府在今福建泉州市，建宁府在今福建建瓯县，衡州在今湖南衡州市，寿春府在今安徽寿县。

② 袁震《宋代户口》（载《历史研究》1957 年第 3 期）中附有《宋代各路人口密度表》，据《宋地理图》计算出各路的土地面积，从而求其每平方公里人数，其结果自不易与按每县平均人数的府州都完全符合。兹录长江流域人数较多诸路每平方公里人数于下，并附各路平均人数较多的府州，以相对照：

　　1. 成都府路 45.5 人。其中有汉州和崇庆、成都两府。

　　2. 两浙路 30.7 人。其中有平江府和台、常、湖三州。

　　3. 潼川府路 27.8 人。其中有怀安军。

　　4. 江南西路 27.7 人。其中有宣庆、隆兴两府，吉、袁、杭、赣、瑞五州，建昌、临江两军。

　　5. 江南东路 24.9 人。其中有宁国府。

③ 本表所列各府州治所的今地：保州在今河北保定市，德顺军在今甘肃隆德县，太原府在今山西太原市，鄜州在今陕西富县，淮阳军在今江苏邳县南，东平府在今山东东平县，耀州在今陕西耀县，密州在今山东高密县。按：德顺军有一县一城，如以城比县，则平均每县为 73121 人。据前引袁震《宋代户口》一文中的《宋代各路人口密度表》，秦岭淮水以北地区每平方公里人数在 20 人以上的路，仅有京畿、河北东、河北西、京东西四路：

　　1. 京畿路 25.8 人。

　　2. 河北东路 25.3 人。

　　3. 京东西路 23.1 人。其中有东平府。

　　4. 河北西路 20.3 人。其中有保州。

京畿路、河北东路所属各府州平均每县人口皆无在 6 万人以上者。而德顺军、太原府、鄜州、淮阳军、耀州、密州所隶属的诸路皆无在 20 人以上者。

人口明显超过了北方。北方绝大部分地区的人口都在减少，黄河下游南北各地，特别是太行山东人口的减少，更为显著，不能复称为人口重心区域的所在地。这一时期长江流域许多州郡的人口都有所增加，显示出和以前的不同。但原来人口较多的州郡所增加的却不很多，甚至还有所减少，即如长江下游三角洲、太湖流域的润、常两州在唐代天宝年间平均每县都超过10万人，湖、苏两州也都在9万人以上。到这时，这几州的人口都有所下降，湖州仅能稍稍超过6万，镇江府（润州）则更在6万人以下了。成都平原也是如此。唐代天宝年间，蜀、彭、汉三州和成都府人口都相当繁多。蜀州和成都府都超过9万人，汉州最少，也在6万以上。到了这时，成都和崇庆（蜀州）两府都有所减少，彭州甚至还不到6万人。仅汉州增加到1倍以上。前面说过，天宝年间，全国共有户8973634，有口50975543。宋太宗太平兴国时（公元976—983年），全国共有户3560797[1]，宋神宗元丰年间（公元1078—1085年），全国共有户10883686[2]。就是到宋徽宗崇宁元年（公元1102年），全国共有户已达20264307，就是人口也达到45324154。[3] 如果说太平兴国时上距唐末五代为时还非过久，创痍还未能完全恢复，元丰、崇宁时则不仅有所增加，而且增加的幅度也并非很小。这样说来，长江下游三角洲太湖流域和成都平原一些本来人口还相当多的府州，这时反来还有所减少，这就出乎常例之外了。为什么会有这样的情形，容异日再作论证。不过就崇宁军和成都府几个府州的人口来说，在当时还应该是最多的。前面曾经征引过有关的统计资料，说是成都府路每平方公里有45.5人，超过了两浙路的30.7人。这也是全国的最高的。不过成都府路中人口最多的还是上面所提到的成都府、崇庆府、汉州和怀安军，其他各州军的每县平均人口都在6万以下，6万以上的范围是相当狭小的，因而难得就说这里是当时人口重心地区的所在地。成都平原尚且如此，长江下游三角洲太湖流域

---

① 这是据《太平寰宇记》所记统计出来的数字。
② 这是据《元丰九域志》所记统计出来的数字。
③ 这是据《宋史·地理志》所记统计出来的数字。

就更不易说得上了。（附图六《宋崇宁时人口分布图》）

六、宋金并立时期南北两方面人口的对比

北宋末年，由于金人的侵扰，促使中原人口的纷纷向南迁徙，这种迁徙宛如浪涛一样，不时兴起高潮，前后竟达数十年之久，因而人口的分布就难免有很大的变化。宋金并立，长期以淮水和秦岭为界，淮水秦岭以北就是黄河流域及其附近地区，而且还应更向北延伸，直至今西拉木伦河和松花江流域，也就是金国的北京路和上京路。淮水秦岭以南则是长江流域及其以南的地区。这南北两方面的人口数字自然都不是完全相同的，宋金并立时期更是如此。

宋金两国的人口各因时而有相当的差距。南宋的户口以宁宗嘉定十六年（公元1223年）为最多。这一年有户12670801，有口28320085。[①]金国的户口以章宗泰和七年（公元1207年）为极盛。这一年有户7684438，有口45816079。[②]《金史·地理志》亦如前史的遍记各州户数。累计这些户数，实得9879624户[③]，尤较所谓极盛的泰和七年为多。《金史·地理志》未著所载户数的年代，然所记州郡沿革有迟至金宣宗元光二年（公元1223年）的。金亡于末帝盛昌元年（公元1234年）。元光二

---

① 《文献通考》卷一一《户口二》。按：《玉海》卷二〇《户口·宝元历代户数》："光宗绍熙元年户一千二百三十五万五千八百，口二千八百五十万二百五十八。"口数尚略较嘉定十六年为高。

② 《金史》卷四六《食货志》："泰和七年，天下户七百六十八万四千四百三十八，口四千五百八十一万六千七十九。此金版籍之极盛也。"此下原注说："户增于大定二十七年一百六十二万三千七百一十五，口增八百八十二万七千六十五。"按这条注文计算，泰和七年实应有户8413164，有口53532151。

③ 《续文献通考》卷一二《户口》谓："《金史·地理志》所载，十九路户数约共九百九十三万九千有奇。"此与诸路实际户数总计不同。

图六　宋崇宁时人口分布图

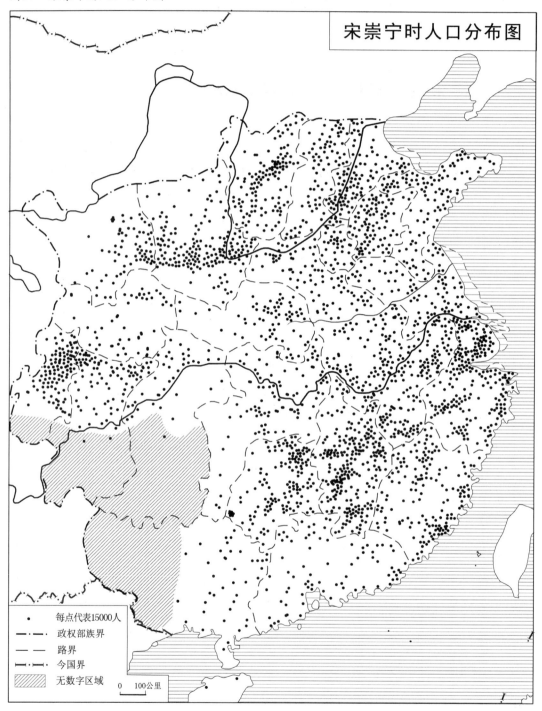

宋崇宁时人口分布图

• 每点代表15000人
—·—· 政权部族界
— — 路界
—··—··— 今国界
▨ 无数字区域

0　100公里

年下至盛昌元年只有十年，应是金朝最后的人口记录。元光二年和宋嘉定十六年同时，因而正好据以比较南北两方户口的增损。《金史·地理志》仅载各州户数，不及口数，就以户数来说，金国所有户数，仅当南宋的四分之三。《金史·地理志》所载户数，实包括上京路以至于东京路各处，并非全是黄河流域及其附近的地区，若除去这些地区的人户，黄河流域及其附近地区户数当更为稀少。

金国北边各处的人口确甚稀少，故从总数看来，所有的户数确非很多。其实，若就一些具体的府州而论，户数也不一定就都是稀少的。这里姑就各府州中平均每县有 1.3 万户以上的列表如下：

1. 开封府 58207 户　　　　2. 保州 46511 户

3. 顺州 33433 户　　　　　4. 丰州 22683 户

5. 大兴府 22559 户　　　　6. 朔州 22445 户

7. 懿州 21176 户　　　　　8. 易州 20789 户

9. 深州 19152 户　　　　　10. 通州 17550 户

11. 单州 16386 户　　　　　12. 宣德州 16074 户

13. 宁海州 15483 户　　　　14. 蠡州 14899 户

15. 莱州 14446 户　　　　　16. 广宁府 14387 户

17. 武州 13851 户　　　　　18. 临潢府 13581 户

19. 德兴府 13478 户　　　　20. 大名府 13414 户

21. 锦州 13041 户 [①]

这里所提出的二十一州，其分布的地区是相当广泛的。顺州、朔州等八府州乃是在五代时期石敬瑭割让给契丹的燕云十六州范围之中，临潢府、广

---

① 本表所列各府州治所的所在地：开封府在今河南开封市，保州在今河北保定市，顺州在今北京市顺义县，丰州在今内蒙古自治区呼和浩特市东，大兴府在今北京市，朔州在今山西朔州市，懿州在今辽宁阜新县北，易州在今河北易县，深州在今河北深县，通州在今北京通县，单州在今山东单县，宣德州在今河北宣化县，宁海州在今山东牟平县，蠡州在今河北蠡县，莱州在今山东莱州市，广宁府在今辽宁北镇县，武州在今山西五寨县北，临潢府在今内蒙古自治区巴林左旗，德兴府在今河北涿鹿县，大名府在今河北大名县，锦州在今辽宁锦州市。

宁府等五府州本是游牧地区，原来的人户都不是很多的。至于太行山东黄河下游南北各处以前人户较多的地区，虽然也有几个人口较多的府州，如开封、大名两府和保、深、蠡诸州，为数究竟有限。在北方总的人户不如南方的情况之下^①，虽有这几处有限的人户较多的府州，也是难以显得突出的。

南宋无各府州户口的记载，所可知者仅嘉定十六年各路的户口数，各路所辖地区皆相当广大，有的竟相当于现在的一省（福建路就相当于现在的福建省），属县大都以数十计。这样广大的地区，地理因素就难得都是一样，人口的分布因而也就不能彼此皆相仿佛。不过大致比较还可略见一斑。这里就以嘉定十六年各路的口数，求其每县的平均数。^② 当时每县平均在 5 万人以上的路，有如下的六处：

1. 江南西路 91820 人　　　2. 荆湖南路 84750 人

3. 福建路 68736 人　　　　4. 成都府路 59830 人

5. 江南东路 55861 人　　　6. 两浙路 51013 人

当时的江南西路乃是包括鄱阳湖西半部在内及相应的今江西省的大部

---

① 《金史》卷四六《食货志》载有全国不同时期的户口数，除上文所举的章宗泰和七年以外，尚有世宗大定二十七年（公元1187年）、章宗明昌元年（公元1190年）、章宗明昌六年（公元1195年）三年的记录。大定二十七年为6780449户，44705086口。明昌元年为6939000户，45447900口。明昌六年为7223400户，48490400口。大定二十七年为宋孝宗淳熙十四年，这一年南宋全国的户口，据《宋会要辑稿·食货十一》所载为12376522户，24311789口。明昌元年为宋光宗绍熙元年。这一年南宋的户口，据《玉海》卷二〇《户口·宝元历代户数》所载，为12355800户，28500258口。明昌六年为宋宁宗庆元元年。庆元元年尚未见到南宋的户口记载，其前二年为宋光宗绍熙四年。这一年南宋的户口，据《文献通考》卷一一《户口二》所载，为12302873户，27845085口。南北对比，这一时期中南宋的户数一直是多于金国的，可是口数经常较全国为少。就每户平均口数来说，以上面所说的三年户口数计算，全国每户平均口数，皆较南宋为多。金国每户都超过6口，而南宋最多的还达不到3口，最少的竟仅有1.96口，其间差别还是很不小的。为什么这样？论者多谓是宋代的赋税和徭役投过重的缘故。人丁多了，就会增加负担，故一般人家多设法减少人口。至于隐漏人口，不向政府申报的更是常事。不过也有例外，北宋时保州（治所在今河北保定市）有户27456，有口230234，平均每户有8.39口；在太原府有户155263，有口1241768，平均每户有8口。其他平均每户4口以上的府州也还有些。但如果就全国而论，毕竟还是少数。

② 嘉定十六年的口数，见《文献通考》卷一一《户口二》。嘉定十六年未见各路所属县数的记载。这里就以《宋史》卷八八至九〇《地理志》所记载的崇宁元年的县数计算，崇宁、嘉定前后相差一百二十一年，因而不能就说是确实的。

分。荆湖南路相当于洞庭湖南的现在湖南省的大部分。福建路如前所说是相当于现在福建全省。成都府路包括现在成都平原和岷江流域。江南东路包括现在的安徽省南部、江西省东北部和江苏省的南京附近地区。两浙路则包括浙江全省和南京附近地区以外的江苏省南部以及上海市。在这样一些路中，成都府路和两浙路的若干府州在北宋时人口就已经相当稠密，这时继续保持其稠密程度是可以理解的。江南西路和荆湖南路分别包括着相当广大的鄱阳湖和洞庭湖的湖滨土地，人口也应当是稠密的。至于福建路就不能一概而论了。福建路多山区，分县较为稀少，县境也就比较广阔。即如两浙路中的常州、苏州、湖州诸路，较之福建的漳州、汀州两路，所辖土地显然狭小：常州、苏州、湖州所辖皆只四县，漳州亦只四县，汀州稍多，亦只五县。这应是按县平均户口的一个缺点。话虽如此，在这六路之中，江南西路的人口是要比其他五路为多的。[①]

七、元代南北人口相差的过分悬殊

人口分布的南北差距到了元代就更为扩大。元人灭金的过程中残酷的屠杀，使黄河流域及其附近的地区人口大量减少。这些事例，旧史班班可考，无烦在此缕述。元人灭金之后，又复南下灭宋，前后相隔四十余年，用兵方略已稍有不同，兵燹所及，虽亦颇有伤亡，较之黄河流域究竟不尽相似，而

[①] 前引袁震《宋代人口》，其中对南宋各路每平方公里的人数也曾作过统计。据所统计，每平方公里的人数，最多的为成都府路和潼川府路，分别为57.8人和38.9人。其次是江南西路和两浙路，分别为37.7人和32.9人。再其次是江南东路和荆湖南路，分别为27.9人和22.5人。这里面没有福建路而有潼川府路。潼川府路即北宋的梓州路。其地有今四川省内江下游及其以南的长江沿岸各地，还兼有今云南省的东部和贵州省的西北部一些地区。据所统计成都府路人口的密度显然是在江南西路和荆湖南路以上了。袁震的统计是根据《宋地理图》推算的。所谓《宋地理图》当是杨守敬所制的。图上的疆域界线并非都完全正确，但亦可以备一说。

地方的残破也较黄河流域略为轻微，这就使后来的恢复易于为力，从而也就加剧了南北人口分布的差异。

《元史·地理志》亦如前代各史旧例，于各省路府诸州兼载户口，但其中颇有残缺，而陕西、甘肃等行中书省更为特殊。就是已有的记载，年代也参差不齐。有的用壬子年数，这指的是宪宗六年（公元1256年），有的用世祖至元七年（公元1270年）抄籍数，有的用世祖至元二十七年（公元1290年）抄籍数，有的用文宗至顺元年（公元1330年）抄籍数。虽各有所本，却难得补充划一。后来《新元史》的撰修，仍用这样一些数字，就可以略知其中的消息。

近人曾根据所得的舆图，求得当时中书省和各行中书省土地的面积，从而计算出每平方公里的人口数。据其所计算，人口密度最大的为江浙等处行中书省（治所在今浙江杭州市），每平方公里有91.23人，其次为江西等处行中书省（治所在今江西南昌市），有42.95人。人口密度最小的为甘肃（治所在今甘肃张掖县）和陕西（治所在今陕西西安市）。前者仅得0.06人，后者不过0.29人。就是大都所在的中书省也只有3.96人。[1]

这样计算出来的人口密度，大体还可以显示当时人口分布的约略情况。这里应该再以当时各路府的每县的平均人口数相对照。根据《元史·地理志》的记载，每县平均有20万人以上的路府有如下的二十三处：

1. 嘉兴路 2245742 人　　　　2. 饶州路 1345523 人

3. 平江路 1216850 人　　　　4. 临江路 791740 人

5. 常德路 513021 人　　　　6. 常州路 510006 人

7. 吉安路 444083 人　　　　8. 松江路 400812 人

9. 澧州路 370514 人　　　　10. 瑞州路 361151 人

11. 集庆路 357563 人　　　　12. 福州路 352284 人

13. 袁州路 330938 人　　　　14. 岳州路 262581 人

---

[1] 梁方仲《中国历代户口、田地、田赋统计》中的《元代各省人口密度表》。

15. 台州路 250958 人　　　　　16. 温州路 248924 人

17. 龙兴路 247624 人　　　　　18. 湖州路 248749 人

19. 南康路 239195 人　　　　　20. 杭州路 229339 人

21. 抚州路 218455 人　　　　　22. 天临路 216202 人

23. 镇江路 207881 人 [①]

应该指出，这二十三路府都是在长江中下游以南。黄河流域及其附近地区，每县平均人口最多的路府为巩昌府和大宁路。巩昌府治所在今甘肃陇西县，大宁路治所在今内蒙古宁城县。前者有 73854 人，后者有 64028 人。其他皆在 4 万人以下。就是大都路，每县平均也只有 18243 人。像这样的数字，在长江流域及其以南各地并不是就绝对没有，在这里是不值得稍一道及的。上面这个表仅列到每县平均在 20 万人以上的路府，就是 10 万以上的路府，也还可以再列举十余处。仅就这一点来说，南北两方面人口分布的差别，不能不谓为过分悬殊。

这一时期长江中下游以南的人口可以说集中在太湖、鄱阳湖和洞庭湖三个大湖的周围。嘉兴、平江、常州、松江、集庆、湖州、杭州、镇江诸路都是围绕着太湖。饶州、临江、吉安、瑞州、袁州、龙兴、南康、抚州诸路又都是围绕着鄱阳湖。常德、澧州、岳州、天临诸路则围绕着洞庭湖。这样的分布和上面所提到用当时的土地面积和口数求得每平方公里口数大致是相符合的。前面已经提到江浙等处行中书省每平方公里有 91.23 人，江西等处行中书省有 42.95 人，就是湖广等处行中书省也有 14.74 人。这三个湖滨人口最为稠密的地区中，洞庭湖滨是差一点。实际上当时人口重心所在的地区应

① 本表所列的路府治所所在地：嘉兴路在今浙江嘉兴市，饶州路在今江西省波阳县，平江路在今江苏苏州市，临江路在江西清江县，常德路在今湖南常德市，常州路在今江苏常州市，吉安路在今江西吉安市，松江路在上海松江县，澧州路在今湖南澧县，瑞州路在今江西高安县，集庆路在今江苏南京市，福州路在今福建福州市，袁州路在今江西宜春县，岳州路在今湖南岳阳市，台州路在今浙江临海县，温州路在今浙江温州市，龙兴路在今江西南昌市，湖州路在今浙江湖州市，南康路在今江西星子县，杭州路在今浙江杭州市，抚州路在今江西临川市，天临路在今湖南长沙市，镇江路在今江苏镇江市。

该首先是长江下游太湖流域，其次才是鄱阳湖及其附近的地区。（附图七《元至元时人口分布图》）

八、由明清迄于民国时期人口重心区域趋于稳定

宋元以后，王朝政权少有变更，可是社会上并非永告安谧，因而人口的流动迁徙也是时有所闻。这一时期长江流域及其以南各地，尤其是长江下游三角洲太湖流域，对于自然条件的利用和改造的成就日益显著，更易为流动迁徙的人口所向往和集中，当地人口不断增多乃是趋势所使然。当时有关各地人口的记载，就是具体的说明。

《明史·地理志》于京师和南京的各府州下备载孝宗弘治四年（公元1491年）和神宗万历六年（公元1578年）的户口，详瞻无遗。可是其他各省则仅记载一省的总数，未能备载于各府州之下，这就不易全面了解。《大明一统志》撰成于英宗天顺五年（公元1461年）。其书于各府州节中载有所辖里数，这里所说的里乃是明代的基层行政单位，每里110户。这部书中一般不载户口，但既有里数，就可据以估计出当时的户数。《大明一统志》成书于天顺年间，书中却常涉有嘉靖（公元1522—1566年）和隆庆（公元1567—1572年）时的建置，盖为后人所续入。现在按书中所载各府的里数，以每里110户估计，凡有1万户以上的府，顺序列表如下：

    1. 苏州府 47245 户   2. 松江府 33600 户

    3. 常州府 33160 户   4. 临江府 29865 户

    5. 吉安府 27194 户   6. 抚州府 24658 户

    7. 嘉兴府 23021 户   8. 瑞州府 22000 户

    9. 南昌府 21533 户   10. 镇江府 20753 户

    11. 宁波府 20592 户   12. 湖州府 18889 户

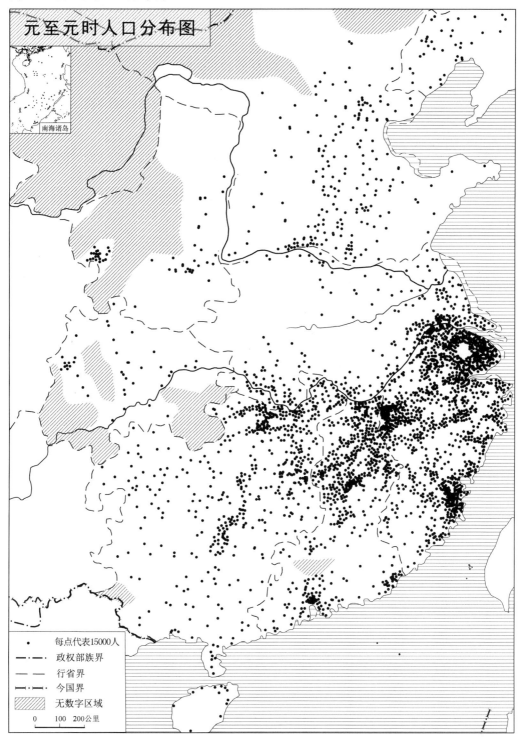

元至元时人口分布图

南海诸岛

	每点代表15000人
─·─·	政权部族界
─ ─	行省界
─·─·─	今国界
▨	无数字区域

0　　100　200公里

13. 温州府 18678 户　　　14. 汾州府 18288 户

15. 饶州府 18260 户　　　16. 金华府 17298 户

17. 绍兴府 17023 户　　　18. 衢州府 17116 户

19. 杭州府 15156 户　　　20. 应天府 14898 户

21. 袁州府 13585 户　　　22. 建宁府 13571 户

23. 青州府 13561 户　　　24. 徽州府 12448 户

25. 兴化府 12155 户　　　26. 建昌府 11506 户

27. 扬州府 11055 户　　　28. 台州府 10890 户

29. 莱州府 10576 户　　　30. 处州府 10549 户 [①]

　　这三十府绝大部分都在长江流域及其以南的地区。在黄河流域的仅山西的汾州府和山东的青州、莱州两府。在以前的一些时期，这三府的人口偶尔也是比较多的，可是这时期都不在人口重心的地区。就是原来人口重心地区所在地的黄河中下游南北和太行山东，这时竟无一府的每县平均人口能够达到 1 万户的。从明朝初年起朝廷就曾陆续向北方迁徙人口，但直至神宗万历六年（公元 1578 年）南北户口的差别依然明显。那时南方共有 8200180 户，35747831 口，而北方却还只有 3422256 户，24944025 口。[②] 就北方的人口来说，比南方相差不到一半，人户却连一半都还不到，然而这时上距明代开国的时候已经二百一十一年了。

　　这三十府中南方共有二十七府。在今浙江省的共有十府，江西也有八府，江苏、上海两省市合起有五府。如果按自然区划来说，长江下游三角洲太湖

---

① 本表所列各府在今江苏省的有苏州、扬州、常州、镇江、应天五府，其治所今地依次为苏州、扬州、常州、镇江、南京五市。在上海市的为松江府，今仍为松江县。在今江西省的有临江、吉安、抚州、瑞州、南昌、饶州、袁州、建昌八府，其治所今地依次为清江县、吉安市、抚州市、高安县、南昌市、波阳县、宜春市、南城县。在今浙江省的有嘉兴、宁波、湖州、温州、金华、绍兴、衢州、杭州、台州、处州十府，其治所今地依次为嘉兴、宁波、湖州、温州、金华、绍兴、衢州、杭州和临海、丽水十市。在今山西省的有汾州府，治所今地为汾阳县。在今福建省的有建宁、兴化两府，其治所今地依次为建瓯和莆田两县。在今山东省的有青州、莱州两府，其治所为今青州、莱州两市。在今安徽省的有徽州府，其治所在今歙县。

② 这些数字是根据《明史·地理志》所记载的各省的人口数计算出来的。

流域和鄱阳湖滨，最居多数。洞庭湖旁各府却不再受到称道了。以长江下游三角洲太湖流域和鄱阳湖滨而论，长江下游三角洲太湖流域还是较上一筹的。（附图八《明天顺时人户分布图》）

　　这种趋势就是后来到了清代，还在继续发展中。清仁宗嘉庆二十五年（公元1820年），所谓"盛世滋生人丁"，南北依然有很大的差别。北方直隶（今河北省）、盛京[1]、山西、山东、河南、陕西、甘肃七统部共有111514586人，南方江苏、安徽、浙江、江西、湖北、湖南、四川、福建、广东、广西、云南、贵州十二统部共有201641878人。[2]南北相较，几乎达到二与一的比例。这些人口数目已有根据各府州的土地面积求得其密度数字。[3]其中每平方公里在300人以上有如下二十九府州（直隶州）：

　　1. 苏州府 1073.21 人　　　2. 嘉兴府 719.26 人

　　3. 松江府 626.57 人　　　4. 绍兴府 579.55 人

　　5. 庐州府 563.11 人　　　6. 东昌府 537.69 人

　　7. 太仓州 537.04 人　　　8. 宁波府 523.26 人

　　9. 镇江府 522.54 人　　　10. 成都府 507.80 人

　　11. 杭州府 506.32 人　　　12. 湖州府 475.21 人

　　13. 常州府 447.79 人　　　14. 蒲州府 423.62 人

　　15. 太平府 410.96 人　　　16. 武昌府 394.53 人

　　17. 金华府 369.48 人　　　18. 沂州府 363.56 人

　　19. 凤阳府 345.68 人　　　20. 漳州府 327.13 人

---

[1] 清代光绪末年以前，以奉天、吉林、黑龙江三将军及奉天府尹的辖地，称为盛京统部。统部即行省的别名。奉天将军的辖地今为辽宁省，奉天府治所为今辽宁沈阳市。

[2] 这是根据嘉庆重修《大清一统志》各统部所载当时滋生民户男妇名口统计得来的数字。梁方仲谓各统部的数字中，有些和所属府州的人口相加的数字不相符合。这样的统部共十四处，并提出了相应的统计数字。具见《中国历代户口、田地、田赋统计》的甲表88。根据所提的数字再行统计，北方七统部共有111565038人，南方十二统部共有233945180人。南方超了北方2倍。

[3] 梁方仲《中国历代户口、田地、田赋统计》的《清嘉庆二十五年各府人口密度表》。这是根据黄盛璋《清代前期人口分布图说明》附表《人口分布数据》（油印本），并加以订正制出的。

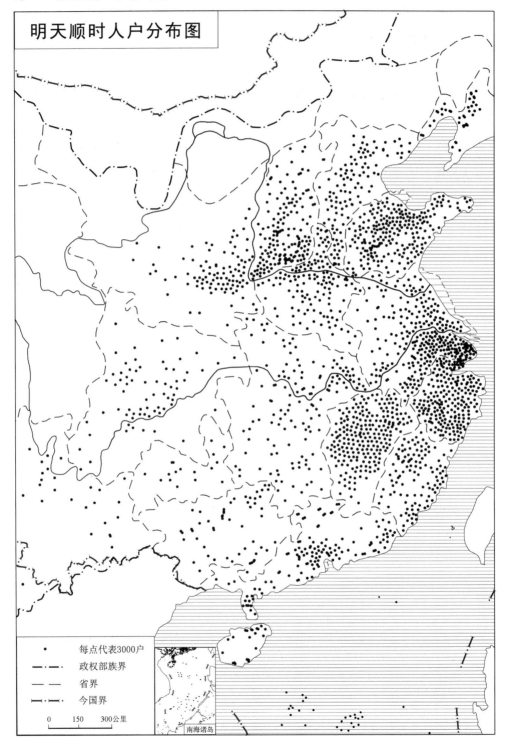

明天顺时人户分布图

- ·　　每点代表3000户
- —·—·—　政权部族界
- — — —　省界
- —··—··—　今国界

0　　150　　300公里

南海诸岛

21. 宁国府 326.98 人 22. 临江府 325.86 人

23. 临清州 322.64 人 24. 莱州府 321.33 人

25. 泉州府 317.52 人 26. 池州府 316.62 人

27. 颍州府 314.89 人 28. 许州 309.17 人

29. 广州府 306.84 人 [①]

清代中叶的人口分布，较之明代在一些地区更显得集中。长江下游三角洲太湖流域就是如此。苏州、嘉兴、松江、太仓、镇江、杭州、湖州、常州都是围绕太湖的府州，所差一点的是太湖的西侧。元代集庆路和明代的应天府，都还可以一并称道，到了清代的江宁府，就不免稍稍退后了。太湖流域人口这时本已相当集中，这样集中的地区仍然向东南延伸，钱塘江东的绍兴、宁波、金华诸府还和明代一样，人口一直都是很多的。

宋元以来，长江流域人口稠密的地区还可数得上成都平原和鄱阳湖畔，其稠密的程度不弱于长江下游三角洲太湖流域，甚至还显得超过。到了清代其却不易保持下去。虽然成都府和临江府的人口都能维持在 300 万以上，可是附近已经没有更多的人口相仿佛的府州，就不能不显得孤单了。至于其他地区，尤其是黄河流域及其附近的地区，有些府州如山西的蒲州府、山东的沂州府、河南的许州，人口显得有所增加，堪与长江流域的一些府州媲美，但其附近的府州却难得都有所增加，同样显得孤单，要作为人口重心地区，那是戛戛乎其难了。

长江下游三角洲太湖流域能够成为人口重心的地区，也是有一定的渊源的。这种渊源可以上溯到宋元时期，甚至还可再往上溯，这在前面都已约略提到过。就在有清一代也可作为说明，据统计，江苏一省的面积共有 98820 平方公里。从清初起，每平方公里的人口数就是因时而有增加的，

---

① 清代地方区划率多因袭明时制度。本表所列府州治所今地，已见前表的不再注明。前表未涉及的这里再作说明：庐州府在今安徽合肥市，东昌府在今山东聊城县，太仓州在今江苏太仓县，成都府在今四川成都市，蒲州府在今山西永济县，太平府在今安徽当涂县，武昌府在今湖北武汉市，沂州府在今山东临沂县，凤阳府在今安徽凤阳县，漳州府在今福建漳州市，宁国府在今安徽宣州市，临清州在今山东临清县，泉州府在今福建泉州市，池州府在今安徽贵池县，颍州府在今安徽阜阳市，许州在今河南许昌市。

顺治十八年（公元 1661 年）为 13.22 人，康熙二十四年（公元 1685 年）为 26.89 人，雍正二年（公元 1724 年）为 27.05 人，乾隆十八年（公元 1753 年）为 127.89 人，乾隆三十二年（公元 1767 年）为 240.64 人，嘉庆十七年（公元 1842 年）为 382.95 人，咸丰元年（公元 1851 年）为 448.32 人。浙江省的面积为 97200 平方公里，顺治十八年为 27.98 人，康熙二十四年为 28.29 人，雍正二年为 28.38 人，乾隆十八年为 89.12 人，乾隆三十二年为 170 人，嘉庆十七年为 270.13 人，咸丰元年为 309.74 人。[①] 在这近二百年之间，江苏、浙江两省的人口逐年都在增加。太湖流域就在这两省之间，自然会随例增加。这两省中也有些人口很少的县，可能不至于一例增加。这就是说，太湖流域各地的人口不仅增加，而且会增加得很多。（附图九《清嘉庆时人口分布图》）

咸丰以后，未见各府州人口的记载，民国时期，亦无有关的调查报告。故不易再作具体论述。可以相信，这样的发展趋势当不会终止，不过民国时期军阀混战，时有起伏，人口的分布也难免会受到影响。也许一些局部的影响不至于变动整个的格局。

第五节　周边地区人口变迁蠡测

周边地区由于不经常列入内地王朝的版图之中，故当地人口的多寡及其间的增损变迁率不为职方之臣所记载。虽爬罗剔抉，恐亦难得全貌。只是聊备一格，稍能探索若干崖略而已。

[①] 梁方仲《中国历代户口、田地、田赋统计》的《清代各直省人口密度表》。这里所说的面积数，是根据顾颉刚先生《中国历史地图集》用方格求积法测算得出的。

清嘉庆时人口分布图

每点代表100000人

国界
省界
今国界

0　150　300公里

南海诸岛

一、起伏于瀚海南北各族的人口

瀚海周围，草原广漠，居于其地的各族时有起伏，变迁较为频繁。最早见于史籍记载的，就有熏鬻、严允的称号，仿佛相当复杂，其实皆为时代较后的匈奴前身。匈奴之名始见于战国时期，历秦及汉皆相当强盛，和塞内交往也愈益频繁，其内部情况亦渐为当世所了解，间或见于有关的记载。

匈奴的兵力，冒顿时始有记载，当时控弦之士30余万。然平城之战，冒顿尤能纵精兵30余万骑围高帝于白登。[1]兵力如此，实际的人口仍不易估计。匈奴本无计识人畜的人，故亦无法估计。汉文帝时，中行说降匈奴，始教单于左右疏记，以计识人众畜牧。据中行说的估计，匈奴人众不能当汉之一郡。[2]汉时大郡人口多者达200万以上。不过这已是西汉末年的记载，文帝时尚不能达到这样的程度，最多殆亦只有百余万，以匈奴的兵力合计，这样的推测可能是合理的。

瀚海周围，各地情况不尽相同。祁连山下河西一隅，人口就显得比较多些。汉武帝时，这里本是昆邪王和休屠王的辖地。在和汉朝的战争中，他们曾经损失了数万人。后来昆邪王杀休屠王降汉，尚有4万余人。当时号称10万，如果和已被杀虏的并计，大致可以近似。[3]这时匈奴的人口不是一个小的数目，因而汉朝就认为能够取得河西，是一项了不起的成就。

到了东汉初年，匈奴分成南北，呼韩邪单于降汉之时，拥有南边八部众

---

[1]《汉书》卷九四上《匈奴传》。

[2]《汉书》卷九四上《匈奴传》。

[3]《汉书》卷九四上《匈奴传》。

四五万人，及所得的北匈奴降人四五万。①这些降人就随呼韩邪单于入居于朔方等沿边八郡。据后来的记载说，当时入居于朔方（治所在今内蒙古自治区磴口县东北）诸郡的共有5000余落。②5000余落就不止是10万上下的人口了。

南匈奴降汉后，北匈奴仍拥有相当多的人口。章帝章和元年（公元87年），北匈奴为鲜卑所攻破，北庭大乱，其中五十八部，人口20万，胜兵8000人，诣云中（治所在今内蒙古自治区托克托县东北）、五原（治所在今内蒙古自治区包头市西）、朔方、北地（治所在今宁夏回族自治区灵武县西南）降。③和帝永元元年（公元89年），窦宪北征，北匈奴降者八十一部，前后21万人。④这40余万降人，当然不是北匈奴的全部。可以推知，当北匈奴未破灭之前，其人口是远远超过于南匈奴的。

就在窦宪北征之后，北匈奴还继续有降者，这就使南匈奴的人口有所增加。据说，这时南匈奴"连克获纳降，党众最盛，领户三万四千，口二十三万七千三百，胜兵五万一百七十"⑤。这些降者当然也和南匈奴其他部落一样，都居住在东汉的沿边八郡。其留住原处的尚有10余万落，皆自号鲜卑。⑥

到了东汉末年，由于匈奴的"户口渐滋，弥漫北朔"，引起时人的忧虑。当时曹操秉政，因分其众为五部，大者万余落，其次两部6000余落，再其次4000余落、3000余落，总起来竟有3万上下落了。⑦西晋初年，还有从

---

① 《后汉书》卷八九《南匈奴传》。《传》说："（建武）二十五年，（呼韩邪）破北单于帐下，并得其众合万余人。……北部奠鞬骨都侯与右骨都侯率众三万余人来归南单于。"这两批降人合计约有四五万。

② 《晋书》卷九七《匈奴传》。

③ 《后汉书》卷八九《南匈奴传》。

④ 《后汉书》卷二三《窦融传附窦宪传》。按：《三国志》卷三〇《魏书·乌丸鲜卑东夷传·注》引《魏书》："匈奴及北单于遁逃后，全种十余万落，诣辽东杂处，皆自号鲜卑兵。"

⑤ 《后汉书》卷八九《南匈奴传》。

⑥ 《后汉书》卷九〇《乌桓鲜卑传》。

⑦ 《晋书》卷九七《匈奴传》。

塞外前来继续归降者，约略统计，大致有 2 万余落，又有 10 余万口。[1] 这些都应是已经迁到内地的匈奴人，留在塞外的尚未计算在内。

北匈奴破灭，南匈奴内迁后，居于瀚海周围的为鲜卑部。鲜卑酋长檀石槐的疆土略同于匈奴旧时，亦分其地为三部，东部西部各有二十余邑，中部十余邑[2]，可以想见其规模，唯未见有关人口的记载。其后至轲比能时，控弦 10 余万骑。[3] 仅就兵力来说，似较逊于冒顿之时。不过轲比能未能如檀石槐般控制鲜卑诸部。后来建立北魏政权的拓跋氏，就是经过匈奴故地南迁进入塞内的。

继鲜卑之后来到瀚海周围的为柔然。《魏书》曾为柔然立传，却不以柔然相称，而称之为蠕蠕。称蠕蠕，自然是贬辞了。《蠕蠕传》未记载柔然的人口。然由其和北魏间的争执，并因之而被掳掠或降附的人数，可以略知其间的梗概。北魏太武帝神麚二年（公元429年），魏军渡燕然山北征，前后归降者30余万。稍后高车诸部又有降者数十万。这就使柔然部落衰弱，其酋长大檀亦因之发病致死，可见这几十万人口在柔然的总人口中应该是居于大多数的。接着太武帝再次北伐，收其人户畜产百余万。这里以人户和畜产并言，未审其人户究有若干，然其酋长遂以"单弱远窜，边疆息警"，亦可知柔然所受创痛的深重。文成帝大安四年（公元458年），魏军又复北征，获致降人数千落，献文帝皇兴五年（公元470年），魏军又一次北征，斩首5万级，降者万余人。直到孝文帝太和十六年（公元492年），又获得降人10余万落。仅就这些降人来说，柔然的人口应该是相当多的。虽然降魏的人数很多，到阿那瑰返回柔然时，前往迎迓的竟然还有数万人，显然可见，其潜力依然是强大的。

---

[1] 《晋书》卷九七《匈奴传》："武帝践祚后，塞外匈奴大水、塞泥、黑难等二万余落归化，帝复纳之。……太康五年，复有匈奴胡太阿厚率其部落二万九千三百人归化。七年，又有匈奴胡都大博及萎莎胡等各率种类大小凡十万余口诣雍州刺史扶风王骏降附。明年匈奴都督大豆得一育鞠等复率种落大小万一千五百口来降，帝并抚纳之。"

[2] 《三国志》卷三〇《魏书·乌丸鲜卑东夷传·注》引《魏书》。

[3] 《三国志》卷三〇《魏书·乌丸鲜卑东夷传》。

当柔然国势方盛时，突厥就已兴起。突厥初起时，旧史未备载其人力的多寡，然破铁勒之后，得降人5万余落，就可以和柔然相抗衡，并进而使其破灭[①]，则其时的人众应该是相当繁多的。故至隋初沙钵罗为可汗时就能够有控弦之士40万。[②]隋末乱离，华人多往投奔，突厥更形强大，控弦之士达到了百万，据说"北狄之盛，未之有也"[③]。虽然是盛极一时，到颉利可汗时却为唐朝所夷灭。在颉利可汗灭亡之前，其思结俟斤就以4万众降唐，而唐且以金帛赎归自隋末时没于突厥的华民8万口。其沙钵罗汗亦以帐部5万来归。颉利败亡时，其下或走薛延陀，或入西域，而来降者尚10余万。[④]其入居长安者就有数千家。[⑤]稍后李思摩北归，就率去10余万众，还有胜兵4万。[⑥]再后到默啜时，突厥又复强盛。默啜能够再度强大突厥，当然是依靠李思摩所带去的人力和向唐朝所索得的六州降户。[⑦]可是默啜在最初侵扰唐朝时，就自将10万骑。可见在颉利败亡之后，突厥残部尚有留在瀚海附近的，默啜能得号召纠集，因而"大抵兵与颉利时略等"[⑧]。唐玄宗开元初年，正当突厥毗伽可汗在位时，其谋臣暾欲谷为论突厥与唐的国力，曾说过："突厥人户寡少，不敌唐家百分之一，所以常能抗拒者，正以随逐水草，居处无常，射猎为业，又皆习武，强则进兵抄掠，弱则窜伏山林，唐兵虽多，无所施用。"[⑨]这段估计的言辞，对突厥来说，是十分确切的。就是移之于匈奴、柔然诸族的时期，也应该说是很恰当的。

---

① 《周书》卷五〇《异域·突厥传》。

② 《隋书》卷八四《突厥传》。

③ 《新唐书》卷二一五上《突厥传》。

④ 《新唐书》卷二一五上《突厥传》。

⑤ 《旧唐书》卷一九四上《突厥传》。

⑥ 《旧唐书》卷一九四上《突厥传》。

⑦ 《新唐书》卷二一五上《突厥传》："（默啜）求六州降户。初，突厥内属者分处丰、胜、灵、夏、朔、代间，谓之河曲六州降人。（则天）后不许，默啜怨，为谩言，乃归降人数千帐，由是突厥遂强。"

⑧ 《新唐书》卷二一五上《突厥传》。

⑨ 《旧唐书》卷一九四上《突厥传》。

突厥之后为回纥。回纥就是元魏时的高车。唐初居薛延陀北娑陵水（今色楞格河）上，有胜兵 5 万，人口 10 万。[1] 后来为居于其西北的黠戛斯所破，部众奔散，其中十五部西奔葛逻禄[2]，一支投吐蕃，一支投安西，一支十三部以其特勤乌介为可汗，打算投奔唐朝。南来的回纥中有一支与乌介不合，尚欲侵犯唐朝边境，被杀戮的就有 9 万，余 7000 余账，全为幽州（治所在今北京市）所收。乌介所部约 10 万人，辗转流离，得至幽州的不 3000 人。[3]

回纥离散后，瀚海周围皆为契丹所控制，隶属于其所设置的上京道中。当时一些所谓边防城就设在这个地区。这些边防城皆"因屯戍而立"，故"务据形胜，不资丁赋"[4]。实际上屯戍兵力也不是很多的。设于镇州（治所在今蒙古国哈达桑东北）的建安军，仅选有诸部族 2 万余骑充屯军。静边城（今内蒙古自治区满州里市东北）和皮被河城（今蒙古国克鲁伦河上游）驻军1000 多人。镇州、维州（治所在今蒙古国哈达桑）、防州（位于维州的东南）共有渤海、女真、汉人 700 家。河董城（今蒙古国乔巴山西）和招州（位于维州的西北）亦皆有迁徙来的女真人。当时的屯军和配流的人口充其量也只是如此而已。[5] 这当然不是说当时瀚海周围竟是这样地荒寂。当时居住在这里的还有阻卜、乌古、敌烈、耶都刮、梅里急、茶札剌等部[6]，而蒙古部也于此时显露头角[7]。史文简略，各族人口皆未能知悉。然也不是无从探索的。

---

[1]《旧唐书》卷一九五《回纥传》。按：史籍于周边各族往往记载其胜兵数。由胜兵数可以推知其应有人口数。这里记载回纥人口10万，却有胜兵5万，是2人中即有1兵。苟如此则老弱妇女就都难免为兵了，这与常理不合，颇疑其间有夸大不实处。

[2]《新唐书》卷二一七下《回鹘传》："葛逻禄本突厥诸族，在北庭西北，金山之西。"北庭治所在今新疆维吾尔自治区吉木萨尔县北。金山即阿尔泰山。葛逻禄的居地主要当在今额尔齐斯河上游各处。

[3]《旧唐书》卷一九五《回纥传》。

[4]《辽史》卷三七《地理志》。

[5]《辽史》卷三七《地理志》。

[6]《辽史》卷四六《百官志》。

[7] 蒙古之名始见于唐时，当时称蒙瓦（《新唐书》卷二一九《室韦传》），或称蒙兀（《旧唐书》卷一九九《室韦传》）。《契丹国志》卷二二《四至邻国地里远近》，记正北至蒙古里国。南至上京3000余里。《辽史》卷二四《道宗纪四》则作萌古国。

辽道宗时曾徙阻卜等贫民于山前①，知阻卜人口的众多。辽国将亡时，耶律大石自立为王，所率领的仅精骑 200。及西至可敦城（即辽镇州所在地，在今蒙古国哈达桑东北），会阻卜等十八部，遂得精兵万人。②而天祚帝亦因得鞑靼众 3 万余骑，乘粘罕归国，山后空虚，直抵云中（今山西大同市）。③阻卜、鞑靼本为同族。这里所征引的阻卜和鞑靼并非一地。两处合计共为 4万余骑，则其人口至少也当在 10 万上下。

蒙古在金时已经强大，与金人迭有冲突。金海陵王就曾说过，当时的蒙古鞑靼众至数十万。④而广吉剌部也相当强大，金人曾于其部征得兵力万四千骑⑤，广吉剌仅为诸部之一，犹有如许兵力，则所谓蒙古鞑靼众至数十万，当非过于夸大。

蒙古后来灭金，建立亘古未有的帝国。瀚海周围自是其肇兴始基，而都城和林（今蒙古国哈尔和林）就在其地。其后都城南移，故都所在，人烟当仍稠密。元朝灭亡，其后裔仍有相当时期以和林为根据地。明初出兵征讨，到达了和林，尽徙其部落以归，惜史籍简略，未详载其所俘获的人数。⑥和林再经倾覆，蒙古人口居于他处的仍非少数。由明初北征将帅所降获人数，

---

①《辽史》卷二六《道宗纪六》。

②《辽史》卷三〇《天祚帝纪四》。

③《三朝北盟会编》卷二一引马扩《茅斋自序》。

④《三朝北盟会编》卷二二九："绍兴三十一年七月廿一日，金遣翰林学士韩汝嘉与国信使副徐嘉张抢宣谕公文云：'向来北边有蒙古鞑靼等。从东昏王时，数犯边境。自朕即位，久已宁息。顷准边将屡申，此辈又作过，比之以前保聚尤甚，众至数十万。'"

⑤《金史》卷九三《内族宗浩传》："北部广吉剌者尤桀骜，屡胁诸部入塞。宗浩请乘其春暮马弱击之。……因遣主簿撒领军二百为先锋，……撒入敌境，广吉剌果降，遂征其兵万四千骑。"按：《宗浩传》又说："时阻䪈亦叛，内族襄行省事于北京。诏议其事。襄以谓若攻破广吉剌，则阻䪈无东顾忧，不若留之，以牵其势。"阻䪈即阻卜。如《传》所言，则广吉剌与阻卜并非同族。广吉剌游牧于今黑龙江上游，捕鱼儿海等处。

⑥《明史》卷一二六《沐英传》。

可以略见一斑。其时冯胜于埽林山降上都驴等所部吏民 8300 余户。① 冯胜还曾在松花河（今松花江）俘纳哈出所部 20 余万人，稍后又收其残卒 2 万余。② 蓝玉在捕鱼儿海俘获地保奴以下官属 3000 人，又男女约 7.7 万人。③ 其间降附者亦不少。④ 虽有这样的损失，蒙古的孑遗仍称尊号自慰。其后至鬼力赤时，始称可汗，去国号，遂称鞑靼。

其后有小王子者，入据河套。小王子曾以 10 万骑散掠固原、宁夏间，在诸部中最为富强；后徙幕东方，称土蛮，控弦十余万⑤，仿佛当年鲜卑轲比能。小王子之后复居于河套者为吉囊，吉囊曾以 10 万众屯贺兰山⑥，可知其时控弦之士当不仅 10 万。就是这河套之众，已使明朝守边狼狈不堪。不过据当时有人分析，谓"套部分四十二枝，各相雄长。……然众虽号十万，分为四十二枝，多者不过二三千骑，少者一二千骑耳"⑦。这样说来，居于河套的可能有 30 万至 50 万人。

河套于蒙古诸部比较富庶，人口也可能较多。以此类推，蒙古各部的人口大致稍能得其约略的数目。

这里还应该附带提及与宋对立的西夏。西夏立国于贺兰山下，其土宇西及于河西，而东至于横山山脉北侧，离其北的瀚海是相当悬远的。西夏出自党项族。其初也从事游牧，和瀚海以南诸族有相似处，所以在这里一并提及。

《宋史》为西夏立传，居于《外国传》之首。《传》亦未略事涉及其国的人口，唯概括说到当时的兵力。西夏置有左右厢十二监军司，诸军兵总计

---

① 《明史》卷三二七《鞑靼传》："（洪武）五年春，命大将军徐达、左副将军李文忠、征西将军冯胜率师三道征之。……胜军西次兰州。右副将军傅友德先进，转战至埽林山。胜等兵合，斩其平章不花。降上都驴等所部吏民八千三百余户，遂由亦集乃路至瓜、沙州。"埽林山未知所在，以其行军路线推测，当在今甘肃省兰州市和内蒙古自治区额济纳旗之间。

② 《明史》卷一二九《冯胜传》。

③ 《明史》卷一三二《蓝玉传》。

④ 《明史》卷三二七《鞑靼传》。

⑤ 《明史》卷三二七《鞑靼传》。

⑥ 《明史》卷三二七《鞑靼传》。

⑦ 《明史》卷三二七《鞑靼传》。

50 余万，别有擒生 10 万，兴庆府（今宁夏回族自治区银川市）、灵州（今宁夏回族自治区灵武县）之兵，精练者又 2.5 万。别副以兵 7 万为资赡。这些兵种合计，共为 69.5 万人。按西夏制度："其民一家号一帐，男年登十五为丁，率二丁取正军一人，每负赡一人为一抄。负赡者，随军杂役也。"①西夏军力既有 69.5 万人，加上负赡，应有 139 万人。若按 2 丁取 1 军人计算，则当时西夏应有丁 278 万人。实际上是会有所出入的。如果加上老弱及其他不能为丁者，其具体的人口应该较这样的数字为更高。还应该指出，在西夏军中是有相当多的汉人的。因为它往往以汉人勇者为前军，这也可以说明在西夏境内的汉人并非少数。同样也应该指出，西夏境内的人口并不能包括在这一地区中所有的党项人，因为宋夏两国交界的附近，在宋国境内还是有不少的党项族人的。

二、黑水白山间各族的人口

黑水白山间的族类最早见于记载的为肃慎，远在西周春秋时期即已为中原人士所熟知。②东汉时称之为挹娄，北魏时称之为勿吉，隋时称之为靺鞨。有关各史书皆见于记载，其具体人口，均未曾道及。隋时，其国分为七部，皆有胜兵，均不过 3000。③唐初由于其白山部，素附于高丽，平壤战后，部众多入中国。汨咄、安居骨、号室等部亦因高丽破后奔散微弱，纵有遗人，并为渤海编户，唯黑水部全盛，分为十六部。④虽分为十六部，每部究有若干人，仍难于具悉。

---

① 《宋史》卷四八六《夏国传下》。
② 《国语·鲁语下》。
③ 《隋书》卷八一《靺鞨传》。
④ 《旧唐书》卷一九九《靺鞨传》。

　　靺鞨诸部所可以称道的为渤海靺鞨。渤海靺鞨所建立的政权，即以渤海为国号，据说：渤海"地方二千里，编户十余万，胜兵数万人"[①]。这样确实是"海东大国"，其国力应仅次于高丽。[②]

　　在现在的松花江上的夫余国，在魏晋时期有人户8万。[③]

　　在长白山下的为高句丽。东汉初年，其国部分人口诣乐浪郡（治所在今朝鲜平壤）请求内附，共计万余口。[④]可见当地人口是不少的。据魏时记载，其国"方可二千里，户三万"[⑤]。其国能有3万户，则东汉初年向乐浪郡投降的万余口，只能是其中的一部分了。及毌丘俭东征，诸所诛纳竟有8000余口。[⑥]十六国时，又为慕容氏所攻，被虏去男女5万余口。[⑦]可是到了北魏时，"民户已参倍于前"[⑧]。人户增加了3倍，自非小事。然所谓"前"，却未审是曹魏初年，还是在毌丘俭和慕容氏两次用兵之后。以理度之，当以曹魏初年为是。果如是，则高句丽（南北朝时改称高丽。——编注）的户数在北魏时已经超过了10万。此后陆续滋生，当然更会繁多。

　　也许是拥有众多的人口，高丽的统治者就野心勃勃，试图和隋唐王朝一较高低，最后终于招致失败。唐高宗时，李勣灭高丽，"收凡五部百七十六城，户六十九万"[⑨]，在东北各族中，高丽的人口应该是最多的了。

---

①《旧唐书》卷一九九《渤海靺鞨传》。按：《新唐书》卷二一九《渤海传》作"地方五千里"。

②《旧唐书》卷一九九《渤海靺鞨传》："武艺遣母弟大门艺及其舅任雅发兵以击黑水。……门艺谓武艺曰：'黑水请唐家官吏，即欲击之，是背唐也。……昔高丽全盛之时，强兵三十余万，抗敌唐家，不事宾服，唐兵一临，扫地俱尽。今日渤海之众，数倍少于高丽，乃欲违背唐家，事必不可。'"

③《三国志》卷三〇《魏书·东夷传》，又《晋书》卷九七《夫余国传》。按：《晋书》卷九七有《禅离等十国传》。《传》说："禅离国在肃慎西北，马行可二百日，领户二万；养云国去禅离，马行又五十日，领户二万；寇莫汗国去养云国又百日行，领户五万余。"凡此诸国的现在地址皆无可考。谨记于此，以待来哲。

④《后汉书》卷八五《东夷传》。

⑤《三国志》卷三〇《魏书·东夷传》。

⑥《三国志》卷二八《毌丘俭传》。《资治通鉴》胡注："言诛杀者及纳降者总八千余口。"

⑦《魏书》卷一〇〇《高句丽传》。

⑧《魏书》卷一〇〇《高句丽传》。这是北魏太武帝时事。

⑨《新唐书》卷二二〇《高丽传》。《旧唐书》卷一九九上《高丽传》作"户六十九万七千"。

东北诸族距中原较近的为乌丸和鲜卑。而乌丸更靠近汉朝的边塞。乌丸或作乌桓。当匈奴冒顿方强时，乌丸曾为匈奴所残破。东汉初年，使居塞内，布列辽东属国（治所在今辽宁义县）、辽西（治所在今辽宁朝阳市东）、右北平（治所在今河北丰润县东南）、渔阳（治所在今北京市密云县西南）、广阳（治所在今北京市）、上谷（治所在今河北怀来县东南）、代郡（治所在今山西阳高县）、雁门（治所在今山西代县西北）、朔方（治所在今内蒙古自治区磴口县东北）、太原（治所在今山西太原市西南）诸郡界。[①]东汉末年，辽西乌丸大人丘力居有众5000余落，上谷乌丸大人难楼有众9000余落，辽东属国乌丸大人苏仆延有众千余落，右北平乌丸大人乌延有众800余落，皆自称王。其后辽西乌丸蹋顿独强，为诸部所信归。及曹操北征，破灭蹋顿，于是幽州、并州乌丸万余落，悉徙其族居于内地。[②]

鲜卑于匈奴冒顿强盛时，亦曾为所残破。及匈奴为窦宪破灭，北单于逃走，鲜卑因此转徙匈奴故地，匈奴余种尚有10余万落，皆自号鲜卑，鲜卑由此强大。至檀石槐时，更为强大，仿佛匈奴当年。汉魏之际，轲比能亦以强勇见称，控弦10余万，据说，"犹未能及檀石槐也"[③]。

今黑龙江上游和中游各处本为室韦族的居地。室韦于北魏时始见于记载，下至隋唐之时皆与中原王朝有所往来。其国无君长，唯有大酋以相统治，小者千户，大者数千户。[④]室韦分部多，多至二十五部。[⑤]而以塞曷支部落和黄头室韦的人户为多。[⑥]塞曷支部在今哈拉哈河畔，哈拉哈河流入贝尔湖。贝尔湖在今内蒙古自治区海拉尔市的西南。黄头室韦在今嫩江和松花江汇合处的附近。

室韦邻近尚有豆莫娄、地豆于、乌洛侯诸族，皆见于《魏书》，可是都

---

① 《三国志》卷三〇《魏书·乌丸鲜卑东夷传·注》引《魏略》。

② 《后汉书》卷九〇《乌桓鲜卑传》。

③ 《三国志》卷三〇《魏书·乌丸鲜卑东夷传》。

④ 《新唐书》卷二一九《室韦传》。

⑤ 《隋书》卷八四《室韦传》。

⑥ 《旧唐书》卷一九九下《室韦传》。

没有有关人口的记载。

契丹和奚皆在室韦之南，即所谓松漠之间。以今地按之，当在西拉木伦河的上游。契丹与奚并立，契丹逐渐强盛，与北宋对峙的辽国即契丹所建立。北魏中叶后，契丹畏蠕蠕和高句丽的侵逼，求附于魏，其时仅有人口万余，车辆3000乘。[①]其别部万家寄于高句丽，又有4000余家寄在突厥。迄于隋时，其别部皆来归附。其国分为十部，兵多者3000，少者千余。[②]唐初犹有胜兵4.3万人[③]，与隋时仍相仿佛。至唐末五代时，契丹频繁南侵，每次出兵大都数十万人。[④]盖自阿保机灭渤海国后，其人口自会相应有所增加。

和契丹并立的奚，本称库莫奚，至隋时始去"库莫"，单称奚。据唐史记载，其国有胜兵3万人。[⑤]然自唐中叶时起，奚酋曾以5000帐来降，接着又为幽州兵残其众6万，而卢龙军（治所即在幽州）更焚烧其帐落20万。[⑥]所余孑遗分为东西奚。可知其人口也是不少的。

三、天山南北的人口

天山南北自张骞凿空以后，即以西域相称。西域也相当广大，但和瀚海

---

① 《魏书》卷一〇〇《契丹传》。

② 《隋书》卷八四《契丹传》。

③ 《旧唐书》卷一九四《契丹传》。

④ 《旧五代史》卷一三七《外国传》："阿保机率诸部号称百万，自麟、胜陷振武，长驱云朔，北边大扰。"又说："契丹乘胜攻幽州，是时，或言契丹三十万，或言五十万。"这是契丹南侵出兵的大致数目。《契丹国志》卷二三《兵马制度》："晋末，契丹主部下兵，谓之'大帐'，有皮室兵约三万人骑，皆精甲也，为其爪牙。国母述律氏部下，谓之'属珊'，有众二万。……其诸大首领太子伟王、永康、南北王、于越、麻答、五押等，大者千余骑，次者数百人，皆私甲也。"这些兵力皆当来自契丹本族之人，可以据此估计其人口的约数。契丹兵力还有来自其附近或被征服的族类，那是和契丹本族的兵力不相同的。

⑤ 《旧唐书》卷一九五《奚传》。

⑥ 《新唐书》卷二一九《奚传》。

周围与黑水白山间不尽相同。西域多戈壁沙漠。戈壁沙漠之间形成若干大小不等的绿洲。这些绿洲即成为当地各族的居地。西汉时开始经营，其方式就和其他边地不同。稍后又派遣都护，就地统辖，故各国人口多寡皆见记载。班固撰《汉书·西域传》即逐一著录。兹就其所记，列表如下：

龟兹国	6970 户	81317 口
焉耆国	4000 户	32100 口
姑墨国	3500 户	24500 口
扜弥国	3340 户	20040 口
于阗国	3300 户	19300 口
疏勒国	1510 户	18647 口
莎车国	2339 户	16373 口
鄯善国	1570 户	14100 口
尉犁国	1200 户	9600 口
温宿国	2200 户	8400 口
无雷国	1000 户	7000 口
车师前国	700 户	6050 口
蒲犁国	650 户	5000 口
山国	450 户	5000 口
危须国	700 户	4900 口
车师后王国	595 户	4774 口
西夜国	350 户	4000 口
皮山国	500 户	3500 口
精绝国	480 户	3360 口
乌秅国	490 户	2733 口
尉头国	300 户	2300 口
渠勒国	310 户	2170 口
蒲类国	325 户	2032 口

东且弥国	191 户	1948 口
西且弥国	332 户	1926 口
婼羌国	450 户	1750 口
戎卢国	240 户	1610 口
且末国	230 户	1610 口
渠犁国	130 户	1480 口
郁立师国	190 户	1445 口
卑陆国	227 户	1387 口
乌垒	110 户	1200 口
卑陆后国	462 户	1137 口
蒲类后国	100 户	1070 口
小宛国	150 户	1050 口
车师后城长国	154 户	960 口
依耐国	125 户	670 口
劫国	99 户	500 口
车师都尉国	40 户	333 口
狐胡国	55 户	264 口
乌贪訾离国	41 户	231 口
单桓国	27 户	194 口

这里所列的国家皆在葱岭以东，也皆隶属于当时西域都护府的管辖。乌孙国为西域大国，有户 12 万，有口 63 万，远超龟兹、焉耆诸国。乌孙的版图有今伊犁河流域，且及于今伊塞克湖，而伊犁河上游乃在葱岭以东，唯其都城赤谷城则在苏联境内伊什提克，故未一并引入。

表中所列的这些国家中，人口多寡相互差别，显然很大。其中在万人以上就有龟兹、焉耆、姑墨、扜弥、于阗、疏勒、莎车、鄯善八国。龟兹都城在今库车县，焉耆都城在今焉耆回族自治县，姑墨在今阿克苏县，扜弥在今于田县，于阗在今和田县，疏勒在今喀什市，莎车今仍为莎车县，这些县市直到现在仍为新疆维吾尔自治区重要的县市，人口仍然是比较多的。鄯善王所治的扜泥城，今为若羌县。当时为交通要冲，人口应该不少。今则为沙漠所侵袭，人口却并不是很多的。这些县都在绿洲之上，绿洲范围较广，人口自然众多。今若羌县已多沦为沙漠，人口也就难于和古代的鄯善相比侔了。

当地人口在 1000 以下的也有七国，为车师后城长国、依耐国、劫国、车师都尉国、狐胡国、乌贪訾离国、单桓国。车师后城长国在今吉木萨尔县北。依耐国在今英吉莎县南山中。劫国在今乌鲁木齐市东北。车师都尉国在今吐鲁番县东南。狐胡国在今吐鲁番县西北。乌贪訾离国在今乌鲁木齐市西北。单桓国亦在今乌鲁木齐市西北，唯较近于乌贪訾离国。这七国中，车师都尉和依耐两国皆在天山以南，其余五国均位于天山之北。天山之北五国当时皆从事畜牧，即所谓行国。从事畜牧生涯，行踪就难免飘忽不易确定。所记载的人口可能并非实数。天山之北的五国如此，瀚海周围从事畜牧生涯的族类，如前文所述者，其有关人口的记载，恐亦非尽实录。

在天山之南为依耐和车师都尉两国。《汉书·西域传》一则说："蒲犁及依耐、无雷国，皆西夜类也。西夜与胡异，其种类氐羌行国。"再则说："依耐少谷，寄田疏勒、莎车。"这是以畜牧为主要生涯，间亦习于田作。其人口稀少还可能是山地的缘故。所可注意的乃是车师都尉国。车师都尉国所在地，如前所说，乃是在今吐鲁番县东南。这样的考证若是没有错误，其地应近于高昌壁。高昌壁为农业地区，汉时已是如此，现在仍和以前一样。农业地区人口应该较为众多，何以车师都尉国人口竟如此稀少？或谓这个小国"盖汉置都尉监车师者"[①]。果如此，则它的人口是不会很多的。

东汉对西域的政策前后不一，因而有三通三绝的转变，就是西域各国也有兴亡的变化。葱岭以东有户口记载的国家只有十二国，今列表于下，并比较其和西汉时的增损：

---

① 徐松《西域水道记》。

国名	东汉		较西汉时增减	
	户数	口数	户数	口数
于阗国	32000	83000	28700	63700
焉耆国	15000	52000	11000	19900
车师后王国	4000 余	15000 余	3405（至少）	10226
西夜国	2500	10000	2150	6000
拘弥国	2173	7251	−1167	−12789
东且弥国	3000 余	5000 余	2809（至少）	3052
子合国	3500	4000	西汉时子合与西夜合为一国，未特别记载户口	
车师前王国	1500 余	4000 余	3300（至少）	−2050
移支国	1000 余	3000 余	东汉该国始见记载，故无西汉时户口	
蒲类国	800	2000	475	−32
德若国	100 余	670	东汉该国始见记载，故无西汉时户口	
疏勒国	21000	无记载	19490	无记载

这里一共列举了东汉时西域的十二个国。一般户口都有增加。而以于阗、焉耆、车师后王国三国所增加的最多，皆在 1 万口以上。疏勒国虽无口数记载，可是它的户数增加已将近 2 万，口数增加势将超过户数。于阗、焉耆、疏勒所在的绿洲都相当广大，户口增加自是常理。车师后王国在今吉木萨尔县北，为游牧地区，与车师前王国不同。游牧地区而有如许人口，也是很不寻常的。

这些国中，拘弥的户口有显著的减少。拘弥就是西汉的扜弥。这是现在的于田县，位于克里雅河畔，也是一个相当广大的绿洲。可是这里的人口竟然较之西汉减少许多。这显然是人为的原因造成的。东汉中叶后，这里经过几次兵变，人口当然会有所减少，最少的时候，才有千口。[①] 就是蒲类国（今新疆维吾尔自治区巴里坤哈萨克自治县）的户口也有变化。不过口数虽有减少，户数却有所增加。就是口数的减少也不是很多的。

① 《后汉书》卷八八《西域传》。

　　魏晋诸史虽亦兼载西域，却皆不记户口。《隋书》于葱岭、敦煌之间所著录者仅高昌、焉耆、龟兹、疏勒、于阗五国。高昌本汉时车师前王庭，南北朝始建为高昌国。《隋书》诸国亦无户口记载，仅各有胜兵。据其所记，焉耆千余人，龟兹数千，疏勒 2000，于阗亦数千人。[①] 然西汉时，焉耆胜兵 6000 人，龟兹 21076 人，疏勒 2000 人，于阗 2400 人。[②] 东汉时焉耆 2 万余人，疏勒 3 万余人，于阗亦 3000 余人。[③] 前后相较，所差颇大。好在两《唐书》所载，明确可据，隋时亦当仿佛。唐初灭高昌，"下其三郡五县、二十二城，户八千，口三万七千七百"[④]。其他四国：焉耆胜兵 2000 余人，疏勒 2000 人，于阗 4000 人。[⑤] 龟兹的胜兵数不可具知，然当郭孝恪西征时，其王曾潜引西突厥之众并其国兵万余人，来袭孝恪，是其国兵亦非少数。其后唐兵继续征讨，破其大城五，虏男女数万口[⑥]，是其人口可与西汉时相埒。

　　《宋史》记葱岭以东诸国有于阗、高昌、回鹘、龟兹、沙州等。然皆未备载户口。仅于《回鹘传》说："神宗问（其使者）其国种落生齿几何？曰三十余万，壮者可用几何？曰二十万。"按传中文意，这段话当是甘州（今甘肃张掖县）回鹘的使者所说的，故其明年宋人就企图使回鹘发兵深入夏境。[⑦]

　　明代葱岭以东诸国与内地的关系较为密切的为哈密（今新疆维吾尔自治区哈密市）、柳城（今新疆维吾尔自治区吐鲁番县东南）、火州（今吐鲁番

---

① 《隋书》卷八三《西域传》。

② 《汉书》卷九六《西域传》。

③ 《后汉书》卷八八《西域传》。《传》说："于阗国，口八万三千，胜兵三万余人。"《集解》："先谦曰：'《前书》：胜兵二千四百人。《新唐书》：胜兵四千人。后汉时何得独有三万余？且以八万三千之口，妇女幼弱皆在其内，而胜兵三万余，岂壮者尽人皆兵乎？万盖千之误。'"此处从王说改。

④ 《旧唐书》卷一九八《高昌传》。《新唐书》卷二二一《高昌传》作3万，盖举其成数。

⑤ 《旧唐书》卷一九八《焉耆、疏勒、于阗传》。

⑥ 《旧唐书》卷一九八《龟兹传》。

⑦ 《宋史》卷四九〇《回鹘传》。

县东南，于柳城为西北）、吐鲁番（今吐鲁番县）①，此外还有叶尔羌（今新疆维吾尔自治区莎车县）、亦力把里（今新疆维吾尔自治区伊宁市）等。立国虽多，人口却少见记载。所可知者，吐鲁番的兵力至少在 2 万骑以上，所属番族不堪其役使者曾有数千帐逃至内地。②哈密虽与柳城、火州并列，却稍有不同。明朝曾于哈密设卫。当时设卫的还有安定（今青海冷湖镇东北）、阿端（今青海茫崖镇东南）、曲先（今茫崖镇东）。赤斤蒙古（今甘肃玉门市西北）、沙州（今甘肃安西县东南）、罕东（在赤斤蒙古南）、罕东左卫（今甘肃敦煌县）亦皆设卫。虽皆在哈密之东，却位于嘉峪关外，与哈密情势约略相当，因而可以顺便道及。这几个卫的土宇皆非广大，也都经过一些乱离，先后并得复业。安定卫有 700 余人③，曲先卫有 4.2 万余帐④，罕东卫有 2400 余帐，男妇 17300 余人⑤。亦有率部来归，当时确知其人数的，赤斤蒙古卫来归时有男妇 500 余人⑥，罕东左卫来归时共有 5400 人⑦。赤斤蒙古经过核实，仅有千余人。⑧而沙州卫由于难于在故地安居，全部徙入塞内，居于甘州（治所在今甘肃张掖县），当时共有 200 户，1230 余人。⑨

到了清代，葱岭以东的居人主要是蒙古、回族、满、锡伯、达呼尔诸族，亦有少数汉族杂居其间。据清仁宗嘉庆年间的记载，蒙古族居于伊犁（今新疆维吾尔自治区伊宁市）、塔尔巴哈台（今新疆维吾尔自治区塔城市）和喀喇沙尔（今新疆维吾尔自治区焉耆回族自治县）等处，共有 10098 户，

① 《明史》卷三二九《西域传》即列有哈密卫、柳城、火州、吐鲁番诸传。
② 《明史》卷三二九《吐鲁番传》。此事在明世宗嘉靖七年（公元1528年）。
③ 《明史》卷三三〇《安定卫传》。此事在明宣宗宣德元年（公元1426年）。
④ 《明史》卷三二〇《曲先卫传》。此事在明仁宗洪熙元年（公元1425年）。
⑤ 《明史》卷三三〇《罕东传》。此事在明宣宗宣德元年（公元1426年）。
⑥ 《明史》卷三三〇《赤斤蒙古卫传》。此事在明成祖永乐二年（公元1404年）。
⑦ 《明史》卷三三〇《罕东左卫传》。此事在明世宗嘉靖七年（公元1528年）。
⑧ 《明史》卷三三〇《赤斤蒙古卫传》。此事亦在嘉靖七年。
⑨ 《明史》卷三三〇《沙州卫传》。此事在明英宗正统十一年（公元1446年）。

56869 口。^① 回族居于伊犁、哈密、吐鲁番、喀喇沙尔、库车、阿克苏、乌什、喀什噶尔（今新疆维吾尔自治区喀什市）、叶尔羌（今新疆维吾尔自治区莎车县）、和阗（今新疆维吾尔自治区和田县）等处，共有 65020 户，282619 口。^② 满族、锡伯、达呼尔诸族皆居住于伊犁。^③ 这些族人合计共为 348698 名口，再加上在当地驻防汉族兵丁和其他人口，也还达不到 35 万。到了清末宣统三年（公元 1911 年），新疆全省编户 453477，口 2069165。^④ 这时上距嘉庆二十五年（公元 1820 年），已将近百年。百年之间，不仅人口颇有滋生，外来者亦应不少。在这个总的户口中就不易细析族类户口的多寡了。

四、（陇山以西）青藏高原各族的人口

青藏高原各族最早见于记载的当推羌族。最早见于记载的羌人当不限于

---

① 嘉庆重修《大清一统志》卷五一七《伊犁》："户口：察哈尔兵一千八百三十七名；厄鲁特上三旗，一千二百四十二名，下五旗，二千四百八十名。"又卷五一九《塔尔巴哈台》："户口：额鲁特三千三百八十四户，三万一千一百九十一名口；土尔扈特部九百四十四户，四千二十名口，均于乾隆四十三年自伊犁移住。"又卷五二三《喀喇沙尔》："户口：蒙古五千七百七十户，万六千九十九名口。"

② 嘉庆重修《大清一统志》卷五一七《伊犁》："户口：回户六千四百六户，二万三百五十六名口。"又卷五二一《哈密》："户口：回民一千九百五十户，一万三千二百九十三名口。"又卷五二二《吐鲁番》："户口：回民七百五十九户，八千七百九名口。"又卷五二三《喀喇沙尔》："户口：回民一千三百七十七户，万一千九百一十二名口。"又卷五二四《库车·阿克苏》：库车"户口：回民一千九百七十六户，一万二千一百四十八名口"；阿克苏"户口：回民八千四百二十四户，三万四千六百七名口"。又卷五二五《乌什》："户口：回民八百五十六户，五千八十三名口。"又卷五二六《喀什噶尔》："户口：回民一万四千五十六户，六万六千四百十三名口。"又卷五二七《叶尔羌》："户口：回民一万五千五百七十四户，六万五千四百九十五名口。"又卷五二八《和阗》："户口：回民一万三千六百四十二户，四万四千六百三名口。"

③ 嘉庆重修《大清一统志》卷五一七《伊犁》："户口：驻防满洲兵六千五百七十四名，锡伯兵一千十八名，索伦达呼尔兵一千十八名。"

④《清史稿·地理志》。

青藏高原。《诗经·商颂·殷武》："自彼氐羌，莫敢不来享，莫敢不来王。"郑笺只说在西方，而未得其确地。周秦立国于西方，皆和羌人多有兵争，陇坻以西，羌人种类极为繁多，浸假也有逾陇而东的。汉时地方行政区划，有道的一级，与县相当。所以称为道的缘故，就是有所谓蛮夷之地。陇上诸郡置道很多，大都是羌人的居地。虽说如此，羌人的主要居住地区，还应是河湟间及其以西各处。用现在的地理来说，就是青海省了。

西汉时，先零羌最称强大，据估计，它的兵力可能有 5 万人，经过和汉朝的争战伤亡，剩余的不过 4000 人。[①] 这虽然是就兵力估计，大致可以推测出人口的多少。

到了东汉，羌事最为棘手。兵戈扰攘，其间互有损失。居于大小榆谷（在今青海贵德、尖札等县境）的迷唐，曾经率领过 8000 人骚扰过陇西（治所在今甘肃临洮县），还曾结合诸种 3 万人骚扰过陇西。这是羌人出兵最多的一次，到迷唐衰弱时，其众竟不满千人，迷唐死时，户数也不满数千。[②] 在争战中，羌人时有降附者，其中钟羌且昌的降附，率来诸种羌共 10 余万。赵冲为护羌校尉时，曾两次受降，一次是罕种 5000 余户，一次是诸种 3 万余户。[③] 据《后汉书·西羌传》所说，"羌，自爱剑后，子孙支分，凡百五十种。其九种在赐支河首以西，及在蜀汉徼北，前史不载口数。唯参狼在武都，胜兵数千人。其五十二种衰少，不能自立，分散为附落，或绝灭无后，或引而远去。其八十九种唯钟最强，胜兵十余万，其余大者万余人，小者数千人，更相钞盗，盛衰无常。无虑顺帝时胜兵合可二十万人"。在此以外，广汉塞外白马羌有 5000 余户，蜀郡徼外大羘夷种羌有 50 余万口，蜀郡徼外羌龙桥等六种有 17280 口，蜀郡徼外羌薄申等八种有 36900 口。而发羌唐旄

---

① 《汉书》卷六九《赵充国传》："充国奏言：'羌本可五万人军，凡斩首七千六百级，降者三万一千二百人，溺河湟饥饿死者五六千人，定计遗脱与煎巩、黄羝俱亡者不过四千人。'……其秋，羌若零、离留、且种、儿库共斩先零大豪犹非、杨玉首，及诸豪弟泽、阳雕、良儿、靡忘皆帅煎巩、黄羝之属四千余人降汉。"
② 《后汉书》卷八七《西羌传》。
③ 《后汉书》卷八七《西羌传》。

等绝远，就难以具知了。①

和羌人杂居于湟中的，还有月氏胡。其大种有七，胜兵合 9000 余人，分在湟中及令居（今甘肃永登县西北），另有数百户居住在张掖。②

如前所说，战国秦汉时，陇山以西本已有羌人杂居，东汉三国时更不断内徙羌人，甚至还有内徙到西汉都城所在地的三辅③，羌人内徙之多，后来到西晋末年，所谓"五胡乱华"之时，羌人也成为其中的主要力量。

羌人之后，据有河湟之间的为吐谷浑。吐谷浑出自鲜卑族。其徙于河湟之间时，当地羌族尚甚繁昌。吐谷浑既统治其地，其族中当拥有众多的羌人，这是无待解说的。吐谷浑曾自诩其控弦之士 2 万，然其为西秦所挫败时，就亡失万余户，所余者仅数千家。④南北朝时部落渐繁，曾有 1.3 万余落降于北魏，余部犹得西破于阗国。⑤隋时有男女 10 万余口。⑥唐初为吐蕃所破，其王诺曷钵与其亲近数千帐仅免于难，唐朝迁徙于浩亹水（今大通河）北，又徙之灵州（今宁夏回族自治区灵武县），其余部亦有诣凉（治所在今甘肃武威县）、甘（治所在今甘肃张掖县）、肃（治所在今甘肃酒泉县）、瓜（治所在今甘肃安西县东南）、沙（治所在今甘肃敦煌县西）诸州降者，后来吐蕃强盛，其部落又徙于河东和朔方。⑦

在吐谷浑之东的为党项。党项于隋时始见记载。据《隋书》所记，其地"南北数千里，处山谷间，每姓别为部落，大者五千余骑，小者千余骑"⑧。其举族的人数尚不可备知。及吐蕃强盛，和吐谷浑同为所侵迫，先后迁徙内附。其在西北边者凡 20 万，在泾（治所在今甘肃泾川县北）、陇（治所在

① 《后汉书》卷八七《西羌传》。
② 《后汉书》卷八七《西羌传》。
③ 《后汉书》卷八七《西羌传》。
④ 《晋书》卷九七《吐谷浑传》。
⑤ 《魏书》卷一〇一《吐谷浑传》。
⑥ 《隋书》卷八三《吐谷浑传》。
⑦ 《新唐书》卷二二一《吐谷浑传》。
⑧ 《隋书》卷八三《党项传》。

今陕西陇县）两州界者 10 余万，唐朝就在庆（治所在今甘肃庆阳县）、灵两州为设若干羁縻州以相安置。① 宋时称雄西北的西夏，为党项族所建立的政权，论其始初，当系这一时期内徙的。

南北朝时，尚有宕昌、邓至、白兰诸羌。② 仅宕昌羌可知其有部落 2 万余落。宕昌在仇池以西③，仇池在今甘肃省成县西。今甘肃省有宕昌县，盖因其旧称。唐时又有东女国，亦羌的别种，其国有户 4 万。④

与羌族并称的为氐族。氐羌并称，相距应不甚远。司马迁撰《西南夷传》，谓"自冉駹以东北，君长以什数，白马最大，皆氐类也"。汉武帝时所置的武都郡，就是以白马氐部落设置的。⑤ 武都郡距羌族所居地不远，可能有些相关的动作，故氐羌往往并称。东汉末年有兴国氐和百顷氐，各有部落万余。⑥ 兴国在今甘肃省秦安县西北⑦，百顷在今甘肃省成县西北⑧，且有徙于渭水下游的⑨。

西晋末年，关中扰攘，氐人多归于百顷，其时有部落 4000 家。⑩ 及苻

---

① 《旧唐书》卷一九八《党项羌传》，《新唐书》卷四三《地理志·羁縻州》。

② 《周书》卷四九《宕昌、邓至、白兰传》。

③ 《魏书》卷一〇一《宕昌羌传》。

④ 《新唐书》卷二二一上《西域上·东女国传》："东女亦曰苏伐剌孥瞿呾罗，羌别种也。……东与吐蕃、党项、茂州接，西属三波诃，北距于阗，东南属雅州罗女蛮、白狼夷。……居康延川，岩险四缭，有弱水南流，缝革为船。户四万，胜兵万人。"据《传》文所说，其国相当广大，似在今西藏北部。康延川未知确地。所谓有弱水南流，当指今雅砻江、金沙江等水而言。后来蒙古兵破大理，尚以革船运兵。《传》文又说："其种散居西山、弱水，虽自谓王，盖小小部落耳。自失河、陇，悉为吐蕃羁属，部数千户。……（韦）皋处其众于维、霸等州。……于是松州（治所在今四川松潘县）羌二万口相踵内附。"可知这个东女国实际上只是在今四川、青海两省间的小部落，不得远接于阗、三波诃也。《旧唐书》卷一九七《东女国传》，仅言其国"东与茂州、党项接，东南与雅州接"，而不言其西境，盖西境所至已不易考见矣。

⑤ 《汉书》九五《西南夷传》。

⑥ 《三国志》卷三〇《乌丸鲜卑东夷传·注》引《魏略》。《魏略》以百顷作白顷，当系误文。

⑦ 《读史方舆纪要》卷五九《秦州》。

⑧ 《宋书》卷九八《氐传》。

⑨ 《晋书》卷五六《江统传》："魏兴之初，与蜀分隔，疆场之戎，一彼一此。魏武皇帝令将军夏侯妙才讨叛氐阿贵千万等，后因拔弃汉中，遂徙武都之种于秦川。"

⑩ 《宋书》卷九八《氐传》。《魏书》卷一〇一《氐传》作"夷夏千余家"。

秦瓦解，夷晋奔之者又得千余家。[①] 然迄至刘宋时，仇池附近亦不过 4000 家而已。

　　青藏高原各族能够建立最为强大的政权的，当推吐蕃。吐蕃自唐初起，即与唐迭起争端。两《唐书》皆曾为吐蕃立传，而皆未记载其人口。吐蕃每侵犯唐疆，皆大举出兵，动辄 20 万上下，然开元二十九年（公元 741 年），攻承风堡，至河源军，西入长宁桥，至安仁军之役，出兵 40 万。[②] 这是历年中最多的一次。据说，吐蕃大料兵，率 3 户出 1 卒。[③] 这 40 万兵应该出自 120 万人家。如以 1 户为 5 人计，则吐蕃能够出兵人家，其人口当有 600 万。

　　吐蕃衰弱后，其啮末部数千人居甘、肃、瓜、沙、河（治所在今甘肃临夏县）、渭（治所在今甘肃陇西县）、岷（治所在今甘肃岷县），以及廓（治所在今青海化隆回族自治县西）、叠（治所在今甘肃迭部县）诸州间。[④]

　　迄于北宋，居于河湟之间尚有吐蕃一些余部。有唃厮啰者有胜兵六七万。其后遣使至宋，谓可聚众 10 万，请讨平夏自效[⑤]，而董毡所部亦有六七万人[⑥]。

　　明时曾于西宁（今青海西宁市）、河川、洮州（今甘肃临潭县）、岷州等番族所居地设卫，合称西番诸卫。西番，据说即西羌，其时当是吐蕃的孑遗。当地族种繁多，有西宁十三族，岷州十八族，洮州十八族之属。大者数千人，小者数百。洮州又有东路木舍等三十一族，西路答禄失等十三族，

---

① 《宋书》卷九八《氐传》："孝建二年，以（杨）保宗子元和为征虏将军，以头为辅国将军。……头至诚奉顺，无所顾怀。朝廷既不正元和位号，部落未有定主。雍州刺史王玄谟上表曰：'……观头使人言语，不敢使望仇池公，所希政在西秦州假节而已。如臣愚见，蕃捍汉川，使无虏患，头有实力，四千户荒州，殆不足吝。'"仇池即百顷所在地。西秦州应当为氐人期望得到的建置，也就是拟设在仇池的州。如上所说，西晋末年，仇池有氐人千余家，中间得到夷晋千余家。这时又只是 4000 户，盖仇池附近频有争战，所谓夷晋千余家，可能又复他去。4000 家并非很多，故被称为荒州。

② 《旧唐书》卷一九六上《吐蕃传上》。河源军在今青海省西宁市。安仁军在今青海省湟源县西北。今西宁市北隋时有长宁水、长宁谷，长宁桥当在长宁水上。承风堡无考，当在河源军之南。

③ 《新唐书》卷二二二上《南诏传上》。

④ 《新唐书》卷二一六下《吐蕃传下》。

⑤ 《宋史》卷四九二《吐蕃唃厮啰传》。

⑥ 《宋史》卷四九二《吐蕃董毡传》。

岷州西宁沟等十五族，岷州东路若笼族，西路板尔等十五族及岷州剌即等五族。各族大小不同，故人口亦难估计。明初洮州十八族叛，为明军俘斩数万人，其后鞑靼入居西海，曾骚扰西宁。及鞑靼被逐，番人复业者 8 万余人。[①]西宁、洮州如此，河州、岷州大约也只是数万人而已。

到了清朝，西宁府及河、洮、岷诸州番族皆已编入当地人户之中，难以细计。唯今青海省南部、西藏自治区和四川省康定以西各处，清初尚有记载，足以征考。据当时所记，这些地方共有百姓 76919 户，499960 口，另有喇嘛16090 人[②]，蒙古族少许[③]。

五、西南地区各族人口的估计

司马迁撰《史记》，班固撰《汉书》皆为"西南夷"立传，然皆不载各族的户口。《汉书》仅载有西汉后期牂柯（郡治约在今贵州黄平县）、谈指（约在今贵州贞丰布依族苗族自治县）、同并（约在今贵州弥勒县）等二十四邑凡 3 万余人皆反；益州（郡治在今云南晋宁县东）、叶榆（在今云南大理县北）反者为汉斩首捕虏 5 万余人。[④]这当然不是具体的人口数字，能够有这样规模的数字，其人口应该不是很少的。

岭南各地秦时曾以谪徙民与粤人杂处，而粤人还应该居于多数。赵佗据

---

① 《明史》卷三三〇《西番诸卫传》。

② 《卫藏通志》卷一五《部落》："西宁管辖四十族，共八千四百四十三户，男女三万二千三百九十名口。""西藏管辖三十九族，计四千八百八十九户，男妇一万七千六百六名口。""察木多，喇嘛四千五百众，百姓七千六百三十五户。""巴塘，百姓六千九百二十户，大小喇嘛二千一百一十众。""里塘，户口共六千五百二十九户，共喇嘛三千八百四十九众。""打箭炉，二万八百八十四户。"察木多今为西藏自治区昌都县，打箭炉今为四川省康定县。

③ 《卫藏通志》卷一五《部落》记载达哈留驻的蒙古族538户。达哈，今青海省玉树县。

④ 《汉书》卷九五《西南夷传》。

有南粤，曾自谓带甲百万有余^①，恐只是夸大之辞。汉初平城之役，汉兵仅有40万，几尽全国之力，南粤土地远较汉朝为小，其兵力何能反较汉朝为多？然汉平定南粤时，桂林竟有瓯骆40余万口。^②桂林为秦时所设的郡，为当时所设的三郡之一，三郡合计，应非少数。

东汉时，朝廷曾受到一些族类的降附：哀牢（今云南盈江县）人两次降附者54660户，571370口；邛都(今四川西昌市)徼外八种3.1万户，167620门；莋都（今四川汉源县北）人130万户，600万以上口。^③

《史记》《汉书》两书所记的西南夷，其东至于夜郎。夜郎在今贵州省。然当时零陵郡（治所在今广西兴安县北）所属诸县中就有营道和泠道（皆在今湖南宁远县），南郡（治所在今湖北江陵县）也有一个夷道（今宜都县）。道是居住有所谓"蛮夷"的县。东汉时居住在这里的一些族类曾不断引起兵争，涉及的有武陵蛮、长沙蛮和零陵蛮，而武陵蛮中又有澧中蛮和溇中蛮。澧中蛮和溇中蛮的造反者竟多至2万人。其他少者亦达千余人。^④当时还曾迁蛮于江夏郡（治所在今湖北新洲县）。于是有江夏蛮和沔中蛮，人数也是相当多的。^⑤

南北朝时，种类益多，有所谓荆雍州蛮和豫州蛮。《宋书》一则谓其"种类稍多，户口不可知"，再则谓"种落炽盛"。^⑥户口虽不可知，由所散居地区的广大，人口可能不是很少的。这里的蛮在南北两方之间，随着南北两方

① 《汉书》卷九五《南粤传》。

② 《汉书》卷九五《南粤传》。

③ 《后汉书》卷八六《西南夷传》。

④ 《后汉书》卷八六《南蛮传》记载当时各族的参与造反者有："安帝元初二年，澧中蛮结充中诸种二千余人攻城。明年，溇中、澧中蛮四千人并为盗贼。又零陵蛮羊孙陈汤等千余人"，"顺帝永和二年，澧中溇中蛮二万人围充城，八千人寇夷道"，"桓帝永寿三年，长沙蛮反叛，众至万余人"，"武陵蛮六千余人寇江陵。武陵蛮亦更攻其郡，太守陈奉率吏人击破之，斩首三千余级，降者二千余人"。由这些参与造反的人数看来，各族种的人口都不是很少的。

⑤ 《后汉书》卷八六《南蛮传》：光武帝建武二十三年，徙南郡潳山蛮七千余口，置江夏界中，即所谓沔中蛮。灵帝光和三年，江夏蛮叛，与庐江黄穰相连结，共十余万人。

⑥ 《宋书》卷九七《夷蛮传》。

势力的消长，依违其间，也曾陆续属附北朝，最多的一次竟达 8 万余落。[①]

当时尚有所谓僚者，据说乃南蛮的别种。自汉中达于邛筰、川洞之间所在皆有，种类多甚，散居山谷。[②]北魏曾立巴州（治所在今四川巴中县）以相统率，所绾者约 20 万户，就是所谓的北僚。[③]北周时，陵州（治所在今四川仁寿县）有僚 3 万余落。[④]这大概是所谓南僚的一部分。唐时有所谓南平僚者，有户 4000 余。[⑤]

唐时以蛮相称者甚多，有两爨蛮、东谢蛮、西赵蛮、牂柯蛮、西原蛮、南诏蛮等。两爨蛮者为东爨乌蛮和西爨白蛮。两爨蛮皆未悉其人口多少，所可知者，南诏曾徙西爨部分人户 20 余万于永昌城（今云南保山县）。[⑥]两爨蛮之西为昆明蛮，以西洱河（今洱海）为境。[⑦]唐初先后两部分内附，共有 2.7 万户。[⑧]

---

① 《魏书》卷一〇一《蛮传》："（孝文帝）延兴中，大阳蛮酋桓诞拥沔水以北，滍叶以南，八万余落，遣使内属。"当时蛮人北附者尚有数起，今据《蛮传》所载，并列于此："萧赜（按：为齐武帝）时，蛮酋率部曲四千余户内属，襄阳酋雷婆思等十一人，率户千余内徙"，"宣武帝景明初，大阳蛮酋田育丘等二万八千户内附"，"景明三年，徙鲁阳蛮万余家于河北"，"宣武帝正始二年，萧衍（梁武帝）沔东太守田清喜拥七郡三十一县户万九千，遣使内附"，"永平初，大阳蛮归附者一万七百户"，"孝明帝正光中，蛮首成龙强率户数千内附，蛮师田午生率户二千内徙"，"萧衍义州刺史边城王文僧明等率户万余举州内属"，"又有冉氏、向氏者，陬落尤盛，余则大者万家，小者千户"。如上所说，当时附于北朝的，除桓诞的8万余落外，至少尚有六七万户。
② 《魏书》卷一〇一《僚传》。
③ 《魏书》卷一〇一《僚传》。
④ 《周书》卷四九《僚传》："魏恭帝三年，陵州木笼僚反，诏开府陆腾讨破之，俘斩万五千人。保定二年，铁山僚又反，抄断江路。陆腾复攻拔其三城，虏获三千人，降其种三万落。"按：《周书》卷二八《陆腾传》作"招纳降附者三万户"。
⑤ 《旧唐书》卷一九七《南平僚传》："南平僚者，东与智州、南与渝州、西与南州北与涪州接。部落四千余户。"（按：《新唐书》卷二二五《南湾传》应为"西接南州，北涪州"。——编注）渝州为今重庆市。南州今为四川省綦江县。涪州今为四川涪陵县。智州待考。
⑥ 《新唐书》卷二二二下《两爨蛮传》："自曲州、靖州西南昆川、曲轭、晋宁、喻献、安宁距龙和城，通谓之西爨白蛮，自弥鹿、升麻二川，南至步头，谓之东爨乌蛮。"曲州治所在今云南省昭通县。靖州治所在今云南省大关县。昆川当在昆州。昆州治所在今云南省昆明市。曲轭在今云南省嵩明县南。晋宁在今云南省晋宁县。喻献在今云南省澄江县。安宁在今云南省安宁县。龙和城在今云南省禄丰县。弥鹿在今云南省沪西县。升麻在今云南省寻甸回族彝族自治县。步头在今云南省元江县。
⑦ 《新唐书》卷二二二下《两爨蛮传》。
⑧ 《新唐书》卷二二二下《两爨蛮传》。

东谢蛮在黔州（治所在今四川彭水县）西数百里。西赵蛮在东谢之南，而牂柯蛮则在辰州（治所在今湖南沅陵县）。东谢蛮人口不可具知。[①] 西赵蛮有户万余。[②] 牂柯蛮有兵 3 万，其别部充州蛮有兵 2 万。[③] 又有松外蛮，唐初曾降其七十余部，户 10.9 万。[④]

西南族类以蛮称者尚多，唯人口率不能尽知。诸蛮中最为强大者为南诏。唐代中叶以后，南诏辄与唐为敌国，曾助吐蕃侵扰西南边境，且曾攻占成都和交州（今越南河内）。南诏于宋时为大理，元初被灭。南诏的人口亦不可具知。前面已经说过，南诏曾迁徙西爨人口 20 余万于永昌城，且曾攻掠其附近各蛮，并迁徙其人口[⑤]，又复由成都掠子女、工技数万[⑥]，则其人口应是相当众多的。故其进攻唐朝，发兵最多的一次，曾达到 20 万人。[⑦]

下迄宋时，大理的人口虽不可知，其他诸族，有些还是略可考见的。当时有所谓西南溪峒诸蛮，杂厕于荆、楚、巴、黔、巫之间。东汉时曾累次侵扰武陵诸郡，这在前面曾略有提及。五代时，马氏据有湖南，蛮僚保聚，依山阻江，殆 10 余万。[⑧] 宋时，这些溪峒诸蛮中有所谓南江诸蛮，自辰州（治所在今湖南沅陵县）、长沙、邵阳（今湖南长沙市和邵阳市），据有十六州

---

① 《旧唐书》卷一九七《东谢蛮传》《西赵蛮传》。

② 《旧唐书》卷一九七《东谢蛮传》《西赵蛮传》。

③ 《新唐书》卷二二二下《南蛮传》：武德三年，以牂柯蛮地为牂州。州在今贵州省瓮安县东北。充州在今贵州省石阡、余庆诸县。

④ 《新唐书》卷二二二下《南蛮传》："贞观中，巂州都督刘伯英上疏：'松外诸蛮，率暂附亟叛，请击之，西洱河天竺道可通也。'"巂州治所在今四川省西昌市。松外诸蛮既扼西洱河路，而巂州都督请兵讨伐，则在今西昌市西南可知矣。《旧唐书》卷一九七《南蛮传》："（贞元）九年，西山松外生羌等二万余户，相继内附。"

⑤ 《新唐书》卷二二二上《南诏传》：异牟寻"又破施蛮、顺蛮，并虏其王。置白厓城；因定磨些蛮，隶昆山西爨故地；破茫蛮，掠弄栋蛮、汉裳蛮，以实云南东北"。又说："弄栋蛮，白蛮种也。其部本居弄栋县鄙地，昔为襄州。"《旧唐书》卷四一《地理志》，戎州中都督府羁縻州三十六州，州一曰襄州，领户一千四百七十，南接姚州。嘉庆重修《大清一统志》卷四八○《楚雄府》谓废襄州在姚州北。姚州在今云南省姚安县，在大理县之东。这里所说的襄州的户数，应即弄栋蛮的户数，弄栋蛮能有1470户，则施蛮、顺蛮等就可以约略推知。

⑥ 《新唐书》卷二二二上《南诏传上》。

⑦ 《新唐书》卷二二二中《南诏传下》。

⑧ 《宋史》卷四九三《西南溪峒诸蛮传上》。

之地，其中富、峡、叙三州仅有千户，余不满百，因而就形成"土广无兵"的情形。[①] 西南溪峒诸蛮附近又有梅山峒蛮，其地东接潭州（治所在今湖南长沙市），南接邵州（治所在今湖南邵阳市），其北则鼎（治所在今湖南常德市）、澧（治所在今湖南澧县），共有主客户主 14809 户。[②] 而在宜州（治所在今广西壮族自治州宜山县）之南的抚水蛮，则有户 6.1 万。[③] 在此之外，其他族种还相当繁多，可是具体人口都已难于稽考。

到了元代，悉收西南各族类使之隶于版图，并设宣慰司、长官司及其以下诸官职以相统治。当时亦曾"阅实户数"[④]，可能并非普遍，因为有些族类，"散居山菁，无县邑乡镇"[⑤]，到处阅实，是会有一定的困难的。不过也不是就了无所获，即如相当于现在贵州省贵阳市及其附近各地的八番顺元宣慰司的户数就近乎 20 万。[⑥]

明时，承元之旧，于各族居处设土司。土司编于湖广、四川、云南、贵州、广西各布政使司，亦设宣慰、长官及其以下各官职。其辖地的大小，人口的多寡，大率皆因旧规，故颇不相一致。成祖永乐初年，贵州龙里（今贵州龙里县）、湖广沅州（今湖南芷江县）、武冈（今湖南武冈县）、播州（今贵州遵义市）之间，苗族就不下 20 万。[⑦] 而五开（今贵州黎平县）、古州（今黎平县北）亦约有 2 万人。[⑧] 顺宁府（治所在今云南凤庆县）境的猛猛，部落就有万人。猛猛部于顺宁府中不列于州县，同时还有猛撒、猛缅诸部[⑨]，

---

① 《宋史》卷四九三《西南溪峒诸蛮传上》。
② 《宋史》卷四九四《梅山峒传》。
③ 《宋史》卷四九五《抚水州传》。
④ 《元史》卷六三《地理志六》。
⑤ 《元史》卷六〇《地理志三》。
⑥ 《元史》卷六三《地理志六》："八番顺元蛮夷官。至元十六年，宣尉使塔海以西南八番、罗氏等国已归附者，具以来上，凡户十万一千一百六十有八。西南五番，户八万九千四百。"
⑦ 《明史》卷三一〇《湖广土司传》。
⑧ 《明史》卷三一〇《湖广土司传》："洪武五年，副将军吴良复平五开、古州诸蛮凡二百二十三洞，籍其民一万五千，收集溃散士卒四千五百余人。"
⑨ 《明史》卷三一三《云南土司传》。

其所居地不甚广大。右江十寨，共一百二十八村，环村而居者二千一百二十余家。① 十寨土地相当广大，居民两千余家，应该不是很稠密的。海南岛琼州（今海南琼山县）的黎户却有三四万户。②

当时一些族类都各有一定兵力。其人口虽不可具知，由其所有的兵力，可以略事推断。麓川（今云南瑞丽县）土司思伦发的兵力号称 30 万。③ 云南（今云南昆明市）土官扬苴作乱，竟集蛮众 20 余万。④ 当明兵征讨麓川时，大侯（今云南云县）土官刀奉汉曾欲与木邦（今缅甸新维）共起兵 10 万，助明讨伐。⑤ 实际上大侯确曾与车里（今云南景洪县）共出兵 5 万。⑥ 明时水西（今贵州黔西县）、永宁（今四川叙永县）和麓川相仿佛，皆曾与明为敌。水西有数万⑦，永宁亦有兵 10 余万⑧，就是广西的泗城（今广西壮族自治区凌云县）也能聚众 4 万⑨，都非少数。

清因明制，亦设土司，仍分布于湖广、四川、云南、贵州、广西、甘肃诸省。土司的土地人口也和明时相似，各有不同。即如凉山果罗族（即今彝族）居于宁远（今四川西昌市）、越巂（今四川越西县）、峨边、雷边、马边（今仍为峨边、雷边、马边县）间的凉山，众至 10 余万。⑩ 而乌蒙（今云

① 《明史》卷三一七《广西土司传》。这里所说的户数，乃是当地寨老自言的，应为确实的数字。右江今仍为广西壮族自治区的右江。当时曾计划以这十寨分属那地州和向武州。那地州在今南丹县西南，向武州在今天等县西北，则这十寨应在两州之间，分布于右江侧畔。

② 《明史》卷三一九《广西土司传》："永乐三年，广东都司言：'琼州所属七县八洞生黎八千五百人，崖州抱有等十八村一千余户，俱已向化，惟罗活诸洞生黎尚未归附。'……四年，琼州属县生黎……向化者万余户。……九年，临高县（今海南临高县）……招至生黎二千余户。……十一年，琼山县……招谕包黎等村黎人王观巧等二百三十户。……临高黎民来归者户四百有奇。通计前后所抚诸黎共千六百七十处，户三万有奇。"

③ 《明史》卷三一四《云南土司传二》。

④ 《明史》卷三一三《云南土司传一》。

⑤ 《明史》卷三一四《云南土司传二》。

⑥ 《明史》卷三一四《云南土司传二》。

⑦ 《明史》卷三一六《贵州土司传》。

⑧ 《明史》卷三一二《四川土司传二》。

⑨ 《明史》卷三一九《广西土司传三》。

⑩ 《清史稿》卷五一八《土司传·四川》。

南昭通县）土司抗拒清廷，竟纠集到数万人之多①，可知其人口也是不少的。

各族人口不仅不尽相同，就是每族的人口在不同时期中前后也未能都是一样的。对于各族的人口，历代也不是完全没有"阅实"，就是都能"阅实"，也未必就都能确实无讹，这里所举出的，就只能说是略具一斑。要求确实具体，那就要等到现在的人口普查了。

---

① 《清史稿》卷五一九《土司传·云南》。乌蒙在今云南省昭通县。元时始于其地置乌蒙宣慰司，治所在今昭通县。明时改为府。清世宗雍正九年（公元1731年）改为昭通府，今为昭通县。

中国历史地理纲要（下）

史念海 著

ZHONGGUO LISHI
DILI GANGYAO

陕西师范大学出版总社

目　录

第五章 历史政治地理

第一节 古代的部落和王朝

一、黄河中下游的平原与古代的部落

早在远古的时期就已经有许多部落活动于祖国的疆土之上。它们的名称有的虽已难于稽考，他们所居住的地方有的也不易推求，不过由古代的记载和传说里面还可以看到一些大概情况。根据春秋时期人们的说法，陈国为太皞之虚。[①]曲阜为少皞之虚。[②]这些话是可以相信的。因为春秋时期在现在山东境内的一些小国还自认是太皞或少皞的后裔。[③]可是这些小国在当时一直被看作夷族，和诸夏之间是有区别的。

华夏诸国的远祖通常都溯源到黄帝。关于黄帝的传说很多，黄帝活动的

---

① 《左传》昭公十七年。

② 《左传》定公四年。

③ 《左传》僖公二十一年，又昭公十七年。

地区好像也十分广远。据说他曾经登过泰山，到过东海岸边和长江附近，他也曾经游过空桐，后来就住在涿鹿。[①]传说的空桐山是在今甘肃东部[②]，涿鹿的地方一般人都说是在桑乾河上[③]。到现在那里还有一个涿鹿县。这样的传说如果不是有意地夸大，也难免掺杂有后世附会的言辞。因为直到春秋时期，这些地方还不是华夏族活动的范围，远在更古的黄帝怎能到达那样远的地方？有人说黄帝和他的部落活动的地区大致是在黄河中游的两岸。[④]因为在现在河南临汝县境也有一座空同山。[⑤]如果是黄帝曾经游过的空同山，那不必远求于甘肃的东部。在传说中，黄帝曾和蚩尤战于阪泉之野。在山西南部盐池附近正有一个阪泉[⑥]，那里到现在还有一个蚩尤村。由此可见，华族在很古的时期就已经和黄河发生了关系。

实际上由古代传说和记载中可考见的部落，大部分都是活动在黄河流域的平原附近。这种情形是可以理解的，因为这里乃是一个肥沃的所在。古代的人们利用它的富庶的经济基础从事文化的发展，所获得的成就自然要超过其他的地区。《史记·五帝本纪》于黄帝之后列有颛顼、帝喾和尧、舜，说是黄帝的后裔。他们和黄帝的关系如何，这是另外一个问题。他们所居住的地方正都是黄河的附近。据说颛顼都于帝丘[⑦]，帝喾都于亳[⑧]。帝丘在现在河南的濮阳，在当时黄河之南。亳在现在河南商丘西南，离那时的济水也不甚远。关于尧舜居地的传说是相当多的。从黄河中游汾涑流域一直到济水的附近据说都曾有过他们的足迹。不过尧和舜的关系很为密切，他们活动的区域不能离开很远。西周初年在汾、浍二水附近还有一个唐国。[⑨]如果这个唐国正像古代所传说的和尧有关系，

---

① 《史记》卷一《五帝本纪》。

② 《史记》卷一《五帝本纪·正义》引《括地志》。

③ 《水经·漯水注》。

④ 《路史·疏仡纪》。

⑤ 《太平寰宇记》卷八《汝州》。

⑥ 沈括《梦溪笔谈》卷三《辨证篇》。

⑦ 《左传》昭公十七年。

⑧ 《史记》卷三《殷本纪》，《尚书·伪孔传》。

⑨ 《史记》卷三九《晋世家》。

则尧的居地可能就在这里。舜的居地既距尧不远，也应该在它的附近。

二、夏、商及西周疆土的轮廓

在尧舜以后的夏朝也是居于黄河中游。西周初年的人们曾经一再提到夏虚[①]，这是指现在山西夏县和平陆而言。传说禹曾都于安邑。[②]古时的安邑就是现在的夏县西北。关于禹都的传说，安邑之外在黄河以北的还有平阳和晋阳。[③]平阳在今临汾县境。晋阳，以前的人们都说是在现在太原。然春秋初年晋国疆土尚未越过霍山，夏时的土地如何能够已在霍山之北？这个晋阳可能在现在的永济县境。[④]话虽如此，不过夏朝历年绵长，都城数迁，他们的居地并不仅限于一个地区。禹之先为鲧，鲧为有崇之伯。[⑤]崇就是嵩山[⑥]，在今河南省。传说禹还曾都于阳城[⑦]和阳翟[⑧]。阳城在现在登封县，阳翟为今禹县，皆在嵩山之下。禹以后，启居于黄台之丘[⑨]，在现在河南省新郑、密县之间[⑩]，太康和最后的桀都曾居于斟寻[⑪]，在今河南省巩县附近。相居帝

---

① 《左传》定公四年，《史记》卷三一《吴太伯世家》。

② 《诗经·唐风·郑谱·疏》。

③ 《诗经·唐风·郑谱·疏》。

④ 《史记》卷四四《魏世家·正义》引《括地志》。

⑤ 《国语·周语下》。

⑥ 《汉书》卷二八上《地理志上》。

⑦ 《汉书》卷二八上《地理志上·注》及《续汉书·郡国志·注》引《竹书纪年》。

⑧ 《汉书》卷二八上《地理志上》。

⑨ 《穆天子传》。

⑩ 丁山《由三代都邑论其民族文化》，载《历史语言研究所集刊》第五本第一分册。

⑪ 《水经·巨洋水注》及《汉书》卷二八《地理志·注》引《竹书纪年》。按：《汉书·地理志·注》："应劭曰：'（平寿）故斟寻，禹后。'……臣瓚曰：'斟寻在河南，不在此也。'……师古曰：应氏止云斟寻本是禹后，何豫夏国之都乎？"《巨洋水注》也说："明斟寻非一居也。"斟寻既在河南，当即《左传》昭公二十三年所说的"郊寻溃"的郊。杜预注："河南巩县西南有地名郊中。"

丘①，又居斟灌②。帝丘在现在河南省濮阳县，即颛顼的故都。③斟灌在今河南省清丰县南。④帝杼居原，又自原迁于老丘。⑤原在今河南省济源县。老丘在今河南省旧陈留县。⑥胤甲居西河⑦，当在今山陕两省之间⑧。据说崤山附近有帝皋的陵墓。⑨古代的陵墓与所居之地或不能相去过远。这样说来，帝皋所居的地方又自为一处。由这些都城所在地看来，夏国的土地当然不能仅限于今山西省的西南部，而是达到现在河南省中部和山东省西部。后来到夏桀时候，他的疆土据说是西边到了华山之下，东边到了河济之间，北边达到太行山上的羊肠坂，南边达到了伊洛流域。⑩他的版图应该算是最大的了。这里面没有提到黄河以北的汾涑流域。当然在这样的轮廓里面，不可能那么周到。可是显而易见的是太行山以北和伊洛上游的山地没有包括在内。古时的人们喜居于河谷和平原，山地是不能引起他们的爱好的。就是在夏人版图之内也并不是完全都是夏人所有。反对太康的有穷氏后羿原来就是居在鉏，

---

① 《左传》僖公三十一年。按：《太平御览》卷八二《皇王部》引《竹书纪年》："后相即位，居商丘。"王国维《古本竹书纪年辑校》："《通鉴外纪》：'相失国，居商丘。'盖亦本《纪年》。《通鉴地理通释》四云：'商丘当作帝丘。'"

② 《水经·巨洋水注》引《竹书纪年》。

③ 《汉书》卷二八上《地理志上》。

④ 《水经·巨洋水注》："薛瓒《汉书集注》云：'按汲郡古文，相居斟灌。'东郡灌是也。"《汉书》卷二八《地理志·注》："应劭曰：夏有观扈。"按：东郡灌即汉观县。汉观县在今河南省清丰县南。

⑤ 《太平御览》卷八二《皇王部》引《竹书纪年》。

⑥ 杨守敬《春秋地理图》。

⑦ 《太平御览》卷八二《皇王部》及《通鉴外纪》引《竹书纪年》。《太平御览》卷四，西河作河西。

⑧ 春秋战国时，黄河由今河南省荥阳县东北流，经今河南省濮阳县，又东北入于海。当时河东（今山西西南部）人称其西的黄河为西河，濮阳（今河南濮阳县）人亦称其西的黄河为西河，春秋战国以前当亦如此。帝杼所居之原在今河南省济源县，稍在河东人所说的西河之东。所迁的老丘在今河南省旧陈留县，当在今开封县境内。其地距濮阳的西河尚远。胤甲承帝杼之后，居于西河，则此西河当为河东人所说的西河，在今山陕两省之间。今山陕两省之间的黄河，自北至南，相当长远。其北段中段迄春秋初年尚非华夏族人所能居住的地方，则夏人所居的西河当在其南段，其东就是汉时的河东郡。

⑨ 《左传》僖公三十二年。

⑩ 《战国策·魏策一》，《史记》卷六五《吴起传》。《史记》卷四《周本纪》："自洛汭延于伊汭，居易毋固，其有夏之居。"按：桀亦居于斟寻，见《水经·巨洋水注》、《汉书》卷二八《地理志·注》及《史记》卷二《夏本纪·正义》所引《竹书纪年》。

而后来又迁到穷谷的。^①鉏在今河南滑县^②，离太康所居的斟寻不远，穷谷近于现在的洛阳^③，已在斟寻西南，无怪乎他要和太康发生冲突。不过在这个范围内也还有些夏的与国。夏末，韦、顾、昆吾和夏桀同为商汤所伐^④，韦在今河南省范县东南^⑤，昆吾有的说是今河南省许昌县^⑥，有的说是在今河南濮阳县^⑦，它和韦、顾相近^⑧，则以濮阳县的说法比较合适，自然都是河济之间的部落了。

就是商朝初年所居的地方也是离这里不远。据说汤始居亳，从先王居。^⑨所谓先王，乃是指帝喾而言。商朝和夏朝相仿佛，他们的都城同样经过好多次的迁徙。由契至汤已经有过八次^⑩，从汤到盘庚又有五次^⑪。这些迁徙引起了后来人们的争论。大体说来，在汤以前的都城有商、蕃、砥石、商丘和相土的东都。^⑫商和商丘可能是一个地方，它在现在河南省商丘县境内。也有人说它在现在河南省的濮阳县。^⑬濮阳曾作过夏后相的都城，商朝

① 《左传》襄公四年。
② 《史记》卷二《夏本纪·正义》引《括地志》："故鉏城在滑州卫城县东十里。"按：卫城县在今河南滑县东南。
③ 《史记》卷二《夏本纪·正义》引《晋地记》。
④ 《诗经·商颂·长发》。
⑤ 《续汉书·郡国志》，东郡白马有韦乡。
⑥ 杨守敬《春秋列国地图》。王国维《观堂集林》卷一二《说亳》："顾，《汉书·古今人表》作鼓。顾与昆吾，《郑语》均以为己姓之国。帝丘有戎州己氏，而梁国薄之北，汉亦置己氏县。疑当在昆吾之南，蒙薄之北。"其所说的昆吾，乃在卫国，就是今河南濮阳县。
⑦ 《左传》昭公十二年。
⑧ 《左传》哀公十七年，杜注。
⑨ 《史记》卷三《殷本纪》。
⑩ 《尚书·序》。
⑪ 《尚书·序》。
⑫ 王国维《观堂集林》卷一二《说自契至于成汤八迁》，又《说耿》；丁山《由三代都邑论其民族文化》。
⑬ 《太平御览》卷一五五引《世本》："相徙商丘，颛顼之虚。"《左传》昭公十七年："卫颛顼之虚也，故为帝丘。"这是说颛顼之虚乃在濮阳。《水经·瓠子河注》："河水旧东决，迳濮阳城东北，故卫也，帝颛顼之虚。昔颛顼自穷桑徙此，号曰商丘，或谓之帝丘，本陶唐氏火正阏伯之所居，亦夏伯昆吾之邦，相土因之。"这显然是把帝丘和商丘合而为一的说法。其实两者并非一处。

的先世相土居于商丘①，或者就是由于相和相土的近似而发生了讹误。蕃在今山东省滕县境。②砥石据说是在现在河北省宁晋、隆平两县之间。③以后来的史事按之，纣时朝歌以往尚为旷废之区，早期商人怎能远至其地建立都城？砥石亦应与蕃相类似，不能距商过远。④相土的东都据说是在泰山之下。⑤商汤以后至于盘庚，其间又经过五迁，这是说嚣、相、耿、庇、奄五地先后都作过都城。⑥嚣、相、耿皆在今河南省境，庇、奄则在今山东省境。嚣也有写作隞的，在今荥阳县东北。相在今内黄县东南。耿也有写作邢的，在今清化镇附近。庇在今鱼台县境，奄在今曲阜。盘庚迁殷是商代大事，为此作了《盘庚》三篇。其地就是现在安阳市殷墟。盘庚以后，虽有迁都的传说，实际并未迁徙。因为《竹书纪年》明确记载着："自盘庚徙殷，至纣之灭，二百七十三年，更不徙都。纣时稍大其邑，南距朝歌，北据邯郸及沙丘，皆为离宫别馆。"⑦这样说来，商朝的活动范围，正是河济流域及其附近的地方。

商朝为周朝所灭，商朝的情形应该为周朝的人们所熟悉。不过商朝具

---

① 《左传》襄公九年。

② 王国维《观堂集林》卷一二《说自契至汤八迁》。今滕县于汉时为鲁国蕃县地。蕃县之名当远始于商代。按：《水经·渭水注》："渭水又东迳峦都城北。故蕃邑，殷契之所居。《世本》曰：'契居蕃。'阚骃曰：'蕃在郑西。'然则今峦城是矣。"按：商人起自东方，其所徙不出河济之间及其附近各处。蕃之所在何得远至渭水下游？郦注所引，显然失之。在今滕县之蕃，于汉时为鲁国蕃县地，蕃县之名当远始于商代。

③ 丁山《由三代都邑论其民族文化》。

④ 吕思勉《先秦史》第八章《夏殷西周事》。

⑤ 王国维《观堂集林》卷一二《说自契至汤八迁》。

⑥ 《尚书·盘庚篇》："不常厥邑，于今五邦。"五邦所在，说者间有不同。《释文》引马融说："五邦谓商丘、亳、嚣、相、耿。"《疏》引郑玄说："汤自商徙亳，数商、亳、嚣、相、耿为五。"伪《孔传》说："汤迁亳，仲丁迁嚣，河亶甲居相，祖乙居耿，我往居亳，凡五徙国都。"汤之居亳，已在自契至汤八迁之中，不当复计于汤后五迁之中。盘庚迁徙，乃五迁之后事，亦不当列于五迁之中。《太平御览》卷八二《皇王部》引《竹书纪年》："仲丁自亳迁于嚣。河亶甲自嚣迁于相。祖乙居庇。南庚自庇迁于奄。盘庚自奄迁于北蒙，曰殷。"这里也数到盘庚所迁的殷，同样也是不当的。按：《书序》，"祖乙圮于耿，作祖乙"。耿与庇并非一地，疑祖乙始迁于耿，耿圮又迁于庇，而后盘庚自庇迁于奄也。

⑦ 《史记》卷三《殷本纪·正义》引《括地志》。

体的活动范围，周朝人们说的并不算多。战国时吴起曾经说过殷纣的国土是："左孟门，右漳滏，前带河，后被山。"①漳水由太行山西发源，穿山东流。滏水源出太行山东麓，流入漳水。吴起所说的虽是漳滏二水，实际上是指太行山东的一部分而言的。因为太行山西的若干部落并不属于商朝统治的范围。孟门为太行山的隘道②，后来齐桓公伐晋，曾越过太行山③。那时太行西麓尚为群狄所有，非齐桓公所可通行，而太行、王屋之间距晋都较近，齐桓公所入当在其处。以春秋时的情形，证吴起的言辞，所谓殷纣之国的左侧，也当在太行山的南部。这样说来，商朝末年的版图只有河内一隅了。《诗经·商颂》中曾提到相土的武功，说是"海外有截"④。商朝起于河济的下游，它的土地东边达到海边是有可能的。至于吴起所说的"后被山"，司马迁撰写《吴起传》时，改写成"常山在其北"。常山就是现在的恒山，如所说果确，则殷纣时的北边当然是更远了。

夏商两朝的国都显出了不同的情况。夏朝虽以汾、涑、伊、洛诸流域为其主要的地区，却也曾经沿河、济而下，向东方发展。夏朝和东方的部落曾经发生了若干次的战争，它的都城在东方一再迁徙也表现出时进时退的模样。夏人对于东方的注意是和东方的富庶分不开的。但是商朝都城的迁徙最西只达到太行山的东南。汾涑流域夏人的故土，却分布了若干的部落，它们有的固然是商朝的与国，有的却还是和商朝处于对立的状态。⑤商人在这里似乎未能取得绝对的统治地位。商朝在汾涑流域虽没有得到若何成就，却溯渭水而上，获致一些发展。近年在陕西蓝田县发现殷商的墓葬，就足以证明渭水下游曾经有过商人的足迹。周人在未翦商前，长期隶属商朝，而崇国且

① 《战国策·魏策一》。

② 《左传》襄公二十三年。

③ 《国语·齐语》。

④ 《诗经·商颂·长发》。

⑤ 陈梦家《殷虚卜辞综述》第八章《方国地理》："豫西为华北平原西边缘，太行山隔绝了华北平原与黄土高原，殷人似以山为界，不过太行之西。武丁时代所征伐的方国，似在今豫北之西，沁阳之北，或汉河东郡、上党郡；易言之，此等方国皆在今山西南部，黄土高原的东边缘（晋南部分）与华北平原西边缘（豫北部分）的交接地带。"

以商的属国，阻止周人的向东发展。

向东的发展不仅见于夏朝，就是周朝也是如此。夏朝失败了，周朝却获得成功。周朝起于泾渭流域。它也曾经迁过几次都城。它最初是在邰，后来经过一些周折，定居于豳。[①]接着又相继迁于周原[②]、程[③]和丰、镐。这些地方都是在今陕西的中部。其中豳即今彬县，濒于泾水，其余皆在渭水附近。邰在武功县西南，周原在岐山县，程在咸阳，丰在户县东，镐在西安西南。由周原至丰、镐，显然是顺着渭水而下，他们不断发展，最后终于灭掉了商朝，占有东方各地。（附图一《夏商周都邑分布图》）

三、采邑与封国

但是周朝并不像夏人那样把它的都城向东方迁徙，它是分封了许多诸侯控制着新征服的土地。当时究竟分封了多少诸侯？已难有确实的说法和记载。最多的数目据说超过了四百。[④]这些封国的大小虽不相同，都起了一定的作用。东方本是富庶的地区，商朝的农业固然已相当发展，却并没有使整个地区都得到发展。周人初到东方还说不上有什么新的设施，那些封国只是尽量利用商人已有的基础，因此它们不可能都连成一片。周人对于交通道路相当注意，各封国的位置也都在冲要的地方，这样更可能发挥他们的统治力量。当然周朝初年，周人在东方主要的势力是要防止商人的势力的再起，也要消除其他部落的反抗。为了对付商人的后裔，管、蔡、霍三叔负着监督纣子武庚的任务。管国在现在的郑州，据考古的发掘，那里在商未灭时

---

① 《史记》卷四《周本纪》，《诗经·大雅·生民之什·公刘》毛《传》。

② 《诗经·大雅·文王之什·绵》。

③ 《周书·大匡解》。

④ 《吕氏春秋·观世篇》。按：《晋书》卷一四《地理志·序》："武王归丰，监于二代，设爵惟五，予土惟三。……凡一千八百国，布列于五千里。"恐是相当渺茫的。

夏商周都邑分布图

图 例

○ 夏都

● 商都

□ 西周都

▲ 山峰

340公里

170

0

海

江水

淮

泰山

奄　蕃

庞

沂水

泗水

相　○斟灌

殷　○斟鄩

帝丘

嚣（隞）○老丘　●商（南丘）

阳翟

黄台之丘

耿　斟寻

邢（井）

○原

嵩山　高　○阳城

釜山

薄山

霍山

安邑　○夏墟

汾水

平阳　晋阳

洛水

恒山

漳水

漳

河水

渭水

豳　周原　部　镐

岐山

丰　镐

渭

西水

汉水

西

泾

瀰水

陇山

已经是一个重要的城市。①后来管、蔡、霍三叔和殷、东、徐、奄及熊盈叛周。②这里所说的殷就是纣子武庚，东可能是微子所属的那部分殷民③，而徐、奄、熊盈皆久居于东方的族类，熊盈之族且多达十有七国，可知当时殷人势力还是相当强大的。叛乱既平，周人就把朝歌（今河南淇县）及其附近的地区划为卫国，封与康叔，直接统治这一地区的殷人。那时在曲阜的奄国反对周朝最烈，奄国灭后，周人就以商奄之民及其所在地的曲阜为鲁国，封于伯禽。④鲁、卫同为重要诸侯，这不仅因为他们是周朝的懿亲，而且也占着重要的地理位置。鲁、卫的附近还有一些封国，它们都起着相同的作用。⑤在太行山东和东南的为雍（在今河南修武县西）、原（在今河南济源县西北）、邘（在今河南沁阳县西北）、凡（在今河南辉县西南）、胙（在今河南延津县北）、邢（在今河北邢台市）诸国。在鲁国附近的为郕（在今山东汶上县西北）、郜（在今山东成武县东南）、曹（在今山东定陶县）、滕（在今山东滕县西南）、茅（在今山东金乡县西北）诸国。鲁、卫两国和这些有关的诸侯所在的地区正是在商朝历次迁都的范围之中，也是商朝最重要的地区。周朝这些封国实际控制着商人，使他们不敢再事反抗。商人这时还被允许保持住他们的故都商丘，这就是宋国。宋国北面正是鲁、卫诸姬，宋国南面也还有一些姬姓诸侯，它们是蒋（在今河南固始县）、息（在今河南息县）、沈（在今河南汝南县东）、顿（在今河南商水县）和蔡国（在今河南上蔡县）。这些姬姓诸侯再加上在现在河南淮阳县的陈国和许昌市的许国，宋国显然在包围之中，无怪乎后来宋国有人感慨地说："天之弃商

---

① 河南省文化局文物工作队第一队《郑州商代遗址的发掘》，载《考古学报》1957年第1期；安金槐《试论郑州商代城址——隞都》，载《考古》1961年第4、5期。

② 《逸周书·作雒解》。

③ 吕思勉《先秦史》第八章《夏殷西周事迹》。

④ 《史记》卷四《周本纪》。

⑤ 《左传》僖公二十四年："昔周公吊二叔之不咸，故封建亲戚以屏藩周：管、蔡、郕、霍、鲁、卫、毛、聃、郜、雍、曹、滕、毕、原、酆、郇，文之昭也；邘、晋、应、韩，武之穆也；凡、蒋、邢、茅、胙、祭，周公之胤也。"

久矣。"①

西周初年东方各地除商人后裔外还有若干部落。周人为了笼络他们，曾承认若干酋长的地位。陈、许、杞、楚等国的建立都是由于这样的原因。不过在一些重要地区里，周人还是加强他们自己的统治力量，防备各部落的骚扰。鲁国在这方面仍然起着重要的作用。因为奄国灭后，徐戎、淮夷还是使周人增加顾虑。②泗水通向淮水，正是它们北上的道路。齐国封于鲁国的东北，于稳定这方面的若干部落是有重要的关系的。③汾水中下游及河曲等处，也有很多封国，晋（在今山西翼城、闻喜、侯马等县市境）、霍（今山西霍县）、魏（今山西芮城县）、耿（今山西河津县）、韩（与晋相近，同在浍水流域）④、虞（今山西平陆县）都是比较重要的诸侯。汾水中游的霍国显然是为了阻止北方各部落沿汾水河谷的南下。晋国扼住浍水流域，也可以阻止太行山西麓各部落的西向发展。正由于这里也是肥沃的地区，又是若干部落杂居的所在，周人在这里建立许多诸侯是有必要的。周人对于南方各地一样没有放松了注意力。汉阳诸姬为周人在这方面尽了防守的能力。汉阳诸姬后来相继为楚国所灭⑤，但其中的随国（在今湖北随州市）还支持了相当长久的岁月。不过随国并不是最南的封国，在现在湖北的荆门，那时有一个权国，也是姬姓的诸侯。

周人在东方还有一个重要的据点，这是洛水北岸的雒邑，也就是现在的洛阳。雒邑附近，地势险要可以据守，它又可以缠毂着东西往来的孔道。由周人所建立的整个国家说，这里又是一个适中的地方。所以从西周初年起，就在这里建设东都⑥，后来到东周时又以它为都城。雒邑周围也还有一些诸

---

① 《左传》僖公二十二年。

② 《尚书·费誓》，《史记》卷三二《鲁周公世家》。

③ 《左传》昭公二十年，晏子对景齐公说："昔爽鸠氏始居此地，季萴因之，有逢伯陵因之，蒲姑氏因之，而后太公因之。"蒲姑曾助禄父为乱，见《尚书大传》。齐之初封，莱人曾来争国，见《史记》卷三二《齐太公世家》。

④ 顾颉刚先生《浪口村随笔》附载《平阳与韩原》。

⑤ 《左传》僖公二十八年。

⑥ 《史记》卷四《周本纪》。

侯，它们和雒邑都可互相呼应。东虢和西虢分据洛阳的东西，它们是现在的成皋和陕县。由洛水而上，在现在宜阳那时有一个毛国，由济水而下，在现在郑州附近还有一个祭国。在汝水以南，现在宝丰附近，又有一个应国。距离雒邑都不算是很远。（附图二《西周重要封国图》）

四、春秋时期十二诸侯疆土的伸缩

但是事情的发展并没有完全符合西周初年人们的想法。因为诸侯国家逐渐兼并，使封国的数目一再减少。到春秋初年还剩下一百多国。[①]就是这一百多国，也未能都完全保持下来。后来剩余的大国只有《史记·十二诸侯年表》所列的鲁、卫、齐、晋、楚、宋、郑、秦、陈、蔡、曹、吴了。其中，比较强大的乃是齐、晋、楚、秦四国。吴国到春秋末年虽曾经一度强盛，但其余各国的国力都在逐渐削弱。至于曹国则在周敬王三十三年（鲁哀公八年，公元前487年）为宋所灭。周敬王四十一年（鲁哀公十六年，公元前479年），陈又为楚所灭。十二诸侯已难得齐全了。

齐桓公是春秋早期的霸主。周襄王元年（鲁僖公九年，公元前651年），他在葵丘（今河南旧考城县）会盟，规定同盟诸国不得互相侵犯。[②]虽然如此，他所灭的国家还是有三十五个。[③]其中谭（在今山东济南市东南）、遂（在今山东宁阳县西北）、鄣（在今山东东平县东）、阳（在今山东临沂县南）诸国，就见于《春秋》的记载。[④]齐国的土地因此也就达到了沂水和汶水的附近。葵丘会盟之后，齐国还是乘机开拓。到周灵王二十六年

---

① 《晋书》卷一四《地理志·序》。
② 《左传》僖公九年。
③ 《荀子·仲尼篇》。
④ 《春秋》庄公十年，齐师灭谭。庄公十三年，齐人灭遂。庄公三十年，齐人降鄣。闵公二年，齐人迁阳。

图二　西周重要封国图

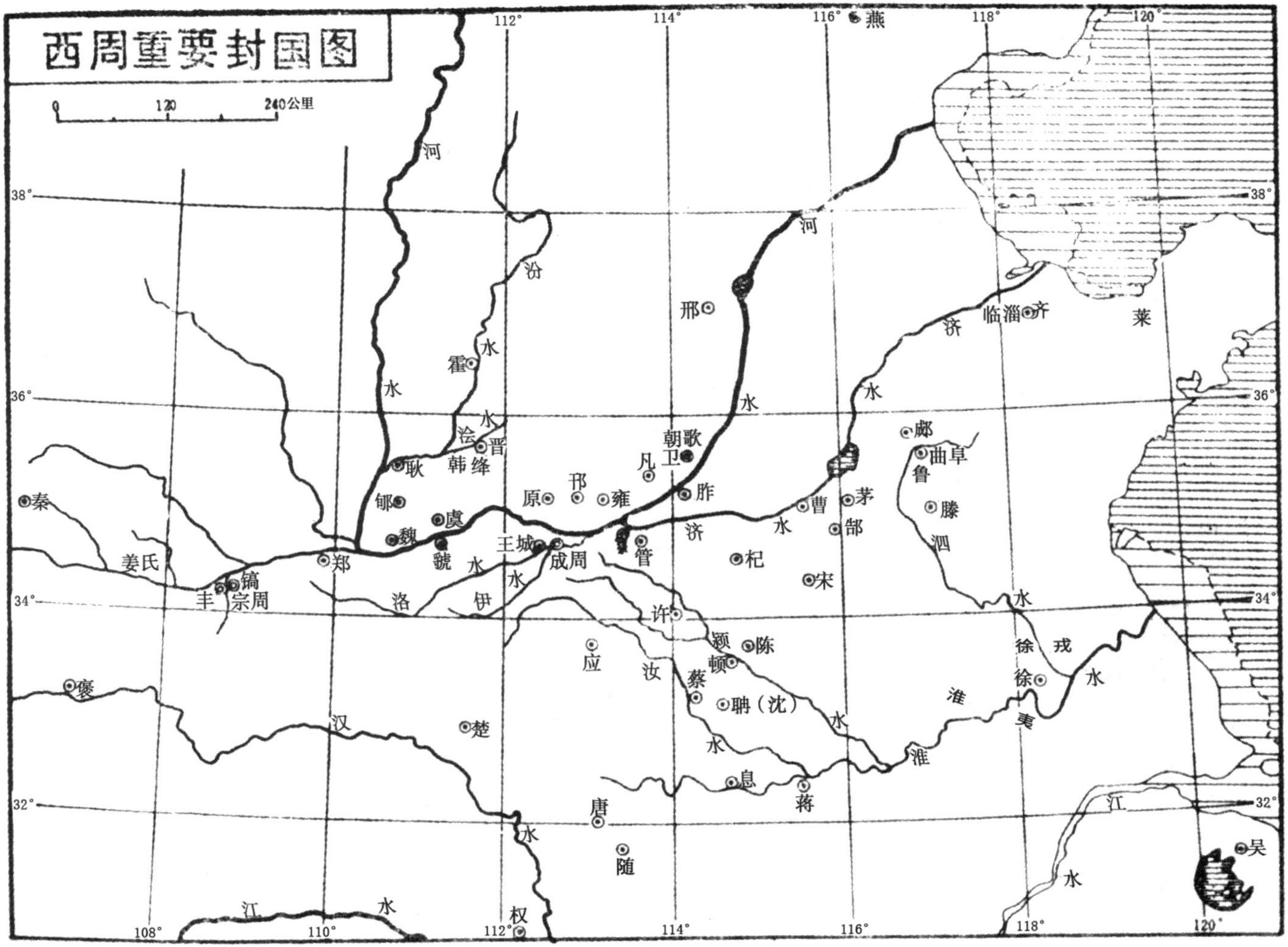

西周重要封国图

图二　西周重要封国图

（鲁襄公二十七年，公元前546年）的弭兵之会以前，齐国又灭掉莱夷、介根等国而有山东半岛各地了。①

以晋国和齐国比较，晋国所兼并的更多。据说晋献公就曾经灭掉了十七个诸侯。②到葵丘会盟时候，晋国的土地南面已越过黄河到了崤山和华山之下③，北面到了汾水中游的霍山④。至于王屋山旁的东山皋落氏也为晋国所灭掉。⑤周襄王二十年（鲁僖公二十八年，公元前632年）的践土（在今河南荥阳县境）之盟以前，晋国又启南阳，它的疆土伸到了太行山的南面。⑥到弭兵之会时，它的土地在东方一直达到了太行山东的河北平原，与齐国毗邻。⑦在西方也发展到洛水下游的东岸。⑧现在山西省的太原市当时同样归入晋国的版图。⑨就是弭兵之会以后，晋国的疆土还是有所开展，它在河南越过崤山而达到伊洛流域的上游。⑩在太行山东又灭掉肥、鼓两国，占据了滹沱河的中游，和中山燕国接连起来。⑪

春秋时期楚国是兼并最多的国家。据说楚文王时就已兼并了三十九国。⑫齐桓公伐楚时，楚人说楚国方城以为城⑬，现在河南省的方城县，还是因用楚国的旧名。那里已经是伏牛山脉的附近了。楚国还在大别山脉以北取得汝水中游的柏（在今河南西平县西）、房（在今河南遂平县）、道（在

① 《春秋》宣公九年。
② 《韩非子·难二篇》。
③ 《左传》僖公十五年："（晋）略秦伯以河外列城五，东尽虢略，南及华山。"虢略及华山虽始见于这一年，然详文意，自是晋国的旧地。
④ 《左传》闵公元年。
⑤ 《左传》闵公二年。
⑥ 《左传》僖公二十五年。
⑦ 《左传》宣公十六年晋灭赤狄甲氏，甲氏本在太行山东。太行山东晋地有曲梁（宣公十五年）、鸡泽（襄公三年）、雍榆、朝歌（襄公二十三年）等地，皆在弭兵之会前已见于记载。
⑧ 晋国在洛水下游有北徵、辅氏等地。北徵见《左传》文公十年，辅氏见宣公十五年。
⑨ 今太原市西南旧阳太原县于春秋时为晋阳。晋阳见《左传》，在宣公十三年。然其南的梗阳和祁则已分别于襄公十八年和二十一年见于记载。
⑩ 《春秋》昭公十七年，晋荀吴帅师灭陆浑之戎。
⑪ 晋灭肥、鼓分别见《左传》昭公十二年和二十二年。
⑫ 《吕氏春秋·直谏篇》。
⑬ 《左传》僖公四年。

今河南确山县北）诸国，以及淮水上游的江国（在今河南息县西南）和息国（今河南息县）^①。楚国沿着长江向东发展，当然更是方便。到了弭兵之会的时候，楚国的东界早已越过现在湖北、安徽两省的边界，而且还达到巢湖的东面。^②春秋末年楚人说到它的北疆，已经不再提出方城，而是在说陈、蔡和不羹。^③不羹有二，西不羹在今河南省襄城县东南，东不羹在舞阳县北。^④楚国灭陈灭蔡，它的土地不仅达到河南中部，而且还据有安徽的北部。

秦国在春秋时期的几个强国中拓土算是最少了。穆公虽然称霸西戎^⑤，但直至春秋末年，它的西疆并未越过泾渭二水的上源。穆公时秦的东疆也曾一度达到黄河的西岸，不过那一块地方后来还是为晋国所夺去。^⑥秦国最大的发展是在武关以外的丹水流域^⑦，那已是晋国践土之盟以后的事情了。

鲁国的国力本来难与齐晋等相比拟。不过它也曾经致力于土地的开扩。春秋初年，它就在防（在今山东费县东）、诸（在今山东诸城县南）等地筑城。^⑧那里已在沂水之东，近于东海岸了。宋国在襄公时虽然一度称霸，但说不上是一个强国，不过它还是有过一些兼并的行动。宋国的北疆到了现在山东省的定陶^⑨，它的东疆一直越过泗、获二水汇合处的彭城^⑩。至于卫国和郑国论情形又较鲁、宋为差。郑国在春秋时期还曾经兼并过蔡、许两国。^⑪

---

① 楚灭息见《左传》庄公十四年，灭江见《春秋》文公四年。

② 《左传》成公十七年，"舒庸人以楚师之败也，道吴人围巢，伐驾，围厘、虺"。注，巢、驾、厘、虺，楚四邑。按：四邑皆在巢湖附近。又襄公十三年，"（吴楚）战于庸浦"。注，庸浦楚地。又襄公十四年，"楚子为庸浦之役故，子囊率师于棠以伐吴"。按：棠在今江苏省六合县北。

③ 《左传》昭公十一年。

④ 《左传》昭公十一年杜注，襄城县东南有不羹城，定陵西北有不羹亭。晋时襄城县在今河南省襄城县，定陵县在今河南省舞阳县北。

⑤ 《史记》卷五《秦本纪》。

⑥ 《史记》卷五《秦本纪》。

⑦ 《左传》文公五年。

⑧ 《春秋》庄公二十九年。

⑨ 定陶本为曹国都城陶丘，宋灭曹在鲁哀公八年。已见前文。

⑩ 彭城为宋邑，见《左传》成公十八年。

⑪ 郑灭许见《左传》定公六年。

卫国本封于朝歌，因为受狄的压迫，迁徙到帝丘。朝歌却转为晋国所有。[①]
卫国居于黄河以东，和鲁国的济西相邻了。十二诸侯中的吴国，一直保有巢
湖以东的长江下游各地。它南有太湖，而北据于淮水。吴王夫差时曾经越淮
北上，但不久就为越国所灭。越国起于浙江东部。它灭吴之后，曾横行于
江淮间，其国都且由会稽（今浙江绍兴市）迁到琅邪（今山东胶南县琅邪
台西北）。[②]其后越为楚威王所灭，楚遂尽取吴的故地，一直到了浙江。浙
江以南虽还为越人所有，不过越国从此也就分散，不能和中原各地相提并论
了。[③]（附图三《春秋时期十二诸侯分布图》）

五、由诸侯称雄到统一的王朝

　　楚国的灭越自是楚国国力发展的结果。其实像这样扩土的事情在战国时期
更是习见不鲜的，而且相互间的战争也远较春秋时期为激烈。这时七雄强大，
鲁、卫、宋、郑诸国更显得弱小。后来郑国于周烈王元年（公元前375年）为韩
所灭，宋国于周赧王二十九年（公元前286年）为齐、魏、楚三国瓜分。楚国
于秦庄襄王元年（公元前249年）又灭掉鲁国。楚国在泗上、淮北的发展最为突
出，泗上一些小国都是被它灭掉，它并且更向东方灭掉了莒国。这是现在山东
省莒县的地方。周赧王二十年（公元前295年），赵国和齐、燕两国共同灭掉太
行山东的中山。中山乃是春秋时期白狄鲜虞的改称。经过这些兼并之后，中原
所剩的小国只有卫国和东周王室所据有的伊洛下游弹丸之地了。

　　春秋时期齐、晋、楚、秦诸国的扩土不仅兼并华夏的诸侯，并且还消
灭非华夏的部落。战国时期中原小国所余无几，秦、楚、燕、赵诸国更迫切

---

① 《左传》襄公二十三年。

② 《水经·潍水注》。

③ 《史记》卷四一《越王勾践世家》。

图三 春秋时期十二诸侯分布图

春秋时期十二诸侯分布图

图例

◎ 周王都
● 十二诸侯的都城
○ 其他诸侯
• 要地
前487 灭国之年

0   110   220公里

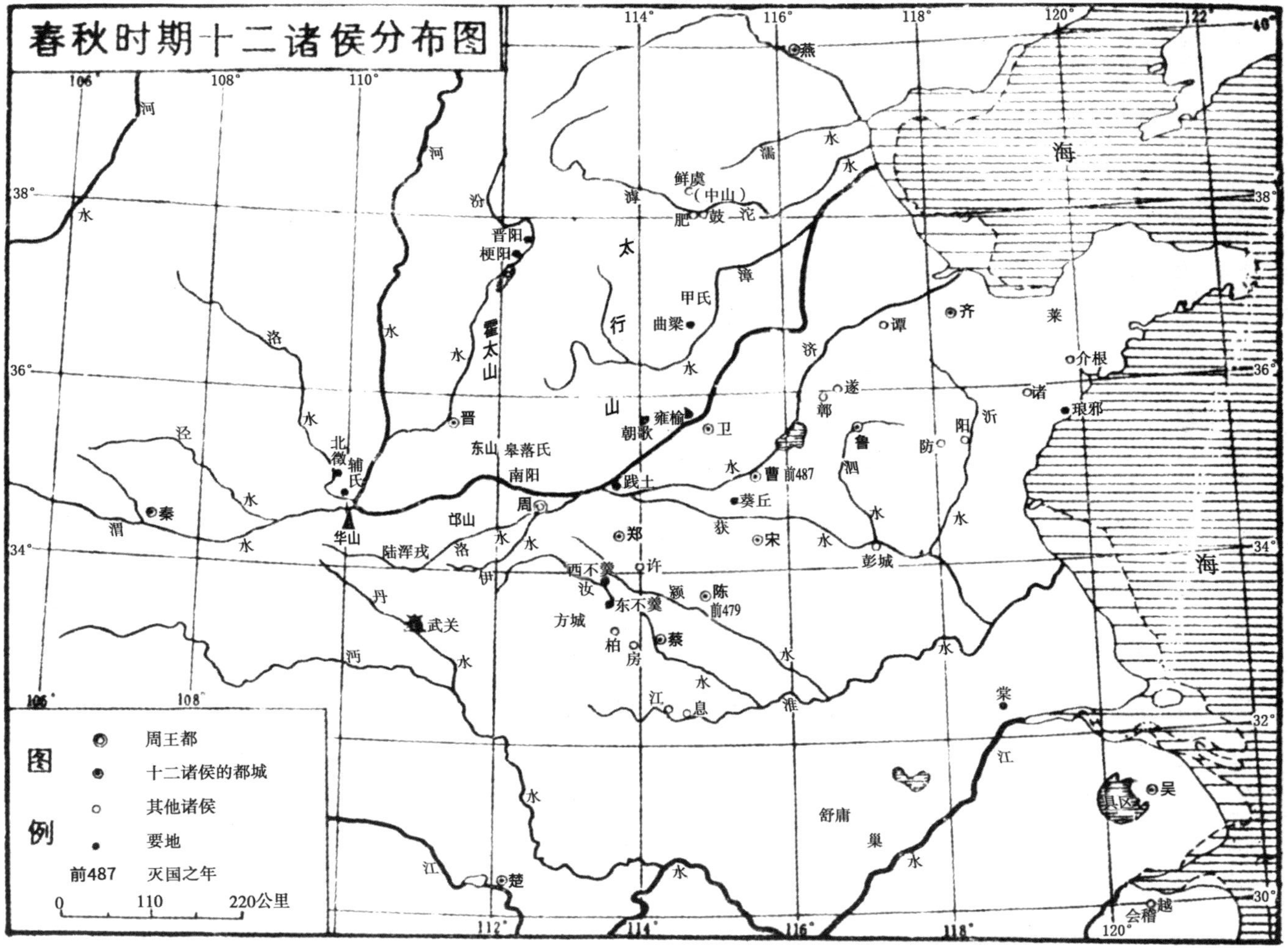

地注意到它们附近的部落。秦国于惠文王时取得了巴、蜀，昭襄王时又在今甘肃东部和陕西中部建立了陇西（治狄道，在今甘肃临洮县）、北地（治义渠，在今甘肃庆阳县西南）和上郡①（治肤施，在今陕西榆林县东南②）。赵国在赵襄子时也已取得了代国（今河北蔚县及其附近各处）③，其领土北逾恒山，而达到治水（桑乾水）上。赵武灵王时，赵国战胜了林胡和楼烦，其北界一直达到阴山。④赵国不仅向北发展，现在河套的东北部那时也是赵国的领土，就是所谓榆中。⑤而赵国的定阳⑥和肤施就在现在陕西省的宜川县和榆林县东南。

燕国驱逐东胡，在北边设置了渔阳、上谷、右北平、辽东、辽西五个郡。⑦说成现在地方就是河北省的东北和辽宁省的南部。至于南方的楚国，也由洞庭、鄱阳两湖向南发展而到了五岭的北麓。⑧

这个时期正如它的名称所示，经常发生战争，各国疆土的变迁更是频繁。有的地方显出了犬牙交错的状态。尤其韩、魏两国的土地充分具有错综复杂的情况。本来韩、赵、魏三国都由晋国分出，它们的土地自然以过去的采邑为基础。过去的采邑分散各处，分立以后也是不一定各自连在一块。魏国既具有河西的上郡、安邑附近的河东，却还有太行山南的河内和

---

① 《史记》卷一一〇《匈奴传》。

② 《水经·河水注》："奢延水又东迳肤施县南，秦昭王三年置上郡治。"然秦国在这一年前就已经有了上郡。《史记》卷七〇《张仪传》："仪相秦四岁，立惠王为王。居一岁，为秦将，取陕，筑上郡塞。"按《六国表》，这是惠王后元年事。其间相差有二十年之久。张仪所筑的上郡塞，在今陕西富县，尚有遗迹可寻。（参见拙著《黄河中游战国及秦时诸长城遗迹的探索》）《史记》卷四三《赵世家》："赵惠文王三年，灭中山，迁其王于肤施。"赵惠文王三年为秦昭王十一年，已在《水经·河水注》所说的置上郡后八年。秦昭王三年时肤施尚未入秦，何能于其地置上郡？当是上郡久已建置，至取得肤施后，始再行移治。

③ 《史记》卷四三《赵世家》。

④ 《史记》卷一一〇《匈奴传》。

⑤ 《史记》卷四三《赵世家》，《战国策·赵策二》。

⑥ 《战国策·齐策五》："苏秦说齐闵王曰：'……昔者，魏王拥土千里，带甲二十六万，其强而拔邯郸，西围定阳。'"

⑦ 《史记》卷一一〇《匈奴传》。

⑧ 《汉书》卷二八下《地理志·后序》。

大梁附近的河外。但是韩国却有太行山西的上党和阳翟附近的颍川。[①]两国的土地成为南北和东西十字形的状态。其实这种情形在当时人们看起来，并不感到奇突。战国后期，秦国强盛，秦国在一些国家中都有自己的领土，菏济两水交汇的地方陶就曾经属过秦国[②]，那时韩魏两国都还存在。由此可见，这种错综复杂的情况也并不是偶然的。韩、魏两国只是比较显著一点罢了。

　　战国时期诚然不断发生战争，但人们对于战争的厌恶却也有增无已。对于统一的要求更显得异常迫切。秦国在孝公变法以后，国力日强，疆土也不断获得开扩，逐渐向统一的道路发展。到秦王政即位的时候，秦国的国土已经有了很大的变化。以前它的东疆一直是以函谷关为界，这时在秦国说来，函谷关已经可以算作内地了。因为西周已灭，秦国不仅据有了伊洛流域，而且到了河济分流地方的荥阳。秦国又由武关沿丹水向东南发展，取得南阳和楚国郢都及其附近的地方。在北方，秦国更渡洛逾河，把它的疆土一直推到太行山的附近。[③]这样说来，秦国的版图已经和其他六国的总和相仿佛。在这样的基础上继续发展，统一的局面也就很迅速地来到。（附图四《战国时期称雄诸侯形势图》）

---

① 《战国策·韩策一》。

② 《史记》卷五《秦本纪》，又卷七二《穰侯传》。

③ 《史记》卷五《秦本纪》。

图四 战国时期称雄诸侯形势图

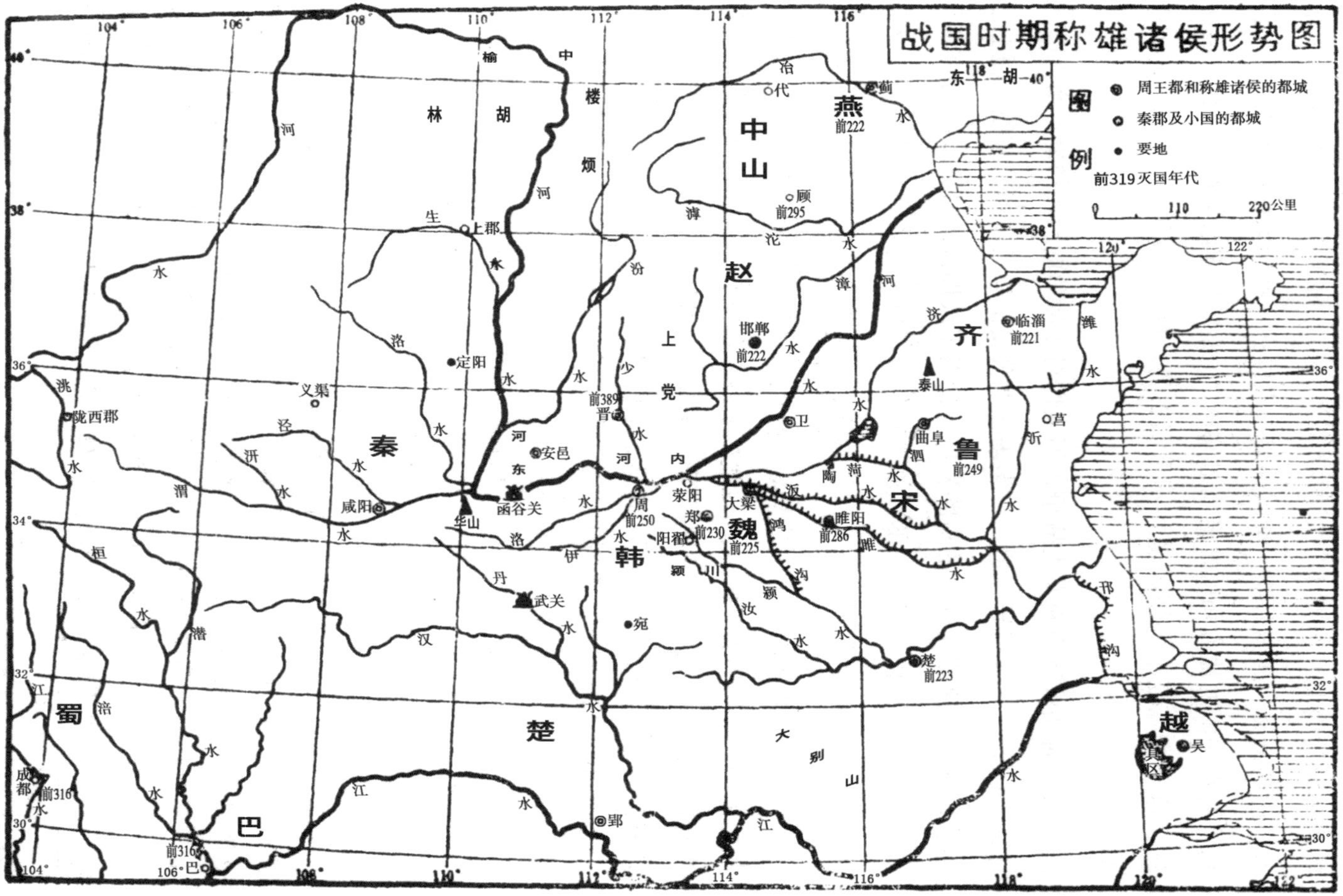

第二节　统一的封建王朝的版图规模

一、统一的封建王朝时期国界的伸缩

夏、商、周三代皆起于黄河流域，即以黄河流域为基础而建立其王朝。王朝建立之后，自然会向周围各地区发展，迄至战国末年，这样的发展已经取得了很多的成就。赵国的北陲已远至阴山山脉，燕国也囊括了辽水的下游，秦国的西疆也达到洮水的中游，尤其是向南方的发展更是在不断努力之中。迄至战国末年，楚人的统治力量虽尚未越过五岭，然和岭南的交通往来，确已相当频繁。自秦始皇统一六国之后，始兼有黄河、长江和珠江三大流域的土地。此后各统一的王朝的疆域间有伸缩变迁，殆莫不以此三大流域为基础。应该指出，各统一的王朝的版图中都可以分为两个部分，一为郡县设置的地区，一为有关各族居住的地区。一般说来，有关各族居住的地区绝大部分都在周边各处；郡县设置的地区都在黄河、长江、珠江三大流域，还兼及其邻迩各处，其实这也不是截然分开的，其间相互交错之处还是不少见的，甚至周边各族居住的地区也有郡县的设置。

这里就从秦统一六国以后开始论述。秦国统一以后的版图远较战国时期为广大。《史记·秦始皇帝本纪》就曾明确记载过：当时秦地东边到海滨，并且达到朝鲜；西边达到临洮羌中；南边达到了北向户；北边据河为塞，依傍着阴山一直达到辽东。不过司马迁把这种事情记载在始皇的二十六年。这一年为公元前221年，也就是秦统一六国的那一年。时间是靠前了一点。因

为战国时期秦国的北边仅至肤施、朝那。①肤施在今陕西省榆林县南，朝那则在今宁夏回族自治区固原县东南，去阴山尚远，秦国土地能够达到阴山，这是蒙恬驱逐匈奴的结果。而蒙恬出兵为秦始皇三十三年（公元前214年）的事情，已在统一以后数年了。蒙恬这一次举动使秦国增加了不少的土地，并且在阴山之下建立了九原郡（治所在今内蒙古自治区包头市西）。秦国的西疆已经越过了洮水。当时的临洮就是现在甘肃省岷县，正濒于洮水。洮水的东西本来都是羌人的居地。既然说到羌中，就是不复以洮水为限了。七国时期，秦国的土地似尚未至现在的兰州市，蒙恬拓土，秦国遂由榆中依傍黄河向东置县，一直到了阴山之下，于是秦国的西北界就在黄河之北了。也就在蒙恬出兵那一年，秦国又取得南粤地，建立了南海、桂林、象郡三郡。②南海郡治所在今广东省广州市，桂林郡治所无考，其辖境约当现在广西壮族自治区的东部和中部，象郡治所在今广西壮族自治区崇左县，其辖区南伸至今越南③。那里的居人都是朝北开着门户，所以称为北向户。④秦国东北和朝鲜为邻，这是战国末年以来的旧形势。不过秦国的边界已经越过了浿水。汉朝初年因为秦界太远，就以浿水为界。浿水为现在的鸭绿江。有人说，浿水应该是大同江。大同江在今朝鲜平壤城南。秦汉之际朝鲜国都王险城，正在大同江南岸，其故地和现在的平壤隔江相望。如果浿水为大同江，则秦界就远在王险城以南了，这是与事实不相符合的。秦国的旧疆界应该在大同江以北，和鸭绿江无涉。

西南的巴蜀本是秦国的旧壤。六国灭后，秦国继续向西南发展，在邛、

---

① 《史记》卷一一〇《匈奴传》："（冒顿）悉复收秦所使蒙恬所夺匈奴地者，与汉关故河南塞，至朝那、肤施。"朝那、肤施为秦昭襄王时所修筑的长城经过的地方，这条长城就是当时秦国的北边境界。

② 《史记》卷六《秦始皇帝本纪》。

③ 秦所置象郡，《史记》卷六《秦始皇帝本纪·集解》引韦昭说及《水经·温水注》引应劭《地理风俗记》，皆谓就是汉朝的日南郡。《汉书》卷二八《地理志》日南郡本注也说："故秦象郡，武帝元鼎六年开，更名。"汉日南郡在今越南境，北起今河静之南，濒海南下，直至越南南部。《水经·温水注》又引《晋书地道记》："（日南）郡去卢容浦口二百里，故秦象郡象林县治也。"卢容及象林县皆在今越南顺化。或谓秦象郡南界尚不过今越南河内，当非是。

④ 《汉书》卷二八下《地理志下·注》。

筰、冉駹等族居地置了若干县。①按照当时的情形看来，秦国的版图已达到了邛徕山脉和大渡河下游。汉文帝曾以严道铜山赐邓通。②严道在今四川省雅安县西南，距邛徕山脉很近。铜山出产虽丰，却也是极边之地，当时淮南王刘安有罪，同样也被安置在这里。③不过长江以南今贵州省和大渡河以南今四川省西南部及其以南的云南省，秦时却没有很多致力，建置郡县，大致是过了长江和大渡河就暂止了。南夷的居地东至现在湘贵之间。秦国在那里因着楚国黔中郡的规模，仍然保持着沅、澧上游的土地。④

汉朝初年的版图远比秦时为狭小。它不仅改变了和朝鲜的疆界，而且也放弃了秦朝在岷山和邛徕山下各部落中的新县。⑤最大的变化乃是在北边和南边。秦汉之际匈奴势力复强。又越过阴山向南发展，于是汉的北界重新退缩到肤施、朝那一线，和战国末年的情况相同。⑥在岭南由于赵佗的独立，秦时所设立的三个新郡，依然被划在版图之外。⑦就是在东南海岸上也和以前不一样。那里本是闽越的故地。秦时废掉闽越王，设置了一个闽中郡（治所在今福建福州市）。汉朝初年闽中郡已不存在。闽越虽受汉的封爵，实际也成了独立的状态。⑧

汉朝的强大是由武帝时候开始的。这时由于灭掉了南越和东瓯（都城在今浙江温州市）、闽越，岭南和东南沿海已经恢复到秦时的旧规模。东南沿海的新地当时是并入长江下游的会稽郡（治所在今江苏苏州市）的。⑨在岭南同时建立了南海（治所在今广东广州市，为秦时旧郡）、苍梧（治所在

---

① 《史记》卷一一七《司马相如传》。

② 《史记》卷一二五《佞幸传》。

③ 《史记》卷一一八《淮南厉王长传》。

④ 《史记》卷五《秦本纪》："昭王三十年，蜀守若伐取巫郡及江南，为黔中郡。"

⑤ 《史记》卷一一七《司马相如传》。

⑥ 《史记》卷一一〇《匈奴传》。

⑦ 《史记》卷一一三《南越尉佗传》。

⑧ 《史记》卷一一四《东越传》。

⑨ 《史记》卷一一四《东越传》："于是天子曰：'东粤狭多阻，闽粤悍，数反复。'诏军吏皆将其民徙处江淮之间，东粤地遂虚。"然《汉书》卷二八《地理志》会稽郡冶县，师古注："本闽越地。"

今广西壮族自治区梧州市）、郁林（治所在今广西壮族自治区桂平县）、合浦（治所在今广西壮族自治区合浦县东北）、珠崖（治所在今海南琼山县东南）、儋耳（治所在今海南儋县西北）、交趾（治所在今越南河内）、九真（治所在今越南清化）、日南（治所在今越南广治）九郡。①后来珠崖、儋耳两郡以荒远废除。②汉朝疆土的重要开拓是在西北方面。这是汉朝和匈奴不断战争的结果。汉朝在这方面不仅恢复了秦时阴山山脉的国界，而且取得了祁连山北的河西走廊。在阴山以南，当时建立了五原（治所在今内蒙古自治区包头市西）和朔方（治所在今内蒙古自治区杭锦旗西北）两郡。③在祁连山下也建立了武威（治所在今甘肃武威县）、张掖（治所在今甘肃张掖县）、酒泉（治所在今甘肃酒泉县）和敦煌（治所在今甘肃敦煌县西）四郡④，也就是所谓的河西四郡。这四个郡是通往西域的大道必经之地，一般也就称之为河西走廊。河西四郡之东为新设立的金城郡（治所在今甘肃兰州市西北）。⑤这个郡主要是在湟水流域。河湟之间本为羌人的故土，汉朝在这方面的发展已远远超过了秦时洮水流域的疆界。金城郡的建置对巩固河西走廊的交通道路是有帮助的。由于河西走廊道路的畅通，汉朝能够经营西域，并设置西域都护府（治所在今新疆维吾尔自治区轮台县东），以统治南北两道。由于西域都护府的设置，这一方面的版图达到了现在的巴尔喀什湖畔。

汉朝中叶的疆土在西南和东北两方面也都有很大的发展。西南地区包括现在甘肃省西部、四川省西部和云南、贵州两省。当时在今甘肃省南部设置了武都郡（治所在今甘肃西和县西南），在今四川省西部设了汶山（治所在今四川茂汶羌族自治县）、沈黎（治所在今四川汉源县东北）、犍为（治所在今四川宜宾市）、越巂（治所在今四川西昌市）四郡，在今贵州省设

---

① 《汉书》卷九五《南粤传》。
② 《汉书》卷六四下《贾捐之传》。
③ 《史记》卷一一一《卫青传》，又卷一一〇《匈奴传》；《汉书》卷二八下《地理志》。
④ 《史记》卷一一〇《匈奴传》，《汉书》卷二八下《地理志》。
⑤ 《汉书》卷二八下《地理志下》。

立了牂柯郡（治所无考），在今云南省设立了益州郡（治所在今云南澄江县西）。后来汶山、沈黎两郡废除，实际只设了五个新郡。①在东北也超过了秦时的规模。当时在这方面新设了玄菟（治所在今辽宁新宾县西）、乐浪（治所在今朝鲜平壤南）、苍海、真番和临屯（这三郡治所无考）五郡。后来苍海、真番和临屯三郡先后废省，仅存玄菟和乐浪两郡。②

　　汉朝在武帝以后的版图是远远超过了秦时。只是在对匈奴的战争中失掉了造阳地③，使当时少了一些设置郡县的地区。造阳在现在河北省的独石口。这是秦时边境上一个突出的地区，也是燕国北长城西端的起点。④后来明朝修长城，还特别绕过这个地区的北边。无怪乎汉朝认为没有保持住这个地区是一个重大的损失。

　　东汉在版图方面完全承继了西汉的规模，没有显出若何的变化。明帝时曾在今云南省西部澜沧江以西建立了永昌郡（治所在今云南保山县东北）。⑤这里本是哀牢族人的居地。哀牢人内属之后，汉于其地设博南（今云南永平县南）、哀牢（当在今云南怒江之西）两县，并割益州郡的西部，设置这个新郡。当时凿山渡水引起人们的烦怨。⑥不过澜沧江西边西汉时已经在那里设有不韦县⑦，并不是东汉才开始有这样的动作。就整个版图来说，前后还是相仿佛的。

　　但是东汉的版图并不是完全没有变化的。当时西北各族不断向内地迁徙，终于引起羌人和东汉政府的冲突。东汉政府采取了内徙郡县的方式，避免创伤。当时内徙的有金城、陇西、上郡、安定（治所在今甘肃镇原县东

---

① 《史记》卷一一六《西南夷传》。

② 《史记》卷一一五《朝鲜传》；《汉书》卷六《武帝纪》，又卷九五《朝鲜传》。

③ 《史记》卷一一〇《匈奴传》。

④ 《史记》卷一一〇《匈奴传》。

⑤ 《后汉书》卷二《明帝纪》。永昌郡设立于明帝永平十二年，《续汉书·郡国志》作永平二年，误。永平十二年为公元69年。

⑥ 《后汉书》卷一二六《西南夷传》。

⑦ 《汉书》卷二八下《地理志下》。

南）、北地（治所在今宁夏回族自治区灵武县西南）诸郡。①金城、陇西在现在甘肃省内，还没有迁徙很远。安定在今宁夏回族自治区南部，北地在今甘肃省东北部，上郡在今陕西省北部，都迁到关中地区。后来到东汉末年，北边人口更为稀少，曹操遂省掉云中（治所在今内蒙古自治区托克托县东北）、定襄（治所在今山西右玉县南）、五原、朔方（治临戎，今内蒙古自治区磴口县北）四郡，每郡改置一县，合成一个新兴郡。②这四郡设在今内蒙古自治区西南部和山西省北部，正是阴山山脉以南的地方。三国初年，又把新兴郡徙于勾注山（今山西代县北）以南。所以后来的西晋王朝，北边的版图只能稍稍越过雁门关③，还能兼有洛水下游和泾水上游各地④。西晋结束了三国时期的分裂局面，吴、蜀的故土这时重新归于统一，南方各地和两汉时期没有什么差异，但这北边一线，却在承继汉魏以来一再内徙郡县之后，显得比较西汉时期为狭小。

隋唐两朝都是强盛的时代，它们的版图自然相当广大。在北陲，它们重新达到并且超过阴山山脉。唐代为了镇抚边陲，还特设单于都护府⑤和安北都护府⑥。两都护府的辖地，远越阴山山脉，达到了贝加尔湖。西北方面它

① 《后汉书》卷一二七《西羌传》。按：金城郡徙居襄武。襄武县属陇西郡，今甘肃省陇西县，陇西郡亦徙襄武。陇西郡本治狄道，为今甘肃省临洮县，今陇西县在临洮东，故陇西郡得以徙居。安定郡徙居美阳。美阳为右扶风属县，在今陕西省武功县。北地郡徙池阳，池阳为左冯翊属县，在今陕西省泾阳县。上郡徙衙，衙亦左冯翊属县，在今陕西省白水县北。

② 《三国志》卷一《魏书·武帝纪》。《太平寰宇记》卷四二《忻州》："《十三州志》云：'汉末大乱，匈奴侵边，自定襄以西尽云中、雁门之间遂空。建安中，曹操集荒郡之户以为县，聚之九原界，以立新兴郡，领九原等县，属并州。'即此地。"接着又说："秀容县，……后汉末于此置九原县，属新兴郡。"按：宋忻州秀容县为今山西省忻州市，已在勾注山之南。

③ 西晋雁门郡治广武县，其地今为山西省代县，在雁门关南。这个郡最北属县有马邑、江陶、崞县等，依次相当于今山西省朔县、应县和浑源县，皆在雁门关北。

④ 洛河下游为晋冯翊郡地，泾河上游为晋安定郡地，再北旧郡皆已荒废。

⑤ 《新唐书》卷三七《地理志》："单于大都护府，本云中都护府，龙朔三年置，麟德元年更名。"所治的金河县为今内蒙古自治区和格林尔。按《元和郡县图志》，其治所东受降城，在今内蒙古自治区托克托县，盖为后来的迁徙。

⑥ 《新唐书》卷三七《地理志》："安北大都护府，本燕然都护府。龙朔三年曰瀚海都督府。总章二年更名。开元二年治中受降城，十年徙治丰、胜二州之境，十二年徙治天德军。"按：中受降城在今内蒙古自治区包头市西南，天德军在今内蒙古自治区乌拉特前旗北。

们也控制了河西走廊，隋朝的郡县建置一直到玉门关外的且末县。①唐朝在这方面的成就较之隋朝还要巨大。唐朝的伊州和西州，就是现在新疆维吾尔自治区的哈密市和吐鲁番县。天山以北，现在的乌鲁木齐市和吉木萨尔县，以及天山以南的焉耆、库车、喀什、和田等处，唐朝已经视同内地。当时为了统辖这些地方，还设了安西都护府（其初治所在今新疆维吾尔自治区吐鲁番县东南，后移至龟兹，今为库车县）和北庭都护府（治所在今新疆维吾尔自治区吉木萨尔县北）。②两都护府所领颇广，迄西至于夷播海（今巴尔喀什湖）③、雷翥海（今咸海）④。在黄河的上游，隋朝的郡县更围绕着青海湖建立起来。唐朝在这里虽要让隋朝一筹，但河湟之间还是在它的版图之中。在东北方面，隋炀帝虽数次远征高丽，可是它的东疆仍是限于辽水以西。唐朝在和高丽的战争中取得了胜利，版图向东推广，一直达到了朝鲜半岛的中部。它的安东都护府就设于平壤城中。不过到了中叶却依然退还到辽水以西。辽水以东各地，委于渤海和新罗，再未加以过问。⑤隋唐两朝在南方的版图由于皆不再在各民族杂居地区设置郡县，因而显出了蹙缩的模样。隋朝在南陲设置交趾郡，唐朝接着设置交州，其治所就在今越南的河内。⑥在这一方面隋唐两朝的版图皆能上追西汉盛时，不过西南一隅，则稍有不足。隋时在这方面设置郡县的区域，最远只达到现在四川省安宁河流域⑦和现在

---

① 《隋书》卷二九《地理志》："大业五年平吐谷浑置（鄯善郡），并置且末（郡）。"

② 《旧唐书》卷四〇《地理志》，《新唐书》卷四〇《地理志》。

③ 《旧唐书》卷四〇《地理志》，《新唐书》卷四〇《地理志》。

④ 《旧唐书》卷一九四下《突厥传下》，《新唐书》卷二一五下《突厥传下》。

⑤ 《新唐书》卷三九《地理志》："安东上都护府。总章元年，李勣平高丽国，得城百七十六，分其地为都督府九，州四十二，县一百，置安东都护府于平壤城以统之。……上元三年徙辽东郡故城，仪凤二年又徙新城。……开元二年徙于平州，天宝二年又徙于辽西故郡城。至德后废。"平壤城即今朝鲜平壤。辽东郡故城在今辽宁省辽阳市。新城在今辽宁省抚顺市北。平州治所在今河北省卢龙县。辽西郡故城在今辽宁省义县东南。

⑥ 《新唐书》卷四三上《地理志》。交州本治交趾，后徙治宋平。宋平在今越南河内，交趾则在河内之北。

⑦ 隋于西南方面所设的郡，最远的当数到越嶲郡。越嶲郡的治所在今四川省西昌市。见《隋书》卷二九《地理志》。

贵州省乌江的上游①。唐朝设州稍远，然最远也只达到现在云南省蜻蛉河上。②现在贵州省乌江中游以下当时也曾设立了若干郡县。其他地区就不再被包括在版图之中。

唐代极盛的时期是在开元、天宝年间（公元713—756年）。在此以前，边地的建置即已有所变迁。安东都护府治所的内移，就初显征兆。这是在前面已经论述过的。然而最大的变迁却是中叶以后的西方。由于吐蕃的强盛，它乘安史之乱边兵内撤的机会，夺去了陇上和河西各地。唐德宗建中三年（公元782年），唐蕃在清水会盟（清水即今甘肃清水县），重新确定两国的疆界。唐朝的土地西面仅达到弹筝峡（今甘肃平凉县西，六盘山下）。由弹筝峡南行，达到陇州（治所在今陕西陇县）西面的清水县、凤州（治所在今陕西凤县东北）辖下的同谷县（今甘肃成县）。南面直到剑南的西山和大渡水（今大渡河）。③清水会盟时，河西的沙州（治所在今甘肃敦煌县西）和安西、北庭两都护府仍为唐守，其后也陆续为吐蕃所据有。唐朝末年，陇右、河西先后收复回来，安西和北庭却以道远，一直未能兼顾。就在吐蕃强盛时，在今云南省西部的洱海旁边，南诏也强盛起来，势力所及直达大渡水畔，北距成都也不是很远了。

宋朝虽然也是一个统一的王朝，版图却是分外狭小。宋时人们经常提到幽云十六州的问题，认为这是金瓯残缺的恨事。所谓幽云十六州，指的是幽（治所在今北京市）、蓟（治所在今河北蓟县）、瀛（治所在今河北河间县）、莫（治所在今河北任邱县北）、涿（治所在今河北涿县）、檀（治所在今河北怀来县）、顺（治所在今北京市顺义县）、新（治所在今河北涿鹿县）、妫（治所在今河北怀来县东）、儒（治所在今北京市延庆县）、武（治所在今河北宣化县）、云（治所在今山西大同市）、应（治所在今山西

---

① 隋于今贵州省乌江上游设有牂柯郡，治所在今瓮安、余庆两县间，见《隋书》卷二九《地理志》。

② 唐初曾于蜻蛉河上设置姚州。姚州治所在今云南省姚安县。《新唐书》卷四二《地理志》于姚州条说："（由）泸州乃南渡泸水，经戎州、微州三百五十里至姚州。州距羊咀咩城三百里。"

③ 《旧唐书》卷一九六下《吐蕃传下》。

应县）、寰（治所在今山西朔州市东）、朔（治所在今山西朔州市）、蔚（治所在今河北蔚县），分布于现在北京市和河北、山西两省的北部。[①]由于幽云的丧失，所以两河北部和唐时比较起来就有了显著的区别。（附图一《幽云十六州图》）

宋人在河北只能凭借着瓦桥（在今河北雄县）、益津（在今河北霸县）和草桥（在今河北高阳县）三关和白沟塘泺来防守。在太行山西也只是守住勾注山脉。宋朝不仅见凌于契丹，并且常为西夏所侵扰。在这方面宋朝所能控制的只是绥德（军治所在今陕西绥德县）、延安（府治所在今陕西延安市）、环州（治所在今甘肃环县）、会州（治所在今甘肃靖远县）一线。宋神宗熙宁时（公元1068—1077年），宋人恢复熙、河等处（熙州路治所在今甘肃临洮县，河州路治所在今甘肃临夏县东）和兰州（治所在今甘肃兰州市），后来还取得了湟水流域[②]，使蹙缩的情势稍稍改变。在西南各处宋朝和隋唐比较起来，也显得不如。隋唐曾经统治到安宁河流域，宋朝最远才达到大渡河上。唐时的安南都护府一直设在交州，宋时交趾已经独立，邕州（治所在今广西壮族自治区南宁市）以西就是边界了。[③]

元朝的疆土当然是为宋朝所不及的。元朝的岭北行省包括了阴山以北的蒙古旧地，岭北行省西边接连窝阔台和察合台两大汗国，它们本是一个帝国的分支，和其他邻国不同。东边黑龙江的下游也都在岭北行省的范围之中。而征东行省就是设于朝鲜半岛的高丽国境。西南各处隋唐各朝未能列入版图的少数民族杂住的地区，这时同样设置了行省。现在的青海和西藏当时是没有设置行省的地区。不过吐蕃实际也服从元朝的统治并非独处于版图之外。

明朝推翻了元朝的统治，但是鞑靼和瓦剌却还是明朝的敌国。明初东北

---

① 《资治通鉴》卷二八〇《后晋纪一》，又《新五代史》卷八《晋本纪》。幽云十六州亦称燕云十六州。《宋史》卷八五《地理志·序》即以燕云十六州相称。北宋末年以幽州为燕山府，以云州为云中府，并设燕山府路和云中府路。北宋燕山府路中不包括瀛、莫二州，因为后周时收复了这两个州。

② 《宋史》卷八六《地理志三》。

③ 《宋史》卷九〇《地理志六》，《宋史》卷二九〇《郭达传》。宋时邕川辖地直至左江上游，其所辖的广源州，就相当于今越南高平东北的广渊。

图一　幽云十六州图

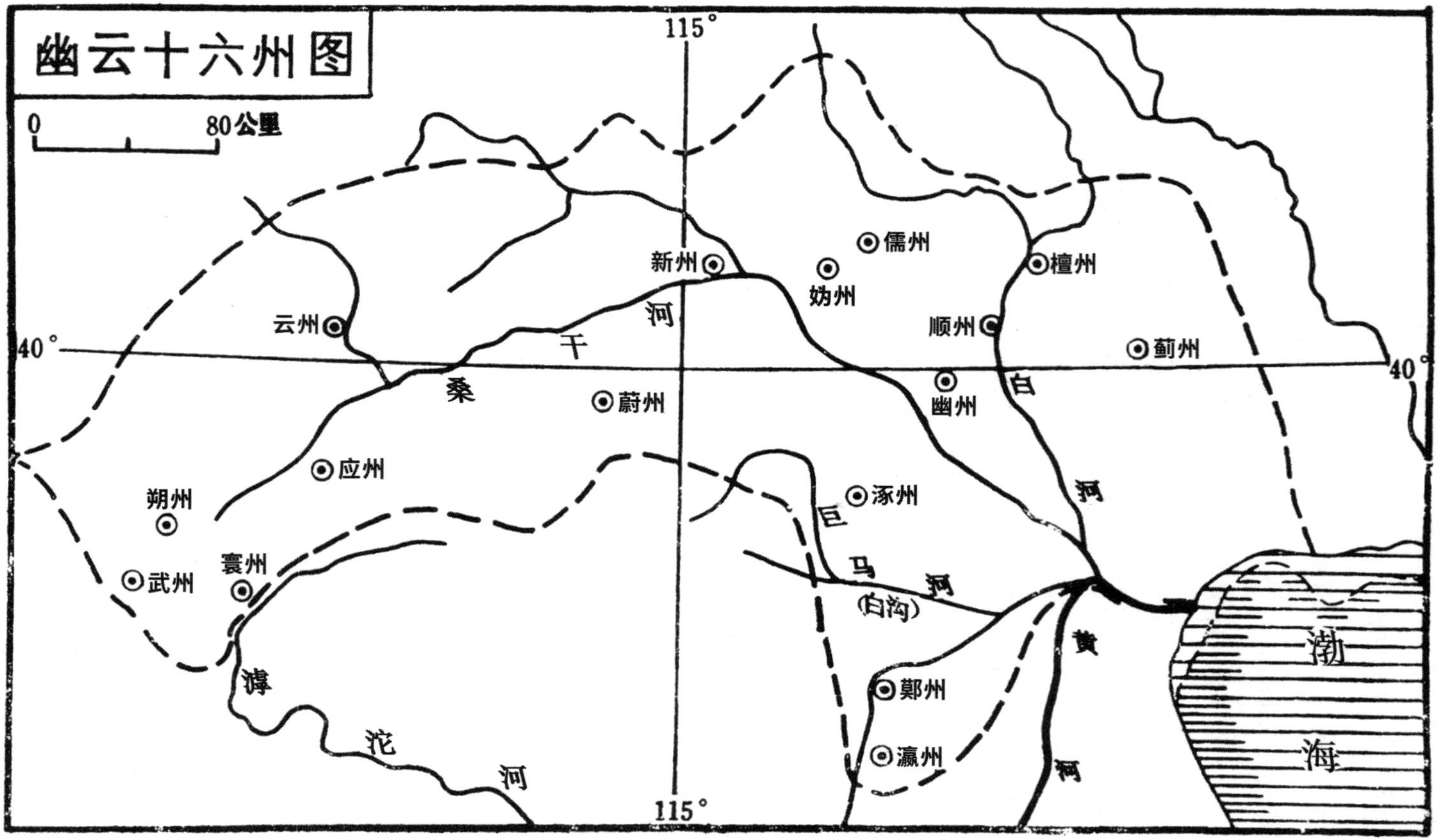

控制着黑龙江入海的地方，并在那里设置努儿干都司。那时辽水流域，可说和内地一样。辽水以西，则有大宁（在今内蒙古自治区宁城县附近）、开平（在今内蒙古自治区多伦县）和东胜（在今内蒙古自治区托克托县）诸地作为北方的屏藩。后来努儿干都司废去，大宁内撤，开平和东胜的卫所也都迁到内地[①]，因而河套受到了影响成为游牧的地区。明朝的西边也不是十分广远，最西只是达到嘉谷关和湟水流域。好在西南还保持着元朝的旧规。云南和贵州两省和内地的省区并没有什么区别的地方。明朝初期还曾经一度取得安南[②]，可是不久仍然放弃。

清朝的版图远超于明朝。清朝的统治者起于长白山下，白山黑水之间自然是他们的根本所在地。就是黑龙江入海处的库页岛也是列在版图之内。当时的疆土是由库页岛北端渡海向西，循外兴安岭和外蒙古的北部，再由萨彦岭西至巴尔喀什湖，而达到葱岭西部，又折向东南，循喜马拉雅山，而至伊洛瓦底江的上游。就在东部海上，也是包括混同江及乌苏里江以东的沿海各地，更由辽东半岛循海岸南行，至广东省的西南。当然也兼有库页、台湾、海南诸岛和南沙、中沙、西沙、东沙诸群岛。后来土地蹙缩，黑龙江以北，乌苏里江以东都先后失去。就是西北各处也难保持旧规，原来的界线还在巴尔喀什湖外，这时连伊犁河的中下游及其南北各处也都失去。

二、山脉与国界

如上所说，从秦朝以后，各统一王朝的版图是广狭不一的，不过它们基本上都是据有黄河、长江和珠江流域，当然绝大部分还都涉及这几个流域

---

① 《明史》卷九〇《兵志》。
② 《明史》卷三二一《安南传》："（永乐）五年五月，安南尽平，群臣请如耆老言，设郡县。六月朔，诏告天下，改安南为交阯，设二司。"

之外。这里先就有关这几个流域的情形再作说明。这里所说明的是和各王朝边界的变迁有关。在当时虽有变迁，在现在看来，这都是各兄弟民族之间的一些问题。这里提出来再作说明，只不过是通过这样的一些问题，可以看出各王朝对于自然条件的利用。在自然条件不足的时候，又是如何发挥人为的作用，希望得到若干的补苴，以达到他们巩固边圉的目的。各王朝的疆界虽难得一致，但大体可以看出当时都在设法获得可以防守的界线。由这一点说来，阴山山脉在若干时期的国防中就曾经起着重大的作用。阴山山脉自然区别了农业和牧畜的地区。在以往悠久的时期中农业地区的人们认为这是阻隔游牧部落南下牧马的天然屏障，必须加以控制。[①]而河套平原农业的发展正是控制阴山山脉的重要措施，这条山脉以北不适于经营农业，所以农耕民族也难得在那里立足。汉唐两个王朝曾经不止一次地占据过大漠的南北，但仍然需要退回到阴山山脉的附近。[②]如果游牧部落控制了这条山脉，则河套地区也就很容易改成牧场。西汉初年，匈奴南下又和汉以朝那、肤施为界，汉朝长安便感到莫大的威胁，认为他们的轻骑一日一夜就可以来到城下。[③]明时毛里孩、乿加思兰等进入河套，于是延绥、宁夏、陕西就需要经常屯驻重兵，但还不容易保障边地的不受骚扰。[④]

同样的情形也见于祁连山和合黎山之间的河西走廊。这是内地通往西域的大道，它关系着国防的巩固和经济的发展。从汉朝开辟了这条道路时起，后来的王朝虽有兴废，控制这条道路的策略却始终没有改变。这里虽有祁连山和合黎山的天然屏蔽，但是弱水的下游注入居延泽中[⑤]，黄河支流湟水的上游却离青海湖不远，都是游牧部落进入河西走廊的捷径[⑥]。由这一点当可以理解汉朝在控制河西走廊的同时还要控制弱水下游居延泽以及湟水流域

① 《史记》卷六《秦始皇帝本纪》引贾谊《过秦论》，《汉书》卷九四《匈奴传》，《读史方舆纪要》卷六一《陕西一〇》引《九边考》。

② 《史记》卷一一〇《匈奴传》，《汉书》卷二八下《地理志》。

③ 《史记》卷九九《刘敬传》，又卷一一〇《匈奴传》。

④ 《明史》卷三二七《鞑靼传》。

⑤ 《汉书》卷二八下《地理志下》。

⑥ 《汉书》卷二八下《地理志下》，又卷六九《赵充国传》。

的缘故。这并不是汉朝的人们独有的敏感，就是后来若干王朝也都没有忽视过。西晋时鲜卑族吐谷浑的西迁就是通过了河西走廊的东端，辗转游牧于青海湖的附近。①明朝中叶后，蒙古俺答汗诸子西迁至青海湖畔，所经过的途径也是相仿佛的。②

　　从战国时期秦国始取得巴蜀起，当时的江水（实际上就是现在的岷江）上游就归入版图，以后就少有变更。这里的界线是相当明显的。不过却很少见于文字的记载。唐代中叶以后和吐蕃清水会盟时所确定的两方境界，就曾明确地提出"剑南西山"。这样的规则实际上是确定了历来在这个地区传统的界线。所谓"剑南西山"也就是指邛徕山和大雪山而言。这两条山脉隔绝了农耕地区和游牧地区。这样的隔绝和阴山山脉不同。邛徕山脉和大雪山脉的东西的不同族类，大体说来很少互相逾越，这是和阴山南北不甚相同的。

　　这里所提到的这些山脉，大多是近于黄河流域和长江流域的。当然还可以涉及更为遥远的地方。西汉时始经营西域，当时汉德广被，康居、大月氏、乌弋山离以至大宛、休循各国，皆相继远来贡献。西汉于西域设立都护，其所维护的却只是天山南北，而未超越于葱岭以外。葱岭高耸，东西两方也是受到了隔绝。唐代在西域的经营，其威力所及甚或超过了西汉。当时在西域曾设置过四镇，这是指龟兹、于阗、焉耆、疏勒而言。③但是中间还曾以碎叶代替焉耆。④碎叶镇濒碎叶水（今楚河），在今吉尔吉斯斯坦托克马克。不过为时并非很久，仍以焉耆补足四镇之数。龟兹、于阗、焉耆、疏勒四镇历时最为长久，而这四镇又皆在葱岭之东，足征葱岭在当时边防的重要地位。

　　唐时吐蕃崛起于西南，在其取得吐谷浑旧地后，曾长期以赤岭与唐为界。⑤赤岭在青海湖东，就是现在的日月山，为唐蕃交往必经之路。赤岭虽

① 《晋书》卷九七《吐谷浑传》，《魏书》卷一〇一《吐谷浑传》。
② 《明史》卷三二七《鞑靼传》。
③ 《旧唐书》卷四〇《地理志》。
④ 《唐会要》卷七三《安西都护府》。
⑤ 《新唐书》卷二一六上《吐蕃传》。

非大山，却也是当时能够隔绝农耕地区和游牧地区的界线。吐蕃南有雪山，就是现在的喜马拉雅山。由于吐蕃强盛，曾越山而取得泥婆罗（今尼泊尔国）。迄于元代，以吐蕃旧地为宣政院辖地，喜马拉雅山西段仍为这个地区的南界。下至清时，依然未改。就是因为有这样一段因山的界线，西藏才得借以抗拒英国帝国主义的觊觎和侵略。

其他各处只要是山岭高地足资利用作为防守的凭借的，也就往往为一些王朝当作规定疆界的依据。就一些分裂时期来说，就更为明显，一条秦岭，三国时期魏蜀两国就曾以之作为界线，南宋与金人划界也是以秦岭区分两国的。十六国时期，关中一些霸主同样是隔着秦岭和东晋相对峙。

当然这不是说在有山脉的地方一些王朝的疆界就一定在这条山脉的分水岭上，而没有任何出入。汉时固曾以阴山山脉为内地的屏障，这并不等于说汉时北陲的边界就止于阴山。汉五原郡稒阳县为北出大路的起点。由稒阳北出石门障得光禄城，又西北得支就城，又西北得头曼城，又西北得虖河城。[1]石门障和光禄城都还在阴山之南。支就城、头曼城、虖河城皆当在阴山之北。这几座城池是否为汉朝所筑尚不可知，但徐自为在五原塞外的筑城，应是了无疑义的。徐自为所筑的城，在五原塞外数百里，远者且达千里，一直筑到卢朐。卢朐为山名，应在匈奴中。徐自为不仅筑城障列亭，而且所筑的城障列亭还有汉军驻守其旁，这当不是偶然的设施。[2]如果说徐自为所筑的城障列亭，乃以一线伸向前方，只是军事性质，无关乎边界的伸延，则受降城的所在地亦可作为证明。汉宣帝时，匈奴呼韩邪单于款塞降附，愿留居光禄塞下，有急保汉受降城。[3]光禄塞即徐自为所筑的城障列亭。徐自为当时官居光禄，故所筑的称为光禄塞。汉受降城在今内蒙古自治区乌拉特中后联合旗东，分明是在阴山之北。可见当时的边界不以阴山的分水岭为限。

---

① 《汉书》卷二八《地理志》。
② 《汉书》卷九四《匈奴传》。
③ 《汉书》卷九四《匈奴传》。

汉代若此，就是后来的隋唐诸代也应该都是相仿佛的。

三、河流与疆界

以前的王朝依靠着山脉的屏障，以保障一方的安全。同样也利用自然的水道，增加了边备的力量。战国晚期，秦国的西边是在洮水附近。秦国控制了阴山山脉以后，阴山西南的疆界就止于黄河。秦国历年短促，这里没有显出若何变迁。但秦人对这里的情况时时都高度警惕。秦汉时期，这里的黄河以南，乌水（今清水河）的上游有一座萧关，位于现在宁夏回族自治区固原县的东南[①]，它是关系着关中安危的重要关隘。乌水河谷较为平坦，利于骑兵的奔驰。汉朝初年，匈奴就不止一次地越过黄河，由萧关内侵。[②]到了唐朝，突厥几次进兵关中，也多取这一条道路。[③]所以在那些王朝时期，巩固这一段黄河的防御工作，就视为要图。秦汉时期还特别重视萧关的防守。到了唐朝中叶，朔方节度使实际就是驻在黄河南岸的灵武（今宁夏回族自治区灵武县附近）。[④]后来西夏建国，宋朝失去了黄河的险要，只能在更南的鄜延（治所在今陕西延安市）、环庆（治所在今甘肃庆阳县）、泾原（治所在今甘肃泾川县）诸路屯驻重兵，以为防守。[⑤]

明朝以宁夏卫作为九边重镇之一[⑥]，显然是要巩固这段黄河。明朝还曾

---

① 《史记》卷一一〇《匈奴传》："汉孝文皇帝十四年，匈奴单于十四万骑入朝那萧关。"是萧关在朝那县，汉朝那县在今宁夏回族自治区固原县东南。

② 《史记》卷一一〇《匈奴传》。

③ 《旧唐书》卷一九四《突厥传》。

④ 《元和郡县图志》卷四《灵州》。

⑤ 《宋史》卷八七《地理志》："庆历元年，分陕西沿边为秦凤、泾原、环庆、鄜延四路。"又说："秦陇、仪渭、泾原、邠宁、鄜延、环庆等，皆分兵屯守，以备不虞。"又《宋史》卷三七二《王庶传》："延安，五路襟喉。"又卷三六一《张浚传》，有泾原帅刘锜和环庆帅赵哲。

⑥ 《皇明九边考》卷八《宁夏镇》。

于今内蒙古自治区托克托县设东胜卫。更明白显示当时对于由宁夏至东胜这段黄河更为重视。按当时防边设置的规模来说，当时是打算以阴山山脉为界的，至少界线退到这段黄河以南。可是后来东胜卫内撤，放弃了河套，所以花马池和固原州（今宁夏回族自治区固原县）也都成为备边的要地。明朝的陕西巡抚本来驻在西安，可是每年到了防秋时候却要移驻固原①，就是这样的缘故。

前面论述祁连山和合黎山时，曾经提到弱水下游的居延泽。和居延泽相似的还有其遗址在今甘肃省民勤县北的猪野泽或休屠泽。这两个水泽的周围都有面积很大的沙漠，可是汉唐等王朝的国界却都把这两个水泽包括在内，这使得经过合黎山的国界向北伸出，而且伸出的道里很远，仿佛有些奇特。这具有一定的军事意义，后文论述历史军事地理时，再作详细的说明。

在西南各处，疆界的变迁也是相当频繁的。其中有些地方当时同样是在争取利用自然地理的形势。两汉时期蜀郡的西鄙正是在大渡河上。②就是到隋唐两朝仍然没有放松对这条河流的利用。而剑南的西山实为成都平原的屏蔽。岷江上游的松（今四川松潘县）、维（今四川茂汶羌族自治县）诸州就西山说来更是险要的去处。唐时吐蕃占据了维州，号为无忧城。③唐朝中叶以后为了这座州城曾和吐蕃有过若干次的斗争。两汉时期云南各地设郡置县，于是安宁河流域成为巴蜀与益州郡间的重要交通道路。④到了隋唐，金沙江以南的疆土已经没有两汉时的广大，但安宁河流域仍然没有失去。唐朝末年，南诏占去嶲州（治越嶲，今四川西昌市），宋太祖就只好以玉斧划大渡河下游为界，不再向南发展了。

---

① 《明史》卷七三《职官志》。

② 《汉书》卷二八下《地理志下》："蜀郡汶江，湔水出徼外，南至南安，东入江。"这就是现在的大渡河。汉时另有大渡水，见《地理志下》蜀郡青衣县下，乃今青衣江。

③ 《旧唐书》卷一七四《李德裕传》。

④ 《三国志》卷四五《蜀书·张嶷传》："（越嶲）郡有旧道经旄牛中至成都，既平且近，自旄牛绝道已百余年，更由安上，既险且远，嶷遣左右……开通旧道，千里肃清，复古亭驿。"按：旄牛在今四川省汉源县附近。成都径旄牛南下，再南即至安宁河河谷。

四、长城的修筑乃是对于自然条件的补充

　　疆界的位置自然要利用自然的形势，有时候自然的形势却还需要人为的补充。过去一些王朝在边地修筑长城就是这样的目的。长城的修筑据说是始于春秋时期，战国时期各国都曾经有过这样的建设。齐国的长城在它的南边泰山之上，并沿其支阜余脉向东绵延发展，它西起现在山东省平阴县境，而东达到今山东省胶南县的海边。[①]它修筑这条长城，西段为了防御晋国[②]，东段则为了防御楚国[③]和越国[④]。楚国的长城见于记载的有两段：一在

---

① 《水经·济水注》。又《汶水注》说："（泰）山上有长城，西接岱山，东连琅邪巨海，千有余里，盖田氏之所造也。"《史记》卷四〇《楚世家·正义》引《太山郡记》："太山西北有长城，缘河经太山千余里至琅邪台入海。"又引《括地志》："长城西北起济州平阴县，缘河历太山北岗上，经齐州、淄州，即西南兖州博城县北，东至密州琅邪台入海。"《水经·汶水注》只说："东连琅邪巨海。"未及琅邪台。琅邪郡广大，不限于琅邪台一处。且琅邪台当时为越国都城，齐国何能于越都筑城？今按：齐长城遗迹距琅邪台尚远（见下注引道光《胶州志》），《太山郡记》和《括地志》所言似涉牵强。

② 《吕氏春秋·权勋篇》："文侯可谓好礼士矣，好礼士故南胜荆于连堤，东胜齐于长城。"《水经·汶水注》引《竹书纪年》："晋烈公十二年，王命韩景子赵烈子翟员伐齐，入长城。"《史记》卷四三《赵世家》："（成侯）七年侵齐至长城。"

③ 《史记》卷四〇《楚世家·正义》引《齐记》："齐宣王乘山岭之上筑长城，东至海，西至济州千里，以备楚。"

④ 道光《胶州志》卷三："长城在冶南八十里齐城等山。城因山为之，培高堑下，各有门阙邸阁，今不可见。春生草长，髻鬟分垂，如马鬣然。西起平阴之防门，逶泰山北麓，而东至诸城亭子夼后入州境。十五里至六汪庄南，铁镢山阴。东历杨家山、血狼山、齐城山，至黄山顶十余里，又东历小珠山阴、鹁鸽山，至徐山之北于家河庄，东入海三十里。"今此诸山犹见于较为详细的舆图，长城趋向大致分明。按图，小珠山西南为大珠山，大珠山西南为琅邪台，琅邪台曾为越国的都城。而齐长城正在琅邪台之北，倚山为城，横隔南北，则当时齐国修筑这段长城，自与越国势力向北发展有关。

今河南省鲁山县、叶县和泌阳县之间①，一在今河南省西峡县和邓县之间②。其实这两段长城本来是连在一起的，只是中间在鲁山和西峡两县之间，由于凭借山势没有再兴巨工而已。③这条长城分别扼守着两条通道，一是伏牛山和桐柏山之间的通道，一是外方山和丹江之间的通道。前者通往中原各地，后者则通往关中。楚国在这些地方修筑长城，自可防御来自这两方面的攻击。楚国除过这条长城之外，据说还有一条，在今湖北省竹山县境。④那里本是庸国的地方⑤，长城当是庸国所筑，庸灭后始属于楚。魏国长城有东西两道，东长城在今河南省中部，由原阳县西北起，绕过它的东南，经中牟县圃田泽旧地之西，然后再西达于密县⑥，成一个口向西的弧形。它的西长城在今陕西的东部，由华县沿洛水东岸向北修筑。⑦这两条长城都是为了

---

① 《汉书》卷二八上《地理志上》："南阳郡叶县，有长城，号曰方城。"《水经·潕水注》引盛弘之说："叶东界有故城，始犨县，东至瀙水，达比阳县界，南北联联数百里，号为方城，一谓之长城云。"汉叶县在今河南省叶县西南，犨县在今河南省鲁山县东南，瀙水在今河南省遂平县，东入汝河。比阳今为河南省泌阳县。

② 《史记》卷四一《越王勾践世家·正义》引《括地志》："故长城在邓州内乡县东七十五里。南入穰县。"按：唐内乡县为今河南省西峡县，穰县为今河南省邓县。

③ 《水经·潕水注》引盛弘之说，于"叶东界有故城"一段话之后，接着又说："郦县有故城一面，未详里数，号为长城，即此城之西隅，其间相去六百里。北面虽无基筑，皆连山相接，而汉水流其南。故屈完答齐桓公云：'楚国方城以为城，汉水以为池。'《郡国志》曰：'叶县有长山曰方城。'指此城也。"郦县为今河南省内乡县东北，则这段长城正与《括地志》所说相同。今鲁山与西峡两县正是伏牛山脉，所谓"北面连山相接"，显然是指伏牛山上一部分。可见这里的长城虽是两段，实际上只是一条。

④ 《史记》卷二三《礼书·正义》引《括地志》："方城，房州竹山县东南四十一里。"按：唐竹山县今为湖北省竹山县。

⑤ 《水经·沔水注》。

⑥ 《续汉书·郡国志》："河南尹，卷县，有长城，经阳武到密。"《史记·苏秦传·集解·索隐》引徐广说略同。按：汉卷县在今原阳县西，阳武在今原阳县东南，密县在今密县东。《水经·渠注》又说："（圃田）泽在中牟县西，西限长城。"中牟在卷县东南，密县东北，故此长城实际上呈一弧形。弧口面对西方，而向东侧凹入。按：《水经·济水注》曾叙述这条长城修筑的原委，说是："济渎又东迳阳武县故城北，又东绝长城。案《竹书纪年》：'梁惠王十二年龙贾率师筑长城于西边。'自亥谷以南，郑所城矣。《竹书纪年》云，是梁惠成王十五年所筑也。《郡国志》曰：'长城自卷迳阳武到密者是矣。'"由于韩国参加了筑城之役，故顾炎武说："此韩之长城也。"（《日知录》卷三一《长城》）

⑦ 《史记》卷五《秦本纪》。

防御来自西方的侵扰。西方能够侵扰魏国的当然是秦国了。不过《史记》记魏国的西长城，说是"筑长城，塞固阳"[1]。这样说来，固阳是魏西长城的北端了。汉朝的固阳县在今内蒙古自治区西部。[2]那里到现在还有个固阳县。不过当时那里是赵国的地方，和魏国无关。魏国的固阳实际应是合阳，在今陕西省韩城县。[3]魏国的西长城只是由今陕西省华县经今大荔、澄城、合阳诸县，而止于韩城县的黄河岸边。现在遗迹仍继续屹立。不会远到现在内蒙古自治区的西部的。[4]中山立国于滹沱河上，土地狭小，它的长城应该离其都城不远。[5]燕、赵两国也都有南北长城。赵国的南长城在漳、滏二水附近。[6]燕国的南长城则在易水的北岸。[7]凭河筑城自然更会增加防御的效力。

　　然而最重要的当推燕、赵、秦三国为防御匈奴南下所筑的长城。这里所说的燕赵长城，就是燕的北长城和赵的北长城。其中燕国的北长城除过防御匈奴外还有防御东胡的作用。燕国开辟上谷、渔阳、右北平、辽西、辽东五郡之后，就在五郡之北建立起长城。这条长城由造阳达到襄平。[8]造阳在今河北省独石口，襄平则在今辽宁省辽阳市北。由造阳到襄平的长城当然要绕过大凌河的北岸。后来北魏灭北燕时，魏将长孙陈就曾战于和龙附近的长

---

① 《史记》卷一五《六国表》。

② 汉固阳属五原郡，在今内蒙古自治区包头市东。

③ 张筱衡《梁惠王西河长城考》（载《人文杂志》1958年第6期）："固阳，一作稒阳，又作梱阳。广韵，合、邻皆在二十七合，阁纽，顾、阁双声，则固阳即合阳，亦即邻阳矣。……考《秦本纪》，孝公二十四年，与晋战雁门。雁门，《年表》作岸门。《索隐》谓即岸门，非赵之雁门矣。盖古代地名，字多假借，应按其年代，与其地形，定其所在。不可因其名同，而遽谓为一地，亦不可因其字异，而遽疑其非一地。"

④ 拙著《黄河中游战国及秦时诸长城遗迹的探索》。

⑤ 《史记》卷四三《赵世家》："（成侯）六年，中山筑长城。"而未明载长城的起讫。中山先都于顾，后迁灵寿。顾在今河北省定县，灵寿今仍为河北省灵寿县。

⑥ 《史记》卷四三《赵世家》："（武灵王）召楼缓谋曰：'我先王因世之变，以长南藩之地，属阻障（漳）滏之险，立长城。'"

⑦ 《战国策·燕策》，《水经·易水注》。

⑧ 《史记》卷一一〇《匈奴传》。

城①，和龙就是现在大凌河北的朝阳市。赵国的长城是由代顺着阴山，一直达到高阙。②代在现在河北省蔚县，高阙则在阴山西端，今内蒙古自治区杭锦后旗西北。秦国曾数次修筑长城。这里所说的乃是指秦昭襄王时所筑的。这条长城起于临洮，临洮为今甘肃省岷县。今甘肃省渭源县，宁夏回族自治区固原县，陕西省绥德县、神木县，以及内蒙古自治区伊克昭盟准格尔旗，都还有这条秦长城的遗址，或者还有相关的记载。秦国北边以朝那、肤施为重镇，这些地方自然是秦长城必经之地了。这条秦长城的北端一直达到今内蒙古自治区准格尔旗的十二连城黄河岸边。③

秦朝统一六国之后，对北边的长城曾加以联系和补缀，由临洮到辽东，成为一个完整的工程④，不过有些地方和以前不尽相同。秦朝驱逐匈奴，取得河南地，由榆中顺着黄河直至阴山下都设置了县邑，并在河上修筑长城。⑤这个榆中据说是在现在甘肃省榆中县的西北⑥，距兰州不远。后来西汉取得河西地，就接着秦长城由令居继续向西兴修。⑦令居在今甘肃省永登县。可见秦统一以后，长城的西段已经不是经过朝那、肤施的一段。新城与旧城相连接之处，当在陇右郡治所的狄道⑧，狄道在今甘肃省临洮县。由狄道往北，经过令居，再北行至于高阙。高阙本有赵长城。秦赵长城可能相互衔接。就是不相互衔接，相距亦不至于过远。燕国长城的东端本止于辽河东岸的襄平，也就是现在的辽阳市。秦朝又由辽阳向东南延展，达到遂城。⑨遂城在平壤西，则秦长城已达到今朝鲜境内，直到唐朝时期那一段的遗址还

① 《魏书》卷二六《长孙肥传》附《长孙陈传》。

② 《史记》卷一一〇《匈奴传》。

③ 《史记》卷一一〇《匈奴传》；《水经·河水注》；顾颉刚先生有著作《史林杂识初编》，内有《甘肃秦长城遗迹》；拙著《黄河中游战国及秦时诸长城遗迹的探索》，又《鄂尔多斯高原东部秦长城遗迹探索记》。

④ 《史记》卷一一〇《匈奴传》。

⑤ 《史记》卷六《秦始皇帝本纪》，又卷一一〇《匈奴传》。

⑥ 《水经·河水注》。

⑦ 《史记》卷一一〇《匈奴传》，《汉书》卷九六上《西域传》。

⑧ 拙著《黄河中游战国及秦时诸长城遗迹的探索》。

⑨ 《晋书》卷一四《地理志》，《晋太康三年地记》。

依然存在，未被毁坏。①

秦朝亡后，长城依然成为汉朝边防的重要设施，汉朝人虽也沿用长城的名称②，不过一般都称为边塞。汉朝边塞较秦时的长城更长，是由敦煌一直达到辽东。③当然大部分都是秦的旧城。汉武帝时重新取得河南地后，就曾经修复阴山附近的故塞。④汉朝所新增的只是令居以西的一段。它一直达到敦煌附近的玉门关和阳关。⑤东汉以后，塞外各民族部落先后迁于内地，长城的作用也就逐渐消失了。

南北朝时期长城的修筑又极一时之盛。北魏对付北边柔然族的侵扰，也是采用修筑长城的办法。后来北齐和北周也都沿袭它的成规。北魏最早修的长城是由赤城⑥到五原⑦，也就是由现在河北省赤城县修到内蒙古自治区固阳县。接着兴修的是由上谷到黄河附近。⑧上谷在今居庸关外北京市延庆县，位于赤城的东南。这条长城绕平城（今山西大同市）以北，可能是前次工程的修葺。北齐时曾由西河总秦戍筑城至海。⑨总秦戍在今大同市西北⑩，则所谓至于海，或者仍是过赤城、上谷等处向东伸延的。当时还曾修过由幽州北夏口至恒州的长城。⑪恒州原为司州，治所就在平城，乃北魏迁都以后所改名。⑫而幽州夏口则在居庸关旁⑬，距上谷也不很远。按它的形势可能还不是

① 《通典》卷一八六《边防二》："碣石在汉乐浪郡遂城县，长城起于此山。今验长城东截辽水而入高丽，遗址犹存。"
② 《史记》卷一〇八《韩长孺传》。
③ 《汉书》卷六九《赵充国传》。
④ 《史记》卷一一〇《匈奴传》。
⑤ 向达泽《斯坦因西域考古记》。
⑥ 《北史》卷一《魏本纪》，合校本《水经·河水注》引赵一清《水经注释》。
⑦ 《魏书》卷一〇六《地形志上》："朔州，本汉五原郡，延和二年置为镇，后改为怀朔镇。"
　　按：怀朔镇在今内蒙古自治区固阳县。或谓在今陕西省定边县，非是。今定边旧曾设过五原县，但这是唐代的县。《元和郡县图志》卷四《盐州》，五原县，贞观二年与盐州同置，可证。
⑧ 《魏书》卷四下《太武帝纪》。
⑨ 《北齐书》卷四《文宣帝纪》。
⑩ 《读史方舆纪要》卷四四《大同府》。
⑪ 《北齐书》卷四《文宣帝纪》。
⑫ 《魏书》卷一〇六《地形志上》。
⑬ 《资治通鉴》卷一六六《梁纪》胡注。据胡三省说，则夏口当作下口，盖即居庸关的下口。

新筑。现在地图上由大同东西至山海关的长城当然是明朝所修的，和南北朝时期无关，可是它们的方向并没有很大的出入。可见时期虽然不同，对于地形的利用却还是相差不多的。

东魏北齐还有数道新筑的工程。高欢执政的时期就于肆州北山修筑自马陵戍东到土隥一段的长城。①它是在现在山西省原平县和代县以北的勾注山上。高洋时又修筑黄栌岭至社干戍间的长城②，它蜿蜒于现在的山西省离石县和神池县之间。这里正是吕梁山区，长城当修于吕梁山上。高湛时，北齐还在王屋山上修筑过长城③。又曾修过由库洛拔至坞纥戍间的长城④，以及由库堆戍至海的长城。⑤这些地方都已难于稽考。后来北周灭掉北齐之后，曾经发山东的居民修长城。⑥据说这是修葺齐的旧城。⑦当时所修的是由雁门至碣石的部分。⑧碣石在东海之滨。这样说来还是和后来明朝的工程相仿佛的。

---

① 《北齐书》卷二《神武帝纪下》。这条长城《资治通鉴》卷一五八《梁纪》也有记载，唯土隥作土澄。胡注谓马陵盖东魏置戍之地，而不得其处所。又据《九域志》谓土隥为代州崞县西土墱寨。崞县今为山西省原平县。按：《魏书》卷一〇六《地形志上》，肆州领永安、秀容、雁门三郡。肆州治所今山西省忻州市，永安郡治所为今山西省定襄县，秀容郡治所在今忻州市西北，雁门郡治所在今山西省代县西南。其时仅言修长城于肆州，当不出肆州之外。宋崞县之北即直抵勾注山，中间别无其他县。土墱当在勾注山间。则所谓北山应指勾注山而言，这条长城也应在勾注山上，就是说在肆州所属的永安和雁门两郡之北。肆州虽辖有永安郡，所属定襄诸县距勾注山远，所谓马陵当不在这一郡内。

② 《北齐书》卷四《文宣帝纪》："至黄栌岭，仍起长城，北至社干戍四百余里，立三十六戍。"《资治通鉴》卷一六四《梁纪》，社干戍作社平戍。胡注："此长城盖起于唐石州，北抵武州之境。"唐石州治离石，即今山西省离石县。嘉庆《大清一统志》卷一四四《汾州府》："黄栌岭在汾阳县西北六十里，接永宁界。"永宁州为今离石县。《新唐书》卷三九《地理志》，河东道有武州而缺具体记载。《辽史》卷四一《地理志》："武州……魏置神武县，唐末置武州。"按：此武州今为山西省神池县。

③ 《北齐书》卷一七《斛律金传》附《斛律光传》："河清二年四月，光率步骑二万筑勋掌城于轵关西，仍筑长城二百里，置十三戍。"按：勋掌城在轵关西，而轵关则在今河南省济源县西北。当地正是王屋山，长城当修于山上。

④ 《北齐书》卷四《文宣帝纪》："于长城内筑重城，自库洛拔而东至于坞纥戍。"《资治通鉴》卷一六七《陈纪》，库洛拔作库洛枝。

⑤ 《北齐书》卷一七《斛律金传》附《斛律羡传》。

⑥ 《周书》卷七《宣帝纪》。

⑦ 《资治通鉴》卷一七三《陈纪》胡注。

⑧ 《周书》卷三〇《于翼传》。

隋朝继承北周之后，也还曾经几次修筑过长城。不过工程都不算是很大，所以史书对于这些事情的记载都相当简单，有的就干脆不举出它的起讫地点。①其中有一条是由灵武（今宁夏回族自治区灵武县）东修到黄河，西至绥州（即雕阴郡，治上县，今陕西绥德县）南至勃出岭。②勃出岭未能确指它的所在。绥州在灵武以东，如何能说是"西至"？恐怕当时的记载是不十分确实的。隋朝后来还曾修过自榆林至紫河的长城③，榆林在河套东北，其遗址在今内蒙古自治区准格尔旗十二连城。紫河在今内蒙古自治区和林格尔县南，亦作紫塞河，相距本不甚远，所以才修了十天就已经完成。接着还修了一次，是在榆林谷之东。④隋朝长城的工程远不如北魏、北齐的繁杂，这是因为隋朝国力日强，北方的突厥逐渐削弱，而且成为隋朝的属国，修筑长城已经没有必要了。

以前这些王朝所修筑的长城，由于年代久远，有好多地方已经不能再看到了。现在祖国的地图上所绘的长城，由甘肃省的嘉峪关向东蜿蜒一直达到河北省的山海关。这是明朝的边墙。所谓边墙就是长城。明朝的人们特地改换了这个名称，为的是要和秦始皇引人诟怨的长城有所区别。明朝边墙的工程和以前各朝一样，皆是十分艰巨的。当时为了使长城发挥它的作用，有些地方都是采取垒石筑墙的办法。可是像余子俊在河套以南所规划的工程，有的地方要依山铲凿，使它成城垣一样。像花马池等地的工程还要在沙漠地带进行，当然更是艰巨了。由于明朝建都在北京，对于北京附近的长城就特别注意，在直隶（今河北省）、山西两省的北部，外长城之内还有内长城，使都城的西北有了更多的屏障。⑤

顺便提到，明朝在辽东还有一段边墙。它是由山海关外起，向北伸延，绕过今辽宁省锦县、义县之西，北镇县之北，再折向东南，直至辽水和浑河

---

① 《隋书》卷一《高祖纪》，修长城而未著确实地点的共有两次，一次在开皇元年，一次在开皇七年。
② 《隋书》卷六〇《崔仲方传》；《资治通鉴》卷一七六《陈纪》亦载此事，但无"南至勃出岭"一段。
③ 《隋书》卷三《炀帝纪》。
④ 《隋书》卷三《炀帝纪》。
⑤ 《明史》卷九一《兵志》。

交汇的地方。过了辽水，它再向北伸延，到今辽宁省开原县以北，复折向东南，绕新宾县之东，再向西南，过凤城县之西而达于海边。[①]辽东边墙的规模自然较小，工程也差一点，所以很早就被毁坏了。不过有一点却和河套地方相似。因为今北镇县东南辽阳市以西，辽水的两岸都没有包在边墙之内。这里就是所谓辽河套。当然由于辽河套的存在，辽东的边防增加了很多的困难，尤其是辽水东西的交通也因此而受到相当的阻碍。

长城的工程虽大，并不能够完全阻止住外来的侵扰。作为国家的疆界来说，自然地理的形势是需要人为的努力来补足它的缺陷，可是仅靠着劳民伤财的修筑长城的办法是难于达到目的的。

第三节　统一的王朝行政区域的划分（上）

一、郡县制度的渊源

各统一王朝的地方制度和行政区划曾经有过多次的改易，从这里面可以看出地理情况的变迁。

各统一王朝最早的地方制度应该数到郡县制度，秦始皇统一六国之后就明确规定了推行这种制度。从那时起这一制度就为后世各王朝所因袭，后来郡的名称取消了，县的一级却一直沿用到现在。说到郡县制度，它是有很久的渊源的。远在春秋时期一些诸侯封国已经开始设郡置县了。那时最先设县

---

① 白鸟库吉《满洲历史地理》第二卷第七篇《明代辽东的边墙》。

的是楚国。①楚国灭掉一些邻国，就以新得到的土地设县。②当时楚国这样的县是很多的③，因而有了"九县"的说法④。秦国也和楚国一样，在灭掉若干小部落之后，就接着设起县来。⑤不过秦国比较楚又更进了一步。它把许多小的乡聚并到一块改设成县。商鞅佐秦孝公变法，就一次用这种办法设了三十一个县。就是晋、齐、吴等国也都先后设起县来。⑥当时不仅有县，而且有郡。远在秦穆公的时候，据说秦国已经有了郡了。⑦春秋末年，晋国也已有郡了。⑧

春秋时期到处是诸侯的封国和大夫的采邑。郡县和采邑乃是两种不同的制度。就以楚国来说，设县的地方都是由国君直接统治。秦国合并乡聚所设的县也未再听说作为哪个大夫的食邑。这显示出采邑制度的逐渐解体，也显

---

① 《左传》庄公十八年："初，楚武王克权，使斗缗尹之，以叛，围而杀之。迁权于那处，使阎敖尹之。"按：《左传》襄公二十六年，楚人侵郑，"穿封戌囚皇颉，公子围与之争之，正于伯州犁。伯州犁曰：'请问于囚。'乃立囚，伯州犁曰：'所争，君子也，其何不知？'上其手，曰：'夫子为王子围，寡君之贵介弟也。'下其手，曰：'此子为穿封戌，方城外之县尹也。'"则楚国当时治县的官为尹。楚灭权后设尹，是权已成为楚国的县了。

② 《左传》宣公十一年，楚子县陈，即其一例。

③ 《左传》宣公十一年："申叔时使于齐，反，复命而退。（楚）王使让之曰：'夏徵舒为不道，弑其君，寡人以诸侯讨而戮之，诸侯县公皆庆寡人。'"杜注："楚县大夫皆僭称公。"县公与诸侯并称可知当时县公已经不少。

④ 《左传》宣公十二年，郑伯逆楚子之辞曰："使改事君，夷于九县。"注："九县：庄十四年灭息，十六年灭邓，僖五年灭弦，十二年灭黄，二十六年灭夔，文四年灭江，五年灭六、灭蓼，十六年灭庸。"

⑤ 《史记》卷五《秦本纪》："武公十年，伐邽、冀戎，初县之。十一年，初县杜、郑。"秦武公十年、十一年为鲁庄公六年、七年。则秦的设县不仅在楚灭权之前，也早于楚的灭息。童书业《春秋左传研究》八五《楚之县制，附论秦吴之县、郡》说："《秦本纪》载武公所立县，或即'县鄙'之意，以春秋时秦国尚甚落后，未必能有县制。《史记·秦本纪》及《商君传》载商鞅变法，始'并诸小乡聚，集为大县'，在此以前，似未有真正之县制也。"

⑥ 《史记》卷五《秦本纪》，又卷六八《商君传》。

⑦ 《左传》僖公三十三年，晋有先茅之县；宣公十五年，晋有瓜衍之县；襄公二十六年，"蔡声子谓楚令尹子木曰：'伍举在晋，晋人将与之县，以比叔向。'"又三十年，晋有绛县；昭公三年，晋有州县、温县；又五年，晋有十家九县；又七年，晋有州县，原县；又二十八年，晋灭祁氏、羊舌氏，分祁氏之田为七县，羊舌氏之田为三县，各立县大夫。《齐侯钟铭》及《晏子春秋·外传》皆有齐县的记载。《史记》卷三一《吴太伯世家》也有吴县的记载。

⑧ 《国语·晋语二》："公子夷吾出见使者曰：'……君实有郡县。'"

示出逐渐向中央集权的方向发展。当然像晋、齐、吴等国还不能够立刻都是如此。在这些国家内，县的土地一般也是用来赏赐臣下的。[①]这就和采邑差不多了。不过这种情况并没有一直维持下去。到春秋末年，郡县的官吏主要是论功派遣。[②]采邑的气味已经逐渐减少了。

在这个制度初创立的时候，郡和县究竟各有多大的规模，这是难于确定的问题。晋公子夷吾对秦使者公子絷说："君实有郡县。"[③]这里先言郡而后言县。按照这样的次序来说，春秋初期秦国的郡要比县大，和后来的秦汉时期相仿佛。这和晋国的制度颇不相同。春秋后期，赵简子之誓，说是"克敌者上大夫受县，下大夫受郡"[④]。则郡不如县大。至于楚国的县却是相当大的，远非秦晋两国所能比拟。楚灭陈国、蔡国为县[⑤]，而陈、蔡两国皆并列于春秋十二诸侯之中，本来就不是很小的封国。灭国之后，改设为县，修整了城郭，又都拥有"赋皆千乘"的强大兵力，楚王竟恃之以畏慑诸侯。[⑥]尤其是申、息二县的兵力，甚至不假其他援助，就可以和晋国相对作战[⑦]，显然都不是过小的。不过那时齐国的县却是很小的。齐灵公曾经赏赐叔夷三百个县。[⑧]对于一个臣子一次的赏赐就有这样多的县，它的规模当然不会很大。后来到汉朝，齐的故土总共才设了七十多个县。[⑨]显然春秋时期齐国的县不能和汉时相比较。其实郡县的大小不能仅由土地的面积来决定，它应该关系到人口的多少和经济的盛衰。不过春秋时期已经有了"千家之

① 《左传》哀公二年。

② 《左传》僖公十三年："襄公以三命，命先且居将中军，以再命，命先茅之县赏胥臣。"即其一例。

③ 《左传》哀公二年："简子誓曰：'……克敌者上大夫受县，下大夫受郡，土田十万，庶人工商遂，人臣隶圉免。'"即其明证。

④ 《国语·晋语二》。

⑤ 《左传》昭公八年，又昭公十一年。

⑥ 《左传》昭公十二："楚王曰：昔诸侯远我而畏晋，今我大城陈、蔡、不羹，赋皆千乘，……诸侯其畏我乎？"

⑦ 《左传》成公六年。

⑧ 《齐侯钟铭》。

⑨ 《史记》卷五二《齐悼惠王世家》。

县"①。这样多的人口不能说是小县了。

春秋时期虽有设郡的说法，具体设的什么郡却很少见于记载。战国时期郡的设置就很多了。最初的郡和县可能没有什么关系，因为一些国家设县比较早些，当设县的时候还没有郡的设置。②春秋末年有些人认为郡不如县。③可能是因为郡设在边远地方，不如县富庶。④由于郡设在边远的地方，面积自然大些。最初的县有些固然不是很小，可是由于一再析置，也就不免逐渐缩小。⑤后来在内地设的郡因而就把当地的县包括在内，这样的演变形成了以郡统县的局面。⑥

二、秦时所设的诸郡

战国末年，郡县的设置已经相当普遍，所以秦统一后可以顺利推行这一新的制度。当时县的数目已经繁多，不可能在这里进行研讨⑦，仅就郡一级来说，也可以看出这样的情形。战国时期秦国自己就已经设立了好几个郡。它在现在的甘肃省设了陇西郡（治狄道，今临洮县）⑧和北地郡（治

---

① 《说苑·匡术篇》。

② 《国语·晋语二》，公子夷吾对秦使者曰："君实有郡县。"此事在鲁僖公九年，亦即秦穆公九年。按《史记》卷五《秦本纪》："秦武公十年，伐邽、冀戎，初县之。十一年，初县杜、郑。"此为秦国设县之始。秦武公十年为鲁庄公六年。其时上距鲁僖公九年为三十七年，其间未闻秦国设郡，疑《晋语》所载未尽其实。

③ 《左传》哀公二年载赵简子之誓曰："克敌者上大夫受县，下大夫受郡。"这显然是郡不如县了。

④ 《左传》襄公三十年："晋悼夫人食舆人之城杞者，绛县人或年长矣，无子，而往与于食。……赵孟问其县大夫，则其属也。……以为绛县师。"绛为晋都，是都城早已设县矣。

⑤ 《左传》昭公三年："初，州，栾豹之邑也。及栾氏亡，范宣子、赵文子、韩宣子皆欲之。文子曰：'温，吾县也。'二宣子曰："自郤称以别，三传矣。晋之别县不唯州，谁获治之？"杜注："言县邑既别甚多，无有得追而治取之。"所谓别县，应为从大县分出的小县。

⑥ 姚鼐《惜抱轩文集》卷二《郡县考》。

⑦ 拙著《秦县考》，载《禹贡半月刊》1937年第7卷第6、7期。

⑧ 《史记》卷一一〇《匈奴传》，《水经·河水注》。

义渠，今庆阳县西南）①。又在今陕西省北部设了上郡（治肤施，今榆林县南）②。它又分别以现在重庆市和四川省成都市为中心设了巴郡③和蜀郡④。秦岭以南的汉水流域也设了一个汉中郡（治南郑，今陕西汉中市）⑤。秦始皇帝后来在他的都城咸阳周围所谓畿辅之地设了一个内史。内史的设置本来不同于其他各郡，实际上所辖的土地和郡也相仿佛，因而一般也就把它和郡作相似看待。⑥

就秦国的习惯来说，它在取得各国的旧郡后，总是保持原来的名称。赵国在阴山之下设有云中郡，在勾注山北设有雁门郡，在桑乾河上设有代郡⑦，在阴山之南河套北部设有九原郡⑧，又在太行山西设有上党郡。秦灭赵后，对于这些郡并没有另行更张。⑨同样的情形，韩国的三川郡⑩，燕国的渔

---

① 《史记》卷一一〇《匈奴传》。《匈奴传》谓秦昭王起兵伐残义渠。秦北地郡即设于义渠故地，而郡治亦尝在义渠戎王的旧居。《汉书》卷二八下《地理志》，北地郡有义渠县，当为秦郡的治所。义渠县在今庆阳县西南。北地郡初设于六盘山东泾水流域，秦统一后，当更向北扩展，达到今宁夏回族自治区和内蒙古自治区伊克昭盟的西南部。

② 《水经·河水注》："奢延水又东，迳肤施县南，秦昭王三年置上郡治。"然《史记》卷五《秦本纪》："惠文君十一年，魏纳上郡十五县。"又卷四四《魏世家》："襄王七年，魏尽入上郡于秦。"则秦上郡之置当不能迟至昭王三年。又卷四三《赵世家》："惠文王三年，灭中山，迁其王于肤施。"赵惠文王三年为秦昭王十一年，是秦上郡之治肤施又当在昭王三年之后也。

③ 《华阳国志》卷一《巴志》，《水经·江水注》。

④ 《华阳国志》卷三《蜀志》，《水经·江水注》。

⑤ 《史记》卷五《秦本纪》，《水经·沔水注》。

⑥ 《汉书》卷二八上《地理志上》。

⑦ 《史记》卷一一〇《匈奴传》。

⑧ 拙著《直道和甘泉宫遗迹质疑》（见《中国历史地理论丛》1988年第三辑）曾经论述过九原郡始置于赵国，并非秦始皇时始行创设的。

⑨ 《史记》卷四三《赵世家》。秦云中郡治云中，见《水经·河水注》，云中在今内蒙古自治区托克托县东北。秦雁门郡治善无，见《水经·河水注》，善无在今山西省右玉县南。秦代郡治代，见《水经·㶟水注》，代在今河北省蔚县西北。秦上党郡治长子，见《水经·浊漳水注》，长子在今山西省长子县西。

⑩ 《水经·谷水注》。按：《战国策·韩策三》，张登请以绦为三川守，则三川于韩时早已置郡了。秦三川郡治洛阳，今河南省洛阳市。韩国又有上党郡（见《战国策·秦策一》）和上蔡郡（见《史记》卷四〇《楚世家》）。上党后入于赵，与赵上党郡同为秦国占去。

阳、上谷、右北平、辽西、辽东五郡①。楚国的黔中郡②，皆仍为秦人所因袭。不过这并不是说，秦国全盘承受了战国时期的旧规，因为有些原来所说的郡就已被秦国废掉了。③

　　秦在灭六国的过程中也曾随时建立了一些新郡。六国的国都本来都没有设郡，秦统一后就先后在这方面作了补充。魏国的都城在大梁（今河南开封市）。秦灭魏时，曾引河水灌城，毁灭了大梁，所以在大梁再没有设郡，这算是一个例外。魏国的旧都在安邑（今山西夏县西北），秦国在那里设了一个河东郡。④韩国的都城在阳翟（今河南禹县）⑤，位于颍水流域，秦国也在那里设了一个颍川郡⑥，赵国的都城在邯郸（今河北邯郸市），赵灭后，那里成了邯郸郡⑦。秦国的太原郡也是设在赵国旧都晋阳（今山西太原市西南）。⑧楚国本都于郢（今湖北江陵县），由于秦国的压迫，曾一度迁于陈（今河南淮阳县），再迁于寿春（今安徽寿县）。秦国于郢置南郡⑨，于陈置陈郡⑩，于寿春置九江郡⑪。所以称为九江，是大江中游有九派的传说的

---

① 《史记》卷一一〇《匈奴传》。秦渔阳郡治渔阳，见《水经·鲍丘水注》，渔阳在今北京市密云县。秦上谷郡治沮阳，见《水经·圣水注》，沮阳在今河北省怀来县东南。秦右北平郡治无终，见《水经·鲍丘水注》，无终在今天津市蓟县。秦辽西郡治阳乐，见《水经·濡水注》，阳乐在今辽宁省义县西。秦辽东郡治襄平，见《水经·大辽水注》，襄平在今辽宁省辽阳市。

② 黔中郡始设于楚国，见《战国策·楚策一》及《史记》卷四〇《楚世家》。秦取楚黔中，见《史记》卷五《秦本纪》及卷四〇《楚世家》。秦黔中郡治临沅，见《水经·沅水注》，临沅在今湖南省常德市。楚国又有汉中郡和巫郡，见《史记》卷四〇《楚世家》，以及江东郡，见《史记》卷七一《甘茂传》，还有新城郡，见《战国策·楚策一》。

③ 《史记》卷五《秦本纪》。楚巫郡就是一例。

④ 《水经·涑水注》。

⑤ 《水经·颍水注》。

⑥ 《史记》卷六《秦始皇本纪》。

⑦ 《汉书》卷二八下《地理志下》。

⑧ 《史记》卷五《秦本纪》，《水经·汾水注》。

⑨ 《史记》卷五《秦本纪》，《水经·江水注》。

⑩ 《史记》卷四八《陈涉世家》。按：《史记》卷四〇《楚世家》："秦将王翦蒙武遂破楚国，虏楚王负刍，灭楚，名为楚郡。"此时楚已都寿春。此时如有楚郡，则其郡治当在寿春，而不应在陈。或以为当时于陈所设的郡为楚郡，稍欠妥当。《史记集解》引孙检曰："秦虏楚王负刍，灭去楚名，以楚地为三郡。"似得其实。

⑪ 《水经·淮水注》。

缘故。秦国也于燕国的蓟（今北京市）置广阳郡①，齐国的临淄（今山东淄博市临淄城）置齐郡②。它所沿袭韩国所置的三川郡，其治所就在雒阳（今河南洛阳市），而雒阳则是东周的故都。卫国虽后亡，卫国的濮阳（今河南濮阳县），秦国也设置了东郡。③战国时期几个次要的国家，如鲁、宋和越国，虽然先已灭亡，秦国也在它们的故土置郡。泗水上游的薛郡就是置于鲁国的故地。④获水和菏水流域的砀郡乃是宋国的旧土。⑤在原来越国的地方，也置了一个会稽郡。⑥

当然秦国所置的郡并不只限于这些地方，比较重要的地区它也一样设置了新郡。武关（在今陕西、河南、湖北三省交界处丹水北侧）东南，现在河南省的西南部，乃是秦国畿辅的外围，因而在那里设了一个南阳郡（治所在今河南南阳市）⑦。齐国的沿海各地，都是富庶的地区，尤其是海滨的琅邪台（今山东胶南县南）附近，更为特殊，秦国的琅邪郡的治所就设在琅邪台上⑧。琅邪郡的东北还设了一个胶东郡（治即墨，今山东平度县东南）。琅邪郡的西北又设了一个济北郡（治博阳，今山东泰安县东南）。秦时别有恒山郡（治东垣，今河北石家庄市）和衡山郡（治所在今湖北黄冈县）⑨，自是因这两座名山而设立的。至于设在现在河北省中部的巨鹿郡（治巨鹿，今河北平乡县西南）⑩，睢水流域的砀郡（治睢阳，今河南商丘县）⑪，泗水流域的泗水郡（治相，今安徽濉溪县西北）⑫，淮水下游的东海郡（治

① 《水经·㶟水注》。
② 《史记》卷四六《田敬仲完世家》，《水经·淄水注》。
③ 《史记》卷六《秦始皇帝本纪》，《水经·瓠子河注》。
④ 《水经·泗水注》。
⑤ 《水经·睢水注》。
⑥ 《史记》卷六《秦始皇帝本纪》，又卷七《项羽本纪》。
⑦ 《史记》卷五《秦本纪》，《水经·淯水注》。
⑧ 《汉书》卷二八上《地理志上》，《水经·潍水注》。按：琅邪亦曾为越王勾践所都。
⑨ 胶东、济北、恒山、衡山四郡，自来言秦郡者，皆未之计入，兹从谭其骧《长水集·秦郡新考》说。
⑩ 《汉书》卷二八上《地理志上》，《水经·浊漳水注》。
⑪ 《水经·睢水注》。
⑫ 《汉书》卷二八上《地理志上》，《水经·睢水注》。

郯，今山东郯城县）[1]，洞庭湖南湘水流域的长沙郡（治临湘，今湖南长沙市）[2]，都是具有一定的地理条件。

这样的情况使秦始皇于统一之后推行新的制度有了可靠的基础。就在统一之后，还设了一些新郡，如设在五岭以南的南海（治番禺，今广东广州市）[3]、桂林（治所无考）和象郡（治临尘，今广西壮族自治区崇左县）[4]，东海岸上的闽中郡（治东冶，今福建福州市）[5]。这些都是新开辟的疆土，和战国时期的各国土地是没有关系的。

这里所列的秦郡一共有四十六处，加上内史，共四十七处。郡制虽不始创于秦时，毕竟是秦始皇普遍推行于全国各地的，所以这里不惮烦琐，一一追溯其设置的原委。（附图一《秦郡图》）

这四十六郡和内史分布在全国各地。如果以淮水、秦岭作为南北的分界线，则这四十六郡和内史分布地主要是在北方，其在南方的仅有汉中、巴、蜀、南郡、九江、会稽、长沙、黔中、闽中、南海、桂林、象郡等十二个郡。[6]当时设郡最稠密的地区，应是太行山东河济流域及其附近的地区。这个地区比较富庶，设郡最多，也是必然的。虽然设置郡县不一定都是由经济方面着眼，但这一地区设郡之多，确是不可否认的。秦人所设的郡主要是加强各地的统治力量，它在六国的故都设郡，显然是要防止那些地方的反抗势力。出于这样的目的，有些地方本来不是富庶之区，却也设置郡县。显著的例证就是北边的九原郡。这个郡的设置从赵国以来都分明是防守边围的原因，而原来燕国的沿边五郡仍然保持下来，自然也是出于同样的目的。

---

① 《水经·沂水注》："（郯县），东海郡治，秦始皇以为郯郡，汉高帝二年更从今名。"赵一清《水经注释》引全祖望说："郯非秦郡，而秦已有东海郡，治郯。《史记·陈涉世家》云：'围东海守庆于郯。'是也。此盖承应劭说之误。"（见合校本《水经注》引）

② 《水经·湘水注》。

③ 《史记》卷六《秦始皇帝本纪》，《水经·浪水注》。

④ 《汉书》卷一《高祖纪下·臣瓒注》引《茂陵书》。

⑤ 《史记》卷一一四《东越传》。

⑥ 秦时诸郡中，南阳、东海两郡的辖地有伸入这条秦岭、淮水分界线以南的，因其治所皆在这条分界线之北，故未列之于南方。

图一 秦郡图

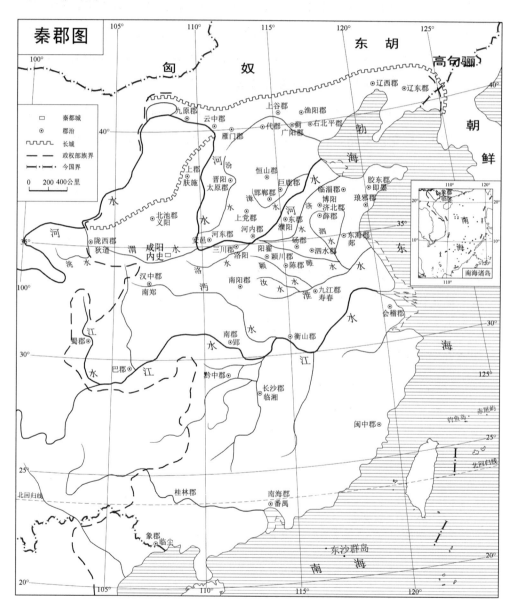

三、两汉的郡国制度

　　到了汉朝，郡县的数目有了很大的增加。汉朝版图的扩大自是增加郡县的一个重要原因。可是在内地增加的也还不在少数。两汉时期所施行的并不是单纯的郡县制度，和郡平行的还有王国一级，因而当时郡国并称。[①]话虽如此，在西汉初年，王国是驾越郡以上的。一个王国可以统辖数郡或者十几个郡。[②]这种情形使汉朝中央政府逐渐失去了控制地方的力量，形成了中央与地方的冲突。经过一系列斗争后，王国的地位降低下来，和郡相当。[③]由于王国占有相当数目，总的郡数也就增多起来。当然当时政府为了统治的方便也有增置新郡的事情。关中平原在秦时本来只有一个内史，到了汉朝却分成京兆尹、左冯翊和右扶风所谓三辅了。三辅长史在西汉时同治于长安城中，京兆尹和左冯翊分治长安以东渭水的南北，右扶风则辖有长安以西。[④]西汉边境各郡本设有属国都尉[⑤]。东汉时有的属国都尉就和郡相当，因而也成为郡的一级了。出于这些缘故，郡的数目增加得很多。武帝时候已经有了

---

① 当时和县平行的还有邑、道、侯国。《汉书》卷一九上《百官公卿表》："列侯所食县曰国，皇太后、公主所食曰邑，有蛮邑曰道。"

② 《史记》卷一七《汉兴以来诸侯王年表》："自雁门、太原以东至辽阳，为燕、代国；常山以南，太行左转，度河、济、阿、甄以东薄海，为齐、赵国；自陈以西，南至九疑，东带江、淮、榖、泗，薄会稽，为梁、楚、淮南、长沙国；而内地北距山以东尽诸侯地，大者或五六郡，连城数十。"《集解》引徐广曰："榖水在沛郡。"

③ 《史记》卷一七《汉兴以来诸侯王年表》："吴楚时，前后诸侯或以适削地，是以燕、代无北边郡，吴、淮南、长沙无南边郡，齐、赵、梁、楚支郡名山陂海咸纳于汉。"《汉书》卷一九《百官公卿表》："诸侯王，高帝初置，掌治其国。有太傅辅王，内史治国民，中尉掌武职，丞相统众官。景帝中五年，令诸侯王不得复治国，天子为置吏。……成帝绥和元年，省内史，更令相治民，如郡太守，中尉如都尉。"

④ 《汉书》卷一九上《百官公卿表上》。

⑤ 《汉书》卷一九上《百官公卿表上》；《汉书》卷二八下《地理志下》，金城、天水、安定、上郡、五原诸郡皆有属国都尉。

一百零二个郡国。西汉末年共达到一百零三个郡国。[①]东汉初年曾经加以并省，实际还是陆续增加，到了中叶一共有了一百零五个郡国。[②]

四、州制的创立及其演变

这样多的郡国都由中央政府直接统辖，很难得心应手，因而不免有指挥不灵的地方。在郡国之上再有另一套的建制，已经成为必要的事情，而且在武帝时候决定见之实际行动。新的制度应该采取怎样的规模，是当时人们注意的问题。好在战国时期的《尚书·禹贡》和《周礼·职方氏》两篇书已经普遍传播，而且列入儒家的经典之中。这两篇书中都谈到九州，说是古代旧有的东西。汉朝的人们很推崇儒家的学说，经典的著作自然是金科玉律了。采用两篇书的说法，创立一套州的制度，来补助郡县制度的不足，既合乎儒家的学说，又解决了当前的问题，自然是再好不过的事情了。但是《禹贡》所讲的九州不完全和《职方氏》相同。《禹贡》的九州是冀、兖、青、徐、扬、荆、豫、梁、雍。《职方氏》的九州没有徐州和梁州，却多了幽州和并州。好在汉朝疆域广大，多两个州正可适应新的情况，汉朝的人们只不过改梁州为益州，改雍州为凉州。但是汉朝北边有河南地，南边又有五岭以南，这是《禹贡》和《职方氏》都未能包括的地区。汉朝人就不得不另创新名。因为《诗三百》中有"出车彭彭，城彼朔方"的记载，所以在阴山之下建立了朔方郡，跟着又建立朔方州。因为《周礼·王制》有交趾的记载，所以在五岭以南建立交趾州。《诗》《礼》都是经典。既不违背经典，又能表示

[①] 《汉书》卷二八《地理志》所载郡国共一百零三，其中金城郡为昭帝始元六年所置，是在武帝之后。
[②] 《续汉书·郡国志》。

汉朝的伟大，所以综合起来就成为十三个州了。[①]有人说，西汉各州中可能没有朔方州。即令有此一州也可能和其他的州不同，因为它只管辖一个朔方郡。这种说法是不妥当的。因为西汉中叶，萧育、平当和翟方进等人都做过朔方州的刺史，萧育还曾推荐过上郡太守冯野王。[②]可见也并非只管辖一个郡。在这十三州刺史部以外，还设置了一个司隶校尉部，管理畿辅及其附近各郡。畿辅为帝都所在地，是应该和其他地区有所区别的。

西汉郡国的建置时有增损。《汉书·地理志》所载，为平帝元始二年（公元2年）的制度，对于诸郡国所隶属的州部，间有注及，亦难免夺漏讹误，兹兼采各家之说，稍作论述。

西汉部刺史掌奉诏条察州，以时巡行郡国，故无治所。成帝绥和元年（公元前8年）和哀帝元寿二年（公元前1年）虽曾两度改为州牧，为专方面大员，然亦未闻设有治所[③]，这是和后世不尽相同的。

司隶校尉部所辖为三辅、三河和弘农郡（治弘农，今河南灵宝县北）。三辅就是京兆尹、左冯翊、右扶风，皆治长安城中。三河为河南郡（治雒阳，今河南洛阳市）、河东郡（治安邑，今山西夏县西北）和河内郡（治怀，今河南武陟县西南）。

豫州刺史部所属有颍川郡（治阳翟，今河南禹县）等三郡一国。主要是在今河南省的中部和东南部，兼有今安徽省淮水以北各地，还有今江苏省西北隅的丰、沛两县。这两县原是西汉时的旧县。也还稍稍有今山东省西南部一些土地。

冀州刺史部所属有魏郡（治邺，今河北临漳县西南）等四郡六国。[④]冀

---

① 《汉书》卷二八《地理志》；顾颉刚先生《两汉州制考》，载《历史语言研究所集刊外编·蔡元培先生六十五岁庆祝论文集》，1934年。

② 《汉书》卷七八《萧望之传附萧育传》，又卷七一《平当传》，卷八四《翟方进传》。

③ 《汉书》卷一九《百官公卿表》。绥和元年改刺史为州牧后，哀帝建平元年（公元前5年），又复为刺史，故元寿二年又再改名。

④ 《汉书》卷二八《地理志》，魏郡、巨鹿、常山、清河四郡皆注明属冀州，只有河间国（治乐城，今河北献县）未有注文。然河间国本由赵国分出，赵国隶于冀州，河间国当仍同于赵国。

州主要是在今河北省的中南部。①

兖州刺史部所属有陈留郡（治陈留，今河南开封市东南）等五郡三国。陈留郡是这个州的西部。这个郡就在豫州之北，大部分在今山东省。由山东省的西南部向东伸延，包括泰山在内，而东至于沂水和沭水上游的沂南县和莒县②。

徐州刺史部所属有琅邪郡（治琅邪，今山东胶南县南）等三郡四国。③徐州主要是在今山东省的东部和江苏省的长江以北，兼有今安徽省东部一些地方，西与兖州和豫州为邻。

青州刺史部所属有平原郡（治平原，今山东平原县南）等六郡三国。青州南邻兖州和徐州，而西与冀州相接，主要是在今山东省北部。④

荆州刺史部所属有南阳郡（治宛，今河南南阳市）等六郡一国。荆州主要是在今湖北、湖南两省，北部伸入今河南省，南部越过五岭，西侧还有今贵州省东部一些土地。⑤

扬州刺史部所属有庐江郡（治舒，今安徽庐江县西南）等五郡一国。扬

① 据《汉书》卷二八《地理志》，冀州的河间国的乐成和中山国（治卢奴，今河北定县）所属的北平（今河北满城县北）应为其最北的属县。其南端当至于今河南省东北部的浚县和滑县。魏郡所属的黎阳县就在现在的浚县。

② 《水经》：“（沭水）又东南过莒县东。”注：“秦始皇县之。汉兴以为城阳国。”莒县，今仍为莒县。《水经·沂水注》：“时密水东流，迳东安城南。……又东南流入沂水。”东安，汉时为城阳国属县，在今山东省沂南县东北。

③ 《汉书》卷二八《地理志》，琅邪郡和东海郡，广陵国和楚国皆注“属徐州”，唯临淮郡（治徐县，今江苏泗洪县南）和泗水国（治凌，今江苏泗阳县西北），《汉书·地理志》未注明所隶属的州。《地理志》却注明鲁国（治鲁，今山东曲阜县）属豫州。临淮郡和泗水国属于徐州，这是地理形势使然。以鲁国为豫州所属，这个“豫”字当为传写之误。因为《续汉书·郡国志》中明白说过：鲁本徐州，光武改为豫州。

④ 《汉书》卷二八《地理志》，平原郡属县有安德县。《水经·河水注》：“（屯氏别河）故渎又东北迳平原县，枝津北出，至安陵县遂绝。”安陵县在今河北省吴桥县北。这是说平原郡的西北隅稍稍伸入今河北省。

⑤ 据《汉书》卷二八《地理志》，荆州的南阳郡大多数县邑皆在今河南省，其北且达到汝水（今北汝水）和潕水（今沙河）的上源，所属的鲁阳县就在现在的鲁山县。它的桂阳郡（治郴，今湖南郴州市）的属县有些分布到秦水（今武水）和洭水（今连江）流域。这两条水流就是现在北江的上游。其零陵郡（治泉陵，今湖南零陵县）的属县有的就在离水（今漓江）的上游。

州主要是在今安徽省的淮水以南和江苏省的江水以南地，兼有今浙江、江西和福建三省，且稍稍有今河南省东南部和今湖北省东部一些地方。①

益州刺史部所属有汉中郡（治西城，今陕西安康县北）等九郡。主要是在今四川、云南、贵州三省，兼有今甘肃省的南部和今陕西省南部汉水流域。由汉水顺流而下，且有今湖北省西北部地。②

凉州刺史部所属有陇西郡（治狄道，今甘肃临洮县）等八郡。凉州主要是在今甘肃省，兼有青海省东部和宁夏回族自治区西南部地。③

并州刺史部所属有太原郡（治晋阳，今山西太原市西南）等六郡。④主要是在今山西省，兼有河北省和内蒙古自治区各一部分。

幽州刺史部所属有勃海郡（治浮阳，今河北沧州市东南）等九郡一国。

---

① 据《汉书》卷二八《地理志》，扬州的六安国（治六县，今安徽六安市）所属的安丰和庐江郡所属的雩娄等县就在今河南省境内，而庐江郡所属的寻阳县，就在今湖北省广济县的长江岸边。《汉书》卷四五《伍被传》：淮南王将反时，伍被为划策，谓当"略衡山以击庐江，有寻阳之船，守下雉之城"。衡山国就是后来的六安国。下雉在江南，与寻阳隔江相对，故伍被云然。

② 《汉书》卷二八《地理志》，犍为（治僰道，今四川宜宾市）、越嶲（治邛都，今四川西昌市）、益州（治滇池，今云南晋宁县东）、牂柯（治故且兰县，大约在今贵州贵定县东）四郡，皆注明"属益州"。这四郡皆汉武帝开西南夷时所置。唯武都郡（治武都，今甘肃成县西）失注。《史记》卷一一六《西南夷列传》："南越破后：……及以邛都为越嶲郡，……广汉西白马为武都郡。"武都郡与四郡先后就"西南夷"地设置，应该也属于益州。

③ 《汉书》卷二八《地理志》，于陇西、金城（治允吾，今甘肃兰州市西北）、天水（治上邽，今甘肃天水市）、武威（治姑臧，今甘肃武威县）、张掖（治觻得，今甘肃张掖县）、酒泉（治禄福，今甘肃酒泉县）、敦煌（治敦煌，今甘肃敦煌县西）、安定（治高平，今宁夏回族自治区固原县）八郡的隶属，皆未记载。当时凉州称为西州，这八郡皆在全国的西北部，含凉州外，实别无所属也。

④ 《汉书》卷二八《地理志》记载，太原、上党（治长子，今山西长子县）、云中（治云中，今内蒙古自治区托克托县东北）、定襄（治成乐，今内蒙古自治区和林格尔县北）、雁门（治善无，今山西左云县西）五郡属于并州。还说五原（治九原，今内蒙古自治区包头市西）、朔方（治朔方，今内蒙古自治区杭锦旗北）和西河（治平定，今内蒙古自治区准格尔旗西南）三郡皆属并州。西汉置有朔方刺史部，朔方郡自是朔方刺史部的属郡。前面说过，朔方刺史部所属有上郡。五原和西河两郡皆在朔方郡和上郡之间，亦当为朔方刺史部属郡，不得远属并州。东汉时既省并朔方刺史部，原属各郡多转属并州。《汉书·地理志》所载盖东汉的制度，与西汉无关。《汉书·地理志》于代郡（治代，今河北蔚县东北），则记为幽州属郡。按：《史记·文帝纪》："高祖十一年春，已破陈豨军，定代地，立为代王，都中都。"中都为太原郡属县，在今山西省平遥县西南。代王既以中都为都，则代郡和太原郡皆当为代国封地。代国废后，代郡应与太原郡同为并州属郡，不当独列于幽州诸郡之中。《汉书·地理志》盖亦以东汉新制为西汉旧规。

幽州有今河北省北部，环渤海湾周围，其东南直至笃马河中下游（今马颊河），盖已伸入今山东省境内矣。其北部也已伸入今内蒙古自治区。右北平郡治所的平刚县（今内蒙古自治区宁城县西南）就在西拉木伦河支流老哈河畔。幽州的辖境还有今辽宁省的绝大部分和吉林省南部的一部分，并且向南伸入朝鲜半岛，距今汉江亦非过远。

朔方刺史部所属有朔方郡等五郡。[1]主要是在内蒙古自治区阴山山脉以南和陕西省的北部，兼有今山西省西北部，甘肃省东北部和宁夏回族自治区的北部。

交趾刺史部包括五岭以南的广东省和广西壮族自治区，直至越南中部的地区。所属有南海郡（治番禺，今广东广州市）等九个郡。（附图二《西汉平帝元始二年形势图》）

这种州的区划并不是一成不变的。东汉初年就省并了朔方刺史部，原辖的郡大部分划入并州，北地郡则并到凉州，并改南方的交趾刺史部为交州[2]，而且还降低司隶校尉部和一般的州一样。就是各州所属的郡国也有增置省并或更改名称的情形。

---

① 朔方刺史部的朔方、五原、西河三郡，《汉书》卷二八《地理志》误以之列入并州，这是在前面已经说过的。它还应该属有北地郡（治马领，今甘肃庆阳县西北），可是《汉书·地理志》却没有明白记上。这里更应该指出：自杨守敬著《西汉地理志图》起，就以今内蒙古自治区鄂托克旗和杭锦旗的南部以及今陕西省西北部的吴旗县和定边县之间的洛水源头作为非西汉的版图所及之地。这一大片土地在今内蒙古自治区磴口县之南，宁夏回族自治区石咀山市之北，乌海市及其附近与其西的匈奴土地相连接。这就是说，匈奴的土地在这里成一口袋状伸入西汉的版图之中，其实这是错误的。肇致这样的错误是对于《汉书·地理志》记载的误解。《汉书·地理志》于北地郡说："浑怀都尉治塞外浑怀障。"于西河郡说："南部都尉治塞外翁龙、埤是。"因为这几个地方都说是在塞外，塞外于理就不是汉朝的土地，所以就成了匈奴的疆土。如果真的不是汉朝的土地，汉朝所任命的都尉怎么能以当地为治所？实际上这里所谓塞外乃是指秦昭襄王时所修的长城而言，不能以之为汉时的边塞。《汉书》卷六九《赵充国传》："北边自敦煌至辽东万一千五百余里，乘塞列隧有吏卒数千人。"如果当时真有这样口袋形的地形，不审吏卒如何乘塞列隧？所以朔方刺史部的疆界应是由北地郡之北，顺黄河西侧而下，至于朔方郡的西南部，也就是说，由现在宁夏回族自治区石咀山市西北，至于内蒙古自治区磴口县的西南。上面所说那个口袋形地区，实际上是新秦中的一部分，匈奴的疆土是不会远到这里的。这一点，拙著《新秦中考》（见《中国历史地理论丛》1987年第一辑）曾有论及。

② 《续汉书·地理志》。

西汉平帝元始二年形势图

乌桓

匈奴

西域

羌

勃海

东海

南海

扯

辰韩　弁韩　马韩

幽州　并州　冀州　青州　兖州　徐州　豫州　荆州　扬州　益州　凉州　朔方　交趾　司隶

长安　洛阳

敦煌郡　酒泉郡　张掖郡　武威郡　金城郡　陇西郡　天水郡　安定郡　北地郡　上郡　西河郡　五原郡　朔方郡　云中郡　定襄郡　雁门郡　代郡　上谷郡　渔阳郡　右北平郡　辽西郡　辽东郡　乐浪郡

太原郡　上党郡　河东郡　河内郡　河南郡　弘农郡　京兆尹　左冯翊　右扶风　汉中郡　广汉郡　蜀郡　犍为郡　越嶲郡　牂柯郡　益州郡　巴郡

南阳郡　南郡　江夏郡　武陵郡　零陵郡　桂阳郡　长沙国　豫章郡　庐江郡　九江郡　丹阳郡　会稽郡　苍梧郡　郁林郡　合浦郡　南海郡　交趾郡

颍川郡　汝南郡　沛郡　梁国　鲁国　楚国　东海郡　琅邪郡　东莱郡　胶东国　北海郡　齐郡　济南郡　平原郡　渤海郡　清河郡　信都国　巨鹿郡　常山郡　中山国　真定国　河间国

南海诸岛

东沙群岛　钓鱼岛　赤尾屿　北回归线　西沙群岛　南沙群岛

图例

◉　西汉郡城
□　国治
○　郡治
—　—　西汉政权部族界
—·—·—　州刺史部界
—··—··—　今国界

0　200　400公里

另一巨大的改变是州刺史都有了治所：

司隶校尉部治都城，即雒阳（今河南洛阳市）；

豫州刺史部治谯（今安徽亳县）；

冀州刺史部治高邑（今河北高邑县东南）；

兖州刺史部治昌邑（今山东巨野县南）；

徐州刺史部治郯（今山东郯城县）；

青州刺史部治临淄（今山东淄博市东）；

荆州刺史部治汉寿（今湖南常德市东南）；

扬州刺史部治历阳（今安徽和县）；

益州刺史部治雒县（今四川广汉县北）；

凉州刺史部治陇县（今甘肃张家川回族自治县）；

并州刺史部治晋阳（今山西太原市西南）；

幽州刺史部治蓟（今北京市）；

交州刺史部治龙编（今越南河内）。

据顺帝永和五年（公元140年）的簿籍所载，当时共有一百零五郡国，分属于这十三州刺史部。[①]东汉与西汉郡国数目不同，州刺史部亦稍有改变，因而各州刺史部所属的郡国，就不能都完全相同。[②]其中无改变的仅司隶校尉部及荆、交两刺史部。冀、青、扬三州，所属郡国虽间有增损，幅员却无很大的变化。

---

① 《续汉书·郡国志》。

② 据《续汉书·郡国志》，豫州刺史部增属两国：一为鲁国（治鲁，今山东曲阜县），本属徐州；一为陈国，即西汉的淮阳国，本属兖州。兖州除鲁国改隶豫州，城阳亦被省，属县都入徐州琅邪郡中。徐州虽得兖州的原城阳国，鲁国却移属豫州。益州原来所属的武都郡，这时改隶凉州，其西南部却另增置了一个永昌郡（治不韦，今云南保山县东北）。凉州得到从益州改隶的武都郡，复原由朔方刺史部割来北地郡（治富平，今宁夏回族自治区灵武县西南）。至于并州，由于朔方刺史部的并省，增添了朔方（东汉治临戎，今内蒙古自治区磴口县北）、五原、西河（东汉治离石，今山西离石县）、上郡；而代郡却并入幽州。幽州除得到代郡外，别无所增益。

还应该指出：东汉本循西汉旧规，各州仍置刺史，所以称为刺史部。及其末年，以刺史权轻，未能镇抚各地，因改刺史为州牧。这样的改变在西汉末年也曾经发生过，不过那时为时很短，没有若何影响。刺史仅司监察，州牧则统辖一州，为封疆的大吏，而州的重要性亦为以前所不及。（附图三《东汉顺帝永和五年形势图》）

经过三国的分裂时期到了西晋，州的建置又有所增加。《晋书·地理志》以晋武帝太康元年（公元280年）为断，记载其时的疆域说："武帝太康元年既平孙氏，凡增置郡国二十有三，省司隶置司州，别立梁、秦、宁、平四州，及吴之广州，凡十九州。"这十九州为司、兖、豫、冀、幽、平、并、雍、凉、秦、梁、益、宁、青、徐、荆、扬、交、广。

司州（治洛阳），辖十二郡。其所辖地仅有东汉司隶校尉部华山以东各郡，而伸入今河北省西南部。[1]

兖州（治廪丘，今山东郓城县西北），辖八郡国，幅员略同于东汉的兖州。[2]

豫州（治陈县），辖十郡国，于东汉的豫州旧幅员外，兼有淮水以南今湖北、安徽之间。[3]

冀州（治信都，今河北冀县），辖十三郡国。大体仍因东汉之旧，只是其西南一隅并入司州。其东南则有今山东省东北部一些地方。[4]

幽州（治涿县，今北京市），辖七郡国。由代郡至于辽西郡（治阳乐，今河北卢龙县），仍为东汉幽州的西半部。唯东部仅限于濡水（今滦河）的下游，不能复至西拉木伦河支流老哈河流域了。

---

[1] 《晋书》卷一四《地理志》，魏时所置有广平郡（治广平，今河北鸡泽县东南）和阳平郡（治元城，今河北大名县东），其所辖地皆在今河北省南部。

[2] 《续汉书·郡国志》，东郡（治濮阳，今河南濮阳县南）的黄河以北部分，有阳平（今山东莘县）和顿丘（今河南浚县西北）等县，晋时分属司州阳平郡和顿丘郡（治顿丘县）。

[3] 《晋书》卷一四《地理志》，豫州弋阳郡（治弋阳，今河南潢川县西）有邾县和蕲春两县，分别在今黄冈县西北和蕲春县西南。所属的安丰郡，治安风县，在今安徽省霍丘县西南。

[4] 《晋书》卷一四《地理志》，冀州所有平原国（治平原，今山东平原县南）本为青州所属，又有乐陵国（治厌次，今山东阳信县南），虽为新置，却是东汉青州的旧邑。

图三 东汉顺帝永和五年形势图

东汉顺帝永和五年形势图

图例

都城 ■
州刺史部治所 ◎
国治 □
郡治 ○
其他居民点 ○
东汉王朝政权部族界 ——————
州刺史部郡界 ——————
今国界 —·—·—·—

0　　150　　300公里

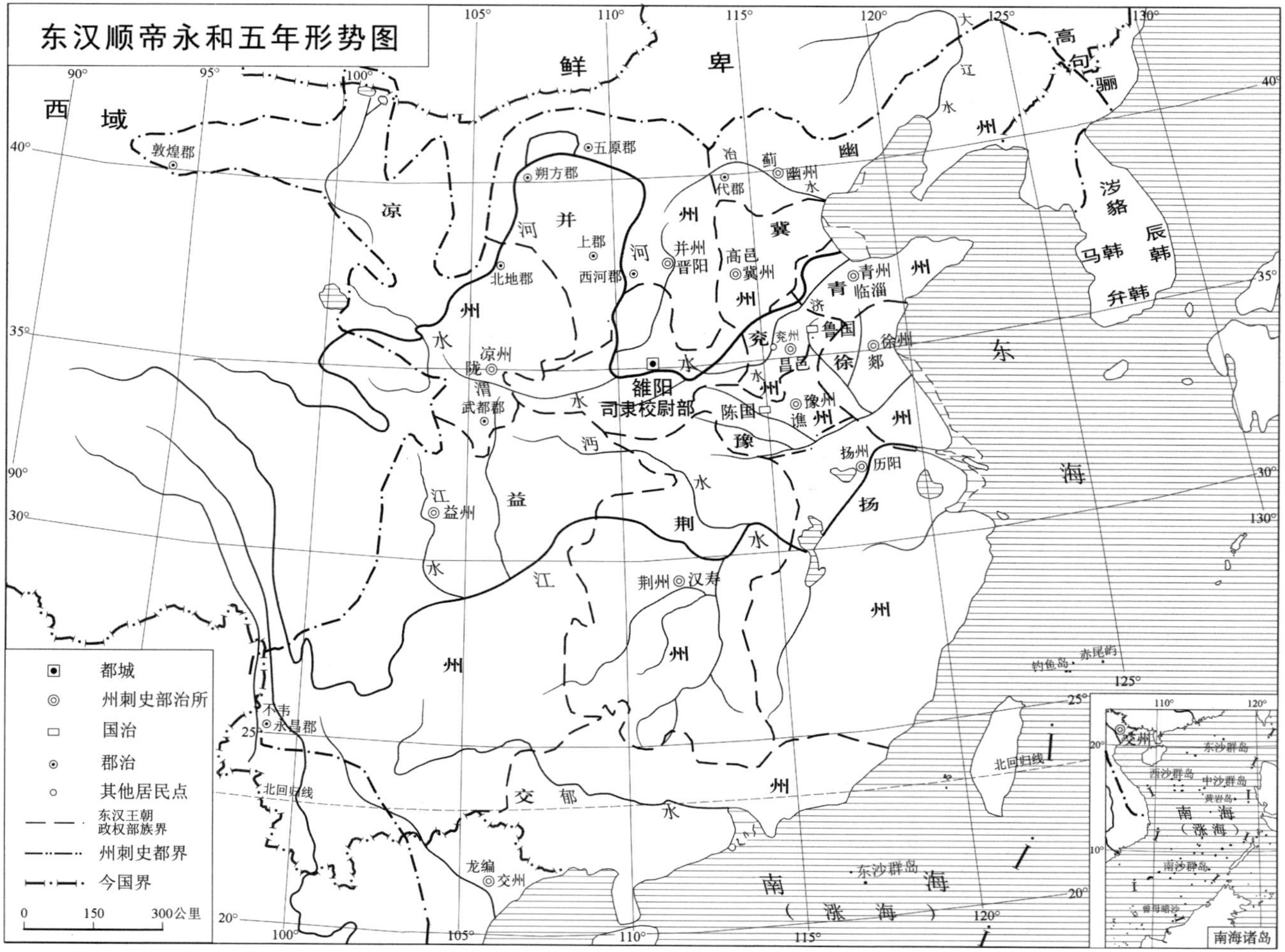

　　平州（治襄平，今辽宁省辽阳市），辖五郡国。平州是析东汉幽州东部设立的，大致仍如东汉之旧。

　　并州（治晋阳），辖六郡国。并州本东汉旧州，东汉末年，北部多有丧失，仅得灢水（今桑干河）的上游，最北至于今山西省浑源县，当时这里称为崞县。

　　雍州（治长安），辖七郡。雍州本东汉司隶校尉部的西半部地，然已扩展到泾水流域，并至于今六盘山西。①

　　凉州（治姑臧），辖八郡。凉州本东汉的旧州，由于增置了秦州，仅保存原州西部的一半。②

　　秦州（治冀县，今甘肃甘谷县东），辖六郡。秦州是由东汉凉州分析出来的，得原来凉州的东部。③

　　梁州（治南郑，今陕西汉中市），辖八郡。梁州是由东汉益州分出来的，本是益州的东北部，主要是今陕西省西南部的汉水上游和今四川省东部的嘉陵江流域，还有江南的乌江下游。④

　　益州（治成都，今四川成都市），辖八郡。益州本是一个大州，由于东北部分置了梁州，南部分置了宁州，故土地相应缩小。⑤

　　宁州（治滇池，在今云南），辖四郡。这是由益州分出的一州，故能有益州南部的几个郡。

---

① 《晋书》卷一四《地理志》，雍州所属有安定郡（治临泾，今甘肃镇原县东南），本隶凉州。

② 据《晋书》卷一四《地理志》，凉州最南的郡为金城郡（治榆中，今甘肃榆中县），已在黄河之南。而武威郡（治姑臧，今甘肃武威市）所属的祖厉县，位于今甘肃省靖远县之南，更在黄河支流祖厉河的流域了。

③ 《晋书》卷一四《地理志》，秦州阴平郡（治阴平，今甘肃文县），在今白龙江支流白水江流域。阴平郡本是东汉益州所属的广汉属国，因而它是由益州改隶于秦州的。

④ 《晋书》卷一四《地理志》，梁州最南的郡为巴郡（治江州，今重庆市）和涪陵郡（治汉复，今贵州务川县东北），故其疆土向南伸入今贵州省内。

⑤ 《晋书》卷一四《地理志》，益州最北的郡为汶山郡（治汶山，今四川茂汶羌族自治县），其南陲仅有越嶲、朱提（治朱提，今云南昭通县）和牂柯（治万寿，当在贵州东北部，确地待考）三郡。蜀郡东北为新都郡（治雒，今四川广汉县北），乃是梁州的属县。不当以之作为益州的属郡。

青州（治临淄），辖六郡国。晋时青州已较东汉为狭小。①

徐州（治彭城），辖七郡国。这时的徐州仍和东汉时相仿佛，唯其北部有伸入原来的青州的县，与前稍有差异。

荆州（治江陵），辖二十二郡国。晋时荆州大体仍依汉时旧规，唯南北两端都有明显的变化。西北伸入汉水的中游，南部则仅以南岭为限。②

扬州（治建邺），所属有丹阳郡（治建邺）等十八郡，其疆土大致仍与东汉时相同。

交州（治龙编），辖七郡。交州原有今广东省、广西壮族自治区和越南北部和中部地。交广分州后，其东部仅至今玉林和容县，兼有雷州半岛各地。

广州（治番禺，今广东广州市），所属有南海郡等十郡。广州在交州之东，五岭以南各地皆在统辖之列。

这十九州共辖有一百七十三郡国。③（附图四《西晋太康元年十九州图》）

州的建置的变迁同样显示出地理情况前后有了不同。就以西汉来说，十三州和司隶校尉部的分布主要在淮水、秦岭以北黄河流域的地区。南方长江、珠江流域只有扬、荆、益三州和交趾刺史部。而函谷关以东至于海滨就已有豫、兖、青、冀四个整州，另外还有别的州的土地。东汉和西汉所差无几，但朔方州的省并已经显示出沿边诸郡的萧条。到了西晋，崤函、太行以东的诸州虽还没有显著的变迁，但长江和珠江流域新州的增置使南北州数的比例已经有了不同。两汉时期长江和珠江流域始终维持着四个州，北与南的比例是三比一。西晋时期长江和珠江流域增加到扬、江、荆、湘、梁、益、宁、交、广九个州，

---

① 《续汉书·郡国志》，青州有平原郡，晋时已改隶冀州。而青州诸郡所属的广县（今山东益都县）、剧县（今山东昌乐县）、朱虚（今山东临朐县东南）、营陵（今山东昌乐县东南）、安丘（今山东安丘西南）皆已改属徐州，故其土地颇见蹙缩。

② 《晋书》卷一五《地理志》，晋时荆州西北增添了魏兴（治西城，今陕西安康县）、上庸（治上庸，今湖北竹山县）、新城（治房陵，今湖北房县）三郡，这本是东汉时梁州的属郡，由于改隶，荆州的土地伸入汉水的中游。在汉时，荆州南部桂阳郡（治郴，今湖南郴州市）和零陵郡（治泉陵，今湖南零陵县）的辖地皆曾越过南岭。晋时，于曲江县（今广东曲江市北）设始兴郡，始安县（今广西壮族自治区桂林市）设始安郡，皆改隶广州，故荆州也就以南岭为限了。

③ 《晋书》卷一四《地理志》。这一百七十三郡国的来历，据《地理志》说："仍吴所置二十五，仍蜀所置十一，仍魏所置二十一，仍汉旧九十三，置二十三。"

图四　西晋太康元年十九州图

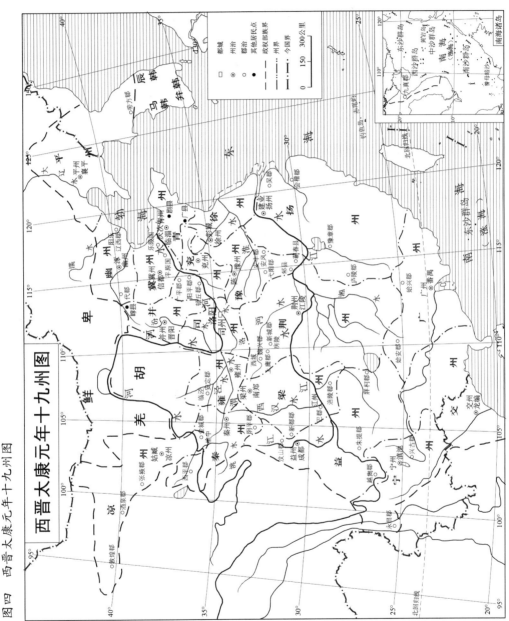

西晋大康元年十九州图

北与南的比例几乎达到了二比一的地步。由这一时期长江、珠江流域人口增加和经济发展的情形看来，这种比例的变迁乃是必然的事情。

以州驾于郡之上成为地方一级区划的制度，自西汉中叶以后，沿袭了很久的时期。它的演变过程中曾经表现出中央和地方权力的矛盾。本来西汉中叶开始创立州的制度的时候就含有中央集权的意义。当时既要指挥灵活，又要防止地方权力的扩大。州置刺史，刺史可以监察郡的太守，但他的职位反而比太守为低。①后来因为刺史权轻位卑，不能应变，因改成州牧，一跃而为封疆的大吏。②这种改变相当巨大，已非创立州制的本意。州的一级最后终于失去它原来的重要作用，和郡的地位相仿佛。这是南北朝时期滥置州郡的缘故，州数固然大量增加，郡数增加尤多，所以隋初就大加省并，并且废掉郡的一级，直接以州统县。③隋朝中叶又改州为郡。④到了唐朝还有州郡名称互改的情形。⑤这就是说州和郡实际已经是一样的了。经过隋初的省并改制，到隋朝末年，全国共有郡一百九十个⑥，这个数目远超过西汉时期。可是隋朝的版图却并不见得比汉朝还要广大。

统一时期的王朝都必然会走上中央集权的道路。隋代有这样多的州郡，一切都要听命于中央，自难免有壅塞的毛病。于是在隋时就采取汉时老办法，设置司隶和刺史，专司监察地方。不过汉朝的司隶和刺史以州为监察的范围，隋朝州数那样多，当然和汉朝不同。隋朝是不是在州以上另外有新的制度，已经难于稽考，可能没有什么新猷，不然，唐初修隋史岂能没有一些零星的记载。《隋书·地理志》依《禹贡》九州分述其时的郡县，一若隋人

① 《汉书》卷一九上《百官公卿表上》。

② 《汉书》卷一〇《成帝纪》，又卷八三《朱博传》。

③ 《隋书》卷四六《杨尚希传》。尚希时见天下州郡过多，上表曰："……窃见当今郡县倍多于古，或地无百里，数县并置，或户不满千，二郡分领。……今存要去闲，并小为大。……于是遂罢天下诸郡。"又卷一《高祖纪》，又卷二九《地理志》。按：废郡之时，在文帝开皇三年（公元583年）。

④ 《隋书》卷三《炀帝纪》，又卷二九《地理志》。按：改州为郡在炀帝大业三年（公元607年）。

⑤ 《新唐书》卷三七《地理志》："天宝三载以州为郡，乾元元年复以郡为州。"天宝三载为公元744年，乾元元年为公元758年。

⑥ 《隋书》卷二九《地理志》。

复行九州之制者。按隋开皇三年（公元583年）废除诸郡，全国各地皆以州相称，及大业三年（公元607年）改州为郡，前后相距仅二十四年。如果所谓九州之制起于隋初，则当时已是全国都行州制，如何在许多州之上再加上一个九州之制？如所谓九州之制实行于大业之时，当时虽已改州为郡，然为时未久，仍有混淆之嫌，亦难于成立。其实所谓九州之制，殆唐初修隋史者以为当时置郡过多，不易叙述，故用《禹贡》的九州以相概括，并非隋时就依《禹贡》行事，分天下为九州。这样的九州既非隋时疆域的具体区划，也就不必再逐一论述了。

第四节　统一的王朝行政区域的划分（下）

一、唐代的道的制度和区划

隋亡唐兴，原来所行的监察办法依然被采用下来。唐朝初年，改隋时的郡为州。由于天下初定，权置的州郡颇为繁多。太宗时始命并省，迄至贞观十三年（公元639年），犹有州府三百五十八[1]，其后仍时有增置并省，玄宗开元二十八年（公元740年）户部账，共有郡府三百二十八[2]。上较隋时，增加过半。这样多的郡府，若不加以区划，则监察使者亦不易克尽厥职。故贞观元年（公元627年）于并省州郡之后，始因山川形便，分为十道。道的名

---

[1] 《旧唐书》卷三八《地理志》。按：唐代诸京置府，始于则天长寿元年的以太原为北都，并改为太原府，见《唐会要》卷六八《诸府尹》。贞观十三年的府，当指总管府和都督府而言，与后来的京府不同。

[2] 《旧唐书》卷三八《地理志》。按：《地理志》，华州以下诸州，多载有天宝元年（公元742年）改州为郡，乾元元年（公元758年）改郡为州事。《新唐书》卷五《玄宗纪》：天宝元年，州为郡，刺史为太守。则开元二十八年尚未有郡。此处以郡府并称，与史实不符。

称在南北朝已经有了，不过是行军的编制，到唐朝才用为地方区划的名称，实际上代替了汉时州的地位。

贞观时十道的名称为关内、河南、河东、河北、山南、陇右、淮南、江南、剑南、岭南。全国只划成十道，各道的范围都相当广大。当时就有人感到不太合适，所以在睿宗景云二年（公元711年）分山南道为东西道，并且又在陇右道中分出一个河西道。不过实行未久，又恢复旧规。①后来旧话重提，于是有玄宗开元二十一年（公元733年）的十五道。这是以贞观十道为基础，仅将其中的山南道分为东西两道。江南道分为东道、西道和黔中道。另外又在关内道里京师的周围划出京畿道（治所即在长安，今陕西西安市），在东都洛阳的周围划出都畿道（治洛阳，今河南洛阳市）。②京都附近自然和别的地方不同，京畿、都畿两道的设立就仿佛两汉时的司隶校尉部。山南和江南两道本来相当广大，因而也重新划分。《新唐书·地理志》都是依据这十五道记载的。不过各道的属州却大体以开元二十八年的户部计账为准，这里也就据以论述。

应该指出，不论十道或十五道大都是根据各地自然形势规划的。这在各道的名称上就可显示出来。黄河、淮水、江水、秦岭、陇山、剑门、五岭，都成了规划区域的准则。像这样的办法在以前的王朝也并非完全没有，不过都难得像唐代这样在全国普遍应用。这应该是唐代的独特之处。

开元二十一年的十五道，京畿道自然居于首位。京畿道治京师长安城内，所属有一府四州③，都在今陕西省中部，主要是在长安的周围，起着拱卫的作用。

---

① 《唐会要》卷七〇《州县分望道》。

② 《旧唐书》卷三八《地理志》，《新唐书》卷三七、三八《地理志》。

③ 《新唐书》卷三七《地理志》：京畿采访使所属五府州为京兆府、华州（治郑，今陕西华县）、同州（治冯翊，今陕西大荔县）、商州（治上洛，今陕西商县）、凤翔府（治天兴，今陕西凤翔县）、邠州（治新平，今陕西彬县）。按：《大唐六典》卷三《尚书户部》，关内道无商州。《旧唐书》卷三九《地理志》，商州在山南道，则商州不应列入京畿道。凤翔府本岐州，肃宗至德元年（公元756年）更名。论开元时地理，仍应作岐州。

其次是都畿道，治东都洛阳城内，有一府三州，皆在今河南省。①

京畿和都畿两道之外，就是其余各道了。关内道（关内道采访使，以京官遥领）②共有十七州。主要是在今陕西省秦岭以北（京畿道部分除外），今甘肃省东北部泾水流域和祖厉河流域，内蒙古自治区阴山以南以及宁夏回族自治区，因而它是"东拒河，西抵陇坂，南距终南之山，北边沙漠"③。

河南道（治汴州，今河南开封市），共有二十五州。④河南道以河南为名，是在黄河之南。当时的黄河是由现在郑州市西北向东北流去，流经今河南省汲县之南、滑县之北，又流经今山东省阳谷县西、聊城县东、临邑县北、商河县南，而至利津县入于渤海。在当时黄河以南的今河南、山东两省地皆为河南道的疆土。河南道南抵淮水沿岸，凡淮水北侧各支流的流域都是属于河南道的。所以《大唐六典》说它是"东尽于海，西距函谷，南濒于淮，北薄于河"⑤。

河东道（治蒲州，今山西永济县西南），有一府十八州。这一府为太原府（治晋阳，今山西太原市西南）。用现在地理说来，河东道相当于山西

---

① 《新唐书》卷三八《地理志》，都畿道属州中仅有河南府和汝州，与京畿道之有一府四州颇不相侔。或以之增怀、郑、陕三州，与汝州相配合，可以环绕洛阳。《大唐六典》作于开元年间，其《尚书户部》中论河南道，于所属诸州中并未列有怀州，而怀州则在河北道中。若以之列于都畿道中，似与当时情势不合。《大唐六典》叙河南道诸州，即包括都畿道于其中。如谓这是十道旧规，非十五道新章，撰《大唐六典》者殆未见及十五道的分立，此则不然。《大唐六典》诚未明标都畿道，然于山南道中固曾明白写出东道和西道，不能借此对之多有责词。《大唐六典》于叙河南道所属诸州时，河南府和陕、汝、郑三州最居前列，亦可略觇其中的消息。

② 长安及其附近的泾渭流域，自古以来就有关中之称，称为关内道应该说是有渊源的。唐朝在这里所置之关就很不少。《大唐六典》卷六《尚书刑部》：唐朝全国共置二十六关，其中上关六座：京兆府有蓝田关，华川有潼关，同州有蒲津关，岐州有散关，陇州（治汧源，今陕西陇县）有大震关，原州（治平高，今宁夏回族自治区固原县）有陇山关，称为关内道，在当时也是恰当的。

③ 《大唐六典》卷三《尚书户部》。

④ 《大唐六典》卷三《尚书户部》。河南道凡二十八州，现在删去应属都畿道的河南府和汝、郑二州，实得二十五州。

⑤ 《大唐六典》卷三《尚书户部》。

省①，唯东北则伸入今河北省的西北隅②。

河北道（治魏州，今河北大名县东北），有二十五州。河北道顾名思义是在当时黄河以北。当时黄河由太行山东面，向东北流经今山东省北部入于渤海，故河北道得以有今河南省北部③和山东省北部地，但主要是在今河北省，唯蔚州则属河东道，亦兼有今辽宁省地和朝鲜的北部，还有内蒙古自治区的一些地方。所谓"东并于海，南迫于河，西距太行、恒山，北通渝关、蓟门"④。其实渝关、蓟门之北仍有大片的土地。

山南道开元时分为东西两道。东道（治襄州，今湖北襄樊市）有十六州。主要是在湖北省的西部，兼有今陕西省的汉水中游和丹水流域，也还有今四川省东部长江沿岸各地。⑤山南西道（治梁州，今陕西汉中市），有州十七。山南西道主要是今四川省嘉陵江（不包括涪江）和渠江流域，也就是今四川省的东北部，还有今陕西省西部的汉水流域和嘉陵江的上游。⑥

---

① 《大唐六典》卷三《尚书户部》于河东道诸州中列有虢州。《旧唐书》卷三八《地理志》虢州条下说"（虢州）属河南道。开元初，以巡按所便，属河东道"，和《大唐六典》所言相同。《大唐六典》接着又说，"或属河南"，唯未著改隶年月。《新唐书》卷三八《地理志》则是隶于河南。《大唐六典》谓河东道"南抵首阳"。首阳山在今山西省永济县，虢州又在山南的黄河之南，则又是不当隶于河东道的，颇疑虢州之隶河东道为时并非甚久，寻又归于河南，故《新唐书·地理志》即以之隶于河南道。

② 《新唐书》卷三九《地理志》。蔚州，本治灵丘，今山西省灵丘县，开元初徙治安边，今河北省蔚县。这个州的辖地在今山西省东北和今河北省的西北，故河东道东北伸入今河北省。

③ 《旧唐书》卷三八《地理志》和《新唐书》卷三九《地理志》皆有孟州，前者以之属河南道，后者以之属河北道。按：孟州设州已在会昌三年（公元843年）。未设州之前，其地本为河南府属县，自应隶于河南道。设州之时，方镇局面已经形成，与原来的河南道或河北道都无实际关系。

④ 《大唐六典》卷三《尚书户部》。渝关在平州（治卢龙，今河北卢龙县），蓟门在幽州（今北京市）北。

⑤ 《大唐六典》卷三《尚书户部》及两《唐书·地理志》皆以唐州（治泌阳，今河南泌阳县）置于山南东道（《新唐书·地理志》作泌州）。《旧唐书·地理志》说："旧属河南道，至德后，割属山南东道。"这里以开元廿八年为断，当遵《旧唐书》所说，不应以唐州隶于山南东道也。

⑥ 山南西道之南至于渝州（治巴县，今重庆市）和涪州（治涪陵，今四川涪陵县）。其北部至今陕西省汉水之上，达到凤州（治梁泉，今陕西凤县东北）和兴州（治顺政，今陕西略阳县）。《大唐六典》谓其"东接荆楚，西抵陇蜀，南控大江，北据商华之山"。所谓商华之山盖指今秦岭而言，即当时的南山，以其在商州（治上洛，今陕西商县）和华州之间。

陇右道（治鄯州，今青海乐都县），有州二十一。主要在今甘肃省和新疆维吾尔自治区，还有今青海省青海湖以东地和内蒙古自治区的西部地，包括马城河（今白羊河）及其下游的休屠泽遗迹和张掖河（今弱水）及其下游的屠延泽（今苏古诺尔和嘎斯诺尔）在内。据说它"东接秦州，西逾流沙，南连蜀及吐蕃，北界朔汉"[①]。秦州本隶陇右道，不当谓其东接秦州。秦州之东为陇山，正是陇右道和关内道接壤处也。

淮南道（治扬州，今江苏扬州市），有州十四。主要是在今江苏、安徽、湖北三省江淮之间，兼有今河南省东南淮水以南地。

贞观年间的江南道，到开元年间分为江南东道、江南西道和黔中道。江南东道（治苏州，今江苏苏州市），有州十八。[②]主要是在今江苏省的江南部分及浙江、福建两省（福建省内不包括漳州市及其附近各县，这几个县于唐时为漳州所属），兼有今安徽省东南的歙县、婺源等县（唐歙州治所在今歙县）。江南西道（治洪州，今江西南昌市），有州十九[③]，主要是在今江西省和湖南省的东部和中部，兼有今安徽省的江南部分（歙州所属除外）和今湖北省东部的江南部分。黔中道主要在今贵州省的中部和东部，其西至于今毕节、晴隆等县，又兼有今四川省的綦江县和彭水县。至于今湖南省

[①]《大唐六典》卷三《尚书户部》。

[②]《大唐六典》卷三《尚书户部》，江南东道所属十八州为润、常、苏、湖、杭、歙、睦、衢、越、婺、台、温、明、括、建、福、泉、汀。《旧唐书》卷四〇《地理志》，以括州为处州，盖为大历十四年所更名。又增信州和漳州，故为二十州。然信州置于乾元元年，漳州本属岭南道，皆为开元以后事。《新唐书》卷四一《地理志》，江南东道所属为十九州，其中有漳州和昇州、漳州未载改隶事，昇州则置于至德二载，在开元以后。唯以歙州为江南西道所属，与《大唐六典》不合。当以《大唐六典》为准。

[③]《大唐六典》卷三《尚书户部》，于江南道谓有州五十一，其中江南东道十八州，所余三十三州，未提及黔中道。《旧唐书》卷四〇《地理志》亦未分江南西道和黔中道。《新唐书》卷四一《地理志》，江南西道有州十九，为宣、歙、池、洪、江、鄂、岳、饶、虔、吉、袁、信、抚、潭、衡、永、道、郴、邵。歙州应隶江南东道，已见前文。信州则置于乾元元年，在开元之后。《大唐六典》另有澧、朗二州。《新唐书》以之归于山南东道，而未著其改隶年代。论开元时事应以《大唐六典》为准。《旧唐书》卷四〇《地理志》江南西道有连州，然《大唐六典》连州属岭南道，应从之。这就是说《新唐书》所说的十九州，应删去其歙、信二州，另增澧、朗二州，仍为十九州。

西部，则有永顺、沅陵、黔阳等县。《大唐六典》所说的江南道，总括东道、西道和黔中道，故论其四境，就仅说"东临海，西抵蜀，南极岭，北带江"[①]。语句简单，却也极为明了。

剑南道（治益州，今四川成都市），有州三十三。主要是在今四川省中部和云南省北部和中部，并兼有今贵州省的西部，其北端且达到今甘肃省的文县（唐文州治所）。在今四川省内乃是东至嘉陵江之西的涪江流域，西至今康定县西的大折多山，远在唐时是称为雪山的。在今云南省内，西至保山、永平等县，西南达于蒙自县和个旧市。前者在唐姚州（治姚城，今云南姚安县）境内，后者在唐戎州（治僰道，今四川宜宾市）境内。在今贵州省内，东及于六盘水市和普安县，亦唐戎州所属地。《大唐六典》称其"东连牂柯，西界吐蕃，南接群蛮，北通剑阁"。剑阁在唐剑州普安县，普安今为四川省剑阁县，也就是剑门关所在地。其实这是剑南道通往长安大路必经之地，并非剑南道的最北部。

岭南道（治广州，今广东广州市），有七十州，为十道或十五道中最多的。岭南道正如其道名所示，乃在五岭之南，即今广东省、广西壮族自治区和海南省，兼有今云南省的东南一隅和越南的北部和中部。

应该指出，唐朝道的划分显示出南北地方的发展已经到了大致平衡的地步。因为贞观时的十道，秦岭和淮水南北正是各有五道。在北方的为关内、河南、河东、河北、陇右五道。在南方的为山南、淮南、江南、剑南、岭南五道。这种一比一的比例，分明是和以前的时期不相同的。（附图一《唐贞观十道和开元十五道图》）

唐朝虽有如此的设施，但中央集权的制度到中叶以后已经破坏无遗。由于方镇的分立，使中央政府难得都能完全指挥。这样的方镇统辖地区一般也以道相称。但和以前的贞观十道和开元十五道迥然异趣。这样的道因军事的形势和政治的原因，它们的名称和辖区随时都有所变化，前后难期一律。

---

① 《大唐六典》卷三《尚书户部》。

图一　唐贞观十道和开元十五道图

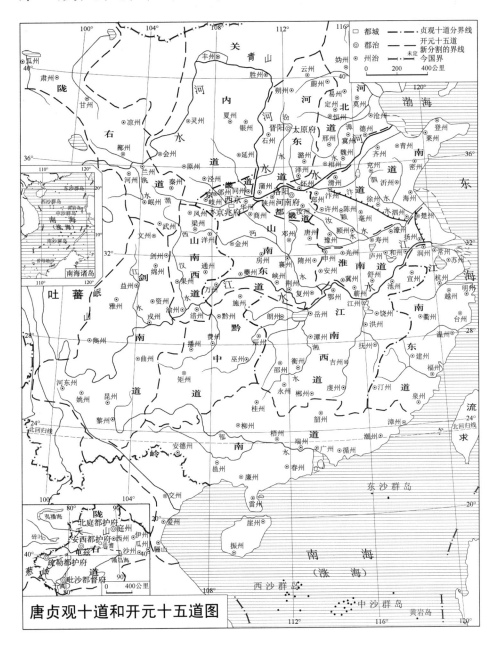

唐贞观十道和开元十五道图

唐宪宗时，李吉甫撰《元和郡县图志》，虽依贞观十道旧规论述，却备载其时各节度、观察等使所管辖的州，据其所载，当时共有四十七镇，也就是说总计四十七道。李吉甫此书于元和八年（公元813年）撰成进上。[①]所说的四十七道也只能显示出这一年全国方镇的轮廓。[②]就是五代十国的局面也是这种方镇割据演变下来的。（附图二《唐元和八年方镇图》）

---

① 《旧唐书》卷一四《宪宗纪》。

② 今本《元和郡县图志》残缺不全，谨据《新唐书·方镇表》酌加补苴。即按原列十道顺序，列元和八年的四十七道名称及治所如下：在原关内道的有凤翔（治凤翔府天兴县，今陕西凤翔县南）、泾原（治泾州安定县，今甘肃泾川县）、邠宁（治邠州新平县，今陕西彬县）、鄜坊（治鄜州济交县，今陕西富县）、灵武（治灵州迴乐县，今宁夏回族自治区灵武县西南）、夏绥银（治夏州朔方县，今陕西靖边县北）、振武（治单于大都护府东受降城，今内蒙古自治区和林格尔县）、丰州（治丰州九原县，今内蒙古自治区乌拉特前旗北）；在原河南道的有陕虢（治陕州陕县，今河南陕县）、汴宋（治汴州开封县，今河南开封市）、郑滑（治滑州白马县，今河南滑县）、陈许（治许州长社县，今河南许昌市）、徐泗（治徐州彭城县，今河南汝南县）、蔡州（治蔡州汝阳县，今河南汝南县）、淄青（治郓州东平县，今山东东平县）；在原河东道的有河中（治河中府河东县，今山西永济县西南）、河东（治太原府太原县，今山西太原市西南）、泽潞（治潞州上党县，今山西长治市）；在原河北道的有河阳三城怀州（治怀州河内县，今河南沁阳县）、魏博（治魏州贵乡县，今河北大名县）、恒冀（治恒州真定县，今河北正定县）、易定（治定州安喜县，今河北定县）、沧景（治沧州清池县，今河北沧州市东南）、卢龙（治幽州蓟县，今北京市）；在原山南道的有襄阳（治襄州襄阳县，今湖北襄樊市）、山南西道（治兴元府南郑县，今陕西汉中市）、荆南（治荆州江陵县，今湖北江陵县）；在原淮南道的有淮南（治扬州江都县，今江苏扬州市）；在原江南道的有浙西（治润州丹徒县，今江苏镇江市）、浙东（治越州会稽县，今浙江绍兴市）、鄂岳（治鄂州江夏县，今湖北武汉市）、江西（治洪州南昌县，今江西南昌市）、宣歙（治宣州宣城县，今安徽宣城县）、湖南（治潭州长沙县，今湖南长沙市）、福建（治福州闽县，今福建福州市）、黔州（治黔州彭水县，今四川彭水县）；在原剑南道的有西川（治成都府成都县，今四川成都市）、东川（治梓州郪县，今四川三台县）；在原岭南道的有岭南（治广州南海县，今广东广州市）、桂管（治桂州临桂县，今广西壮族自治区桂林市）、容管（治容州北流县，今广西壮族自治区容县）、邕管（治邕州宣化县，今广西壮族自治区南宁市）、安南（治交州宋平县，今越南河内）。今本《元和郡县图志》无卢龙、荆南、淮南、容管，当系夺略。这几个方镇皆有名当世，无烦核对，即可补苴。这样共得四十三道，尚差四道，检《新唐书·方镇表》，元和八年有陇右经略使，而丹州、金商、寿州，或置防御，或置观察，合共四十七镇。陇右经略当治陇州（陇州治汧源县，今陕西陇县）。丹州防御自以丹州为治所（丹州治义川县，今陕西宜川县）。金商防御治所当在金州（金州治西城县，今陕西安康县）。寿州观察亦当以寿州为治所（寿州治寿春县，今安徽寿县）。

图二 唐元和八年方镇图

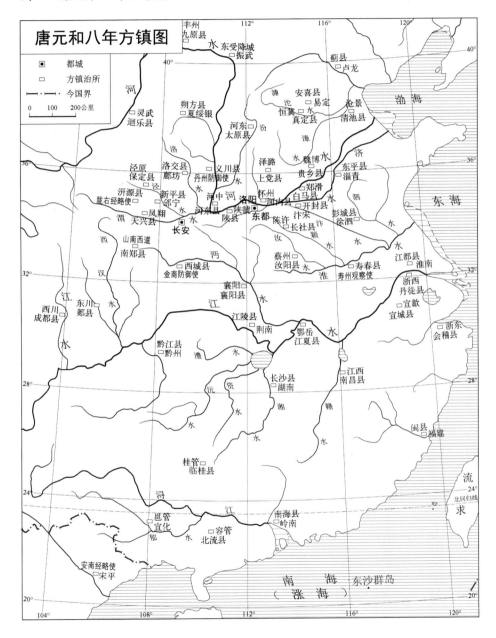

二、宋代的路的制度和区划

宋代从开始建立王朝时起，就已经感到地方权力过盛的不良影响。当时曾采取若干措施来扭转这样的局势。在各地推行路的制度就是其中的一种。宋朝的路和唐朝的道在意义上是没有什么区别的，在实质上却有很大的不同。唐朝的道虽先后设有按察、采访、黜陟、观察等使，只是负着监察的责任[①]，不唯不参与地方行政，更不过问金谷财货的事务。天宝以后，乱离频仍，中央财政匮乏，于是始有转运之使，巡院之官[②]，不过它们也和地方实际行政无关。宋初既要剥夺藩镇的财政权力，于是就加强转运使的职掌，使其分路掌握地方财富。后来藩镇完全废止，转运使一职却仍然存在。于是在中央集权的名义之下，转运使就成为替中央搜刮地方财富的官吏。当时地方最高的官吏在转运使之外，还有安抚、提刑按察、提举常平等使，分掌军民、司法、常平义仓等事务。而转运使在四使之中独为重要。其他三司不常置，于是转运使兼总各种政务，遂成一路中的大员。[③]

不过宋朝初年还曾因袭着唐朝的办法分全国为若干道。[④]一直到太宗淳化五年（公元994年）才正式废去道的名称。[⑤]路的名称却不是这一年才有的，只是在这一年才正式确定下来。宋朝各路的名称和区划经常在变动，很难有一个定规。大体上元丰（公元1078—1085年）末年的二十三路可以代表

---

① 《唐会要》卷七七、七八《诸使上、中》。

② 《唐会要》卷八七、八八《转运盐铁》等条。

③ 《文献通考》卷六一《职官》。

④ 乐史《太平寰宇记》撰于宋太宗太平兴国年间始平北汉（公元979年）统一全国之时。全书按道区分。所列的有河南、关西、河东、河北、剑南西、剑南东、江南东、江南西、淮南、山南西、山南东、陇右、岭南十三道。和开元十五道相较，这里少了京畿、都畿和黔中三道，而剑南却又分为东西两道。

⑤ 张家驹《宋代分路考》，载《禹贡半月刊》1935年第4卷第1期。

其一代的制度。这二十三路为京东东路、京西南路、京东西路、京西北路、河北东路、河北西路、河东路、永兴军路、秦凤路、淮南东路、淮南西路、两浙路、江南东路、江南西路、荆湖南路、荆湖北路、成都府路、梓州路、利州路、夔州路、福建路、广南东路、广南西路。[①]各自统辖若干府、州、军、监。府、州为前代旧制，军为与军事有关的地方，监则设于坑冶、铸钱、牧马、产盐等地区。

宋朝都于开封（今河南开封市）。所谓京东西四路，即因位于京都东西而命名的。京东路有今山东省大部，兼有河南省东部及江苏省北部。自唐代以来黄河即由今山东省北部东流入海。京东路就北抵黄河侧畔，如唐代河南道旧规。今济南、临沂两市及其以东地方为京东东路（治青州益都县，今山东益都县），以西则为京东西路（治郓州须城县，今山东东平县，后移应天府宋城县，今河南商丘县）。东路辖八州、一军，西路辖七州，南京应天府亦在此路中。

京西路有今河南省黄河以南大部分及黄河以北滑县等处，兼有今陕西省东南部、湖北省西北部以及安徽省北部颍、汝诸水流域。在京西路中现在的南阳、唐河两县及其以南地区为京西南路（治襄州襄阳县，今湖北襄樊市），其余地区则为京西北路（治河南府河南县，今河南洛阳市）。京西南路辖八州，北路辖一府、七州、一军，西京河南府亦在此路中。

河北路主要是在今河北省的中部和南部，兼有今河南省北部和山东省西北部地。今河间、大名两县及其以东的地区为河北东路（治大名府元城县，今河北大名县东），以西为河北西路（治真定府真定，今河北正定县）。河北东路辖十二州、四军，北京大名府亦在此路中。西路辖一府、十一州、四军。

河东路（治太原府阳曲县，今山西太原市），辖一府、十五州、六军，主要为今山西省雁门关以南地方，兼有陕西省府谷、神木、佳县等县地，不过不包括今山西省西南部涑水流域和它的附近，因为那里应该属于永兴

---

① 《元丰九域志》各卷。《宋史》卷八五《地理志》说："今据元丰所定，并京畿为二十四路，首之以京师，重帝都也，终之以燕云，以其既得旋失，故附见于后。"

军路。

永兴军路（治京兆府长安县，今陕西西安市），辖二府、十五州、一军，主要是在今陕西省的关中和陕北，兼有今山西省西南部和河南省三门峡市、卢氏县以及今甘肃省庆阳、环县等处。

秦凤路（治秦州成纪县，今甘肃天水市），辖一府、十二州、三军，主要是在今除马连河流域以外的甘肃省东南部和青海省的东部、宁夏回族自治区的南部，还兼有今陕西省凤翔县和凤县及其附近地。这两县是宋时凤翔府和凤州的治所。

淮南路的区划略同于唐时的淮南道，其北部越过了淮水，有今江苏和安徽两省北部地[1]，其西部亦伸入今湖北省东部和今河南省东北部，唯已较唐时为蹙缩[2]。其东西两路的分界线大体是在洪泽湖和巢湖之间。泗、滁（治清流，今安徽滁县）两州及其以东各地为东路（治扬州江都县）。濠、和（治所分别在今安徽凤阳县、和县）及其以西各地为西路（治寿州下蔡县，今安徽凤台县）。东路辖十州，西路辖八州一军。

两浙路（治杭州钱塘县，今浙江杭州市）辖十四州，主要在今浙江省，兼有今江苏省太湖以北地区。[3]

江南东路（治江宁府上元县，今江苏南京市）和江南西路（治洪州南昌县，今江西南昌市），有今安徽省江南部分和江西省，兼有今江苏省的南京市附近和今湖北省东南一隅。[4]江、饶［治所分别在今江西九江市和波阳县（波阳县2003年恢复鄱阳县名。——编注）］两州及其以东各地为东路，洪、抚（治所分别在今江西南昌市和抚州市）两州及其西南各地为西路。东路辖一府、七州、二军，西路辖六州、四军。

---

[1] 宋时淮南道在淮水以北的州军有亳、宿、泗、海四州和涟水军。亳州（治谯县，今安徽亳县）、宿州（治符离县，今安徽宿县）、泗州（治盱眙，今江苏盱眙县）、海州（治朐山，今江苏连云港市）、涟水军（治涟水，今江苏涟水县）。

[2] 宋时淮南道诸州在今湖北省的为黄州（治黄冈，今黄冈县）和蕲州（治蕲春，今蕲春县），在今河南省的为光州（治定城，今潢川县）。

[3] 两浙路在太湖以北有苏、常、润三州（治所分别在今江苏苏州市和常州市、镇江市）。

[4] 江南西路的兴国军（治所在今湖北阳新县）在今湖北省东南隅。

荆湖南北两路有今湖北省南部①和湖南省全部，兼有今广西壮族自治区东北隅②。今湖南省湘、资两水流域为南路，其余各地为北路。南路治潭州长沙县（今湖南长沙市），辖七州、一监。北路治江陵府江陵县（今湖北江陵县），辖一府、十州。

成都府路（治成都府成都县，今四川成都市），辖一府、十二州、一监。主要是在成都平原，兼有大渡河下游各地。③

利州路（治兴元府南郑县，今陕西汉中市），辖一府、九州，主要是在汉水的上游和嘉陵江的上游，也就是今陕西省西南部和四川省的西北部。④

梓州路（治梓州郪县，今四川三台县），辖十一州、二军、一监。其辖地自今四川省三台县和南充市⑤，南越长江，至今四川省南部。当时梓州路南有一些羁縻州，可能伸入今云南省和贵州省，按之记载，似未能列入版图之中。⑥

夔州路（治奉节，今重庆奉节县），辖九州、三军、一监，主要是在今四川省东部，兼有今湖北省西南恩施等处。⑦

今福建省为当时的福建路（治福州闽县，今福州市），辖六州、二军。今广东省的东部和中部为当时的广南东路（治广州南海县），其西至于连县、封川、德庆、阳江诸县之西⑧，共辖十五州。再西为广南西路（治桂州

① 荆湖北路最北的州军为安州（治安陆，今安陆县）和荆门军（治所在今荆门市）。

② 荆湖南路的全州，治所就在今广西壮族自治区全州县。

③ 成都府路在大渡河下游的州为黎州（治所在今汉源县北）和嘉州（治所在今乐山市）。

④ 利州路最北的府州为在今陕西省的兴元府和兴州（治所在今略阳县）、洋州（治所在今洋县），最南的州为在今四川省的阆州（治所在今阆中县）和蓬州（治所在今仪陇县南）。

⑤ 梓州路最北的州就是梓州和果州。梓州治所在今三台县，果州治所在今南充市。

⑥ 梓州路最南的州为戎州和泸州。戎州治所在今宜宾市，泸州治所在今泸州市。《元丰九域志》卷七《梓州路》："熙宁八年夷人献纳、长宁等十州土地，隶清井监。"清井监在今宜宾市西南珙县境，其地距戎州263里。然戎州南至云南蛮300里，东南至南广蛮180里，则清井监已在边陲，泸州南至羁縻纳州527里，东南至羁縻纳州450里，其距边陲亦仅稍远于戎州而已。

⑦ 夔州路东南的州为施州。施州治所即在今湖北省恩施县。其最南的州军为黔州和南平军。黔州治所在今四川省彭水县，南平军治所在今四川省南川县。《元丰九域志》谓南平军为熙宁七年因收西南蕃部，即以渝州南川县置建。则黔州之南和东南、西南三方距羁縻夷州和思州，多至620里，少至498里，盖皆至于边陲矣。

⑧ 按：《元丰九域志》，连州治桂阳，即今连县，封州治封川（今封川县），康州治端溪（今德庆县），南恩州治阳江（今阳江县）。

临桂县，今桂林市），辖二十三州、三军，其辖地除今广东省西部外，有今广西壮族自治区和海南省。

这二十三路中，共有京府四、次府十、州二百四十二、军三十七、监四。①一代之制，大体如是。（附图三《宋元丰二十三路图》）

宋朝各路的划分显示出这一时期的地理情况和以前又有了不同。唐朝的十道是黄河流域和长江、珠江流域各五道。宋朝的二十三路，长江和珠江流域就居十五路，黄河流域只有八路。当然宋朝的疆土和唐朝也不尽相同。宋时幽云十六州尚未收回，陇上河西也未尽入版图。后来经营熙河（治熙州狄道县，今甘肃洮县），恢复银、绥（银州治所在今陕西横山县东，绥德军在今陕西绥德县），又于幽云十六州建立燕山府和云中府两路（两路治所分别在燕山府和云中府，也就是现在的北京市和山西大同市）。②疆土较前开拓，可是黄河流域却依然不能和长江、珠江流域相比较。唐朝长江和珠江流域的五道到宋朝都经过析置。黄河流域就不是普遍如此。宋时的永兴军路、秦凤路以及河东路仍是唐时关内、陇右和河东三道的旧样子。固然这三道到宋时都已残缺，但当地的荒凉却也是事实。黄河流域增加的路主要是在河北平原和开封以东。而这里在当时正是较为富庶的地区。这样看来，当时的分路是与地方的经济有相当的关系的。同时也说明了长江和珠江流域经济的发展乃是那里增置若干新路的一个重要原因。

三、行省制度的创立及其变迁

如果说宋朝的路的制度是在财政经济方面实行中央集权的具体表现，则元朝的行省制度就是全面的对于地方的控制。本来省是以前一些王朝中

---

① 《元丰九域志》卷首，王存等进书表。
② 《宋史》卷八七、九○《地理志》。

图三　宋元丰二十三路图

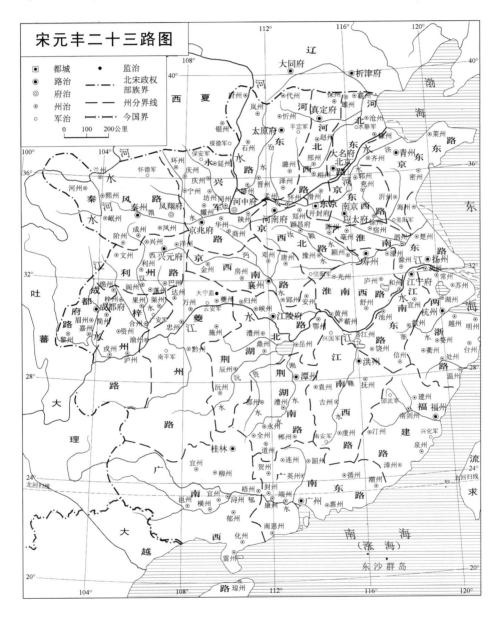

央政府官署的名称。金宋两国在末年的时候都以尚书省为中央施政的最高机构。①元人承两国之后，自然也采用了这种制度。它们有时称尚书省有时称中书省。②尚书、中书本不相同，可是到元朝已经没有什么区别，互相通称也是可以的。然而元朝最重要的措施，不仅是于中枢设中书省或尚书省，并且于各地也分置若干行中书省或行尚书省。③而原来的路这时已经降到次一级的地位了。元朝行省和以前各王朝的地方一级区别的性质不同，它不是一个监察性质的区划，也不是纯粹地方行政的区划。按它的机构来说，竟是中央政府的一个缩影④，是中央王朝的派出机构。元朝不仅用这种办法集权于中央，行省的职权也几乎完全代替了一地地方政府。就是中央政府也直接辖有若干路府州县，也就是所谓的腹里。⑤这样说来，中书省或尚书省与行中书省或行尚书省只是其所在的地区不同而已。

元朝的行省区划在初年时就已时有变易，到文宗至顺元年（公元1330年），黄河、长江和珠江三大流域共有一中书省及河南、江北、陕西、四川、甘肃、云南、江浙、江西、湖广等行中书省。如果加上蒙古旧地的岭北行省，辽水流域、黑龙江流域及长白山周围并东至大海的辽阳行省，以及设于朝鲜境内的征东行省，则当时共有十一行中书省。⑥中书省和行中书省各统辖路和直隶府、州。当时设府、州不少，有的府、州仅属于路，有的则直隶于行省。不论直隶府、州或仅属于路的散府、散州，都是可以统县的。

中书省即所谓腹里的辖地，是指太行山的东西和当时的黄河以北而言的。当时的黄河由今河南省新乡县折向东南流，而至今江苏省淮安县，夺淮入海。大体说来，中书省包括今河北、山西、山东三省，今河南省的济源、孟县、新乡、长垣、东明和今安徽省的砀山，今江苏省的丰县、沛县诸县以

---

① 《金史》卷五五《百官志》，《宋史》卷一六一《职官志》。
② 《元史》卷八五《百官志》。
③ 《元史》卷九一《百官志》。
④ 《元史》卷九一《百官志》。
⑤ 《元史》卷五八《地理志》。
⑥ 《元史》卷五八《地理志》。

东各地，皆属于中书省。[①]其还包括今内蒙古自治区中部和辽宁省、吉林省的西部。[②]中书省共辖有二十九路和八州，还有三个属府、九十一个属州。[③]

河南江北行中书省（治开封县），辖十二路、七府、一州、三十四属州。这个行省位于中书省之南，正如省名所示，是在当时的黄河下游和长江之间。它有今河南省和江苏、安徽两省的江北部分[④]，又有今湖北省江北的绝大部分[⑤]。

陕西行省（治长安县）共有四路、五府、二十七州、十二属州。它有今陕西全省，今甘肃省兰州市以东各地，兼有今宁夏回族自治区清水河上游各地。[⑥]

四川行省（治成都县），共有九路、三府、二属府、三十六属州、一军。这主要是在今四川省，不过稍有差别。在北方，它有今陕西省的勉县和略阳。[⑦]在东南方面，它兼有今湖北省的恩施、鹤峰等县，也兼有今湖南省的永顺、古丈等县。[⑧]不过在西方，却较现在的四川省为狭小。现在的松潘、雅安、汉源、越西诸县形成南北一线。当时的四川行省的西界，距这一

---

① 《元史》卷五八《地理志》，中书省的怀庆路孟州（治所在今河南孟县）的济源县，卫辉府的新乡县，大名府开州的东明县和长垣县，以及济宁路的砀山县、丰县和济州的沛县（这几县今仍为同名的县市），皆近在黄河侧畔。

② 《元史》卷五八《地理志》，中书省所属最北的路在今内蒙古自治区的为德宁路（治所在今包头市北）、净州路（治所在今四子王旗西北）、应昌路（治所在今克什克腾旗西）和全宁路（治所在今翁牛特旗）。在今辽宁省的为宁昌路（治所在今阜新县东北）。在今吉林省的为泰宁路（治所在今洮安县东）。

③ 这里所说的属府属州，是隶属于路的府、州，与直隶于中书省的府、州不同。

④ 《元史》卷五九《地理志》，河南江北行省所属的归德府、邳州（治所在今江苏邳县西南）和淮东路的海宁州（治所在今江苏连云港市），皆在当时的黄河之北。

⑤ 《元史》卷五九《地理志》，河南江北行省所属的峡州路（治所在今湖北宜昌市），为这一行省在今湖北省最西南的一路。

⑥ 《元史》卷六〇《地理志》，陕西行省所属的开成州（治所在今宁夏回族自治区固原县），为这一行省在今宁夏回族自治区最北的一州。

⑦ 《元史》卷六〇《地理志》，四川行省广元路所属的沔州（今陕西勉县）和略阳县（今陕西略阳县），皆在今陕西省西南部。

⑧ 《元史》卷六〇《地理志》，四川行省夔州路施州（治所在今恩施县）和永顺安抚司（治所在今永顺县）分别在今湖北省西南部和湖南省西北部。

线尚远①，更不要说越过了。

虽然当时的陕西行省的辖地已经达到今兰州市，当时却还另有甘肃行省。这个行省的治所在今甘肃省张掖县，它有七路、二州、五属州。主要是在今甘肃省的河西部分，兼有今青海省湟水流域及其南的黄河北岸。②它还有同心县以北的今宁夏回族自治区和后套以西的内蒙古自治区。

云南行省（治昆明县），它有三十七路、二府、三属府、五十四属州，其余甸寨军民等府不在此数。主要是在今云南省，较今云南省更为广大。在北面，它伸入今四川省，达到大渡河畔。③在东面，它又伸入今贵州省，达到安顺市附近。④其南端，据有澜沧江和怒江（今萨尔温江和湄公河）之间，直到现在泰国的北部。⑤西陲更远，不仅越过今伊洛瓦底江，而且还越过亲敦江，到了那加山脉，已和印度相接连了。⑥

江浙行省（治杭州路钱塘县，今浙江杭州市），有三十路、一府、二州、二十六属州。它有今浙江、福建两省全省地，又有今江西省鄱阳湖以东地。⑦

江西行省（治南昌县），它有十八路、九州、十三属州。它主要是在今江西的大部和广东省的东部，大致是在北宋时的江南西路和广南东路的基础

---

① 《元史》卷六〇《地理志》，四川行省最西的州为成都府路的安州（今四川安县）、灌州（今四川灌县）和嘉定府的邛州（今邛崃县），皆距松潘至越巂一线尚远。

② 甘肃行省所属的宁州，其治所就在今西宁市，见《元史》卷六〇《地理志》。

③ 云南行省所属的罗罗蒙庆等处宣慰司（治所在今四川西昌市），就伸至大渡河畔，见《元史》卷六一《地理志》。

④ 云南行省所属的普定路（治所在今安顺市），在今贵州省，见《元史》卷六一《地理志》。

⑤ 《元史》卷三〇《泰定帝纪》："泰定四年闰九月，八百媳妇蛮请官守，置蒙庆宣慰司都元帅府及木安、孟杰二府。"蒙庆府在今泰国昌盛，木安、孟杰二府又在蒙庆府之南。《元史》卷四〇《顺帝纪》："至正二年四月，罢云南蒙庆宣慰司。"则其设置历时并非很久，故《元史·地理志》未曾载及。又按《元史》卷三五《文宗纪》："至顺二年五月，置八百等处宣慰司都元帅府，……者线，蒙庆甸，银沙罗等甸并为军民府。"蒙庆宣慰司本是因八百媳妇蛮的请求才设成的，宣慰司罢后，其他仍为八百等处宣慰司所辖。

⑥ 《元史》卷六一《地理志》，金齿等处宣慰司所属有蒙光路、缥甸军民府及二十四寨达鲁花赤等并在今伊洛瓦底江上游。蒙光路在今孟拱，缥甸及二十四寨达鲁花赤在伊洛瓦底江支流瑞丽江下游。

⑦ 《元史》卷六二《地理志》，江浙行省所属饶州路（治所在今波阳县）、信州路（治所在今上饶市），皆在今江西省鄱阳湖之东。

上合并为一个行省的。①

湖广行省（治江夏县，今湖北武汉市），它有三十路、十三州、三府、十五安抚司和三军、三属府、十七属州。它有今湖南、海南两省和广西壮族自治区的版图②，兼有今湖北省西部秭旧和巴东诸县③，东部武汉市和汉川县④以南地。又有今贵州省的大部分，其西直至今六盘水市和毕节县⑤。其北且伸入今四川省界内⑥，当然还有今广东省的西南部地。

岭北行省（治和宁路，今蒙古国哈尔和林）。这个省主要是在今蒙古国，兼有大兴安岭以西内蒙古自治区地，所辖有和宁路总管府。

辽阳行省（治辽阳路辽阳县，今辽宁辽阳市）。这个行省有七路、一府，还有十二属州，更多的地方是没有城邑。它有今黑龙江、吉林、辽宁三省地，兼有内蒙古自治区东部地和河北省东北部地。⑦而东至于今日本海，东北又有混同江流域各地，更越鞑靼海峡而有骨嵬。骨嵬即今库页岛。⑧

---

① 宋时江南西路的北部有兴国军（治所在今湖北阳新县），元时改隶于湖广行省。北宋时江南西路不辖江州（治所在今江西九江市），南宋时已由江南东路并入，元人即因南宋之旧，并改为路。

② 今湖南省西北永顺、保靖等县，元时属四川行省，已见上文。

③ 《元史》卷六三《地理志》，湖广行省归州及其所属的秭归、巴东、兴山三县皆在今湖北省西部长江两侧。三县今仍沿置。

④ 《元史》卷六三《地理志》，湖广行省武昌路、兴国路及汉阳府皆在今湖北省东南部。武昌路治所在今武汉市武昌，汉阳府治所在今武汉市汉阳，兴国路治所在今阳新县。

⑤ 《元史》卷六三《地理志》，湖广行省顺元等路军民安抚司在今贵州省西北部，顺元安抚司所属的磨坡雷波在今织金县，漕泥则在今毕节县。

⑥ 《元史》卷六三《地理志》，湖广行省播州军民安抚司及思州军民安抚司所辖地，主要在今贵州省内，然亦间有伸入今四川省，播州所属的南平綦江在今綦江县，思州所属的溶江、芝子、平茶则在今秀山县。

⑦ 《元史》卷五九《地理志》，辽宁行省大宁路（治所在今内蒙古自治区宁城县），在今辽宁省、内蒙古自治区和河北省之间。其所属的高州，在今内蒙古自治区赤峰市东北，惠州在今河北省平泉县。

⑧ 《元史》卷五九《地理志》："合兰府水达达等路，土地旷阔，人民散居，元初设军民万户府五，抚镇北边。一曰桃温，一曰胡里改，一曰斡朵怜，一曰脱斡怜，一曰孛苦江，各有司存，分领混同江南北之地。"这五军民万户府皆在今黑龙江省，桃温在今汤原县南，胡里改在今依兰县东北，斡朵怜在今依兰县西南，脱斡怜在今桦川县，孛苦江在今富锦县。混同江为今松花江下游，与今松花江与黑龙江合流后仍称混同江。

至于征东行省，如前所说，则在今朝鲜半岛。[①]它领一府、二司和五劝课使。

据《元史·地理志》说，元世祖平宋之后，全有版图，立中书省一，行中书省十一，分镇藩服，路一百八十五，府三十三，州三百五十九，军四，安抚司十五。下至文宗至顺时，当有所增减，非一代的定制。（附图四《元至顺时中书省和行中书省图》）

元代灭亡，明朝继起，行省的模式仍大体沿袭旧规，不过亦多所改变。明朝不设中书省，京都附近地区就直隶中枢六部，即以直隶为名。明初都于应天府，就是后来的南京。于是今安徽、江苏两省在当时就称为直隶。后来迁都顺天府，也就是北京，因而今河北省当时也称为直隶。其后加以区分，就分别称为南、北直隶。两直隶之外，明朝于元代各行省皆另派承宣布政使，因而所在的行省就称为承宣布政使司。由于行省名称已经沿用很久，一般也就习以为常。虽仍以行省相称，实际成为地方一级的区划，和元朝那样作为中央分驻到地方的机构，直接控制地方的情形完全不同。

明朝设置承宣布政使司，始于太祖洪武初年。其时所设置者为北平、山东、山西、河南、陕西、四川、江西、湖广、浙江、福建、广东、广西、云南等十三处。及成祖定都北京，乃以北平为直隶，和南京相埒。其时又增设贵州、交趾二承宣布政使司。后来南交屡叛，旋复弃之徼外，故终明之世，共有南北二直隶和十三承宣布政使司。[②]各承宣布政使司所辖地区与元时行省多有不同，亟应逐一加以论述。

京师（北直隶），有八府、二直隶州、十七属州，"北至宣府（今河北宣化县），东至辽海，南至东明（今县，属河南），西至阜平（今县，属河北）"[③]。这是说，它有今北京市、天津市和河北省的绝大部分。宣府之北

---

① 《元史》卷六三《地理志》："征东等处行中书省，领府二，司一，劝课使五。大德三年，立征东行省，未几罢。至治元年复立。"

② 《明史》卷四〇《地理志》。

③ 《明史》卷四〇《地理志》。

图四　元至顺时中书省和行中书省图

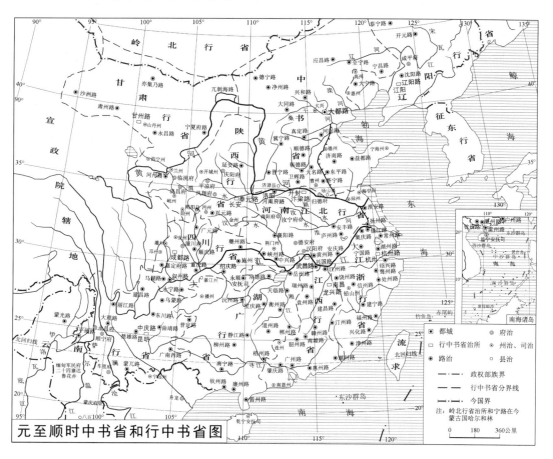

元至顺时中书省和行中书省图

就是蜿蜒东西的长城，长城之外就是鞑靼，故其外为边地。今辽东半岛其时隶于山东布政使司，与北直隶隔海相望。阜平在太行山东，其西即山西布政使司。这都和现在形势相同。今河北省南端仅至于魏县和大名，而不能达到东明，这是新中国成立后调整的结果。当时把这几县划归河南省，而河南省的武安、涉县和磁县也改隶于河北省。明代初年，北直隶的北界曾经达到西拉木伦河，后来才内撤到宣府北的长城。①

南京（南直隶）统辖十四府，四直隶州、十七属州，"北至丰沛（今江苏丰县和沛县），西至英山（今县，属湖北），南至婺源（今县，属江西），东至海"②。以今地来说，就是江苏和安徽两省。只有英山、婺源两县，现在已分别改隶于湖北省和江西省。

山东承宣布政使司（治历城县，今山东济南市），领六府、十五属州。"北至无棣（今县西北），南至郯城（今县），西至定陶（今县），东至海"③。具体说来，就是现在的山东省。这里应该提到辽东都指挥使司（治定辽中卫，今辽宁辽阳市）。都指挥使司为军事设置，它应该是隶属于山东承宣布政使司的。领二十五卫、二州。"东至鸭绿江，西至山海关，南至旅顺海口，北至开原（今县）。"④实际上居有今辽宁省的大部分。⑤

山西承宣布政使司（治阳曲县，今山西太原市），领五府、三直隶州、十六属州。这个布政使司大体说来，就是现在的山西省，只是东北的蔚州

---

① 《明史》卷四〇《地理志》，明代初年，北平承宣布政司，北部曾设有北平行都司和全宁、开平、大宁等卫。北平行都司和大宁卫分别在今内蒙古自治区翁牛特旗和正蓝旗。其北界达到今西拉木伦河。建文帝末年，成祖起靖难之师，本居于潢水（今西拉木伦河）之北的兀良哈三卫实出兵相从。永乐元年（公元1403年），因徙北平行都司及其附近各卫于保定（今河北保定市），以其地界三卫。宣宗宣德三年（公元1428年），以大宁既弃，开平卫亦悬远难守，因徙于独石（今河北赤城县北）。其后防边，修筑长城，北直隶就以长城为界了。

② 《明史》卷四〇《地理志》。

③ 《明史》卷四一《地理志》。

④ 《明史》卷四一《地理志》。

⑤ 《明史》卷四一《地理志》，明代于辽河以东设定辽诸卫，大凌河流域及其附近设广宁诸卫，可是今新民、辽中、台安等县不在管辖之内。这几乎使这个都指挥使司的辖境分成东西两个部分，仅借辽水下游以通往来。

（今河北蔚县）伸入今河北省境内。和北直隶相仿佛，明初，它的北界也曾达到阴山山脉，也是稍后才内撤的。①

河南承宣布政使司（治开封府祥符县，今河南开封市），领八府、一直隶州、十一属州。河南承宣布政使司的辖境，略同于现在的河南省，稍有差异的，是当时北部有武安、涉县和磁州（今磁县），而无内黄、南乐两县，以南直抵长垣、东明两县。这是在前面已经论述过的。

陕西承宣布政使司②领八府、二十一属州，它辖有今陕西省和宁夏回族自治区，兼有今甘肃省黄河东南各地，其西疆且至于今青海省的贵德、贵南等县。应该指出，元代所设的甘肃行中书省，明时改为陕西行都指挥使司（治甘州路，今甘肃张掖县），领十二卫和四守御千户所。

四川承宣布政使司领十三府、六直隶州、一宣抚司③、十五属州。四川承宣布政使司的辖地，有今四川省大部，唯其西仅至于邛徕山、大渡河和雅砻江的下游。④其南则分别伸入今云南省的东北部和贵州省的北部。⑤

江西承宣布政使司领十三府、一州。这个布政使司的辖地与今江西省相同。

湖广承宣布政使司领十五府、二直隶州、十七属州。它的土域兼有今湖

---

① 《明史》卷四一《地理志》，山西行都指挥使司（治大同府），所领有二十六卫。设置最远的为东胜卫（今内蒙古自治区托克托县）和云川卫（今内蒙古自治区和林格尔县），其北界直抵阴山之上。由于大宁卫内撤，这些卫亦孤悬难守，皆相继内撤，而这个布政使司的北境遂与今山西省相当了。

② 各承宣布政使司的治所与元代相应的行省相同者不再注出。

③ 这里所说的宣抚司及后面行将提到的宣慰司、安抚司、长官司、御夷宣慰司、御夷长官司、御夷州等，皆置于西南各族分布的地区。所谓宣慰、长官等名称，皆为当时政府授予各族首领的世袭官职的称号。其所管辖的地区，因以宣慰司、长官司等为名称。

④ 《明史》卷四三《地理志》，四川承宣布政使司最西的州和卫为威州和松潘卫、宁番卫、盐井卫，还有天全六番招讨司。威州治所在今汶川县。松潘卫今为松潘县，宁番卫为今冕宁县，盐井卫今为盐源县。天全六番招讨司今为天全县。

⑤ 《明史》卷四三《地理志》，四川承宣布政使司最南的府州为乌蒙、镇雄、东川、乌撒四府和播州宣慰司。乌蒙（治所在今昭通县）、镇雄（治所在今镇雄县）、东川（治所在今会泽县）三府在今云南省东北部，乌撒府（治所在今威宁彝族回族苗族自治县）和播州司（治所在今遵义市）则在今贵州省西北部和北部。

南、湖北两省。

浙江承宣布政使司（治钱塘、仁和两县，今杭州市），领十一府、一州。福建承宣布政使司（治闽县、侯官两县，今福州市），领八府，一直隶州。这两处布政使司的土域分别与今浙江、福建两省相同。

广东承宣布政使司（治南海、番禺两县），领十府、一直隶州、七属州，所辖地有今广东省大部①和海南省。明时这个布政使司辖有廉州府，府治在今合浦县。今合浦县及其以西各地皆已并入广西壮族自治区，与明时不同。

广西承宣布政使司（治临桂县，今桂林市），领十一府、四十八州、四长官司。其土域有今广西壮族自治区的绝大部分，唯和广东省一些地方的归属不同。其北部且有伸入今贵州省的土地②，这是刚才已经论述过了的。

云南承宣布政使司初领五十八府、七十五州，又蛮部六；后领府十九，御夷府二、州四十，御夷州三、宣慰司八、宣抚司五、长官司三十三，御夷长官司二。这个布政使司的土域有今云南省的大部。它"北至永宁，东至富州，西至干崖，南至木邦"③。永宁府治在今宁蒗县泸沽湖西北，与今四川省为邻。④富州为今富宁县，其东即为广西承宣布政使司地。所谓"西至干崖"的干崖，乃指干崖宣抚司而言。其治所在今盈江县东北，濒于大盈江。⑤所谓"南至木邦"的木邦，即木邦军民宣慰使司，其治所在今缅甸腊戍东北。⑥

---

① 《明史》卷四五《地理志》，广西承宣布政使司梧州府怀集县，在今广东省境内。

② 《明史》卷四五《地理志》，庆远府河池州所属有荔波县，今仍称荔波县，然已改隶贵州省。

③ 《明史》卷四六《地理志》。

④ 《明史》卷四六《地理志》，永宁府所属有四长官司，其中多有在今四川省境内的。

⑤ 《明史》卷四六《地理志》，干崖之南，就是陇川宣抚司（治所在今陇川县西南）。然孟养军民宣慰使司（今仍名孟养，在缅甸孟拱西南）、孟密宣抚司（在今缅甸抹谷东北）皆在干崖和陇川之西和西南。孟密西南有摩勒江和大金沙江，俱与缅甸分界。大金沙江今为伊洛瓦底江，则明代与缅甸的分界不应在大盈江下游，而应在其西的伊洛瓦底江畔。

⑥ 《明史》卷四六《地理志》，谓木邦"西有喳里江，即潞江，自芒市流入境，又西南入缅甸境"。又说木邦"西北有天马关"。天马关在今瑞丽江畔，则木邦应在潞江之西，今其地亦已沦入缅境。

　　贵州承宣布政使司（治新贵县，今贵阳市），初领八府、一州、一宣慰司、三十九长官司，后领府十、州九、宣慰司一、长官司七十六。其土域大抵即在今贵州省，唯今省北一些地区在当时隶于四川布政使司。就是南部也有南盘江北的今册亨布依族自治县、贞丰和望谟两布依族苗族自治县，以及罗甸、茄波等县，当时皆隶属于广西承宣布政使司。

　　这两直隶和十三布政使司，终明之世，分统之府百有四十，州百九十有三，另有羁縻之府十有九，州四十有七，又有土官宣慰司十有一，宣抚司十，安抚司二十有二，招讨司一，长官司一百六十九，蛮夷长官司五。^①一代之制大致如斯。（附图五《明两直隶及十三布政使司图》）

　　到了清代，仍沿明时旧制，虽继续设置承宣布政使司，却一般即以省^②或行省相称^③。入关之初，即改南直隶为江南省，盖清人以北京为京师，南京废不为都，直隶之名无所承受。康熙初年，以十五省区划过大，因分江南为江苏、安徽两省，陕西为陕西、甘肃两省，湖广为湖南、湖北两省，合为十八省，其后直至光绪九年（公元1883年）始增设新疆省，十三年（公元1887年）又增设台湾省，三十三年（公元1907年）更改设奉天、吉林、黑龙江三省。台湾省于中日甲午战争后为日本夺去，终清之世，共为二十二省。各省分别设有府、厅、州、县。府、州为前代旧规，州亦有直隶州和散州之分，直隶州为直隶于省的州，其余为散州，分属于各府。直隶州仍和前代一样，可以统县，散州则不复统县。厅制为清代新创，初设于边省，其后渐置于内地，亦有直隶厅和散厅的分别。

　　清代所设各省，既多因于明代，其土域轮廓，亦率因旧制，间亦有所调整，兹分述如次：

---

① 《明史》卷四〇《地理志》。

② 嘉庆重修《大清一统志》卷七二《江苏统部》："本朝改置江南省，……康熙六年，改为江苏省。"又卷一六一《山东统部》："（明）置山东承宣布政使司，……本朝因之，为山东省。"《清史稿》卷六七《地理志》："山西……清因明制为省。"

③ 《清史稿》卷六二《地理志》："奉天，……光绪三十三年，三月，罢将军，置东三省总督，奉天巡抚，改为行省。"

图五　明两直隶及十三布政使司图

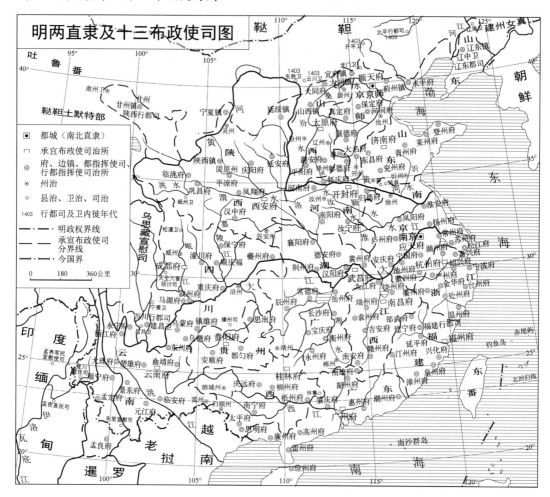

直隶省①所辖有京都所在的顺天府和其他十一府、七直隶州、三直隶厅和九州、一厅②。直隶省的土域，东南两方面皆如明时北直隶之旧，唯西北的蔚州则由山西省划入。然而最大的差异，则是远超于长城之外。③

清代于江苏省设两布政使司：江苏布政使司治苏州府，江宁布政使司治江宁府（江宁即今江苏南京市）。共辖八府、三直隶州、一直隶厅，另有三州、四厅。这时江苏省的土域，略同于现在的江苏省。唯西北一隅兼有今砀山和萧县。今泗洪和盱眙两县却为当时安徽省的泗州（治所在今泗县）的属县。

安徽省（治安庆府怀宁县，今安庆市），辖八府、五直隶州，另有四州。其土域已略同于今安徽省，唯与江苏省间略有出入。

山西省④，辖九府、十直隶州、十二厅、六州。其土域在明代外长城之南的，已与现在山西省相同。清代在长城之外，尚有广大土地，皆在今内蒙古自治区内。其西自包头市循黄河趋向东南，东至于兴和县，其北则包括今武川县和察哈尔右翼中旗，盖已到了大青山上了。

山东省，辖十府、二直隶州，又有八州。这个省的土域，清随明旧，亦与现在相同。

河南省，辖九府、五直隶州、一直隶厅，另有五州。清河南省的土域大致与明时相同，唯磁州（今磁县）则划入直隶省境内。

陕西省，辖七府、五直隶州，另有七厅、五州。清代陕西与甘肃两省析治，陕西省的辖境略同于现在，所异者仅北部限于长城，未再向北发展。

甘肃省（治兰州府皋兰县，今兰州市），辖八府、六直隶州、一直隶厅，另有六州、八厅。甘肃省的土域除有今甘肃省全省和宁夏回族自治区

---

① 《清史稿》卷六一《地理志》："直隶……顺治初，定鼎京师，为直隶省。"本治保定府（今河北保定市），后总督移驻天津。

② 《清史稿》卷六一《地理志》，以下各省均同。

③ 《清史稿》卷六一《地理志》，设于直隶最北的府、厅，为承德府及口北三厅。承德府辖地至于潢河（今西拉木伦河）之北，今巴林左旗亦在辖境之内。口北三厅包括今内蒙古自治区镶黄旗、正镶白旗和正蓝旗，其北端也已达到达里泊的西方。

④ 各省治所与明代相同者皆不再注出。

外，兼有今青海省青海湖以东地。

浙江省和福建省。前者辖十一府、一直隶厅、一州、一厅，后者辖九府、二直隶州、一厅。两省辖地皆与明代相同。

江西省，湖北省（治江夏县，今武汉市），湖南省（治长沙府长沙、善化两县，今长沙市）。江西省辖十三府、一直隶州、四厅、一州。湖北省辖十府、一直隶州、一直隶厅。湖南省辖九府、五直隶厅、四直隶州、三属州。三省辖地皆与今省同。

四川省，辖十五府、九直隶州、三直隶厅、十一州、十一厅。其土域大致已略于今四川省，唯巴塘等处曾越金沙江。[1]

广东省辖九府、七直隶州、三直隶厅、四州、一厅。广西省辖十一府、二直隶厅、二直隶州、八厅、十五州。广东、广西两省的土域皆沿袭明制，无若何出入。

云南省，辖十四府、六直隶厅、三直隶州，又十二厅、二十六州。云南省的土域虽承明旧，亦稍有改易。其东北部原来属于四川省的大关、镇雄、昭通、会泽诸县已改隶本省。

贵州省（治贵阳府贵筑县，今贵阳市），辖十二府、三直隶厅、一直隶州，又有十一厅、十三州。这一省的土域较之明时多有增益，就是原属于四川省的遵义府和乌撒府皆已来属，并已和现在的贵州省相同。

新疆省（治迪化州，今乌鲁木齐市），辖六府、八直隶厅、二直隶州，又有二厅、一州。新疆设省虽是清朝后期事，当时土域实甚广大，西至巴尔喀什湖外和帕米尔高原，至其末年迫于外力，逐渐削失，今昔颇不相侔。

奉天、吉林、黑龙江三省，皆为清代的盛京[2]，分设将军驻防。奉天

① 《清史稿》卷七六《地理志》："登科府，宣统元年改流，析其地为五区，于北区设府，仍名登科，亦置德化、白玉二州，石渠、同普二县隶之。"登科，今为邓柯县。德化、白玉、石渠诸州县皆在金沙江东，唯同普在金沙江西。登科府所属又有乍丫、察木多诸土司。察木多即今昌都，当时均未改流，登科府似未能实际统辖。

② 嘉庆重修《大清一统志》卷五七《盛京统部》。

将军驻奉天府（今辽宁沈阳市）^①。吉林将军初驻宁古塔（今黑龙江宁安县），后移驻吉林（今吉林吉林市）^②。黑龙江将军驻黑龙江城（今黑龙江瑷珲县），寻移驻墨尔根（今黑龙江嫩江县），后又移驻齐齐哈尔。^③光绪三十三年（公元1907年）始分别建省。^④奉天省辖八府、五直隶厅、五厅、三州。其土域略同于今辽宁省，唯西北方面有所差异。奉天省原设有洮南府（治所在今吉林洮南县），今所属县已大部并入吉林省，仅醴泉（今突泉）一县并入内蒙古自治区。今辽宁省辖有阜新、朝阳、建昌等县市，当时皆未列入奉天省辖境。吉林省辖十一府、一州、五厅。它的土域，据《清史稿·地理志》说："西至伊通州，界盛京；东至乌苏里江，界俄领东海滨省；北至松花江，界黑龙江，南至图们、鸭绿江，界朝鲜。"今南界依然未改，其他皆与前不同。伊通州今为伊通县，在长春市南。当时吉林省，北以松花江与黑龙江为界，东以乌苏里江与俄国为界，今江流未改，形势依然。不过这是清代后期帝俄侵占国土以后事。在此以前，吉林省的土域实东至于海，循海而北，至于黑龙江畔。^⑤黑龙江省辖七府、六厅、一州。它"南至松花江，与吉林界；西至额尔古纳河与俄领萨拜哈勒省及外蒙古车臣汗旗界，西南接内蒙古之乌珠穆沁左翼、科尔沁右翼中、前、后各旗界，东至松花、黑龙两江合流处，仍界吉林，北及东北皆与俄领阿穆尔省界"。额尔古纳河今仍为中苏两国界河，唯河东已另划入内蒙古自治区。这里所说的内蒙古各旗，今仍原称，皆在内蒙古自治区境内。这里所说的与俄国阿穆尔省的界线，自指黑龙江而言。这是清代后期的界线。在以前则是以外兴安岭为

---

① 嘉庆重修《大清一统志》卷五七《盛京统部》："康熙元年，改奉天昂邦章京为镇守辽东等处将军，……四年，改镇守辽东等处将军为镇守奉天等处将军。"康熙元年为公元1662年，四年为公元1665年。

② 嘉庆重修《大清一统志》卷六七《吉林》："顺治十年于宁古塔设昂邦章京，……康熙元年改镇守宁古塔等处将军，……十五年，移宁古塔将军镇守吉林乌拉。"康熙十五年为公元1676年。

③ 嘉庆重修《大清一统志》卷七一《黑龙江》："康熙二十三年，设将军及副都统二员于黑龙江……二十九年，移黑龙江将军……驻墨尔根，……三十八年，将军亦自墨尔根移驻齐齐哈尔。"康熙二十三年为公元1684年，二十九年为1690年，三十八年为1699年。

④ 《清史稿》卷六二至六四《地理志》。

⑤ 嘉庆重修《大清一统志》卷六七《吉林》。

界。①这是和后来很不相同的。

台湾省（治台湾府台湾县，今台南市）的设置是在光绪十三年（公元1887年），辖三府一州。然至光绪二十一年（公元1895年）即为日本所攘夺。②

这些省区内凡府厅州县一千七百有奇。③

清朝版图广大，诸省之外还有许多地方，清人即因其旧俗治理。这些地方包括内外蒙古、青海和西藏。外蒙古（首府为库伦，今蒙古国乌兰巴托），共有四部八十六旗。其土域东至呼伦贝尔城（今内蒙古自治区海拉尔市），南至瀚海，西至阿尔泰山，北至俄罗斯。④内蒙古于清代初年有二十五部落、五十一旗，乾隆年间改归化城土默特入山西，仍有二十四部落、四十九旗。⑤今内蒙古自治区大致仍是按照各部落分布的地区规划的，唯尚有些旗属于辽宁、吉林、黑龙江各省。⑥

清时青海尚不为省，居有蒙古族、藏族等民族，编为四部落二十九旗和四十土司，统辖于西宁办事大臣。其地有今青海省，唯青海湖以东各地不包括在内。

其时西藏亦不设省。其辖地大致与今西藏自治区相当。（附图六《清代诸省图》）

元明清三个王朝的地方区划和以前各王朝不尽相同。如果分别从黄河流域和长江、珠江流域来说，则其分布的情况与宋朝相似，也是南部较多，而北部较少。元朝一中书省及八行中书省，在黄河流域的除中书省外，仅有陕西和甘肃两行中书省。而长江流域却有五个行中书省。另有河南江北行中书

---

① 《清史稿》卷七八《地理志》。

② 《清史稿》卷七八《地理志》。

③ 这是光绪年间包括台湾省在内的数字，见《清史稿》卷六一《地理志》。

④ 《清史稿》卷八五《地理志》。这里所说的呼伦贝尔城为外蒙古东之地。今按：呼伦贝尔城距蒙古国边境尚远。呼伦贝尔城西有呼伦池，其西南又有贝尔池及乌尔顺河（今图作乌尔逊河）等河流湖泊，见《清史稿》卷六四《地理志》。

⑤ 《清史稿》卷八四《地理志》。据张穆《蒙古游牧记》，这二十四部落共分为六盟。这是不包括套西的阿拉善厄鲁特旗、额济纳土尔扈特旗和察哈尔部在内的。

⑥ 今内蒙古自治区包括上面所说的六盟的绝大部分和套西的阿拉善厄鲁特旗、额济纳土尔扈特旗以及察哈尔部。还包括东北的鄂伦春、鄂温克、莫力达瓦达斡尔等族的居住地区。

图六　清代诸省图

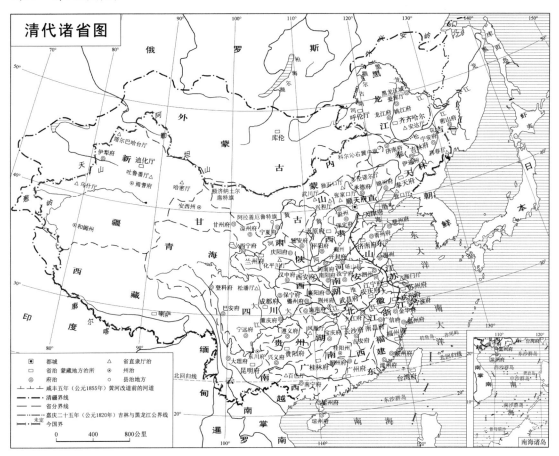

省则夹处于黄河、长江之间，应各得其半。这样显然是黄河流域不如其以南各地了。金元之际，黄河流域遭受摧残最为残酷，无怪分省不多了。明朝的两直隶及十三布政使司，黄河流域仅居其五，长江和珠江流域却有十。到了清朝，这几条河流域共有十八个行省，黄河流域只有六省，长江和珠江流域却有十二行省，依然是相差悬殊。台湾设省后，当然更会增加长江和珠江流域的比重。这样的差别，除过明朝的黄河流域被元人破坏之后还需要恢复之外，也充分显示出不同地区不同的发展结果。

到了民国初年，关于省的区划大率皆因于清人之旧。其有异于前代的，也略有几项：其一是在民国二年（公元1913年）改以前设于京师及其附近的顺天府为京兆地方；其二在一些省与周边民族地区之间设立特别区域。这样特别区域共有四处，即绥远、热河、川边和察哈尔。民国二年始以山西省北部归化城等直隶厅和内蒙古伊克昭盟和乌兰察布盟建立绥远特别区域。次年，又以直隶省北部承德、朝阳、赤峰等府州及内蒙古昭乌达、卓索图二盟建立热河特别区域。其年又以川边、滇边毗邻西藏等处划为川边特别区域，又以直隶省的独石、张北、多伦等地和绥远东部一些县以及内蒙古锡林格勒盟、察哈尔部设立察哈尔特别区域。当时还废除了省以下的府、厅、州等设置的制度。

后来到民国十七年（公元1928年），原来设置的四个特别区域都改为省，其中川边特别区域还改名为西康省。就在这一年，还新设立了宁夏省和青海省。同年，又并京兆入直隶，并改直隶为河北省。当时还曾设立过直属中央的市。这样的市有六个：设于民国十六年（公元1927年）的为首都（指南京）和上海两市，设于民国十七年（公元1928年）的为北平（即北京）和天津两市，设于民国十八年（公元1929年）的为青岛市，设于民国二十二年（公元1933年）的为西安市。

新中国成立以来，百废俱举，新猷日增，地方区划亦多有改革，举其荦荦大者，则有如下各端：首先是确定建都于北京，接着就是建立北京、上海、天津三个直辖市。以前的旧省经过调整，废除了不适宜的绥远、察哈尔、热河和西康四省。新中国成立之初，曾一度设立过平原省（公元1949—1952年），1988年更设立了海南省。为了照顾少数民族，又创立了自治区的制度，1947年始设立内蒙古自治区，1955年，设立新疆维吾尔自治区，1958年，设立广西壮族自治区和宁夏回族自治区，1965年，又设立西藏自治区。另外还设立有关各族的自治州或自治县。

就在这一时期，对于一些省与省之间的区划和疆界也作了调整，其最为明显重要的，则在河北和河南、吉林和黑龙江、广东和广西诸省区之间。自明清以来，河北（当时的直隶）和河南两省之间的疆界一直是犬牙相错，互有出入。南乐、清丰、濮阳（当时的开州）和东明、长垣诸州县皆属河北省，武安和涉县皆属河南省，新中国成立之初，才改变了这样的畸形状态。前面曾经说过，清代的黑龙江省的西界达到额尔古纳河，而南以松花江与吉林省为界。自内蒙古自治区成立之后，黑龙江省的西界仅至于嫩江，嫩江源头之北，仅有漠河和塔河两县，齐齐哈尔市之西和西南，也仅有甘南、龙江和泰来三县。可是它的东南部却越过松花江，辖有原属于吉林省的双城、五常、宁安、东宁诸县及其东北各地，直至乌苏里江。广东和广西两省区东西毗连，广东省西疆本来有十万大山，这就使广西与海相隔。新中国成立后，以钦州、合浦、灵山、北海诸县改隶广西壮族自治区，改变了当地的交通情况。海南省的建立也使广东省的辖境有所改变。

应该顺便指出，一些省区的治所在新中国成立之后由于交通或其他的原因，也都有所改变。河北省会由天津市移至石家庄市，吉林省会由吉林县移至长春市，黑龙江省会由齐齐哈尔移至哈尔滨市，江苏省会由镇江县移至南京市，安徽省会由怀宁县移至合肥市，河南省会由开封市移至郑州市。[①]这样的改革变迁，国家人民都会感到方便。

---

① 广西省治所于民国年间已移至邕宁，即今南宁市。

第五节　分裂割据时期的疆土

我国历史上在统一王朝之际还夹杂着一些割据时期。战国时称雄的诸侯相互并立，各自为政，不相上下。当时的周王朝虽已屡弱无力，犹艰辛支撑，因而称雄的诸侯间还不至于就成为分裂割据的时期。后来魏、蜀、吴三国的鼎立，十六国的起伏，南北朝的对立，五代十国的并峙，都和战国时不尽相同，亟应分别论述其各自疆土的变迁和内部区划的异同。

一、魏、蜀、吴三国的鼎立

这一时期起于魏文帝黄初元年（公元220年）至晋武帝太康元年（公元280年）平吴，前后共六十一年。（附图一《三国鼎立图》）

魏国的疆土奄有东汉时的黄河流域及其附近各地。其西南隔秦岭与蜀对立，南有汉水的中游，东南越过淮水，达到巢湖之南。蜀汉则有今陕西省的南部和甘肃省的东南部，还有今四川、云南两省和贵州省的大部。吴国据有长江的三峡以东各地，虽兼有江北一些土地，然不过汉水下游和巢湖以南。其南且远至位于今越南中部的九真、日南两郡。

这一时期，魏、蜀、吴三国依然遵循两汉的旧规，各国都保持州的制度。魏国有东汉的冀、并、幽、凉、兖、豫、青、徐八个州[①]，魏国都于洛

---

① 这八州中，并州治晋阳（今山西太原市西南），幽州治蓟（今北京市），青州治临淄（今山东淄博市临淄城），这三州仍沿东汉的旧规。其余各州则有所改变：冀州东汉时治高邑，魏时改在信都（今河北冀县）；凉州东汉时治陇县，魏时改在武威（今甘肃武威县）；兖州东汉时治昌邑，魏时改在廪丘（今山东郓城县西北）；豫州东汉时治谯县，魏时改在安城（今河南正阳县东北）；徐州东汉时治郯县，魏时改在下邳（今江苏邳县南）。

图一　三国鼎立图

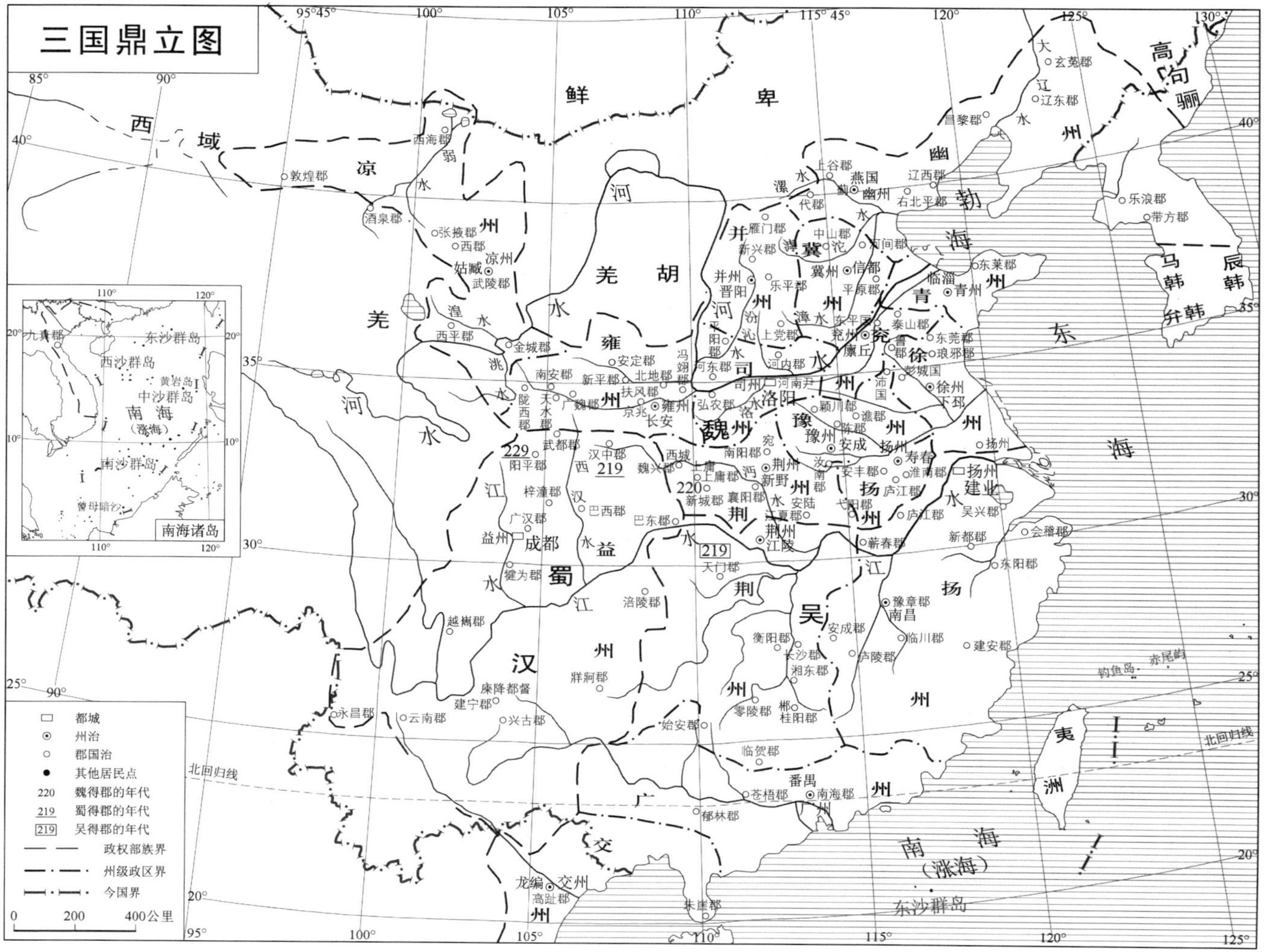
三国鼎立图
魏州
洛阳
长安
成都
建业
蜀
吴
鲜卑
西域
羌
羌胡
高句骊
马韩
辰韩
弁韩
东海
南海
（涨海）
东沙群岛
南海诸岛
西沙群岛
中沙群岛
黄岩岛
南沙群岛
曾母暗沙
都城
州治
郡国治
其他居民点
220　魏得郡的年代
219　蜀得郡的年代
219　吴得郡的年代
政权部族界
州级政区界
今国界
0　200　400公里

阳。东汉时洛阳为司隶校尉部的治所，魏时这一区划略有调整。①司隶校尉部的名称也改为司州。②东汉时长江中下游本有荆州和扬州。荆州北有今河南省西南部的南阳郡（治宛县，今河南南阳市），而南及耒江流域和北江上游的桂阳郡（治郴县，今湖南郴州市）。扬州北有淮水中游的庐江（治舒县，今安徽庐江县）和九江（治阴陵，今安徽定远县西北）两郡，而南有长江以南的豫章（治南昌，今江西南昌市）和会稽（治会稽，今浙江绍兴市）两郡。三国时，这两州大部为吴国所有，魏国虽也设荆、扬两州，实际上荆州南陲只达到襄阳（治襄阳，今湖北襄樊市）和江夏（治安陆，今湖北云梦县）两郡。③而魏的扬州也只有淮水以南的弋阳（治弋阳，今河南潢川县）、安丰（治安风，今安徽霍丘县西南）、庐江（治六安，今安徽六安县）和淮南（治新城，今安徽合肥市西北）四郡。魏时于旧州之外，还设立了一个雍州（治长安，今陕西西安市西北），主要在泾渭两水流域，还兼有洮水流域一部分的土地。

魏、蜀、吴三国中以蜀的版图最为狭窄。于东汉旧州中仅有益州一州（东汉治雒，今四川广汉县；蜀治成都，今四川成都市）。就是仅有的这一州中，原来汉中郡（治南郑，今陕西汉中市）的东部后来还为魏国所有。④魏国的魏兴（治西城，今陕西安康县）、上庸（治上庸，今湖北竹山县）、新城（治房陵，今湖北房县）三郡就是因此而设立的。⑤吴国于东汉旧州中有荆、扬、交三州。如上所述，荆、扬两州是和魏国共有的，不过吴国据

---

① 东汉时，司隶校尉部共辖河南尹、京兆尹及河内、河东、弘农、左冯翊、右扶风等七郡，魏时司州则辖河南尹、河内、河东、弘农、平阳等五郡。

② 《晋书》卷一四《地理志》，《元和郡县图志》卷五《河南府》。

③ 《三国志》卷二《魏志·文帝纪》："黄初三年五月，以荆、扬、江表八郡为荆州，孙权领牧故也；荆州江北诸郡为郢州。……十月，孙权复叛，复郢州为荆州。"按：魏荆州治新野，今河南新野县。

④ 《三国志》卷四〇《蜀志·刘封传》。

⑤ 《晋书》卷一五《地理志》："文帝以汉中遗黎立魏兴、新城二郡，明帝分新城立上庸郡。"按：《三国志》卷四〇《蜀志·刘封传》，建安二十四年已有房陵、上庸、西城三郡太守，不待魏时始置。魏初只是改西城郡为魏兴郡，见《水经·沔水注》。

有这两州的大部分。①吴国还曾经分交州置广州。②其所统治的实际上成了四州。

二、十六国的起伏

在南北分裂时期中以东晋十六国的变迁最为繁杂。这一时期偏安于江左的东晋为一方，而起伏靡常的十六国从总的形势说来，也可以当作一方。这一时期由晋惠帝永兴元年（公元304年）刘渊据离石（今山西离石县）起，至宋文帝元嘉十六年（公元439年）北魏统一北方，前后共一百三十六年。

十六国中以前赵与成立国最早。前赵立国始于刘渊，当时称为汉国，先后建都于离石（今山西离石县）、左国城（今山西离石县北）、黎亭（今山西壶关县西南）、蒲子（今山西隰县）、平阳（今山西临汾县西南）。③其势力曾东逾太行、嵩洛。④刘曜时迁都于长安（今陕西西安市西北），改国号曰赵⑤，史称前赵（时为晋元帝太兴元年，公元318年）。当时仅有雍州（治长安）等五州。⑥以今地计之，不过陕西、甘肃、宁夏、山西、河南诸省区的各一部分而已。⑦（附图二《前赵形势图》）

---

① 吴荆州治江陵，今湖北江陵县。扬州治建业，今江苏南京市。

② 《晋书》卷一五《地理志》。东汉与吴，交州皆治龙编，吴广州治番禺。龙编在今越南河内，番禺为今广东广州市。

③ 《晋书》卷一〇一《刘元海载记》。

④ 《晋书》卷一四《地理志》：刘元海，"置殷、卫、东梁、西河阳、北兖五州以怀安新附"。《水经·沁水注》："（沁水）又东迳怀城南，又东迳殷城北。……昔刘曜以郭默为殷州刺史，皆缘河诸军事治此。"按：殷州当在今河南获嘉县，卫州当在今河南淇县，皆在太行山东南。

⑤ 《晋书》卷一〇三《刘曜载记》。

⑥ 《晋书》卷一四《地理志》："建兴之后，雍州没于刘聪。及刘曜徙都长安，改号曰赵，以秦凉二州牧镇上邽，朔方牧镇高平，幽州刺史镇北地，并州牧镇蒲坂。石勒克长安，复置雍州。"似刘曜时未设雍州。按：《晋书》卷一〇二《刘聪载记》：聪以曜领雍州牧，则前赵固曾设有雍州也。

⑦ 《晋书》卷一〇三《刘曜载记》：曜以田崧为益州刺史，镇仇池，然是时仇池尚为氐人杨氏所有，非前赵辖地。

图二 前赵形势图

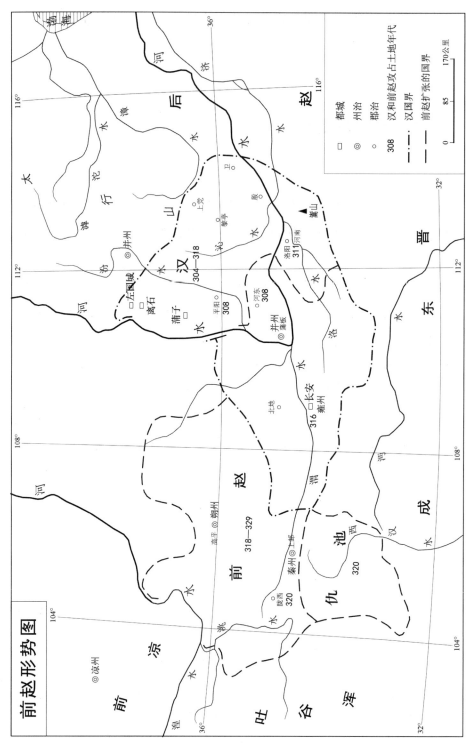

成国以成都（今四川成都市）为都。①其后至李寿时改国号为汉（时在晋成帝咸康四年，公元338年）。成国据有梁（初治晋寿，今四川广元县西南，后移治涪，今四川绵阳市）②、益（治成都）③等五州④。实际上在今四川、云南两省，还兼有陕南的汉中一隅。（附图三《成国形势图》）

这时的后赵（都于襄国，今河北邢台市）⑤，拥有司（治襄国）、洛（治洛阳，今河南洛阳市）、豫（治许昌，今河南许昌县）等十一州。⑥另外，还有一个秦州。⑦约有今山东全省，河北、河南、山西三省大部，陕西、甘肃两省和内蒙古自治区各一部，还有江苏、安徽两省的淮水以北地。其实，后赵的疆域还曾越过了淮水。因为石氏南侵曾占去淮南郡。淮南郡治寿春，就是现在安徽省的寿县，已在淮水之南了。⑧（附图四《后赵形势图》）

---

① 《晋书》卷一二一《李雄载记》："雄自称大都督大将军益州牧，都于郫城。……雄遂克成都。"李雄都于郫城，为时甚为暂短，未可称为一国制度。郫城在今四川郫县北。

② 《资治通鉴》卷九四《晋纪一六》："咸和三年，成主雄以李玝为征北将军，代（李）寿屯晋寿。"又卷九五《晋纪一七》："咸和九年，（李）期以寿为梁州刺史，屯涪。"盖其梁州治所已由晋寿改于涪县。咸和三年、九年为公元328年和334年。

③ 《晋书》卷一四《地理志》。

④ 《资治通鉴》卷八九《晋纪》，成国置有荆州（治巴郡，今重庆市）。成国又有宁州（治建宁郡，今四川曲靖县）和汉州（治所不详）。《晋书》卷一四《地理志》："（宁）州地再为李特所有。其后李寿分宁州兴古、永昌、云南、朱提、越巂、河阳六郡为汉州。咸康四年，分牂柯、夜郎、朱提、越巂四郡置安州。八年，又罢，并宁州。"按宁州于晋成帝咸康八年（公元342年）为晋取去，此后汉国再未收复。宁州治建宁郡，今云南省曲靖县。

⑤ 《晋书》卷一〇四《石勒载记》。

⑥ 后赵所置的十一州，司、洛、豫三州而外，尚有兖（治郓城，今山东郓城县）、青（治广固城，今山东益都县西北）、冀（治信都，今河北冀县）、徐（治彭城，今江苏徐州市）、幽（治蓟，今北京市）、并（治晋阳，今山西太原市西南）、雍（治长安，今陕西西安市）、朔（治朔方，今内蒙古自治区杭锦旗西北）等八州，见《晋书》卷一四、一五《地理志》。

⑦ 《晋书》卷一〇四、一〇五《石勒载记》。秦州治上邽，今甘肃天水市。按：《石勒载记下》有荆州刺史郭敬，又《石季龙载记下》有扬州刺史王恢。似后赵所置又有荆州和扬州。石勒石虎固曾向南侵攻过荆扬二州，并未能完全据有其地。虽置刺史，实际上近于虚名，不足据也。

⑧ 《晋书》卷一四《地理志》："永嘉之乱，豫州沦没石氏，……时淮南入北，乃分丹阳添立淮南郡。"按：西晋时淮南郡治寿春，领县有历阳、全椒、乌江等，皆近在大江北侧，是石氏所有已远在淮水以南了。

图三　成国形势图

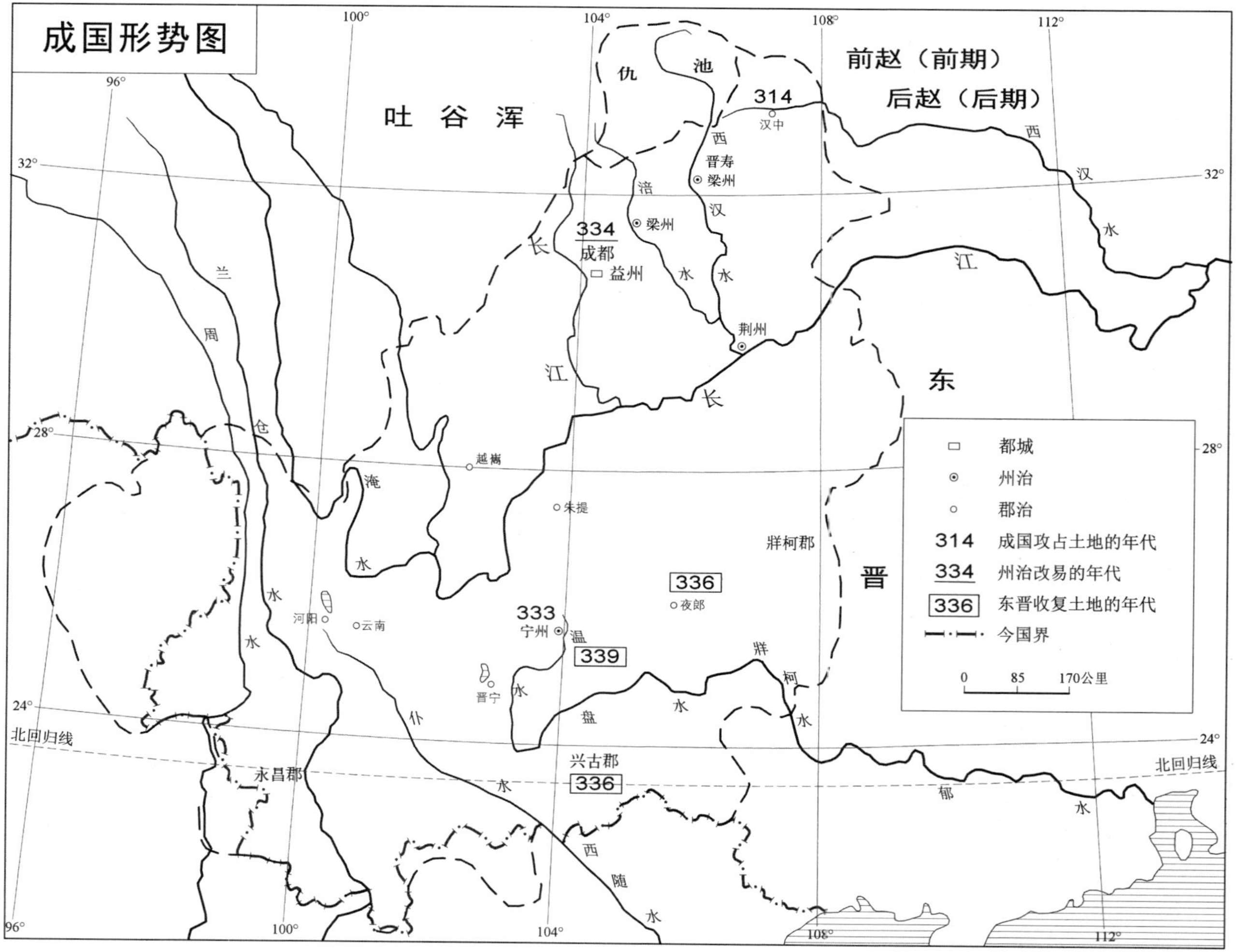
成国形势图
前赵（前期）
后赵（后期）
吐 谷 浑
仇 池
314
汉中
西
晋寿
梁州
涪
汉
梁州
334
成都
益州
水
水
荆州
长
江
长
江
东
晋
西
汉
水
越嶲
淹
水
朱提
牂柯郡
336
夜郎
333
宁州
温
339
晋宁
河阳
云南
兰
周
仓
水
水
仆
水
盘
水
牂
柯
水
兴古郡
336
永昌郡
郁
水
西
随
水
北回归线
北回归线
都城
州治
郡治
314 成国攻占土地的年代
334 州治改易的年代
336 东晋收复土地的年代
今国界
0
85
170公里
96°
100°
104°
108°
112°
32°
28°
24°

图四 后赵形势图

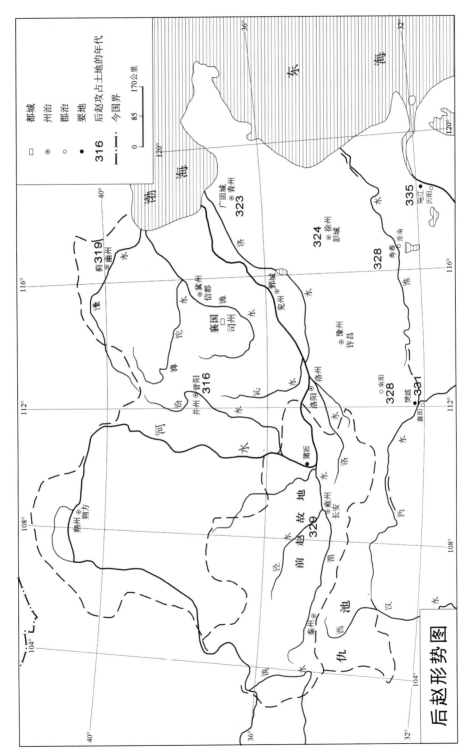

后赵形势图

　　前凉初年仅据有河西，也就是凉州（治姑臧，今甘肃武威县）。[①]后来向西扩展，遣兵越流沙，征伐龟兹、鄯善，于是西域并降，焉耆、于阗亦遣使入贡，疆土达到葱岭，今新疆维吾尔自治区大部分都在控制之列[②]，而且还向南发展越过了黄河。于凉州之外，还置了河、沙等州。[③]（附图五《前凉形势图》）

　　前后两赵先后灭亡后，接着是前燕和前秦的东西对立。前燕立国始于慕容廆。慕容廆初居徒河之青山，寻徙居大棘城。[④]徒河在今辽宁省朝阳市东南[⑤]，大棘城则在今辽宁省义县西[⑥]。慕容皝时迁于龙城[⑦]，寻迁于蓟（今北京市），又迁于邺（今河北临漳县西南）。

　　前燕有平、幽等十一州。[⑧]这些地方大致为今山东省全部，河北、河南、山西三省的大部分和辽宁省的一部分，同时还兼有淮水以北各地。这是说前燕土地已经南越汝水和颍水，只是其北未能达到云中。[⑨]（附图六《前

---

① 《晋书》卷一四《地理志》："（惠帝）永宁中，张轨为凉州刺史，镇武威。……中原沦没，元帝徙居江左，轨乃控据河西，称晋正朔，是为前凉。"

② 《晋书》卷八六《张轨传》附《张骏传》。

③ 前凉所置之州，除凉州外，尚有秦、定、河、沙、商州。秦州（治南安，今甘肃陇西县）置州见《晋书》卷八六《张轨传》附《张茂传》。张茂又置定州。张骏时又分为凉州、河州（治枹罕，今甘肃临夏县）和沙州（治敦煌，今甘肃敦煌县西），张祚又以敦煌郡置商州，皆见《晋书》卷一四《地理志》。

④ 《晋书》卷一〇八《慕容廆载记》。

⑤ 《读史方舆纪要》卷三《历代州域形势》："徒河故城在柳城东百九十里，青山在焉。"柳城故城在今辽宁朝阳市西南。按：西汉时有徒河县，其故城在今辽宁锦州市，则当在柳城的东南，而不在其西也。

⑥ 《读史方舆纪要》卷三《历代州域形势》："棘城在今废大宁卫故柳城东南百七十里。"以道里计之，当在今辽宁义县。

⑦ 《晋书》卷一〇九《慕容皝载记》。按：《载记》，慕容皝改柳城为龙城。

⑧ 前燕有平州（治襄平，今辽宁辽阳市）、幽州（治蓟）、青州（治广固城）和冀州（治信都），见《晋书》卷一四《地理志》。又有中州（治邺，今河北临漳县西南）、并州（治晋阳）、荆州（治鲁阳，今河南鲁山县）和徐州（治彭城），见《晋书》卷一一〇《慕容儁载记》。还有洛州（治洛阳）、豫州（治许昌）、兖州（治鄄城），见《晋书》卷一一一《慕容暐载记》。

⑨ 《读史方舆纪要》卷三《历代州域形势》："慕容燕盛时，南至汝颍，东尽青齐，西抵崤黾，北守云中。"前燕南侵据有淮北各处，这就不能说其南只是以汝颍为限了。当时云中之地已入于拓跋氏，前燕也是未能据有的。

图五 前凉形势图

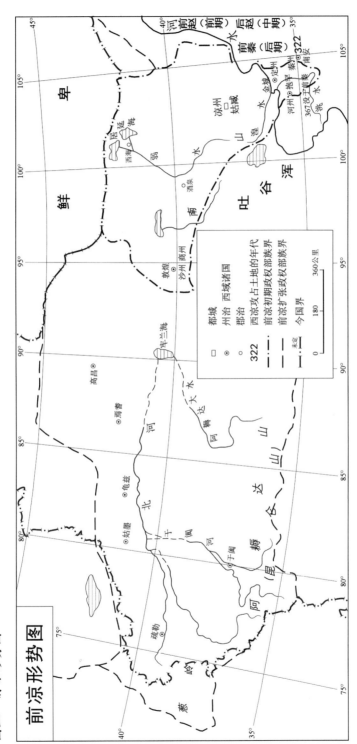

前凉形势图

燕形势图》）

前秦都于长安。其初年有司隶校尉部和豫州等六州①，相当于今陕西省秦岭以北各地，兼有丹江的上游，还有宁夏回族自治区和甘肃省的东部，以及山西、河南两省及内蒙古自治区各一部分。及苻坚时，扫灭前燕，统一黄河流域，又灭前凉和代国，南下并吞巴蜀，隔淮水与东晋对立，为诸国中所少有。当时共设置了二十二州。②

整个十六国时期，只有这时北方才形成统一的局面，与偏安一隅的东晋相对立。也由于前秦的强大，苻坚才企图灭掉东晋，统一长江流域，发起了著名的淝水之战。（附图七《前秦盛时形势图》）

淝水战后，前秦瓦解，东晋乘机收复了淮北一些地方，而汉水上游也直达秦岭。前秦最后灭亡是在晋孝武帝太元十九年（公元394年）。这时分立的政权，以后秦和后燕为最大，其他还有后凉和西秦，而拓跋氏的北魏也起于云中等地。

后秦沿袭前秦的旧规，亦都于长安，唯改长安为常安。③后秦初置司隶校尉部（治常安）、雍州（治安定）、并州、冀州（二州并治于蒲坂）④、秦州（治上邽）⑤。亦曾向东发展，设有豫（治洛阳）、兖（治仓垣，今河

---

① 《晋书》卷一四《地理志》："苻健僭据关中，又都长安，是为前秦。于是乃于雍州置司隶校尉，以豫州刺史镇许昌，秦州刺史镇上邽，荆州刺史镇丰阳，洛州刺史镇宜阳，并州刺史镇蒲坂。"丰阳在今陕西山阳县，宜阳在今河南宜阳县西，蒲坂在今山西永济县西南。

② 《晋书》卷一四、一五《地理志》。苻坚初年，即已分司隶置雍州（治安定，今甘肃泾川县北）。灭燕之后，置幽（治蓟）、平（治龙城，今辽宁朝阳市）、河（治枹罕，今甘肃临夏县）、并（治晋阳）、豫（治洛阳）、兖（治仓垣，今河南开封市西北）、雍（治蒲坂）诸州，并移洛州治丰阳，东豫州治许昌，荆州治襄阳（今湖北襄樊市），徐州治彭城，又置冀州（治邺）、青州（治广固城，今山东益都县）、扬州（治下邳，今江苏邳县南）、凉州（治姑臧，今甘肃武威县）、益州（治成都）、梁州（治汉中）。又据《晋书》卷一一三《苻坚载记》，当时还置有南兖州（治湖陆，今山东鱼台县南）、南秦州（治仇池，今甘肃成县西）。当时还要有宁州（治垫江，今四川合川县），见洪亮吉《十六国疆域志》卷四《前秦》。连同以前，共二十二州。

③ 《晋书》卷一一六《姚苌载记》。

④ 《晋书》卷一四《地理志》。

⑤ 《晋书》卷一一六《姚苌载记》："（苌）拜弟硕德都督陇右诸军事征西将军秦州刺史。镇上邽。"又卷一一七《姚兴载记》："以硕德为秦州牧，领护东羌校尉，镇上邽。"

图六　前燕形势图

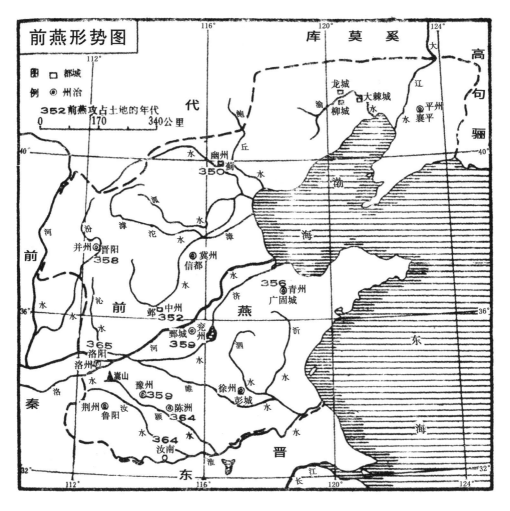

图七 前秦盛时形势图

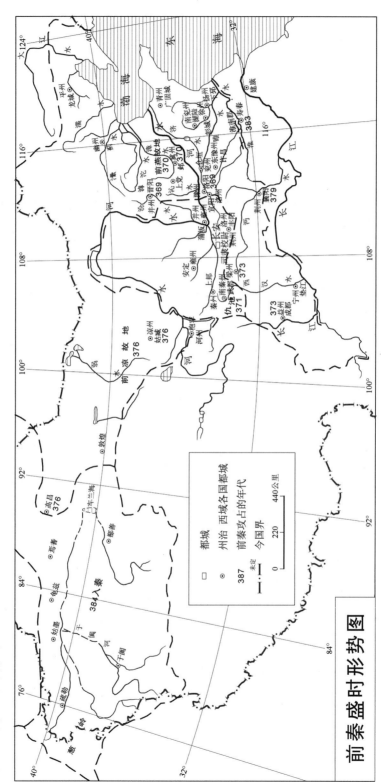

前秦盛时形势图

南开封市西北）二州①，又设有荆州（治上洛，今陕西商县）②和徐州（治项城，今河南项城县）③，亦曾设有梁州（治南郑）和南梁州（治武兴，今陕西略阳县）④、南秦州（治仇池）⑤。这几个州是后秦和东晋以及氐人的战争之际设立的，为时都非很长。后秦在与西秦的战争中曾经取得过胜利，因而也曾设置过河州（治枹罕）。⑥晋安帝时，后秦灭后凉，因于其地置凉州。⑦虽历时未久，凉州又复为南凉夺去，亦可以见其时疆土的广大。据说，在后秦盛时，"其地南至汉川，东逾汝颍，西控西河，北守上郡"⑧。这样的说法也略近于实际情况。（附图八《后秦形势图》）

后燕都于中山（今河北定县）⑨，所置的州有司州（治中山）⑩等九个州⑪。以现在的地理说，相当于山东全省，河北、山西、河南和辽宁等省的大部分。后燕自慕容宝时，见逼于魏，迁归和龙，自幽州以南皆入于魏。及慕容熙主政，亦置幽（治令支，今河北迁安县）、青（治新城，在柳城

---

① 《晋书》卷一四《地理志》。

② 《晋书》卷一一七《姚兴载记上》："晋顺阳太守彭泉以郡降兴，兴遣……其荆州刺史赵曜迎之。"

③ 《晋书》卷一一九《姚泓载记》："（泓将）徐州刺史姚掌以项城降（檀）道济。"

④ 《晋书》卷一一八《姚兴载记下》："晋平北将军梁州督护符宣入汉中，兴遣梁州别驾吕营，汉中徐逸、席难起兵应宣，求救于杨盛，盛遣军临洛口，南梁州刺史王敏退守武兴。"

⑤ 洪亮吉《十六国疆域志》卷五《后秦》："后秦南秦州，《晋书·载记》及《后秦录》虽无可考，然所统武都、仇池等郡皆见著录，则亦沿符秦之旧可知。"

⑥ 《晋书》卷一一七《姚兴载记》："兴以乞伏乾归为河州刺史。"

⑦ 后秦取得凉州为晋安帝元兴二年（公元403年）事，见《资治通鉴》卷一一三《晋纪》。后至安帝义熙二年（公元406年），凉州又为南凉秃髪傉檀取去，见《资治通鉴》卷一一四《晋纪》。

⑧ 《读史方舆纪要》卷三《历代州域形势》。

⑨ 《晋书》卷一二三《慕容垂载记》。

⑩ 《资治通鉴》卷一〇八《晋纪》："太元十九年，燕慕容垂留清河公会镇邺，发司、冀、青、兖兵，遣太原王楷出滏口。"据此，则后燕应有司州。洪亮吉《十六国疆域志》卷一二："前燕改司州置中州，领魏、广平、阳平诸郡。符秦时，三魏又并属冀州。今考慕容宝以冀州牧镇邺，则三魏仍属冀州可知。"因而不列司州。按：以前诸王朝皆以都城置司州，则后燕的司州当在其都城中山。而洪《志》以中山尹属冀州，疑非是。

⑪ 后燕于司州外，曾设有冀州（治信都）和幽州（治蓟），见《晋书》卷一四《地理志》及卷一二三《慕容垂载记》；又设有兖州（治东阿，今山东东阿县西南）、徐州（治琅琊郡，今山东临沂县）及青州（治历城，今山东济南市），见《资治通鉴》卷一〇七《晋纪二九》；还设有雍州（治长子，今山西长子县）和并州（治晋阳），见《资治通鉴》卷一〇八《晋纪三〇》；更设有平州（治平郭，今辽宁盖县南），见《资治通鉴》卷一〇六《晋纪二八》。

图八　后秦形势图

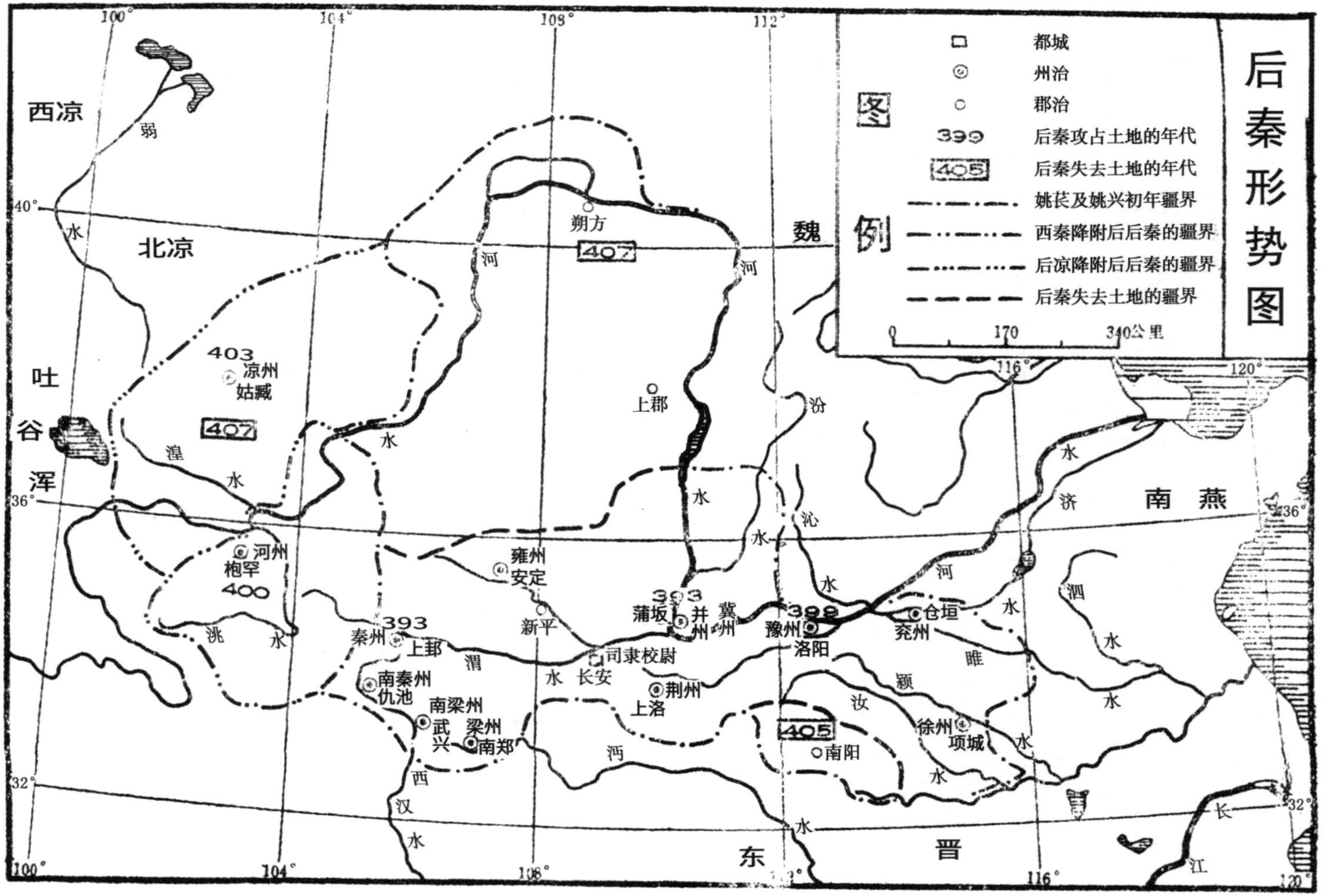

后秦形势图
图例
都城
州治
郡治
399 后秦攻占土地的年代
405 后秦失去土地的年代
姚苌及姚兴初年疆界
西秦降附后后秦的疆界
后凉降附后后秦的疆界
后秦失去土地的疆界
0
170
340公里
西凉
北凉
吐谷浑
魏
南燕
东晋
弱水
湟水
洮水
河
汾
沁水
济水
泗水
睢水
颍
汝
水
渭水
沔
西汉水
长江
403
凉州
姑臧
407
河州
枹罕
400
朔方
上郡
雍州
安定
新平
393
蒲坂
并州
冀州
398
豫州
洛阳
仓垣
兖州
秦州
上邽
南秦州
仇池
南梁州
武兴
梁州
南郑
司隶校尉
长安
荆州
上洛
南阳
徐州
项城

之东，柳城在今辽宁朝阳市西南）、并（治凡城，今河北平泉县南）、营（治宿军，今辽宁朝阳市东北）、冀（治肥如，今河北卢龙县北）诸州。[①]高云则以幽冀二州合治肥如，并州治白狼（今辽宁喀喇沁左旗蒙古族自治县）。[②]盖均局踏一隅，假中原大州之名，势同侨置，聊以自娱云尔。[③]（附图九《后燕形势图》）

当后秦兴起时，西秦亦起于渭水上游和洮水流域，还兼有今兰州附近的一些地方，都于勇士等处。[④]西秦初年虽曾频置州牧，不过局踏于河陇之间[⑤]，并非实指。可以指其确地的，仅是秦州[⑥]和东秦州（治南安，今甘肃陇西县）[⑦]。西秦于晋安帝隆安四年（公元400年）一度倾覆，至晋安帝义熙五年（公元409年）复国，然亦仅限于洮水流域，不过河州一州之地而已。[⑧]（附图十《西秦形势图》）

在前秦盛时，吕光曾奉命经营西域，攻破龟兹（今新疆维吾尔自治区库车县），西域王侯降者三十余国，盖已达于葱岭矣。[⑨]淝水战后，吕光据有河西，称为后凉。后凉所置亦仅凉州一州。[⑩]（附图十一《后凉形势图》）

当前秦未建立以前，鲜卑拓跋什翼犍亦在阴山之南盛乐（今内蒙古自治

---

① 《晋书》卷一四《地理志》："（慕容）宝又迁于和龙，自幽州至于庐溥镇以南地入于魏。慕容熙以幽州刺史镇令支，青州刺史镇新城，并州刺史镇凡城，营州刺史镇宿军，冀州刺史镇肥如。"

② 《晋书》卷一四《地理志》。

③ 慕容宝奔还和龙，在晋安帝隆安元年（公元397年），慕容熙当燕政，在隆安五年（公元401年），高云主燕在晋安帝义熙三年（公元407年）。

④ 西秦都城曾数度迁徙，然皆在今甘肃省内。计有勇士（今榆中县东北）、金城（今兰州市）、西城（当即勇士城）、苑川（在勇士城东）、度坚山（今靖远县西南）、谭郊（今临夏县西北）、枹罕（今临夏县）。

⑤ 《资治通鉴》卷一〇七《晋纪》胡注。

⑥ 《晋书》卷一二五《乞伏国仁载记》："以太元十年自称大都督大将军大单于领秦河二州牧，……置武城、武阳、安固、武始、汉阳、天水、略阳、湿川、甘松、匡明、白马、苑川十二郡，筑勇士城以居之。"按：国仁初起，所据地只有苑川附近，所谓十二郡自是夸大之辞，就是河州也非其版图所及。秦州则置于勇士城。

⑦ 《资治通鉴》卷一〇七《晋纪》胡注。

⑧ 《晋书》卷一二五《乞伏炽磐载记》。

⑨ 《晋书》卷一二二《吕光载记》。

⑩ 《晋书》卷一二二《吕光载记》。

图九　后燕形势图

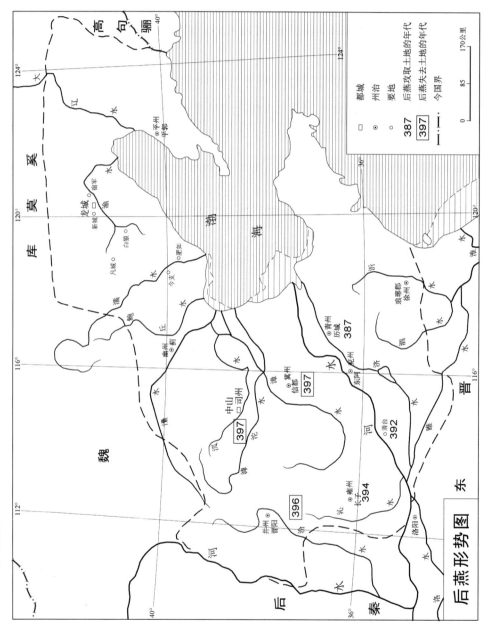

后燕形势图

图十　西秦形势图

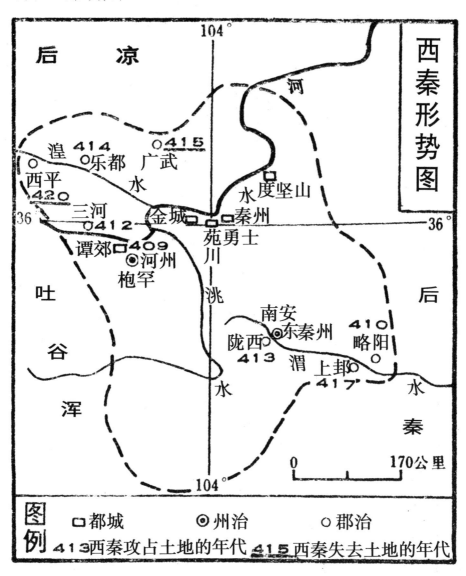

图十一　后凉形势图

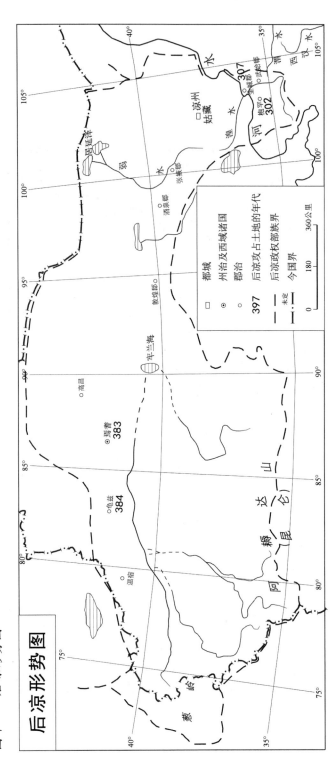

后凉形势图

区和林格尔县北）建立政权，称为代国。代国之时，尚未设立州郡。至拓跋珪改称魏国（晋孝武帝太元十一年，魏道武帝登国元年，公元386年），并迁都于平城（今山西大同市）后，始稍稍见诸记载。当时所置的州可以称道的，计有司、相等七州。①相当于今河北、山西两省的大部分，河南省及内蒙古自治区的一部分。北魏后来统一北方，所设州郡亦间有调整，这将在后文另行论述。（附图十二《北魏初年形势图》）

后燕衰弱东徙后，慕容德自立于广固（今山东青州市西北），是为南燕。南燕设置了青州等五个州，皆在今山东省境内。②青州本治广固，东移于东莱后，因于广固城别置燕都尹。③（附图十三《南燕形势图》）

北燕远处于渤海之北，却还设置了一个司隶校尉。④北燕都于龙城，司隶校尉当设于龙城。此外还设有幽、冀等州。⑤四燕中以北燕疆域最为狭小，仅有辽宁省辽水以西迄于河北省东北一隅之地。（附图十四《北燕形势图》）

当时据有今陕北、内蒙古自治区和宁夏回族自治区接壤处的夏国，在后秦灭亡后，曾向南扩展据有关中，然在晋安帝义熙五年（公元409年）时，

---

① 《魏书》卷一〇六《地形志》。北魏初年所置的州为司州（治平城，今山西大同市）、相（治邺）、定（本为安州，后改为定州，治卢奴，今河北定县）、冀（治信都，今河北冀县）、并（治晋阳）、幽（治蓟）、平（治肥如）等七州。按：《资治通鉴》卷一一一《晋纪》："魏主珪以穆崇为豫州刺史，镇野王。"胡注："秦既克洛阳，魏置镇于野王，以备其渡河侵轶。"其时魏且有豫州刺史长孙肥，见《资治通鉴》卷一一二《晋纪》。野王，今河南沁阳县。《魏书》卷一〇六《地形志》，野王，属河内郡，而河内郡属怀州。本注：怀州，天安二年置。天安为魏献文帝年号，其年为公元467年，北魏早已统一黄河流域。又按：魏有兖州刺史长孙肥，见《资治通鉴》卷一一二《晋纪》隆安五年。胡注："魏未得兖州也，使肥以兖州刺史南略地耳。"

② 《晋书》卷一五《地理志》："（青州，东晋）置幽州，……镇广固。隆安四年为慕容德所灭，遂都之，是为南燕，复改为青州。德以并州牧镇阴平，幽州刺史镇发干，徐州刺史镇莒城，青州刺史镇东莱，兖州刺史镇梁父。慕容超移青州于东莱郡。"按：青州本治广固城，慕容超始移于东莱。《志》以青州之移在慕容德时，为不辞矣。南燕五州皆在今山东省：阴平在今枣庄市西南，发干在今旧堂邑县西南，莒城在今莒县，梁父在今泰安县南，东莱今为掖县。隆安四年为公元400年。

③ 《晋书》卷一五《地理志》。

④ 《资治通鉴》卷一一四《晋纪三六》。

⑤ 北燕设有幽（治肥如）、冀（与幽州同治）、并（治白狼）三州，见《资治通鉴》卷一一四《晋纪三六》，又有平州和青州，见《资治通鉴》卷一一五《晋纪三七》，平、青二州治所无考。

图十二　北魏初年形势图

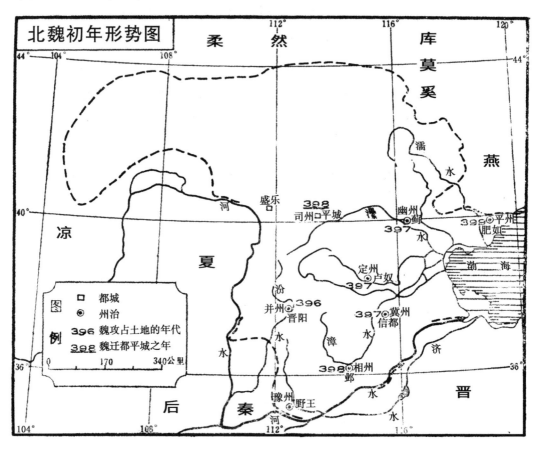

图十三 南燕形势图

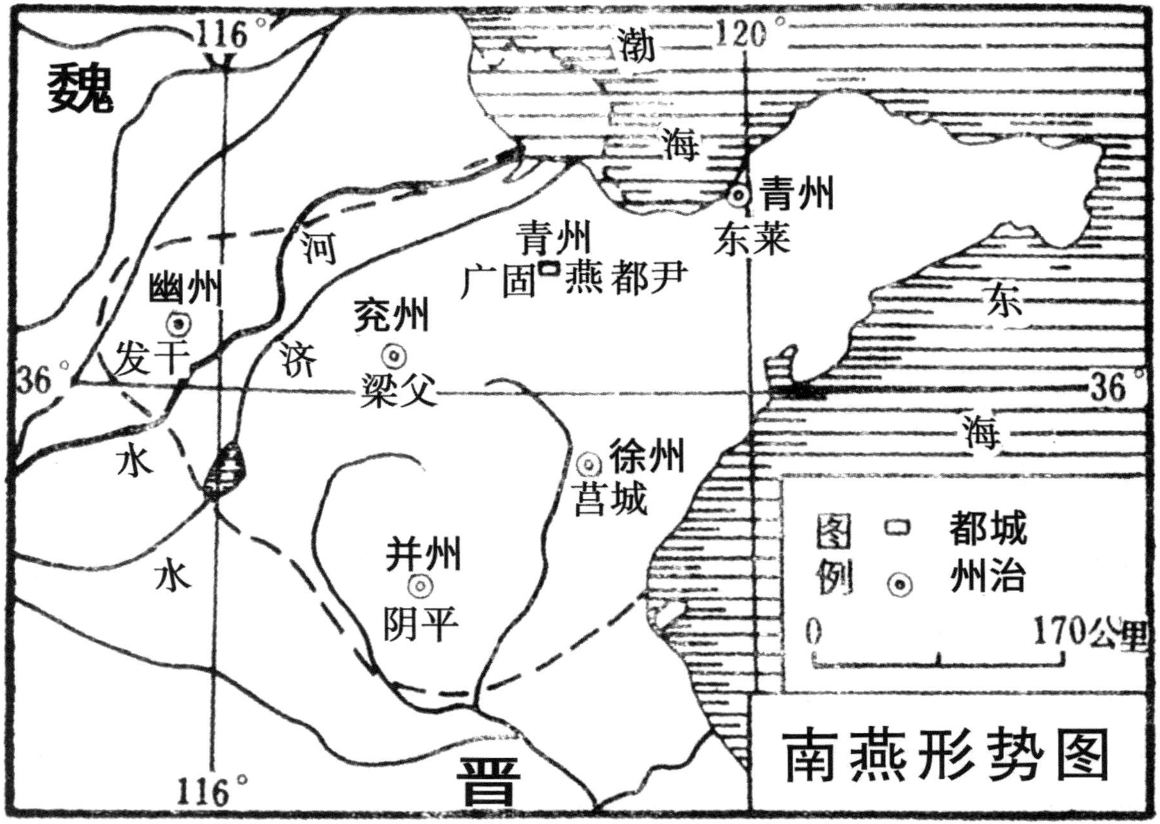

图十三 南燕形势图

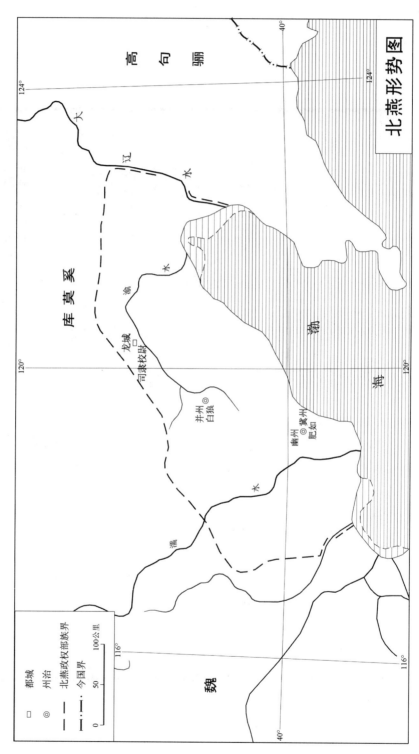

图例
□　都城
◎　州治
— — —　北燕政权部族界
—·—·—　今国界

0　　　50　　　100公里

高句骊

大

江

水

库莫奚

渝

水

龙城
司隶校尉

并州
白狼

幽州
冀州
肥如

滱

水

濡

水

勃

海

魏

北燕形势图

却只建置了一个幽州。幽州治大城①，而大城即后来作为夏国都城的统万城②，亦即现在陕西省靖边县北的白城子。其后取得关中，州的建置因而增多。③其所据地有今陕西省秦岭以北直至其北的阴山和宁夏回族自治区，还兼有陇东和晋西南等地。（附图十五《夏国形势图》）

至于河西的南、北、西三凉，版图大小虽各不相同，却都称雄一隅。南凉先后都于廉川（在今青海西宁市西南）、乐都（今青海乐都县）、西平（今青海西宁市）、姑臧。南凉盛时，东自金城，西至青海，南有河湟，北有广武。④广武在今甘肃省永登县。虽曾取得姑臧，亦仅据有数年，即为北凉取去。（附图十六《南凉形势图》）

西凉初都于敦煌，后迁到酒泉。⑤其疆土东虽仅至酒泉之东，西则至于玉门以西诸城。⑥（附图十七《西凉形势图》）

北凉以张掖为都，后迁于姑臧。⑦其地东至于河湟，而西至于鄯善（今新疆维吾尔自治区若羌县）、高昌（今新疆维吾尔自治区吐鲁番县东南）、且末（今新疆维吾尔自治区且末县）。⑧（附图十八《北凉形势图》）

---

① 《晋书》卷一一四《地理志》。

② 《水经·河水注》。

③ 赫连勃勃所建置的州，除幽州外，尚有朔（治三城，今陕西延安市）、秦（治杏城，今陕西黄陵县西南）、雍（治阴密，今甘肃灵台县西）、并（治蒲坂）、梁（治安定）、北秦（治武功，今陕西武功县北）、豫（治李闰堡，今陕西蒲城县东北）、荆（治陕，今河南三门峡市西）等州。见《晋书》卷一一四《地理志》。

④ 《读史方舆纪要》卷三《历代州域形势》。

⑤ 《资治通鉴》卷一一二《晋纪三六》："北凉晋昌太守唐瑶，……推李暠为冠军大将军沙州刺史凉公，领敦煌太守。"又卷一一四《晋纪三六》："西凉公暠自称大将军大都督秦凉二州牧。……遂迁于酒泉。"是西凉设有沙州和秦凉二州。

⑥ 《晋书》卷八七《凉武昭王传》。

⑦ 《晋书》卷一二九《沮渠蒙逊载记》：（义熙七年，蒙逊）又以从祖益子为镇京将军护羌校尉秦州刺史镇姑臧，俄而蒙逊迁于姑臧。是北凉曾设秦州，然未久即已废省。《资治通鉴》卷一二三《宋纪五》，沮渠蒙逊子牧犍时曾置沙州于酒泉，秦州于张掖。

⑧ 《魏书》卷九九《卢水胡沮渠蒙逊传》。

图十五 夏国形势图

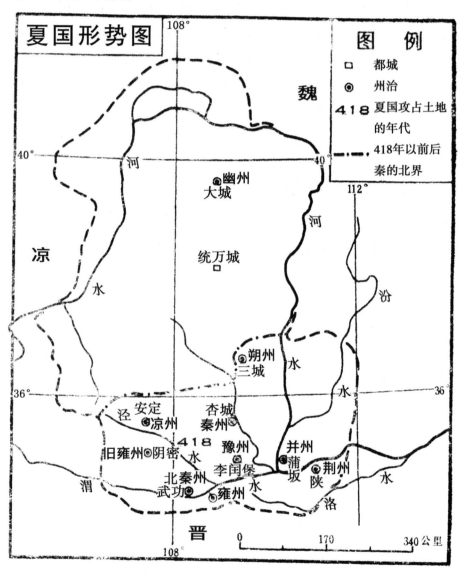

图十六　南凉形势图

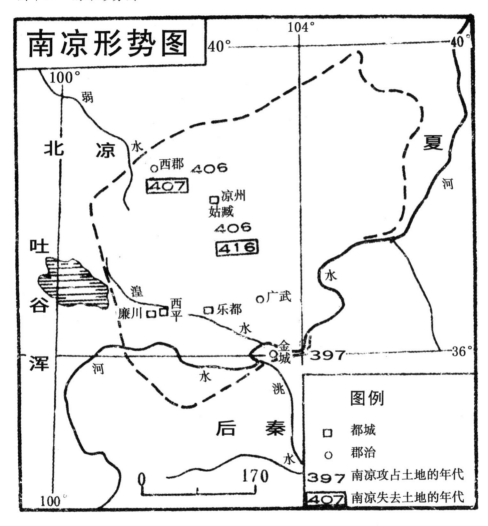

南凉形势图

图例
□ 都城
○ 郡治
397 南凉攻占土地的年代
407 南凉失去土地的年代

图十七 西凉形势图

西凉形势图

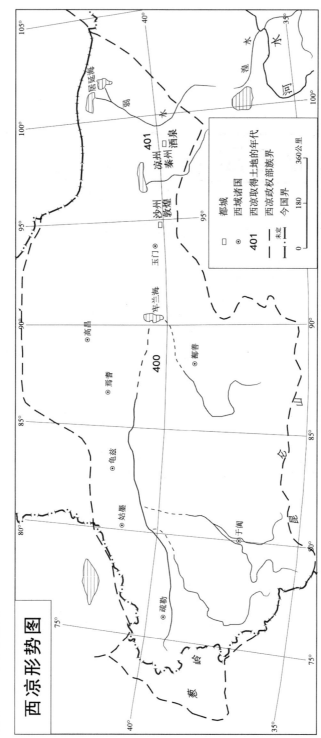

图例
□ 都城
⊙ 西域诸国
401 西凉取得土地的年代
—— 西凉政权部族界
—·— 今国界

0   180   360公里

居延海
弱 水
凉州 401 口酒泉
秦州
沙州 口
敦煌
玉门 ⊙
牢兰海
高昌 ⊙
鄯善 ⊙
400
焉耆 ⊙
龟兹 ⊙
姑墨 ⊙
于阗 ⊙
昆 仑 山
疏勒 ⊙
葱 岭

渭 水
泾 水
河

图十八　北凉形势图

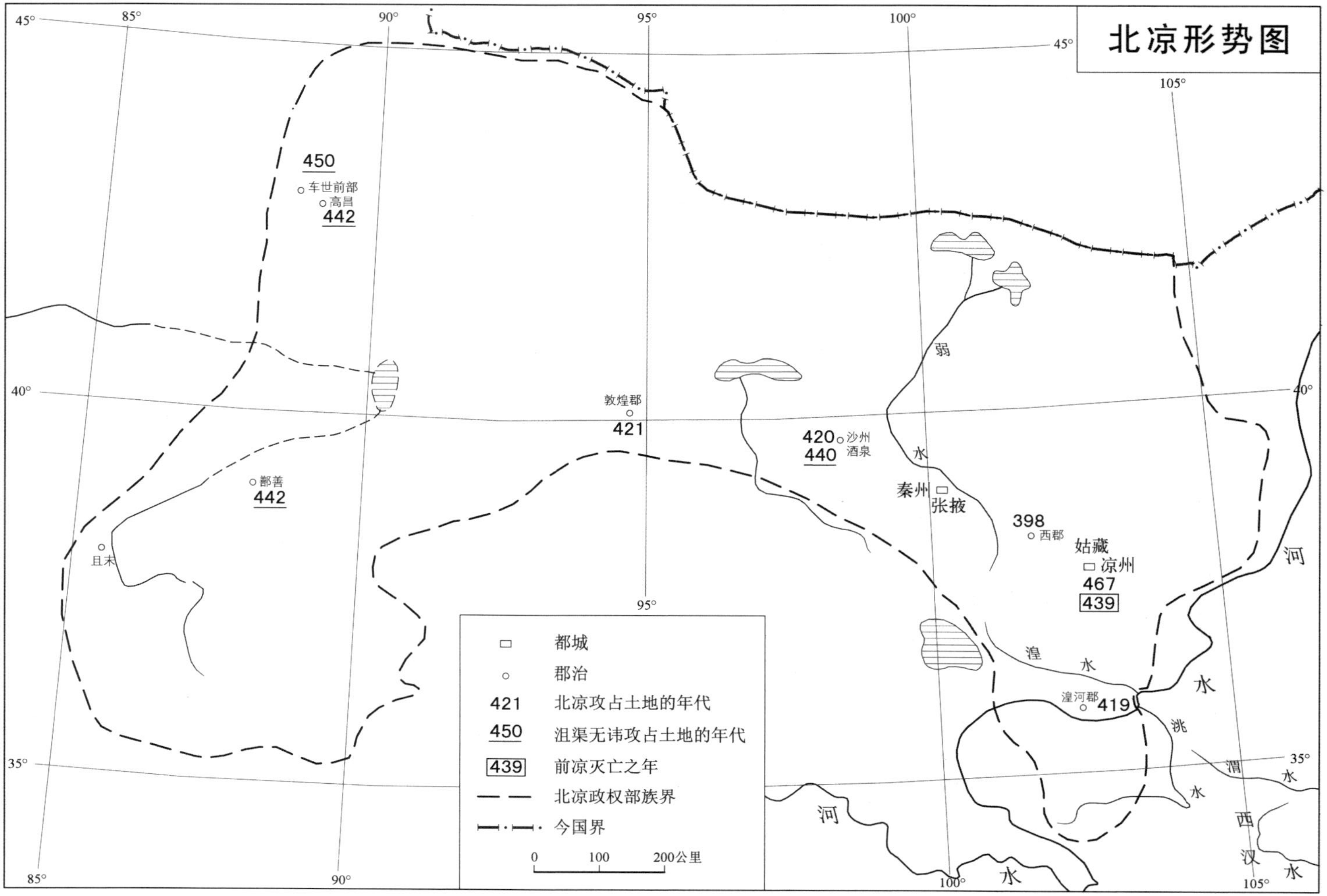
北凉形势图
450
车世前部
高昌
442
鄯善
442
且末
敦煌郡
421
420
沙州
酒泉
440
弱
水
秦州
张掖
398
西郡
姑臧
凉州
467
439
湟
水
湟河郡
419
洮
水
渭
水
西
汉
水
河
水
河
水
都城
郡治
421 北凉攻占土地的年代
450 沮渠无讳攻占土地的年代
439 前凉灭亡之年
北凉政权部族界
今国界
0
100
200公里

三、偏安江左的东晋

永嘉乱起，洛京鼎沸，中原人士流离逃亡，南趋于江淮之间，更进而渡江而南。这时晋室也就偏安江左。其时所能统辖的只有扬、荆、湘、江、梁、益、交、广诸州和徐州的大半，至于豫州则仅保持谯城而已。[①]这是说徐、豫两州皆仅有淮水以南的土地，淮水以北就仅仅保持一个相当于现在安徽省亳县的谯城。不过就在十六国的初期，胡马南牧，有时也曾经渡淮而南，江左王朝辄为之不安。[②]其后刘裕北伐，不仅取得淮北一些州郡，徐州（治彭城，今江苏徐州市）的彭城、沛郡、下邳、东海诸郡[③]，豫州的颍川、陈郡、谯郡、汝南诸郡[④]，皆先后复为晋人所恢复。刘裕北伐，关中虽得而复失，南燕所据诸州却全部归来。原来的青州也因之而归还本土，治于东阳城（今山东青州市）。[⑤]

长江上游的变迁亦颇不少，十六国初期，成汉即割据蜀中，晋人就只好西守三峡。成国既灭，晋人虽得收复故土，然前秦时，巴蜀仍为所据。前秦瓦解后，谯纵亦曾作短时期的割据，最后晋人再度取得了巴蜀。

---

① 《宋书》卷三五《州郡志·序》。按：江州置于晋惠帝时，治南昌，今江西南昌市。湘州置于晋怀帝时，治临湘，今湖南长沙市，见《晋书·地理志》。谯城在今安徽亳县。

② 《宋书》卷三五《州郡志》："中原乱，胡寇屡南侵，淮南民多南渡，成帝初，苏峻、祖约为乱于江淮，胡寇又大至，民南渡江者转多。"

③ 《宋书》卷三五《州郡志》："徐州刺史，……魏、晋、宋治彭城。明帝世，淮北没寇。"按：徐州的淮北有沛郡、下邳、东海诸郡。《州郡志》于东海太守下又说："明帝失淮北，侨立青州于赣榆县。"赣榆县在今江苏赣榆县南，则宋明帝失淮北时，赣榆固仍未失去也。

④ 《宋书》卷三六《州郡志》："豫州刺史，……永初郡国，何、徐，寄治睢阳，而郡县在淮西。"按：《州郡志》所列豫州属郡有汝南、新蔡、谯郡、梁郡、陈郡、南顿、颍川、汝阳、汝阴、陈留诸郡。既然这几郡都见于《永初郡国》，也应该是晋末的旧疆土。

⑤ 《宋书》卷三六《州郡志》："青州刺史，……安帝义熙五年，平广固，北青州刺史治东阳城，而侨立南青州如故，后省南青州，而北青州直曰青州。"

　　和巴蜀息息相关的为汉水上游。但成汉李氏据有巴蜀时，也就据有汉水上游，李氏灭后，又为仇池杨茂搜所据有①，及谯纵据蜀，汉中遂再失去。其梁州刺史东治于魏兴（今陕西安康县）。谯纵灭后，梁州刺史才得还治汉中的苞中县（今陕西汉中市）。②

　　就是汉水中游，东晋也难得一直保持得住。前秦初期，曾于丰阳（今陕西山阳县）置荆州。苻坚时，移洛州居于丰阳，荆州刺史则治于襄阳（今湖北襄樊市）。③丰阳距汉水尚远，襄阳则濒于汉水中游。宋初郡国，雍州所领仍有南阳（治宛，今河南南阳市）、顺阳（治南乡，今河南淅川县西南）、新野（治新野，今河南新野县）。④东晋后期当亦如此。这几个郡已远在丹水和淯水流域，较之襄阳更在北了。（附图十九《东晋形势图》）

四、侨州郡县制度的创立及其演变

　　东晋偏安江左时，北方的司、冀、雍、凉、青、并、兖、豫、幽、平诸州的遗民纷纷南渡，并侨置牧司。⑤随着州的侨置，当时也侨置了许多郡和县。这就是所谓侨州郡县制度。这个制度的创立，本是东晋由于军事的变化，暂时安置北方流人的一种措施，后来竟为南朝各代所因袭，甚至北朝也

---

① 《晋书》卷一四《地理志》。
② 《宋书》卷三七《州郡志》。
③ 《晋书》卷一四《地理志》。
④ 《宋书》卷三七《州郡志》。
⑤ 《宋书》卷三五《州郡志·序》。按：当时未见有关平州及凉州侨置的记载，《宋志》盖约略言之。

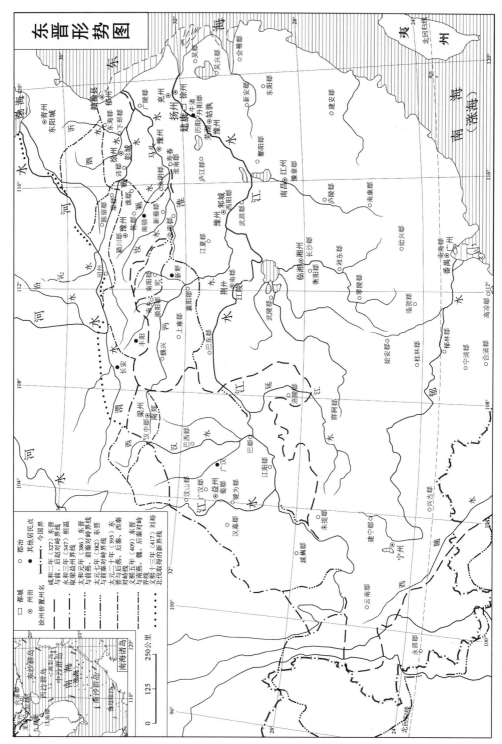

图十九　东晋形势图

有同样的设置。①

　　侨州郡县制度的设置是由于北方遗民南迁。当时黄河下游的流人率多南渡淮水，更由淮南至于江南，中原流人有的趋向东南，亦至于淮水之南，有的则南至荆襄，至于汉水中游，关中陇上的流人又多越秦岭而至于汉水上游和中游。故当时所设置的侨州郡县也多是集中在这些地区。而东晋南朝皆都于建康。建康即今江苏省南京市，濒于江畔，其附近的江南江北，更为流人麇集的处所，故所设置的侨州郡县也就愈为繁杂。

　　《宋书·州郡志》说："晋永嘉大乱，幽、冀、青、并、兖及徐州之淮北流民，相率过淮……其徙江南及留在江北者，并立侨郡县以司牧之。徐、兖二州或治江北，江北又侨立幽、冀、青、并四州。安帝义熙七年（公元411年），始分淮北为北徐，淮南犹为徐州。后又以幽、冀合徐，青、并合兖，武帝永初二年（公元421年）加徐州曰南徐，而淮北但曰徐。文帝元嘉八年（公元431年），更以江北为南兖州，江南为南徐州。……南徐州备有徐、兖、幽、冀、青、并、扬七州郡邑。"这是说，东晋时，这里先有徐、兖、幽、冀、青、并六个侨州。义熙七年后，只有北徐和徐、兖三州。刘宋初年有南徐和徐、兖三州。稍后又成为兖州、南兖州、徐州、南徐州四个州。南徐州在江南，其余三州在江北。②

---

① 《魏书》卷一〇六《地形志》所载北魏各州中，有徐州，还有东徐州、北徐州和南徐州。徐州治彭城（今江苏徐州市），东徐州则治下邳（今江苏邳县南），北徐州治南城（今山东费县西南），南徐州治宿预（今江苏宿迁县南）。有西兖州，又有南兖州。西兖州初治定陶城（今山东定陶县），后徙左城（在今定陶县西南）。南兖州治谯城（今安徽亳县）。有青州，又有南青州。青州治广固城（今山东青州市），南青州治团城（今山东沂水县）。有豫州，又有东豫州。豫州治悬瓠城（今河南汝南县）。东豫州治南新息（今河南息县）。至于郡、县二级，更是不少。这些地方大都是取自南朝，因而就沿袭了南朝的旧规。

② 宋时南徐州治京口（今江苏镇江市）。徐州本治彭城。宋明帝时，侨治钟离（今安徽凤阳县东北），又移治东海朐县（今江苏连云港市），后又还治钟离。南兖州治所亦数移徙。《宋书·州郡志》于南兖州下说："晋成帝立南兖州，寄治京口。时又立南青州及并州，武帝永初元年，省并南兖，文帝元嘉八年，始割江淮间为境，治广陵。"与前引文稍异，姑并列之。南兖州治曾一度徙于盱眙，今江苏盱眙县。兖州治所，本在廪丘，东晋侨治，亦当在广陵。宋武帝平河南，治于滑台，今河南省滑县。其后又先后治于邹山（在今山东邹县）、彭城、瑕丘（今山东滋阳县西）。及于宋末，淮北失守，移治淮阴（今江苏清江市）。

对于迁徙到江左的流人，东晋王朝虽设置许多侨州郡县以相安抚，实际上却期望流人与土著融合在一起，同样也缴纳租赋。建康政权建立十余年后，就开始推行土断。①后来仍继续推行②，历宋③、梁④诸朝，以迄于陈时⑤。在这一段时期中，侨州郡县仍陆续有所建置，不过屡到后来，安抚流民的意义和作用也就愈益淡薄和减弱了。

南齐时的侨州有南徐（治京口）、豫（治寿春）、南豫（治所当循刘宋旧规在宣城）、南兖（治广陵）、北兖（治盱眙）、北徐（治钟离）、青（初治郁洲，后移朐山。郁洲在今江苏连云港市东，当时尚为孤悬海中的岛屿）、冀（亦治郁洲）、司（治义阳，今河南信阳市）、雍（治襄阳）、秦（治南郑，今陕西汉中市）。⑥

梁时的侨州：南徐、南兖、北徐、青、冀、司、雍诸州，州名治所皆同南齐，无所改易。南齐时本有豫州，治于寿春，梁时侯景来降，因置豫州于下蔡（今安徽凤台县）。梁时曾移南豫治于寿春，后仍移回宣城，并改北兖州为淮州，治所亦移于淮阴。梁时亦有秦州，然置于尉氏。尉氏本汉时旧县，在今河南省尉氏县。这里所说的尉氏，仅沿用汉县的名称，实置于今江苏省六合县。则秦州并非侨置，与南齐时不同。梁时所置的，别有东徐州（治下邳）和西徐州（治涡阳，今安徽涡阳县），有南青州（治朐山）和北青州（治所无考），有南梁州（初治西城，今陕西安康县，后移阆中，今四

---

① 《陈书》卷一《武帝纪》："（陈康）……成帝咸和中土断，故为长城人。"咸和共九年，自公元326年至334年。

② 晋成帝咸康六年（公元340年）、晋哀帝兴宁二年（公元364年）皆曾进行过土断。前者见《晋书》卷七《成帝纪》。后者见《晋书》卷八《哀帝纪》，即所谓"庚戌土断"，为桓玄主持下进行的。晋安帝义熙八年（公元412年）在刘裕主持下亦曾进行过一次土断，见《宋书》卷二《武帝纪》。

③ 《宋书》卷六《孝武帝纪》："大明元年，土断雍州诸侨郡县。"大明元年为公元457年。

④ 《梁书》卷二《武帝纪》："天监元年，土断南徐州诸侨郡县。"天监元年为公元502年。

⑤ 《陈书》卷三《世祖纪》："天嘉元年七月乙卯诏曰：'自顷丧乱，编户播迁，言念余黎，良可哀惕，其亡乡失土逐食流移者，今年内随其适乐，来岁不问侨旧，悉令著籍，同土断之例。'"天嘉元年为公元560年。

⑥ 《南齐书》卷一四、一五《州郡志》。

川阆中县）和北梁州（治南郑即南齐时的梁州，梁时加一"南"字），又有
南谯州（治新昌城，今安徽全椒县）和南洛州（治上津，今湖北郧西县西上
津镇）。①

陈时，三峡以上尽为周人所有，三峡以下，仅以长江为界，局蹐于江南
一隅，以前的侨州能够得到保持的，亦仅南徐州②和南豫州③而已。

东晋南朝侨州郡县制度的设置，往往与实土州郡县相混杂。一般说来，
侨州郡县是因流人而设置的，不一定就有实土，可是到后来大都有了实土，
和当地原来的州郡县相当。这样说来，有的侨州所辖的郡县就不免有原来
的实土郡县，而实土的州中也就有了侨郡和侨县。当然侨州所辖的为侨郡
侨县也是有的。侨州的治所虽亦不免有所改移，但大致都能够得到确定，
南徐州治于京口，雍州治于襄阳，自东晋以后，就很少移动。可是也有频
繁变迁的，豫州和南豫州就是一例。晋元帝永昌元年（公元322年），豫州
治所始自谯城（今安徽亳县）移于寿春，成帝咸和四年（公元329年），侨
置豫州于芜湖（今安徽芜湖市）。此后就先后治于邾城（今湖北黄冈县西
北）、武昌（今湖北鄂城市）、芜湖、牛渚（今安徽当涂县西北）、芜湖、
寿春、历阳（今安徽和县）、马头（今安徽怀远县东南）、谯、寿春、历
阳、姑孰（今安徽当涂县）、马头、历阳、姑孰、寿阳（即寿春）。刘宋武
帝永初三年（公元422年），由豫州分出南豫州。南豫州治于宣城（今安徽
宣城县）。④由于侨州所在不同，发展也就各异。南徐州治于京口，"内镇
优重，宋氏以来，桑梓帝宅，江左流寓，多出膏腴"⑤，南豫州中由于"颍
川、汝阳荒残来久，流民分散，在谯（南谯郡）、历（历阳郡）二境，多蒙
复除，获有郡名，租输益微，府州绝无将吏，空受名领，终无实益"⑥，青

---

① 洪齮孙《补梁疆域志》。
② 《元和郡县图志》卷二五《润州》。
③ 《读史方舆纪要》卷二七《太平府》。
④ 《宋书》卷三六《州郡志》。
⑤ 《南齐书》卷一四《州郡志》。
⑥ 《南齐书》卷一四《州郡志》。

冀二州并治郁洲岛上，而青州则是"流荒之民都县虚置，至于分居土著，盖无几焉"，冀州又是"郡县十无八九，但有名存"①，在南北两方互相争战的地区，这样的荒凉也就难以避免。

五、南北对立时南朝的疆域

南北朝时期南北间的战争极为频仍，疆土变迁，时有所闻。南朝前后分宋、齐、梁、陈四代，北魏后来分为东西，寻又演变为北齐、北周，其间版图各不相同，这里姑略述一二。

刘宋疆域，《宋书·州郡志》以孝武帝大明八年（公元464年）为断。这时它的北疆，西北至于秦岭，而东至于济水故渎的附近。当时共建置了二十二州：扬州（治建康）、南徐州（治京口）、徐州（治彭城）、南兖（治广陵）、兖州（治瑕丘，今山东兖州市）、南豫州（治历阳）、豫州（治汝阳，今河南汝南县）、江州（治寻阳②，今江西九江市）、青州（治临淄③）、冀州（治历城，今山东济南市）、司州（治义阳）、荆州（治江陵）、郢州（治江夏，今湖北武汉市）、湘州（治临湘，今湖南长沙市）、雍州（治襄阳）、梁州（治南郑）、秦州（亦治南郑）、益州（治成都）、宁州（治建宁，今云南曲靖县）、广州（治南海，今广东广州市）、交州（治龙编，今越南河内）、越州（治合浦④，今广西壮族自治区合

---

① 《南齐书》卷一四《州郡志》。
② 《宋书》卷三六《州郡志》："江州初治豫章，成帝咸康六年，移治寻阳，庾翼又治豫章，寻还寻阳。"
③ 《宋书》卷三六《州郡志》："青州治临淄，安帝义熙五年，平广固，北青州刺史治东阳城。孝武孝建二年移治历城，大明八年，还治东阳。"
④ 《通典》卷一八四《州郡》："廉州，今理合浦县。……晋为合浦郡，宋因之，兼置临漳郡及越州，领郡三，理于此。"

浦县）。^①

后来到了宋明帝泰始元年（公元465年），北魏大举南攻，宋人因此失去了淮北四州和豫州的淮西地^②，所谓淮北四州，就是青州、冀州、徐州和兖州^③。四州既失，只好在淮南侨置。于是于钟离置徐州，淮阳为北兖，而青、冀二州治赣榆之县。^④赣榆县在今江苏连云港市，实际上却是在郁洲岛上。经过这样的巨变，宋人只好以长淮为北境了。^⑤（附图二十《刘宋形势图》）

南齐的疆土，据《南齐书·州郡志》所载，共有二十三州。其中扬、南徐、南兖、江、广、交、荆、郢、司、雍、湘、梁、秦、益、宁十五州，州名及州治皆因刘宋之旧，无所改易。越州和南豫州亦仍宋旧，只是治所有所改易。越州本治合浦，齐时改在临漳郡，临漳郡治漳平，在合浦稍北处。^⑥南豫州的治所改移频繁，齐时又由历阳移于宣城。两者有所不同，其实皆在江南。南齐的北兖治于淮阴，北徐治于钟离，青、冀二州治于郁洲，而豫州移驻寿春，皆承宋末北疆丧失之后，不能再越淮而北。南齐与宋时所不同的，只是增置了一个巴州。《南齐书·州郡志》有目无书，难知其详。

---

① 《宋书》卷三五《州郡志》："宋世，分扬州为南徐，徐州为南兖，扬州之江西悉属豫州，分荆为雍，分荆、湘为郢，分荆为司，分广为越，分青为冀，分梁为南北秦。"按：志文有南豫，而无南北秦。考这几州的分合，最迟的为分广为越。越州之立在明帝泰始七年。见《明帝纪》，亦见《志》文越州条下。《明帝纪》，"泰始五年分豫州、扬州立南豫州"，而泰始七年又有"分豫州、南兖州立南豫州"的记载。盖五年立南豫州后，寻又罢去，故是年复立。既与越州同年设置，就不应该略而不述。又《文帝纪》，元嘉二年，"以前将军杨玄为征西将军、北秦州刺史"，这是北秦州见于史文之始，此后氐人不服，北秦州等于虚设。《文帝纪》又记载：元嘉十九年，仇池平。故这一年就以氐族杨文德为北秦州刺史。然元嘉二十五年，杨文德为北魏所攻，奔于汉中。这就是等于又失去了北秦州。后来杨文德族人虽仍受命称为北秦州刺史，然已非仇池故地。这些事情的发生，皆在明帝泰始七年以前，《志》文叙述诸州的分合，似不宜再为此着笔。《志》文这段论述，再加上益、宁、江、交、兖五州，即大明年间的二十二州。

② 《宋书》卷八《明帝纪》。

③ 《宋书》卷三五《州郡志》。

④ 《宋书》卷三五《州郡志》。

⑤ 《通典》卷一七一《州郡》。

⑥ 越州治所，《宋书》卷三八《州郡志》未作说明，《齐书》卷一四《州郡志》所载如此。

图二十　刘宋形势图

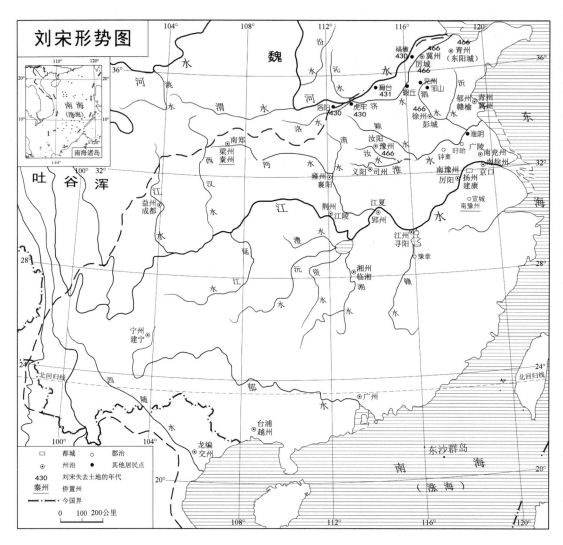

南齐末年，北魏取去沔北五郡①，而寿春复降于北魏，魏人乘势又夺取建安城②，淮南也就难得保全了。（附图二十一《南齐形势图》）

梁武帝代齐，州郡建置多仍齐旧。武帝天监十年（公元511年），有州二十三。③这二十三州为扬、南徐、荆、江、雍、郢、南兖、湘、豫、司、北兖、北徐、青、梁、益、交、广、南梁、宁、衡、桂、越、霍。④以这二十三州与南齐诸州相较，省去了南豫、冀、巴、秦四州，却增添了南梁、衡、桂、霍四州。南豫⑤、冀⑥、巴⑦、秦⑧四州是否就在天监十年以前

---

① 《南齐书》卷六《明帝纪》。齐失沔北五郡在永泰元年（公元498年）。沔北五郡为南阳郡（治宛，今河南南阳市）、新野郡（治新野，今河南新野县）、顺阳郡（治南乡，今河南淅川县南）、北襄城郡（治方城，今河南方城县）、西汝南北新城二郡（治舞阳，今河南舞阳县南）。

② 《南齐书》卷五七《索虏传》。建安城在今河南省固始县东。

③ 《隋书》卷二九《地理志》。

④ 钱大昕《廿二史考异》。

⑤ 南齐时豫州本治寿春。及其末年，寿春已经失去。天监十年时，豫州尚治合肥。《梁书》卷三《武帝纪》："普通七年，克寿阳城，以寿阳置豫州，合肥改为南豫州。"寿阳即寿春。

⑥ 南齐时，青冀二州所治的郁洲，隋时属东海郡。《隋书》卷三一《地理志》，叙东海郡的沿革，仅谓"梁置南北二青州"，不复道及冀州，当是冀州已废而不设。然《梁书》卷二《武帝纪》，天监十年就有"以尚书左仆射张稷为安北将军青冀二州刺史"的记载，《梁书》卷三《武帝纪》又记载有"太清三年，青冀二州刺史明少遐、东徐州刺史湛海珍、北青州刺史王奉伯，各举州附于魏"。东徐州和北青州或置于天监十年之后，尚待稽考。青冀二州合治，自是齐氏旧规，不应中间有所废省，后来又复设置。钱氏所考，可能以其为双头州郡，而删落其中的"冀"字。

⑦ 《隋书》卷二九《地理志》："清化郡，旧置巴州。"清化郡治化成，今四川省巴中县。《隋志》于巴州仅说是旧置，而未记其始置之时。《资治通鉴》卷一六五《梁纪二一》："（西魏贺若）敦南出徇地，至巴州，巴州刺史牟安民降之。"胡注："《五代志》，清化郡化成县，梁置归化郡及巴州。"按：巴州始置于南齐，中间曾为魏人所取去。《梁书》卷三《武帝纪》："中大通元年，魏巴州刺史严始欣以城降。"则天监十年梁尚无由有巴州也。

⑧ 《隋书》卷二九《地理志》于汉川郡及西城郡皆不再道及秦州，当是省去已久。

图二十一　南齐形势图

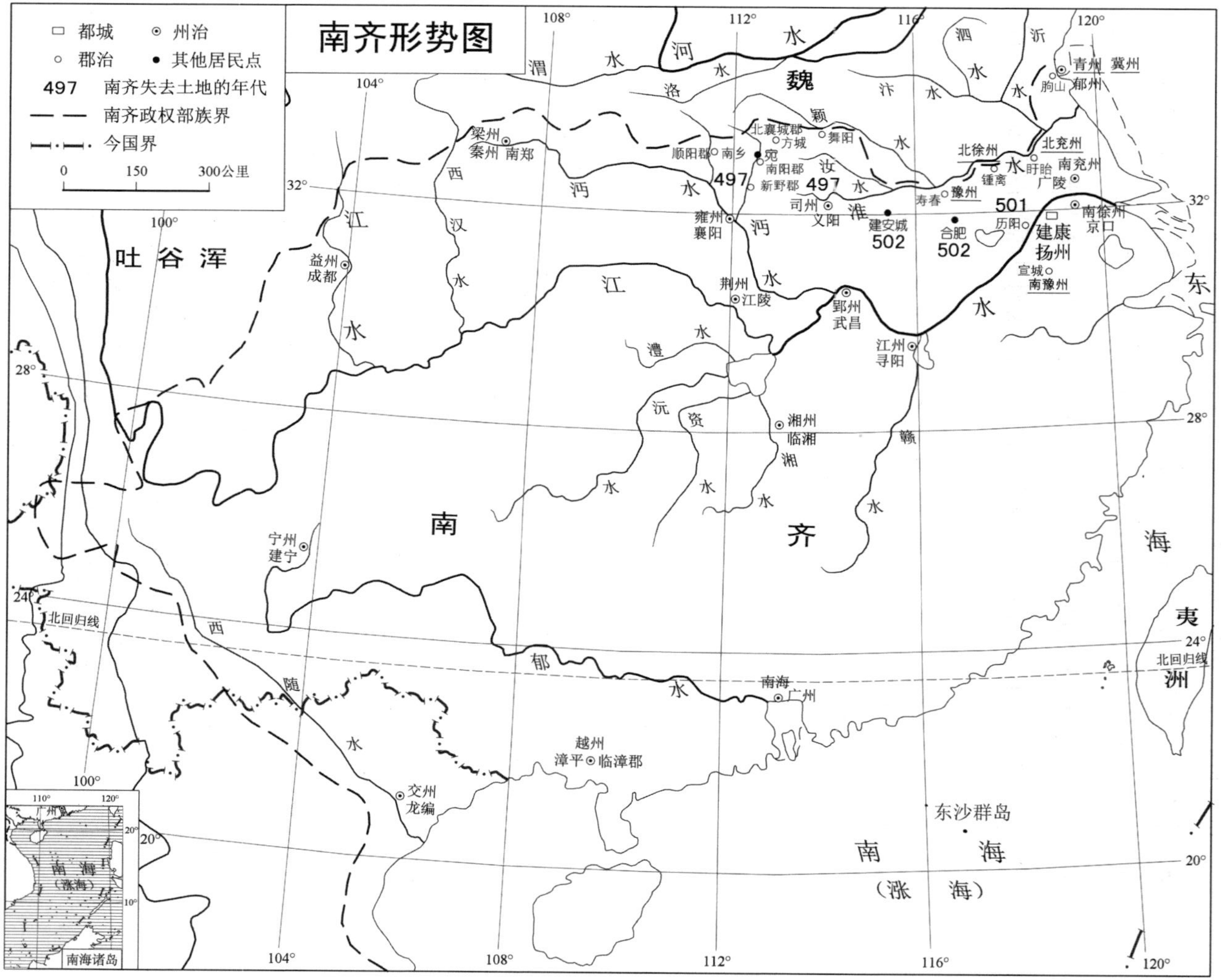
南齐形势图
□ 都城
⊙ 州治
○ 郡治
● 其他居民点
497 南齐失去土地的年代
南齐政权部族界
今国界
0 150 300公里
魏
吐谷浑
南
齐
东
海
夷
洲
南 海
（涨 海）
东沙群岛
南海诸岛
北回归线
河
水
渭
洛
汴
泗
沂
颍
汝
淮
沔
汉
江
澧
沅
资
湘
赣
西
郁
随
梁州
秦州
南郑
益州
成都
宁州
建宁
交州
龙编
越州
漳平
临漳郡
南海
广州
北襄城郡
方城
舞阳
顺阳郡
南乡
宛
南阳郡
新野郡
雍州
襄阳
司州
义阳
建安城
寿春
豫州
合肥
历阳
荆州
江陵
郢州
武昌
江州
寻阳
湘州
临湘
北徐州
钟离
盱眙
北兖州
广陵
南兖州
青州
冀州
朐山
郁州
南徐州
京口
建康
扬州
宣城
南豫州
497
501
502

省去，尚待证实。南梁（治北巴西郡，今四川阆中县）①、衡（治阳山郡，今广东英德县西北）②、桂（治始安郡，今广西壮族自治区桂林市）③、霍（治岳安郡，今安徽霍山县）④四州，正递补了所废者的诸州，共合为二十三州。这样的州数一直在陆续增加之中，至梁武帝大同年中（公元535—545年），竟有州一百七个。⑤这固然是滥事增置的结果，其中也有些州乃是由北魏方面取得的。

梁和北魏间的战争是经常不断的，因而两国的疆界也不断有所变化。梁朝先后取得了合肥、寿阳和义阳，恢复了淮水以南的土地，建立了南豫州、豫州和司州⑥，又渡淮取得了下邳，设置了东徐州⑦。更远取得北魏的南兖州。南兖州本治谯城。⑧梁因于其地设置谯郡。唯未久又复失去。在汉水上

---

① 《隋书》卷二九《地理志》："汉中郡，旧置梁州。"又说："西城郡，寻改曰南梁州。"然《梁书》卷二《武帝纪》："天监八年四月，以北巴西郡置南梁州。"按：《武帝纪》又说："天监三年二月，魏陷梁州。"梁州既为魏陷，自当侨置于其东，即隋时的西城郡。不宜其地又复有南梁州的设置。《梁书》卷一七《张齐传》："初南郑没于魏，乃于益州西置南梁州，州镇草创，皆仰益州取足。"则《武帝纪》天监八年置南梁州之说，并非杳无根据。《资治通鉴》卷一六四《梁纪二〇》："承圣元年，魏将王雄取上津魏兴，东梁州刺史安康李迁哲军败降之。"这是说设于魏兴的乃是东梁州。《隋书》所说的南梁州，并非实录。按：《周书》卷一九《王雄传》："雄率军出子午谷，围梁上津、魏兴。明年，克之，以其地为东梁州。"《周书》卷二《文帝纪》："魏废帝元年春，王雄平上津、魏兴，以其地置东梁州。"《隋书》卷二九《地理志》也说："西城郡，梁置梁州，寻改为南梁州，西魏改置东梁州。"仿佛已成定论。然《周书》卷四四《李迁哲传》："（迁哲）安康人也。世为山南豪族，仕于江左。祖方达，齐末，为本州治中。父元真，仕梁，历……东梁、衡二州刺史。……迁哲（大清）四年，都督东梁、洵、兴等七州诸军事，东梁州刺史。"则东梁州的始置远在梁的初年。西魏只是沿袭梁的旧规，不当以之为西魏始置。
② 《梁书》卷二《武帝纪》："天监六年，分湘广二州置衡州。"
③ 《梁书》卷二《武帝纪》："天监六年，分广州置桂州。"
④ 《梁书》卷二《武帝纪》："天监六年，分徐州置霍州。"
⑤ 《隋书》卷二九《地理志》。
⑥ 梁取得合肥，在武帝天监五年（公元506年）。取得寿阳在普通七年（公元526年）。取得义阳，在大通二年（公元528年），见《梁书》卷二、三《武帝纪》。
⑦ 梁取得下邳，在中大通五年（公元533年），见《梁书》卷三《武帝纪》。
⑧ 《魏书》卷一〇六《地形志》。

游，取得了汉中，设置了秦梁二州，又取得其南的巴州①，梁巴州的设置就由于此。

武帝末年，侯景叛东魏，请以函谷以东、瑕丘以西十三州内附②，梁的疆土因之大为扩展，几乎达到黄河。未久，侯景乱梁。梁为之大衰，不仅侯景所纳旋即失去，西魏、北齐交相迫侵，巴蜀没于西魏，江北残于高氏。后来魏人还取去江陵，梁朝就只好划江自保了。（附图二十二《梁形势图》）

由于梁朝末年疆土的一再蹙缩，后来的陈朝也就只好局蹐一隅了。《隋书·地理志》谓其时"威力所加，不出荆扬之域"。就在这荆扬之域中，也建置了四十二州。③实际上恐还多于此数。④当然这其间还难免有所增减，宣帝太建五年（公元573年），吴明彻北伐，虽已进攻彭城，然为周师所乘，江北诸地反为所略取。⑤太建十二年（公元580年），周将司马消难以沔北九州来归，寻复为周人取去。⑥及隋师灭陈，仅得州三十，郡一百，县四百⑦。（附图二十三《陈形势图》）

---

① 梁取魏南兖州在武帝中大通四年（公元531年），取汉中在大同元年（公元535年），取巴州在中大通元年（公元529年），见《梁书》卷三《武帝纪》。

② 《梁书》卷五六《侯景传》。又卷二《武帝纪》："太清元年，魏司徒侯景求以豫、广、颍、洛、阳、西扬、东荆、北荆、襄、东豫、南兖、西兖、齐等十三州内属。"

③ 《隋书》卷二九《地理志》所记，当时有一百九郡，四百三十八县。

④ 徐文范《东晋南北朝舆地表·年表》卷九《陈太建末州郡县》所列就有六十二州。并说："《方舆纪要》云，'陈有州四十二，郡百有九，县四百三十八'，实未尽其数。即瀛、建等州时已罢并，吴、玄等州尚未置，去此数州，尚有五十余州。余盖括陈氏所置之州，除所失江北地，统计于此，即县已是实数。"

⑤ 《陈书》卷九《吴明彻传》。明彻北伐，共得州二十有七，州名具见徐文范《东晋南北朝舆地表·年表》卷九，这里不一一备举。

⑥ 《陈书》卷五《宣帝纪》："太建十二年，周司马消难以郧、随、温、应、土、顺、沔、濪、岳等九州，鲁山、甑山、沌阳、应城、平靖、武阳、上明、涓水等八镇内附。"这九州在今湖北省随州、京山、应山、沔阳、孝感等县市。其后这九州复为周人所取去。

⑦ 《资治通鉴》卷一七七《隋纪一》。胡注："按《隋志》，陈境当时有扬、东扬、南徐、吴、闽、丰、湘、巴、武、江、郢、广、东衡、衡、高、罗、新、陇、建、成、桂、东宁、静、南定、越、南合、崖、安、交、爱，凡三十州。"

梁形势图

东 海

南 海

（涨 海）

东沙群岛

北回归线

图例

● 都城	◎ 州治 ○ 郡治 ● 其他居民点
506	攻占土地的年代
549	失去土地的年代

—————— 梁政权部族界
—·—·—· 三州内属后的政权部族界
———— 今国界

① 山阳郡 549　② 淮阳郡 549
③ 阳平郡 549　④ 历阳郡 549

太清元年(547)侯景以土

0　　150　　300公里

南州　青州　郁州
南兖州　徐州
549　549
东徐州　下邳
海陵　533　549
549　水肝眙
彭城郡　532
谯郡　钟离　豫州
549　542
南豫州　549
寿阳　549　谯州　岳安郡
549
颍州　颍川郡　549
白苟堆
司州　陈郡　安陆郡
529　546
546　竟陵郡　武昌
554　鄂州
荆州　江陵
546　554
雍州　襄阳

建康　扬州
南兖州
北兖州　542
合肥　506

江州　寻阳
豫章

衡州　阳山郡
南海　广州
临湘　湘州

桂州　始安郡

菌谷关
秦州　552
汉中　535
梁州　巴州
南梁　552　529
北巴西郡　554
剑阁　553
晋寿郡　553
益州　成都　553

渭　河　洛　水　济　汝　淮　颍　汉　江

宁州　建宁

漳平　越州

龙编　交州

北回归线

图二十三　陈形势图

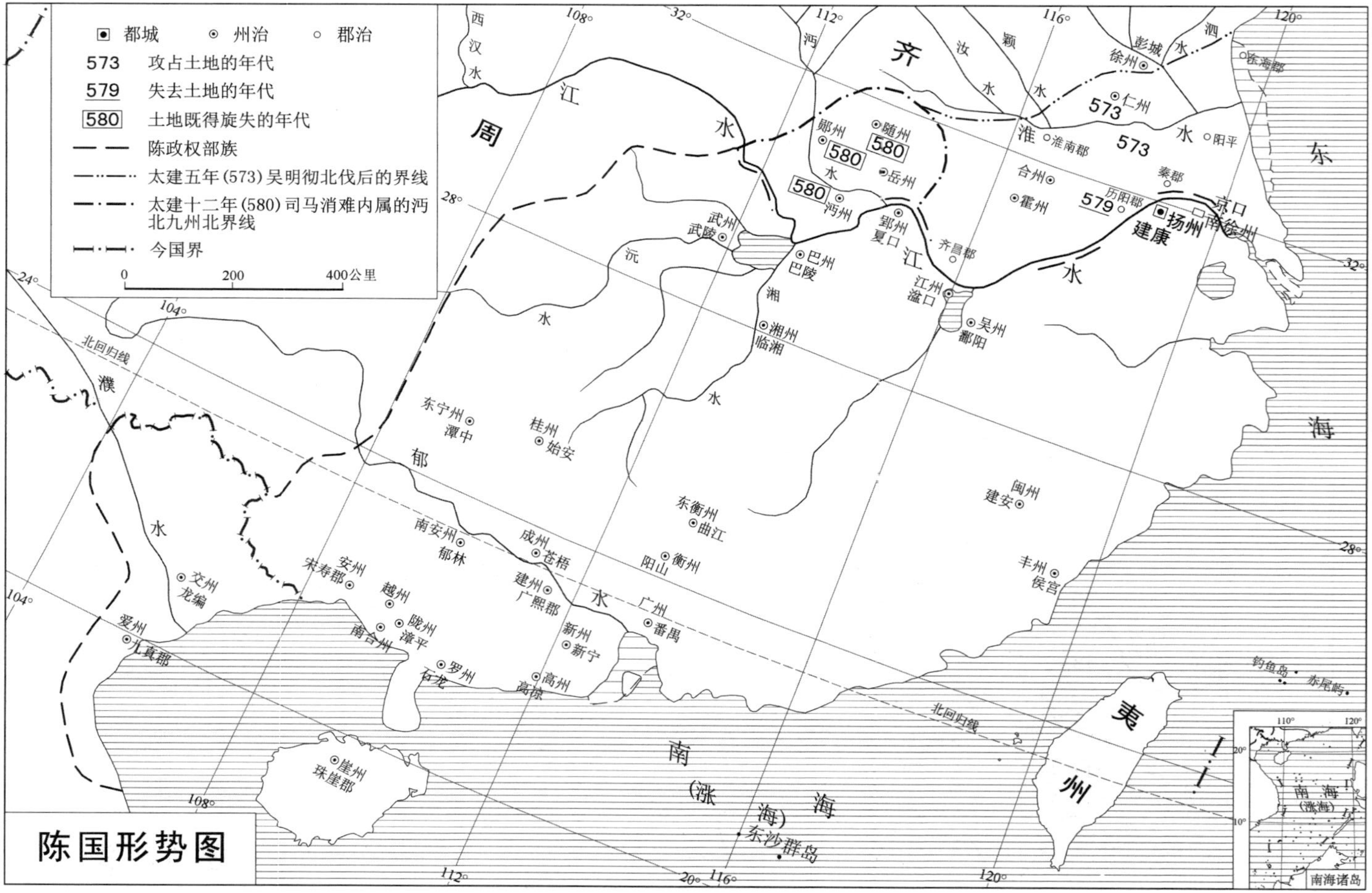

六、南北朝时北方诸国的版图

十六国季年，北魏日臻强盛，终于统一黄河流域。在这些过程中，有关的疆域区划多因各国之旧，未遑改革。迄至孝文帝太和十年（南齐武帝永明四年，公元486年），始对其境内诸州作了调整。全国共有三十八州，在黄河以南有二十五州，黄河以北有十三州。河南诸州为青（治东阳，今山东益都县）、南青（治莒城①，今山东莒县）、兖（治瑕丘）、齐（治历城）、济（治碻磝城，今山东茌平县西南）、光（治掖城，今山东掖县）、豫（治悬瓠城，今河南汝南县）、洛（治洛阳）②、徐（治彭城）、东徐州（治宿预，今江苏宿迁县东南）、雍（治长安）、秦（治上邽）、南秦（治仇池）、梁（治南郑）、益（治晋寿，今四川广元县）、荆（治穰城，今河南邓县）、凉（治姑臧）、河（治枹罕）③、沙（治敦煌）、华（治华山郡，今陕西华县）、陕（治陕城，今河南陕县西）、夏（治统万）、岐（治雍，今陕西凤翔县）、班（治彭阳，今甘肃庆阳县西南）、郢（治真阳，今河南正阳县北）。河北诸州为司（治平城）④、并（治晋阳）、肆（治九原，今山西忻州市）、定（治卢奴，今河北定县）、相（治邺）、冀（治信都）、幽（治蓟）、燕（治昌平，今北京市昌平县）、营（治和龙）、平（治肥如）、安（治方城，今北京市密云县东北）、瀛（治赵督军城，今河北河间

---

① 百衲本《魏书》卷一〇六《地形志》，南青州治所作国城，国城当为莒城之讹。
② 《魏书》卷一〇六《地形志》有两洛州：一为太宗置，太和十七年改为司州，其治所洛阳；一为太延五年置荆州，太和十一年改，治上洛城。这里乃是太和十年的洛州，故应为治于洛阳的洛州。
③ 百衲本《魏书》卷一〇六《地形志》，河州治所作枹至，枹至当为枹罕之讹。
④ 《魏书》卷一〇六《地形志》，北魏先后有三司州：一为设于平城的司州，一为设于邺城的司州，再一为设于洛阳的司州。太和时的司州乃在平城。

县）、汾（治蒲子，今山西隰县）①。

南北朝初期，地方区划就已显示出逐渐增多的趋势，此后愈演愈烈，混淆无比，当时已经有人感慨，说是"地理参差，其详难举"，以致"寻校推求，未易精悉"②。宋齐以后，愈演愈烈。梁陈已是如此，北魏也难于例外。太和三十八州只能是它的中叶时的制度，魏收撰《魏书·地形志》所列竟有一百一十三州，已不稍逊于南朝。③《地形志》以武定（公元543—549年）为断，武定为孝静帝年号，其时魏已分为东西，故其中所列详于东魏，而略于西魏，而西魏又以永熙（公元532—534年）的簿籍为准。永熙为孝武帝年号，前后颇有相差。然据之亦可略见东西魏的分界线。据其所记，高凉（治所在今山西稷山县东南）、北绛（治所在今山西翼城县东北）、正平（治所在今山西新绛县）、邵郡（治所在今山西垣曲县东南）、新安（治所在今河南渑池县东）、鲁阳（治所在今河南鲁山县）、襄城（治所在今河南襄城县）、汝南（治所在今河南汝南县）、义阳（治所在今河南信阳市）诸郡在志文的上中两卷，当为东魏所领。而河东（治所在今山西永济县西南）、北乡（治所在今山西万荣县西南）、河北（治所在今山西平陆县西南）、渑池（治所在今河南渑池县）、襄城（治所在今河南方城县东）④、南安（治所在今河南叶县南）、南郢州（治所在今河南泌阳县东）诸州郡在所谓沦陷地区，当是西魏所领。东西魏的分界线，就应在这两方面的几个州郡之间。（附图二十四《北魏形势图》）

北齐承东魏之后，与北周对立，其间时有兵争。齐的西疆达到了正平

---

① 《资治通鉴》卷一三六《齐纪三》及胡注。胡注于论述河南二十五州和河北十三州后，又引萧子显曰："雍、凉、秦、沙、泾、华、岐、河、西华、宁、陕、洛、荆、郢、北豫州、东荆、南豫、西兖、东兖、南徐、东徐、青、齐、济、光二十五州在河南；相、汾、怀、东雍、肆、定、瀛、朔、并、冀、幽、平、司等十三州在河北。"按：萧子显说见《南齐书》卷五七《魏虏传》。（按：中华书局聚珍仿宋版《南齐书》，河南二十五州中夺光州，河北十三州中，相州讹为湘州，夺汾州，却增一秦州。二说不同，姑并存之。）

② 《宋书》卷三五《州郡志》。

③ 《通典》卷一七一《州郡一》："今按旧史，（魏氏）管州百十有一：郡五百十有九，县千三百五十有二。"与《地形志》不尽相同。

④ 《魏书》卷一○六《地形志》有数襄城郡，这里只举一处。

图二十四 北魏形势图

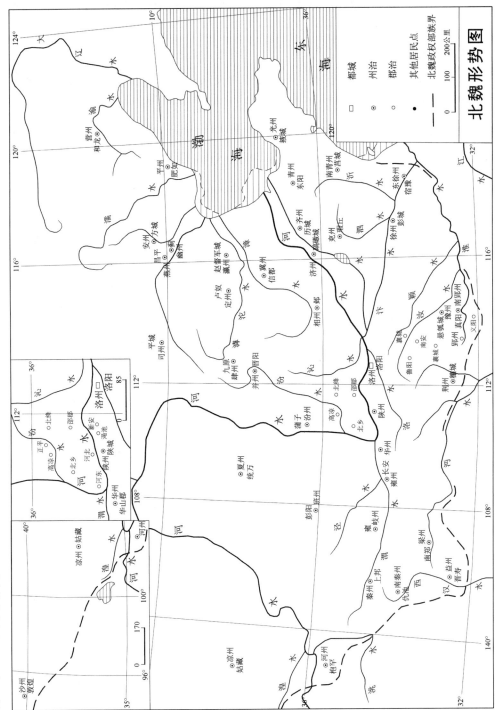

北魏形势图

图例：
□ 都城
◎ 州治
○ 郡治
• 其他居民点
— — 北魏政权部族界

0 100 200公里

（治所在今山西新绛县）、洛阳等处。据说，北齐曾省并过州县[①]，天保末年（天保十年为公元559年），共有九十七州，一百六十郡。[②]然北周灭齐，所得才有五十五州。[③]（附图二十五《北齐形势图》）

当北魏后期分裂之时，西魏所得的仅崤山及其以西诸州。远较东魏为狭小，而其时又当孝昌（公元525—528年）乱离之后，"崤潼以西，烟火断绝"[④]之际，宇文氏即据以与高齐相争，仍不断扩土，南有梁、益诸州，西陲远至姑臧。至周武帝建德初年（公元572年），诸州建置乃至百余。后来平定齐国，版图益行扩大。当时后梁虽据有江陵，一隅之地，其实只是藩国。[⑤]静帝大象二年（公元580年），共有州二百一十有一，郡五百八，县千一百二十有四。[⑥]此时南朝的陈国，孤立江左，强弱形势昭然若揭，固无待隋师南下，才告统一。（附图二十六《北周形势图》）

南北朝时期，南北两方立国的规模虽各不相同，疆土盈缩亦各因时而有消长，然有一点却都还颇相仿佛。这就是州的建置显出逐渐增多的趋势。前面提到宋齐之际已经有人感慨，说是"地理参差，其详难举"，以致"寻校推求，未易精悉"。梁承齐旧，武帝天监十年（公元511年）仍有二十三州。可是到大同（公元535—545年）年中，土地未见增辟，竟有州一百七。陈时土地弥蹙，可是所置州数依然达到四十有二。北魏太和时虽已有三十八州，然总论一代，却有州一百一十三。北魏后来分为东西。北齐承东魏旧规，洎乎国灭，已有州九十有七，北周平齐之后，大象二年（公元580年）竟有二百一十一州。此时陈国尚未夷灭，江南诸州当然还不在此数之中。无怪隋代初年就有人倡议并省。说是"当今郡县，倍多于古，或地无百里，数

---

① 《北齐书》卷四《文宣帝纪》。

② 《隋书》卷二九《地理志》。

③ 《周书》卷六《武帝纪下》。周灭齐在周武帝建德六年（公元577年）。

④ 《魏书》卷一○六《地形志·序》。

⑤ 《周书》卷四八《萧詧传》："江陵平，太祖立詧为梁主，居江陵东城，资以江陵一州之地。其襄阳所统，尽归于我。"

⑥ 《隋书》卷二九《地理志》。

图二十五　北齐形势图

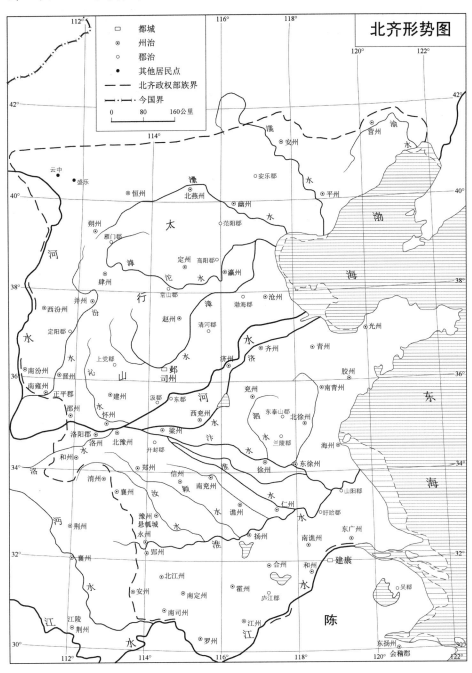

图例：
- □ 都城
- ◉ 州治
- ○ 郡治
- ● 其他居民点
- --- 北齐政权部族界
- -·-·- 今国界

0　　80　　160公里

北齐形势图

云中　盛乐　恒州　北燕州　滦　安州　晋州　渝
朔州　雁门郡　太　滦　蓟州　水　安乐郡　水　平州
河　定州　高阳郡　渤海
并州　沧州　海
肆州　沱　水　瀛州
西汾州　汾　行　常山郡　海　渤海郡　沧州
定阳郡　赵州　清河郡　济州　济　齐州　青州　胶州
南汾州　上党郡　山　邺　水　兖州　南青州
晋州　沁　司州　汲郡　东兖州　东泰山郡　北徐州
南雍州　正平郡　建州　水　西兖州　泗　兰陵郡　海州
邵郡　怀州　梁州　汴　水　东徐州
洛阳郡　洛州　北豫州　开封郡　水
和州　洛　郑州　淮　徐州　山阳郡
沔　清州　信州　南兖州　水　仁州　盱眙郡
襄州　颖　谯州　东广州
荆州　豫州　汝　水　扬州　南谯州
悬瓠城　永州　淮　合州　和州　建康　吴郡
襄州　郢州　北江州　霍州　庐江郡　水
江陵　安州　南定州　江　东扬州
荆州　南司州　罗州　陈　会稽郡

图二十六　北周形势图

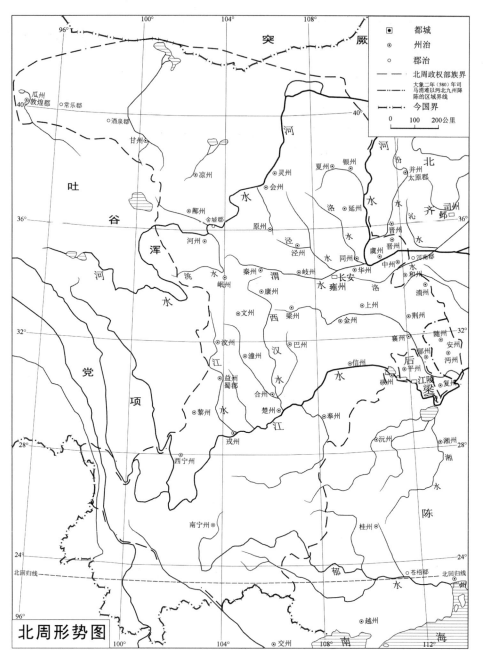

北周形势图

县并置，或户不满千，二郡分领"，真是"所谓民少官多，十羊九牧"①。正是这样的缘故，隋初就废去诸郡，直接以州统县，又进而并省诸州，寻又改州为郡。这已显然说明，州和郡竟然是一样的了。炀帝虽然有所开扩，全国的郡数已降至一百九十。②南北朝时期滥置州的趋势，可以告一段落。不过比起西汉一代，还是要多许多。因为直至西汉后期，全国才有一司隶校尉部和十三刺史部以及百三郡国而已。

七、五代时期各国的疆域

五代时期，各国都承着唐人的制度，没有什么建树与改革。就各国的土地来说，五代之中，后梁实为最小。它仅有关内、河南、河北诸道的大部和河东、淮南、山南诸道的一部分，共七十八州，因为关内道西部的二十州为岐李茂贞所据，河东道的大部和河北道北部的五十一州为晋李克用所据。（附图二十七《后梁及十国形势图》）

晋国就是后来的后唐，它南灭后梁，西服岐国，并取得后蜀的秦（治所在今甘肃天水市）、凤（治所在今陕西凤县）、阶（治所在今甘肃武都县）、成（治所在今甘肃成县）四州，统一了北方。虽然东北的营（治所在今辽宁朝阳县）、平（治所在今河北卢龙县）二州为契丹取去，它自己却还另有新的建置，合起来共有一百二十三州。（附图二十八《后唐及七国形势图》）

后晋以幽云十六州割予契丹，损失了现在山西、河北两省的北部。它取得了后蜀的金州（治所在今陕西安康县），另外还有一点建置，合起来尚有一百九州。（附图二十九《后晋及七国形势图》）

---

① 《隋书》卷四六《杨尚希传》。
② 《隋书》卷二九《地理志·序》。

図二十七 后梁及十国形势图

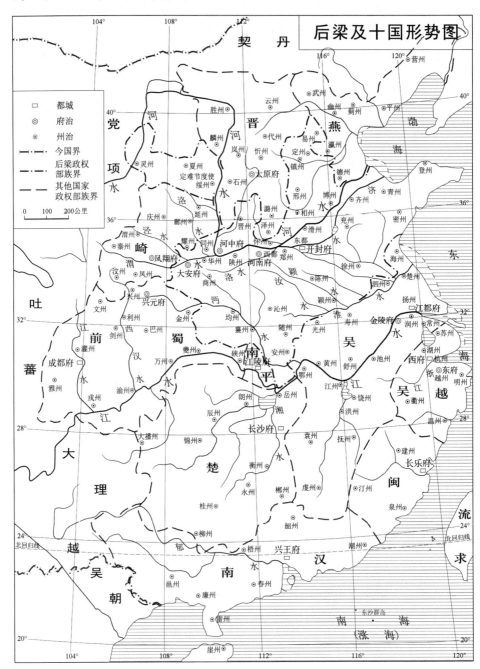

后梁及十国形势图

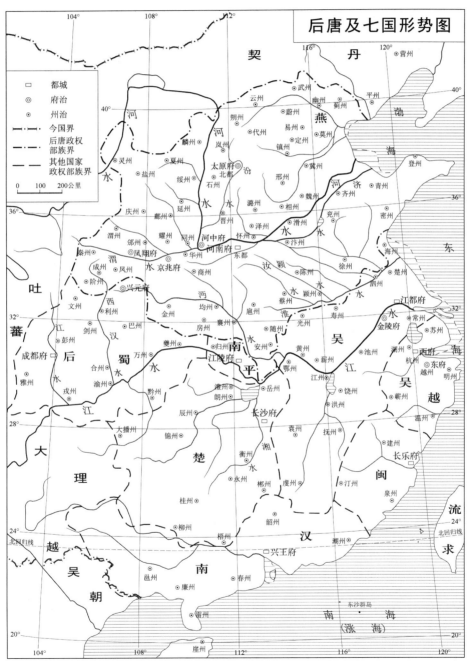

后唐及七国形势图

图二十九 后晋及七国形势图

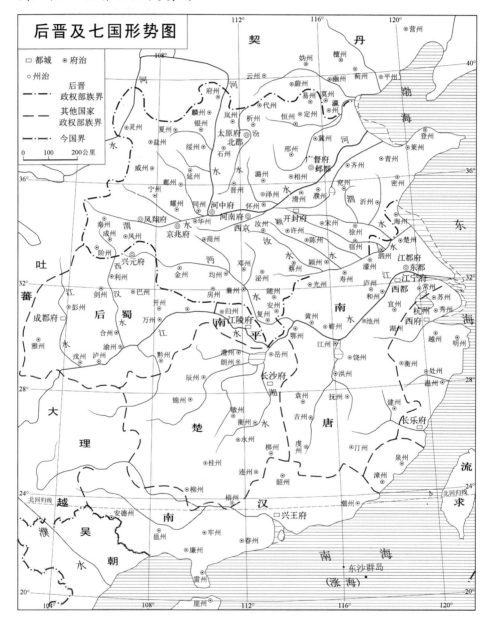

后汉继承其后，土地也就比较狭小。其时后蜀又夺取秦、凤、阶、成四州，隐帝时虽也有所建置，合起来实际才有一百六十州。（附图三十《后汉及六国形势图》）

后周时，北汉占去它的河东道北部的十州，它却取得秦、凤、阶、成、瀛（治所在今河北河间县）、莫（治所在今河北任丘县北）和淮南的十四州，加上它新置的州，合起来共有一百一十八个，在五代中是仅次于后唐的大国。[1]（附图三十一《后周及七国形势图》）

至于当时的割据者除北汉外，皆在南方。吴与南唐先后据有淮南道的十四州及江南东道和西道的二十一州。南唐后来失去江北，尚保有江南各地。吴越据有浙东西的十三州。闽则分据了江南东道的东南隅，亦即今福建省内的五州。前蜀和后蜀先后据有剑南道的全部和山南、陇右两道的一部，共四十六州。不过后蜀后来失掉了陇右道那一块地方。南汉据有五岭南北的四十七州。楚据有江南西道西部的十州。荆南仅有山南道的荆（治所在今湖北江陵县）、峡（治所在今湖北宜昌县）、归（治所在今湖北秭归县）诸州，于十国中为最弱小。[2]

八、宋金对立时期金国在黄河流域及其附近的疆土

到了宋金对立的时期，宋朝的疆域制度虽没有变更，土地却失去了很多。这时金人也模仿宋朝的制度，分设了十九路。它在它的本土和辽人的故土分置了上京、咸平、东京、北京、西京、中都六路，取于宋朝的土地共析置了南京、河北东、河北西、山东东、山东西、大名府、河东北、河东南、京兆府、凤翔、鄜延、庆原、临洮十三路。金国虽起于松花江畔，然此十九

---

① 《新五代史》卷六〇《职方考》。
② 《新五代史》卷六〇《职方考》。

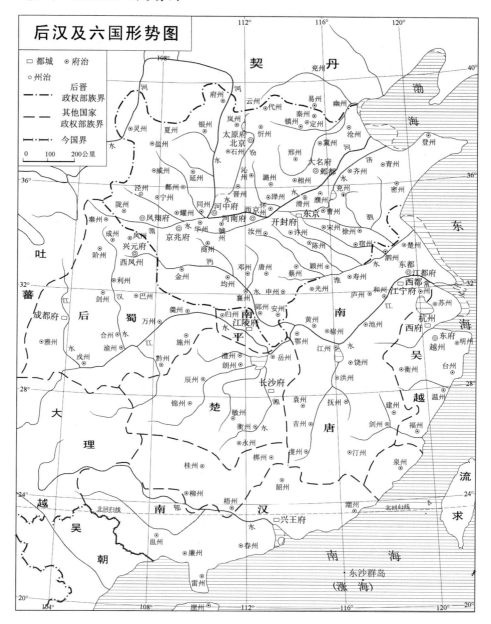

图三十一　后周及七国形势图

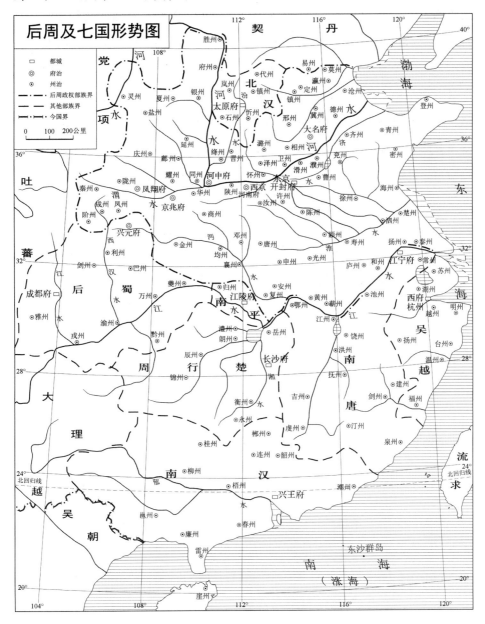

后周及七国形势图

路中除上京、咸平、东京、北京四路外，其余皆在黄河流域及其附近的地区。中都路（治大兴，今北京市）和西京路（治大同，今山西大同市）分别为北宋燕山府路和云中府路，也大致是石晋割给契丹的幽云十六州的旧地。南京路（治开封，今河南开封市）是以宋朝的京西南、京西北两路为主，兼有原来京东西路的一部分。河北东路（治河间，今河北河间县）和河北西路（治真定，今河北正定县）仍因宋朝的旧称，山东西路（治须城，今山东东平县）和山东东路（治益都，今山东益都县）就是宋朝的京东西路和京东东路。大名府路为金人新设的路（治大名，今河北大名县），为现在河北大名县及其附近各地。宋朝的河东路，金人分成南北两路（南路治临汾，今山西临汾市；北路治阳曲，今山西太原市）。现在的陕西和甘肃东南部，当时一共设立了京兆府（治长安，今陕西西安市）、凤翔（治凤翔，今陕西凤翔县）、鄜延（治肤施，今陕西延安市）、庆原（治安化，今甘肃庆阳县）、临洮（治狄道，今甘肃临洮县）五路。这里本是宋朝永兴军路和秦凤路以及北宋晚期所设的熙河路的旧地，而宋人为了防备西夏，又经常于延、庆诸州驻屯大军，各成为一方的重镇。金人盖因其旧规，而分设京兆府等五路。[①]至于金人的上京等路，将另述于后文。（附图三十二《金国黄河流域及其附近形势图》）

第六节　周边地区政治区划的变迁

我们的祖国自来就是一个多民族的国家，远古之时黄河流域分布着许多部落，仿佛已肇其端倪。在这些不同的部落中，华夏实占主要的地位。华夏之名起源很早，应该与夏朝有关，至迟到春秋时期已是黄河流域文化较高的一

---

① 《金史》卷二四至二六《地理志》。

图三十二　全国黄河流域及其附近形势图

金国黄河流域及其附近形势图

图　例

中都城　⊠

路治　◉

府治　◎

州治　⊙

金国疆界线　－·－·－

金国各路分界线　－－－－

0　120　240公里

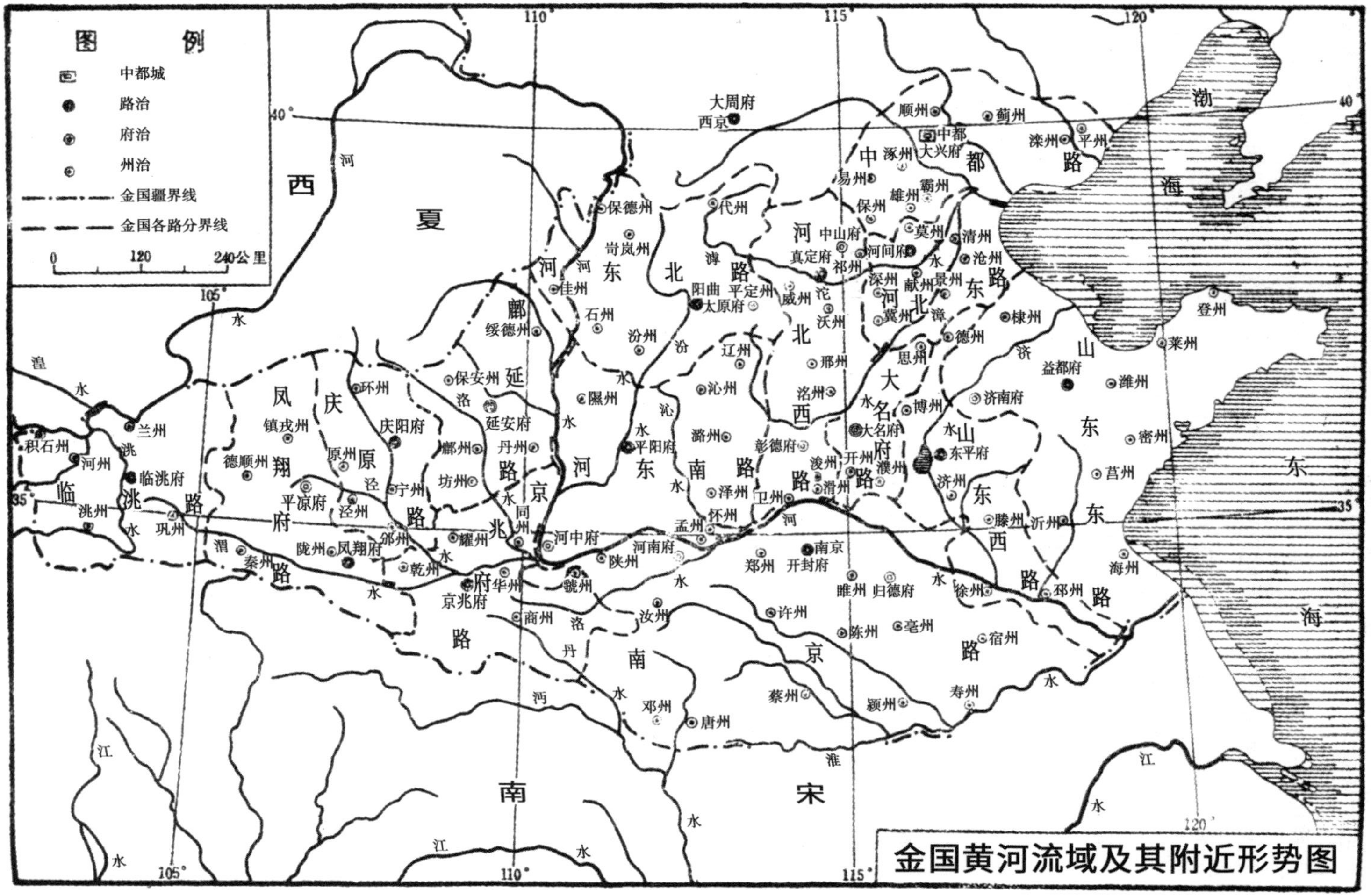

些诸侯封国的通称。华夏诸国与非华夏诸国的居地，也是到春秋时期更易明确起来。大体说来，华夏诸国多居于平原，而山区往往为非华夏诸族活动的处所。[①]黄河流域如此，其他地区自也非例外。夏、商、周诸王朝立国于黄河流域，其版图中已包括着不同的族类，秦汉及其以后诸王朝，疆域广大，兼有长江流域和珠江流域，所包括的民族当然随着更为复杂。时易世移，文化经济不断交流，其中有许多早已融合为一体，有的在若干方面保存着自己的习俗，有待于进一步的发展。不过列郡置县，长期以来彼此已经无所差异了。

当然，祖国的版图并不以建立于黄河和长江、珠江流域的各王朝的辖地为限。今日中华人民共和国正是世世代代以来各族人民共同缔造的疆土，数百千年各族人民在这样的版图之中大体上是融融共处的，虽然其间有时也不免发生若干争执和冲突，甚至以兵戎相见，那都是各族上层统治阶级所引起或者挑拨起来的，并不妨碍各族人民间的合作和友好。在黄河和长江、珠江流域各王朝统治时期，其他地区的各族往往各自保存其部落或者国家的面貌。从总的关系看来，无论其为部落或者国家，亦犹若郡县制度一样，不过表示各地的区划而已，也正如郡县制度一样，这样的区划往往有巨大的改变。对整个的多民族国家来说，这些改变只是一些内部的问题，无关于外部的纠葛。

一、瀚海附近地区各部落、民族的递嬗

各部落、民族分布地区变迁最频繁的，当然要数到阴山山脉以北的瀚海附近地区。如前所说，瀚海附近一片草原，为游牧部落、民族栖息的所在。匈奴、鲜卑、柔然、突厥、回纥诸部更迭在当地居住，直到后来的蒙古族。

[①] 顾颉刚、王树民《华夏释名》，见《中国历史地理论丛》第一辑。

当他们强盛的时期，他们的国土往往东至辽左，而西至阿尔泰山，或者更西的地方。他们的政府组织，自单于或者可汗以下，分职井然可观，可是对于偌大地区却难得有十分具体的划分，以与他们南面黄河流域的王朝媲美。匈奴曾分它的国土为三部，左方王辖东部各地，王庭设在汉上谷郡（治沮阳，今河北来县南）的正北方，右方王辖西部各地，王庭设在汉上郡（治肤施，今陕西榆林县南）的正北方，单于自将中部，王庭设在汉云中郡（治云中，今内蒙古自治区托克托县东北）的正北方。[①]这种划分的方法以后为鲜卑等族所因袭。这样的制度显得过于笼统，却也符合草原上的要求。草原广漠，便于牧马奔驰，正是骑兵施展特长的处所。匈奴及其后的游牧部落、民族皆利用骑兵控制各地。骑兵往来迅速，草原又平坦无阻，所以不必作过细的区分，就已可达到他们的目的。虽然如此，各部落、民族间游牧地区的区划却皆有所规定，不容相乱。不论是匈奴，或是其后的鲜卑、柔然等，他们的较小的部落还是很多的，其中也还有若干联盟或者被役属的部落，这些部落当然各有它们的游牧地区，匈奴单于属下的东胡、丁零等部落，都是如此。[②]又如构成回纥的九姓部落等，史书记载一再指出他们各有分地。[③]可见其间区别还是相当严格的。不过像鲜卑檀石槐那样的划分，却还是少见的。檀石槐强盛时也曾分其地为三部，和匈奴相仿佛。檀石槐初强时，曾得到东西部大人的降附，可见这种东西部的划分，初不因为某一单于的强大有力而有所改变。[④]檀石槐与其前后所不同的，不在这样分部的数目，而在于具体划分中包含着数目多少不等的邑。据说，他的东部是从汉右北平郡（治土垠，今河北丰润县东）之北，东至辽东（治襄平，今辽宁辽阳市）之北，接夫余秽貊，三十余邑，中部是从右北平至上谷十余邑，西部是从上爷以西至敦煌（治敦煌，今甘肃敦煌县）、乌孙（今新疆维吾尔自治区伊犁河流域及其

---

① 《史记》卷一一〇《匈奴传》。
② 《史记》卷一一〇《匈奴传》。
③ 《旧唐书》卷一九五《回纥传》。
④ 《后汉书》卷九〇《鲜卑传》。

以西的一些地方），二十余邑。而且在檀石槐以前，就已经有"鲜卑邑落百二十部各遣使入贡"[①]的记载。游牧部落和民族以游牧见称，正是本无定居的缘故。邑落的形成在游牧地区实是少有的现象。檀石槐及其稍前时期的鲜卑怎么能够就拥有这许多的邑呢？那时东汉国力已逐渐衰弱，北边防务空虚，人口流徙，鲜卑因而时时在塞下抄掠。这些邑当是沿边汉人的旧居，为鲜卑乘间所拥有，也是鲜卑族人由于和汉人交往，接受汉化而改变旧俗的表现。因而就和其他的游牧部落、民族不尽相同。

这种三部的区分法也不是没有变例的。隋时的突厥已经有西面可汗。其后演变成沙钵略、庵罗、阿波、突利、达头五可汗共立的局面。[②]其实这主要是由继承问题难于解决而引起的。虽为五可汗共立，但仍未完全摆脱原来三部分的形势。沙钵略和庵罗共居于中部，而沙钵略独处尊位，庵罗实际上降为第二可汗。达头本已为西部可汗，而阿波亦防卫右地，突利则防左方，各自雄长一方。[③]不过这样并立的局面，后来却引起了突厥的分为东西。

唐初，突厥颉利可汗败亡，其遗黎大都移徙漠南，散布于阴山山脉以北各处。前面说过，唐朝于今内蒙古自治区和林格尔县设立单于都护府。单于都护府的设立主要是羁縻突厥的遗黎。单于都护府辖有定襄、云中、桑乾、呼延四都督府，四都督府又各领有几个羁縻州。[④]云中都督府南直河套，桑乾都督府南直桑乾河上游，定襄都督府又在桑乾都督府之北，呼延都督府南

① 《后汉书》卷九〇《鲜卑传》。
② 《隋书》卷五一《长孙晟传》："晟先知摄图、玷厥、阿波、突利等叔任兄弟各统强兵，俱号可汗，分居四面。"据《隋书》卷八四《突厥传》，摄图即沙钵略可汗，玷厥为达头可汗，阿波本名大逻便，突利为处罗侯，乃摄图之弟。此时亦独专一面。《突厥传》又有庵罗可汗者，曾让位于沙钵略可汗，沙钵略可汗治都斤山，庵罗降居独洛水，称第二可汗。按：都斤山今为杭爱山，独洛水今为土拉河，皆在蒙古国境内。
③ 《隋书》卷五一《长孙晟传》。
④ 《新唐书》卷四三下《地理志》。

直贺兰山。至于漠北各地由于回纥继起，突厥的孑遗就都归属于回纥了。^①
唐初于单于都护府之外，兼置了安北都护府。单于都护府为突厥而设，安北
都护府则是为回纥而设。属于安北都护府的就有回纥十八州九府。这些州府
都在今蒙古国境内，有的还分布到贝加尔湖的东西。^②

回纥西迁后，契丹继起，奄有大漠南北。契丹于其境内划分五道，其
上京道治临潢，在潢水上游，所辖各州亦以潢水流域为主，然上京道辖境实
不限于潢水流域，而兼有漠北各处，越过了胪朐河，其西境且达到金山（今
阿尔泰山）。^③契丹于上京道西北部置西北路招讨司，于北部置乌古敌烈统
军司。^④这些虽然是兵卫设置，然在此茫茫草原之中，也起到若干区别地区
的作用。乌古敌烈统军司置于河董城。河董城本回鹘可敦城^⑤，位于胪朐河
上。胪朐河今为克鲁伦河。河董城距今乔巴山不远。当时契丹于边疆重地往
往置有边防城，河董城即其中之一。这样的城镇还可举出镇州和招州。这两
州分居于土兀拉河畔和乌古鲁河畔。土兀拉河为今土拉河，乌古鲁河为今鄂
尔浑河。这里本为突厥和回纥时期的重要地区，而镇州也就是古可敦城。^⑥
契丹的西北路招讨司可能就驻在镇州。

---

① 《新唐书》卷四三下《地理志》，安北都护府所属有坚昆都督府和新黎、浑河、狼山三州，皆为
突厥的府州。或谓这三州在今蒙古国唐努山之南，阿尔泰山和杭爱山之间。新黎州在乌布苏诺
尔湖之西，狼山州在科布多河之西，浑河州在扎布汗河流域。坚昆都督府在今叶尼塞河（当时称
剑河）上游。然安北都护府所领的回纥府州中也有一个坚昆都督府。颇疑这个都督府本是突厥部
落，突厥散亡后，回纥即因袭了原来的府名。

② 《新唐书》卷四三下《地理志》。这九个都督府为达浑、安化、宁朔、仆固、瀚海、金微、幽
陵、龟林、坚昆。达浑、安化、宁朔、仆固四都督府后并侨置于夏州（今陕西靖边县北白城
子），其他五都督府皆仍在今蒙古国。或谓瀚海都督府在喑昆水（今鄂尔浑河）亦即在安北都护
府治所附近，金微都督府在今鄂嫩河上游，幽陵都督府在今克鲁伦河之北，龟林都督府在今鄂尔
浑河中游之东，坚昆都督府，如前所云，乃在剑河上游，而剑河为今叶尼塞河。

③ 《辽史》卷三七《地理志》论述辽的疆域说："东至于海，西至金山，暨于流沙，北至胪朐
河。"金山今为阿尔泰山。流沙旧皆于弱水下游求之。然金山以西亦有沙漠，所谓西暨沙流，也
就是说越过了阿尔泰山。胪朐河今为克鲁伦河。《辽史·地理志》说，皮被河出回纥北，入胪朐
河，则辽的疆域已远达于胪朐河之北了。

④ 《辽史》卷三六《兵卫志》。

⑤ 《辽史》卷三七《地理志》。

⑥ 《辽史》卷三七《地理志》。

由于蒙古族的兴起，这些地区才有了更多的变迁。元朝划分全国各地为中书省和行中书省。瀚海南北作为岭北行省，行省治所在和林，现在仍称为哈尔和林。其地西有合剌和林河，因而也就称为和林。[①]哈剌和林河也就是斡耳寒河（今鄂尔浑河）的上游。和林也是和宁路的治所。[②]岭北行省所设的路只此一处，"其余大半皆为诸王贵族的封地。然吉利吉思、撼合纳、谦州、益兰州等处断事官辖地即在谦河流域"[③]。谦河发源于唐麓山（今唐努山）之北，实为今叶尼塞河，其辖地亦相当广远。瀚海以南，则狼山之西列入甘肃行省，其东则为中书省的辖境。

元朝崩溃后，瀚海附近主要是鞑靼的统治区域。当时蒙古族分为两大部分，鞑靼而外，还有瓦剌。鞑靼居东，而瓦剌居西。两部常有争执，互相消长，瓦剌曾不止一次地据有鞑靼的地区。明朝中叶，进入塞内，俘去明英宗的就是瓦剌的酋长也先。不论其为鞑靼或者瓦剌，其内部都有若干封建领主，在有较强大的可汗的时候，这些封建领主都是听命唯谨；领导乏人，他们之间又在彼此争雄，迭有冲突。后来达延汗起，才复统一蒙古各部。他把瀚海以南分成左右二翼，每翼各三万户，封其子弟。这俨然还是以前居住于这一地区的各族所分的左右两部的规模。不过这时的可汗亲自统率一翼，和以前略有不同。当然达延汗死后，其子孙间仍不断有所争执，但这左右翼及其统属的万户的规模，却大体因袭下来。[④]后来清朝对于内蒙古各部所区分的东西六盟，也就是由此演变而来的。这六盟是哲里木盟（盟地在科尔沁右翼旗境内）、卓索图盟（盟地在土默特右翼旗境内）、昭乌达盟（盟地在翁牛特左翼旗境内）、锡林郭勒盟（盟地在阿巴噶尔左翼旗和阿巴哈纳尔左翼旗境内）、乌兰察布盟（盟地在四子部落旗境内）和伊克昭盟，前四盟为东，后二盟为西。[⑤]西二盟之西，贺兰山西侧的阿拉善厄鲁特旗和额济纳河

---

① 《元史》卷五八《地理志》。
② 《元史》卷五八《地理志》。
③ 《元史》卷五八《地理志》。
④ 《明史》卷三二七《鞑靼传》，又卷三二八《瓦剌传》。
⑤ 张穆《蒙古游牧记》卷一至六，内蒙古各盟；《清史稿》卷八四《地理志·内蒙古》。

（今弱水）下游的额济纳旧土尔扈特旗乃是清初新设立的。①虽亦在瀚海之南，却与上面所说的六盟不同。至于瀚海以北，东起黑龙江呼伦贝尔城（今内蒙古自治区海拉尔市）南，西迄阿尔泰山，清初亦分为四部，自东徂西，为车臣汗部、土谢图汗部、塞音诺颜汗部和扎萨克图汗部。扎萨克图汗部之西别有科布多和唐努乌梁海，也是清初设立的。科布多在阿尔泰山下，唐努乌梁海则在唐努山和塔尔博克山（今萨彦岭）之间，伊聂谢河（今叶尼塞河）上游各支流即流贯其地。②这四部和其西的科布多就是现在的蒙古国，至于唐努乌梁海则已为苏联所侵占。由于蒙古族居地的广大，所在的盟旗已不限于瀚海南北各处。现在的内蒙古自治区就是以上述的哲里木盟等六盟和阿拉善旗（今为阿拉善左旗）、额济纳旗为基础（卓索图盟已分别并入昭乌达盟和辽宁省）而扩大起来的。今阿拉善左旗和额济纳旗为阿拉善盟。又另外新建了位于阴山之下的巴彦淖尔盟、东北呼伦湖周围的呼伦贝尔盟和洮儿河流域的兴安盟。

二、西拉木伦河南北和大兴安岭东西的变迁

这里所说的哲木里盟和昭乌达盟皆在西拉木伦河流域。兴安盟和呼伦贝尔盟则在哲里木盟以北，由洮儿河流域直至黑龙江的上游。这些地区虽为蒙古族游牧地区，若追溯往古，则应为东胡族的旧地。东胡在早期包括鲜卑与乌桓诸部。鲜卑族游牧地区自是在西拉木伦河以北③，后来的慕容氏等部落当即由此析出，然建立北魏王朝的拓跋鲜卑，其最初所在的地方当

---

① 《蒙古游牧记》卷一一《阿拉善额鲁特蒙古游牧所在》，又卷一六《额济纳旧土尔扈特蒙古游牧所在》。
② 《蒙古游牧记》卷七至十，外蒙古各盟；《清史稿》卷八五《地理志·外蒙古》。
③ 《后汉书》卷九〇《鲜卑传》："鲜卑者，亦东胡之支也。别依鲜卑山，故因号焉。……以季春月大会于饶乐水上。"饶乐水为今西拉木伦河。

还在以北，大致是靠近呼伦池和额尔古拉河各地。[①]后来拓跋鲜卑向西南迁徙，进入匈奴故地，西拉木伦河上的鲜卑则有的向西迁徙，亦至匈奴故地，有的则向南迁徙，至于汉王朝的边塞。乌桓初期的居地，也在西拉木伦河流域，不过是在鲜卑族之南。由于乌桓族的先期迁徙，故鲜卑族得以追踪继至。不论乌桓或者鲜卑，当其居于西拉木伦河流域时，其内部部落如何划分游牧地区，已无从得知。后来南迁以后，汉朝的人们往往就其所近的边郡名称以相称呼，这当不是他们自己的区划。前面提到檀石槐分国为三部，其中部和东部就是在这一地区之内。当然，每一部中还包括不少的部落，慕容氏就是其一。[②]但是檀石槐的统治局面并不是很长久的，而各部落盛衰强弱的变迁还是不少见的。西晋末年直到十六国初期，在西拉木伦河流域及其以南的地区，兴起了段氏、宇文氏和慕容氏三个部落，宇文氏还在西拉木伦的附近[③]，慕容氏已迁到大凌河的下游[④]，而段氏则又已迁到大凌河的上游和滦河上游之间[⑤]。而且还在逐渐南迁，而慕容氏和宇文氏与其以西的拓跋氏一样，先后在黄河流域建立了他们的政权。

诸鲜卑部落迁去之后，这个地区又有了新的部落兴起。在西拉木伦河流域兴起了契丹和库莫奚。库莫奚在西，契丹在东。[⑥]奚虽与契丹并立，其后遂为契丹所役属。契丹与五代诸王朝及宋南北对立，曾于国中建五京道，

---

① 翦伯赞《中国史纲要》第二册第31页。

② 《资治通鉴》卷八一《晋纪》胡注。

③ 《魏书》卷一○三《匈奴宇文莫槐传》："出于辽东塞外，其先南单于远属也。世为东部大人，其语与鲜卑颇异。"《周书》卷一《文帝纪》："其先……有葛乌菟者，雄武多算略，鲜卑慕之，奉以为主，遂总十二部落，世为大人，其后……莫那自阴山南徙，始居辽西。"这里所说的辽西，当非辽西郡内，而为其边外也。《魏书》卷一《序纪》："昭帝分国为三部，帝自以一部居东，在上谷北濡源之西，东接宇文部。"濡水即今滦河，濡源在今河北省沽源县东南，其地距今西拉木沦河上源亦非过远。

④ 《晋书》卷一○八《慕容廆载记》。按：慕容廆的曾祖莫护跋始建国于棘城。《资治通鉴》胡注，棘城在昌黎县界。昌黎今为辽宁省义县，在大凌河左岸。慕容廆又迁于徒河之青山。徒河在今辽宁省锦州市，已在小凌河岸上。廆以大棘城即帝颛顼之墟也，乃移居之。是廆又返回大凌河谷，故《晋书·载记》以慕容廆为昌黎棘城鲜卑人也。

⑤ 《晋书》卷一○四《石勒载记》，《魏书》卷一○三《徒河段就六眷传》。

⑥ 《魏书》卷一○○《库莫奚传·契丹传》。

其南京、西京两道即取之后晋的幽云十六州。其上京道建于西拉木伦河流域
（治临潢，今内蒙古自治区巴林左旗南），其辖境尽有大漠南北，西且及于
金山（今阿尔泰山），东有他鲁河和白马淀。[①]他鲁河今为洮儿河，白马淀
今为查干湖，在吉林省前郭尔罗斯蒙古族自治县西北。中京道在上京道之南
（治大定，今内蒙古自治区宁城县西），其辖境包括土河（今老哈河）[②]、
滦河[③]的上游和大凌河、小凌河流域[④]。只有东京道（治辽阳，今辽宁辽阳
市）是建立在辽河流域，和原来的渤海国的故土[⑤]以及原来的率宾、挹娄、
铁利等国[⑥]，已至于今黑龙江北各处。（附图一《辽上、中、东、西、南五
道图》）

　　和契丹最初同见于史籍的，尚有豆莫娄、地豆干、乌洛侯诸国，皆未
见有关区划的记载。[⑦]就是库莫奚亦仅知其分有五部[⑧]，契丹初期也只是有

---

① 《辽史》卷三七《地理志》述辽国的疆域，谓"西至金山，暨于流沙，北至胪朐河"。辽时上京
　　于五京中最居西北，则上京道辖地当尽有大漠南北，而西至于现在的阿尔泰山。按：《地理志》
　　所记上京诸山水中有他鲁河（《游幸表》作挞鲁河）。永州有柳林淀，亦曰白马淀。他鲁河今为
　　洮儿河，白马淀今为查干湖，在吉林省前郭尔罗斯蒙古族自治县西北。

② 《辽史》卷三九《地理志》："中京大定府，当饶乐河水之南，温榆河水之北。"饶乐河水就是
　　现在的西拉木伦河，温榆河水在今北京市北，所言似属过泛。《地理志》于中京大定府又记有土
　　河，土河今为老哈河，为西拉木伦河支流。大定府治就滨于土河的上游。

③ 《辽史》卷三九《地理志》，中京大定府有泽州，泽州有滦河，并有滦河县。滦河今仍为滦河。

④ 《辽史》卷三九《地理志》，中京大定府有兴中府和宜州。兴中府有小灵河，宜州有凌河。小灵
　　河当即今小凌河，凌河也就是现在的大凌河。

⑤ 《辽史》卷三八《地理志》："东京辽阳府。……后为渤海大氏所有。……传子祚荣，自称震
　　王，……中宗赐所都曰忽汗州。……忽汗州即故平壤城也。号曰中京显德府，太祖建国，攻渤
　　海，拔忽汗城，俘其王大諲撰，以为东丹王国。"忽汗州非平壤城，亦非渤海的中京显德府。
　　《辽史》于此颇有疏误。

⑥ 《辽史》卷三八《地理志》，东京辽阳府所属："率宾府，故率宾国地，定理府，故挹娄国地，
　　铁利府，故铁利国地。"按：《新唐书》卷二一九《渤海传》，挹娄故地为定理府，率宾故地为
　　率宾府，铁利故地为铁利府。渤海的定理府治所为今俄罗斯海参崴东苏城，率宾府治所为海参崴
　　北双城子，铁利府治所为今黑龙江省依兰县。然《新唐书》卷二一九《黑水靺鞨传》，黑水靺鞨
　　居肃慎地，亦曰挹娄。其地东濒海，西属突厥，南高丽，北室书。而南抵太白山，太白山即今长
　　白山。渤海国以挹娄故地置定理府，未为非是，但定理府并非尽有挹娄地。黑水靺鞨既以黑水为
　　名，则当在今黑龙江下游各处。契丹东京道的东北，亦当至于今黑龙江的下游。

⑦ 《魏书》卷一〇〇《豆莫娄、地豆干、乌洛侯传》。

⑧ 《旧唐书》卷一九九下《奚传》。

图一 辽上、中、东、西、南五道图

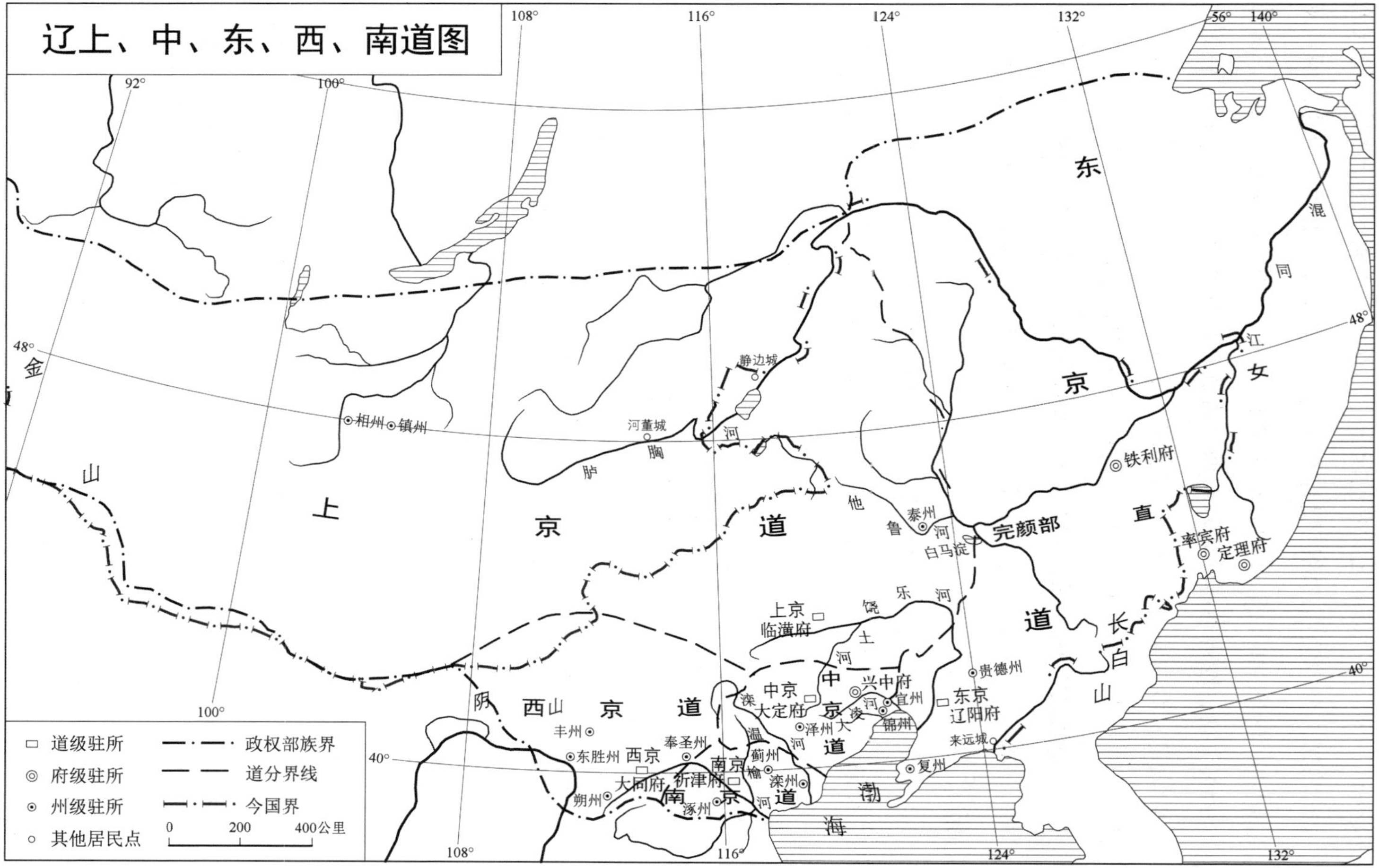

辽上、中、东、西、南道图

图例：
- □ 道级驻所
- ◎ 府级驻所
- ◉ 州级驻所
- ○ 其他居民点

- —·—·— 政权部族界
- —— 道分界线
- —··— 今国界

0   200   400公里

八部①。上面所论述的辽国五京道，乃是后到了五代北宋时事，上距其初起时已经相当悠久了。分部最多的应该推到室韦。室韦在唐时共分了二十余部。②分部众多，也显示出它所据地的广大。

三、白山黑水间的设置

至于鸭绿江以北直至松花江两岸，前后部落也是很多的。自战国时期燕国始设辽西、辽东诸郡，后来秦汉王朝仍继续前业。西汉时还另设了一个玄菟郡。塞外另有夫余、高丽和挹娄三国。夫余位于松花江上游弯曲的附近，其东则为挹娄，高丽偏于南方，位于长白山下，跨鸭绿江两岸。两汉中叶所置玄菟郡，其治所高丽县（西汉县址在今辽宁新宾县西南，东汉在今辽宁沈阳市东北）当与高丽故地有关。东汉时玄菟郡已逐渐缩小③，似说明高丽已渐臻于强大。挹娄的历史虽可上溯周时的肃慎，其文化的发展还相当迟缓，不如夫余和高丽④。夫余国中设马、牛、猪、狗四加，分统诸邑⑤，高丽则有五部，虽具体情况不可知，然五部除本称外，又以内、东、西、南、北或黄、左、右、前、后相区别⑥，其规模已略可概见。

---

① 《旧唐书》卷一九九下《契丹传》。《辽史》卷三七《地理志》："贞观三年，以其地为玄州，寻置松漠都督府，建八部为州。……分州建官，盖昉于此。"

② 《旧唐书》卷一九九下《室韦传》，《新唐书》卷二一九《室韦传》。

③ 《续汉书·郡国志》。

④ 《后汉书》卷八五《挹娄传》："其邑落各有大人，处于山林间。"

⑤ 《后汉书》卷八五《夫余传》："以六畜为官名，有马加、牛加、狗加，其邑落皆主属诸加。"《三国志》卷三〇《魏志·夫余传》于诸加外，另有诸加。

⑥ 《后汉书》卷八五《高丽传》："凡有五族，有消奴部，绝奴部，顺奴部，灌奴部，桂奴部。"章怀注："今高丽五部：一曰内部，一名黄部，即桂娄部也；二曰北部，一名后部，即绝奴部也；三曰东部，一名左部，即顺奴部也；四曰南部，一名前部，即灌奴部也；五曰西部，一名右部，即消奴部也。"

当高丽强盛时，靺鞨也逐渐强大。靺鞨就是汉魏时的挹娄，也是北魏时的勿吉。靺鞨于隋时始分七部，就是粟末部、伯咄部、安东骨部、拂涅部、号室部、黑水部和白山部。七部的分布地区也比较明确，这是在前面已经提到的。唐时离散为数十部，不过原来七部的名称仍见于史籍。[1]高丽破后，伯咄、安东骨、号室等部奔散微弱，粟末部独为强大，建立了渤海国。剩余的就只有一个黑水部，也就是所谓"黑水靺鞨"。就是黑水靺鞨也还分为十六部，以南北相称[2]，只是部名都无可考了。

高丽灭后，渤海国继起，寖假成为海东大国，渤海国的版图，北起松花江沿岸，西起于辽河之滨，其范围的广大为以前在这个地区建立的政权所不及。渤海国之先本为粟末靺鞨，靺鞨分部较多，居于黑龙江下游的黑水靺鞨即未列于渤海版图之中，渤海制度多仿唐朝，其国中有五京十二府六十二州，以各京府分领诸州。其五京各领一府，这是在前面已经论述过的。其余十一府，在今吉林省的二府，为长岭府（治所在今桦甸县南）、扶余府（治所在今四平市）；在今黑龙江省的四府，为鄚颉府（治所在今阿城县）、东平府（治所在今密山县东南）、铁利府（治所在今依兰县）、怀远府（治所在今同江县）；在今朝鲜的一府为南海府（治所在今咸兴）；在今俄罗斯境内的四府，为定理府（治所在今海参崴东苏城）、安远府（治所在今乌苏里江东伊曼）、率宾府（治所在今海参崴北双城子）、安边府（治所在今日本海滨奥耳加）。

渤海国后来为辽所灭，其故地大部分隶属于辽的东京道。金人兴起并进而灭辽后，亦仿辽制，于都城所在设路。当时所设的京路共有六处，即上京、东京、北京、中都、西京和南京。其东京、中都、北京、西京四路，依次就是辽时的东京、南京、中京、西京四道。南京路则设于北宋都城开封，因为金时以其地为南京。实际上在辽、金的故土只有上京、东京和北京三

---

[1] 《旧唐书》卷一九九下《靺鞨传》，《新唐书》卷二一九《黑水靺鞨传》。
[2] 《旧唐书》卷一九九下《靺鞨传》作十六部，《新唐书》卷二一九《黑水靺鞨传》则作十六种。

路，另外还设有咸平和临潢府两路。金人起于按出虎水畔①，其上京路的治所会宁（今黑龙江阿城县）就是他们所谓龙兴之地。上京路中的大山为长白山，大川除按出虎水，还有混同江、涞流河、宋瓦江、鸭子河。长白山和混同江为今长白山和黑龙江，这是用不着再作说明的。涞流河今为拉林河，宋瓦江今为松花江，鸭子河今为吉、黑两省间嫩江和松花江的河系。就是说，北起外兴安岭，南迄东朝鲜湾头，整个松花江流域和黑龙江的中下游都包括在内。上京路西南为咸平路（治平郭，今辽宁开原县北）。咸平路是一个小路，只有一个府和一个州。②上京路和咸平路都是由辽时东京道析出的。东京道剩余的部分就是金时的东京路（仍治辽阳）。金人灭辽破宋，其版图当然不以渤海国的旧疆为限。就是契丹最初兴起之地，当时的上京道，入金后曾改为北京路，又改称临潢府路③，而中京道也改成为北京路（仍治大定）。这显示女真人居地的扩大。金灭宋后，其疆土直达于秦岭淮河一线，这在前面已经论述过了。（附图二《金国东北诸路图》）

元灭金后，原来渤海国的故地，亦即金的上京路、咸平路和东京路皆改隶于辽阳行省（仍以辽阳为治所）。辽阳行省的辖地不仅超出渤海的旧疆，而且也超出了金的上京、咸平、东京三路，因为它北逾外兴安岭，而且西南还包括大宁路（仍以大定为治所）。元大宁路实际上就是辽时中京道的东部，已在大凌河流域了。④

明初东北疆域远至黑龙江下游，北逾外兴安岭，并越海而有苦兀岛（今

① 《金史》卷一《世祖纪》。
② 《金史》卷二四《地理志》，咸平路所领除咸平府外，另外只有一个韩州。又北京路所属懿州，本隶咸平，泰和末往属。
③ 《金史》卷二四《地理志》："北京路临潢府。天眷元年改为北京。天德二年，改北京为临潢府路，以北京路都转运司为临潢府路转运司，天德三年罢。贞元元年以大定府为北京后，但置北京临潢提刑司。大定后罢路，并入大定府路。"中华书局标点本《金史》的《校勘记》说："临潢路，世宗、章宗时未罢，纪传中屡见，章宗以后不见，疑（大定后罢路的）定是安字之误。"按：金时大定府为北京路属府，不应以大定府路相称。
④ 《元史》卷五九《地理志》。

图二　金国东北诸路图

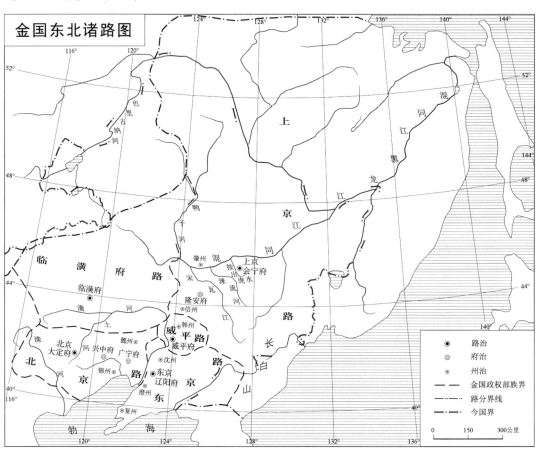

库页岛）。^①辽水流域属山东布政使司。这里未建府县，只设辽东都司（治定远中卫，即元辽阳路辽阳县）。而黑龙江流域别设奴儿干都司（治所在今特林，近黑龙江入海处）。辽东都司仅领二十五个卫和二十个州。^②奴儿干都司却领三百八十四个卫和二十四个州。^③由辽河东北至于奴儿干都司，皆女真部落居地，奴儿干都司及其附近诸地皆野人女真所居地，野人女真之西，今长白山以北，牡丹江和绥芬河等流域为建州女真所居地，而松花江曲折之处，则海西女真所居地。其后野人女真辗转南徙，建州女真及海西女真受到影响，也随着南徙。海西四部：叶赫徙居开原北镇北关外，明人称之为北关；哈达徙居开原东南广顺关外，明人称之为南关；辉发则居于辉发河上；乌拉居于今吉林市之北。建州女真的一部由三姓（今黑龙江依兰县）附近，南徙至鸭绿江支流婆猪江（今佟佳江流域），复迁至浑河上源苏子河的上游，为今辽宁省新宾县的附近。而另一支建州女真亦自三姓对岸的韩朵里南迁至朝鲜东北部的会宁，更后也迁至苏子河流域的赫图阿拉，明于其地置建州卫（今辽宁新宾县西南），后来由此继续发展，终于建立了他们自己的王朝。^④

　　到了清代，这黑水之滨和白山之下，就一直被视为"龙兴"之地，封禁唯谨，以示其地位的特殊，仅分置盛京、吉林、黑龙江三将军。清德宗光绪三十三年（公元1907年）改置奉天（今辽宁）、吉林、黑龙江三省，才和内地完全相同。这三个省区和满族原来的居地并非尽相符合。至少像奉天省那样管辖到辽河以西直至山海关前，就是一例。^⑤

---

① 曹廷杰《东北边防辑要·上·库页岛沿革形势考》："明《开原志》云，苦兀，在奴儿干海东。……明称苦兀，今称库页。"

② 《明史》卷四一《地理志》。

③ 《明史》卷九〇《兵志·卫所》。

④ 稻叶君山《满洲开发史》。

⑤ 《清史稿》卷六二至六四《地理志》。

四、羌浑和吐蕃的居地

在西边的青藏高原，最先见于史册记载的为青海的羌人。羌人部落活动的地区不限于青海的地区。《诗经·商颂》所说："自彼氐羌，莫敢不来享，莫敢不来王。"则至远不过是渭河的上游各地。羌人为游牧部落，来去飘忽，也未能十分确定他们的居地。自秦以洮水为界，而两汉的西陲又复郡县罗列，疆理也就更为清晰，其时羌人固大部分游牧在黄河上源和青海的左近，然附近郡县中亦非少数，氐人更几乎全部受汉王朝的统治。[①]在青海地区的羌人部落是不少的，不过各部落的居地难得有清晰的区分。这种情形不仅羌人如此，就是后来迁到这一地区的吐谷浑，也是一样的。吐谷浑的东疆曾一度伸入洮水的上游和大夏河流域[②]，其西北还兼有鄯善和且末[③]。那些地方本来都是有城郭之居的，吐谷浑当然也因袭了成规。它还曾建立自己的都城，这是位于布喀河流入青海处的伏俟城。虽有都城，可是可汗仍常居于穹庐，没有改变他们的旧习。吐谷浑后来曾一度为隋所灭，隋人也只是于它的旧有城郭处设了一些郡县。具体说来，就是伊吾、鄯善、且末和西海四郡。这些郡县大半在今新疆维吾尔自治区的东部，只有西海郡在祁连山之南，而其治所就在吐谷浑国都的伏俟城。[④]

吐谷浑最后为吐蕃所驱逐。吐蕃于唐时为西藏高原的大国。其赞普居跋布川或逻娑川。跋布川在现在西藏乃东县，逻娑川在现在的拉萨。在吐蕃

---

① 《后汉书》卷八七《西羌传》。

② 《隋书》卷二五《地理志》："浇河郡，后周武帝逐吐谷浑，以置廊州总管府。"又："临洮郡，后周武帝逐吐谷浑，以置洮阳郡。"按：浇河郡治河津，今青海省贵德县；临洮郡治美相，今甘肃省旧洮州。

③ 《隋书》卷八三《吐谷浑传》。

④ 《隋书》卷八三《吐谷浑传》。

未兴起之前，其附近本有若干部落，如白兰^①、附国^②、女国^③等，及吐蕃强大，这些部落皆为所役属。这些部落都非很大，其内部区划亦如吐谷浑那样，难得有什么规模。吐蕃虽强大，也不外此。其后衰弱，北宋时，湟水流域尚有孑遗，然也只是几个部落，更难得有何畛域。

元时开拓疆土，吐蕃旧地亦列于版图之中。元朝于其地置乌斯藏纳里速古鲁孙等三路宣慰使司（今西藏自治区的大部分及其西的克什米尔），吐蕃等路宣慰使司（今西藏自治区东部金沙江流域及青海南部、四川西部），朵甘思都元帅府（今青海、四川两省的雅砻江流域），吐蕃等处招讨使司（今青海东部和甘肃甘南藏族自治州），礼店文州蒙古、汉军、西番军民元帅府（今甘肃礼县及武都、文县），松潘宕叠威茂等处军民安抚使司（今甘肃东南部和四川阿坝藏族自治州），碉门鱼通黎雅长河西宁远等处军民安抚使司（今四川甘孜藏族自治州南部），皆隶于宣政院。至于今青海省北部祁连山南则为甘肃行省辖地。^④

明朝于元乌斯藏纳里速古鲁孙等三路宣慰司故地置乌斯藏都司，于元吐蕃等路宣慰司故地置朵甘卫都司，而今青海柴达木盆地及海西各处则为鞑靼土默特部的游牧地区。^⑤到清朝才有西藏的名称。其所辖地区，西起克什米尔东部，东逾拉楚河（今杂曲，澜沧江上游）。共分卫、康、藏、阿里四部。西部为阿里，东部为康。卫即前藏，其首府为喇萨城（今西藏自治区拉萨市）。藏为后藏，日喀则为其首府。^⑥今东部依旧，西部多已沦丧，现在为西藏自治区。西藏之北为青海，清朝设有西宁办事大臣以相统辖。^⑦民国初年改大臣为长官。公元1928年置青海省。

① 《周书》卷四九《异域传上》。
② 《隋书》卷八三《附国传》。
③ 《隋书》卷八三《女国传》。
④ 《元史》卷六〇《地理志》，又卷八七《百官志》。
⑤ 《明史》卷九〇《兵志·卫所》。
⑥ 《清史稿》卷八七《地理志》。
⑦ 《清史稿》卷八六《地理志》。

五、天山南北的区划

在西北的塔里木盆地和准噶尔盆地，远在张骞通西域归来，就已为内地所知悉。其时西域各处小国林立，有三十六国之目，分为南北两道，大部分皆在葱岭以东今新疆维吾尔自治区内。据《汉书·西域传》所载，则南道诸国为楼兰（今罗布泊旁，婼羌县境）、且末（今且末县南）、小宛（今且末县境内）、精绝（今民丰县北）、戎卢（今民丰县南）、扜弥（今于田县东）、渠勒（今于田县南）、于阗（今和田县）、莎车（今莎车县）、皮山（今皮山县）、乌秅（今塔什库尔干塔吉克自治县东南）、西夜（今叶城县南）、蒲梨（今泽普县西南）、依耐（今泽普县西南）、无雷（今塔什库尔干塔吉克县境）；北道诸国为车师前国（今吐鲁番县西）、车师后国（今吉木萨尔县南）、车师后城长国（今吉木萨尔县北破城子）、车师都尉国（今吐鲁番县东南）、郁立师（今奇台县西北）、卑陆（疑在今阜康县南）、卑陆后国（疑在今阜康县西）、西且弥与东且弥（皆在今乌鲁木齐市境）、劫国（今乌鲁木齐市北）、乌贪訾离（疑在今昌吉县南）、山国（今博斯腾湖东）、狐胡（今吐鲁番县西北）、蒲类（今巴里坤哈萨克自治县）、蒲类后国（蒲类西北）、单桓（疑在今乌鲁木齐市西北）、危须（今焉耆回族自治县东北）、焉耆（今焉耆县）、尉犁（今焉耆县南）、乌垒（今轮台县东北）、渠犁（今库尔勒县）、龟兹（今库车县）、姑墨（今阿克苏县）、温宿（今温宿县）、尉头（今乌什县西南）、疏勒（今喀什市），而乌孙则居于伊犁河流域。乌孙的东北就是匈奴了。西汉在乌垒城（今轮台县东北）设西域都护府，护理南北两道。[①]东汉时西域都护府移至龟兹。龟兹在今库车

县西南。①这些小国的分布正显示出当地水草田的轮廓，因为每一个小国的范围大致就是一个水草田的所在。它们的土地既然这样狭小，所以各自的内部都没有更小的区划。（附图三《西汉时葱岭以东西域诸国分布图》）

这些小国的分布虽受着水草田的局限，可是这些小国之间却也不时有并吞析离的情形。西汉时的三十六国到东汉时就分成五十余国，其间变迁也是频繁的。不过像焉耆、龟兹、疏勒、于阗等国的土地虽较为广大，可是也都未能改变各国分布的格局。光武帝时，莎车王贤曾攻破拘弥、西夜国，皆杀其王，而立其兄康两子为拘弥、西夜王。莎车王贤还曾攻破鄯善和龟兹两国。鄯善虽被攻破，莎车国却并未进一步控制，鄯善就北附匈奴。莎车攻破龟兹国后，王贤就立其子则罗为龟兹王，王贤又以则罗年少，乃分龟兹为乌垒国，徙他们立的妫塞王驷鞬为乌垒王。后来到顺帝时，于阗国王放前也曾攻杀拘弥国王，而立其子为拘弥王。②像这样灭掉其他国家，或者劫掠之后，听其自己发展，或者代立国王，却未能增加本国的土地，因而也难得有新的区划出现。从总的方面说，汉朝派去的都护还有一定的作用，东汉有些时期不曾派遣都护，当地仍然恢复到诸小国并立的局面。

两汉时期只是对西域派遣都护，后来到隋唐时期就进一步设置郡县，和内地同样治理。前面说过，隋灭吐谷浑后，和西海郡并置的伊吾、鄯善和且末三郡，就在今新疆维吾尔自治区的东部。到了唐代，在今新疆维吾尔自治区东部置了伊州（即隋伊吾郡，治伊吾，今哈密市）、西州（治高昌，今吐鲁番市东南）、庭州（治金满，今吉木萨尔县北），又设沙州（治敦煌，今甘肃敦煌县，其辖地有今且末、婼羌等县）。然而更重要的设置则是安西和北庭两都护府。③安西都护府初治西州，后治龟兹（今新疆维吾尔自治区库车县）。北庭都护府与庭州同治。这两个都护府分辖天山南北两路，而且还达到葱岭以西各处。

---

① 《后汉书》卷八八《西域传》。

② 《后汉书》卷八八《西域传》。

③ 《新唐书》卷四〇《地理志》。

图三　西汉时葱岭以东西域诸国分布图

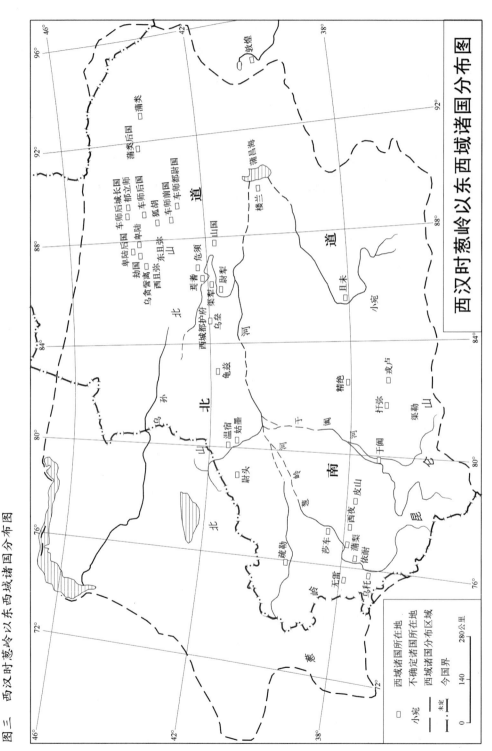

西汉时葱岭以东西域诸国分布图

敦煌

蒲类
蒲类后国

车师后城长国
卑陆后国　　郁立师
卑陆国　车师后国
劫国　　孤胡
乌贪訾离　车师前国
西且弥　东且弥　车师都尉国
北　　　山　　山国

道

焉耆　危须
西域都护府　渠犁
乌垒　　　　尉犁　　蒲昌海
　　　　　　　　　　　　　楼兰
龟兹

孙

北　　山　　　河　　　道

乌　　　温宿　姑墨　　　　　　小宛

垒　　　尉头　　干　　精绝

山　　　葱　　　阗　　　扞弥　戎卢

南　　岭　　　　　　渠勒

北　　　疏勒　　　河　于阗

莎车　　　　西夜　皮山

渠犁　　　昆
依耐　　　　　仑

乌托
无雷

葱

岭

图例
□　西域诸国所在地
□　不确定诸国所在地
小宛　西域诸国分布区域
— —　今国界
—··—　未定

0　　140　　280公里

唐朝末年，回鹘族的西迁，使那里有了更多的变迁。回鹘族就是现在的维吾尔，他们自瀚海附近地区外迁，分成甘沙州回鹘、西州回鹘、葱岭西回鹘，而于阗亦当为回鹘居地。^①甘沙州回鹘虽自有可汗，然沙州一直为曹义金后人所统治^②，所谓甘沙州回鹘实际上只是甘州一州。西州回鹘或称西州龟兹，又称龟兹回鹘。^③西州的土地，据说是"东至黄河，西至雪山"，其中"有小郡数百"^④。可是西州和龟兹皆曾派遣使臣向宋朝进贡，可知两者并无隶属关系。所谓小郡数百，即使果确，也难得有具体区划。至于于阗，更是自为一国了。^⑤

这样的局面并没有一直继续下去。由于瀚海附近游牧部落、民族的变迁，这里也受到影响。辽金之际，契丹人的西迁建立了西辽国。西辽都城虎思斡耳朵（今吉尔吉斯斯坦托克马克），乃在亦思宽（今伊塞克湖）之西。葱岭以东、天山南北、畏吾儿（即回鹘）皆在其统治的范围之中。西辽人在这里也只是控制各个城市，而未能分为若干区划。后来成吉思汗兴起，又转而受蒙古族的控制。当时在这里先后设置了别失八里（今新疆维吾尔自治区吉木萨尔县北）^⑥、阿力麻里（今新疆维吾尔自治区霍城县西北）^⑦两行中书省。两行省的建置为时非久，即又相继废省。经过元初西北诸王间的战争，

---

① 《宋史》四九〇《回鹘传》："初，回鹘西奔，种族散处，故甘州有可汗王，西州有克韩王，新复州有黑韩王，皆其后焉。"《宋会要辑稿》第一九七册《蕃夷四》，新复州作新福州，并说它在于阗王城之西。按：《宋史》卷四九〇《于阗传》："大中祥符二年，其国黑韩王遣回鹘罗厮温等以方物来贡。"

② 《宋史》卷四九〇《沙州传》。

③ 《宋史》卷四九〇《龟兹传》。

④ 《宋史》卷四九〇《回鹘传》。

⑤ 《宋史》卷四九〇《于阗传》。

⑥ 《元史》卷三《宪宗纪》。

⑦ 《元史》卷一二六《安童传》："（至元）十二年七月，诏以行中书省枢密院事，从太子北平王出镇极边。在边十年，二十一年三月，从王归，待罪阙下。"又卷九《世祖纪》："至元十四年七月，诸王昔里吉劫北平王于阿力麻里之地，械系右丞相安童，诱胁诸王以叛，使通好于海都，海都弗纳，东通诸王亦弗从，遂率西道诸王至和林城北，诏右丞相伯颜往御之。"则安童所任职的行中书省，当在阿力麻里。而阿力麻里行中书省亦当置于斯时。此行中书省当以诸王昔里吉之叛而撤废的。

畏吾儿又隶属察合台汗国。明朝初年，察合台汗国灭亡，维吾尔族人的居地也分成若干割据的政权，其中大者称国，小者称地面，而以哈密、吐鲁番、于阗、别失八里为最大。哈密、吐鲁番、于阗今为哈密市和吐鲁番、和田两县。别失八里则在吉木萨尔县北。当时各有属城，所控制的地区远较现在的县市为大。他们如何区划所属的城郭，以便于统治，却很少见于记载。吐鲁番东本有柳城和火州两国。火州在吐鲁番东30里，柳城又在火州东70里，相距实为最近。后来吐鲁番并灭了这两个小国[1]，是否就和其他属城相等，亦未能具知。哈密种落杂居，有回回、畏吾儿、哈剌灰等。其头目不相统属。明朝本来打算以哈密统领诸国，为西陲屏蔽，就是这样的缘故，终未能达到目的。[2]哈密虽是当地的大国，却常为吐鲁番所侵凌。成化年间（公元1465—1487年），吐鲁番速檀阿力袭破哈密，然亦只是留其妹婿牙兰守护，没有其他安排。明兵进讨，牙兰遁走，明兵还乘势收复了八城。吐鲁番占据哈密，并非只有这一次。其结局都相仿佛。[3]哈密据吐鲁番较远，中间又多戈壁，也难于使之连到一块。别失八里的疆土远较哈密和吐鲁番为广大，也是一方的大国。明成祖永乐十八年（公元1420年），其王西迁，更国号为亦力把里。[4]亦力把里为新疆维吾尔自治区今伊宁市，盖以亦力把里为都，国号亦随之更改。据说"其国无城郭宫室，随水草畜牧"[5]，也是不易有大的区划的。

别失八里北连瓦剌。瓦剌就是后来清朝人们所说的额鲁特。他们在元亡之后，与鞑靼相对立，有时也占据鞑靼地方和明朝相冲突，他们旧有四部，准噶尔牧于伊犁，都尔伯特牧于额尔齐斯，土尔扈特牧于塔尔巴哈台，和硕特则牧于乌鲁木齐。明末，和硕特部南入青海，准噶尔部逐渐强大。清朝初年，准噶尔部的噶尔丹汗遂拥众自立，并兼有四部旧地，还占据了天山南

---

① 《明史》卷三二九《吐鲁番传》。

② 《明史》卷三二九《哈密传》。

③ 《明史》卷三二九《哈密传》。

④ 《明史》卷三三二《别失八里传》。

⑤ 《明史》卷三三二《别失八里传》。

路各回城。清朝征讨准噶尔，其间的战事历时较久，直至清高宗乾隆二十二年（公元1757年），始行平定。[①]当准噶尔部告平时，原来为准部俘虏的回部首领大、小和卓木波罗尼都和霍集占先后据喀什噶尔（今新疆维吾尔自治区喀什市）和叶尔羌与清兵对峙。乾隆二十五年（公元1760年）天山南路亦告平定。[②]清廷设伊犁总统将军兼理天山南北两路，又于喀什噶尔设办事大臣，总办天山南路八城事务。至清德宗光绪九年（公元1883年）设立新疆行省。[③]新中国成立后，改设新疆维吾尔自治区。

六、鸦片战争后列强对我国疆土的掠夺

在这样长久的时期中，如上所述，周边地区的变迁是不鲜见的。这样的变迁实如黄河、长江和珠江流域诸王朝的分裂时期一样，那完全是祖国内部的事情。而整个版图的全面形成正是各兄弟民族共同具有的愿望，也是不可逆转的。

不过到了清朝中叶鸦片战争之后，大好金瓯却显得不少残缺。这是帝国主义陆续对我国侵略的结果。就在道光二十二年（公元1842年）鸦片战争结束时，英国已经占了珠江口外的香港。咸丰十年（公元1860年）英法联军之役后，香港对面九龙司也为英国所攫去。光绪二十四年（公元1898年），英国更扩大其所侵占九龙的范围，强行租借九龙半岛、深圳河以南的地区及其附近诸岛。

自英国侵占缅甸后，即与云南西南边界相连接，而当地亦从此多事。腾

---

① 魏源《圣武记》；《清史稿》卷五二七《青海额鲁特传》，又卷五二八《杜尔伯特等传》。
② 魏源《圣武记》卷四《乾隆戡定回疆记》。
③ 《清史稿》卷八三《地理志》。

越（今云南腾冲县）高黎贡山之西为茶山[①]，再往南去，则有明万历年间所筑的汉龙、天马、虎踞、铁壁等关。[②]而镇康县西潞江以东的麻里坝[③]，耿马傣族佤族自治县西潞江以东的滚弄和户板[④]，沧源佤族自治县西南葫芦地的大部[⑤]，皆为我国旧土。英国于清德宗光绪二十年（公元1894年）、光绪二十三年（公元1897年）先后强行占去。

当时英国不仅觊觎云南，而且垂涎西藏，借口与藏人启衅，强行保护哲

---

① 《明史》卷四六《地理志》："永昌军民府。茶山长官司，永乐三年析孟养地置，属金齿军民司，嘉靖元年属府，东有高黎共山。"

② 嘉庆重修《大清一统志》卷四九八《腾越直隶厅》："汉龙关在厅城西南五百四十里。……明万历二十一年（公元1593年）……城以拒缅，与天马、虎踞、铁壁、巨石、神护、万仞、铜壁共为八关。"《一统志》并说"天马关在厅城西南五百四十里邦欠山"，"铁壁关在城西南五百四十里等练山"，"巨石关在厅城西三十里户习习马山"，"神护关在万城西三百八十里盖西邦中山"，"万仞关在厅城西三十里吊桥猛弄山"，"铜壁关在厅城西南五百四十里布岭山顶"。按：汉龙关在今云南瑞丽县西南缅境。方国瑜《中国西南历史地理考释·清代云南边界地名事迹》引光绪二十年二月查界委员彭继志报复汉龙关址说："关址位于猛卯城南南西方向，又当南坎城直南方向。"天马关在今瑞丽县西南瑞丽江畔缅境。方国瑜前引书引光绪十九年九月腾越厅电查天马关情况说："（天马）关之东，至南坎江边六十里，即龙川江下游，过江至南坎城四十里。"又引宣统二年《滇西兵要界务图注》说："猛卯司城距天马关百七十里，西南距汉龙关百三十里。"铁壁关在今云南陇川县西北大盈江畔缅境。铁壁关的修筑乃是控制蛮莫的要路。蛮莫在今八莫东北，亦濒大盈江。《大清一统志》未载虎踞关所在，当位于铁壁关之南。巨石关在今云南盈江县西北，神护关在今云南腾冲县西北，万仞关在今云南盈江县北，铜壁关在今盈江县西南。巨石、神护、万仞、铜壁四关今仍在我国境内，其余四关皆已沦入缅境。

③ 方国瑜《中国西南历史地理考释·元明清时期云南省地理考释》："镇康之地界，景泰《云南志》镇康州曰：'东至孟琏，南至孟定，西至潞江，北至大侯'，是时施甸、湾甸已分别设治，而镇康之境界亦广，其西南当包有麻里坝（果敢）之地，至清季如此也。……《元混一方舆胜览》镇康路景致有潞江，《明史·地理志》镇康西有喳哩江（即潞江），明修诸本《云南志》亦谓西潞江，则较见也。"这是说麻里坝仍隶镇康，其西界直至怒江。

④ 方国瑜《中国西南历史地理考释·清代云南边界地名事迹》："明清时期，镇康州包有麻栗地，孟定府包有户班地，并以潞江与本邦分界。"又说："英帝国主义亦借口索科干等地，重议《滇缅界务条约》。光绪二十三年在北京换文，将工隆全地划归英国，于是科干（麻里坝）及户板并属英国。"按：孟定府今划归耿马傣族佤族自治县。户板今在缅境，位于南定河南，距潞江不远。户班即户板，工隆即滚弄。

⑤ 方国瑜《中国西南历史地理考释·清代云南边界地名事迹》："葫芦地方二千里，包括阿瓦山地之大部，其西以潞江与本邦分界，东与孟定、耿马、孟连诸土司相接。"又说："光绪二十年正月，议定《中英续议滇缅界务条款》，在交涉过程中，阿瓦山区毫无争议，任随英人摆布。"这样就失去了葫芦地的大部。

孟雄。^①然犹未就此甘心，复私自划定所谓麦克马洪线，觊图侵占西藏大片
土地。

当时云南西与英属缅甸相邻，而南与法属越南、老挝毗连。法国亦和英
国一样，觊觎侵占我国的疆土。今绿春县南的孟梭、孟赖、孟蚌自明时起即
隶于临安府（治云南建水县，今仍为建水县）的宁远州^②，至清光绪二十一
年（公元1895年）竟为法国所占去^③。就是景洪之东，南乌江上游的勐乌、
乌得旧日为十二版纳之一，也于清德宗光绪二十二年（公元1896年）为法国
所占去。^④

然而疆土蹙缩最甚的却是东北西北两方面，远在清圣祖康熙二十八年（公
元1689年）与俄国所议定的《中俄尼布楚界约》中即明确指出，两国"将此流
入黑龙江之绰尔纳即乌伦穆河附近之格尔必齐河为界，沿此河口之大兴安岭至
海，凡岭阳流入黑龙江之河道悉属中国，其岭阴河道悉属俄罗斯"。唯乌第河
以南，兴安岭以北则留为待议地区。则其南沿海地区及库页岛当然皆为我国版
图所在。这一条约尝为国人多所称道，认为是不损国威。其实额尔古纳河以西
黑龙江的上游，亦即石勒喀河流域本为茂明安等部游牧地，就因为这一条约的
签订而完全断送。此后到清文宗咸丰八年（公元1858年），俄国乘英、法两国
侵略我的机会，强迫清政府签订《瑷珲条约》。约中规定："黑龙江、松花
江左岸。由额尔古纳河至松花江海口，作为俄罗斯国所属之地。"约中还规
定："由乌苏里河往彼至海所有之地，此地如同接连两国交界明定之间地方，
作为大清国、俄罗斯国共管之地。"这样不仅失去黑龙江以北，大兴安岭以南
60多万平方公里的土地，而且乌苏里江以东也沦为两国共管。《瑷珲条约》签
订后的两年，由于俄国公使出面调停英法联军对中国的侵略，得以停战议和，

---

① 《中英会议藏印条约》见《中外条约汇编》。
② 方国瑜《中国西南历史地理考释·清代云南边界地名事迹》："《明史·地理志》临安府曰：'宁
远州，元至治三年二月置，隶云南行省，洪武十五年来属，宣德元年与安南。'"又说："宁远城
应在今越南之莱州省治。"据方氏书中所说，清初为孟梭、孟赖、孟蚌地。孟梭于清康熙年间即已
为建水州（治所在今云南建水县）的南界，孟赖、孟蚌也于雍正九年（公元1731年）投清受土职。
③ 方国瑜前引书。
④ 《中法界务专条附章五条》见《清季外交史料》卷一一四。

事后索取报酬，又于咸丰十年（公元1860年）强迫清廷签订《北京条约》。约中不仅把《瑷珲条约》所规定的乌苏里河以东的共管之地割让给俄国，还进而掠夺去兴凯湖以至图们江口以东的广大土地。^①《瑷珲条约》还曾规定现在瑷珲以东黑龙江左岸一些地方属于中国^②，这就是所说的江东六十四屯。虽然有这样的规定，后来在光绪二十六年（公元1900年），还是为俄国所强占。

沙俄对华的侵略是无所不用其极的。我国西北方面，原来的版图至为广阔，远至于巴勒喀什湖和吹河（今图作楚河）、塔纳斯河（今为纳林河）^③，而烘和图池（亦名斋桑泊）、图古勒池（今阿拉湖）^④、图斯池（今伊塞克湖）^⑤，皆为我国境内的内陆湖泊。这样的大好河山竟引起沙俄的觊觎，时图渗入掠夺：中俄《北京条约》占去乌苏里河以东的土地，还根据这一条约，又把巴尔喀什湖以东的大片土地强行占去。^⑥在这以后，又在勘界过程中，于咸丰十一年（公元1861年）签订的《勘分西北界约记》强行占去斋桑泊东北的唐努乌梁海十佐领牧地和科布多的阿勒坦乌梁海七旗地。^⑦其后又乘阿古柏之乱，于同治十年（公元1871年），出兵强占伊犁地区。为了使沙俄退出伊犁，清廷派崇厚前往交涉。崇厚昏庸，为沙俄所愚弄，于光绪五年（公元1879年）

---

① 中俄《北京条约》规定："自乌苏里河口而南，上至兴凯湖，两国以乌苏里及松阿察二河作为交界。其二河东之地，属俄罗斯国，二河西属中国。自松阿察之源，两国交界逾兴凯湖直至白棱河，自白棱河口顺山岭至瑚布图河口，再由瑚布图河口顺珲春河及海中间之岭至图们江口，其东皆属俄罗斯国，其西皆属中国。两国交界与图们江之会处及该江口相距不过二十里。"

② 关于这一方面，《瑷珲条约》中是这样规定的："黑龙江左岸，由精奇里江以南至豁尔莫勒津屯，原住之满洲人等，照旧准其各在所住屯中永远居住，仍着满洲国大臣官员管理，俄罗斯人等和好，不得侵犯。"精奇里江今图作结雅河。精奇里江入黑龙江处原有地名海兰泡，今为布拉戈维申斯克。

③ 嘉庆重修《大清一统志》卷五一七《伊犁》。

④ 嘉庆重修《大清一统志》卷五一九《塔尔巴哈台》。《一统志》说："图古勒池，在塔尔巴哈台西南。东北距爱呼池一百五十里，乌里雅苏台河、额敏河西流入之，周围百余里。"

⑤ 嘉庆重修《大清一统志》卷五一七《伊犁》。

⑥ 中俄《北京条约》第二条规定："西疆尚在未定之交界，此后应顺山岭、大河之流及现在中国常驻卡伦等处，及一千七百二十八年（即雍正六年），所立沙宾达巴哈之界牌末处起，往西直至斋桑淖尔湖，自此往西南顺天山之特穆尔图淖尔，南至浩罕为界。"特穆尔图淖尔即今伊塞克湖。浩罕本为葱岭西的国家，光绪二年（公元1876年），为沙俄所并，今其地仍以浩罕为名。

⑦ 《同治朝筹办夷务始末》卷七二、七六、七七，《清穆宗实录》卷二九一。

签订《里瓦几亚条约》，竟允许沙俄占有伊犁城西的霍尔果斯河以西及伊犁城南的特克斯流域。[1]清廷亦认为这样被侵占大片土地，屈辱太甚，因而再作交涉，嗣于光绪七年（公元1881年）签订中俄《伊犁条约》，虽收回特克斯河谷和通往南疆的穆札尔山口，然霍尔果斯河以西地区，终未能收回。[2]接着又在勘界中，继续还失去一些土地。光绪八年（公元1882年），中俄《伊犁界约》，失去了伊犁河北索伦营领队所辖十卡伦，河南锡伯营所辖十六卡伦。也是光绪八年，中俄《喀什噶尔界约》，失去了喀什噶尔西北廓克沙勒岭以西各地。光绪九年（公元1883年），中俄《科塔界约》（又名《哈巴河界约》）和中俄《塔尔巴哈台西南界约》，失去了斋桑泊东北巴尔哈斯泊周围和额尔齐斯河上游，哈巴河外各地。光绪十年（公元1884年），中俄《续勘喀什噶尔界约》，又失去了喀什噶尔西北由苏约克山口向南直至乌孜别里一线以西的土地。沙俄为了侵占更多的土地，还于光绪二十一年（公元1895年），和英国私自划分帕米尔。他们所划分的界线是由萨雷库里湖以东起，顺此湖稍南仍与湖平行的山脉，进至班帖尔及乌尔他别尔山口，一直往东与中国边界接连。[3]这条所谓的界线以北，归沙俄管理，界线以南，归英国管理。这是他们私自的划分，中国是不会同意的。

这一时期疆土的丧失就是沿海各处也是不少见的。鸦片战争后，英国首先割去香港，继又割去九龙一隅，这是在前面已经叙述过的。光绪十三年（公元1887年），葡萄牙以其长期租借澳门，攫取全部权力，使之成为它的殖民地。光绪二十年（公元1894年），甲午战争后，台湾又被日本夺去，1931年，九一八事变，日本更强占东北诸省，并以之成立伪满洲国。就在这一时期，帝国主义者又先后相继，胁迫清廷，租借沿海良港。前面已经说过，光绪二十四年（公元1898年），英国扩大所占的九龙的周围，使之成为

---

[1] 《清德宗实录》卷九九；《清季外交史料》卷一六《总署奏准使俄崇厚电称已与俄立约签押折》，又卷二五《使俄曾纪泽奏：中俄改订条约盖章画押折》。

[2] 曾纪泽《金轺筹笔》卷三，《清季外交史料》卷二五《使俄曾纪泽奏：中俄改订条约盖章画押折》。

[3] 许景澄《许文肃公遗稿》卷八。

租借地。英国还租借了威海卫，法国租借了广州湾，德国租借了胶州湾，沙俄租借了旅顺和大连。光绪三十年（公元1904年），日俄战后，日本又转租了旅顺和大连，第一次世界大战后，公元1914年，日本复租借了胶州湾。

抗战胜利后，东北诸省和台湾皆已收复，就是那些租借地也大部分得以归还。香港和澳门也都于1997年和1999年复归祖国版图。失地渐次收复，实堪庆幸。语云：前事不忘，后事之师。近百余年来惨痛的教训，人民将是永志不忘的。

第七节　都城的选择和迁徙

一、历代王朝和政权的都城

我国历史悠久，王朝和政权更迭频繁，都各有其都城。都城见于记载，为时甚早。远在春秋之世，就有人说过大皡、祝融和颛顼的都城。[①]大皡就是伏羲。不仅伏羲，就是神农的都城也有人提到过。[②]《史记》以《五帝本纪》为首篇，其中曾说到黄帝邑于涿鹿之阿。至于颛顼、帝喾、尧、舜的都城，亦皆有人为之一一举出，而尧舜都城，说者尤多，多属传闻之辞，其中有的就难免失实。[③]下至三代，都城的迁徙颇为频繁。累经学人考究，大体

---

① 《左传》昭公十七年，梓慎论大火，曾谓陈为大皡之虚，郑为祝融之虚，卫为颛顼之虚。陈为今河南省淮阳县，郑为今河南省新郑县，卫在今河南省濮阳县。

② 《左传》昭公十八年，鲁国大火，梓慎登大庭氏之库以望之。《正义》：炎帝号神农氏，一曰大庭氏。《水经·渠注》："陈城，故陈国也，伏羲、神农并都之。"

③ 颛顼之都，春秋时人已经提出过。帝喾之都，晋人皇甫谧谓在亳。郦道元以之列入《水经·谷水注》中，则当在今河南省偃师县。尧都，吴季札以《唐风》之地当之，见《左传》襄公二十九年。《汉书》卷二八《地理志》引应劭说，谓在河东郡平阳县，即今山西省临汾县。舜都，皇甫谧谓在蒲坂，《水经·河水注》曾征引其说，则今山西省永济县。

皆有成说，虽间有歧义，亦可略见全貌，前后合计，共有三十处。①

秦始皇统一六国之后，历代相沿，有统一的王朝，也有割据的政权，各自建立的都城，不论其年代的久暂，计有一百三十四处。加上夏、商两代和周的先世的都城，共为一百六十四处。涉及的王朝或政权二百六十九个。周边各省区共有都城五十三处，涉及的政权可知的有八个。内地与周边各处合计，共有都城二百一十七处，所涉及的王朝或政权可知的有二百七十七个。②

二、历年悠久的都城的变迁

这样繁多的都城，不易一一备举。这里只能就其中的历年悠久的论述它们所经过的变迁。

论这些都城历年的多寡，首先应该数到长安。长安作为都城共有一千零七十七年，其次为北京，九百零三年，接着顺序是八百八十五年的洛阳，四百四十九年的南京，三百六十六年的开封，三百五十一年的安阳。③在这

---

① 拙著《中国古都概说》于此曾有统计，说："夏的都城先后有崇、安邑、平阳、晋阳、阳城、阳翟、黄台之丘、斟寻、帝丘、斟灌、原、老丘、西河13处。商的都城，自契至汤虽有八迁之说，其实只有亳、蕃、砥石、商、商丘，相土之东都和邺7处。汤以后五迁，为嚣、相、耿、庇、奄，至盘庚而迁于殷。如果暂舍殷不论，也有12处。早周时亦曾以邰、豳、岐下、程、丰5处为都。这是说，夏代和盘庚以前的商代，以及早周之时，共有30处都城。"
② 拙著《中国古都概说》中所作的统计。具体都城和年代这里就不一一备举。周边各省区以前所建立的政权，往往不易知其起讫分合，这里就不以之列入统计数中。
③ 这些具体年代的统计，具见拙著《中国古都概说》。

六处之外，还应该添上杭州。论年代它是比较少的，只有二百一十年。①

长安为全国历年最久的都城。长安的设为县治，定为都城，始于汉高祖五年（公元前202年）。建筑城郭，还要迟后几年。不过在长安附近的建都却不是始于汉朝。西周时的丰、镐，就是现在西安城的西南丰水两岸。秦都咸阳也在今西安城西北渭水北岸。相距都不算很远，应该归入同一的地区之内。②东汉虽弃去长安不为都城，但在五胡十六国时期的前赵以及前后二秦却还皆在这里建都，当然分裂时期的政权不能维持好久的年代，可是由西魏历周、隋，一直到唐末，长安重新作为都城，几乎也快要有四百年的光景。加上其他历年不久的政权，应该说在长安建都的共有十七个王朝或政权。③

如果说到城池的建筑，洛阳要比长安还早。西周灭商之后，周公就开始营建雒邑。④不过正式作为国都乃是在东周的初年。洛阳的再一次作为国都为东汉和魏、晋几个王朝的事情。西晋以后，中原板荡，洛阳竟然难得有人过问。这种局面一直迟延到北魏孝文帝的时候。北魏的洛阳城实际是从废墟中重新建立起来的。北魏分裂以后，洛阳又失去国都的地位。隋唐两朝由于陪都的关系，它们的政府都曾经有一个时期设在洛阳城中。唐朝快要灭亡的时候还曾经迁都到这里，五代中的后唐也是都在洛阳，不过时期十分短促，

---

① 就具体年代来说，杭州的历年少于成都、银川和江陵。成都有二百四十九年，银川有二百二十六年，江陵也有二百二十四年，皆较多于杭州。这里提到杭州而暂舍成都、银川和江陵，是因为近几十年来流传着五大古都和六大古都的说法。所谓五大古都是指长安、洛阳、北京、南京和开封而言，后来添上杭州，成为六大古都。根据什么道理提出这些都城，未见当时的成议。以杭州列于其间，也未见有若何解释。不过这样的说法为时已久，约定俗成，也就不必再多所改动。1988年，中国古都学会在安阳举行第六次年会，才正式通过，以安阳与长安、北京、洛阳、南京、开封、杭州并列，成为七大古都。因为安阳自盘庚迁殷成为都城，为当今已发现遗址的最古的都城。这段经过具见拙著《中国古都概说》中。

② 长安作为都城的一千零七十七年，是连同周秦的都城一并计算的。

③ 这十七个王朝或政权为周（镐）、秦（咸阳）、西汉（长安）、新莽、刘玄的汉、赤眉、东汉献帝、西晋惠帝和愍帝、前赵、前秦、后秦（常安）、西魏（长安）、北周、隋、唐、黄巢的齐、李自成的大顺。

④ 洛阳城的开始营建为西周初年事（当时称为雒邑）。这是发轫于武王，定策于周公，作成于召公的大业。武王曾经说过："自洛汭延于伊汭，居易无固，其有夏之居。我南望三涂，北望岳鄙，顾詹有河，粤詹伊、洛，毋远天室。"后来周公定策之时，才指出：雒邑为"天下之中，四方入贡道里均"。

没有什么建树。①

开封作为都城，也是相当早的，可以上溯到战国时期的魏国。那时称为大梁。魏国的都城本在安邑（今山西夏县西北），是魏惠王迁到大梁的。②后来到五代时，后梁始以开封为都，后晋、后汉、后周皆因之，北宋也是沿着五代的成规，未有改变。后来金人为蒙古所迫，也曾把都城迁到开封。

北宋末年，金人南侵，宋朝只好把都城迁到杭州，并改杭州为临安府，以那里作为"行在"，一直延续到宋亡的时候。在南宋以前，五代时的吴越国，就曾以杭州为都，以杭州为都的也就只是吴越和南宋，在这几个重要的都城中，应该是最少的。

北京是中华人民共和国的都城，论它的渊源，和开封一样，也可上溯到战国时期，那时是燕国都城的蓟。③作为统一王朝的都城，应该从元代数起。后来明清两朝和民国初年都曾以北京为都。④

作为我国已经发现的最早的都城的遗址，应该数到河南省的安阳市，那里是商代的殷。商亡之后，长期以殷墟相称。商代自盘庚始迁于殷，迄于商亡，计有二百七十三年，也是相当悠久的。安阳距临漳不远，而临漳西南为邺的遗址，也是一个建都的所在，因为距安阳很近，因而就一并计入。⑤

南京作为都城，始于三国时期的吴国。其后东晋和南朝诸代相继遵循，仍然在当地建都。明朝初年虽也定都于南京，不过后来仍然迁到北京去。现

---

① 在洛阳建立都城的王朝或政权共十四个，为东周（雒邑）、秦末申阳的河南国、东汉（雒阳）、曹魏（洛阳）、西晋、北魏、隋、李密的魏国（洛口）、李密的魏国（金墉城）、王世充的郑国（洛阳）、唐、后梁、后唐、后晋。

② 《史记》卷四四《魏世家》："惠王三十一年，秦用商君，东地至河，而齐、赵数破我，安邑近秦，于是徙治大梁。"《集解》引《汲冢纪年》："梁惠成王九年四月甲寅，徙都大梁。"《纪年》为魏国史籍，当从之。

③ 燕国立国始于西周初年，历春秋而至于战国。春秋时只是列国的诸侯，故未计入那段都城的年代。

④ 从战国时燕国起至于民国初年，在北京建都的计有十一个王朝或政权，为战国时的燕国（蓟）、韩广的燕国、臧荼的燕国、彭宠的燕国、前燕、五代时刘仁恭的燕国、金（大兴）、元（大都）、明（北京）、清（京师）、民国（北京）。

⑤ 在安阳建都的，除过商朝外，还有十六国时期的后赵（邺）和冉闵的魏国，另外有南北朝时的东魏和北齐，一共是六个王朝或政权。

在南京和北京的名称，都还是在明朝确定的。[①]

三、长安和洛阳

　　这些城市能够作为都城，而且延续到很久的时期，都是有其一定的条件的。长安在这些都城中，显得特别古老。远在周秦两朝就都以关中为根据地，不过它们的都城是经过一系列的迁徙才迁到长安的附近。这自然是审慎选择的结果。丰、镐、咸阳以至后来的长安的位置，都是在肥沃富庶的关中平原的中心，这一点就可说明它们被选为都城的原因。[②]周秦两朝最初的活动地区只在关中平原的边缘。它们由边缘向中心移徙，逐步控制了整个平原，都城的改变自然是十分必要的。关中虽是平原却是处于四塞之中[③]，对

---

① 在南京建都的有十二个王朝或政权。它们是三国时的吴国（建业）、东晋（建康）、宋、齐、梁、陈、隋末杜伏威的吴国（丹阳）、辅公祏的宋国、南唐（金陵）、明（南京）、太平天国（天京）、民国（南京）。

② 西周先世的都城，有邰、豳、岐下、程、丰五处，这是在前面注文中已经提到的。邰本为后稷的居地，见《史记》卷四《周本纪》。邰在今陕西省武功县。邰本已近于关中的中心地。后稷子不窋于夏末失官，奔于戎狄之间，遂远离渭水流域。至公刘始居于豳，见《诗经·大雅·公刘》。豳在今陕西省彬县东。古公亶父又迁于岐山之下，见《诗经·大雅·绵》。岐山之下即是周原，在今陕西省扶风、岐山两县间。《周书》称文王在程，作《程寤》《程典》。皇甫谧云，文王徙宅于程，盖谓此也。程于汉时建为安陵县，在今陕西省咸阳县东，见《汉书》卷二八《地理志》。后来文王伐崇之后建立了丰，武王继之建都于镐，见《诗经·大雅·文王有声》。由豳至于岐下，又至于程，再至于丰镐，自是逐步向关中中心迁徙。秦先世居地，王国维《观堂集林》卷一二《秦都邑考》，列西垂、犬丘、秦、汧渭之会、平阳、雍、泾阳、栎阳、咸阳等九处。西垂、犬丘、秦皆在陇山之西，汧渭之会已至陇山之东，平阳在今陕西省宝鸡县东，雍在今陕西省凤翔县南，泾阳在今陕西省泾阳县西北，栎阳在今陕西省临潼县北，咸阳在今陕西省咸阳市东，由西垂、犬丘至于咸阳，盖亦步步内徙。

③ 《史记》卷六九《苏秦传》："秦四塞之国，被山带渭，东有关河，西有汉中，南有巴蜀，北有代马，此天府也。"《正义》："东有黄河，有函谷、蒲津、龙门、合河等关；南山及武关、峣关；西有大陇山及陇山关、大震、乌兰等关；北有黄河南塞，是四塞之国，被山带河以为界。"又卷七九《范雎传》："（范雎说秦昭王）曰：大王之国，四塞以为固，北有甘泉谷口，南带泾渭，右陇、蜀，左关、阪。"

于一个王朝来说。这一点应该比土地的肥沃还要重要，因为这样可以防御外来的攻击，保障王朝本身的安全。①如果除去这一点不论，则四塞之中并不是同其他地区隔绝起来。通过四塞关隘的道路，已使长安及其附近的地区成为一个交通的中枢，后来秦国由咸阳向外兴修了沟通全国的驰道，使这种情形更为明显。长安有了这些凭借，在经济方面因而获得更多的发展。

虽然如此，以长安作为都城来说，经济的条件显然使它美中有了不足。关中平原具有一定的富庶基础，只是面积有限，人口增加，便会引起粮食不足的问题。固然巴蜀的余粮可以运来接济，但由于道途遥远，并且要翻山越岭，困难还是很多的。②秦汉之际项羽③和刘邦对于都城的选择，都没有打算再在关中继续下去，就是这样的缘故④。不过刘邦后来还是以关中为都城，这是采纳齐人娄敬建议的结果。刘邦本来决定迁都于洛阳，娄敬指出洛阳不如关中险要。一旦有变，洛阳是难以保全的。他的建议，促使刘邦改变了原来的计划。汉朝一代国内也曾经有过若干的变化。长安都没有受到影响，正如娄敬所预料的一样。

汉朝初年这样的决定对于它的政府以后的政策也就不能完全没有影响，尤其在对外方面更是显而易见的事情。秦汉之际北边的匈奴再度强盛，取去

---

① 《史记》卷九九《刘敬传》载刘敬说汉高祖入都关中的言辞："秦地被山带河，四塞以为固，卒然有急，百万之众可具也。因秦之故，资甚美膏腴之地，此所谓天府者也。陛下入关而都之，山东虽乱，秦之故地可全而有也。夫与人斗，不扼其亢，拊其背，未能全其胜也。今陛下入关而都，案秦之故地，此亦扼天下之亢而拊其背也。"《史记》卷五五《留侯世家》："刘敬说高祖曰：'都关中。'上疑之。……留侯曰：'夫关中左崤函，右陇蜀，沃野千里，南有巴蜀之饶，北有胡苑之利，阻三面而守，独以一面东制诸侯。诸侯安定，河渭漕挽天下，西给京师；诸侯有变，顺流而下，足以委输。此所谓金城千里，天府之国也。刘敬说是也。'于是高帝即日驾，西都关中。"

② 《战国策·秦策三》："栈道千里，通于蜀汉。"是秦时秦岭、巴山已是艰于翻越转运的。《史记》卷五三《萧相国世家》："汉与楚相守荥阳数年，军无见粮，萧何转漕关中，给食不乏。"秦汉之际，关中已残破，则萧何所转漕的粮食，当有从巴蜀运来的。

③ 《史记》卷七《项羽本纪》："人或说项王曰：'关中阻山河四塞，地肥饶，可都以霸。'项王见秦宫室皆以烧残破，又心怀思东归，曰：'富贵不归故乡，如衣绣夜行，谁知之者？'"故后来项王自立为西楚霸王。王九郡，都彭城。彭城在今江苏省徐州市。

④ 《史记》卷八《高祖纪》："汉五年，即皇帝位氾水之阳。……天下大定，高帝都雒阳。……高祖欲长都雒阳，齐人刘敬说，及留侯劝上入都关中，高祖是日驾，入都关中。"

了河南地，一直达到了战国后期的旧疆界，那里距离长安只有700里。①汉朝对于这样的威胁自不能不多方考虑，以全力来对付。正由于长安距边境近，感受较切，应付的策略也容易针对着具体的情况。汉文帝十四年（公元前166年），匈奴入朝那、萧关（今宁夏回族自治区固原县东南），候骑至雍（今陕西凤翔县南）、甘泉（今陕西淳化县西北）②，汉朝只发动一些军队驻守长安以为防备，文帝还亲自出去劳军，显出一派从容稳重的气派③。其实当时对于匈奴的策略还不仅是不退却，而是一直保持着积极的态度。因为不能退却，也不可退却，如果不积极努力，后患将不堪设想。后来到汉武帝的时候在这方面获得的成就，应该和这种态度有相当关系。

唐朝的情形也是相同的。唐朝初年北边的突厥正和汉朝的匈奴一样，也是盛极一时。它也不断骚扰边地，关内各处所受的灾害更为巨大。突厥的军队好几次到达了渭水的附近。唐高祖武德七年（公元624年），突厥又进兵关内，当时有人就以为突厥所以要一再进扰是因为长安的富实。如果烧掉长安，避往山南，则突厥的侵略就可以停止。④这样的想法自然不合事实，因为侵略者是会得寸进尺的。当然这样的建议也是不会得到实施的。事实上，由于唐朝政府的镇定，唐太宗亲自和突厥可汗折冲，才挽回危急的局面。⑤设若当时的都城迁离长安，则在国际上一定会引起重大的影响。唐朝本身恐也难有以后辉煌的成就。正因为唐人的坚强不屈，卒能摧毁突厥的侵略而树立以后在国际间的威信。

西汉为了对付匈奴，确保都城长安的稳定，就积极经营西域，还为此派

---

① 《史记》卷九一五《刘敬传》，又一一〇《匈奴传》："（冒顿）悉复收秦所使蒙恬所夺匈奴地者，与汉关故河南塞，至朝那、肤施。"朝那在今宁夏回族自治区固原县东南，肤施在今陕西省榆林县南。所谓距长安700里，当指此而言。

② 《史记》卷一一〇《匈奴传》。

③ 《史记》卷一〇《文帝纪》。

④ 《新唐书》卷二一五上《突厥传》："突厥既岁盗边，或说帝曰：'虏数内寇者，以府库子女所在，我能去长安，则戎心止矣。'帝使中书侍郎宇文士及逾南山，按行樊、邓，将徙都焉。群臣赞迁，秦王独曰：'夷狄自古为中国患，未闻周、汉为迁也。愿假数年，请取可汗以报。'帝乃止。"

⑤ 《旧唐书》卷一九四上《突厥传》。

驻了都护。当然也是由于当时都城在长安，才能有这样积极的策略。唐初在突厥颉利可汗破灭后，对外政策仍着重在西北方面。这一点由当时的六都护府和开元、天宝年间的十节度使的设置和驻地可以略觇其中的消息。六都护府和这一时期的十节度使本是分布于周边各地的。可是西北一隅就占了大半。六都护府中有安西、北庭、安北、单于四处①，十节度使中有安西、北庭、河西、陇右、朔方、河东六处②。这四都护府和六节度使正是成半圆形拱卫都城长安，不虞差池。也和西汉建都于长安一样，由于唐代都城设在长安，对于长安的西北就特为重视。唐代中叶以前，国力偏重在西北方面不是没有道理的。

但是汉唐以后的情况就不是如此。东汉的都城已由长安迁到洛阳。东汉的立国精神一般显出了保守和消极。就以对西域的经营来说，东汉一开始就表现出和西汉不同。西汉的经营西域自来视为国家的要政，不肯放松一步。汉人在西域留下的恩德，经过王莽的摧残并未完全泯灭。东汉初年，西域各国还遣使前来，希望依旧得到保护。光武帝反而不愿继续前朝的功勋，而下令封闭玉门关。③由张骞始通西域到光武帝的时候，前后才一百多年，其间的情形竟相差如此之大！为什么会有如此巨大的差别，固然东汉初年正当大乱之后，国力未充，无暇兼顾辽远的地方，但也可以说是东汉都城东迁的结果。因为洛阳距离西域比起长安来是要远一步，对于西域关心不够，慢慢地就会冷淡下去。

由东汉时的人们对由凉州的态度，也可以看出这种情况。西汉最大外患是北边的匈奴。西汉初年匈奴经常侵略到内地来，甚至距离长安很近，朝野上下从来没有消极的措施。为什么？就是因为长安离匈奴很近，平常不敢忽略边防，侵略来到时，政府也有准备。可是东汉却不是如此。东汉最大的外

---

① 安西都护府初驻西州，在今新疆维吾尔自治区吐鲁番县东南，后移龟兹，在今新疆维吾尔自治区库车县。北庭都护府驻庭州，今新疆维吾尔自治区吉木萨尔县北。安北都护府驻地在今内蒙古自治区五原县北。单于都护府治所在今内蒙古自治区和林格尔县。

② 安西节度使驻龟兹，与安西都护府同治。北庭节度使与北庭都护府同治。河西节度使驻凉州，今甘肃省武威县。陇右节度使驻鄯州，今青海省乐都县。朔方节度使驻灵州，今宁夏回族自治区灵武县。河东节度使驻太原府，今山西省太原市西南。

③ 《后汉书》卷八八《西域传》。

患是西羌。当时西羌内侵，充其量也不过和西汉的匈奴相同。而安帝时（公元107—125年）的大将军邓骘竟倡议弃掉凉州。[1]这也就是说要弃掉全国的十三分之一的土地。这不能不说是骇人听闻的事情。其后凉州虽然没有被弃掉，若干郡县已经相继内徙。人民恋土重迁，不乐远徙，可是主持这事的官吏们却割掉他们的田禾，拆毁他们的房屋，平夷他们的营壁，烧坏他们的积聚，非让他们迁徙不可。[2]这真是执行焦土的政策！后来灵帝时（公元168—189年）羌乱再起，司徒崔烈又主张废弃凉州。[3]这些事情都出于当时执政大臣的计划，把万里的土地看成不值什么。这种慷慨的情形真是出人意表，其实，到后来西羌的问题还是解决了。可见东汉的国力并不是不充实，西羌也并非过于强大。当时的人们那样的主张与看法，正是保守心理的作祟。因为洛阳离开西羌相当地远，还可以因循，还可以退避，如果东汉还是都于长安，恐怕就不是这样的。

相似的情形也见于北宋时期。北宋在西北的敌国为西夏。西夏虽没有契丹的强大，但北宋是个弱国，对于西夏也同样感到难于应付，因而在这方面只求到保守苟安。宋仁宗庆历元年（公元1041年），好水川（在六盘山下）之战，环庆（今甘肃环县和庆阳县）副将任福遇敌败没，关西大震。这固然是宋人的失败，但西夏的兵力尚说不到深入。可是宋朝竟有人主张修理潼关，以备冲突。[4]好水川距潼关还相当远，其畏缩的程度竟至如此。既要修理潼关，言外之意，关西诸路的有无是无足轻重的了。

---

[1]《后汉书》卷五八《虞诩传》。

[2]《后汉书》卷八七《西羌传》：“羌既转盛，而二千石令长多内郡人。并无战守意，皆争上徙郡县以避寇难，朝廷从之。遂移陇西徙襄武，安定徙美阳，北地徙池阳，上郡徙衙。百姓恋土，不乐去归，遂乃刈其禾稼，发彻室屋，夷营壁，破积聚。时连旱蝗饥荒，而驱蹙劫掠，流离分散，随道死亡，或弃捐老弱，或为人仆妾，丧其大半。”陇西郡本治狄道，在今甘肃省临洮县。襄武亦陇西郡属县，在今甘肃省陇西县。安定郡本治临泾县，在今甘肃省镇原县东南。美阳为右扶风属县，在今陕西省扶风县北。北地郡本治富平，在今宁夏回族自治区灵武县。池阳为左冯翊属县，在今陕西省泾阳县。上郡本治肤施，在今陕西省榆林县南。衙亦左冯翊属县，在今陕西省白水县北。

[3]《后汉书》卷五八《傅燮传》。

[4]《宋史》卷八五《夏国传》。

　　既然如此，那些王朝为什么又要离开长安，把都城移到别的地方去？显而易见的原因乃是长安受到战争的摧毁，残破不堪。王莽末年的战争，长安就已受到很大的影响。[①]唐朝末年这里损失尤重。后来朱温胁迫唐昭宗迁都的时候竟将长安宫殿及居民房舍的木料拆卸下来，顺渭水东运。这真是扫地俱尽了。[②]

　　但是长安失去它的都城的地位，主要还是经济方面的原因，更具体地说，是由于粮食问题难于解决。这在秦汉时期就已渐次显露出来。秦始皇经营新秦中，就是转输黄、腄、琅邪负海之郡之粟以供应北河的。[③]秦汉之际，关中残破，人口减少，汉初又与民休息，每年由山东运来的粮食只有几十万石，问题还不算突出。[④]可是粮食的需要日渐增多，就成了问题。当时全国产粮的富庶地区是河济之间及其附近的地区。[⑤]这里距长安本已不算很近，好在济水和鸿沟系统诸运河都还安流，粮运无阻。[⑥]后来情势就不断有了新的变化。黄河一再决口，使这个富庶地区遭到河水的冲淹而趋于萧条[⑦]，当然粮食的产量也就不能和以前一样了。西汉末年，黄河又一次决口[⑧]，不仅泛区广大，还影响到济水和鸿沟的水道[⑨]，自然更增加了运输的困难。东汉的都城由长安迁徙到洛阳不能说和这种情势没有关系。都城东迁，距离产粮地区较近，问题的解决也就可能容易一点。

　　隋唐两代以长安为都城，也会遇到这样的问题。隋代历年短暂，虽有困难[⑩]，影响远不至于深远。唐代前期，漕粮运输同样遭遇困难，但还不至于

---

① 《后汉书》卷一一《刘盆子传》："时三辅大饥，人相食，城郭皆空，白骨蔽野，遗人往往聚为营保，各坚守不下，赤眉虏掠无所得。"

② 《旧唐书》卷二〇上《昭宗纪》。

③ 《汉书》卷六二《主父偃传》。黄，今山东省黄县。腄，今山东省福山县。琅邪郡治所在今山东省胶南县南。琅邪郡濒临东海，故称为负海之郡。

④ 《史记》卷三〇《平准书》。秦汉时所说的山东，乃指崤山之东而言，与今山东省不同。函谷关在崤山之上，故山东也称关东。

⑤ 拙著《秦汉时代的农业地区》。

⑥ 拙著《中国的运河》。

⑦ 《汉书》卷二九《沟洫志》："自河决瓠子后二十余岁，岁因以数不登，而梁楚地尤甚。"

⑧ 《汉书》卷二九《沟洫志》。

⑨ 《后汉书》卷二《明帝纪》，又卷七六《循吏·王景传》。

⑩ 《隋书》卷二四《食货志》。

有所匮乏。①经过安史之乱，黄河下游各地沦为战场，原来富庶的农业地区遭到破坏。安史乱事平定后，这些地区又大都为跋扈的藩镇所割据。甚至当地的户口都不向中央申报，更说不到粮食的供应。由于长江下游三角洲和太湖周围没有遭到兵燹，而地方又相当富庶，因而这供应都城所需的粮食，就转而依靠长江下游三角洲和太湖周围了。可是这就离长安更远了。幸好汴河和邗沟还可以通航，水道仍然能够利用运输漕粮。只是汴河所经过的地区距离跋扈的藩镇不远，容易受到控制。有时候汴河一些段落就落于藩镇手中，那就更为困难。在这样困难的情形下，不仅长安城中一般人口缺粮，就是皇帝也受到影响。最严重的一次，是在唐德宗时候。当时运道为藩镇阻遏，漕粮无由运到，连皇家禁军也要造反。就在这时，一批漕粮冲过阻遏，运到长安，德宗喜不自禁，顾不上帝王的威严，也等不及讲究排场，竟亲自跑到东宫，向他的太子说："米已运到，吾父子得生了！"可见严重的一斑。②

不过当朱温胁迫唐昭宗迁都到洛阳的时候，可能还不至于意识到这一点。因为一来关中残破，不足以久驻；二来长安终是接近凤翔，而凤翔节度使李茂贞又为朱温的敌人，都城东迁，使唐朝政府离他自己近一点，容易加以控制。朱温本人是驻于开封的，后来他推倒唐朝，自己建立政权，就把都城设于开封。这还可以说开封本是他的根据地的缘故。

从来谈到长安和洛阳形势的人们，总认为洛阳是不如长安的。西汉初年娄敬劝汉高祖舍弃洛阳西都关中的时候就是这样的主张。其实洛阳并不是没有险阻。远在西周初年周公已经指出雒邑不仅是全国的中心，而且还可以就地防守。汉高祖最初定都洛阳时有人也认为洛阳东有成皋，西有崤渑，背河，面伊洛，是一个险要的地方。③这些看法都是不错的。问题只是在于伊洛河谷过于窄小，不能够有充分回旋余地，使那些山川为之减色。这样说来，洛阳是不如长安了。但是洛阳究竟接近于东方富庶的地区，粮食运输方

---

① 《新唐书》卷五三《食货志》。

② 《资治通鉴》卷二三二《唐纪四八》。

③ 《史记》卷五五《留侯世家》。

便，所以若干王朝还是把它作为选择都城的对象的。

四、汴河岸上的开封和西湖侧畔的杭州

如果纯就经济方面来着眼，开封还是要胜过洛阳的。这是五代时期的梁、晋、汉、周以及北宋各朝以开封作为都城的重要原因。

五代时期，建立后梁的朱温首先建都于开封。他的理由很单纯，因为他是以宣武节度使起家的。宣武节度使本来就驻节汴州，汴州治所在开封，于是他就以开封作为都城。实际上开封在这时期不仅更接近于产粮的富庶地区，而且还处于汴河、黄河、蔡河、广济河几条水道的运输中心。这样的交通网乃是由隋唐以迄于五代不断经营获得的成就。开封濒于汴河，汴河自隋唐以来一直是由中原通往长江下游三角洲的重要水道。唐末五代之际，汴河是受到了一些阻碍，淮水以南一段不能畅通。五代末年，重加疏浚，依然是风帆上下，往来无阻。[①] 朱温建都于开封，在这方面没有讲出道理来。接着后晋石敬瑭再以开封为都，他的意图就十分明白。他在迁都的诏书中说："当数朝战伐之余，是兆庶伤残之后，车徒既广，帑廪咸虚，经年之挽粟飞刍，继日而劳民动众，常烦漕运，不给供需。今汴州水陆要冲，山河形胜，乃万庾千箱之地，是四通八达之郊。爰自巡按，益观便宜，俾升都邑，以利兵民。汴州宜升为东京，置开封府。"[②] 以开封为都城，不仅漕粮运输方便，还可省去黄河一段运道。隋唐时期，运输到关中的漕粮，汴河以上的一

---

① 《资治通鉴》卷二九二《后周纪三》："周显德二年，十一月，乙未，汴水自唐末溃决，由埇桥东南悉为污泽。上谋击唐，先命武宁军节度使行德发民夫，因故堤疏导之，东至泗上。议者皆以为难成。上曰：'数年之后，必获其利。'"这里所说的泗上，当指泗州而言。泗州治盱眙，在今江苏省盱眙县。就是说当时兴工是由埇桥直至盱眙，与淮水汇合。

② 《旧五代史》卷七七《晋书三·高祖纪三》。这时汴梁尚不通淮水，淮南尚为南唐所有，石敬瑭即以此为言。

段就得利用黄河的水道，三门砥柱的险阻是其中最为艰难的一段。都城东迁，漕粮就不必再运到长安去了。当然由关中向东运输，黄河水道还是可以利用的，顺流而下，是会较为便利的。

通到开封的水道，黄河而外，还有几条，其中的蔡河也称惠民河，由开封附近南流，通到颍水。颍水又流入淮水，所以蔡河的交通实际使开封和淮水的上游各地有了联系。广济河也称为五丈河，乃是由开封附近向东流到郓州（治须城，今山东东平县），和济水相连接。蔡河、广济河和汴河一样，都是人工开的河道，它们是引用开封附近的一些小河流开凿成功的，可是也都分了一部分汴河的水流。这样说来，蔡河、广济河和汴河是互相沟通的。而汴河又是由黄河分出，所以虽是四条河流，实际上是连在一起的。另外再加上一条永济渠，作用也就更扩大起来。永济渠是隋时开凿的由中原通往太行山东河北平原的水道，它的起点虽不在开封，距离开封也不算很远，而且也是和黄河连接在一起。开封在这几条水道的中央，因此它就能和全国各地都联系起来，尤其是汴河的畅通使开封城的粮食供应不至于发生不足的问题。如果只从这一方面来看，宋朝的建都开封乃是最恰当的事情。

但是开封也有它的缺点。开封附近乃是一片广漠无际的平原地方，不像长安洛阳那样有险要的所在足以防守。宋朝在选择都城的时候并不是没有想到这样的问题。宋太祖有一次去到洛阳，就想把都城由开封迁到洛阳，更进一步还想迁到长安。他是在想，迁到长安之后，"据山河之胜，以去冗兵，循周汉故事，以安天下"。但是最后不能解决迁到长安后的粮食供应问题，才打消了迁都的计划，仍然回到开封来。[①]

宋太祖所提到的冗兵，在当时确实是一个极为重要而又难于解决的问题。开封附近既是一片广漠无际的平原，无险可守，为了补罅这样的缺陷，就蓁了大量的军队，驻在开封的附近。军队数目的增多，自然增加了开封城中粮食的消耗，因此使它在经济上更依赖于长江下游三角洲。宋朝的常备兵

---

① 王偁《东都事略》卷二八《李怀忠传》。

额是很多的，但是它并没有抵抗住强敌的压迫，到最后还是难免于灭亡。宋朝本是一个弱国，它的衰弱是有很多的原因的。它的军队虽多，但由于缺乏训练，实际没有作战的能力，并不能阻止敌人的入侵。宋朝的敌国是辽国和西夏，以及后来灭掉辽国的金人。而辽、金两国尤为强盛，先后成为宋国的大敌。辽国本在潢水流域，五代时期石敬瑭割让燕云十六州以后，辽国的疆土已经达到了燕山山脉以南。以前唐朝防边，是以幽州为重镇，控制了燕山山脉。这时幽州既为辽国所有，燕山山脉就成为辽国的腹地。幽州以南，平原千里并无若何的险阻，宋辽两国仅是以白沟为界。宋国为了防御辽国的进攻，是曾经费了一番苦心。它除过利用白沟以外，还尽量利用附近的水流，凿成塘泺。指望用这种水塘的办法，阻止辽国内侵的马足。实际这种措施并没有起到若何的作用，辽金的军队也未因此而停止了向南的进攻。

北宋灭亡以后，南宋在强敌压境的情况下，为了苟安保全，就把国都迁到杭州。这原是一宗不得已的事情。但从另一方面说，当时也确实把都城迁移到粮仓里面了。宋朝以开封为都城，就是像石敬瑭所说的那样，要解决都城中的粮食供应问题。当时主要仰仗的是长江下游三角洲和太湖周围。杭州虽不是这个地区的中心，它的富庶却并不因此而稍有减色。都城在开封的时候，还要远道运输，迁到杭州以后，就连运输的辛劳也省去了，这难道不应该说是迁到粮仓里面来了。南宋迁到杭州以后，中原人口大量随之南迁，太湖周围是南迁人口麋集的场所，也促进了当地农业的更形发展，使之较前更为富庶。就是钱塘江南浙东地区也一样受到影响。这就是说，长江下游三角洲太湖流域的富庶地区更形扩大，杭州已成为浙西浙东的中心，名副其实的经济都会。以这样的富庶中心为都城，不仅不再为粮食供应问题而多费精力，而且还能负荷向金人缴纳的高额岁贡。但这富庶的环境却也使南宋君臣萎靡下去，无怪乎南宋的诗人慨叹着说："暖风熏得游人醉，直把杭州作汴州。"其实北宋的汴州也何尝不是如此。北宋为了弥补开封的自然缺陷，在都城驻扎了百万的兵力，然而北宋竟是一个弱国。北宋的衰弱固然是有许多方面的原因，开封的较为富庶的环境也并不是毫无影响的。那里的暖风也一样会熏得游人醉的！

五、南京和北京

其实在一些分裂时期，建立在长江以南的都城不仅是杭州一处。长江南岸的建康（本名建业，后改为建康，就是现在的南京）就曾经作过几个王朝或政权的都城。这里作为都城，远在南宋以杭州为都城之前，其肇始当追溯到三国时期的吴国。东晋和南朝的宋、齐、梁、陈都因而未改。当然分裂时期的王朝或政权的疆域一般都是相当窄狭的，因而在当时对于都城的选择也是有一定的局限的。既然是分裂时期，长江流域和中原就不一定是一个政权，长江流域的统治者所关心的当然是来自中原方面的压力。南北分裂时期南方和北方的界线，大致是在淮水和秦岭的附近。这是秦岭和淮水足以作为防守的凭借的缘故。不过长江和淮水比较起来，长江的浩渺更是显得重要。长江一向被人称为"天堑"，对于防守是会起到一些作用的，所以南方政权的都城经常是喜欢建立在长江以南的地方。就历史的记载看来，在分裂的时期中原的统治者曾经不止一次进攻到长江沿岸，不过有的到了长江沿岸之后，就望之却步，自动停止前进。三国时期曹魏的文帝[1]，南北朝时期北魏的太武帝都曾到过广陵[2]，也就是现在的扬州。那里和建康已经是一江之隔，直接威胁到建康的安全。可是曹魏文帝和北魏太武帝却都不敢渡江。江南虽然危急，到底还是平安如故。但这样并不等于说，凭借着长江的险阻，在建康的统治者就可以高枕无忧了，西晋初年王濬、王浑的灭吴[3]，隋朝初

---

[1] 《资治通鉴》卷七〇《魏纪二》："黄初六年，（文）帝以舟师自谯循涡入淮，……如广陵故城，临江观兵，……见波涛汹涌，欢曰：'嗟乎，固天所以限南北也！'"渡江不得，因而就班师归去。

[2] 《魏书》卷四下《世祖纪下》。

[3] 《晋书》卷四二《王浑传》，又《王濬传》。

年，韩擒虎、贺若弼的灭陈又何尝不是渡江南下呢[①]？南宋不都建康而都杭州，自然以为是杭州更南一点，有重江之险，多一层保障。不过后来灭掉南宋的依然是由长江以北而来的武力。

不论是建康或杭州都有一定的有利的条件。长江横贯东西，在交通方面自是有莫大的便利。而长江下游三角洲的富庶更是为建都在这里的政权提供了有利的经济基础。就这方面说来，东晋和后来的南宋是要比秦、汉和隋、唐还要好一些。因为秦、汉、隋、唐要由老远运输粮食的地方供给都城中的需要。为了运输粮食，都是费尽了心机。东晋和后来的南宋的都城就在富庶的地区，对这个问题可以说是再用不着有什么顾虑。但是东晋和后来的南宋一直偏安下去，不仅不能恢复中原，还经常处在敌人威胁之下。东晋渡江之初，人们感念故国，还曾有过新亭对泣，说是"风景不殊，正自有山河之异！"[②]虽然仅限于言辞，还是希望早日恢复的。可是桓温北伐，恢复了洛阳，请求东晋还都，这应该说是难得的良机，也是一时的盛业，可是却引起了东晋一些人士的疑惧，到底不能成行。[③]前后相较，竟如此悬殊。有利的经济基础，反招致了意志的消沉。

南京在明朝初年还曾作过一次都城。明朝是统一的局面，和孙吴以下的若干分裂时期的政权不同。明朝初年的人们曾经对这个新都倍加称道，说是一个具有形胜的地方。[④]不过没有多少时候，明朝就把它的都城由南京迁到北京。虽然北京曾经有一个相当长久的时期被称为行在。实际的都城正是这

---

① 《隋书》卷五二《韩擒虎传》，又《贺若弼传》。

② 《世说新语·言语》，《晋书》卷六五《王导传》。

③ 《晋书》卷五六《孙楚传附孙绰传》："桓温欲经纬中国，以河南粗平，将移都洛阳，朝廷畏温，不敢为异，而北土萧条，人情疑惧，虽并知不可，莫敢先谏。绰乃上疏曰：'……自丧乱以来，六十余年，苍生殄灭，百不遗一。河洛丘墟，函夏萧条，井堙木刊，阡陌夷灭。生理茫茫，永无依归。播流江表，已经数世。存者长子老孙，亡者丘陇成行。虽北风之思，感其素心；目前之衰，实为交切。'"又说："植根于江外数十年矣。一朝拔之，顿驱踧于空荒之地，提挈万里，逾险浮深，离坟墓，弃生业，富者无三年之粮，贫者无一餐之饭，田宅不可复售，舟车无从而得，舍安乐之国，适习乱之乡，出必安之地，就累卵之危，将顿仆道涂，飘溺江川，仅有达者。"

④ 《明史》卷一二九《冯胜传附冯国用传》："太祖尝从容询天下大计，国用对曰：'金陵龙蟠虎踞，帝王之都，先拔之以为根本。'"

个行在而不是南京。后来还是把行在的称号去掉了。①明朝初年建都于南京的时候，还没有统一全国，作为一个新的政权的根据地来说，那里不失为一个适当的地方。后来全国统一，一隅的地方是不容易照顾到全局的。但是明朝后来迁都到北京，边防的意义可能还要超过了内政的意义。

北京的形势是和其他曾经作过国都的城市不尽相同。它不像南京和杭州那样位于富庶的地区，它也不像开封那样处于四无险阻的广漠平原之上，它更不像洛阳那样居于狭窄的伊洛流域的谷地。它有相当宽广的平原，也有崇高的山脉，它又靠近一些河流，但比起长安来又是另外一个样子。北京附近的平原虽没有开封周围那么广大，却不小于泾渭流域的平原，平原虽广，作为都城来说，粮食也是需要外来的接济。好在北京附近玉泉、白浮诸处泉水的下游和流经通县的潞河都叫作为运河的一段，由长江三角洲运来粮食。这种工作从元朝开始，经过明朝到清朝，都一直继续实行，没有变更。北京附近的崇山峻岭是环绕在它的西面和北面，远一点的是军都山②和燕山③，近一点是西山④和香山。再往北去，就是蒙古高原、热河山地和辽河流域的平原。这样说来，北京是居于农耕地区的北边，接近游牧的地区了。由于以前农耕地区的人们和游牧地区的人们曾经不断发生过冲突，所以北京在很早的时候就成为一个军事的重镇。

北京作为都城是由金国开始的。⑤不过在辽的时候这里就已经作为它的

---

① 《明史》卷四〇《地理志》："京师，永乐元年正月建北京于顺天府，称为'行在'。……十九年正月改北京为京师。……洪熙初，仍称行在。正统六年十一月罢称行在，定为京师。"

② 《读史方舆纪要》卷一一《昌平州》："军都山，州西北二十里，层峦迭嶂，奇险天开，太行第八陉曰军都，即此山也。……亦曰居庸山。"

③ 《读史方舆纪要》卷一一《蓟州》："燕山，（玉田）县西北二十五里。志云：'山自西山一带，迤逦东来，延袤数百里，抵海垳。'苏辙诗：'燕山如长蛇，千里限夷汉。首衔西山麓，尾挂东海岸。中间哆箕毕，末路牵一线。'盖实录也。"

④ 嘉庆重修《大清一统志》卷七《顺天府》："西山在宛平县西三十里，太行山别阜也。巍峨秀拔，为京师右臂。众山连接，山名甚多，其总名曰西山。"

⑤ 《金史》卷二四《地理志》："中都路，辽会同元年为南京，开泰元年号燕京。海陵贞元元年定都，以燕乃列国之名，不当为京师号，遂改为中都。"

陪都。①辽金以及后来的元清都是起于东北或者北方。北京是它们进入内地的第一个重要城市。这里距它们的根据地区并不算是很远，也可以作为控制内地各处的中枢，因此它们先后就都以这里为都城。②当然清朝以这里为都城还是承袭明朝的旧规模。

明朝以北京为都城当然和辽金两国以及元朝的情形都是不相同的。明朝初年本是都于南京的，那里自来是一个富庶的地区，至少在粮食的供应方面比北京为容易。但是它后来还是舍弃那个地方迁到北京。当时采取这样的措施是有它的原因的。明朝虽灭掉元朝，元朝的后裔却仍然据有塞北各处，对于明朝是一个很大的威胁。明朝把都城由南京迁到北京，显然是要加强对于北边的防御。这种意义和西汉以长安为都城是有些仿佛的。因为政府置于国防前线的附近，自然会加强防御的力量。明朝对于它们皇陵地位的选择，也是一种别致的事情，从成祖以下的陵墓都是在北京西北的昌平，再往北去，距离边疆已经很近。按照当时社会的习惯，坟墓的安排是要依照风水的说法。皇室的陵墓当然不会不注意到风水的问题。不过当时把皇陵安排在京城西北，距边墙不远的地方，风水之外是不是还有其他的用意？他们也许是用这种办法使他们的后人对边防时常注意。因为保护皇陵，实际也就是保护都城。

六、殷墟和邺

现在河南省安阳市被列为七大古都之一，这是因为它是商代盘庚所迁的

---

① 《辽史》卷四〇《地理志》："南京析津府，太宗升为南京，又曰燕京。"
② 《元史》卷五八《地理志》："大都，元太祖十年，克燕，初为燕京路，总管大兴府。太宗七年，置版籍。世祖至元元年，中书省臣言，开平府宫阙所在，加号上都，燕京分立省部，亦乞正名，遂改中都。九年，改大都。"《清史稿》卷六一《地理志》："世祖入关翦寇，定鼎燕都。"又说："顺治初，定鼎京师。"又卷二二四《多尔衮传》："顺治元年六月，定都燕京。"按：京师为明北京，清时虽定名为京师，一般仍以北京相称，燕都、燕京，当时虽有此称，并非定制。

都城，也是现在确认的有遗址可征的最古的都城。由盘庚到商的灭亡，共有二百余年。商代以后这里就再不为都。可是它的东北的邺，在十六国时期和南北朝后期，却还作过一些政权的都城，和殷墟合起来，共为三百余年，这就不能舍而不论了。

商代盘庚迁都于殷，《尚书》中留下三篇文告，这是往古所少有的大文。这三篇文告中，盘庚主要说明当时不能不迁都的原因和希望臣下共同致力，早日把都城迁走，至于新都的优越处却未曾多所道及。按之当时情况，河济流域为农业发达的富庶地区。殷位于洹水出山处，属于洹水冲积扇，应该也是相当肥沃的。这可能就是盘庚作为都城的主要因素。洹水发源于太行山上，下游流入黄河。远在往古之时，由太行山上以至于太行山西黄土高原流下的河流，水量都较现在为大，行船自是方便的。洹水通于黄河，这就便利殷的交通。殷墟发掘出若干并非当地出产的物品，足以证明是利用水道从远处运来的。这也应是促成殷的富庶的一个因素。殷位于太行山东麓。太行山西当时方国甚多，甚至还有与商不同的族类，有太行山作为屏蔽，商人就可不虞侵凌，因而就在这里一直居住下去。

经过了悠长时期，邺就繁荣起来。战国时魏国西门豹的治邺，成为流传很久的佳话。[1]东汉末年，曹操兴王之地，就是在邺[2]，而邺也就成为曹魏的五都之一[3]。正由于曹操及魏时的经营，邺的繁荣就与日俱增，可以和其他名都并列了。[4]

---

[1] 《史记》卷一二六《滑稽列传》。

[2] 《三国志》卷一《魏书·武帝纪》："建安九年，邺定，……天子以公领冀州牧。"按：其时邺为冀州治所。又《武帝纪》建安二十三年注引《山阳公载记》："王闻王必死，盛怒，召汉百官诣邺。"这都显示邺的地方的重要。曹操身为汉相，却常居于邺，汉室百官还须去邺，听从命令。可以说当时许昌只是名义上的都城，实际上的都城却是在邺。

[3] 《三国志》卷二《文帝纪·注》引《魏略》："改长安、谯、许昌、邺、洛阳为五都。"《水经·浊漳水注》："魏因汉祚，复都洛阳，以谯为先人本国，许昌为汉之所居，长安为西京遗迹，邺为王业之本基，故号五都。"

[4] 《文选》卷六，左思《魏都赋》述邺都的繁荣壮丽，虽多溢美之词，然邺都街衢的整齐，水渠的纵横，物产的富饶，商业的茂盛，行人的众多，皆有足以称道的情景，以之与蜀都和吴都相提并论，多有超越之处。如果没有相当的基础，就不可能达到这样的地步。

后来到十六国时期，邺就先后成为后赵[①]、冉闵[②]和前燕[③]的都城。这几个霸主的主要的盘踞所在，都在太行山东的平原上。在这样的平原上建立政权，其都城所在当然非邺莫属了。南北朝后期，北魏分为东西，原来的都城洛阳，这时成为相争的处所。西魏以长安为都，洛阳就会感到压力，而新迁的都城也就只有邺都了。[④]北齐继之，仍因而不改。[⑤]应该说，这些政权着眼于邺都，主要是由于当地的富庶繁荣。北周时，杨坚焚烧邺城，竟使它完全毁灭[⑥]，难得再有恢复的可能。

由这些情形看来，以前的王朝统治者对于都城的选择，是费了若干的心机的。他们为了巩固统治基础，是要选择险要的地方，足以从事防守的工作。他们也要使都城和富庶的地区相联系，至少要减少粮食供应的困难。因为他们不仅站在和人民相反的位置，而且还在向少数民族打主意，所以他们要那样着眼。现在人民掌握政权，完全改变了以前的情况，有些地理条件已经失去了它们的作用。新的国都虽然是在古老的北京，意义却和从前迥然不同。它已经有了新的规模，成为全国各族团结友爱的中心。

---

① 《晋书》卷一〇六《石季龙载记》。后赵都邺，是由晋成帝咸康元年（公元335年）至晋穆帝永和六年（公元350年），共十六年。

② 《晋书》卷一〇七《冉闵载记》。冉闵都邺，是由晋穆帝永和六年（公元350年）至永和八年（公元352年），共三年。

③ 《晋书》卷一一〇《慕容儁载记》。前燕都邺，是由晋穆帝升平元年（公元357年）至晋废帝太和五年（公元370年），共十四年。

④ 《魏书》卷一二《孝静帝纪》。东魏都邺，是由孝静帝天平元年（公元534年）至孝静帝武定八年（公元550年），共十七年。

⑤ 《北齐书》卷三《文宣帝纪》。北齐都邺，共二十八年。

⑥ 《周书》卷八《静帝纪》。

第六章　历史经济地理

第一节　上古的农耕地区

一、原始的农业和畜牧业、手工业

　　远古之时，人们已经开始经营农业。当前新石器时期遗址的发现和发掘，已遍及全国各地，无间南北。在这些遗址中大都有石斧、石锄、石刀等遗物的发现，虽远在长城以北的红山文化遗址也都有这类遗物[①]，长城以南更是不必说起。石锄石斧是当时翻掘土壤的利器，石刀用以收割禾黍，也是很便利的工具。这些器物正说明了农作物的种植不仅有了可能，而且还逐渐普遍起来。陕西省西安市半坡村[②]、河南省陕县庙底沟[③]、河北省武安

---

① 《新石器时代》，1979年；李宇峰《红山文化发现的石农具》，载《农业考古》1985年第1期。
② 中国科学院考古研究所《西安半坡》，1963年。
③ 中国科学院考古研究所《庙底沟与三里桥》，1959年。

县磁山①、山东省胶县三里河②、甘肃省东乡族自治县林家③等新石器时期遗址中都有粟的发现。河南省渑池县仰韶村④、陕西省华县泉护村⑤、湖北省宜都县红花套⑥、湖北省枝江县关庙山⑦、湖南省澧县三元宫⑧、湖北省京山县屈家岭⑨和朱家咀⑩、湖北省天门县石家河⑪、江西省修水县跑马岭⑫、江西省湖口县文昌洑⑬、上海市青浦县松泽⑭、江苏省邳县大墩子⑮、吴县草鞋山⑯、无锡县仙蠡堆⑰、浙江省湖州市钱山漾⑱、嘉兴县马家浜⑲、绍兴市河

---

① 邯郸市文物保管所、邯郸地区磁山考古队短训班《河北磁山新石器遗址试掘》，载《考古》1977年第6期。

② 昌潍地区艺术馆、考古研究所山东队《山东胶县三里河遗址发掘简报》，载《考古》1977年第4期。

③ 甘肃省博物馆《谈马家窑、半山、马厂类型的分类和相互关系》，载《中国考古学会第一次论文集》，1980年。

④ 黄其煦《关于仰韶遗址出土的稻谷》，载《史前研究》1986年第1期；张瑞岭《新石器时代我国北方也种植水稻》，载《农业考古》1990年第2期。

⑤ 中国社会科学院考古研究所《新中国的考古发现和研究》第二章《新石器时代》，1984年。

⑥ 高仲达《湖北宜都甘家河新石器时代遗址》，载《考古》1965年第1期。

⑦ 中国社会科学院考古研究所湖北工作队《湖北枝江县关庙山新石器时代遗址发掘简报》，载《考古》1981年第4期；又《湖北枝江县关庙山遗址第二次发掘》，载《考古》1983年第1期。

⑧ 湖南省博物馆《三十年来湖南文物考古工作》，见《文物考古工作三十年》，1979年。

⑨ 中国科学院《京山屈家岭》，1965年；丁颖《江汉平原新石器时代红烧土中的稻谷壳考察》，载《考古学报》1959年第4期。

⑩ 湖北省文管会《湖北京山朱家咀新石器时代遗址第一次发掘》，载《考古》1964年第5期。

⑪ 张云鹏《湖北京山、天门考古发掘简报》，载《考古通讯》1955年第3期；《湖北省天门县新石器时代遗址出土文物》，载《文物》1955年第8期。

⑫ 江西省文物管理委员会《江西修水山背地区考古调查与试掘》，载《考古》1962年第7期。

⑬ 杨赤宇《江西湖口县文昌洑原始农业遗存》，载《农业考古》1988年第1期。

⑭ 上海市文物管理委员会《上海市青浦县松泽遗址的试掘》，载《考古学报》1962年第2期。

⑮ 南京博物院《江苏邳县四户镇大墩子遗址探掘报告》，载《考古学报》1964年第2期。

⑯ 南京博物院《江苏吴县草鞋山遗址》，见《文物资料丛刊》（3），1980年。

⑰ 江苏省文管会《江苏无锡仙蠡堆新石器时代遗址清理简报》，载《文物参考资料》1955年第8期。

⑱ 浙江省文管会《吴兴钱山漾遗址第一、二次发掘报告》，载《考古学报》1960年第2期。

⑲ 姚仲源、植福根《浙江嘉兴马家浜新石器时代遗址的发掘》，载《考古》1961年第7期；牟永抗、魏正瑾《马家浜文化与良渚文化》，载《文物》1978年第4期。

姆渡^①、广东省曲江县石峡^②、云南省宾川县白羊村^③、晋宁县石寨山和昆明市官渡^④等遗址都发现有稻粒或稻秆。而河南省郑州市大河村出土的一瓮炭化粮食，有人鉴定为高粱^⑤，浙江省湖州市钱山漾^⑥和杭州市水田畈^⑦的遗址中竟然还发现有花生、芝麻和蚕豆等遗物。甚至麻^⑧和葛^⑨的残迹也在一些新石器时期遗址中发现过。有些遗址还发现过磨盘、磨棒^⑩和陶杵^⑪。由此可见，当时人们的衣食两方面所需的粮食和衣着材料都可由农业的经营得到解决。这里所举的粟、稻、高粱以及麻、葛等遗物所发现的遗址，只是作为一些例证，并非发现遗物的所有遗址。虽然如此，就这里所举出的这些遗址，其分布的地区已经相当广泛。从北陲的长城外面直到南海之滨，从太湖周围和京杭大运河以东，而西至于黄河上游和云贵高原，可以说，这样已经遍于全国。那些虽没有遗物的省区，一般的新石器时期的遗址还都是很不少的，正是因为它们是新石器时期的遗址，往往都是会有石刀、石斧等工具，这就不能说当地根本不会有农业，当然长期作为游牧地区，是不能一概而论的。

---

① 浙江文管会、浙江省博物馆《河姆渡遗址第一期发掘报告》，载《考古学报》1978年第1期；浙江省博物馆自然组《河姆渡遗址动植物遗存的鉴定研究》，载《考古学报》1978年第1期；游修龄《对河姆渡遗址第四文化层出土稻谷和骨耜的几点看法》，载《文物》1976年第8期。

② 杨式挺《谈谈石峡发现的栽培稻遗迹》，载《文物》1978年第7期。

③ 云南省博物馆《云南宾川白羊村遗址》，载《考古学报》1981年第3期。

④ 黄展岳、赵学谦《云南滇池东岸新石器时代遗址调查记》，载《考古》1959年第4期；云南省文物工作队《云南滇池周围新石器时代遗址调查简报》，载《考古》1961年第1期。

⑤ 中国社会科学院考古研究所《新中国的考古发现和研究》第二章《新石器时代》，1984年。

⑥ 浙江省文管会《吴兴钱山漾遗址第一、二次发掘报告》，载《考古学报》1960年第2期。

⑦ 浙江省文管会《杭州水田畈遗址发掘报告》，载《考古学报》1960年第2期。

⑧ 中国社会科学院考古研究所《新中国的考古发现和研究》第二章《新石器时代》说："（齐家文化）纺织业也比较发达，各遗址都普遍发现有石、陶纺轮和骨针以及布纹的痕迹，在（永靖县）大何庄遗址发现的布纹痕迹，似用麻织成，有粗细两种，推测当时人们的衣着就是用这种麻布织成的。"

⑨ 南京博物院《江苏吴县草鞋山遗址》，见《文物资料丛刊》（3），1980年。

⑩ 宁笃学《甘肃兰州西坡坬遗址发掘简报》，载《考古》1960年第9期；李宇峰《红山文化发现的石农具》，载《农业考古》1985年1期。

⑪ 南京博物院《江苏吴县草鞋山遗址》，见《文物资料丛刊》（3），1980年。

　　但是原始的粗放的农业并不能很快满足人们生活的所有需要。畜牧业在人们劳动的对象中就占有很大的比重。这在新石器时期遗址中所留下的堆积物可以显示出许多痕迹。当时人们对于畜牧业是相当重视的。陕西省西安市半坡村①和河南省陕县庙底沟②的遗址发掘中，可以看出已有家畜的饲养。而东起泾水、渭水流域，西至湟水流域，南达白龙江流域，北入内蒙古自治区阿拉善左旗附近的齐家文化，所经营的畜牧业就饲养了许多种类的家畜，大致有狗、猪、羊、牛、马和驴等，六畜除鸡外都出现了。③而甘肃省兰州市西坡坬遗址中，却发现有牛、羊、猪、狗、鸡、鹿等动物的遗骸。④湖南省澧县三元宫遗址中也有猪、牛、羊的遗骸和鱼骨。⑤河北省武安县磁山遗址中也有猪、狗、牛、鸡的遗骸。⑥在这些不同的畜类中，也有对某一种的饲养偏多的情形。河北省邯郸市涧沟的遗址中，虽也有猪、狗、牛、羊等，而猪的饲养显然较多，其中一个灰坑就有二十一个个体的猪头骨，有的墓葬中且以猪头随葬。⑦大汶口文化从早期起家畜饲养业就已经相当发达。⑧江苏省邳县刘林大汶口文化遗址的一条早期灰沟中就堆放了二十六个猪牙床。在文化层内出土的猪牙床达一百七十余件，牛牙及牙床三十件，狗牙床十二件，羊牙床八件。⑨山东省泰安县大汶口镇遗址第一次发掘的一百三十三座墓葬中有三分之一的猪殉⑩，山东省胶县三里河遗址的一座墓葬中随葬的猪下颌

① 中国科学院考古研究所《西安半坡》，1963年。

② 中国科学院考古研究所《庙底沟与三里桥》，1959年。

③ 中国社会科学院考古研究所《新中国的考古发现和研究》，1984年。

④ 宁笃学《甘肃兰州西坡坬遗址发掘简报》，载《考古》1960年第9期。

⑤ 湖南省博物馆《三十年来湖南文物考古工作》，见《文物考古工作三十年》，1979年。

⑥ 邯郸市文物保管所、邯郸地区磁山考古队短训班《河北磁山新石器遗址试掘》，载《考古》1977年第6期。

⑦ 河北省文化局文物工作队《河北邯郸涧沟村古遗址发掘简报》，载《考古》1961年第4期。

⑧ 山东省文管处、济南市博物馆《大汶口》，1974年。

⑨ 江苏省文物工作队《江苏邳县刘林新石器时代遗址第一次发掘》，载《考古学报》1962年第1期；南京博物院《江苏邳县刘林新石器时代遗址第二次发掘》，载《考古学报》1965年第2期。

⑩ 山东省文管处、济南市博物馆《大汶口》，1974年。

骨达三十二个之多①，江苏省邳县大墩子遗址还出土了一件陶畜圈模型②。
就是远在云南省宾川县白羊村遗址中，所发现的许多兽骨，就包括狗、猪、
牛、羊、鹿、野猪、黑熊等动物。③当然这里所说的野猪、黑熊等类骨骼应
是狩猎时捕获的兽类骨骼，因为迄今这些兽类尚未能成为普通人家的饲养
物，新石器时期就更难在这方面多所致力。红山文化遗址中一般说来，兽骨
是不很多的，但也有牛、羊、猪、鹿、獐等。其中牛、羊、猪应是家畜。④
再往东北去，就是狩猎地区了，家畜的饲养已经很少，甚而就没有饲养了。
据远古的记载，殷王的先世王亥曾经作过有易的竖牧⑤，殷人祭祀经常用很
多的家畜作为牺牲，最多的数目竟达到三百和四百。畜牧业地位的重要，于
此可见一斑。至于那些游牧部落当然更重视对于家畜的豢养了。

应该说，就在原始社会里，手工业也有一定的发展，石器的打制磨光，
就是手工业发展的具体表现。除过石器之外，陶器的制作也在普遍的发展。
在已经发掘的新石器时期的遗址中，石器之外就要数到陶器了。由于陶器
质量和形态的不同，考古学者就赋予其各种名称，甚至以彩陶和黑陶的使用
来区别分布在黄河流域及其附近地区的不同文化。当时的人们已知纺织和缝
纫。在许多遗址中都发现有纺轮和骨针，可知已经是相当普遍的。纺织的原
料一般是用麻。甘肃省永靖县大何庄遗址所发现的布纹痕迹，就是用麻织成
的，而且有粗细两种。⑥河南省陕县庙底沟遗址所发现的麻布，经纬分明，
尚可辨别。⑦浙江省湖州市钱山漾遗址所发现的麻布，其细密的程度竟可和
现在的细麻布相当。⑧钱山漾遗址中还发现有丝织品的绢片、丝带和丝线。

---

① 昌潍地区艺术馆、考古研究所山东队《山东胶县三里河遗址发掘简报》，载《考古》1977年第4期。

② 南京博物院《江苏邳县四户镇大墩子遗址探掘报告》，载《考古学报》1964年第2期。

③ 云南省博物馆《云南宾川白羊村遗址》，载《考古学报》1981年第3期。

④ 中国社会科学院考古研究所《新中国的考古发现和研究》第二章《新石器时代》，1984年。

⑤ 《楚辞·天问》，《山海经·大荒东经》。

⑥ 中国科学院考古研究所甘肃工作队《甘肃永靖大何庄遗址发掘报告》，载《考古学报》1974年第
   2期。

⑦ 中国科学院考古研究所《庙底沟与三里桥》，1959年。

⑧ 浙江省文管会《吴兴钱山漾遗址第一、二次发掘报告》，载《考古学报》1960年第2期。

这是家蚕的丝，是缫而后织的。①也有用葛作原料的，江苏吴县草鞋山遗址的最下层，出土三小块炭化纺织物残片，其原料经鉴定可能是野生葛，都是纬线起花的罗纹编织物，花纹为山形和菱形斜纹。②这些手工业制作品应该都是为了自己的使用，当时虽已有交换，这些制作品可能不是为了交换才制作的。应该指出，当时玉器的制作和使用竟是相当普遍。陕西省神木县石峁遗址曾发现有玉刀③，甘肃省武威县皇娘娘台遗址的遗物也有玉④，山东省胶县三里河遗址出土的成组玉器⑤，日照县两城镇遗址出土的刻花玉斧⑥，泰安县大汶口遗址出土的成串的玉项饰、头饰、玉笄和象牙梳⑦，川、鄂、湘三省之间的大溪文化的墓葬中也有玉的发现⑧，浙江省良渚的墓葬中也发现了玉斧和珠、管、坠、镯等玉饰⑨，广东省曲江县石峡遗址同样发现了环、珠、笄等玉饰⑩。这琢玉的手工业和制陶、纺织都不相同。制陶、纺织都可以就地取材，玉的产地却是一定的，并非随处都有。是有了璞才可从事琢磨。能够取璞，或者不从事制作，直接取得玉器，这是有了交换才可以办到的。上面还说到大汶口出土的象牙梳。新石器时期黄河流域是曾经有过象的。但并非到处都有。这象牙梳，也应该和玉器一样，都可能是经过交换才能得到的。当时虽已有交换，但像玉器和象牙梳这样的物品，并不是所有的人都能够随便得到，因而是有一定的限度的。除过这样一些可以交换的物品外，一般手工业在农业发展的前提下，才能显得有所起色。

① 浙江省文管会《吴兴钱山漾遗址第一、二次发掘报告》，载《考古学报》1960年第2期。

② 南京博物院《江苏吴县草鞋山遗址》，见《文物资料丛刊》（3），1980年。

③ 戴应新《陕西神木县石峁龙山文化遗址调查》，载《考古》1977年第3期。

④ 甘肃省博物馆《甘肃武威皇娘娘台遗址发掘报告》，载《考古学报》1960年第2期；甘肃省博物馆《甘肃武威皇娘娘台遗址第四次发掘》，载《考古学报》1978年第4期。

⑤ 昌潍地区艺术馆、考古研究所山东队《山东胶县三里河遗址发掘简报》，载《考古》1977年第4期。

⑥ 刘敦愿《记两城镇遗址发掘的两件石器》，载《考古》1972年第4期。

⑦ 山东省文管处、济南市博物馆《大汶口》，1974年。

⑧ 中国社会科学院考古研究所《新中国的考古发现和研究》，1984年。

⑨ 中国社会科学院考古研究所《新中国的考古发现和研究》，1984年。

⑩ 广东省博物馆、曲江县文化局石峡发掘小组《广东曲江石峡墓葬发掘简报》，载《文物》1978年第7期。

二、上古时期农业发展的中心

不过农业究竟是逐渐发展了，而且在发展的过程中充分显示出上古时期的人们对土地利用的情形。农业和畜牧业不同，它对土地的要求比较要严格。瘠薄的土地固然也可以种植，可是使用原始的工具就不免要遇到更多的困难，因此人们就很注意选择耕地。当时人们都喜欢住在河谷和平原，就是那里的土地比较肥沃的缘故。[①]应该指出，河谷诚然适于种植，可是一些河谷面积不广，对于农业的扩大经营，不能不起一定的局限的作用。就若干新石器时期遗址的位置和它的村落状况来观察，可以看出古代的人们在当地居留的时期是相当长久的。[②]这足以证明那里的土地具备种植农作物的优越条件，能使人们留恋，不愿舍之他去。甚而有些地方直到现在仍然有人居住，可见最初的选择不是出于偶然的因素[③]；不过有些地方现在的情形和远古比较，大致还看不到若何差异之处，显然没有什么很大的发展。像青海贵南县的黄河河谷[④]、湟水河谷[⑤]以及洮水河谷[⑥]，就是如此。这些地区从远古以来虽就有人们居住，究竟由于河谷面积的限制，当地的文化不能有广泛的影响。

当然在平原地区的人们所经营的农业是会有很大的发展的。更远的时候

---

① 拙著《石器时代人们的居地及其聚落的分布》。

② 新石器时期遗址的附近，大都就是墓葬。由墓葬中所埋葬的人骨之多，就可以证明当时的人们在当地的居住是相当长久的。西安市半坡村遗址就是一例。

③ 李健永等《洛宁县洛河两岸古遗址调查简报》，载《考古通讯》1956年第2期。这篇简报中提到这个县的韦寨，就是建在一个仰韶文化遗址的上面。

④ 《我省考古工作的一项重大发现》，载1978年2月18日《青海日报》；青海省文物管理处考古队《青海省文物考古工作三十年》，见《文物考古工作三十年》，1979年。

⑤ 青海省文物管理处考古队、中国科学院考古研究所考古队《青海乐都柳湾原始社会墓地反映出的主要问题》，载《考古》1976年第6期。

⑥ 甘肃省文物管理委员会《甘肃临洮、临夏两县考古调查简报》，载《考古》1959年第3期。

且不要说起，殷商时期的农业，已经有相当规模。固然那时候畜牧业还占有相当重要的地位，而农业的经营却要驾乎畜牧业之上了。从卜辞的记载以及其他若干情况看来，这种发展的趋势是显而易见的。因为在卜辞里面记载到人们从事农业的情况，以及所种植农作物的种类。据所记载，当时的农作物已有禾、黍、稷、麦（来）、稻（秜）等。当时的人们对于收成的丰歉表现出极大的关切，在卜辞中经常可以看到人们希望预知丰歉的心情。为了农作物的生长，人们是不愿看到天气久旱的，同时对于久雨也必然感到焦灼。[①]不论过去和现在这是农业社会中的人们对于自然现象的愿望。在卜辞中这种愿望也不断显露出来。殷商时期还开始有了比较周密的历法[②]，这对于农业生产是有帮助的。当然从事农业生产的经验，也会促成历法逐步趋于完整。尤其值得注意的，殷商时期不仅农作物的种类已经繁多，而且所收获的谷物也有相当数目。殷人酗酒的风气很盛[③]，而酿酒正是需要较多的粮食的。这一些情形都说明殷商时期的农业经营已经有了很高的成就。

殷人活动的区域是在太行山东南的黄河和济水流域。这里正是一个广漠无垠的平原。由于殷商时期人们的努力使这里的平原成为重要农业的地区。当时农业经营能够有这样的成就，自然有各种原因。但当时人们能够利用自然也不失为其中的一个因素。殷商的都城曾经一再迁徙，据以前人们的解释，说是由于河水泛滥的影响。可是迁来迁去总是离不开黄河和济水的附近。河水近旁的冲积地区应该是吸引当时人们的一种力量。[④]殷商时期已经有了青铜器，这是手工业方面一宗重大的发展。但青铜器的制作是以礼器和兵器为主。而从事农业经营的工具主要还是木制的耒和一些石刀。在殷墟的

---

① 陈梦家《殷墟卜辞综述》第十六章《农业及其他》。

② 董作宾《卜辞中所见到之殷历》，载《安阳发掘报告Ⅲ》，1931年；又《殷历谱》，载《历史语言研究所专刊》，1945年；又《殷历谱后记》，载《历史语言研究所集刊》第13本，1945年。

③ 《尚书·微子》："我用沈酗于酒，用乱败厥德于下。"又说："天毒降灾，荒殷邦，方兴沈酗于酒。"又《酒诰》："在今后嗣王酗身，……惟荒腆于酒，……庶群自酒，腥闻于上，故天降于殷。"《大盂鼎》的铭文也说："唯殷边侯、甸雩殷正百辟，率肆于酒。"

④ 傅筑夫《中国经济史论丛》上《殷代的游农与殷人的迁居》，1980年。

发掘中，曾经发现了许多石镰石刀，就是具体的证明。①用这些木石农具从事种植，疏松的冲积土地区当然是比较理想的所在了。河济流域的平原在古代还有许多湖泊。湖泊近旁的土地和河流附近相似，同样便于农业的经营。前面曾经说过，河济流域的土壤一般都还是相当肥沃的，这使农业的发展具有更优越的条件。古代黄河流域湿润的气候，自然也有助于农作物的生长。应该指出，殷商时期的人们已经知道使用肥料以提高土壤的力量。②据战国时期的记载，殷商时期对于弃灰的人是要加以处置的，因为灰可以作为肥料加在地里。西汉时氾胜之著农书，更说到伊尹教民粪种。③这当然是一种传说。如果这种传说不是十分错误，则殷商时期的农业能够得到发展是有道理的。

河流附近平原地区农业的发展由周朝先世的史实也可以获得证明。周人在后稷时就已从事农业的经营，这是没有疑问的事情。而后稷所居住的邰，为现在陕西武功县，正在渭水流域，后来周人被迫离开了这里，中间经过一些曲折，居住到豳。④豳为今陕西彬县，在泾水旁边，周人在这里时候，也还有些农业。⑤但是周人真正的发展，却是迁到膴膴的周原以后。周原在岐山之下，渭水的近旁。虽是山河之间，却是一道平原，面积也相当广大。比起他们祖上所居的邰，还要更宽阔一点。周原和邰既同在渭水附近，又同属于黄土地区，周人在这里就可以运用他们祖上的经验，进行更好的种植。周

---

① 陈梦家《殷虚卜辞综述》第十六章《农业及其他》说："小屯石镰出土的情形是极可注意的。1928年秋，第三次发掘，在小屯村北大连坑B14及其稍北，一次出土了上千的'石刀'（《安报》2:249，4:594）。在一坑的3.6米以下，出了极多'石刀'，与蚌器、骨镞、白陶片、玉器同出（《安报》2:230）。1932年秋第七次发掘E区，在E181方窖内骨与甲骨、白陶、玉器、残铜器同出的有石刀444，石斧1，蚌器73（《安报》4:722—723）。蚌器当指'蚌刀''蚌锯'（《安报》4:725）。"

② 胡厚宣《殷人农作施肥说》，载《历史研究》1955年第1期。

③ 《太平御览》卷八二一《资产部》引《氾胜之奏》曰："昔汤有旱灾，伊尹为区田，教民粪种。"

④ 《史记》卷四《周本纪》："公刘虽在戎狄之间，复修后稷之业，务耕种，行地宜，自漆沮度渭取材用。……公刘卒，子庆节立，国于豳。"然《诗经·大雅·公刘》所咏，乃是公刘迁豳的过程。则迁豳之举，固无待于庆节也。

⑤ 《诗经·大雅·公刘》："笃公刘，既溥且长，既景迺冈，相其阴阳，观其流泉，其军三单，度其隰原，徹田为粮，度其夕阳，豳居允荒。"

人由豳迁于周原，据说是由于邻近游牧部落的压迫。[①]但他们这样的迁徙应该不是匆忙地逃去，而是经过一番对于居住条件的选择的。[②]正是他们选择的恰当，使他们的技术经验和自然情况结合在一起，所以他们所经营的农业的发展不仅是必然的，而且还是相当迅速的。

至于黄河中游的两岸汾涑之间和伊洛流域也应该是一个早期发展的农业地区。这里本是夏人活动的区域。夏人关于农业的经营没有很多的记载。但是夏人在这方面应该不是了无建树的。汾涑之间和伊洛流域的土壤也是著名的黄壤，是适于农业的发展的。夏人在农业工具方面是不会比商周时代更为良好，不过汾涑伊洛河谷的冲积土质也一样是适合于使用原始的木耒和石刀进行种植的。这一点由这个地区一些新石器时代遗址的发掘，就可以得到证明。[③]不过这里可以种植的地区不及河济之间以及泾渭流域的广大，所以稍有发展就显得地狭人众了。（附图一《上古农业发展的地区图》）

三、农田水利的兴修

古代的人们经营农业既然都是在平原和河谷，对于河道里的水流是不是已经加以利用，使农作物得到灌溉？有人怀疑殷商时期可能没有这样的措施。因为卜辞里面未见记载。不过传说在夏禹时已经有了水利。孔子就曾经说过："禹尽力乎沟洫。"[④]这种传说并不是完全无稽的。历史上一些事迹人们或者早已忘记，但是对于人们确实有利益的事情是不会轻易被遗忘的。

---

① 《史记》卷四《周本纪》。

② 《诗经·大雅·绵》篇。

③ 近三四十年来，考古工作者在晋南地区汾河、浍河、涑水河流域进行大面积的普查工作，共发现古文化遗址三百余处，其中仰韶文化遗址一百四十处，龙山文化遗址一百七十余处。见山西省文物工作委员会《建国以来山西省考古和文物保护工作的成果》，见《文物考古工作三十年》，1979年。

④ 《论语·泰伯篇》。

图一　上古农业发展的地区图

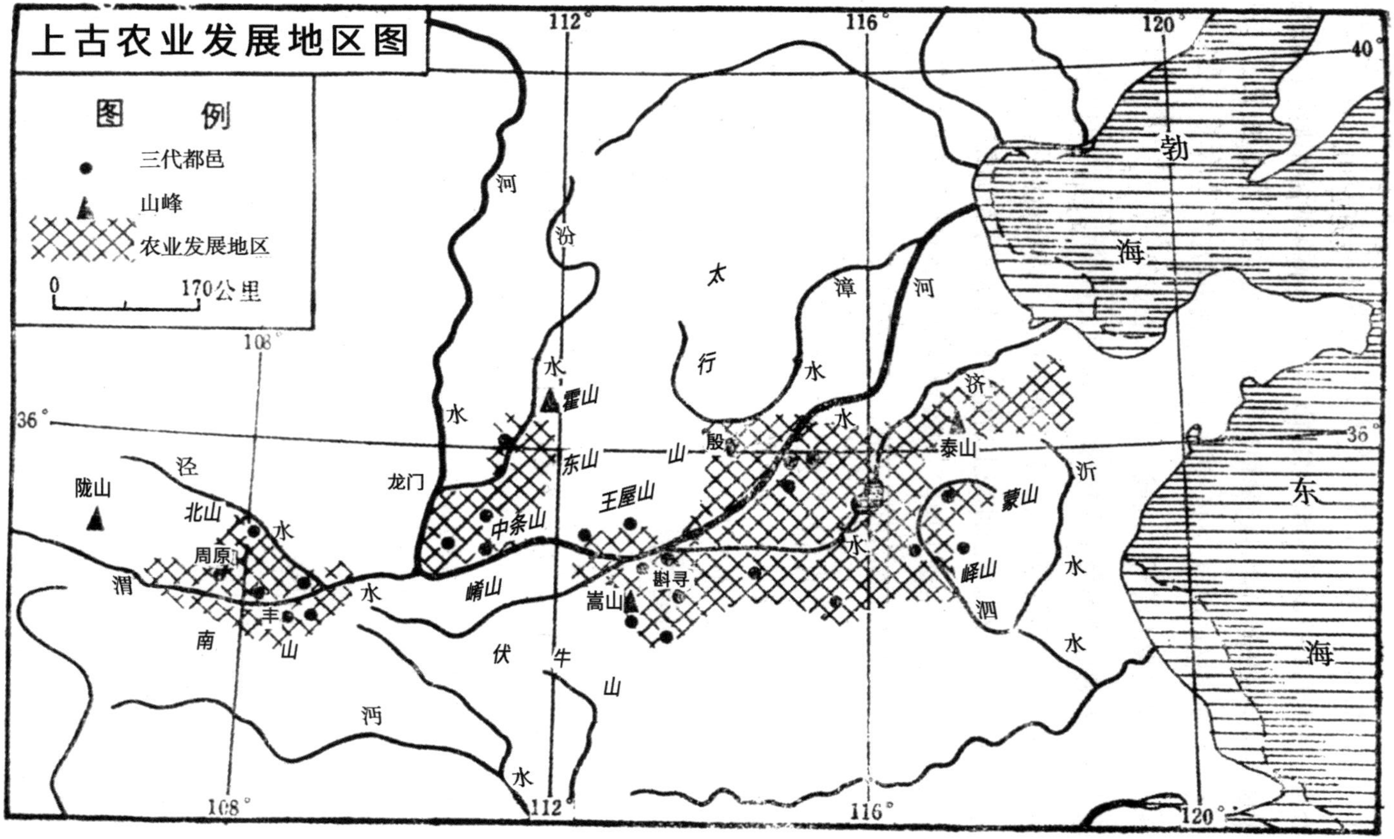

从事农业经营的人们对水的问题最为关切，尤其是雨量不平均的地区更是如此。人们一再称道禹的功勋，可能就是由于他开始创行沟洫，解决农作物的灌溉问题。后来李冰在成都平原用江水灌田，使那里成为富庶的地区，因此他也就永远为人们所怀念。①前后的事情虽不完全一样，道理却都是相仿佛的。

其实古代的人们对于农田水利一直就是重视的。丰镐附近用滮池水来灌溉稻田，很早就为诗人所歌颂。②春秋时齐桓公葵丘会盟，还特别提到同盟诸国之间不得壅阻泉水。③因为对于水利的重视，所以在《周礼》里面就规定了一些办法：开发水利，应当通沟引水，使水畅流；防治水患，应当修筑堤岸；通沟要看水势，筑堤要看地势。④在《周礼·地官》中有稻人一职，专门掌管水泽田地。稻人要随时挖掘陂池，潴蓄水流，要修筑堤岸，防止水淹，要疏通沟道，修好田边的小渠，使水能够平均地流入田中；在田中还要修好畦畛，使禾苗都能够吸收到水分。另外还得注意到排水的问题。⑤这种细致的规划，若不是农田水利的事业已经有相当的基础，是不容易制定出来的。

由于人们的重视，所以水利的设施也就逐渐增多起来。前面曾提到淮水以南的芍陂，春秋时期芍陂附近的水利已经大有可观。芍陂水利的兴修使淮水以南的农业有了发展。⑥战国末年，楚国受秦国的压迫，不能在郢都继续停留下去。后来经过一再的迁徙，终于迁到了寿春。寿春为现在安徽省的寿县。它正在淮水以南，芍陂的附近。楚国败亡之余，自然更想到自存的办法。芍陂附近农业生产在经济方面使楚国有了依靠。楚国灭亡以后，寿春还

① 《史记》卷二九《沟洫志》，《华阳国志》卷三《蜀志》。

② 《诗经·小雅·白华》。

③ 《春秋谷梁传》僖公九年。

④ 《周礼·考工记》。

⑤ 《周礼·地官·稻人》。

⑥ 《太平寰宇记》卷一二九《寿州》："安丰县，芍陂在县东一百步。《淮南子》云：'楚相作期思之陂，灌雩娄之野。'又《舆地志》，崔寔《月令》云：'孙叔敖作期思之陂'，即此。"寿州治所在今安徽省寿县。安丰县在寿县西南。

长期为淮南的重镇，当然这种地位的获得，原因不仅一端，可是芍陂周围的农业仍然是占着相当重要的因素的。[①]

古时的人们经常综合地利用水利，农田水利有时就和交通水利结合在一起。战国时期所开凿的鸿沟就是起了这样的作用。鸿沟是一系统水道的总称，按后来的记载，它包括狼汤渠、汳水、获水、睢水、阴沟水。[②]这些水道分布到当时的宋、郑、陈、蔡、曹、卫诸地，和济、汝、淮、泗诸水都有联系。[③]用现在的地理说来，河南省中部和东部，山东省西部，安徽省北部以及江苏省的西北部都算是鸿沟所涉及的地区。鸿沟在交通之外也可以引水灌田。这样大的规模的水利是以前少有的。在济水下游和淄水之间当时也有一条交通的水道，它曾经灌溉过临淄附近的农田。就是吴王夫差时所修的邗沟，一样在这方面有它的功用。长江流域湖泊虽多，当时的人们也许没有放松了对它们的利用。据说长江中游的汉水和云梦泽以及长江下游的三江五湖都曾经用来灌溉过田地。[④]现在太湖附近渠道交错，水利最为发达，推本究源，是有长久的历史的。至于成都附近自从李冰开凿离碓引江水灌溉以后，世世代代居住在这里的经营农业的人们都受到它的利益。

农田水利的开发还可以使一些质量较差的土壤得到改良。战国初年西门豹在邺的附近引漳水灌田就曾经收获过这样的效果。[⑤]邺附近一片平原，应该适于农业的经营。可是战国初年的人们在这里耕种土地，二百亩的收成反来和别的地方一百亩差不多。这是当地土壤里面碱质太多，不适于农作物生长的缘故。西门豹利用漳水灌田。经过了冲洗作用，这里成为肥沃的

---

① 《太平寰宇记》卷一二九《寿州》："安丰县芍陂，……汉王景为庐江太守，重修启之，境内丰给。齐梁之代，多屯田于此。"《读史方舆纪要》卷二一《寿州》有芍陂专条，记载王景以后迄至元代，修治芍陂故事甚详，可参阅。

② 《水经·渠注·阴沟水注·汳水注·获水注·睢水注》。渠就是狼汤渠，也就是鸿沟的总渠。这些水道现在都已湮失，仅睢水和阴沟水下游的涡水尚有残段。

③ 《史记》卷二九《河渠书》。宋国都城在今河南省商丘县。郑国都城在今河南省新郑县。陈国都城在今河南省淮阳县。蔡国都城在今河南省上蔡县。曹国都城在今山东省定陶县。卫国都城在今河南省濮阳县。

④ 《史记》卷二九《河渠书》。

⑤ 《史记》卷一二六《滑稽列传》。

地区。①邺在以前本是一个普通的地方，在以后的一些时代中却显出了重要的地位。这不能说和西门豹的改良土壤没有关系。当然这里的灌溉设施在以后还不断得到修理，可是原来引水的十二条渠道仍然一直保存了很长久的岁月。②

同样的情形也见于关中的泾水流域。泾水流域应该是一个农业发达的地区。不过泾水下游的土壤也含有碱质，使这个地区的农业生产为之减色。战国末年，这里的土地得到了改良的机会。而这种机会却出于一个国际的阴谋。因为战国末年，秦国已经强盛，一再向东侵略，处在函谷关外的韩国正是首当其冲。韩国设法使秦国不再对它攻击，就派遣水工郑国到秦国去，劝它兴办巨大的水利工程。秦国接受了这样的建议，就在泾水下游开渠引水。后来秦国发现这个阴谋，但并没有因此停止开渠的工程。这条渠水自中山西邸瓠口引泾水，顺着北山下边，东流到洛水，共长300多里。这条水渠筑成后不仅改变了当地的碱质土壤，而且使这里的农业很快发展起来。人们为了纪念郑国，就称这条水渠为郑国渠。这条水渠的修成更奠定了秦国的富强的基础。③

在春秋战国时期各国分立的局面中，像郑国开渠这样的阴谋可能还是不少的。一些国家甚至采取了河水淹灌敌国的战术。智伯引汾水灌晋阳，就是一个显著的事例。④濒于黄河下游的一些国家，都经常受到这样的威胁，尤其是魏国更是如此。魏国东部夹黄河两岸，广漠平原，一望无阻，正是一个

---

① 《汉书》卷二九《沟洫志》以在邺引漳水灌溉农田的为史起。它说："史起进曰：'魏氏之行田也以百亩，邺独二百亩，是田恶也。漳水在其旁，西门豹不知用，是不智也。知而不兴，是不仁也。仁智豹未之尽，何足法也。'于是以史起为邺令，遂引漳水溉邺，以富魏之河内。民歌之曰：'邺有贤令兮为史公，决漳水兮灌邺旁，终古舄卤兮生稻粱。'"

② 《水经·浊漳水注》。

③ 《史记》卷二九《河渠书》。《索隐》："小颜云：'（中山之）中音仲，即今九嵏山之东仲山是也。邸，至也。'瓠口即谷口，乃《郊祀志》所谓'寒门谷口'是也。与池阳相近，故曰'田于何所，池阳谷口'也。"《正义》："《括地志》云：'中山一名仲山，在雍州云阳县西十五里。'又云：'焦获泽，亦名瓠，在泾阳县北城外也。'至渠首起云阳县西南二十五里。"今人或以瓠口在礼泉县东北，与《括地志》所说不同，当是误解。

④ 《战国策·赵策一》。

适宜农业的地区。魏国的农业在当时一直有声于国际之间，万一受到河水的冲淹，魏国的损失将是无法估计的。当时的策士们看到了这一弱点，经常以决河水来恐吓魏国。①事实上后来秦国攻击魏国，就曾引河水灌过大梁。大梁受到这次的摧残，经过了近乎百年的岁月，还没有完全得到恢复。②

就是不在战争的时候，有些人也还是想法用控制水源作为斗争的手段。春秋时期各国壅阻泉水，就是这样的作风，直到战国仍有这种情形。像东周和西周两个小国就曾经发生过这样的交涉。西周因为在洛水上游，竟然阻碍水流，来要挟东周。③由于这种情形并不是仅见于个别地方，所以后来秦国统一全国，还特别致力于决通川防的工作。④

在这些人为的摧残以外，还有自然的灾害。一些河流的泛滥，也会使人们遭受困难。殷商的都邑经常设在黄河附近，因而也就容易受到河水的威胁。祖乙的圮于耿，应该是最严重的一次。⑤殷商末年，殷墟也曾受到洹水的冲淹。⑥从很古以来，人们对于水害就不断设法防备。在《管子》书中曾不惮烦地叙述过有关修筑堤防的事项。⑦其他像《吕氏春秋》《周礼》等书也有相当的记载，可知人们对这方面的注意了。

---

① 《战国策·燕策二》："秦召燕王，燕王欲往，苏代约燕王曰：'……秦正告魏曰：……决荥口，魏无大梁，决白马之口，魏无济阳，决宿胥之口，魏无虚顿丘。'"荥口或作荥阳之口，荥阳在今河南省荥阳县东北。大梁在今河南省开封市。白马在今河南省滑县。济阳在今河南省兰考县东北。宿胥在今河南省淇县东南。顿丘在今河南省浚县北。虚在顿丘近旁，也可能指殷墟而言。

② 《史记》卷四四《魏世家》。

③ 《战国策·东周策》。

④ 《史记》卷六《秦始皇帝本纪》："三十二年，始皇之碣石，使燕人卢生求羡门、高誓，刻碣石门。坏城郭，决通堤防。"

⑤ 《尚书·序》。

⑥ 甲骨文有关洹水涨溢的卜辞，罗振玉《殷虚书契续编》4.28.4有"洹其乍兹邑祸"（郭沫若《殷契拾掇第二编》476同），罗振玉《殷虚书契前编》6.32.5有"洹其盗"，又6.30.3有"寮（于）洹"，董作宾《殷虚文字甲编》903有"其寮于洹泉大三牢，宜牢"（皆据陈梦家《殷虚卜辞综述》引）。陈梦家谓"盗"应释"滔"，并谓"《广雅·释言》：'滔，漫也。'洹水漫岸，故为祸兹邑，兹邑即指安阳之殷都"。

⑦ 《管子·度地篇》。

四、农业区域的扩展

　　不论人为的摧残或者自然的灾害，究竟阻挡不住农业的发展。不过最初的发展还是比较缓慢，殷商时期农业虽已有了相当的规模，就在河济流域还有许多荒地未曾开垦。[①]周人灭商之后，向东发展，他们在东方建立了若干封国，就整个局面看来，周人对于东方广大的地区还是限于点的控制，似乎说不上面的占领，因为若干荒地使各国之间隔离起来。甚而在一些国家之间为了使行人能够辨清道路，还需要栽植若干树木。直到春秋时期在现在河南东部的陈国还是如此。[②]不过春秋时期各国的疆土日辟，像陈国的情况究竟是不多的。到了战国时期更和以前不同。这时陈国已为楚国所灭，这一块地方成为楚国的北疆。[③]它和魏国相距不远。但是魏国的情形已经是遍地庐田庑舍，没有牧放牛马的荒地了。[④]为什么能有这样的情形，人口的不断增加当然是其中的一个原因。而铁制农具的使用促进了生产力的发展，应该是一个主要的因素。在西周初年点的控制的局面，到后来彻底改变了。春秋末年，宋、郑两国边境的多年的弃地，即所谓弥作、顷丘、玉畅、嵒、戈、锡六邑，原来因为人口稀少，农田开垦不多，两国皆弃而不取，后来却为此而大动干戈。[⑤]到了战国，就更为严重。各国甚至因为边境一点小事，动辄引起兵争。吴楚两国之间的战争本来就已经相当频繁，可是其间有一次战争，

---

① 殷人好田猎，据甲骨文所载和地下发掘的兽骨，可知当时出没于黄河下游的兽类是相当繁多的，仅此一端，已可证明当时许多土地尚未开垦耕种。

② 《国语·周语中》。

③ 楚灭陈在鲁哀公十六年（公元前479年），陈灭后，楚于其地设县，与蔡国被灭后所设的县，同为楚国北方的重镇。

④ 《战国策·魏策一》。

⑤ 《左传》哀公十二年。

就是因为边境两家妇女互争采桑而引起的。^①可见农业的经营已经普遍到各个角落了。

应该指出，由于农业不断的发展，北方的农业地区和游牧地区的分界线也就有了变化。直到殷周之际，农业地区的北界在现在陕西境内，仅限于泾水以北^②和泾渭的中游^③，在现在山西境内仅有西南部的汾水下游和涑水南北^④，在现在河北境内大约到达了易水流域。因为殷人的先世就已经往来于易水的附近。^⑤以西以北并不是完全没有农业，但和游牧相较，比重就很轻了。

农业地区的向北扩张，从周朝起有了明显的进展。周王室的一些封国的发展，对这方面具有相当的意义。燕国本来在今河南郾城，后来就经过汾水流域辗转迁到现在的北京。^⑥晋国也溯着汾水而上，越过了霍太山向更北的地方发展。一些游牧部落长期与从事农业的人们接触，也学会了种植的技术，改变了他们的生产方法。鲜虞、肥、鼓等本是白狄部落，他们迁到太行山东以后，有了城郭居庐，因而改变了原来的行国^⑦，定居下来。当然还有些未能改变旧习惯的游牧部落，就不能不向北迁徙了。司马迁在《史记·货殖列传》中说："龙门碣石北多马、牛、羊、旃裘、筋角。"就是说那里已

---

① 《史记》卷三一《吴太伯世家》："公子光伐楚，拔居巢、钟离。初，楚边邑卑梁氏之处女与吴边邑之女争桑，二女家怒相灭，两国边邑长闻之，怒而相攻，灭吴之边邑。吴王怒，故遂伐楚，取两都而去。"居巢当在今安徽省合肥市附近。钟离在今安徽省凤阳县东北。

② 周的先世，公刘始迁于豳。豳的故地在今陕西省旬邑和彬县。彬县濒于泾水，旬邑已在泾水之北了。

③ 周文王时取密。密在今甘肃省灵台县，与彬县同在泾水中游。西周时封非子于秦。秦在陇山以西，已在渭水中游。

④ 西周初年封国，霍为汾水流域最北之国。霍为今山西省霍县，在霍太山之南。晋国拓地霍太山之北，已在中期以后了。

⑤ 前面曾引《楚辞·天问》和《山海经·大荒东经》，谓殷王先世王亥曾作过有易的竖牧。有易当在易水附近。易水发源于今河北省易县西南，东南流至定兴县与拒马河相汇合。

⑥ 顾颉刚先生《浪口村随笔·燕国曾迁汾水流域考》；钱穆《国史大纲》也说："燕字本作郾，今河南有郾县，与召陵密迩，当是召公初封地。"

⑦ 《左传》昭公十二年："晋荀吴伪会齐师者，假道于鲜虞，遂入昔阳。"既能假道，则鲜虞定居已久。又昭公十六年："晋荀吴率师伐鲜虞，围鼓，鼓人请以城畔。"又昭公二十二年："晋荀吴略东阳，使师伪籴者负甲以息于昔阳之门外。"是鼓有城，昔阳亦有城。

经有了农业，不过畜牧生活还占有重要地位。龙门在今山西省河津县西，距汾水入河处不远。碣石在今河北省东北部海中，这样的划分是符合当时的情形的。不过要把这两个地方用线条连接起来，显然应该采用弧形的线条，而不能引成直线。因为燕国的都城及其附近，早已成为农业地区。如果把这个线条向西引伸，则应该横过泾渭上游。当然这样的划分并不是说以北以西还是游牧部落的居地。那里虽已非游牧部落的居地，由于当地居人的畜牧生活还占有重要地位，因而还是应以之作为畜牧地区。到了战国末年，赵国的北边达到了阴山，秦国的西疆也达到了洮水。这条新的疆界正显示出农业地区又有了新扩大。游牧部落虽然远去，阴山以南洮水以东的新的农业地区中却还有游牧的情形存在，显示出这种改变并不是马上就能奏效。

第二节　经济区域的划分及其发展

一、富庶的农业地区

如上所说，远在上古之时，全国各地都已经有了农业，就是在长城以北的一些地方也非例外。由于各地自然条件不尽相同，人为作用也未能都是一致，因而其间的发展就未免参差不齐，而黄河流域显然较其他各地为优越。下至秦汉时期这样的趋势更为昭著。

秦汉时期，黄河流域的农业继续有所发展，这就更增大了它和其他地区的差别。前面曾经征引过司马迁在《史记·货殖列传》所说的"龙门碣石北多马、牛、羊、旃裘、筋角"。当然这并不是说那里就根本没有农业，只是说当地畜牧业占着主要的位置。因此，可以在碣石龙门之间引出一条界线，显示当时农业地区和畜牧地区之间的分野。《货殖列传》还指出江南地区的特色，说是那里出楠、梓、姜、桂、金、锡、连、丹沙、犀、玳瑁、珠玑、齿革。这些物产抬高了江南地区的经济地位，使它能够和山东、山西相媲美。如果就农业来说，它是不能和山东、山西相提并论的。这一点太史公也是十分清楚的，他在《货殖列传》中同样作了说明。他说："楚越之地，地广人稀，饭稻羹鱼，或火耕而水耨，果隋蠃蛤，不待贾而足，地势饶食，无饥馑之患，以故呰窳偷生，无积聚而多贫。是故江淮以南，无冻饿之人，亦无千金之家。"这是说，农业不发达的地区不仅在江南，连江淮之间也是相仿佛的。按照司马迁的具体解释，农业不发达的地区并不就以淮水为界。司马迁在这里是以楚越之地一块儿说的。他对于越地没有特别说明，对于楚，却明白说出西楚、南楚和东楚的所谓三楚，而西楚最北，包括淮水以北的沛、陈、汝南、南郡。当时沛郡治所在今安徽省濉溪县西北，陈国治所在今河南省淮阳县，汝南郡治所在今河南省汝南县，南郡治所在今湖北省江陵县。这四个郡国，陈为最北。"陈在楚夏之交"①，是近于中原了。陈和宛（今河南南阳市）、三河（指河南、河内和河东三郡）一样，也应是农业地区。这样就可据此再划一条界线，是由现在河南省南阳市，经过汝南县，再经过安徽省的濉溪县，到达江苏省的徐州市。在这条界线以南，农业是有的，但是还滞留在火耕水耨的阶段，不足以多事称道。

在这两条界线之间，就是黄河流域了。应该说在这黄河流域之中，还包括济水流域在内。济水本是由黄河分流出来的支津，是应该包括在黄河流域的。黄河流域也包括所谓秦、夏、梁、鲁诸地，这些地方都是好农而重民②，可以说得上其中大半是富庶的农业地区。

秦地自是指关中而言。关中是由汧、陇以至河、华的地区。汧、陇为汧水和陇山。河、华为黄河和华山。用现在的地理来说，就是陇山以东的泾渭流域。在那时，这里的土壤最为肥沃，自周室先世以来，都努力从事经营，直到战国时期郑国渠的开凿，使它成为富庶的农业地区。

---

① 《史记》卷一二九《货殖列传》。
② 《史记》卷一二九《货殖列传》。

梁在鸿沟以东，芒砀以北。鸿沟为战国时期人工开凿的水道，分布于当时宋、郑、陈、蔡、曹、卫诸地。虽是为了便利交通而开凿的，但也可以用于灌溉，有利于农业的发展。这是在前面已经说过了的。鸿沟是梁惠王时开凿的，虽然分布宋、郑、陈、蔡、曹、卫诸地，实际上却是以魏国为主。魏国后来并灭了宋国，魏国土地向东发展，这就是所谓梁、宋之说的由来。芒砀为汉时两个县，分别在今河南省永城县北和安徽省砀山县南，皆于彭城为西北，也应该是西楚的地区。说梁地是不能包括芒砀在内的。

说鲁地，应该包括齐地在内。邹鲁在洙、泗二水流域，当地颇有桑麻之业，这是说农业是有相当基础的。可是齐地较之鲁地为富庶，齐地带山海，膏壤千里，更是宜于桑麻，所以其人民多文彩布帛。既然是膏壤千里，粮食的生产也必然同样可观。

这里需要仔细考核的，则是夏地。据《史记·货殖列传》所说，"颍川、南阳，夏人之居也"。颍川郡治所在今河南省禹县，南阳治所就是前面所说的宛。宛为楚地，是说不上富庶的农业的。颍川虽在颍水的上游，然实多山地，发展农业就不免会受到自然条件的限制。《货殖列传》一再提三河的富庶，还进一步指出"唐人都河东，殷人都河内，周人都河南"，建国各数百岁。不过却没有提到夏人。其实河东、河南有关夏人的记载是相当多的。[①]河东正是汾涑流域，河南也是伊洛流域，农业的发展是有相当渊源的。（附图一《秦汉时期富庶的农业地区图》）

这几个富庶的农业地区，东西相望，几乎连成一线。论其幅员，河济之间的梁、宋、齐、鲁最为广大，关中秦地也有一定的规模，比较起来，汾涑流域和伊洛流域就显得小一点。

还在秦未统一六国之前，秦国以咸阳为都，凭借关中经济的基础，统一了六国。关中诚然富庶，作为统一帝国都城的所在地，人口增多起来，就会感到所产的粮食不敷应用。秦始皇为了经营新秦中，就不能不远自黄、

---

① 拙著《由地理的因素试探远古时期黄河流域文化最为发达的原因》一文中对于夏人的居地已经作了说明，这里就不再赘陈了。

图一 秦汉时期富庶的农业地区图

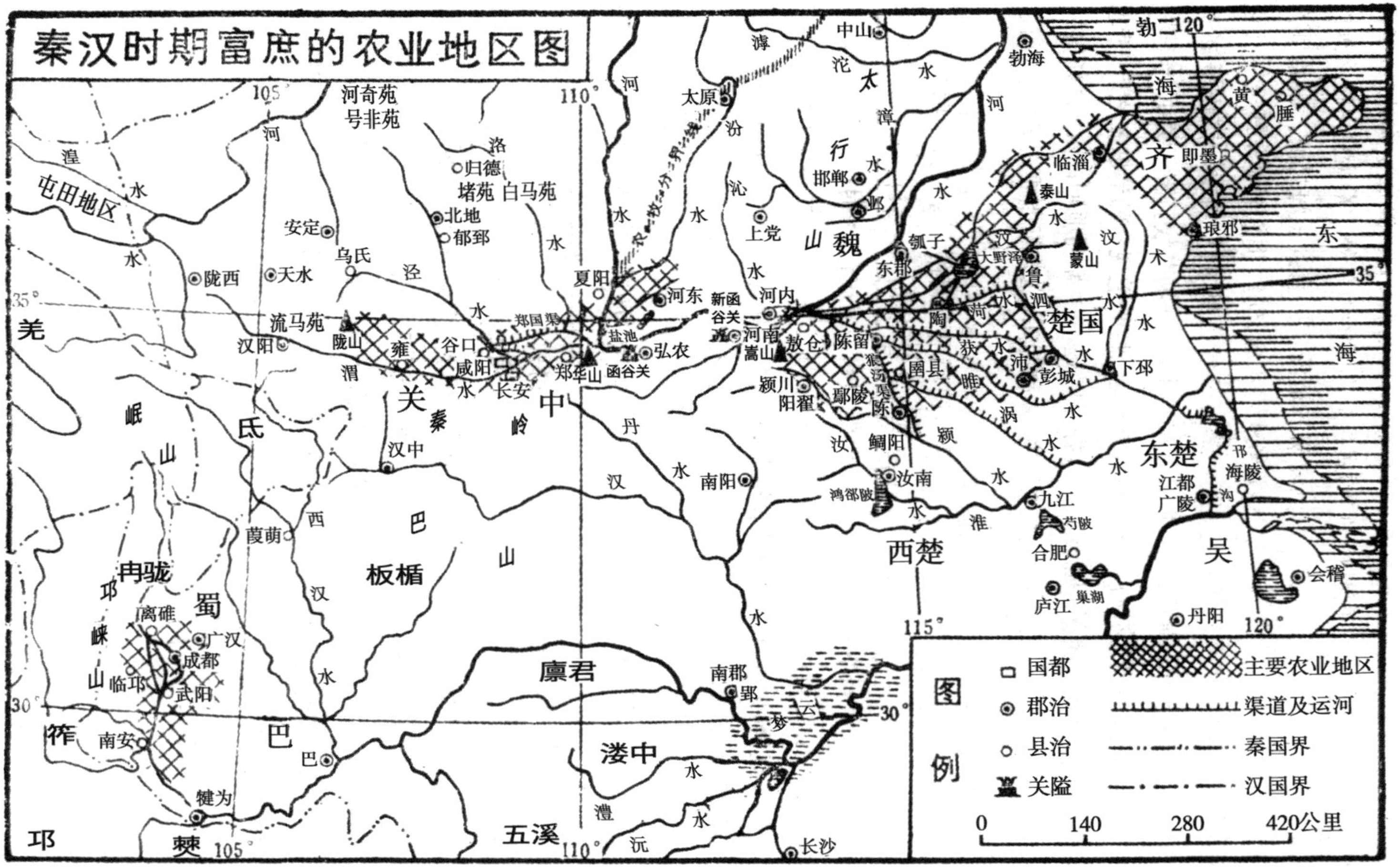

腄、琅邪负海之郡，转输北河。①黄、腄为两个县的名称，和琅邪郡皆在今山东省东部近海之处。黄在今黄县东，腄在今福山县。琅邪郡治所在今胶南县南，它的属县分布于沿海各处。秦始皇由这么远的地方征发粮食，固然可以说是取民无度，也证明齐地的富庶直到东海之滨。秦始皇曾巡游全国，在琅邪就停留了三个月②，若不是当地的富庶，何能羁留至尊车驾至三月之久？追溯得更远一点，越王勾践破吴之后，还曾以琅邪为都，打算与中原诸侯争雄③，可见它的富庶是有渊源的。秦亡之后，刘邦据有关中，与项羽苦战。当时关中已经残破，刘邦为了转输粮饷，颇费经营，所以他对于富庶地区特为重视。韩信破齐之后，请求封他为齐王，刘邦对此十分不满，扼于形势只好暂时迁就。等到项羽破灭，立刻徙韩信为楚王，当时有人建议，说是齐地和关中相当，并称为东西秦，不能委之于他人，因之就封其子刘肥为齐王。④

由齐鲁运输粮食到关中来，是可以尽量利用水路的。春秋战国时期所开凿的菏水、濮渠和鸿沟，以及齐地淄济之间的运河，还有黄河的一些可通航的河段，都可从事转运。秦始皇在济水和鸿沟由黄河分流处建起一座敖仓，暂时存放由山东各处运输来的粮食，足见所运输的粮食的来源并非齐鲁一地，举凡富庶的粮食产地都在其中。后来在楚汉战争时，郦食其就劝刘邦收取荥阳（今河南荥阳县东北），为的是能够据有敖仓，军糈可以无忧。⑤可见敖仓所储为数之多，仅此一端，已经显示出这些产粮之地富庶的程度。

发展农业是和水利灌溉有密切关系的，这在前面曾经作过论证。秦汉时期对这一点也多下功夫。当时兴修农田水利，重点实在关中及其附近的地区。这一来是关中为帝都所在，容易引起重视。再则是关中能够得到更多的发展，当然可以减少关东各处的漕运。当时一项重要的工程是开凿由长安循

---

① 《汉书》卷六四《主父偃传》。
② 《史记》卷六《秦始皇帝本纪》。
③ 《汉书》卷二八《地理志》。
④ 《史记》卷八《高祖纪》。
⑤ 《史记》卷七九《郦食其传》。

南山傍渭水东行的漕渠。所以称为漕渠是因为渭水航道时有难处，而且水道迂回悬远，多误时日。当时就利用漕渠运输由山东各地运来的粮食。可是漕罢之后，还可充分利用渠水灌田。①这是合交通水利与农田水利为一的一种办法。专为农田水利而开凿的渠道，则前有龙首渠，后有六辅渠和白渠。龙首渠的兴修是为了引洛水灌溉重泉（今陕西蒲城县东南）以东万余顷的盐碱地。②六辅渠的开凿是为了灌溉郑国渠旁的高昂之田③，而最为巨大的工程当推引泾水的白渠。这条渠首起谷口（今陕西泾阳县西北），尾入栎阳（今陕西临潼县渭水北），注于渭水，袤200里，灌田4500顷。这条渠收益很大，当地人民颇能得好处，还曾作歌称道。④而引渭水修成的灵轵、成国、沣渠诸渠也都能起到一定的作用。⑤

当时农田水利的兴修还推广到关中地区的附近，也是为了减轻关东漕粮的运输。值得称道的乃在汾涑流域，不仅引汾水灌溉皮氏和汾阴两县，还引

---

① 《史记》卷二九《河渠书》。

② 《史记》卷二九《河渠书》。

③ 《汉书》卷二九《沟洫志》。

④ 《汉书》卷二九《沟洫志》：当时"民得其饶，歌之曰：田于何所？池阳谷口。郑国在前，白渠起后。举臿为云，决渠为雨。泾水一石，其泥数斗。且溉且粪，长我禾黍。衣食京师，亿万之口"。（池阳在今陕西泾阳县西北）

⑤ 《汉书》卷二九《沟洫志》，又卷二八《地理志》："右扶风，盩厔，灵轵渠，武帝穿也。"又说："郿，成国渠首受渭，东北至上林入蒙笼渠。"《水经·渭水注》：盩厔"县北有蒙笼渠，上承渭水于郿县，东迳武功县为成林渠，东迳县北，亦曰灵轵渠"。汉盩厔县在今周至县东。郿县在今眉县东北渭水北。武功县在今眉县东渭水南岸。如淳注《汉书》，谓成国渠在陈仓，韦水出韦谷，而未确指韦谷的所在。《太平寰宇记》卷三〇《凤翔府》："沣谷水源出（岐山）县东北六里沣谷，南流入扶风县界。"又说："沣水在（扶风）县南三十里。"还说："沣水在（盩厔）县北五里。"宋敏求《长安志》卷一八《盩厔》："韦谷在县西南三十里。"又说："韦谷渠在县西南三十五里，自南山流下，至青化店。"毕沅校《太平寰宇记》："沣水在县东北五里，疑是此。"毕沅说："沣水在今县北五里，或是雍水。"按：《长安志》说："渭水在（盩厔）县北五里。"则所谓"县北五里"只是渭水，不能是沣水。可能是这条沣水在盩厔县北五里入于渭水。雍水亦称围川水（《太平寰宇记》卷二七《武功》），围川应即沣川。雍水于今武功县合杜水（今漆水）入渭，距盩厔县尚远，其入渭处已在成国渠之南，毕沅之说，当亦非是。盩厔县的沣谷渠可能是以后凿成，与汉时韦渠无关。汉时韦渠当在今扶风、武功两县之间，乃是引用雍水凿成的。雍水既又称韦水，故这条渠水就称为韦渠。今扶风县南亦开渠引水，东至武功县，当系师汉时的旧意。

河水灌溉汾阴和蒲坂两县。①皮氏在今山西省河津县，汾阴在今山西省万荣县西南，蒲坂在今山西省永济县西南。引水灌溉都比较方便。（附图二《秦汉时期关中水利图》）

至于梁、宋、齐、鲁地区，当时兴修的农田水利并不很多，可以提到的仅有东海引钜定和泰山下引汶水两项。②钜定是一个湖泊的名称，在今山东省寿光县西，距离淄水不远。③战国时曾引淄水通到济水，成为一条运河，且有灌溉之利。④这时便利用钜定这样的湖泊进行灌溉，可知当地农田水利的发达。汶水发源于今山东省泰安县东北泰山，至东平县流入当时的济水。当时为了引水灌溉，还建筑了一座石门⑤，可知其规模是不小的。

就这个地区来说，仅有这两项农田水利，显然是太少了。不过当地的农田水利早已有了成就，这时期的兴修应该说是锦上添花。战国时期所开凿的鸿沟及其他有关渠道，都是具有交通水利和农田水利的双重意义，至少在这些渠道没有湮塞之前，这样的作用还是可以具体发挥出来的。

然而最应该提到的，是当时对于防止黄河溃决泛滥的重视和多所致力。这虽然和农田灌溉不同，但保护这样富庶的农业地区不使遭受更大的破坏，却是无可否认的功绩。西汉前期，黄河的较大决口有两次：一在文帝十二年（公元前168年），是在东郡酸枣县（今河南延津县西南）决口的⑥；一在武帝元光三年（公元前132年），是在东郡濮阳县（今河南濮阳县西南）瓠子决口的。⑦文帝时的决口很快就堵塞合龙，受灾地区不算很大。元光年间那一次决口，东南流到巨野泽中（今山东西南梁山县和巨野县之间），又由钜野泽中流出，灌到泗水，下游又流入淮水，受灾的范围达到十六个郡。这样

① 《史记》卷二九《河渠书》。
② 《史记》卷二九《河渠书》。
③ 《水经·淄水注》。
④ 《史记》卷二九《河渠书》。
⑤ 《水经·汶水注》："汶水又西南迳亭亭山东，……水上有石门，旧分水下溉处也。"所言当是汉时泰山下引汶水事。
⑥ 《汉书》卷四《文帝纪》，又《史记》卷二九《河渠书》。
⑦ 《汉书》卷六《武帝纪》，又《史记》卷二九《河渠书》。

图二　秦汉时期关中水利图

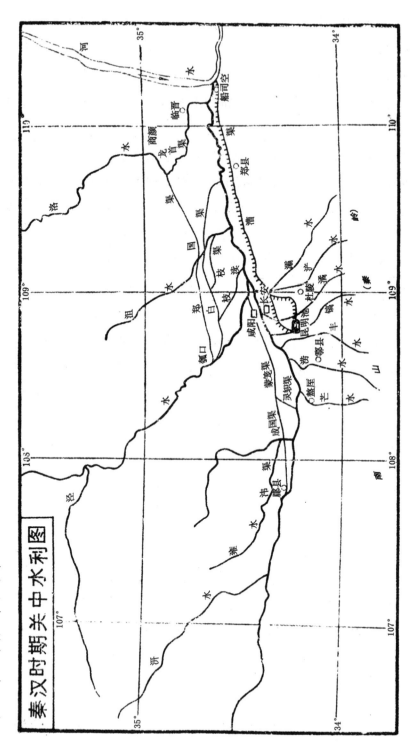

大的灾难使这个广大的富庶农业地区不能不受到影响，当然也会影响到都城所在地的长安的粮食供应，甚至使汉武帝及其群臣，亲自来到决口处进行堵塞。[①]经过了这次严重的灾难，自然会引起当时政府的注意。以后黄河的溃决泛滥仍不断发生，但影响这个富庶的农业地区的次数还不是很多的。直到西汉末年另一次河决，才又引起更大的灾难，使这个富庶的农业地区受到更为严重的破坏。

二、司马迁规划的经济区域

　　论述经济的发展，农业固然是重要的因素，但农业并非唯一的因素。司马迁论述由战国以至于秦汉时期的经济地区，就没有把农业这一因素估计在内。司马迁分当时的全国为山西、山东、江南和碣石龙门之北四个区域。所谓的山西和山东乃是指崤山的东西。崤山在今河南省西部，位于灵宝和陕县。战国时期，山侧建立函谷关。崤山和函谷关把当时的七国分成山西和山东或关西和关东两个部分。这种说法沿用相当长久，和现在的山西省和山东省完全不同。碣石和龙门，前已言之，是在今河北省昌黎县南，和今陕西省韩城市和山西省河津县之间。在这几个地区中只有江南是明确的，用不着多所解释。

　　根据司马迁的说法，山西饶材、竹、毂、纑、旄、玉石；山东多鱼、盐、漆、丝、声色；江南出楠、梓、姜、桂、金、锡、连、丹沙、犀、玳瑁、珠玑、齿革；龙门、碣石北多马、牛、羊、旃裘、筋角。司马迁在这里

---

① 《史记》卷二九《河渠书》。

还特别提到铜、铁，说是"千里往往山出棊置"①。这样许多物产会使各地的经济都能够得到发展。（附图三《司马迁所规划的经济区域图》）

铜铁出产的地方多，用途也较广，而铁更为重要。西汉一代，铁和盐皆为王朝所控制，设官专卖，一些郡国还设有铁官和盐官。全国共设铁官四十九处。山西地区设有十三处，山东地区设有二十九处，江南地区设有五处，碣石龙门一线以北的地区设有两处。以现在省区计算，在当时山西地区的十三处，分布在今陕西省的五处②，在今山西省的五处③，在今四川省的三处④。在当时山东地区的二十九处，分布在今河南省的七处⑤，在今山东省的十二处⑥，在今江苏省淮水以北的四处⑦，在今河北省的五处⑧，在今辽宁省的一处⑨。在当时江南地区的五处⑩，分布在今安徽省的一处⑪，在今江苏省

---

① 《史记》卷一二九《货殖列传》。《集解》引徐广曰："（旄）纮属，可以为布。"《索隐》："榖音谷雒反。榖，木名，皮可为纸。纟卢，山中纮，可以为布，音卢。纮音仁，今山间野纮，亦作苎。"

② 在今陕西省的为郑县（今华县）、夏阳（今韩城市西南）、雍（今凤翔县南）、漆（今彬县）、沔阳（今勉县）。

③ 在今山西省的为安邑（今夏县西北）、绛（今侯马市东北）、皮氏（见前）、平阳（今临汾市西南）、大陵（今文水县东北）。

④ 在今四川省的为武阳（今彭山县）、南安（今乐山市）、临邛（今邛崃县）。

⑤ 在今河南省的为宜阳（今宜阳县西北）、黾池（今渑池县西）、隆虑（今林县）、河南郡（治所在今洛阳市）、阳城（今登封县东南）、西平（今舞阳县东南）、宛（今南阳市）。

⑥ 在今山东省的为山阳郡（治所在今巨野县南）、千乘郡（治所在今高青县东北）、东平陵（今章丘县西）、历城（今济南市）、嬴（今莱芜县西北）、临淄（今淄博市东北临淄城）、东牟（今牟平县）、琅邪郡（治所在今胶南县南）、郁秩（今平度县）、鲁国（治所在今曲阜县）、东平国（治所在今东平县东）、莒（今莒县）。

⑦ 在今江苏省淮水以北的为沛（今沛县）、下邳（今邳县南）、朐（今连云港市西南）、彭城（今徐州市）。

⑧ 在今河北省的为武安（今武安县）、都乡（待考）、北平（今满城县北）、涿（今涿县）、夕阳（待考）。

⑨ 在今辽宁省的为平郭（今盖县西南）。辽宁省在碣石之东，其地于汉时非畜牧地区，故暂附于山东地区。

⑩ 《史记》卷一二九《货殖列传》所说江南，应指大江以南，然其下文亦说江淮之南，这里就兼提淮水以南。

⑪ 在今安徽省的为皖（今潜山县）。

图三　司马迁所规划的经济区域图

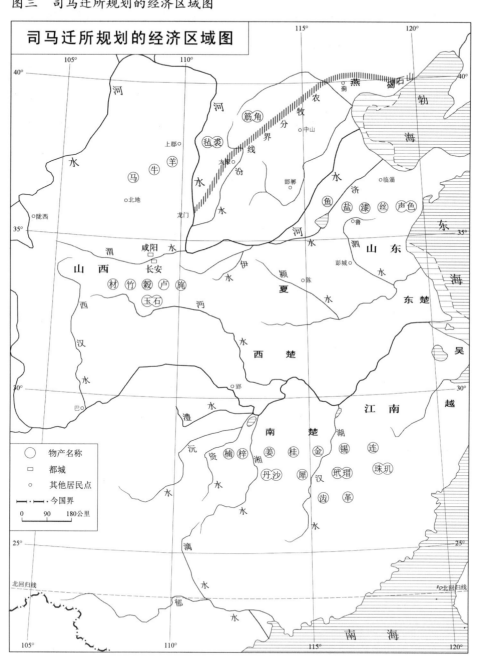

淮水以南的三处①，在今湖南省的一处②。至于碣石龙门一线以北的两处，分别在今甘肃省③和北京市④。（附图四《西汉铁官分布图》）

盐的产地虽不如铜铁的广大，山东、山西以及岭南、沙北所产的也不少⑤，西汉时于各郡国共设盐官三十六处：山西地区设七处，山东地区设十七处，江南地区设三处，碣石龙门一线以北的地区设九处。在当时山西地区的七处，分布在今山西省的为两处⑥，在今四川省的为四处⑦，在今云南省的为一处⑧。在当时山东地区的十七处，分布在今山东省的为十二处⑨，在今河北省的为三处⑩，在今天津市的一处⑪，在今辽宁省的一处⑫。当时江南地区三处，分布在今浙江省的为一处⑬，在今广东省的为两处⑭。当时碣石龙门一线以北地区的九处，分布在宁夏回族自治区的为一处⑮，在今甘肃省的为两处⑯，在今陕西省的为一处⑰，在今山西省的为一处⑱，在今内蒙古自治区

---

① 在今江苏省淮水以南的为盐渎（今盐城县）和堂邑（今六合县西北），还有广陵国（治广陵，今扬州市）。

② 在今湖南省的为桂阳郡（治郴县，今郴州市）。

③ 在今甘肃省的为陇西郡（治所在今临洮县）。

④ 在今北京市的为渔阳县（今密云县西南）。

⑤ 《史记》卷一二九《货殖列传》："山东食海盐，山西食盐卤，岭南、沙北固往往出盐。"盐卤，《正义》谓"西方咸地也。坚且咸，即出石盐及池盐。沙北，《正义》谓池，汉之北也"。

⑥ 在今山西省的两处为安邑、晋阳（今太原市西南）。

⑦ 在今四川省的四处为南安、临邛、朐忍（今云阳县西）、巫县（今巫山县）。

⑧ 在今云南省的为连然（今安宁县）。

⑨ 在今山东省的十二处为千乘郡、海曲（今日照县西）、计斤（今胶县西南）、长广（今莱阳县东南）、东平国、都昌（今昌邑县西）、寿光（今寿光县东）、曲成（今掖县东北）、东牟、巾弦（今黄县西南）、昌阳（今文登县南）、当利（今掖县西南）。

⑩ 在今河北省的三处为堂阳（今新河县北）、章武（今黄骅县）、海阳（今滦县西）。

⑪ 在今天津市的为泉州县（今武清县东）。

⑫ 在今辽宁省的为平郭县。

⑬ 在今浙江省的为海盐县（今平湖县）。

⑭ 在今广东省的两处为番禺（今广州市）和高要（今肇庆市）。

⑮ 在今宁夏回族自治区的为三水县（今同心县东）。

⑯ 在今甘肃省的两处为弋居（今宁县南）和陇西郡（治所在今临洮县）。

⑰ 在今陕西省的为独乐县（今米脂县北）。

⑱ 在今山西省的为楼烦县（今宁武县附近）。

图四 西汉铁官分布图

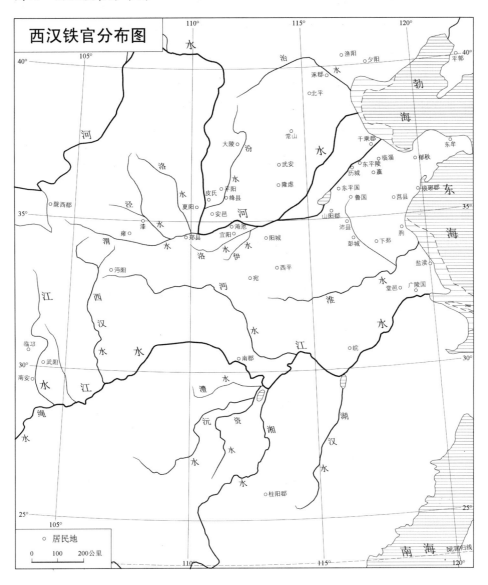

西汉铁官分布图

的为四处①。（附图五《西汉盐官分布图》）

铁官和盐官的设置数目和分布的地区显示出山东和山西最为繁多，而山东还较多于山西。这说明山东和山西的经济显得繁荣。盐官设置的繁多，当然是由于盐的销路较广。当时的盐主要是供给食用，盐的销路宽广，应该说是山东、山西人口众多的影响，而山东的人口更为稠密，故盐官的设置亦最多。还应该指出，有些盐官的设置和盐的产地也有关系。安邑县的设置盐官，就是其西南有盐池的缘故。②山东的盐官多设置在沿海各处，因为当地正是海盐的产地③，而海盐县设置盐官，用不着多所解释，这个县的名称就已作了足够的说明。在上面所列举的盐官数字中，碣石龙门一线以北设置也不少，甚至超过了山西，道理也是一样的。汉时朔方郡所属的朔方县（今内蒙古自治区乌拉特前旗东南黄河南岸）有金连盐泽和青盐泽④，当地就有盐官的设置。不过这个盐官设在沃野县，而不设在朔方县。当地多沙漠，可能是由沃野县去到这几个盐泽的道路易于行走的缘故。沃阳县能够设置盐官，也是由于它的东北有一个盐泽。⑤独乐县设置盐官，是没有产盐的记载的。不过现在陕西省米脂县北，犹有人煮盐为生，这是可以补苴史文的缺漏的。

铁官的设置也是一样的。在铁的产地设置铁官也是不可少的措施。嬴县设置铁官，就是因为当地产铁。嬴在今山东省莱芜县。莱芜产铁，到唐宋时期还是重要的铸冶场所。⑥就是西平⑦和临邛⑧也都是著名的产铁的地方，在这些地方设置铁官自是必然的道理。不过所有的铁官不是都设置在产铁的处所。不是产铁的处所而设置铁官，正是当地经济能够有起色的反映。

---

① 在今内蒙古自治区的四处为富昌（今准格旗东南）、沃野（今临河县西南）、成宜（今乌拉特前旗东南）、沃阳（今凉城县西南）。

② 《汉书》卷二八《地理志》。

③ 《史记》卷一二九《货殖列传》。

④ 《汉书》卷二八《地理志》。

⑤ 《汉书》卷二八《地理志》。

⑥ 《元和郡县图志》卷一〇《兖州》："莱芜县，韶山，在县西北二十里，其山出铁，汉置铁官，至今鼓铸不绝。"《元丰九域志》卷一《京东西路》，兖州有莱芜监，当是司鼓铸的监。

⑦ 《史记》卷六九《苏秦传》及《正义》。

⑧ 《史记》卷一二九《货殖列传》。

图五　西汉盐官分布图

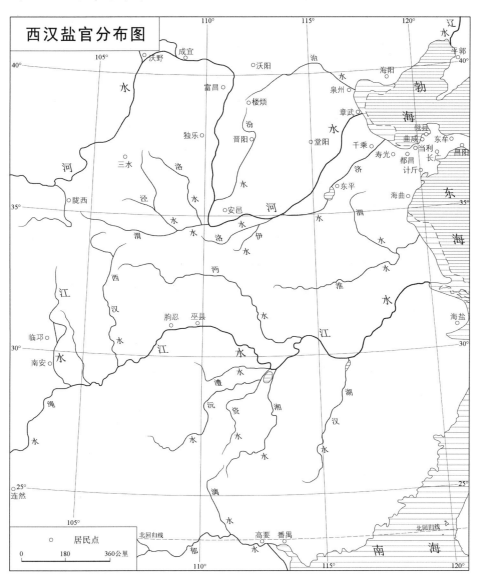

盐铁而外，能反映一地的经济情况还有丝和丝织品。这是主要衣着材料，与麻同为日用不可或缺的物品。丝和丝织品之为人所重视，自古已然。春秋战国时期，种桑养蚕在一些地区的农家中更不亚于耕耘的重要。《禹贡》所论述的九州，其中兖、青、徐、荆、豫五州都有丝和丝织品，尤其是兖州在这方面更为显著。兖州中特别提到"桑土既蚕，是降丘宅土"，而且所赖以作为贡品的只有漆、丝两种。其他四州虽然也都有丝和丝织品，可是所贡的却是其他物品。青州所贡的是絺，絺是葛之精者。徐州所贡的是五色土。扬州和荆州所贡的都是金三品和其他一些玉石齿革之类。豫州所贡的也是枲、絺、纻等麻葛织品，都不能和兖州媲美。兖州在河济之间，就是现在的河北省东南部和山东省西北部。

《货殖列传》论述所说四个经济地区的物产，唯独于山东提出所产的丝。接着就特别提到齐鲁的丝和丝织品，一则说："齐带山海，膏壤千里，宜桑麻，人民多文彩、布帛、鱼盐。"再则说："邹鲁滨洙泗，……颇有桑麻之业。"三则还说："沂、泗水以北，宜五谷桑麻六畜。"这种情况显然和其他各处不尽相同。但这并不等于说，其他各地就没有丝和丝织品的生产，不过论地区的范围没有齐鲁的广大。西汉时于齐临淄设三服官，作工各数千人[1]，这是一项规模庞大的手工业。其间虽曾有过罢免[2]，实际上只是暂时的举措，并未彻底废止。和齐三服官并称的是陈留郡襄邑县（今河南睢县）的服官。[3]应该说这都是在山东，和其他地区无关。

和丝织业同样发达的当然还有其他手工业。这应该是各地区都有的。由于记载不多，不易知其全貌。当时王朝也曾在一些地方设置工官，可以略觇其中的梗概。这样的工官共有十处，其中七处在山东[4]，三处在山西[5]。工官

---

① 《汉书》卷七二《贡禹传》，又卷二八《地理志》。

② 《汉书》卷九《元帝纪》，又卷一一《哀帝纪》。

③ 《汉书》卷二八《地理志》。

④ 山东的七处工官，四处在今河南省，为河南郡、颍川郡、宛、怀（今武陟县西南），三处在今山东省，为东平陵、泰山郡、奉高县（奉高县即泰山郡治，在今泰安县东）。

⑤ 山西的三处工官，皆在今四川省，为成都、雒（今广汉县）和广汉郡（治所在今梓潼县）。

的具体操作皆已不可具知。既然能在一些地方设立，当是其地已有相当的条件和基础，因而也就可以显示出当地经济发展的趋势。

由这些物产的分布，都可显示出山东和山西实较优于江南和碣石龙门以北地区，而山东更具有特色，为山西所不及。

三、经济都会的分布和"天下之中"的陶的兴起和繁荣

各地物产的丰俭不尽相同，若能互相流通，就可皆得其利，而促进经济的发展。这种交换贸易远在上古之时即已有之，到了这一时期就更为发达。

商业的昌盛促进了经济都会的兴起。据《史记·货殖列传》的记载，这一时期的经济都会共有二十七处。其中七处在山西，十五处在山东，五处在江南，至于碣石龙门一线以北，似尚无经济都会的兴起。

以现在的地理来说，当时山西的七处经济都会，分属于今陕西、山西和四川三省。在今陕西省的为雍（今凤翔县南）、栎阳（今临潼县北）、咸阳（今咸阳市东。咸阳毁灭后，长安代兴。长安在今西安市西北）；在今山西省的为扬（今洪洞县）和平阳；在今四川省的为巴（今重庆市）和蜀（今成都市）。当时山东的十五处经济都会，分属于今北京市和河南、河北、山东三省及江苏省的最北部。当时的蓟就在今北京市；在今河南省的为温（今温县）、轵（今济源县东南）、荥阳（今荥阳县东北）、濮阳（今濮阳县南）、睢阳（今商丘县南）、阳翟（今禹县）、陈（今淮阳县）、宛（今南阳市），还应该添上雒阳（今洛阳市）；在今河北省的为涿（涿县）、邯郸（今邯郸市）；在今山东省的为临淄和陶（后称定陶，今定陶县）；在今江苏省最北部的为彭城。当时江淮以南的五处经济都会分属于今安徽、江苏、湖北、广东四省。在今安徽省的为寿春（今寿县）和合肥（今合肥市），在今江苏省的为吴（今苏州市），在今湖北省的为郢（今江陵县），在今广东

省的为番禺（今广州市）。

这二十七处经济都会的分布显出一个特色，就是绝大部分位于山东，山西就显得少一些，至于江南就更少了。

经济都会的作用主要表现在货物的集中，商业贸易的发达，所以都在当时的交通道路上。当时的交通道路是荟萃到两个中心，也可以说是由两个中心辐射出来的。所谓两个中心，指的是政治中心和经济中心。政治中心就是王朝的都城。秦都于咸阳，汉都于长安。咸阳、长安隔渭水南北相对，实际上本是一个都城的演化。在以前，当周人始建雒邑，曾经认为雒邑为"天下之中"①。周人衰落下去，雒邑就很难担当得起这个"天下之中"的称号。无论咸阳或长安，都没有被称为"天下之中"。当然作为一个时期的政治中心，那是不会有若何异议的。这一时期虽没有政治方面的"天下之中"，在经济方面却有了"天下之中"，而这个经济方面的"天下之中"就是陶，也就是后来的定陶。②这个"天下之中"名称的得来，远在春秋战国之际。当时西方的秦国尚不见重于诸侯强国之间，自然商业贸易也受到相当影响。如果以当时经济交往的范围止于崤山和函谷关，就地理的方位来说，陶就能担负起这个"天下之中"的称号，而这个"天下之中"的经济都会正是在山东而不是在山西。

咸阳、长安作为政治中心，由它辐射出去的道路是有一定基础的。不必远溯更早的年代，秦始皇时所修筑的驰道，东穷燕齐，南极吴楚③，使咸阳和全国各地的交通更加便利。长安继咸阳而起，并未稍有逊色。驰道虽为巩固秦王朝的统治而修筑，同样有利于经济的发展。咸阳之作为秦国的都城，是在雍和栎阳之后。雍本是陇蜀货物的集中地，栎阳又可"北却戎翟，东通三晋"④，到了咸阳和长安作为都城更是"四方辐凑并至而会"。陶作

①《史记》卷四《周本纪》。
②《史记》卷一二九《货殖列传》。
③《汉书》卷五一《贾山传》。
④ 这里和以下的引文皆见《史记》卷一二九《货殖列传》。

为"天下之中"的经济都会，是因为"诸侯四通，货物所交易也"。这是明白指出陶能有这样的发达，正是由于交通的便利。陶与咸阳、长安不同。咸阳、长安作为交通枢纽，可以说主要是陆路交通的中心，而陶则主要是水路交通的中心。陶能发达起来，是由于春秋末年吴王夫差的通沟于商鲁之间，也就是开凿了菏水，联系济水和泗水。陶就在菏水由济水分流出来的地方，形势有了很快的转变。后来鸿沟系统诸水继续凿通，陶的交通就更为便利。顺济水而下，可以通到齐国的临淄，溯济水而上，可以通到荥阳和雒阳。如果再继续由陆路前行，还可以通到咸阳或长安。另沿菏水而下，转入泗水和邗沟，就可以通到彭城和吴。鸿沟修凿成功后，又可以由济水转入鸿沟，而鸿沟是可以通到宋、郑、陈、蔡、曹、卫。[①]陶本来就是曹国，因而是和鸿沟有联系的。正因为如此，陶才能够四通诸侯，成为"天下之中"。

这些经济都会有许多都在当时交通干线之上，具体说来，就是与驰道有关，因而都能够发达起来。温、轵的"西贾上党，北贾赵、中山"，邯郸的"北通燕、涿，南有郑、卫"，洛阳的"东贾齐鲁，南贾梁楚"，都是具体的例证。当然有些经济都会，也可以另辟蹊径，燕于南通齐赵之外，还可以"东绾秽貉、朝鲜、真番之利"，江陵"西通巫、巴，东有云梦之饶"，吴则"东有海盐之饶，章山之铜，三江五湖之利"，而合肥亦可以"受南北潮"。

有了便利的交通，物产就应该是促成经济都会发达的重要因素。像咸阳或长安以及陶这样特殊的经济都会是能够汇集各地所有的物产的，其他一些经济都会就不免具有当地的本色，巴蜀就饶卮、姜、丹沙、石、铜、铁、竹木之器，还有僰僮、筰马和旄牛。燕有鱼盐枣栗之饶，合肥为皮革鲍木输会，而番禺为珠玑、犀、玳瑁、果、布之凑。[②]

正是由于有这样一些因素，所以有关的经济都会都有程度不等的发达。这些经济都会的分布是很不平均的，如前所说，山东最多，山西次之，江南

①《史记》卷二九《河渠书》。
②《史记》卷一二九《货殖列传》。

最少，而碣石龙门一线之北竟无一处。由此可知，这四个经济地区的发展也是不平衡的。其中以山东最为突出，而"天下之中"的陶就在山东，更显出这一地区的特色。（附图六《战国秦汉时期经济都会分布图》）

四、可以和山东相比拟的关中经济

由上面的论述可以看出，这一时期黄河流域的经济有相当的发展，而山东尤具有特色。这一地区不仅是富庶的农业地区，而且工商业都相当发达，经济都会也较其他几个地区为繁多，尤其可以称道的是还有一个"天下之中"的陶。

相对地说，山西虽然也有富庶的农业地区，但面积和范围都远较山东的为狭小，工商业虽然也可以称道，可是经济都会却不如山东的繁多。这样说来，山西的经济就似乎不易和山东相比侔。

司马迁于《货殖列传》中曾经着重论述到关中。所谓关中，是指自汧、陇以东至于河、华。就是说西起汧水陇山，而东至于黄河和华山。这是泾渭两水的下游，也是一片平原地区，故其地膏壤肥沃，东西竟达千里。因为土地肥沃，农业就能够得到成就，从上古一直到西周都是如此。当地人民秉承遗风，形成了"好稼穑，殖五谷"的风气。关中也有它自己的经济都会，就是前面已经提过的雍、栎阳、咸阳或长安。

关中是山西的一部分，而且是其中的主要部分。山西的范围从广义方面是可以包括巴蜀和滇中的。司马迁在《货殖列传》中就是这样论述的。按说巴蜀于战国秦惠文王时就已成为秦国的土地，秦国在崤山以西，因而这样的说法是可以成立的。只是滇中在汉武帝时才被列入版图，是后来的事情。山西也可以包括当时的河东郡及其以北各地。东汉初年，邓禹攻破河东郡，光

图六　战国秦汉时期经济都会分布图

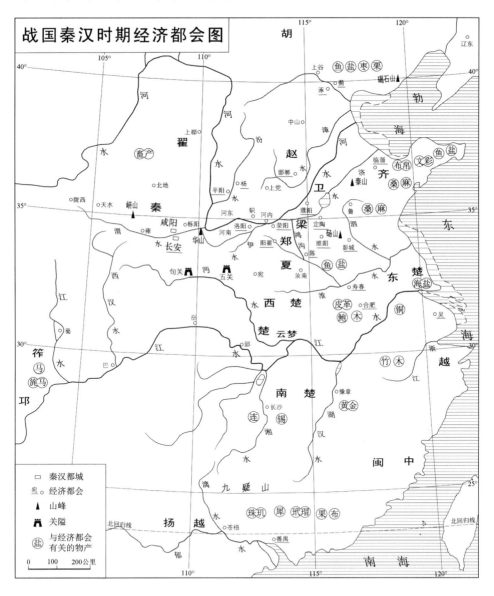
战国秦汉时期经济都会图

武称其"斩将破军，平定山西，功效尤著"①，可以为证。可是班固撰《汉书·赵充国·辛庆忌传·赞》，于三辅之外，更添上天水（治平襄，今甘肃通渭县西）、陇西（治狄道，今甘肃临洮县）、安定（治高平，今宁夏回族自治区固原县）、北地（治马领，今甘肃庆阳县西北）。这四郡都在碣石龙门一线的引伸线以外，按照司马迁的说法显然不在山西之内。不论如何解释，论富庶的程度，巴蜀滇中、河东附近以及碣石龙门一线以北都是不能和关中比拟的。就是把这些地方都算入山西的范围，山西也不如山东富庶。如果不把这几个地区都算到一起，则关中的富庶是应该得到称道的。

关中的经济值得称道的是早已形成的富庶的农业地区，司马迁就是这样称道的，实际上也正是如此。前面已经作过论述。就关中的富庶农业地区的面积来说，当然不如山东的广大。关中虽然狭小，由于农田水利的发达，相当多的田亩都可以得到灌溉，这在旱灾频繁发生的黄河流域，实为难能可贵的事例。黄河下游不时会泛滥，百姓生命财产的损失经常难以数计。前面曾经提到汉武帝时的瓠子决口。这次决口，受灾的郡名已难都具体知悉，至少是"梁楚之地尤甚"②。由瓠子趋向东南，首当其冲的就是山东的富庶农业地区。虽然不是全部，灾情却是异常严重。像这样的情形，在关中是不会遇到的。所以关中地区虽然狭小，论实际的效益却并非就是低弱，因而就值得称道。

山西作为经济地区是有它的独特条件的。诚如司马迁所说的，山西是包括巴蜀在内，还应该包括太行山以西各地。它和山东的交通道路，最为重要的只有几条，就是由上党（郡治长子，今山西长子县）通到温、轵，由武关（在今陕西、河南、湖北三省交界处）通到南阳，由巫（今四川巫山县）、巴（郡治江州，今重庆市）东通江陵。③这几条道路各有其重要的作用，具体说来，却都没有通过崤函这条道路的便捷易于通行。北起戎

---

① 《后汉书》卷一六《邓禹传》。
② 《史记》卷二九《河渠书》。
③ 《史记》卷一二九《货殖列传》。

翟，南至巴蜀的货物，主要是通过关中向东运输的。当然山东的货物运到山西，也是要通过崤函这条道路的。司马迁说到巴蜀，曾着重指出："然四塞，栈道千里，无所不通，唯褒斜绾毂其口，以所多易所鲜。"就整个山西地区说来，应该是关中绾毂其口，所以在山西地区中，关中的经济更为发达。

还应该特别提到的是天水、陇西、北地、上郡（治肤施，今陕西榆林县南）和关中的经济关系。这四郡皆在碣石龙门一线的西北，属于畜牧区域，至少是半农半牧区域。这里的马、牛、羊、旃裘、筋角更为关中和其他各地所需要。当然会通过关中运输到其他各个地区。

司马迁没有提到武威（郡治武威，今甘肃武威县）、张掖（郡治觻得，今甘肃张掖县）、酒泉（郡治禄福，今甘肃酒泉县）和敦煌（郡治敦煌，今甘肃敦煌县西），即所谓河西四郡。这四郡的设置都在武帝之时，是司马迁亲自看到的。可是《货殖列传》中却只提到天水、陇西、北地、上郡的"西有羌中之利，北有戎翟之畜，畜牧为天下饶"，而没有涉及河西四郡。后来班固撰《汉书·地理志》就明白提到自武威以西的四郡，而且还指出："凉州之畜为天下饶。"当时的凉州包括天水和陇西两郡。这里提出这一点，并不是说班马两家的歧异，而是说，仅是天水、陇西、北地、上郡的畜产，已使关中的经济得到好处，加上河西四郡，对关中的经济来说，更无异于锦上添花。

河西四郡的设置，其初意只是隔绝南羌和匈奴的交往，而其最大的作用应该说是开辟了从关中通往西域的大路。汉武帝的始通西域，本来只是军事的目的，却有助于内地和西域各国的交往，货物畅通，贸易不绝。自敦煌以西，至于盐水，沿途设亭，而仑头（今新疆维吾尔自治区轮台县南）有田卒几百人，护田积粟，以给外国使者。[①]这就更方便和各国的交往。由于有这样的有利的设置和条件，西域的"明珠、文甲、通犀、翠羽之珍盈于后宫，

---

① 《史记》卷一二三《大宛列传》。

蒲梢、龙文、鱼目、汗血之马充于黄门，巨象、狮子、猛犬、大雀之群食于外囿。殊方异物，四面而至"①。王朝所珍视的当然是各国的异物了。这些域外奇珍异宝散布于关中的当非少数。还通过关中分散到全国各地，更重要的是分散到崤函之外的山东。作为珠玑、犀、玳瑁、果、布之凑的番禺也是难望其项背的。

司马迁在《货殖列传》曾经着重指出："关中之地，于天下三分之一，而人众不过什三，然量其富，什居其六。"这是说它的富庶程度超过了其他各地，甚至超过了山东。其实，如前所说，山东的经济地区在全国也算是突出的，这就显示出黄河流域的经济发展是全国少有的了。

第三节　经济地区的破坏及江南的开发

一、黄河流域经济区萧条的原因

自先秦时代就逐渐开拓和发展起来的黄河流域富庶经济地区，迄至两汉，尚保持着全国经济重心的地位。尽管其间有过多次战乱和自然灾害的影响，但一直也未出现过西晋末年永嘉（公元307—312年）之乱以后的那种经济残破局面。

西晋末年的永嘉之乱后，北方人口大量南迁，国家统一的局面转变为分裂混乱的局面，民族之间的冲突愈演愈烈，黄河流域富庶经济地区受到巨大的摧残和破坏，整个十六国时期，这种残破局面越发是不可收拾。

如果说西晋末年永嘉之乱以后，黄河流域经济地区遭到大规模的破坏的

---

① 《汉书》卷九六《西域传》。如淳说："文甲即玳瑁也，通犀，中央色白，通两头。"孟康说："（蒲梢、龙文、鱼目、汗血），四骏马名也。"

重要因素是战乱的影响，那么这种影响甚至在汉魏时期就已见端倪。

　　汉魏之际也是一个兵戎迭起的动乱时期，洛阳、长安等重要都会都受到破坏，几成丘墟。[①]由于动乱造成的人口死亡和逃散自所难免，当曹魏政权初定时，其所据有的黄河流域十余州的人口户数，甚至不如汉时的一郡。[②]人户数目的减少，意味着从事农耕等生产活动的人口的减少，而人口的不足，显然是难以维持和发展过去的黄河流域富庶经济区的农业、手工业和商业的经营的。因而城市萧条、农田荒芜就成了必然的结果。特别是农耕人口的减少、农田的大片荒芜在地域上造成了许多的空白，因而引起黄河流域西部及北方游牧部落的内迁。一般说来，农耕地区的生态环境，包括气温、降水、土壤、植被等条件，同样也适宜牧业的需要。对于逐水草而生活的游牧部落，能够进入自然生态条件比内陆干草原要好的黄河流域中下游地区从事游牧生涯是很自然的事。正当汉魏之际中原内乱，这些原居于黄河上游和汉朝北方各郡的若干游牧部落得以深入内地，进入黄河流域的富庶经济区域。曹操曾经将匈奴五部安置于太行山西和汾河流域，并未能要他们从事农耕，实际上是以游牧经济取代了农业经济。[③]换句话说，游牧部落的内迁，使当地的经济格局发生了变化，原先的富庶经济区也就随着作为基础的农业经济的消退发生了转变。除了太行山西和汾河流域内迁了不少游牧部落，太行山东地区也有游牧部落的活动。袁绍和公孙瓒称霸太行山东时，其部下就有不少鲜卑人和乌桓人。[④]这样招募游牧部落的人口充当兵丁的现象，至西晋时

---

① 《三国志·魏志》卷六《董卓传》。

② 《三国志·魏志》卷一四《蒋济传》，又卷二二《陈群传》。

③ 《晋书》卷九七《北狄·匈奴传》，又卷一○一《刘元海载记》。

④ 《三国志·魏志》卷六《袁绍传·注》引《魏氏春秋》所载袁绍《檄州郡文》："幕府奉汉威灵，折冲宇宙，长戟百万，胡骑千群。"又卷八《公孙瓒传》："（阎）柔招诱乌丸、鲜卑，得胡汉数万人，与瓒所置渔阳太守邹丹战于潞北。"又瓒传注引《汉晋春秋》所载袁绍与瓒书："乌丸、秽貊皆足下同州，仆与之殊俗，各奋迅激怒，争为锋锐；又东西鲜卑，举踵来附。此非孤德所能招，乃足下驱而致之也。"

期还依然存在。①可见当时太行山东农业地区人丁的不足和北方游牧部落人口的内迁已不是稀奇的事了。甚至黄河中游泾渭流域的富庶经济地区，魏晋时期也陆续迁入了包括氐、羌诸族在内的不少游牧部落。②这些游牧部落的内迁，自然使原来黄河流域的单纯农业经济地区逐渐变为游牧经济和农业经济的混杂地区，这就意味着黄河流域富庶经济地区的日趋萎缩和萧条。

汉魏时期出现的大量游牧部落人口内迁的趋势，到了西晋末年永嘉之乱以后更是急转直下。由此而引起的经济格局演变也发生了质的转化。

十六国时期是一个战乱频仍的时期，它所造成的破坏已经扩大到整个黄河流域及其附近地区。结果造成黄河流域人口的锐减。除了战争夺去的生命，大部分人都逃离家乡，迁徙到江南一带。③留下的人民在极不安定的环境中也难以从容进行生产，即使有过如坞壁的组织据险自保，在附近地区稍事农耕，但其效力毕竟有限，不足以改变整个黄河流域富庶经济地区的残破局面。④因此在当时的黄河流域，千里无烟的话语就成为极为普通的写照，过去桑麻遍野，到处耕殖就成为罕见的现象。

黄河流域富庶经济区的农耕生产是由于人口的减少及游牧经济的渗入而遭到摧残和破坏的。中原人口南迁，大批的商人和手工业者携带着大量的财富和技术离开了黄河流域富庶经济地区，也加速了富庶经济地区的城市的萧条。再加上黄河的泛滥和水利的失修，黄河流域富庶经济地区的破坏就更为惨重。

当然，占据黄河流域富庶经济地区的有些统治者在兵事稍定的时候，也提倡过农业生产。如羯人石勒建立后赵后，在襄国（今河北邢台市）就曾

---

① 《晋书》卷三九《王沈传附子浚传》："浚自幽州，大营器械，召务忽尘率胡晋各二万人，进军讨颖，……乘胜遂克邺城，士众暴掠，死者甚多，鲜卑大略妇女，浚命敢有挟藏者斩，于是沈易水者八千人。"

② 《晋书》卷五六《江统传》。

③ 《晋书》卷六五《王导传》。

④ 《晋书》卷六三《李矩传》，又《魏浚传》，又卷八一《刘遐传》。

派遣使者循行郡国，劝课农桑。①前秦苻坚也在其境内课百姓区种。②冯跋称尊号于北燕时，在辽东也有类似的措施。③不过这些统治者的重视农业，并非要恢复原来的富庶经济区的旧观，而意在取得更多的剥削，有利于他们的统治。像后燕的慕容皝在辽东奖励农业生产，甚至供给农民耕牛，但是收获品的七成以上要上缴统治者。④即使这些还谈不到恢复经济的措施，也往往因政权更迭的影响而得不到长久的施行。手工业也有类似情况，魏晋时期，太行山东的平原上蚕桑业兴盛，丝织业也颇有声誉。⑤十六国时的战乱破坏很大，但丝织业者并未绝迹。北魏道武帝攻破邺城，灭后燕后，曾徙太行山东的百工伎巧十余万口于平城（今山西大同市）⑥，其中当然包括丝织业者在内。其他手工业者也还不少。北魏还曾从长安城中徙工巧二千余家于平城⑦，也是承继前后二秦的旧底。但是这些手工业者的聚散大都听凭各方政权的兴亡盛衰，生产和生活的艰困是可以想见的。其仰赖的流通畅达的商业由于社会的极不稳定大受影响，但又因有益于统治者的利益而受到他们的控制。东晋初年，祖逖经营河南，石勒遣使要求互市，逖不报书，而听互市。⑧前秦时，苻菁在汉江上游设立荆州，目的则是招徕南方商贾。⑨就是通往西域的大路也不时开通，允许商人往来。

①《晋书》卷一〇五《石勒载记》。

②《晋书》卷一一三《苻坚载记》。

③《晋书》卷一二五《冯跋载记》。

④《晋书》卷一〇九《慕容皝载记》。

⑤《三国志·魏志》卷一《武帝纪·注》引《魏书》，所载曹公的令说："其收田租亩四升，户绢二匹，绵二斤。"说明绢绵犹为黄河流域农家的出产。又引《魏书》说："自遭荒乱，率乏粮谷，诸军并起，无终岁之计……袁绍之在河北，仰食桑椹。"以桑椹为军粮，可见桑树之多，养蚕基础未见多少破坏。

⑥《魏书》卷二《太祖纪》。

⑦《魏书》卷四《世祖纪》。

⑧《晋书》卷六二《祖逖传》。

⑨《晋书》卷一一二《苻健载记》："（苻）雄遣菁掠上洛郡，于丰阳县立荆州，以引南金奇货，弓竿漆腊，通关市，来远商，于是国用充足，而异贿盈积矣。"按：前秦丰阳县在今陕西省山阳县。现在县南有漫川关，濑甲水，与汉江相通。

二、经济地区破坏的情况

由于战乱和民族间冲突的不断升级，西晋末年开始的民族间的冲突使整个黄河流域都受到摧残，富庶经济区的破坏有增无已。

当十六国时期开始时，黄河流域的一些都会就遭到重大破坏。洛阳是西晋的都城，自是各方势力争夺的对象。其遭受破坏的程度不言而喻[①]，以至后来北方所建立的十几个政权，包括有些政权的几次迁都，都不再以洛阳为都城的所在。甚至东晋桓温在洛阳失陷六十多年后重新收复并建议复都洛阳的时候，竟遭人反对，理由是："河洛丘墟，函夏萧条，井堙木刊，阡陌夷灭，生理茫茫，永无一归。"[②]这里尽管夹杂着东晋政府内部的矛盾，以此打击桓温，但洛阳残破的情形，和他们不愿复归的心情，都已溢于言表。

曾经作过西汉都城的长安，受到战乱破坏的程度也很严重。西晋末年晋愍帝司马邺在关中建立政权，称帝长安时，"长安城中，户不盈百，墙宇颓毁，蒿棘成林"[③]，毫无都市的气象。虽然长安在十六国的前后两秦统治时期有过一定的恢复，苻秦还曾修复关中郑白两渠的水利[④]，促进当地农业的经营，甚至使长安城内街道栽种树木、城外设置驿亭[⑤]，长安城中的富实又为人称道。但这样的恢复，仍受时间的限制，到北魏后期，这里又连续发生

---

① 《晋书》卷五《怀帝纪》载东海王越出屯于许昌后，洛阳城内是"宫省无复守卫，荒馑日深，殿内死人交横，府寺营署，并掘堑自守，盗贼公行，枹鼓之音不绝"。后来怀帝拟从苟晞的建议，迁都仓垣，其时洛阳城内"饥甚，人相食，百官流亡者十八九。帝召群臣会议，将行，而警卫不备。帝抚掌叹曰：如何？曾无车舆。乃使司徒傅祗出诣河阳，修理舟楫，为水行之备。朝士数十人导从，帝步出西掖门，至铜驼街，为盗所掠，不得进"。
② 《晋书》卷五六《孙绰传》。
③ 《晋书》卷五《愍帝纪》。
④ 《晋书》卷一一三《苻坚载记》。
⑤ 《晋书》卷一一三《苻坚载记》。

了几起战争，恢复也就成了泡影，以致北魏末年，崤潼以西竟出现断绝烟火的现象。①

再以并州所治的晋阳来说，还在西晋怀帝时，并州刺史刘琨到任后所见到的情形是府寺焚毁，僵尸蔽地，幸存的人们则是饥馑之余，没有人色，各处也是荆棘成林，豺狼满道，一州之中，人户竟还不到两万。②随着永嘉以后战乱的加剧，这种状况也就难得好转。

与大都会的命运相似，中小城镇以及广大农业经济地区也都成为各方势力争夺抢掠的对象，黄河流域富庶经济地区也很难有繁荣可言了。

前面曾经提到，造成黄河流域富庶经济地区萧条和破坏的原因除了战乱之外，黄河的泛滥及水利的失修也是一个重要的因素。黄河泛滥主要是在下游，影响所及包括太行山以东和淮河以北的广大地区。这正是黄河流域的富庶经济地区之一，而且自东汉中叶以后，由于与羌人的战争连年不息，关中经济受到影响，黄河流域经济的重心已经转移到这里。因此，河患与经济就有了不解之缘。

西汉时黄河的泛滥已经时有所闻，被灾地区也不时扩大。如西汉中叶的瓠子的河决，东南注于巨野泽中，复又溢出注于淮泗，淹没了十六个郡国，为一时的巨灾，经过二十余年，决口才告合龙。③由于农田受到很大冲刷，土质变劣，梁楚等地经常歉收。泛滥的河水携带大量泥沙还淤塞了济泗之间的菏水，影响到水运的交通。甚至号为"天下之中"的经济都会定陶也受到萧条的威胁。西汉末年，黄河又复泛滥，连带其支津济水和鸿沟系统的汴渠（即汳水）也先后决坏，直至东汉永平年间才将决口堵塞。④但六十多年的泛滥，破坏了当地的农业生产，也造成了鸿沟系统的湮废（仅余一条汴渠⑤），影响到它附近城市的繁荣，如定陶的地位就渐不为人称道。

① 《魏书》卷一〇六《地形志》。

② 《晋书》卷六二《刘琨传》。

③ 《汉书》卷二九《沟洫志》。

④ 《后汉书》卷二《明帝纪》。

⑤ 《后汉书》卷二《明帝纪》。

东汉永平年间河患的治理有相当的成效，黄河此后长期安澜，未发生大的泛滥。黄河能够长期安澜，甚至历经后来的十六国和南北朝二百多年的乱离时期也未发生大的泛滥，其原因虽仍有待探讨，但是，由于黄河中游黄土高原的农耕地区遭到破坏后自然植被的恢复，减少了水土流失，减弱了黄河下游泥沙的沉积，因而也减轻了泛滥的威胁，应该说是其中的一个因素。因此，对黄河流域下游农业经济地区来说，战乱和河患是叠加地造成经济地区萧条残破的主要原因，二者存在着一定的内在联系。

三、农牧区域的变迁

十六国时期的战争摧毁了黄河流域的富庶的经济地区，民族的大迁徙又造成黄河中下游大片农耕地区的荒弃和游牧经济活动的渗入。经济格局发生了很大的变化，原来的农牧区域的划分也有了新的变迁。

实际上，陆续迁入黄河流域富庶经济地区的民族本来大多从事游牧业，他们内迁之后，并非都转变为农耕生涯，也有相当的人口仍然安于原来的习惯，所以农耕地区就呈现缩小的趋势，有些则与牧区犬牙交错。

西晋末年，刘琨为并州刺史时，箕澹劝他采取闭关守险、务农息士的政策，并说："内收鲜卑之余谷，外抄残胡之牛羊。"[1]说明那里的鲜卑族人已有种植业的经营，而另外的胡人还是从事畜牧业。但鲜卑人自拓跋氏入塞以来，对畜牧业并未稍事看轻。远在魏道武帝时，他们曾攻破刘卫辰，收得名马三十余万，牛羊四百余万，因此国用饶足。[2]至北魏末叶，尔朱荣的财产之中，还以山谷量牛马，以皮色分畜群。[3]可见鲜卑人仍然保持着畜牧业

---

① 《晋书》卷六二《刘琨传》。
② 《魏书》卷二《太祖纪》。
③ 《魏书》卷七四《尔朱荣传》。

的经济活动。《魏书·食货志》里载有魏明元帝的诏令，说是六部民有羊百口者，调戎马一匹，也是针对从事畜牧业的人民所发的。北魏政府在黄河流域更是实行扶持畜牧业的政策，并采取了一些发展畜牧业的具体的措施。如魏太武帝攻取夏国统万城（今陕西靖边县北）并平定秦陇各地后，将水草丰美的河西一带辟作牧场，后竟有马二百余万匹，牛羊数不胜计。北魏孝文帝在河阳（指太行山东南地）设置牧场，养马十万匹，每年还由河西移马到河阳牧养，不过河西马先移至并州（治晋阳，今山西太原市西南），再转到河阳，为的是马匹能逐渐熟悉水土，减少死伤。[①]鲜卑族人多数仍然以畜牧业为主的事例还可以从后来北齐高欢的话中看出。高欢曾向鲜卑人说："汉民是汝奴，夫为汝耕，妇为汝织，输汝粟帛，令汝温饱，汝何为凌之？"他对华人则说："鲜卑是汝客，得汝一斛粟，一匹绢，为汝击贼，令汝安宁，汝何为疾之？"[②]高欢语中，是将耕织生产列为汉族人的主要活动，而鲜卑人只是耕织产品的享用者，与农业生产关系不大。

鲜卑人的经济活动既以畜牧为主，其他内迁的游牧部族也不会相差很多。因此在原来黄河流域富庶经济地区活动的大批内迁的游牧部族人民，多是以游牧经济取代了农业经济；即使是转变为农耕作业，显然也大大降低了原来当地的农业生产水平，受到削弱的仍然是农业经济成分。上面提到的北魏由河西牧场移马于河阳牧场的事实中，河西自是宜于畜牧的地方，但河阳的牧场，从东面石济水（在今河南延津县），到西方太行山南、黄河以北的河内（治野王，今河南沁阳县）的大片土地原是早已垦殖的农业地区，而今变成了牧场，正可说明黄河流域农业经济地区的萎缩和转变。

北魏是一度统一北方的游牧部族建立的国家，并且推行过鼓励农耕的均田制度，尚不免将农耕区转变为畜牧区。十六国时期的其他游牧部族国家中农牧区域的变迁就更可想而知了。

大致说来，太行山东以邺（今河北临漳县西南）为中心的经济地区尚

---

① 《魏书》卷一一〇《食货志》。
② 《资治通鉴》卷一五七《梁纪》大同三年。

保存一定程度的农业和手工业经济外，黄河流域中下游的其他地区则一度回复到畜牧经济或农牧混杂的经济地区。邺曾作过北魏迁都的候选地，东魏、北齐时又以它为都城，说明当地的破坏还未达到摧毁的程度，农业还能保持一定的发展。特别是太行山东原有的丝织业也在乱离后较快地恢复，至北齐时，其中尚方还领有定州绸绫局①，织技水平并得到江南来人的称道②。与邺城相距不远的北边的襄国③，南边的相州④，则是有名的冶铁业地区。这些手工业的存在，也是以邺城为中心的太行山东地区经济发展的支柱之一。这种经济格局显然说明在黄河流域富庶经济地区处于萧条和残破的形势下，太行山东的一些地区，农业经济的比重仍然在畜牧业之上。

四、南方的土地利用与农业的发展

相对于北方黄河流域经济地区的南方长江流域，除了长江上游的成都平原农业发展较早以外，长江中下游的所谓楚越之地的农业生产发展还是起步较迟的，以至黄河流域普遍使用牛耕的时候，南方有些地方还不知牛耕为何事。⑤南方农业发展的缓慢并非是农业生产的起步较迟，事实上，长江下游很早就有了稻类的种植，只是南方的人口在很长时间内都显得不足，才限制了南方经济的发展。这可以从西晋末年永嘉乱离，中原人口大量南迁后，南

---

① 《隋书》卷二七《百官志》中载有北齐官制，其太府寺所属有中尚方，"别领别局。泾州丝局，雍州丝局，定州绸绫局"。定州即今河北定县，正在太行山东，位于邺城之北。《中国历史地图集》置泾州于今江苏天长县境，（东）雍州于今山西新绛县境，皆距太行山东过远。

② 《颜氏家训》上《治家篇》："河北妇人，织纴组纠之事，黼黻锦绣罗绮之工，大优于江东也。"

③ 《北齐书》卷四九《方技·綦母怀文传》："綦母怀文造宿铁刀……刃甲过三十札。今襄国冶家所铸宿柔铤，乃其遗法。作刀犹甚快利，但不能过三十札也。"襄国，今河北邢台市。

④ 《魏书》卷一一〇《食货志》："其铸铁为农器兵刃，在所有之，然以相州牵口冶为工。"相州，治所在今河南安阳市。

⑤ 《后汉书》卷一〇六《王景传》。

方经济得以迅速发展的事实中看出。

前面曾经说过，秦汉时期中原人口就有南迁的情况，当然也促进了长江流域经济的开发，以至三国时期，单凭长江中下游的南部地区，就支持了一个吴国的存在。永嘉之后中原人口的南迁，增加了南方的劳动力，也提高了对经济的需求，使南方的土地利用与农业生产水平的提高更为迫切和可能。

长江下游地区的农作物自来是以稻类为主，农田以水田为主，耕作技术一直使用火耕水耨的办法，农业水平是难得与北方相比的。黄河流域富庶经济地区萧条与残破之后，南迁的北方农民带来了先进的耕作经验，也将北方的农作物种推广到南方。如北方的菽麦在吴兴余杭等地种植。[①]旱作的小麦也扩大了种植地区。东晋时小麦还仅限于徐扬二州[②]，刘宋时就已扩大到南徐州、豫州及扬州的浙江以西属郡[③]。这些州郡的平原地区固可以种植小麦，扬州的浙江以西属郡即今安徽省南部及浙江省浙江以西地区多为山地，也已经有了小麦的种植。这在淫雨成灾，谷稼易受损失之时，是有相当裨益的。[④]随着北方旱作物种植的扩大，旱地的耕作方法如区田法等也传入南方。[⑤]黄河流域富庶经济地区的精耕细作的农业技术更影响了南方火耕水耨的旧规，农田的施肥必然会提高农作物的产量。[⑥]

长江中下游地区的土地利用，本不限于平原，随着北方世家大族南迁以后的广占土地，南方世家大族也尽力扩充田园，使土地的争夺与利用的目标

---

① 《晋书》卷九四《隐逸·郭文传》："文，河内轵人……洛阳陷，乃步担入吴兴余杭大涤山中……区种菽麦。"

② 《晋书》卷二六《食货志》："太兴元年诏曰：'徐扬二州，土宜三麦，可督令熯地，投秋下种，至夏而熟，继新故之交，于以周济，所益甚大。'"当时徐州治广陵郡，今江苏扬州市，辖地有今江淮之间。当时扬州治建康，今南京市，辖地有今安徽淮河以南，江苏长江以南及浙江省。

③ 《宋书》卷五《文帝纪》。当时南徐州治京口，今江苏镇江市，辖地有今江苏东北武进、无锡各处。豫州治南梁郡，今安徽寿县，辖境有今安徽淮河以南各地。扬州治建康，今南京市，辖地有今江苏长江以南的西南部和今浙江全省。

④ 《晋书》卷二六《食货志》。

⑤ 《晋书》卷九四《隐逸·郭文传》。

⑥ 原始的火耕水耨是一种粗放的耕作方法。借用火、水除去杂草又增加肥力，但还不是施肥为主。宋武帝功臣到彦之，微时曾以挑粪为业，至其曾孙到溉时，还受讥为"身有余臭"，见《南史·到彦之传附到溉传》，可以证明当时已经在田中施粪作肥料了。

逐渐扩大到了山泽之地。西晋时曾有规定"名山大泽不以封"①，但东晋元帝渡江南徙以后，即"弛山泽之禁"②，造成世家大族的不断强占。即使恢复禁令③，强占山泽的事仍有发生，东晋时刁氏以"固吝山泽，为京口（今江苏镇江市）之蠹"④。南齐竟陵王萧子良于宣城（今安徽宣城县）、临城（今安徽青阳县）、定陵（今安徽南陵县）三县界立屯，封山泽数百里，禁民采樵。⑤山泽之地的被大族强占，在一定程度上也表示出平原利用得相当充分。

南方农业的发展，除了农田的开发而外，水利的兴修也是促进的动力。东晋时，曾经修理过汉代在句章县（今浙江奉化县）所建的陂塘，以为灌溉农田服务。⑥为防备湖海水涨对农田的危害，濒湖濒海的塘役受到非常的重视，据说会稽地区保塘役无分士庶，士人位置再高，也必须服从塘役的需要。⑦南齐王敬则为会稽太守，曾按役评直，悉折钱征比，遂见讥于当世。⑧

五、太湖地区和洞庭湖地区的富庶

长江流域最为富庶的地区有三个，即扬州（治建康，今江苏南京市）的太湖地区，荆州（治江陵，今湖北江陵县）的洞庭湖地区和长江上游的成都平原地区。三个地区当中，成都平原地区自战国秦汉以来就是一个重要的农

---

① 《晋书》卷二四《职官志》。

② 《晋书》卷六《元帝纪》。

③ 《宋书》卷五四《羊玄保传附羊希传》曾记载"壬辰诏书"，即晋成帝咸康二年所下的诏书，称："占山护泽，强盗律论，赃一丈以上，皆弃市。"这样的禁令以后还时有颁布，正说明禁令并未认真施行。

④ 《晋书》卷六九《刁协传》。

⑤ 《梁书》卷五二《顾宪之传》。

⑥ 《晋书》卷七八《孔愉传》。

⑦ 《南齐书》卷二六《王敬则传》。

⑧ 《南齐书》卷二六《王敬则传》。

业区①，虽有时为割据势力霸占，但经济的发展却少有影响，可以说，成都平原一直保持着富庶的发展势头。

相比之下，长江中下游的太湖地区和洞庭湖地区则是在北方动乱，黄河流域富庶经济地区萧条和残破之后逐渐发展起来的，其富庶的程度甚至后来居上，超过了成都平原地区。

以自然条件来说，太湖地区的土地肥沃，应该是超过秦汉时期关中的鄠县（今陕西户县）和杜县（今陕西长安县东南）。这里川泽沃衍，也早就有人称之为陆海。一岁丰收，其他郡县就都可以数岁忘饥。即使碰上荒歉的年份，也还显得殷实，不会发生很大的问题。②三国时期孙吴政权仰仗的扬州的经济基础，也主要是在太湖地区。西晋末年永嘉之后，大批流人又集中到这一带，也就更加快了太湖地区经济的发展。

洞庭湖地区的情况，与太湖地区也相仿佛。两湖地区所在的扬荆二州能长期成为东晋和南朝各代的财政支柱，其富庶的经济是不容怀疑的。故农业的发展为人称道，桑麻的盛产也使这里的丝绵布帛得到"覆衣天下"的赞语。③

两湖地区的富庶更突出的标志则是经济都会的林立，过去黄河流域富庶经济地区内经济都会的星罗棋布，在这里又得到了重现。

六、都市和交通

长江流域富庶经济地区的都市和交通都是与南方经济的开发和发展相配合而起步的。因为扬荆二州和成都平原的富庶，所以建康、江陵、成都就自

---

① 《史记》卷二九《河渠书》，又卷一二九《货殖列传》。
② 《宋书》卷五四《孔季恭传》。江左人士对当地富庶多加称道，陈霸先也曾说过："三吴奥壤，旧称饶沃，虽为凶荒之余，犹为殷盛。"即为一例。见《陈书》卷二五《裴忌传》。
③ 《宋书》卷五四《孔季恭传》。

然成为繁华的重点。建康即今江苏南京市，位于太湖之西北。早为孙吴的旧都，已见繁荣，后又迭为东晋以及南朝宋齐梁陈的都城，当较前更胜一筹。建康城有秦淮河，河北有大市、小市十余处①，商业的兴盛自可想见。到隋时，城内的市廛列肆，还"埒于二京"②，二京指过去的长安和洛阳，有如此的规模应该是相当可观了。建康之东的都会京口，也是处于太湖的附近，当然也是以太湖地区的富庶为基础的。由于京口距离太湖比建康更近，又有一条水道通到吴会，交通上的便利使它成为都城建康之东的重镇，有人称其为东门③或北门④。荆州的治所江陵，同建康和京口一样，都是长江沿岸的都会，有着交通的便利。而且江陵之南为洞庭湖富庶地区，粮食的产出数量很大，北又接连襄阳，为中原南迁人民聚居的地方，故其地位就颇显重要。《南齐书·州郡志》就断言："江左大镇，莫过荆扬。"这应是不过分的。长江上游的成都，早就成为西方的一个都会⑤，蜀地丝织业的发达，也助长了它的繁荣⑥。这些也是它自秦汉以后没有受到什么摧残的结果。

在长江流域的太湖、洞庭湖和成都平原三大富庶地区之外，还有一些都会应当提及。它们虽然不一定有富庶地区的经济作为繁荣的基础，但都有自己发展的有利条件。如与长江南岸都会京口相对的江北的广陵，即今江苏扬州市，除了有长江的水道之利外，更重要的是借重了邗沟的通行。由于邗沟流经广陵城下，虽然分裂时期不能由邗沟北上中原，但淮南各处则可畅通无阻，广陵因此也就成为江北的一个重要都会，并借长江与京口、建康、江陵、成都几个重要都会联系起来。广陵中经残毁，鲍明远特作《芜城赋》以

---

① 《通典》卷一一《杂税》。《通典》作淮水也就是秦淮河。

② 《隋书》卷三一《地理志》。

③ 《晋书》卷七八《孔坦传》。

④ 《梁书》卷四五《王僧辩传》。

⑤ 《南齐书》卷一五《州郡志》。又《宋书》卷四五《刘粹传》也称："远方商人，多至蜀土，资货或有值数百万者。"

⑥ 《太平御览》卷八一五引《丹阳记》："江东历代尚未有锦而成都独称妙。故三国时，魏则市于蜀，而吴亦资西道。"

相凭吊。赋中所述其全盛时的景况，可略见其富庶的规模。^①濒于淮河的寿春之成为商业的都会，则是由于淮河南北贸易的需要。即使南北分裂时，渡淮受到禁止^②，贸易往来也未能断绝。东晋伏滔论寿春，就曾说过"北接梁宋""西援陈许"^③，说明其间并未完全阻断。而居于岭南的广州，又以其贸易范围的最广著称于当时。南海诸国的奇珍异宝，都由广州输入。东晋南朝之时，广州贸易更为发达。南朝史书所载南海诸国的故事较之以前更为详备，说明人们对南海的注意。广州的富庶也很著名。所谓卷握之资，可以富兼十世^④，当世传说，广州刺史但经城门一过，便得三千万^⑤。虽为俗谚，但可略见一斑。这些都会除了占有交通之便外，军事上的需要也是应该考虑的。寿春濒临淮河，自是面对北朝的国防重镇，广陵则是都城建康和京口的屏蔽，同样要屯驻重兵。

黄河流域富庶经济地区残破之后，原有的经济都会也大多一蹶不振。但在战乱和民族冲突趋缓的时期，有些旧时都会便有所恢复。

洛阳在十六国时期因为残破不堪曾不为各方势力所争，但到了北魏晚期，却成为一个可以称道的都会。这应是北魏迁都的结果，因为北魏迁都时，旧都平城的人口也大量迁来，再加上按新设计的蓝图重建洛阳城，遂使其改换了残破的旧观。当时洛阳城的规模可由杨衒之所撰的《洛阳伽蓝记》中仿佛看到，其中"千金比屋，层楼对出，重门启扇，阁道交通，迭相临望"的描写，可以想见当时洛阳新城的街市规模。

长安城在前后秦统治时期曾有一定程度的恢复。北魏统一黄河流域后，长安的繁荣又有发展，特别是与西域的交通上，长安居于重要的地位，对它的繁荣也起到一定作用，长安的富实又为人称道。但北魏末年，长安再经战

---

① 《文选》卷一一鲍明远《芜城赋》："当昔全盛之时。车挂辖，人驾肩，廛闬扑地，歌吹沸天，孳货盐田，铲利铜山，才力雄富，士马精研。"

② 《北史》卷四六《苏琼传》。

③ 《晋书》卷九二《伏滔传》。滔尝著《正淮论》，上篇曾论及寿春，说："彼寿阳者，南引荆汝之利，东连三吴之富。北接梁宋，平涂不过七日。西接陈许，水陆不出千里。……"

④ 《南齐书》卷一四《州郡志》上。

⑤ 《南齐书》卷三二《王琨传》。

火，直至北周才重见起色。庾信曾描述当时的长安城内外的情景是："青绮春门，沟渠交映，绿槐秋市，舟楫相通。"①的确是一番盛况。

北魏初期的都城平城，曾是拓跋氏极力经营的城市。在它的初年，就陆续由中原迁移数十万人口②，造成一时的繁荣。但是平城附近无物产可以称道，也不是最适宜农业的地区，周围广大的牧区，也限制了商业的发展。所以后来北魏迁都洛阳，并迁走人口后，平城的繁荣就一去不复返了。

太行山东的邺，虽经乱离，却还保持了一定的规模，特别是丝织业还有相当的基础，附近地区的冶铁业以及太行山东的农业的经营，多少使它保持着一定的繁荣。当然是比不上以前的河济流域及其附近的地区了。

第四节　黄河流域经济地区的再造和长江三角洲的富庶

一、关中的农业和粮食问题

西晋末年永嘉乱离之后，至隋初灭陈，复归统一，经过两百多年分崩割据的动乱，黄河流域经济地区终于走出低谷，开始了恢复再造的进程。

与长江流域的太湖地区和洞庭湖地区相比，这时黄河流域经济地区的富庶程度还是有一定差距的。但是在南北朝晚期，黄河流域及其附近地区竟能存在北周、北齐两个政权与长江以南的陈相鼎立，已经可以说明黄河流域经

---

① 《庾子山集》卷一二《终南山义谷铭并序》。
② 《魏书》卷二《太祖纪》："天兴元年，十二月，徙六州二十二郡，守宰豪杰吏民二千家于代郡。"又："天兴四年，二月，癸丑，征西大将军常山王遵等至安定之高平，木易于率数千骑与卫辰、屈丏弃国遁走。……徙其民于京师。"又《魏书》卷四上《世祖纪》："太延五年，十月，徙凉州民三万家于京师。"又《魏书》卷四下《世祖纪》："太平真君七年，三月，徙长安城工巧二千家于京师。八年，三月，徙定州丁零三千家于京师。"又"九年，二月，徙西河离石民五千余家于京"。又"正平元年，三月，以降民五万余家分置近畿"。

济地区的恢复有了很大的起色。特别是北周据有的关中地区和北齐据有的太行山东地区，显然经济已经有了相当的规模。

关中是隋、唐两代都城的所在，隋唐以前，西魏和北周也在这里建都，更早的秦与西汉两大统一王朝的都城也建在这里。这都与关中地区的经济基础是分不开的。关中地区深处内陆，缺少舟楫之利，长久以来，就是一个古老的农业地区。在经过多次的破坏与不断的恢复后，到西魏和北周时才算初步稳定下来。此后的几个王朝的更迭，关中都没有遭到更大的兵燹，给关中农业的发展创造了有利的条件。北周后来能够灭掉北齐，统一黄河流域并进一步吞并巴蜀，固然是由于北齐和陈已经削弱，有机可乘，但也足以说明关中地区这时的经济已初步奠定了基础。

自隋统一中国后，各地经济包括关中地区的经济都有所发展。但隋祚短促，其末年又再经乱离，全国经济的大发展，富庶地区的形成，则有待于唐王朝了。关中地区的经济发展、农业的进步，自然也主要在有唐一代。

恢复与发展关中的农业，除了荒野的复耕外，水利灌溉设施的建造实是一个重要的条件。关中地区最重要的灌渠当属郑白二渠。苻秦时曾对损坏的两渠做过修复工作[①]，北周时亦曾在这里有所致力，但均未达到原来的规模。唐时对两渠的整治更加重视，不止一次地拆毁一些富僧大贾设在渠中的碾硙，以利渠水的畅通。[②]为了发挥郑白渠的作用，又开凿刘公渠，以增加灌田的亩数。[③]关中东部引洛水灌田的有同州龙首渠，乃是北周修复郑白渠时所开凿的[④]，当是仿照汉时的旧规模。唐代更多渠道的开凿是在渭水之南，引用由秦岭山下流出的水流[⑤]。为交通运输而开凿的关中东部的漕渠和关中西部用于运送陇地木材的昇原渠也都可以用于农田灌溉。如再加上渭、泾、霸、浐、丰、镐、潏、涝诸水，这就在关中平原上形成了纵横交错的灌

---

① 《晋书》卷一一三《苻坚载记》。

② 《元和郡县图志》卷一《京兆府》。

③ 《新唐书》卷三七《地理志》。

④ 《周书》卷五《武帝纪上》。

⑤ 《新唐书》卷三七《地理志》。

溉网，长安正处于网的中央。农田水利的修复和兴建，使本来土壤肥沃的关中农业地区增加了抗御干旱的能力，提高了农业生产水平，关中也自然富庶起来。

这里附带提及陇右的农业生产情况。陇右地区在南北朝时期已大部分以畜牧业为主，唐时陇右闲厩所繁殖的马匹也是作为军力的装备。但自隋初时，陇右地区的农业已开始恢复，甚至代替畜牧业而成为主要的生产方式，以至引起割据于高昌（今新疆维吾尔自治区吐鲁番）的麹文泰的惊讶，认为隋王朝的确强大无比。[①]后至隋末乱离，秦陇各地均受影响，又招致麹文泰对唐朝的轻视。[②]开元年间，在关中和陇右推行和籴，并取得了成效，可知当地农业已经很有起色，为以前少有的事情。陇右农业的卓越成就，也是黄河流域经济区再造的一大成果。它的发展是有助于关中地区的经济的，至少可以解除隋唐王朝的后顾之忧，使它们能全力去经营东方。

不过关中虽然成为富庶的农业地区，它的固有缺陷仍然难以解脱。关中平原西起陇山之下，东至黄河之滨，相距仅七八百里，南北更为窄狭。在这有限的土地上，粮食的生产也就受到了很大的限制。尤其国都长安处于关中，粮食供应的紧张就可想而知了。西魏及北周时期，长安作为都城，尚能应付割据政权和人口增长不多的情况，但至隋初，国都长安的粮食就感到困难，不得不赶快开凿渭河以南的广通渠，以漕运外来的粮食。而当时的渭河已因水浅沙深，无法载粮行舟，接济长安的粮食了。[③]此后唐代仍借用这条漕渠运输关东的粮食，解决关中的粮食危机。巴蜀之地战乱较少，农业经济破坏不多，北周很早就已控制了巴蜀，为灭北齐准备了条件。唐初，李渊由太原进兵到关中，未瞻目已经鼎沸的中原，反先经略巴蜀。这固然是因为当时巴蜀尚未有割据势力，可以早日底定，解除后顾之忧，而实际上却是图谋巴蜀的粮食。只是后来秦岭巴山的栈道不便运输，以后再未向这面发展。有

---

① 《新唐书》卷二二一上《高昌传》。

② 《资治通鉴》卷二一四《唐纪三〇》，拙著《论唐代前期陇右道的东部地区》。

③ 《隋书》卷二四《食货志》。

时为了减少漕运的困难，唐朝统治者只好东赴洛阳就食。洛阳虽为隋唐王朝的东都，统治者可以随时巡幸，但因粮食的困扰而仆仆于道中，只好自嘲为逐粮天子。^①以后唐朝的皇帝虽然不再作逐粮天子，却不能不向关东征运粮食，以解决都城的困难。

要解决关中的粮食问题，主要还靠关东各地的接济。这由隋初的开凿广通渠的计划中可以看出。那份开渠的诏书说"京邑所居，五方辐凑"，因而不能不开凿渠道，使"方舟巨舫，晨昏漕运，沿溯不停"^②。开广通渠在隋文帝开皇四年（公元584年），上距北周的灭齐只不过六七年，就是说长安初作为黄河流域的首都，便已感到粮食的困难，不能不向关东各地求得解决办法。

二、黄河下游南北地区农业的恢复和发展

南北朝晚期北齐占据的土地，包括黄河下游的南北一些地区，曾经是黄河下游的富庶经济区。在经历上百年的战乱之后，经济也多少有些恢复，北齐立国的基础就是仰赖这一经济的条件。隋立国未久，即发运关东粮食接济关中，也可证明黄河下游农业的恢复已有相当的程度。

隋初开凿关中的广通渠时，江南的陈国尚未灭掉，关中所需粮食只能由黄河下游各地运来。为了聚集粮食运往关中，还在开凿广通渠的前一年，就在黄河下游南北两岸及其他有关水道附近的各州置丁转运。当时一共有十三个州，从中可以看出隋初黄河下游南北地区的农业地区分布情况：这十三个州大部分在今河南省境内。^③最远的为卫、汴、许、汝四州。卫州治所在今

---

① 《资治通鉴》卷二〇九《唐纪二五》。
② 《隋书》卷二四《食货志》。
③ 《隋书》卷二四《食货志》。

旧淇县，位于黄河之北，汴州治所在今开封市，许州治所在今许昌市，汝州治所在今临汝县，三州俱在黄河之南。可知当时黄河南北都有可称道的农业地区。如以黄河以南的地区来说，西起荥阳（治管城，今河南郑州市）、颍川（治颍川，今河南许昌市）、襄城（治承休，今河南临汝县）诸郡，东至琅邪（治临沂，今山东临沂县）、东海（治朐山，今江苏新海连市）诸郡，北起梁郡（治宋城，今河南商丘市）、济阴（治济阴，今山东定陶县）诸郡，南达谯郡（治谯，今安徽亳县）、汝阴（治汝阴，今安徽阜阳县）诸郡的范围之内，都有农业的经营，因而隋朝王室设置的转运机构分布才如此密集。这一地区的大致范围以今天的地理来说，则是西起河南省的郑州、许昌两市及临汝县，东过江苏省徐州市而至于海滨，北起山东省定陶县和河南省商丘县，而南至于安徽省的亳县和阜阳县。

隋初的情况即已如此，李唐立国之后，黄河下游南北地区的农业生产当更有进步。就黄河下游南北两区比较起来，似乎黄河以北的富庶程度还超过河南。因为隋初转运关东粮食时所设置的四个仓，分布在卫、洛、陕、华四州之内。[1]洛、陕、华三州治所分别在现在的河南省洛阳、陕县和陕西省华县，依次位于洛河、黄河和渭河的沿岸，处于输往关中长安的漕粮运道的左近，如当时人所说，是发挥了运输灌注的功效。也就是说，它们是兼顾河南和河北两个地区，并不是专门为河南而设的。而卫州仓的设置，虽临近淇河，有利于运输方便，但从其地理位置来看，却显然是为收贮太行山东各地的粮食而设置的。既专门设仓，贮粮自应不少。据说北起今河北河间、定县，南至清河、永年，当时都重视农桑，是重要的农业地区。[2]前面也曾经说过，在十六国及南北朝混乱时期，太行山东以邺为中心的一些地区尚保存着一定的农业基础，社会情况稍一稳定，自可得到更多的发展。

相比之下，黄河以南的一些地区自十六国战乱以来，长期成为战争的场所，后来南北朝初期，北魏统一了黄河流域，人民稍有喘息的时机，但

---

① 《隋书》卷二四《食货志》。
② 《隋书》卷三〇《地理志》。

南北的战争却一直未断，战场虽南移至淮河附近，但黄淮之间的地区仍然受到许多影响，对农业的影响就更大。此外，黄河下游的泛滥和决口所带来的灾难，对黄河以南地区的破坏也比河北为大。黄水冲淹的地区，土壤不免变质，改善它的机能也非短日之功，这些都给黄河下游以南地区农业的发展带来不小的困难。因此，这时黄河流域下游南北不同的富庶程度就是可以理解的了。

黄河流域下游以北的农业经济地区除太行山东以外，据《隋书·地理志》的记载，在太行山西的上党、长平等处，人们也颇重农桑。上党郡治上党，今山西省长治市，长平郡治丹川，今山西省晋城县，都属太行山西的高亢山地，农业在这里已有发展，相邻的汾河流域平原的农业当更有大的转变。当然太行山西农业的发展是不能与太行山东相比的。

《隋书·地理志》在叙述农业地区时没有提到邺。邺在相当长的时期内是太行山东经济地区的中心城市，邺城位于漳河沿岸，附近又有灌溉之利，它是不应被摈于农业地区以外的。只是北周末年，杨坚消除异己势力，竟然焚毁了邺城。①隋初虽另立相州（后改魏郡），州治亦南移于洹河岸上，与以前的邺不完全相同，但那一带的农业地区的规模还应是相差不多的。

黄河下游的河南、河北两个地区的发展，为隋和唐朝前期的国家财赋提供了大部分的需求，尤其是粮食的供应更受到这两个王朝的重视。隋时于各地设仓贮粮，除正仓外，还有义仓和常平仓，以备水旱荒歉的不时之需。唐朝继之，仍然遵循这样的制度。隋时各地的仓粟数目已不可详知。由唐玄宗天宝八载（公元749年）的诸道仓粟数目尚可见到一斑。当时各道正仓所储超过一百万石的有关内、河北、河东、河南四道。其中河南最多，达五百八十万石。河东次之，也有三百五十余万石。关内、河北两道各近二百万石。义仓所储超过千万石的，仅河北、河南两道。②这样的数目已经可以看出唐初黄河流域，特别是黄河下游的河北、河南两个地区的富庶情

① 《周书》卷八《静帝纪》。
② 《通典》卷一二《食货典·轻重》。

况。开元中，唐朝政府曾大举向关中运输粮食，在前后三年中，共运到漕粮七百万石。当时人们认为这是难得的数目。这次运输漕粮的地区很广，江南各地也运出了相当的数量。但其中由晋、绛、魏、濮、邢、贝、济、博各州运来的还是不少。①晋、绛二州的治所为现在汾河流域的临汾县和新绛县，魏、邢、贝三州的治所分别为现在河北省的大名县、邢台市和清河县。濮、济、博三州的治所分别为现在山东省的旧濮县、茌平县和聊城县，大部分仍然是黄河下游的地方。不过太行山东河北平原北邻突厥、契丹，和其他边地一样，防务也是相当重要。为了边防，需要更多的积贮，因此江南的粟米和绫绢也有通过海运输送到幽州（治蓟，今北京市）。②而永济渠旁的清河（今河北清河县），更聚集了江淮钱帛，以赡北军，号为天下北库。后来安禄山利用幽州的积贮起兵反唐，颜真卿就凭借清河的钱帛，抵抗他的南下。③这并不是说黄河下游以北的地区富庶有了减色，而是由于边防的重要，全国各地都应该经常供应。（附图一《隋唐时期黄河流域及其附近各地经济地区图》）

三、永济渠的开凿和它的作用

隋大业四年（公元608年），在太行山东开凿了一条永济渠。④永济渠南在武陟（今河南武陟县）引沁水入河，又沟通沁水和淇水，再循淇水而北，至今河北省静海县独流镇折而西北合桑乾水（今为永定河区里的河段），后终至于涿郡（治蓟，今北京市），贯穿了太行山东的河北大平原。

---

① 《新唐书》卷五三《食货志》。
② 杜甫《后出塞》有："渔阳豪侠地，击鼓吹笙竽，云帆转辽海，粳稻来东吴。越罗与吴绫，照耀舆台躯。"
③ 《新唐书》卷一五三《颜真卿传》。
④ 《隋书》卷三《炀帝纪》。

图一 隋唐时期黄河流域及其附近各地经济地区图

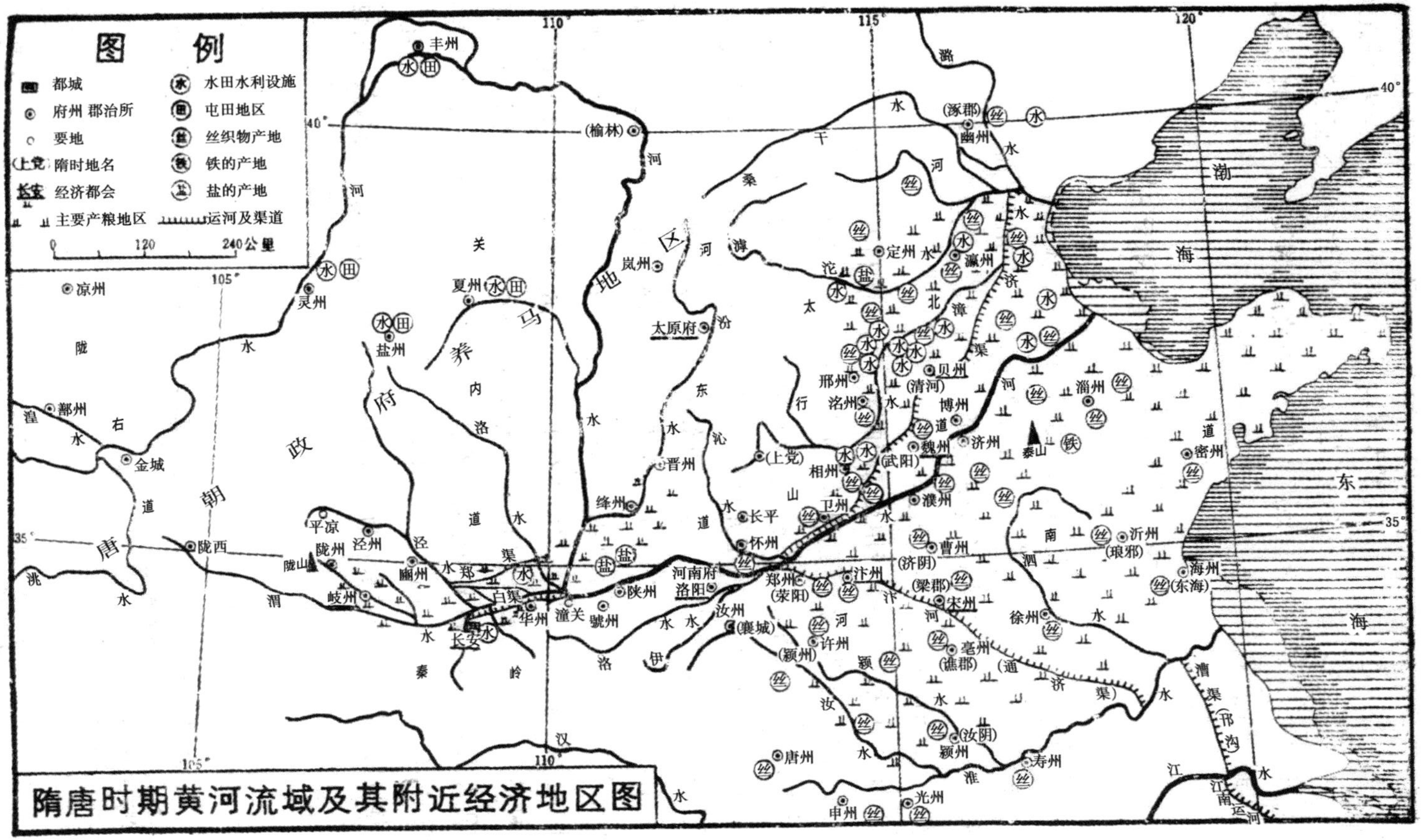

隋唐时期黄河流域及其附近经济地区图

图　例

■	郡城
◎	府州郡治所
○	要地
(上党)	隋时地名
山	经济都会
⋀	主要产粮地区

水	水田水利设施
田	屯田地区
丝	丝织物产地
铁	铁的产地
盐	盐的产地
━━━	运河及渠道

0　120　240公里

永济渠的开凿后来在炀帝用兵高丽时曾经起了便利粮草转输的作用。但最初开凿的目的，可能不是用兵。因为炀帝大业三年（公元607年）八月在榆林郡（治榆林，在今内蒙古自治区准格尔旗）会晤突厥启民可汗，其时高丽使者亦从在榆林，炀帝还要他回去传谕高丽王元早日朝见。[1]当年九月炀帝始返洛阳，次年正月就开始了开凿永济渠的工程。这时高丽的态度还不甚明确，所以此时不会事先开凿一条水道，准备向高丽用兵。如果这样的说法不误，则永济渠的开凿当有其经济方面的意义。

前面说过，隋灭陈国以前，黄河下游南北地区的漕粮已大体可以满足关中的需要，与秦汉时期略相仿佛。统一以后，隋朝兼有了富庶的江南，但尚未见到当时对江南有过漕运的特殊措施。而沟通南北的通济渠[2]（唐时称为汴河）和邗沟[3]以及江南运河[4]，诚然是一宗重大的工程，但通济渠和邗沟的开凿已是统一以后十余年的事情，至于江南运河，则又更迟几年。这几条运河的开凿和沟通，显然都无军事上的意义，只能是为了加强江南富庶地区与国都之间的联系。与这几条运河几乎同期开凿的永济渠，其目的也应是相同的。

隋朝永济渠的南段本利用曹操所开凿的白沟的遗迹[5]，其作用也相仿佛。不过永济渠更偏东一点。永济渠的偏东固然是利用淇水的自然水道，但亦可显示出太行山东富庶农业地区的扩大。永济渠的下游在汉朝时为勃海郡。勃海郡素不以农业发达闻名于世。到唐时，在永济渠的左近开凿了许多的小渠道。如安阳的高平渠，邺的金凤渠，尧城的万金渠，临漳的菊花渠、利物渠，经城的张甲河，获鹿的太白渠、大唐渠、礼教渠，南宫的通利渠，堂阳的堂阳渠，衡水的羊令渠，宁晋的新渠，昭庆的澧水渠，柏乡的千金

---

[1]《隋书》卷三《炀帝纪》。

[2]《隋书》卷三《炀帝纪》。

[3]《资治通鉴》卷一八〇《隋纪四》。

[4]《资治通鉴》卷一八一《隋纪五》。

[5]《元和郡县图志》卷一六《魏州》："馆陶县白沟水，本名白渠，隋炀帝导为永济渠，亦名御河。"又卷一六《相州》："内黄县永济渠，本名白渠，隋炀帝导为永济渠，一名御河。"可见永济渠中有一段就是利用白沟的故道。

渠，清池的清池渠、无棣河和阳通河，无棣的无棣沟，平昌的新河，河间的长丰渠，渔阳的平卢渠。[1]其中安阳、尧城在今河南省安阳市。无棣、平昌在今山东省境内。无棣今仍为无棣县，平昌为旧德平县。其他各地皆在今河北省境内。临漳、获鹿、南宫、衡水、宁晋、柏乡、河间等地现在仍因旧名。经城在今广宗县，堂阳在今新河县，昭庆在今隆尧县，清池在今沧州市，渔阳在今蓟县。这些为数众多的小渠道无疑发挥了灌溉农田的作用，也增加了永济渠中的水力。农业区的发展和扩大也就是很自然的了。

永济渠的开凿，还因其航运之利，促进了渠旁城市的繁荣。如本来自魏晋以后，漳河沿岸的邺一直是太行山东的一个重要都会，邺的附近是一个富庶的农业地区，手工业也相当发达，又处于太行山东的南北大道上，一度相当繁荣。可惜北周末年，焚毁于杨坚之手，再未重新崛起。但是距邺城不远的武阳郡（治贵乡，今河北大名县），由于恰在永济渠旁，又承继了邺城附近的富庶农业地区和相当发达的手工业，竟代替邺而繁荣起来。

四、手工业的发展

隋唐时期，随着黄河流域经济地区的恢复和长江流域富庶地区的发展，除了农业的进步之外，手工业也有很大的变化。

如丝的纺织业，这时黄河下游的南北地区仍然是丝织业的最主要地区，它不仅超过了江南，而且也超过了关中。就以黄河南北来说，则河北又胜过河南。还在南北朝晚期，颜之推以南人而仕于北齐，他就亲眼目睹河北妇女从事纺织的情况，并惊呼其工艺非南方所及。[2]唐朝初年，作为全国各地衣料的贡赋，主要仍是丝麻两种。黄河流域从关中以下，大体皆是兼赋丝麻，

---

① 《新唐书》卷三九《地理志》。
② 颜之推《颜氏家训》。

只有河北一道，贡赋全是丝织品。[①]唐玄宗开元二十五年（公元737年），唐朝政府创行和籴法，准许庸调改征他物。因为关中蚕丝不多，所以折纳粟米；河南河北不通水运的州郡，却须改纳绢绝，代替粟米。当时江南各地也暂不征粟米，但不改纳绢绝，而是以布代替。[②]当然这并不是说江南没有丝织品，而是这里出产的丝织品质量尚不如黄河流域。其实越罗与吴绫早已为人们所称道。[③]他如扬、润、宣、湖（治乌程，今浙江吴兴县）、杭（治钱塘，今浙江杭州市）、明（治鄞县，今浙江宁波市）、睦（治建德，今浙江建德县）诸州的丝织品也一样列为贡品。[④]当然更为精美的产品则有待于进一步的开发了。长江上游的巴蜀地区，也是一处丝织品的产地。成都蜀绵是早有名气了。而像阆州和果州出产的丝织品也有很高的声价。[⑤]阆州为今四川省阆中县，果州为今四川省南充市，可见蜀中丝织品产地也已扩展到嘉陵江畔。即使如此，比起黄河流域的下游地区来，这里的丝织品还是稍差一点。

丝织品的种类很多，如果以用途最广的绢的好坏作为丝纺业发达与否的标准衡量，黄河流域下游地区丝织业的地位就更为明显。唐朝中叶，曾将各地的纳绢分为八等，前五等大部分在黄河流域的地方出产，后三等就没有一处黄河流域的地方。特别是一等的宋（治宋城，今河南商丘市）、亳（治谯，今河南亳州），二等的郑（治管城，今河南郑州市）、汴（治开封，今河南开封市）、曹（治济阴，今山东定陶县西）、怀（治河内，今河南沁阳县）共六州中，除怀州位在河北外，其余五州皆在河南。另外三等十四州中，河南五州，河北九州。四等十五州中，河南五州，河北十州。五等十四

---

① 《唐六典》《通典》《元和郡县图志》及《新唐书·地理志》，篇目卷数不备举。
② 《唐大诏令集》卷一一一《关内庸调折变粟米敕》。
③ 如杜甫《后出塞》即有"越罗与吴绫"之句。
④ 《新唐书》卷四一《地理志》。
⑤ 《大唐六典》卷二〇《太府寺》。

州中，河南五州，河北二州，其余皆在淮水以南。[①]而长江中下游地区的绢等除过五六等中间或有位于现在湖北省内的安、唐、隋、黄、襄五州和八等中间或有位于现在福建省内的泉、建、闽（即福州）外，其他各处竟无一地列入其中。唐朝中叶八等绢的产地中，巴蜀地区虽占有二十八州[②]，居全部产地九十五州的四分之一强，也与黄河流域的绢等不可同日语。这里的排列仅是以绢等为例，而河北定州（治安喜，今河北定县）所产的绢质量虽不甚高，但其各类丝织品的数量却居全国第一位。[③]据说定州富豪何明远，家有绫机五百张[④]，其数量超过后来北宋开封的官绫锦院。后者仅有绫机四百张。[⑤]无论从丝织品的产地范围来说，或是从丝织品的数量与质量来说，黄河下游南北两个地区，都是全国其他各地所难比拟的。

就盐的晒制来说，唐朝政府很重视蒲州（治河东，今山西永济县）、安邑、解县（皆在今山西运城市）的盐池，这是它们距离长安较近的缘故。黄河下游南北两地区可以晒盐的场所很多。盐产量历来也占有重要地位。唐朝当更有发展。自唐中叶以后，盐铁官卖，两淮的盐场占了主要的位置，扬州成为盐市的中心。[⑥]这不是说两淮的盐场产量就高于其他各地，而是那时黄河流域下游沿海盐区多为藩镇所控制，唐朝政府无法利用的缘故。至于巴蜀的井盐长期以来就为一大的利薮，唐朝官卖盐铁，对于这些盐产自然也不会放过。

---

① 《大唐六典》卷二中所说的十四个三等州为滑、卫、陈、魏、相、冀、德、海、泗、濮、徐、兖、贝、博。其中陈、海、泗、徐、兖五州在河南，余在河北。十五个四等州为沧、瀛、齐、许、豫、仙、棣、郓、深、莫、洺、邢、恒、定、赵。其中齐、许、豫、仙、棣五州在河南，余十州在河北。十四个五等州为颍、淄、青、沂、密、寿、幽、易、申、光、安、唐、随、黄。其中颍、淄、青、沂、密五州在河南，幽、易二州在河北，余寿、申、光、安、黄五州在淮南道，唐、随二州在山南东道。

② 这里所说的二十八州为六等的益、彭、蜀、梓、汉、剑、遂、简、绵九州，七等的资、眉、邛、雅、嘉、陵、阆、普、壁、集、龙、果、渠十三州，八等的通、巴、蓬、开、合、利六州。见《大唐六典》卷二〇《太府寺》。

③ 《新唐书》卷三九《地理志》。

④ 《太平广记》卷二四三引《朝野佥载》。

⑤ 《续资治通鉴长编》卷四三。

⑥ 洪迈《容斋随笔》卷九《唐扬州之盛》。

唐时对铁的重视不亚于盐。但黄河流域的铁业似不如长江流域产地的众多。黄河流域产铁地区多集中于河东道中，相当于今山西省的地区，铁矿蕴藏量最大。唐时这里产铁较多，也是当然的。黄河下游南北地区的平原地带，矿产开发不多。只有太行山东麓和嵩山、泰山诸山脉中所蕴藏的铁矿，已为人们利用。而泰山东南的莱芜县（今山东莱芜县）的冶铁规模最为巨大，当地共有冶场十三个，为其他各地所不及。[①]长江中下游各地也有一些产铁的地方。在今江苏省境内的有二州三县，在今安徽省境内的有二州四县，在今福建省境内的有四州八县，在今湖南省境内的有三州四县，在今湖北省境内的有三州六县。[②]巴蜀地区铁矿分布于二十个县境[③]，有名的如临邛（今邛徕县）铁矿，唐时仍在开采。

隋唐时期铜的开采及铜制品的生产也见兴盛。但铜矿的开采黄河流域不如长江流域，制造铜器的手工业也以江南的扬州为中心。唐朝产铜地一共有七十二个县，在黄河流域下游南北地区的只有七个。整个黄河流域铜的产地也只有二十个县。而江南产铜地有三十几个县，剑南略少，也有五个县。据当时的记载，长江中下游各地发现铜矿的地方，在今江苏省境内的有三州七县，在今安徽省境内的有六州七县，在今江西省境内的有五州四县，在今浙

---

① 《元和郡县图志》《新唐书·地理志》有关各卷。

② 《新唐书》卷四一《地理志》。在今江苏省境内的二州三县为扬州的六合，昇州的上元、溧阳。在今安徽省境内的一州二县为宣州的当涂、南陵。在今江西省境内的四州四县为虔州的安远（今安远县）、袁州的宜春（今宜春县）、信州的上饶、饶州的乐平。今浙江省境内的二州四县为越州的山阴（今绍兴市），台州的临海（今临海县）、黄岩（今黄岩县）、宁海（今宁海县）。今福建省境内的四州八县为福州的福唐（今福清县）、尤溪，建州的邵武、将乐（今将乐县），泉州的南安（今南安县），汀州的长汀、宁化（今宁化县）、沙县。今湖南省境内的三州四县为岳州的巴陵（今岳阳市），永州的祁阳（今祁阳县），道州的延唐（今宁远县）、永明（今江永县）。今湖北省境内的三州六县为鄂州的江夏（今武汉市的武昌）、永兴、武昌，蕲州的广济（今广济县）、蕲水（今浠水县），归州的巴东（今巴东县）。

③ 这二十个产铁的县为蜀州的新津（今新津县），嘉州的平羌（今乐山市北）、峨眉（今峨眉山市）、夹江（今夹江县），邛州的临邛（今邛徕县）、临溪（今蒲江县北），梓州的通泉（今射洪县东），绵州的巴西（今绵阳市）、昌明（今彰明县）、魏城（今绵阳市东）、西昌（今安县东），合州的石镜（今合川县）、巴川（今铜梁县西南），荣州（今荣县）及其所属的资官（今荣县西），昌州的永川（今永川县），利州的绵谷（今广元县），渠州的潾山（今大竹县），夔州的奉节（今奉节县），忠州的南宾（今丰都县东）。见《新唐书》卷四〇、四一《地理志》。

江省境内的有七州十县，在今福建省境内的有三州五县，在今湖南省境内的有一州一县，在今湖北省境内的有一州二县。[①]蜀地的五个产铜县为邛州的临邛县，简州的阳安（今简阳县东）、金水（今金堂县东西），雅州的荣经（今荣经县），梓州的铜山（今中江县南）。[②]其中的荣经铜矿较有名气。

铜矿的产品，可能就近进行加工铸造，制成成品，像宣、润、饶（治鄱阳，今波阳县）诸州，都有政府设厂铸钱。而扬州的铜镜，更为一时著名的商品。[③]扬州所辖的江都（即扬州治所）、六合（今江苏六合县）、天长（今安徽天长县）诸县皆有铜矿，附近的滁（治滁县，今安徽滁县）、润、宣、湖诸州也富有铜矿，当是扬州铜品加工业的原料。当然扬州也就成为铜器往外运销的集散地。

手工业的发展，自然促进商业的兴盛，同时也会反映到经济都会的分布。自隋朝开凿运河后，沿运河交通已甚便捷，唐朝更重视驿道，全国各要地无处不达，经济都会也更利于发展。隋唐时期黄河流域最大的都会当数长安、洛阳二京。其他如太原（今山西太原市西南）、岐（治天兴，今陕西凤翔县）、凉（治姑臧，今甘肃武威县）、汴、宋、魏、贝诸府州皆有相当的重要性。太原、岐州唐时皆为陪都，太原控制汾河流域，岐州居于关中西

①《新唐书》卷四一《地理志》。在今江苏省境内的三州七县为扬州的江都（今扬州市）、六合（今六合县），昇州的上元（今南京市）、句容（今句容县）、溧水（今溧水县）、溧阳（今溧阳县），苏州的吴县（今苏州市）。在今安徽省境内的五州七县为宿州的虹县（今泗县），扬州的天长（今天长县），庐州的庐江（今庐江县），宣州的当塗（今当涂县）、南陵（今南陵县），池州的秋浦（今贵池县）、青阳（今青阳县），另外滁州境内也有两个铜坑。在今江西省境内的五州四县为江州的浔阳（今九江市）、彭泽（今彭泽县），饶州的乐平（今乐平县），信州的上饶（今上饶县），另外洪州和袁州境内各有一个铜坑。今浙江省境内的七州十县为湖州的武康（今武康县）、长城（今长兴县）、安吉（今安吉县），杭州的余杭（今余杭县），睦州的建德（今建德县）、遂安（今遂安县），明州的奉化（今奉化县），处州的丽水（今丽水县），婺州的金华（今金华县），温州的安固（今瑞安县）。今福建省内的三州五县为福州的尤溪（今尤溪县），建州的建安（今建瓯县）、邵武（今邵武县），汀州的长汀（今长汀县）、沙县（今沙县）。今湖南省境内的一州一县为郴州的义章（今宜章县）。今湖北省境内的一州二县为鄂州的永兴（今阳新县）、武昌（今鄂城县）。
②《新唐书》卷四二《地理志》。
③《旧唐书》卷一〇五《韦坚传》。

陲，两州虽皆有一定的富庶基础，然汾河流域究竟不能与太行山东相比拟，而关中西陲又距长安不远，不能不受它的影响。至于凉州，诚为通往西域的大道上的名城，河西亦属富庶地区，不过这些地方范围有限，多起物资转输作用，难得有更多的发展。最为人们称道的则是汴河岸上的汴、宋二州和永济渠旁的魏、贝二州。长江流域的经济都会更以"扬一益二"著称于时。扬即扬州，位于邗沟南口，即以前的广陵，益即成都，二者都以商业繁荣著称，城内的手工业也十分发达，前面已经提到过扬州的铜器制作业，而成都的丝织业及金银器制作业也有名一时。唐朝后期，南诏曾攻破成都，掠走城中子女技工数万人之多，可以多少看出其中一点消息。[①]

五、通济渠（汴河）的沟通南北

隋炀帝初即帝位，建洛阳为东都[②]，同年即大业元年（公元605年）四月，就动工开凿通济渠。八月渠成，炀帝便御龙舟去幸游江都。[③]

通济渠到唐宋时期又称为汴渠或汴河[④]，其发轫地在东都洛阳，渠由洛阳西苑引谷、洛水入河，当循东汉张纯所开的阳渠故道。通济渠入河之后，又由板渚（今河南荥阳县西北，旧汜水县东北黄河南岸）分河东南行，逶迤入淮，其所经流的地方，以现代地名顺序排列起来，就是荥阳、中牟、开封、杞县、睢县、宁陵、商丘、夏邑、永城、宿县、灵璧、泗县，最后在盱

---

① 《新唐书》卷二二二中《南诏传》。

② 《隋书》卷三《炀帝纪》。

③ 《隋书》卷三《炀帝纪》。

④ 《元和郡县图志》卷五《河南府》："汴渠……隋炀帝大业元年更令开导，名通济渠。"《宋史》卷九三《河渠志三·汴河上》："汴河，自隋大业初，疏通济渠，引黄河通淮，至唐改名广济。"然习俗多以汴渠相称，宋改五丈河为广济，汴渠因成通称。

眙县北流入淮水。①这样一来，通济渠的开凿就使黄河与淮水相沟通，如果再续接上淮河与长江之间的邗沟以及后来开成的江南河，则黄河流域与长江流域实现了南北的沟通。

黄河与长江的沟通并不自炀帝始。以前的鸿沟系统就曾将黄河与淮水相接，邗沟虽几经改易，也一直保持淮水与长江的联系。更早在春秋时期，吴王夫差为着军事的目的，开凿了邗沟和菏水两条运河，就已将黄河与长江之水沟通起来。

隋炀帝开凿通济渠，除了便于幸游江南外，也是想把东南富庶之区与国都连接起来，特别是扬州等地的逐渐繁荣，对炀帝有着强烈的吸引力。

通济渠的开凿成功与邗沟的修复，使其成为斜贯西北与东南的一条交通动脉，为大江以南各地和中原往来的主要水路交通孔道。唐代中期安史之乱以后，太行山东河北平原尽为藩镇所割据，唐朝政府仰赖的山东漕粮被迫转由江南供给，因此通济渠及邗沟也就愈显重要了。

不过，汴河与邗沟既作为东南富庶区的漕粮运道，也就成了唐王朝的一条生命线，尤其是汴河一段更为重要。一些藩镇看到唐朝政府这样的弱点，就采取截断运道的手段进行挟制。安史乱后，唐朝中央与地方的争执，主要是争夺运道的控制权。割据于淮西和淄青的藩镇们就曾经使唐朝政府大伤脑筋。因为淮西（治蔡州，今河南汝南县）在今河南省东南部，淄青（治青州，今山东东平县）在今山东省。这两个地区从东西两面夹持运道，极易控

---

① 《元和郡县图志》于河南府河阴（今河南荥阳县北），郑州原武（今河南原阳西），汴州开封（今河南开封市）、雍丘（今河南杞县），宋州宋城（今河南商丘县），宿州符离县（今安徽宿县），泗州虹县（今安徽泗县）、临淮（今江苏盱眙北）条，皆记载有汴河，即指通济渠。《太平寰宇记》于孟州河阴县、汴州开封县、宋州宋城县、宿州符离县、泗州临淮县下，皆记载有通济渠或汴河。《元丰九域志》于孟州河阴县、开封府开封县、雍丘县、中牟县（今河南中牟县）、陈留县（今开封市陈留镇）、阳武县（今河南原阳县）、襄邑县（今河南睢县），应天府宋城县（今河南商丘县）、宁陵县（今河南宁陵县）、谷熟县（今河南商丘县东南）、下邑县（今河南夏邑县），亳州永城县（今河南永城县）、酂县（今永城县西北），宿州符离县（今安徽宿县）、临涣县（今安徽宿县西北临涣集）、虹县（今安徽泗县），泗州临淮县下，皆记有汴水或汴河，而开封县下更记载有通济渠。唐代一些记行之作，对汴河流经的地方也有相同的记载，如李翱的《来南录》和日僧圆仁的《入唐巡法求礼行记》，可以参看。

制运道的通塞。①另外治所在今河南省开封市的汴州②，治所在今江苏省徐州市的徐州③，也都曾为跋扈的藩镇占据过，对运道的安全同样构成过威胁。因此唐朝政府对这些藩镇的行动常常防不胜防。

六、扬州的繁荣

唐时的扬州就是以前的广陵。南北朝时期，广陵还是一个军事重镇。因其位居长江北岸与邗沟的南口，长期以来又是联系淮河流域和长江流域各地的重要的经济都会。

扬州与太湖区域隔着一条江水，它的对岸就是润州，也就是以前的京口，今江苏省镇江市。这里本是江南运河的起点，因此扬州可以直接和太湖流域相联系。就以扬州左近来说，农业也已有了相当的发展。扬州附近还是盛产食盐的地区，扬州也就成了盐铁转运官员活动的中心。铁矿与铜矿在扬州的附近也有开采，它们对扬州的繁荣都起了一定的作用，特别是铜器的制作业更有名于世。其他衣着、皮革等物的制作业也很有名。

在长江下游三角洲地区，扬州正是一个中心。位于邗沟南口的扬州，又当汴河和邗沟这条斜贯西北与东南的交通孔道的枢纽的地位，自然更容易繁荣起来。尤其是扬州既处于运河与长江的交叉处，又距长江入海处不远，除了有相当发达的造船业外，又是重要的对外贸易口岸，可与南海之滨的广州和山东半岛的登州（治蓬莱，今山东蓬莱县）媲美。而扬州与运河的交通关系，使其腹地显得较为广大，就更增加了它的重要性。当时人有"扬一

---

① 《资治通鉴》卷二三七《唐纪五三》。
② 《新唐书》卷二二五《李希烈传》。
③ 白居易《白氏长庆集》卷二九《襄州别驾府君事状》。

益二"的称道，以扬州为全国第一商业都市，而益州居于其次。[1]益州即成都，自从秦汉以来就一直繁荣，它虽为繁荣，却还是不能够和扬州相比拟。

安史之乱以后，太行山东河北平原以及一部分黄河以南地区常为藩镇所割据。唐王朝所仰赖的漕粮及其他物品转而求之于长江流域。此后，唐朝政府对长江下游更为重视，扬州的繁荣和长江下游的富庶遂成为唐王朝的经济基础。

七、关中和长江三角洲的关系

关中为隋唐王朝都城的所在地。由于农业生产条件的限制，关中地区的粮食生产面对人口的增殖及统治者的过分消费，越来越显得不足以敷用，只好求之于关东地区。及至唐高宗（公元650—683年）以后，困难日趋明显，以至不能不逐渐增大对江南粮食的依赖程度。这种情况在唐朝中叶安史之乱后，更有了根本的转变。安禄山乱事的发生，不但蹂躏了黄河中下游的许多地方，而且乱事平定之后，太行山东河北平原大都为藩镇所割据，地方经济更受影响，显而易见，唐朝政府所需要的漕粮不得不舍弃黄河下游各地而转仰给于长江下游各地了。

自东晋南朝以来，长江流域的经济已经有了迅速的发展。隋及唐朝初期，由于战乱而引起的大批人口的南迁早已停止，但已经传播到长江流域的优良的生产工具和先进的生产经验仍在扩大它们的作用和影响。所以长江流域的发展还是未稍间断。江南的富庶地区本来是在太湖地区和洞庭湖地区。太湖地区的经济价值在南北朝时期就已超过了洞庭湖地区。随着农业生产的发展需要，水利设施的兴建也得到重视。隋时的情况已经难以备知，唐初的

---

[1] 洪迈《容斋随笔》卷九《唐扬州之盛》。

成效尚显然可见。在今江苏省的金坛县，那时曾修南北谢塘，句容县又有绛岩湖，在今浙江省安吉县有邸阁池、石鼓堰，富阳县有阳陂湖，新城县有官塘堰。唐朝中叶以后，兴修水利的记载更见繁多，包括上述的金坛、句容、安吉、富阳、新城诸县已有的塘池湖堰在内，在今江浙两省之间的太湖周围的农田水利设施共二十二处，为唐代长江中下游最多的地区。①在今江苏省江北淮南地区十二处。②今安徽省淮南江南各地五处。③今浙江省中南部九处。④今福建省十二处。⑤今江西省六处⑥，今湖北省只有一处⑦，今湖南省五处⑧。虽然各地多寡不同，但都有助于当地农业的发展。

---

① 这二十二处为：润州丹阳（今丹阳县）的简渎和练塘，金坛（今金坛县）的南北谢塘，昇州句容县的绛岩湖，常州武进（今常州市）的孟渎，无锡（今无锡市）的泰伯渎，苏州海盐（今海盐县）的古泾、汉塘，湖州乌程（今湖州市）的官池、陵波塘，长城（今长兴县）的西湖，安古（今安吉县）的邸阁池、石鼓堰，杭州钱塘（今杭州市）的沙河塘，余杭（今余杭县）的上湖、下湖、北湖，富阳（今富阳县）的阳波湖，於潜（今于潜县）的紫溪水，新城的官塘、九澳。其中绛岩湖溉田万顷，孟渎溉田四千顷，长城西湖三千顷，余杭三湖千余顷，石鼓堰百顷。见《新唐书》卷四一《地理志》。

② 这十二处是：扬州江都（今扬州市）的雷塘、勾城塘、爱敬陂，高邮（今高邮县）的堤塘，楚州山阳（今淮安县）的常丰塘，宝应（今宝应县）的白水塘、羡塘、徐州泾、青州泾、竹子泾，淮阴（今清江市）的棠梨泾。其中堤塘溉田数千顷，勾城塘溉田八百顷。见《新唐书》卷四一《地理志》。

③ 这五处是：和州乌江（今和县东）的韦游沟，寿州安丰（今霍丘县东）的永乐渠，宣州宣城（今宣城县）的德政陂，南陵（今南陵县）的大农陂、永丰陂。其中大农陂溉田四千顷，韦游沟溉田五百顷，德政陂二百顷，见《新唐书》卷四一《地理志》。

④ 这九处是：越州会稽（今绍兴市）的防海塘，山阴（今绍兴市）的越王山堰，上虞（今上虞县）的任屿湖、黎湖，明州鄞县（今宁波市）的小江湖、西湖、广德湖、仲夏堰，衢州西安（今衢县）的神塘。其中仲夏堰溉田数千顷，小江湖溉田八百顷，鄞县西湖五百顷，广德湖四百顷，任屿湖和神塘各二百顷。见《新唐书》卷四一《地理志》。

⑤ 这十二处是：福州闽县（今福州市）的海堤，长乐（今长乐县）的海堤，连江（今连江县）的材塘，泉州晋江（今晋江县）的尚书塘、天水淮，莆田（今莆田县）的诸泉塘、沥浔塘、永丰塘、横塘、颉洋塘、国清塘、延寿陂。其中延寿陂溉田四百顷，莆田七塘，除延寿陂外，其余六塘共溉田一千二百顷，尚书塘溉田三百顷，天水淮溉田八十顷。见《新唐书》卷四一《地理志》。

⑥ 这六处是：洪州南昌（今南昌市）的东湖、南塘，江州浔阳（今九江市）的甘棠湖，都昌（今都昌县）的陈今塘，饶州鄱阳（今波阳县）的马塘、土湖。见《新唐书》卷四一《地理志》。

⑦ 这一处是：鄂州永兴（今阳新县）的长乐堰。见《新唐书》卷四一《地理志》。

⑧ 这五处是：朗州武陵（今常德市）的北塔堰、考功堰、右史堰、津石陂、槎陂。右史堰溉田二千顷，北塔堰和槎陂溉田各千余顷，考功堰一千一百顷，津石陂九百顷。见《新唐书》卷四○《地理志》。

长江中下游各地的富庶经济除太湖地区和洞庭湖地区外，其他地区亦有开发。自唐中叶以后，关中粮食的供给及国家财赋的来源，主要仰赖于东南八道。即浙东道（治越州，今浙江绍兴市）、浙西道（治润州，今江苏镇江市）、宣歙道（治宣州，今安徽宣城县）、淮南道（治扬州，今江苏扬州市）、江西道（治洪州，今江西南昌市）、鄂岳道（治鄂州，今湖北武汉市）、湖南道（治潭州，今湖南长沙市）、福建道（治福州，今福建福州市）。[①]这八道已包括长江中下游各地，浙西道正是在富庶的太湖区域之中。

关中粮食的需求量越来越大，对长江下游三角洲地区的依赖也就越来越强。以德宗贞元（公元785—804年）初年，一次关中仓廪完竭，皇宫的禁军士兵有的就脱去军服，在街上发怨说："把我们拴到军队里，却不给粮饷，难道我们是犯罪的人吗？"士兵的愤怒，使德宗皇帝很害怕。直到在润州的镇海军节度使韩滉运粮至京，德宗情不自禁，亲到东宫对太子说："粮已运到，我父子可得生了。"[②]由此可见江南富庶区与关中的联系是多么重要。（附图二《唐代长江流域及其附近各地经济地区图》）

八、水陆交通要津的开封

开封地处中原，交通素称便利。远在战国之时，就已成为魏国的都城，当时称为大梁。魏地四平，条达辐辏，已为人所称道。[③]梁惠王更修凿鸿沟，水陆交通益为发达。鸿沟是以大梁为中心的渠道的总称，它包括狼汤渠、汳水、获水、睢水、阴沟水、鲁沟水等在内。它沟通了黄河和济水、汝

---

① 《资治通鉴》卷二三七《唐纪五三》。
② 《资治通鉴》卷二三二《唐纪四八》。
③ 《战国策·魏策一》。

图二 唐代长江流域及其附近各地经济地区图

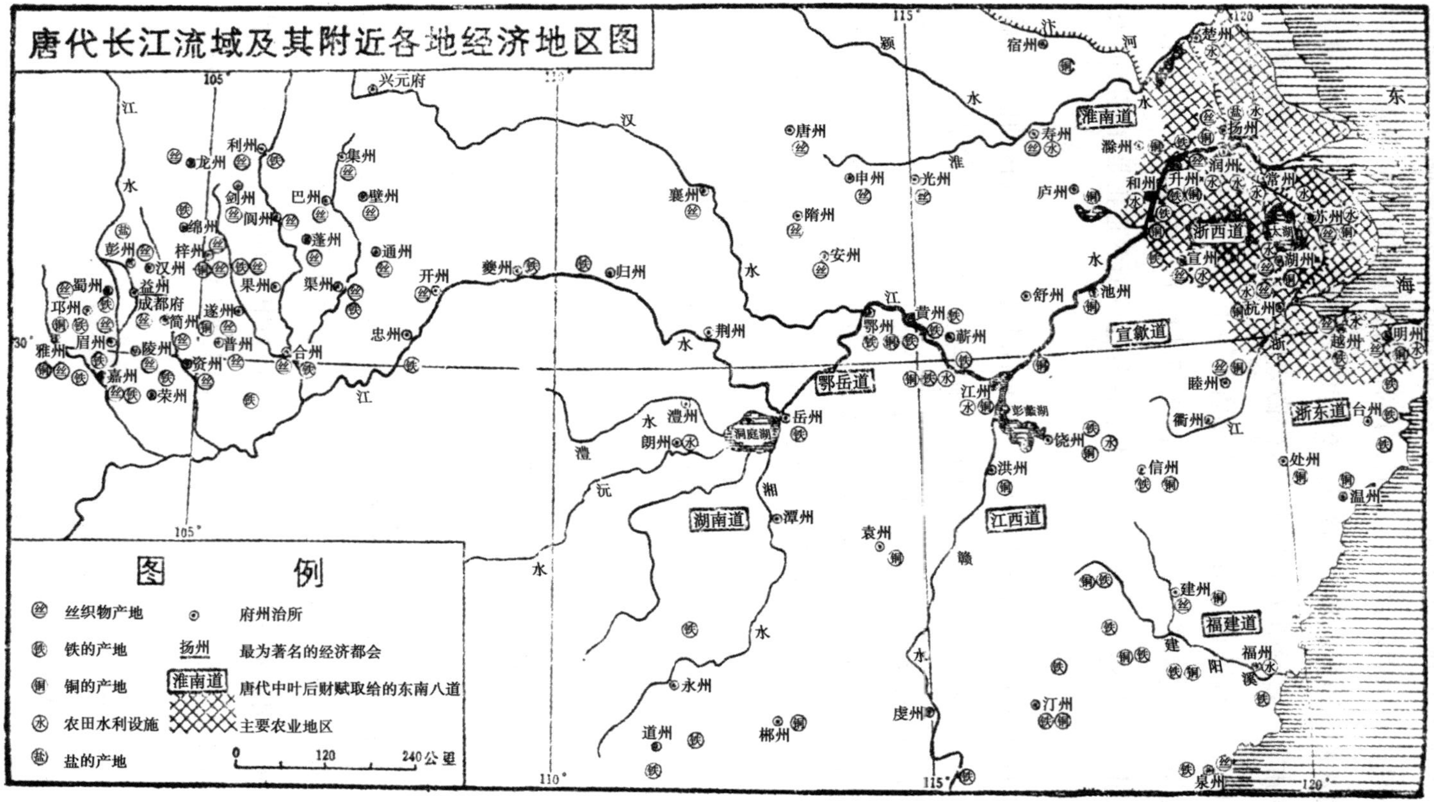

水、淮水和泗水几条河流。由于有了这几条渠道，所以大梁和宋、郑、陈、蔡、曹、卫诸国的交往更为方便。当时宋国的都城在现在河南省商丘县，濒于睢水。郑国的都城在现在河南省新郑县，濒于洧水，洧水入于颍水，而颍水又和狼汤渠相通。陈国的都城在现在河南省淮阳县，濒于狼汤渠。蔡国的都城在今安徽省凤台县，在淮水沿岸。曹国的都城在今山东省定陶县，位于济水和菏水汇合处。卫国的都城在今河南省濮阳县，就在黄河岸边，其南就是濮水，濮水又为济水的支津。大梁就在这些地方的中间。

尤其可以称道的是在鸿沟开凿以前，吴王夫差已经开凿了邗沟和菏水。邗沟联系着淮水和江水。菏水则联系着济水和泗水。鸿沟开凿成功后，魏国的船只就可由鸿沟中任何一条水道，都能经过淮水，再由邗沟进入长江，通到江岸各地。

说到陆路交通，在魏国大梁时，就已经四通八达了。上边已经提到大梁和郑、卫两国的交往，由郑、卫两国都可以向北通到太行山东赵国的都城邯郸（今河北邯郸市）。由邯郸循着太行山东麓通到更北的涿和燕。涿是现在河北省的涿县，燕国都蓟，就是现在的北京市，在当时这是最北的两个重要地方。大梁往西经过洛阳，再往西去，就是秦国了。可以说，大梁作为交通的要津，是能够通往各诸侯国的。[①]

秦始皇统一六国之后，以咸阳为中心修筑驰道，通到全国各地。原来六国的都城都在经过之列。大梁在秦灭魏时，虽经河水灌城，受到摧毁，但它还是驰道通往东方各处的必经之地。张良曾刺秦始皇于博浪沙中。博浪沙就在开封之西。[②]正是由于有这样便利的形势，楚汉战争时，郦生就向汉王说："陈留天下之冲，四通五达之郊。"[③]陈留是大梁附近的一个县，就在今开封市的东南，相距不远，因而郦生就直接提到陈留。也正是因为陈留能

---

① 《史记》卷一二九《货殖列传》。
② 《史记》卷五五《留侯世家·索隐》："服虔曰：'（博浪沙）在阳武南。'按：今浚仪西北四十里有博浪城。"浚仪即今开封市。
③ 《史记》卷九七《郦生传》。

居天下之冲，郦生接着就建议汉王，塞成皋之险，杜太行之道，距飞狐之口，守白马之津，以示诸侯效实形制之势。①

西汉末年，黄河泛滥，冲入济水中，鸿沟诸水也同时受到波及。这次灾害太严重了，一直过了六十多年，才告堵口合龙，河汴也才得分流。②这里所说的汴，指的是汴水，也就是鸿沟系统中的汳水。这是说经过这六十多年的黄河泛滥，鸿沟系统中诸水绝大部分都淤塞了，只剩下这条汴水。当然是经过治理黄河决口时的同期施工，才能得到恢复的。这条汴水是由今河南省荥阳县西北分黄河东流，经过开封（当时称为浚仪县）城北，再经商丘城北，到今江苏省徐州市（当时称为彭城）北流入泗水。东汉末年，曹操还曾经作过整理，所整理的仅限于由黄河分流处到商丘间的一段。商丘在当时称为睢阳，因而这段渠水就改称为睢阳渠。③

经过修理的汴渠一直畅通无阻。大致到了西晋末年，永嘉乱离之后，才又阻塞了。阻塞的地方在由黄河分水口的石门。桓温北伐时，曾经设法疏浚，企图打开石门，由于未能成功，粮运不继，失败归来④，后来刘裕伐秦，才凿开石门，汴渠又复通起来⑤。刘裕归来，关中又复失守，这条汴渠由于无人照料，大概断断续续，并未一直畅通。到北魏孝文帝时，还曾经再度整理。按照孝文帝设想，如果他要向南朝用兵，就可以从洛入河，从河入汴，从汴入清，以至于淮。这样就可以下船而战，便利无比。⑥

追溯了汴渠的通塞史事，主要是为了说明开封的水上交通的变迁。就当时情形说，汴渠是鸿沟系统绝大部分淤塞之后，唯一的联系黄河和淮水的水道，甚而还可以说是联系黄河和长江的水道，交通意义是无可比拟的。开封

---

① 《史记》卷九七《郦生传》。成皋在今河南省荥阳县西北。白马在今河南省滑县东南。飞狐，如淳谓在上党壶关，裴骃谓在代郡西南，张守节谓在唐蔚州飞狐县。按当时形势，郦生所言当不能远至代郡或唐蔚州也。
② 《后汉书》卷二《明帝纪》。
③ 《三国志》卷一《魏书·武帝纪》。
④ 《晋书》卷九八《桓温传》。
⑤ 《宋书》卷二《武帝纪中》。
⑥ 《魏书》卷五二《李冲传》。

位于汴渠岸旁，水上交通往来无疑也是方便的。

大致是在南北朝后期，汴渠又复淤塞不通。当时不仅有北朝与南朝之争，再往后一点，又有东魏和西魏之争，北周和北齐之争，军务倥偬，这水上交通的事情就难得再有人提起。直到隋朝统一南北之后，隋炀帝才开凿通济渠，使这条贯通南北，联系黄河和淮水，更进而联系长江的水上交通的道路才重新沟通起来。①

隋祚短促，这条通济渠凿成之后，还没有发挥出很大的作用，隋朝就崩毁了。到了唐朝，影响才日渐显著，汴州（治所就在开封）也就日益繁荣起来。有人称道它说"当天下之要，总车舟之繁，控河朔之咽喉，通淮湖之运漕"②，也有人称道它说"梁宋之地，水陆要冲，运路咽喉，王室屏藩"③，这样的称道丝毫都不能说是过分。

唐代一些有关开封交通的设施，仿佛是在锦上添花。武后时就增加了一条湛渠。④通济渠在唐时是称为汴河的。湛渠就是由开封城西北引汴河水流到白沟，东流到曹州（治所在今山东定陶县）注入巨野泽中。唐代后期，又在巨野泽东北向南开凿一条盲山渠，向南流到泗水。⑤这就等于延长了湛渠，使开封的水路交通更向东发展。唐代后期，由于藩镇控制了运道，因而另外开凿一条蔡河。⑥蔡河是由开封附近流到陈州（治所在今河南淮阳县）的渠道，其本是鸿沟系统中狼汤渠的旧水道，这时又重新恢复起来。这样的恢复使开封增加了一条向南的水上交通道路。

这里还应该提到隋时和通济渠同时开凿的永济渠。⑦永济渠是南引沁水入河，又向北通到涿郡。当时涿郡治所为蓟县，就是现在的北京市。沁水入黄河处在通济渠分黄河处的下游，相距很近，往来船只通过一段短促的黄河

---

① 《隋书》卷三《炀帝纪》。通济渠动工于大业元年（公元605年）。

② 《全唐文》卷七四〇，刘宽夫《汴州纠曹厅壁记》。

③ 白居易《白氏长庆集》卷四〇《与韩弘诏》。

④ 《新唐书》卷三八《地理志二》。湛渠的开凿在武后载初元年（公元689年）。

⑤ 拙著《中国的运河》第五章《隋唐运河的开凿及其影响》。

⑥ 《新唐书》卷一四五《逆臣·李希烈传》。

⑦ 《隋书》卷二《炀帝纪》。永济渠始凿于大业四年（公元608年），略迟于通济渠。

水道，就可以互相出入，不至于有若何的困难。

应该指出，这几条渠道的开凿都各有它自己的目的，说不上和开封有多少关系。开封的地理条件的优越性，使它恰恰属于这几条渠道的中心。湛渠和蔡河由开封始凿，那是不必说了。通济渠经过开封城，那也不用说了，永济渠本来和开封没有关系，通过一段黄河也就联系起来了。

由于这几条渠道的开凿，开封不仅成为交通要津，而且成为当时全国水道交通的中心。它由汴河转入黄河，再接上关中的漕渠，可以向西通到当时的都城长安。由汴河转入黄河，再接上永济渠，可以向北通到涿郡的蓟县。由湛渠可以向东通到曹州，再经过巨野泽入盲山渠通到兖州（治所在今山东兖州市），也可以经过巨野泽通到齐州（治所在今山东济南市）和青州（治所在今山东青州市）。由蔡河可以向南通到颍州（治所在今安徽阜阳市）和寿州（治所在今安徽寿县）。还应该特别指出，它循汴河而下，过了淮水，进入漕渠（即邗沟）通到扬州（治所在今江苏扬州市）。扬州为当时有名的经济都会，长江以南的货物凡是要运往长安的，都是先集中到扬州，再由汴河西运，这也就是说，是一定经过开封的。

唐代末年，都城东迁，迁到洛阳。朱温建立后梁，却把都城移到开封。后梁以开封为都城，道理很单纯。朱温本以宣武节度使起家，宣武节度使治所就在开封。中间后唐再以洛阳为都城，到了后晋石敬瑭又迁回开封。石敬瑭为此还颁布一封诏书，明白指出迁都的缘由，是因为开封水道交通集中，便于运输粮食。[①]从石晋以后，直到北宋，都城再未迁徙。

石晋迁都时，淮水以南尚为南唐所有，汴河和邗沟不相联系，作用并不能算是很大。到了北宋，全国统一，汴河的作用又恢复到唐时的规模。北宋时汴河经常疏浚，这是用不着多说的。当时又疏浚了广济渠和蔡河。广济渠又名五丈河，是在唐代湛渠的旧道上重新疏浚的。这时又引澳水到开封，以充实蔡河的水源，引京、索诸水作为广济渠的水源。唐代汴河是用来运输太

---

① 《旧五代史》卷七七《晋书三·高祖纪三》。

湖流域的粮食供应都城长安的，都城东迁了，东南粮食不再西运，可是陕西粮食却要东运，这是说黄河这段运道还可以用来有助于开封的交通。由于幽云十六州的丧失，永济渠再不能通到涿郡，但大部分还是畅通的。

由于这些水道仍然畅通，开封作为交通要津，水道交通中心，并没有改变。不仅没有改变，由于开封成为都城，更有助于水道交通的发展。也由于水道交通的发展，开封就更为繁荣。现存的宋人张择端所绘的《清明上河图》和孟元老的《东京梦华录》，都可以显示出当时开封繁荣的一斑。（附图三《宋代以开封为中心的水道交通图》）

水道交通以外，开封的陆路交通亦称发达，前面曾经提到秦始皇时所修的驰道经过大梁。秦亡汉兴，驰道规模依然保存未废。东汉时班昭由洛阳东至陈留，大体就是遵循这条道路。[1]陈留就在开封的东南，要到陈留，开封是必须经过的地方。

后来到了隋唐时期，长安仍是都城的所在。由长安东行至于齐鲁，也是要经过开封的。开封有地名板桥，乃是西行路上宿寓旅人的镇店。有名的板桥三娘子的故事就发生在这里。[2]当时东西往来的官道，也是经过城西北的博浪沙[3]，大体还和秦时驰道相仿佛。隋时浚仪县（即今开封市）属荥阳郡，郡治管城，今为郑州市，浚仪只是郡中一个普通县邑，唐时设立了汴州，浚仪就是州治所在。中叶以后，汴州成为宣武节度使的治所，更非一般州县所可比拟。这时开封不仅是水道交通的要津，也应是陆道交通的枢纽。经过五代，到了北宋，开封作为都城，陆道交通更会受到重视。由开封分往东西，仍应是隋唐时期的旧路，由开封往北，经过陈桥驿[4]、封丘[5]至澶州[6]（治所在今河南濮阳县），澶州之北就是大名（今河北大名县东）。大名于

---

① 《文选》卷九，曹大家《东征赋》。

② 《太平广记》卷二八六《板桥三娘子》。

③ 《史记》卷五五《留侯世家·正义》。

④ 《宋史》卷一《太祖纪》，又卷六《真宗纪》。

⑤ 《新五代史》卷一〇《汉本纪·隐帝》。

⑥ 《新五代史》卷一一《周本纪·太祖》，《宋史》卷六《真宗纪》。

图三 宋代以开封为中心的水道交通图

宋代以开封为中心的水道交通图

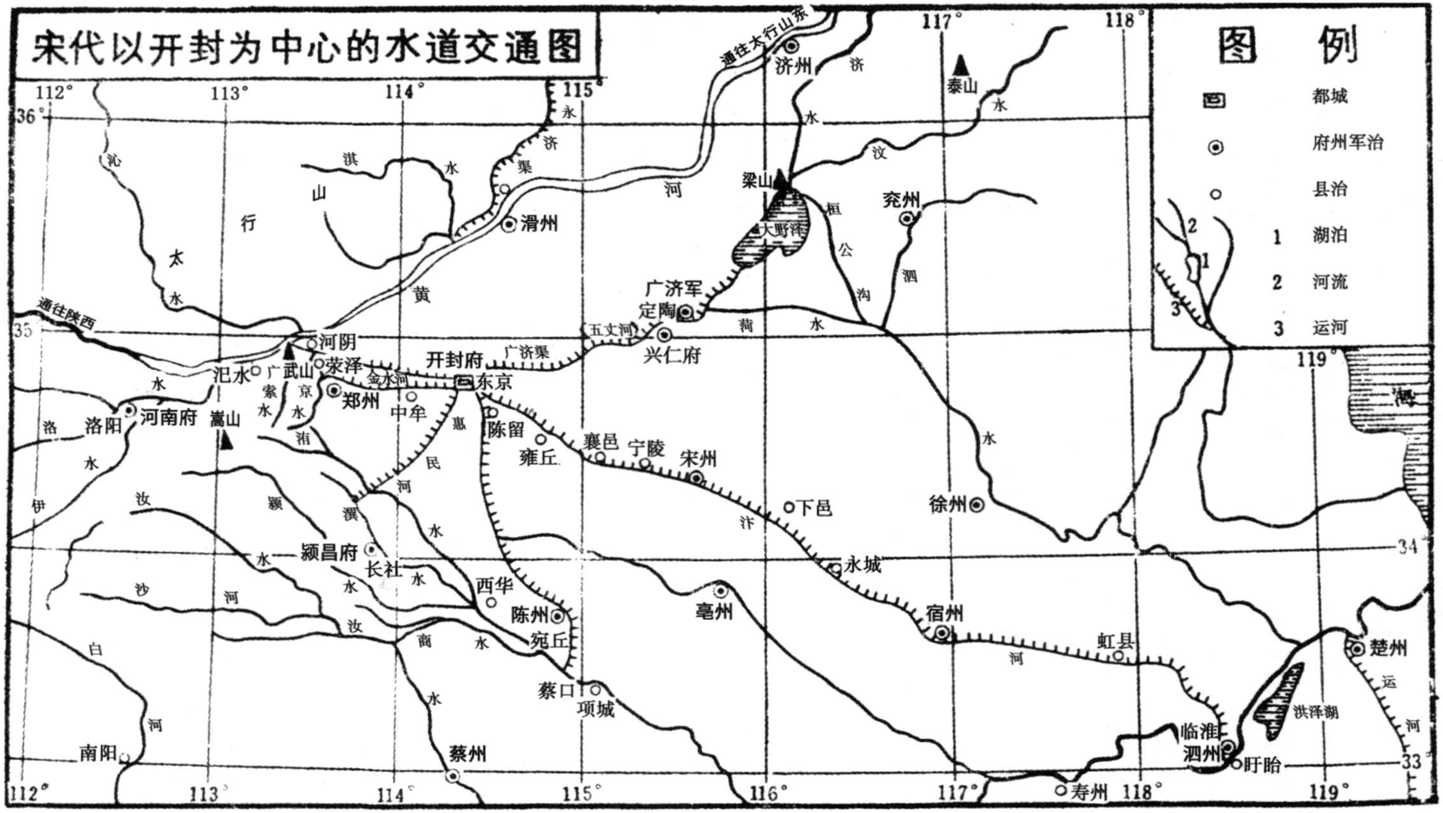

宋时为北京，由开封经澶州就可以达到大名，由大名再至以北各处。由封丘亦可北至滑州（治所今河南滑县东南），再至大名。^①至于由开封南行的道路，可由南宋初年岳飞北征的行军，略知其所在。岳飞北征始自鄂州（治所在今武汉市），再至郾城（今河南郾城县），又北至朱仙镇。^②朱仙镇北距开封只有45里。岳飞北征，所行之路如此，由开封南行当也是出于这一途的。

　　唐宋人论州郡地里，都能举出它们的四至八到。开封东至宋州（治所在今河南商丘县），西至郑州（治所在今河南郑州市），更西至于洛阳、长安，南至蔡州（治所在今河南汝南县），北至滑州，东南至陈州（治所今河南淮阳县），西南至许州（治所在今河南许昌市），东北至曹州，西北至孟州（今河南孟县南）。^③当然，这只是就当时开封邻近各州而言，不可能再详细论述到更远的地方。就是再涉及更远的地方，也是要经过这些相应的州县的。前面说到由开封去大名的路程，就是要经过滑州的，而岳飞北征所到的郾城，就在许州之南，也就是许州的属县。

　　开封的陆路交通是这样发达，开封当然是陆路交通的枢纽了。

　　北宋末年，由于金人的南侵，开封沦陷，水道交通也受到摧残和破坏，尤其是汴河断流，影响更大。这时陆路虽还可依旧通行，所谓交通要津也就难于存在了。

　　其实只要水道畅通，交通还会发达起来的。元代蔡河经过疏浚，称为贾鲁河。贾鲁河只经过开封城南的朱仙镇，朱仙镇很快就繁荣起来，成为全国四大镇之一。不过后来由于其他贸易道路代之而起，朱仙镇又复衰落不振了。

---

① 《旧五代史》卷一一《周书·太祖纪》。北汉时，大名府称为邺都。

② 《宋史》卷三六五《岳飞传》。

③ 《太平寰宇记》卷一《东京》。

九、南海岸上的广州

现在的广州市，汉时就已设县，称为番禺。番禺县属南海郡，为郡治的所在。南海郡又隶属交趾刺史部。交州刺史部东汉时设在龙编，就是现在越南的河内。三国吴时始分交州置广州，即以南海郡番禺为广州治所。

番禺处于五岭之南。五岭之南近海，物产以犀、象、毒冒、珠玑、银、铜、果、布为多，这些都是内地所少有或者就不可能生产的，内地商贾多前往贩运，并且能够致富，番禺就是当地的都会。①

五岭以南不仅有奇异的物产，而且还能和海外通往来，西汉时，最远可以通到已程不国。②这是在今印度半岛南部的国家，也有人说就是现在的斯里兰卡。当时出海的船舶多从徐闻（今广东徐闻县）、合浦（今广西壮族自治区合浦县东北）起航，这两地离番禺较远，不过运输来的海外奇珍，还是要集中到番禺来的。

这些奇珍货物固不仅为番禺商人在海外购得，也是海外各国商贸贩运来的。梁时中天竺国商贾往往至日南（治所在今越南广治）、交趾（治所在今越南河内）。③这虽然没有提到广州，但并非就没有到广州的。因为其时扶南王（今柬埔寨）就曾派遣商贾携带货物来到广州。④

外商来广州者多，内地商人前去者也不少，不仅商人前去，一些贵族官吏也掺杂在商贾队伍之中。东晋时，司马奇身封为义阳王，曾遣三部使到交、广商货，为有司所奏，贬为三纵亭侯。⑤而一些当地官吏更视之为利

---

① 《汉书》卷二八《地理志》。
② 《汉书》卷二八《地理志》。
③ 《梁书》卷五四《中天竺传》。
④ 《梁书》卷五四《扶南传》。
⑤ 《晋书》卷三七《义阳王望传》。

薮所在。晋时就已有人说"广州包带山海，珍异所出，一箧之宝，可资数世"①。甚至到南齐时，更有人说："世云：'广州刺史但经城门一过，便得三千万也。'"②

三国吴时，交、广二州分治是在孙权黄武五年（公元226年）。③这次分治不久即作为罢论。后来到孙休永安七年（公元264年）又重新分开。④但在东汉献帝建安二十二年（公元217年），交州治所曾经迁到过番禺。⑤交、广二州分治后，番禺成为广州的治所，交州治所就仍迁回故地。当交州治所迁到番禺时，步骘为刺史。初迁来的新州，当然要建筑新的治所。据说："步骘到南海，见土地形势，观尉佗旧治处，负山带海，博敞渺目，高则桑土，下则沃衍，林麓鸟兽，于何不有？海怪鱼鳖，鼋鼍鲜鳄，珍怪异物，千种万类，不可胜记。"又说："骘登高远望，睹巨海之浩渺，观原薮之殷阜，乃曰：'斯诚海岛膏腴之地，宜为都邑。'"⑥这是说，当时对于新的州治是经过周密的选择的。交广分州后，这里也就成了广州的治所。既然州治在此，人口当然就会增多。具体的人口数已不易考核。晋卢循攻广州时，城内一次大火死者万余人。⑦可见当时城内人口是不会少的。广州既与海外通贸易，可能城内也住有海外商旅，以未见记载，难以具知。

根据后来的记载，旅居在广州外国人是不少的。唐朝后期，广州的一次变乱中，死人甚多。除当地人外，回教徒、犹太人、基督教徒、火教徒亦被杀很多，死于此段者达十二万人。⑧这个数字可能并非夸大，因为每天到达

---

① 《晋书》卷九〇《吴隐之传》。

② 《南齐书》卷三二《王琨传》。

③ 《三国志》卷四七《吴书·吴主权传》。

④ 《三国志》卷四八《吴书·三嗣主传》。

⑤ 《水经·浪水注》。

⑥ 《水经·浪水注》。

⑦ 《宋书》卷三二《五行志》。

⑧ 张星烺《中西交通史料汇编》。

广州的海舶都有十几艘[1]，来往的商贾是不会很少的。有的记载说，每年来的海舶才有四十余艘。[2]这样一座大海港，每年才有四十余艘海舶出入，似与实际不符。如按每日十余艘计算，则每年应该有四千余艘。

广州有这样多的海舶前来，税收应当可观。唐朝曾在这里设置市舶司，以检查出入船舶，征收商税。这应是我国设置海关之始。

据东汉时的记载，大秦王安敦遣使自日南徼外献象牙、犀角、玳瑁，始乃一通。[3]大秦为罗马帝国。后来海上交通愈益发达，与广州往来贸易的国家应更为繁多。

第五节　经济地区的转移

一、经济地区转移的原因

黄河流域的自然环境原本对开发农业、建立富庶经济地区颇为有利，但是人为的阻碍和摧残，一再改变富庶经济地区的面貌。西晋末年永嘉乱离之后的两个世纪左右的战乱，将黄河流域的几乎所有富庶经济地区摧残殆尽。隋唐两朝，由于国家统一局势的初步稳定，黄河流域经济地区又得到了恢复和再造。但唐代后期的变迁，再次说明了战乱是黄河流域经济地区残破的直接原因。

---

① 《新唐书》卷一七〇《王锷传》："迁岭南节度使。……请蕃舶至，尽有其税，于是财蓄不赀，日十余艘载皆犀象珠琲，与商贾杂出于境。"《旧唐书》卷一五一《王锷传》作："日发十余艇，重以犀象珠贝，称商货而出诸境。"

② 《旧唐书》卷一三一《李勉传》："五岭平，前后西域舶泛海至者岁才四五，勉性廉洁，舶来都不检阅，故末年至者四十余。"《新唐书》卷一三一《李勉传》作"明年至者乃四十余柂"。曾昭璇先生《广州历史地理》下篇《广州城历史地理》曾论证这四十余柂应为四千余柂的讹误，甚是。

③ 《后汉书》卷八八《西域传》。

唐朝自中叶以后，黄河流域战争又复迭起，每次战争，都或多或少给经济地区带来不可避免的破坏。就以秦宗权的那次起兵来说，先后仅有五年，就使中原各地改换了面目。自关中至东方的青（治益都，今山东青州市）、齐（治历城，今山东济南市），从南方的荆（治江陵，今湖北江陵县）、郢（治长寿，今湖北钟祥县）直到黄河沿岸的卫（治汲，今河南卫辉市）、滑（治白马，今河南滑县），都受到波及，造成千里无舍烟的惨状。①大量的人口因战乱而亡散，农田因缺人而荒芜，原有的经济地区也就不复存在或者转移到其他的地区。黄河流域在十六国及南北朝时期的经济地区的萧条和残破是这样，唐朝后期和五代中的相继摧残终致转移也是这样。

在唐朝后期和五代中的战乱，固然也影响到长江流域，甚至富甲天下的扬州和江淮之间东西千里的地方，也先后摧残殆尽。②但是南方究竟不是主要的战场，或由于战争的短促，或因所涉及的地区不广，战乱后的恢复还比较容易。而黄河流域的战乱，除了各割据势力的拼杀外，周边各族的内侵更加剧了经济地区的破坏。

关中的残破是很严重的。唐朝中叶以后，关中受到周边各族的侵略，也受到藩镇的争夺。回纥的骑兵曾一再达到渭滨③，吐蕃甚至一度占据了长安④，关中农业经济区自然也受到影响。而藩镇由遍于各地转而进逼国门⑤，更是战乱触发的危险点。由于长期战乱的影响，关中的精华已消耗罄尽。以至到了唐朝灭亡的前后，关中除了李茂贞据有凤翔（治天兴，今陕西凤翔县）尚苟延残喘外，竟无其他割据势力留在这里。当时的中原各地虽也到处残破，但五代各朝还先后选择洛、汴为都，于长安则不过问，是关中更不如中原了。

---

① 《旧唐书》卷二〇〇下《秦宗权传》，《新唐书》卷二二五下《秦宗权传》。

② 洪迈《容斋随笔》卷九《唐扬州之盛》。

③ 《旧唐书》卷一九五《回纥传》。

④ 《旧唐书》卷一九六上《吐蕃传》。

⑤ 《新唐书》卷六四《方镇表》。

太行山东河北平原，也曾是黄河流域的重要经济地区，安禄山反抗唐朝政府，就是凭借河北的经济实力。后来占据河北的魏博（治魏州，今河北大名县）、成德（治镇州，今河北定县）、卢龙（治幽州，今北京市）三镇，能以一隅之地与中央对立，说明当地的经济基础还是依然存在。但是藩镇长期割据一方，忽视生产，一味剥削，地方经济也就很快被破坏了。魏博田承嗣曾为扩充军队，将辖区内壮丁，尽编为兵①，成德、卢龙二镇也效其法②，无疑更破坏了经济生产的活动。直到唐末，刘仁恭为卢龙节度使，搜罗境内十五至七十岁的男子强行黥面从军，文士则臂上刺字，结果才得到二十万人③，已见当地户口显著地减少。最初可以和唐廷对立的河北三镇，后来不免相继灭亡，当地经济的破产，不能使他们支撑下去，也应当是一个重要的原因。河北地区经济的破坏，还有周边各族的摧残，五代时，契丹每次向南侵入中原骚扰，都要屠杀掳掠大批人口。其中相州（治所在今河南安阳市）一城就被屠杀过十余万人。④经济地区内人口大量减员，经济的恢复也就难得在短期内实现。

五代以后，宋朝统一了全国。当时的局面是社会残破不堪，人口数目又是大量减少。由宋朝的开国到神宗元丰时，一百多年的光景，户数才超过唐朝，而口数却远不相及。开封府为宋朝都城，一直到徽宗崇宁时（公元1102—1106年），就户口总数说，也还没有唐朝的汴州多。开封还是这样，其他地方就可想而知。

黄河流域富庶经济地区经过唐朝后期和五代的相继摧残后，到了北宋曾得到一定程度的恢复。但尚没有回到隋唐初期那样的富庶，又遭到了更严重的摧残，使黄河流域重新陷入残破的境地。这就是金、元两个政权相继统治

---

① 《旧唐书》卷一四一《田承嗣传》。
② 《旧唐书》卷一四二《李宝臣传》："时宝臣有恒、定、易、赵、深、冀六州之地，后又得沧州，步卒五万，马五千匹。当时勇冠河朔诸帅。宝臣以七州自给，军用殷积，招集亡命之徒，缮阅兵仗。"又卷一四三《李怀仙传》："朝廷多故，怀仙等四将等各招合遗孽，治兵缮邑，部下各数万劲兵，文武将吏，擅自署置，贡赋不入朝廷，虽称藩臣，实非王臣也。"
③ 《新唐书》卷二一二《刘仁恭传》。
④ 《旧五代史》卷一二七《契丹传》。

的结果。

金、元两政权进入黄河流域后都进行过残酷的屠杀，元人较金人更甚。当金人还未迁都开封时，元人攻略河北、河东诸州郡，数千里地方的人民几乎尽被杀戮。[①]只有中都（今北京市）、通州（治潞县，今北京市通县）、顺州（今北京市顺义县）、真定府（治真定，今河北正定县）、清州（治会川，今河北青县）、沃州（治平棘，今河北赵县）、大名府（治大名，今河北大名县）、东平府（治须城，今山东东平县）、德州（治安德，今山东陵县）、邳州（治下邳，今江苏邳县）、海州（治朐山，今江苏连云港市海州）等十一座府州城池因坚守未破，不致遭受涂炭。[②]金人迁汴前后，关中各地，兵火之余，八州十二县，户不满万。[③]元人之法，攻城不下者，城破之后，全城尽屠，就是不屠的，也是所余无几了。[④]故当时黄河流域人口普遍减少，并且以后长期没有得到恢复，再加上元末战争，山东、河南各处，"多是无人之地"[⑤]。后至明初还要一再往北方移民，以改变极端残破的局面。

人口普遍减少，自然会促成农田的大量荒芜。但黄河流域农业经济地区的破坏，除了自然荒芜以外，还有金、元人的经济政策的影响。金人和元人自来就不从事农耕生产，他们来到黄河流域农耕地区，同先前的游牧部落进入黄河流域初期一样，并不是为了从事农耕业的生产，把农耕地区变为牧区本是他们的生活习惯使然，这是与后来游牧部落中的有些人改变了牧业生涯转而从事农耕的现象是有所区别的。黄河流域农耕地区改为牧场在金、元人

---

① 《元史》卷一《太祖纪》。

② 《元史》卷一《太祖纪》。

③ 《元史》卷一五九《商挺传》。

④ 《元史》卷一四六《耶律楚材传》："旧制，凡攻城邑，敌以矢石相加者即为拒命，既克必杀之。汴梁将下，大将速不台遣使来言，金人抗拒持久，帅多死伤，城下之日宜屠之。"《遗山先生文集》卷三二《赵州学记》："自贞祐南渡，河朔丧乱者二十余年，赵为兵冲，焚毁尤甚：民居官寺，百不存一。学生三数辈逃难狼狈，不转徙山谷，则转徙道路。"

⑤ 顾炎武《日知录》卷一〇《开垦荒地》。

统治中原的初期几乎是随处可见的。金时的淀泺侧畔[①]，大路两旁[②]，都曾被划为牧场。权豪世家占有的大片农田，也大多改为草场。[③]金人及元人统治初期，他们囿于旧有的生活习惯，对农耕地区的生产活动非但不习惯，甚至对农业经济的认识也很错误，像元初还有人认为汉人即从事农耕生产的人无补于国，可悉空其人，以为牧地。[④]显然这些游牧部落的人认为农业的产品对他们来说，无论吃、穿、用，都没有什么益处。但是这种旧有的生活习惯后来慢慢得到改变。因为农业生产除了大灾之外，相对来说，比畜牧生产要安定得多，而且常年的收获比较稳定，生活也自然容易安逸，这些都是逐水草而生的游牧生涯所不可比拟的，这也就是后来金人元人争占良田、据为己有的经济上的动机。为此，女真的统治者除了在政策上纵容这些权豪争夺农田，更刷良田以给之[⑤]，金人的屯田更成为一时的制度[⑥]。

但是金人屯田的劳动力并不是他们自己，金人作为统治者，他们需要的仅仅是产品。故占地和屯田之后，只是把农田租给当地人耕种，并预支租

---

① 《金史》卷四七《食货志》二。

② 《金史》卷四七《食货志》二。

③ 《历代名臣奏议》卷六六，赵天麟《太平金镜策》。

④ 《元史》卷一四六《耶律楚材传》。

⑤ 《金史》卷四七《食货志》："大定十七年，六月，邢州男子赵迪简言，随路不附籍官田及河滩地，皆为豪强所占，而贫民土瘠税重。……诏付有司，将行而止。复以近都猛安谋克所给官地，率皆瘠薄，豪民租佃官田，岁久往往冒为己业，令拘籍之。又谓省臣曰：'官地非民谁种？然女真人户自乡土三四千里移来，尽得薄地。若不拘刷良田给之，久必贫之。'"其实《金史·食货志》接着还记载了大定二十一年的一些史事，说是"上曰：'前参政纳合椿年占地八百顷。又闻山西田亦为权要所占，有一家一口至三十顷者。'……省臣又奏，椿年子猛安谋合、故太帅榗盌温敦思忠孙长寿等亲属计七十余家，所占地三千余顷"。《遗山先生文集》卷一六《平章政事奉国张文贞公神道碑》也说："（金国）武夫悍卒，倚国威以为重。山东河朔上腴之田民有耕之数世者，亦以冒占夺之。兵日益骄，民日益困，养成痈疽，计日而溃。"大定十七年为公元1177年。大定二十一年为公元1181年。

⑥ 金人始置屯田军，内徙女真、奚、契丹之人，与百姓杂处，事在熙宗天眷三年（公元1140年）。《遗山先生文集》卷一八《嘉议大夫陕西东路转运使刚敏王公神道碑》："今之军士见屯者无虑数十万众，而家口又数倍于军。彼皆落薄失次，无所营为，唯有张口待哺而已。发入有限，日给无穷，久不改图，徒使农民重困，而军民亦不得安帖。臣愚以为不若计军户丁口，量给田亩，使失业之人皆获地著。既有恒产，孰不为自养之计。"

课，满足自己的需要。①但是由于战乱的影响，农耕地区的人民大量的死亡和逃散，农业劳动力自然就呈现短缺的状况，再加上一些土地租课的过重，无人敢于承租，因此还是有大片的农田得不到耕种而荒芜。②因为荒田到处都有，所以常常百余里间"草莽弥望，狐兔出没"③。由此看来，黄河流域原来大片的农耕区已失去了旧日的景观，畜牧经济已成为这些地区的主要经济形式。黄河流域的农业地区遭到非常严重的摧毁，与农业生产相关的传统丝织业同样遭到致命的破坏，因为金人到处屯田，不仅常常因此而荒芜土地，还因为解决薪炭问题而大肆砍伐树木，包括作为丝织业基础的桑树，这就在根本上断送了蚕丝手工业的生产活动。④虽然到元明时期北方黄河流域的蚕桑业还有一些地区可以见到，但已与秦汉隋唐时期的规模不能相比。

元人的屯田与金人相比，虽然也是遍布各地，但多集中腹里，河南等处也相当多。⑤元时腹里统河北之地，包括今山东省西部地区，即元中书省，黄河以南由河南江北行省统辖。也就是说，黄河下游的南北地区有大片土地为元人屯田所据。前面说过，元人作为游牧部族，其所依赖的乃是畜牧经济，屯田的结果，与金人也就相差不多。据《元文类》所言，当时"以蒙古军屯河、洛、山东，据天下腹心，汉军、探马赤军戍淮南，以尽南海，而新附军亦间厕焉"⑥，可知元人对黄河流域土地的摧毁并不下于金人。

---

① 《金史》卷四七《食货志》："（大定）二十一年，正月，上谓宰臣曰：'山东大名等路猛安谋克户之民往往骄纵，不亲稼穑，不令家人农作，尽令汉人佃莳取租而已。富家尽服纨绮，酒食游宴，贫者争慕效之，欲望家给人足，难矣。'"

② 《金史》卷四七《食货志》："（大定）二十一年，六月，又曰：'近遣使阅视秋稼，闻猛安谋克人惟酒是务，往往以田租人，而预借三二年租课者，或种而不耘，听其荒芜者。'"其时田地荒芜，也是田租过重，无人承租的缘故。见《三朝北盟会编》卷二三〇，梁淮夫《上两府札子》。

③ 《大金国志》卷二三《东海郡侯下》崇庆元年。

④ 《金史》卷四七《食货志》："大定五年，十二月，上以京畿两猛安民户不自耕垦及伐桑枣为薪鬻之，命大兴少尹完颜让巡察。"大定五年为公元1165年。

⑤ 《元史》卷一〇〇《兵志·屯田》。

⑥ 《元文类》卷四一《经世大典序录·政典总序》。

除屯田而外，元人还将大片农田分赐诸王、百官及寺观等[1]，当然，占有这些农田的人同金人一样，也不是为了农耕业的生产，土地失耕是很自然的事。后来清人进关后到处圈地[2]，和金元时正前后相似，他们的不善耕作，也同前代的游牧部族没什么两样[3]。

黄河流域农业地区的破坏，自然也包括了水利设施的破坏。这也是因为畜牧业对水利设施的需要不像农耕地区对水利建设的依赖那样重要。当然由于同样的原因，黄河下游河道的治理也不那样紧迫，而中上游水土流失的加剧，更易造成下游河道的决溢和改道。黄河自宋以后，除过几次改道外，决口溢流更是累见不鲜。这对农田的破坏也是相当大的。由于黄河溢流中泥沙的冲淤，甚至黄河流域自古以来最大的湖泊大野泽，在金元时期被逐渐淤塞，一般农田受到的冲淤就更可想而知了。

这里需要说明的是，黄河流域农业经济地区的又一次破坏，依然是人为的结果，特别是灌溉系统的破坏更促成了农业的萎缩。这个道理，元人郭守敬[4]、虞集[5]，明朝的徐贞明[6]、徐光启[7]以及清朝的刘继庄[8]等人都曾作过阐释。徐贞明还有意在河北平原试种水稻[9]，希望重新利用黄河流域下游地区

---

[1] 《元史》卷一七五《张珪传》。

[2] 《八旗通志初集》卷一八《土田志》。

[3] 《八旗通志初集》卷一八《土田志》："顺治十一年，正月，乙卯，都察院言：满洲兵丁虽分土地，每年并未收成。穷兵出征，必需随带之人，致失耕种之业，往往地土空闲，一遇旱涝，又需部给口粮。且以地瘠难耕，复多陈告，而民地又不便再圈。"顺治十一年为公元1654年。

[4] 《元史》卷一六四《郭守敬传》。

[5] 《元史》卷一八一《虞集传》。

[6] 徐贞明《潞水客谈》。

[7] 徐光启《农政全书·水利》。

[8] 刘继庄《广阳杂记》卷四。全祖望撰《刘继庄传》，即以此意入于传中。

[9] 《明史》卷二二三《徐贞明传》。

的宜农条件。而稻的种植，原本是黄河流域中下游各地的重要农作物①，后因不断的战乱、人民的迁移、农田的荒芜等诸多人为因素竟使稻作在黄河流域消失。有人甚至还怀疑黄河流域种稻的可能性。当然这种怀疑最后都因为事实的存在而消失，但黄河流域的农业水平，包括稻的种植业，都没有再超过江南，除了自然条件的因素外，人事的沧桑应该是主要的原因之一。这同西晋永嘉乱离后的破坏有相同的特点。

二、长江下游三角洲的农业与水利

　　前面说过，在唐末及五代时期，战乱虽曾影响到长江流域，但破坏的程度有限，经济的恢复也就比较容易。

　　在唐朝，长江下游的太湖区域及其附近地区已被人们视作全国的经济要地。②唐中叶以后，黄河流域的战乱频仍，人口大量南迁，他们带去原来在北方行之有效的耕作方法，更使长江下游的太湖区域及其附近地区即长江下游三角洲地区的经济地位得到提高。

　　长江下游三角洲地区的农业自东晋南朝开始大规模开发以来，一直未曾间断。唐时已有专言江南农事的著作流传。[1]水利的发展也有相当的基础。前面曾举过淮南道、江南东道、江南西道、山南东道等长江流域水利发展的例子。像元稹在浙东那样，"命吏课七郡人，各筑陂塘，春贮水雨，夏溉旱苗"[2]，仿佛成了一时的制度。这些都对当时和后来的宋朝促进长江流域农业的发展起着不小的作用。固然，唐朝末年，长江下游还曾经受到战争的波及，甚至扬州也受到摧残。[3]但是五代时期，吴与吴越两国互相保境安民，注意农业的发展，在当时混乱波动的局面中确实是难得的事情。两国又都重视水利，吴越还特设有专管水利的官吏，并且募卒四部，专司太湖中的撩浅。[4]五代之后再行统一中国大部的北宋王朝，在较为安定的形势下对水利建设更为重视。据今人冀朝鼎的统计[5]，宋朝水利建设见于记载的，共有1116次之多。其中黄河流域只有78次，而在长江流域的多达1038次，占总数的93%。在长江流域兴修的水利又多集中于下游，包括附近地区，即今福建、浙江、江苏、江西诸省境的广大地区，如福建202次、江苏117次、江西56次，三省总合占全部长江流域兴修次数的三分之一以上，可见长江下游各地依然是水利建设的侧重点。其中北宋的水利兴建虽然比南宋时期要少，但也有几宗重要的建设，如张纶在太湖地区的常熟、昆山之间开浚众浦[6]，范仲淹亲赴海浦开浚水道[7]。北宋仁宗时对水利更为重视，甚至将昆山县至娄门之间所修的水塘命为"至和"。"至和"为仁宗年号，塘以年号为名，的确见其重要。[8]《宋史·食货志·农田》曾对南宋时水利兴建之多的原因作过这样的说明："南渡之后，水田之利。富于中原，故水利大兴。"南宋时偏安东南一隅，农业生产的压力固然要求水利建设的进展，而北宋时的政治

---

① 陆龟蒙《耒耜经》，迄今犹有传本。

② 《白香山集》卷六一《河南元公墓志铭》。

③ 《旧唐书》卷一八二《毕师铎传》，又《新唐书》卷一八八《孙儒传》。

④ 宋朱长文《吴郡国经续记》下《治水》，《天下郡国利病书》卷一五《苏州府·历代水利》。

⑤ 冀朝鼎《中国历史上的基本经济区与水利事业的发展》。

⑥ 《宋史》卷四三六《张纶传》，又《天下郡国利病书》卷一五《苏州府·历代水利》。

⑦ 《宋史》卷三一四《范仲淹传》。

⑧ 《天下郡国利病书》卷一五《苏州府·历代水利》。

中心还在黄河流域，但它对经济的依赖已转到长江流域，也不能不注意水利的兴建，以保障农业生产的需要，故长江下游三角洲地区水利的大事兴建不独在南渡之后，盖农业生产的需要使然。

宋朝南渡之后，金人所占的黄河流域又有大批中原人南徙，大部被安置于两浙和荆湖南、成都府诸路[①]，为这些地区增加了大量的农业劳动力。除了中原农业人口的南迁，少数游牧部族的人也有迁往南方的，如一些色目人以为江南更宜安乐，遂往卜居。[②]他们虽然不是直接参加生产，但他们之被吸引江南，显然和长江流域农业地区的富庶有关。

江南农业的发展除了水利兴建、人口增加的因素而外，农业技术的改进也是重要的条件。还在北宋中叶，有人就从福建引进占城（今越南地）稻种到长江下游试种。这种占城稻粒虽小，但穗长子实，收获期早，对水、旱条件的要求不很严格，比原来的旧品种要好，故得逐渐推广。[③]由于农业生产的不断改进提高，到南宋时，竟有了"苏常熟，天下足"的民间谚语，足见当时南宋王朝所依赖的长江下游经济基础的坚厚。

以后尽管朝代更迭不已，但长江下游地区的经济发展却一直未遭受大的曲折。与黄河流域的萧条相比，可见经济重心的转移。

长江流域的另外两个重要经济地区即上游的巴蜀地区和中游的洞庭湖地区。虽然还比不上长江下游经济地区的富庶，但却是大大超过了黄河流域。

---

① 《元丰九域志》卷五，两浙路主客户1830096，主客口3223699。又卷六，荆湖南路主客户711057，主客口1828130。又卷七，成都府路主客户770235，主客口3653748。《宋史》卷八八《地理志》，绍兴三十二年，两浙路有户2243548，有口4327322，荆湖南路有户968930，有口2136767。《宋史》卷八九《地理志》，淳熙二年，成都府路有户258万，有口742万。绍兴三十二年和元丰三年相比，两浙路增户413452，增口1103623。荆湖南路增户257875，增口308637。淳熙二年与元丰三年相比，成都府路增户1809747，增口3766252。元丰三年为公元1080年，绍兴三十二年为公元1162年，淳熙二年为公元1175年。

② 陈垣《元西域人华化考》，涉及迁居江南的色目人，有迁于杭州者沙班、贯云石、完泽三人，迁居于金陵者有赵世延、马彦翚二人，泛言迁居于江浙者有欣都、丁希元、家铉翁、昂吉四人，其他台州有泰不华，鄞县有通贤，上虞有买闾，武昌有丁鹤年，豫章有盛熙期，进贤有泊颜子中，崇仁有木撒飞，共十六人。亦可以略见一斑。

③ 《宋史》卷一七三《食货志·农田》。

前曾提到中原北方人口南迁，南宋时荆湖南路的户口数较北宋时增加了三分之一，口数也增加了六分之一，成都府户数增加几近两倍半，口数也达到一倍。[①]户口增加从一个方面可以说明经济的发展，这是不待说的，如果再比较北方人口减少的数字，其间的反差将会更大。（附图一《两宋时期长江流域农业地区分布图》）

三、漕运的发展

漕运是因都城附近地区的粮食供应不足而形成的水上专门运输业。漕运的兴衰与朝代的兴替、国都的所在、农业地区的分布及水运道路的通塞都有关联。

自唐后期以来，黄河流域经济地区的又一次萧条和破坏，从根本上改变了唐朝前期漕运的旧规。唐朝前期，都城长安的粮食除来自关中外，主要依靠黄河下游南北地区的供应，漕运也就主要在黄河中下游地区进行。而唐朝后期的粮食供应，已改为依靠长江下游各地，漕运的道路更为长远。显然，这种漕运的发展乃是旧农业区衰退的结果。

北宋立国后都于开封，其漕运的情形也就不同于唐朝。北宋政府的漕粮规定由四个地区供应，即长江流域、关中泾渭流域、淮河上游的陈蔡等地区以及开封以东的青齐各地。这四个地区基本上就是原来的黄河流域和长江流域的富庶农业区。长江流域自不必说，主要是下游太湖及其附近地区，兼及洞庭湖南北各地，这个地区的运道，也同唐代一样，主要依靠汴河。过去漕粮东来的关中长安废不为都后，北宋王朝的一部分漕粮即由过去的运道反向而行，将泾渭流域的漕粮顺黄河而下，向东运到都城。淮河上游的陈蔡各

[①] 这几个数字是由《元丰九域志》和《宋史·地理志》中有关数字推算出来。

图一　两宋时期长江流域农业地区分布图

两宋时期长江流域农业地区分布图

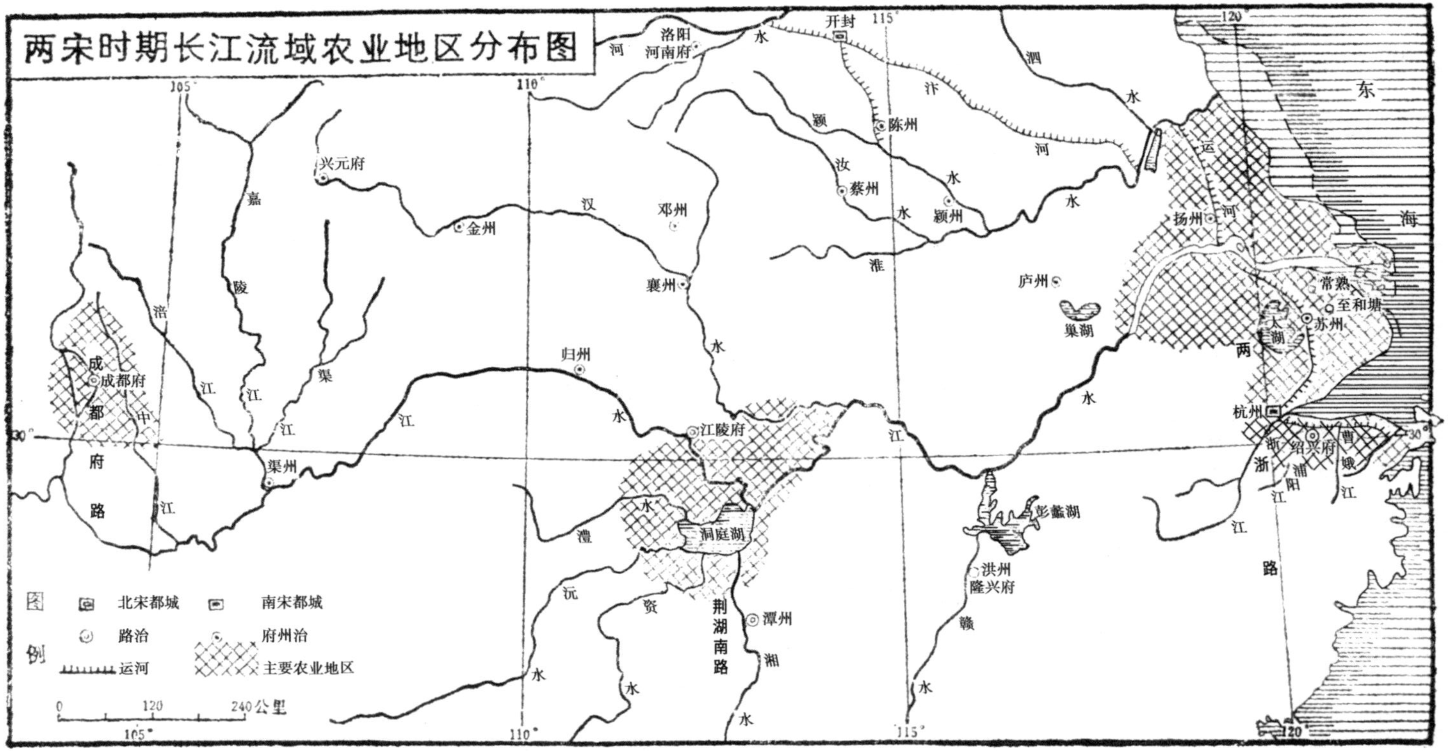

地，则利用蔡河的运道，直通开封。青齐各地的粮食，也通过广济渠（即五丈河）等水道直运首都。开封的位置，正处于一个交通网的中心。

　　根据北宋初年的规定，四个地区的漕粮数目是各不相同的。长江流域每年运米为三百万石，菽一百万石，关中泾渭流域每年输粟五十万石，菽三十万石，淮河上游各处运粟四十万石，菽二十万石，开封以东各地输粟十二万石。[①]这样的规定应该是与四个地区的农业生产水平相适应的。但是后来各地区漕粮供应的数额有了变化。长江流域各处和淮河上游各处及开封以东各地运输米粟的数量逐渐增加，只有关中泾渭流域地区的漕粮数量锐减，仁宗嘉祐四年（公元1059年）竟全部免掉[②]，到神宗时（公元1068—1085年），又重新制订漕运数额，长江流域改为每年运米六百万石，淮河上游陈蔡各处，每年运米六十万石，开封以东地区每年运米六十二万石。[③]这个数字已经同宋初时规定数额相差很多，说明原来各处的农业生产状况有了不同程度的变化。当然，除了农业生产状况的改变能引起漕粮供给的变动外，还有其他的因素。比如关中泾渭流域地近西夏国，边庭的军粮相当紧缺，关中之粮没有更多的余额兼顾都城开封，因此不得不减少泾渭流域这一地区的漕粮运出的数量。但是，关中地区粮食生产的数量不大，还是反映出农业生产的不够景气。特别是关中原有的水利设施未能很好地修复利用，是一个很重要的原因。关中郑白两渠在唐朝中叶灌溉面积已经比以前减少。宋初曾派人前往勘查，据说灌溉面积还不到二千顷，远不如唐朝中叶。他们把责任推到职守之人的身上，说是改修渠堰，拆坏旧防，致走失水流。[④]不管怎样说来，关中地区的农业生产的萧条总是事实。开封以东各地的农业，宋初时漕运数额才十二万石，比关中泾渭流域地区的五十万石已相差了四分之

---

① 《宋史》卷一七五《食货志·漕运》。

② 《宋史》卷一七五《食货志·漕运》："（庆历）后，黄河岁漕益减耗，才运菽三十万石。岁创漕船，市材木、役牙前，劳费甚广。嘉祐四年，罢所运菽，减漕船三百艘，自是岁漕三河而已。"嘉祐四年为公元1059年。

③ 《宋史》卷一七五《食货志·漕运》。

④ 《宋史》卷九四《河渠志·三白渠》。

三，农业的水平当不如关中。但是后来，它的农业水平却超过关中，其中的原因恐怕与这一地区距离都城开封较近，容易受到当时政府的注意，一些农事措施较易推行不无关系。至于长江流域的农业一直处于稳定发展的状态，成为漕粮的主要供给地。

在供给开封漕粮的四个地区中，没有提到过去颇著名声的太行山东河北平原农业地区。这一地区在黄河流域富庶地区遭到破坏时自不能幸免于难，但在战乱之后的恢复中也还有所表现。何承矩曾在这一地区的雄（治归信，今河北雄县）、莫（治任丘，今河北任丘县北）、霸州（今河北霸县）、平戎（今河北霸县西南）、顺安（今河北高阳县东）等州军，开塘泺，兴堰600里，广辟稻田，大获其利[①]，即显示出当地农业生产的成就。况且当时纵贯太行山东的永济渠依然开通，作为漕粮的产地和运输道路，这一地区似乎都具有条件。但北宋政府没有依赖这一地区的粮食供给，恐怕与北边契丹等族的内侵骚扰有关。据《宋史·食货志·屯田》的说法，"边隙一开，河朔连岁绎骚，耕织失业，州县多闲田"。既然生产的环境受到影响，就难保开封粮食的需求。为保障边防的安定，还要供给相当大量的军糈，因此太行山东河北平原一带就难以成为漕粮的供给地区。关中泾渭流域地区后来也减免漕粮的供给，也有相类似的地处边陲的原因。可见处于战争状态下的边防地区，农业生产是大受影响的。漕粮出产和运输的变化就成为农业兴衰的一个标志。

元代统一中国后，因为都城大都（今北京市）处于黄河流域之北，漕运的路线就与前代很不相同。前面曾经说过，经过金元之际的战乱，黄河流域中下游的富庶农业地区受到了严重的摧残和破坏，农业生产自然满足不了都城粮食的需要。都城粮食的供给必然要全部仰赖于长江下游。[②]为了缩短漕运的路程，元代在灭掉南宋，长淮以南尽入版图后的第三年，即元世祖至元十八年（公元1281年）着手开凿新的运河。元代大运河实际上是由新旧几段

---

① 《宋史》卷一七六《食货志·屯田》，又卷二七三《何承矩传》。
② 《元史》卷九三《食货志·海运》。

河道衔接而成的，就全线而言，则是由都城大都直通江南的杭州。显然，这是把长江下游三角洲地区同首都直接联系起来。作为漕粮的供应，这是最为短捷的水道。元代大运河呈南北相向，横越了黄河、淮河和长江，因而其水道也自然要受到这些河流，特别是黄、淮河的影响。为了保障运道的畅通，就要进行必要的治理，元朝为此付出的代价是相当大的。后来的明清二朝对黄淮等河的治理，也是为了保漕。但由于黄河泛滥的原因未得到根本的解决，所以这条南北大运河也常常出现问题，当然漕粮的运输也会受到很大的影响。尽管如此，北方都城的粮食供给并没有转向其他地区，特别是曾经富庶的黄河流域中下游地区，这在一定程度上说明了黄河流域农业经济恢复的缓慢，不足以成为漕粮的供给地。

明成祖迁都北京后，最初还实行过海运。及疏浚会通河成功，即废止了海运和由黄入卫的河运，整个的南北运输都倚赖于大运河了。明初漕运无定额，随时视需要而变更，所以没有确实的数目。到宪宗成化八年（公元1472年），才规定每年须运四百万石，其后即以为常。[①]此数已超过了元代海运漕粮的最高额。清代建国规模一仍明的旧惯，国都既没有迁移，交通网自然也与旧日一样，漕运依然靠着大运河，粮食的供应也同样求之于长江下游三角洲地区。

四、纺织业中心的改易

黄河流域富庶经济地区发达的时期，纺织业的中心也一直在这里，特别是丝的纺织业，黄河下游的南北地区，更占有全国最重要的地位，不仅超过江南，甚而超过关中。随着黄河流域经济地区的破坏和转移，原来的纺织业

---

① 《明史》卷七九《食货志三·漕运》。

的中心也随之改易。

纺织业中心的转易同农业富庶地区的转移有相同的方向，就是由黄河流域转到了长江流域，特别是长江下游三角洲地区。

江南的纺织业，主要是丝织业，在唐初还不十分发达。传说薛兼训为江东节制时，让军中兵士到北地娶织女回来成家，结果越地的绫纱织品"妙称江左"[①]。后来五代时的楚、吴诸国则令人民以绢帛供赋[②]，可知江南的丝织业有了长足的进步。但直到北宋，长江流域的丝织业还未超过黄河流域，因为北宋政府所设的二十一处丝织场所，有十四处还在黄河流域，计东京（即开封）、西京（今河南洛阳市）、真定（治真定，今河北正定县）、青（治益都，今山东青州市）、亳（治谯，今安徽亳县）、大名（治大名，今河北大名县）、齐（即济南府，治历城，今山东济南市）、郓（即东平府，治须城，今山东东平县）、濮（治鄄城，今山东旧濮县）、淄（治淄川，今山东淄博市）、潍（治北海，今山东潍坊市）、沂（治临沂，今山东临沂市）、密（治诸城，今山东诸城县）、登（治蓬莱，今山东蓬莱县）十四府州。分布主要在今河南、河北和山东省境内。在长江域流及其以南各地者，仅益（即成都府，治成都，今四川成都市）、梓（即潼川府，治郑郯，今四川三台县）、江宁（治上元，今江苏南京市）、润（即镇江府，治丹徒，今江苏镇江市）、衡（治衡阳，今湖南衡阳市）、永（治零陵，今湖南零陵县）、全（治清湘，今广西壮族自治区全州县）等七府州。分布多集中于长江上游和下游三角洲地区。[③]说明这时长江流域丝织业的比重还不很大。

但是宋朝南渡之后，情况便发生了变化，不仅长江流域丝织业地区相当广泛，而且两浙的杭州和越州（今浙江绍兴市）已成为重要的产丝地

---

① 李肇《国史补》下。

② 洪迈《容斋续笔》卷一六《宋齐邱》，陈鳣《续唐书》卷二八《楚世家》，《文献通考》卷三《田赋考》。

③ 《宋史》卷一七五《食货志·布帛》。这二十一处也有分工。据《食货志》说："在京有绫锦院，西京、真定、青、益、梓州场，主织锦绮鹿胎透背，江宁府润州有织罗务，梓州有绫绮场，亳州市绉纱，大名府织绉縠。青、齐、郓、濮、淄、潍、沂、登、莱、衡、永、全州市平绸。"

区，自然当地的丝织业也就发展起来。越州之南的金华县，本属婺州，由于近于丝织业中心，也有相当的规模。[①]越州和杭州的盛况更不用说了。据《宋史·食货志·布帛》所载的当时各地上供和买以及夏税所缴纳的调绢数额，可知"[绍兴（公元1131—1162年）]时江、浙、湖北、夔路岁额绸三十九万匹。江南、川、广、湖南、两浙绢二百七十三万匹。东川、湖南绫罗絁七万匹，西川、广西布七十七万匹。成都绵绮千八百余匹"。建炎三年（公元1129年），两浙路"上供和买夏税绸销岁为匹一百一十七万七千八百匹"[②]。两浙路包括杭、越二州，岁供已不是少数。而据建炎元年（公元1127年）知越州翟汝文奏："浙东和买绢岁九十七万六千匹，而越乃六十万五百匹，以一路计之，当十之三。"[③]可见无论杭州或越州，所负担的岁供丝织物比重已经不小。（附图二《两宋时期手工业及经济都会分布图》）

长江下游的丝织业到明朝更有了显著的发展。这与明朝初年一再鼓励民间种桑有关。[④]苏州（今江苏苏州市）、杭州（今浙江杭州市）、湖州（今浙江湖州市）、松江（今上海市松江县）、常州（今江苏常州市）、南京各处，已经成为丝织业的重要城市。明代南北两京皆置织染局，苏杭等府亦各有其织染局。[⑤]织染局自是从事丝织品的生产。织染局的增多也就表示了丝织业的发达。明时，苏、松、杭、嘉、湖五府的织染局尤为重要，除了要完成常额规定的织染数量，还要增加彩缎和各式纻丝纱、罗织金的生产。[⑥]五府的民间丝织业也很发达。据《古今图书集成·职方典》苏州府部、松江府部《汇考》之说，苏州东北半城差不多都为机户，松江府城之东也皆习织业。松江府除丝织业外，棉织业也很兴盛，绫与布皆"衣被天下"，特别是

---

① 朱熹《朱文公集》卷一八《按唐仲友第三状》："仲友私家婺州，所开设彩帛铺，高价买到暗花罗，并瓜子春罗三百余匹，及红花数百斤，本州收买紫草千百斤，日逐拘系染户，在宅堂及公库变染红紫。"唐仲友一家已经如此，其他人所经营尚不在内，可见婺州丝织的盛况。

② 《宋史》卷一七五《食货志·布帛》。

③ 《宋史》卷一七五《食货志·布帛》。

④ 《农政全书》卷三《国朝重农考》，又《明史》卷一三八《杨恩义传》。

⑤ 《明史》卷八二《食货志·织造》。

⑥ 《明史》卷八二《食货志·织造》。

图二 两宋时期手工业及经济都会分布图

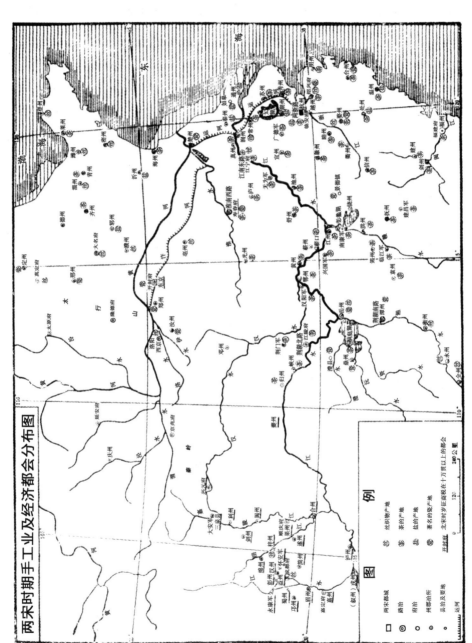

这里所产的精线绫尤为"当时天下第一"。杭州的丝织业稍逊于苏、松二府，但城中的不少富户，还是以纺织业而发达。[①]湖州府养蚕者尤多，以至于"俗以桑为业"[②]，有的一家种桑万株左右[③]。桑多蚕多，织业也就随而兴旺。所以自明"隆、万（公元1567—1620年）以来，机杼之家，相沿比业，巧变百出"[④]。在纺织业中心附近的一些小市镇，差不多也都成为专营丝织业的专门地区。如苏州附近的震泽，在明洪熙、宣德年间（公元1425—1435年）刚开始有人从事丝织业，但是到了成化、宏治年间（公元1465—1505年）后，镇中之人都在经营丝织业，连乡村也不例外。[⑤]苏州附近另一个叫盛泽镇的地方，丝织业发展也相仿佛。明初还只有五六十家居住的小镇，到嘉靖时，已成为四方商贾"蜂攒蚁聚"购买丝织品的地方。[⑥]由此可见明时丝织业的重心已经移到长江下游三角洲一带。（附图三《明代手工业场所及经济都会分布图》）

　　清朝的专司织业的织造衙门，也是设在长江下游三角洲地区的江宁（今江苏南京市）、苏州和杭州等地。据《大清会典事例》的记载，到清朝中叶，这三个织造衙门所辖的织局，机器各有六百架，机匠也近两千名。其中江宁更有摇纺、染匠所管的高手等匠七百七十七名，苏州挑花、拣绣所管的高手等匠二百四十三名，杭州摇纺、染匠、挑花及拣绣所管高手等匠五百三十名。[⑦]纺织业的实力可见一斑。民间丝织业也有空前发展。据同治《上元江宁两县志》中的《食货》部分记载，江宁在"乾嘉间（公元1736—1820年）机以三万计，其后稍稍零落，然犹万七八千。北趋京师，东并高

---

① 徐一夔《始丰稿》卷一《织工对》。

② 朱国桢《涌幢小品》卷二《蚕报》。

③ 唐顺之《荆川集》卷一五《茅处士妻李孺人合葬墓志铭》："湖俗以桑为业，而处士治生喜种桑，则种桑万株。"

④ 乾隆《湖州府志》卷四一《物产》。

⑤ 乾隆《震泽县志》卷二五《生业》。

⑥ 乾隆《吴江县志》卷五《物产》。又《醒世恒言》卷一八《施润泽滩阙遇友》："镇上居民稠广，……俱以蚕丝为业，……络纬机杼之声，通宵彻夜，那市上两岸绸丝牙行，约有千百余家。远近村纺织成绸匹，俱到此上市。四方商贾来收买的，蜂攒蚁聚。"

⑦ 《大清会典事例》卷一一九〇《内务府库藏织造》。

图三　明代手工业场所及经济都会分布图

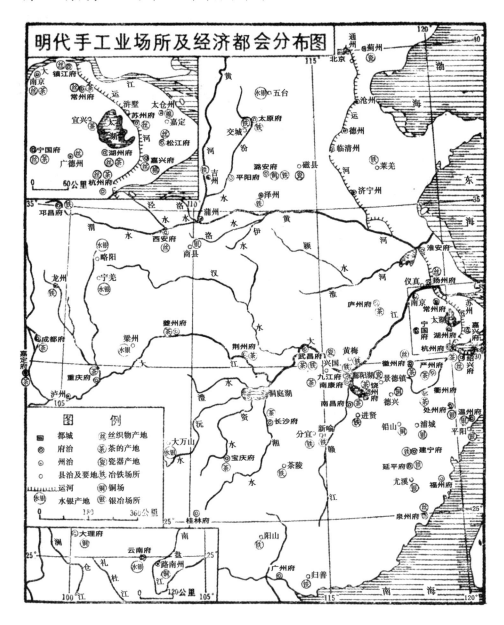

句骊、辽沈，西北走晋、绛，逾大河，上秦、雍、甘、凉，西抵巴蜀，西南之滇、黔，南越五岭、湖、湘、豫章、两浙、七闽，溯淮、泗，道汝、洛"①，产品销售到全国各地，甚至东北到今朝鲜半岛。丝织业的发达程度一望而知。后来到道光年间（公元1821—1850年），江宁一地的织机仅缎机就达三万架②，清末则"城厢内外，缎机总数常五万有奇"③。丝织品产量就更大了。苏州的丝织业最盛时，依光绪九年（公元1883年）十二月初三《申报》的说法，织机也达三四千架。显然，丝织业的盛况远非明代可比。

除了江宁、苏、杭三处丝织业的中心外，原来就比较发达的松江、嘉兴、湖州等地也有长足的发展。特别是一些规模不大的小市镇，也因丝织业的兴旺而蒸蒸日上。前面曾提到的盛泽镇，到清乾隆时，已经是"居民百倍于昔，绫绸之聚，亦且百倍。四方大贾赍金至者无虚日"④。说明丝织业的生产和经销是十分兴旺的。嘉兴附近的王店镇，一镇就有织户七千家⑤，邻近的濮院镇更是"日出百绸"⑥，产量很多。而湖州的双林镇的丝织业，据唐甄《蚕教》称："吴丝衣天下，聚于双林，吴、越、闽、番至于海岛，皆来市焉。五月载银而至，委积如瓦砾。"俨然一处大的丝贸中心。以至"吴南诸郡岁有百十万之益"，"虽赋重穷困，民未至于空虚"⑦，百姓生活的支柱也完全依靠了丝织业经营。

纺织业中除了丝织业外，自元、明以后，还包括了棉纺织业。棉花是元时才由岭南北传至松江的⑧，更由松江传到各地。明朝种棉的地区已经相当普遍。⑨纺纱织布已成为农村妇女最平常的手工劳动。作为棉纺织业最早兴

---

① 同治《上元江宁两县志》卷七《食货》。

② 光绪《续纂江宁府志》卷一五《拾补》。

③ 光绪十二年二月十六日（公元1886年3月21日）《申报》。

④ 乾隆《吴江县志》卷五《物产》。

⑤ 嘉庆《嘉兴府志》卷四《市镇》。

⑥ 民国《濮院志》卷一四《农商》。

⑦ 《皇朝经世文编》卷三七《农政中》。

⑧ 陶宗仪《南村辍耕录》。

⑨ 丘濬《大学衍义补》。

盛地的松江，在明朝已发展到相当规模。清人顾爰在他的《消夏闲记摘抄》中《芙蓉塘条》下写道："前明数百家布号，皆在松江枫泾、朱泾乐业，而染坊踹布商贾悉从之。"褚华在《木棉谱》中还具体提到，"从六世祖赠长史公精于陶猗之术。秦晋布商皆主于家，门下客常数十人，为之设肆收买。其将戒行李时，始估银与布，捆载而去。其利甚厚，故以富甲一邑，至国初犹然"。能靠棉织业而富甲一邑，确也是其发达的标志。松江所产的纱和布，北销秦晋，南到粤、闽，湖、广、浙、赣等处也随地畅销。[①]棉织业的发达，可以和纺织业媲美。直到清朝中叶，松江的棉布纺织业还依然兴盛，当地"乡村纺织，尤尚精敏。农暇之时，所出之布，日以万计"[②]。

与松江同处长江下游三角洲的苏州太仓、嘉定等地，也有织布为业者的生产经营。[③]苏布更是名重四方。[④]由于纺织业获利超过种稻，松江、太仓、通州等地的农民舍稻种棉，"各厅州县农田计之，每村庄知务本种稻者不过十分之二三，图利种（棉）花者则有十分之七八"。因此官府对此表示忧虑，乾隆时两江总督高晋特别奏请朝廷对多种棉花进行限制，以免影响到水稻的种植。[⑤]可见当时种棉业和棉纺织业的兴盛已近乎失控的状态，当然这也是中国服装由丝麻织物过渡到棉纺织品为主的过程中难以避免的事情。

棉花是一种长日照的作物，同江南湿润多雨的气候相比，比较干旱的黄河流域更宜棉花的生长。而黄河流域蚕桑基础的破坏正出现纺织业的空缺，所以棉花的种植由长江流域传到黄河流域（当然也有从天山南路传来的一部分）后，就迅速广泛地传播开来。到清乾隆时直隶省（今河北省）已经成为著名的产棉区，植棉面积占全省耕地的十分之二三。冀（今冀县）、赵（今赵县）、深（今深县）、定（今定县）诸州中十分之八九的农民都从事种

---

① 叶梦珠《阅世编》卷七《食货》。

② 康熙《松江府志》卷五《疆域志·风俗》。

③ 康熙《苏州府志》卷二一《风俗》。

④ 乾隆《元和县志》卷一〇《风俗》。

⑤ 《皇朝名臣奏议》卷六一，高晋《奏请海疆禾棉兼种疏》。

棉。棉纺织品也相当精美，几与江南的松江棉纺品媲美。[1]河北的棉纺织品行销之广还一直到了朝鲜。[2]黄河下游附近地区的河南[3]、山东[4]也成为棉花的产区。只不过河南、山东所产的棉花没有就近加工纺织，而是运往长江下游的松江、苏州等地，供江南的棉纺织业作为原料。北方的棉纺织业中心也就只限于河北平原地区。（附图四《清代前期手工业分布图一》）

五、纺织业以外的手工业地区

长江下游三角洲发达的农业不仅为丝棉纺织业奠定了坚实的基础，也为其他手工业创造了发展的条件。

唐时，饮茶已成为社会生活上的一种风气，茶叶的种植和制茶业也就随之兴起。唐朝政府后来为增加财政收入，还开始税茶。这正说明制茶业已成为有一定规模的手工业类别。茶的产地主要在长江流域。据《新唐书·食货志》的记载，江淮、浙东西、岭南、福建、荆襄和两川都是茶的重要产区。到了北宋，茶的种植更为广泛。仅淮南西、江南东、两浙、荆湖、福建等路出产茶叶的府军州就有四十四个。其中淮南西路（治寿春府，今安徽寿春县）有六州，江南东路（治江宁府，今江苏南京市）有十州五军，两浙路（治杭州，今浙江杭州市）有十二州，合计长江下游三角洲地区有二十八州五军；三角洲以南的福建路（治福州，今福建福州市）有二州；长江中游的荆湖北路（治江陵府，今湖北江陵县）有一府六州一军，荆湖南路（治潭

---

① 方观承《御题棉花图》：“三辅神皋沃衍，梁稷黍菽麦麻之属靡不种植，种棉之地约居十之二三，岁恒充美，输溉四方，……冀、赵、深、定诸州属，农之艺棉者什八九，产既富于东南，而其织纴之精，亦逐与松、娄匹。”

② 方观承《御题棉花图》。

③ 《皇朝经世文编》卷三六，尹会一《敬陈农桑四务疏》。

④ 顾炎武《肇域志》第三十二册：“高唐、夏津、恩县宜木棉，江淮贾客，列肆齐收，居人以此致富。”

图四 清代前期手工业分布图一

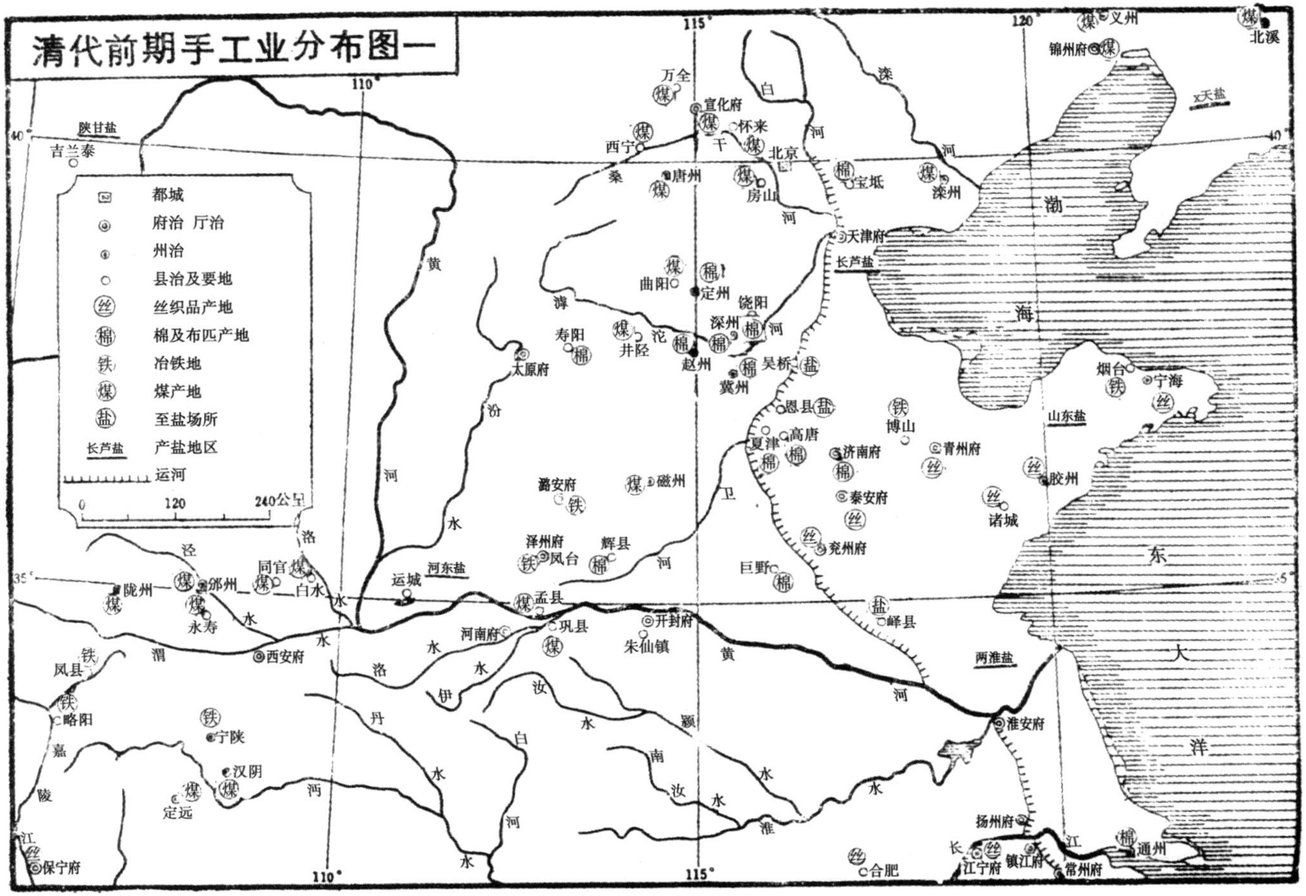

州，今湖南长沙市）有一州，合计有一府七州一军。显然，长江中下游地区的产茶地还是以下游三角洲地区为多。[1]南宋时期，东南各处产茶的地区在浙东西、江东西、湖南北、福建、淮南、广东西，共十个路，六十六个州，二百四十二个县。[2]比较北宋明显加多。明朝除上述地区外，陕西南部及四川西部皆成了产茶区域。不过陕南、川西的茶叶主要销往西北游牧地区。其他南直隶（今江苏、安徽）、江西、浙江、湖广、四川等处的茶叶，仍是在唐宋两代的基础上继续发展。据《明史·食货志·茶法》的记载，明时，对长江下游的应天（今江苏南京市）、宜兴（今江苏宜兴县）和杭州几个售茶发引的地区，特别注意征收茶叶的运输税，这也说明了当时长江下游三角洲地区确是茶叶种植及制茶业的重点地区。

　　同制茶业的发展一样，制瓷业也随着社会需求的增加而发展起来，特别是富庶经济地区为这类手工业提供了大量的劳动力，人口的迁徙又为生产技术的传播创造了条件，遂使这类手工业在经济上越来越显示出重要的意义。瓷器本从汉时就开始制造，并逐渐达到精美的地步。唐时，已有越、邢、寿、岳、鼎、婺诸州为著名的产瓷地区。[3]越、婺两州在今浙江省，治所分别为今绍兴市和金华市。岳、鼎两州在今湖南省，治所分别为今岳阳市和常德市。邢州治所为今河北省邢台市，寿州治所则为今安徽省寿县。其中南方的越州瓷和北方的邢州瓷最为有名。宋时著名的瓷窑有今河北省定县的定窑，今河南省临汝县的汝窑，今浙江省丽水市的龙泉窑和哥窑，今江西省景德镇的昌南窑，以及位于今河南省内的柴窑。其中位于鄱阳湖东北的昌南窑后来成为一个巨大的瓷业中心。元时，这里已有官府管理生产。明时，生产更为发达，佣工每日不下数万人。[4]清朝中叶，景德镇规模更为扩大，全镇广袤十数里，不计官办，民窑就达二三百区，终年烟火不断，工匠人夫多达

----

① 《宋史》卷一八三《食货志·茶》。

② 《宋史》卷一八四《食货志·茶》。

③ 陆羽《茶经》。

④ 光绪《江西通志》卷四九《舆地略·物产》引明万历时萧近高参内监疏。

数十万[①]，形成一个巨大的手工业城市。这个瓷业中心虽不在长江下游三角洲区，却也相距不甚远。

长江下游太湖地区附近还有丰富的盐产。为制盐而设置的盐场虽然各代间有不同，产区却大致仿佛。以《宋史·食货志·盐中》所列，宋时两浙路产盐的地方有杭州场、明州昌国东西两监、秀州场、温州天富南北两监、密鹦永嘉两场、台州黄岩监。在淮南路为楚州监城监、通州丰利监、泰州海陵监、如皋仓小海场。（附图五《清代前期手工业分布图二》）

但长江流域铜铁的采冶业不如其他地区发达。南宋较之北宋已相差很多，如以南宋孝宗乾道时（公元1165—1173年）的产量和北宋神宗元丰时（公元1078—1085年）相比较，则南宋时铜的产量仅有北宋时的五十六分之一，铁的产量也仅达六分之一。[②]这样的差别固然与南宋土地狭小、向日的铜铁产地多为金人占据有关，但长江流域各地的矿产未曾得到全面开发，也是重要的原因。明清时期，铜铁的产地相当普遍，长江流域及附近地区的铜铁产地数就占了很大比重。据《大明一统志》所载，长江流域及附近地区的浙江、江西、湖广、四川、南直隶及福建、广东等地就有铜产地三十四处，铁产地则湖广最多，有二十八处，另外福建、江西、四川、广东、贵

---

① 光绪《江西通志》卷九三《经政略·陶政》引清乾隆时唐英《陶事图说》。
② 《宋史》卷一八五《食货志·坑冶》，元丰元年诸坑冶总收铜一千四百六十五万五千九百六十九斤，铁五百五十万一千九十七斤。乾道二年，岁入铜二十六万三千一百六十斤有奇，铁八十八万三百斤有奇。

图五　清代前期手工业分布图二

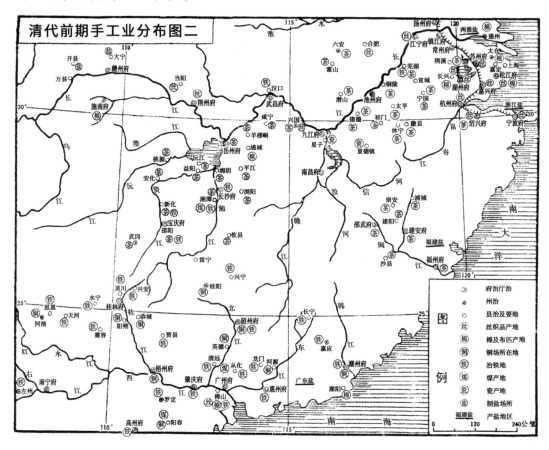

州、浙江、南直隶等地又有五十六处。[1]数量都超过黄河流域各地的总和。其中产铜的重要地区乃在云南。[2]明朝初年曾于江西进贤、新喻（今江西新余市）、分宜，湖广兴国（今湖北阳新县）、黄梅，山东莱芜，广东阳山，陕西巩昌（今甘肃陇西县），山西吉州（治所在今山西吉县）、太原、泽州（治所在今山西晋城）和潞州（治所在今山西长治市）都设有铁冶所[3]，

---

① 关于铜铁的产地，《大明一统志》于各布政使司的府州县中间有提及。这里按产地的多寡，依次列出。铜的产地有：山西七处：代州、保德、曲沃、翼城、闻喜、垣曲、潞州。浙江七处：武康、安吉、长兴、金华、龙泉、奉化、平阳。江西六处：德兴、弋阳、铅山、九江、德化、临川。陕西五处：咸宁、长安、蓝田、盩厔、兴安。四川五处：中江、荣经、宁番卫、乌撒、东川。湖广五处：武昌、大冶、辰溪、郴州、宜章。南直隶四处：繁昌、南陵、铜陵、全椒。福建四处：尤溪、沙县、长汀、邵武。广东三处：阳山、曲江、英德。云南三处：路南、永宁、永昌。河南两处：彰德、镇平。北直隶一处：万全。山东一处：莱芜。广西一处：贺县。铁的产地：湖广最多，共二十八处：武昌、大冶、黄梅、广济、蕲水、巴陵、石门、浏阳、攸县、安化、茶陵、醴陵、宁乡、衡阳、耒阳、常宁、卢溪、辰溪、溆浦、零陵、祁阳、江华、永明、宁远、郴州、宜章、永兴、桂阳。福建次之，共十八处：福清、闽清、安溪、永春、德化、建安、瓯宁、政和、松溪、南平、尤溪、长汀、上杭、宁化、邵武、光泽、龙溪、宁德。山西十七处：太原、榆次、交城、平定、五台、临汾、翼城、汾西、绛县、吉州、乡宁、孝义、怀仁、朔州、猫州、阳城、高平。河南十处：禹州、卫辉、巩县、宜阳、登封、新安、嵩县、南阳、内乡、汝州。江西九处：丰城、玉山、贵溪、弋阳、上饶、临川、万安、分宜、安远。山东七处：莱芜、登州、栖霞、莱阳、蓬莱、即墨、辽东各卫。四川七处：井研、合州、龙安、盐亭、射洪、乌撒、东川。广东七处：番禺、清远、阳山、连山、程乡、高要、阳江。云南七处：河西、嵋峨、新兴、蒙化、陆凉、沾益、永昌。贵州七处：贵阳、思州、思南、石阡、铜仁、省溪、黎平。陕西六处：咸宁、长安、蓝田、盩厔、沔县、城固。浙江六处：龙泉、临海、黄岩、仙居、宁海、永嘉。北直隶三处：永平、卢龙、迁安。南直隶两处：南陵、铜陵。广西两处：融县、郁林州。这些铜铁产地后来也有若干变化，譬如嘉庆《清一统志》所载就和《大明一统志》不尽相同。不过由此也可见一斑。

② 据《大明一统志》，云南铜的产地有路南、永宁、永昌三处。嘉庆《清一统志》别有太和、丽江、永北、腾冲四处。《清通典》又有昆阳、易门两处。然王昶《云南铜政全书》所列的四十八处铜厂则分布于会泽、元江、禄劝、大关、鲁甸、寻甸、永善、镇雄、丽江、顺宁、永北、南安（今楚雄、双柏二县间）、武定、蒙自、嵋峨（今峨山县）、易门、罗定、云龙、宁州（今华宁县）、宁远（今牟定县）、镇南诸地。檀萃《滇海虞衡志》说："铜出于滇，凡四十八厂，最著者东则汤丹、落雪，西则芦塘、宁台，废旧开新，繁猥难数。"汤丹在会泽县。会泽县于清属东川府，东川于明时属四川。故《大明一统志》以之列于四川布政使司管辖范围中。汤丹厂的产量于诸厂中最居多数。据《云南铜政全书》所载，"雍正十一、二、三年，岁获铜二、三、四百万斤。乾隆元年至五年，岁获铜五六百万至七百五十余万斤。供京铜之外，尚给各省采买，称极盛。后出铜渐少，至二百余万斤。四十三年定年额三百一十六万余斤。"雍正十一、十二、十三年为公元1733、1734、1735年。乾隆元年至五年为公元1736至1740年。乾隆四十三年为公元1778年。

③ 《明史》卷八一《食货志·坑冶》。

当然是由于这些地方产铁的丰富。其后虽也曾有所增设，但为数却是不多的。[①]而产地的中心应该数到广东的佛山（今佛山市）。明清之际当地冶炼已经有相当的规模，具有炒铁之炉数十，铸铁之炉数百[②]，冶铁之工颇受称道[③]，据说当地铸造的器物遍于天下[④]，尤其是它所产的铁锅销行到国外。雍正末年，还特别为此颁布过出口的禁令。[⑤]（附图六《清代前期手工业分布图三》）

六、经济都会的增加和发达

经济都会既随经济的需要应运而生，也自然随经济的发展而逐渐发达。以北宋时期来说，都城开封不仅是一国的政治中心，而且正处于黄河流域的中原地区，是一个水陆运输的中心，它的发展乃是必然的事情。孟元老的《东京梦华录》一书和张择端的《清明上河图》一画，就描绘了当时开封的繁荣情况，如商业的发达，市场的繁荣，除普通市场外，还有晓市、夜市和鬼市等交易的场所。[⑥]

如果按封建王朝征收商税的数目来判断，也可以看出各地都会的大致情形。这里以北宋神宗时对全国都市分八级征收商税额来分析。八级税额中，最高为四十万贯以上，最低为五万贯以下。征收最高等级的都市有开封、成都和兴元。成都在蜀中，兴元即今陕西省汉中市，处汉水上游。处于第二级

---

① 《明史》卷八一《食货志·坑冶》。明时续开的铁冶所或铁厂，有河南、四川、湖南茶陵、四川龙州、辽东都司三万卫、广州、建宁、延平诸处。"隆万以后，率因旧制，未尝特开。"隆庆万历由公元1567至1620年。

② 道光《佛山忠义乡志》卷五《乡俗气候》。

③ 张心泰《粤游小识》卷四："盖天下产铁之区，莫良于粤，而冶铁之工，莫良于佛山。"

④ 屈大均《广东新语》卷一六《器语·锡铁器》。

⑤ 乾隆《广州府志》卷首。

⑥ 孟元老《东京梦华录》卷一《州桥夜市》《潘楼东街巷》，又卷三《天晓诸人入市》。

图六　清代前期手工业分布图三

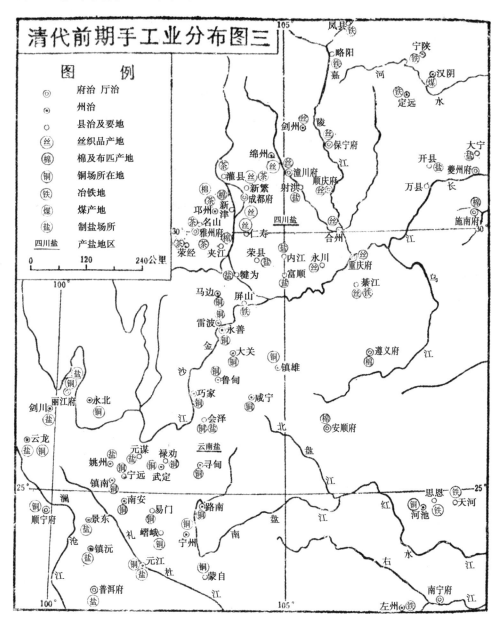

和第三级中的都市除寿州和杭州外，大部分也在蜀中和汉水上游[1]，但这里当时是使用铁钱的区域，铁钱只当铜钱的十分之一[2]，故蜀中和汉水上游地区经济都会的实际地位并不很高。这样看来，开封以外的大都会应该数到寿州和杭州了。位于淮河沿岸的寿州，为南北交通的中枢，经济的发展是很自然的。杭州处于长江下游太湖地区，有着富庶经济地区的基础，也有发展的条件。后来杭州作了南宋的都城，繁荣更非一般。以城市人口论，北宋神宗元丰年间（公元1078—1085年），仅有222000户[3]，北宋末年的徽宗崇宁年间（公元1102—1106年）也只有20300户[4]。南宋初年，经过金人的骚扰，也还有205000户，此后一直上升，到南宋孝宗乾道年间（公元1165—1173年），增为260000余户，550000余口。[5]理宗淳祐年间（公元1241—1252年），又增至380000余户，760000余口。度宗咸淳年间（公元1265—1274年），再增为390000余户，1240000余口。[6]吴自牧在他的《梦粱录》中就描述过当时杭州的繁荣，说是"自大街及诸坊巷，大小铺席，连门俱是，即无空隙之屋"。不仅正常的店铺沿街设满，就是当地的夜市，也是"夜交三四

---

① 《文献通考》卷一四《征榷考·征商·关市》。按《征榷考》所列的八级，四十万贯以上的为一级，共三处：东京、成都、兴元。二十万贯以上的为二级，共五处：蜀州（后为崇庆府，今四川崇庆县）、彭州（今四川彭县）、永康军（今四川灌县）、梓州（后为潼川府，今四川三台县）和遂州（后为遂宁府，今四川遂宁县）。十万贯以上为三级，共十九处：开封、寿州（今安徽寿县）、杭州（今浙江杭州市）、眉州（今四川眉山县）、绵州（今四川绵阳市）、汉州（今四川广汉县）、嘉州（后为嘉定府，今四川乐山市）、邛州（今四川邛崃县）、简州（今四川简阳县）、果州（后为顺庆府，今四川南充市）、戎州（后为叙府，今四川宜宾市）、庐州（今四川庐州市）、合州（今四川合川县）、怀安军（今四川金堂县东南）、利州（今四川广元市）、阆州（今四川阆中县）、剑州（后为隆庆府，今四川剑阁县）、三泉县（后为大安军，今陕西宁强县）、夔州（今重庆奉节县）。这三级中各府州除东京、寿、杭诸处外，分别在成都府路、梓州路、利州路和夔州路。《文献通考》卷九《钱币考》，这四路当时为铁钱行使地区。
② 《宋史》卷一八〇《食货志·钱币》。
③ 《元丰九域志》卷五《两浙路》。
④ 《宋史》卷八八《地理志》。
⑤ 周淙《乾道临安志》卷二《户口》。此书所记南宋初年的户口，据说是据《（中兴）两朝国史》来的，即高宗、孝宗二朝。
⑥ 《咸淳临安志》卷五八《志·户口》，《梦粱录》卷一八《户口》。

鼓，游人始稀，五鼓鸡鸣，卖早市者又开店矣"①。传说马可·波罗来到杭州，也惊讶它的繁荣和华丽，称之为世界上最富丽名贵的城市。②

同杭州相仿佛的城市苏州，也因太湖地区的富庶而与杭州齐名。俗谚说"上有天堂，下有苏杭"③，正是当时的写照。苏州早就是一个著名的丝纺织业聚集的城市，而且邻近松江，棉纺织业也很发达，堪与松江相比美。踹布业更是苏州的特有行业。④因此，苏州城市聚集了许多商贩及佣工⑤，成为五方杂处的地方。由此也可见苏州商业与手工业的繁荣。

明朝各地有相当规模的城市当然不只苏、杭两处。根据当时对较大都市中征收市肆门摊税和靠水路的都会征收船钞的情况，也可看出这些都市的分布地区。征收市肆门摊税的都会有：浙江省的杭州、嘉兴、湖州（今湖州市），江苏省的南京、苏州、松江、镇江、常州、扬州、淮安、仪真（今仪征市），福建省的福州、建宁（今建瓯县），江西省的南昌、吉安、临江（今清江市），山东省的济南、济宁（今济宁市）、德州（今德州市）、临清（今临清市），湖北省的武昌、荆州（今江陵县），四川省的成都、泸州（今泸州市），重庆，山西省的太原、平阳（今临汾市）、蒲州（今永济县），河南省的开封，两广的广州、桂林，以及北京。⑥征收船钞的地方是：河西务（今天津市武清县西北）、九江、临清、浒墅（今江苏苏州市西北）、淮安、扬州和杭州。⑦上列这些城市在清朝也还保持着相当的繁荣。从其分布的地区看，显然东部各省较多，西部各省较少，长江流域较多而黄河流域较少，而且东部都会主要还分布在太湖附近地区及大运河的两岸。这样的分布已显示出当时最富庶的地区确是在长江下游的三角洲地区，而北京

---

① 《梦粱录》卷一三《铺席》《夜市》。

② 《马哥波罗游记》一五一章《蛮子国都行在所》。

③ 《吴郡志》卷五〇。

④ 《清朝文献通考》卷二三《职役》，《雍正朱批谕旨》第四十八册《雍正元年四月初五日苏州织造臣胡凤翬奏》。

⑤ 乾隆《元和县志》卷一〇《风俗》。

⑥ 《明宣宗实录》卷五〇。

⑦ 《明史》卷八一《食货志·商税》。

到杭州的大运河也是维持经济繁荣的一条南北大动脉。

第六节　鸦片战争后内地经济的凋零和沿海都市的兴起

一、对外贸易的发展

鸦片战争后，中国的国门被西方资本主义的炮舰所打开，原来比较封闭的中国经济被强迫拖入西方资本主义的国际市场，中国的经济格局又一次发生了巨大的变化，对外贸易出现了不正常的发展。

鸦片战争前，中国以广州等地为主要外贸口岸，出口以茶叶、生丝、土布为大宗的农副产品。[①]其中茶叶的出口量经常占年出口总值的一半以上，甚至有些年还曾占到90%以上。[②]这些出口贸易的农副产品的产地，多是在长江下游各地。茶叶的产地主要是在长江流域及其以南的地区，这是受到气候条件的限制。生丝在广东虽有出产，亦曾列为出口的货物[③]，但数量还不能满足出口之需，因此还要江浙等地的丝货南越五岭，运至广州出口[④]。长江流域棉纺织业中心地的松江所产的土布，则有相当数量南运到江西和两

---

① 严中平等《中国近代经济史统计资料选辑》一《鸦片战争前的中英贸易·东印度公司自中国输出的主要商品表》。

② 严中平等《中国近代经济史统计资料选辑》一《鸦片战争前的中英贸易·东印度公司自中国输出的主要商品表》，清乾隆二十五年（公元1760年）至二十九年（公元1764年），乾隆六十年（公元1795年）至嘉庆四年（公元1799年），道光五年（公元1825年）至九年（公元1829年），道光十年（公元1830年）至十三年（公元1833年），茶叶出口值在包括生丝、土布的出口商货总值中，皆占90%以上。

③ 屈大均《广东新语》卷一五《货语》。

④ 《上元江宁两县志》卷七《食货考》，说到清代南京出产的丝织品，其销路曾"南越五岭"。南越五岭即达广州，显然丝运广州也是为着出口。

广[1]，自然有一部分会由广州出口。故对黄河流域和长江流域来说，虽然广州远处岭南，却是长江流域各地物产对外贸易的必要孔道。这也说明长江流域特别是下游三角洲地区的富庶不仅支持全国各地的需要，而且在对外贸易中也占有相当重要的地位。

由于当时中国社会对西方的商品需求有限，所以鸦片战争前，在国际贸易主要是中英贸易中，中国一直处于出超的地位，年出超额约五六百万两白银[2]，因此，与中国贸易各国只好以白银换取中国的货物。对外贸易的出超，也说明了作为出口商品主要产地的长江下游各地经济地位的重要。输入中国的英国货物主要是毛织品和金属制品，但值得注意的是由英属印度输入的棉花。这些棉花的输入与后来情形有所不同，乃是用于在中国加工织成布匹反输国外。这也是中国当时手工业的棉纺织品在国际贸易中占有很高地位的表现之一。

中国商品的出超，是西方资本主义国家自认为不能容忍的事情。但中国的茶叶等货物又是西方国家，特别是英国必须购买的商品。为了填补这种贸易的差额，英国竟然由印度向中国输出鸦片。鸦片输入的数量逐年增多，最后使中国贸易的出超，很快转成白银的外流。据当时有人估计，道光三年（公元1823年）以前，每年因鸦片进口而外流的白银达数百万两。道光三年至十一年（公元1831年）间，每年外流的白银，即有一千七八百万两。道光十一年至十四年（公元1834年），流出白银每年高达两千余万两。道光十八年（公元1838年）后，又增加到三千余万两。而这仅是广州口岸流出的数

---

① 叶梦珠《阅世编》卷七《食货》。

② 严中平等《中国近代经济史统计资料选辑》一《鸦片战争前的中英贸易·广州白银流出入统计表》的数字，自嘉庆六年（公元1801年）至道光十四年，白银时有入超和出超。其中嘉庆二十五年（公元1820年）至道光元年（公元1821年）年度，入超最为显著。这一年度流入白银为六百五十余万两，而流出才一百万两有奇。出入相抵后，净流入白银五百五十余万两。

字，其余经福建、浙江、山东、天津等处流出者还不在内。[①]

白银的大量外流，不仅说明鸦片输入的巨大，也表示了中国传统出口商品的有限。这种不断的入超，特别有毒害作用的鸦片的大量输入，不能不引起当时有识之士的注意。但输出鸦片的厚利，使西方资本主义国家不会轻易放手，即使使用武力，也要强行占有中国的市场。因此，鸦片战争是难于避免的。

鸦片战争（公元1840年）的结果是，西方资本主义国家获胜。鸦片成为输入中国商品的大宗。据海关记载，到光绪四年（公元1878年），鸦片还占总输入的45%，光绪十四年（公元1888年）时虽有降低，仍占25.9%，再过十年，依然占总输入额的14%。[②]光绪三十三年（公元1907年）中英两国开始限定鸦片入口，公元1917年，又禁止输入。但不公开的输入仍在进行。

除了鸦片的大量输入外，西方资本主义国家还利用各种不平等条约，控制中国的海关，倾销他们剩余的粮食并低价进口他们所需的茶叶、棉花、丝货、大豆、油料及烟草等农副产品，使中国的对外贸易发展出现了非平等互利的不正常现象。

据海关的记载，这一时期的对外贸易中，以小麦及大米为主的五谷类，在光绪十四年（公元1888年）时，已占进口货物比重的第三位。此后直到公元1931年为止，仍浮动于第二位至第六位之间。公元1933年和1934年，更跃居第一位。[③]茶叶原是传统出口商品的大宗。自清同治七年（公元1868年）

---

① 《清实录·宣宗实录》卷三〇九，道光十八年闰四月，鸿胪卿黄爵滋疏。又《宣宗实录》卷二九八，道光十七年六月，谕内阁的文中，曾提到朱成烈的奏疏，说是"广东海口每岁出银至三千余万，福建、浙江、江苏各海口出银不下千万，天津海口出银亦二千余万"。然《中国近代经济史统计资料选辑》一《鸦片战争前的中英贸易·广州白银流出入统计表》，却与此有所不同。据这个表中所列，清道光七年至八年（公元1827—1828年）起才连续发生白银出超的现象，出超最多的年份只有四百余万两，亦有一百余万两的。这个表是根据摩斯《东印度公司对华贸易编年史》和拉脱莱特《中美早期关系史》编制的。可能两方所根据的材料不同，因而互有歧异。道光十七年为公元1837年，十八年为公元1838年。

② 西·甫·里默《中国对外贸易》（卿汝楫译）第69页。

③ 严中平等《中国近代经济史统计资料选辑》三《对外贸易·各年十二项主要进口货物所占进口总值的比重表》。

到光绪十九年（公元1893年），海关的记录，茶叶的输出仍占第一位。数量之大，有时甚至占到西方年消费茶叶的90%以上，总量达一亿九千万磅。[①]丝的贸易与茶叶相仿。光绪二十九年（公元1903年）以前，丝货出口在茶叶之后居第二位，此后则超过茶叶而为第一位。在进出口贸易中，棉花及其纺织品的贸易情况变化最为巨大。鸦片战争前曾为出口大宗的土布等棉纺织品，后来竟为棉织品和棉纱的输入所代替。据严中平等人的《中国近代经济史统计资料选辑》中《对外贸易·各年十二项主要进口货物所占进口总值的比重表》所列，可知由鸦片战争后的同治七年（公元1868年）至1930年，棉纺织品和棉纱的进口一再增加，光绪二十七年（公元1901年）后，棉织品的进口已代替鸦片而居输入货物的第一位，棉纱也紧跟着居于第二位，数量自然也是相当大的。

这种不正常的对外贸易发展，必然引起中国传统经济基础的变化，而这种变化的结果，也就形成了中国内地经济和沿海经济的新格局。

二、沿海及内地商埠的开放

对外贸易商埠的开放，本是经济发展中顺理成章的事情。但是鸦片战争后，各西方资本主义国家力图控制中国的经济命脉。首先强迫中国开放沿海的商埠，以作为他们继续扩张势力的据点。这些据点除了商埠外，还包括租界和租借地。这些商埠因位于沿海各地和水陆交通的便利之地，故对他们运销货物和搜刮原料是十分方便的。而租界或租借地内，西方资本主义国家更

---

① 严中平等《中国近代经济史统计资料选辑》三《对外贸易·各年十二项主要出口货物所占出口总值的比重表》。西·甫·里默《中国对外贸易》第二章《1870年前的贸易概况》引摩尔斯《中华帝国的国际关系》："1828年（清道光八年），西方共消费了约七千万磅茶叶，都自中国运入。1867年（清同治六年），中国供给了西方消费的一亿九千万磅茶叶的约百分之九十。"（卿汝楫译）。

实行了殖民地的统治，剥夺了中国的主权。

鸦片战争后，英国强行割去香港，并要求广州、厦门、福州、宁波、上海五口通商。此后，东南沿海地区的开放商埠前后接踵，日益增多。据《第一回中国年鉴·外国贸易·通商口岸一览表》及《中国近代经济史统计资料选辑》二《商埠、租界·租借地》等书的统计，长江入海口以南的商埠有：浙江省的宁波、杭州、温州三处，福建省的福州、厦门、三都澳、鼓浪屿四处，广东省的广州、潮州、拱北、江门、公益埠、香洲、铜鼓、中山港、北海、琼州十处（其中公益埠、香洲、铜鼓、中山港属自行开放性质），台湾的淡水、台南两处（这两处是中日甲午战争以前为英法两国的要求而开放的）。长江入海口以北的商埠有：江苏省的海州；山东省的青岛、威海卫、芝罘、龙口四处，河北省的天津、秦皇岛两处，辽宁省的牛庄、锦县、葫芦岛、大东沟四处。其中天津和牛庄两处，是五口通商后，应英国人的要求，最早开放的长江入海口以北地区的商埠。

除沿海地区，西方资本主义国家还要求在中国的内陆地区，特别是有内河航道和铁路经行的地方开放商埠。如珠江沿岸除广州之外，还开放了三水和梧州两处。长江流域，除上海外，吴淞、苏州、无锡、镇江、南京、浦口、芜湖、九江、宾兴洲、汉口、岳阳、长沙、沙市、宜昌、万县、重庆等长江的下游、中游、上游地区的城市都被开放。津浦铁路两端的天津、浦口已经开放，沿线的一些城市如济宁、徐州、蚌埠也陆续列入商埠数内。津浦铁路线上的济南，还是胶济铁路的终点，早在济宁等城市开放前，就和胶济线上的周村、潍县被辟为商埠。由北京通往包头的京包铁路沿线有张家口、归化（呼和浩特）、包头等城市被划作商埠开放。京汉铁路和陇海铁路交点的郑州，更不能例外。就是西南边陲的云南省，法国修筑的滇越铁路沿线，昆明、蒙自和河口也被要求开放为商埠。

在与西方资本主义国家属地接壤的省份，也有一些城镇被开放为商埠。广西和云南毗邻法属安南，广西省的南宁、龙州和云南省的思茅，都被开放为商埠。云南和西藏毗邻英属缅甸和印度，云南省的腾越和西藏的江孜、

亚东也开放为商埠。新疆和外蒙古与沙俄交界，所以新疆的塔尔巴哈台、伊
犁、喀什噶尔、乌鲁木齐、古城、奇台、哈密和外蒙古的库伦、乌里雅苏台
都成为与沙俄通商的城市。由新疆至内地，路经嘉峪关，其旁的肃州也成为
商埠。东北三省地接沙俄，自也有许多为沙俄开放的商埠，但多数却是受日
本的要挟而开放的。在现在的辽宁省内，除沿海的商埠外，又开放奉天（今
沈阳）、辽阳、新民屯、法库门、郑家屯、通江子、铁岭、安东、凤凰城为
商埠。在现在的吉林省内，开放了吉林、珲春、龙井村、局子街、头道沟、
百草沟、洮南等地为商埠。在现在的黑龙江省内，有齐齐哈尔、瑷珲、哈尔
滨、绥芬河、宁安、依兰等地开放为商埠。东北西部的今内蒙古自治区内，
还有满洲里、海拉尔、多伦诺尔、赤峰等地被开放为商埠。如果就各省区开
放商埠的数目而言，东北诸省可称为最稠密区了。

　西方资本主义国家在中国设立租界，施行殖民统治，以清道光二十六
年（公元1846年）英国在上海和福州所设租界为最早。此后美、法在上海也
设立他们的租界。英、美租界又在清同治二年（公元1863年）合并为公共租
界。天津有英、法、日、意、比、奥、德和沙俄共八国的租界。其次汉口有
英、法、日、德和沙俄等五国租界。如以国论，英国和日本所占租界最多。
英国不仅在上海、福州、天津、汉口据有租界，广州、厦门、镇江、九江、
芜湖、杭州、长沙等城市也有英人的租界。日本人在天津、汉口设立租界
外，又在厦门、福州、重庆、杭州、苏州、沙市、长沙、沈阳、营口、安东
等城市设立租界。法国在广州，美国在厦门、杭州、长沙都设有租界。鼓浪
屿的公共租界为英、美、日合有。

　租界只是城市中的一部分，不能满足西方资本主义国家的需要。清咸
丰九年（公元1859年），英国开始租借香港岛对岸的九龙，后来光绪二十三
年（公元1897年），德国和沙俄分别强租了山东的胶州湾和辽宁的旅顺、大
连。这几个地方又先后转到日本人手里。在德国和沙俄之后，英、法又于光
绪二十四年（公元1898年）分别租去了威海卫和广州湾，后来葡萄牙国占据
了珠江口的澳门。中国的政治和经济主权受到更大的侵害。

三、适应沿海商埠的农业和手工业

前面说过，西方资本主义国家打开中国大门之后，利用他们的经济势力，除了倾销鸦片及剩余粮食等物资外，还搜刮他们所缺少并需要的茶、棉花、丝、烟草以及某些矿产，使中国的经济越来越呈现出殖民地半殖民地性质。于是一些传统农业和手工业逐渐成为适应对外贸易需要、直接为资本主义经济服务的附属产业。

茶叶一直为出口西方的大宗产品。这样高度的输出当然也鼓励了茶农的生产情绪。茶的产区主要是在长江流域，长江流域的农村由于茶的销路的旺盛，在相当长的时期里，还保持着一定的富庶气象。

丝的出口曾超过茶叶的地位，保持第一达三十年之久，说明丝的出产量也是很可观的。清光绪二十七年（公元1901年）至二十九年（公元1903年），丝的出口量为六万九千余公担，公元1929年至1931年，还曾高达九万六千余公担。这样多的丝货出口，依靠的仍是长江流域经济地区的发达蚕桑业。

至于烟草的种植，更能显示出经济的附属性。河南许昌、襄城诸县以及山东潍县等地原产烟草数量不大，可以满足民间需要。由于这些地方土壤气候适宜烟草的栽培，遂成为外商在中国所设烟厂的原料供给地。邻省安徽的宿松、桐城、凤阳等地，由于种植烟草十分兴盛，那些外商烟厂派人"教以栽培、施肥、收获、烤藏的方法，并借以资本、定期收贾"[①]，显然是为了扩大烟草生产的原料地。据《第一回中国年鉴》所载，烟叶主要产地遍及内陆各省兼有东北三省。各省产烟叶的县份多寡不一。山东省除潍县外，还有

---

① 程叔度、秦景阜《烟酒税史》第四章（引自《中国近代农业史资料》第一辑）。

宁阳、滋阳、栖霞、泰安、沂水、莒县、招远、昌乐、安丘、临朐、益都、临淄、即墨、邹平、桓台、淄川、堂邑，河南省则有邓县、内乡、杞县，安徽省除宿松、凤阳、桐城外，还有安庆和临淮关。虽然这些烟草产地并不一定都为外国烟厂或商埠服务，但如此众多的烟草产地正是西方资本家决心在中国开设烟厂所看中的一个条件。

同西方的工业比较起来，中国的手工业是十分落后的。但中国传统的手工艺品如瓷器之类，在国际贸易中还占有相当的地位，这是不待说的了。不过，鸦片战争后，受到西方影响的民族工业以及西方国家在中国兴建一些工业的情况，还应该稍作叙述，因为这些产业或多或少都与商埠有关。

中国的铁矿和煤矿的生产水平和技术手段一直比较落后，西方资本主义的经济侵略，更压制了这些民族工业的发展。因为西方列强不只控制中国的商业经济，还进一步占有资源，这就置民族工业于死命。如东北鞍山、本溪，湖北大冶，安徽当涂、繁昌等地的铁矿就掌握在日本人手里。东北抚顺、本溪，江西萍乡，山东淄川的煤矿也为日本人控制。河北开滦、河南焦作的煤矿则受英国人的操纵。这些重要的铁矿和煤矿都为西方国家所支配，当然所出的产品也都是为西方资本主义国家服务的。

根据统计，直到公元1936年，全国煤炭总产量才有三千九百九十余万吨，而为西方国家所垄断的煤矿的产量却达到二千二百二十余万吨，占全国总产量的55%。[1]其中年产超过一百万吨的大煤矿的89%被他们控制。日本在中国的煤炭产量中垄断的成分甚至逐年增加：公元1913年占全国总产量的24%强，1919年为25%弱，但1926年和1936年分别达到35%弱和37%强，至1942年，则跃到88%强。英国垄断曾在1919年达到高潮，为21%强，但其后一直徘徊于16%上下。1942年，由于受到日本入侵中国的影响，更落到1%。[2]西方列强对铁矿的开采及生铁的生产也采取垄断措施。据严中平等人

---

[1] 严中平等《中国近代经济史统计资料选辑》四《工业·中国煤矿生产中帝国主义的垄断势力表（一）》。

[2] 严中平等《中国近代经济史统计资料选辑》四《中国煤矿生产中帝国主义的垄断势力表（二）》。

的《中国近代经济史统计资料选辑》四《工业·日本帝国主义对中国铁矿生产的垄断势力表》的统计，公元1936年，全国生产总产量才有六十六万九千余吨，而为日本人垄断的产量即达六十四万八千余吨，占全国总产量的96%强。实际上，日本人对铁的生产除土法采矿外，几乎统加控制，公元1912年至1925年，控制率为100%。1925年以后，略降到99%以上。1937年，因为侵略的得手，又增高到99.7%。

由于这些重要的工矿业为西方列强所垄断，中国的民族工业只能被排挤到轻工业行列，从事棉纺织、烟草、面粉加工等业，有的还是使用外国机器及进口原料，生产也就更受制于人。

由此可见，鸦片战争后，在中国的半封建半殖民地社会里，所谓适应沿海商埠的农业和手工业，无不呈现出畸形的经济形态，以至从地理的分布上，也有疏密不均的现象。

四、半殖民地的交通

西方资本主义国家侵略中国的一个目的，就是要把中国的经济命脉控制在他们手里。交通是经济命脉的重要组成部分，这自然也是西方各资本主义国家必然争夺的目标。这种争夺初在海港，但很快就由海港进而通过内河深入内地。前曾举过珠江及长江流域商埠的开放，可见西方列强的触角已溯江河而上布于沿岸各地，甚至长江的支流湘江和沅江也不放过。特别是西方列强强行取得内河航行权后，这种侵略就更为肆虐。

但是，由于中国长期的封建统治，至少在鸦片战争以前，大陆上的交通还依然保持着相当落后的状态，这对于西方资本主义国家的侵略当然是极端不利的。要改善落后的交通状况，除了利用水道之外，主要还是要改造陆路的运输条件。鸦片战争后，西方资本主义既已打开中国的大门，随即有在中国创办铁路的企图。建筑铁路本来对发展经济有很大的便利，而清政府还认识不到这一点，故保守派曾极力拦阻。但最终西方列强为了自身的利益，还是取得了修建铁路的权利。

正是由于西方列强来修筑铁路，所以这一交通手段一开始就表现了半殖民地的特色。当时所修建的铁路，多是由西方列强所控制的海口向内地延伸，或者由他们的属地伸入中国境内。比如法国所修的滇越铁路，就以法属安南的河内城为起点，西北通到昆明。日本所修的安奉铁路（即今丹东到沈阳的铁路）和吉会铁路（即今长春到图们江铁路的一段），就是使它们与朝鲜境内的铁路联结起来。其中吉会铁路的一端会宁，就在图们江右岸的朝鲜境内。[①]沙俄修建的东清铁路穿行于东北地区，为的是缩短沙俄所修的西伯利亚大铁路的里程。[②]当时的《东清铁路章程草案》规定以铁路警政与"中国各口岸欧人居留地自办警政"相类比，遂使铁路沿线成为特殊的租界，这种铁路租界"长而又长，且将随着筑路与营业的发展，而扩充其所占地面与其经济势力圈"[③]。而这正是西方列强所要达到的目的之一。英国人除了修建从租借地九龙伸向广州的广九铁路外，还投资兴建上海到南京的沪宁铁路和上海到杭州的沪杭甬铁路。这两条铁路不仅联结了沿海的大城市，还穿绕了长江下游的太湖富庶经济区，其利益所在一望而知。[④]德国在山东青岛修建胶济铁路的目的也是攫取它在山东的势力范围内的经济利益。[⑤]铁路的兴建是一项耗资巨大的永久性项目，如果没有极大的经济利益的吸引，这些西方资本主义国家是不会轻易投资的。它们正是把铁路当作控制中国经济的一个环节，同时也是它们瓜分和扩大在中国的势力范围的一种手段。法国人利用他们所修筑的滇越铁路，垄断了当地的对外贸易。除了法国货物外，他

---

① 王芸生《六十年来中国与日本》第五卷，B.阿瓦林《帝国主义在满洲》中《十月革命后国际帝国主义在满洲》（北京外贸学院俄语教研室译）。
② B.阿瓦林《帝国主义在满洲》中《日本帝国的武装出动和沙皇专制政府的侵略》。
③ 罗曼诺夫《帝俄侵略满洲史》第二章《俄国对满洲之"和平的"侵略》（民耿译）。
④ 肯特《中国铁路发展史》第十四章《扬子江流域铁路系统》（李抱宏等译）。
⑤ 肯特《中国铁路发展史》第十五章《德国在山东的铁路权利和津浦铁路》。

国贸易货物的运费极贵，因而无法与之竞争。[①]据说当时云南的对外贸易总额中，法国要占到60%以上，而美国约占20%，英国仅占15%，其他各国合占5%。[②]显然法国人在这个地区的利益之大是由滇越铁路的修建而来的。其他列强所修筑的铁路也为他们赢得巨大的利益，这是不必多说的。正因为如此，清朝末年各西方列强争相攘夺在中国的铁路修筑权就是很自然的事了。当然经济利益只是其中的一个原因。

铁路是一种长途运输的手段，西方列强既然要控制全中国的经济命脉，对内地铁路运输也是十分看重的。京汉铁路、津浦铁路以及京奉铁路（即今北京到沈阳的铁路）的修筑，就是为西方列强的扩大势力范围而创造条件。京汉铁路本是比利时投资，实际为沙俄控制的一条南北大动脉。[③]说明沙俄的侵华势力已不限于北方诸省而南侵长江流域地区了。但长江流域原为英国的势力圈，因此列强之间也为利益的增损发生冲突。清光绪二十五年（公元1899年），英俄只好订立协议，限定长江流域为英国的铁路修建范围，长城以北为沙俄的铁路修建范围，互相不能侵害。协议虽然如此，但在利益的驱使下，英国人后来又取得长城以北的牛庄铁路和山海关至新民屯的铁路（即沈山铁路）的建筑权。[④]在铁路的修建中，西方列强之间的矛盾也愈演愈烈，津浦铁路的南北段分别是英国和德国人的势力范围，因此这条铁路只好分为南北两段由英德各自投资兴建，以保证瓜分中国时的利益均沾。[⑤]

由此可见，半殖民地的交通状况反映的只是西方列强瓜分中国的结果，中国自身的经济发展却得不到应有的促进。

---

① 据肯特《中国铁路发展史》第十六章《法国在华南的铁路权利》：还在铁路修筑以前，"蒙自和龙州对法开放为通商口岸，北圻与广西和云南之间的商务照减轻税则纳税，此项税则订入后来的一个条约内，规定从北圻输入云南、广西的货物，减十分之三交纳进口税，至于从中国输入这个保护国之货物，则减十分之四交纳出口税，由条约港口的中国海关征收"。

② 陈晖《中国铁路问题》第四章第一节。

③ 肯特《中国铁路发展史》附录甲第五号《一八九九年四月二十八日俄国外交大臣莫拉维夫与英国驻俄大使司各脱互换照会原文》。

④ 马士《中华帝国对外关系史》第三卷第四章《铁路的发展》，肯特《中国铁路发展史》附录甲第一号《关内外铁路草合同》，第二号《关内铁路合同（总纲）》。

⑤ 肯特《中国铁路发展史》第十五章《德国在山东的铁路权利和津浦铁路》。

五、内地经济的凋零

鸦片战争前，西方资本主义国家以鸦片输入中国，换取了大量白银，已有损于中国的经济基础。鸦片战争后，西方列强的经济侵略更是肆无忌惮，不仅许多大小都市都被划成有利于他们的商埠，而且他们的经济势力又由都市侵蚀到农村，尤其是沿海各地及平原地区更为严重，就连河川的沿岸和铁路沿线附近也都未能免于波及。这就对中国的经济发展构成更大的威胁。而农业经济所受到的影响更为巨大，它直接导致了内地经济的凋零。

前面曾经说过，西方资本主义国家固需要中国的农业地区生产他们所缺少的茶、棉花、丝、大豆、油料和烟草等产品，同时也向中国的广大地区包括农业地区倾销他们所剩余的粮食。而西方列强控制了中国海关，他们输入的货物仅缴纳很低的税额，倾销的粮食也不例外，因而就可以低价抛售，打击中国的农业发展。前曾提到过的西方资本主义国家倾销中国的粮食在总贸易额中占很大比重，是可以说明以农业立国的中国，在粮食的生产上的倒退已到了无以复加的严重地步。长江下游各地本是盛产粮食的地区，鸦片战争后，这里所产的粮食已经没有先前那样丰富了。其他地区也曾遇到同样的情形。

粮食生产萎缩的另一个原因是粮食产地的减少。前面曾提到西方资本主义国家输入中国的鸦片有减少的趋势，其原因是中国自行大量种植割制鸦片的罂粟草。显然罂粟草的种植要占用大量的农田，特别是比较肥沃的粮田，这就不能保证粮食的生产。而种植罂粟所获的利大大超过粮食，这就更使人舍弃粮食的生产。

中国种植罂粟，割制鸦片，在鸦片战争前就曾出现。清道光二年（公元1822年），云南省境内就有种植罂粟的事情被写入官府的奏牍。此后发现种植罂粟的地方越来越多，如安徽省的徽州、宁国、广德，广东省的潮州府，四川省的会理州、平武县，以及河南、贵州等省都有种植，甚至新疆库尔勒以东也有罂粟卉苗的发现。其中最多的省份为广西、四川、贵州、云南，有的竟到"本地民田遍栽罂粟"的程度。①到同治至宣统年间（公元1862—1911年），据当地官吏估算，种植面积已有五十三万余亩。②这样大量的种植，不仅在边陲省份，而且还有以粮为主的陕西、山西、甘肃各省，显然粮田减少的情况愈来愈向中原地区发展。根据英国人的记载，情况也是类似。长江黄河诸流域已成为罂粟的主要产区。长江上游各省中，云南西部大理及附近就是一处罂粟的集中产地。而由昆明附近向东直至贵阳附近，也是一处重要产区，而南到建水县境的红河北岸，北至贵州西北的毕节附近，地区相当广阔。四川省境内的种植地区更为广大。自宜宾以西，沿江而下直到三峡附近和四川东北的巴山之下。长江上游的岷江、嘉陵江、乌江及赤水河的下游地区也都有种植。有的种植地区还位于成都小平原的边缘。黄河流域的种植地区包括泾、渭、伊、洛、汾、涑诸支流附近及太行山东西各地，即西起甘肃省武威附近，东至山东西部和河北中部，南到秦岭，北至陕西境内洛河中游，山西境内则至于右玉县附近的长城左右。另外辽宁省的辽河下游及吉林省的松花江上游曲折之处也有罂粟的种植。③罂粟种植范围之广，实早见于各级官吏的奏疏。如翁同书《通陈财用大源敬陈管见疏》有"云贵四川境内之田，连畦接畛，种植罂粟花，借以渔利。近年此风尤甚。……闻甘肃之兰州，浙江之温、台，亦多有莳种罂粟"④之语。曾国荃的《申明栽种罂粟旧禁疏》说：陕西"种烟者多，秦川八百里，渭南地尤肥饶，近亦遍种罂粟，仅仰给予渭北"⑤。张之洞在《禁种罂粟片》中提到"晋民好种罂粟，最盛者二十余厅州县，其余多少不等，几于无县无之"。并说："即如前此

---

① 《清实录·宣宗实录》道光二年、十一年、十五年、十八年、十九年各条。

② 《清实录·穆宗实录》同治十一年，又《宣统政纪》宣统元年、二年。

③ J. G. Bartholomew *A. Literary and Historical Atlas of Asia*一书中的*The East，Economic*。

④ 《皇朝经世文编》卷三四。

⑤ 曾国荃《曾忠襄公奏议》卷八。

大浸，垣曲产烟最多，饿毙者亦最众。近日种烟之利，以交城为最盛，而粮价亦以交城为最。"[1]鲁抚袁树勋奏东省办理禁烟情形折中叙述了山东地区的罂粟种植情形："东省种烟地亩，以兖、沂、曹、济四属为最，固由罂粟利厚，倍蓰稻粱；而习染风从，相率私种，几乎无地蔑有。则又以近接苏豫，都为著名产土之区。故除武定一府，地滨斥卤，土性不宜，虽登州枕海环山，砂石相错，亦复多有种者。其余如济南、东昌、泰安、临清、青州、莱州、胶州，种者亦居十之四五。"[2]黄河流域的种植已如此普遍，东三省[3]及东南沿海的江苏省[4]、浙江省[5]、福建省[6]等地罂粟的种植也是不断地扩大。有人为此主张加重征收赋税，寓禁于征，以有助于防费。[7]

这种情况说明，粮食的减产已成为不可避免的事实。特别是黄河流域原来的粮食产区就不够景气，罂粟的种植更要阻碍农田的恢复和增产。

前曾提到的河南、安徽等地的烟草种植的扩大，实际上也是减少了粮食的种植面积。当然其他农作物的生产也受到影响。

内地经济的凋零不仅表现在受到进口打击的粮食生产方面，在对外出口的产品中，也因为国际市场上的变化影响而萧条。

茶叶曾在相当长的时期里保持出口大宗的地位。但到清光绪十九年（公元1893年），出口地位已让与生丝，而下居于第二位。[8]这不是丝的产量超

① 张之洞《张文襄公奏稿》卷三。

② 《华制存考·鲁抚袁树勋奏东省办理禁烟情形折》（引自《中国近代农业史资料》第一辑）。

③ 《申报》光绪十年四月十二日："近来土价日贱，盖东三省之种罂粟者不下十之六七，去年收成甚丰，今年烟蕊露出，又极发荣滋盛，业此者固有满篝满车之望云。"《黑龙江述略》说到呼兰和黑龙江城的种植罂粟，"不过二十年，日旺一日，可叹也"。

④ 朱之榛《常慊慊斋文集》卷下《上许星叔宫保书》："即就徐属八州县言之，（种罂粟）有五倍过之者。……人指徐属几乎半植罂粟，此言固难尽信，请以少言之，十分之一种罂粟，亦可得土六千万两，是为彰明较著之说，非一己之臆断也。"（引自《中国近代农业史资料》第一辑）。

⑤ 翁同书《通陈财用大源敬陈管见疏》。

⑥ 《益闻录》第201号："福建沿海北半省，农民嗜利，大半栽种罂粟，为衣食之谋。近日有加已，连畦接畛，几如丰台芍药，无处不花。"（引自《中国近代农业史资料》第一辑）。

⑦ 《东华续录》卷五九，光绪十年四月己酉《工部代递主事余思诒折》。

⑧ 严中平等《中国近代经济史统计资料选辑》三《对外贸易·各年十二项主要出口货物所占出口总值的比重表》。

过茶叶，而是茶在国外销路的缩小。因为英国在印度、锡兰等处种植茶树，减少购买的数量。[①]第一次世界大战以后，日本茶叶也参加到世界市场中来，中国茶叶在国际贸易中的地位就更降落下去。长江流域产茶地区的农村因而不能不显出萧条的景象。

丝的年出口最高曾到九万六千余公担，但二三年后的1933年就急剧下降，到了四万六千余公担，几乎下降了一半。接着几年都再未超过五万公担。迄至1947年，更下降到只有五千余公担。[②]其原因除了国内栽桑面积减少引起丝产量下降外，还因为原有的国际丝货市场这时大都被日丝所攫占，再加西方资本主义国家把持价格，所以1931年后，丝的出口已难维持它的第一位的地位，而降到第二位，居于大豆之次。[③]第二次世界大战后的几年中，更降到不重要的地位了。

曾在鸦片战争前出口的土布，鸦片战争后不但不再出口，外国的棉织品和棉纱的进口却一再增加。这种逆转情形的发展，不仅摧毁了内地的棉纺织手工业，而且也压迫着中国的民族机器纺织工业，使它不能抬头。公元1931年以后，棉织品和棉纱的输入都已减少，这只是帝国主义在中国境内所设的纺织厂增多的结果。

由此可见，西方资本主义政治和经济势力的渗入和侵略，给中国的经济造成了一次新的破坏，特别是以农业为主的内地经济，难以摆脱凋零的结局。

---

① 《皇朝经世文编》卷四九，阙名《论茶务》。

② 严中平等《中国近代经济史统计资料选辑》三《对外贸易·各年十二项主要出口货物所占出口总值的比重表》。

③ 严中平等《中国近代经济史统计资料选辑》三《对外贸易·各年十二项主要出口货物所占出口总值的比重表》。

六、沿海都市的兴起和繁荣

西方资本主义势力入侵中国，造成了中国经济的畸形发展，这就是内地经济的凋零和沿海都市的兴起。

由于沿海城市对外交往有很大的便利，而连接沿海城市与内地的航道和铁路又使沿海城市有了相当大的腹地，经济活动得以更多的周转。曾有许多对外的商埠未能发展下去或发展不快，缺乏必要的交通实为一个重要的原因。

鸦片战争后，逐渐形成和发展的沿海重要都会当然要数到上海、广州、天津、大连。这几个城市中，广州最早就是外贸的口岸，它也拥有珠江流域的广大腹地。广州早期曾吸引长江流域的货物到此与国外贸易，但后来上海接替了广州的位置，成为长江流域主要的进出口岸。以后粤汉铁路的修筑虽然扩大了广州的腹地，但上海的地位却没有大的改变。

上海位于长江出口处，长江流域的广大又远超过珠江流域，因此上海吞吐货物的规模无处可以与之比拟，长江下游太湖及其附近的富庶地区更助长了上海的繁荣，沪宁、沪杭铁路的修建又沟通了其他的城市和地区，所以上海很早就成为西方人眼中的远东大港。位于长江中游的汉口在对外贸易中也占有很重要的地位，当然也是由于长江流域范围的广大。

北方的天津和大连，能够获得繁荣的道理也同上海相仿佛。天津位于海河出口，华北各地的货物都可沿海河的各条支流聚集到天津。而津浦和京山两条铁路，又连接了南、北、西各方的广大区域，补苴了海河水系的不足。

大连虽然距离辽河入海处稍远，缺乏内河航运的便利，但北向的南满铁路（即今长春到大连的长大铁路）却使东北各地的货物可以集中到这里，当然运往东北三省的货物也可由此集散。大连以北的营口和牛庄也早就开成商埠，但由于辽河淤沙过多，影响了内河航行，所以尽管它们都位于辽河入海之处，却无法代替大连的地位。

山东的青岛也没有河流通到内地，同样依靠胶济铁路与内地联系，所以它的经济地位一直能超过邻近的威海卫和烟台。烟台离以前为通往朝鲜的要津的蓬莱不远，青岛兴起之后，终于夺取了它们原有的地位。这些都会的繁荣和萧条的更迭，在沿海各地并不是稀有的现象。不过在半殖民地的中国，经济的命脉掌握在西方资本主义国家的手里，中国经济的发展变化受着西方列强的控制，经济地理的格局自然也受到很大的影响。（附图一《鸦片战争后一百年内经济地区图一》、图二《鸦片战争后一百年内经济地区图二》、图三《鸦片战争后一百年内经济地区图三》）

图一 鸦片战争后一百年内经济地区图一

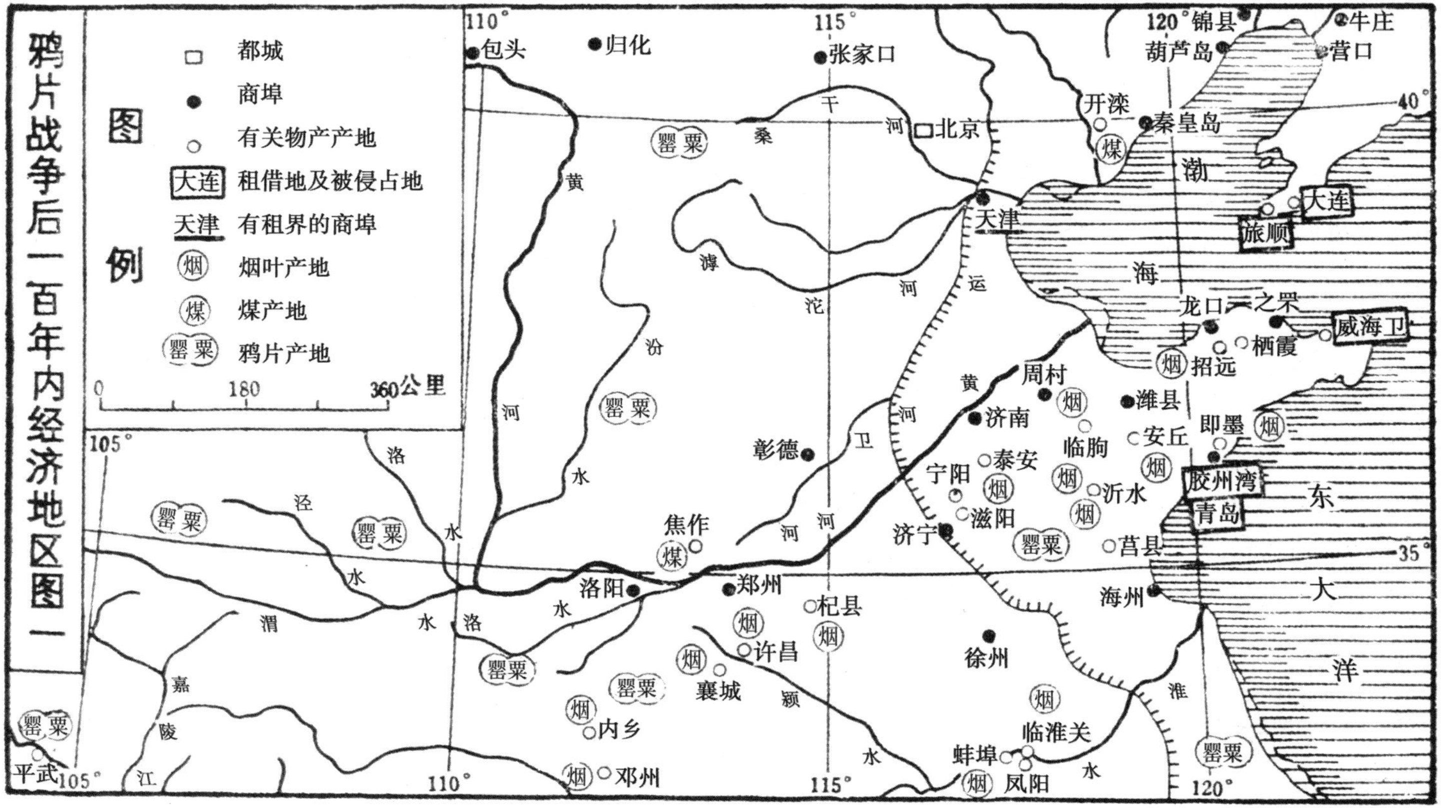

图二　鸦片战争后一百年内经济地区图二

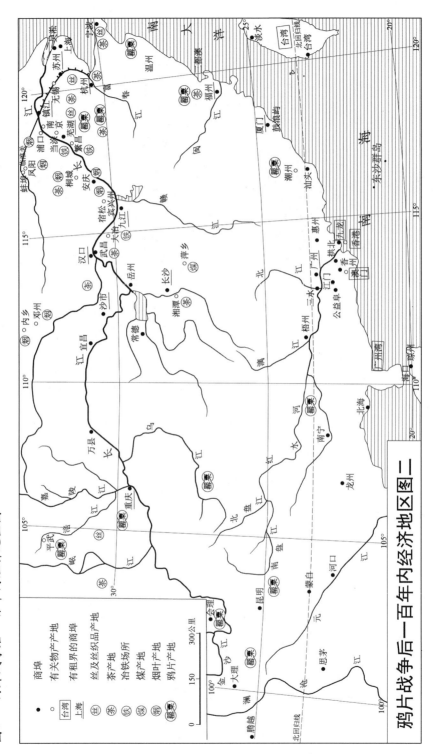

鸦片战争后一百年内经济地区图二

图三　鸦片战争后一百年内经济地区图三

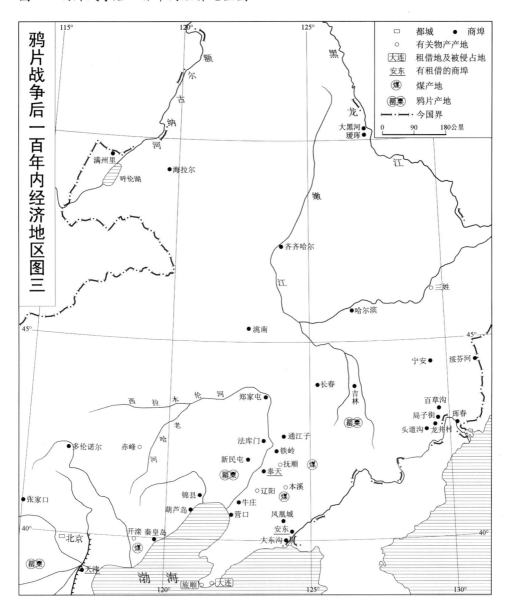

第七章　历史军事地理

第一节　边围的宁谧和巩固

自从有了国家，就有了国界。国家是建立在一定范围的土地上，也就是所谓的国土。在这国土范围的边缘，就形成了国界。在历史上，建立国家的政权先后起伏不一，历年久暂不同，疆域广狭也就各异，国界相应显得盈缩。巩固国界附近的边围，维护疆域的完整无缺，这是每个政权都不能忽视的要务。

一、边围的巩固为立国不可或缺的必要因素

每个政权的建立，都期望其国旗能够久长。这当然要有许多的因素，都不可稍有差池，而边围的巩固则是不可或缺的，也是自来都受到重视的。远

在春秋之世，就已经有了长城的建筑。建筑长城就是为了巩固国防，使之不受外来力量的侵凌。寖假至于战国，称霸的诸侯几乎都在他们边地从事这样的建筑，甚至并不仅是一方。建筑了长城就须要守卫。为了守卫，沿长城各处大都有城堡烽候一类的设置，就是为了加强守卫的力量。直至汉时，经常有数千人乘塞列隧，守卫长城沿线①，就是以后的王朝对于这一点都是不能稍有疏忽的。

一般说来，边圉之地人口都是比较少的，甚至还是相当稀疏的。边地人口稀少就必然影响到国界的防守。战国时，北边的秦国和燕、赵两国为了防边，都相继开始修筑长城。所建筑的长城大抵都在新取得的土地上，那些地方的人口当然不是很多的。这三国如何解决这样的问题未见记载，不易备悉。汉朝初年，实行徙民实边的策略，使边地的防守有所改善②，汉朝政府甚至规定边地人口不能轻易向内地迁徙③。不过这样向边地迁徙人口，并不是轻而易举的事，难得都能执行。

两汉之间北边的变化就可以作为具体的说明。西汉一代的边患以匈奴的侵掠最为严重。汉高帝虽能战胜项羽，建立王朝，然平城之役（平城在今山西大同市）竟然铩羽归来。④文帝时，匈奴由朝那（今宁夏回族自治区固原县东南）、萧关（亦在今固原县东南，朝那之西）南侵，经过彭阳（今甘肃镇原县东南），候骑竟到了雍和甘泉。⑤雍在今陕西省凤翔县南，甘泉则在今陕西省淳化县西北。雍只是关中的一个重要县治，甘泉却是秦汉王朝的重要宫殿，当时王朝的大政方针有些就是在甘泉宫决定的。雍县距都城本已不甚辽远，甘泉更是近在咫尺，可见问题是相当严重的。文帝为此发兵十万，驻扎在长安周围以作防备。⑥几年以后，还有一次，为了防胡，也是分别屯

---

① 《汉书》卷六九《赵充国传》。
② 《汉书》卷四九《晁错传》。
③ 《后汉书》卷六五《张奂传》。
④ 《史记》卷八《高祖本纪》。
⑤ 《史记》卷一一〇《匈奴传》。
⑥ 《史记》卷一一〇《匈奴传》。

军细柳、灞上和棘门。这三处都近在长安城外①，仿佛已把长安城外作为防边之所了。这只是匈奴南侵深入最远的地方，至于长城上下的骚扰就更为繁多了。当时晁错上书文帝，言守边备塞事，就曾经作过深刻的论述。他说："今使胡人数处转牧行猎于塞下，或当燕代，或当上郡、北地、陇西，以候备塞之卒，卒少则入。"在这样情况下，如果不发兵救援，"则边民绝望而有降敌之心；救之，少发则不足，多发，远县才至，则胡又已去。聚而不罢，为费甚大；罢之，则胡复入。如此连年，则中国贫苦而民不安全"②。晁错所说，当然是汉时北边的具体情况。其实，这在以后一些王朝的国防经营，也还是相差仿佛。这正是北边多事，不易防备的一般道理。

前面说过，汉朝防御匈奴，曾经采取过守边备塞的策略。这是说，向边地迁徙大量人口，充实边备。西汉一代对于这项策略一直是遵守力行，尤其是在武帝时的建树更多。③但这只能说是盛世的大业。西汉后期国力渐弱，经过王莽掌权，更是等而下之。不仅不复徙民实边，相反地边民却向内地转徙。到了东汉初年，边地人口就更为稀少。据说，当时的"边陲萧条，靡有孑遗，障塞破坏，亭队坠绝"④。东汉全国共有十三州，北边原来本有一个朔方刺史部，到这时竟然并省了这个朔方州⑤，可知其间严重的程度。

东汉的北陲本是承西汉的旧规的，因而也是阴山为界。东汉初年废去西汉的朔方刺史部，并没有省并所属的朔方、五原、云中、雁门等郡，显示边陲局面并没有很大的改变。实际上的改变已经发生。这时由于匈奴的侵扰，就渐徙幽、并边人于常山关（今河北唐县西北）和居庸关（今北京市昌平县

---

① 《史记》卷一〇《文帝纪》。细柳，《集解》："徐广曰：'在长安西。'骃按：如淳曰：'《长安图》，细柳仓在渭北，近石徼。'张揖曰：'在昆明池南，今有柳市是也。'"《索隐》按："《三辅故事》，细柳在直城门外阿房宫西北维。又《匈奴传》云，'长安西细柳'，则如淳云在渭北，非也。"海按：匈奴如侵扰长安，是取西北一路而来的，不能即越渭而南。因而西汉防胡驻兵的细柳，应在渭北，而不在渭南的阿房宫旁。棘门，《集解》："徐广曰：'在渭北。'骃案：孟康曰：'在长安北，秦时宫门也。'如淳曰：'《三辅黄图》棘门在横门外。'"

② 《汉书》卷四九《晁错传》。

③ 《史记》卷三〇《平准书》，《汉书》卷六《武帝纪》。

④ 《续汉书·郡国志》刘注引应劭《汉官》。

⑤ 《续汉书·郡国志》。

西北）以东。①自西汉末年以来，北边人口已经减少，这时又由政府出面劝导迁徙，当然就更加稀少了。尤其值得注意的，随着边地人口的减少，匈奴人因而辗转入居塞内，填补其间的空隙②，同时也增加了边圉的危机，难得长期巩固下去。

然而改变最为显著的则是南匈奴的内徙。东汉初年，匈奴分为南北，南匈奴力弱不能自立，就南向降汉。其单于初居于云中，后遂徙居西河美稷（今内蒙古自治区准格尔旗西北）。单于部下的匈奴人也就分屯北地（治所在今宁夏回族自治区吴忠县南）、朔方（治所在今内蒙古自治区磴口县北）、五原（治所在今内蒙古自治区包头市西）、云中（治所在今内蒙古自治区托克托县东北）、定襄（治所在今山西左云县西）、雁门（治所在今山西代县西北）、代郡（治所在今山西阳高县）等郡，包括南单于所居的西河郡（治所在今内蒙古自治区准格尔旗西南）在内，就是所谓缘边八郡。③这样的大举迁徙，冲破了阴山山脉的界线。为了对付北匈奴，南单于及其所部的侯王，皆各自率领部属，为郡县侦罗耳目。能够取得这样的效果，不外有三个原因：其一是北匈奴的势力方张，其二是东汉王朝还相当强大，其三是迁徙新地为时尚甚短暂，羽毛尚未丰满。稍过了一段时间，这三个原因都逐渐丧失，情况就有所转变。这时原来阴山上的国界已经没有作用。实际的国界已经转移到南匈奴内徙的缘边八郡以南。但是这样一条新转移的国界，东汉王朝是不会认可的。这是因为南单于尚貌称恭顺，也因为这缘边八郡仍是东汉的疆土，仍居住有一定数目的人口，也还有郡太守和县令长从政理民。因此也可以说东汉在这时没有可以防守的边界。既然不能防守，就难免会出问题。还在东汉中叶时，南匈奴左部就有一部分人背叛，东引乌桓，西收羌戎及诸胡等数万人，竟攻破京兆虎牙营。这是设于京兆的虎牙营，具体说来就是设于长安，将兵拱护园陵。东汉虽不以长安为都，但仍为畿辅的重地。

---

① 《后汉书》卷八九《南匈奴传》。
② 《后汉书》卷八九《南匈奴传》。
③ 《后汉书》卷八九《南匈奴传》。

畿辅重地的兵营竟为南匈奴所攻破，当然是惊动一时的大事了。可是问题并未就此结束。这些背叛者接着又寇掠并、凉、幽、冀四州，整个北方诸州都受到骚扰。东汉王朝因内徙西河治离石（今山西离石县），上郡治阳夏（今陕西韩城市西南），朔方治五原。[1]像这样不能据国界防守，巩固边圉的事诚然是严重的，可是这并不是阴山一处，整个北边和西北边都是这样的。在东北的幽州，本来居于塞外的乌桓、鲜卑人也乘机徙居塞内[2]，而西北凉州也杂居了许多羌人。羌人的骚扰远远超过南匈奴和乌桓、鲜卑。范晔论羌戎之患，谓"羌虽外患，实深内疾"[3]。这话说得很中肯。因为这样一些侵掠骚扰，都发生在国界以内。由于国界不守，边圉欠安，而欲王朝的长治久安，那是相当困难的。

这样的放弃原来的国界，导致王朝的危殆，还见之于明代。明初驱逐元裔，始建王朝，其北疆规模直可上拟汉唐。当时国界就西抵阴山之上，而东届潢水（今西拉木伦河之滨）。而东胜（今内蒙古自治区托克托县）、云川（今内蒙古自治区和林格尔县）、开平（今内蒙古自治区正蓝旗东北）、全宁（今内蒙古自治区翁牛特旗）诸卫，自西徂东，即濒这条国界设置。如果能够长期守卫住这条国界，至少作为都城的北京就可少受来自北方的威胁，甚至不会有若何的威胁。可是成祖永乐初年的一些改变，这样的优势很快就消失了，不仅消失，而且后患无穷。明代王朝肇基于太祖朱元璋。及建文帝嗣位，燕王遂起所谓靖难之师，南向争夺皇位。燕王封地就在现在的北京，当其起兵南下时，曾夺受封于大宁（今内蒙古自治区宁城县）的宁王兵[4]，并召兀良哈三卫从征。三卫为朵颜、福余和泰宁，本居黑龙江南，渔阳塞北。宁王权之封于大宁，本是为了镇抚三卫。三卫既从征有功，成祖遂徙宁

① 《后汉书》卷八九《南匈奴传》。
② 《后汉书》卷九〇《乌桓鲜卑传》。
③ 《后汉书》卷八七《西羌传》。
④ 《明史》卷一一七《宁王权传》。

王于南昌，而以大宁界三卫。^①三卫既南徙，全宁卫反在三卫之北，不能不弃而不守。大宁、全宁卫先后弃去，开平亦悬远难守，遂内徙于独石，弃地300里，并失滦河、龙冈之险。^②大宁、开平先后弃去，其西的东胜诸卫，也难以撑持下去，因亦内徙。^③东胜既徙去，河套遂暴露于外，鞑靼因入居其中^④，时时为患于陕西及其邻近各处。

明初弃去大宁、全宁、开平以及东胜诸卫的撤守，这是说明朝根本放弃了阴山山脉一线。放弃了阴山山脉，其南就无险可守，就只好修筑长城，恃以为防御的要塞。然长城亦并非难以逾越的天险，故边围终未安谧。终明之世，到底没有扭转这样的局面，以至影响到明代整体的国力。

二、阴山山脉的控制

稽诸我国史籍，农耕族类及其北的游牧族类，由于生活习惯的差异，更由于其统治阶层的相互猜忌拨弄，不时发生矛盾和冲突，甚而引起兵争。而这样的兵争又复历年久远，中间虽亦有间断时期，这是在封建社会里，不易得到彻底解决的问题。

这样的冲突和争执，远在商周之时即已肇其端倪。殷高宗曾经讨伐过鬼方，而且三年才告克捷，足征其势力的强大。鬼方所在，学者间多有异说，

---

① 《明史》卷三二八《朵颜并附福余、泰宁传》。《传》称："自大宁前抵喜峰口，近宣府，曰朵颜；自锦、义历、广宁至辽河，曰泰宁；自黄泥洼逾沈阳、铁岭至开原，曰福余。独朵颜地险而强。"宣府在今河北省宣化县，广宁诸卫分布在今辽宁省绥中和北镇之间，黄泥洼在沈阳西300里。其余各地今仍沿袭未改。

② 《读史方舆纪要》卷九《历代州域形势》。滦河在开平卫南，龙冈即卫北三里的卧龙山。

③ 《明史》卷四〇《地理志》。

④ 《明史》卷三二七《鞑靼传》："天顺间，有阿罗出者，率属潜入河套居之。……（河套）地在黄河南，自宁夏至偏头关，延袤两千里，饶水草，外为东胜卫。东胜而外，土平衍，敌来，一骑不能隐，明初守之，后以旷绝内徙。至是，……边事以棘。"

核实说来，应该就是后来的昆夷和严允，其地是由宗周之西而包其东北。说得具体一点，就是由陇砥而北，越过泾水，至于泾洛之间，甚而至于洛水下游。①由商周之际，历西周、春秋，而至于战国初年，大抵皆是如此。②周初封建诸侯，汾水流域最北为霍国。霍国为今山西省的霍县，其北就是霍太山。霍太山之北，就是游牧族类的居地了。太行山东最北的封国当然是燕国了。燕国都城在蓟，就是现在的北京市。司马迁撰《史记·燕召公世家》，还曾经提到"燕外迫蛮貉"，显然与中原封国不同。就在西周初年，太行山东的邢、卫两国就已受到其附近所谓狄人的压迫，都城且为所攻破，不能不另迁新邑。③邢国之北，直至春秋之时，尚有鲜虞（今河北定县）、肥（今河北藁城县）、鼓（今河北晋县）等白狄的部落。燕国何能独辟蹊径，远至于这些白狄部落之北。挽近学者间有提出疑义，也不是没有道理的。

虽然有这样的一些史实，可是要得出一条春秋初年诸侯封国和游牧族类之间的界线，也可以说是当时北方诸侯封国的北界，却并非容易。勉强说来，这条界线仍然是西起陇山，东北渡过泾水和洛水，再渡过黄河，循吕梁山稍东北行，再东过霍太山，又东越过太行山，过邢国之北而东去。这条界线当然是根据当时各不同族类居住地区拟出来的。就是按不同族类的居住地区来说，也不能说这已经是泾渭分明，两无牵连，因为太行山南部东西两侧还居住着若干赤狄部落，而燕国也至于渤海湾头。这条界线虽也经过若干山山水水，都难得可以作为防守的自然凭借。在这条界线的南边，是有许多的诸侯封国，在这界线的北边，虽然都是游牧族类，但分支也复不少。彼此各据这条界线的一部分，难得都统一运用。

当时在这条界线之南的农耕族类都曾为探求可以据以防守的新的边界而多费精力。自晋悼公使魏绛和戎之后，赵襄子才逾勾注（今山西代县北）

---

① 王国维《观堂集林》卷一三《鬼方昆夷严允考》。

② 战国时秦国的上郡塞就筑在洛水的中游，可知当时疆界尚未向北作很多的推移。参见拙著《黄河中游战国及秦时诸长城遗迹的探索》。

③ 《左传》僖公元年，闵公元年。

而破并代以临胡貉。勾注为当时的天下九塞之一，这是见于《吕氏春秋》记载的说法，应该不是耳食之谈。可是赵国还未能满足，更探索到代和勾注之北，并在那里设置了云中、雁门、代郡三个郡。而秦国也伐残义渠（义渠王都在今甘肃庆阳县西南），同时也设置了陇西、北地和上郡三个郡。燕国也从东胡取得了土地，设置了上谷、渔阳、右北平、辽西、辽东五个郡。这是说，和匈奴邻近的秦、赵、燕三国，都在开拓土地，一共设置了十一个新郡。①

新郡的设置是开拓土宇的结果，而开拓土宇就意味着探索新的边界，并以之作为防御的凭借。土宇是开拓了，新郡也建立了，但作为防御凭借的边界的探索却似乎都没有达到目的。为了补苴这样的不足，这三国都在修筑长城。秦国的长城修筑在陇西、北地、上郡之北，赵国的长城是自代并阴山下，至高阙为塞，而燕国的长城则是自造阳至于襄平。②这几条长城虽然分属三国，却可以遥相呼应，连系在一起。这充分说明这三国为了保护北方疆土的战略是相互一致的。如果说，上面所说的春秋时期北方诸侯封国的边界是根据文献拟定的，这条边界却是确实无误，而且是历经过若干次的战争而后取得的。长城的修筑一般因着自然的山水，利用自然的形势。秦长城的一段就筑在横山山脉之上③，而赵长城的一段是筑在阴山之下④。这些险要的所在有了长城正可以相得益彰。但是所有的长城段落并非都是如此，有的甚至就是修筑在平坦的原野上，当然也会起到相应的作用，不过都难得说是很大的。

这里应该特别提出的是赵国的长城。赵国和燕国一样，都有南长城和北长城。这里所提到的是它们的北长城，也就是赵国的"自代并阴山下至高阙为塞"的长城和燕国的"自造阳至襄平"的长城。燕北长城和赵国的北长城

① 《史记》卷一一〇《匈奴传》。
② 《史记》卷一一〇《匈奴传》。
③ 拙著《黄河中游战国及秦时诸长城遗迹的探索》。
④ 今呼和浩特市北的赵长城就筑在阴山山脉南麓稍高处。

的作用大致相当，而赵国的长城更为明显。赵国的长城是循着阴山山脉修筑的。阴山山脉是北陲的一条大山，绵亘于今内蒙古的中部，西起河套之北，而东与内兴安岭相接，只是随地易名，并非都以阴山相称。高阙在阴山山脉的西端，位于内蒙古自治区杭锦后旗的西北。①这条阴山山脉隔断南北。阴山山脉之北，草原弥漫，历来都是游牧的地区。阴山山脉之南则是可农可牧的地区。这里固然也有"风吹草低见牛羊"的草原，可是黄河渠水可以溉田②，草原就成了农耕的地区。游牧族类据有这样的地区，在越过阴山之后，自可从容装备，再南向牧马。若是农耕族类据有阴山，也可凭借山南沃壤，使阴山变成金汤。农耕族类探索北陲边界，到了阴山也就适可而止，因阴山之北的草原地区会使农耕族类难以施展其耕耘的长技。游牧族类不能控制阴山山脉，而欲随时都能牧马于农耕地区，就不是那么容易的了。史言："阴山东西千余里，单于之苑囿也。……匈奴失阴山，过之未尝不哭。"③这应该是实际的记述。

阴山山脉能够成为一些王朝北陲的屏障，固然是由于它的险峻和绵亘的远长，也是由于它隔绝南北，可以成为游牧族类和农耕族类的界线。阴山山脉之东固可以与内兴安岭相连接，其西却止于越过高阙不远处。再西则为乌兰布和沙漠、巴丹吉林沙漠。乌兰布和沙漠的西南，还可以提到腾格里沙漠。沙漠地区固然不适于农耕，从事游牧也有许多不便处。作为王朝疆土的屏蔽来说，它和阴山山脉起着异曲同工的作用。较为强盛的中原王朝，他们在这方面的边界，一般都能达到石羊河和弱水的下游。石羊河下游汇集成的泽水在古代称为都野泽或休屠泽。弱水下游汇集成的泽水，在古代称为居延泽。当时的边界大都包括这两个泽水。因而可以说，作为中原王朝北陲边界

---

① 《水经·河水注》：河水"东迳高阙南。……阴山下有长城。长城之际，连天刺目，其山中断，两岸双阙，善能云举，望若阙焉。即状表目，故有高阙之名"。我曾旅居杭锦后旗，天晴气爽，远瞩西北，高阙即在目中，历历分明，无假考索。近人制图，以之置于杭锦后旗的东北方，但凭耳食，是难辞其疏略的。

② 《水经·河水注》。

③ 《史记》卷九四《匈奴传》。

的组成部分，这几处沙漠可以说成阴山山脉的延长线。

虽然如此，高阙所在的那段阴山还应该是这条边界上的防守重点。由于这样的重点比较突出，它的存在很可能影响到北陲的全部边界。当然这条边界其他一些段落也会经常受到来自游牧地区的骚扰和侵犯，只要高阙这一段岿然无恙，北陲就不至于有很显著的变化。

这样说来，阴山山脉确是中原王朝北陲的自然屏蔽，也是中原王朝最为适合的边界。探索到这条边界应该说始自战国时的赵国，统一六国的秦王朝再度致力。赵国李牧守边，匈奴就不敢近于赵地。[1]李牧虽为一代名将，若不是凭借阴山和山上的长城，恐也难于取得这样大的成就。就是秦始皇的经营，也能使"胡人不敢南下而牧马"[2]。这都不是偶然的现象。

秦社瓦解，高阙所在的这段阴山也随之告失。作为屏蔽汉朝都城长安的北陲边界，又恢复到战国时所筑的长城。这条长城经过上郡治所肤施县北，可是当时防胡重镇却在其南的高奴县（今陕西延安市）。文帝时，灌婴即以丞相之尊，亲率击胡之军驻于高奴。[3]后来汉朝复取得高阙故塞，高奴虽未再见到驻兵防胡的记载，其重要似仍不减当年。因为上郡治所的肤施县只能防备帝原水（今陕西榆林县榆溪河）河谷这一路，而高奴县却能阻挡住由北向南进攻的各路兵力。

唐朝亦都于长安，对于阴山的设防同样未敢稍懈。在唐人看来，汉时防守阴山，其实只是北守黄河。[4]这是因为汉时所置的五原郡和朔方郡，分列黄河两侧岸旁。五原郡置于今包头市西，朔方郡置于杭锦旗北黄河岸边。东汉时徙朔方郡于今磴口县北，仍然在黄河南岸。这两郡都是地方行政区划，并不一定要和军事有密切联系。唐时始于黄河北岸筑三受降城。西城在今五原县西北，中城在今包头市西南，东城在今托克托县南。三城首尾呼应，

---

① 《史记》卷八一《廉颇蔺相如传》。

② 贾谊《过秦论》。

③ 《史记》卷一〇《文帝纪》。

④ 《元和郡县图志》卷四《丰州》。

可以断绝突厥南侵之路。自筑三城之后，突厥就不敢度山放牧，朔方无复寇掠。[1]后来又在今乌拉特前旗东北置天德军，并以天德军作为朔方的根本。这是说以中城、东城连振武为左翼，又以西城、丰州连定远为右臂，这样左右钩带，居中处要，可以南制党项，北制匈奴。[2]丰州在今五原县西南，振武节度即设在东城。定远城则在今宁夏回族自治区平罗县南。这里所说的匈奴，本是指突厥而言，后来回纥兴起就代替了突厥。

这里还应该指出丰州和其东南的胜州（今准格尔旗东北）的关系。这两个州作为地方行政区划，只是东西相邻的两州，对于防守阴山山脉却都起协调的作用。丰州近于西城和天德军，胜州则和东城只是一河之隔，可以遥相呼应。这虽是两处地方区划，实际上却属于防守阴山的前线。

还应该提到的是夏州（治所在今陕西靖边县北）、银州（治所在今陕西横山县东）和盐州（治所在今陕西定边县）。前边论述汉时的防边，高奴县实居于第二线，因为它控制着越过阴山以南进攻长城的要路。夏、银、盐却是位于向南进攻三条大路的北口。由夏州南行，可以横越横山山脉。由银州南行，可以顺无定河河谷，再转到清水（今延河）岸旁，由盐州南行，更可循洛河河谷前进。这三条道路的南端都汇集到延州（治肤施，即汉时的高奴县，亦即现在的延安市）。有夏、银、绥（疑为"盐州"。——编注）三州的控制，延州就可以不至于受到很多的侵掠。即令北来的进攻冲过这三州，其力量也会受到削弱，延州御敌，也就易于致功。唐初，梁师都称帝于夏州，引突厥入居河南，并导之向南进攻延安（郡治即在肤施县），为唐军败于城南野猪岭[3]，即其明例。可以说，夏、银、绥（同上。——编注）三州东西并列，实为防御由阴山山脉向南进攻的第二条防线。由于有了这样一些设施，作为都城的长安就可稳如泰山。

如果都城不在长安，对于阴山山脉的重要段落的所在也许就稍有改易。

---

① 《元和郡县图志》卷四《丰州》。

② 《元和郡县图志》卷四《丰州》。

③ 《旧唐书》卷五六《梁师都传》，《新唐书》卷八七《梁师都传》。

北魏初年的都城设于平城。平城在今山西省大同市。这里北距阴山远较长安为近迩。而当时阴山之北的柔然也还相当强盛，不时和北魏以干戈相见，所以北魏对阴山的感受也最切。其时于芒干水支流塞水旁建有讲武堂[1]，亦可以略见其中的消息。平城于高阙偏在东南，相距也相当遥远，因而当时的重点防御设施，高阙便居于次要的位置。北魏的北边防御设施，六镇最为重要。六镇为沃野、怀朔、武川、抚冥、柔玄、怀荒。除怀荒外，皆在今内蒙古自治区。沃野在今五原县东北。怀朔在今固阳县西南。武川在今武川县西。抚冥在今四子王旗东南。柔玄在今兴和县北。怀荒则在今河北省张北县境。这六镇东西相连，位于阴山山脉之南。这是在阴山山脉之下，为都城平城形成一道人为的屏障。当时的平城能够不虞由北而来的侵掠，这六镇实起了极为重要的作用，迄至北魏迁都洛阳，距阴山殊远，因而对这六镇就显得漠视。后来六镇军民就据地起义。起义军失败后，六镇故地就都荒废了。这时阴山以北的柔然已经衰弱，等到突厥继起之后，阴山仍然重要。北周和北齐就不能不另筹对策了。

三、祁连山和合黎山间通道的畅通

这里所说的祁连山和合黎山间的通道就是一般所说的河西走廊。它位于今甘肃省的黄河以西，斜贯武威、张掖、酒泉、敦煌诸县的通道。祁连山在

---

[1] 《水经·河水注》："芒干水又西，塞水出怀朔镇东北芒中，南流迳广德殿西山下。余以太和十八年从高祖北巡，届于阴山之讲武台。"芒干水今为大黑河。

其南①，合黎山则在其北②。

祁连山下本为乌孙、月氏的故土，其后入于匈奴，为休屠、昆邪二王属地。汉武帝时始收归版图，列为郡县。当时经营西域，这条道路为由内地至西域的捷径。从汉武帝时起，中原王朝虽间有更迭，为了经营西域，都首先期望这条道路能够畅通。当然也有阻塞的时候。形成阻塞不外三种情况：一为中原王朝力有不及，不能兼顾西域，而西域诸国亦未能与中原王朝时通和好，东汉时对于西域的交往，曾经三通三绝，而不复通好，正显示东汉国力未能和西汉一样强大，不易远图。又一为河西及其附近别有政权建立，致使中间有所阻遏。十六国时期，中原固然长期混乱，然河西五凉先后兴起，西域使者往往中途即止，不复远莅中原。而宋时西夏崛起，河西亦为所据有，商贸往来犹须辗转间关，更何论两方轺车使人。再一为来自合黎山和焉支山北的进攻以及来自祁连山的进攻，都能横断这条道路，使它不得畅通。前两者并非这条道路的问题，可以存而不论。后者则与这条道路形势有关，须作一些说明。

汉武帝时开拓河西，设置武威等四郡，固然是为了经营西域，也是为了断隔羌胡。这是说遏制匈奴和西羌的交往。后来到了唐代初期，沿边十节度使中的河西节度使，它的使命也是"断隔羌胡"③。当时所谓的胡则是指突厥而言。匈奴、突厥前后虽不相同，唐代在这方面正是继承汉朝的策略，则是毫无疑义的。就是后来到了明代也还是如此。当然，它们所获得的成就不能都是完全相同的。

① 《史记》卷一一〇《匈奴传·索隐》引《西河旧事》：祁连"山在张掖、酒泉二郡界上，东西二百余里，南北百里"。嘉庆《大清一统志》卷二七八《肃州直隶州》引《行都司志》："祁连山在肃州卫南一百六十里，亘凉肃界。"

② 《水经·禹贡山水泽地所在篇》："合离山在酒泉会水县东北。"注："合黎山也。"会水县在今甘肃省金塔县东。《元和郡县图志》卷四〇《甘州》："合黎山，在（张掖）县西北二百里。"按：合黎山东又有焉支山。《史记》卷一一〇《匈奴传·正义》引《括地志》："焉支山一名删丹山，在甘州删丹县东南五十里。"删丹县今为山丹县。焉支山和合黎山东西相望，与其南的祁连山对立，共同形成河西走廊。

③ 《通典》卷一七一《州郡一》。

这条通道的两侧虽有祁连山和合黎山，还有焉支山作为屏蔽，其实也是有罅漏的。这里有两条河水分别由合黎山西和焉支山东向北流去。前一条是弱水，后一条是石羊河。这两条河的下游都汇集成泽，弱水下游的泽水古时称为居延泽，石羊河下游的泽水，古时称为猪野泽或休屠泽，这都是在前面已经说过的。这两条河谷也形成了两条通道。汉朝固然可以利用这两条通道进击匈奴。李陵的北击匈奴，就是由弱水和居延泽一路出兵的。[①]当然，匈奴也可由这条道路南下截断通往西域的通道。汉朝为了防备这条河谷，在休屠泽南还只设了一个武威县[②]，在居延泽南更设了一个居延都尉，并筑了一条遮虏障[③]。到了东汉，更改居延都尉为张掖居延属国[④]，增加了当地的防御力量。

到了唐代，对于居延泽和弱水的通道仍极为重视。当时在居延泽南设有同城守捉[⑤]，而且还将安北大都护府移治到同城[⑥]。这个都护府何时由同城他移，已难以确知。就在这个都护府他移之后，这里还特建为宁寇军，其重要性亦可见到一斑了。

就是祁连山两侧及其中间，也有相似的通道。今疏勒河和弱水皆发源于祁连山南。疏勒河绕祁连山西向北流去，经今安西县北，西流入哈拉湖。疏勒河西还有一条党河，也经今敦煌县西向北流去。弱水则横穿祁连山，经今张掖县西，北流入居延泽。流经祁连山的弱水河谷，山路虽然隘阻，却仍为

---

① 《史记》卷一〇九《李将军传》。

② 《汉书》卷六九《赵充国传》，时用兵西羌，酒泉太守欲分兵并出张掖、酒泉合击罕、开在鲜水上者，充国谓"武威县、张掖日勒皆当北塞，有通谷水草，臣恐匈奴与羌有谋，且欲大入，幸能要杜张掖、酒泉以绝西域，其郡兵尤不可发"。赵充国这番议论，正说明了休屠泽一路的重要性，也说明横过祁连山是有道途可以通行的。酒泉、张掖两郡兵要越过祁连山而达到鲜水上，就必须通过祁连山上弱水的河谷。这一点下文是将要提到的。鲜水为今青海湖。日勒在今甘肃省永昌县西北。今石羊河汉时称为谷水。

③ 《汉书》卷二八《地理志》。

④ 《续汉书·郡国志》。

⑤ 《新唐书》卷四〇《地理志》："甘州删丹，北渡张掖河，西北行，出合黎山峡口，傍河东壖，屈曲东北行千里，有宁寇军，故同城守捉也，天宝二载为军。军东北有居延海。"

⑥ 《全唐文》卷二一一，陈子昂《上西蕃边州安危事》："伏见今年五月敕，以同城权知安北府。此地逼碛南口，是制匈奴要冲，国家守边，实为上策。"

南北往来所必经之地。晋时法显西行求法，就是由这条道路前去的。法显只是行旅往来，无烦深究。隋炀帝率师西征吐谷浑，正是由这里悬军深入，到达张掖的。[1]祁连山南，水皆东南流，与疏勒河、弱水不尽相同，由于山势渐低，由青海湖东，湟水流域，北渡大通河，还是可以通往武威的。

汉时开拓河西，如前所说，其用意是借此断隔羌胡。由于汉朝的努力防范，相当达到目的，就是河西也少受到匈奴和西羌的骚扰。唐代也作了相当的努力，突厥或回纥和吐蕃在军事行动上大致尚不至有过多的联系。可是突厥就曾不断由弱水河谷进攻过甘州（治所在今甘肃张掖县），[2]也曾由马城河（即今石羊河）进攻过凉州（治所在今甘肃武威县）。[3]吐蕃在这方面也没有放松侵扰，它曾进攻过凉州[4]、甘州和瓜州[5]（治所在今甘肃安西县东）。由于唐朝相当强大，它们的骚扰到底都还是被驱逐回去，通往西域的大道始终是畅通无阻。只是到了玄宗天宝末年发生了安史之乱，局面才完全改观。

四、大凌河谷道路的维护

大凌河在今辽宁省西部，发源于凌源县，流经喀喇沁左翼蒙古族自治

---

[1] 《隋书》卷三《隋炀纪》："大业五年，车驾西巡河右。"此下接着叙述炀沿途的经历。这里说到"梁浩亹"，浩亹水今为大通河。越祁连山，须经过浩亹水，故须于水上造梁。在祁连山上还围攻过吐谷浑王，历时一月，经大斗拔谷而至张掖。大斗拔谷即今扁都沟，为青海通张掖要道。见李得贤《隋炀帝西巡道路中几个地名考实》（《唐史论丛》1988年第四辑）。

[2] 突厥的进攻甘州，先后在武德七年（公元624年）、贞观三年（公元629年），见《资治通鉴》卷一九一《唐纪七》及卷一九三《唐纪九》。

[3] 突厥的进攻凉州，先后在武德三年（公元620年）、武德八年（公元625年）、武德九年（公元626年）、万岁通天元年（公元696年），分别见《资治通鉴》卷一八八《唐纪四》、卷一九一《唐纪七》、卷二〇五《唐纪一二》。

[4] 吐蕃进攻凉州在久视元年（公元700年），见《旧唐书》卷九三《唐休璟传》。

[5] 吐蕃进攻甘州和瓜州在开元十五年（公元727年），见《旧唐书》卷一九六《吐蕃传上》。

县、朝阳市、义县、锦州市，入于辽东湾。汉时称为渝水[①]，隋时仍称渝水[②]，唐时则称白狼水[③]。

这是两汉时内地通往辽水流域的主要通道。也许战国时燕国开拓辽西、辽东两郡的年月就已如此。按照后来的情形，内地和辽水流域的交通以由沿海前往最为便捷。具体说来就是取现在的山海关一道，可是那时的海边尚多沮洳，不易通行，因而就采取大凌河谷这条道路。

辽西、辽东两郡的始置是在战国时期。今所知者只是两个郡名，治所在什么地方，已难于考核。秦始皇统一六国，仍然沿袭这两个郡名，也许同时把治所都沿袭下来。秦辽西郡治阳乐[④]，在今辽宁省义县西南。其地近大凌河，而距海尚远。西汉辽西郡仍治阳乐县。辽西郡所属的柳城和临渝两县亦皆在阳乐的西南，也就是在渝水的近旁。秦时所说的县已难具考。汉县则皆见于记载[⑤]，沿海各处竟无一县，其中道理显然可见。再后到了隋代，沿海道路已可通行。当时伐高丽的主要出师路线，是取道于临渝关的。[⑥]临渝关在今河北省抚宁县东，或说就是现在的山海关。其实两地相距不远，都可说明这次出师是沿海前行的。可是沿海一路还是未设县治。当时的辽西郡即治于柳城[⑦]，仍在白狼水旁，与两汉相仿佛。唐因隋旧，在柳城置营州，营州或称柳城郡。隋于今河北省卢龙县置北平郡，唐于其地置平州。北平郡或平州东距临渝关虽非很远，然其北不远处正是卢龙塞，为由北平郡或平州通往

---

① 《汉书》卷二八《地理志》：辽西郡"临渝，渝水首受白狼，东入塞外"。临渝县在今朝阳市境。汉时右北平郡有白狼县，在今喀剌沁左旗蒙古族自治县西南。县以白狼山为名，白狼水当出于白狼县白狼山。

② 《隋书》卷三〇《地理志》：辽西郡柳城，有渝水、白狼水。当系溯其上源二水尚未合流处，故分别为言。

③ 《通典》卷一七八《州郡》：营州柳城，有白狼山、白狼水，而无渝水，当是渝水和白狼水合流，就以白狼水相称。

④ 《水经·濡水注》："《地理风俗记》曰：'阳乐故燕地，辽西郡治，秦始皇二十二年置。'"

⑤ 《汉书》卷二八《地理志》。

⑥ 《隋书》卷八一《高丽传》。

⑦ 《隋书》卷三〇《地理志》。或以为隋在柳城所置者为柳城郡，大谬。《通典》卷一七八《州郡》：营州，隋文帝"以其地为营州，炀帝初州废，置辽西郡。大唐复为营州，或为柳城郡"。是柳城郡的设置为唐时事，与隋时无涉。不得以唐制作为隋制。

辽西郡或营州的大路经过的地方，这两地之间的往来是不会假途于海滨的。

这条重要的通道有时是会受到阻遏而难以畅通的，这条通道之北距乌桓、鲜卑并非很远，其间骚扰阻遏就不易免除。东汉时赵苞为辽西太守，迎其母赴郡，道经柳城，值鲜卑入塞，竟为所劫质。[1]这还可以说是个人行旅，无关一方大局。东汉末年，乌桓据有柳城，曹操为之出塞远征，才夺回这个重要地方。[2]

曹操的征讨乌桓，是因为其王蹋顿收留袁绍的儿子袁尚，袁尚并声言要借蹋顿的势力复图冀州。这时的乌桓是可以称雄一方的。袁尚逃奔到乌桓去，在曹操说来，可能会成为后患，因而不能不长途跋涉，前往征讨。[3]然而最后的企图还是为了能够打通这条重要的通道。后来公孙渊据辽东反魏，毌丘俭和司马懿率军远征，还是由这条道路前往的。[4]

由于中原的乱离，这条通道还是不易长期控制得住的。西晋末午，鲜卑慕容氏入据柳城，这条道路因而受到阻遏。慕容氏就以这里为始基，建立了燕国。燕国数度起伏，最后才为北魏所灭掉。由于辽东尚为高句骊所据有，因而所起的作用不大。

隋代短祚，在这方面没有什么特殊的建树。唐代却颇有设施。平卢节度使的创立就是明显的标志。平卢节度使设在营州，正是这条通道的关键所在。平卢节度使统平卢、卢龙二军。平卢军和平卢节度使同在营州城内，卢龙军则在平州，平州治所就在卢龙县，是由塞内前往这条通道的起点所在。这里还应该提到安东都护府。安东都护府始设于初平高丽之时。当时设在平壤。自设立之后，就显得有逐步后退的趋势，其初退到辽东郡故城（今辽宁辽阳市），再退到新城（今辽宁沈阳市东）。后来索性退到辽水以西。开元

---

① 《后汉书》卷八一《独行·赵苞传》。

② 《三国志》卷一一《田畴传》。

③ 《三国志》卷三〇《乌桓传》。

④ 《晋书》卷一《宣帝纪》："遂进师（东讨），经孤竹，越碣石，次于辽水。"这里没有说到孤竹、碣石以后的路途。孤竹在今河北卢龙县南，碣石在今河北昌黎县北，其北就是卢龙塞。这时柳城之道已开，司马懿等人东征，还是有取道大凌河河谷的可能的。

年间徙于平州，天宝年间又徙辽西郡故城（今辽宁义县西南）。[1]这两处新址恰是进入大凌河河谷东北、西南两个起点，应该具有控制这条通道的作用。两端各有控制，中间扼要不仅设了一个营州，在营州城内还特驻有平卢节度使，是具有一定的控制和防御的力量的。

平卢节度使的设置本是镇抚室韦和鞨鞨的。[2]室韦散布于今黑龙江上游各处，鞨鞨散布于今黑龙江下游和松花江各处，都距营州过远。近于营州则为奚、契丹，而契丹尤为强盛。契丹曾经数度攻破营州[3]，其地最后还是为契丹所夺去。

第二节　东西的对立和攻守

在历史演变的过程中，一些统一王朝时期之间，还夹杂着若干分裂的局面。这些局面的形成当然是有各种不同的具体原因。分裂时期各个政权的统治者彼此经常发生冲突。他们既要防御外来的攻击，还要设法攻击他们的敌人，这就要引起若干次战争。战争，当然是一宗复杂的事情。战争的或胜或负是有许多因素和条件的。不过他们并不放松对于险阻地形的利用。分裂局面能够长时期延续下去，这是说明相争各方力量的相当，彼此无可奈何。割据者所占有的地区中人力物力的增长和削弱也可以部分地说明分裂局面悠久的问题。

历史上的分裂局面是有各种不同的形式的，有的时期显出了东西之间对立的局面，有的却形成了南北之间对立的局面，当然，也还有若干统治者各据一方，不在这东西对立或者南北对立的形式之内。这后一种较为特殊，难

---

① 《新唐书》卷三九《契丹传》。
② 《通典》卷一七二《州郡》。
③ 《旧唐书》卷一九九下《契丹传》，《新唐书》卷二一九《契丹传》。

得一概而论。前两者可能各具线索，自有因果。兹篇先就东西对立的局面略作论述，南北对立的局面当另行探讨。

一、东西对立局面的肇始

远在上古，黄河流域实为文化最发达的地区。黄河源远流长，曲折逶迤，竟达数百千里。其间自然条件随处异趣，居住族类亦复参差不齐，方国部落迭有起伏，时相消长。及夏、商、周三代兴起，始初具国家规模。旧史相沿，三代乃是前后相连续的三个王朝。但商朝的兴起并不是在夏朝行将灭亡的时候，而是自有渊源的。商人起于黄河下游，在夏人之东，其早先虽未显著①，而东方各部落方国的力量，已可与夏人相抗。夏人曾屡次迁国，帝相由太康所居的斟寻，东迁于帝丘，又曾迁于斟灌。斟寻在今河南省巩县西南。帝丘在今河南省濮阳县南。斟灌在今山东省旧观城县。夏人本来的居地由其传说的都城探索，实在汾涑流域和伊洛流域。太康所居的斟寻仍未远离伊洛流域，至于帝相所居的帝丘和斟灌，则已东至河济之间，这显然是在向东发展。不过夏人的向东发展并非一直顺利下去，也是经历了若干坎坷，而后始能有少康的中兴。②少康所居，史文未有记载，然其子帝杼实居于原，又居于老丘。原在今河南省济源县西北，老丘在今河南省开封市东南，这显然是铩羽西归。至桀而又居于斟寻，盖复返于伊洛流域的故居。

夏人的向东发展，其原因之一应是河济之间较伊洛流域为富庶。夏人为了据有这样的富庶地区，甚至把都城都迁到东方。伊洛流域和河济之间乃在

---

① 商人的远祖虽可远溯至于帝喾，即令皆为信史，已远在夏人兴起之前。其后记载多难稽考。《说文·羽部》："翟，羽之翟风，亦古诸侯也。一曰射师。"又《弓部》："羿，帝喾射官，夏少康灭之。《论语》曰：'羿善射。'"翟、羿应为一人，实即后羿，则商人及其有关方国，在东方的力量仍然存在。

② 《史记》卷二《夏本纪》及《索隐》《正义》。

黄河的中下游。黄河中下游之间已经是平原广漠，无复阻隔。战国时人论夏桀的国土，固曾列举其西边的泰华，南边的伊阙和北边的羊肠，而于其东边则仅说到河济。①这是说它的东边无险可守。夏人固可顺流而下，商人的西进同样也不会受到山川的阻隔。

商人和周人的关系，大致略仿佛于夏人和商人。周人虽亦有悠久的渊源，然能成为雄踞一方的力量，为时却并非很早。大致可以上溯到公刘之时。②周人受殷人封赏则在武乙之时③，殷人已渐臻于末期。准此而言，两方的关系不能谓之过早。然殷人的西方并未因周人的兴起较晚，而了无衅隙。殷高宗曾征伐鬼方，而且三年才获得克捷④，鬼方力量强大，可见一斑。鬼方所在，学者间多有异辞，然以汧陇之间，环周之西北二垂而控其东北之说为长。⑤周人兴起之后，隔断了殷人与鬼方⑥，殷人固可以略解西顾的忧患。周人既强，却也向东发展，他们不仅"既伐于崇"，而且"作邑于丰"，更进而"宅是镐京"⑦，丰、镐都远在岐下之东。其后竟然还要远伐黎国。⑧黎国在今山西长治市西南，东越太行山就是殷人的都城，这就不能不引起殷人的恐惧。⑨

战国时人说殷纣的疆土，就是"左孟门，右太行，常山在其北，大河经其南"⑩。防御周人就要靠太行山和黄河了。西伯虽曾经伐过黎国，却没有越过太行山，向殷都进攻。可能当时周人自己估计，力量尚不够强大，未

---

① 《史记》卷六五《吴起传》。

② 《诗经·大雅·公刘》毛传。

③ 《太平御览》卷八三《皇王部》引《纪年》："武乙即位，居殷。三十四年，周王季来朝。"《文选》卷四八班固《典引·注》引《纪年》："武乙即位，周王季命为殷牧师。"

④ 《易·既济爻辞》，又《未济爻辞》。

⑤ 王国维《观堂集林》卷一三《鬼方昆夷严允考》。

⑥ 《后汉书》卷八七《西羌传·注》引《竹书纪年》："武乙三十五年，周王季伐西落鬼戎，俘二十翟王。"西落鬼戎当即鬼方。

⑦ 《诗经·大雅·文王有声》。

⑧ 《史记》卷四《周本纪》。

⑨ 《尚书·西伯戡黎》。

⑩ 《史记》卷六五《吴起传》。

敢孤注一掷。可是武王伐商，进军的路程却是由盟津（今河南孟津县东）渡过黄河，与纣师战于牧野（今河南淇县南）。牧野之战，纣师多自奔溃，遂告灭亡。纣的土域南有黄河，却未能利用这个险要去处。这应该是人为的不臧了。

二、作为东西分野标志的函谷关

东西对立的形势到战国时期就相当明显，至迟在春秋季年已显露其端倪。战国时期东西的对立，表现在秦国和东方的韩、赵、魏、齐、楚诸国之间，远在北陲的燕国也往往掺杂诸国的行列。

明显的对立在对立的双方之间是会形成一种分野的形势的，但不一定就恰巧在两方面的境界上。战国时期东西分野的标志是在函谷关。函谷关在今河南省灵宝县东北，也就是在旧灵宝县西南的王垛村。东濒弘农涧，西倚稠桑原，在崤山和黄河之间。所以称为函谷，是因为"路在谷中，深险如函，故以为名。其中劣通，东西十五里，绝岸壁立，崖柏林荫谷中，殆不见日"[1]。如果仅仅是这15里，倒也罢了。其西其东，山道都是艰于跋涉的。其西就是所谓桃林之塞[2]，其东则是二崤之险。由桃林之塞的西端，东至东崤，都是可以称为函谷的。据说这里是"邃岸天高，空谷幽深，涧道之峡，车不方轨，号曰天险"[3]。不必远说桃林之塞，就是东西二崤，也会使人视为畏途的。自东崤至西崤，其间山路35里。东崤长坂数里，峻阜绝涧，车辆也是不得方轨。西崤竟然全是石坂路，其长12里，险绝不异东崤。[4]一般行

---

① 《元和郡县图志》卷六《陕州》。

② 《左传》文公十三年。

③ 《水经·河水注》。

④ 《元和郡县图志》卷五《河南府》。

旅之人往往都视为畏途，若是千军万马在这里行进，其间的艰难困苦是无待形容的。

函谷关的建立当在战国初期，是秦国取得这里的土地以后才建立起来的。后来到汉武帝时，移函谷关于今河南省新安县，于是有了旧关和新关的差异。再后来由于函谷新关也失掉作用，潼关才代之而起。新函谷在崤山东端，潼关近于崤山的西端。可以说不论关址如何移徙，都离不开崤山，因而崤函往往并称。

正是有这样险要的地势，位于函谷关西的秦国才能有所凭借，和关东诸国相对立。战国时各国间的战争是相当频繁的。秦国和其他诸国间的战争也是很多的。有些战争就发生在函谷关外，多半是秦国占着上风。关东诸侯相与联合攻秦，前后也有几次。一次在秦惠文王后七年（公元前318年），韩、赵、魏、燕、齐帅匈奴共攻秦，为秦国败于修鱼。修鱼为韩邑，其确地不可知，当是在函谷关外。[①]一次在秦昭襄王十一年（公元前296年），齐、韩、魏、赵、宋、中山五国共攻秦，至盐氏而还。盐氏在今山西省运城县，位于黄河之北，距函谷关较远。也许秦国在这方面没有若何自然的凭借，只好和诸国讲和，分别割让河北及封陵给韩魏两国讲和。[②]还有一次在秦庄襄王三年（公元前247年），燕、赵、韩、楚、魏五国击秦，秦兵败退至河外。河外为唐时的陕、华二州[③]，也就是现在河南省三门峡市和陕西省的华县。这是说五国的兵力虽强，却还没有攻近函谷关。最后一次是在秦始皇六年（公元前241年）。这一年，韩、魏、赵、卫、楚共击秦，取寿陵。秦出

① 《史记》卷五《秦本纪》："韩、赵、魏、燕、齐帅匈奴共攻秦，秦使庶长疾与战修鱼，虏其将申差，败赵公子渴、韩太子奂。"是役主要是韩、赵、魏三国与秦国间的战争，燕、齐虽各出兵，似未与秦国交锋。
② 《史记》卷五《秦本纪》。卷一五《六国表》，河北作武遂。《秦本纪·正义》谓武遂为河外陕、虢、曲沃等地。这三地皆近函谷关外，秦人不会以之割给韩国。武遂当在河北，与《秦本纪》所言相符。
③ 《史记》卷五《秦本纪》及《正义》。

兵，五国兵罢，秦遂拔卫。^①寿陵所在未能确知。^②然秦国出兵之后，即攻拔卫国，则这一次五国之兵与秦国的战地，距函谷关已经相当遥远了。这几次战争秦国有胜有负，关东诸国却都没有攻入函谷关，而且以后的战地愈来距函谷关愈远了。

三、函谷关南北两方面的侧翼

作为东西对立的分界线，函谷关诚然是其中重要的所在。虽然重要，到底只能算是一个据点，不足以概括全面。

函谷关之西就是所谓关中。关中的解释虽间有异说，但总与周围的关隘有关。而武关作为其南方的一个关，说者大抵相同。现在陕西省丹凤县南，武关的遗址尚依稀可辨。不过这个武关乃是稍后移徙来的。最早的武关应在今陕西、河南、湖北三省交界处的丹水北岸。这个武关虽说是关中南面的关隘，实际上却是在函谷关之南，南北相对，大抵成一直线。

函谷关在崤山之下，武关却在伏牛山西南。崤山嶔岩，更显得函谷关的峻险，伏牛山耸起，同样增添武关的雄姿。函谷关为秦国向东发展的途径，武关也应是秦国向东南发展的要道。远在春秋之时，秦楚两国就经常在这里交兵。战国时，秦兵一出武关，则楚国的鄢郢（今湖北宜城县西南）就会受到惊动。^③而鄢郢大夫收楚地的兵力也可以西入武关。^④武关虽有一定的重要性，然从东西对立的整体看来，也只能算是函谷关的侧翼。苏秦约从山东

---

① 《史记》卷六《秦始皇帝本纪》。

② 《资治通鉴》卷六《秦纪一》胡注："徐广曰：'寿陵在常山。'《史记·正义》曰：'本赵邑也。'余据五国攻秦取寿陵，至函谷关，则寿陵不在新安、宜阳之间，当在河东郡界。常山无乃太远。"

③ 《战国策·楚策一》。

④ 《战国策·齐策六》。

六国攻秦之后，楚怀王为从长，就是直指函谷关的。①山东诸国自宜远叩函谷关下，而楚国之师却亦远道北行，而不就近趋向武关，可知其间是有所差别的。

函谷关之北的关隘当首推临晋关。临晋关当因临晋县得名。临晋县本大荔，秦国取得后，据说筑高垒以临晋，故称为临晋。②关城当筑在县东近黄河处。春秋时期，秦晋两国的兵争多在这里进行。秦穆公一次伐晋，济河焚舟，取王官及郊③，王官在今山西省闻喜县西，郊亦当在其近旁，则其渡河之处当在临晋。临晋设关未知确切年代。不过这应是秦国防范魏的设施。这里的黄河经常摆动，河道西移，关城就会转到河东。楚汉战争时，魏王豹受项羽之封，王河东，因绝河关反汉。汉王使韩信讨伐魏国，魏王就以兵屯蒲坂（今山西永济县西南），塞临晋，企图阻止韩信的渡河。④这里所说的河关自是指临晋关而言。如果关城尚在河西，魏王如何能西越黄河，塞守关城？正因为它已在河东，故魏王得以绝河关自守。

战国初年，魏国强盛，据有河西地。其后魏国都城由安邑（今山西夏县西北）徙往大梁（今河南开封市），秦地始得达到黄河岸边，因而更图越过黄河，向东发展。它曾一度取得蒲坂。取得蒲坂当系由临晋渡过黄河的。正是由于临晋关是函谷关的侧翼，秦昭襄王十一年齐、韩、魏、赵、宋、中山诸国攻秦之役，就是攻到盐氏。盐氏就在蒲坂的东北，越过黄河就是临晋关了。这里的形势与函谷关很不相同。函谷的东西都是险峻的山道，军旅调动，甚为艰辛。盐氏以西至于蒲坂，却是一漠平川，毫无阻隔。况且这一年秦国又以蒲坂归还魏国。这是说，黄河天险秦国与魏国共之。由于地形的不利，秦国只好与诸国讲和，并割封陵及武遂给魏、韩两国。

这一次战役，秦国只是割让了一些土地，并没有损失实力，依然会继续

---

① 《史记》卷四〇《楚世家》。

② 《元和郡县图志》卷二《同州》。

③ 《左传》文公三年。

④ 《史记》卷九二《淮阴侯传》。

谋求向东发展。昭襄王二十一年（公元前286年），魏献安邑。[①]这就使得临晋关有了前卫，益形巩固。关东诸国也许因此而再未向这方面进军。[②]又过了二十多年，秦国北定太原，尽有韩上党[③]，关东诸国更难为力了。

临晋关与武关不同。武关附近，山峦重叠，舍去这一条山道，就少有其他道路可以通行。临晋关濒于黄河，溯河而上，直至龙门，也是险要的去处。魏武侯所谓美哉山河之固，就是指此而言。[④]虽说是险要，却也有可以横渡之处。楚汉战争期间，韩信破魏，就是以伏兵从夏阳以木罌渡河，袭取安邑的。[⑤]夏阳在今陕西省韩城县西南，本春秋战国时的少梁。晋魏皆曾据有河西地，当时往来的要津就是少梁，秦晋以至秦魏先后互争河西地，秦、魏皆在河西建筑长城，其遗迹犹时时见于河洛之间，可以想见其时争夺的激烈[⑥]，少梁的渡口因而就更显得重要，不过和临晋关比较起来，它更远于函关，作为函谷关的侧翼，就难免要少差一等了。

四、函谷关东西的差别

函谷关及其两翼的形势，合起来只是东西对立之间的一条界线。东西对立局面的形成，乃是先有若干具体的因素，而后才能有这样一条界线。单有这样一条界线是不能构成东西对立的局面的。

---

① 《史记》卷五《秦本纪》。

② 《战国策·齐策六》："齐王建入朝于秦，雍门司马……入见齐王曰：'齐地方数千里，带甲数百万。夫三晋大夫皆不便秦，而在阿甄之间者百数，王收而与之百万之众，使收三晋之故地，即临晋之关可以入矣。'"齐王建入秦之时，秦已将统一六国，当时还有人认为若能攻入临晋关，就有可能取得胜利，即此已可说明临晋关的重要性。不过虽有人提出这样的说法，齐王建却没有采纳。齐王建入秦之后，即被迁到共。以后就没有人再作这样的设想了。

③ 《史记》卷五《秦本纪》。

④ 《战国策·魏策一》。

⑤ 《史记》卷九二《淮阴侯传》。

⑥ 《史记》卷四四《魏世家》。

能够形成对立，首先是有不同的政治组织，最为明显的是两方面各自有政权，当然在没有不同的政权情况，某种对立的局面还有的，情况就不至于像互不相容的政权那样严峻。其次是人力和物力。这里所说的物力应该包括粮食和马匹在内。粮食是军糈民食都不可或缺的，尤其是争战的时候，粮饷不继，是很难苟延时日的。至于马匹，在古代战争中是克敌制胜的不可或缺的要素。用现在战争相比方，马匹在古代军备上就仿佛现代的坦克车，因而骑士的力量是超过步兵的。还应该说，东西两方各自的地理条件也能起到相当的作用。

由函谷关西行，崤山山脉尽头，秦岭以北，就是关中。这是东西对立局面中西方的主要部分。关中的得名有不同的说法，说法虽各有不同，但都足以说明当地周围的形势是相当险要的。能够在这方面起到相当的作用的，还是函谷关和武关，而函谷关独居首冲，为关中不可或缺的屏障。

如前所说，函谷关之西还有桃林之塞，桃林之塞在今河南省灵宝县西北。过了桃林之塞，再经过黄巷坂就到了后来的潼关，这都还算是可以据险防守的地方，也是函谷关道的延长。可是过了潼关，进入渭水流域，就是所谓秦川。秦川800里，竟是平原广漠，难得有若何像函谷关那样险峻的地方。作为咸阳和长安的屏障，一道灞水还可恃为凭借，实际上是难得和函谷关相比侔的。武关在秦岭的南坡。武关以北的山道，较之函谷关西那一段更为悠长，而且还有蓝关和峣关作为后卫。蓝关在今陕西省蓝田县东南，峣关更在其东南。由东南来的进攻力量，攻下峣关，还要进攻蓝关。攻下蓝关后，才可进入关中平原，距咸阳或长安就较为接近了。

关中土地肥沃，是一个富庶的产粮地区，但范围相当狭小，东西之长只有800里，南北就更为狭窄了。这就使这里的统治者经常要为解决军糈民食的问题而竭尽思虑。战国时，秦国为了解决这个问题，经历了几个阶段：第一是吞并了西南的巴蜀，其次是开凿郑国渠。正是有了这样的凭借，秦国的士卒才能扬威函谷关东，攻城略地，吞并六国。后来到了楚汉战争时，就难得保存以前的优势。也许是郑国渠灌溉效果的减低，辅佐刘邦的萧何就不能不用其全力，由巴蜀转输军粮。秦岭和巴山上的交通是相当困难的，甚至还要经过许多段落的栈道。①这当然是十分艰辛的。汉已定天下，论功行赏，关内侯鄂君独推崇萧何，说"汉与楚相守荥阳数年，军无现粮，萧何转漕关中，给食不乏"②。就是刘邦自己也说："镇国家，抚百姓，给馈饷，吾不如萧何。"③如果关中粮食出产很为丰富，不必远求于巴蜀，恐怕萧何是难于居首功的。

然而函谷关以西的人民多尚武力，这使关西的统治者可以恃之雄居一方，且进而东出耀武扬威。《诗经·秦风·无衣》篇说："王于兴师，修我甲兵，与子偕行。"尚武精神跃然纸上。班固撰《汉书·地理志》，以之说明天水、陇西、安定、北地、上郡、西河的民风。这六郡诚然迫近戎狄，修习战备，高上气力，就是后来选给羽林、期门等武士，也都是在这六郡中挑选。这六郡战国初年还不在秦国版图之内，秦国如何能在那几个地区选拔士卒？这样说来，《无衣》之诗是说的关中民风，正是有这样的民风，函谷关的作用就更能够发挥出来。

汉时，凉州之畜为天下饶。④当时的王朝也在关中以西一些郡县设牧师苑官，从事养马的工作。⑤其实远在西周春秋之时，关中的马匹就是相当精良的。《诗经·小雅·六月》和《采芑》⑥，还有《诗经·秦风·车邻》⑦《驷铁》⑧《小戎》⑨诸篇都说到关中有马，而且都相当精良，这就使它的人力更能发挥作用。

---

① 《战国策·秦策三》："蔡泽说范雎，谓栈道千里于蜀汉。"则栈道的兴修为时是很早的。

② 《史记》卷五三《萧相国世家》。

③ 《史记》卷八《高祖纪》。

④ 《汉书》卷二八《地理志》。

⑤ 《汉书》卷一九《百官公卿表》。

⑥ 《诗经·小雅·六月》："四牡骙骙，载是常服。"骙骙，形容马的强盛。《诗经·小雅·采芑》："乘其四骐，四骐翼翼。"翼翼，形容马的壮健。

⑦ 《诗经·秦风·车邻》："有车邻邻，有马白颠。"邻邻是形容众车声音，白颠，马身上有白色的记号。

⑧ 《诗经·秦风·驷铁》："驷铁孔阜，六辔在手。"铁指骊色的马。六辔在手，形容马的精良。

⑨ 《诗经·秦风·小戎》："四牡孔阜，六辔在手。"

函谷关以东，和西方就难得都能一样。论关东地区远较关西为广大。就以战国时期来说，称雄的诸侯都有相当的版图。关东六国，关西却只有秦国一国。关中固然是平原广漠，而关东平原的广漠，却远非关中所可比拟。越过函谷关，到了关中平原，固然无险可守，由函谷关往东，更难得有函谷关这样的雄关。函谷关东，地区至为广大，自然环境不尽相同。梁、宋、齐、鲁固然是富庶的粮食产地，其他各处就难得都能一致。韩国的"土狭而险，山居谷汲"，赵国北部的"不事农商"，燕国仅有"鱼盐枣栗之饶"，楚国的"火耕水耨"①，粮食的生产就会受到一定的限制。远在春秋之世，晋国的良马有名于世，蒲产之乘与垂棘之璧并称②，晋国且以国险而多马，与邻国多难，自诩为三不殆③。赵武灵王的胡服骑射，显示赵国马匹的精良。苏秦说六国，动辄称道其车骑以千万计④，当非尽属浮夸。各国民风不同，鲁国之人好学成风，崇尚礼义，重视廉耻，后来就逐渐寖弱。可是其他各国却不都是这样。卫国之俗刚强，赵国之俗剽悍，吴越之民皆好勇，而韩国的颍川、南阳的标榜气力，以之从事征战，都可能居到上风。这些都不比西方稍有逊色。不过六国诸侯往往各自为谋，难得协同声气。即令并辔出师，而连鸡不能俱栖，不免相互掣肘，影响到对立的形势。这应是人和的问题，与地利不尽相同的。

五、分野在函谷关东的东西对立

秦亡之后，楚汉战争也显示出其时的东西对立，这次对立为时仅有十二

---

① 《汉书》卷二八《地理志》。

② 《左传》僖公二年。

③ 《左传》昭公四年。

④ 《史记》卷六九《苏秦传》。

年，战争形势时有变化，难得一概而论。不过双方争执主要在荥阳、京、索间。这几个地方都在河南省郑州市西北。荥阳在今荥阳县东北，京在今荥阳县东南，索就在今荥阳县。这里是在嵩山的东北，邙山的尽头，扼着进入伊洛流域的谷口。再往西北，过了洛阳，就是崤山，也就是进入了函谷关的范围。

荥阳、京、索属于中原的地区。中原之地自来是易于发生战争的地区。楚汉战争前后仅有几年光景，就中原地区的战争来说，应该说不是最长的。但是它所显示的东西势力相较量的形势，却有其独特的所在，所以就在这里略事论述。

这次战争的肇始，自应追溯至诸侯灭秦之后，项羽分封十八王的时候。项羽的分封并不是有意按照东西的形势，只是事态的发展，促成了东西的对立。项羽自立为西楚霸王，都于彭城。彭城即今江苏省徐州市，当时是位于获水入泗水处之南，睢水入泗水处之北。泗水上连菏水，而菏水又引自济水。泗水入淮，而邗沟又在淮水和江水之间。获水和睢水又皆为鸿沟的分支。这就是说彭城的地位实际上是居于几条交通水道交汇之处，也可以说是函谷关以东交通的枢纽。彭城又近于梁、宋、齐、鲁的富庶的产粮地区。项羽以彭城为都，正是借此以控其他诸侯。

项羽当时所顾虑的只是与他先后入关的刘邦。他封刘邦为汉王，王巴、蜀、汉中，都于南郑。南郑为今陕西省汉中市。汉王之国，北阻秦岭，横越秦岭是有一定的困难的。而项羽又预先分封雍、翟、塞三王于关中，阻挡着刘邦北归的道路。另外还封申阳为河南王，都于函谷关外的洛阳，又徙魏王豹为西魏王，王函谷关北的河东。这样层层堵塞，他认为刘邦是难于翻身的。

但是出乎项羽的预料，刘邦很快就返回关中，一举灭掉雍、翟、塞三王，又进而灭掉河南王和西魏王。他不仅控制了函谷关，而且达到了伊洛流域。这样就形成了东西对立的局面。而这对立的分界线已经不在函谷关，而是东移到荥阳、京、索间。

这样一来，刘邦不仅据有函谷关以西各地，而且还得到函谷关西各种优越的条件。刘邦是楚人，这时他的部下却改换成秦人。垓下一战，项羽夜闻汉军四面皆楚歌，很吃惊地说："汉皆已得楚乎？是何楚人之多也！"①刘邦所感到不足的只是军粮的问题，好在有一个萧何，处理十分周到，使他了无后顾之忧。

项羽也得到函谷关东的许多优越条件，首先是军粮充足，无烦分心。楚人也耐战，颇为汉军所畏惧。所差的却是人和。田荣的反于齐地，从而打乱了项羽的全部战略，再加上项羽一些措施的乖方，就归于失败，垓下一战，自刎身亡。

楚汉战争历年虽甚短促，却显示出东西的对立和势力的较量。战争初起时本是在关中进行，也可以说是涉及函谷关以西一些地方。但很快就转移到函谷关以东，较长时期相持在荥阳、京、索间。荥阳、京、索虽已在函谷关以东，却离函谷关范围不远，因而还是可以说和函谷关有一定的关系的。

六、西汉中央王朝和诸侯王之间的东西对立

楚汉战争后，刘邦建立起汉王朝。刘邦在建立汉王朝时就已经感到东西对立的形势并不会因建立了王朝就消泯于无形之中。还在战争中，韩信破齐，曾请求受封为齐假王。刘邦迫于形势，只好答应。等到破了项羽，就徙韩信为楚王，而以其子为齐王。因为齐国的国力和秦国相仿佛②，如果轻易封给别人，异日和中央王朝相抗拒，同样成了东西对立的局面。后来封他的

---

① 《史记》卷七《项羽本纪》。

② 《史记》卷八《高祖本纪》："田肯因说高祖曰：'……秦，形势之国，带河山之险，悬隔千里，持戟百万，秦得百二焉。地势便利，其以下兵于诸侯，譬犹居高屋之上建瓴水也。夫齐，东有琅邪、即墨之饶，南有泰山之固，西有浊河之限，北有勃海之利。地方二千里，持戟百万，悬隔千里之外，齐得十二焉。故此东西秦也。非亲子弟，莫可使王齐矣。'高祖曰：'善。'"

俟儿濞为吴王时，就露出了这样的心思。因为会稽的人情轻悍，应该封一位有能力的王去镇守。刘濞有一定的能力，能够承担这样的责任。也因为刘濞有能力，后来不能放心，就谆谆嘱咐慎勿反抗中央王朝。[①]这不一定就是刘邦高明处，由于一再有东西对立的形势相继发生，而且刘邦还身膺其冲，使他不能不多有这样一番顾虑。

事情的发展没有出乎刘邦的预料和担心。汉初定天下，论形势不能不分封王侯，却又不放心那些握强兵的异姓诸侯王。这中间用尽心机，除去那些异姓诸侯王，并且规定一条法令：非刘氏而王者，天下共诛之。[②]迄于高祖末年，共有诸侯王十国，除过长沙国外，其余九国都是高帝的子弟。这几国是齐、楚、荆、淮南、燕、赵、梁、代、淮阳。荆国绝封后，改封吴国，依然是九国。加上异姓的长沙王一共十国。

这十国的土地都在当时王朝版图的东部。它们和王朝版图之间，可以划一条界线。这条界线由北边起，顺着常山和太行山一直向南[③]，中间绕过东郡（治所在今河南濮阳县南）、颍川（治所在今河南禹县）、南阳（治所在今河南南阳市）三郡之东，再由淮南的大别山和天柱山之间，南至于江畔。这十国的土地合起来远远超过了王朝直辖的郡县。这就仿佛战国当年，稍有不同的是在函谷关外，这里的河南（治所在今河南洛阳市）、河内（治所在今河南武陟县西南）、河东（治所在今山西夏县西北）和东郡、颍川、南阳六郡本来是韩、魏两国的辖地，而今皆直隶于王朝的版图。函谷关就在河南郡之西的弘农郡中。

当时情况如此，这就使王朝的一些人感到担心。贾谊曾经指出，东方的异姓诸侯王是强者先反，楚王韩信、韩王信、梁王彭越、淮南王黥布都先后反汉，只有燕王卢绾最弱，最后反，所不反的是长沙王吴芮。这是由于他的

---

① 《史记》卷一○六《吴王濞传》。
② 《史记》卷一七《汉兴以来诸侯王年表》。
③ 常山即恒山，汉文帝讳恒，因而改称恒山为常山。

封国人口只有25000户，形势使然。^①这和战国时期不同的，是这些异姓诸侯王都单独起兵，没有互相呼应，因而都随地夷灭，汉朝的函谷关并没有受到任何风吹草动的影响。

改封成同姓诸侯王，是基于亲亲的关系，可是再传之后，这样的关系就逐渐疏淡，和异姓诸侯王实际上没有很大区别。贾谊也曾经指出："若此诸王，虽名为臣，实皆有布衣昆弟之心，虑无不帝制而天子自为者。"^②既有这样不臣的心思，而又各有有利的形势，到后来终于酝酿成吴楚七国反抗中央王朝的战争。

吴楚七国反抗中央王朝的战争，是吴王濞发动起来的。吴王的初计是要率楚王直略函谷关，守荥阳敖仓之粟，以距汉兵。他的臣下给他建议，也是说："疾西据洛阳武库，食敖仓粟，阻山河之险以令诸侯，虽毋入关，天下固已定矣。"^③话虽如此，吴王还是没有能够率军直至函谷关。他虽没有能够亲至函谷关，却未忘情于函谷关。他曾经布置伏兵于崤黾隘狭之间，图谋刺杀奉命征讨这些叛王的将帅。^④

吴楚之役决胜的地方是在昌邑。昌邑在现在山东省钜野县南。这里距函谷关甚为遥远。由战争过程来观察，与函谷关的关系并不显著，甚至说不上关系。如果由汉初诸侯王封国的演变来看，以函谷关作为东西对立的分野界线，也不是了无意义的。当时中央王朝所辖的郡县诚然有在函谷关以东的，但函谷关一线还是不能轻易允许逾越的。吴楚向西进攻，固不仅要越过函谷关，而且还要进军关中。可是他们的进攻最远只达到梁国^⑤，兵力不足，也只能如此而已。（附图一《西汉前期中央王朝和诸侯王国形势图》）

① 《汉书》卷四八《贾谊传》。
② 《史记》卷四八《贾谊传》。
③ 《史记》卷一〇六《吴王濞传》。
④ 《汉书》卷四〇《周勃传附周亚夫传》。
⑤ 《史记》卷一〇六《吴王濞传》。

图一　西汉前期中央王朝和诸侯王国形势图

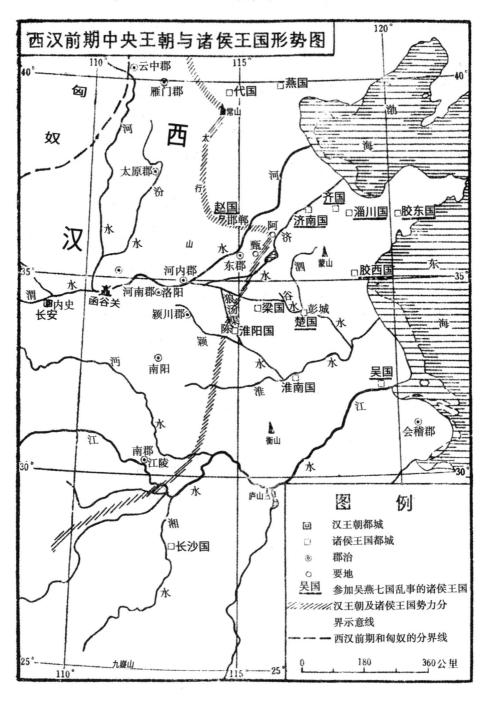

七、函谷关的迁徙和潼关的建立

　　函谷关的关址到了汉武帝时有了移徙。由原来所在的弘农县徙于新安县。汉时新安县在今河南省渑池县东。后新安县东移，函谷关新址实在今新安县东二里。当地尚有大土堆，当是关城遗址的所在。函谷关为什么会迁移？这不是由于新关所在的地势更为险要，而是因为当时的楼船将军杨仆数有大功，耻为关外人，上书乞徙关城，武帝意亦好广阔，故听从迁徙。①杨仆为宜阳（今河南宜阳县）人，新徙的关城就在宜阳县的东北。杨仆所筑的关塞，自南山横洛水，北属于河。②恃人力所筑的关塞，是难得像旧关的险要的。

　　函谷关东迁到新安之时，正值汉代国运方隆之际。这时东方的诸侯王国经过削去支郡，分封王子等步骤，皆大为缩小，实际上和一般的郡一样，不能再与汉廷相抗衡。就是到了王莽季年，干戈再起，函谷新关也没有起到若何作用。更始起于南阳，固曾遣军西攻武关。王莽败后始都洛阳，由洛阳西行，沿途自无阻隔。③赤眉的西据长安，一路入自武关，一路入自陆浑关（在今河南嵩县东北），皆未取函谷关一途。④

　　这时虽已没有东西对立的形势，但身居长安的统治者却未能了无顾虑。成帝阳朔二年（公元前23年），关东大水，特别颁下一道诏令，允许流民入函谷、天井、壶口、五阮诸关。⑤天井关在今山西省晋城县南。壶关在今

①《汉书》卷六《武帝纪》。

②《水经·洛水注》。

③《后汉书》卷一一《刘玄传》。

④《后汉书》卷一一《刘盆子传》。

⑤《汉书》卷一〇《成帝纪》。

山西省壶关县西北。五阮关在今河北省易县西北，即紫荆关。[1]这是说，天井、壶口、五阮三关皆在太行山上。这时流民西行，特允许进入这三座关，正说明在此以前，进入这三座关是和进入函谷关一样不容易的。当时设关不仅这三四处，为什么进入这三四座关就这样不容易？显然可见，太行山也是区别东西的界线。前面曾经说过，战国时期，东西对立开始形成之际，魏国据有河东，仍居于东方诸侯之列，其时秦地已东至于河滨，所以东西两方的分野界线，函谷关以北，即在河东、河西之间的黄河。这样一条界线经过秦统一六国之后，仍存在一般人的心目中，故楚汉战争肇始，这段黄河即成为汉军东趋的阻力。及至汉代，函谷关东的地方势力仍时有兴起，不过已距函谷关渐远，河东一隅也就纳入关西的范畴之中。东汉初年，邓禹受光武之命，由箕关（今河南济源县西北）西征，平定河东。光武为此颁下诏书，说他"斩将破军，平定山西"[2]。这里所说的山西，实与关西有同样的含义。如果从地理情况说来，却小有差异。因为河东郡治所的安邑已在旧函谷关的东北。如果就崤山和新函谷关来说，安邑似偏于西北方。这样以河东郡作为山西或关西的一部分犹有可说。如果就整个河东郡的辖境来说，也还是难以概全的。这样的问题在以前也曾经有过不同的说法，仿佛难于解决。[3]其实，成帝阳朔年间的诏书已经作出明确的解答。天井、壶口、五阮三关出入的限制和函谷关相同，正说明当时西方的范围已由临晋关北的黄河扩展到河东，并由河东扩展到太行山上。不过这一时期东西两方对立的形势不甚分明，遂不为人所重视。

到了东汉，关西、关东或者山西、山东的概念还是相当明确的。东汉

---

① 武英殿本《汉书》卷一〇《成帝纪·考证》，齐召南曰："按：《地理志》，代郡无五阮关，有五原关，疑五阮即五原，音之转耳。"《汉书补注》引沈钦韩曰："《淮南·氾论》：'北至飞狐，阳原。'注：或曰，'阳原，代郡广昌东五阮关是也'。《后汉·乌桓传》，伏波将军马援将三千骑出五阮关，掩击乌桓。《方舆纪要》，……紫荆关在保定府易县西八十里，代州广昌县东北百里。或曰，即古云五阮关。愚谓五阮盖在飞狐、倒马间，非紫荆关也。"按：五阮关所在，仍当以紫荆关为是。

② 《后汉书》卷一六《邓禹传》。

③ 王鸣盛《十七史商榷》卷三五《山东山西》。

初年，光武以萧王身份转战于幽、冀两州，其时赤眉将攻破长安，光武颇欲乘衅并关中，而以"方事山东"，遂派遣邓禹率军西行。[①]更始由洛阳迁都长安，诸将皆山东人，咸劝留洛阳，郑兴说更始，就提到"山西雄桀，争诛王莽"[②]。可是东汉都于洛阳，而新函谷关却在洛阳之西，这样以函谷关分别东西，和当时的情况就不相符合了。好在东汉建都洛阳以后，国内局势稳定，仿佛西汉武帝以后，没有显露出东西对立的迹象。社会上虽还流传着关西、关东或山西、山东的说法，已经和以前东西对立的局势无关了。

到了东汉末年，这久已闲置的新函谷关竟然派得上用场。当时黄巾起义，州郡失据，京师震动，自函谷、大谷、广城、伊阙、镮辕、旋门、孟津、小平津诸关并置都尉。[③]大谷等七关皆在洛阳周围，函谷关既在新安县东，当然也应是洛阳周围的一个关，因而它就和大谷等七关一样，成为保卫洛阳的阨塞。这样它就完全失去作为东西两方分野的界线的意义。

函谷关既然失去原来的作用，代之而起的则为潼关。潼关在今陕西省潼关县南。这里是北来的黄河向东转弯处，河水潼激关山，因谓之潼关。[④]也有人说关西一里有潼水，因以为名。[⑤]据说这里"上跻高隅，俯视洪流，盘纡峻极，实为天险"[⑥]。潼关初置之时，实在今潼关南原之上，因为地处高隅，黄河由原下流过，因而能够俯视洪流。由东方西来，经历黄河岸旁的黄巷坂，出了黄巷坂，再缘着依傍绝涧的山路，才能达到潼关。[⑦]山路曲折，确是天险所在。潼关始置的年代不可确知，所可知者乃是东汉献帝建安十六年（公元211年）曹操西征马超于此，这是潼关见于记载之始，其筑

---

① 《后汉书》卷一六《邓禹传》。
② 《后汉书》卷三六《郑兴传》。
③ 《后汉书》卷七一《皇甫嵩传》。
④ 《水经·河水注》。按：《通典》卷一七三《州郡》："（潼关）本名冲关，河自龙门南流，冲激华山东，故以为名。"
⑤ 《太平寰宇记》卷二五《华州》引《三辅记》。《水经·河水注》作"或说，因水为名地也"。
⑥ 《元和郡县图志》卷二《华州》。
⑦ 《文选》卷一〇，潘安仁《西征赋》。

成当在这一年之前。①从这时起，潼关就代替函谷关成为东西两方面的分界地方。

八、潼关的形势和东西魏北周北齐之间东西对立的界线

自从曹操西征马超以后，潼关就经常成为兵家争夺的焦点。举其著者，十六国时期，后赵石虎讨伐据有长安的叛将石生，战于潼关，失败逃归。②苻健自中原西归，为据有长安的社洪所阻，健攻克潼关，遂得西归关中。③东晋末年，刘裕伐后秦，前锋王镇恶自渑池径抵潼关，刘裕继至，所向克捷，遂能扫灭姚氏。④刘宋时，柳元景自南阳北伐，亦得攻克潼关。⑤北魏时，长孙稚进讨据有关中的萧宝夤，亦自潼关攻入。⑥这样一些战争都能显示潼关的重要作用，其间得失也都可关系战争双方的存亡安危，不过却无当于东西对立的形势。

可以显示东西两方对立的形势的，乃是南北朝季年的东魏北齐和西魏北周。东魏北齐都邺，西魏北周都长安，分据黄河的下游和中游。这时梁陈相继据有江南，虽亦间与齐周构衅，却并未影响齐周的对立。也可以说齐周的对立主要是在黄河流域，这是和以前的东西对立稍有不同的地方。

东西魏齐周对立，各设防置兵，以相司察。其设防的处所，前贤多有论及，杜佑《通典》最为全备，据其所论述，则东魏北齐有姚襄城、洪洞、

---

① 《通典》卷一七三《州郡》："后汉献帝初平二年，董卓胁帝西幸，出函谷关。自此以前，其关并在新安。其后二十年，至建安十六年，曹公破马超于潼关，即是中间徙于今所。国之巨防，不为细事，史官阙载，斯亦失之。"

② 《晋书》卷一〇六《石季龙载记》。

③ 《晋书》卷一一二《苻健载记》。

④ 《宋书》卷四五《王镇恶传》。

⑤ 《宋书》卷七七《柳元景传》。

⑥ 《魏书》卷二五《长孙稚传》。

晋州、武平关、轵关、柏崖、河阳、武牢（即虎牢）、洛阳、北荆州、孔城防、汝北郡、鲁城等处。姚襄城在今山西省吉县西南，本为十六国时姚襄所筑。这里西临黄河，控带龙门之险。洪洞在今山西省洪洞县北。这里是四固垂复，控据要险。晋州在今山西省绛县。武平关在今山西省新绛县西。轵关在今河南省济源县南。柏崖在今河南省孟县西。河阳在今河南省孟县西南。虎牢在今河南省荥阳县西北旧汜水县。洛阳即今河南省洛阳市。北荆州治所在今河南省嵩县东北。孔城防在今河南省洛阳市南。汝北郡治所在今河南省临汝县临汝镇西南。鲁城在今河南省鲁山县东北。[①]

　　西魏北周为了防御北齐，同样也设防置兵，其所设置有玉壁、邵郡、齐子岭、通洛防、黄栌三城、宜阳郡、陕州、土划、三荆、三鸦镇等处。[②]玉壁在今山西省稷山县西南。邵郡治所在今山西省垣曲县东南古城。齐子岭在今河南省济源县西，为东西魏，周齐分界处。通洛防在今河南省新安县东，即汉时新函谷关。黄栌三城为黄栌、同轨、永昌，皆在今河南省洛宁县西北。[③]宜阳郡治所在今河南省宜阳县。陕州治所在今河南省三门峡市西。土划在今河南省卢氏县东南。三荆为北荆州、东荆州和荆州。北荆州已见前文。东荆州在今河南省泌阳县。荆州在今河南省南阳市。[④]三鸦镇在今河南

①《通典》卷一七一《州郡一》。按：《通典》于武平关下云"三关并在今绛郡正平县界"，而未备举三关之名。其后又卷一七九《州郡九》："汾州灵石县东南有高壁岭、崔鼠谷、汾水关，皆险固之处。"又说："绛州正平县有高齐故武平关，在今县西三十里。故家崔关在县南七里。并是镇处。"三关除武平外，应增汾水、家崔二关。又按：《通典》有汝南郡。而《通典》卷一七七《州郡七》："梁县西南王坞城，亦名高齐汝北郡，以备周寇。"则作汝北郡为是。

②《通典》卷一七一《州郡一》。

③《通典》卷一七七《州郡七》："河南府永宁县，后周置黄栌、同轨、永昌以备齐也。"三城皆在永宁县西北。唐永宁县在今河南省洛宁县北。

④《通典》卷一七一《州郡一》："三荆：（周）将独孤信略定北荆州，今即伊阳县。东荆州后改曰淮州，今淮安郡。荆州南阳郡。"唐淮安郡治所在今河南省泌阳县。南阳郡治所即今南阳市。

省鲁山县西南。①

根据东西魏、北周北齐两方各自设防的所在，可以划出东西对立之间的界线。这条界线由今山西省吉县西南起，向东南逶迤，过今新绛和稷山两县之间，再过今绛县之西，经今垣曲县东，今河南省济源县西，又经今孟县西南而至于黄河之滨。渡过黄河后，由今洛阳市和新安县之间南行，经今汝阳县，再折向东南行，由今鲁山县东，而南到今泌阳县。应该说，这条界线并不是一直稳定的，在两方军旅频繁兴起的时候，也不可能一直稳定下去。由新函谷关东行，就是洛阳，再东为虎牢，更东为梁州（即今开封市），这本是东西往来的大道，也是周齐两国兵争最为频繁的地方。尤其是洛阳更为如此。洛阳本为北魏都城，东魏虽迁都于邺，洛阳仍有其重要的意义。因而两国争夺迄未休止。还在东西魏之时，宇文泰和高欢之间的战争，以沙苑之战最为关键所在（沙苑在今陕西大荔县南）。这次战争起因于高欢的大举向西进攻，结果铩羽而归。宇文泰因乘势东取洛阳，进入金墉，可是不久又为东魏取去，这中间一再易手，后来邙山战败（邙山在洛阳北），又复为东魏夺去。当初取得洛阳时，宇文泰的兵力还曾东取荥阳，攻入大梁，邙山战败，亦复相继失去。当时对洛阳东南的颍川（今河南许昌市）的争夺亦复如此，周人虽曾一度取得，稍后复相继失去。②河汾之间，两国设防之地亦最为繁密，而周人所置的玉壁城尤为重要。玉壁城周回八里，四面并临深谷③，是一个险峻易守的地方。高欢欲由汾晋向南，就必须夺取这座玉壁城。但为王思政所阻，未能攻克。④其后又复大举兴师，倾山东之众，志图西入，连营

---

① 《通典》卷一七七《州郡七》："汝州鲁山县，后周置三鸦镇，在县西南十九里，亦名平高城，以备齐。高齐则于县东北十七里置鲁城，以御周。"又说："邓州向城县，百重山在县北，即是三鸦之第一。又北分水岭山，岭北即三鸦之二鸦也。其第三鸦入临汝郡鲁山县界。"《读史方舆纪要》卷四《历代州域形势》："三鸦镇，侯景以鲁阳入西魏，因置郡拒守。"《通鉴地理通释》卷一四《东西魏周齐相攻地名考》："三鸦镇，韦孝宽伐齐三策：其一，广州义旅出自三鸦；其二，三鸦以北，万春以南，广事屯田，预为贮积。"唐鲁山县今仍为鲁山县。向城县在今南阳市北。北周广州在今河南省襄城县，也即是后来的鲁州。

② 《周书》卷二《文帝纪下》。

③ 《通鉴地理通释》卷一四《东西魏周齐相攻地名考》。

④ 《周书》卷一八《王思政传》。

数十里，期欲必得，结果还是敛兵退去，周人因此改玉壁为勋州。①其间消息就可以略知了。

这条界线就洛阳来说，乃在新函谷关之东。当北魏孝武帝为高欢所压抑，就有人建言，说是"洛阳四面受敌，非用武之地。关中有崤函之固，一人可御万夫"，劝孝武帝早日决策西行，往依宇文泰。②这种近乎策士的言辞，一般说来已了无意义。不过在宇文泰图谋和高欢对抗的时候，崤函之固不仅受到重视，而且行将得到充分利用。从后来的事态发展看来，宇文泰确实是在固守崤函厄塞，不使高欢轻易越过。

宇文泰在新函谷关的旧址设了一个通洛防。在通洛防之西，也驻军于陕州。陕州之西就是旧函谷关的遗址。但通洛防和陕州在防御方面的地位，和邵郡、齐子岭相仿佛，并未显出它们的重要性，至于潼关，也许由于更在西方，并未列入设防的范围。可是事态的发展也不一定就以此为准。高欢对西方的用兵，自是俟隙而动，然对于潼关则是锲而不失。潼关以西再无特殊险要可守之处，这一点兵家都是明白的。高欢当然也认为只要攻破潼关，再进一步就可结束东西对立的局面。当北魏孝武帝西奔之时，高欢曾亲自率军追赶，不仅攻陷潼关，而且还进屯华阴，终以军力不继，不能不中途退归。③其后又派遣司马子如等进攻潼关，却未能攻克。④最后一次，高欢遣窦泰直攻潼关，又遣高敖曹趣上洛，他自己也屯军蒲坂，但窦泰却为宇文泰所攻破，高敖曹和高欢自己也只好收兵归来。⑤

北周和北齐对立时期的战争和以前有所不同。通洛防和潼关之间的崤函山地固然都是双方的主攻地区，但河汾之间的侧翼并未稍事放松。前面曾经论述过玉壁的战守。玉壁只是侧翼中的一个重要地点。高欢攻玉壁不下，却向西发展，进攻沙苑。沙苑如名称所示，乃是一片沙地，间有丛生芦苇。这

---

① 《周书》卷三一《韦孝宽传》。

② 《周书》卷一八《王思政传》。

③ 《北齐书》卷二《神武本纪下》。

④ 《周书》卷二《文帝纪下》。

⑤ 《周书》卷二《文帝纪下》；《北齐书》卷一五《窦泰传》，又卷二一《高乾传附高昂传》。

个地方在今大荔县南，于潼关为西北方。如果高欢能在这一战争中取胜，就可绕出潼关背后。由于高欢在战争中败绩，只好铩羽归去。[1]

东魏、北齐以邺为上都，晋阳为下都。北齐由河汾之间西攻，是企图绕潼关以后，直取长安。北周却反其道而行之，由河汾之间北攻，直扑晋阳。由于能够取得晋阳，邺都就容易攻下，灭掉北齐。（附图二《东西魏北周北齐对立形势图》）

历史上的东西对立的局面断续不绝，相当悠久。这里提到的战国时期，楚汉战争，西汉王朝和诸侯王国以及东西魏、北周北齐四次东西对立的局面，其结果都以西方取得胜利而告结束。这有自然的因素，也有人为的作用。这其间还夹杂着几个强有力的王朝，由于王朝的强有力，也就不至于发生东西对立的局面。

这样的东西对立的局面，到隋唐王朝先后建立而告泯没。唐朝崩毁，关中亦告残破。当时残破之甚，竟使都城亦不能不另迁他处。这样也就不能再在当地形成一种力量，使之与东方相对抗。没有相互对抗的力量，也就不再存在相对抗的局面。

崤函的形势依然险要，潼关作为地方防御的凭借，也还有它的作用，但已都和东西对抗的局面没有什么关系了。

第三节 南北的对立和攻守

我国历史上不仅有东西的对立局面，抑且有南北的对立局面。东西对立的局面多历年所，南北对立的局面也是迁延岁月，陆续发生。这里谨就其间的变迁及其有关的问题，论述如下：

---

[1] 《周书》卷二《文帝纪下》，《北齐书》卷二《神武纪下》。

图二　东西魏北周北齐对立形势图

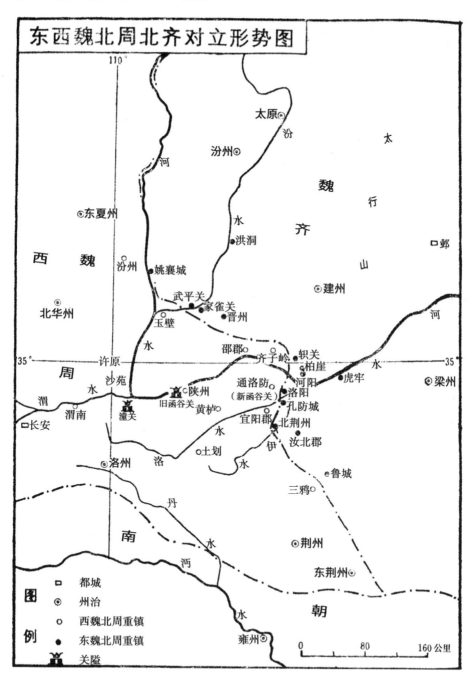

一、春秋时期华夏诸侯与楚国的南北对立局面

东西对立的局面可以远溯至夏、商、周三代。三代立国的由来，不尽相同，其间就难免有对立的局面。而这样局面的形成似不外乎黄河流域。不过和淮水及长江流域的关系也不是一直融洽的。据说禹曾经征服过三苗。三苗的居地左洞庭、右彭蠡。^①洞庭就是现在的洞庭湖，彭蠡则在今鄱阳湖北，位于皖赣两省间的长江两侧。三苗之地既以洞庭和彭蠡为左右，则当在湖南、江西两省间。商人祀高宗，称颂其"奋伐荆楚，罙入其阻"，显然是说荆楚是当时的大敌。而且明白指出，"维汝荆楚，居国南乡"^②，是在商的南方。后来楚人论其先世，曾经提到昆吾和彭祖，昆吾氏于夏时为侯伯，为汤所灭，彭祖于殷时为侯伯，亦为殷人所灭。^③昆吾之地，说者谓在今河南省濮阳县^④，彭祖之地，说者谓在江苏省徐州市^⑤，这些固然都可以备一说。春秋时，楚灵王曾经说过："昔我皇祖伯父昆吾旧许是宅。"^⑥所谓旧许，以现在地理来说，就是河南省许昌县。以旧许和殷都相对比，应该说是居国南乡了。^⑦其后中衰，"或在中国，或在蛮夷，弗能纪其世"^⑧。到了周初，才复获封爵，居于丹阳。丹阳之地，说者或有不同，据楚人自说，乃是

---

① 《史记》卷六五《吴起传》。

② 《诗经·商颂·殷武》。

③ 《史记》卷四〇《楚世家》。

④ 《史记》卷四〇《楚世家·索隐》及《正义》。

⑤ 《史记》卷四〇《楚世家·集解》。

⑥ 《左传》昭公十二年。

⑦ 《左传》哀公十七年："卫侯梦于北宫，见人登于昆吾之观。"杜注："卫有观，在古昆吾氏之虚，今濮阳城中。"濮阳的昆吾氏之虚，当是昆吾早期的居地。其后为汤所灭，遗黎南下，居于旧许，故武丁得以从事挞伐。

⑧ 《史记》卷四〇《楚世家》。

辟在荆山，而且是荜露褴褛，以处草莽。[①]可见在西周初年，这部分尚未恢复元气。不过历时未久，楚人势力已逐渐复张。周昭王南征不返，为一代大事。昭王为何南征？说者或谓乃是亲征荆蛮[②]，或谓就是伐楚[③]。用字属辞虽少有差别，其实本是一国。齐桓公召陵之会时，曾以此事询诸楚人，楚人的回答，竟然说"昭王之不复，君其问诸水滨"。杜预特为解释，说是"昭王时汉非楚境，故不受罪"[④]。因为当时传言，昭王南征时，乘船渡过汉水，船人以胶船供乘坐，行到中流，胶液溶解，船只沉没，昭王因而溺死。[⑤]据后来考证，楚国所封的丹阳，实在丹淅之地[⑥]，也就是说，其地在今河南省西南部丹水和淅水流域。丹水和淅水都是汉水的支流，汉水也应该是楚国的辖境。怎么能说和楚国没有关系？可见当时楚人已经强盛起来，周人对于这样的大事，竟然无可奈何。只好隐讳起来，也没有把真情向诸侯讣告，诸侯也就难得详知。[⑦]齐桓公虽然向楚人提出疑问，楚人装聋作哑，不以实告，只好不了了之。

齐桓公伐楚。与楚人会于召陵（今河南郾城县东），在鲁僖公四年，鲁僖公四年为公元前656年。这是一个重要的年代。《左传》记齐桓公这次南征，是先侵蔡而后伐楚。为什么要侵蔡？是因为齐桓公有一位侍妾，来自蔡国，和桓公不睦，桓公把她送回蔡国。蔡国就把这位蔡姬另嫁他人，引起桓公的恼怒，因而起兵伐蔡，伐蔡得到胜利，就转而伐楚。[⑧]这样的叙述仿佛伐楚是偶然的事。如果不是齐桓公和侍妾不和，也许就不会这样大动干戈。其实并不是这样简单。《公羊传》就是另一种说法。《公羊传》说："南夷与北狄交，中国不绝若线。桓公救中国而攘夷狄，卒怗荆，以此为王者之

① 《左传》昭公十二年。

② 《吕氏春秋·季夏纪》。

③ 《史记》卷三二《齐太公世家·索隐》引。

④ 《左传》僖公四年。

⑤ 《史记》卷四《周本纪·正义》引《帝王世纪》；《左传》僖公四年，杜注。

⑥ 宋翔凤《过庭录》卷九《楚鬻熊居丹阳武王徙郢考》。

⑦ 《左传》僖公四年杜注。

⑧ 《左传》僖公四年。

事也。"①按当时的情况说，《公羊传》所论述的很合乎道理。齐桓公正是由于这次南征，才树立起霸主的威信。这是事态的必然发展，是合乎规律的举动。

《公羊传》所说的"南夷与北狄交，中国不绝若线"是什么意思？南夷自然是指楚国而言，这是用不着说明的。至于北狄，当时确是华夏诸侯的忧患。所谓夷狄是当时华夏诸侯对于非华夏族类的贬词，而北狄还包括北戎在内。当时所谓戎狄确是不时侵凌华夏诸侯的。据《左传》所载，北戎曾经侵郑②、伐齐③，而山戎还曾病燕④，狄人也伐邢⑤、入卫⑥、灭温⑦，且又伐齐、伐鲁、伐郑、伐晋，并且还进而蹂躏王室。当时确实是一个严重的问题。华夏诸侯的霸主因而提出"尊王攘夷"的战略，也是很有必要的。

所谓南夷和北狄诚然是同时对华夏诸侯进行侵凌，各自的情况并非完全相同。所谓北狄，分支是很多的。其中有白狄和赤狄。赤狄又有潞氏、留吁、甲氏、铎辰、廧咎如、东山皋落氏。白狄又有鲜虞、肥、鼓，又有所谓郪瞒。而北戎、山戎还不在数内。这些北狄的来势虽然都很猛烈，却是各行其是，不存在相互联合的可能。而诸夏在"尊王攘夷"的号召下，都经常会盟，互通声气，互相支援，能以阻遏群狄和北戎、山戎的侵凌。尤其可以提到的是，群狄大抵围绕在晋国的周围。作为霸主的晋国也有力量对付这样的侵凌。晋国为了能够克敌制胜，还改革军队的编制，作三行以御敌。⑧它先对付白狄，俘获白狄子⑨，接着又分化赤狄⑩，进行各个击破，先后灭掉潞

① 《公羊传》僖公四年。
② 北戎侵郑在鲁隐公九年，公元前714年。
③ 北戎代齐在鲁桓公六年，公元前706年。
④ 山戎病燕在鲁庄公三十年，公元前664年。
⑤ 狄伐邢在鲁庄公三十二年，公元前662年。
⑥ 狄入卫在鲁闵公二年，公元前660年。
⑦ 狄灭温在鲁僖公十年，公元前650年。
⑧ 《左传》僖公二十八年。
⑨ 晋获白狄子在鲁僖公三十三年，公元前627年。
⑩ 《左传》宣公十一年。

氏^①、甲氏和留吁、铎辰^②，伐廧咎如^③，接着又灭肥^④，灭鼓^⑤。狄祸已大体解决。

南方的楚国却不是如此。楚国只是它自己和华夏诸侯相抗衡。倒是华夏诸侯还须经常会盟，共同商讨对付楚国的策略，基本上形成南北对立的局面。楚国的强大除过自己的力量以外，就是靠着灭掉其周围的小国，以扩展其已有的土宇。楚国本封于丹阳，还在汉水流域，其后迁都于郢，已在汉水之南。虽在汉水之南，却还向汉水以北发展。汉水之阳远在西周初年，即封过不少的姬姓之国，就是所谓的"汉阳诸姬"。而这"汉阳诸姬，楚实尽之"^⑥。召陵会盟时，楚国的屈完就公然对齐桓公说："楚国方城以为城，汉水以为池。"^⑦这是说，楚国的北界已达到方城。据杜预的解释，方城山在南阳叶县南。晋时叶县在今河南叶县西南。再往西南就是现在的方城县。这应是见于文献记载的楚国最早的北界。其后的疆界又不断向北推移，甚至越过淮水，而城陈、蔡、不羹。^⑧陈在今河南省淮阳县，蔡在今河南省上蔡县，不羹有两处，西不羹在今河南省襄城县东南，东不羹在今河南省平顶山市东南。两不羹之东正是陈国。这条界线已在今河南省的中部了。当然这还不是楚国最后的北界。最后它还灭掉鲁国，深入现在的山东省内。不过那已是战国晚期了。^⑨

楚国的向北发展，在召陵会盟之前，就已逐步前进，灭掉一些小国。^⑩

① 晋灭潞氏在鲁宣公十五年，公元前594年。

② 晋灭甲氏等在鲁宣公十六年，公元前593年。

③ 晋灭廧咎如在鲁成公十一年，公元前575年。

④ 晋灭肥在鲁昭公十二年，公元前530年。

⑤ 晋灭鼓在鲁昭公二十二年，公元前520年。

⑥ 《左传》僖公二十八年。

⑦ 《左传》僖公四年。

⑧ 《左传》昭公十一年。

⑨ 鲁为楚所灭，在顷公二十四年，这一年为楚考烈王十四年，公元前249年。

⑩ 楚灭申在鲁庄公六年，申在今河南省南阳市北。楚灭息在鲁庄公十四年，息在今河南省息县北。
　楚灭邓在鲁庄公十六年，邓在今湖北省襄樊市北。见《左传》庄公六年、十四年和十六年。

就在召陵会盟之后，还未遏止。①直到城濮之战，才遇到阻力。城濮之战发生于鲁僖公二十八年（公元前632年）。当时晋国东去伐曹，楚国也北上围宋，因而引起战争，两国相遇于城濮，则城濮当在曹宋之间。其地距有莘之虚甚近，故晋侯得登有莘之虚以觇望军情。②晋楚两军都不在本国作战，而楚军离其本国更为悬远，正可见楚国向北发展的雄心。

城濮战后，晋楚两国还有几次规模较大的较量。鲁宣公十二年（公元前597年），两国复战于邲（今河南郑州市西北）。这是因为楚国伐郑，而晋国救郑而引起的战争。这次战争晋国完全失败，郑国与楚国行成③，就是说郑国接受楚国的领导，楚国的向北扩张达到了黄河南侧。

又过了二十多年，为鲁成公十六年（公元前575年），晋楚两国复战于鄢陵（今河南鄢陵县北）。这次战争起因于晋国的伐郑。郑国接受楚国的领导自然会招致晋国的不满，尤其是楚国的势力达到黄河，也是对晋国的威胁。这次战争中，晋国取得胜利，当然也稍稍遏止楚国的北向扩展。④

鄢陵之战后将近二十年，晋楚两国又战于湛阪（在今河南平顶山市西北）。这次战争的起因是几年前楚师曾经攻击过宋国。攻击宋国显示着楚国仍然是在向北扩展，因而这次战争就难于避免。在战争中晋师取得胜利。湛阪近于方城，于是晋师就耀兵于方城之外。⑤在方城之外耀兵，就是说晋师没有冲过楚国最早的一条"方城以为城"的防线。这是华夏诸侯最大一次的努力，其结果还是和齐桓公一样，仍然徘徊于方城之外，未能稍窥楚国的腹地。

---

① 楚灭弦在鲁僖公五年，弦在今河南省潢川县西北。楚灭黄在鲁僖公十二年，黄在今潢川县西。见《左传》僖公五年及十二年。

② 《左传》僖公二十八年。《元和郡县图志》卷一一《曹州》："莘仲故城在（济阴）县东南三十里。盖古之莘国也。"《史记》卷三《殷本纪·正义》引《括地志》："古莘国在汴州陈留县东五里，故莘城是也。"唐济阴县在今山东省定陶县。陈留县在今河南省开封市东南。晋楚两国争于曹宋之间，则城濮不能远在今河南省开封市附近。

③ 《左传》宣公十二年。

④ 《左传》成公十六年。

⑤ 《左传》襄公十六年。

这样一次战争，晋国虽取得胜利，却未能因之而完全阻遏楚国的继续扩展，不过扩展的速度究竟是显得缓慢。在这段时期内，它只灭掉了顿、胡①、唐②、赖③等国。顿在今河南省襄城县西北。胡在今河南省郾城县南。唐在今湖北省随州市西北。赖在今随州市北。顿、胡两国还在陈国之南，唐、赖两国就近在汉水之北，都非关系到南北对抗的全局。其实就在灭掉这四个小国之前，楚国就已经大城陈、蔡、不羹。④这四个小国实际上已在陈、蔡、不羹一线之南。

其实，大城陈、蔡、不羹一线的西端就距方城不远。其间虽不免稍有出入，大致说来，这一条包括方城在内的界线，至少应是鲁僖公四年（公元前656年）至鲁昭公十二年（公元前530年）南北对立局面之间的界线。当然还应该指出，这条界线不是直到鲁僖公四年才形成的，更不是到鲁昭公十二年就已失去作用的。

二、三国时期魏国和蜀吴两国南北对立的局面

三国时期由魏文帝黄初元年（公元220年）起，至魏常道乡公景元四年（公元263年），共四十四年，为三国鼎立的局面。景元四年以后至晋武帝太康元年（公元280年），为晋吴南北对立局面。晋吴对立局面较为短暂，这里所论仅限于三国鼎立的局面。

魏蜀吴三国虽然呈鼎立形势，但蜀吴两国却也尝相互联合呼应，共同对付魏国，实际上只是南北的对立。

---

① 楚灭顿、胡在鲁定公十五年，公元前495年。
② 楚灭唐在鲁定公五年，公元前505年。
③ 楚灭赖在鲁昭公四年，公元前538年。楚灭顿、胡、唐、赖四国皆见《左传》。
④ 楚国大城陈、蔡、不羹在鲁昭公十二年，公元前530年，见《左传》。

　　杜佑论魏国的形势，曾经指出：魏国据有中原，东自广陵、寿春、合肥、沔口、西阳、襄阳，重兵以备吴。西自陇西、南安、祁山、汉阳、陈仓，重兵以备蜀。^①杜佑所说的广陵，乃指广陵故城而言。因为魏文帝南征曾经到过广陵故城，他看到浩渺的长江不可逾越，就班师归来。长江固可以隔绝南北，对立双方都可恃为屏蔽。可是在齐王嘉平（公元249—254年）后就属于吴国，魏国不复再事凭借。寿春为今寿县，合肥今仍为合肥市，皆在今安徽省内，南北相对，可以相互呼应。寿春还可以凭借淮水，合肥却已推向前方。杜佑引用魏明帝的话说，合肥与襄阳、祁山并举，因为"地有所必争"。沔口在今湖北省汉阳^②，西阳在今湖北省黄冈县东南^③，襄阳今为湖北省襄樊市。杜佑这段话，略能道出魏国当时防备蜀吴两国的战略，这里就据之作进一步的说明。

　　魏国和蜀吴两国间的战争频繁发生，境宇也难免时有变化。魏蜀两国之间由于隔着一条秦岭，就是有所变化，对于对立的形势还不至于有很大的影响。在蜀国未建立之前，曹操曾经企图扩展势力到秦岭以南，却未能如愿。仅徙汉中之民数万以实三辅及长安。^④他自己解嘲说，南郑为天狱，中斜谷道为五百里石穴。^⑤其后曹真还曾打算再越秦岭，进伐蜀国，也未获得成功。^⑥当时就有人说，斜谷阻险，难以进退，转运必见钞截，不可不深加思虑^⑦，这样的道理也说得相当中肯。

　　蜀人也曾一再尝试越过秦岭，据有关中。诸葛亮一出陈仓，又出斜谷。出陈仓之役以粮尽引归，其后到了五丈原，欲就地屯田，解决军糈问题，不

---

① 《通典》卷一七一《州郡》。

② 《通典》卷一八二《州郡》："沔州，魏初有之，为重镇。曹公定荆州后，以文聘为江夏太守，守沔口。……后属吴，亦为重镇。"

③ 《通典》卷一八二《州郡》："黄州，魏亦为重镇。魏文帝黄初中，吴扬声欲猎江北，荆河州刺史满宠度必袭西阳而为之备，孙权闻之而退。"孙权赤乌中，"使陆逊攻邾，常以三万兵守之"。邾，距西阳不远，故吴人得以邾代替西阳。

④ 《三国志》卷一五《张既传》。

⑤ 《读史方舆纪要》卷五六《汉中府》。

⑥ 《三国志》卷九《魏书·曹真传》。

⑦ 《三国志》卷二二《魏书·陈群传》。

料竟以身殉。①姜维继承旧绩，也未能多有收获。②

秦岭为天下大阻，隔绝南北，中间虽有谷道，如陈仓道、褒斜道、傥骆道、子午道，皆为南北要途，但山高谷险，中间还须栈道接连。军马跋涉，军需转运，诸多艰阻。曹真试图灭蜀，人谓褒斜道难行，就改由子午道，同样中途折归。③诸葛亮欲率益州之众以出秦川，这是在隆中陈策时已有的定议，而粮运不继，终扼大业。④

形势既已如此，魏蜀两国就只好隔着秦岭，各自设防。魏国秦岭以北的重镇只有一个陈仓（今陕西宝鸡市东）。⑤当然长安还可总绾几道谷口。蜀国还设有汉中、兴势。汉中今仍为陕西省汉中市，兴势则在今陕西省洋县。⑥汉中扼褒斜道的南口，兴势不仅扼傥骆道的南口，就是由子午道南下，也会受到阻遏。

这当然是仅就自然形势而言，双方能够对抗，其间因素不少，不能一概而论。首先是双方力量相当，地丑德齐，彼此都不能徒奈我何。一旦有所悬殊，再加上人为的不臧，天险也就难作屏障了。曹操、曹真以至司马懿不仅不能灭蜀，就是蜀人轻易进军，也使他们寝馈不安。可是后来邓艾、钟会伐蜀，就显得轻而易举。邓艾还是由陇西进军⑦，钟会则分从斜谷、骆谷入，别军则出子午道⑧。由这三道南行，必将达到汉中和兴势。蜀国这时的力量已经衰弱，措置亦复乖方。如果仍以汉中和兴势为重镇，魏军纵然南下，还将遇到阻力。但当钟会诸军数道并进时，蜀人却令沿途诸围皆不得应战，退守汉、乐二城。⑨汉城在今勉县，乐城在今城固县。二城皆在汉水侧畔平原

---

① 《三国志》卷三五《蜀书·诸葛亮传》。

② 《三国志》卷四四《蜀书·姜维传》。

③ 《三国志》卷九《魏书·曹真传》。

④ 《三国志》卷三五《蜀书·诸葛亮传》。

⑤ 《通典》卷一七一《州郡一》。此下说各方面的重镇皆本杜佑的说法。

⑥ 《水经·沔水注》："汉水又东迳小城固南。城北百二十里有兴势坂，诸葛亮出洛谷，戍兴势，置烽火楼处。"

⑦ 《三国志》卷二八《邓艾传》。

⑧ 《三国志》卷二八《钟会传》。

⑨ 《三国志》卷二八《钟会传》。

之地，已失去守险的意义。而当时每城又仅有驻军五千，众寡更是悬殊，钟会只是抽出部分兵力，围住两城，大军还是直往前行，并未稍作稽留。[①]

秦岭绵长，东西数百千里。关中以西率不如其东的高峻。魏蜀两国仍各据一方，相互对立。魏国防蜀人绕道出于此间，因以陇西、南安、汉阳并为重镇。这三郡皆在今甘肃省。陇西治所在今陇西县。南安治所亦在今陇西县，唯稍偏东边。汉阳即天水郡，治所在今甘谷县东。三地皆在渭水岸旁。魏人之意殆以这里山岭已不甚高峻，更借渭水为守，山河之间距离不远，正可相得益彰。应该指出，魏人在这里的重镇，还有一座祁山。祁山在今礼县之东，距秦岭余脉和渭水涯畔皆已相当悬远，显得分外突出。为什么魏国的重镇要设在祁山？道理倒也相当明显。蜀人进攻关中，秦岭几条谷道是难以畅行无阻的。另行绕道，就只得西行。祁山就在蜀人绕道西行进攻关中的途中。邓艾驻节陇上，与姜维对垒。时当姜维新败于洮西之后，艾策其企图反攻。据邓艾估计，姜维再举，可能由两条道路出兵：一出南安、陇西，因食羌谷；一出祁山，其地有熟麦千顷。[②]其后姜维果然出兵祁山。邓艾这样策划，不仅道出姜维的底蕴，而且也是当年诸葛亮北出关中的战略。诸葛亮北伐按一般道理来说，当然是应该越过秦岭。由于山道险阻，军粮不继，顾虑良多，终于改弦更张，西出祁山。祁山产麦，驻军稍久，不虑军粮匮乏，而且可以由天水，甚至陇西、南安绕道出于关中侧背之后。[③]这种策略既是魏蜀两国都能设想得到的，故在诸葛亮出兵之际，魏国也早有防备。诸葛亮虽据有祁山，再往北进，却也会遇到困难。祁山本是魏国的重镇，但为蜀人据有之后，也就成了蜀的重镇。前面说过，魏国曾以陇西、南安、汉阳三地为重镇。这在祁山未为蜀人占据以前就已如此。蜀人既占据祁山之后，更是如此。由于蜀人据有祁山相当长久，实际上魏国在这方面的重镇，就是沿渭一线，也还是凭秦岭余脉固守的。

---

① 《三国志》卷二八《钟会传》。

② 《三国志》卷二八《邓艾传》。

③ 拙著《论诸葛亮的攻守策略》。

由于魏国在这方面防范的严密，诸葛亮最后还是由汉中北出，从褒斜道直至渭水侧畔的五丈原。诸葛亮以后，这样的形势并未有所改变，南北相持，直到蜀国的灭亡。

魏吴两国间的攻守虽说是同工异曲，却显得有所变化。赤壁战后，魏吴两国分据南北的局面已经形成，但魏国的南进策略似少有变化，总是在伺隙而动。吴国已经强盛，却也不能不使魏国多一番顾虑，因而魏国就需要扼守长江。在这方面的重镇就有沔口、西阳和广陵三处。广陵为两汉以来的旧郡国治所，当邗沟入江之口，在军事上一直据有重要的地位，魏人亦坚持据守，不使落入吴国之手。沔口和西阳却是新修的据点。沔口或以为就是夏口。当时的夏口乃是今武汉市的武昌。夏口在长江南岸，赤壁鏖兵之后，曹操铩羽西归，如何还能在江南新设重镇，就近威胁吴人？这沔口应该为今武汉市的汉阳部分。隔江与吴人对峙，吴人一时也奈何不得。①西阳在今湖北省黄冈县东南。建成重镇，为时略迟。据说是魏明帝太和三年（公元229年）吴国扬言要到江北狩猎，满宠时为豫州太守，因筑西阳以为防备，后来孙权没有前来，西阳城却建立起来了。②西阳城建立虽较晚迟，却已经能够说明魏人对长江防备的重视。曹操虽在赤壁失败，一时无力大举，但南征的想法魏人却并未稍释。终于到黄初六年（公元225年），魏文帝才亲自南征。魏文帝和乃父曹操不同。当赤壁鏖兵时，曹操还执槊横江赋诗，以见其志。魏文帝到了广陵，远望长江，却说"此天所以限南北也"③，因而班师归去。大概从此以后这渡江灭吴的大业就一变而成了防江备吴的新策了。满宠的建立西阳城，就应是这样策略的显明表现。可是愈到后来，长江两侧就

①《通典》卷一八三《州郡一三》。

②《三国志》卷二六《满宠传》。

③《资治通鉴》卷七〇《魏纪二》。

较前有所不同。沔口①、西阳②和广陵③先后为吴人取去。吴国东守广陵，西守邾城，同样成为重镇。邾城就在西阳的近侧，吴人得西阳后，就以邾城代替了西阳，起到防御魏国的作用。

魏国的寿春也是一座重镇。寿春为今安徽省寿县，在淮水南岸。以寿春为重镇，说明在守江之时，还注意到守淮。但守淮究竟算是最后一着，是在作万一的打算。寿春之南还有一座合肥城，只要是守住合肥城，淮水就不成问题。当时的合肥城不仅要固守，还要由此向南进攻。要说明这一点，就要同时明了吴国的攻守措施。

吴国也有它自己的重镇。为了防御魏国而设的重镇有南郡、夏口、武昌、皖城、牛渚圻、濡须坞。还可以添上后来取之于魏国的沔口、西阳和广陵。南郡治所在今湖北省江陵县。夏口、武昌也在今湖北省。夏口就是今武汉市的武昌，武昌则在今鄂城县。皖城、牛渚圻、濡须坞皆在今安徽省。皖城在今潜山县。牛渚圻在今当涂县，就是现在的采石矶。濡须坞在今和县西南濡须水旁。这些重镇除皖城和濡须坞在长江之北，并距江稍远外，其余皆在江畔，可见防江的重要。

由于皖城和濡须坞离江稍远，就不免多受到魏国的攻击。也应该说这两处也是吴国向魏国进攻的起点，濡须坞就更为明显。濡须坞隔着巢湖和合肥相对。可以说吴国以濡须坞为重镇，一方面是防御魏国由合肥前来的进攻，一方面也是为了进攻合肥。同样的情形，魏国以合肥为重镇，也有防守和进攻两重意义。

濡须坞筑于濡须水旁。濡须水出巢湖，东南注于长江。吴人善于乘船，由濡须水北上，就可直取合肥。进攻寿春。魏人也了然其间的曲折，故在这一地区的争执相当频繁和激烈。濡须水虽出于巢湖，沿流却是两山对峙，

---

① 《通典》卷一七一《州郡一》："沔口，孙权嘉禾后，陆逊、诸葛瑾屯守。"嘉禾，由公元232年至237年。

② 《通典》卷一八三《州郡一三》："邾城，孙权赤乌中，使陆逊攻邾，常以三万守之。"赤乌，由公元238年至250年。

③ 《通典》卷一七一《州郡一》："广陵，齐王嘉平后属吴。"嘉平，由公元249年至254年。

至为险要。吴国在北岸筑城，魏人亦于对岸置栅。^①城栅之间相距10里。即所谓东关是也。^②孙权北攻合肥，当是由濡须进军的。曹操也曾一再南侵濡须，皆未能得志。诸葛亮所谓曹操四越巢湖不成，就是指此而言。^③

当时江淮之间，人口特为稀少，也是自成界线的。人口稀少的缘故是曹操内徙滨江郡县。曹操深恐这些郡县为孙吴所掠取。征令内移，当地人民转相惊恐，于是庐江（治所在今安徽庐江县西南）、九江（治所在今安徽定远县西北）、蕲春（治所在今湖北蕲春县西南）、广陵（治所在今江苏扬州市）户十余万，皆东渡江。^④这样近于空虚的地区，就已显然成为隔绝南北两方的界线。

魏国在淮水之南虽然突出了合肥，守住合肥其实就是要扼守淮水。这在后来失去了沔口、西阳和广陵之后，其意义就更为明显。在淮水和秦岭之间，还有一段互不连接的地方，就是汉水中游。这里本是两汉时期的荆州辖地，三国时期，荆州分属魏吴两国。今湖北省宜城县以北属魏，荆门市以南属吴。既然分属两国，两国自然就图谋防守的策略。吴国以南郡为重镇，魏国以襄阳为重镇，其目的都是针对对方的。（附图一《魏吴两国江淮之间对立形势图》）

由此可知，三国时期的南北对立，是以南方的蜀吴两国为一方，北方的魏国为一方而形成的。对立两方之间分界线，西部一段是以秦岭为主，东部则在江淮之间，而中间的部分则是经过今湖北省襄樊市以南，再与东西两部分相连接。

---

① 《三国志》卷五四《吴书·吕蒙传》："从权拒曹公于濡须，数进奇计，又劝权夹水口立坞，所以备御甚精。"《资治通鉴》卷六六《汉纪五八》胡注："孙权夹水立坞，状如偃月。"李吉甫说："三国吴于北岸筑城，魏亦对岸置栅。"（此当出于《元和郡县图志》，今本《元和郡县图志》淮南道部分佚失，此从《读史方舆纪要》转引。）

② 《通鉴地理通释》卷一二《三国形势考》引《郡县志》谓："东关口，（巢）县东南四十里。……（巢湖）东南有石梁，凿山通水，是名关口。"《资治通鉴》卷六六《汉纪五八》胡注："濡须坞在巢县东南四十里。"《读史方舆纪要》卷一九《江南一》："东关在巢县东南四十里。"可见两地同为一处。

③ 《通鉴地理通释》卷一二《三国形势考》。

④ 《三国志》卷一四《蒋济传》。

图一 魏吴两国江淮之间对立形势图

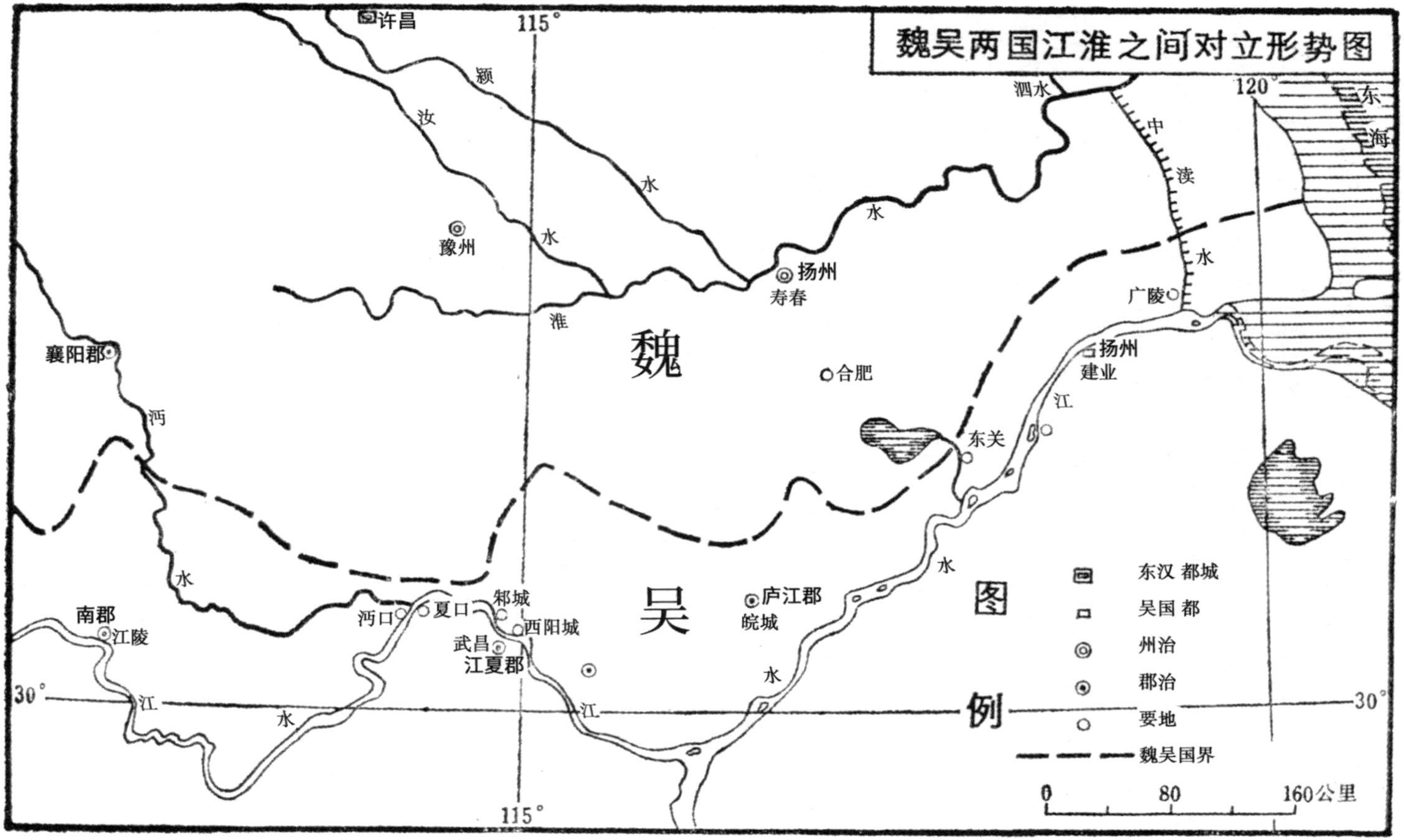

三、东晋与北方霸主对立时由防淮到防河的变迁

西晋末年，永嘉丧乱，黄河流域及其附近各地，一时沦没。盘踞于其间的先后就有十六国。东晋偏安一隅，北方的疆界随着黄河流域诸政权的起伏，而时有变迁。大抵淝水战前，东段率能据淮为守，间有胡马南驰，夺去一些郡县，长淮一线殆仍能继续维护。西段则不免有所断续，难得一概而论。当前赵、后赵迭相起伏时，秦岭以南仅能据有丹水上游，汉水上游亦入于成汉，东晋权力所及不外今陕西省安康县附近而已。后来成汉败亡，始得兼有汉水全流。及苻秦统一北方，兼有西南各处，汉水上中游皆为所据，东晋节节退缩，就是襄阳亦难得保持。好在长淮一线依然完整，未被冲破。

淝水战后，北方各地群雄纷起，而后秦、后燕皆称大国。东晋亦奋力收复失地。其后刘裕扫灭后秦和南燕，北界不仅越过秦岭，而且到了黄河岸边。刘裕破秦归来，关中虽又为赫连勃勃所据有，而黄河一线却维持了相当时日。碻磝（今山东茌平县西南）、滑台（今河南滑县东南）、虎牢（今河南荥阳县西北）、洛阳（今河南洛阳市）并称重镇。

显然可见，东晋一代北陲疆界时时都在变迁之中，不过淝水战争的前后却不尽相同，因而可以分为两个阶段。北陲疆界自西徂东，绵亘不绝，东西两部分亦间有差异处，不能一概而论。淝水战前，胡马南牧，有时几乎近于江浒，朝野上下都为之惶惶不安。在此危难之时，淮北谯城竟还能作为豫州刺史的治所。[1]为时虽非很久，亦可略见当时境宇变迁的频繁。东晋这时所注意的是如何防淮。当时汴渠尚未淤塞，中渎水（邗沟）自是畅通。这是南北之间唯一的水路交通要道。其南端入江之处就在广陵。广陵与建康相距

---

① 《宋书》卷三六《州郡志》。

就在咫尺之间。既要防淮，首先就得保住泗口。因为汴渠流入泗水，泗水入淮处就是泗口。泗口若失，北方的进攻者就可由汴入泗，由泗越淮进入中渎水（邗沟），直达江上。泗口之南就是淮阴，泗口既然重要，淮阴亦不能稍有差池。到后来还有增筑了一个角城。[①]角城就在泗口附近，因而就共为犄角。

越淮的要道，泗口、淮阴之外就要数到寿阳。寿阳地处淮水中游，每当南北分裂时总是占着重要的地位。寿阳所以重要乃是它能够溯着入淮的若干水道，通到中原各地，其中颍、汝两水更是有很大作用。由中原南来，顺流而下，实为便捷。东晋初年，谯城孤守一隅，端赖寿阳支援。谯城有失，寿阳就居于前列，而守寿阳就得合肥作为后盾。合肥之于寿阳，唇齿相关，曹魏以来，寿阳、合肥兼为重镇，当时是为了防吴，合肥就较为重要。东晋为了对付中原，就得反其道而行之。

北陲境宇的西部，正当秦岭之南，这里的变迁更为频繁。东晋应该像扼守淮水一样，控制住秦岭。东晋也曾控制过秦岭，为时并非久长。因为汉水源头，自来是关中和巴蜀交往的通途。这时更是有关群雄争胜的场所。成汉和苻秦都曾据有其地。当成汉据有汉中时，东晋只能守住魏兴郡。魏兴郡治所在西城，就是现在湖北省郧西县西。这是说东晋这时只能控制着半条秦岭。就是这半条秦岭也还有些欠缺。因为从前赵时起，就已据有上洛。上洛郡治所在现在的商县，乃在秦岭主脉之南，秦岭南坡迁缓，时有峻峰高起，连绵不断，仍然成为一起。东晋虽不能恢复上洛，还可凭借险阻，保住上游的一段汉水。可是到苻秦统一北方以后，不仅这段汉水保持不住，就是襄阳也告失守。杜佑论东晋重镇，说是"大抵上明、江陵、夏口、武昌、合肥、寿阳、淮阴常为晋氏镇守"[②]。这恰是前秦统一北方以后的形势。因为襄阳都已失守，江陵、夏口、武昌等地就不能不告警了。杜佑在江陵之外，还提

---

① 《通典》卷一七一《州郡一》："角城，安辛义熙中置，亦在宿迁界。"唐宿迁县在今江苏省宿迁县东南。
② 《通典》卷一七一《州郡一》。

到上明，也不是没有缘由的。上明在今湖北省松滋县，和江陵隔江相对。这不是为了防备来自襄阳的进攻，而是恐有舟师自巴蜀东行，就近能在江上堵截。

应该说，在前秦还没有统一北方之前，东晋在这里还不至于这样窘迫。当石赵据有北方时，曾得晋南郡和襄阳、南阳的守臣的降附，且曾毁襄阳城而迁其人于沔北。[①]为时皆未能长久，晋人仍得恢复故土，正是因为东晋能保持襄阳，南阳也就不至于很快丢失。这就使以淮水为东部的界线和以秦岭为西部的界线，得以连接在一起，东西两部分就可以起到相互呼应的作用。

淝水之战是一个巨大转折点。前秦瓦解，黄河流域又复分成几个政权，这就使东晋守圉将士减轻若干压力，并且还能够越过淮水，收复若干失地。杜佑论东晋重镇时，曾经提到彭城。彭城能够作为重镇，自是淝水之战以后的事情。这时南北对立的分界线，就可由秦岭一直东行，达到彭城之北，而东至于海渚。这时黄河中下游，东为后燕，西为后秦。东晋固然不忘旧日江山，后秦和后燕也未稍敛其向南侵扰的凤愿。后燕仅得据有青州[②]，后秦则已据有淮水上游[③]，这就使东晋不能因向北图谋恢复，而对于淮水稍事疏略。

刘裕西征后秦之前，就已经灭掉南燕，廓清道路，故其出师得由彭城首途，溯泗水而上，转入黄河。这时黄河以南，所有州郡皆已属归东晋版图。这是永嘉乱丧以来难得的盛业。永嘉丧乱之后，晋室南渡，汲汲以防淮为要务，还唯恐稍有疏略。这时由防淮进而防河，其间变迁是十分巨大的。前面提到碻磝等四镇，只有洛阳离黄河稍远一些。其他三镇皆沿河拒守。如果能够维持下去，江南王朝就可少得安谧。还应该指出，赫连夏虽夺去关中，却

---

① 《晋书》卷一〇五《石勒载记下》。

② 《晋书》卷一二七《慕容德载记》。

③ 《晋书》卷一一九《姚泓载记》："王师遂入颍水，所至多降，惟新蔡太守董遵固守不降，道济攻破之。"新蔡郡治所在今河南省新蔡县，已南近淮水。这是说新蔡早已是后秦的疆土了。

未越过秦岭。由秦岭一线再接着黄河东行。这样南北对立间的界线，是以前所没有的，就是后来一些南北对立时期也是难于实现的。（附图二《东晋时期防淮防河形势图》）

四、南朝与北朝对立由防河退缩到防淮、防江的过程

东晋末年，刘裕所取得防河的一线对于江南的王朝来说，自然是莫大的转机。只是好景不长，未能持续很久，就又发生了变化。

刘裕伐秦是在东晋安帝义熙十二年，亦即公元416年。这一年先平滑台，后围金墉，故无待灭秦而四重镇的规模即已粗定。①刘伐裕秦归来后，即建立刘宋王朝，不到三年，竟然崩逝。刘裕是于永初三年（公元422年）五月崩逝的，当年十二月，北魏就已攻取滑台。②也就是在这一年，魏军进占碻磝③，接着又于宋文帝元嘉七年（公元430年），攻占了虎牢和金墉④。江南王朝所谓防河，前后亦只有十五年光景。北魏不仅夺去四镇，并且进而攻陷司、兖、豫诸州的郡县。宋人固曾派遣军队北伐，企图收复四镇，竟未能成功⑤，反引起北魏的乘胜南侵。北魏太武帝且亲自随军，冲破淮水岸上重镇寿阳，直至长江岸上的瓜步（今江苏六合县东南），耀武江畔，建康城内为之戒严。魏人这次南侵，最后虽然退去，江北淮南却率多因之残破，加以宋室多有内乱，宋人由是遂失淮北四州及豫州淮西之地。⑥所谓淮北四

---

① 《宋书》卷二《武帝纪中》。
② 《宋书》卷三《少帝纪》。
③ 《资治通鉴》卷一一九《宋纪一》："永初三年，（魏军）南渡河，军于碻磝，……于是泰山、高平、金乡等郡皆没于魏。"
④ 《宋书》卷五《文帝纪》。
⑤ 《宋书》卷五《文帝纪》。按：《文帝纪》："元嘉二十八年，王玄谟自碻磝退还历下。"盖元嘉时北征，玄谟曾攻占碻磝。
⑥ 《宋书》卷八《明帝纪》。

图二 东晋时期防淮防河形势图

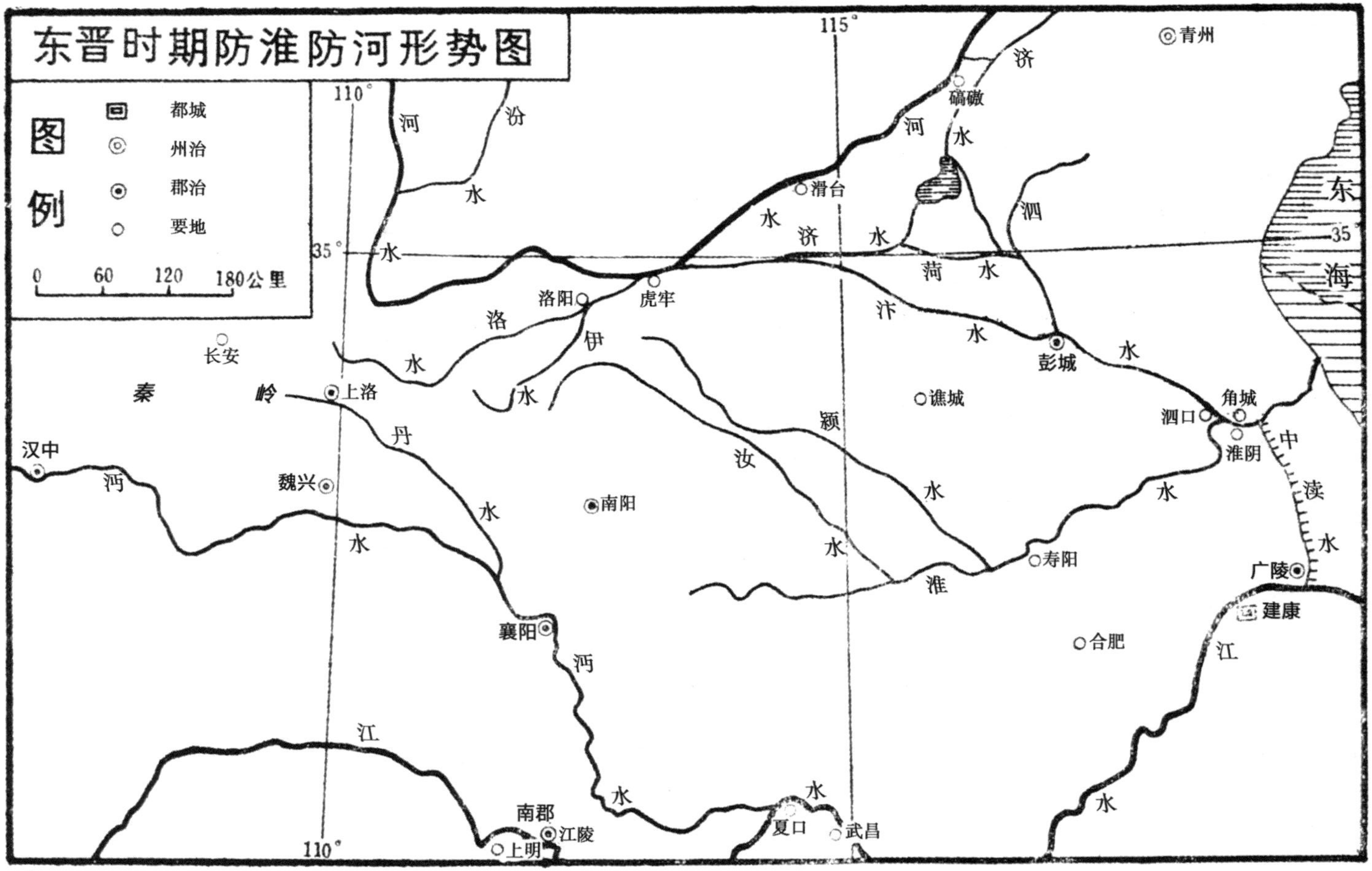

州，就是徐、兖、青、冀诸州。①这四州本是在黄河流域，永嘉乱后，有的侨治到淮南江北。刘裕征讨南燕，西伐后秦，皆移到黄河以南。所谓豫州淮西之地，以今地而论，乃在河南省东南和安徽省西北部，失去了这些州郡后，南北之间就以淮水为界了。当然，这期间因为频繁的征讨用兵，也不免有所得失，宋人防守就依靠一线长淮了。②

杜佑论述刘宋形势，以南郑、襄阳、悬瓠、彭城、历城、东阳并为重镇，以其皆为宋氏藩扞。这应是刘宋初年失去碻磝、滑台、虎牢、洛阳以后的形势，并非一代都是如此。历城在今山东省济南市，当时本为冀州治所。东阳在今山东省青州市，当时亦为青州治所。明帝时失淮北，这两州皆侨治于郁州③，即今江苏省连云港。当时郁州尚为海岛，两州设在其地，正是赖这样的自然形势，不至于骤然陷没。彭城为淮北重地，为汴渠汇于泗水之处，刘宋守将薛安都竟据以降魏。④刘宋重镇一朝遂成为北魏恃之为南攻时的依据。悬瓠在今河南省汝南县，濒于汝水南岸，可以控带伊洛，南朝恃以屏蔽淮泗，而刘宋守将常珍奇亦据以降魏。⑤这几个重镇先后失去，刘宋就不能不据淮以守了。

这时可以称道的乃是南郑和襄阳。南郑即今陕西省汉中市。东晋时曾先后为成汉和谯纵所据有。谯纵破灭，梁州刺史得以还治汉中。⑥刘宋初年，尚与赫连夏隔秦岭相对峙，赫连夏灭亡之后，北魏获得关中。时魏人正用兵于东南，秦岭南北一时得告安谧。不仅汉中如此，襄阳也大致平静。南郑、襄阳的平静正可说明南北两方的注意力都集中在长淮一线。

南齐继宋之后，防河不得，就只好防淮了。其初年的重镇，还是南郑、

---

① 《宋书》卷三五《州郡志》。

② 《通典》卷一七一《州郡一》。

③ 《宋书》卷三六《州郡志》："明帝失淮北，于郁州侨立青州，立齐、北海、西海郡。"《通典》卷一七一《州郡一》："（宋）立青冀二州，寄治赣榆。"《宋书》不言冀州侨置郁州事，《通典》所言可补《宋书》的缺佚。

④ 《宋书》卷八八《薛安都传》。

⑤ 《魏书》卷六《献文帝纪》。

⑥ 《宋书》卷三七《州郡志》。

樊城、襄阳、寿春、淮阳、角城，仿佛刘宋当年。刘宋时重镇无樊城。樊城就在襄阳之北，隔汉水相对。御敌水北，樊城自较襄阳更为有利。南齐重镇增于刘宋的盖有三处，就是义阳和涟口、朐山，而义阳又最为紧要。义阳为今河南省信阳市，位于大别山北麓。刘宋时御敌本在悬瓠城。悬瓠城虽远在淮水之北，保悬瓠即是为了防淮。自悬瓠失守后，就不能不退守淮滨，因而义阳就代之成为重镇。义阳濒淮水，唯在淮水支流浉水北岸，作为防淮的重镇也是自然的趋势。然而更为重要的却在其南侧大别山上的平靖关、武阳关和黄岘关。即所谓义阳三关。平靖关在今信阳市西南，武阳关在今信阳市南（今为武胜关），黄岘关在信阳市东南（今为九里关）。这三关远在春秋时期已有名当世，就是所谓冥厄、大隧、直辕，为汉东的隘道，乃楚国东北的关塞。[①]就在宋齐时也是这样。义阳在三关之北，守住义阳才能守着三关。正如悬瓠未失，义阳即可不虑侵掠。悬瓠失去，义阳就不能不成为重镇。涟口在淮水下游，今为江苏省涟水县。朐山则在东海之滨，在今江苏省连云港侧畔。涟口距角城、淮阴并非甚远，可以互相呼应。东晋时防淮，以角城、淮阴为主。角城、淮阴夹淮并立。一则扼守泗口，一则距中渎水（即邗沟）北口很近，都能发挥其防卫的作用。然而为了备边，则淮阳当较淮阴更为有利。因为水北防守总有逾于水南。涟口因可以和角城、淮阳相呼应，其所以能成为重镇，则不能和朐山无关。无论是涟口还是朐山，实际上都是为了郁州岛上的青冀二州。当然青冀二州有失，角城、淮阳也就不能不受影响。

　　齐人的防淮固然相当周到，但北魏的侵略却也有加无已，齐人守边的将帅也时有反侧，致令金瓯难全，边衅时开。南齐末年，东昏之乱，寿阳因而降魏[②]，魏人乘势夺取合肥、建安（今河南固始县东）。合肥、建安皆在淮水之南，而合肥更近于巢湖，正当江淮之间。当时所失还不仅是淮南的几处地方，其西的沔北五郡，也告丧失。[③]沔北五郡中正包括南阳郡和新野

---

① 《左传》定公四年。
② 《南齐书》卷五一《裴叔业传》，《魏书》卷七一《裴叔业传》。
③ 《南齐书》卷二六《陈显达传》。

郡。南阳郡治所在今河南省南阳市，新野郡治所在今河南省新野县，皆当由洛阳南去襄阳、樊城的道路上。北魏孝文帝就曾经由南阳、新野等地进攻过樊城。[①]丧失了沔北五郡，樊城就暴露在敌人阵前，当然就更会多事。樊城距淮水虽较远，但对于义阳的防守还是会发生若干影响的。北魏取得这些地方，突破了淮水一线，乃使齐人的防淮成为画饼。

南齐失去寿春后，过了两年，就为萧衍的梁朝所代替。萧衍取代了南齐，也承受了南齐防淮不成的后果。这样的后果已经严重，其他不利的因素还在增加。这时不仅失去了梁州[②]，还失去义阳，所谓义阳三关也为魏人所据有[③]。所幸夺回了寿春[④]（即寿阳改称），补苴前朝所遗留的缺陷。自南齐始失寿春，至此已二十有七年，不能说不是长久的。要取得寿春，就必须先据有合肥[⑤]，可以说梁人至此，始得重理南朝防淮的业绩。梁武帝因此还曾遣军直攻洛阳，虽为时未久重复失去，亦不能不认为南朝国势有所起色。

杜佑论梁的形势，曾说"大抵雍州、下溠戍、夏口、白苟堆、硖石城、合州、钟离、淮阴、朐山为重镇"。梁时南北之间的疆土亦如宋齐时期那样，是时有变化的，都未能一概而论。这几处重镇虽亦能东西相呼应，却似非同时并存的。这几处重镇中没有列上南郑。杜佑自己的解释是自天监二年（公元503年）失汉中，经四十三年始行收复，计其收复之时，当在大同十一年（公元545年）。然侯景乱梁后，汉川又复失守，是难得作为重镇的。这几个重镇中，列有淮阴和朐山。天监三年和十年（公元504年和511年），角城和朐山先后降魏。朐山犹在东海之滨，角城则近在淮阴。角城有失，淮阴即令犹为梁守，作用亦当不复很大。这条防线去其两端，就只有雍州和钟离之间的一段了。这一段的东部只有硖石城、合州和钟离三处。硖石城在今安徽省凤台县，隔淮水与寿春相对。合州即合肥，钟离则在今安徽省

---

① 《南齐书》卷六《明帝纪》，又《魏书》卷七下《孝文帝纪下》。
② 《魏书》卷七一《夏侯道迁传》。
③ 《梁书》卷一七《马仙琕传》，《魏书》卷一九《南安王传附元英传》。
④ 《梁书》卷三《武帝纪下》。
⑤ 《梁书》卷一二《韦睿传》。

凤阳县东北。三地至成三角形，相距亦非甚远。只是没有提及寿春，这当不是寿春又告失守，因为寿春就在硖石城之南，如果寿春有失，硖石城也是难得保持住的。梁朝为了夺回寿春，确是费尽心力，显示出当时防淮的意志。

至于其西的雍州、下溠戍、夏口、白苟堆四处作为重镇，可能是不同时期的措施。雍州即襄阳。襄阳之北的樊城并未失守，襄阳依然和樊城隔江对峙。樊城虽仍为梁守，河北却失去五郡，因而襄阳地位就益为重要。下溠戍在今湖北省枣阳县东南，也是在襄阳的东面。这里成为重镇自与沔北五郡的失守有关。下溠戍正在襄阳和义阳之间，有这样一个重镇，足以觇见当时南北分界的信息。雍州、下溠戍之外，夏口和白苟堆作为重镇则是应该再作说明的。夏口在今武汉市武昌，白苟堆在今河南省正阳县，中间隔着义阳及其南的平靖等三关。以夏口作为重镇，显然是在义阳失去之后，因为夏口只能防江而不能防淮。以白苟堆作为重镇，是在义阳未为失守的时候。义阳在梁朝，是时得时失，前后并非一次。梁朝守住义阳，并进而能在白苟堆屯驻重兵，正说明对于防淮是未稍事疏略的。

萧梁末年，侯景叛乱，南北对立局面急剧变化。叛乱虽告平息，北齐已据有淮北，西魏亦不仅据有汉川，而且还进占巴蜀。陈氏承梁之后，更远不如梁承齐时。陈宣帝固曾累次北伐，也取得了一些胜利。但适逢北周灭齐，周师东来与陈军对垒。其时吴明彻正在经营淮北，周师扼住淮口，截断陈军的归路，明彻竟全军覆没。[1]周师接着南下，尽有江北之地。这时陈国已无从防淮，只好退而防江。就在这艰难之际，司马消难以郧（今湖北安陆县）、随（今湖北随州市）等九州来降[2]，始得稍事振作，不过这只是昙花一现，因为周人很快就复夺去这几州之地，陈国就只好仍在守江了。

应该说，长江天堑是可以恃之以阻挡北来的进攻的。曹操赤壁之战，魏文帝广陵观江，都没有达到剪伐孙吴的目的。但这天堑也不是完全恃以为凭借的。西晋时讨伐东吴，就是分道并进，王浑耀武江岸，王濬却从益州浮江

---

① 《陈书》卷九《吴明彻传》。

② 《周书》卷二一《司马消难传》。

东下，浩渺的江水也是难于为力的。陈国的末年仿佛孙皓当年。而陈叔宝不达世事，甚或超过了孙皓。孙皓还曾借助于千寻铁锁，陈叔宝几乎是静待隋军的来临。当时也曾在三峡以下分别驻军，企图阻止隋人的舟师，却都没有发挥出应有的作用。杨素舟师东下，还是无所阻力的。隋军更由采石（在今安徽当涂县东北）和京口（今江苏镇江市）分路渡江，也是轻而易举。当时所谓防江，只是设想靠着这样一条天堑的水道，就能阻止隋军的渡江，除此以外，殆说不上还有其他有力的设施。没有人为的力量，天堑也是难于凭借的。（附图三《南朝防河防淮防江形势图》）

五、南宋与金对于秦岭淮水一线疆界的形成与攻守

北宋季年，女真族崛起于黑水白山间，向南进攻契丹。宋朝因之与金联合，并力灭辽。辽国既灭，金人仍继续南侵，兵临开封城下，掳去徽钦二帝，高宗仓皇渡江，以杭州为行在，并命名为临安府，企图临时苟安，暂延残喘。

但是女真人却不少假南宋以时日，使其得以从容整顿，挽回颓势。南进之兵并未稍戢，西陷潼关，入据永兴（今陕西西安市），东趋淮南，南逼扬州。更渡江侵临安，以舟师追逐宋高宗于海上。又由蕲、黄（治所在今湖北蕲春县和黄冈县）入江西，再西遂入潭州（治所在今湖南长沙市）。其海上之师以追高宗不得，归途中为韩世忠扼于金山（今江苏镇江市江中）[①]，由潭州北返之军，亦为牛皋败于荆门（今湖北荆门县市）[②]。自此遂不敢轻议渡江。然仍一再兴兵，侵扰各地。而张浚亦图恢复，治兵兴元（今陕西汉

---

① 《宋史》卷三六四《韩世忠传》。
② 《宋史》卷三六八《牛皋传》。

图三　南朝防河防淮防江形势图

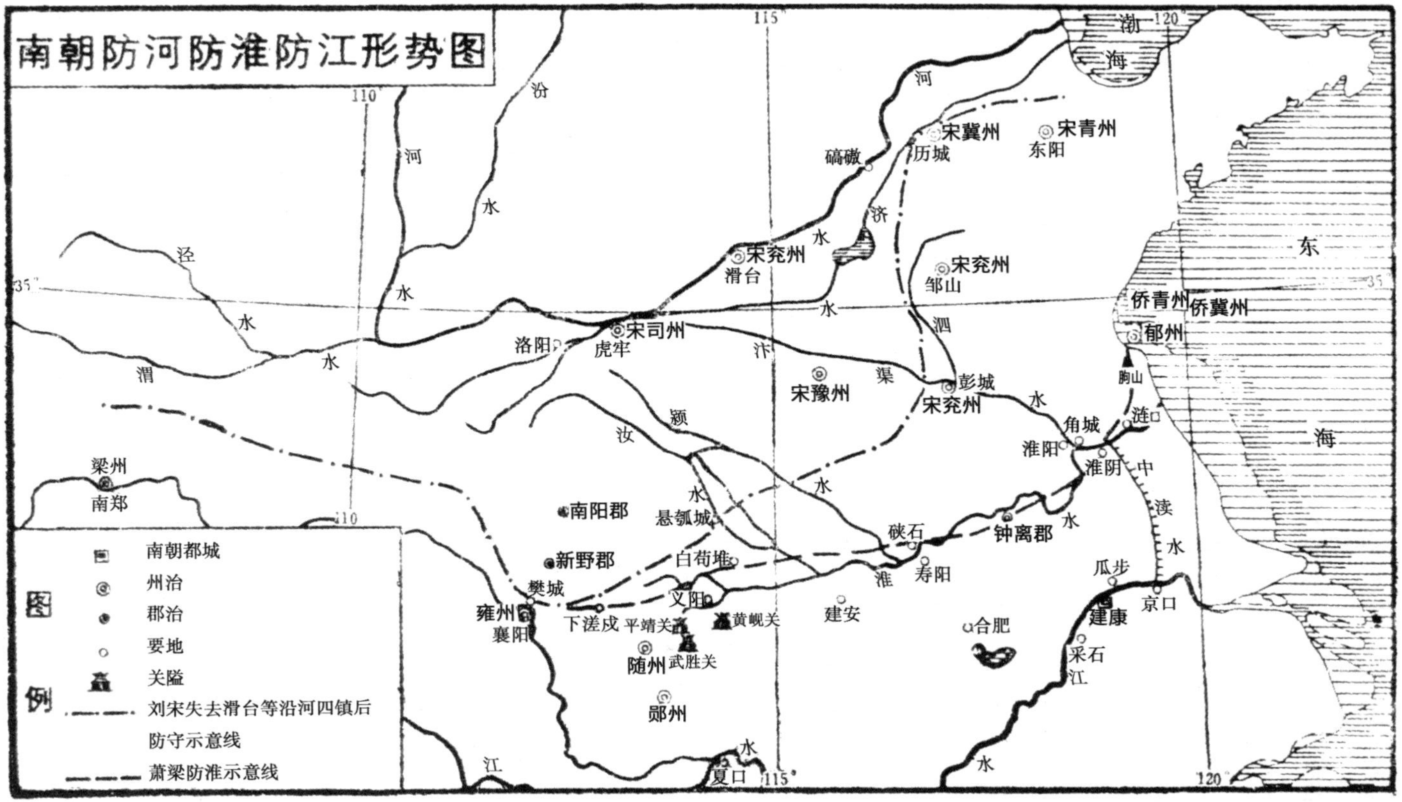

中市）。富平（今陕西富平县）一战，竟告败北①，幸吴玠扼守和尚原（今陕西宝鸡市西南），不使金兵乘此机会南越秦岭②。由于金人侵犯不止，宋军不能不竭力抗拒，于是刘锜败金人于顺昌（府治在今安徽阜阳市）③，杨存中败金人于柘皋（今安徽巢县西北）④，吴璘败金人于扶风（今陕西扶风县）⑤，岳飞更进军于朱仙镇（今河南开封市南）⑥，去北宋旧都开封已近在咫尺间。金人自此亦知宋军的不可轻侮，会秦桧力主和议，遂划定疆界，各据一方。

南宋与金的划定疆界，在宋高宗绍兴十一年，亦即公元1141年。这次划界并非居于敌对国家的地位，而是金国以南宋为属国。故南宋所提出的划界书称为誓表。誓表中说："臣构言：今来画疆，以淮水中流为界，西有唐、邓州，割属上国，自邓州西四十里，并南四十里为界，属邓；四十里外并西南，尽属光化军，为敝邑沿边州城。"并说："既蒙恩造，许备藩方，世世子孙，谨守臣节。"⑦唐州治所在今河南省唐河县。邓州治所在今河南省邓县。光化军在今湖北省均县东南。淮水源头只在桐柏山，亦即今河南省桐柏县西北。唐、邓两州皆在淮水源头以西，故誓表中明白提出。其实问题还不在此。按当时两国据有的土地说，宋朝并没有失去唐、邓两州。两州列入誓表，实际上是割让的。《大金国志》就明白记载着："宋遣莫将、周聿往京西充割地使，割唐、邓等于金。"⑧当时所进誓表，于疆界事只说到唐、邓两州和光化军，其西没有提及。可是当年派遣划界人员除分划京西唐、邓二州外，还以陕西的商、秦之半界金。商州治所在今陕西省商县，秦州治所在

---

① 《宋史》卷三六一《张浚传》。

② 《宋史》卷三六六《吴玠传》。

③ 《宋史》卷三六六《刘锜传》。

④ 《宋史》卷三六七《杨存中传》。

⑤ 《宋史》卷三六六《吴璘传》。

⑥ 《宋史》卷三六五《岳飞传》。

⑦ 《宋史纪事本末》卷七二《秦桧主和》。《宋史》卷二九《高宗纪》只说："与金国和议成，立盟书，约以淮水中流画疆，割唐、邓二州界之。"

⑧ 《大金国志》卷一一《纪年十一》。

今甘肃省天水市。这就牵涉到秦岭了。经过这次划界，商州只保存了上津和丰阳两县，秦州也只保存了天水县和成纪县的余地。秦州西边的巩州也在割让之列，仅能保存陇西县的余地。上津县在今湖北省郧西县西北，丰阳县在今陕西省山阳县。这是说，在商州，金国新得到的土地，已经稍稍越过了秦岭。天水县在现在天水市西南。这里是西汉水发源地的嶓冢山所在地。嶓冢山为秦岭一脉的支峰。金人不会允许宋国的土地越过秦岭，天水县自应在嶓冢山之南。成纪县本为秦州的治所。秦州既已割让，其治所成纪县自在割让之列。这里所说的成纪县余地，大概也应指所属在嶓冢山南的部分。巩州的陇西县余地也应和成纪县一样，因为陇西县本来就是巩州的治所（今为甘肃陇西县）。

当张浚兵败于富平之时，吴玠据和尚原和方山原，控制通往汉中的道路。和尚原在今陕西省宝鸡市西南，当大散关之东，方山原在今陕西省陇县西南200里，当大散关的西北。扼守住这两个原，金兵是不会轻易越过大散关的。可是当时的划界使臣就轻易弃掉这两个原，和金人以大散关为界。

经过这样一次进表划界，秦岭淮水一线的两国疆界就确定下来了。这是金人十余年来向南侵掠的结果。这条疆界的划定，显示着金人深知淮南和江南的不易攻取，因而和议得告成功，疆界也能以划定。

疆界划定后，宋人边境得以暂告苟安。但防御的措施还未敢稍有松懈，沿边重镇依次罗列，以备万一。这些重镇自西徂东有武都、河池、兴元、襄阳、鄂州、庐州、楚州和扬州。①武都和河池在今甘肃省。武都本阶州，今为武都县。河池在今徽县南。其南就是仙人关，为吴玠等人阻金人南入巴蜀处。兴元治所在今陕西汉中市，这里本是巴蜀的门户，也应是恃以恢复关陇的基地。襄阳为今湖北省襄樊市。鄂州治所在今湖北省武汉市武昌，庐州治所在今安徽省合肥市。楚州治所在今江苏省淮安县。扬州治所在今江苏省扬州市。这几处地方自东晋南北朝以来都是防淮的要地，南宋防淮也同样要以

---

① 《读史方舆纪要》卷八《历代州域形势》。

之为重镇。

宋金两国的秦岭淮水界线固然是在金人自审其力量不能轻易取得淮水以南的情况下划定的。但划定这条界线的前后，两国的力量还是难于相匹敌的，因之在过了相当年月之后，金人向南侵略的念头还是可能重新提起的。宋高宗绍兴三十一年（公元1161年）金主完颜亮就败盟南侵，这条界线自然也就失效了。

金主亮的南侵是分数路进行的，主要是冲破这条秦岭淮水的界线。为了冲过秦岭，他的一路军力就是由凤翔（今陕西凤翔县）趋进大散关，经过汉中进攻巴蜀。在秦岭和淮水的中间，自为一路，由蔡州（治所在今河南汝南县）斜趋荆襄。为了渡过淮水，另有一路趋向淮阴。而别军则由海道径趋临安。在这几路中，渡淮自是主力。金主亮亲自率军由涡口前进。[①]涡口在今安徽省怀远县。涡口稍下就是现在蚌埠市。再东则为以前的钟离。钟离于南朝时曾为防淮重镇，南宋时似不闻这里有何设施，故金主亮得以轻易越过。就是其他各路，皆乘宋人不备，取得若干进展，只是海道之师为宋师败于石臼岛。[②]

金主亮由涡口渡淮后，直趋和州（治所在今安徽和县），企图由采石矶（今安徽当涂县东北）渡江，为南宋虞允文所击退[③]，遂转而东趋扬州，打算渡江直攻京口（今江苏镇江市）。就在这时，金世宗自立于辽阳（今辽宁辽阳市），在扬州的金军亦杀完颜亮取路北归。[④]

时局既已急转直下，宋军自然乘机追击，收复了两淮。荆襄方面亦相应北进，不仅取得了唐、邓两州，而且还夺回了陈（治所在今河南淮阳县）、蔡、许（治所在今河南许昌县）、汝（治所在今河南临汝县）、嵩（治所在今河南嵩县）诸州。[⑤]四川吴璘阻金人于青野原（今陕西略阳县北），进扼

① 《金史》卷五《海陵王纪》。
② 《宋史》卷三七〇《李宝传》。
③ 《宋史》卷三八三《虞允文传》。
④ 《金史》卷五《海陵王纪》。
⑤ 《建炎以来系年要录》卷一九五。

大散关，其别将分别收复秦、巩、商、虢（今河南灵宝县）诸州。①

宋人收复了这些州县，只是乘金人的内部纷乱的机会。金人内部既告安定，又声言规复两淮，兼索海（治所在今江苏连云港市）、泗（治所在今江苏盱眙县淮水之西）、唐、邓、商州。宋人也计划在这时北伐。北伐之军一路出濠州（治所在今安徽凤阳县东北），趋灵璧（今仍为安徽灵璧县），一路出泗州，趋虹县（今安徽泗县），结果为金人败于符离（今安徽宿州市）。②

符离之役败北归来，导致了宋金再次和议。这次和议在宋孝宗隆兴二年（公元1164年），和议的主要条款乃是"地界如绍兴之时"③。这是说重复回到秦岭淮水一线的国界。自此以后，金人无力南进，宋人亦没有打算再事恢复。一直到了金国灭亡，未曾改变。

当金人行将破灭时，宋人亦曾协助蒙古统治者攻金，金人灭后，宋人所得仅是唐、邓和申州（治所在今河南信阳市）。宋人在这时锐意收复，亦曾攻入汴京和洛阳，蒙古统治者责宋人败盟，边衅遂不可收拾。

这条秦岭淮水的界线本是南宋与金人划定的。蒙古统治者入据中原，自然就成了另一种局面。蒙古统治者约南宋共灭金国，金国既灭，又责南宋败盟，就可能无视于这条疆界。由于蒙古统治者正在征伐其他地区，未遑多与南宋较量，仅时扰两淮和荆湖，使边境为之不安。

蒙古统治者冲破这条界线，重点是在秦岭，并越秦岭趋向巴蜀，巴蜀底定后，又进攻襄樊。这样的大举使宋人不仅无暇防淮，更亦无暇防江。临安空城难守，南宋君臣只好俯首降附。（附图四《宋金淮水秦岭形势图》）

根据前面的论述，不必远溯到夏禹和三苗，殷商和荆楚，就从春秋时期华夏诸侯和南方的楚国算起，也经历了曹魏和蜀吴的对立，东晋和北方一些霸主的对立，南朝与北朝的对立，以至于南宋和金国的对立的几个时期。

---

① 《建炎以来系年要录》卷一九四，《宋史》卷三六六《吴璘传》。
② 《宋史》卷三六一《张浚传》。
③ 《宋史》卷三三《孝宗纪》。

图四　宋金淮水秦岭形势图

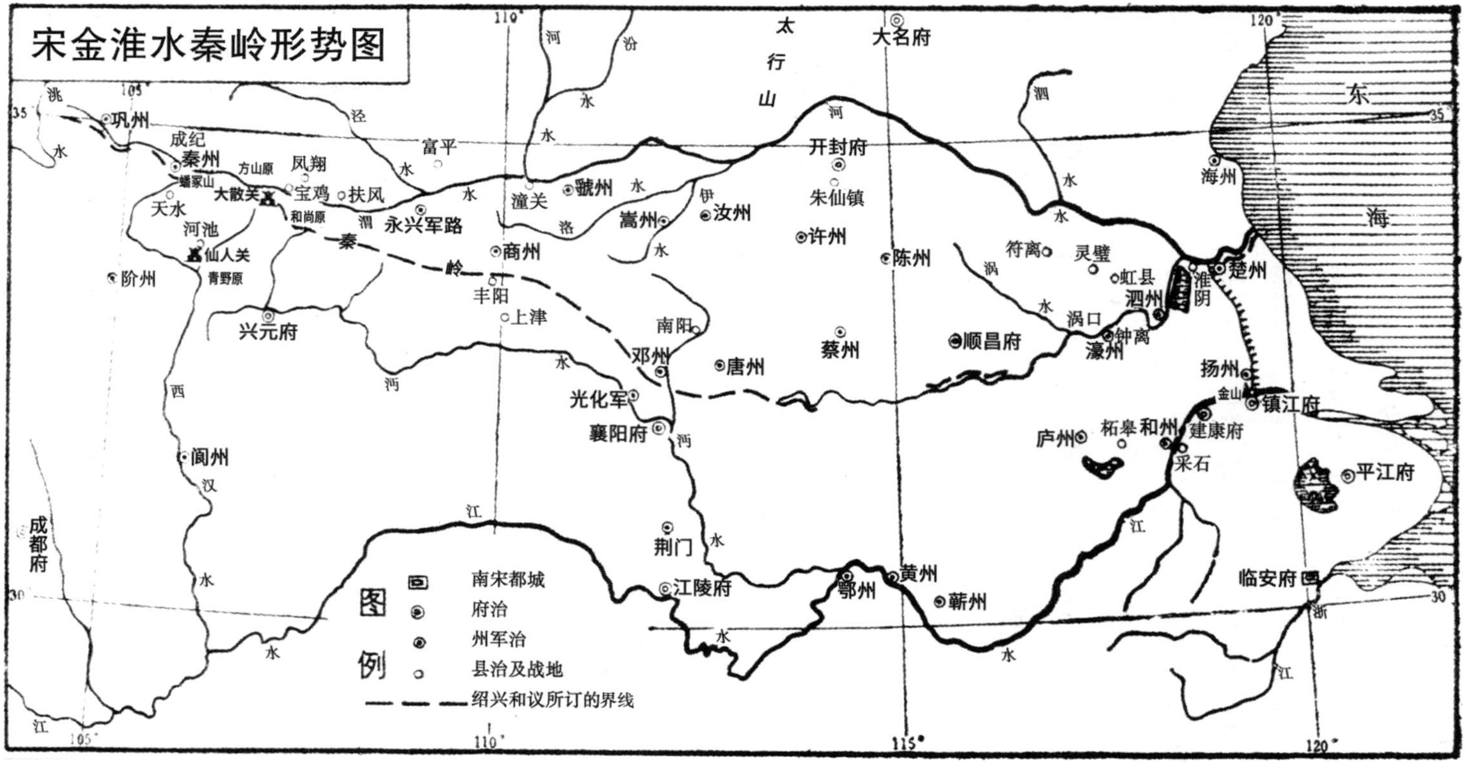

既然是两方的对立，其间是会形成一条界线的。春秋时期楚国方城以为城，可以说是对立局势演变过程中最早的一条界线。其后向北推移，到了陈、蔡、不羹，这条界线远在淮水以北。也是不把其西的巴蜀和其东的吴国包括在内的。到了三国时期，曹魏和蜀吴两国的界线就较为明确。其西段的魏蜀之间是以秦岭为界，其东段魏吴两国，则是在淮水和长江之间。淮水和长江之间没有什么自然的凭借，只是各自的重镇相互对峙，不使对方有所逾越，而且还期望能够乘机向对方发动进攻，扩大自己的版图。不过地丑德齐，一时都未能达到目的。

东晋南北朝时期，南北疆土的盈缩，变化无常。东晋偏安一隅固然也俟乘机恢复故国河山，但总的说来，还是偏于防守。南朝四代继承旧轨，其战略也大抵相同。东晋时全力在于防淮，刘裕北伐，开疆略土，由防淮推到防河，这是一次巨大的变化。但防河未久，又复退回防淮，更后只好防江。秦岭南北也时有变化，东西固然可以连成一线，由于距离其时的都城建康较远，仿佛就要稍下一筹。

到南宋时，和金国的疆界形成秦岭淮水一线。南宋是可以利用高峻的秦岭和广阔的淮水等自然形势苟延岁月。南宋如此，就是以前各个对立的时期，力量较弱的一方，也是多方推求，能取得一条倚山濒河的界线，以期易于据守。自然形势固然可以有助于防守，但人为的不臧，自然形势也难得起到若何的作用，并不能就可挽回更大的危机。孙皓、陈叔宝以及南宋的幼主的遭遇都应该是最好的例证。

第四节　对于都城的拱卫和防守

都城是每个王朝或政权推行政令的基地，是它们的根本所在。都城往往会遇到国内的反抗者或外来的侵略者的进攻或破坏，尤其是在改朝换代的时候，更可能引起对于都城的争夺。如何拱卫和防守，以保护都城的安全，是每个王朝或政权所不可稍有疏忽的问题。由于都城的位置不同，形势各异，拱卫防守就难得都能一律。这里仅就其历年悠久、规模较大的都城略事论述。

一、长安和关中

都城中历年最久的应该数到长安。长安就在现在陕西省西安市。它是十七个王朝或政权的都城，前后共有一千零七七年。[①]

这许多王朝或政权都能以长安作为都城，各有不同的意图或因素，然而长安的形胜也确实是吸引这些王朝或政权在这里建都的一个重要原因。长安故为秦地，秦地被山带河，四塞以为固，而且很早就被称为关中。四塞[②]和关中[③]的解释，有不同的说法。说法虽各有不同，但长安周围形势是相当险要的，这就有利于长安的拱卫和防守。以这样的具有险要形势之地作为都

---

① 长安作为都城应该算上周的镐京和秦的咸阳，因为它们离长安都很近，作用是相同的，这里所说的十七个政权，除周秦外，还有西汉、新莽、汉（刘玄）、赤眉、东汉献帝、西晋惠帝愍帝、前赵、前秦、后秦、西魏、北周、隋、唐、黄巢的齐和李自成的大顺。这些王朝和政权在这里建都时皆称长安，仅后秦时改称常安。

② 《史记》卷六九《苏秦传》："（苏秦说秦）惠王曰：'秦四塞之国，被山带渭，东有关河，西有汉中，南有巴蜀，北有代马，此天府也。'"史公此文本之《战国策》。《秦策·苏秦始将连横说秦惠王章》："大王之国，西有巴、蜀、汉中之利，北有胡貉代马之用，南有巫山黔中之限，东有肴函之固。"

③ 《史记》卷一二九《货殖列传》："关中自汧雍以东至河华。"又说："关中之地于天下三分之一。"前者指陇山以东的渭水流域，后者指函谷关以西战国时秦国的土地。《史记》卷七《项羽本纪·集解》引徐广曰："东函谷，南武关，西散关，北萧关。"《资治通鉴》卷八《秦纪三》胡注："秦地西有陇关，东有函谷关，南有武关，北有临晋关，西南有散关，秦地居其中，故曰关中。"《三辅黄图》谓关中"西以散关为限，东以函谷为界"。潘岳《关中记》则谓"东自函关，西至陇关"。函谷关、武关、临晋关，前文屡次提及。萧关在今宁夏回族自治区固原县东南，陇关在今陕西省陇县西，散关在今陕西省宝鸡市南。

城，他处虽已乱离，长安还可以据地自守。汉高帝在选择都城时，最后定都于长安，就是根据这样的道理。①

这样说来，长安应该成为金城汤池了。其实也并非就是无隙可袭的。刘邦当年灭秦的时候就是由武关攻入的。李渊由太原西行却是由龙门渡过黄河的。②龙门在今山西省河津县和陕西省韩城市之间，韩城虽然也有一座龙门关，那是北周时才建立起来的，远不能和函谷关、临晋关媲美。③函谷关应该是一座雄关了，战国时关东诸侯并力攻秦，都没有攻得进去。项羽入关却是从函谷关进去的，那时候秦社已经倾覆，守关的只是刘邦派来的军队，是不足以与项羽为敌的。函谷关废去之后，潼关代之而起。潼关位于函谷的西端，"盘纡峻极，实为天险"④，并不亚于函谷关，而且也足以代替函谷关。可是东晋末年刘裕伐秦，就是直叩潼关⑤，其后唐代中叶的安禄山⑥和后期的黄巢⑦也都是冲破了潼关，进到关中，直取长安的。潼关北面为临晋关。西汉初年，吴楚七国反，吴王濞移书诸王，说是要西入临晋关。⑧吴王起兵未久，即已破灭，所谓西入临晋殆成空话。其后长安作为都城时，再未闻企图由临晋关向西进兵事。然由临晋关西向进军，并非再无其人。东汉末年，曹操西征马超，为超军拒于潼关之外，就是绕道蒲津关（即临晋关），出于马超之后的。⑨北魏时，萧宝夤据有关中，长孙稚奉命征讨，以潼关险要，守御已固，就北取蒲坂（今山西永济县西南），渡河而西，萧宝夤由是败散。⑩

① 《史记》卷九九《刘敬传》。

② 《新唐书》卷一《高祖纪》，《资治通鉴》卷一八四《隋纪八》。

③ 《元和郡县图志》卷二《同州》，《史记》卷六九《苏秦传·正义》以龙门关说四塞，未免失之过后。

④ 《元和郡县图志》卷二《华州》。

⑤ 《宋书》卷二《武帝纪中》。

⑥ 《旧唐书》卷二○○上《安禄山传》。

⑦ 《旧唐书》卷二○○下《黄巢传》。

⑧ 《史记》卷一○六《吴王濞传》。

⑨ 《三国志》卷一《魏书·武帝纪》。

⑩ 《魏书》卷二五《长孙稚传》，又卷五八《杨侃传》。

　　与函谷关和潼关东西相对的为陇关。陇关位于陇山之上。陇山即所谓陇坻，据说"陇坻之隘，隔阂华戎"[①]，这是说陇山的高险。陇关位于陇坻之上，当然也是一座雄关。就是这样的雄关，也曾为突厥、吐蕃所攻破。唐初，突厥曾由原州（治所在今宁夏回族自治区固原县）攻陷大震关（即陇关）。[②]关城虽曾陷落，突厥却未继续前进，长安还不至于受到若何影响。中叶以后，吐蕃也曾攻陷过大震关，但却没有中途收兵，而是向东进入长安城，唐代宗只好暂时躲到陕州（治所在今河南三门峡市西）。[③]

　　陇关东南为散关，这座位于大散岭上的关隘也是一座雄关。就在项羽分封之后，被封为汉王的刘邦就自故道（汉故道县在今陕西宝鸡市散关东南）出陈仓（今宝鸡市东），定三秦。[④]故道作为县治，就在散关的东南，既然到了故道县，那是没有不出散关的道理。若是指的是原来的陈仓道，那更是必须经由散关。刘邦听从刘敬和张良的建议，以为关中有四塞之险，外力轻易不能攻进，所以就以长安为都。其实他自己就亲自攻破了两个关，而且并没有费很大的气力。

　　关中四周各关距离长安最远的要数到萧关。这是位于现在宁夏回族自治区固原县东南的关隘。这座关隘设置的用意，是为了防御由乌水（今清水河）河谷南来的侵略者。据史籍所载，尚无由这座关隘内侵而攻破长安的史事，但是侵扰长安附近并使之受到影响的还非少数。西汉文帝时，匈奴就有一次攻入萧关，其候骑竟然到了雍县和甘泉。雍县在今陕西省凤翔县南，甘泉在今陕西省淳化县西北。雍县还只是一个普通县城，甘泉却是一所至关重要的离宫别馆，而且都离长安不远。这样西汉王朝就不能不调动大批的兵力，驻扎在长安城外，以防万一。[⑤]后来到了唐初，突厥也一再向南进扰，

---

① 《文选》卷二，张平子《西京赋》。

② 《新唐书》卷二一五上《突厥传上》。

③ 《新唐书》卷二一六上《吐蕃传上》。

④ 《史记》卷八《高祖纪》。

⑤ 《史记》卷一一〇《匈奴传》。

最严重的一次竟到了长安城外渭水岸边。①

　　应该说，这样一些关隘对于长安的拱卫和防守都具有一定的积极作用。就如函谷关，自设关以来直至秦始皇崩逝以前，以六国之众都没有攻破过。其他各关也都略有相似的经历，但这并不等于说像这样的金城汤池都是无隙可击的。事实上正如前面所说的，这些雄关都曾被外来的进攻者攻破过，而且很多都是要通过这些攻破的关隘，向长安进攻的。长安周围固然四塞连绵不断，但是越过了这些险要地区，却是漠漠平原，防守的设施就难于像有关隘处那样险峻了。

　　关中平原东西长而南北窄。上面所涉及的几座关隘，虽被说成分据四方，实际上却只是偏重于东西两侧，函谷关和潼关是前后相继设立起来的。而潼关和临晋关以及龙门关都是沿着黄河，南北成为一线。陇关和散关、萧关彼此都有相当的距离，可是由陇关进入关中，是由今陇县到了凤翔县。由散关进入关中，是由今宝鸡市也到了凤翔县。由萧关进入关中，可以先到今彬县，也可以先到凤翔。今凤翔县和今彬县间的距离虽还不很近，却都在关中的西部。只有武关一途是越过秦岭，就到了今蓝田县。由今蓝田县往北，就与由潼关来的那条合在一起。因而还可以说偏重于东西两侧。为了阻遏来自这东西两方面的进攻者，长安之东，今华县和渭南两县在以前都曾发挥过作用。十六国时期，慕容永由华阴西攻长安，苻坚就遣军于郑城（即今华县）拒守。②刘裕攻潼关，姚泓的潼关守军，亦退屯郑城，以图再战。③南北朝后期，北魏分成东西，高欢迭次向西进攻。当他由蒲坂（今山西永济县西南）渡河，进逼华州（治所即今陕西华县）时，为王罴所阻，因引兵渡渭，据有冯翊（今陕西大荔县），军于许原（今陕西大荔县北），宇文泰即亲自到渭南督军，准备应战。④长安之西，唐初突厥南侵至于渭水岸边，唐太宗

---

① 《旧唐书》卷一九四上《突厥传》。
② 《晋书》卷一一二《苻坚载记》。
③ 《晋书》卷一一九《姚泓载记》。
④ 《周书》卷二《文帝纪》。

就曾计划在幽州（治所在今陕西彬县）伏兵，中途截击。^①唐代中叶以后，吐蕃数越陇坻东侵，李晟守凤翔时，曾夜袭盘踞汧阳（今陕西千阳县）的吐蕃军，并袭破吐蕃所据守的摧沙堡。^②如果说，拱卫和防守长安，四周各关是第一线，则这东西两方的几个有关的地方就应该是第二线了。第一线和第二线之后还应该有第三线。

长安城东濒灞水，西依咸阳。如果说拱卫和防守长安，应该有其第三线，则灞水和咸阳实足以当之。刘邦入关，秦王子婴迎降于轵道（今陕西西安市东），没有进行争战，这是以后所少见的。西汉初年，匈奴绝和亲，大入缘边各地，长安亦屯兵拒胡。当时为此特设三将军，军长安西细柳、渭北棘门、灞上以相防备。^③灞上在灞水旁，细柳就在今咸阳市东南，棘门在唐咸阳县东北。^④正说明当时长安城外最近的设防处所。后来东晋时桓温伐秦。由武关直趋蓝田，未至灞上，即登白鹿原（在灞水西）上，为秦兵所拒，竟未能攻下长安。^⑤唐初，突厥颉利可汗侵略关中，唐太宗隔渭水与颉利共语，竟能折退突厥兵力^⑥，也是史籍少见的。

当然长安城外也有不少作战的场所。十六国时期，慕容冲与苻坚战于阿房宫^⑦，唐时郭子仪与安庆绪战于香积寺^⑧，李晟与朱泚战于光泰门^⑨，皆能取得相应的胜利。

① 《新唐书》卷二一五《突厥传上》。

② 《新唐书》卷一四一《吐蕃传下》。

③ 《史记》卷一一〇《匈奴传》。

④ 《元和郡县图志》卷一《京兆府》："细柳仓在（咸阳）县南二十里，棘门在（咸阳）县东北十八里。"唐咸阳即今陕西省咸阳市。唐咸阳县东北18里，亦应在今咸阳市境。

⑤ 《晋书》卷九八《桓温传》。

⑥ 《旧唐书》卷一九四上《突厥传》。

⑦ 《晋书》卷一一三《苻坚载记》。

⑧ 《旧唐书》卷一二〇《郭子仪传》。

⑨ 《旧唐书》卷一三三《李晟传》。

二、伊阙羊肠间的洛阳

　　洛阳在历史上也曾作为十四个王朝或政权的都城，前后共八百八十五年①，仅次于长安。

　　洛阳是否可以作为建都的所在，曾经有过两个不同的评论。洛阳始建于西周初年，周公为其最初的奠基人。周公为什么要建立洛阳，是因为洛阳地居天下之中，四方入贡道里均。②按照当时周人的版图来说，周公的估计是不错的。但是到了西汉初年选择都城时，娄敬却认为洛阳最不适宜于建都。他的理由是在洛阳建都，有德则易以王，无德则易以亡。具体说来，就是洛阳无险可守。刘邦是一位出身行伍，转战多年的统治者，对于这一点是很敏感的。他对于娄敬的建议，立时采纳，马上起身，前往长安。③

　　是不是洛阳就没有什么险要的地方可据以防守？看来娄敬的论断也有点偏颇。洛阳本来是夏桀作过都城的地方。据说，"夏桀之居，左河济，右泰华，伊阙在其南，羊肠在其北"④，其为险要还是可以称道的。泰华就是现在的华山。华山之东就是潼关。潼关虽后起，却扼着函谷的西口。由潼关进入函谷，经过旧函谷关，直到今河南省新安县新函谷关，才算离开这条谷道。羊肠所在，说法不一，有的说在今山西省晋城县太行山上⑤，有的说在

---

① 这十四个王朝或政权为东周、河南王（秦末申阳）、东汉、曹魏、西晋、北魏、隋、魏（李密）、郑（王世充）、唐、后梁、后唐、后晋。洛阳于东周及河南王时皆称洛邑，东汉时称雒阳，曹魏时起始称洛阳。李密为魏王时，先都洛口，后都金墉城，故以两处计算。

② 《史记》卷四八《周本纪》。

③ 《史记》卷九九《刘敬传》。

④ 《史记》卷六五《吴起传》。《战国策·魏策一》作："夏桀之国，左天门之阴，而右天谿之阳，庐睾在其北，伊洛出其南。"

⑤ 《史记》卷四四《魏世家·正义》。

今山西省壶关县①。壶关县在晋城县之北，中间隔着高平县，相距在百里之外。太行山北较迂缓，羊肠坂的具体所在，说法虽有不同，但山道绵长，曲折险峻，艰于行走，晋城壶关间大体都是如此。可能和函谷相仿佛。函谷虽只有新旧两处，但函谷山道却绵延长远，艰险之处是间断不休的。伊阙就在洛阳之南伊水两侧，双峰对峙，宛如阙门，伊水右侧仅有窄路一条，据地扼守，是轻易不得通过的。洛阳险要处所欠缺的只是东侧的河济之间。河济之间平原广漠，确实是无险可守的。所谓河济之间是从现在河南省荥阳县开始的。今荥阳县西直至洛阳，是夹处在嵩山和邙山之间，这里是和洛阳以西的函谷道相差仿佛的。今荥阳县西有地名虎牢。虎牢本名为制，乃是有名于春秋之世的岩邑。②东晋和刘宋之际为防河的雄镇。其实拱卫洛阳，也是不可或缺的要塞。

东汉末年，黄巾起义。东汉王室为了保卫洛阳的安全，在洛阳周围建置了八座关隘。这八关为函谷、大谷、广城、伊阙、辕辕、旋门、孟津、小平津。③所谓函谷乃是指新函谷关而言。汉武帝移函谷关于新安县，还是为了拱卫都城长安。新安县近洛阳，这时竟成为拱卫洛阳的关隘。大谷在洛阳东南。广城在今临汝县西北。伊阙就在洛阳之南。辕辕在今偃师县东南。旋门在今荥阳县西。孟津在今孟津县东。小平津在孟津关之西。东汉虽设了八关，黄巾军却没有攻到洛阳附近，这八关只是虚设。

洛阳的形势是南阻山而北濒河。东西两侧虽有崎岖的山路，却是东西往来的通途。因此作为进攻洛阳的力量，虽间有来自南北两方，其实还是以东西为多，而来自西方的更为繁多。这样的争夺攻击，远在东周时即已肇其端倪。东周都于洛阳，洛阳西南的伊洛河谷所流经的山地实居有许多戎人，这些戎人固然也曾与周室联姻，却也不时向洛阳进攻，并且还占据过洛阳。④

---

① 《汉书》卷二八《地理志》。

② 《左传》隐公元年。

③ 《后汉书》卷七一《皇甫嵩传》。

④ 《史记》卷四《周本纪》。

伊洛戎人进攻洛阳，当然是要经过伊阙的。伊洛戎人周时始见记载，东周以前可能就已有过，所以伊阙的险要早已就受人称道。东汉末年，黄巾起义虽未进攻到洛阳，然其后山东诸侯反对董卓，确曾向洛阳进攻过。不过进兵的道路并非只是一条。当时董卓势力方强，关东诸侯分别屯聚，莫敢先登。独曹操引兵西行，将据成皋（即虎牢所在地），却先为董卓兵败于荥阳汴水。[①]另一路为孙坚所率领的队伍，由阳人（今河南临汝县西北）经大谷进入洛阳。[②]曹操进军是在洛阳的东方，孙坚的进军则已稍偏于南方。当时尚有王匡一路，屯兵河阳津（在今河南孟县西），那应该是北方一路，只是尚未渡河就已为董卓兵所击败。[③]如果按当时进军形势说，曹操一路应该是主攻的，孙坚和王匡只能是左右两翼。不过只有孙坚一翼取得了相应的战果。

从洛阳以西向东进攻，首先是灭掉西晋的刘聪。刘聪为刘渊之子，这时正继刘渊称帝于平阳。刘聪灭晋之师由太阳（今山西平陆县）渡河[④]，自宜阳入洛川，攻下洛阳[⑤]。这时刘曜王弥亦自襄城（今河南襄城县）向西北进攻。襄城濒汝水，可能是溯汝水而上，进入大谷关的。其实在刘聪入洛以前，当八王之乱时，据有长安的河间王颙就已经派遣张方由函谷一途攻入过洛阳，而且还把晋惠帝西迁到长安。[⑥]张方当年攻城时所残留的故垒，后来刘聪攻洛阳时，还曾利用以留屯辎重。[⑦]

由洛阳之西向东进攻之师，以唐初李世民的征王世充最为大举。洛阳于隋时为东都。隋亡，王世充据洛阳称郑帝。隋唐之际，割地自雄，称王称帝者比比皆是：王世充据有隋氏故都，自与他人不同，故唐室首加征讨。唐室征讨之师尚未出动，王世充已预作防守之计。当时曾分兵镇襄阳、虎牢和怀州（治所在今河南沁阳县），襄阳距洛阳尚远，虎牢和怀州就在洛阳的近

---

① 《三国志》卷一《魏书·武帝纪》。

② 《三国志》卷四六《吴书·孙破虏传》。

③ 《后汉书》卷七二《董卓传》。

④ 《晋书》卷一〇〇《王弥传》。

⑤ 《晋书》卷六〇《张方传》。

⑥ 《晋书》卷一〇四《刘聪传》。

⑦ 《资治通鉴》卷一八八《唐纪四》。

旁，不过是在洛阳的东方和北面。洛阳之西仅驻军于慈涧（在今河南洛阳市与新安县之间），李世民东征之师很快就达到慈涧。李世民在此主力之外，还另遣别军自宜阳南据龙门。龙门就是伊阙。又遣别军自太行东围河内。河内就是怀州的治所。更遣别军自洛口断其饷道。洛口是由东方各地运粮至洛阳途中必经之地。还遣别军自河阴进攻回洛城。河阴在今河南省荥阳县东北，回洛城则在今河南孟津县东黄河岸旁，为隋时贮藏由东方运来粮食的仓库。由河阴县向西进攻，当然要经过虎牢，这实际上是针对着王世充的防卫措施而作的布置。[①]这样的布置可以看出，李世民这次出兵，虽是由西向东的进攻，却是完全包围住洛阳，王世充穷途末路，就只好投降。

三、太行山东的邺城

邺在今河北省临漳县西南。以距安阳甚近，安阳即殷墟所在，故以殷墟与邺合计。在这两地先后建都的有六个王朝和政权，共计三百五十一年。[②]

殷墟与邺皆在太行山东。太行崔巍，山东却是一片平原。

商自盘庚迁殷后，似未受到很多来自各方的侵略，至于纣时，才为周人所破。战国时人论纣的版图，说是"左孟门、右太行，常山在其北，大河经其南"[③]，这几乎把太行山东的平原都包括在内。这样黄河就应该是险阻了。也可能是商人当时没有注意到这一点，周兵渡河至于牧野，才仓皇应战，卒至于灭亡。

十六国初期，张宾曾称道邺城，谓其地有三台之固，西接平阳，四塞山

---

① 《资治通鉴》卷一八八《唐纪四》。
② 这六个王朝和政权为殷、后赵、魏（冉闵）、前燕、东魏和北齐。
③ 《史记》卷六五《吴起传》。

河，有喉衿之势，并劝石勒以邺为都。^①石勒当时未能即以邺为都，后来石虎还是迁都于此。张宾的话显然是夸大了。太行山一片平原，如何能够说成四塞山河？后来冉闵为前燕所破，就在这平原之中。

邺西倚太行山。以邺为都似须兼有太行山西地。如果以太行山委之他人，则邺的安全就很难得到保证。前赵和前燕都能拥有太行山的广大土地，且皆以晋阳（今山西太原市西南）为重镇，邺作为都城即可了无他虑。正是因为这样，苻坚后来灭前燕时，就从太行山西进军：当时秦军一支攻壶关（今山西壶关县东南），一支攻晋阳。攻晋阳自是要消灭燕军在太行山西的主力，攻壶关是为了截断燕军的太行山东西的通路，也就是所谓的潞川。潞川当指漳水而言，因为漳水也称为潞水。漳水河谷及其侧畔就是当时太行山东西的通道。当时秦军火烧燕军在潞川道上的辎重，火光竟远映到邺中，所以前燕很快就崩溃了。^②

后周灭北齐，所运用的也是这样的策略。北周伐齐之师是由晋州（今山西临汾市）开始攻击，沿途破高壁（今山西灵石县东南）、介休（今山西介休县），最后取得了晋阳。晋阳破后，齐国已无力抗拒，邺城就唾手而下了。^③

四、平原旷野的开封

开封就是现在河南省的开封市。在开封建都的王朝和政权先后有七个^④，共有三百六十六年。

---

① 《晋书》卷一〇四《石勒载记》。
② 《晋书》卷一一三《苻坚载记》。
③ 《周书》卷六《武帝纪下》，《北齐书》卷八《后主纪》。
④ 这七个王朝和政权为魏国（战国时）、后梁、后晋、后汉、后周、北宋和金。魏国建都时称大梁，其后皆称开封，或称汴京。宋时以之为东京，金时以之为南京。

开封作为都城，始于战国梁惠王时。当时策士论魏国的疆土说："地四平，诸侯四通，条逵辐辏，无有名山大川之阻。"并且还特别指出："魏之地势，故战场也。"①为了保护这样平坦的疆土，魏国还特修筑了长城，其东长城的最东部分，在现在原阳县东，应该说，几乎就近在大梁的国门之外。

这个都城既是在平原广漠的地方，因而就成了四战之地。四战之地有利于向外发展，战国时梁惠王由安邑（今山西夏县西北）迁都到大梁来，就是想向东方诸国扩展土地。既有利于向外发展，由其他方面来的攻击者也会感到方便，因为沿途没有险峻的阻碍，就可以直抵城下。战国末年，秦魏两国相争，最为激烈。秦国先后取去大梁西北不少的城池，秦军就接近于大梁。然而大梁犹坚守未下。大梁城外就是鸿沟系统中的渠水，秦国于是引水来灌大梁，大梁城坏，魏王就只好出来投降。②

另一次向这个都城的攻击，是五代时的晋国。晋国创建于李克用，克用与梁的朱温为仇敌，累世不解。③至梁末帝时，晋国更先后取去魏州（治所在今河北大名县）、德州（治所在今山东陵县）、卫州（治所在今河南卫辉市）、惠州（治所在今河北磁县）、相州（治所在今河南安阳市）、沧州（治所在今河北沧州市）、贝州（治所在今河北清河县）、杨刘（今山东东阿县东北）、德胜（今河南濮阳县）、郓州（今山东东平县）、曹州（今山东曹县西北）。晋国这样步步进逼，占据了曹州之后，开封就近在目前，因而就轻易取得了梁的都城。

再次向开封进攻，并灭掉后晋的为契丹。契丹于后晋时曾累次向南进攻。灭晋的一次是由攻定州（治所在今河北定县）开始的。自石敬瑭割幽云十六州予契丹后，定州就最居于边陲，所以契丹就由此攻入。契丹攻下定州后，接着就进攻镇州（治所在今河北正定县）。这时后晋守边之臣先后降

---

① 《战国策·魏策一》。
② 《史记》卷四四《魏世家》，《水经·渠注》。
③ 《新五代史》卷三《梁本纪》。

附，契丹因而直达开封。①

　　又一次向开封进攻的是北宋末年的金国。金国进攻开封是分兵两路南下的。粘罕一路是由河阴（今山西应县西南）南行，经朔州（治所在今山西朔县）、代州（治所在今山西代县），围太原府，又南下隆德府（治所在今山西长治市）、泽州（治所在今山西晋城县），破天井关（今山西晋城县南），攻怀州（治所在今河南沁阳县），遂渡河至于汴京。②斡离不一路由保州（治所在今河北保定市）南征，经真定（治所在今河北正定县），由魏县（今河北大名县）渡河，直趋汴京③，遂掳徽钦二帝而去④。

　　开封作为都城，最后一次的被攻破，是在金国的末年。蒙古攻破开封，也是两路出兵。拖雷一路，由凤翔（府治在今陕西凤翔县）南下，破南宋的汉中（府治在今陕西汉中市），陷饶风关（今陕西石泉县西），顺汉水而下，经邓州（治所在今河南邓县）、唐州（治所在今河南唐河县），而至钧州（治所在今河南禹县），破金兵于三峰山下。⑤而窝阔台亦自河中（治所在今山西永济县西南）东至白坡（今河南济源县南）渡河，攻略河南诸州。会窝阔台北归，乃留速不台攻汴。金主亦知开封不可复守，遂南投归德（府治在今河南商丘县）。金主既去，开封也就开门投降。⑥

　　自战国时魏国始迁都于大梁起，开封迭经外力攻破。秦攻大梁，来自西方。晋攻后梁，最后兵力，集中于曹州，曹州乃在开封之东。辽、金两国皆由北方，而金兵更分为两路，分别由太行山东南趋。蒙古灭金，却是绕道汉水，由唐邓北上。而河中一军，则又绕过崤函山地，由白坡过河。灭金之役，宋人亦颇有力。宋军自南而至，相与灭金。开封所谓四战之地，实际上竟是先后受到来自四面的攻击。建都于开封的王朝和政权在这样的攻击下，

----

① 《辽史》卷四《太宗纪下》。
② 《金史》卷七四《宗瀚传》。
③ 《金史》卷七四《宗望传》。
④ 《宋史》卷二三《钦宗纪》，《金史》卷七四《宗望传》《宗瀚传》。
⑤ 《元史》卷一一五《拖雷传》，《金史》卷一七《哀宗纪上》。
⑥ 《元史》卷二《太宗纪》。

都难于幸免。

五、龙盘虎踞的南京

南京作为都城，始于三国时的吴国。从那时起，先后有十二个王朝和政权在当地建都①，共有四百四十九年。

南京外有钟山，内包石头城。钟山龙盘，石头虎踞，早就被人称道为帝王之宅。可是拱卫南京，不虑侵略，就不能只靠钟山和石头城了。那应该是兵临城下的事情，如果到了非借助于钟山和石头城从事防御，即令保守住城池，也是近于危殆的。

拱卫南京，应该凭借长江。长江天堑，自来就受人称道，而且就是这条天堑，才能在阻挡进攻者企图渡江时起到一定的作用。就是不能够起到一定的作用，进攻者亲临江畔，也不是轻易就可令人释怀的问题。曹魏文帝和北魏太武都曾经临江观兵，当时的建业（建康）城中皆为之惶惶不安。

这样看来，这条天堑也并不是完全可以依靠的，而防江也不是容易的。讲究防江，就须先讲究防淮，当然最好还是需要讲究防河。唯其能够防河，才能够容易防淮，更容易防江。防河不成，防淮就会感到不易，更说不上巩固的江防了。孙吴之时，争取防淮，到底没有控制住淮水。东晋由防淮进而防河，是难得的盛事。其后防河不成，只好退而防淮，就倍感艰辛。后来防淮不成，就不能不防江了。南宋时一直都在防淮，其后金人南侵，南宋采石

---

① 这十二个王朝和政权为吴、东晋、刘宋、南齐、梁、陈、吴（杜伏威）、宋（辅公祏）、南唐、明、太平天国、民国。南京于吴时称秣陵，后改建业，东晋南朝皆称建康，杜伏威及辅公祏时称丹阳，南唐称金陵，明及民国称南京，太平天国称天京。

之役确实使金人未能南渡，这固然是虞允文等人奋勇御敌[①]，遂使长江天堑发挥了作用。如果不是金人内部有了废立之举，京口能否就和采石一样，还是难于作出定论的。就是当时京口能和采石一样，王浑和贺若弼、韩擒虎的勋绩，还是会使天堑失去其应有的作用的。

以南京作为都城，固须讲究防江，并进而讲究防淮和防河，沿江而上却也并不是没有问题的。王濬和杨素的益州楼船，固然可使金陵王气默然失色。王濬东下时，益州已为晋土，杨素东下时，三峡以上已非陈氏所能及。三峡以下，东晋南朝时皆已久隶版图，然桓玄、萧衍、卢循、苏峻皆曾先后起兵东下，威胁建康。桓玄起兵于荆州（治所在今湖北江陵县）。荆州当时为上游重镇，号称西陕。王敦举兵东下，竟能直达建康。[②]萧衍本为雍州刺史（雍州当时侨置于襄阳，今为湖北襄樊市），起兵东下后，竟能代齐而自建梁朝。[③]苏峻由历阳（今安徽和县）起兵，亦得达到建康。[④]这三人的结局各自不同，可是他们由长江顺流东下，却都是一样的。卢循由广州起义北上，至江州（治所在今江西九江市）后，转旆东行，为刘裕所阻，中途折回广州。[⑤]对于这些上游的起兵者，建康守军如果不能及时制止，就只可以在白下（今南京市北金川门外）、新亭（今南京市南）等处迎敌，而别无他策。如果这几个地方稍有疏忽，致被突破，则建康王朝大势去矣。

南京东南的三吴（指吴郡、吴兴、会稽等处）本皆为富庶的地区。建康王朝的物力率多取给于这些地区。如果这样富庶的地区落于敌手，则南京的城守亦将会感到艰难。梁敬帝初年，徐嗣徽以谯、秦二州降附于齐[⑥]，并引

---

① 《宋史》卷三八三《虞允文传》。

② 《晋书》卷九八《王敦传》。

③ 《梁书》卷一《武帝纪》。

④ 《晋书》卷一〇〇《苏峻传》。

⑤ 《晋书》卷一〇〇《卢循传》。

⑥ 洪齮孙《补梁疆域志》卷一有秦州，治尉氏，尉氏亦侨县，其地有瓜步、士林等处，皆在今江苏省六合县境，则秦州治所当在其地。《补梁疆域志》又有谯州，治谯县，皆未注明侨治的所在。徐嗣徽以谯、秦二州降齐，则谯州距秦州当不甚远。

齐兵攻石头城，攻建康。陈霸先问计韦载，载认为如果齐军先据三吴之路，向东境略取土地，情况就可能恶化。因而他建议，当前应该在侯景故垒筑城，使东道转输得以畅通，另外派遣别军，断绝齐兵粮道，使它进无所掳，退无所资，齐兵就一定遭遇失败。陈霸先就按照韦载的建议行事，取得了胜利。[①]可见当时建康东南，虽不致有进攻者从那里进军，可是如果一旦落入进攻者之手，就会加速对建康的破坏。

太平天国末年天京的陷落，则不仅受到来自上游的包围，东南等处的失守也有很大的影响。太平天国与清军的战争涉及的地区相当广大，而天京以西长江南北的争夺尤为激烈。及安庆失守，清军遂处于优势。曾国荃复由安庆东下，于和州渡江，对天京进行包围。这时苏州和杭州相继告失，而远道来援救天京的军队，又未能解救天京的围困，其后遂被攻破。这固然是来自天京上游清军力量的强大，而苏杭等处的失守，也必然减弱了太平天国的力量。

抗日战争时，日本帝国主义在强占上海之后，就以主力向南京进攻，现代化的战争，其武器的精良又为前代所未有。上海与南京之间地势平坦，又无险要关隘可以据守，因而南京未久即告陷落。

六、钱塘江畔的杭州

以杭州作为都城，只有吴越和南宋，前后共有二百一十年。杭州于南宋时为临安府，当时称为行在所。

杭州处钱塘江入海之口，当长江三角洲之南，素以水国泽乡见称。不过就是这样的水国泽乡也有可以阻遏外来兵力之处。杭州之北有太湖松江，其

---

① 《陈书》卷一八《韦载传》，《南史》卷六三《徐嗣徽传》。

地重湖沮洳，是不利于军事的调动的。杭州之西也还有崇山峻岭，虽说都不十分高峻，作为防御外力的侵入，也还不是了无作用的。

以杭州为都城的吴越，于北宋定鼎中原，其北邻南唐被灭之后，即入朝归附，因而这里并未发生兵争。及南宋为金人所迫，因以临安为行在，迄于南宋之亡，这里一直作为都城。

南宋初年，高宗仓皇渡江，金兵随后追击。情况相当紧急，自然说不上利用什么险峻的地形来阻遏金兵。后来金兵北归时，韩世忠厄之于金山，海陵王南侵时，虞允文又败之于采石，这都显示出长江的险要还有可恃之处。宋金绍兴和议，两国以秦岭淮水为界，隆兴和议又对这条界线重予肯定，再加上岁输绢币，竟换得长期苟安，杭州也未受到若何惊扰。

蒙古灭金，秦岭淮水一线相应有了变化。宋人既不能防淮，蒙古也就时时出入淮南，还一再图取巴蜀。然后渡汉越江，南下争取杭州。

蒙古的南攻杭州，是由襄阳首途的。由襄阳循汉水东侧南下，取郢州（治所在今湖北钟祥县）、复州（治所在今湖北天门县）。其渡江处在今武汉市东长江北岸的阳逻堡。然后沿江而下，直抵建康。再由建康分兵三路，直趋临安。右军自建康出四安（今浙江长兴县西），趋独松岭（今浙江余杭县西北），左军自江阴（今江苏江阴县）循海趋澉浦（今浙江海盐县西南）、华亭（今上海市松江县），伯颜自率中军，由常州（治所在今江苏常州市）出平江（府治在今江苏苏州市）、嘉兴（府治在今浙江嘉兴市）。[①]伯颜进军一途，常州以南就是江南运河，伯颜盖循运河前进。海道一军所至的澉浦、华亭，虽皆近在海滨，却离江南运河并非过远。海上若无风波，自当平稳易行。南宋此时，舟师亦未见出动。而江南运河一途更是平坦无阻，伯颜南行，当无若何周折。南宋所恃者只是独松岭一处，独松岭上有关，称为独松关。关旁岭路险狭，易守难攻。南宋渡江之初，金兀术自广德（今安徽广德县）过独松关，竟无戍兵阻拦。兀术对他的属下说："南朝若以羸兵

---

① 《元史》卷一二七《伯颜传》。

数百守关，吾岂能遽度哉！"①伯颜右军经过这里，也未见有关宋兵抗拒的记载。当时南宋王朝派到伯颜军前的，只是议和投降的使节，用兵一事难得有人提起，就是右军不得通过独松岭，伯颜也是会直入临安城的。

七、幽燕胜地的北京

北京作为都城，当远溯于战国时期的燕国。在这里建都的有十一个王朝和政权②，共九百零三年。

北京地处渤海湾头，太行山斜贯于西，燕山横亘于北，太行高耸，燕山陡绝，为西北两方的屏障。山上长城络绎不断，拱卫防御皆得有所凭借。唯东南两方较为空旷。远在战国之时，燕国曾于易水之北筑有长城，用以备赵防秦，即所谓燕南长城是也。

在北京建都的这些王朝和政权，其中韩广、臧荼、彭宠、刘仁恭等的燕国皆历时短促，及身而亡，无假外力。前燕后来迁都邺城。就是清帝逊位，肇建民国，民国都城亦自北京迁于南京。其时无论蓟城、北京，皆未遇到兵戈，因而这里就置之不论。

战国时的燕国为秦所灭，后来元朝也为明人所逐。秦国和明朝的兵力皆是由南方向蓟城和大都推进的。秦的灭燕在灭赵之后。有赵国在，燕国尚可暂图苟安，赵国既灭，秦兵就必然会压到燕境。当时秦军北屯中山（今河北定县），就是为了灭燕，因与燕军战于易水之西。易水之西尚在长城之外，似长城并未起到若何作用。易水战后，秦兵接着就攻下蓟城。③

---

① 《建炎以来系年要录》卷三。
② 这十一个王朝和政权为燕（战国时）、燕（韩广）、燕（臧荼）、燕（彭宠）、前燕、燕（刘仁恭）、金、元、明、清、民国。北京于战国时称蓟，其后相沿皆以蓟为称。金时称中都，元时称大都，明称北京，清称京师，民国亦称北京。
③ 《史记》卷六《秦始皇帝本纪》，又卷三四《燕召公世家》。

明初北驱元裔是在底定中原之后。大军之出，始自开封。连下卫辉（路治在今河南卫辉市）、彰德（路治在今河南安阳市）、广平（路治在今河北永年县东），更取得临清（今山东县）。临清濒运河，故明人北伐之师得以水陆并进。寻又破元军于河西务（今天津市武清县西北，北运河岸旁），遂入通州（今北京市通县），元裔无由城守，遂仓皇北去。①

论北京的拱卫和防御，以北面最为坚强，因为不仅有高山大岭，且有蜿蜒不断的长城。然金、明两代却常受来自北方的侵扰，中都和北京皆为之不安。金时北方的防御设施称为界壕，界壕的修筑与长城不同，其作用实相仿佛。金界壕修筑的地区远在明长城之北，由于没有修在高山之上，效果就难得显著。蒙古的攻金，界壕殆未能有所助力。蒙古军力最初直叩居庸关，后又入紫荆关（今河北易县西北），不仅围困中都，而且攻破中都以南许多府州②，最后金国不能再以中都为都，只好迁于开封③。

至于明代，边墙（即长城）的修筑最称坚实。然北方的鞑靼、瓦剌却时相侵扰，往往破边墙进入内地，甚至北京亦曾被围困。好在都城仍能坚守，尚未被攻破。不过应该指出，李自成所率领的农民起义军，就是由宁武关（今山西宁武县）出内长城，折向东北，进入居庸关，攻破北京城的。④

上面提到蒙古的攻金，是先入居庸关的。其实这本是金人攻破辽国南京的老路，金人殆并未料他们前辈曾经走过的道路，竟为蒙古所利用。辽国的南京也就是金人的中都，前后行军如出一辙。金人初年灭辽，本是先取得辽的上京（在今内蒙古自治区巴林左旗），再南向取得辽的中京（今内蒙古自治区宁城县西）。取得辽中京后，金军并未转徙西南，直趋辽的南京，而是直向西攻，攻克辽的西京（今山西大同市），然后再由辽的西京东南行，进入居庸关，取得了辽的南京。⑤

---

① 《明史》卷一二五《徐达传》《常遇春传》，又卷一二九《傅友德传》。

② 《元史》卷一《太祖纪》。

③ 《金史》卷一四《宣宗纪》。

④ 《明史》卷三〇九《李自成传》。

⑤ 《金史》卷二《太祖纪》。

　　虽然如此，起于东北的清朝，它的取得北京，却较为容易。清朝之先和明朝之间的战争也是相当频繁的。明人坚守山海关，使清朝难于有所致力。及李自成所率领的农民起义军进入北京，为明朝防守山海关的吴三桂竟开门延宾，清人遂得轻而易举，取得了北京。①

　　北京这样的一些防守和攻取，和其他都城不尽相同。当然各个都城都自有特点，难得皆能一致。一般说来，进攻者皆以陆地进军为主，间有用水师者，为数也非甚多。至于借海上兵力取胜，更是寥寥无几。南宋初年，金兵渡江南下，追逐南宋高宗，曾经沿海南行。后来蒙古灭南宋，伯颜由建康出兵，其中一路就是水师，而且是由海上进军的。由于南宋君臣很快降附，这支海上的军力实际上没有显现出什么作用。

　　可是清朝后期就完全不同。英法联军和八国联军先后攻入北京，就是由海道运兵，在天津附近登陆，再向北京前进的。前面已经说过，建都于北京的王朝和政权，对于燕山和太行山上的防守，都相当重视，至于南侧皆较为疏忽，战国时的燕国尚修筑了一条长城，其后再未闻有其他的设置。鸦片战争后，清廷亦深知列强的船坚炮利，不能不预作防御。大沽海滨虽也尝修筑了炮台，还是难于阻止敌舶的来侵，遂使北京再遭蹂躏。这是拱卫都城和夺取都城的前所未有的巨变。这样的巨变是不应该轻易忽视的。

---

① 《清史稿》卷二六一《吴三桂传》。